청대학술원류

清代學術源流

本书受到"中华社会科学基金Chinese Fund for the Humanities and Social Sciences资助"(15WZS010)

이 도서는 중국 정부의 중화학술번역사업에 선정되어 중국사회과학기금(Chinese Fund for the Humanities and Social Sciences)의 지원을 받아 번역 출판되었습니다.(15WZS010)

청대학술원류
清代學術源流

陳祖武 지음, 진원陳媛 옮김

學古房

책의 번역과 교정에 많은 도움을 주신
서진희, 권민균, 차영익 세분께 감사의 마음을 표합니다.

북경사범대학출판사가 나를 잊지 않고 2010년 초에 편집주간을 통해 누옥으로 전화를 걸어 왔다. 내가 몇 년에 걸쳐 쓴 학술논문을 선별하여 『청대학술원류』라는 제목으로 묶어서 출판할 것을 의뢰하는 전화였다. 과분한 호의를 받는 것 같아 기쁨과 부끄러움이 교차했다. 나는 이미 칠십을 바라보는 나이지만 역사 공부와 연구에서 모두 시작 단계에 있음을 잘 알고 있다. 아는 것이라고는 창해일속에 지나지 않아 착실하게 학습해야 할 과제가 아직도 너무나 많고, 또한 여전히 효빈을 일삼는 중에 분에 넘치게 문집을 출판한다니! 지난 20~30년 가까이 청대 학술사를 토론하는 나의 글들은 모두 상이한 상황에서 상이한 형식으로 발표한 것으로서 이미 여러 전문가들로부터 많은 조언을 받았다. 따라서 이번 저술의 편집은 아마도 역사 공부 과정의 단계적인 기록이 될 수도 있을 것이다. 그 사이에 우연한 소득과 많은 실수가 오늘과 후일의 젊은 벗에게 그래도 작은 도움은 될 것이다. 이러한 취지에서 여러분에게 바치는 부족한 이 책이 나오게 되었다. 다행히 주위의 학식 높은 대가들로부터 귀한 시간을 내어 가르침을 다시 받을 수 있다면 나는 매우 감격하여 깊은 감사의 뜻을 표할 것이다.

이상은 이 책의 편집 동기라고 할 수 있다. 2004년 8월, 『인민일보人民日報』 이론부의 약속에 따라 나는 청대 학술사 연구에 대해 짧은 글 한 편을 썼는데 제목은 「청대학술연구적세개문제淸代學術硏究的三個問題」였다. 6년이 지난 지금 상자 속의 옛 글을 다시 꺼내 읽어 보니 큰 오류가 없는 것 같아서 책머리에 싣고 이 책의 전언으로 삼고자 한다.

지난 10~20년간 청대 학술에 관심을 갖는 학자는 나날이 증가해 왔고 아울러 연구 성과 역시 끊임없이 세상에 발표되어 양호한 발전의 전망을 보여주었다. 필자는 청대 학술 연구와 관련하여 청대 학술 발전의 단계를 구분하는 것, 『청사고淸史稿·유림전儒林傳』의 잘못을 바로잡는 것, 그리고 『청유학안淸儒學案』의 문헌적 가치를 발굴하는 것이 주목할 만한 세 가지 문제라고 생각한다.

청대 학술 발전 단계의 구분

청대 학술은 수천 년에 걸친 중국의 학술을 정리하고 종합한 것을 특징으로 하고 경經·사史·자子·집集 등 풍부한 내용을 망라하고 있다. 260여 년 동안 사회 변천에 따른 발전의 단계성을 보일 뿐 아니라 학술 발전의 내재적 논리에 따라 전후가 이어지는 일관성을 보이기도 한다. 시간 순서에 따라 대체적으로 세 단계로 나눌 수 있다.

첫째 단계는 청나라 초기 학술로서 순치順治 원년(1644)부터 강희康熙 61년(1722)까지다. 순치와 강희 두 연간은 나라의 기초를 놓은 중요한 시기다. 이 시기 학술의 발전에 대해 말하자면, 청나라 초의 80년은 이전 시기를 계승하고 후대를 열며 길을 개척한 중요한 단계다. 그 사이에 수많은 인재들이 배출되고 저술들이 쏟아져 나왔으며, 넓고 큰 기백과 탁 트인 사상, 오래 지속된 영향력은 중국 고대 학술사에서 흔히 볼 수 없는 것이었다. 청나라 초기의 학술은 이전 송명의 학술이나 이후의 건가한학乾嘉漢學과 달리 광대함, 경세치용, 이학理學 비판, 경학 창도를 기본 특징으로 한다. 경학으로 이학의 곤궁함을 구제하려는 학술 조류 속에서 청나라 초기의 학술은 경학 고증으로부터 착수하여 전통 학술을 전면적으로 정리하고 종합하는 새로운 장을 열었다.

둘째 단계는 청나라 중기의 학술로서 옹정雍正 원년(1723)부터 도광道光 19년(1839)까지다. 옹정 연간은 길지 않아서 실질적으로는 청나라 초기 학술이 청나라 중기 학술로 발전해가는 과도기에 해당한다고 할 수 있다. 청나라 중기 학술은 건가 학술이 중심을 이루었다. 왕국유王國維 선생은 "정밀[精]"이라는 글자로 건가 학술을 개괄하면서 "청나라 초기의 학술은 광대하고 건가 연간의 학술은 정밀하며 도함 연간 이래의 학문은 새롭다."[1] 고 하였다. 건가 학술은 넓은 것으로부터 정밀한 것으로 전문적인 학자와 탁월한 학자가 동시에 일어났다. 혜동惠棟, 대진戴震, 전대흔錢大昕이 학단을 주도했고 선후가 서로 비추었으며 고학古學부흥의 기풍이 크게 유행했다. 세 사람 이후 당시 학풍을 가장 잘 드러내면서 정밀하고 심오한 학문으로 한 시대를 내려 본 사람으로 고우高郵의 왕념손王念孫, 왕인지王引之 부자가 있다. 완원阮元이 등장하여 봉강대리封疆大吏로서 학술을 장려하고 도광 연간 초에 『황청경해皇淸經解』 및 그 전후로 세상에 나온 『한학사승기漢學師承記』, 『한학상태漢學商兌』를 표지로 건가 학술은 종합의 시기로 들어갔다.

셋째 단계는 청나라 말기 학술로서 도광 20년(1840)부터 선통宣統 3년(1911)까지다. 가경, 도광 연간 사이에 청나라 조정은 이미 안팎으로 곤란에 봉착하였다. 한학의 쇠퇴를 만회할 수 없는 상황에 직면하자 방동수方東樹, 당감唐鑒 등은 이학으로 대신하여, 송학宋學 부흥의 국면을 조성하려 했다. 그러나 시대는 전진하고 있었고 한학은 이미 정점을 지나 변화가 불가피하였으며,

---

1) 國初之學大, 乾嘉之學精, 而道咸以來之學新.

또 송학으로 통일하는 것도 이미 과거가 되어 부흥의 시도는 일방적인 바람에 불과했다. 청나라 말기의 학술은 한학의 찬연한 부흥이 아니었을 뿐 아니라 송학의 진흥도 아니었다. 그것은 선명한 시대적 각인을 띤 채, 전대미문의 역사적 격변을 따라 발전해 갔다. 70년 동안, 먼저 금문경학今文經學의 부흥이 경세 사조의 굴기와 합류하여 청나라 말기 학술의 서막을 열었다. 이어서 양무洋務 사조가 일어나 신구新舊·체용體用의 논쟁이 한때 조야를 휩쓸었다. 그러나 이와 동시에 한나라와 송나라를 회통하여 『공양公羊』을 빌려 정치를 논하는 풍조가 갈수록 뜨거워졌고 결국 무술유신戊戌維新의 사상적 광풍이 불었다. 청나라 말기의 마지막 10~20년 동안에는 "예로써 리를 대신하는[以禮代理]" 학설이 성행했다. 선진先秦 제자학諸子學의 부흥도 당시 사상 해방의 관건이 되었다. 손중산孫中山 선생의 "삼민주의三民主義" 학설이 그 사이에 등장했고 그것을 기치로 사상 해방과 무장 항쟁이 상호 보완하여 부패한 청나라 왕조는 돌이킬 수 없는 최후를 맞이하였다. 그러나 당시 세상에 입각하여 이전 시기를 종합하고 한나라와 송나라를 회통하여 새로움을 추구하는 학술 조류는 해외 선진 학술을 흡수하여 자신의 것으로 만드는 중국의 민족 기백과 융합시킴으로써, 중국 학술은 의연하게 자신의 독특한 발전 노정을 따라 끈질기게 탐색하고 우여곡절을 겪으며 나아갔다.

『청사고淸史稿·유림전儒林傳』의 오류 정리

『청사고·유림전』은 모두 4권으로 제1~3권에 실린 학자는 모두 284명이고, 제4권은 『명사明史』의 옛 규칙을 따라 공자의 후예 11명을 실었다. 앞의 3권은 유림전 전체의 중심으로 학술적 지향에 따라 종류별로 구분했는데 대체적으로 제1권은 이학, 제2권과 제3권은 경학과 소학小學이다. 유림전에 실린 학자는 청나라 초기의 손기봉孫奇逢, 황종희黃宗羲로부터 청나라 말기의 왕선겸王先謙, 손이양孫詒讓까지로, 한 시대를 대표하는 학자의 중요한 이론이 나타난다. 각 전의 문장은 모두 근거가 있는데 사관의 옛 글이나 비문, 묘지명, 전기, 행장들로서 대체로 믿을 만하다. 그러므로 수십 년 동안 청대 학술사를 연구하는 학자들이 학자의 학술과 행적을 언급할 때 『청사고·유림전』이 중요한 참고 자료가 되었다.

그러나 역사와 인식의 한계, 그리고 원고가 여러 사람의 손을 거쳐 이루어졌고, 완성 기한이 한정적이었기 때문에 그 사이의 소실疏失, 탈락, 오류를 피하기 어려웠고, 그 결과 유림전의 신뢰성에 심각한 문제를 야기하였다. 몇 가지 예를 들어 대강을 살펴보자.

권1의 「육세의전陸世儀傳」에서는 육세의가 "어려서부터 유종주에게 배웠다.[少從劉宗周講學]"라고 기록되어 있다. 그러나 고증해 보면 육씨가 자신이 지은 『논학수답論學酬答』에서 유종주가 "지금 세상에서 존경할 만한 훌륭한 스승[今海內之可仰以爲宗師者]"이라고 표명하긴 했지만 유종주를 따라 공부한 실제 경력은 전혀 없다. 게다가 건륭 연간에 전조망全祖望이 육세의의 전기를 쓸 때 육씨가 유종주를 스승으로 모시지 못한 것을 "평생의 한으로 여겼다.[終身以爲恨]"고 말했다. 또 육세의의 전기 마지막 부분에서는 육세의가 문묘에 배향되었다고 기록하였는데 그 시간도 정확하지 않다. 전에서는 "동치 11년, 문묘에 배향되었다.[同治十一年, 從祀文廟]"고 하였으나, 실제로 육씨가 배향된 것은 동치 13년(1874) 4월의 일이고, 5월 16일에 예부에 다시 논의하라는 조칙을 내려져 배향이 인준된 것은 광서光緒 원년(1875) 2월 15일의 일이었다.

또 같은 권의 「안원전顔元傳」에서는 "명나라 말에 부친이 요동으로 수자리 가서 관외에서 죽었다.明末, 父戍遼東, 歿于關外"라고 했다. "수戍" 자가 정확하지 않다. 고증해 보면 안원의 부친이 요동으로 간 것은 명나라 숭정崇禎 11년으로, 관내로 들어온 청나라 군대에 쫓겨서이지 명나라 조정을 위해 변경을 지키는 것이 아니다. 한 글자의 잘못으로 전기를 지은 사람의 입각점을 충분히 알 수 있다.

대진戴震은 건륭乾隆 연간의 대학자로서 당시 학풍에 매우 큰 영향을 준 인물이다. 『청사고·유림전』 대씨 본전本傳은 매우 중요한 내용이므로 경솔하게 써서는 안 된다. 그러나 이 전기는 사실 확인이 부족하여 중요한 학술 행적에 오류가 있다. 전기에서 "나이 28세에 제생이 되었다.[年二十八補諸生]"라고 했지만 이는 정확하지 않다. 단옥재段玉裁의 『대동원선생연보戴東原先生年譜』, 홍방洪榜의 「대선생행장戴先生行狀」, 왕창王昶의 「대동원선생묘지명戴東原先生墓志銘」은 모두 건륭 16년(1751)에 제생이 되었다고 했는데 이 때 나이는 29세였다. 이것이 첫 번째 오류이다. 두 번째는 전기에 "오현의 혜동, 오강의 심동과 망년지우이었다.[與吳縣惠棟, 吳江沈彤爲忘年友]"라고 했는데 이것도 정확하지 않다. 혜동과 대진은 건륭 22년에 알게 되었고 대진이 혜동보다 27살 어렸으므로 확실히 망년지우가 맞다. 그러나 심동은 이미 건륭 17년에 세상을 떠나 한평생 대진을 만난 적이 없으니 "망년지우" 운운한 것은 불가능하다. 아마도 심대성沈大成을 심동으로 착각한 것 같다. 셋 번째, "망년지우"에 이어서 전기에서 "적을 피해 수도에 들어왔다. [以避仇入都]"라고 한 부분이다. 이 글의 순서에 따르면 대진이 먼저 혜동, 심대성과 교유하고 나서 적을 피해 북상한 것이 된다. 사실은 그렇지 않다. 대진이 적을 피해 수도에 들어간 것은 건륭 19년이었고, 3년 뒤에 남쪽으로 돌아가다가 양주揚州에서 혜동, 심대성을 알게 되었다. 대진이 그 후에 지은 「제혜정우선생수경도題惠定宇先生授經圖」, 「심학자문집서沈學子文集序」에서 이러한 사실이 매우 명확하게 나타난다.

이외에 여유량呂留良, 담사동譚嗣同, 양계초梁啓超, 장태염章太炎과 같은 인물들에게 전혀 관심을 보이지 않고 유림전에 싣지 않은 것은 부주의한 실수라기 보다는 진부한 역사관에 기인한 것이다. 이와 같은 점을 자세히 살펴 『청사고·유림전』의 오류를 정리하고 사료를 정돈하여 믿을 만한 역사를 편찬하는 것은 오늘날 학자가 성실하게 해나가야 할 일이다.

『청유학안』의 문헌적 가치의 발굴

청나라 사료는 헤아릴 수 없을 정도로 많고 청나라 학술 문헌은 한우충동汗牛充棟이라고 할 만하다. 문헌 초고본으로 청나라 학술을 서술한 일은 선배 학자들이 일찍이 개척의 공을 세웠는데 그 중에 가장 탁월한 업적으로는 서세창徐世昌이 주관하여 편찬한 『청유학안』을 꼽을 수 있다.

『청유학안』 편찬은 1928년에 시작되어 1938년에 끝났다. 이 책은 서세창이 주관하여 서씨 이름으로 되어 있기는 하지만 사실은 집단적 협력의 성과다. 전체는 모두 208권이고 게재된 학자는 1,169명에 달한다. 명청 교체기의 손기봉孫奇逢, 고염무顧炎武, 황종희로부터 시작해서 청말민초의 송서승宋書升, 왕선겸王先謙, 가소민柯劭忞에 이르기까지의 청대 학자를 실었고 경학, 이학, 사학, 제자백가, 천문역산, 문자음운, 방여지지方輿地志, 시문금석의 전문가를 모두 망라했다. 이것은 청나라 260여 년 동안의 학술에 대한 총결산이자 중국 고대 학안체 역사서의 총결산이기도 하다. 권수가 많고 읽기가 쉽지 않아서 1940년대 초 용조조容肇祖, 전목錢穆과 같은 선생이 평론한 것을 제외하고는 전문적으로 연구한 사람이 많지 않다.

『청사고·유림전』과 비교해 볼 때 『청유학안』에 실린 학자가 몇 배나 많은 데다가, 문헌을 찾고 순서에 따라 배열하여 편집하는 어려움은 『청사고』가 비견할 바가 못 된다. 『청사고』와 마찬가지로 역사와 인식의 한계로 인해 『청유학안』의 역사관은 이미 시대에 뒤처져 있고 부주의한 실수, 착오도 많다. 그러나 문헌적 가치는 그 무엇으로도 대신할 수 없으므로 충분히 긍정해 주어야 한다. 오늘날 청대 학술사를 연구하는 학자에게 『청유학안』은 사실 경시할 수 없는 중요한 참고 저술이다.

『청유학안』은 황종희, 전조망全祖望 두 사람이 개척한 길을 이어받아 학자의 전기와 학술 자료를 모아 편집하는 방식을 채택하여 한 시대 학술의 성쇠를 서술하고 있다. 이와 같은 편찬 체제는 한 인물을 중심으로 서술하기도 하고 여러 사람을 하나로 묶어 편집하기도 하며, 학자 한 명 또는 학술 유파 자체의 전승을 대략적으로 반영할 수도 있다. 그러나 한 학자 또는 유파의 출현 배경이나, 그 학설의 역사적 지위, 상이한 시기 학술 발전의 기본 특징 및 추세, 다양한 학술 부문의 소장消長과 상호 영향 관계, 한 시대 학술의 종적·횡적 관련성, 특히 그 사이에 포함된 법칙을 어떻게 파악해야 하는가와 같은 문제들에 대해서 『청유학안』과 같은 학안체 역사서는 답하기 어렵다. 한편으로는 학안체 역사서의 편찬 체제가 극도로 성숙했지만, 다른 한편으로는 이러한 편찬 체제가 갖는 한계 때문에 학술 발전의 진실한 면모를 전면적으로 반영할 수 없었다. 이와 같은 모순적인 상황은 학안체 역사서의 수명이 이미 막바지에 다다랐다는 것을 충분히 설명해 준다.

20세기에 이르러, 서양 역사학의 방법론이 도입되자 중국과 서양이 융합하여 장절체章節體 학술사가 세상에 나왔다. 양계초梁啓超 선생이 불쑥 일어나서 "역사학 혁명[史界革命]"을 창도하고 『청대학술개론淸代學術槪論』과 『중국근삼백년학술사中國近三百年學術史』 저술을 완성했다. 이것을 표지로 하여 학술사 편찬은 학안체 역사서의 한 페이지를 넘기고 현대 사학의 문턱에 들어섰다.

나는 청대 학술사를 30여 년 동안 연구하면서 청나라 유학자의 저술 읽기를 매일의 일과로 삼았다. 추위와 더위를 불문하고 아침저녁으로 지속하다가 다행히 얻은 바가 있으면 글을 써서 사방의 동지에게 가르침을 청했다. 여러 해가 지나자 완성된 글이 십수 편이 되었다. 이번에 북경사범대학출판사의 요청에 응하여 그 가운데 20여 편을 신중하게 골라 모아 편집하고 청대 학술의 발전 과정을 들여다보려 했다. 그리고 국가철학사회과학규획판공실國家哲學社會科學規劃辦公室이 조직한 전문가의 심사를 받아 이 불완전한 문집을 "성과문고成果文庫"에 들여 놓게 되었다. 편달과 격려에 깊이 감격했고 규획판공실과 여러 심사위원분들께 심심한 경의를 표하며 충심 어린 감사를 드린다.

북경사범대학출판사의 깊은 호의를 받고, 거기에 책임 편집자 유동명劉東明 선생님께게 수고를 끼쳐 세심하게 편집하고 교정하고 출판해서 이 책이 지금의 면모를 갖출 수 있었다. 깊은 감사의 뜻을 바친다.

진조무陳祖武가 삼가 적음

2010년 12월 8일 초고

2011년 11월 20일 개정

제1부
명청 교체와 청 초기의 학술

제2부
건가학파와 건가학술

제3부
청 말기 학술 및 일대一代 학술의 총결

16

제1부

명청 교체와 청 초기의 학술

제1장
청 초기 국가상황 분석

　　역사 문제를 탐구할 때 한 기본 준칙은 해당 문제를 그것이 발생한 사회 환경 속에 놓고 탐구하는 것이다. 역사상의 경제 문제, 정치 문제, 군사 문제가 그렇고 학술문화 문제 또한 그렇다. 그리고 역사적으로 상이한 시기의 학술 현상은 그 자체가 발전해간 내재적 논리를 지니고 있을 뿐 아니라 각 시기 사회경제, 정치 등 다양한 요소의 제약을 받지 않음이 없어서, 두 측면이 함께 거시적으로 그 학술이 도달할 수 있는 수준을 규정한다. 그러므로 청 초기의 학술사를 고찰하여 초기 80년간 학술 발전의 기본 법칙을 종합하고 당시 역사 환경의 기본 특징을 정확하게 파악하는 것은 매우 필요한 일이다. 달리 말하면, 청 초기의 국가상황을 분명하게 파악하는 것이 순치, 강희 두 시기의 학술사를 연구하는 출발점이다.

1. 17세기 중엽 중국 사회발전의 수준에 대한 기본적인 평가

　　청 초기 역사 나아가 청 왕조 전체 흥망의 역사는 어떤 기초 위에서 전개되었는가? 이것은 우리가 먼저 풀어야 할 문제다.

　　청 왕조가 세워진 17세기 중엽은 세계 역사에서는 물론이고 중국 역사에서도 중요한 발전 시기다. 그러나 그 중요성의 의미에서 세계사와 중국사는 완전히 일치하지는 않는다. 세계사 차원에서 말해보면, 서구의 몇몇 국가에서는 100년 이상 배양된 자본주의적 경제관계가 17세기가 되어 날로 세력이 강대해져 부패한 봉건제도와 충분히 힘을 겨룰 수 있었고 결국 봉건경제의 질곡을 돌파하고 승리를 거둔다. 1640년 영국 부르주아계급혁명의 폭발을 기점으로 서구의 자본주의는 승리의 진군을 시작했다. 이와 같은 거대한 역사적 변화는 확실히 시대를 획분하는 의의를 지니고 있고, 그것이 인류사회의 역사발전에 미친 영향도 전례 없는 것이었다. 이로부터 근대사의 첫 장이 열렸다. 그러나 이것은 곧 세계 각국이 동일한 시기에 모두 근대 사회의 문턱을 넘었다는 의미는 결코 아니다. 각 국가, 각 민족의 경제발전의 수준 차이 때문에 그들 각자의 사회발전의 수준도 같을 수 없었다. 유럽의 역사가 근대사회의 장을 열었을 때, 오래된 전통의 중국은 여전히 봉건제도에 단단히 매여, 근대사회를 맞이할 역사적 과제를 제시하지 못했다. 당시 서구의 역사무대에서 세상을 바꾸는 역량을 드러내고 있었던 것은 바로 신흥 생산양식의 대표자인 부르주아계급이었다. 그러나 동양에서, 당시 중국의 역사적 운명을 좌우했던 것은 여전히 봉건종법제와 얽혀 있던 봉건지주계급과 그 국가기구였다. 1620년대부터 중국 역사 무대에서 위세가 당당했던 농민 대중은 누구도 막을 수 없는 힘으로 낡은 봉건 왕조를 무너뜨렸지만, 그들은 이 왕조의 건립 근거인 봉건경제구조를 의식하지 않았고 또 부정할 수도 없었다. 정반대로 엄혹한 역사 현실이 말해주듯이, 역사의 수레바퀴를 전진하도록 추동시킨 계급으로서 17세기의 농민 대중이 일말의 생존 가능성을 쟁취한 후, 그들이 치른 막대한 대가는 완고한 봉건제도에 의해 무정하게 삼켜졌다. 그 결과 그들은 조상의 자취를 답습하여 예전처럼 농경과 양잠이 결합된 생산양식으로 되돌아가서 새로 들어선 왕조를 위해 재부를 창출하는 기본적인 역량이 되었다.

17세기 중국사회의 계층 구성에서 서구와 완전히 다른 점은 부르주아계급의 자리가 없었을 뿐 아니라 부르주아계급이 출현할 수 있는 역사적 조건도 아직 갖추어지지 않았다는 것이다. 이후의 역사 발전이 증명하듯, 그 후 200여년이 지나서야 중국의 부르주아계급이 역사의 무대에 등장했다. 최근 수십 년 사이 중국 역사학계와 경제학계의 연구 성과가 보여주듯, 명 중엽 이후 중국 일부 지역의 몇몇 수공업에서 자본주의의 맹아형태가 출현했지만, 국민경제 구성의 주요 부분을 차지하였던 농업노동의 생산성이 낮았기 때문에, 수공업의 이러한 자본주의적 맹아는 매우 미약할 수밖에 없었다. 한 발 물러서서 몇몇 학자들이 논증한 것처럼 당시의 농업생산에서도 유사한 맹아가 출현했다고 치더라도, 총체적으로 보면 국부적이고 미약한 자본주의 맹아는 농업과 가내수공업이 서로 결합된 봉건경제와 비교할 때 마치 큰 바다에 떠 있는 한 척 조각배에 불과해서 진행이 어렵고 위태로웠으며 수시로 전복될 가능성이 존재하였다. 1620년대에서 1680년대에 이르는 사회동란에 따라 경제가 쇠퇴하면서 자본주의 맹아가 거의 사라져버린 것이 이 사실을 충분히 설명해준다.

마찬가지로 중요한 역사 발전 시기였던 서양의 17세기는 자본주의가 승리하여 진군하는 것으로 그 역사적 특징을 드러낸다. 그러나 중국의 17세기는 그렇지 못하였으니, 중국이 보여준 것은 한 폭의 격동적인 역사화에 비견될 수 있다. 봉건 상품경제의 발전으로 배양되던 미약한 자본주의의 맹아, 토지겸병과 가혹한 부역賦役으로 초래된 생산력의 대붕괴, 전에 없던 규모의 농민봉기와 그에 따른 봉건왕조의 교체, 세월을 소모하며 오랫동안 지속된 내전內戰, 그리고 17세기의 마지막 20년간의 봉건경제의 회복과 같은 모든 것이 분명하게 차례차례 화면 위에 흩어져 있다. 이 역사화는 17세기 중국에서 오래된 봉건사회가 겹겹의 위기에 싸여 있으면서도, 그것이 끝나기는커녕 여전히 봉건적 자연경제를 회복시키고 발전시킬 활력을 지니고 있었음을 보여준다. 그러므로 17세기 중엽의 중국사회는 근대 역사의 장章을 열지 못한 채 여전히 봉건사회 단계에 머물러 있었고, 다만 이미 말기 단계에 접어들고 있었다. 우리는 이와 같은 기본적인 역사적 사실을 어기고 세계 역사의 시기구분법을 가져다 중국 역사의 시기구분을 규정하여, 인위적으로 17세기 중엽의 중국사회를 세계 근대사회의 범주에 넣을 수는 없다. 그렇게 할 경우, 청 초기 학술의 역사적 가치에 대한 평가에 오류가 생길 뿐 아니라 청대 학술 전체에 대한 역사적 평가에서도 잘못이 발생할 수 있다.

2. 명청 교체는 역사의 진전이다

넓은 의미에서 보자면, 명청 교체는 단지숭정崇禎 17년(1644) 3월 19일 명의 통치가 끝나고, 같은 해 5월 청의 군대가 북경을 점거하여 4개월 뒤 청 세조世祖가 천하에 "연경을 수도로 정한다."[1]고 선포한 것을 가리키는 것만은 아니다. 그것은 하나의 역사 과정이다. 이 과정은 한 세기에 걸쳐 있으며, 그 상한은 명 만력萬曆 11년(1583) 청 태조太祖 누르하치(努爾哈赤)가 칠대한七大恨[2]을 하늘에 고하고 군대를 일으킨 때로 거슬러 올라가며, 그 하한은 강희康熙 22년(1683) 청조가 최종적으로 명의 남은 세력을 제거하고 대만을 통일한 때까지 내려간다.

중국 봉건사회는 명까지 발전하면서 전제주의專制主義 중앙집권이 강화됨에 따라 그 부패성도 더 현저해졌다. 명 신종神宗 만력 연간이 되면 명 왕조는 말기에 들어선다. 그 사이에 장거정張居正의 10년(1573-1582)에 걸친 강력한 개혁이 있었지만 이미 쇠퇴의 기운은 돌이킬 수 없었다. 천계

---

1) 『淸世祖實錄』卷9, "順治元年十月甲子"條. 定鼎燕京.
2) 七大恨 : 일곱 가지 원한. 『淸太祖高皇帝實錄』. 我之祖父, 未嘗損明邊一草寸土, 明無端起釁邊陲, 害我祖父, 此恨一也. 明雖起釁, 我尙修好, 設碑立誓, 凡滿漢人等, 無越疆土, 敢有越者, 見卽誅之, 見而顧縱, 殃及縱者, 詎明復渝誓言, 逞兵越界, 衛助葉赫, 此恨二也. 明人於淸河以南, 江岸以北, 每歲竊逾疆場, 肆其攘奪, 我遵誓行誅, 明負前盟, 責我擅殺, 拘我廣寧使臣綱古裡方吉納, 脅取十人, 殺之邊境, 此恨三也. 明越境以兵助葉赫, 俾我已聘之女, 改適蒙古, 此恨四也. 柴河三岔撫安三路, 我累世分守, 疆土之衆, 耕田藝穀, 明不容留穫, 遣兵驅逐, 此恨五也. 邊外葉赫, 獲罪於天, 明乃偏信其言, 特遣使遺書詬言, 肆行淩辱, 此恨六也. 昔哈達助葉赫二次來侵, 我自報之, 天旣授我哈達之人矣, 明又擅之, 脅我還其國, 己以哈達之人, 數被葉赫侵掠, 夫列國之相征伐也, 順天心者勝而存, 逆天意者敗而亡, 豈能使死于兵者更生, 得其人者更還乎? 天建大國之君, 卽爲天下共主, 何獨構怨於我國也? 今助天譴之葉赫, 抗天意, 倒置是非, 妄爲剖斷, 此恨七也. 欺淩實甚, 情所難堪, 因此七恨之故, 是以征之.

天啓와 숭정崇禎 두 시기는 종기가 오래되어 짓무르기만을 기다리는 것과 같이 형세가 점점 더 악화되었다.

토지겸병은 기나긴 중국 봉건사회, 특히 말기에는 해결할 방법이 없는 사회문제였다. 명말기 토호土豪와 향신鄕紳 등 지주는 온갖 술책과 강제로 탈취하여 "전답과 가옥을 구하는 것에 끝이 없었고[求田問舍無所底止]" 더구나 관장3)에서도 민간의 전지를 마음대로 침탈했다. 『명사明史』 「식화지食貨志」는 이렇게 기록하고 있다 : "신종의 하사는 지나치게 사치스러워 구해서 얻지 못하는 것이 없었다. 노왕과 수양공주에 대한 은혜가 가장 두터웠지만, 복왕에게 분봉할 때 하남, 산동, 호북과 호남의 토지를 묶어서 왕실 토지로 하사했는데 4만 경에 이르렀다. 여러 신하가 힘껏 간쟁하여 그 절반으로 줄였다. … 희종 때 계, 혜, 서 세 왕과 수평, 영덕 두 공주의 장원 토지는 언제나 만경 단위였고, 위충현 가문에 대해서는 도를 넘는 하사가 더 심했다. 대략 중엽 이후로 관장官莊에서 백성의 생업을 침탈하는 것이 나라가 멸망할 때까지 이어졌다."4) 강소성江蘇省 오강현吳江縣 지역만 예를 들더라도, "농지를 소유한 사람은 열에 하나이고, 소작하는 사람은 열에 아홉"5)일 정도로 토지겸병은 이미 심각한 지경에까지 진행되어 있었다. 게다가 사적인 세금이 너무 무거웠고, 벼슬아치들은 관부와 결탁해서 농지를 분산하여 소유한 농지가 없는 것처럼 하거나 또는 다른 사람의 명의로 허위 보고하여 조세를 회피했으며, 부역을 전가하여, "소작인이 한 해 동안 온힘을 다 쏟아 거름을 주며 경작함에 1무 당 비용이 1민이나 들지만, 수확하는 날 손에 쥐는 소득은 몇 말에 지나지 않아 심지어 오늘 조세를 다 내고나면 내일부터 빌려서 살아야 하는 경우도 있었다."6)

명 말기 농민이 중심인 광대한 노동자로부터 사적으로 조세를 착취하는데다 관부의 번다하고 가혹한 부역이라고 하는 무거운 압박도 있었는데, 거기에 요遼, 초剿, 연練 삼향三餉7)이 더해진 것은 중국 고대사에서도 보기 드문 학정이었다. 숭정崇禎 12년(1639) 어사御使 학진郝晉은 상소하여 조세 증가의 가혹함을 한탄하면서, "만력 말년 구변8)에 보낸 것이 모두 280만에 불과했습니

---

3) 관장官莊, 관부가 관할하는 전장田莊.

4) 『明史』卷77,「食貨志一」. 神宗賚予過侈, 求無不獲. 潞王, 壽陽公主恩最渥, 而福王分封, 括河南, 山東, 湖廣田為王莊, 至四萬頃. 群臣力爭, 乃減其半. … 熹宗時, 桂, 惠, 瑞三王及遂平, 寧德二公主莊田, 動以萬計, 而魏忠賢一門, 橫賜尤甚. 蓋中葉以後, 莊田侵奪民業, 與國相終云.

5) 顧炎武,『日知錄』卷10,「蘇松二府田賦之重」. 有田者什一, 為人佃作者什九.

6) 顧炎武,『日知錄』卷10,「蘇松二府田賦之重」. 佃人竭一歲之力, 糞壅工作, 一畝之費可一緡. 而收成之日, 所得不過數斗, 至有今日完租而明日乞貸者.

7) 삼향三餉, 세 지역으로 보내는 군량. 역자 주.

8) 구변九邊, 명대 대륙 북부의 아홉 개 변경 지역을 뜻하는 것으로 요동遼東, 계주薊州, 선부宣府, 대동大同, 편관偏關(산서山西), 유림楡林(연수延綏), 영하寧夏, 고원固原, 감숙甘肅 지역이다. 역자 주.

다. 그런데 중세하여 이제 요향이 900만, 초향은 330만에 달해서 이미 그만두었는데 또 곧바로 연향 730여만을 더했습니다. 예로부터 1년에 2천만을 거두어서 수도로 운송하고 또 수도에서 2천만을 거두어 변경에 보낸 일이 있었습니까?"[9)]라고 하였다. 갖가지 압박과 착취 아래 백성의 생계는 완전히 무너졌다. 숭정 말년 장강과 회수 유역부터 경기京畿에 이르는 수천 리의 평야에 이미 "잡초가 길을 뒤덮고 닭 울고 개 짖는 소리는 들리지 않았다."[10)]

경제의 붕괴와 함께 명 말기에 정치도 전례 없이 부패했다. 환관이 권력을 농단하고 신사紳士 층이 파당을 형성하여 탐욕이 들끓고 정치가 뇌물로 이루어지는, 한 편의 망해가는 나라의 풍경 이었다. 명 신종神宗은 재위 40여 년 동안 깊은 궁궐 안에 칩거하면서 사치가 한이 없었다. 희종熹 宗 시기에는 환관 위충현魏忠賢이 한 손으로 하늘을 가리고 나라와 백성에게 재앙을 끼쳤으며, "내각의 육부부터 사방 총독, 순무에 이르기까지 자신을 위해 사력을 다하는 무리를 두루 배치하 였다."[11)] 위충현 일당은 공포정치를 시행하여서 "정탐꾼을 곳곳에 배치하고 무고한 평민에게 를 씌워 엄혹하게 다스렸으며 투옥된 자는 대부분 나오지 못했다."[12)] 정치의 암흑은 더할 나위가 없었다. 천계天啓 6년(1626) 8월, 절강순무浙江巡撫[13)] 반여정潘汝楨은 살아 있는 위충현의 사당을 세울 것을 청했다. 한 사람이 앞장서자 많은 사람들이 경쟁적으로 본받아 소주蘇州, 항주杭州, 송강松江, 하북河北, 하남河南, 산서山西, 섬서陝西, 사천四川 등지에 사당을 세웠고, "사당에 쓰인 비용을 계산하면 오만 금 이상이었습니다.[計祠所費, 不下五萬金]"[14)] 염치는 사라지고 권세가에 아부하는 것이 이미 한 시대의 풍조가 되었다. 그리고 들끓는 탐욕과 공공연한 뇌물이 명나라

---

9) 『明史』卷78,「食貨志二」. 萬曆末年, 合九邊餉止二百八十萬. 今加派遼餉至九百萬, 勦餉三百三十萬, 業已停罷, 旋加練餉七百三十餘萬. 自古有一年而括二千萬以輸京師, 又括京師兩千萬以輸邊者乎?

10) 谷應泰, 『明史紀事本末』卷72,「崇禎治亂」. 蓬蒿滿路, 雞犬無聲.

11) 『明史』卷305,「魏忠賢列傳」. 自內閣六部至四方總督巡撫, 遍置死黨.

12) 『明史』卷306,「田爾耕列傳」. 廣布偵卒, 羅織平人, 鍛鍊嚴酷, 入獄者率不得出.

13) 순무巡撫, 명청 시기의 관직. 순무는 "천하를 순행하며 군민을 위로하고 다스린다(巡行天下, 撫治軍民)"는 의미다. 처음에 명 태조 주원장이 1391년, 의문 태자(태자 주표)를 파견하여 섬서를 순무하게 한 것에서 처음 등장하였다. 영락제 시기인 1421년 조정의 신하 26명을 파견하여 지방을 순시하게 했는데 이때부터 순무 제도가 생겨났다. 선덕제 시기, 1430년에 각 성에 순무를 두고 상주하게 하자 점차 제도로 정착하였다. 명나라 시기 순무는 6부의 시랑 직을 겸하였으며 1453년 이후부터는 도찰원의 정관 직함을 겸하기 시작하였다. 명 말기에는 1성省 혹은 그 일부를 관할하는 지방관으로서 20명을 넘었다. 명의 순무는 중앙에서 파견한 관리로, 본질적으로 중앙관리이 다. 목적은 문신으로 무신을 견제하여 각 성과 각 군진 및 성 내 삼사 사이의 관계를 조화시키고 직권을 통일시켜 서 서로 예속하지 못하도록 하고 수평관계의 삼사 사이에 운영이 원활하지 못한 것을 방지하기 위한 것이다. 청은 명의 제도를 답습하였으나 몇 가지 차이가 있다. 먼저 명과는 달리 청의 순무는 중앙관리가 아니라 지방장관 직이 되었다. 순무는 포정사, 안찰사, 도지휘사의 상위 관직이 되었으며 대부분 1개 성에 해당하는 지역을 총괄하 게 되었다. 명 시기에는 순무의 총괄 범위가 1개 성을 넘어서거나 미치지 못하는 경우도 있었다. 역자 주.

14) 谷應泰, 『明史紀事本末』卷71,「魏忠賢亂政」.

말기 관료 사회를 횡행하였다. 숭정제崇禎帝 즉위 초기에 호과戶科 급사중給事中 한일량韓一良이 상소하여 "하지만 오늘날 돈을 쓰지 않는 곳이 어디 있습니까? 뇌물을 받지 않는 관리가 누가 있습니까? 이전에 돈을 써서 승진했는데, 어떻게 돈으로 보상받지 않으려 하겠습니까? … 관직을 예로 들면, 현의 관리는 뇌물 주는 앞잡이요 급사는 뇌물 받는 우두머리여서 … 과도는 뇌물로 사고파는 첫 거래라고 일컬어집니다. 신은 두 달 사이에 금 오백을 사양했습니다. 교제가 적은 신도 이 정도이니, 다른 사람이야 미루어 짐작할 수 있습니다."15)라고 했다. 숭정제가 정치를 맡은 17년 동안 열심히 정치적 안정을 도모했지만 병은 고질이 되어 적폐를 되돌리기는 어려웠다. 게다가 역사가 어찌 한 개인의 의지로 변화시킬 수 있는 것이겠는가! 그러므로 숭정 시기 "사안마다 숭정제의 결단을 받들어 시행하였는데", 그 결과 아무런 소용이 없었을 뿐 아니라 오히려 "아첨의 기풍이 더 조장되었다."16) 이와 같이 부패가 이미 극에 달한 봉건 전제 정권은 이치상 당연히 역사에서 도태당할 수밖에 없었다.

명이 쇠약해져 사망하기만 기다리던 무렵, 중국 동북에 있던 건주建州에서는 여진女眞이 흥기하였다. 누르하치(努爾哈赤)가 만력 11년(1583)에 군대를 일으킨 이래로 반세기만에 요녕遼寧과 심양瀋陽 지역에 웅거하면서 호시탐탐 중원을 노리고 있었다. 이어서 황타이지皇太極가 군대를 이끌고 빈번하게 국경을 침범하면서 산동山東, 산서山西, 하북河北 그리고 수도 부근 일대에까지 출몰했고 명이 망할 때까지 떨쳐버릴 수 없는 적대 세력이 되었다. 그러나 명 왕조를 사망에 이르게 한 것은 살 길 없이 궁지에 몰린 농민 대중이었다. 천계天啓 7년(1627) 섬서陝西 백수현白水縣의 농민이 먼저 의병을 일으켰다. 작은 불티가 순식간에 들판을 태우듯 숭정 17년(1644) 부패한 명 왕조를 매장시켰다. 그러나 이자성李自成의 대순大順17) 농민정권은 소생산자라는 한계 때문에 정권을 공고하게 할 능력이 없었고, 북경을 점거한지 40여 일만에 황급히 서쪽으로 퇴각했다. 명 말기 농민 봉기 승리의 성과는 군대를 거느리고 서쪽으로 진군한 만주 귀족에게 탈취당했다. 중국 봉건사회는 근본적 변혁이 일어나지 못하고 농민봉기의 힘을 빌려 왕조교체라는 정치적 변동을 실현했을 뿐이다.

전국적 봉건정권인 청 왕조는 순치順治 원년(1644)에 수립된 이후 강희康熙 22년(1683) 대만을 통일할 때까지 장장 40년에 이르는 동란을 겪었다.

---

15) 谷應泰, 『明史紀事本末』卷72,「崇禎治亂」. 然今之世, 何處非用錢之地? 何官非受錢之人? 向以錢進, 安得不以錢償? … 以官言之, 則縣官行賄之首, 而給事為納賄之魁 … 科道號為開市. 臣兩月來辭金五百, 臣寡交猶然, 余可推矣.

16) 谷應泰, 『明史紀事本末』卷72,「崇禎治亂」. 事事仰承獨斷, 諂諛之風日長.

17) 대순大順 : 이자성이 1643년 서안西安을 수도로 삼아 세운 국호. 1645년 오삼계吳三桂와 청태조淸太祖 누르하치努爾哈赤의 연합군에 의해 멸망하였다. 역자 주.

순치順治 원년 만주 귀족이 중원에 들어와 명나라 말의 계급세력의 비율을 변화시켜 새로운 형태의 조합이 출현하게 되었다. 북방에서는 이미 이자성 농민군의 엄중한 타격을 받은 지주계급이 오삼계吳三桂의 항복을 계기로 신속하게 만주 귀족에 합류했다. 그리고 장헌충張獻忠이 이끈 농민군이 소탕한 남방에서도 지주계급이 반동 무장 세력을 규합하여 농민군에 결사적으로 저항했다. 농민봉기의 심각한 타격을 입지 않은 강남의 관리와 향신鄕紳들은 같은 해 5월 남경에서 홍광弘光 정권을 세우고 만주 귀족과 "군대를 연합하여 토벌하고 진격해서 관중에서 죄를 물으려[合師進討, 問罪秦中]"[18] 했다. 청조는 만주족 지주계급과 한족 지주계급 이익의 대변자로서 한편으로 순치 원년에 권지령圈地令을 반포하고, 북경 부근 각 주현의 "주인 없는 황무지"를 "동쪽으로 온 제후, 훈신, 병사 등에게 모두 나누어주도록" 조치하여, 만주 귀족이 대량의 토지를 점유하도록 확실하게 보장해주었고, 이로써 "만주족과 한족이 분리하여 거주하면서 각자 영역을 경영하게 했다."[19] 다른 한편으로는 만주족의 권지圈地와 충돌하지 않는다는 전제하에 한족 지주계급의 이익을 보호하는 규정을 명문화하였다. 순치 2년에 전란을 피해 떠났던 지주에게는 돌아온 뒤에 "이전의 생업을 주고" 어느 누구도 "강제로 침탈하여 차지霸占"할 수 없으며, 따르지 않으면 黨寇의 죄로 처벌할 것이라고 선포하였다.[20] 전국적으로 보면, 순치 초기는 기본적으로 만주족 지주계급과 한족 지주계급이 연합해서 농민봉기를 진압하는 국면이었다.

그러나 청나라 정권이 한족 지주계급에 대한 연합과 보호에는 전제가 있었다. 그것은 새로운 왕조의 통치에 무조건 복종하고 연합 정권에서 만주 귀족의 특수한 핵심적 지위를 인정하는 것이었다. 이와 관련해서는 일체 이의異議를 제기할 수 없었고 더욱이 "연호를 세우고 황제로 칭할" 수 없었다. 그렇지 않으면 "곧 하늘에 해가 둘 있는 것으로 명백히 적국이 되는 것이었다."[21] 따라서 남명南明 정권이 이러한 현실을 받아들이기를 거부한 뒤에 상황은 급변했다. 순치 2년 4월, 명 말기 농민 봉기의 주요 리더 가운데 한 사람인 이자성이 호북湖北 통산현通山縣 구궁산九宮山에서 희생되었다. 다음 해 겨울, 다른 주요 영수 장헌충도 사천四川 서충현西充縣 봉황산鳳凰山에서 죽자, 기세 높았던 명 말 농민 봉기는 더욱 약화되었다. 농민군이 큰 타격을

---

18) 蔣良騏, 『東華錄』卷4, "順治元年七月"條.

19) 『清世祖實錄』卷12, "順治元年十二月丁丑"條. 丁丑, 諭戶部. 我朝建都燕京, 期於久遠, 凡近京各州縣民人無主荒田 … 其餘田地盡行分給東來諸王勳臣兵丁人等. … 然此等地土若滿漢錯處必爭奪不止, 可令各府州縣鄕村, 滿漢分居, 各理疆界.

20) 『清世祖實錄』卷15, "順治二年四月丁卯"條; 卷18"順治二年閏六月辛巳"條. (東省文武鄕紳初以懼亂南逃, 近皆絡繹回籍. 請分別南竄月日, 係未歸順以前者,) 準給故業, (仍聽薦用).

21) 蔣良騏, 『東華錄』卷5, "順治元年七月"條. 今若擁號稱尊, 便是天有二日, 儼為敵國. 『清世祖實錄』卷6, "順治元年七月壬子"條에도 같은 내용이 실려 있는데, 다만 "儼為敵國"이 "儼為勁敵"으로 되어 있다.

받고 서남쪽의 협소한 지역에 몰렸을 때, 청나라 군대는 남하하여 무력으로 강남의 관리와 향신들에게 역사의 현실을 받아들이도록 강요했다. 순치 2년 5월, 홍광弘光 정권이 붕괴되었다. 6월, 청나라 조정은 다시 체발령剃髮令을 반포하여 만주족의 체발 풍습을 강남에서 강제로 추진했다. 청나라 조정은 "이번 포고 이후 수도 안팎의 직예 각 성에서는 열흘 안에 체발을 완료하도록 한다. 만약 회피하면서 머리털을 아까워하거나 교묘한 말로 말다툼을 일으키면 결코 가벼이 용서해주지 않을 것이다"22)라고 다시 훈령을 내렸다. 또한 엄격히 규정하여 "이미 평정된 지방이 명의 제도를 그대로 유지하고 청의 제도를 따르지 않는다면 용서 없이 사형에 처할 것이다!"23)라고 했다. 이러한 고압적 민족 정책은 적지 않은 강남의 관리와 향신들을 고개 숙이고 규정을 따르게 만들었지만, 한편 민족적 굴욕을 감수하지 않으려는 더 많은 사람들은 들고일어나 맞서며 거세게 일어나는 반체발 투쟁 속으로 뛰어들기도 하였다. 상황의 급격한 변화는 만주족 지주계급과 한족 지주계급이 연합하여 농민봉기를 진압하던 틀을 깨고 민족모순이 한 동안 사회의 주요 모순으로 올라서게 하였다.

민족적 모순의 전에 없던 격화는 대순大順과 대서大西24) 농민군 잔여 부대가 홍광弘光 정권의 뒤를 이어 세워진 남명南明의 융무隆武(1602-1646), 영력永曆(1649-1662) 정권과 연합하여 청에 저항하는 데에 객관적 조건을 제공하였다. 그리하여 청 초기 농민군이 중심이 된 항청抗淸 투쟁이 고조되는 상황이 출현하였다. 그러나 한편으로 남명 정권이 극도로 부패해서 관료들이 알력을 일으키고 당쟁이 그치지 않았을 뿐 아니라 온힘을 다해 농민군을 배척하고 타격 하였다. 다른 한편으로 대순군大順軍이건 대서군大西軍이건 막론하고 모두 강력한 영도 집단을 형성하지 못해 양쪽으로 갈라진 세력은 끝내 효과적으로 합작할 수 없었고 심지어 서로 싸우기도 했다. 이렇게 10여 년의 각축을 겪다가 강희 3년(1664)이 되어 항청 투쟁이 진압되었다. 이렇게 해서 전국 범위의 반민족 압박투쟁은 기본적으로 일단락되었고, 민족모순도 완화되어 갔다.

강희 3년부터 일찍 10년 가까이 상대적으로 평온한 국면이 출현했다. 상대적으로 평온했다고 말하는 이유는 강희제의 친정을 전후해서 보정대신 오배鰲拜가 대규모 옥사를 여러 차례 일으켜 무고한 사람을 함부로 죽인 탓에 조야가 불안하였기 때문이다. 6년에 강희제가 친정을 시작하여, 8년에 결국 오배를 제거했다. 그러나 이때 대만의 정성공鄭成功은 군대를 보유하고 독립하여 복종하지 않았고, 서북 준가르准噶爾 부족의 봉건 왕공은 역량을 결집해서 청조에 저항했으며,

---

22) 蔣良騏, 『東華錄』卷5, "順治二年六月". 條自今布告之後, 京城內外, 直隸各省, 限旬日盡行剃完. 若規避惜發, 巧詞爭辯, 決不輕貸.

23) 蔣良騏, 『東華錄』卷5, "順治二年六月"條. 已定地方, 仍存明制, 不遵本朝制度者, 殺無赦!

24) 대서大西 : 張獻忠이 1644년 四川 成都를 수도로 삼아 세웠던 국호. 1662년까지 이어졌다. 역자 주.

오삼계, 상가희尚可喜, 경정충耿精忠 등의 번왕은 이미 세력이 방대해져서 통제하기 힘들 정도였다. 그러므로 평온했다기보다는 훨씬 더 큰 규모의 저항과 동란 전의 분위기가 무르익어 가고 있었다고 하는 것이 맞다. 한편으로 청 조정에서는 중앙집권을 강화할 정치적 필요성이 점점 더 절박해져갔고, 다른 한편으로 오삼계를 대표로 하는 봉건 군벌에게는 할거하여 군림하려는 욕망이 걷잡을 수 없이 팽창하여갔는데, 모순관계에 있는 쌍방 세력의 성쇠는 강희 12년(1673)에 시작해서 8년 동안 장기적으로 지속되어, 10여개 성에까지 퍼져나간 삼번三藩의 난으로 발전했다. 강희 20년(1681), 삼번의 난이 평정되었다. 뒤이어 청 조정은 강희 22년에 이르러 비로소 정성공 세력을 항복시키고 대만을 통일했다.

앞서 서술한대로, 명 말기 사회경제는 이미 붕괴되어 수습하기 어려운 국면이었다. 청군이 관내로 들어온 초기에는 매년 전쟁이 끊임없이 이어져 사회생산력이 심각하게 파괴되었고, 경제 상황은 장기간 회복될 수 없었다. 청 세조조차도 인정하지 않을 수 없었는데, 순치 중엽의 사회 상황은 여전히 "백성은 의지해서 살아갈 바가 없었고, 굶주림과 추위로 고통 받았으며", "관리들은 부패하고, 민생은 피폐하였다."25) 삼번의 난이 평정된 후, 강희제는 "이제 반란분자들은 이미 평정되었지만 피해의 참상은 아직 완전히 회복되지 않았다."라고 지적한 적이 있다. 그는 "군대가 징발에 지쳤고", "민간은 전운26)으로 피폐해졌음"을 깊이 새기고, 안팎의 관원들에게 "백성을 쉬게 하고 길러주고 원기를 북돋아 회복시키도록" 독촉하였다.27) 당시 백성의 고통이 어떠하였을 지 상상할 수 있다. 그러나 필경 명 말기 농민봉기의 충격으로 부패한 봉건질서는 일정한 시기 일부 지역에서 무너졌고 농민대중은 생존의 가능성을 쟁취하게 되었다. 그리고 민족 압박에 맞선 투쟁은 장기간에 걸친 것으로 청 초 통치자가 어쩔 수 없이 명 말의 적폐와 청 초기의 학정에 대해 적절한 조정을 가하도록 하였다. 명 말기의 "삼향三餉"의 증세는 순치제順治帝 즉위 초에 이미 법령으로 명문화하여 폐지했다. 환관의 정치 간여, 관료들의 파당 결성도 청 조정의 수차례에 걸친 명령으로 엄격히 금지되었다. 강희제는 친정한 후, 권지圈地 정책이 야기한 극악한 결과를 거울삼아, 강희 8년 6월 특별 조칙을 내려, "이후로 민간의 가옥과 토지를 임의로 점거하는 것을 영구히 정지한다."28)고 선포하였다. 이 조치들은 한결같이 청 초 경제 회복에 가능성을 제공했다. 개간된 농지 규모로 예를 들어보겠다. 중국 봉건사회는 원래 농업을 근간으로 삼았기 때문에, 이것으로 당시 경제 상황을 엿볼 수 있다. 명 말기는 이미 혼란의 와중에

---

25) 『淸世祖實錄』卷75, "順治十五年五月己卯"條. 民不聊生, 饑寒切身. … 吏治墮污, 民生憔悴.

26) 전운轉運: 조세 등 국가가 요구하는 것을 운송하여 바치는 일을 말한다. 역자 주.

27) 『淸聖祖實錄』卷99, "康熙二十年十二月癸巳"條. 今亂賊雖已削平, 而瘡痍尚未全復. … 師旅疲於征調, … 閭閻弊於轉運, … 修養蒼黎, 培復元氣.

28) 『淸聖祖實錄』卷30, "康熙八年六月戊寅"條. 自后圈占民間房地, 永行停止.

있었기 때문에 근거로 삼기에 충분하지 않다. 명 중엽 홍치弘治 연간은 4,228,058 경頃이었다. 장거정張居正이 집권했을 때 "천하의 농지를 측량하는 것을 시행했는데" 7,013,976 경이었다.[29] 물론 전자의 수에는 속여서 감춘 것이 있고, 후자의 수에는 허수로 부풀린 것이 있어서, 다 실제의 수로 기록한 것은 아니지만, 그러나 대략적 근거치로 삼는 것은 가능하다. 청 초, 순치제가 친정한 이후로 10년, 특히 강희제 초기 10여년의 노력으로, 순치 18년(1661) 전국의 개간된 농지는 이미 5,493,000여 경에 달했다. 강희 24년(1685)에는 더 늘어서 607만여 경에 이르렀다.[30] 강희 중엽의 이학理學 명신 육롱기陸隴其는 이렇게 말한 적이 있다. "강희 20년 이후 국내 상황이 나아지는 기색이 보였다."[31] 이 말은 믿을 만하다. 냉정히 말하자면, 청나라 초기 40년에 걸친 동란이 있었지만 경제적으로건 정치적으로건 명 말기와 비교하면 분명히 조정된 것도 있었고 더 나아진 부분도 있었다. 그러므로 청이 명을 대신한 것은 역사의 퇴보가 아니라 역사의 진전이다. 다만 이 비틀거리며 나아가는 과정이 구불구불 불안정한 형식을 취하였을 뿐이다.

3. 혼란에서 안정으로 나아간 청 초기 사회

강희 20년 삼번三藩의 난이 평정되고, 2년 뒤 대만 정씨鄭氏의 세력이 회귀하면서 청 왕조는 전국에 걸쳐 효력을 발휘하는 통치를 확립했다. 이로부터 청 조정은 여러 강력한 조치를 취해 이미 회복 중에 있던 경제를 신속히 발전시켰고, 청 초 사회는 마침내 혼란으로부터 벗어나 안정기로 접어들었다. 강희 23년(1684)에서 61년(1722)에 이르는 40년에 가까운 기간 동안, 태자 자리를 두고 세월을 소모하며 지속된 다툼이 정치적으로 여러 문제를 야기하였고, 국가의 통일을 유지하기 위해 청 조정에서 두 차례에 걸쳐 서북西北과 서장西藏에서 대규모의 군사행동을 일으켰으며, 또 국부적인 농민봉기도 간혹 발생하였다. 그러나 나라 전체로 보면, 대체적으로 정치가 잘 이루어져 인심이 화합하고, 폐지되었던 일들이 다시 행해져서 안정기로부터 번영기로 향하는 국면이 조성되었다.

강희제는 매우 유능한 봉건 군주였다. 그가 소년 시절에 청 세조世祖로부터 물려받은 것은 처음 시작되어 확정되지 않은 정권이었다. 친정 이후 그는 민심에 호응하여 "백성에게 휴식함을 주는 것[與民休息]"을 통치의 종지로 삼았고, "예로부터 백성에게 휴식함을 주는 것은 그 도가

---

29) 『明史』卷77,「食貨志一」. 帝用大學士張居正議, 天下田畝通行丈量, 限三載竣事. … 總計田數七百一萬三千九百七十六頃, 視弘治時贏三百萬頃.

30) 『清朝文獻通考』卷1,「田賦一」.

31) 『清經世文編』卷28,「論直隸興除事宜書」. 康熙二十年以後, 海內始有起色.

백성의 생업을 방해하지 않는 것에 있으니, 한 가지 일을 더 늘리기 보다는 한 가지라도 덜어주는 것이 낫다. 짐이 보건대, 전대의 군주와 신하는 매번 큰 공 세우기를 좋아하여 백성을 힘들게 하고 재용을 손상시켰고 옛 제도를 문란하게 하고 원기를 소모시켰다. 상하 사이에 내홍으로 시끄러워 민생은 갈수록 위축되었으니, 깊이 거울삼을 만하다."32) 라고 지적했다. 당면한 실제 상황으로부터 시작하여, 그는 "삼번, 황하 관리, 조운 등을 세 가지 중대 사업으로 설정하고", "글로 써서 궁중의 기둥에 매달아 놓고서"33) 항상 생각하며 한시도 잊지 많았다. 8년에 일어난 삼번의 난은 어린 강희제에게 최초의 엄중한 도전이었다. 강희제는 조정에서 책략을 세워 천리 밖에서 승리를 거두면서, 국정을 경영하는 그의 탁월한 재능을 단련하고 또 보여주었다. 삼번의 난이 평정되면서 숨겨진 우환은 근본적으로 제거되었고, 대만이 회귀하여 국내 전체가 통일되었다. 그 이후 강희제는 정력적으로 국정을 다스렸는데, 예전과 다름없이 수리사업을 일으키고 개간을 장려하면서, 황하 관리와 조운의 처리에 힘을 집중하였다. 그는 "조운은 나라의 중대사에 관계되고[漕運關係重大]"34), 황하의 관리는 또한 "조운과 민생에 직결된다.[關係漕運民生]"라고 지적했다. 그래서 그는 "지금 천하는 태평하니, 가장 중요한 것은 황하를 관리하는 것이다."35)라고 했다. 이를 위해서 그는 1684년부터 1707년까지 여섯 차례에 걸쳐 남부지방을 순수하고 황하와 회수의 관리와 조운의 정돈 상황을 시찰하였다. 그의 세심한 안배와 감독 아래, "회수와 황하의 옛길은 차례차례 수복되어 조운은 잘 통하게 되었으며", "수륙의 운송이 순조로와 상인과 일반 백성이 혜택을 입는"36) 상태에 이르렀다. 이렇게 해서 농업생산의 신속한 발전과 남북경제의 교류에 확실한 보증을 제공했다.

생산이 발전함에 따라 국가는 점점 부유해졌다. 강희 44년(1705) 국고의 은은 순치 말년에 비해 수백 배로 늘어서 4,000여 만 량에 달했다.37) 국고가 풍족해지자 청 조정은 거듭 지방의 부세賦稅를 면제했는데, 한편으로 백성의 부담을 경감시켜주는 데 뜻이 있고, 다른 한편으로 백성이 부를 축적하는 효과도 거둘 수 있었다. 강희 49년 10월, 청 성조聖祖는 유지諭旨를 반포하여 전국의 토지세를 두루 면제해주었는데, 전국 각 지역에서 납부해야 할 부세賦稅를 "내년부터 3년 안에 모두 1년치 부세를 면제한다."라고 선포했다.38) 51년 2월 청 조정은 또 봉건국가의 중요한 재정

32) 『康熙起居注』, "康熙十一年十二月十七日戊午"條. 從來與民休息, 道在不擾, 與其多一事, 不如省一事. 朕觀前代君臣, 每多好大喜功, 勞民傷財, 紊亂舊章, 虛耗元氣. 上下訌囂, 民生日蹙, 深為可鑒.
33) 『淸聖祖實錄』卷154, "康熙三十一年二月辛巳"條. 以三藩及河務, 漕運為三大事.… 書而懸之宮中柱上.
34) 『康熙起居注』, "康熙二十八年三月二十六日癸巳"條.
35) 『康熙起居注』, "康熙二十八年正月二十三日辛卯"條. 今四海太平, 最重者治河一事.
36) 『淸聖祖聖訓』卷33, 「治河一」. 淮黃故道, 次第修復, 而漕運大通.… 漕輓安流, 商民利濟.
37) 『淸聖祖實錄』卷229, "康熙四十六年五月戊寅"條.

의 원천인 인구세를 동결하고 법령으로 명문화하여 "직예 각 성의 현재 징세책에 이름이 올라 있는 인구를 정수로 영구히 고정하고, 이후 출생하는 인구에 대해서는 추가로 징세하는 것을 면제한다."라고 하였다.39) 강희 말, 옹정 초에 전국의 경지 면적은 순치 말년과 비교하면 100만 경이 증가하여 명나라 만력 연간의 수준에 접근했고 점점 초과해갔다. 이와 함께 이 시기의 청 왕조는 국력이 강성하여 사방에 위세를 떨쳤다. 일련의 군사행동을 통해 청 조정은 내몽고와 외몽고, 신강新疆과 서장西藏에 대한 통치를 확립하였는데, 이 때 이르러 통일된 다민족국가의 영토가 대략 정해졌다.

중국 봉건사회 말기의 역사에서, 강희 중엽부터 모습을 드러낸 안정과 번영의 국면은 명나라 영락 연간 이후 200여 년 동안 없었던 것이었다. 그것은 이후의 옹정雍正, 건륭乾隆 연간 국력의 강성에 두터운 기초가 되었다. 이전의 역사가는 강희 시기를 이렇게 노래한 적이 있다. "풍속이 변화하고 천하가 화평해져 태평시대를 이루었다. 후세 사람들은 옹정과 강희 연간의 시대를 바라보고 그리워하였다."40) "바라보고 그리워하다.[想望流連]"라는 말은 필요 이상의 지나친 말로 슬프기도 해서 취할 만한 것이 못된다. 그러나 그 말 안에 포함된 진부한 정취만 빼면, 그러한 평가는 역사의 실상과 그리 멀지 않다.

---

38) 『淸聖祖實錄』卷244, "康熙四十九年十月甲子"條. 自明年始, 於三年以內, 通免一周.

39) 『淸聖祖實錄』卷249, "康熙五十一年二月壬午"條. 將直隷各省見今征收錢糧冊內, 有名人丁, 永爲定數. 嗣后所生人丁, 免其加征錢糧.

40) 『淸史稿』卷8,「聖祖本紀三」. 風移俗易, 天下和樂, 克致太平. 其雍熙景象, 使後世想望流連.

제 2 장
청조의 문화정책 비판

청초 학술발전에 영향을 미친 여러 요인들 가운데 청 조정의 문화정책은 중요한 부분을 차지한다. 이 문제에 관련하여 기존 연구에서는 부정적 영향에 대한 비판은 많은 반면 적극적 작용에 대한 긍정은 적어, 공정한 논의를 아직 못하고 있는 실정이다. 따라서 실사구시實事求是의 차원에서 청초 문화정책에 대해 재조명하는 것은 의심할 바 없이无疑 해결해야 할 한 과제이다.

1. 청 초기 문화정책의 주요 측면

순치順治 연간은 전쟁으로 문치文治를 행할 겨를이 없었다. 따라서 관련된 문화정책은 미비하여 기본적으로 명대의 제도를 그대로 계승하는 상황이었다. 강희 연간 초엽에 남명의 잔재가 일소되고 청조의 통치는 공고해진다. 강희제 친정 이후 경제가 점차 회복됨에 따라 문화건설 역시 강화되었고 각종 기본적인 국책도 더불어 확립되었다. 강희 23년(1684)이후 삼번三藩의 난이 평정되고 대만이 수복되면서 청초 역사는 상대적으로 안정된 발전단계로 접어든다. 청조에서 문화정책을 조율하면서 학술문화 사업도 나날이 발전하여 번영의 길로 들어선다.

청초의 문화정책은 대체로 다음의 몇 가지 측면으로 귀결된다.

첫째, 민족억압 정책의 확립

상부구조로서의 문화정책은 필연적으로 성립의 근거가 되는 경제적 토대의 제약을 받기 때문에 시대의 표지가 선명하게 각인된다. 한편, 구체적인 각종 정책의 제정은 모두 통치자의 근본적인 이해관계에 의해 좌우되기 때문에 통치를 유지하는 중요수단이 된다. 만주귀족이 세운 청조는 형식적으로는 이른바 "만한일체滿漢一體"의 체제이지만, 만주귀족을 핵심으로 삼는 것이 이 체제의 본질이었다. 이런 정권의 본질 때문에 광범위한 국토에 퍼져 있는 수많은 한민족과 기타 소수민족에 대해 강압통치를 시행하게 되며, 이런 강압통치가 문화정책에 반영된 것이 민족억압 정책의 시행이다. 순치연간 초엽부터 무력을 바탕으로 점차 전국으로 확대 시행해간 체발역복剃髮易服1)은 민족억압정책의 기본적인 내용을 구성한다. 이 정책을 강제 시행한 결과, 첫째 강남지역 인민의 감동적이고 눈물겨운 반체발투쟁을 직접 불러일으켰으며, 명말 농민봉기 세력의 잔여 부대와 남명정권이 연합하게 만들어 이 연합군을 주력으로 청 조정과 10여 년 동안 대규모 군사적 저항을 전개하게 되었다. 둘째 민족억압정책으로 형성된 민족심리상의 장벽은 이백 수십 년이 지나도 해소되지 않고, 청대 역사 내내 잠복하였다가도 때로 수면 위로 떠오르기를 반복하면서 잠재적 불안요소가 되었다.

민족억압정책에 상응하여 순치 16년(1659)에 청조는 분서焚書라는 아주 나쁜 선례를 남긴다. "도를 이탈하여 주석을 공박하였다[畔道駁注]"는 구실로 그해 11월 명령을 내려 민간에 전하는 『사서변四書辨』과 『대전변大全辨』 등의 서적을 불태워버렸다. 각 성의 학신學臣들을 엄중히 경계시켜, "사인을 평가할 때는 힘써 경전을 준수하고 이설을 숭상해서는 안 된다."2)라고 하였다. 다음해 1월에는 또 사인들에게 "결사의 이름을 함부로 내걸고 무리를 모아 단체를 결성하면 안 된다"라고3) 조문으로 명시하여 공포했다. 이어서 강희 초기 네 대신이 섭정하던 기간4)에 청대 역사상 첫 번째 대규모 문자옥-장정룡莊廷鑨의 명사안明史案-을 일으켰다. 이로부터 명의 역사, 특히 명대 말기의 명청관계사를 연구하는 것이 학술계의 금역禁域이 되었다. 강희제 친정 이후 "관용과 화평[寬大和平]"을 국정 운영 방침으로 시행하여 학술계에 대한 가혹한 요구는 적었지만, 청의 이해관계와 연계된 문제에 관련해서는 선을 넘는 것을 조금도 용납하지 않았다. 이후 문자옥이 다시 발생하였는데, 강희 52년(1713) 한림원 편수編修 대명세戴名世가 저술로 인해 목숨을 잃은 것이나, 옹정雍正과 건륭乾隆 연간 문화 금지령이 많이 배치되어 억울한 옥사가 무더기로 발생하기까지 그 근원은 모두 민족억압정책에 있었다.

가혹한 봉건적 문화독재는 사상을 통제하고 인재들을 훼손시켜 한 시대 학술발전의 엄중한 장애가 되었다.

둘째, 과거로 사士를 선발하는 제도의 회복.

과거로 사士를 선발하는 방식은 수당 이후 계속 이어져 내려오면서 봉건국가에서 인재를 선발

---

1) 한족에게 머리를 깎고 만주식 복장을 하게 한 것. 역자 주.
2) 『淸世祖實錄』권130, "順治十六年十一月甲戌"條. 校士務遵經傳, 不得崇尚異說.
3) 『淸世祖實錄』권132, "順治十七年一月辛巳"條. 不得妄立社名, 糾眾盟會.
4) 네 대신: 색니(赫舍里 索尼), 소극살합(納喇 蘇克薩哈), 알필융(鈕祜祿·遏必隆), 오배鰲拜. 역자 주.

하는 주요 제도였을 뿐 아니라, 문화건설을 하는 데에 기본 국가 정책이었다. 명 말에 빈번한 전란으로 국가의 멸망이 임박하여 과거시험은 정상적으로 시행될 수 없었다. 순치 원년(1644) 청 조정이 중원의 통치자가 되고, 10월 세조가 즉위하여 천하에 조서를 반포할 때, 명대 왕조의 전례를 따라 "회시는 진, 술, 축, 미년에 시행하는 것으로 정하고, 각 직예성의 향시는 자, 오, 묘, 유년에 시행하는 것으로 정한다."5)라고 조문으로 명시하여 중단되었던 과거제도를 회복시켰다. 순치 2년 5월, 남명 홍광弘光정권이 멸망하고 청 조정은 과신科臣 공정자龔鼎孽와 학신學臣 고거사高去奢의 요청에 따라 남경南京향시를 같은 해 10월에 거행하게 했다. 7월에 절강총독浙江 總督 장존인張存仁은 사인들이 "반역을 따를 마음[從逆之念]"을 가지지 않도록 "속히 제학을 파견하여 과거시험을 열고 사를 뽑을" 것을 청하는 소를 올렸다.6) 이에 따라 향시는 절강지역까지 시행되었다. 다음해 2월 북경에서 처음으로 회시가 치러지고 3월에 전시를 거쳐 부이점傅以漸이 청대의 첫 번째 장원급제자가 되었다. 같은 해 8월, 인재를 모으고 통치를 공고히 하기 위해 청 조정은 다시 향시를 복원하고, 다음해 2월 다시 회시를 거행하였다. 부이점의 뒤를 이어 여궁 呂宮이 두 번째 장원급제자가 된다. 뒤에 부이점과 여궁은 모두 대학사大學士까지 올랐다.

이와 동시에, 청 조정은 명대 북경에 있던 국자감[北監]을 수복하여 태학으로 바꾸고 생도를 널리 모집하여 학문을 닦게 했다. 뒤이어 명대 남경에 있던 국자감[南監]이 강녕부학江寧府學으로 바뀌었고, 각 성의 부府, 주州, 현학縣學도 청 조정의 통치지역의 확장에 따라 차차 복원되었다. 학교 교육의 시행에 발맞추어 각 성의 서원도 계속 중건되어 인재 교육과 풍속 교화의 중요한 장소가 되었다.

강희 2년부터 청 조정은 과거시험 가운데 팔고문八股文을 폐지하고 책론策論만으로 시험을 치렀다. 뒤에 예부시랑禮部侍郎 황기黃機의 요청으로 7년에 다시 팔고문을 복원하였다. 이 때부터 팔고문으로 사인을 뽑는 것이 고정된 체제가 되었다.

셋째, "유를 숭상하고 도를 중시하다[崇儒重道]"7)는 기본정책의 실시.

중국 수천 년 봉건사회에서의 문화와 교육에 대한 중시는 대대로 내려오는 전통이다. 송명이후 공자와 맹자로부터 주돈이, 이정, 장재, 주희까지 내려오는 이른바 "도통"설의 유행으로 "숭유중도"는 봉건국가의 기본적인 문화정책이 되었다.

청초 다이곤多爾袞 섭정시기의 전쟁을 거친 후, 순치 8년 세조 친정 이후에 문화건설이라는 역사적 과제는 닻을 올린다. 9년 9월, "벽옹에 나아가 석전례를 행하는[臨雍釋奠]" 의식을 성대하

---

5) 『淸世祖實錄』권9, "順治元年十月甲子"條. 會試, 定於辰·戌·醜·未年; 各直省鄕試, 定於子·午·卯·酉年.
6) 『淸世祖實錄』권19, "順治二年七月丙辰"條. 速遣提學, 開科取士.
7) 이하에서는 '숭유중도'로 동일표기. 역자 주.

게 거행하고 세조는 태학의 교사와 학생들에게 "성인의 도[聖人之道]"를 독실하게 지키고 "궁구하여 마음속에 깊이 새기고 다스림에 활용하도록[講究服膺, 用資治理]"8) 격려했다. 다음해 또 예부에 유지를 내려 숭유중도를 국책으로 정하였다. 12년에 다시 예부에 유지를 내려, "제왕이 다스림을 펴는 데는 문교가 우선이고, 신하가 군주에게 충성을 바치는 데는 경술을 근본으로 삼았다. ⋯ 지금 천하가 장차 안정되었으니 짐이 문교를 흥기시키고 경술을 숭상하여 태평의 시대를 열려고 한다."9) 2년 후, 순치 14년 9월 7일에 청대 역사상 처음으로 경연의식을 성대하게 거행하였다. 다음 달에는 또 홍덕전弘德殿에서 일강日講을 처음으로 여는 것으로 공자에게 고유제를 지냈다. 남쪽에서 전쟁이 아직 끝나지 않은데다가 세조가 일찍 죽는 바람에 청 조정의 "문교진흥"은 실시되지 못했지만, "숭유중도"의 기풍은 대략적으로 체계를 갖추게 된다.

　세조가 사망한 뒤, 일시적인 회귀현상이 나타난다. 강희 초기 수년간 네 명의 섭정대신이 "한족 풍속에 물드는 것[漸習漢俗]"을 바로 잡고 "예전의 제도를 순박하게 한다.[淳樸舊制]"는 이유로 퇴행적인 문화적 조치를 전면적으로 시행했다. 강희 6년에 성조가 친정하였고, 8년에 오배鰲拜를 우두머리로 하는 완고한 수구세력을 뿌리 뽑고 나서 문화건설은 다시 정상 궤도에 오른다. 같은 해 강희제는 태학에 직접 행차하여 공자에게 석전제를 지냈다. 다음해 8월에 오배 등에 의해서 폐지된 한림원이 회복되었다. 10월 강희제는 예부에 유지를 내려 세조가 제정한 "숭유중도"정책을 구체화시키고 "문교를 우선시 할 것"을 핵심으로 하는 16조의 국정강령을 제시하였다. 곧 "효제를 돈독히 하여 인륜을 중시할 것, 종족 관계를 두터이 하여 화목을 밝힐 것, 향당과 친하게 지내어 다툼을 일으키지 않을 것, 농사와 양잠을 중시하여 의식을 충분하게 할 것, 절약과 검소함을 숭상하여 재용을 아낄 것, 학교를 숭상하여 사인들의 기풍을 바르게 할 것, 이단을 몰아내어 바른 학문을 높일 것, 법률을 익혀 우매하고 완고함을 예방할 것, 예의와 양보를 밝혀서 풍속을 두터이 할 것, 생업에 힘써 백성들의 뜻을 안정시킬 것, 자제를 훈도하여 비행을 못하게 할 것, 무고를 못하게 하여 선량함을 온전히 보존할 것, 범죄자를 은닉시키지 못하게 하여 연좌에 걸리지 않게 할 것, 조세를 납부하여 독촉하는 비용을 줄일 것, 보갑으로 연계하여 도적을 막을 것, 원한을 해소하여 생명을 중시할 것"10) 이후 청 조정은 이른바 "성유 16조聖諭十六條"를 천하에

---

8) 『淸世祖實錄』권66, "順治九年九月辛卯"條.

9) 『淸世祖實錄』권91, "順治十二年三月壬子"條. 帝王敷治, 文教是先, 臣子致君, 經術為本. ⋯ 今天下漸定, 朕將興文教, 崇經術, 以開太平.

10) 『淸世祖實錄』권34, "康熙九年十月癸巳"條. 敦孝弟以重人倫; 篤宗族以昭雍睦; 和鄉黨以息爭訟; 重農桑以足衣食; 尚節儉以惜財用; 隆學校以端士習; 黜異端以崇正學; 講法律以儆愚頑; 明禮讓以厚風俗; 務本業以定民志; 訓子弟以禁非為; 息誣告以全良善; 誡窩逃以免株連; 完錢糧以省催科; 聯保甲以弭盜賊; 解仇忿以重身命.

반포하여, 국정 운영의 기본준칙으로 삼는다.

강희 9년(1670) 11월 일강이 다시 재개되었다. 다음해 2월 여러 해 중단되었던 경연이 다시 거행되었다. 이후 매년 봄과 가을 두 차례에 걸쳐 경연을 시행하는 것이 청대의 제도로 자리 잡는다. 일강이 재개되고 젊은 강희제는 일강관日講官 웅사리熊賜履 등의 지도 아래 학문에 매진하여 기존의 "숭유중도"의 정책을 안정적으로 실시하였다. 강희 17년 황제가 직접 "박학홍유博學鴻儒"를 등용한 일을 통해 "숭유중도"정책의 대대적 성공을 알린다.

넷째, "박학홍유博學鴻儒"과의 시행.

과거로 사를 뽑는 것은 인재를 얻는 데 그 취지가 있다. 봉건왕조에서 이미 정해진 과거시험 외에 인재를 불러 모으기 위해서 비정기적인 특별 시험을 시행하는 것은 역사서에 기록되어 있어 드물지 않게 보이니 청초에서 시작된 것이 결코 아니다. 하지만 강희 연간에 "박람홍유"과로 인재를 그렇게 많이 모은 것은 흔한 일이 아니었다. 순치 초기부터 해마다 이어져온 과거시험으로 일시에 학술문화계의 인사들이 분분히 관직에 진출했다. 그러나 학문이 뛰어난 약간의 문화인 중에는 비정통 왕조라는 생각 때문에 청 조정에 들어가기를 원치 못한 이들도 있었고, 의심과 염려스런 마음으로 관망하는 바람에 끝내 청 조정에 등용되지 않은 이들도 있었다. 삼번의 난 평정을 목전에 둔 상황에서 강희제는 "문교진흥"의 필요와 동시에 학술문화계의 광범위한 협조를 얻어서 통치를 공고히 하기 위하여, 지혜롭게 결단을 내려 관직에 진출할 수 있는 문을 크게 열었다. 강희 17년 1월에 강희제는 이부에 유지를 내렸다 : "예부터 한 시대가 흥기할 때에는 반드시 식견이 넓은 홍유들이 나와 문운을 진작하고 경사를 밝히고 사장을 윤색하면서 고문11)과 저작12)의 선발에 대비했다. … 우리 청조는 개국한 이래 유학을 숭상하고 중요시하며 인재를 배양했다. 천하가 넓은데 재주가 걸출한 학자로서 학문은 깊이 통하고 문장은 빼어나 전대의 선철先哲을 뒤따를 만한 사람이 어찌 없겠는가?" 강희제는 이렇게 한 번 의론을 제기한 후 내외 관원에게 다음과 같이 격려하였다 : "학문과 행실이 뛰어나고 문장이 탁월한 사람이라면 관직에 나갔는지 여부를 막론하고 내직에 있는 3품 이상의 관원 및 과도관13), 외직에 있는 총독과 순무, 포정사와 안찰사에게 각각 자신이 알고 있는 인재들을 추천하게 하라. 내 직접 시험하여 그들을 등용할 것이다. 나머지 내직과 외직의 관리들도 인물을 명확히 알고 있으면 내직은 이부에, 외직은 총독이나 순무에 보고하여 대신 천거하게 하라. 공정한 마음으로 널리 수소문하여 참된 인재

---

11) 고문顧問 : 자문에 응하면서 군주를 가까이에서 보필하는 신하. 역자 주.

12) 저작著作 : 군주의 정무활동을 기록하고 국사의 편찬을 담당하던 관리. 역자 주.

13) 과도관科道官 : 명청시대 6과科의 급사중給事中과 도찰원都察院의 각 도道 감찰어사監察御史를 통칭하여 과도관 科道官이라고 불렀다. 역자 주.

를 찾아내어 현사를 찾고 인문을 숭상하는 내 뜻에 부합하도록 힘쓰라."[14]

명령이 내려지자, 추천문서에 이름을 올린 자들 중 어떤 이는 "보기 드문 성대한 은전[曠世盛典]"에 감동하여 관직으로 나오기도 하고, 어떤 이는 지방 관리들의 독촉에 못이겨 나오기도 하면서, 1년 사이 서울로 구름처럼 모여들었다. 18년(1679) 3월 1일, 청 조정은 「선기옥형부璿璣玉衡賦」와 「성경시오언배율이십운省耕詩五言排律二十韻」을 제목으로 추천에 응한 143명[15]을 체인각體仁閣 과거시험에 소집했다. 합격자 명단을 발표한 후 1등 20명, 2등 30명을 등용하여 모두 한림원에서 관직을 맡게 했다. 뒤에 이 50명은 관직에서 경쟁하는 가운데 각각 굴곡진 삶을 살았으며, 그 중에 뛰어난 사람은 결국 모함을 받아 관직을 떠나기도 했다. 하지만 "박학홍유"과의 시행은 이런 개인적인 부침과는 별개로 큰 의미를 가지고 있었다. "박학홍유"과의 성공은 먼저 청 조정이 유학을 숭상하고 권장하는 토대가 확립되었음을 보여준 것에 의미가 있으며, 이는 이후 학술문화사업의 번영을 위한 순조로운 출발이 된다. 다음으로 대표적인 한족 학술문화 인사들을 성공적으로 농락함으로 인해, 광범위한 학술문화계와 청 조정 사이의 전면적 협력이 실현되었음을 나타냈을 뿐 아니라, 더 넓은 의미에서 만주족과 한족의 문화적 융합에 깊은 영향을 미쳤다. 이는 청조의 통치를 공고히 하는 데 문화심리적으로 보이지 않는 보증을 해줬다는데 그 의미가 있다.

다섯째, 도서 수집과 편찬.

"서적은 문교의 성쇠에 직결된다.[書籍關係文敎]"[16] 봉건사회에서 한 왕조 문교의 성쇠를 평가하는 데는 대체로 두 가지 기준이 있다. 하나는 얼마나 많은 인재를 얻었는가와 인재의 질이다. 다른 하나는 학술문화의 직접적인 성과로서 도서편찬과 수집보관이다. 순치시기에 문화는 크게 성행하지는 못했으나, 세조는 본래 문을 숭상하여 도서의 편찬과 수집을 일찍이 중시했다. 개국 초기 청 조정은 앞전 조대 역사편찬의 관례에 따라 순치 2년 3월에 『명사』 편찬에 대한 논의를 시작하였다. 5월에는 총재總裁와 부총재副總裁 및 찬수관 수십 명을 배치하였다. 세조 친정 후에는 어찬이라는 명분으로 순치 12년 9월 『자정요람資政要覽』과 『범행항언范行恒言』, 『권선요언勸

---

14) 『淸聖祖實錄』권71, "康熙十七年一月乙未"條. 自古一代之興, 必有博學鴻儒振起文運, 闡發經史, 潤色詞章, 以備顧問著作之選. … 我朝定鼎以來, 崇儒重道, 培養人才. 四海之廣, 豈無奇才碩彦, 學問淵通, 文藻瑰麗, 可以追蹤前哲者?", "凡有學行兼優, 文詞卓越之人, 不論已仕未仕, 令在京三品以上及科道官員, 在外督撫布按, 各擧所知, 朕將親試錄用. 其餘內外各官, 果有真知灼見, 在內開送吏部, 在外開報督撫, 代爲題薦. 務令虛公延訪, 期得真才, 以副朕求賢右文之意.

15) 여기서 인원수는 『淸聖祖實錄』에 기재된 것에 근거한다. 육이첨陸以湉의 『冷廬雜識』에는 154명으로 되어 있다.

16) 『淸世祖實錄』권117, "順治十五年五月庚申"條.

善要言』,『인신경심론人臣儆心錄』을 성씨가 다른 공경[異姓公] 이하 3품 이상의 문관에게 각 한 부씩 하사하였다. 다음 해 정월 유신들에게 또 『통감전서通鑑全書』와 『효경연의孝經衍義』 등을 편찬하게 하였다. 8월 『내칙연의內則衍義』가 완성되고, 12월에는 『역경통주易經通注』를 다시 편찬하게 하였다. 14년 3월에는 각 성의 학신學臣에게 선현들이 남긴 유작들을 구입하도록 독려하였다. 당시 세조가 다양한 책을 다독하는 바람에 "번역으론 미처 공급하지 못한다.[翻譯不給]"[17]고 내원의 유신들이 탄식할 정도였다. 뒤에 세조의 갑작스런 죽음으로 『명사明史』와 『효경연의孝經衍義』 등의 서적이 다 완성되지는 못했지만 도서편찬의 기풍은 이미 시작되었다.

강희제가 즉위한 후 20여년의 노력을 거쳐 도서편찬이 번창하는데 탄탄한 기초를 다진다. 이 기간 동안 경학에서는 『일강사서해의日講四書解義』와 『역경해의易經解義』, 『서경해의書經解義』, 『효경연의孝經衍義』가 앞뒤로 편찬되었으며, 사학에서는 강희 18년(1679)에 명사관明史館을 다시 열고, "박학홍유博學鴻儒"과로 인원을 뽑아 전부 명사관에 들어가 『명사』편찬에 참여하게 했다. 청대 역사사건에 대해서는 『삼조실록三朝實錄』, 『태조태종성훈太祖太宗聖訓』, 『대청회전大淸會典』, 『평정삼역방략平定三逆方略』 등을 편찬했다. 강희 23년 이후에는 시문, 음운, 성리, 천문, 역법, 수학, 지리 및 명물회편名物匯編 등으로 범위를 넓힌다. 비교적 높은 학술가치를 지닌 관찬도서, 예를 들어 『패문운부佩文韻府』, 『연감유함淵鑑類函』, 『분류자금分類字錦』, 『고금도서집성古今圖書集成』, 『전당시全唐詩』, 『율력연원律曆淵源』, 『주역절중周易折中』, 『성리정의性理精義』 및 『주자전서朱子全書』 등의 서적들도 우후죽순 격으로 쏟아져 나왔다. 청 조정은 도서편찬이라는 풍성한 성과로 당대의 정관貞觀연간이나 송대의 태평흥국太平興國[18], 명대의 인선지치仁宣之治[19]에 버금가는 번영의 시기를 맞이하였다.

여섯째, 공자 존숭에서 주자 존숭으로.

공자를 추존하는 것은 유학을 존숭하는 것을 상징하며 이런 특징은 대대로 지속되어왔다. 강희제 친정 초기에 태학에서 공자를 제사지낸 것은 아직 형식적인데 불과했다면 강희 23년 이후의 공자 추존은 유학을 숭상했다는 것을 강력하게 시사한다.

공자가 창시한 유학은 역사발전의 시기마다 각기 다른 외형적 특징을 가지고 있다. 북송 이후 유학은 이학理學의 시대로 진입하였으며, 원과 명 등 여러 조대에서 공자와 유학을 존숭하는 것과 이학을 세상에 널리 알리는 것이 하나 되어 분리시킬 수가 없었다. 명이 청으로 바뀌면서

---

17) 『淸世祖實錄』권98, "順治十三年二月丙子"條.
18) 태평흥국太平興國은 북송北宋의 태종太宗인 조광의趙匡義의 치세에 쓰였던 첫 번째 연호年號이다. 역자 주.
19) 명나라 인종과 선종의 치세시기. 이 시기에 고르게 인재를 등용하고 경제적으로 번영하고 사회도 안정되었다. 역자 주.

사회는 격변하였다. 이러한 객관적 현실이 사람들의 의식에 반영되면서 이학 진영도 분화되었고 주희와 왕수인의 학술논쟁도 갈수록 격렬해졌다. 청초 통치자들이 이학을 세상에 널리 알리려고 하였을 때 궁극적으로 주희를 존숭하느냐 왕수인을 존숭하느냐 하는 문제에 봉착하였다.

순치시기에는 국내 전쟁이 빈번하여 이런 선택을 돌아볼 여지가 없었다. 강희제가 친정되어, 특히 삼번의 난이 평정되고 대만이 귀속한 이후에 이러한 선택은 더욱 피할 수 없게 되었다. 형식적인 면에서 보면 과거로 사인을 뽑는 제도는 물론 학술문화계의 협력을 확보하는 하나의 효과적인 수단이 될 수 있다. 하지만 지식계 전체와 사회 전체의 구심력을 형성하고 유지하면서 봉건국가를 장기간 안정시키려면 단지 이러한 수단에만 의존하는 것만으로는 분명 충분하지 않다. 이 때문에 청초 봉건통치자에게 과거로 사인을 뽑는 제도보다 훨씬 강한 문화적 응집력을 찾아내는 것이 반드시 완성해야 할 역사적 선택이 되었다. 이러한 역사적 필요로 인하여 오랜 시간의 감별과 비교를 거쳐 청 조정은 결국 왕수인의 심학을 버리고 주희 학설만을 존숭하는 쪽을 선택하였다.

강희 40년 이후 청 조정은 "어찬御纂"이라는 명분으로 명령을 내려 주희가 학문을 논하고 의리를 정밀하게 밝힌 글들을 모아『주자전서』를 만들고, 동시에 이학에 이름난 신하인 웅사리熊賜履와 이광지李光地에게 앞뒤로 편찬하는 일을 주관하게 하였다. 51년 정월에 강희제는 다음과 같이 명확하게 밝혔다. "주자가 여러 경전에 주석을 달아 도리를 밝히면서 저작하고 편찬한 책들은 모두 명백하고 정확하여 지극히 합당하고 바른 곳으로 귀결하고 있다. 5백여 년이 지난 지금에도 학자들이 감히 헐뜯고 비방하는 일이 없다. 짐의 생각에 공자와 맹자 이후 우리 유교를 도운 공로가 있는 선현 가운데 주자의 공이 가장 크다."[20] 곧이어 유지를 내려 주희를 공묘에 종사從祀하는 지위를 격상시켜 동무東廡 선현의 반열에서 대성전 10철의 다음 자리로 올렸다. 이렇게 하여 청 조정은 주희 및 그의 학설에 대한 존숭을 통해 청대 봉건왕조의 "숭유중도"라는 문화적 기틀을 기본적으로 확립하였다.

2. 청조 문화 전략의 사상적 근거

통치자의 근본이익을 옹호하기 위한 수단으로서 일정 시기의 문화정책은 결국 그 시기의 통치자의 사상이 집중 반영된다. 중국고대사회에서 보자면, 당시의 문화정책은 유능한 봉건군주의

---

20) 『淸聖祖實錄』권249, "康熙五十一年正月丁巳"조. 朱子注釋群經, 闡發道理, 凡所著作及編纂之書, 皆明白精確, 歸於大中至正. 經今五百餘年, 學者無敢疵議. 朕以爲孔孟之後, 有裨斯文者, 朱子之功最爲弘巨.

치국사상이 많이 반영된 것이다. 청 강희제는 걸출한 정치가였으며, 청초 봉건국가의 문화정책은 그의 유학사상을 근거로 하여 제정되었다. 이 때문에 강희제의 유학관을 분석하는 것은 청초문화 정책의 실질과 학술발전에 대한 영향을 파악하는데 있어 매우 필요하다.

청 성조의 이름은 현엽玄燁이며, 1662년부터 1722년까지 재위하였다. 순치 11년(1654)에 태어나 서 강희61년(1722)에 사망하였는데 향년 69세였다. 사후에 인황제仁皇帝라는 시호가 주어졌고 묘 호는 성조聖祖이다.

현엽은 8세에 즉위하고 14세에 친정親政하였다. 이런 특수한 조건은 정치나 문화 등 여러 방면 에서 그의 조숙함을 촉진시켰다. 그의 유학관이 형성되는 초기에 영향이 컸던 인물은 유신인 웅사리熊賜履였다. 강희 10년 2월부터 14년 3월까지 웅사리는 줄곧 일강관을 담당하였다. 현엽이 친정한 후, 9년 11월 21일부터 일강을 거행할 것을 선포하였지만 정식으로 시작한 것은 1년여 후인 11년 4월이다. 바로 이때부터 웅사리는 어린 현엽을 유학의 문으로 이끌었다. 웅사리는 주희 학설의 독실한 신봉자였다. 그가 고향으로 돌아가 모친을 문안하고 경사로 돌아와 현엽이 불러들였을 때 "신은 공맹의 책을 읽고 정주의 도를 배웠습니다."[21]라고 분명하게 말한다. 반 개월 후 주희가 주석한 「논어·학이편」의 강해講解로 강희제 시기 일강日講의 첫 페이지를 연다. 그 후 3여 년간 처음에는 격일로 진강하다가, 이어서 매일 입궁하여 강희제에게 "절실하면서 핵심적인 독서법[讀書切要之法]", "천리와 인욕의 분별[天理人欲之分]", "천지 사이 모든 것이 단지 하나의 리일 뿐이다.[俯仰上下, 只是一理]", "본연지성과 기질지성[本然之性與氣質之性]", "이단을 물리치고 정학을 숭상할 것[辟異端, 崇正學]"과 주희의 지행관知行觀에 대해 강론하고 왕수인의 "지행합일"설을 비판하였다. 전체적으로 보면 치국의 이치에 대해 폭넓게 언급하고, 또 용인用人 의 도와 광범위하게 관련시켜 어린 강희제에게 견실한 유학적 기초를 다져주었다고 할 수 있다.

웅사리 등의 자상한 가르침 아래 강희 11년 6월 쯤엔 현엽도 이학에 대해 깊은 흥취를 드러냈 다. 현엽은 한림원학사 부달례傅達禮에게 "그대가 웅사리와 같이 일을 볼 때 웅사리는 그대에게 이학에 대해 강론하지 않는가? 기억나는 대로 내게 한 두 마디 말해보라."[22]라고 물었다. 웅사리 의 이학에 대한 주장, 예를 들어 "이학은 생각을 진실하게 하고 마음을 바로 가지며 일상에서 인륜을 행하는 일에 불과하니 원래 특별한 것이 없다"[23], "오직 몸소 실천하기에 힘쓸 뿐, 입으로 강론하는 것에 있지 않다.[惟務躬行, 不在口講]" 등은 모두 현엽이 받아들인 것들이다. 같은 해 8월 현엽은 웅사리를 무근전懋勤殿으로 불러들여 이학에 대해 강론하는 조정 신하들의 상황을

---

21) 『康熙起居注』, "十一年四月初一日"條. 臣讀孔孟之書, 學程朱之道.

22) 爾與熊賜履共事, 他與爾講理學否? 爾記得試說一二語來.

23) 理學不過正心誠意, 日用倫常之事, 原無奇特.

정중하게 물었다. 12년 11월에는 주돈이의 「태극도설」을 연구하기 위해 특별히 웅사리 등 유신들에게 「태극도론太極圖論」 1편을 각각 지어 토론하게 하였다. 웅사리는 이학을 강하는 것으로 강희제의 총애를 받아 강희 14년 3월에 무영전武英殿 대학사로 발탁되었다. 이후 웅사리는 일강관의 직무에서 떠났고, 뒤이어 만주족과 한족 신하들 사이의 당쟁 가운데 자리에서 쫓겨나 낙향하였지만, 그의 이학론은 현엽의 유학관 형성에 있어 내면에서 조용히 변화를 일으키는 무언의 영향력을 발휘하였다. "이치를 밝히는 것이 가장 중요하다. 짐은 평소에 책을 읽고 이치를 궁구할 때 결국 치도를 강구하여 실제 일에 적용하려고 한다. 그러므로 이치를 밝힌 후엔 또한 반드시 실행해야 한다. 실행하지 않는다면 그저 말에 불과할 뿐이다."24) 이러한 현엽의 자술自述은 웅사리의 영향 아래 형성된 초기 유학관의 기본적인 경향을 분명하게 말해준다.

현엽의 유학관에서 핵심적 관심은 참된 이학과 거짓된 이학을 변별하는 것이다. 강희 22년 10월 현엽은 이 문제에 대해 처음으로 다음과 같이 언급하였다 : "일상의 행동거지에 이 리理가 아닌 것이 없다. 이학이라는 명목이 있은 뒤로 서로 변론하는 일이 있긴 하지만, 내가 보건대 언행이 일치하지 않는 자가 매우 많다. 하루 종일 이학을 강론하지만 행하는 일이 모두 그 말과 어긋나니, 어찌 이학이라 할 수 있겠는가? 입으로 강론하지 않더라도 행하는 일이 도리와 모두 일치한다면 이것이 바로 참된 이학이다."25) 이 말은 세 가지 층차의 의미를 포함하고 있다. 첫째, 이학에는 참된 것과 거짓된 것의 구분이 있다는 것이다. 둘째, 리理는 현묘한 정신적 실체가 결코 아니며, 모두 사람들의 언행에 규범이 되는 도리라는 것이다. 셋째, 언행일치의 여부가 이학을 증명하는 시금석이라는 것이다. 강희제가 이러한 인식을 형성할 수 있었던 것은, 그 근원을 따져보면, 이학의 기본범주에 대하여 한림원 학사인 최위림崔蔚林과의 변론에서 비롯한다.

최위림은 당시 조정 관료 가운데 왕수인 학설의 신봉자였다. 그는 「대학격물성의변大學格物誠意辨」이라는 제목으로 강장講章26) 1편을 지었다. 현엽은 그 소식을 듣고 18년 10월 16일 그를 궁으로 불러들여 강장을 읽은 다음, 격물格物과 성의誠意 등의 범주에 대해 군신 간에 보기 드문 진솔한 문답을 진행하였다. "격물" 범주에 대한 해석에서 최위림은 왕수인의 학설에 근거하여 "격물은 '사물'의 근본을 격하는 것으로, 내 마음의 이치를 궁구하는 것이다."27)라고 주장했다.

---

24) 『康熙起居注』, "十二年八月二十六日"條. 明理最是緊要, 朕平日讀書窮理, 總是要講求治道, 見諸措施. 故明理之後, 又須實行. 不行, 徒空說耳.

25) 『淸聖祖實錄』 권112, "康熙二十二年十月辛酉"條. 日用常行, 無非此理. 自有理學名目, 彼此辯論, 朕見言行不相符者甚多. 終日講理學, 而所行之事全與其言悖謬, 豈可謂之理學? 若口雖不講, 而行事皆與道理吻合, 此即眞理學也.

26) 과거시험의 문장을 학습하거나 경연에서 강의하기 위해 편집한 오경이나 사서를 해석한 강의 또는 그 문장. 역자 주.

아울러 주자학에 대해 "주자는 물을 천하의 사물로 해석했는데 너무 범범하여 성인이 되는 학문에 절실하게 부합하지 못한다."[28]고 의문을 제기하였다. 현엽이 "성의誠意"를 논하면서 "주자의 '의意'자에 대한 해석 또한 틀리지 않다.[朱子解'意'字亦不差]"고 했을 때, 최위림은 여전히 왕수인의 학설에 근거하여 다음과 같이 공공연히 이의를 제기하였다. "주자는 의를 마음이 발한 것으로 선도 있고 악도 있다고 했습니다. 신의 생각으로는 의는 마음의 신묘하고 밝은 것이며, 마음을 주재하는 것으로 지극히 선하며 악은 없습니다."[29] 이런 격렬한 논쟁은 현엽의 초기 유학관에 대한 도전이기도 했다. 당시 현엽은 반박하지는 않았지만 최위림의 견해를 옳지 않다고 판단하여 "성리학설은 깊고 오묘하니 다시 자세히 살펴보자.[性理深微, 俟再細看]"[30]라고 하며 잠시 문답을 중단하였다. 현엽은 주도면밀하게 준비하여 10일 후에 정주의 학설에 근거하여 최위림의 강장講章에 대해 반박하였다 : "하늘이 명한 것을 성이라고 하니, 성은 곧 리이다. 사람의 본성이 선하지만 의는 마음이 발한 것으로 선도 있고 악도 있다. 만약 성실함을 보존하는 공부를 하지 않으면 어찌 한 번에 이를 수 있겠는가? 멀리 가려면 가까운 곳에서 시작하고 높이 오르려면 낮은 곳부터 시작하듯 학문에는 순서를 건너뛰는 법이 없으니, 최위림의 말은 너무 경솔하다."[31] 이와 동시에 이학분야에서 최위림이 왕학계통에 속한다고 판단하고 "최위림의 견해는 왕수인과 비슷하다.[蔚林所見, 與守仁相近]"[32]라고 지적하였다.

황제 앞에서 최위림이 이학에 대한 주장을 그처럼 강개하게 거리낌 없이 논한 것에 대해 원래 강희제는 불쾌하게 생각했다. 거기다가 최위림의 언행이 일치하지 않는 점과 고향에서 물의를 일으킨 일은 더욱더 현엽의 반감을 불러일으켰다. 21년 6월 내각의 근신과 최위림의 승진을 의논할 때 현엽의 반감이 표출되기 시작하였다 : "짐이 보건대, 최위림의 사람됨은 그다지 훌륭하지 않다. 그 사람은 도학으로 자처하지만, 이른바 그 도학이 반드시 충실한 것은 아니다. 고향에서의 생활도 그리 좋지 않다고 들었다."[33] 1년 뒤 그는 전에 참된 이학과 거짓된 이학을 변별하는 강론을 제시한다. 이로부터 "거짓된 도학[假道學]", "도학을 사칭하다[冒名道學]"등이 언행이 일치하지 않는 신하들을 탓하는 강희제의 습관적인 말로 되었다. 그러나 사정은 결코 여기서 끝나

---

27) 格物是格"物"之本, 乃窮吾心之理也.

28) 朱子解作天下之事物, 未免太泛, 於聖學不切.

29) 朱子以意爲心之所發, 有善有惡. 臣以意爲心之大神明, 大主宰, 至善無惡.

30) 『康熙起居注』, "十八年十月十六日"條.

31) 『康熙起居注』, "十月二十六日"條. 天命謂性, 性即是理. 人性本善, 但意是心之所發, 有善有惡, 若不用存誠工夫, 豈能一蹴而至? 行遠自邇, 登高自卑, 學問原無躐等, 蔚林所言太易.

32) 『康熙起居注』, "十月二十六日"條.

33) 『康熙起居注』, "二十一年六月初二日"條. 朕觀其爲人不甚優. 伊以道學自居, 然所謂道學未必是實. 聞其居鄉亦不甚好.

지 않았다. 23년 2월 최위림은 조정에 자신이 설 자리가 없다는 것을 알고는 병으로 고향으로 돌아갈 것을 상소 올려 요청하였다. 성조는 이 기회를 빌려 거짓된 도학을 한번 징계하기로 결심하였다. 따라서 그는 내각의 근신들에게 다음과 같이 의사를 표시했다. "최위림은 직례에 매우 나쁜 사람이다. 지방에서 사단을 일으키기 좋아하고 송사에도 관여했다. 근래에는 초지와 전답의 일로 집안사람들이 마음대로 고소하는 것을 방치했다고 한다. 또 걸핏하면 도학으로 자처하지만, 도학을 하는 사람으로서 어찌 함부로 송사를 일으킬 수 있겠는가? 그의 명성은 모두 허명에 불과하다. 또 선현들이 주석한 경전을 틀렸다고 비난하고 스스로 강장을 지은 것은 매우 잘못된 처사에 속한다. 최위림이 병으로 사직을 청한 것은 핑계에 불과하니, 이 사람을 징계하지 않는다면 한족 관리 가운데 누가 두려워할 줄 알겠는가?"[34] 최위림은 이때부터 평판이 아주 나쁘게 되었다.

　최위림 외에 강희 33년 당시 순천학정順天學政을 맡았던 이학의 명신 이광지李光地도 거짓된 도학의 또 다른 전형이 된다. 이 해 4월에 이광지의 모친이 병으로 죽었는데, 관직을 그만두고 모친상을 지내러 갈 것을 계속해서 청하지 않았기 때문에 "관직을 탐해 부모를 저버렸다.[貪位忘親]"[35]는 죄목으로 언관의 탄핵을 받았다. 한동안 조정의 의론이 들끓어 강희제가 친히 간여하지 않을 수 없었다. 풍파는 신속하게 가라앉았지만 가짜 도학에 대한 현엽의 증오는 이미 억누를 수 없는 지경에 이르러 결국 깨끗이 정리하기로 결심한다. 윤5월 4일에 현엽은 영대瀛臺로 한림원 전체 관원을 불러 모아「이학진위론理學眞僞論」이라는 제목으로 시험을 치렀다. 시험이 끝난 후 웅사리의 동생 웅사찬이 시험에서 폭로한 문제를 핑계 삼아, "원한을 품고[挾仇懷恨]", "허명에 힘쓰고 무례를 일삼으며[務虛名而事幹瀆]", "군주 앞에서 하는 말과 물러나서 하는 말이 다른"[36] 이학 신하들의 나쁜 행실에 대해 통렬하게 비난했다. 그 비난의 채찍을 이광지와 웅사찬은 물론이고, 이미 세상을 떠난 위상추魏象樞와 탕빈湯斌 등도 피할 수 없었다. 스승으로서 교분이 있는 웅사리도 마찬가지로 지명되어 수모를 당하였다. 언행이 일치하지 않는 여러 나쁜 행적들을 일일이 거론한 뒤에 현엽은 이학의 신하들에게 "정말로 도학에 속한 사람이라면, 오직 충과 성을 근본으로 삼아야 한다."[37]고 입신처세의 준칙을 명확하게 규정했다.

　이상 서술한 바를 종합하면, 강희제 유학관의 형성과정은 이학을 이해하고 숙지하는 단계로부

---

34)　『康熙起居注』, "二十三年二月初三日"條. 崔蔚林乃直隸極惡之人, 在地方好生事端, 干預詞訟, 近聞以草場地土, 縱其家人肆行控告. 又動輒以道學自居, 焉有道學之人而妄行興訟者乎？此皆虛名耳. 又詆先賢所釋經傳為差訛, 自撰講章甚屬謬戾. 彼之引疾乃是托詞, 此等人不行懲治, 則漢官孰知畏懼！

35)　장양기蔣良騏, 『東華錄』卷16, "康熙三十三年四月"條.

36)　在人主之前作一等語, 退後又別作一等語.

37)　『清聖祖實錄』卷163, "康熙三十三年閏五月癸酉"條. 果系道學之人, 惟當以忠誠為本.

터 이학을 윤리도덕의 학설로 귀결시켜간 과정이었음을 알 수 있다. 이 점에 관해 현엽은 만년에 체계적으로 설명한 적이 있다: "이학에 관한 책은 입신의 근본이 되므로 배우지 않으면 안 되고 행하지 않으면 안 된다. 짐은 성리설에 관한 책들을 깊이 음미한 적이 있는데, 만약 이학으로 자임했다면 반드시 자신의 생각에만 사로잡혀 얽매인 것이 많았을 것이다. 자신의 마음을 되돌아보건대, 속으로 한 점 부끄러움이 없을 수 있을까? 송과 명 말기 사람들은 이학을 강론하기 좋아하였는데 형명에 빠져든 사람도 있었고, 불노에 빠져든 사람도 있었다. 전에 웅사리가 살아 있을 때 스스로 도통의 맥을 얻었다고 말하였는데, 그가 죽고 얼마 지나지 않아 곧 그를 의논하는 자들이 생겨났다. 지금 또 도통의 맥을 얻었다고 스스로 말하는 자들이 있어 서로 분분히 다투니 시장의 장사치와 무엇이 다르겠는가? 무릇 책을 읽을 때는 몸소 실천해야지 말로만 떠드는 것은 아무런 도움이 안 된다."[38) 이것은 유학관에 대한 강희제 자신의 중요한 고백으로, 이학이 입신의 근본이 되는 학문이라는 것에 근거를 두고 있다. 여기서 출발하여 현엽은 이학을 말로만 강론하는 것을 천시하고 이학으로 자임하기를 주장하지 않았으며, 나아가 이른바 "도통의 전수[道統之傳]"를 다투는 것에 대하여 더더욱 반대하였다. 결국 봉건윤리도덕을 규범으로 삼아 철저하게 몸소 실천해야 한다는 것으로 귀결되었다.

현엽 유학관의 형성과정은 경학을 제창하고 전통유학에 이학을 융합시킨 과정이기도 하다. 또 강희제 21년 8월에 현엽은 일강관 우뉴牛鈕와 진정경陳廷敬과 문답하는 가운데 "도학은 곧 경학 속에 있다.[道學卽在經學中]"는 관점을 받아들인다. 당시 우뉴와 진정경은 "한과 당 이래로 유학자들이 경학에 오로지 힘을 기울여 입신과 치용의 근본으로 삼았는데, 도학은 바로 그 가운데 있다."[39)라고 주장하였다. 현엽은 이 관점에 전적으로 찬성하였다. 1년 후 『일강역경해의日講易經解義』가 완성되었고 이 책에 붙이는 서언에 "제왕이 정사를 수립하는 요체는 반드시 경학을 근본으로 삼아야 한다.[帝王立政之要, 必本經學]"라고 거듭 천명하고, 또 "경학을 나라를 다스리는 방법으로 삼을[以經學爲治法]"[40) 것을 주장했다. 강희제는 학문을 논할 때 "이치를 밝히는 것[明理]"과 "경전을 통달하는 것[通經]"의 결합을 시종 제창하고, "성현이 지은 경서중의 말 한 마디 일 하나에 모두 지극한 이치가 있으니 책을 읽을 때는 주의하여 체득해야한다. 이것들을 나의

---

38) 『康熙起居注』 "五十四年十一月十七日"條. 理學之書, 爲立身根本, 不可不學, 不可不行. 朕嘗潛玩性理諸書, 若以理學自任, 則必至於執滯己見, 所累者多. 反之於心, 能實無愧於屋漏乎? 宋明季代之人, 好講理學, 有流入於刑名者, 有流入於佛老者. 昔熊賜履在時, 自謂得道統之傳, 其歿未久, 卽有人從而議其後矣. 今又有自謂得道統之傳者, 彼此紛爭, 與市井之人何異! 凡人讀書, 宜身體力行, 空言無益也.

39) 『康熙起居注』, "二十一年八月初八日"條. 自漢唐儒者專用力於經學, 以爲立身致用之本, 而道學卽在其中.

40) 『淸聖祖實錄』卷113, "康熙二十二年十二月乙卯"條.

방법으로 삼을 수 있고, 나의 경계로 삼을 수 있다."41)라고 말하였다. 이 때문에 그는 "『오경』과 『사서』에 통하지 않으면 어떻게 성리性理에 대해 말할 수 있겠는가?"42)라고 주장하였다. 성조는 또 한 걸음 더 나아가 "천하를 다스리는 데는 인심과 풍속을 근본으로 삼고, 인심을 바르게 하고 풍속을 두터이 하고자 하면 반드시 경학을 숭상해야 한다."43)라고 단언하였다.

현엽의 유학관이 형성되는 과정은 주희를 존숭하고 주자학을 관방철학으로 인정하는 과정이 기도 하다. 현엽은 일생동안 유학을 추구하여 주희와 왕수인의 저술을 열심히 연구했으며, "너그럽고 여유가 있는 것[寬舒]"과 "사사로움이 없는 것[無私]"을 주장하고 의미 없는 학파들의 분쟁에는 찬성하지 않았다. "짐은 늘 주자와 왕양명 등의 책을 읽었는데 그 도리는 역시 깊고 정밀하다. 각 문인들이 스승의 학설만 옳다고 여기고 서로 공격한다. 도의 본체는 본래 비어있으니, 단지 힘써 행하는 것이 어느 정도인가에 달려 있다. 공격하는 것은 사사로운 짓이니 그 사사로움이 어찌 도이겠는가?"44) 하지만, 어떤 학설로 사상을 통일시킬지를 확인하는 문제에 있어 현엽은 다른 사상과의 관계를 조금도 조화하지 않고 더욱더 주자학 쪽으로만 나아갔다. 사실 현엽이 전에 최위림을 징계한 것은 왕수인에 대한 억압이나 다름없었다. 뒤에 유가경전을 숙독할 것을 주장했을 때도 다음과 같이 강조했다. "한대 이후로 유자들은 대대로 세상에 나와 성인의 경서를 다양하게 논하고 풀이했다. 하지만 풀이할수록 이해하기 어려워졌다. 송대에 들어와 주자가 『사서』와 『오경』을 주석하여 고정불변의 이치를 밝혔기 때문에 후인들이 공부하기에 편하게 되었다. 주자 또래들이 성인의 경서에 대해 끼친 공은 크다고 할만하다."45) 강희제 만년은 더 할 나위 없이 주희를 존숭하고 주자학을 표창하였다. 현엽은 "주자는 참으로 대유라 일컬을 만하니 도학에 대해 범범하게 말하는 이들이 견줄 바가 아니다."46)라고 말했으며, 또 "이전의 유자들 가운데 오직 주자의 말이 제일 정확하다. 나머지 서책에서 기록하고 있는 내용은 다 믿을 수 없다."47)라고 말했다. 「이학론理學論」에서 현엽은 다음과 같이 거듭 밝힌다. "송대 유자들부터

---

41) 『康熙御製文集·庭訓格言』. 凡聖賢經書, 一言一事, 俱有至理, 讀書時便宜留心體會. 此可以爲我法, 此可以爲我戒.

42) 『康熙起居注』 "五十四年十二月初一日"條. 不通『五經』·『四書』, 如何能講性理?

43) 『淸聖祖實錄』卷258, "康熙五十三年四月己亥"條. 治天下以人心風俗爲本, 欲正人心厚風俗, 必崇尚經學.

44) 『康熙起居注』, "二十六年六月初九日"條. 朕常讀朱子·王陽明等書, 道理亦爲深微. 乃門人各是其師說, 互爲攻擊. 夫道體本虛, 顧力行何如耳. 攻擊者私也, 私豈道乎?

45) 『康熙御製文集·庭訓格言』. 自漢以來, 儒者世出, 將聖人經書多般講解, 愈解而愈難解矣. 至宋時, 朱子輩注『四書』·『五經』, 發出一定不易之理, 故便於後人. 朱子輩有功於聖人經書者, 可謂大矣.

46) 『淸聖祖實錄』卷216, "康熙四十三年六月丁酉"條. 朱子洵稱大儒, 非泛言道學者可比擬.

47) 『淸聖祖實錄』卷291, "康熙六十年三月乙丑"條. 先儒中, 惟朱子之言最爲確當. 其他書冊所載, 有不可盡信者.

이학이라는 명칭이 생겨났고, 주자에 이르러 그것을 넓히고 충실하게 만들고 나서야 이치가 밝아지고 도가 갖추어지게 되었다. 후인들이 분분히 논하긴 하였지만, 결국 만고의 바른 이치를 타파할 수 없었다. 그래서 배우는 사람은 지식을 확대하고 사물을 궁구하는 가운데 차례대로 나아가야지 순서를 뛰어넘어서는 안 된다."[48) 현엽은 "경을 견지하며 이치를 궁구한다.[居敬窮理]"는 주희의 가르침에 의거하여, 평생 유학으로 천하를 다스린 자신의 경험을 '경敬' 한 자로 귀결시켰다. 그는 "짐은 어려서부터 『성리性理』[49)를 읽는 것을 좋아했다. 『성리』안의 천 마디 만 마디 말은 '경'자 한 글자를 벗어나지 않는다. 군주가 천하를 다스리는데 단지 이 '경'에 거처하기만 하면 평생 행하는 데 충분하다."[50)라고 말했다.

지금까지의 내용을 종합하면, 이학을 윤리도덕의 학설로 보고, 전통 유학 속에 이학을 융합시키며, 주희의 학설을 관변철학으로 인정하는 것은 바로 청나라 강희제의 유학관을 구성하는 기본내용이다. 이런 내용들은 강희제의 재위기간동안 문화정책을 제정하는 데 이론적 근거를 제공했다.

3. 청 초기 문화정책의 역사적 작용

전체 청대역사에서 청초 순치, 강희 두 시기는 나라의 기틀을 다진 중요한 시기였다. 청 왕조 초기는 명말 수십 년의 전란을 거쳐 경제가 피폐하고 온 나라는 황폐했다. 뒤이어 만주귀족 스스로 과오를 범한 민족억압정책, 남명 잔여세력과 농민기의군의 저항은 또 40여년에 이르는 내전을 초래하였다. 장기적인 사회동요 가운데 민생은 역사상 유례 없이 파괴되었다. 그러나 이러한 극도로 어려운 상황에서도 청초 통치자들은 반대세력을 제거하고 국가의 통일을 실현했을 뿐 아니라, 경제에서도 회복과 번영을 이끌어냈다. 이러한 역사적 전환을 촉진시킨 데는 여러 가지 측면의 원인이 있지만 그 가운데서도 봉건국가의 문화정책이 적극적인 효과를 발휘했다.

"제왕의 통치에 문교를 우선시 한다.[帝王敷治, 文敎是先]"[51) 순치에서 강희까지 80여 년간 청나라 조정은 시종 이것을 문화정책의 발판으로 삼았다. 문화교육을 치국의 근본계획으로 삼았기

---

48) 『康熙御製文集·理學論』. 自宋儒起而有理學之名, 至於朱子能擴而充之, 方爲理明道備. 後人雖雜出議論, 總不能破萬古之正理. 所以學者當於致知格物中循序漸進, 不可躐等.

49) 『성리性理』: 성리에 대한 여러 책들을 함께 지칭하는 것일 수도 있고, 명대 영락 년간에 편찬된 『性理大全』 등 어떤 책을 특정할 수도 있지만 분명하지 않다. 역자 주.

50) 『康熙起居注』, "五十六年十一月二十六日"條. 朕自幼喜讀『性理』, 『性理』一書, 千言萬語, 不外一敬字. 人君治天下, 但能居敬, 終身行之足矣.

51) 『淸世祖實錄』卷91, "順治十二年三月壬子"條.

때문에 이 정확한 전략적 결정은 학술문화사업의 건강한 발전을 보장했다. 지식계는 사회의 중심적 역할을 한다. 중국 역대 봉건통치자들은 모두 지식계의 협력을 얻는 것을 기본적인 시정방침으로 삼았다. 이 때문에 청 조정이 처음 중원의 통치자가 되었을 때 군사 정복이 모든 일을 압도했지만, 통치자들은 여전히 이전의 통치자와 마찬가지로 과거시험으로 사인을 뽑는 것을 인재선발의 중대한 의식으로 삼아 지식계에게 협력의 문을 열어놓았다. 강희 17년(1678)의 "박학홍유博學鴻儒"를 천거하라는 조칙을 시작으로 하여 청 조정은 지식계층의 전면적인 협력을 얻어 크나큰 성공을 거둔다.

청초 문화정책의 작용은 또 통치자가 사회를 응집시키는데 있어 어떤 길을 선택하느냐의 문제로 나타난다. 어떤 사회라도 그 자체의 발전을 추구하려면 사회 전체 구성원을 응집시키는 힘이 필요하다. 역사적 시기나, 국가와 민족에 따라 응집력의 선택은 시간과 장소에 따라 각기 방식이 다를 수 있지만, 사회의 공통적인 이상을 세우고, 공공의 도덕규범을 명확하게 밝히는 것은 공통으로 기본적인 것이다. 청초 세조나 강희제를 막론하고 그들은 무엇보다 공자를 존숭하는 방식을 선택하여 공자를 대표로 하는 유가사상으로 학술계의 인식을 통일시키고 봉건통치를 유지하는 기본준칙을 확립시키려고 했다. 이후 봉건통치자들의 유학적 소양이 제고됨에 따라 청 조정은 공자존숭을 구체화시켜 주자학독존으로 경도되는 역사의 길을 선택했다. 주희의 학설을 관변철학으로 인정함으로써 청초 통치자들은 청대 봉건왕조를 위해 인심人心을 유지하는 유효한 도구를 찾게 되었다. 장기간의 동란을 겪은 후 사회를 안정시키고 경제와 문화 등 다방면의 회복과 발전을 촉진시키는데 매우 중요한 의미를 가지게 되었다. 이런 선택을 홀시한다면 갑자기 사회적 응집력을 잃게 되었을 때 그 결과는 상상을 초월한다는 것을 의미하기도 한다.

사회응집력에 대한 청초 통치자들의 이러한 선택에서 주희 학설을 거대한 사상체계로 여기고 체계적 연구를 진행한 적이 없었다는 점도 물론 간과해서는 안 된다. 오히려 이와 반대로 자신의 통치를 유지하는 협소한 필요에서 선택하였고 나아가 실제와 달리 잘못 이해하였다. 그들은 이학의 철학적 사변을 말살하고 봉건윤리도덕 학설로 귀결시키는 동시에, 주희가 밝힌 풍부한 사상을 사람들의 행위를 구속하는 봉건도덕의 신조로만 여겼다. 이러한 문화적 근시안 때문에 청초 통치자들은 왕수인 사상가운데 이성적 사유의 뛰어난 측면을 부정하게 된다. 그 부정적인 결과로 옹정제와 건륭제 양조에 걸쳐 봉건문화에 대한 전제專制가 극단적으로 흘러갔고, 마침내 사상계의 암흑기라는 역사적 비극을 초래한다. 이 시기의 역사적 교훈 또한 우리는 진지하게 기억해야 한다.

어느 한 시기의 문화정책의 득실을 평가할 때, 당시 학술문화의 전개에 대한 선도 작용을 살피는 것은 중요한 근거가 된다. 성공한 문화정책은 이런 정책을 낳은 해당 역사시기의 학술문화수준을 객관적으로 반영하면서, 역사적 흐름에 순응하여 학술문화사업의 발전을 추동할 수 있다. 이런 측면에서 청초의 문화정책은 마찬가지로 그 자신의 역사적 작용을 드러내 보여주었다.

명에서 청으로 교체됨에 따라 경세經世의 사조도 이례적으로 고조되었다. "하늘이 무너지고 땅이 갈라지는 일은 나와 아무런 상관이 없다.[天崩地解, 落然無與吾事]"52)는 학풍이 맹렬한 공격을 받았고, "중화와 오랑캐의 구별을 엄격히 함으로써[嚴夷夏之防]" "사직을 바로잡고 돕자[匡扶社稷]"53)는 외침이 남북에서 나란히 일어났으며, "천하의 흥망은 필부도 책임이 있다"54)는 것이 시대의 가장 강한 구호가 되었다. 청 조정은 자신의 권익을 유지할 필요에서 무력정복을 행하는 동시에, 문화억압정책도 병행하여 이러한 경세사조의 발전을 가차 없이 제지하였다. 야만하게 두발과 복장을 만주족과 같이 바꾸는 것 외에, 순치연간의 분서焚書, 사인들의 결사結社를 금지한 일, 과거시험장에서의 부정과 사신士紳의 세금납부 연체를 핑계로 큰 옥사를 일으킨 일, 강희연간 초 전대미문의 장정롱莊廷鑨 명사안明史案을 일으킨 일 등은 모두 경세사상에 대한 중대한 타격이었다. 이 때문에 강희 초엽에 이르러, 명청교체기 역사적 사실을 규명하여 "옛일을 끌어들여 지금을 논하는[引古籌今]"55) 일은 이미 불가능해졌고, '오랑캐와 중화의 구별[夷夏之防]'을 밝힘으로써 반청사상을 선양하는 일은 더더욱 불법적인 일이 되었다. 당시 민생의 폐단에 대해서도 더 이상 따지고 물을 사람이 없게 되었다.

반면에 경학을 제창하여 이학의 곤궁함을 구제한다는 청초 유학자들의 노력에 대해서는 즉시 청 조정은 찬성의 의사를 표시한다. 봉건왕조의 최고통치자로서 강희제는 "도학은 곧 경학 속에 있다"는 유신들의 주장을 받아들이면서, "제왕이 정사를 세우는 요체는 반드시 경학을 근본으로 삼아야 한다.[帝王立政之要, 必本經學]"56)는 것을 천하에 명확하게 드러내고, 인심을 바로잡고 풍속을 바로잡기 위하여 "경학을 숭상해야 한다.[崇尙經學]"57)고 결정하였다. 이에 청 조정은 경전을 어찬하고 경전의 뜻을 날마다 강론하며, 여러 도서들을 관청에서 편찬하는 방식을 통해 학술계의 경학과 하나가 되어 행동할 것을 제창함으로써 지식인들을 전통학술에 대한 전체적인 정리와 종합이라는 새로운 단계로 유도하였다.

---

52) 黃宗羲, 『南雷文定』卷1, 「留別海昌同學序」.

53) 王夫之, 『讀通鑑論』卷5, 「成帝四」.

54) 顧炎武, 『日知錄』卷13, 「正始」. 원래는 "保天下者, 匹夫之賤與有責焉耳矣."라고 되어 있는데, 후에 양계초 梁啓超가 "天下興亡, 匹夫有責"으로 정리하였다.

55) 顧炎武, 『亭林文集』卷4, 「與人書八」.

56) 『淸聖祖實錄』卷113, "康熙二十二年十二月乙卯"條.

57) 『淸聖祖實錄』卷258, "康熙五十三年四月乙亥"條.

제3장
즙산남학蕺山南學과 하봉북학夏峰北學의 교섭

명청明淸 교체기 학술계에는 두 갈래의 중요한 학술 유파가 존재했다. 하나는 유종주劉宗周를 종사宗師로 하는 강남의 즙산 남학蕺山南學이고, 나머지 하나는 손기봉孫奇逢을 종사로 하는 하북의 하봉 북학夏逢北學이다. 이 두 학파는 얼마 후 등장하는 이곡 관학二曲關學과 정족지세鼎足之歲를 이루는데, 이 세 학파는 순치順治 및 강희康熙 초 학술 문단의 유행을 선도했다. 이에 따라 옹정雍正, 건륭乾隆 시기에 활동했던 사학가史學家 전조망全祖望은 청초 학술을 논하면서, 즙산학 전수자 황종희黃宗羲를 손기봉孫奇逢, 이옹李顒과 함께 열거하여 "삼대유三大儒"로 묶었던 것이다. 근대 학술계는 황종희·왕부지王夫之·고염무顧炎武를 청초 세 명의 큰 유학자로 꼽았지만 세월이 흐르고 형세가 달라져서 시각이 서로 다르므로 이들을 함께 논할 수는 없었다. 아래에 즙산남학과 하봉북학의 관계에 대해 정리해보았다. 이를 통해 명청 교체기 학술이 변화, 발전해간 맥락의 한 측면을 살펴보려고 한다.

1. 손하봉孫夏逢이 쓴 유즙산劉蕺山

명말청초 약 1백여 년간은 중국 역사에서 격동의 시대다. 이 시대는 혼란의 시대이며, 탁월한 역사 인물을 배출한 시대이기도 하다. 유즙산과 손하봉은 바로 이 시대를 살아간 걸출한 학자였다. 이들은 각자 자신의 학술 실천으로 학술 기풍을 선도했을 뿐 아니라 전 사회에 영향을 끼쳐 그 학풍이 청 말까지 지속적으로 이어졌다.

유즙산은 이름이 종주宗周이고, 자가 기동起東이고, 호가 염대念臺이다. 즙산 기슭에 터를 잡고 살았으므로 학자들이 그를 높여 즙산선생으로 불렀다. 절강 산음山陰(현재의 紹興) 사람이다. 명나라 6년(1578)에 태어나 청 순치 2년(1645)에 사망하여 향년 68세이다. 손하봉은 이름이 기봉奇逢이고, 자가 계태啓泰이고, 호가 종원鍾元인데 만년의 호는 세한노인歲寒老人이다. 학자들은 그가 만년에 거처한 곳의 이름을 따서 하봉선생이라 높여 불렀다. 하북 용성容城 사람이다. 명 만력 12년(1584)에 태어나 청 강희 14년(1675)에 사망하여 향년 92세이다. 유즙산이 손하봉보다 6세 많으니 두 사람은 연배가 비슷하다고 할 수 있겠다. 다만 즙산은 명나라가 망한 후에 곡기를 끊고 사망하였는데, 하봉은 고향을 떠나 30여 년 더 살았다. 하봉은 즙산이 살아 있을 때 만난 적은 한 번도 없지만 즙산이 사망하고 30여 년간 하봉이 남북 학자와 오랫동안 왕래하여, 특히 즙산학 전수자와 여러 번 교류해서, 그의 문장에서 즙산의 높은 덕행을 우러러보고 따라서 하여 뒤에 떨어질 까봐 두려워하였는데 즙산의 학행과 행적이 많이 드러나게 되었다. 이제 그 요지를 정리하여 아래에 서술하고자 한다.

　　손하봉 글에서의 유즙산은 무엇보다도 절개 곧은 열사였다. 명나라가 망하자, 동궁東宮 강관講官 유리순劉理順, 병부주사 김현金鉉이 나라를 위해 목숨을 바쳤는데, 김현은 즙산 문하의 제자였다. 손하봉은 글을 지어 유리순, 김현 두 열사를 추모하였는데, 이 글에는 모두 유즙산이 언급되었다. 손하봉이 지은 「유문렬유집서劉文烈遺集序」에는 천계天啓 연간(1620-1627)에 유리순이 "유종주, 김현, 오감래 등과 함께 줄곧 '사도'와 '사민'을 걱정하였다."[1]라는 내용이 보인다. 그리고 「김충절공전金忠節公傳」에도 "유종주는 소사공으로서 늘 김현을 방문하여 학문을 논하였고, 진용정, 사가법, 주지풍 등과 함께 도덕, 경제에 대해 토론하고 서로를 격려하였다."[2]라는 내용이 보인다. 유즙산의 순국에 대해서는 손하봉이 매우 추어올렸다. 순치順治12년(1655) 6월, 그는 유종주와 방효유方孝孺, 고반룡高攀龍, 녹선계鹿善繼, 황도주黃道周 등 5인의 학행學行을 1편으로 모아 『오인전충록五人傳忠錄』이라는 책을 저술하였다. 손하봉은 책머리에서 "유념대(유종주의 호)가 명의 이학을 서술하면서 방정학(방효유의 호)을 시작으로 삼았으니 그는 참다운 책을 읽는 사람이 아닌가? 예헌여가 역대 이학을 서술하면서 황유현(黃道周의 자)을 종착지로 삼았으니, 또한 그는 참으로 충효의 성품을 타고났다. 수없이 꺾여도 뜻을 바꾸지 않으니 참으로 위대한 사람이다."[3]라고 하였다. 비슷한 표현이 또 손하봉이 황도주에게 써 준 『인서초麟書鈔』에 보이는데, 그는 "유념대 선생은 명의 이학을 서술하면서 방효유를 시작으로 삼았다. 예헌여는 『이학종전』 서문에서 석재(황도주의 호)를 종착지로 삼았다. … 유념대, 예헌여 두 공은 바로 절개가 곧고 죽음도

1) 孫奇逢, 『夏峰先生集』卷2, 「劉文烈遺集序」. 與劉公宗周·金公鉉·吳公甘來, 緦緦爲斯道斯民憂.

2) 孫奇逢, 『夏峰先生集』卷8, 「金忠節公傳」. 劉宗周爲少司空, 嘗就鉉論學, 與陳龍正·史可法·朱之馮道 德經濟, 互相勸勉.

3) 孫奇逢, 『孫徵君文稿三種』之2, 「五忠錄引」. 劉念台敍明理學, 引方正學爲首, 非謂其爲讀書種子乎? 倪 獻汝敍曆代理學, 以黃幼玄爲終, 亦謂其忠孝至性, 百折不回, 真偉男子也.

장렬하였다 할 수 있다. '충'을 해서 완전무결 해야 비로소 이학에 유감이 없다.”4)라고 썼다.

이상 인용한 자료에 의하면, 손하봉이 보기에 유즙산은 충성스럽고 장렬한 이름이 역사에 남았을 뿐만 아니라 일가를 이룬 탁월한 이학의 거장이었다는 사실을 알 수 있다. 그래서 손하봉이 30년 동안이나 정성을 기울여 편찬한 『이학종전』에 유즙산은 “이학의 정맥正脈이면서 절개로 죽는[理學而以節死]” 대가로 실렸다. 『이학종전』을 마무리 할 즈음인 순치 16년(1659) 10월에 손하봉은 책 가운데 제가諸家의 학술을 평론한 내용을 모아 「제유평諸儒評」이라 이름 짓고 별도로 책상자에 남겨놓았다. 이 내용 가운데 「유념대」 항목에 “공자가 이르기를 '한심하구나! 나는 아직도 자신의 잘못을 발견하고 마음속으로 자책하는 사람을 보지 못하였다.'라고 하였다. 공은 미과微過, 은과隱過, 현과顯過, 대과大過, 총과叢過, 성과成過를 열거하였는데 그 분류가 분명하고, 일마다 생각마다 묵묵히 성찰하였다. 이 여섯 가지 잘못 가운데 하나라도 범하면 상제가 엄숙히 임하여 벌하고 용서하지 않는다. 오랫동안의 잘못을 스스로 일소하고 본심을 바꾸지 않는다. 이는 비로소 본심을 보존하는 군자가 되고 본심을 버린 서민이 되는 것을 면한다. 미미하다! 위태롭다! 신중하지 않을 수 있겠는가!”5) 조사해 보면, 즙산이 입신立身을 논한 『인보人譜』라는 글을 쓴 때는 명 숭정崇禎7년 갑술년(1634) 8월이다. 『인보』의 「속편삼續篇三」이 「기과격紀過格」인데, 여기에 쓰인 여러 잘못[過]이 각각 미과, 은과, 현과, 대과, 총과, 성과 순서로 열거되어 있다. 손하봉 평어評語의 근거는 이 글에서 나온 것이 분명하다.

유즙산의 지조와 절개에 대해 존경심을 가지게 되면서 그 학설을 신봉하게 되었는데, 자신도 모르는 사이에 감화되어 즙산의 학술 주장을 받아들였고 주희, 왕양명의 학술을 취합하는 방향으로 나아갔다. 손하봉의 글에 이러한 실마리가 보일 듯 말 듯 하지만 어렴풋하게 분별해 낼 수 있다.

강희康熙 초, 하남 내황內黃 지현知縣 장목張沐의 요청에 응하여 이 현에 가서 강학講學을 했는데 「제내황적요후題內黃摘要後」라는 글을 지었다. 이 글에서 그는 “우리가 오늘 학문을 이야기하면서 깊이를 다하고 그 기미를 연구하고 새로운 의미를 만들고, 독특한 의견을 세울 필요는 없다. 다만 잘못을 알아서 고치려고 한다면 이것이 바로 공자, 안연의 혈맥일 것이다.”6) 「제유평」

---

4) 孫奇逢, 『夏峰先生集』卷4, 「黃石齋麟書鈔序」. 劉念台先生序明理學, 以正學爲首. 倪獻汝序『理學宗傳』, 以石齋爲終. … 劉・倪二公, 正謂其節之奇, 死之烈. 忠到足色, 方于理學無憾耳.

5) 孫奇逢, 『孫徵君文稿三種』之3, 「諸儒評」. 子曰 : “已矣乎, 吾未見能見其過而內自訟者也.” 公譜微過・隱過・顯過・大過・叢過・成過, 條列分明, 隨事隨念, 默默省察. 有犯此六科者, 凜然上帝臨之, 誅鋤不貸. 久久過自消除, 而本心不改. 此方是存之之君子, 而免爲去之之庶民. 微乎! 危乎! 可不愼諸!

6) 孫奇逢, 『夏峰先生集』卷5, 「題內黃摘要後」. 我輩今日談學, 不必極深研幾, 拔新領異. 但求知過而改, 便是孔顏真血脈.

이 유즙산의 『인보』를 따라 입론하는 것처럼, 이 책의 후어後語도 『인보』를 따라 만들어야 한다. 즙산의 학설은 초기에 '경敬'을 위주로 하는 것으로 시작하여, 중년에는 '신독愼獨'을 종지宗旨로 삼았고, 만년에는 '성의誠意', '신독'을 하나로 합하여 우뚝히 한 분야에서 영수가 되었다. 유즙산은 그가 지은 『독대학讀大學』에서 "『대학』의 도는 '성의' 뿐인데, 성의의 공은 '신독' 밖에 없다."[7]라고 하였고, 또 "도는 하나뿐이고, 공부는 또한 하나뿐이다. 『대학』의 도는 '신독' 뿐이고, 『중용』의 도는 '신독' 뿐이며, 『논어』, 『맹자』, 『육경』의 도 역시 '신독' 뿐이다. '신독'하면 천하의 일은 다 마칠 것이다."[8]라고 하였다. 손하봉의 논의도 같은 데서 나온 것으로 보인다. 시작하면서 "유념대는 '30년 동안 멋대로 돌아다니다가 이제야 비로소 도가 사람에게서 멀리 있는 것이 아님을 알겠다.'"[9]라고 하였고, 이어서 말하기를 "성학은 오직 성의에 있고, 성의는 오직 신독에 있다."[10]라고 하였는데, 결국 하나로 귀결하여 "신독은 하나의 공부로서 수많은 성현이 모두 이 한가지 일 뿐이다. 내외도 없고, 정조도 없고, 대소도 없이 하나로 관통되어 있다."[11]라고 주장했다. 유즙산은 육상산, 왕양명의 학술 계승을 논하면서 허물을 양간楊簡, 왕기王畿에게 돌렸다. 그는 "상산은 잘못이 없었는데 자호慈湖(양간)에게서 잘못이 나왔고, 양명은 잘못이 없었는데 용계(왕기)에게서 잘못이 나왔다."[12]라고 하였다. 그리고 "양명에게 불행하게도 용계가 있었고, 마찬가지로 상산에게 불행하게도 자호가 있었다. 이들은 모두 이 문의 불행이었다.[13]"라고 하였다. 손하봉도 이에 대해 동의했는데, 그의 말에 따르면 "자호가 바로 상산의 학술을 전하였고, 용계가 바로 양명의 학술을 전하였는데, 소리도 없고 냄새도 없으며, 선함도 악함도 없다는 설이 어찌 스승의 학설과 어긋나는 것이겠는가? 그러나 불교와 도가 등 허무한 가르침과 식색의 성은 또한 일찍이 그들의 입을 벌리지 않음이 없다. 당읍堂邑(유종주)이 이른바 상산의 학술을 전한 자가 상산을 그르쳤고, 양명의 학술을 전한 자가 양명을 그르쳤다고 한 것입니다. 심합니다. 말을 신중하지 않으면 안 됩니다."[14]라고 하였다. 그러므로 강희 초 『이학종전理學宗傳』을 퇴고하여

---

7) 『大學』之道, 誠意而已矣, 誠意之功, 愼獨而已矣.

8) 劉宗周, 『劉子全書』卷25, 「讀大學」. 夫道一而已矣, 學亦一而已矣. 『大學』之道, 愼獨而已矣; 『中庸』之道, 愼獨而已矣; 『語』·『孟』·『六經』之道, 愼獨而已矣. 愼獨而天下之能事畢矣.

9) 孫奇逢, 『孫徵君文稿三種』之1, 「與友人論道書」. 劉念台曰 : "三十年胡亂走, 而今始知道不遠人."

10) 聖學只在誠意, 誠意只在愼獨.

11) 孫奇逢, 『夏峰先生集』卷2, 「語錄」. 愼獨是一統的功夫, 千聖萬賢, 總只是這一件事. 無內外, 無精粗, 無大小, 一以貫之.

12) 劉宗周, 『劉子全書』卷13, 「會錄」. 象山不差, 差于慈湖 ; 陽明不差, 差于龍谿.

13) 劉宗周, 『劉子全書』卷19, 「答韓參夫」. 陽明不幸而有龍谿, 猶之象山不幸而有慈湖, 皆斯文之厄也.

14) 孫奇逢, 『夏峰先生集補遺』卷上, 「問答」. 慈湖正以傳象山, 龍谿正以傳陽明, 而無聲無臭, 無善無惡, 夫豈謬于師說? 而虛無之教, 食色之性, 又未嘗不借口焉. 堂邑所謂傳象山者失象山, 傳陽明者失陽明. 甚

간행할 때, 손하봉은 권말에 특별히 "보유補遺"를 두어 양간, 왕기는 모두 그 속에 포함되었다. 그는 이에 대해 "보유편의 제자도 모두 뛰어난 인물인데 어찌 차마 제외하겠는가! 생각건대, 묵자는 당대의 뛰어난 대부로 공자와 나란히 추숭되었으니, 어찌 아버지를 아버지로 여기지 않았겠는가? 대체로 묵자가 『겸애』한 책을 짓자 그 폐단이 필시 아버지를 아버지로 여기지 않는 데까지 이를 것이었기 때문에, 맹자가 주장하여 반박한 것이다. 어리석은 내가 감히 여러 공을 보유편에 놓은 것은 이러한 맹자의 충고를 본받았다."15)라고 하였다.

하봉의 학술은 젊은 시절 주자로부터 시작하였고, 중년에는 동향同鄕의 선배 녹선계鹿善繼의 영향을 받아 아침저녁 할 것 없이 『전습록傳習錄』에 잠심하여 양명학 추종자가 되었다. 만년에 유즙산의 학행을 흠모하여, 드디어 양명학을 수정修正하고 주자와 양명을 하나로 합치시키는 것을 귀착점으로 삼았다. 그는 즙산의 제자 김현金鉉을 위해 지은 소전小傳에서 "우리 고향에서 이학에 종사하면서 충성스럽고 절개가 있는 자는 공과 녹백순이다. 녹백순의 학문은 육구연과 왕수인에 가깝고, 공의 학문은 정자와 주자를 지켰다."16)라고 하였다. 녹백순을 추종하여 양명학을 독실히 믿은 자는 뜻밖에도 정주의 학문을 지켰던 즙산의 제자를 표창했는데, 먼저 손하봉이 문호門戶를 고집한 사람이 아니라는 것을 알 수 있고, 다음으로 유즙산 사제師弟가 양명학을 수정하는 것에 대한 인정을 표명하는 것이다. 그래서 손하봉은 문호를 초월하여 "문성공(왕양명)의 양지와 자양의 격물은 본디 다름이 있는 것이 아니다."17)라고 하였고, 또 말하기를 "양현의 큰 뜻은 원래 맞지 않은 적이 없었다.[兩賢之大旨固未嘗不合也]"라고 하기도 하였다. 그는 "육구연, 왕수인은 곧 자양의 익우요 충신이니, 서로 도와서 이루어주는 것이 있고 어긋나는 점이 없다."18)라고 여겼다. 더 나아가 주자와 왕양명을 하나로 합치시켜야 한다고 주장하면서, "우리는 오늘 진실하게 자양이 되고 양명이 되려는 것이지, 자양과 양명에게서 찾는 것은 아니다. 각자 자신의 마음과 본성으로부터 모든 정신을 분발하되, 각자가 처한 형편과 신분에 따라 흡족하게 공부하여 유감이 없게 하면 비로소 자양과 양명에 부끄러움이 없을 것이다."19)라고 하였다. 이는 유즙산이 말한 "후대의 군자로서 도에 뜻을 둔 자가 있다면, 어찌 이를 위해 자신의 호승심이나 들뜬 기운

矣, 言之不可不愼也.

15) 孫奇逢, 『夏峰先生集』卷首, 「義例」. 補遺諸子皆賢, 烏忍外! 嘗思墨子固當世之賢大夫也, 曾推與孔子並, 何嘗無父! 蓋爲著「兼愛」一篇, 其流弊必至于無父, 故孟子昌言辟之. 愚敢于補遺諸公效此忠告.

16) 孫奇逢, 『夏峰先生集』卷8, 「金忠節公傳」. 吾鄕理學而忠節者, 公與鹿伯順也. 鹿之學近陸王, 公之學守程朱.

17) 孫奇逢, 『四書近指』卷1, 「大學之道章」. 文成之良知, 紫陽之格物, 原非有異.

18) 陸·王乃紫陽之益友忠臣, 有相成而無相悖.

19) 孫奇逢, 『夏峰先生集』卷7, 「復魏蓮陸」. 我輩今日要眞實爲紫陽, 爲陽明, 非求之紫陽·陽明也. 各從自心自性上打起全副精神, 隨各人之時勢身份, 做得滿足無遺憾, 方無愧紫陽與陽明.

을 버리고 하나하나 성인의 말에 충실함을 취하지 않겠는가? 그렇게 실천하기를 오래 하면 반드시 나에게 있는 것을 자득하게 될 것이니, 또 어찌 주희, 육구연, 양간楊簡, 왕수인을 말할 필요가 있겠는가?"[20]라는 것은 실로 동조공명同調共鳴으로 선후에 호응한 것이다.

만일 손하봉이 『이학종전理學宗傳』을 편찬하던 중에 유즙산의 학설에 대해 여전히 깊이 이해하지 못했다고 한다면, 강희 6년 이 책을 판각하고 마무리 한 다음 14년 뒤 죽을 때까지 동지同志로 삼으며 마음을 기울여 존중하고 인정하였고, 즙산의 학설이 손하봉에 끼친 영향은 보통이 아니다. 이에 관한 상황은 손하봉의 『일보日譜』에 많이 반영되어 있어 매우 귀중하다.

강희 7년(1668) 9월 9일, 손하봉이 유즙산의 『학언學言』을 읽고 찰기札記를 남겨 이렇게 서술하였다.

> 유선생의 『학언』을 읽었는데, 한참부에게 "힘써 과장된 습기는 도려내고, 진실한 마음을 깊이 배양하라."라고 하였고, 또 말하기를 "보고 듣는 가운데 체험하는 것은 곧 들리지 않고 보이지 않는 데로 돌아가는 것이다. 사려해서 연구하고 살피는 것은 곧 무엇을 생각하고 무엇을 헤아리는 데에 궁구하면 신독의 공부는 거의 다 된다."라고 하였다. 참부는 완평의 벼슬 없는 선비다. 정주의 학설을 엄격히 준수하였는데, 나는 20대 이후로 그와 벗이 되었다. 갑술년[명 숭정7년 : 인용자]에, 무성 관아에서 3개월간 함께 지냈다. 그는 강남에서 유학하였는데, 그 곳에서 고충헌(고반룡高攀龍)과 함께 교류하였다. 돌아와서 나에게 그 사정을 매우 소상히 알려주었다. 이 일은 을해년, 병자년 이전의 일이다. 이후, 그가 유즙산을 따라 공부하였으나, 그 소식은 미처 듣지 못하였다. 소식이 오랫동안 끊기어 이제는 고인이 되었을 것이다. 유선생의 글을 읽으니 글 속 행간에서 옛날 벗을 어렴풋이 만나게 된다.[21]

1주일 후, 하봉은 또 즙산의 『성학종요』를 읽고 나서 무한히 기쁜 마음을 글로 써내려갔다. 그는 이렇게 말했다.

> 내가 『이학종전』을 간각할 때에, 개인적으로 염계가 공자를 사숙하고, 요강이 염계를 사숙하였다고 생각하였다. 한 때의 견해가 이와 같았다. 언젠가 어떤 벗이 유선생의 『성학종전』['傳'은 '要'의 오기이다

---

20) 劉宗周, 『劉子全書』卷21, 「張含宇先生遺稿序」. 後之君子有志于道者, 盍爲之先去其勝心浮氣, 而一一取衷于聖人之言, 久之必有自得其在我者, 又何朱·陸·楊·王之足云?

21) 讀劉子『學言』, 有示韓參夫云 : "力鏟浮誇之習, 深培眞一之心." 又曰 : "從聞見上體驗, 卽從不聞不見消歸; 從思慮中研審, 卽向何思何慮究竟, 庶幾愼獨之學." 參夫, 宛平布衣也. 嚴守程朱, 予從弱冠後卽與之友, 甲戌年(明崇禎七年──引者), 同在武城署中, 住三月餘. 遊學江南, 渠曾與高忠憲遊, 歸而向予言之甚詳. 此在乙丙之前. 後從念台遊, 則未及聞也. 音問久絶, 定作古人矣. 讀劉子語, 愰見故人于字裏行間.

: 인용자]를 보내주었는데, 그곳에 말하기를 "주돈이가 다시 태어난 중니인가? 명도는 안자에게 밀리지 않고, 횡거와 자양 또한 증자와 자사에 버금가며, 양명의 식견은 맹자를 바싹 따라잡았다. 천지가 생긴 이래로, 앞서 다섯 선생이 있고, 뒤에 다섯 선생이 있어 이 도가 외롭지 않게 될 수 있었다."라고 하였다. 이를 읽고서 참으로 즐거워졌다. 공이 먼저 내 마음을 얻은 것인가? 내가 먼저 공의 마음을 얻은 것인가? 천하에 이 마음과 이 이치가 똑같이 그러함이 있는 것이다.22)

이듬해 2월 6일에, 하봉이 즙산의 글을 읽고 제자 탕빈湯斌에게 서신을 보내 다시 즙산이 "먼저 내 마음을 얻었다.[先得我心]"고 하였다. 서신은 다음과 같다.

유념대가 "30년이 제멋대로 돌아다녔으니, 이제야 도가 사람에게서 멀리 있는 것이 아님을 알았다."라고 하였는데, 『념대집』에는 시원스런 말이 많았다. "주돈이가 다시 태어난 중니가 아닌? … 양명의 식견은 맹자를 바싹 따라잡았다. 천지가 생긴 이래로, 앞서 다섯 선생이 있고, 뒤에 다섯 선생이 있어 이 도가 외롭지 않게 될 수 있었다." 『이학종전』 한 책에서 염계가 공자한테서 듣고 배우고, 요강이 염계한테서 듣고 배웠다고 개인적으로 생각하였었는데, 뜻밖에도 념대가 먼저 내 마음의 똑같이 그러함을 얻었다. 얼마 전 『양우성집』을 읽었는데, 모두 진실하게 공부를 하는 사람이니 경시해서는 안 된다.23)

열흘 후, 같은 심경이 「부양이도復梁以道」에 보인다. 하봉은 "유념대의 말에 '30년 동안 멋대로 다니다가, 이제야 비로소 도가 사람에게서 멀리 있는 것이 아님을 알겠다.'라고 하였습니다. 유즙산과 양우성 두 선생은 그 종지가 우리와 부합하는데, 당장 손을 맞잡고 상세히 논의할 수 없어 한스럽습니다."24)라고 하였다.

강희12년(1673), 손하봉은 이미 90세에 이르렀다. 이 해 8월 26일에 그는 이기理氣와 심성心性의 관계에 대해서 『일보日譜』에 찰기 한 편을 남겼다. 그 내용은 다음과 같다.

이기의 설은 분분하여 일치하지 않는다. 어떤 이는 '리가 기를 낳는다.'라고 하고, 어떤 이는 '리는

---

22) 予之刻『宗傳』也, 妄臆以濂溪爲孔子之聞知, 以姚江爲濂溪之聞知. 此一時之偶見如此. 忽友人寄劉子『聖學宗傳』(傳字誤, 當作要——引者), 其言曰 : "周子其再生之仲尼乎? 明道不讓顏子, 橫渠紫陽亦曾思之亞, 而陽明見力直追孟子. 自有天地以來, 前有五子, 後有五子, 斯道可爲不孤." 讀之一快. 公先得我耶? 我先得公耶? 抑南北海此心此理有同然耳.

23) 劉念台之言曰 : "三十年胡亂走, 而今始知道不遠人." 念台集中多快語. 至周子其再生之仲尼乎? 陽明見力直追孟子, 自有天地以來, 前有五子, 後有五子, 斯道可爲不孤. 『宗傳』一編, 妄意以濂溪爲孔子之聞知, 以姚江爲濂溪之聞知, 不謂念台先得我心之同然耳. 近讀楊虞城集, 皆眞實做工夫人, 不可少也.

24) 劉念台之言曰 : "三十年胡亂走, 而今始知道不遠人." 劉楊兩先生, 其宗旨正與我輩相符, 恨不即握手一詳言之.

기의 리'라고 하고, 또 어떤 이는 '이 기가 있어야 비로소 이 리가 있다.'고 한다. 유념대는 '리는 바로 기의 리인데, 기보다 앞서지 않고 기 밖에 있지도 않다.'고 하였다. 이것을 알면 도심이 곧 인심의 본심이고, 의리의 성 또한 기질의 본성임을 알게 되어, 일체 어지러운 설을 모조리 쓸어낼 수 있다.[25]

즙산의 주장으로 여러 학자의 논쟁을 일소하고, 즙산에 대하여 진심으로 존중하고 인정했으니, 하봉이 만년에 정립한 결론이라고 할 수 있다.

2. 즙산학 북쪽 전파의 중요경로

앞서 서술한 바와 같이, 손하봉은 유즙산 생전에 한 번도 가르침을 청할 기회가 없었다. 하봉 자신의 말을 빌어 말하면, 다만 "내가 약관 시절부터 공을 흠모하는 것을 깨달았다. 후에 왕념니가 공을 따라 공부할 때에 공 역시 내 존재를 알았다."[26]는 것뿐이다. 게다가 당시는 명 말기로 전란이 횡횡하던 때라서 이미 조용히 학문을 논할 수 있는 때가 아니었다. 이런 혼란스런 상황은 즙산의 학술이 북쪽으로 전파되는 데에 큰 장애가 되었다. 즙산의 제자 운일초惲日初의 말에 따르면 "선사께서는 명말 2대 유학자 가운데 한 분이었습니다. 그러나 『인보』를 제외하고 선생에게 어떠한 저술이 있는지 천하 사람들이 모릅니다."[27]라고 하였다. 다시 말하면, 강희 초엽까지 유즙산의 저술 가운데 간행된 것은 『인보』 1종뿐이었다. 이러한 상황이었으므로, 강희 20년을 전후로 해서야 비로소 즙산의 제자가 잇달아 나와 스승의 설을 표창하기 시작했다. 먼저 운일초는 『유자절요劉子節要』를 편집하였고, 뒤이어 황종희는 「즙산학안蕺山學案」을 편찬하였으며, 끝으로 동창董瑒은 『즙산선생연보蕺山先生年譜』를 개정하고 『유자전서劉子全書』를 편찬하였다. 그러나 즙산 후학의 이러한 모든 노력은 대부분 손하봉이 죽고 난 후의 일이다. 그렇다면 즙산의 학술은 또 언제, 어떠한 경로로 북쪽에 전파되어 손하봉에게 영향을 주었나? 현재 확인할 수 있는 문헌을 통해 보면, 순치順治 7년, 손하봉의 제자 고교高鐈가 남쪽 회계會稽로 유학한 일이 학술 전파에서 가장 중요한 사건이다.

고교高鐈는 자가 천형薦馨으로 하북 청원淸苑 출신이다. 명말 제생은 서법書法에 능하고 시

---

25) 理氣之說紛紜不一, 有謂理生氣, 有謂理爲氣之理者, 有謂有是氣方有是理者. 迄劉念台云, 理即是氣之理, 斷然不在氣先, 不在氣外. 知此則知道心即人心之本心, 義理之性亦即氣質之本性, 一切紛紜之說可以盡掃矣.

26) 孫奇逢, 『理學宗傳』 卷25, 「劉宗周」. 余從弱冠時, 知向慕公, 後王念尼從公遊, 公亦知有余也.

27) 惲日初, 「致董無休書」, 董瑒의 『劉子全書抄述』에서 재인용함. 『劉子全書』 卷首에 보임. 先師爲明季二大儒之一, 顧自『人譜』外, 海內竟不知先生有何著述.

창작을 즐겨하였다. 순치2년 손하봉을 스승으로 따랐다. 3년에, 하봉의 집이 만주 귀족에게 빼앗기자 한을 품고 남쪽 신안新安(지금 河北省 新安)으로 옮겨가 살았다. 6년 겨울에, 신안의 시국이 불안해지자 다시 온 집안을 이끌고 남쪽으로 옮겼다. 하봉은 처음에 황하를 건너고 장강을 건너 곧장 절동浙東지역으로 가서, 앞서 옛 친구와 약정했던 자식의 혼사를 마무리하려 하였다. 한편으로 나이가 이미 많아 피로한 여정을 감당하지 못하였고, 또 한편으로 가족 10여 명을 데리고 천리 길을 가는 것 역시 쉬운 일이 아니었다. 그래서 하남河南 휘현輝縣 소문산蘇門山에 이르고 나서 처음의 생각을 바꾸게 되었고, 임시로 거처하게 되었다. 하봉이 남쪽으로 이동할 때에 고교高鐈가 늘 함께했다. 그래서 손하봉이 90세에 「회우시懷友詩」를 지어 고교高鐈에 대해 "늘그막에 경솔히 고향을 떠났는데, 천형이 가는 길에서 함께 밥 먹었네.[垂老輕去鄉, 薦馨共旅食]"라고 하였다. 이는 손하봉과 고교 사제 간에 겪었던 진실일 것이다.

손하봉의 『일보日譜』 기록에 따르면, 고교의 회계 유학은 순치7년 봄, 여름 사이에 시작하여, 12년 봄에 북쪽으로 돌아오므로 거의 5년에 가까운 긴 기간이었다. 고교는 어째서 먼 회계까지 유학하였을까? 그리고 5년 동안이나 오래 있었던 것일까? 필자는 과문하고 학문이 찬찬하지 못하여 이 사이의 자세한 사정은 잘 모른다. 그러나 한 가지만은 분명히 말할 수 있다. 고교는 스승의 명을 받고 편찬 중이던 『이학종전』 초고를 들고 절동浙東으로 가서 증익해줄 것을 요청하였다. 이 점에 대해서는 손하봉이 『이학종전』 첫머리 「자서自敍」에서 분명히 밝히고 있다. 그는 "이 책은 이미 세 번 고쳤는데, 그 속에서 생활하며 그 책을 갖고 함께 출입한 것이 30년이 넘었다. … 처음에 악성에서 개정하였는데, 동강도 이후 50여명에 대해 시대순서로 차례를 삼았다. 얼마 후 소문에 이르러 20여 명을 증익하였다. 그 후에 제자 고교가 회계에 가지고 가자, 예군(예원찬)과 여군(미상) 두 사람이 다시 미비한 내용을 보충해주었으니, 이제 또 15년이 흘렀다."[28]라고 술회하였다. 악성渥城은 바로 신안新安으로, 탕빈湯斌이 편집한 『손정군연보孫徵君年譜』 기록에 따르면, 『이학종전』은 악성에서 처음 개정하였는데, 그 때가 순치4년이다. 이 일에 참여한 사람은 하봉의 제자 고교, 왕지정王之征, 진횡陳鋐과 손정군의 셋째아들 손박아孫博雅이다. 순치7년 여름 초에, 손하봉과 제자 일행은 소문산에 도착하여 다시 옛 원고를 정리하였고, 이 일을 마치자 바로 고교에게 원고를 가지고 회계로 가게 한 것이다.

순치12년 봄, 고교가 북쪽으로 돌아왔다. 이번의 먼 곳으로의 유학이 어떠한 목적을 가지고 있었는지, 그리고 그 목적을 모두 실현하였는지는 거론하지 않더라도, 남북의 학술 교류 측면에서 말하자면, 고교는 회계에서 충분히 큰 수확을 거두고 돌아왔다고 할수 있다.

---

28) 此編已三易, 坐臥其中, 出入與偕者, 逾三十年矣. … 初訂于渥城, 自董江都而後五十余人, 以世次爲序. 後至蘇門, 益廿余人. 後高子攜之會稽, 倪余二君復增所未備者, 今亦十五年矣.

우선, 고교는 그의 스승이 부탁한 일을 원만히 마치었다. 절동 학자와 수년간 교류하면서 하봉의 학설을 전했을 뿐 아니라, 『이학종전』 초고와 관련하여 知音을 찾았다. 그리고 하봉은 제자 고교와의 빈번한 서신 왕래를 통해 즙산의 학술 및 그 계승자에 대한 대체적 상황을 이해할 수 있게 되었다. 두 번째 수확은, 고교의 족적을 따라서 하봉의 제자 마이영馬爾楹이 하봉의 둘째 아들 손주아孫奏雅와 함께 순치8년 여름 가을 사이에 절동에 도착했고, 이에 따라 남북 학술교류의 통로가 더 넓게 개척되었다는 점이다. 세 번째 수확은, 고교·손주아·마이영 등의 노력으로 즙산의 여러 후학이 제때에 그리고 정확하게 즙산의 학술과 그 대표 저술을 직접 손하봉에게 전달 했다는 점이다. 청초, 남북 학술의 이러한 중요한 교류 상황 속에서 만약 고교가 처음으로 길을 열어 남쪽 학술과의 교류를 개척한 공을 수립했다고 한다면, 이 남북의 통로에서 열심히 노력하여 결국 즙산의 학술을 북쪽에 전하는 역사적 사명을 완수한 사람은 당연히 즙산의 여러 후학일 것이다. 이 가운데 공이 가장 탁월한 사람으로는 예원찬倪元瓚을 꼽을 수 있다.

예원찬倪元瓚은 자가 헌여獻汝이고 절강 상우上虞 출신이다. 그의 형 원로元璐는 자가 옥여玉汝이고, 호가 홍보鴻寶인데, 숭정崇禎 연간에 관직이 호부상서에 이르렀으나 명이 멸망하자 따라서 순국하여 절개가 빛났다. 예원로는 유종주보다 15세 적었고 즙산의 학술에 대해서 매우 숭배하였다. 즙산의 아들 유작劉汋이 편집한 「유자연보록유劉子年譜錄遺」에 따르면 다음과 같이 기록되어 있다.

> 선생은 당쟁의 화가 닥치자 두문불출하였다. 예홍보가 한편으로 있다가 고향에 돌아와 선생께 세 번 인사를 청했으나 만나지 못했다. 다시 서신을 보내어 "선생께서는 지극히 깨끗하고 세속과 끊고, 강고한 굳셈으로 외물을 제어하시며, 공맹의 지극한 귀함으로 처신하고 맹분孟賁, 전저專諸, 형가荊軻, 변장자卞莊子도 어려워 하는 바를 실천하시니, 제가 심복하는 것이 진실로 칠십 제자가 공자에게 심복하던 것과 같습니다."라고 하였다. 매양 사대부들이 받들고 존중하는 것이 입으로만 그러는 것이 아니고 말만 하면 꼭 "유선생은 무슨 말씀하셨다."라고 말했다. 전에도 월 땅의 젊은 선비들이 선생을 '진정한 유학자'로 존신하지 않음이 없었는데, 벼슬하는 사대부들은 이를 조소하지 않는 자가 없었다. 오로지 홍보만이 대중에게 호소하기를 "유념대는 지금의 주원회입니다."라고 하였다. 이에 비로소 선생을 믿고 배우기를 청하는 자가 나왔다. 이로부터 기표가, 시방요, 장정신, 웅여림, 하홍인 등 제공이 다투어 덕망이 높은 분으로 선생을 받들었다.[29]

---

29) 先生當黨禍杜門, 倪鴻寶以翰編歸裏, 三謁先生, 不見. 復致書曰 : "先生至淸絶塵, 大剛制物, 動以孔孟之至貴, 而爲賁諸荊卞之所難. 璐心服之, 誠如七十子之于夫子也." 每于士大夫推尊不啻口, 言及必曰劉先生云何. 先是越之衿土無不信先生爲眞儒, 而縉紳未嘗不訕笑之. 獨鴻寶號于衆曰 : "劉念台今之朱元晦也." 于是始有信之而願學者. 自此, 祁公彪佳·施公邦曜·章公正辰·熊公汝霖·何公弘仁, 爭以著蔡奉先生.

원찬元瓚은 원로元璐의 아우로서 그 형의 영향을 받아 즙산의 학술을 신봉하는 후학의 대열에 서게 될 것이다.

고교가 남쪽 회계로 유학 가서 예원찬과 왕래하게 되자 『이학종전』 초고를 보내 검토 및 수정을 부탁하였는데, 이는 사람을 제대로 찾은 것이었다. 순치 12년 봄, 고교와 손주아孫奏雅가 북으로 돌아올 때, 원찬의 서찰 및 『이학종전』에 대한 논평문을 가지고 왔다. 손하봉은 뜻이 같고 생각이 일치하는 좋은 벗을 얻어 기뻤다. 그래서 그 해 3월 21일에 기쁜 마음으로 예헌여倪獻汝에게 답장을 보냈다. 답장에는 다음과 같은 내용이 있었다.

> 저는 하북 서쪽의 보잘 것 없는 학자로서 늘그막에 떠돌아다니다가, 국조가 바뀐 이후 초야에 묻혀 산지 몇 해 되었습니다. 스스로 생각건대, 남은 인생 숨을 헐떡이면서도 죽지 못하는 것은 여전히 늙은 제 자신을 독려하여 만에 하나라도 하늘에 보답하고 싶기 때문입니다. 근래에 사방에서 벗을 구하였는데, 이 도에 진실하게 종사하는 사람이 드뭅니다. 천형이 남쪽으로 공부하러 가서 좋은 벗을 얻어 매우 기분이 좋습니다. 둘째 아들 주야가 직접 쓰신 서찰을 가지고 돌아왔을 때에 수년간의 흠모와 기대가 이루어져 매우 위로가 되었습니다. 존경하는 선생께서는 충혼으로 한 시대의 영수인데다, 또 동남 지역에서 교학의 기풍을 일으켰으니 참으로 봉황이 하늘 멀리서 날고, 학이 구름 속에서 운다고 한 모습이십니다. 재앙으로 바른 도가 사라져 갈 때 홀로 겨우 남은 도를 보전하시니 참으로 경모합니다. 『종전』에 대해 써 주신 서문과 주석을 읽고, 유교와 불교를 엄격하게 분별해주셔서, 마음으로 탄복하는 가르침을 받은 바가 참으로 많았습니다. 이 책은 갑신년(1644) 수향(蘇門을 가리킴)에 살 때 완성했는데 아직 교정을 하지 못하였습니다. 얼마 전에는 또 『칠자』 한 편을 썼는데, 이 가운데 가르침을 청하고 싶은 부분이 있지만 길이 멀어 찾아뵙고 가르침을 받을 수가 없군요. 염대선생이 뽑아놓은 것은 미처 정리를 다 마치지 못한 상태라 해도, 그대로 분명한 견해가 있을 것으로 생각됩니다. 군자로 벗하면서 간절히 뵙고 싶은 것이 여러 해 되었습니다만, 이 마음과 이 이치는 응당 남해와 북해로 다르지 않을 것입니다.[30]

지금 우리는 예원찬이 보내온 서신을 읽을 수 없지만, 손하봉의 답장을 통해, 바로 원찬이 보내온 편지에서 유즙산이 송명이학을 정리한 유저를 남겼다는 소식을 손하봉에게 알려주었음을 알 수 있다. 그래서 하봉은 편지를 받고서 비로소 "염대선생이 뽑아놓은 것은 미처 정리를

---

30) 孫奇逢, 『日譜』卷6, 「寄倪獻汝」. 仆燕右腐儒, 衰遲漂泊, 自鼎革以來, 家于山岑水湄者若而年. 自謂喘息余年, 不填壑溝, 尚欲策勵老耄, 圖報稱穹蒼于萬一. 年來求友于四方, 而真實斯道者寥寥. 薦馨南遊, 得良友爲快. 奏兒歸, 持手教, 殊慰數年仰企. 令兄先生以忠魂領袖一代, 先生複以鋪鐸振教東南, 真所謂鳳翔天外, 鶴唳云中. 尚剝床蔑貞, 獨存碩果, 向往實甚. 暨讀序箋『宗傳』, 儒釋防維, 佩教良多. 此書原甲申寅水鄉時成之, 未及訂正. 迩復有『七子』一編, 其中有欲請益者, 路遙不能就正. 念台先生所選, 未得一卒業, 想自有定見. 若水寡寐有年, 此心此理應不以南北海隔耳.

다 마치지 못한 상태[念台先生所選, 未得一卒業]"라고 말할 수 있었던 것이다.

『유즙산선생연보』의 기록에 따르면, 즙산은 생전에 송명이학을 정리하였고, 모두 4종의 저술을 남겼다. 첫째가 『방손지선생정학록方遜志先生正學錄』인데 천계天啓4년에 완성하였고, 둘째가 『황명도통록皇明道統錄』인데 천계7년에 완성하였고, 셋째가 『성학종요聖學宗要』인데 숭정崇禎7년에 완성하였고, 넷째가 『양명선생전신록陽明先生傳信錄』인데 숭정11년에 완성하였다. 유즙산은 방효유方孝孺가 "송잠계宋潛溪를 일찍부터 스승으로 모시면서, 고정(주희)의 정맥을 접하였으므로 국조의 이학은 방공을 제일로 삼아야 한다."[31]라고 여겼다. 그래서 방씨方氏의 학행을 표창한 내용이 많다. 얼마 뒤에 손하봉이 편집한 『오인전충록五人傳忠錄』 및 그가 지은 여러 글과 연계해서 함께 고찰해 보면, 여기서 "염대선생이 뽑아놓은 것[念台先生所選]"이라고 말한 것은 방씨의 학행을 표창한 저술을 가리킴에 틀림없다. 오로지 그렇게 되어야 우리가 앞서 인용해 서술한 하봉이 지은 「오충록인五忠錄引」과 「황석재인서초서黃石齋麟書抄序」에서 여러 번이나 "유념대는 명의 이학을 서술하면서 방정학(방효유)을 시작으로 삼았다.[劉念台敍明理學, 引方正學爲首]"라고 말할 수 있었던 것이다.

그 후, 손하봉은 예헌여와 함께 긴 세월동안 서찰로 왕래하였다. 순치12년 11월, 헌여는 친족의 자제를 소문산蘇門山에 보내 하봉에게 배우게 하였다. 이듬해에 하봉은 다시 헌여에게 서신을 보내 이렇게 말했다.

> 『이학종전理學宗傳』은 요즘 수정하고 있는데, 평하고 주석해주신 것들에서 족하의 불편부당하고 바른 가르침에 감복하고 있습니다. 앞으로도 환히 빛날 것입니다. 파도에 한 기둥처럼 … [이하 결략 : 인용자] 남겨서 강이빈 편에 부쳐 전하게 하였는데 모르겠습니다만 전달되었는지요? 최근에 황석재 선생의 『대척함서』를 읽었는데, 학문이 경전에 따르지 않고, 말들이 산문을 개창하는 정도에 속하는 것이어서, 방정학(방효유) 이후 한 사람이었습니다. 시문 가운데 "당신(예원로) 집안의 형제들(仲氏 : 예원찬)을 따랐다"라고 하니, 읽다가 이 구절에 이르러선 공감이 생기기에 다른 사람에게 말할 수 없었습니다.[32]

하봉의 이 서신에서 황석재와 방정학의 훌륭함을 선후로 언급하고 있는데, 실로 즙산 학술이 북쪽으로 전파되기 시작했을 때에 손하봉에 대하여 깊은 영향을 주었음을 알 수 있다. 여기에서 특기할 만한 것은, 하봉의 서신에서 언급하고 있는 강이빈姜二濱은 예원찬과 마찬가지로 이 시기

---

31) 劉汋等, 『蕺山先生年譜』 卷上, 天啓4年47歲條. 蚤師宋潛溪, 接考亭正傳, 國朝理學當以公爲稱首.

32) 孫奇逢, 『日譜』 卷8, 「寄倪獻汝」. 『宗傳』一書, 迩在訂正, 于評箋中服足下大中至正之教, 燈焰來兹. 其波瀾一柱(下缺──引者). 留附姜二濱轉至, 未審達否? 近讀黃石齋先生 『大滌函書』, 學不依經, 語屬開山, 方正學之後一人. 詩文中皈依君家昆仲, 讀至此段應求, 不可向他人道也.

즙산학술이 북쪽으로 전파되는 데 중요한 공신이라는 점이다.

강이빈은 이름이 희철希轍이고, 호가 정암定庵으로 절강 여요余姚 출신이다. 희철은 즙산의 제자이다. 즙산의 여러 후학 가운데 손하봉과의 교류로 논하면, 그는 앞길을 개척했던 인물일 것이다. 순치9년, 강이빈은 절강 온주의 교유敎諭에서 직예直隷 원성元城의 지현으로 옮겼다. 임지에 도착한 후, 바로 손하봉을 배알하였다. 순치12년, 이빈이 또 편지를 써서 가르침을 청하자, 이 때 하봉은 다음과 같이 답장했다.

> 일전에 광풍제월光風霽月(쇄락한 인품)의 모습을 뵈었을 때 매우 환대해주심을 받았습니다. 특히 사람들이 처신하기 곤란해 하는 시국에 홀로 초탈하여 구차하게 일삼음이 없는 바를 행하셨으니 마땅히 원공元公(주돈이), 명도明道(정호)와 같은 선비라 하겠습니다. 다만 너무 멀리 떨어져 있는데다 산 중이라 편지 한 통 보내기도 불편한 것이 한스러웠는데, 도학을 연마하는 군자께서는 하늘을 원망하고 백성을 걱정하는 이 시국에도 마음을 더욱 비우시고 현자를 섬기고 인자를 사귀려는 생각을 더욱 간절히 하시는 줄은 미처 생각하지 못하였습니다. 제가 늙고 무능합니다만, 어찌 이런 하문下問(자신을 낮추어 아랫사람에게 자문함)을 저버리겠습니까?[33]

바로 이 서신에서 손하봉은 강이빈에게 예헌여가 『이학종전』을 평하고 해설해주었던 소식을 알렸고, 최근에 새로 『칠자七子』를 집록한 상황도 이야기하였다. 또 임의로 초록해두었던 관련 자료들에 대해서도 가르침을 청하였다. 하봉은 이렇게 말했다.

> 저는 북방에서 자라서 지식이 일천하고, 젊어서 학문에 뜻을 두었지만 늙도록 이룬 것이 없습니다. 최근에 몇몇 동료와 함께 『제유어록諸儒語錄』1편을 집록하였는데, 우연히 한 동료가 회계로 가지고 갔고, 그 곳에서 예헌여가 검토하고 계발해 주어서 제가 부족했던 부분을 바로잡아주었습니다. 이어 "종전宗傳(도통의 전승)"이란 두 글자를 생각할 때, 차라리 엄격하게 제한하고 남발하지 말아야 하겠습니다. 안연이 죽자 공자의 도가 전해지지 않았고, 증자 이외에 다른 사람은 도통에 참여할 수 없었습니다. 또한 여러 인물들 가운데 『칠자七子』로 표제를 달아 따로 한 책자를 만들었습니다. 모두 간각한 판본이 없는데다, 길이 멀어 보내드리기가 용의치 않습니다. 다만 각 인물의 저서가 (그 쪽에도) 함께 있으시니, (발췌한 어록은 빼고) 그 성명 및 평론한 내용만 삼가 적습니다. 가르침을 청합니다.[34]

---

33) 前接光霽, 極蒙延款. 最是人所棘手時, 獨能脫然行所無事, 該是元公明道一流人. 恨相隔遠, 山中筒寄未便, 不謂學道君子, 虛懷益甚, 于悲天憫人之際, 益切事賢友仁之思. 仆即衰朽, 何敢負此下問.

34) 孫奇逢, 『夏峰先生集』 卷7, 「答姜二濱」. 仆生長北方, 見圍一隅, 少而有志, 老無所成. 年來與二三同人輯有 『諸儒語錄』 一編, 偶同人攜之會稽, 得倪獻汝評定闡發, 匡我不逮.繼而念 "宗傳" 二字, 甯嚴勿濫, 顏淵死而孔子之道不傳, 曾子外余不得與. 又于衆多人中, 標 "七子" 另爲一選. 俱無刻本, 路遠不便寄去, 各家之書俱在, 謹錄其姓名暨所評請教.

유즙산 유저의 편집과 간행이 더디어짐에 따라, 청초 즙산의 학술이 북방으로 전파되는 것은 매우 더디게 진행되었다. 순치16년까지, 손하봉의 손에 전해진 것은 단지 『인보人譜』한 종뿐이었다. 그래서 앞서 서술한 바와 같이, 그가 그 해 지었던 「제유평諸儒評」중에서는 즙산의 학술을 평하면서 단지 『인보』에서 여러 구절을 고쳐놓은 사실만 언급하였던 것이다. 이러한 국면은 10여 년 지속되었고 강희6년에 이르러 『이학종전』의 최종 원고가 간행될 때 비로소 부분적으로 개선될 수 있었다. 이 때문에 바로 『학언學言』,『성학종요聖學宗要』,『고역초의古易抄義』등 여러 저작이 『인보人譜』의 뒤를 이어서 손하봉에 의해 유즙산의 주요 저술 목록으로 편입되었던 것이다. 동시에 『학언學言』,『고역초의古易抄義』속의 정수가 되는 말 중에서 손하봉이 13조목을 뽑아 『이학종전』에 수록해놓았던 것이다. 그 후 수년간, 손하봉은 계속해서 즙산의 학술을 받아들여 소화하였고, 더 나아가 자신의 학문으로 융합시켜내면서 제자와 후학 사이의 지점에서 마음을 기울여 표창하였다. 이렇게 즙산 학술의 북방 전파는 건실한 발전단계로 진입하였다. 강희12년 5월, 강이빈은 아들 요堯를 천리 먼 길을 보내 배우게 하여 손하봉을 스승으로 따르게 하였고, 아울러 유즙산 유저 몇 종 및 『역설易說』을 보내왔다. 하봉의 북학에 끼친 영향으로 말하자면, 이 단계에 이르러 즙산 남학의 북방 전파가 드디어 완성되었음을 고하는 것이다.

3. 『이학종전理學宗傳』에서 『명유학안明儒學案』까지

학술교류는 결국 서로에게 영향을 끼치면서 함께 발전해나간다. 청초, 남북학자 간의 왕래를 통해, 즙산 남학이 북쪽으로 전파되는 과정 중에, 하봉 북학 또한 동시에 남쪽으로 전파되었다. 앞에서 예원찬, 강희철이 손기봉係奇逢을 동조자로 끌어들여 함께 호응하고, 이어서 族子와 친자식을 먼 곳까지 고생스럽게 보내어 하봉을 따르게 하였다는 사실을 서술하였다. 이것이 바로 유력한 증거 가운데 하나이다. 그 외에 손하봉의 대표적 저술 『이학종전』이 남방으로 전파되었던 것이야말로 설득력이 풍부한 또 다른 증거이다. 이 저술의 남방 전파 과정을 고찰해보는 것은 하봉 북학이 즙산 남학에 끼친 영향을 파악하는데 어쩌면 더욱 큰 의미가 있다.

앞서 서술했듯이, 『이학종전』은 여전히 편찬 과정 중이었고, 그 초고는 이미 계속해서 남쪽으로 전해졌다. 순치7년, 고교가 스승의 원고를 가지고 남쪽으로 가서 예원찬과 여증원余增遠에게 보내 검토와 주해를 부탁하였는데, 이는 하봉 북학이 남쪽으로 전해지는 계기가 되었다. 순치12년, 손하봉은 『이학종전』의 옛 원고를 수정하다가 원고에서 "칠자七子"를 뽑아내어 목록目錄과 평어評語만 따로 적어서 예원찬과 강희철에게 보내 교정하게 하였다. 이 또한 북학이 남쪽으로 전해진 견실한 한 걸음이었다. 강희6년, 『이학종전』의 최종 원고가 간행된 후 원고가 멀리 절동浙

東까지 전파되었고, 이는 황종희黃宗義『명유학안明儒學案』의 선도가 되었다. 이 단계는 하봉북학의 남쪽 전파의 완성시기로 보아도 될 것이다.

『이학종전』에서『명유학안』까지, 이들은 도대체 어떠한 관계가 있는가? 과거와 현재의 여러 학자 가운데 이 문제에 대해서 정리한 학자는 드물다. 1983년, 필자는 전에「손하봉과 황이주孫夏峰與黃梨洲」라는 제목으로『청사연구통신淸史研究通訊』에 짧은 글 한 편을 제출하여 토론한 적이 있다. 그 이후, 다시 졸작인『청초학술사변록淸初學術思辨錄』과『중국학안사中國學案史』에 추가 서술하였고, 이 기회를 빌어서 재차 정리를 하였다.

『이학종전』을 간각한 후, 즉시 예원찬, 강희맹에게 보내주었는지는 증명할 문헌이 없어서 알기 어렵다. 다만 6년 후에 이 책이 이미 유종주의 고제인 황종희의 수중에 전달되었던 것에 대해서는 의거할 문헌이 있다. 황병후黃炳垕가 편찬한『유헌이주공연보遺獻梨洲公年譜』하권, 강희12년 64세 조목에 "태부인 80세 생신에, 징군徵君 손하봉[원주에는 기봉奇逢이라고 하였음. 당시 나이 90세] 선생이『이학종전』1부와 수시壽詩(장수를 기원하는 시) 1수를 보내왔다."[35]라고 기록되어 있다. 이는 바로 늦어도 강희12년에『이학종전』이 이미 절동에 전해졌다는 사실을 설명해준다. 그리고 황종희가 지은『명유학안』권57,「손하봉학안孫夏峰學案」에 "저작으로 대표적인 것이『이학종전』인데, 주원공周元公(주돈이), 정순공程純公(정호), 정정공程正公(정이), 장명공張明公(장재), 소강절邵康節(소옹), 주문공朱文公(주희), 육문안陸文安(육구연), 설문청薛文淸(설선), 왕문성王文成(왕수인), 나문공羅文恭(나념암), 고단문顧端文(고헌성) 등 11명을 특별히 드러내어 종주宗主로 삼고, 이들로 맹자의 뒤를 이었다. 여러 유학자들에 대해서는 별도로 고찰하여 (『제유어록』으로) 편제하였다. 독자적 안목을 보여준 학자라고 할 수 있겠다. 계축년 시를 지어 나(황종희)에게 보내서 즙산의 학문을 잘 전수하라고 권면하였는데, 읽고서 부끄러웠다. 그 당시 90세였고 2년 뒤 별세하였다."[36]라고 기록되어 있다.『명유학안』에는 손하봉에 대한 간략한 이력을 쓴 뒤『세한집歲寒集』안의 학문을 논한 어록 18조목을 뽑아서 수록해놓았다. 이로써 당시에『이학종전』이 남쪽으로 전해졌을 뿐 아니라, 손하봉의 시문집 또한 황종희가 읽었다는 사실을 알 수 있다.

강희12년에,『이학종전』과『세한집』이 남쪽으로 전해질 수 있었는데, 그 공신은 당연히 손하봉의 제자 허삼례許三禮이다. 삼례는 자가 전삼典三이고, 호가 유산酉山으로 하남 안양 사람이다. 순치18년에 진사가 되었다. 이후 집에서 몇 년간 임용을 기다리다가 강희12년이 되어서야 비로소

---

35) 太夫人八十壽辰, 孫征君夏峰先生(原注 : 奇逢, 時年九十矣)寄到『理學宗傳』一部, 並壽詩一章.

36) 所著大者有『理學宗傳』, 特表周元公, 程純公, 程正公, 張明公, 邵康節, 朱文公, 陸文安, 薛文淸, 王文成, 羅文恭, 顧端文十一子爲宗, 以嗣孟子.之後諸儒, 別爲考以次之.可謂別出手眼者矣.歲癸醜, 作詩寄義, 勉以葰山薪傳, 讀而愧之.時年九十矣, 又二年卒.

북경에 가서 이부의 전선銓選에 응하였고 절강 해녕海寧 지현에 제수되었다. 이 부분의 서술에서, 『청사고』 권256 "허삼례전[許三禮本傳]"에 빠지고 잘못된 두 가지 점을 설명할 필요가 있다. 서문구徐文駒가 지은 「안양허공삼례묘지명安陽許公三禮墓志銘」 기록에 따르면, 삼례가 북경에 가서 전선銓選에 응했을 때는 강희 계축년 즉 12년(1673)이다. 그러나 『청사고』 본전에는 전선에 응한 해가 기재되어 있지 않고, "순치18년 진사가 되었다.[順治十八年進士]"라는 내용 다음에 곧장 이어서 "절강 해녕 지현에 제수되었다.[授浙江海寧知縣]"라고 기재되어 있다. 이 때문에 결국 허삼례가 처음으로 해녕지현에 임명된 것이 순치18년이 되는 실수를 하게 되었다. 이것이 첫 번째 오류이다. 두 번째는, 『강희기거주康熙起居注』의 기재에 따르면, 허삼례는 해녕 지현으로서 다시 북경에 들어가 복건도어사福建道御史에 제수되었는데, 이 때가 강희 20년 7월이었다. 그러나 『청사고』 본전은 허삼례가 처음으로 해녕지현에 제수된 해에 대한 기록을 누락하였기 때문에, "현에 재직한 것이 8년인데, 명성이 매우 아름다웠다.[在縣八年, 聲譽甚美]"라는 기록 다음에 결락된 내용을 미봉하기 위해 스스로 그 설명을 꾸며놓았다. 결국 삼례가 다시 북경에 들어가서 복건도어사에 제수된 해를 강희8년으로 잘못 서술해놓은 것이다. 이렇게 역사를 편수하였으니, 후인들의 신뢰를 어떻게 얻겠는가?

손하봉의 『일보日譜』 기록에 따르면, 강희 12년, 허삼례가 해녕에 부임하기 전인 이 해 10월 24일에 하봉을 배알하고 가르침을 청한 적이 있었다. 『이학종전』, 『세한집』 및 황씨黃氏 모친의 장수를 기원하는 시 등은 이때에 삼례가 절동으로 가지고 갔을 것이다. 삼례는 해녕에 부임하고 나서 서원書院을 세워 학술을 진흥하고 인재를 양성하였다. 강희15년부터 황종희를 서원을 주재하는 강석講席으로 초빙하였고, 강희20년 임지를 떠날 때까지 5년간 황종희와 함께 했다. 바로 이 기간 동안 황종희는 손하봉에 호응하여 『명유학안』을 지었던 것이다.

학문은 장작을 쌓는 것과 같아서 나중에 온 것이 윗자리를 차지하게 된다. 『명유학안』과 『이학종전』을 나란히 두고 보면, 사료의 충실성, 체례의 엄정성은 물론 각기 다른 학파의 연원 및 전승에 대한 정리에 있어서도 『학안』이 『종전』 보다 낫다. 그러나 첫 삽을 뜨는 것이 어렵고, 이어서 완성하는 것은 쉬운 법으로 이 또한 정리상 당연한 일이다. 그렇기 때문에, 『명유학안』 첫머리 『발범發凡』에 황종희가 『이학종전』에 대해 매우 완곡한 비평 즉, "종원鍾元이 이리저리 수집해 놓고 다시 선별하지 않아 그 평어와 주해가 요령을 얻지는 못하였다. 그의 지식은 또한 해문[海門, 『성학종전聖學宗傳』을 편찬한 주여등周汝登]과 다를 바 없다."[37]라고 말하면서도, 황종희 또한 그의 책에서 독립적인 절목을 두어 손하봉의 학행을 표창하고, 『이학종전』에 대해 "독자적인 안목을 보여주었다.[別出手眼]"라고 인정하였던 것이다. 이전에 논하는 사람들은 매번

---

37) 鍾元雜收, 不複甄別, 其批注所及, 未必得其要領, 而其聞見亦猶之海門也.

황종희의 『발범』의 말만을 취하고, (『명유학안』 해당 절목에서) 하봉에 대해 평하였던 말은 고려하지 않았다. 따라서 『이학종전』에서 『명유학안』에 이르기까지 선후 상관관계가 존재한다는 사실에 대해서는 소홀히 하였다.

사실 『명유학안』과 『이학종전』은 모두 학안체의 역사서에 속하고 체제가 대략 같을 뿐 아니라 저자의 학술적 취향이나 구상 또한 비슷하여, 두 저작 모두 양명학에서 정통의 자리를 쟁취하는 데 뜻이 있다. 그래서 손하봉은 주돈이로부터 주희를 거쳐 왕양명까지를 송명이학宋明理學의 필연적 발전 과정으로 여기고 "주자周子(주돈이)의 통서를 받은 자가 요강姚江이 아니면 누구이겠는가?[接周子之統者, 非姚江其誰與歸?]"[38]라고 단언했다. 그리고 황종희 또한 양명학을 명대 이학의 대종大宗으로 여기고 "요강이 없었다면 예로부터의 학맥이 끊어졌을 것이다.[無姚江則古來之學脈絶矣]"[39]라고 선언하였다. 이 두 저작에 다른 점이 있다면, 다만 두 저작이 담고 있는 시기의 범위가 서로 다를 뿐이다. 『이학종전』은 고대까지 포괄하여 통사通史의 체제를 이루었고, 『명유학안』은 단대로만 한정하여 한 책을 이루었다. 고대까지 포함하여 통사를 이루었지만 겨우 26권에 불과하고, 명대 한 시대만을 서술하여 책을 이루었지만 62권에 달하고 있으니, 상세함과 소략함이 현격히 다르다는 것은 말하지 않아도 알 수 있다.

강희20년 7월, 손하봉의 수제자 탕빈湯斌이 한림원 시강翰林院侍講으로서 절강의 향시 주고관主考官으로 부임했다. 황종희가 소식을 듣고 아들 백가百家를 항주로 급히 보내 자신이 편집한 「즙산학안蕺山學案」과 『즙산선생문록蕺山先生文錄』을 보내 서문을 부탁했다. 향시가 끝난 후, 탕빈은 북경으로 돌아오는 도중에 황종희에게 서신을 보냈다. 서신에는 이렇게 쓰여 있었다.

> 「즙산학안」 서문을 지으라는 명을 주셨습니다만, 보잘 것 없는 제가 어떻게 이런 일을 하겠습니까? 다만 즙산 선생을 사숙한 지 오래되어 감히 사양할 수도 없군요. 현재는 바쁘게 움직이는 중이라 경솔히 붓을 들 수 없습니다. 도중에 한가해지면 힘써 글을 만들어서 가르침을 청하겠습니다. 책 말미에 이름이 올라 (즙산 선생에 대해) 수십 년 흠모해왔던 제 뜻을 이룰 수 있다면, 참으로 다행이겠습니다.[40]

이듬해에 탕빈은 다시 북경에 있으면서 황리주에게 서신을 보내었는데, 이렇게 쓰여 있었다.

---

38) 孫奇逢, 『理學宗傳』 卷首, 「自敍」.
39) 黃宗義, 『明儒學案』 卷10, 「姚江學案」.
40) 湯斌, 『湯子遺書』 卷5, 「答黃太冲」. 承命作「蕺山學案」序, 自顧疏陋, 何能爲役? 然私淑之久, 不敢固辭. 目下匆匆起行, 不敢率爾命筆. 舟中無事, 勉擬一稿請敎, 得附名簡末, 遂數十年景仰之私, 爲幸多矣.

작년에 당신께서 계신 고장에 부임하고도, 한 번도 찾아뵐 기회를 얻지 못하였습니다. 다행히 큰 아드님과 만나 밤새 대화를 나누면서 깊은 생각과 안정된 기상 등 가학家學에 근본이 있음을 온전히 알게 되었습니다. 그 때문에 한 점 위로가 되었습니다. 『즙산선생문록』에 대해서는 서문을 쓰라는 명을 받들었습니다. 제가 학식이 보잘 것 없는데 어떻게 높고 깊은 학문을 헤아릴 수 있겠습니까? … 제가 태어난 것이 늦어 사숙私淑으로 마음을 쏟은 것이 여러 해 되었습니다만, 식견이 천박하고 문장도 평속해서 만분의 일도 걸맞게 서술해낼 수 없었습니다. 그저 바라건대, 제 글의 필요 없는 부분은 없애고 잘못된 부분은 바로잡아주셔서, 큰 오류가 발생하지 않게만 해주신다면, 감사하겠습니다. …『즙산문록』과 『명유학안』은 언제 세상에 공간할 수 있는지요? 되도록 빨리 후학들이 볼 수 있게 해주시면 참으로 좋겠습니다.[41]

강희 24년, 황종희가 북쪽 소주로 유람할 때 탕빈이 강소순무로 근무지에 머무르고 있었기 때문에, 서로 서신으로만 여러 해 흠모하다가 마침내 만날 수 있었다. 황종희가 나중에 기록한 바에 따르면, 탕빈은 그와 함께 『명유학안』에 대해서 의논한 적이 있고, "『학안』의 종지는 잡다하지만 제대로 읽는다면 시종 일관되지 않는 것이 없다."[42]라고 여겼다.

이 때 이르러, 청초 남북 학파 간의 두 세대에 걸친 교류는 마침내 탕빈이 「즙산학안」과 『즙산선생문록』에 서문을 쓰고, 탕빈과 황종희 두 사람이 소주에서 만나 상의하며, 오늘날 사람들이 무릎을 치며 감탄해마지 않는 학술사의 한 페이지를 남겼던 것이다.

---

41) 同上書 卷5, 「與黃太沖書」. 去歲承乏貴鄉, 未得一瞻光霽. 幸與長公晤對, 沈思靜氣, 具見家學有本, 爲 之一慰. 『蕺山先生文錄』承命作序, 某學識疏陋, 何能仰測高深? … 某生也晚, 私淑之誠, 積有歲年, 但 識既汙下, 筆復庸俗, 不能稱述萬一. 惟望芟其蕪穢, 正其訛謬, 不至大有乖誤, 受賜多矣. …『文錄』, 『學案』何時可公海內? 早惠後學, 幸甚幸甚.

42) 黃宗羲, 『南雷文定四集』 卷1, 「明儒學案序」. 『學案』宗旨雜越, 苟善讀之, 未始非一貫也.

제4장
『명유학안明儒學案』의 기념비적 가치

중국학술사에서 황종희黃宗羲의 『명유학안』은 오랫동안 멀리까지 영향을 미친 명저로서, 역사학, 철학과 문헌학 등의 분야에서 모두 연구할 만한 중요한 가치를 지니고 있다. 이 책은 계승한 것 속에서 새로운 것을 구하면서 이전의 『이락연원록伊洛淵源錄』, 『제유학안諸儒學案』, 『성학종전聖學宗傳』과 『이학종전理學宗傳』 등 여러 책의 장점을 모으고 또 독창성을 발휘하고 새로운 국면을 개척하여 학안체 사서가 완전하고 정형화되도록 했다. 『명유학안』이 없었다면 중국의 전통 역사편찬학에서 학안체 사서史書의 새로운 진용을 형성할 수 없었을 것이라고 말할 수 있다.

1. 당쟁의 명장으로부터 학술의 거장으로

명청 교체기에 여러 가지 사회적 모순이 뒤얽혀 커다란 변화가 일어났는데, 중국 고대사에서 또 하나의 급격한 동란의 시대였다. 반세기에 걸쳐 이어진 사회의 대동란은 많은 걸출한 역사적 인물들을 길러 냈다. 황종희는 그 출중한 인물 가운데 하나이다. 그는 명청 교체기에 태어났으므로 불우한 생애는 줄곧 사회 동란과 함께 했으니 시대의 거울과 같다.

(1) 절강 동부의 황씨 삼형제

황종희는 자字가 태충太沖, 호號는 남뢰南雷 또는 이주梨洲이며, 배우는 사람들은 이주선생이라 불렀고 절강浙江 여요현餘姚縣 출신이다. 명나라 만력萬曆 38년(1610)에 태어나서 청나라 강희康熙 34년(1695)에 죽었으니 향년 86세였다.

황종희는 관료 집안에서 태어났다. 부친 황존소黃尊素는 명나라 말 동림당東林黨의 명사로서, 천계天啓 연간에 관직이 감찰어사監察御使까지 이르렀고 엄당閹黨을 탄핵하는 상소를 올렸다가 미움을 사 관직을 삭탈당하고 귀향했다. 나중에 다시 체포되어 북경北京으로 끌려갔다가 감옥에서 원통하게 죽었다. 황종희는 8살 때부터 부친을 따라 선성宣城, 북경 등지에서 살았다. 천계 6년 부친이 옥중에서 죽자 집안 형편이 어려워졌다. 사종思宗이 즉위하고 엄당을 징벌했다. 숭정崇禎 원년(1628) 봄, 황종희는 천리 길을 걸어 북경으로 가 억울함을 호소했다. 19세 때였다. 북경에 도착한 후 엄당 수령 위충현魏忠賢이 이미 죽었다는 소식을 듣고 위충현 잔당 조흠정曹欽程, 이실李實을 엄벌할 것을 호소했다. 5월, 형부刑部는 위충현 패거리 허현순許顯純, 최응원崔應元에 대해 합동 심리를 했다. 법정에서 황종희는 송곳으로 허현순을 찔렀고 최응원의 수염을 뽑아 부친 영전에 바쳤다. 합동 심리가 끝나고 나서 그는 또 주연조周延祚, 하승夏承과 함께 옥졸 엽자葉咨, 안문중顔文仲을 죽였다. 6월, 이실이 황종희에게 거금의 뇌물을 보냈지만 거부하고 바로 그의 악행을 폭로했으며 형부의 합동 심리 법정에서 송곳으로 이실을 찔러 죽였다. 억울한 죄가 깨끗이 풀어지고 바로 잡히자 그는 마침내 그 해 가을 부친의 영구를 모시고 남쪽으로 돌아갔다.

숭정 2년, 황종희는 부친의 유언에 따라 절강의 저명한 학자 유종주劉宗周에게 가서 배웠다. 소흥紹興은 원래 문화가 융성하고 인재와 문화가 집결되는 곳으로서, 명나라 중엽 이후 왕양명王陽明의 학문이 이곳에서 한때 극성했다. 명나라 말에 이르러 왕양명 학문의 말류가 유학에 불학을 도입하여 선풍禪風이 크게 일었다. 주여등周汝登이 앞장서고 도석령陶奭齡이 그 뒤를 이어 일어났으며, 유종주와 각자 강단을 세워 대등하게 대립하고 있었다. 황종희는 젊어서 성질이 급하여 그 일대의 문사 60여명을 불러 모아 도석령의 학설을 비판하고 유종주 강단의 성세를 장대하게 했다. 의기에 찬 논쟁은 전과 다름이 없는 당파 각축의 유풍이다.

당시 강남에서는 문사들의 결사結社가 크게 유행했는데, 황종희는 한때의 풍조에 물들어 마음을 가라앉히고 학문에 힘쓸 수 없었다. 이후 몇 년 동안 그는 유종주의 강당을 떠나 남경南京, 소주蘇州, 상숙常熟, 안경安慶, 항주杭州, 소흥 등지를 빈번하게 왕래했다. 왕래한 각 지역에서 그는 기사幾社, 복사復社, 독서사讀書社 구성원들과 교제했고 장부張溥, 주표周鑣, 양정추楊廷樞, 진자룡陳子龍, 만수기萬壽祺, 전겸익錢謙益, 오위업吳偉業, 임고도林古度, 왕풍汪渢 등과 같은 저명한 명사들과 사귀었다. 이 기간에 심수민沈壽民의 권면으로 황종희는 숭정 3년부터 과거시험에 참가하기 시작했다. 4년부터는 부친의 유훈을 받들어 명나라 13 왕의 실록과 이십일사二十一史를 두루 읽었다. 숭정 11년 엄당이 세력 회복을 기도하자 복사 구성원 140명은 남경에서 연명聯名으로『남도방란공게南都防亂公揭』를 공포하고 엄당의 잔당 완대성阮大鋮을 공격했다. 황종희는 고헌성顧憲成의 종손 고고顧杲와 함께 선두에 섰다. 다음 해, 남경으로 가서 응시했다. 마침 남경에 국문광업사國門廣業社의 결집이 있어서 사방의 문사가 기약한 대로 도착했다. 황종희는 매랑중梅

朗中, 고고顧杲, 진정혜陳貞慧, 모양冒襄, 후방역侯方域, 방이지方以智 등 남북의 인재와 시문을 주고받으며 가깝게 지냈다.

　숭정 15년, 황종희는 주연조周延祚와 북경으로 가서 예부禮部의 회시會試에 응시했지만 실패하고 돌아왔다. 대학사 주연유周延儒가 황종희를 중서사인中書舍人에 추천하려 했지만, 황종희는 시대의 추세가 어렵고 위험하며 조정의 형편이 혼란스러운 것을 보고 사양하고 나아가지 않았다. 남쪽 지방으로 돌아온 뒤, 과거에 뜻을 버리고 아우 황종염黃宗炎, 황종회黃宗會와 사명산四明山을 유람했다. 황씨 삼형제는 명청 교체기에 모두 문장과 학문으로 이름이 나서 한때 유림에서 "절강 동부의 황씨 삼형제(東浙三黃)"라는 호칭이 있었다.

(2) 청나라에 저항한 생애

　명나라가 멸망한 숭정 17년 4월, 황종희는 유종주를 따라 항주로 가서 명나라 관원이었던 장정신章正宸, 주대전朱大典, 웅여림熊汝霖과 의병 모집을 상의했다. 5월, 홍광弘光 정권이 남경에 수립되자 유종주, 장정신, 웅여림에게 조칙을 내려 의병 논의를 중지시켰다. 황종희는 남경으로 따라 왔다가 부친의 시호 추증을 청구하려 했다. 홍광 정권은 마사영馬士英에 의해 좌우되었고, 완대성阮大鋮은 이를 기회로 삼아 재기했다. 마사영과 완대성은 이전의 원한을 다시 풀려고 그 해 8월 전날 「남도방란공게南都防亂公揭」를 주도했던 주표周鑣를 체포했다. 다음 해 4월, 주표가 살해되고, 황종희와 고고는 모두 지명 체포되었다. 다행히도 형부刑部 장원學院 추호신鄒虎臣이 지연시켜 황종희와 고고가 탈주할 수 있도록 했다. 순치順治 2년 4월, 황종희는 급하게 남경을 떠나 가흥嘉興으로 가다가 사명산으로 들어가 숨었다.

　홍광 정권이 멸망한 뒤, 청나라 조정은 그 해 6월 다시 체발령剃髮令을 반포하고 "북경 안팎은 10일 이내에, 직예 각 성 지방은 중앙에서 문서가 도착한 날로부터 마찬가지로 10일 이내에 모두 체발시킨다."[1]라는 법령을 명문화했다. 체발령 이후로 장강 남북에 의병이 여기저기에서 일어나 항쟁했다. 윤 6월, 웅여림과 손가적孫嘉績은 전당錢塘을 보호벽으로 삼아서 장강長江을 경계로 수비진을 쳤다. 황종희 형제는 여요현餘姚縣 황죽포黃竹浦에서 의용군을 모집하여 손가적과 웅여림의 부대를 성원했는데, 당시 사람들은 "세충영世忠營"이라 불렀다. 노왕魯王 정권이 소흥에서 뒤이어 일어나서 황종희가 지은 『감국노원년대통력監國魯元年大統歷』을 반포하고 시행했다. 순치 3년 2월, 노왕 정권은 황종희를 병부직방사주사兵部職方司主事로 임명했고, 이어서 감찰어사

---

1) 『淸世祖實錄』卷18, "順治二年六月丙寅"條. 京城內外, 限旬日, 直隷各省地方, 自部文到日, 亦限旬日, 盡令剃髮.

監察御史를 맡겼다. 이 때 동남 연해에서 한 지역을 장악한 남명南明의 노魯와 당唐 두 왕의 정권은 정통을 다투다가 상극이 되었다. 노왕이 인솔하는 부대는 전당에 머물면서 북진할 생각을 하지 않았다. 황종희는 매우 우려하며 전당을 건너 청나라 군대에 저항하고 방어할 것을 주장했다. 5월, 그는 손가적의 부대와 왕정중王正中의 부대를 거느리고 함께 장강을 건너 담산潭山으로 진주하고 해녕海寧을 공격하여 탈취할 태세를 갖추었다. 동시에 암중으로 숭덕崇德으로 사람을 보내 그 지역의 의사義士가 안에서 호응할 것을 요청하여 북으로 태호太湖의 의병과 연합하려고 했다. 6월, 청나라 군대가 전당의 장벽을 돌파하고 절강 동부로 진격하자 노왕의 군신은 패퇴하여 바다로 도주했다. 황종희는 부대원 500여명을 수습하여 사명산으로 도주하고 병영을 설치하고 고수했다. 순치 6년에 이르기까지 청나라 군대의 수배를 피하기 위해서 황종희는 이름을 바꾸고 사명산 안팎을 옮겨 다녔다.

순치 6년 6월, 바다를 건너 노왕 정권을 쫓아가서 관직이 좌부도어사左副都御史에까지 이르렀다. 이 때 노왕 정권은 무장이 발호하고 문관이 굴욕을 당하면서 이미 곧 무너질 것 같은 상태였다. 황종희의 옛 벗 웅여림과 전숙락錢肅樂은 사나운 장군 정채鄭彩의 손에 차례로 죽었다. 황종희는 뜻을 펴지 못하자 바로 그 해 8월 고향으로 몰래 돌아갔다. 고향으로 돌아온 뒤 황종희는 사명산과 해상의 항청抗淸 무장 세력과 수시로 연락을 주고받았다. 이 일로 고발당했다. 청나라 지방 당국은 황종희와 사명산의 수령 왕익王翊, 풍경제馮京第의 초상화를 대로에 게시하고 체포에 현상금을 걸었다. 순치 7년 9월, 풍경제의 부대가 패배하여 피해를 입었고 황종염은 체포되었다. 황종희는 소식을 듣자 비밀리에 은현鄞縣으로 서둘러 가서 고두괴高斗魁 등과 모의하고 처형 당일에 황종염을 구출했다. 8년 7월, 청나라 군대가 사명산을 소탕하고 왕익을 포로로 잡은 다음 주산舟山으로 출병했다. 황종희는 사전에 적정을 정탐하고 주산으로 몰래 사람을 보내 경고했고 또 다시 한 번 사신으로 동쪽 바다 건너 일본에 가서 지원군을 요청했다. 순치 11년, 노왕 소속의 정서후定西侯 장명진張名振이 사람을 뭍으로 보내 황종희와 연락을 취했다. 그렇게 온 사람은 천태天台에서 체포되었고 황종희는 다시 관부의 지명 수배를 받았다.

그 이후 몇 년 동안 관부의 수배를 피해서 황종희는 이름을 숨기고 이리저리로 옮겨 다녔는데 소흥과 항주 부근을 전전했다. 순치 16년 여름, 정성공鄭成功과 장황언張煌言이 수군을 이끌고 장강을 공격해 들어와서 바로 남경 성 아래까지 육박했다. 이 때 황종희는 항주에 있었다. 정성공과 장황언의 군대가 패배하자 황종희는 집안을 거느리고 화안산化安山 용호산당龍虎山堂으로 피해 살았다. 그는 여기에서 "해가 다 지나도록 머물면서 땅 갈고 김매며, 외부로 어떤 소문도 흘러나가지 않게 했으며" "몇 칸짜리 모옥에서 여유 있게, 절반은 서재에서 절반은 농사지으며"[2]

---

2) 黃宗羲, 『南雷詩歷』卷1, 「山居雜咏」. "殘年留得事耕耘, 不遣聲光使外聞", "數間茅屋盡從容, 一半書齋一半農".

은거했다. 남명南明 영력永曆 정권이 멸망하고 정성공이 대만으로 건너간 이후 명나라 복구의 대세가 이미 기운 것을 보고서야 황종희는 순치 18년 겨울 모친을 모시고 고향집으로 돌아왔다.

(3) 저술과 경세

20년에 가까운 유랑 생활을 하면서 노년이 서서히 이른 것을 자각하지 못했다. 순치 18년에서 강희 2년에 이르기까지 연속해서 지은 『역학상수론易學象數論』,『명이대방록明夷待訪錄』을 표지로 하여 50세가 넘은 황종희는 나라 잃은 고통을 안은 채 만년의 저술과 강학 활동을 시작했다.

강희 2년 4월, 황종희는 전당을 건너 북쪽 숭덕에 도착했고, 친구 여유량呂留良의 요청에 응하여 여씨의 매화각梅花閣에서 가르쳤다. 여유량은 일찍이 절강 서부에서 항청 투쟁에 참가했으며, 숭덕의 저명한 학자였다. 그들은 순치 17년 항주에서 서로 알게 되었고 보자마자 친한 벗이 되었다. 그 후 강희 5년 초에 이르기까지 황종희는 매년 봄여름에 매화각에서 가르쳤다. 강학 이외의 시간에 황종희는 여유량, 오지진吳之振, 오이요吳爾堯 등과 시를 짓고 읊으며 공동으로 『송시초宋詩抄』 선집을 편집했는데 함께 지내는 것이 매우 사이가 좋았다. 강희 3년, 그들은 함께 상숙常熟으로 가서 저명한 학자 전겸익錢謙益을 방문했다. 당시 전겸익은 이미 병상에 있었는데 얼마 지나지 않아 세상을 떠나자 장례와 관련된 일이 황종희에게 위탁되었고 아울러 「장자주서莊子注序」 등 3편의 문장을 대신 지어달라는 요청도 받았다. 강희 5년 이후 황종희와 여유량 두 사람 사이에는 학술적 주장과 입신立身의 취지 모두에서 메울 수 없는 틈이 존재해서 점점 제 갈 길을 갔고 죽을 때까지 다시는 왕래하지 않았다.

강희 6년 황종희는 여씨의 집을 떠나 소흥으로 가서 강학했다. 소흥에서 황종희는 동문 강희철姜希轍과 상의하여 유종주가 창설한 증인서원證人書院의 강회講會를 재개했다. 다음 해에는 또 영파寧波에서 증인강회證人講會를 일으켰다. 이때부터 황종희는 유종주 유서遺書의 정리에 힘을 쏟았고 대대적으로 유종주의 학술과 주장을 강연했다. 그의 주창과 영향 아래 진적충陳赤夷 등과 같은 사람은 즉각 영파에서 강경회講經會를 창건했다. 절강 동부 지역은 일시에 실력 있는 사람들이 나와 경사經史의 학술이 대성황을 이루었다.

강희 7년부터 황종희는 『명문안明文案』 선집을 편집하기 시작했다. 이 책을 편집하기 위해서 그는 사방으로 남은 서적을 찾으러 다니느라 밤낮을 가리지 않고 부지런히 작업하여 8년만인 강희 14년에 완성했다. 이후에 황종희는 이 책을 482권으로 증보하고 수정하여 죽기 직전에 탈고했으며 『명문해明文海』라고 정식으로 이름을 정했다. 강희 12년 황종희 모친의 팔순 생신에 하남河南 휘현輝縣의 저명한 학자 손기봉孫奇逢이 있는 곳으로 이주했는데, 손기봉은 자신이 지은 『이학종전理學宗傳』 한 부를 보내 축하했다. 황종희는 상당히 고무 받았지만 당시에 방대한 『명문안』을 찬집하고 있어서 손기봉과 남북으로 호응할 시간이 없었다.

삼번三藩의 난이 일어나자 복건福建이 위급했고 절강까지 여파가 미쳐서 사명산 안팎이 혼란에 빠졌다. 이때 황종희는 바로 모친을 모시고 절강 동부의 해변으로 피난 갔다. 강희 14년 여름 사명산이 평정을 되찾자 전에 살던 집으로 돌아왔다.『명문안』을 이 해에 탈고하고 나서 강희 15년부터 황종희는『명유학안』을 쓰기 시작함으로써 손기봉에 호응했다. 같은 해 2월 그는 다시 전당을 건너 북으로 해녕海寧에 가서 지현知縣 허삼례許三禮의 청에 따라 공개 강학을 했다. 이후 황종희는 줄곧 여요와 해녕을 오가면서 5년 동안 해녕의 강학을 주관했다.

(4) 큰 절개를 저버리지 않음

황종희는 만년에 제자가 많았고 이름도 멀리까지 알려졌다. 강희 16년 1월 제자 동윤도董允瑫가 북경에서 남쪽으로 돌아왔다. 출발할 때 시강학사侍講學士 엽방애葉方藹가 오언고시 한 수를 지어 동윤도에게 주며 황종희에게 전하게 했다. 이 시의 결구結句는 다음과 같다. "양가죽 옷 입고 아득하게 안개 낀 물가로 떠나지 마시오.[勿著羊裘去, 蒼茫烟水濱]" 이것은 황종희에게 은둔 생활을 끝내고 청나라 조정에 충성을 다하기를 권고하려는 것이었다. 황종희는 시를 받아 보고 바로 차운次韻하여 답함으로써 청나라 조정에 나가 벼슬하지 않겠다는 의지를 표명했다. 그 시의 결구는 엽방애의 원래 의도에 반하여 명확하게 썼다. "우리 향교가 동쪽 바닷가에서 몰래 의논하게 하지 마시오."3) 강희 17년 청나라 조정이『명사明史』편찬을 결의하고 특별하게 박학홍유과博學鴻儒科를 개설하여 천하의 이름난 유학자를 초빙했다. 엽방애는 다시 경연강관經筵講官의 신분으로 황종희를 추천했다. 황종희는 수도에 있던 제자 진석하陳錫嘏에게 그를 대신해서 사양하게 하여 이 일은 끝을 맺었다. 엽방애는 황종희가 고집을 꺾고 출사하지는 않을 것이라 생각하고 강희 18년 서원문徐元文과 함께『명사』관 총재 신분으로 황종희의 제자 만사동萬斯同과 만언萬言을 초빙하여 수도에서 편찬하도록 했다. 황종희는 만사동 등을 북으로 보낼 때 특별히 시를 지어 경계시켰다. "태평함에 대책이 있어도 경솔하게 쓰지 말라.[太平有策莫輕題]"4) 강희 19년, 서원문徐元文은 엽방애의 뒤를 이어 황종희에게 와서『명사』편찬에 참여해 달라고 요청했지만, 그는 늙고 병들었다는 구실로 여전히 사양했다. 어찌할 방법이 없자 마지막으로 서원문의 요청을 받아들이고 아들 황백가黃百家를 북으로 보내 편찬에 참여하게 했다. 황종희는 아들 편에 서원문에게 편지를 보내며 불평했다. "이제 제 자식을 공에게 보내니 저를 내버려둘 수 있을 것입니다."5)

---

3) 黃宗羲,『南雷詩歷』卷2,「次葉訒庵太史韻」. 勿令吾鄕校, 竊議東海濱.
4) 黃宗羲,『南雷詩歷』卷2,「送萬季野貞一北上」.

엽방애와 서원문의 여러 해에 걸친 치근거림으로부터 벗어난 뒤, 황종희는 강희 19년 예전부터 가지고 있던 원고를 정리하고 그 가운데 일부를 뽑아 출간하고 『남뢰문안南雷文案』이라 이름 지었다. 이후 몇 년 사이 그는 이미 고희를 넘겼지만 여전히 소주, 곤산昆山, 항주, 소흥, 영파 사이를 왕래하면서 옛 친구를 방문하고 오래된 서적을 찾아다녔다. 황종희는 평생 서적 수장을 가장 좋아했다. 초년에 강남지방을 편력하면서 뉴씨鈕氏 세학루世學樓, 기씨祁氏 담생당澹生堂, 황씨黃氏 천경재千頃齋, 전씨錢氏 강운루絳云樓와 같은 장서藏書 명가를 빠짐없이 찾아 갔다. 강희 4년에는 또 고향에 속초당續抄堂을 짓고 고금의 서적을 수장했다. 만년에 그는 더 빈번하게 범씨范氏 천일각天一閣, 정씨鄭氏 총계당叢桂堂, 조씨曹氏 권포倦圃 그리고 서씨徐氏 전시루傳是樓를 드나들며 책 목록을 교정하고 부지런히 적록摘錄했다. 황종희는 당시의 학생들에게 다음과 같이 경계시켰다. "글로 마음을 밝혀야지, 외물을 완상하다 뜻을 잃어서는 안 된다."[6]

강희 24년 황종희는 명나라 유민 사태계謝泰階를 위해 묘지명을 지었다. 이 글에서 황종희는 사태계가 청나라 조정에 벼슬하지 않은 절조를 칭송했다. "유민은 천지의 원기다. 그러나 사에게는 각자 분수가 있어서 조정에서 앉지 않고 연회에 참가하지 않으며 사의 분수는 또한 벼슬하지 않는 것에 머무를 뿐이다."[7] 이와 같은 입신의 뜻을 지니고서 황종희는 일생을 마쳤고, "벼슬하지 않는 것에 머무른다.[止于不仕]"는 언약을 실천했다. 청나라가 들어선 이후의 모든 학술과 행동을 볼 때 그 주류가 취할 바가 있고 큰 절개를 저버리지 않았다는 것인데, 황종희 일생에 대한 평가라 할 수 있다.

(5) 탁월한 성취

강희 27년 황종희는 예전에 출간한 원고를 다시 고쳐 『남뢰문정南雷文定』이라 이름 짓고 다시 간행했다. 이때 그는 이미 79세의 고령이었고 살날이 얼마 남지 않았음을 알았다. 그래서 이 해에 미리 무덤을 만들어 내부에 석상을 설치하고 관棺과 곽槨은 쓰지 않았다. 다음 해 원단元旦에 황종희는 흥취가 일어 다시 요강서원姚江書院의 강단에 올랐다. 강희 30년 그는 또 82세의 고령으로 황산黃山에 올랐는데, 나이가 많았으니 먼 길의 노고를 어떻게 감당할 수 있었겠는가? 이후에 중병으로 병상에 몸져누워 거의 일어나지 못했다. 병중에 『명유학안』이 북방에서 간행될

---

5) 今吾遣子從公, 可以置我矣.
6) 全祖望, 『鮚埼亭集外編』卷17, 「二老閣藏書記」. 當以書明心, 不可玩物喪志.
7) 黃宗羲, 『南雷文定後集』卷2, 「謝時符先生墓志銘」. 遺民者, 天地之元氣也. 然士各有分, 朝不坐, 宴不與, 士之分亦止于不仕而已.

것이라는 수도에서 전달된 기쁜 소식을 듣고 황종희는 와병 중에도 구술로 아들 황백가에게
「명유학안서明儒學案序」를 기록하게 했다.

청나라가 들어선 후 황종희는 저술에 힘을 쏟고 강학도 쉬지 않았다. 그의 부지런한 노작勞作은
당시 지식계에 만사대萬斯大, 만사동과 같은 저명한 경사학자를 배양해 주었을 뿐 아니라 후세에
50여 종, 천 권에 가까운 저술을 남겨 주었다. 『명이대방록』과 『명유학안』은 그의 일생의 대표작
이다. 황종희는 『명이대방록』에서 명나라의 군주전제정치와 거기에서 나온 일련의 사회적 폐단
에 대해 맹렬하게 질책하고 적극적이고 대담한 변혁을 주장했다. 이 책은 당시에 풍미되어 의식
있는 지식인들의 공명을 이끌었다. 황종희와 이름을 나란히 한 학자 고염무顧炎武는 강희 15년에
황종희에게 편지를 보내 이 책에 대해 칭찬했다. "백왕의 폐해는 다시 일어날 수 있지만 삼대의
융성함을 서서히 이룰 수도 있다."[8] 나중에 이 책은 건륭乾隆 연간에 금지되어 소각되기도 했지만
청나라 말에도 여전히 유신維新 사조의 발흥에 적극적인 추진력을 제공했다. 『명유학안』은 학파
에 따라 분류했는데, 명나라 270여 년에 걸친 유학 각 유파의 변천 특히 양명학의 변천과 원류에
대해서 간명한 요점을 서술했다. 남송南宋의 주희朱熹가 『이락연원록』을 지은 이래로 학안체
역사책은 여기에서 완성되고 정형화되었다. 『명유학안』이 완성되고 나서 황종희는 또 『송원학안
宋元學案』 편찬에 착수했지만 안타깝게도 완성하지 못하고 세상을 떠났다.

황종희의 학문은 가깝게는 유종주를 멀게는 왕수인王守仁을 계승했다. 시대의 변천에 따라
그는 왕수인과 유종주의 학문을 확대했고 심성心性에 대한 학문이라는 울타리를 넘어 하늘이
무너지고 땅이 갈라지는 사회 현실에 입각해 있었다. 황종희는 명나라 말의 "하늘이 무너지고
땅이 갈라져도 나와는 아무런 관계가 없다"[9]는 식의 공소한 학풍을 극도로 미워하면서 다음과
같이 생각했다. "유학자의 학문은 천지를 경륜하여 다스려야 한다."[10] 그는 학문과 사공事功의
합일을 주장하며 "국가의 위급함과 어려움을 구제[救國家之急難]"[11]하려 했다. 황종희는 양명학
을 계승하는 후학중의 핵심 인물이었지만 한때의 주희와 왕수인의 학술 분쟁에 전혀 구애되지
않았다. 그는 왕수인의 "치양지致良知"설은 주희의 "격물치지格物致知"설과 충분히 "하늘과 땅
사이에서 병존할 수 있다[幷存天壤]"[12]고 생각했다. 강희 27년 그는 요청을 받고 곤산昆山의 서건
학徐乾學 집으로 갔는데 담화 중에 도학道學의 이동異同에 대해 이야기하게 되었다. 황종희는
이렇게 말했다. "도적에게는 증인에 대해 감히 어떻게 할 수 없는 것이 있다. 도학의 경우에는

---

8) 張穆, 『高亭林先生年譜』, "六十四歲"條. 百王之敝可以復起, 而三代之盛可以徐還.

9) 黃宗羲, 『南雷文案』卷2, 「留別海昌同學序」. 天崩地解, 落然無與吾事.

10) 黃宗羲, 『南雷文定後集』卷3, 「弁玉吳君墓志銘」. 儒者之學, 經天緯地.

11) 黃宗羲, 『南雷文定五集』卷3, 「姜定庵小傳」.

12) 黃宗羲, 『南雷文定後集』卷1, 「先師戴山先生文集序」.

사람마다 이야기할 수 있으니 누가 확실한 증인이 될 수 있겠는가?"[13] 당시에 『명사』관에서 한번은 『도학전道學傳』을 두자는 논의가 있어서 그것으로 왕수인과 그 후학을 폄하하려 했다. 황종희가 소식을 듣고 글을 보내 반박하며 따지면서 『송사宋史』의 잘못을 따라서는 안 된다고 주장하자 이 논의가 결국 중단되었다.

황종희의 학문 분야는 넓어서 사학, 경학, 천문역법, 수학, 음악, 지리, 시문 그리고 판본목록版本目錄 등과 같은 여러 학문을 연구했으며 특히 사학에 대한 조예가 가장 깊다는 평가를 받았다. 그는 명나라 역사에 정통했고, 역대의 역사적 사건에 대해서도 잘 알고 있어서 "이십일사에 실린 것은 대부분 세상을 다스린 업적으로 갖추지 않을 바가 없다."[14]라고 생각했다. 황종희는 역사 읽기를 창도했고 몸소 명청의 교체를 겪으면서 "나라는 망할 수 있어도 역사는 없앨 수 없다[國可滅, 史不可滅]"[15]는 종지를 견지한 채 명나라 특히 남명 역대 왕조의 역사적 사건을 꼼꼼하게 물색했다. 그가 지은 『행조록行朝錄』, 『사구록思舊錄』, 『해외통곡기海外慟哭記』 등의 책은 직접 경험한 것이고 모두 근거가 있어서 남명실록南明實錄이라 할 수 있다. 그가 지은 비문, 전기와 행장은 대부분 한때의 역사적 사건과 관련이 되었다. 황종희가 『명사』관에 들어가지는 않았지만 역사의 큰 안건에 대한 많은 논의에 중대한 영향을 끼쳤다. 황종희 일생 동안 역사편찬학과 사료학의 성취로 명나라 말의 공소한 학풍을 변화시키기 위해 노력해서 청대 사학 특히 절동 사학의 발전에 건실한 발전의 길을 열어 주었다.

2. 『명유학안』 완성 시기에 대한 검토

『명유학안』 완성 시기에 대한 고증과 교정은 문헌학의 관점에서 볼 때 소홀히 할 수 없는 문제다. 그러나 청나라 말 황병후黃炳垕가 『유헌이주공연보遺獻梨洲公年譜』를 편집할 때 강희 15년에 완성되었다고 명확하게 판정한 이후로 대대로 이어지며 엄연한 정론이 되었다. 사실 『명유학안』 및 그것과 관련 있는 전고를 세밀하게 확인해보면 강희 15년 완성설에 약간의 고려할 점을 발견할 수 있다. 이하에서는 이 점에 대해서 성숙하지 못한 검토 의견을 이야기해 보겠다.

---

13) 黃炳垕, 『遺獻梨洲公年譜』, "七十九歲"條. 爲盜賊, 有對證人不敢爲. 若道學, 任人可講, 誰爲的證.
14) 黃宗羲, 『南雷文定四集』卷1, 「補歷代史表序」. 二十一史所載, 凡經世之業, 亦無不備矣.
15) 黃宗羲, 『南雷文定』卷6, 「次公董公墓志銘」.

(1) "병진년 이후에 완성되었다"라는 황종희의 말을 어떻게 이해해야 하는가

『명유학안』이 강희 15년에 완성되었다는 판단에 대해 황병후는 근거를 제시하지 않았다. 그러나 그가 당시에 볼 수 있었던 자료는 황종희가 직접 쓴 연보가 이미 수재와 화재로 훼손되었기 때문에 『명유학안』 여러 판본 권두에 있는 서문과 황종희문집에 들어 있는 「명유학안서」 뿐이다. 「명유학안서」에서 황종희는 확실하게 말했다. "책은 병진년 이후에 완성되었다.[書成于丙辰之後]"[16] 병진년은 강희 15년이다. 문제는 이 구절을 어떻게 이해하는가에 있다. "책이 병진년 이후에 완성되었다"는 말은 "책이 병진년에 완성되었다[書成于丙辰]"는 말과 절대로 같을 수 없다고 생각한다. 중국의 언어습관에 따르면, 시간 개념으로서 "무엇무엇 이후[某某之後]"라는 표현방식은 무엇무엇 자체도 포함하고 그 후의 가까운 시간도 포함한다. 이 점에 관해서는 일상용어에 아주 많은 사례가 있어서 이해하기 어렵지 않다. 예를 들면, 오늘날 늘 말하는 "착공 이후[開工之後]", "개학 이후[開學之後]", "개업 이후[開業之後]" 등에 대해서 사람들은 당연히 착공, 개학, 개업한 그 시각 또는 그 날로 이해하지는 않는다. 마찬가지로 "책이 병진년 이후에 완성되었다"는 말도 병진년을 가리킬 수 있고 그 이후의 시간을 가리킬 수도 있는데 후자일 가능성이 더 높다. 그렇지 않다면 황종희가 "책이 병진년에 완성되었다"라고 직접 말하지 않았을까? 그러므로 강희 15년에 완성되었다는 황병후의 설은 "병진년 이후"라는 말을 전체적으로 고려하지 않은 것이며 그렇기 때문에 타당성이 없다.

(2) 『명유학안』의 몇 가지 서문에 관하여

황종희의 이름으로 되어 있는 「명유학안서」 가운데 오늘날 볼 수 있는 것은 모두 4편으로 약간의 차이가 있는데 『남뢰문정사집南雷文定四集』 권1의 「명유학안서」, 『남뢰문정오집南雷文定五集』 권1의 개정본 「명유학안서」, 강희 연간 가윤賈潤 부자의 판각본과 옹정雍正 연간 가씨賈氏 후손의 판각본인 「명유학안서」와 「황이주선생원서黃梨洲先生原序」가 그것들이다. 두 차례 가씨의 판각본은 황종희의 서문을 자신의 생각에 따라 더하기도 하고 덜어내기도 했는데 옹정본에서 마음대로 고쳐 쓴 것은 원래의 뜻과 큰 차이가 난다. 황종희의 원래 서문에서는 다음과 같이 말했다. "책은 병진년 이후에 완성되었고, 중주의 허유산과 만정일이 각자 몇 권씩 판각했지만 그 일을 다 마치지 못했다. 그러나 초록본이 유통되었고 진개미는 엄격하게 지켜온 학문으로 그것을 읽고 전향했다. 탕잠암이 나에게 『학안』의 종지는 어지러이 경계를 넘나들지만 잘 읽어보

---

16) 黃宗羲, 『南雷文定四集』卷1, 「明儒學案序」.

면 일관성이 있다고 말했다."[17] 그런데 옹정 가씨 판각본은 이것을 다음과 같이 개작했다. "책은 병진년 이후에 완성되었고, 중주의 허유산과 만정일이 각자 몇 권씩 판각했지만 그 일을 다 마치지 못했다. 그러나 초록본이 유통되어 학자들에게 상당히 알려졌다. 전에 탕잠암이 『학안』의 종지는 어지러이 경계를 넘나들지만 잘 읽어보면 일관성이 있다고 했다. 이 말은 진개미가 전한 말이다."[18] "초록본이 유통되었다[抄本流傳]"라는 말 이전의 변경은 문자상의 귀납에 속하며 큰 잘못이 있는 것은 아니다. 그러나 그 이후의 변경은 기본적인 사실도 어지럽혀 놓았다. "진개미는 엄격하게 지켜온 학문으로 그것을 읽고 전향했다"[19]는 부분은 모두 삭제되었고, 『학안』에 대한 탕빈湯斌의 평가는 분명히 황종희에게 직접 한 것인데도 진석하가 "전해 준[所傳述]" 것으로 바꾸었다. 이렇게 빼고 더한 것은 『명유학안』의 완성 시기를 판정하는 중요한 항목을 완전히 다르게 바꾸어 버렸다. 이 부분을 읽을 때마다 "글을 있는 그대로 다 믿는 것보다 글이 아예 없는 것이 더 낫다[盡信書不如無書]"는 생각을 금할 수 없다.

(3) 황종희와 탕빈湯斌

황종희와 탕빈은 큰 주제여서 짧은 말로 명확하게 말할 수 없다. 여기에서는 『명유학안』의 완성과 관계있는 그들 사이의 왕래에 국한하여 정리하겠다. 앞에서 말한 것처럼 황종희가 쓴 「명유학안서」에 따르면 『학안』에 대한 탕빈의 평가는 그가 직접 해준 말이지 다른 사람을 통해서 전해진 것이 절대 아니다. 자료에 따르면 황종희와 탕빈이 만나서 이야기를 나눈 것은 단한 번이며 장소는 강소성江蘇省 소주였다. 황병후가 편집한 『유헌이주공연보遺獻梨洲公年譜』는 이 만남이 강희 27년 5월이었다고 기록했다. 하지만 사실 그 이전 강희 26년 10월에 탕빈이 세상을 떠났기 때문에 27년에 만났다는 설은 잘못이다. 만청晚淸 시기의 학자 소목蕭穆의 고증에 따르면 이 만남은 강희 24년이어야 한다. 탕빈의 관직 생활을 살펴보면 강희 23년 9월부터 25년 3월 사이에 그는 강소성 순무巡撫를 맡고 있었고, 그 이전과 이후에는 모두 북경에 있었다. 따라서 소목의 고정考訂은 믿을 만하다. 탕빈이 황종희에게 『학안』을 평가한 것은 이때의 만남에서였을 것이다. 그러므로 『명유학안』은 늦어도 강희 24년에는 완성되었다는 말이 된다. 그렇지 않았다면 탕빈은 책 전체에 대해 평가할 수 없었을 것이다. 바꾸어 말하면 "책이 병진년 이후에 완성

---

17) 書成于丙辰之後, 中州許酉山及萬貞一各刻數卷, 而未竣其事. 然抄本流傳, 陳介眉以謹守之學, 讀之而轉手. 湯潛庵謂余曰, 『學案』宗旨雜越, 苟善讀之, 未始非一貫也.

18) 書成于丙辰之後, 中州許酉山及萬貞一各刻數卷, 而未竣其事. 然抄本流傳, 頗爲好學者所識. 往時湯公潛庵有云, 『學案』宗旨雜越, 苟善讀之, 未始非一貫. 此陳介眉所傳述語也.

19) 陳介眉以謹守之學, 讀之而轉手.

되었다[書成于丙辰之後]"는 황종희의 말에서 "이후[之後]"의 하한은 늦어도 강희 24년이라고 볼 수 있다.

『명유학안』의 완성시기를 더 이전으로 끌어올릴 수 없을까? 강희 24년 이전의 황종희와 탕빈 사이에 왕래한 서찰에서 이 문제의 답을 찾기는 매우 어렵다. 현존하는 황종희와 탕빈 두 사람 사이의 서찰은 다 합쳐도 3통밖에 안되며 모두가 탕빈이 황종희에게 보낸 것이다. 그 가운데 두 통은 『탕자유서湯子遺書』에 실려 있고 한 통은 『남뢰문정南雷文定』의 부록에 있다. 강희 20년 탕빈은 명을 받들고 절강 향시를 주관했고 황종희는 아들 황백가를 특별히 항주로 보내 찾아뵙게 하면서 서찰을 한 통 보내 그가 편집한 「즙산학안蕺山學案」의 서문을 부탁했다. 공무가 끝나고 일정이 촉박하여 탕빈은 이 서문을 완성하지 못하고 서둘러 떠났다. 나중에 수도 북경으로 돌아가는 도중 배에서 원고를 완성하여 황종희에게 보냈다. 탕빈은 서문 원고를 보내는 서찰에 다음과 같이 썼다. "부탁하신대로 「즙산학안」의 서문을 지었는데 스스로 보기에도 소략하고 고루하니 어찌 맡기신 일을 제대로 했다 할 수 있겠습니까? 그러나 오랫동안 사숙해서 감히 사양하지 못했습니다. 당장 바쁘게 떠나야 했지만 소홀하게 붓을 들 수 없었습니다. 배에서는 아무 일이 없어 공들여 원고를 완성하고 가르침을 청하며 끝에 이름이라도 더하여 수십 년 경앙해온 마음을 다할 수 있으니 다행이라 여깁니다."[20] 이 서찰은 강희 20년까지 황종희와 탕빈의 교제에서 『명유학안』이라는 의제는 전혀 없었고, 당시 그들 사이의 토론은 「즙산학안」뿐이었음을 설명해준다. 다음 해 탕빈은 또 북경에서 황종희에게 서찰을 보냈다. "작년 분에 넘치는 직무를 맡아 절강에 갔는데 직접 뵙지 못했지만 다행히 장남과 이야기를 나눌 수 있었습니다. 깊은 생각과 고요한 기운을 통해 가학의 근본이 있음을 모두 본 것은 그나마 위로가 되었습니다. 부탁을 받고 『즙산선생문록蕺山先生文錄』 서문을 썼는데 저의 학식이 소략하고 고루하니 어찌 그 높고 깊음을 우러러 볼 수 있겠습니까? … 저는 늦게 태어나서 성실하게 사숙한 것이 여러 해 되었습니다만 학식이 흐려지고 글재주는 용졸하고 저속하여 만에 하나도 말할 수 없습니다. 오직 잡초를 제거하고 잘못을 바로잡아 크게 잘못되지 않는다면 은혜를 받은 것이 많다고 생각할 것입니다. …『문록』과 『학안』은 언제 세상에 나올 수 있습니까? 후학에게 일찍 은혜를 베풀어주신다면 큰 다행으로 여길 것입니다."[21] 탕빈은 「즙산학안」의 서문을 썼을 뿐 아니라 『즙산선생문록』의

---

20) 湯斌, 『湯子遺書』卷5, 「答黃太沖」. 承命作「蕺山學案」序, 自顧疏陋, 何能爲役? 然私淑之久, 不敢固辭. 目下匆匆起行, 不敢率爾命筆. 舟中無事, 勉擬一稿請教, 得附名簡末, 逾數十年景仰之私, 爲幸多矣.

21) 湯斌, 『湯子遺書』卷5, 「與黃太沖書」. 去歲承乏貴鄕, 未得一瞻光霽, 幸與長公晤對, 沈思靜氣, 具見家學有本, 爲之一慰. 『蕺山先生文錄』承命作序, 某學識疏陋, 何能仰測高深? … 某生也晚, 私淑之誠, 積有歲年, 但識既汙下, 筆複庸俗, 不能稱述萬一. 惟望芟其蕪穢, 正其訛謬, 不致大有乖誤, 受賜多矣. … 『文錄』『學案』何時可公海內? 早惠後學, 幸甚幸甚.

서문도 썼다. 그리고 이 서찰에 따르면 강희 21년까지 탕빈은 「즙산학안」에 대해서만 알고 있었지 『명유학안』이 있다는 것은 몰랐다고 할 수 있다.

그렇다면 강희 21년부터 24년 사이에 탕빈은 진석하의 집에서 『명유학안』 초록본을 보았고, 아울러 진석하를 통해서 이 책에 대한 의견을 황종희에게 전할 수 있었을까? 이것은 우리가 바로 알아보아야 할 또 하나의 중요한 문제다.

(4) "진개미가 전했다[陳介眉傳述]"는 설은 완전한 억단이다

진개미 즉 황종희의 제자 진석하는 자가 개미, 호는 이정怡庭이며 절강 영파 출신이다. 강희 15년에 진사가 되었는데, 명나라 숭정 7년에 태어나서 청나라 강희 26년에 죽었으니 향년 54세였다. 진석하가 세상을 떠난 뒤 황종희가 묘지명을 지었다. 묘지명에서 진석하가 강희 18년에 이미 송친送親을 구실로 고향에 돌아왔고 이때부터 "고향에서 5년을 살았는데 가슴에 병이 나서 집 밖을 나가지 못하다가 3년 뒤에 죽었다"라고 분명하게 말했다.[22] 그러므로 강희 21년부터 24년 사이에 진석하는 영파를 떠나 북쪽으로 가서 탕빈과 이야기를 나누지도 않았고 또한 그럴 가능성도 없었다. 그리고 황종희가 지은 「이정진군묘지명怡庭陳君墓志銘」의 기록에 따르면 진석하는 『명유학안』의 초록본을 병으로 죽기 얼마 전에 보았다. 따라서 가씨賈氏가 고친 「명유학안서」에서 탕빈의 『학안』에 대한 평론이 "진개미가 전했다[陳介眉傳述]"라는 말은 완전한 억단이다.

어떻게 이러한 착오가 나타났을까? 냉정히 말하자면 이것은 아마도 가씨 조손이 의도적으로 조작한 것이 아니라 황종희의 「명유학안서」에 실려 있는 "초록본이 유통되었고 진개미는 엄격하게 지켜온 학문으로 그것을 읽고 전향했다. 탕잠암이 나에게 말했다 … "[23]라는 구절을 오해했을 수도 있다. 여기에서 "전수[轉手]"는 진석하가 "엄격하게 지키던[謹守]" 학문 방식의 전환을 가리키며 『명유학안』 초록본을 다른 사람에게 전해주었다는 뜻은 전혀 없다. 이것은 황종희가 진석하를 위해 지은 묘지명을 그 증거로 삼을 수 있다. 황종희는 이렇게 말했다. "당신은 격물치지의 학에 종사했고, 인정과 일의 추세 그리고 사물의 이치에 공부를 하여 놓치는 것이 없도록 하려고 했지만 기품이 약했다. … 당신이 병에 걸린 까닭, 병에서 일어나지 못한 까닭은 비록 천성 때문이겠지만 학문이 초래한 것이기도 하다. … 그러므로 양명은 그것을 배워 병에 걸렸고, 당신은 그것을 배워 죽음에 이르렀는데, 모두 격물설 때문에 잘못된 것이다."[24] 진석하는 초년에 황종희

---

22) 黄宗羲, 『南雷文定後集』卷3, 「怡庭陳君墓志銘」. 裏居五年, 遂罹末疾, 不能出戶, 又三年而卒.

23) 抄本流傳, 陳介眉以謹守之學, 讀之而轉手. 湯潛庵謂余日 …

에게 배웠지만 그의 학문 방식은 달라서 왕양명의 "치양지致良知"를 따르지도 않았고 유즙산의 "신독愼獨"설도 계승하지 않았으며 정주程朱가 제창한 "격물格物"로부터 "치지致知"에 이르는 노선을 따랐다. 그래서 황종희는 그가 "격물"설의 잘못 때문에 "죽음에 이르렀다[致死]"고 한 것이다. 이 묘지명에서 황종희는 바로 이어서 지적했다. "『명유학안』이 완성되자 진석하가 그것을 읽고 종과 피리와 경쇠와 관악기가 합주할 때 오성과 십이율이 분명하고 흐트러지지 않는 것은 중화의 소리를 따르기 때문인 것과 같다고 생각했다. 당신은 이때부터 아마도 학문의 방식을 전환하려고 한 것 같지만 하늘이 생명을 더 허락하지 않았으니, 참으로 애석하다!"25) 이것으로부터 진석하가 생전의 마지막 시기에 확실히『명유학안』초록본을 읽었고 이전의 학문 취향을 전환하려 했지만 애석하게도 하늘이 사람의 바람을 들어주지 않아 뜻을 이루지 못하고 죽었음을 분명히 알 수 있다. 그러므로「명유학안서」를『이정진군묘지명』과 비교하며 읽어보면 "전향[轉手]"이 가리키는 것이 분명하게 드러난다.

『이정진군묘지명』은『명유학안』의 완성 시기를 판단하는 중요한 문장인데, 이 문장은 강희 26년 3월에 완성되었고 진석하가 병으로 세상을 떠나고 오래지 않은 때였다. 다음 해 10월『남뢰문정후집南雷文定後集』이 간행되었는데 권3에 수록되었다. 황종희의 현존하는 저술에서「명유학안서」를 제외하고『명유학안』의 완성에 대해 직접 언급한 문장은 이것밖에 없다. 그리고 이 문장은「명유학안서」보다 1년 정도 먼저 완성되었다. 문장 순서를 보면 "하늘이 생명을 더 허락하지 않았으니, 참으로 애석하다[天不假之以年, 惜哉!]"라고 한 다음 바로 이어서 "을축년 세모에 내가 용강을 건너 문병 갔는데 당신이 죽고 난 뒤를 부탁했다"26)라고 했다. 을축년은 강희 24년이고 진석하가 죽기 2년 전이다. 아마도 용강甬江을 건넌 이때 황종희는『명유학안』초록본을 가지고 갔고, 진석하는 다 읽고 나서 학문의 취향을 전환하려 했지만 병세가 이미 깊어 어쩔 수 없었고 황종희에게 "죽고 난 뒤를 부탁할[以千秋相托]" 수밖에 없었다. 다음 해 진석하의 병세가 조금 호전되자 황종희에게 서찰을 보냈다. 아마도 이 서찰에서 학문의 취향을 전환할 뜻을 표현했고, 그래서 황종희는 "미친 듯이 기뻐했을 것[爲之狂喜]"이며 진석하가 병으로 세상을 떠나자 "하늘이 생명을 더 허락하지 않았으니, 참으로 애석하다"라고 탄식했다. 만약 이러한 추론이 성립한다면 우리가 앞에서 정한 완성 시기가 늦어도 강희 24년이었을 것이라는 판단은 증명될 것이다.

---

24) 君從事于格物致知之學, 于人情事勢物理上功夫, 不敢放過, 而氣稟羸弱. … 凡君之所以病, 病之所以不起者, 雖其天性, 亦其爲學有以致之也. … 故陽明學之而致病, 君學之而致死, 皆以格物之說所誤也.

25)『明儒學案』成, 君讀之, 以爲鋪笙磬管, 合並發奏, 五聲十二律, 截然不亂者, 考之中生也. 君從此殆將轉手, 天不假之以年, 惜哉!

26) 乙丑歲暮, 余過甬問病, 君以千秋相托.

(5) 『명유학안』은 강희 15년에 완성될 수 없었다.

이상의 『명유학안』 완성과 관련된 사실의 고증을 통해서 『명유학안』 원고의 완성은 강희 23~24년보다 이를 수 없다고 생각한다. 바로 이어서 이 책이 강희 15년에 완성될 수 있었는지에 대한 토론을 해 보겠다.

우선 강희 14년 7월에야 황종희는 『명문안明文案』 편집을 완성했는데 이것은 길이가 207권에 달하는 책이고 8년의 시간이 걸렸다. 초인적인 능력이 없는 한 전후의 짧은 1년의 시간 동안 바로 이어서 62권이나 되는 『명유학안』을 완성하는 것은 아마도 거의 불가능할 것이다. 게다가 당시는 삼번의 난이 일어나 봉화가 사방에서 피어오르는 동란의 시기여서 편안하게 저술에 전념할 수 없었을 것이다. 사실 강희 15년부터 19년 사이에 황종희는 생계의 압박 때문에 줄곧 절강 서부에서 해녕海寧 지현知縣 허삼례許三禮와 함께 떠돌고 있었다. 남의 집 울타리 밑에서 기숙하는데 어떻게 마음먹은 대로 할 수 있었겠는가?

그 다음으로 『명유학안』 권61 「동림학안사東林學案四」 "오종만吳鍾巒" 조목에 다음과 같은 것이 실려 있다. "내가 선생과 헤어져서 30리를 가는데 선생이 다시 삼판선을 노 저어 따라오며 전송했다. 그 말이 통절했다. … 이제 선생의 학안을 초록함에 30년 전의 일인데도 엄숙하고 강직한 기운이 여전히 눈앞에 떠도는 것 같다."[27] 오종만은 황종희가 초년에 남명 노왕 정권에 있을 때의 동료로서 두 사람이 주산에서 작별한 것은 순치 6년(1649) 가을이었다. "그로부터 30년[去之三十年]"이라면 강희 18년(1679)이다. 이것으로부터 적어도 강희 18년에 『명유학안』의 「동림학안」은 완성되지 않았다는 것을 알 수 있다.

또 그 다음으로 『명유학안』 권62 「즙산학안」 서두에서 황종희는 그가 이전에 동문이자 벗인 운일초惲日初가 편집한 『유자절요劉子節要』의 서문을 쓰지 않은 이유를 풀이했는데 마지막 부분에서 그는 다음과 같이 말했다. "당시에 자세히 이야기할 겨를이 없어서 이 좋은 친구에게 마음의 빛을 진 것이 안타깝다."[28] 황종희가 여기에서 사용한 "이 좋은 친구에게 마음의 빛을 졌다"는 말은 그가 『사구록思舊錄』에서 습관적으로 사용한 것처럼 이미 세상을 떠난 친구에게 미안함을 느끼는 심리의 표현이다. 이것은 황종희가 「즙산학안」을 편집할 때 운일초는 이미 세상을 떠났음을 말해준다. 운일초는 자가 중승仲升, 호는 손암遜庵이고 강소성 상주常州 출신이며 강희 17년 병으로 세상을 떠났는데 향년 78세였다. 부고가 절강 동부에 전해진 시기는 그보다 더 뒤였을 것이다. 그러므로 『명유학안』의 「즙산학안」도 강희 15년에 원고가 완성되지 않았고 적어도

---

27) 某別先生, 行三十裏, 先生複桌三板追送, 其語痛絕. … 今抄先生學案, 去之三十年, 嚴毅之氣, 尚浮動目中也.

28) 惜當時不及細論, 負此良友.

2년 뒤에도 편찬되고 있었을 것이다.

마지막으로 『명유학안』이 강희 15년에 완성되었을 수 없었던 것은 또 황종희와 동시대 학자 육롱기陸隴其의 『삼어당일기三魚堂日記』를 증거로 삼을 수 있다. 이것에 따르면 강희 20년 "5월 초하루, 구창주仇滄柱[이름은 조오兆鰲, 황종희의 제자 : 인용자]가 황태충黃太沖의 『학안』 첫 6권을 보내왔다. 이 책은 명나라의 유학자들에 대해 서술했는데 공이 있다고 할 수 있지만 의론에 편벽됨이 없지 않다. 대개 즙산 일가의 말을 기준으로 여러 유학자의 차이를 판단했는데 자연스럽게 이와 같이 된 것이다."[29] 앞에서 인용한 탕빈의 서찰을 참고해보면 여기에서 『학안』이라고 한 것은 「즙산학안」이 틀림없다. 그러므로 강희 20년 5월까지 「즙산학안」은 완성되지 않았고 다만 앞 부분 6권만 학자들 사이에 전해졌다는 것을 알 수 있다. 육롱기가 세상을 뜨고 난 뒤 그 제자 오광유吳光酉가 편집한 『육가서선생연보정본陸稼書先生年譜定本』의 기록에 따르면 강희 17년 10월에 육롱기가 북경에서 한림원翰林院 학사 엽방애葉方藹가 "황태충의 『학안』에 대해 말하다가 오강재吳康齋를 석형石亨의 일과 결부시켜 논한 것이 마음에 들지 않는데 무고를 분별하지 않고 그것을 묘용이라 여기니 받아들일 수 없다"[30]라고 하는 말을 들었다. 이것도 이 6권짜리 미완성본에 대한 평론일 것이다.

이상을 종합하면 『명유학안』이 강희 15년에 완성되었다는 설은 분명히 정론으로 삼을 수 없다. 우리가 나열한 여러 근거에 따라 제시한 강희 23~24년 사이에 완성되었다는 견해도 엄격하게 말하면 약간의 추측에 의한 성분을 포함하고 있다. 그러나 명확하게 할 수 있는 점은 『명유학안』의 처음 이름은 「즙산학안」이고, 강희 20년에는 아직 완성되지 않았으며 다만 앞부분 6권만 전해졌다는 것이다. 오늘날의 명칭으로 고친 것은 강희 24년에서 26년 사이의 일이었다. 「즙산학안」의 편찬에 관해서는 너무 오래된 일이라 정확하게 파악할 수 없고, 당시 탕빈이 쓴 서문도 지금은 찾아볼 수 없다. 다행히도 유종주의 제자 동탕董瑒이 탕빈의 뒤를 이어 서문을 하나 쓴 것이 있고 또 『유자전서劉子全書』 권수卷首 「유자전서초술劉子全書抄述」에 완전하게 보존되어 있다. 동탕의 서문 전체를 다음과 같이 옮겨놓을 것이니 이 문제에 대해 더 깊이 고찰하는 데 도움이 될 수도 있을 것이다.

동탕이 지은 「유자전서초술」에 다음과 같이 실려 있다.

---

29) 陸隴其, 『三魚堂日記』卷7, "康熙二十年五月初一"條. 五月初一, 仇滄柱(名兆鰲, 黃宗羲弟子一引者)以 黃太沖『學案』首6卷見贈. 其書序述有明一代之儒者, 可謂有功, 而議論不無偏僻. 蓋執蕺山一家之言而 斷諸儒之同異, 自然如此.

30) 吳光酉, 『陸稼書先生年譜定本』卷上, "四十九歲"條. 言黃太沖『學案』, 嫌其論吳康齋附石亨事, 不辨其 誣, 而以爲妙用, 不可訓.

황이주가 「유자학안」을 출간하면서 나에게 서문을 부탁했다. 서문은 다음과 같다. 유자 선생은 숭정 병자년 북경에 있을 때 처음으로 성의의 종지를 바로잡아 사람들에게 보여주었는데 의란 마음에 보존되는 것이라 했다. 무인년에 내가 선생을 모시고 직접 그 종지에 대해 들었다. 이때 듣던 사람들은 주자나 왕자의 종지와 부합하지 않는다고 하면서 일어나 다투었다. 문답에서 오간 말과 왕복한 서찰은 모두 『전서』에 실려 있다. 나는 이 학설을 마음에 새기고 감히 가부를 따지지 못했는데, 한동안 문인과 후학 가운데 깨닫는 사람이 없었다. 선생이 돌아가시고 나서 황이주가 특별히 그 뜻을 밝히고 서찰로 보여주었지만 나는 마찬가지로 감히 한 마디도 응답할 수 없었다. 선생이 세상을 떠나고 38년 뒤에 일암 왕동의 유집을 얻었다. 그 안에 「회어」와 「성의문답」이 있었는데 몸을 주재하는 것에서 말하면 마음이라 하고, 마음을 주재하는 것에서 말하면 의라고 한다고 했다. 또 마음의 허령함 속에 확연히 주재가 있는데 마음이 그것을 발동시킨 다고 하면 바로 유행에 속한다. 선생의 가르침과 정확하게 일치했다. 선생은 마음을 보존된 것으로, 의를 발동된 것으로 생각했는데 이것은 발동된 것이 보존된 것에 앞서는 것이니 어찌 『대학』의 근본을 안다고 하는 종지이겠는가? 또 격물치지라고 하는 것은 성의의 공부고 공부는 의를 주재하는 가운데 결실을 맺어야 참된 공부가 된다.[원주 : 해충 개서 선생은 공부는 격물치지에 있고 도는 성의정심에 있다고 했다.] 일암은 태주泰州의 문인으로서 일찍이 양지의 가르침을 받았지만 특별하게 의의 종지를 드러내 보여주었다. 안타깝게도 들은 사람들은 옛 학설을 지키기만 할 뿐 그것이 자신에 있음을 깊이 탐구하지 못하고 여러 유학자에게 널리 고증하여 내키는 대로 선생의 학설을 의심하여 이전에 이미 일치하는 의견이 있었음을 알지 못했다. 그러나 선생은 특별히 주자의 "정을 위주로 하여 사람의 표준을 세운다", 정자의 "체와 용은 그 본원이 하나다"와 "드러남과 은미함이 간격이 없다"는 종지를 모두 드러내었으니 공자의 신비로운 종지를 2100여 년 뒤에 나타낸 것이다. 유학자가 나온 이래로 유자보다 더 훌륭한 사람은 없었다.[31]

안案 : 유종주는 순치 2년(1645)에 죽었는데 동탕의 서문에 "선생이 세상을 떠나고 38년 뒤[先師辭世三十八年]"라고 했으니 이 문장의 작성은 강희 21년(1682)이다. 그러므로 이 해에 황종희가 편집한 것은 「유자학안」이며 탕빈이 말한 「즙산학안」인 것이다.

동탕의 서문에는 또 다음과 같은 내용이 있다.

---

31) 梨洲黃氏有「劉子學案」之刻, 屬瑞生(董瑒原名——引者)序. 序曰 : 先師劉子, 自崇禎丙子在京日, 始訂誠意之旨以示人, 謂意者心之所存. 戊寅, 瑞生侍師, 親承音旨. 時聞者謂與朱子王子不符, 起而爭之. 其問答之語, 往複之書, 備載『全書』. 瑞生心識是說, 未敢有所可否, 一時門人後學, 亦未有會之者. 先師沒後, 梨洲黃子特闡其義, 見于序牒, 余亦不敢出一詞以應. 逮先師辭世三十八年, 得一庵王氏棟遺集, 內有「會語」及「誠意問答」, 云自身之主宰言謂之心, 自心之主宰言謂之意. 謂自心虛靈之中確然有主者, 若以爲心之發動, 便屬流行. 與先師之旨吻合. 蓋先師以心爲所存, 意爲所發, 是所發先于所存, 豈『大學』知本之旨? 又格物者, 誠意之功, 功夫結在主意中, 方爲真功夫.(原注 : 海忠介公瑞嘗曰, 功在格致, 道在誠正) 一庵屬泰州門人, 夙禀良知之教者, 而特揭意旨以示. 惜聞者之徒守舊說, 而不能深求其在我, 博考于諸儒, 漫然疑先師之說, 而不知前此已有不謀而同焉. 而先師爲特悉是即周子主靜立人極程子體用一原顯微無間之旨, 標尼山秘旨于二千一百餘年之後. 自先儒以來, 未有盛于劉子也.

선생의 학문은 『전서』에 모두 실려 있고 규정은 『인보』, 문장의 수집과 편집은 『도통록』, 강령은 『종요』에 실려 있다. 『학언』, 학문에 대해 논의한 여러 책, 『원지』, 『증학잡해』, 『논어학안』, 『독역도설』, 『대학참의』, 『고역초』, 『의례경전』과 같은 것들은 모두가 이러한 종지를 따랐다. 그러나 배우는 사람들은 참된 깨달음도 없이 전수하고 다른 것에 갖다 붙인다. 황자는 평생 터득한 것을 『전서』에 종합하면서 정밀하게 탐구하고 요약해서 수록했는데 모두 이 종지를 이끌어냈다. 이것은 참으로 선생의 영원한 미언이다. 선생은 『종요』 서문에서 그 말을 읽으면 마치 풀 속의 뱀이 희미한 흔적을 남기는 것처럼 끊어지지 않고 이어져 어지럽게 할 수 없다고 했다. 천고의 으뜸이 되는 전승이 여기에 있다고 감히 말할 수 있으니, 여러 사람의 책은 여기에서 다하지 않으나 여러 사람의 학문은 여기에서 다한다. 황자가 선생의 학안을 완성하고 나에게 그 말을 읽으면 모든 음을 집대성하고 다양한 악기 소리를 번갈아가며 내는 것처럼 조금의 간극도 없다고 했다. 선생이 직접 전한고자 한 것이 여기에 있고 선생의 책은 여기에서 다하지 않으나 선생의 학문은 여기에서 이미 다한다고 감히 말할 수 있으니, 아마 학문에 두 가지 목표가 없으니 말도 두 가지로 갈라지지 않는다.[32]

또 다음과 같은 내용이 있다.

면재 황간이 주자의 행장에서 이렇게 말했다. 공자 이후 증자와 자사가 그 은미한 것을 계승했고 맹자에 와서 비로소 드러났다. 맹자 이후 주자(주돈이), 정자, 장자가 끊어진 것을 이었고 선생에 이르러 비로소 드러났다. 이른바 도통의 올바름을 얻어 이 도를 환하게 드러나도록 할 수 있는 사람은 한두 사람밖에 없다. 그리고 주, 정, 장자는 공맹 이후 천여 년 뒤에 일어났고, 주자(주희)는 주, 정, 장자 이후 백 년도 안 되어 일어났으며, 선생은 주자 이후 사백 여년 이후에 일어났다. 요순의 집중의 도통으로부터 주나라에 이른 이후 성현이 전한 도는 하루아침에 활연하고 밝게 드러났고 선생에게 이어졌다. 황자는 선생의 혈통, 관직과 향리, 출사와 은퇴의 언론을 취하여 학문과 도덕, 행적과 도통 가운데 두드러진 것과 함께 저술하고 또 남긴 글을 추려 하나의 종지로 모았다. 이것으로 이전의 것을 지키고 이것으로 이후에 올 것을 기다린다. 황자가 사문에 쌓은 공은 면재보다 못하지 않다. 세상에 선생의 학문을 배우고자 하는 사람은 여기에서 그 충심을 볼 수 있을 것이다.[33]

---

32) 先師之學, 備在『全書』, 而其規程形于『人譜』, 采輯備于『道統錄』, 綱宗見于『宗要』. 諸若『學言』論學諸書『原旨』『證學雜解』『論語學案』『讀易圖說』『大學參疑』『古易抄』『儀禮經傳』種種, 莫非此旨. 而學者顧無眞旨, 援而他附. 黃子于生平所得, 合之『全書』, 精討而約收之, 總以標揭斯旨. 此眞先師不絶之微言也. 先師序『宗要』語曰, 讀其言, 如草蛇灰線, 一脈相引, 不可得而亂. 敢謂千古宗傳在是, 即數子之書不盡于是, 而數子之學已盡于是. 黃子纂先師學案成, 謂瑞生曰, 讀其言, 如金聲玉振, 八音疊奏, 未嘗少有間. 敢謂先師親傳在是, 即先師之書不盡于是, 而先師之學已盡于是. 蓋學無二致, 故言無二致也.

33) 勉齋狀朱子有言, 由孔子而後, 曾子子思繼其微, 至孟子而始著. 由孟子而後, 周程張子繼其絶, 至先生而始著. 所謂得統之正, 能使斯道章者, 止一二人. 而周程張子起孔孟後千古餘年, 朱子起周程張子後未及百年, 先師起朱子後四百餘年. 蓋自唐虞執中之統, 馴至成周以來, 聖賢相傳之道, 一旦豁然昭晰呈露, 已屬先師. 黃子既嘗取其世系爵裏出處言論, 與夫學問道德行業道統之著者述之, 而又撮其遺

3. 주요 내용과 편찬 체제

중국 학안체 사서의 형성 과정에서 황종희가 지은『명유학안』은 기념비적 의의를 지니는 중요한 저술이다. 이 학안의 주요 내용을 정리하고 편찬 체제를 분석하는 것은 학안체 사서의 기본 특징을 밝히는 데 분명히 전형적인 의의를 지닌다.

(1) 『명유학안』의 개요

『명유학안』은 모두 62권으로서 위로는 명나라 초의 방효유方孝孺, 조단曹端으로부터 아래로는 명나라 말의 유종주, 손기봉에 이르기까지 명나라 이학과 관련된 대부분의 사람들을 망라한 사실상 명나라 이학사다. 전체는 다섯 부분으로 구성되었다. 1. 사설師說, 2. 학술에 전승 체계가 있는 각 학파, 3. 스스로 일가를 이룬 여러 학자, 4. 동림학파東林學派, 5. 즙산학파蕺山學派. 각각에 대해 나누어서 서술하겠다.

첫 번째 부분 사설은 저자의 선생 유종주가 명나라 여러 유학 학술에 대해 이야기한 것을 편집하고 기록하여 전체 사승관계의 유래를 밝혔다. 유종주는 명나라 유학에 대해서 먼저 방효유와 조단을 받들었다. 그는 방효유의 절의를 칭송하고 학문이 두드러지지 못했음을 대단히 안타까워하면서 이렇게 생각했다. "선생은 당시에 이미 정자와 주자가 다시 나왔다고 칭송했지만 후인들은 오히려 선생이 죽음을 가지고 일생 고심한 것을 다 없애버리고, 절의와 이학은 다른 것으로 여기서 벗어나면 저기에 들어가니 양웅楊雄, 오초려吳草廬와 함께 논하여 칭할 수는 없게 된다. 이에 인을 이루고 의를 취한다는 가르침은 크게 금기시되었고 난신적자가 장차 줄줄이 세상에 등장할 것이다. 슬픈 일이다!"[34] 조단에 대한 유종주의 평가도 매우 높아서 북송 대유학자 주돈이周敦頤와 비견하여 "오늘날의 염계今之濂溪"라고 추숭했고 또 "방정학方正學 이후 이 도가 끊어진 것이 다시 이어졌으니 실로 선생 한 사람에게 힘입었다. 설문청도 선생의 학풍을 듣고 떨쳐 일어났다."[35]라고 지적했다. 방효유와 조단 이후 설선薛瑄이 계승했지만 설선에 대한 유종주의 평가는 높지 않다. 한편으로 그는 설선이 조단의 학풍을 듣고 일어났다고 지적했고 그가 지은 『독서록讀書錄』에서도 확실히 "학문이 실천을 귀하게 여긴다[學貴踐履]"는 뜻이 있다. 그러나 다

編, 會于一旨. 以此守先, 以此待後. 黃子之有功于師門也, 蓋不在勉齋下矣. 世有願學先師者, 其于此考衷焉.

34) 考先生在當時已稱程朱復出, 後之人反以一死抹過先生一生苦心, 謂節義與理學是兩事, 出此者入彼, 至不得與楊雄吳草廬論次並稱. 于是成仁取義之訓爲世大禁, 而亂臣賊子將接踵于天下矣. 悲夫!

35) 方正學而後, 斯道之絶而復續者, 實賴有先生一人. 薛文清亦聞先生之風而起者.

른 한편으로는 그가 조정의 중신이 되어 정의를 신장할 수 없었다고 상당히 폄하하기도 했다. 오여필吳與弼은 설선과 동시대 사람으로 생전에 권신 석형石亨 족보에 발문을 짓고 문하생이라 칭했기 때문에 석형이 옥중에서 병사하자 비난을 받았다. 유종주는 무고에 대해 힘써 변론하여 그의 학문이 "열심히 분발하여 대부분 새벽에 일어나 땀과 눈물로 얻은 것이다"[36]라고 칭송했고 동시대의 여러 학자가 미치지 못했다. 설선의 출처出處에 대한 평가와 마찬가지로 진헌장陳獻章의 학문에 대한 유종주의 평론은 대부분이 부정적이었다. 진헌장의 학문은 자연을 따라 "고요한 가운데 단서를 기른다[靜中養出端倪]"라는 설을 제창했다. 유종주는 그렇지 않다고 생각하면서 이렇게 말했다. "고요한 가운데 단서를 기른다는 것이 과연 어떤 것인지 모르겠다. 단서라고 하는 것은 마음으로 그려볼 수 있고 입으로 말할 수 있으니 결국 영혼과 분리되지 않은 것 같다. 요즘 선생이 학문을 증험한 여러 말을 살펴보면 대부분이 자연 공부에 대한 말이고 고묘한 곳에 모여들기를 허락하지 않았으니 결국 영혼을 희롱한 곳이다. 아마도 선생의 학식과 취향은 염계와 가까웠지만 궁리가 거기에 미치지 못했고 학술은 강절과 비슷했지만 그것을 누리는 것이 너무 일러, 성문의 학자와 비교해보면 급히 서두르고 작은 것만 본 폐해를 면하지 못한 것 같다. 선과 비슷하지만 선이 아니니 논한 필요가 없다."[37]

유종주의 학문은 멀게는 왕수인을 받들었지만 사문에 얽매이지 않을 수 있어서 홀로 성의誠意의 의미를 밝혀 "신독愼獨"을 종지로 내세웠다. 그러므로 『사설師說』에서 왕수인의 학문을 논한 부분은 그 핵심을 가장 잘 밝힐 수 있을 뿐 아니라 폐단의 소재도 잘 알 수 있다. 유종주의 평론이 황종희와 여러 즙산 후학자에게 영향을 깊게 미친 것은 주로 다음의 몇 가지가 있다.

첫째, 양명학과 주자학의 관계는 차이가 『대학』의 해석에 집중되어 있다. 주희는 먼저 격물치지格物致知하고 나서 성의할 것을 주장한 반면 왕수인은 격물치지가 바로 성의라고 해석했다. 두 사람의 가르침은 방법은 달라도 결과는 같은 것이지만 『대학』 8조목은 사실 선후가 없다. 따라서 은연중에 양명의 설이 올바른 해석이라고 추정했다. 둘째, 왕수인은 "치양지致良知"설을 주창하고 없어지고 끊어진 것을 이었는데 그 유래는 육구연陸九淵의 본심설本心說에 있는 것 같지만 육구연과 왕수인의 학문에는 사실 미세한 차이가 있어서 잘 구분해야 한다. 유종주는 "치양지"설이 "양지에서 본심을 구한다는 지적은 더욱 친절하다. 치지를 격물에 합하면 공부는 확실히 따라야 할 것을 가진다. 상산이 인심과 도심을 하나의 마음으로 혼합하고 본심에 나아가

---

36) 刻苦奮勵, 多從五更枕上汗流淚下得來.

37) 靜中養出端倪, 不知果是何物? 端倪云者, 心可得而擬, 口不可得而言, 畢竟不離精魂者近是. 今考先生證學諸語, 大都說一段自然工夫, 高妙處不容湊泊, 終是精魂作弄處. 蓋先生識趣近濂溪而窮理不逮, 學術類康節而受用太早, 質之聖門, 難免欲速見小之病者也. 似禪非禪, 不必論矣.

깨달음을 구한 것과 비교하면 미묘한 차이가 있지 않은가!"38)라고 지적했다. 셋째, 왕수인의 학문은 사실 멀리 북송의 대유학자 정호程顥와 닿아 있는데 정호 이후 그와 비교할 만한 사람이 없다. 그래서 유종주는 양명학을 다음과 같이 평가했다. "번개와 천둥이 잠을 깨우고 작열하는 빛이 미망을 깨트리듯 공자와 맹자 이래로 이와 같이 깊고 분명한 것은 없었다."39) 넷째, 왕수인은 일찍 병으로 세상을 떠나서 장수하지 못했다. 따라서 그의 고명하고 탁월한 견해가 모두 구체화되지는 못했다. 그 학문의 병폐는 다음과 같은 곳에 있다. "도를 밝히는 데 급해서 종종 올라가는 단계 가르치기를 경시하여 후학이 단계를 건너뛰는 폐단을 지니는 길을 열었다."40) 그러므로 유종주는 "주희와 육상산陸象山을 둘러싸고 들락날락하는 것[範圍朱陸而進退之]"이 양명학파 후학들의 공동 사명이라고 생각했다.

왕수인이 살아 있는 동안 문인이 천하에 두루 퍼져 있었는데, 유종주는 양명학파의 많은 전인 가운데 추수익鄒守益이 사문의 진전을 가장 잘 얻었다고 생각했다. 그러므로 그는 양명학파의 제자들을 평할 때 오직 추수익만을 앞세워 다음과 같이 지적했다. "동곽은 독지를 양지로 생각했고 계구신독을 치양지 공부로 여겼다. 이것이 사문의 본뜻인데 이 것을 배운 자들은 잃어버려 점점 광기에 빠졌다. 동곽만이 잘 살펴 직접 체득하고 바로 이 뜻을 공부에 구체화시켜 훌륭하게 성인의 법을 지키고 조금도 고치지 않았다. 여러 논저는 모두 다른 사람이 양지를 해석한 상투적 격식에 빠지지 않았다. 선생의 가르침은 대체로 신뢰할 만하니 사문에 공이 있다고 할 수 있다."41) 양명학파의 제자 가운데에서 유종주가 가장 불만이었던 사람은 왕기王畿였다. "한 평생을 헛되이 보내고 토대로 삼을 곳이 없다[孤負一生, 無處根基]"라고 평했을 뿐 아니라 "내분을 일으켰다[操戈入室]"고 바로 비판했다. 그는 다음과 같이 말했다. "용계에 이르면 다만 양지를 불성으로 간주하고 허공에 매달려 깨달음을 바라다가 결국 광경을 희롱하는 것이 되었으니 창을 들고 자기 집으로 쳐들어가는 것과 같다고 할 수 있다."42) 이렇게 말한 근거는 왕기가 흥미진진하게 이야기한 양명학파의 사구교四句教에 대한 회의에 있다. 유종주는 이렇게 생각했다. "사구교의 법은 생각해보면 양명집을 살펴보기는 하였지만 결코 보이지 않는다.43) 그가 보기

---

38) 求本心于良知, 指點更爲親切. 合致知于格物, 工夫確有循持. 較之象山混人道一心, 即本心而求悟者, 不猶有毫釐之辨乎!

39) 震霆啓寐, 烈耀破迷, 自孔孟以來, 未有若此之深切著明者也.

40) 急于明道, 往往將向上一幾輕于指點, 啓後學躐等之弊.

41) 東廓以獨知爲良知, 以戒懼慎獨爲致良知之功. 此是師門本旨, 而學焉者失之, 浸流入猖狂一路. 惟東廓斤斤以身體之, 便將此意做實落工夫, 卓然守聖矩, 無少畔援. 諸所論著, 皆不落他人訓估良知窠臼. 先生之教, 率賴以不敝, 可謂有功師門矣.

42) 至龍溪, 直把良知作佛性看, 懸空期個悟, 終成玩弄光景, 雖謂之操戈入室可也.

43) 四句教法, 考之陽明集中, 並不經見.

에 "사구교의 법[四句教法]"이라고 하는 것은 "양명의 정해지지 않은 견해로서 평소에 이런 말을 한 적은 있지만 책으로 써서 배우는 사람들의 혼란을 가중시키지는 않았다."[44] 그러므로 그는 이렇게 단언했다. "그 설은 용계로부터 나왔다.[其說乃出于龍溪]"

왕수인의 학문 연구 과정에서 나흠순羅欽順은 여러 차례 서찰로 의견을 교환했는데, "치양지致良知"설에 대해 말을 돌리지 않고 직접 비평했다. 누가 옳고 누가 그른가 하는 것은 명나라 중엽 학술사의 일대 공안이 되었다. 유종주는 이에 대해 상세하게 평했다. 한편으로 그는 나흠순이 본천本天과 본심本心으로 유교와 불교를 구분한 것을 긍정하고 "유학에 큰 공을 세웠다[大有功于聖門]"라고 평했다. 다른 한편으로는 나흠순이 심과 성을 완전히 갈라놓고 심을 버려두고서 성을 이야기한 것은 목이 멘다고 먹기를 그만두는 것과 같다고 지적했다. 유종주가 보기에 왕수인은 정말로 고명하고 탁월하지만 실질이 부족한 반면 나흠순이 격물 공부에 얽매여 평생 헤어날 수 없었던 것은 더 슬퍼할 만한 것이었다. 이로부터 명나라 중엽에 이르러 정주程朱의 학문이 확실히 쇠퇴해 있었음을 알 수 있다. 유종주는 이에 대해 다음과 같이 지적했다. "선생의 자질로 일찍 위로 향하는 길을 찾아 나아갔다면 충분히 성역에 들어갈 수 있었을 텐데 겨우 여기에 그친 것이 안타깝다. … 대략 이 시기 즈음에 이르러 정주의 학문 또한 쇠퇴했다. 그 학설을 따르면 배우는 사람들이 종신토록 도의 경지에 들어가지 못하게 되었다. 힘들게 20~30년 공부하여 얻은 바가 있다고 해도 얼마 되지 않았으니 성학을 거의 단절된 덕목으로 만들었다. 이것은 양명이 일어난 이유이다."[45]

나흠순의 뒤를 이어 『사설』은 여남呂柟, 맹화리孟化鯉, 맹추孟秋, 장원변張元忭, 나홍선羅洪先, 조정길趙貞吉, 왕시괴王時槐, 등이찬鄧以贊, 나여방羅汝芳, 이재李材 등 여러 학자들의 학문에 대해 모두 평가했다. 마지막에 허부원許孚遠을 끝맺음으로 사문의 독실한 학문을 밝혔다.

『명유학안』의 두 번째 부분은 학술에 전승 체계가 있는 각 학파에 대한 것으로서, 위로 오여필吳與弼의 「숭인학안崇仁學案」으로부터 시작하여 아래로 담약수湛若水의 「감천학안甘泉學案」에 이르기까지 모두 42권이며 전체의 절반 이상을 차지한다. 권1부터 권4까지는 『숭인학안』으로 오여필, 호거인胡居仁 등 10명이 실려 있다. 황종희는 양명학을 명나라 이학의 대종으로 보고 그 연원을 오여필이 강서江西에서 창도하고 누량婁諒에게 학문을 전수한 것으로까지 거슬러 올라갔다. 왕수인이 초년에 누량에게 배운 적이 있으니 오여필은 그로부터 학풍을 연 대사가 된다.

---

44) 陽明未定之見, 平日間嘗有是言, 而未敢筆之于書, 以滋學者之惑.

45) 黃宗羲, 『明儒學案』卷首, 「師說·羅整庵欽順」. 以先生之質, 早尋向上而進之, 宜其優入聖域, 而惜也僅止于是. … 蓋至是而程朱之學亦弊矣. 由其說, 將使學者終其身無入道之日. 困之以二三十年功夫而後得, 而得已無幾, 視聖學幾爲絕德. 此陽明氏所以作也.

따라서 『숭인학안』 첫권 총론에서 황종희는 오여필이 없었다면 이후의 양명학이 융성하지 못했을 것이라 단언했다. 그는 다음과 같이 말했다. "강재가 소피에서 창도하고 송나라 사람의 정론을 이어받았다. 심은 지각하는 것이고 리와 다른 것이라고 했고, 공부는 고요할 때 존양하고 움직일 때 성찰하는 것이라 말했다. 그러므로 반드시 경과 의가 함께 있고 명과 성을 나란히 하여야 그 후에 학문의 온전한 공이 될 것이다. 그 전승은 한 학파로 되어 비록 일재, 장거가 조금 고치기는 했지만 끝까지 감히 이 법도를 벗어나지 않았다. 백사가 그 문하에서 나왔지만 스스로 터득한 것을 서술하고 벼슬하지 않은 은사와 관계가 없으니 다른 학파로 보아야 한다. 아아! 바퀴살 없는 원시적 바퀴는 크고 화려한 수레의 시원이고 빙산은 물이 모여 이루어진다. 강재가 없었다면 어떻게 이후의 융성함이 있었겠는가!"[46] 권5와 권6은 진헌장의 「백사학안白沙學案」으로 진헌장, 이승기李承箕, 임광林光 등 12명이 실려 있다. 황종희는 진헌장이 초년에 오여필을 스승으로 모시고 따랐고 스승의 학설과 자신의 학설을 융합하여 다른 학파를 창시해 양명학의 흥기에 상당한 계발이 되었다고 생각해서 『숭인학안』에 대해 서술한 다음에 『백사학안』으로 이었다. 그는 다음과 같이 지적했다. "명나라 학술은 백사에 이르러 비로소 정미해졌고 중요한 공부는 온전히 함양에 달려 있었다. 희로가 미발이어도 공이 아니고 만감이 모여들어도 움직이지 않는 주장은 양명에 이르고 난 이후에 성대해졌다. 두 선생의 학문은 가장 가까웠는데 양명이 나중에 이야기하지 않은 까닭이 무엇인지 모르겠다. 설중리薛中離는 양명의 뛰어난 제자로서 정덕正德 14년(1519)에 상소하여 백사를 공자묘에 종사하기를 청했으니 틀림없이 사문의 학문과 같다는 것을 알았기 때문일 것이다."[47] 명나라 이학과 관련하여 양명학이 일어나기 전에는 주자학이 북방에서 설선이 충실히 지켜서 진진秦晉 지역에 전파되고 일대에 스며들어 하동학河東學과 관학關學으로 불렸다. 황종희는 개파 종사로 설선을 추존해야 한다고 생각했고 그래서 『명유학안』 권7과 권8은 「하동학안河東學案」으로 설선과 주혜周蕙, 여남 등 15명의 학설의 전승에 대해 서술했다. 뒤를 이어 권9는 벽두에 「삼원학안三原學案」으로 왕서王恕, 한방기韓邦奇, 양작楊爵 등 6명의 관학 대사의 학문을 서술했다.

양명학은 명나라 이학의 중견이어서 『명유학안』의 두 번째 부분에서 가장 상세하게 서술했다. 권10 「요강학안姚江學案」부터 권36 「태주학안泰州學案」에 이르기까지 26권에 달하고 여기에 실

---

46) 康齋倡道小陂, 一稟宋人成說. 言心則以知覺, 而與理爲二, 言工夫則靜時存養, 動時省察. 故必敬義夾持, 明誠兩進, 而後爲學問之全功. 其相傳一派, 雖一齋莊渠稍爲轉手, 終不敢離此矩獲也. 白沙出其門, 然自敘所得, 不關聘君, 當爲別派. 于戲! 椎輪爲大輅之始, 增冰爲積水所成, 微康齋, 烏得有後時之盛哉!

47) 有明之學, 至白沙始入精微, 其吃緊工夫, 全在涵養. 喜怒未發而非空, 萬感交集而不動, 至陽明而後大. 兩先生之學, 最爲相近, 不知陽明後來從不說起, 其何故也. 薛中離, 陽明之高第弟子也, 于正德十四年 上疏, 請白沙從祀孔廟, 是必有以知師門之學同矣.

린 양명학파에 속한 사람도 98명이나 된다. 명나라 학술은 양명학 흥기 이전에는 대체적으로 "여기서도 완전히 주자에 따르고 저기서도 완전히 주자에 따르는[此亦一述朱, 彼亦一述朱]" 상황이었다고 황종희는 생각했다. 왕양명이 "양지良知"로 가르침을 세운 이후에야 비로소 참신한 길이 열렸다. 그러므로 그는 이렇게 말했다. "요강이 없었다면 예로부터의 학맥이 단절되었을 것이다."[48] 스승인 유종주와 마찬가지로 「요강학안」 첫권 총론에서 황종희도 양명학파의 사구교에 대해 언급했다. 다만 그는 사문의 학설에 얽매이지 않고 사구교는 원래 결점이 없다고 생각했다. 황종희가 보기에 문제는 배우는 사람들의 오해에 있었는데, 한결같이 자신의 생각에 따라 해석하여 사문의 본뜻과 어긋났고 결국 오류를 낳게 된 것이다. 그는 이에 대해 다음과 같이 평론했다. "사실 선도 없고 악도 없다는 말은 선한 생각도 없고 악한 생각도 없다는 것이지 본성에 선악이 없다는 말은 아니다. 다음의 의에 선도 있고 악도 있다는 말 역시 선한 생각이 있고 악한 생각이 있다는 것일 뿐이다. 두 구절은 동과 정 두 글자의 뜻을 완전히 체득했을 뿐이다. 그는 나중에 설간에게 선도 없고 악도 없다는 것은 리의 고요함이고 선도 있고 악도 있다는 것은 기의 움직임이라고 말했다. 바로 이 두 구절이다. 선을 알고 악을 안다는 것은 의가 선악에 의해 움직여서 선악을 분별하여 지라고 한 것이 아니다. 지 또한 성의 가운데의 호오일 뿐으로서 좋아하는 것은 선에서 싫어하는 것은 악에서 나오니 무엇이 옳고 무엇이 그른지 멈추지 않는 것이 허령불매한 성의 본체다. 선을 행하고 악을 제거한다는 것은 본성을 따라 행하면 자연스럽게 선악의 협잡이 없어지니 바로 선생이 내 마음의 양지를 모든 사물에 다한다고 한 것이다."[49] 이로써 황종희는 왕기가 심心, 의意, 지知, 물物 모두 선도 없고 악도 없다는 사무설四無說을 주창하고 양명학파의 사구교법을 곡해하여 유학자의 법도를 어기고 확실히 불가나 도가의 학술과 가깝다는 혐의를 사게 했다고 생각했다. 그러나 그는 동시에 왕기의 학문을 공정하게 평가하기도 했다. "선생은 직접 양명의 마지막 명을 받들어 은미한 말이 종종 거기에 있다. 상산 이후에는 자호가 없을 수 없고 문성 이후에는 용계가 없을 수 없는 것이 학술의 성쇠다. ⋯ 선생은 물길을 트고 원천으로 이끌어 문성의 학문을 정말로 밝힌 바가 많았다."[50]

---

48) 無姚江則古來之學脈絶矣.

49) 黃宗羲, 『明儒學案』 卷10, 「姚江學案」. 其實, 無善無惡者, 無善念惡念耳, 非謂性無善無惡也. 下句意之有善有惡, 亦是有善念有惡念耳. 兩句只完得動靜二字. 他日語薛侃曰, 無善無惡者理之靜, 有善有惡者氣之動. 即此兩句也. 所謂知善知惡者, 非意動于善惡, 從而分別之爲知. 知亦只是誠意中之好惡, 好必于善, 惡必于惡, 孰是孰非而不容已者, 虛靈不昧之性體也. 爲善去惡, 只是率性而行, 自然無善惡之夾雜, 先生所謂致吾心之良知于事事物物也.

50) 黃宗羲, 『明儒學案』 卷12, 「浙中王門學案二」. 先生親承陽明末命, 其微言往往而在. 象山之後不能無慈湖, 文成之後不能無龍溪, 以爲學術之盛衰. ⋯ 先生疏河導源, 于文成之學固多所發明也.

왕수인이 세상을 떠난 후 월越 지역의 양명학파 제자들 사이에 사구교법에 대한 해설이 갈려 많은 폐해가 발생했다. 황종희는 강서江西 지역의 양명 문인들만이 사문의 진전을 가장 잘 얻어서 양명학이 전파될 수 있었다고 생각했다. 따라서 『명유학안』 두 번째 부분에 「강우왕문학안江右王門學案」을 두었는데 9권에 달한다. 황종희는 다음과 같이 해석했다. "요강의 학술은 오직 강우 지역에 가장 잘 전승되었다. 동곽, 염암, 양봉, 쌍강이 대표다. 다시 당남, 사묵에게 전승되었는데 모두 양명이 다하지 못한 종지를 근원에서 탐구할 수 있었다. 이때 월 지역에는 많은 폐해가 뒤섞여 발생하고 있어 사설을 내세워 배우는 사람들의 입을 막았다. 강우 지역만이 그것을 깨트릴 수 있었고 그래서 양명의 도가 떨어지지 않았다. 양명 일생의 정신이 모두 강우 지역에 있었던 것도 그 감응의 이치로 보면 당연하다."51) 양명 문하 제자 가운데 여중汝中과 여지汝止 두 왕씨가 이름을 나란히 했다. 여중은 절동의 왕기, 여지는 태주의 왕간王艮을 일컫는다. 왕간은 태주에서 학문을 창도할 때 "회남격물[淮南格物]"과 "백성의 일상생활이 바로 도[百姓日用卽道]"라는 학설로 사문과 다른 주장을 했고 몇 차례 전승을 거치면서 결국 천지를 뒤집어 명교가 묶어 놓을 수 없게 되었다. 황종희는 가슴 아프게 여기며 그 폐해를 드러내기 위해 「태주학안」 4권에 넣었다. 그는 다음과 같이 말했다. "양명선생의 학문은 태주와 용계가 있어서 천하에 유행했고 또 태주와 용계 때문에 점차 그 전승을 잃었다. 태주와 용계는 때때로 사설에 불만을 토로했고 게다가 불교의 비의를 열어서 스승에게 귀속시켜 양명을 선으로 가져갔다. 그러나 용계 이후 역량이 용계를 능가하는 사람이 없었고 또 강우 지역에서 바로잡게 됨을 얻어서 크게 분열되지는 않았다. 태주 이후에는 대부분이 맨손으로 용과 뱀을 때려잡을 수 있는 사람들이었는데 안산농, 하심은 일파에게 전승이 되고 나서 결국 다시는 명교가 묶어 놓을 수 없었다."52) 여기에 이르면 양명학은 전성기를 지나 쇠퇴기에 접어들었고 변화하지 않으면 안 되는 전환점에 놓이게 되었다.

「태주학안」 다음에 「감천학안」 6권이 있는데 담약수, 허부원許孚遠, 풍종오馮從吾 등 11명이 실려 있다. 『명유학안』에 「감천학안」을 둔 이유가 무엇일까? 황종희는 다음과 같이 해설했다. "왕양명과 담약수 두 사람은 각자 종지를 세웠다. 담약수의 문인이 왕양명의 문인들만큼 많지는 않지만 당시에 담약수에게 배운 사람 가운데는 왕양명에게서 졸업하기도 하고 왕양명에게 배운

---

51) 黃宗羲, 『明儒學案』卷16, 「江右王門學案一」. 姚江之學, 惟江右爲得其傳, 東廓念庵兩峰雙江其選也. 再傳而爲塘南思默, 皆能推原陽明未盡之旨. 是時越中流弊錯出, 挾師說以杜學者之口, 而江右獨能破之, 陽明之道賴以不墜. 蓋陽明一生精神, 俱在江右, 亦其感應之理宜也.

52) 黃宗羲, 『明儒學案』卷31, 「泰州學案一」. 陽明先生之學, 有泰州龍溪而風行天下, 亦因泰州龍溪而漸失其傳. 泰州龍溪, 時時不滿其師說, 益啓瞿曇之秘而歸之師, 蓋躋陽明而爲禪矣. 然龍溪之後, 力量無過于龍溪者, 又得江右爲之救正, 故不至十分決裂. 泰州之後, 其人多能以赤手搏龍蛇, 傳至顏山農何心隱一派, 遂復非名教之所能羈絡矣.

사람 가운데 담약수에게서 졸업한 사람이 있기도 했는데 마치 주희와 육상산 문하에서 갈마들며 들락날락한 것과 같다."53) 다시 말하면 왕양명과 담약수 두 사람의 종지가 다르기는 하지만 스승들이 왕래가 잦은데다 제자들도 갈마들며 들락날락했기 때문에 길은 다르지만 이르는 곳은 같았다. 말하자면 감천학을 기록한 것은 양명학을 드러내기 위한 것과 다르지 않다. 이후 도광道光 연간에 막진莫晉이 『명유학안』을 중간重刊할 때 바로 이 점을 밝혀 황종희는 사실 양명을 대종사로 삼았다고 했는데 틀린 말은 아니다.

『명유학안』 권43부터 권57까지는 「제유학안諸儒學案」 상, 중, 하로서 세 번째 부분에 해당한다. 상권의 방효유, 조단 등의 여러 유학자로부터 중권의 나흠순, 왕정상王廷相 등을 거쳐 하권의 곽도霍韜, 여곤呂坤, 황도주黃道周, 손기봉 등에 이르기까지 학안에 실려 있는 학자들은 명나라 사람 42명이다. 『제유학안』을 둔 이유에 대해 황종희는 매우 분명하게 해설했다. "제유학안은 사승 관계가 없이 남아 있는 경전을 통해 터득했거나, 벗의 도움을 받은 경우로서 뒤집어 놓지 않으면서도 벗의 아래에 놓아서는 안 되는 사람, 또는 당시에는 유행했지만 그것을 계속 전하는 사람이 없는 것을 모두 여기에 실었다."54) 각 권의 구분에 대해서도 해설했다. "상권은 명나라 초기 사람이 많은데 송나라 사람의 규범이 아직 남아 있다. 중권은 모두 양명의 학문에 대해 듣고 놀라 이와 같은 논란이 일었는데 양명의 학문을 더 잘 밝혀주니 타산지석도 옥으로 다듬을 수 있다는 말이다. 하권은 대부분 나와 같은 시대 사람들로서 절반은 충의에 귀의했는데, 이 학술을 증명해 놓았으니 그렇지 않으면 허위일 뿐이다."55)

『명유학안』의 네 번째 부분은 「동림학안」 4권으로 고헌성顧憲成, 고반룡高攀龍 등 17명이 실려 있다. 명나라 말에 환관이 나라에 재앙이 되고 당파가 각축하여 나라의 기운과 학문의 기운이 모두 점점 나빠졌다. 솔선해서 일어나 쇠퇴하는 국면을 떨쳐내려 한 사람들이 동림의 여러 군자들이다. 황종희는 동림의 여러 사람의 충절에 대해서 "한 자리에 모인 스승과 벗들이 찬바람을 맞고 뜨거운 피를 흘리면서 세상을 씻어냈다"56)고 칭송했는데 지극한 추숭이라 할 수 있다. 고헌성과 고반룡 등 여러 사람은 양명학 말류의 방종을 본받아 양명학파의 사구교를 근거로 왕기뿐

---

53) 黃宗羲, 『明儒學案』 卷37, 「甘泉學案一」. 王湛兩家, 各立宗旨. 湛氏門人雖不及王氏之盛, 然當時學于 湛者或卒業于王, 學于王者或卒業于湛, 亦猶朱陸之門下, 遞相出入也.

54) 諸儒學案者, 或無所師承, 得之于遺經者, 或朋友夾持之力, 不令放倒, 而又不可繫之朋友之下者, 或當 時有所興起, 而後之學者無傳也, 俱列于此.

55) 黃宗羲, 『明儒學案』 卷43, 「諸儒學案一上」. 上卷則國初爲多, 宋人規範猶在. 中卷則皆驟聞陽明之學而 駭之, 有此辨難, 愈足以發明陽明之學, 所謂他山之石, 可以攻玉也. 下卷多同時之人, 半歸忠義, 所以 證明此學也, 否則爲僞而已.

56) 一堂師友, 冷風熱血, 洗滌乾坤.

만 아니라 스승인 왕수인의 "치양지致良知"설까지도 비판의 대상으로 삼았다. 황종희는 이것이 정말로 잘못되었다고 생각하여 「동림학안」 여러 곳에서 반박했다. 그는 처음부터 다시 사구교에 대해 따져보고 거듭 천명했다. "선도 없고 악도 없다는 말은 선한 생각과 악한 생각이 없다는 것일 뿐, 본성에 선도 없고 악도 없다는 말이 아니다."[57] 왕기의 사무설에 대해서는 "양명과 아무런 관계도 없다[與陽明絶無干涉]"라고 하면서 탄식했다. "아아! 천천교天泉橋에서 밝힌 도, 용계가 양명에게 끼친 누가 크구나."[58] 이어서 고반룡의 "치양지"설에 대해 비평하면서 황종희는 고반룡의 격물설이 주자와 다를 뿐 아니라 왕양명과도 차별화하려다 근거를 잃었다고 지적했다. 그의 결론은 다음과 같다. "선생의 격물은 원래 거론할 만한 것이 아니었다. 다만 스스로를 양명과 차별화하려다 오히려 서로 저촉되는 것이 많았을 뿐이다."[59] 마지막으로 스승 유종주의 말을 빌려 고반룡의 학설에 대해 "반쯤 선문이 뒤섞였다[半雜禪門]", "순수하지만 흠이 좀 있다[大醇而小疵]"[60]라는 총평을 남겼다.

황종희는 명나라 말기의 학술계에서 양명학을 수정하여 양명학의 간성干城이 되기에 충분하다는 칭송을 들을 만한 사람은 그의 스승 유종주라고 보았다. 그래서 『명유학안』은 「즙산학안」 1권을 마지막에 두어 책 전체를 총괄하고 또 명나라 이학 내지 송명 이학 전체를 총괄했다. 황종희는 다음과 같이 생각했다. "오늘날 학문에 식견이 있는 사람은 대개 고반룡, 유종주 두 선생을 대유로 병칭하고 있는데 의심할 바가 없을 것이다."[61] 그러나 학문의 순수함, 정대함을 논할 때는 그의 스승만을 떠받들었다. 그러므로 그는 이렇게 말했다. "나의 선생은 순수한 가운데 가장 순수한 분이다.[若吾先師, 則醇乎其醇矣]" 1권짜리 「즙산학안」은 유종주의 간략한 전기에서 극도로 추존하여 유종주를 염濂, 낙洛, 관關, 민閩, 왕양명과 직접 연계시켰고 또 유종주 학술의 정수를 세심하게 선택하여 한 편을 구성했다. 여기에 실린 것은 차례대로 『어록語錄』, 『회어會語』, 『역책어易簀語』, 『내학문답來學問答』, 『원原』, 『증학잡해證學雜解』, 『설說』, 『독역도설讀易圖說』, 『성학흘긴삼관聖學吃緊三關』, 『대학잡역大學雜繹』, 『논어학안論語學案』 등 모두 11종류다. 유종주 학설의 핵심은 사실 "신독愼獨"에 있다. 그러므로 황종희는 스승의 학술을 다음과 같이 총평했다. "선생의 학문은 신독을 종지로 삼는다. 유학자마다 신독을 말하지만 오직 선생만 그 참뜻을 얻었다."[62] 「즙산학안」 전체는 "신독"을 중심으로 이학의 여러 기본 범주를 해석했을

---

57) 其所謂無善無惡者, 無善念惡念耳, 非謂性無善無惡也.

58) 黃宗羲, 『明儒學案』卷58, 「東林學案一·顧憲成傳」. 嗚呼! 天泉證道, 龍溪之累陽明多矣.

59) 黃宗羲, 『明儒學案』卷58, 「東林學案一·高攀龍傳」. 先生之格物, 本無可議, 特欲自別于陽明, 反覺多所扞格耳.

60) 黃宗羲, 『明儒學案』卷62, 「蕺山學案·總論」.

61) 今日知學者, 大槪以高劉二先生, 並稱爲大儒, 可以無疑矣.

뿐 아니라 여러 학술 대가들의 학설도 평가했다. 다루고 있는 내용이 폭넓고 싣고 있는 자료가 상세하고 확실해서 『명유학안』의 다른 학안이 비할 바가 못 될 뿐 아니라 「요강학안」도 손색이 있을 정도다. 그러므로 「즙산학안」이 『명유학안』 전체에 대한 총결일 뿐 아니라 명나라 이학과 전체 송명 이학에 대한 총결이기도 하다고 말할 수 있다.

(2) 편찬 체제와 그것에 대한 평가

이상으로 『명유학안』의 주요 내용을 추려서 서술했는데, 사실 저자의 편찬 원칙을 이미 반영했다. 이어서 이 문제에 대해 다시 토론해보고 아울러 일부분으로부터 구체적으로 책 전체의 편찬 체제를 살펴볼 것이다.

『명유학안』의 편찬 원칙은 첫 권에 열거된 「발범發凡」 여덟 조항에 대략적으로 모두 들어 있다. 제1조는 주여등周汝登의 『성학종전聖學宗傳』, 손기봉의 『이학종전理學宗傳』을 평하면서 두 책이 이학사를 서술한 것이 "여러 유학자들의 학설을 상당히 잘 갖추었다.[諸儒之說頗備]"라고 긍정하면서도 "소략疏略" 두 글자로 두 저술이 다 사람의 뜻대로 되지 않았다는 점을 설명했다. 황종희는 다음과 같이 지적했다. 주여등의 책은 "선학을 주장하여 금, 은, 구리, 쇠를 뒤섞어 하나의 그릇으로 만드는데 이것은 해문 한 사람의 종지일 뿐 각 학파의 종지는 아니다."[63] 그리고 손기봉의 책은 "잡다한 것을 모아 놓고 선별하지 않았으며 평어와 주해는 요령을 다 얻지 못했고 그 식견도 해문과 유사하다."[64] 따라서 황종희가 볼 때 두 책은 모두 이학사를 총괄한 훌륭한 저작이 아니어서 『명유학안』을 편찬할 수밖에 없었다. 제2조와 제3조는 모두 명나라 이학의 기본적인 특징 즉 종지가 선명하고 분석의 치밀함이 전에 없이 뛰어나다는 것에 대해 논했다. 마찬가지로 이학에 대해 이야기할 때 송명의 풍격이 각각의 특성을 가지고 있다고 했다. 송나라의 유학자는 연원을 중시하고 명나라 유학자는 종지를 중시했다. 황종희는 자신이 이학 진영에 속해 있었지만 안팎을 드나들 수 있었기 때문에 그 안의 깊은 뜻을 터득했다. 그는 다음과 같이 말했다. "일반적으로 학문에는 종지가 있는데 이는 그 사람의 힘을 얻은 곳이자 배우는 사람이 입문하는 곳이기도 하다. 천하의 의리는 무궁한데 한두 글자로 정하지 않으면 어떻게 요약해서 내 것으로 만들 수 있겠는가? 그러므로 학문을 강의하는 데 종지가 없다면 아무리 좋은 말이라도

---

62) 黃宗羲, 『明儒學案』 卷62, 「蕺山學案·劉宗周傳」. 先生之學, 以愼獨爲宗, 儒者人人言愼獨, 惟先生始得其眞.

63) 主張禪學, 擾金銀銅鐵爲一器, 是海門一人之宗旨, 非各家之宗旨.

64) 雜收, 不復甄別, 其批注所及, 未必得其要領, 而其聞見亦猶之海門也.

두서없는 혼란스러운 실과 같다. 배우는 사람이 그 사람의 종지를 얻지 못하면 그의 글을 읽어도 장건이 처음 대하국에 도착해서 월지국으로 가는 요령을 얻지 못한 것과 같을 것이다.”[65] 여기서 출발하여 『명유학안』은 각 학파의 종지를 귀납적으로 소개하는 데 주의를 기울였는데 확실히 “등을 따라 그림자를 얻는[如燈取影]” 효과는 있었다. 제4조는 책 전체에 수록된 각각의 학술자료의 유래에 대해 이야기한다. 이전에 유통된 이학의 여러 유학자 어록에 대해 황종희는 모두 불만이었다. 그는 공통된 병폐는 “몇 가지 항목을 모아놓았는데 취사선택의 기준이 무엇인지 모르겠다”[66]는 것이며 각 학파의 풍모와 정신을 반영하기에는 부족함이 있다고 생각했다. 그러므로 『명유학안』은 이전과 달리 “모두 전집에서 그 요지를 모으고 오묘한 도리를 탐구하여 이전 사람의 옛 내용을 따르지 않았다.”[67] 제5조는 책 전체의 권질卷帙을 나누고 합하는 것에 대해 이야기한다. 황종희는 『명유학안』의 학술 원류의 서술은 선禪의 견강부회와 결코 같지 않으며 다음과 같은 원칙을 따랐다고 지적했다. “전수가 있는 학자에게 각각 학안을 작성했다. 홀로 일으킨 학자, 후대에 일어난 학자, 그렇게 두드러지지 않은 학자는 모두 여러 유학자들의 학안에 실었다.”[68] 제6조는 책 전체의 중요한 편찬 원칙, 즉 “치우친 견해[一偏之見]”, “상반된 논의[相反之論]”는 모두 함께 받아들여 실어서 유학자들의 학문이 같은 근원에서 나와 갈라져 나간 것, 방법은 다르지만 귀결점은 같다는 것을 밝힌다는 원칙을 소개한다. 황종희가 잘 말해주고 있는데 “맑은 물로 맑은 물에 맛을 돋운다면 어찌 학문이겠는가![以水濟水, 豈是學問!]” 제7조와 제8조는 몇 가지 필요한 해석으로서, 독자의 양해를 얻을 수 있기를 바란다. 제7조는 학문은 자득을 귀하게 여기고 경솔하게 전수하지 않는데, 이것이 중국 고대 교학의 전통이라고 설명한다. 그리고 『명유학안』은 각 학파 학술의 종지를 아주 명백하게 밝혔는데, 독자가 “헛되이 견해만 늘리고 절실한 공부를 하지 않을까[徒增見解, 不作切實工夫]” 걱정해서였다. 제8조에서는 견문의 국한으로 인해 누락되거나 소략한 것이 있다면 독자의 가르침을 바란다고 했다.

이상의 원칙을 따른 『명유학안』은 구체적인 편찬 체제상 각권의 배열순서가 완전히 일치하지 않지만 대체적으로 보면 개별적인 학안을 제외한 각 학안은 모두 3단식 구조를 하고 있다. 총론을 두고 이어서 학안 주인의 간략한 전기가 있으며 그 뒤에 다시 학안 주인의 학술자료 선집을 실었다. 삼단으로 나눈 것이 혼연일체를 이루어 각 학파 학술의 풍모가 불을 보는 것같이 분명하다.

---

65) 大凡學有宗旨, 是其人之得力處, 亦是學者之入門處. 天下之義理無窮, 苟非定以一二字, 如何約之使其在我? 故講學而無宗旨, 即有嘉言, 是無頭緒之亂絲也. 學者而不能得其人之宗旨, 即讀其書, 亦猶張騫初至大夏, 不能得月氏要領也.

66) 薈撮數條, 不知去取之意謂何.

67) 皆從全集纂要句玄, 未嘗襲前人之舊本.

68) 以有所授受者, 分爲各案. 其特起者, 後之學者, 不甚著者, 總列諸儒之案.

권수의 총론은 짧은 것도 있고 긴 것도 있는데 짧은 것은 수십, 수백여 글자고 긴 것도 수백 내지 천 글자를 넘지 않는다. 학술의 전승을 서술하거나 학술의 종지에 대해 이야기했는데 학안 주인의 학술이 살았던 당시에 지닌 이학사적 지위를 설명하려는 의도였다. 1권 「숭인학안」을 예로 들면 다음과 같다. 총론은 백여 글자에 불과하지만 오여필과 그 학파의 기본적인 면모가 분명하게 그려졌다. 먼저 "강재가 소피에서 도를 주창했는데 송나라 사람의 정설을 오롯이 이어 받았다. 마음을 말하면 지각으로 하며 리와 다른 것이라고 했고, 공부를 말하면 고요할 때에는 존양하고 움직일 때에는 성찰한다. 그러므로 반드시 경과 의가 서로 도와주고 성과 명이 같이 나아간 후에야 학문의 온전한 공이 될 것이다."[69] 여기서 말한 것은 오여필의 송학적 특징이다. 이어서 "그 전승은 한 학파가 되어 일재와 장거가 조금 고치기는 했지만 감히 이 법도를 벗어나 지 않았다"[70]라고 서술하여 오여필의 학문이 누량婁諒과 위교魏校까지 전해졌고 약간의 변화가 있었지만 송학의 범위를 벗어나지는 않았다고 설명했다. 이어서 다시 "백사가 그 문하에서 나왔 지만 스스로 터득한 것을 서술할 때 벼슬하지 않은 은사와 관계가 없으니 다른 학파로 보아야 한다."[71]라고 하여 진헌장이 오여필 학파 출신이지만 스승의 학설을 자신의 것에 융합시켜 다시 더 발휘하여 다른 길을 개척하고 다른 학파를 시작했다고 말하고 있다. 마지막으로 "아아! 바퀴 살 없는 원시적 바퀴는 크고 화려한 수레의 시원이고 빙산은 물이 모여 이루어진다. 강재가 없었 다면 어떻게 이후의 융성함이 있었겠는가?"[72]라고 하여 오여필 학술의 역사적 지위를 밝혔다. 오여필은 누량의 스승이고 누량은 왕수인의 스승이니 오여필이 없었다면 이후에 어떻게 양명학 이 그토록 융성할 수 있었겠는가! 그리고 9권 「삼원학안三原學案」의 경우는 총론이 가장 짧아서 수십 글자밖에 되지 않는다. "관학은 대개 설선의 학술을 종지로 받들었는데 삼원은 또 그것으로 부터 갈라져 나온 학파다. 그 문하에 기개와 절조로 두드러진 사람이 많았는데 풍토의 두터움에 또 학문을 더한다는 것이다."[73] 그러나 명나라 관학의 연원은 하동河東의 설선이고 왕서王恕가 다른 학파를 창시했는데 그 지방의 학자들이 또 전통적인 지역문화의 영향을 받아들여 학문과 기개·절조를 합한 기본적인 특징이 모두 그 안에 들어 있다. 또 10권의 「요강학안」, 62권의 「즙 산학안」은 총론이 모두 책 전체에서 가장 길어서 천 글자에 가깝다. 사람은 저마다 장단점이 있고 표현은 달라도 말하고자 하는 바는 같은 법인데 모두가 "요강이 없었다면 예로부터 전해진

---

69) 康齋倡道小陂, 一稟宋人成說. 言心則以知覺, 而與理爲二, 言工夫則靜時存養, 動時省察. 故必敬義夾 持, 明誠兩進, 而後爲學問之全功.

70) 其相傳一派, 雖一齋莊渠稍爲轉手, 終不敢離此矩獲也.

71) 白沙出其門, 然自敍所得, 不關聘君, 當爲別派.

72) 于戲! 椎輪爲大輅之始, 增冰爲積水所成, 微康齋, 焉得有後時之盛哉.

73) 關學大槪宗薛氏, 三原又其別派也. 其門下多以氣節著, 風土之厚, 而又加之學問者也.

학맥이 끊어졌을 것이다"74), "우리 선생은 순수한 가운데서도 순수하다"75)는 점을 설명하려 했다.

학안 주인의 간략한 전기도 글자 수가 일정하지는 않아서 짧은 것은 수백 자, 긴 것은 천 자 이상에 달한다. 전기의 내용은 먼저 학안 주인의 일생 이력을 서술하고 다음에 학술적 면모에 대해 논했는데 이력과 학술에 대한 서술은 일반적으로 각각 절반 정도씩 차지한다. 학안 주인의 이력 서술은 역대 왕조의 실록과 비문, 전기, 행장 등과 같은 참고할 만한 자료가 있어서 크게 곤란한 점이 없었다. 그렇지만 학술에 대해 논의한 부분은 갖추어져 있는 참고자료가 거의 없어서 지적인 공력을 가장 많이 들여야 하는 부분이었고 그렇기 때문에 저자의 공력이 가장 잘 드러났다. 예를 들어 5권 「백사학안」의 진헌장전은 1,400여 자 정도 되는데 학안 주인의 학술에 대한 논의가 전체의 절반을 차지하고 있다. 700여 자 가운데에는 진백사 학술의 종지를 논한 부분도 있고 당시 학술사에서 그가 차지한 지위에 대한 평가도 있으며, 아울러 그의 학문이 선禪에 가깝다는 비판에 대한 변론도 있다. 그 가운데 특히 진헌장의 학문이 선학禪學이 아니라는 변론에 해당하는 부분이 가장 많다. 황종희는 먼저 이 비판의 유래를 고찰하고 그것을 두 가지로 귀결시켰다. 하나는 부화뇌동하는 저속한 무리고, 다른 하나는 나흠순의 오해다. 전자에 대해서 그는 이렇게 말했다. "성인의 학문이 오래 전에 사라지자 모두 말단을 뒤쫓아 일삼고 움직일 때의 성찰만 있고 고요할 때의 존양은 없었으며, 사람이 태어났을 때는 고요하다는 것 이상에 대해서는 바로 불교에 가까웠다. 이러한 저속한 사람들의 논의는 거론할 가치가 없다."76) 그리고 후자에 대해서 황종희는 먼저 나흠순의 비판을 인용하고 나서 나흠순의 의론을 비평했다. "문장文莊은 평생 심과 성이 둘로 생각해서 결국 선생이 심을 밝혔지만 성을 보지는 못했다고 했다. 이것은 문장의 잘못이지 선생과는 상관이 없다."77) 전기 마지막 부분에 다시 백사 제자 장후張詡가 그 스승의 학술에 대해 논한 말을 인용하여 다음과 같이 단언했다. "선생의 학문은 넓은 것으로부터 요약으로, 거친 것으로부터 세밀한 것으로 나아갔으니 선학과 같지 않음이 이와 같다."78)

또 10권 「요강학안」의 왕수인전을 예로 들면, 전기 주인의 학술에 대해 토론한 내용이 거의 천 자나 된다. 그 가운데 왕수인 학문의 변천과정에 대해서 전기는 다음과 같이 귀납했다. "선생의 학문은 처음에 사장으로 넘쳐났으나 이어서 주희를 글을 두루 읽고 차례에 따라 격물했다. 사물의 이치와 내 마음은 결국 둘이라고 판단하고 난 뒤에 더 깊이 들어갈 수 없었다. 그래서

---

74) 無姚江, 則古來之學脈絕矣.

75) 若吾先師, 則醇乎其醇矣.

76) 聖學久湮, 共趨事爲之末, 有動察而無靜存, 一及人生而靜以上, 便鄰于外氏. 此庸人之論, 不足辨也.

77) 緣文莊終身認心性爲二, 遂謂先生明心而不見性. 此文莊之失, 不關先生也.

78) 先生之學, 自博而約, 由粗入細, 其于禪學不同如此.

오랫동안 불교와 도교를 드나들었다. 이민족 땅에서 곤란에 처했을 때 마음을 분발시키고 본성을 강인하게 하면서 성인이 이런 상황에 처한다면 어떤 도가 있을까 생각하기에 이르렀다. 홀연히 격물치지의 종지가 성인의 도는 나의 본성으로 충분할 뿐 바깥에서 구할 필요가 없다는 것임을 깨달았다. 그의 학문은 대략 세 번의 변화를 거쳐 비로소 방법을 얻었다. 이때 이후로 지엽적인 것을 모두 제거하고 한결같이 본원에 주의를 기울였고 묵좌하고 마음을 깨끗이 하면서 공부했다. … 강우 지역에 도착한 이후에는 오로지 '치양지' 세 글자를 제시하고 침묵을 지키는 데 정좌가 필요 없고 마음을 깨끗하게 할 필요도 없으며 익히지 않고 사려하지 않아도 초월하여 저절로 하늘의 법칙에 부합하는 경지로 들어간다고 했다. … 월 지역에 거주한 이후 지키는 것이 더 성숙해지고 체득이 심화되어 언제나 시비를 정확하게 판단하고 옳음도 없고 그름도 없이 입을 열면 바로 본심에서 체득한 것이고 다시 더 머무를 필요도 없었는데 마치 붉은 해가 하늘에 떠 있으면서 만상을 모두 비추는 것과 같았다. 이것이 바로 학문이 이루어진 이후 또 세 번의 변화가 있었다는 것이다."[79] 왕수인 학설의 변화과정에 관한 이 서술이 황종희가 밝힌 것은 아니지만 그의 이와 같은 귀납을 거쳐 『명유학안』에 실리고 나서 결국 그 이후의 양명학설 형성 문제에 대해서 움직일 수 없는 언론이 되었다.

학술자료 선편은 각 학안에서 차지하는 비중이 가장 크다. 『명유학안』에서 이러한 자료는 전체의 3분의 2 이상을 차지한다. 모은 자료는 학안 주인의 학술적 면모의 반영을 기준으로 삼아 종류에 따라 배열했는데 대체로 어록을 중심으로 하고 거기에 논설, 서찰과 기타 잡저를 더했다. 수록된 모든 자료에는 서명, 편명을 밝혀서 신뢰성을 높였다. 그 사이에 자신의 생각을 약술하여 평론하거나 지적했다. 책 전체를 보면 10권 「요강학안」, 58권에서 61권까지의 「동림학안」 그리고 62권 「즙산학안」에 실린 자료가 가장 체계적이고 자세하여 대표적인 전형이 된다. 「즙산학안」에 실린 자료에 대해서는 앞에서 이야기했으므로 더 다루지 않겠다. 여기에서는 「요강」, 「동림」 두 학안에 대해서만 조금 이야기해보겠다.

「요강학안」에 실린 자료는 유종주가 숭정 12년에 편집한 『양명전신록陽明傳信錄』에서 나온 것이다. 원래는 『어록語錄』, 『문록文錄』, 『전습록傳習錄』 세 부분으로 이루어졌고 권두에 유종주의 발문 한 편이 있다. 황종희가 『명유학안』을 편찬할 때 「요강학안」에 넣었는데 『어록』, 『문록』

---

79) 先生之學, 始泛濫于詞章, 繼而遍讀考亭之書, 循序格物, 顧物理吾心終判爲二, 無所得入. 于是出入于佛老者久之. 及至居夷處困, 動心忍性, 因念聖人處此, 更有何道? 忽悟格物致知之旨, 聖人之道, 吾性自足, 不假外求. 其學凡三變而始得其門. 自此以後, 盡去枝葉, 一意本原, 以默坐澄心爲學的. … 江右以後, 專提致良知三字, 默不假坐, 心不待澄, 不習不慮, 出之自有天則. … 居越以後, 所操益熟, 所得益化, 時時知是知非, 時時無是無非, 開口卽得本心, 更無假借湊泊, 如赤日當空而萬象畢照. 是學成之後, 又有此三變也.

은 하나로 합하고 『어록』이라는 표제를 달았다. 『명유학안』에 실린 것은 『어록』과 『전습록』두 부분으로 되어 있고, 학안 주인의 "치양지"설의 요점에 대해 빠짐없이 실었다. 양명학을 연구할 때 이것을 따른다면 대략적인 내용을 얻을 수 있다. 게다가 모아서 실은 자료 가운데에는 유종주의 평어, 지적, 평론이 많이 들어 있어서 양명학의 실질을 이해하고 파악하는 데 많은 도움이 된다. 그 예로 『어록』 부분 첫 번째 조에 실린 「진중의 여러분에게[與辰中諸生]」에 나온 말에 대해 유종주는 다음과 같이 말했다. "명성에 집착하지 않고 버리는 것이 배우는 사람에게 가장 중요하다."80) 「왕순보에게[與王純甫]」조에도 다음과 같은 평어가 있다. "선생은 심체를 회복하여 모든 것을 다 갖추었으니 정말로 유학에 세운 큰 공은 맹자의 성선설과 같다."81) 「고동교에게 답하다答顧東橋」조는 다음과 같은 평어로 귀납했다. "양지설은 마음이 리理고, 앎이 실천이라는 말일 뿐 다른 법이 있는 것이 아니다."82) 유사한 평론이 「섭문울에게 답하다[答聶文蔚]」조의 평어에도 보인다. "치양지는 천리의 본연을 지킨다는 말이다."83) 양명학의 연원에 관해서 유종주는 「마자신에게[與馬子莘]」조에서 멀리 정호의 견해를 받들고 거듭 밝혔다. "이것은 선생이 명도明道로부터 갈라져 나온 곳이다.[此是先生的派明道處]" 이러한 것들은 모두 양명학에 대해 해석하고 밝힌 것에 속한다. 그리고 몇몇 평어에는 양명학에 대한 구체적인 검토도 있다. 예를 들어 『어록』에 실린 「주도통에게 답하다[答周道通]」조에 유종주는 다음과 같은 평어를 남겼다. "선생의 식견은 이미 팔구 할에 도달했다. 그러나 성은 기이고, 기는 성이라는 말은 다시 생각해야 할 것이 있다."84) 또 『전습록』부분에서는 「격물무간동정格物無間動靜」조 뒤에 유종주가 대략적으로 검토한 말이 실려 있다. "이것이 선생의 정론이다. 선생은 전에 말할 때마다 '부모 섬기기에 주의를 기울인다면 부모 섬기기도 하나의 사물이 된다'라고 했다. 내가 이 말을 바꾸어 '뜻이 부모 섬기기에 있지 않을 때는 무엇입니까?'라고 했다. 선생이 또 말했다. '공부의 어려운 점은 모두 격물치지에 있는데, 이것은 뜻을 성실하게 하는 일이다. 뜻이 성실하면 대체적으로 마음도 저절로 바르게 되고 몸도 바르게 닦여진다. 그러나 정심과 수신 공부도 각각 힘을 써야 할 곳이 있는데 수신은 이발, 정심은 미발일 때 힘을 써야 한다. 마음이 바르면 적중하고 몸이 닦여지면 조화롭다.' 선생은 양지 두 글자로 천하의 도를 포괄했으니 어찌 또 따로 바르게 하고 닦는 공부가 있겠는가? 다만 의意를 이발로 보았으므로 공부가 지극하지 못해서 또 마음을 바르게 하고 또 몸을 닦아야 했다. 의는 이발이고 마음은 미발이며 몸도 이발이다. 선생은 항상 송학이 조리가

---

80) 刊落聲華, 是學人第一義.

81) 先生恢復心體, 一齊俱了, 眞是大有功于聖門, 與孟子性善之說同.

82) 良知之說, 只說得個即心即理, 即知即行, 更無別法.

83) 致良知, 只是存天理之本然.

84) 先生之見, 已到八九分. 但云性即是氣, 氣即是性, 則合更有商量在.

없어서 일일이 직접 실천했다고 비판했는데, 천 년이 지난 후에 선생을 구천에서 일으켜 그것에 대해 물어보려 해도 어쩔 도리가 없다."85)

유종주는 양명학파의 사구교에 찬성하지 않았고 왕기가 그것을 조작했다고 생각했기 때문에 "천천교에서 도를 증험[天泉證道]"한 것에 대한 자료를 전혀 싣지 않았을 뿐 아니라 자료선집을 마무리할 때 자세한 평어를 덧붙였다. "선생은 말할 때마다 최고의 선은 마음의 본체라고 했다. 또 최고의 선은 천리의 지극함을 다하는 것일 뿐 조금의 사적인 인욕도 없다고도 했다. 또 양지가 천리라고도 했다. 어록에는 천리를 언급한 곳이 적지 않다. 어떤 때는 선도 없고 악도 없는 것이 리의 고요함이라고 하고 또 선도 없고 악도 없는 것이 마음의 본체라고 직접 이야기한 적은 없다. 마음의 본체가 과연 선도 없고 악도 없다면 선도 있고 악도 있는 의意는 어디에서 온 것인가? 선을 알고 악도 아는 지知는 또 어디에서 온 것인가? 선을 행하고 악을 제거하는 공功은 또 어디에서 온 것인가? 모든 말이 흐름이 끊기고 항구가 단절된 것 같지 않은가!"86) 따라서 유종주는 반대로 실천하고 다음과 같이 지적했다. "나는 용계의 말에서 한 글자를 바꾸어 다음과 같이 말했다. 마음은 선은 있고 악은 없는 마음이니 의도 선은 있고 악은 없는 의이고, 지 또한 선은 있고 악은 없는 지이며, 물物도 선은 있고 악은 없는 물이다."87) 그러므로 『명유학안』의 학술자료 선편은 무작위로 가려 뽑거나 취사선택에 신중하지 않았던 것이 결코 아니므로 저자의 학술적 경향이 바로 이 자료선편에 들어 있다는 것을 알 수 있다.

「동림학안」은 황종희가 가장 공들인 학안 가운데 하나로서 그의 부친 황존소도 이 학안에 실려 있다. 학안에 실린 자료는 매우 풍부하고 모두 황종희가 심혈을 기울여 배열했다. 58권에 실린 고반룡의 학술자료를 예로 들면 다음과 같다. 선택한 자료는 8가지에 이른다. 순서대로 『어語』, 『찰기札記』, 『설說』, 『변辨』, 『논학서論學書』, 『잡저雜著』, 『강의講義』, 『회어會語』다. 이 자료들은 학안 주인의 책 수가 대단히 많은 『고자유서高子遺書』에서 뽑은 것으로서 매우 뚜렷한

---

85) 此是先生定論. 先生他日每言, 意在于事親, 即事親爲一物云云. 余竊轉一語曰, 不在于事親時是恁物? 先生又曰, 工夫難處全在格物致知上, 此即誠意之事. 意既誠, 大段心亦自正, 身亦自修. 但正心修身工夫亦各有用力處, 修身是已發邊, 正心是未發邊, 心正則中, 身修則和云云. 先生既以良知二字冒天下之道, 安得又另有正修工夫? 只因將意字看作已發, 故工夫不盡, 又要正心, 又要修身. 意是已發, 心是未發, 身又是已發. 先生每譏宋學支離而躬自蹈之, 千載而下, 每欲起先生于九原質之而無從也.

86) 先生每言, 至善是心之本體. 又曰, 至善只是盡乎天理之極, 而無一毫人欲之私. 又曰, 良知即天理. 錄中言天理二字, 不一而足. 有時說無善無惡者理之靜, 亦未嘗徑說無善無惡是心之體. 若心體果是無善無惡, 則有善有惡之意又從何處來? 知善知惡之知又從何處來? 爲善去惡之功又從何處起? 無乃語語斷流絶港乎!

87) 蒙因爲龍溪易一字, 曰心是有善無惡之心, 則意亦是有善無惡之意, 知亦是有善無惡之知, 物亦是有善無惡之物.

특징으로 양명학에 대한 학안 주인의 첨예한 비평을 회피하지 않았다는 점을 들 수 있다. 『논학서』를 예로 들면, 「방본암에게 답하다[答方本庵]」에 다음과 같은 것이 있다. "양명선생은 주자의 격물에 대해서 그 울타리를 넘어 진입한 적이 없는 것 같다. 치양지는 명덕을 밝히는 것이다. 그러나 격물에 근본을 두지 않아서 결국 명덕을 선도 없고 악도 없는 것으로 생각했다. 그러므로 같은 명덕이지만 격물을 통해 들어가면 배움에 내실이 있고 밝아지는 것도 바로 마음이고 본성이다. 격물을 통하지 않고 들어가면 배움은 공허하고 밝아지는 것은 마음이지만 본성은 아니다. 마음과 본성이 어찌 두 가지이겠는가? 그러니 어떤 것을 따라 들어가느냐에 미세한 차이가 있다."[88] 『잡저』에는 마찬가지로 양명학의 폐단을 비판하는 것이 더 많다. 「숭문회어서崇文會語序」에서는 다음과 같이 말했다. "요강의 폐단은 처음에는 청각이나 시각 등 감각을 버리는 것을 마음을 밝히는 것으로 생각했을 뿐이었지만 결국 마음에만 내맡기고 배움을 폐기했다. 그래서 『시』, 『서』, 『예』, 『악』을 경시하여 학자 가운데 실질적인 깨달음을 얻은 사람이 드물어졌다. 처음에는 선악을 없애는 것을 생각을 비우는 것이라 생각했을 뿐이었지만 결국에는 공에만 내맡기고 실천을 폐기했다. 그래서 명분, 절의, 충성, 정의를 가벼이 여기게 되었고 학자 가운데 실질적으로 수행한 사람이 드물어졌다."[89] 「존문록서尊聞錄序」도 마찬가지로 양명학의 유폐를 비판했다. "『논어』 이십 편에서 마음에 대한 언급은 없다. 다만 두 군데가 있는데, '그 마음이 세 달 동안 인을 어기지 않았다', '마음대로 행해도 규범을 벗어나지 않는다'라는 것이다. 이 언급은 인을 어기고 규범을 벗어나는 마음이 있기 때문에 한 것이다. 치양지의 종지를 제기하고 이후로 배우는 사람은 결국 지知를 본성으로 여겨서 모두 지를 따라가며 당황하여 어찌할 바를 모르게 되었다. 정욕의 방임도 작용변화의 묘에 결부시키게 되어서는 미혹됨이 더 오래 지속되었다."[90] 양명학설의 형성과 변화과정에 관한 고반룡의 묘사는 양명학파 사람들과 많은 차이가 있다. 학안은 『삼시기三時記』의 말을 모아 실었다. "내가 문성의 학문을 보니 대부분 얻은 곳이 있었다. 처음에는 철주궁鐵柱宮 도사에게 양생설을 들었고 또 지장동地藏洞 이인이 주렴계와 정명도는 유가의 뛰어난 두 수재라는 말을 듣기도 했다. 누일재婁一齋와 격물학에 대해 이야기하고 나서 그것에 대해 연구했지만 이해하지 못했고 또 풀 한 포기 나무 한 그루의 설을 따라 관사의 대나무

---

88) 陽明先生于朱子格物, 若未嘗涉其藩者. 其致良知, 乃明明德也, 然而不本于格物, 遂認明德爲無善無惡. 故明德一也, 由格物而入者其學實, 其明也即心即性. 不由格物而入者其學虛, 其明也是心非性. 心性豈有二哉? 則所從入者有毫釐之辨也.

89) 姚江之弊, 始也掃聞見以明心耳, 究而任心而廢學, 于是乎『詩』『書』『禮』『樂』輕而士鮮實悟. 始也掃善惡以空念耳, 究且任空而廢行, 于是乎名節忠義輕而士鮮實修.

90) 『論語』二十篇, 不言心. 第兩言之, 曰其心三月不違仁, 曰從心所欲不逾矩. 是則因有違仁逾矩之心矣. 自致良知之宗揭, 學者遂認知爲性, 一切隨知流轉, 張皇恍惚. 其以咨情任欲, 亦附于作用變化之妙, 而迷復久矣.

를 격물하다 병을 얻고는 금방 포기했다. 그러므로 격물치지의 종지에 대해서 탐구한 적도 없고 이전 유학자의 말에 대해서도 그 말의 의미를 이해하지 못했다. 나중에 양명동陽明洞으로 돌아와 정좌를 익히고 도인술을 행하면서 스스로 이전의 지식보다 나아진 것이 있고 마음이 고요하고 밝다고 말했다. 그 후 용장龍場으로 폄적갈 때 고독하게 만 리 길을 가다가 산 깊은 이민족이 사는 땅에서 고요하게 침묵 중에 마음을 깨끗하게 했는데 그 효과가 보통 때보다 좋았다. 가슴 속이 더 자유롭게 초탈하고 하루아침에 황홀한 가운데 깨달음이 있었다. 옛날 배움이 더 정밀해 진 것은 치지에 깨달음이 있어서가 아니었다. 다만 문성은 불교와 도교에 자처하기를 달갑게 여기지 않고 유가의 종주 자리를 빼앗아 차지하려 했다. 그래서 체득한 바를 근거로 치지를 합하고 또 격물을 덧씌우는 등 많은 노력을 기울였다. 그러므로 왼쪽으로는 뒤덮고 오른쪽으로는 가리며 뒤섞이고 중복되어 똑바로 자세히 들여다보면 곳곳에 결점이 드러난다."91)

왕수인이 "유가 종주 자리를 빼앗아 차지하려 했다[欲簒位于儒宗]"고 비난하는 이러한 비평은 매섭다고 할 수 있다. 그리고 학안의 『회어』에서는 마찬가지로 양명학을 "성학" 정통 밖으로 배척했다. 처음에는 "성학의 정통은 궁리를 우선으로 할 뿐이므로 궁리하지 않는다면 파탄난다."92)라고 했다. 이어서 "줄곧 상산과 양명의 학문의 유래를 알지 못했는데 얼마 전 배를 타고 가다가 일부분을 들여다 본 것 같았다. 두 선생의 학문은 모두 치지로부터 출발한다. 성학은 격물로부터 시작해야 하는데 치지는 격물에 있지 않다. 허령한 지각이 미묘하기는 하지만 천리의 정밀함을 볼 수는 없다. 어찌 두 가지가 있겠는가? 치지가 철저하지 못하기 때문이다. 미세한 차이가 여기에 있다."93) 모아서 실은 모든 자료는 『명유학안』의 편찬이 확실히 황종희가 첫권 「발범」에서 다음과 같이 말한 것을 관철하고 있다고 설명해준다. "이 책에 실린 것은 치우친 견해도 있고 상반된 논의도 있다. 배우는 사람은 차이가 발생하는 곳에서 잘 착안하여 이해하도록 해야 한다. 근본은 하나이지만 다양하게 표현될 수 있는 법이다."94) 이러한 편찬 원칙은 확실히 매우 큰 가치가 있다.

---

91) 余觀文成之學, 蓋有所從得. 其初從鐵柱宮道士得養生之說, 又聞地藏洞異人言周濂溪程明道是儒家 兩個好秀才. 及娶一齋與言格物之學, 求之不得其說, 乃因一草一木之說, 格及官舍之竹而致病, 旋即 棄去. 則其格致之旨, 未嘗求之, 而于先儒之言, 亦未嘗得其言之意也. 後歸陽明洞習靜導引, 自謂有前 知之異, 其心已靜而明. 後謫龍場, 萬裏孤遊, 深山夷境, 靜專澄默, 功倍尋常, 故胸中益灑灑, 而一旦恍 然有悟. 是其舊學之益精, 非于致知之有悟也. 特以文成不甘自處于二氏, 必欲簒位于儒宗, 故據其所 得, 拍合致知, 又裝上格物, 極費工力. 所以左籠右罩, 顚倒重複, 定眼一覷, 破綻百出也.

92) 聖學正脈, 只以窮理爲先, 不窮理便有破綻.

93) 一向不知象山陽明學問來曆, 前在舟中, 似窺見其一斑. 二先生學問, 俱是從致知入. 聖學須從格物入, 致知不在格物, 虛靈知覺雖妙, 不察于天理之精微矣. 豈知有二哉? 有不致之知也. 毫釐之差在此.

94) 此編所列, 有一偏之見, 有相反之論. 學者于其不同處, 正宜著眼理會, 所謂一本而萬殊也.

4. 『명유학안』과 『황명도통록皇明道統錄』

황종희가 총론, 약전略傳, 학술자료선집을 삼위일체로 하여 『명유학안』을 편찬한 것은 갑작스런 구상이나 기발한 발상에서 나온 것이 결코 아니었다. 역사편찬학의 관점에서 보면, 『명유학안』의 출현은 당시 역사학 자체의 발전 상황 때문이었다. 명청 교체기에 이학은 이미 비판과 종합 단계에 진입했다. 이에 대해 역사학은 당연히 반응해야 했고 그래서 『육양학안陸楊學案』, 『제유학안』, 『성학종전』, 『이학종전』과 같은 저술이 잇달아 나왔다. 그리고 황종희는 이러한 저술을 모두 훑어보았는데 그가 『명유학안』을 편찬하려 생각하는 데 유익한 계시가 되었다. 이러한 상황과 관련된 것은 『명유학안』에 명확하게 자취를 남기고 있다. 예를 들어 첫권 「발범」에서 『성학종전』, 『이학종전』을 평가한 것, 21권 「강우왕문학안」에 유원경劉元卿을 실어 놓은 것, 35권 「태주학안」에 경정향耿定向을 포함한 것, 57권 『제유학안』에 손기봉을 등재한 것, 62권 「즙산학안」에 『논어학안』을 집록한 것 등이 모두 그 근거다. 경정향, 유원경, 유종주가 저술에 "학안"이라는 제목을 달았고 주여등, 손기봉 두 사람의 두 『종전』이 더욱 명백한 삼단 구조로 편찬된 것은 모두 황종희 『명유학안』의 선구가 되었다. 게다가 특별히 설명해야 할 점은 『명유학안』의 모델로서 앞에서 든 여러 사람의 저술과 더 이른 시기에 주희가 지은 『이락연원록』이 있을 뿐 아니라 황종희에게 가장 많은 영향을 준 것은 아마도 그의 스승 유종주의 『황명도통록』일 것이다.

『황명도통록』은 유종주 생전에 간행되지 않았고 또 나중에 『유자전서』에 수록되지도 않았기 때문에 오늘날 그 구체적인 내용을 자세히 알 수 없다. 다행스럽게도 유종주의 제자 동탕이 편집한 『즙산선생연보蕺山先生年譜』에 대략적으로 서술해 놓은 것이 있다. "천계 7년 정묘, 50세. 『황명도통록』이 완성되었다. 선생의 『도통록』 7권은 주자朱子의 『명신언행록名臣言行錄』을 본떠서 처음에는 평생 이력, 다음에는 어록, 마지막에는 평가를 겸한 결론을 덧붙였다. 중요한 유학자는 따로 다루었고, 나머지는 각각 부류를 나누었다. 취사선택은 공맹을 기준으로 삼았고 이단을 빌려 올바르지 않은 논설을 과시하거나 향원鄕愿에 기탁하여 인정을 받으려 한 사람은 배제하고 싣지 않았다. 그리고 기재된 사람에 대한 평가는 모두 독창적이다. 설경헌薛敬軒, 진백사, 나정암羅整庵, 왕용계와 같은 사람은 일반적으로 훌륭한 유학자로 추숭하지만 선생은 모두 폄하하는 말을 남겼다. 방손지方遜志는 절의로 유명했고 오강재吳康齋는 사람들이 다투어 비난했지만 선생은 칭찬해 마지않았다.[원주 생략 : 인용자] 전체를 통틀어 비판 받지 않은 사람은 손지, 강재 외에 조월천曹月川, 호경재胡敬齋, 진극암陳克庵, 채허재蔡虛齋, 왕양명, 여경야呂涇野 여섯 선생이 있다."95)

이로부터 『황명도통록』이 명나라 천계 7년(1627)에 완성되었고 모두 7권이었음을 알 수 있다.

편찬 체제는 주희의 『명신언행록』을 모방하여 3단식 구조, 즉 첫째는 평생 이력, 둘째는 어록, 셋째는 논단으로 구성했다. 등재된 유학자 가운데 중요한 유학자는 단독으로, 기타 여러 유학자는 비슷한 사람들 끼리 묶어서 실었다. 편찬 원칙도 매우 명확해서 공맹의 학설을 취사선택의 기준으로 삼았고, 이단사설설異端邪說과 세상의 속된 분위기에 영합한 사람은 모두 배제하고 싣지 않았다. 설선, 진헌장, 나흠순, 왕기 등과 같은 사람에 대해서는 모두 비판했다. 그러나 세상 사람들이 비난한 방효유, 오여필에 대해서는 매우 추숭했다. 그 외에 조단, 호거인, 진선陳選, 채청蔡淸, 왕수인, 여남呂楠 등에 대해서는 긍정적으로 평가했다.

『명유학안』을 동탕이 서술한 『황명도통록』과 대조해보면 중요한 공통점 몇 가지를 발견할 수 있다. 우선 『도통록』의 3단식 편찬 구조는 『명유학안』에도 적용되었는데 평가를 겸한 결론을 각 학안의 권두로 옮긴 것도 해당 학안의 총론으로 삼은 것에 지나지 않는다. 그 다음으로 학술에 전승관계가 성립하는 대가들에 대해서 『명유학안』도 독자적 학안을 작성했는데, 숭인, 백사, 하동, 삼원, 요강, 감천, 즙산 등이 그 예다. 그리고 기타 유학자에 대해서도 모두 『도통록』의 예를 따라 유파별로 묶어 「제유학안」, 「절중왕문浙中王門」, 「강우왕문」 등으로 편집했다. "이단사설" 을 주장했다는 비판을 받은 이지李贄와 『학부통변學蔀通辨』을 지었고 왕수인의 『주자만년정론朱子晚年定論』을 허구라고 비판한 진건陳建 등은 『명유학안』도 배제하고 싣지 않았다. 또 그 다음으로 『명유학안』은 명나라 유학자를 평할 때 대부분 스승 유종주의 학설을 근거로 삼았는데 각 학안이 모두 그래서 일일이 다 거론할 수 없을 정도다. 대표적인 예를 들자면, 첫 권 서두의 「사설」에서는 방효유를 명나라 유학의 종주로 추존했고, 1권 「숭인학안」에서는 오여필을 모든 유학자의 영수라고 했다. 10권 「요강학안」에서는 『양명전신록』 전문을 인용했고, 58권 「동림학안」에서는 고헌성의 『소심재찰기小心齋札記』를 편집하여 수록하고 거기에 자신의 생각을 다음과 같이 덧붙였다. "소진蘇秦, 장의張儀와 관련된 문단은 기록에 잘못이 있다. 그래서 유 선생은 이 부분을 삭제했다."96) 같은 58권에 고반룡의 『논학서論學書』를 편집하여 수록하고 마찬가지로 자신의 생각을 덧붙였다. "즙산선생이 신복원辛復元은 거짓 유학자고 마군모馬君謨는 선禪을 가장했다고 말했다."97) 이상의 예들은 모두 『명유학안』이 『황명도통록』을 따랐다는 중요한 표지

---

95) 劉汋 輯・董瑒 修訂, 『蕺山先生年譜』卷上, "五十歲"條. 天啓七年丁卯, 五十歲. 『皇明道統錄』成. 先生 輯『道統錄』7卷, 仿朱子『名臣言行錄』, 首紀平生行履, 次語錄, 末附斷論. 大儒特書, 餘各以類見. 去取 一準孔孟, 有假途異端以逞邪說, 托宿鄕愿以取世資者, 擯弗錄. 卽所錄者, 褒貶俱出獨見. 如薛敬軒陳 白沙羅整庵王龍溪, 世推爲大儒, 而先生皆有貶詞. 方遜志以節義著, 吳康齋人競非毁之, 而先生推許 不置.(原注略―引者) 通錄中無間辭者, 自遜志康齋外, 又有曹月川胡敬齋陳克庵蔡虛齋王陽明呂涇野 六先生.

96) 秦儀一段, 繫記者之誤, 故劉先生將此刪去.

다. 그러므로 『명유학안』이 『황명도통록』을 모방했고 더 나아가 충실하고 완전하게 했다고 할 수 있다.

중국학술사에서는 남송 시기에 주희가 『이락연원록』을 저술한 때부터 학안체 역사서의 최초 형식이 갖추어지기 시작했다. 수 백 년의 시행착오를 거치면서 명나라 말에 이르면 이학이 비판과 종합의 단계에 이르렀고, 이 때 경정향耿定向이 『육양학안』이라는 제목으로 저술한 것이 선구가 되었다. 유원경의 『제유학안』, 주여등周汝登의 『성학종전聖學宗傳』, 유종주의 『황명도통록』 등의 저서들이 연이어 나오면서 학안체 역사서는 크게 발전했다. 청나라로 들어온 이후 손기봉의 『이학종전』이 강희 초년에 세상에 나와서 이전을 계승하고 앞길을 열었으며 그 물결을 타고 학안체 역사서의 독립은 조만간 실현될 것이었다. 황종희의 『명유학안』이 나오면서 집대성되었는데, 선명한 편찬원칙, 엄정한 편찬 체제와 풍부하고 상세하며 확실한 사료의 수록에다가 마지막으로 저자의 탁월한 식견으로 종합했다. 이것으로 학안체 역사서는 완전하고 정형화되었다. 여기에 이르러 중국 전통역사 편찬학에서 학안체 역사서라는 새로운 분야가 두드러졌다.

5. 『명유학안』 본말 탐색

황종희의 『명유학안』은 강희 32년(1693) 간행된 이래 300여 년간 줄곧 관련 연구자가 관심을 기울이고 연구한 중요 역사 문헌이었다. 지난 30년간 학술사 연구의 부흥과 추진은 이 분야의 연구를 심화시켜 사람들을 기쁘게 했다. 관련된 논제들을 보자면, 『명유학안』의 편찬 동기, 편찬 과정, 사상사와 문헌학적 연원 및 학술적 가치 판단 등인데 모두 점점 더 많은 연구자의 흥미를 불러 일으켰다. 최근에 「명유학안서」를 다시 읽고 체득한 것을 모아 이 책의 편찬 동기에 대해 다시 토론해볼 것인데 대가들의 가르침을 바란다.

(1) 문제 제기

황종희는 만년에 『명유학안』의 편찬에 대해 중요한 글 두 편을 남겼다. 하나는 「명유학안서」고, 다른 하나는 「개본명유학안서改本明儒學案序」다. 전자는 황종희가 살아 있는 동안에 『남뢰문정사집南雷文定四集』에 수록되었고, 후자는 황종희가 세상을 뜬 후 아들 황백가가 『남뢰문정오집南雷文定五集』에 실었다. 강희 32년 초봄, 『명유학안』이 하북河北 고성故城에서 출간되었을 때

---

97) 蕺山先師曰, 辛復元, 儒而僞者也, 馬君谟, 禪而僞者也.

두 글 모두 여러 책의 머리에 실렸는데 지은 시기는 모두 강희 32년으로 되어 있다. 황종희의 원문은 가씨 부자가 가감하고 고치고 옮겨서 믿을 만한 근거로 삼기 어렵다. 『명유학안』 편찬과 관련된 사실을 따진다면 당연히 황종희 문집에 실린 것을 기준으로 삼아야 한다.

『명유학안』의 이 두 서문은 같은 곳도 있고 다른 곳도 있다. 대체적으로 같은 곳은 모두 다음과 같은 세 가지 생각을 이야기한 곳이다. 첫째, 학문의 도는 생각은 다양해도 이치는 하나로 귀결되며 방법은 달라도 귀착점은 같으니 일률적이기를 강요해서는 안 된다. 그러나 한 시대의 풍조는 하나의 길에서 나오려하기 마련이어서 약간의 차이가 생기고, 바로 그것을 경전을 벗어나고 도에 위배된다고 비판하여 "학문의 강단이 떠들썩한 저자거리가 되었다"[98]라는 현상을 낳는다. 둘째, 책 전체에 걸쳐 명나라 유학의 원류를 정리하였는데 원류와 학파를 분별하여 종지가 명확하게 드러나게 하도록 한 것이다. 따라서 『명유학안』은 "명나라 수백 년의 성과를 실은 책이니 듣고서도 묻어놓을 수 있겠는가?"[99] 셋째, 『명유학안』이 세상에 나오기까지 오랜 시간이 소요되었는데 3년이나 5년의 작업으로 가능한 일이 아니었다. 구체적으로 말하자면 "책이 병진년[강희 15년 : 인용자] 이후에 완성되었고 허유산[이름은 삼례 : 인용자]이 몇 권을 각인하고 그쳤으며 만정일[이름은 언름 : 인용자]이 또 새겼지만 끝내지 못했는데"[100] 임신년[강희 31년 : 인용자] 7월에 이르러서야 하북의 가약수賈若水, 가순암賈醇庵 부자가 흔쾌히 간행하기 시작했다고 한다.[101]

두 서문의 다른 곳은 주로 개정본이 원래 서문의 다음과 같은 단락을 모두 삭제한 데 있다. 원래 서문에는 다음과 같은 부분이 있다. "내가 어릴 적에 집안이 어려움을 당해서 즙산선생께서는 나를 자식처럼 보살펴주셨다. 위태로울 때는 잡아주고 기울어졌을 때는 바로잡아주셨으며 매일 이끌어주는 말씀을 들으면서 자랐는데 돌아가신 후에야 남긴 글을 따라 그 종지를 얻었고 동문의 친구들 대다수가 충절을 지켰다. 기유년에 비릉毗陵의 운중승惲仲昇이 월 지방에 와서 『유자절요』를 지었다. 중승은 선생의 뛰어난 제자 가운데 하나다. 책이 완성되고 나서 내가 강가에서 전송했는데 중승이 손을 잡고 신신당부했다. '이제 선생의 학문에 대해 아는 사람은 나와 당신 둘밖에 없으니 의론을 일치시켜야만 하지만 선생의 말과 뜻의 소재에 대해서만은 약간의 융통성을 발휘해야 할 것입니다.' 내가 이렇게 응답했다. '선생께서 다른 유학자와 다른 것이 바로 뜻에 있으니 어찌 밝히지 않을 수 있겠습니까?' 중승은 내가 『절요』에 서문을 써주기를 바랬지만 나는 끝내 그럴 수 없었다. 이처럼 중승도 다양한 학문에 있어서 기존의 국면으로부터

---

98) 黃宗羲, 『南雷文定四集』卷1, 「明儒學案序」. 杏壇塊土, 爲一哄之市.

99) 黃宗羲, 『南雷文定四集』卷1, 「改本明儒學案序」. 明室數百歲之書也, 可聽之埋沒乎.

100) 書成于丙辰(康熙十五年―引者)之後, 許酉山(名三禮―引者)刻數卷而止, 萬貞一(名言――引者)又刻之而未畢.

101) 黃宗羲, 『南雷文定四集』卷1, 「改本明儒學案序」.

변화하지 못한 것이 있으니 다른 사람은 어떻겠는가? 내가 『명유학안』을 저술할 때 여러 선생의 학설을 두루 살피고 각자 체득한 것을 평가하며 순수한 것과 결함이 있는 것을 비교한 것이 모두 지극한 공력을 들인 것으로서 생각의 다양한 경우의 수를 다 헤아린 후에야 학파를 이루었으니 정신을 흐리게 하여 다른 사람에게 찌꺼기를 남긴 적이 없다. 이에 근원과 학파를 분별하여 종지가 역연하게 드러나도록 했으니 이로부터 나아간다면 성인의 이목에 부합할 것이다. 그 사이에 밝혀 놓은 것은 모두 선생으로부터 나온 것으로서 더하거나 덜어낸 것이 전혀 없다."[102]

두 편의 「명유학안서」에 무엇 때문에 이와 같은 차이가 나게 되었을까? 그 차이에 이 책의 편찬과 관련된 어떤 사실이 반영되어 있을까? 바로 다음에서 이 문제에 대해 토론을 진행해 보아야 할 것이다.

(2) 사문師門을 위해 학술을 전하다

황종희는 무엇 때문에 『명유학안』을 편찬하려 했을까? 이 문제를 명백하게 하기 위해서 개정본 「명유학안서」가 원래 서문에 있던 앞의 단락을 삭제한 데서부터 시작해도 무방할 것이다.

앞에서 인용한 「명유학안서」의 단락은 황종희가 20여 년 전 동문이자 벗인 운일초가 지은 『유자절요』에 서문을 써주지 못한 일을 기억한 것이다. 그렇게 된 사정의 원인은 두 사람이 스승 유종주의 학술 종지에 대해 파악한 의견의 불일치에 있다. 한 사람은 "선생의 말과 뜻의 소재에 대해서만은 약간의 융통성을 발휘해야 한다"[103]라고 생각했고, 다른 한 사람은 "선생께서 다른 유학자와 다른 것이 바로 뜻에 있으니 어찌 밝히지 않을 수 있겠습니까"[104]라고 주장했다. 결과의 분기는 합치시킬 수 없었는데, 그 일이 있고나서 20여 년 뒤의 황종희의 말을 빌리자면 다음과 같다. "중승은 내가 『절요』에 서문을 써주기를 바랐지만 나는 끝내 그럴 수 없었다."[105] 황종희와 운일초의 이 왕래는 흔히 있는 동문 사이의 학예에 대한 담론이 아니라 사실 『명유학안』의 전신

102) 黃宗羲, 『南雷文定四集』卷1, 「明儒學案序」. 某幼遭家難, 先師蕺山先生視某猶子, 扶危定傾, 日聞緒言, 小子跡跡, 夢奠之後, 始從遺書得其宗旨, 而同門之友, 多歸忠節. 歲己酉, 毗陵惲仲昇來越, 著『劉子節要』. 仲昇, 先師之高第弟子也. 書成, 某送之江幹, 仲昇執手丁寧曰, '今日知先師之學者, 惟吾與子兩人, 議論不容不歸一, 惟于先師言意所在, 宜稍爲通融.' 某曰, '先師所以異于諸儒者, 正在于意, 寧可不爲發明?' 仲昇欲某敘其『節要』, 某終不敢. 是則仲昇于殊途百慮之學, 尚有成局之未化也, 況于他人乎? 某爲『明儒學案』, 上下諸先生, 淺深各得, 醇疵互見, 要皆功力所至, 竭其心之萬殊者而後成家, 未嘗以懵懂精神, 冒人糟粕. 于是爲之分源別派, 使其宗旨歷然, 由是而之焉, 固聖人之耳目也. 間有發明, 一本之先師, 非敢有所增損其間.

103) 于先師言意所在, 宜稍爲通融.

104) 先師所以異于諸儒者, 正在于意, 寧可不爲發明.

105) 仲昇欲某敘其『節要』, 某終不敢.

인「즙산학안」의 편찬에 대한 소망과 직접적인 관계가 있다.

운일초는 자가 중승, 호는 손암遜庵으로 강소 무진武進(현재 상주) 출신이다. 명나라 만력 29년(1601)에 태어나 청나라 강희 17년(1678)에 죽었는데 향년 78세였다.[106] 강희 7년(1668), 일초는 상주를 떠나 남쪽 소흥으로 유람 가서 유종주의 아들 유작劉汋을 추모했다. 당시 황종희는 소흥에서 동문 친구인 강희철姜希轍, 장응오張應鰲 등과 사문의 증인서원證人書院 강회를 부흥시켰다. 그러므로 운일초와 황종희 두 사람은 오래 떨어져 지내다가 한자리에 모여서 반 년 동안 아침저녁으로 학문을 논할 수 있었다.[107] 운일초는 황종희보다 9살 많았으니 유종주 문하에서 나이가 많은 편에 속한다. 이때의 남행 때 그는 스승을 위해 쓴「행장行狀」한 편을 가져왔을 뿐 아니라『운중승문집惲仲昇文集』한 부도 지니고 있어서 학문이 이미 일가를 이루었고 엄연히 유종주 문하의 탁월한 제자였다. 이 해에 황종희는 흔쾌히『운중승문집』에 서문을 써주었고, 일초가 "즙산의 학문에 대해 가장 잘 아는 사람"[108]이라고 인정했다. 바로 이 서문에서 황종희는 자신이 이전에 사문에서 공부할 때 전력을 다하지 않은 것에 대해 깊이 반성했다. "내가 유 선생께 배울 때 과거에만 뜻을 두어서 체득이 있을 수 없었고 다만 즙산 문인 가운데 숫자 하나를 채웠을 뿐이었다. 세상이 변하여 깊은 산 속에서 어렵게 지내면서 장서를 모두 꺼내어 읽었다. 20년 가까이 마음속에 막혔던 것이 풀어지고 나서야 지난날 헛되이 보낸 시간을 보상할 수 없음을 알았다."[109]

운일초는 월 땅에서 머문 반 년 동안 유종주의 유저를 구분하고 정리하여『유자절요』초고를 대략 완성했다. 헤어질 때 황종희가 강가로 마중 나왔는데 운일초는『유자절요』의 고정을 부탁했다. 운일초는 고향으로 돌아가『유자절요』를 간행했고 강희 11년(1672)에 황종희에게 다시 편지를 보낼 때『절요』한 부를 함께 보내면서 서문이나 후서를 써줄 것을 부탁했다. 황종희는 서신을 받고나서『유자절요』가 사문의 학술 종지를 곡해한 것에 대해 크게 불만을 느끼고 더 이상 참을 수 없었다. 그래서 이전에 운일초의 학문에 대해 칭찬했던 마음을 바꾸어「답운중승논유자절요서答惲仲昇論劉子節要書」한 통을 써서 자세하게 반박했다.

황종희의「답운중승논유자절요서」는 첫머리에 요지를 밝히면서 다음과 같이 솔직하게 말했다. "선사의 종지는 신독에 있고, 신독 공부는 전적으로 '뜻이 마음의 주재다'라는 말에 달렸습니다. 이것이 선사께서 평생 어렵게 힘들여 체험하고 터득한 것입니다."[110] 황종희는 사문의 학술

---

106) 惲珠,「惲遜庵先生家傳」.『惲遜庵先生文集』卷首를 볼 것.

107) 黃宗羲,『明儒學案』卷62,「蕺山學案」.

108) 固知蕺山之學者未之或先也.

109) 黃宗羲,『南雷文案』卷1,「惲仲昇文集序」. 余學于子劉子, 其時志在舉業, 不能有得, 聊備蕺山門人之一數耳. 天移地轉, 僵餓深山, 盡發藏書而讀之. 近二十年, 胸中窒礙解剝, 始知曩日之辜負爲不可贖也.

종지에 관한 이러한 근본 문제에 있어서 『유자절요』가 용인할 수 없는 중대한 과실을 범했다고 지적했다. "선사께서 뜻에 대해 말한 것을 일률적으로 줄이고 없애버려서"[111] 그 결과 "뿌리를 제거하고 가지와 잎만 남겨 놓아 배우는 사람이 볼 때 망연히 귀착할 곳을 얻지 못하게 했다."[112] 이것이 첫 번째 잘못이다. 두 번째는 『유자절요』가 "허물을 고침[改過]"이라는 항목을 세워 놓고 서는 유종주가 허물을 고치는 것에 대해 집중적으로 논한 대표작 『인보人譜』를 못 들은 체하고 "한 마디도 언급하지 않았다[無一語及之]"는 것이다. 그러므로 운일초의 책은 『절요』라는 이름을 붙이기는 했지만 사실상 "절록의 요점을 보지 못했다[亦未見所節之要]". 셋째는 자신의 말로 선생 의 말을 대신하고 사실을 잘못 알기도 했으며 체제도 잘못 되어 있다는 것이다. 황종희는 이 점에 대해 다음과 같이 지적했다. "절요의 언어는 문수나 어수와 같은 체제로서 절록한 것은 선사께서 지은 것을 우선하고 말씀을 기억하여 적은 것은 그 다음이며 비명碑銘이나 행장과 같은 것은 모두 부록에 넣어야 합니다. 지금 노형께서 편찬한 것을 보면 부문을 나누어 놓고 거기에 절록을 넣었는데 유 선생의 절요에 운 선생의 문장을 절록한 것이니 어떻게 이런 체제가 있을 수 있습니까?"[113]

이상과 같은 여러 원인을 보고 서신 마지막 부분에서 황종희는 부정적인 예리한 질의를 제기 했다. "선사께서 돌아가시고 나서 30년이 채 되지도 않았는데 그 학문을 아는 사람이 한두 사람 에 불과하니 사라지지 않도록 보존할 자료로 이 유서밖에 없습니다. 이 책이 다시 그 종지를 잃는다면 노형께서 명나라 말에 큰 유학자로는 고반룡, 유종주 두 선생밖에 없다고 하신 말을 어디에 기탁하겠습니까!"[114]

무슨 이유 때문인지는 모르지만 황종희의 이 답장은 당시에 발송되지 않고 책궤에 보존되어 있다가 강희 34년(1695) 세상을 떠난 후 아들 황백가에 의해 『남뢰문정오집』에 실렸다.[115] 그럼에 도 불구하고 『유자절요』가 황종희에게는 매우 큰 자극이 되었고 유종주의 유서를 정리하여 「즙 산학안」을 편찬하고 스승의 학문 종지를 드러내며 사문을 위해 학술을 전하겠다는 강렬한 책임 감을 불러 일으켰다. 강희 20년(1681) 가을에 「즙산학안」(일명 「유자학안」)의 편찬이 이미 완성되었

---

110) 夫先師宗旨, 在于愼獨, 其愼獨之功, 全在'意爲心之主宰'一語. 此先師一生辛苦體驗而得之者.

111) 于先師之言意者, 一槪節去.

112) 去其根柢而留其枝葉, 使學者觀之, 茫然不得其歸著之處.

113) 節要之爲言, 與文粹語粹同一體式, 其所節者, 但當以先師著撰爲首, 所記語次之, 碑銘行狀皆歸附錄. 今老 兄以所作之狀, 分門節入, 以劉子之節要, 而節惲子之文, 寧有是體乎?

114) 黃宗羲, 『南雷文定五集』卷1, 「答惲仲昇論劉子節要序」. 先師夢奠以來, 未及三十年, 知其學者不過一二人, 則所借以爲存亡者, 惟此遺書耳. 使此書而復失其宗旨, 則老兄所謂明季大儒惟有高劉二先生者, 將何所是 寄乎!

115) 黃宗羲 著, 陳乃乾 編, 『黃梨洲文集』卷末, 「黃梨洲文集舊本考」, 中華書局, 1959, 534쪽.

다. 이 해 가을, 탕빈이 절강 향시를 주관하고 마무리할 때 황종희는 아들 백가에게 「즙산학안」 원고를 들려서 항주로 배알하러 보냈고 「학안」의 서문을 부탁했다. 수도로 돌아가는 길에 탕빈은 답장 한 통을 보냈다. "부탁하신대로 「즙산학안」의 서문을 지었는데 스스로 돌아보기에도 제대로 갖추어지지 않은 것 같으니 어찌 맡기신 일을 제대로 했다 할 수 있겠습니까? 그러나 사숙한 지 오래되어서 감히 고사할 수 없었습니다. 지금 황급히 길을 가는 중이어서 경솔하게 붓을 놀리지 못하다가 배 안에서는 일이 없어 힘들여 원고를 쓰고 가르침을 청하니 책 끝자리에 이름이라도 올릴 수 있다면 수십 년 존경해온 저에게 다행이겠습니다."[116] 이듬 해 탕빈은 또 수도에서 편지를 보냈다. "지난 해 능력 없는 제가 절강에서 뵐 수 없었는데 다행히도 아드님을 만나보니 생각이 깊고 정기가 있는 것이 가학에 근본이 있음을 두루 볼 수 있어서 위안이 되었습니다. 『즙산선생문록』의 서문을 부탁받고 썼는데 학식이 부족한 제가 어떻게 그 높고 깊음을 헤아릴 수 있겠습니까…『문록』과 「학안」은 언제쯤이면 나올 수 있겠습니까? 일찍 후학에게 은혜가 미친다면 큰 다행이겠습니다."[117] 같은 해 황종희의 동문 친구인 동탕도 요청에 응하여 「유자학안」 서문을 썼다. "이주 황씨가 「유자학안」을 간행하면서 서생瑞生에게 서문을 부탁했다 … 황 선생은 혈통, 관작과 향리, 출처, 언론, 학문, 도덕, 행적, 도통 가운데 두드러진 것을 서술하고 또 남긴 글을 모아 하나의 종지 아래 모았다. 이것으로 이전을 지키고 이후를 기다리니 황 선생의 사문에 대한 공은 선생 밑에서[齋下] 배운 데 있지 않다. 세상에 선사를 배우고자 하는 사람이 있다면 여기에서 충심을 알 수 있을 것이다."[118]

오늘날에도 읽을 수 있는 역사 문헌을 보면, 황종희가 당시에 편찬한 「즙산학안」이 이미 완성되었고 탕빈, 동탕 두 사람에게 따로 서문을 부탁했지만 간행하지 않았고, 곧바로 『명유학안』 편찬에 온힘을 쏟았다. 「즙산학안」으로부터 『명유학안』에 이르는 즈음의 역사적 사실은 분명한 것도 있고 그렇지 않은 것도 있는데 정리가 필요하다.

---

116) 湯斌, 『湯子遺書』卷5, 「答黃太冲」. 承命作「蕺山學案」序, 自顧疏漏, 何能爲役? 然私淑之久, 不敢固辭. 目下匆匆起行, 不敢率爾命筆. 舟中無事, 勉擬一稿請教, 得附名簡末, 遂數十年景仰之私, 爲幸多矣.

117) 湯斌, 『湯子遺書』卷5, 「與黃太冲書」. 去歲承乏貴鄕, 未得一瞻光霽, 幸與長公晤對, 沈思靜氣, 其見家學有本, 爲之一慰. 『蕺山先生文錄』承命作序, 某學識疏漏, 何能仰測高深 …『文錄』『學案』何時可公海內, 早惠後學, 幸甚幸甚.

118) 董瑒, 「劉子全書抄述」, 劉宗周『劉子全書』卷首를 볼 것. 梨洲黃氏有『劉子學案』之刻, 屬瑞生序 … 黃子旣嘗取其世系爵裏出處言論, 與夫學問道德行業道統之著者述之, 而又撮其遺編, 會于一旨. 以此守先, 以此待後, 黃子之有功于師門也, 蓋不在勉齋下矣. 世有願學先師者, 其于此考衷焉.

(3) 고국을 위해 정확한 역사를 보존하다

앞 절에서 말한 바와 같이 황종희가 「즙산학안」을 편찬한 것은 사실 유종주 학술 종지에 대한 정확한 파악과 즙산학파의 전승 문제를 해결하기 위해서였다. 강희 20년 가을에 이 바람은 거의 실현되었다고 해야 한다. 그러나 「즙산학안」이 완성될 즈음에 더 두드러지고 명나라 역사와 학술의 평가에 관한 문제가 역사의 발전 과정에 의해 첨예하게 황종희 면전에 밀어 닥쳤다. 이것은 관부에서 편찬을 주관한 『명사』의 두 번째 개관開館과 왕양명, 유즙산 학술의 역사적 지위 문제였다.

청나라 초기에 조정은 역대로 이전 왕조의 역사 편찬 관례를 따라 순치 2년(1645) 3월에 『명사』 편찬에 관한 논의를 시작했다. 5월, 총재, 부총재, 편수관 수십 명을 두었는데, 이것이 『명사』의 첫 번째 개관이었다.[119] 그 후 강희 17년(1678)에 이르러 자료가 부족하고 인원이 고르지 못한데다 관원들이 꺼리는 바가 많아 착수할 수 없어서 사관은 형체만 갖추었지 실질적으로는 텅 빈 것이나 마찬가지였다. 강희 17년 정월, "박학홍유" 특과 개설 조직을 내렸다. 이듬 해 3월, 체인각體仁閣의 집중 고시를 거쳐 뽑힌 1등 20명, 2등 30명을 함께 한림원으로 들여보내 『명사』 찬수에 참여시켰다. 5월, 서원문徐元文을 『명사』 감수, 엽방애葉方藹와 장옥서張玉書를 총재에 임명했는데 이것이 『명사』의 두 번째 개관이었다.[120] 19년(1680) 2월, 서원문이 황종희를 역사 편찬에 참여시킬 것을 요청하는 상소를 올려 "만약 노환 때문에 오지 못하면 담당 관리를 집으로 보내 저서를 기록하고 사관으로 보내도록 했다."[121] 상소가 올라가고 청나라 성조聖祖의 인가를 받아 절강 지방 당국에 처리를 맡겼다. 그 후 황종희는 조칙에 응하여 수도로 가지는 않았지만 만년의 저술 활동은 이로부터 『명사』 찬수와 긴밀하게 연계되었다.

강희 20~21년 겨울에서 봄 사이에 사관에서 기초하고 있던 『명사』 찬수 범례, 사관의 신하 사이에 특별히 논쟁이 가장 많았던 이학 관련 네 가지 항목을 보내와서 황종희의 의견을 구했다. 첫째 항목은 정주이학파를 명나라 학술의 정통으로 보고 『명사』 찬수에는 "『송사』의 예를 따라 정주 일파를 따로 떼어 『이학전』을 세워야 한다"[122]고 주장했고, 이 전에 들어갈 사람으로는 차례대로 설선, 조단, 오여필, 진진성陳眞晟, 호거인, 주혜, 장무章懋, 여남呂枏, 나흠순, 위교魏校, 고헌성, 고반룡, 풍종오 등 10여 인을 실어야 한다고 했다. 둘째 항목은 "정주에 부합하지 않는다[未合于程朱]"는 이유를 들어 진헌장, 왕수인, 담약수, 유종주 등을 모두 『이학전』에서 배제하고

---

119) 『淸世祖實錄』卷16, "順治二年五月癸未"條.

120) 『淸世祖實錄』卷81, "康熙十八年五月己未"條.

121) 『淸世祖實錄』卷88, "康熙十九年二月乙亥"條. 如果老疾不能就道, 令該有司就家錄所著書送館.

122) 宜如『宋史』例, 以程朱一派另立『理學傳』.

왕수인, 유종주 두 사람에 대해서는 "공적과 명성이 대단하니「명경열전名卿列傳」에 실어야 한다[功名旣盛, 宜「名卿列傳」]"는 명분을 빌어 이단을 배척한다는 실질을 보여야 한다는 것이었다. 셋째 항목은 왕수인과 절동학파를 직접 겨냥하여 "유폐가 가장 많다[最多流弊]"고 지목하고 따라서 "따로 전을 세울 필요도 없이 강서의 여러 유학자 뒤에 부가하여 보여도 된다"123)고 한 것이다. 넷째 항목은 정주이학파의 정통 지위를 거듭 천명하여 "학술의 원류는 하나로 귀착되어야 한다[學術源流宜歸一是]"라고 하면서 정주학만이 "절실하고 평정하며 유폐에 이르지 않았다[切實平正, 不至流弊]"라고 한 것이다.124)

사관 중신 서건학, 서원문 형제에게서 나온 이 네 가지 항목의 주장은 왕수인과 유종주가 명나라 학술 발전에 중대한 영향을 끼친 지위를 부정했을 뿐 아니라 당파에 얽매여 억지로 통일된 표준을 구하고 같은 파끼리는 한 패가 되고 다른 파는 배척하여 명나라 학술의 발전 역사를 곡해했다. 이렇게 된다면 명나라의 국사는 정확한 역사의 지위를 잃을 수밖에 없었다. 이것을 보고 황종희는 강희 21년 2월에 사관의 사람에게 편지를 보내 학술을 분별하고 원류를 참고하면서 네 가지 항목에 대해 조목조목 반박하여 서씨 형제의 잘못된 논의가 한순간 만신창이가 되도록 만들었다. 서씨의 역사 수찬 조례가 왕양명과 유즙산 두 사람의 학술의 중요한 역사적 지위에 대해 부정한 것을 비판하면서 황종희는 편지에서 명나라 학술에 대해 자유롭게 의론했다. "명나라 학술은 백사에게서 시작되어 요강에 이르러 크게 밝아지기 시작했다. 종전에는 이전 유학자의 기존 학설을 익히기만 할 뿐 자신에게 돌이켜 이해하지는 않고 미루어 생각해낸 것이라고는 너무나 불분명하며 사람마다 각자의 방식대로 주자를 풀어내었다. 고경일이 설문청, 여경야의 어록에는 투철한 깨달음이 보이지 않는다고 했는데 옳은 말이다. 선사인 즙산에 이르러서야 학술의 유폐가 거의 바로 잡혔다."125) 그의 결론은 다음과 같다. "요강이 없었다면 학맥이 끊겼고 즙산이 없었다면 유폐로 가득했을 것이다. 천하의 학문을 아는 사람은 모두 동부 절강의 보살핌을 받아야 할 것이다."126)『송사』에『도학전道學傳』을 둔 것은 "원나라 사람의 비루함에 기인한 것[元人之陋]"이므로『명사』를 찬수할 때에는 절대로 따르지 말아야 한다고 황종희는 생각했다. 그의 주장은 다음과 같다. "도학 부문은 제거하고 모두 유림으로 모은다면 학술의 다름과 같음을 모두 논하지 않고 후학의 선택을 기다릴 수 있을 것이다."127)

---

123) 不必立傳, 附見于江西諸儒之後可也.
124) 劉承干,『明史例案』卷2,「徐健庵修史條議」.
125) 有明學術, 白沙開其端, 至姚江而始大明. 蓋從前習熟先儒之成說, 未嘗返身理會, 推見至隱, 此亦一述朱, 彼亦一述朱. 高景逸云, 薛文淸呂涇野語錄中皆無甚透悟, 亦爲是也. 逮及先師蕺山, 學術流弊, 救正殆盡.
126) 向無姚江, 則學脈中絶, 向無蕺山, 則流弊充塞. 凡海內之知學者, 要皆東浙之所衣被也.
127) 黃宗羲,『南雷文定』卷4,「移史館論不宜立理學傳書」. 道學一門所當去也, 一切總歸儒林, 則學術之異同皆

　"나라는 멸망할 수 있어도 역사는 없앨 수 없다[國可滅, 史不可滅]"128)는 것이 황종희가 평소에 지닌 역사를 다루는 종지다. 강희 연간 초에 『명이대방록明夷待訪錄』의 편찬을 시작으로 그는 "문을 닫아걸고 국사 저술에 종사하여[閉門著述, 從事國史]"129) 『행조록行朝錄』, 『해외통곡기海外慟哭記』, 『사구록思舊錄』, 「명문안」, 「즙산학안」 그리고 많은 비문, 묘지명, 전기, 행장은 모두 역사가로서의 직책을 드러내 보인 것이다. 사관 수사조례의 이와 같은 첨예한 도전에 직면하여 황종희는 반박하지 않을 수 없었을 뿐 아니라 역사 서술의 실천에 있어서도 강렬하게 반응했다. 그래서 「즙산학안」의 간행을 기다리지 않고 바로 확대해서 유종주 일가일파의 학술사 정리로부터 그것을 보강하여 명나라 학술의 원류를 논구하고 고국을 위해 정확한 역사를 보존한 대저작 『명유학안』을 편찬했다.

　『명유학안』의 편찬은 1년 전 원고를 완성한 「즙산학안」을 기초로 하고 또 강희 14년(1675)에 완성된 『명문안』을 문헌적 근거로 삼았으며 거기에 유종주가 생전에 명나라 학술을 정리하여 쓴 여러 가지 저술을 남본으로 했기 때문에 3~4년 만에 탈고될 수 있었고 또 순조롭게 완성될 수 있었다. 황종희가 쓴 「자유자행장子劉子行狀」에 따르면 그의 스승은 생전에 명나라 학술을 정리하여 전후로 3부의 책 원고를 남겼는데, 방효유의 학술을 기록한 『손지정학록遜志正學錄』, 왕양명의 학술을 기록한 『양명전신록』, 명나라 학술을 기록한 『황명도통록』이 그것들이다.130) 이 가운데 『명유학안』에 가장 큰 영향을 미친 것은 당연히 『황명도통록』이다.

　『황명도통록』의 정황에 관해서는 유종주 생전에 간행되지 못했고 나중에 『유자전서』에 실리지도 않았기 때문에 구체적인 내용을 지금은 이미 알 도리가 없다. 다행히도 유종주의 문인 동탕이 『즙산연보』를 수정하여 대략적인 것을 서술한 바가 있다. "천계 7년 정묘, 50세, 『황명도통록』이 완성되었다. 선생의 『도통록』 일곱 권은 주자 『명신언행록』을 본떠서 처음에는 평생 이력, 다음에는 어록, 마지막에는 논단을 덧붙였다. 중요한 유학자는 따로 다루었고, 나머지는 각각 부류를 나누었다. 취사선택은 공맹을 기준으로 삼았고 이단을 빌려 올바르지 않은 논설을 과시하거나 향원에 기탁하여 인정을 받으려 한 사람은 배제하고 싣지 않았다. 그리고 기재된 사람에 대한 평가는 모두 독창적이다. 설경헌, 진백사, 나정암, 왕용계와 같은 사람은 일반적으로 훌륭한 유학자로 추숭하지만 선생은 모두 폄하하는 말을 남겼다. 방손지는 절의로 유명했고 오강재는 사람들이 다투어 비난했지만 선생은 칭찬해 마지않았다.[원주 생략 : 인용자] 전체를 통틀어 비판

可無論, 以待後之學者擇而取之.

128) 黃宗羲, 『南雷文定』卷4, 「次公董公墓志銘」.

129) 李遜之, 「致黃梨洲書」. 黃宗羲 著, 陳乃乾 編, 『黃梨洲文集』附錄11, 517쪽을 볼 것.

130) 黃宗羲, 「子劉子行狀」. 黃宗羲 著, 陳乃乾 編, 『黃梨洲文集』傳狀類, 42쪽을 볼 것.

받지 않은 사람은 손지, 강재 외에 조월천, 호경재, 진극암, 채허재, 왕양명, 여경야 여섯 선생이 있다."131)

『황명도통록』은 명나라 천계 7년(1627)에 원고가 완성되었고 모두 일곱 권이었다. 편찬 체례는 주희의 『명신언행록』을 본떠서 3단식 구조였는데 1단은 평생 이력, 2단은 어록, 3단은 논단이다. 이 책에 실린 명나라 유학자 가운데 중요한 유학자는 모두 스스로 일가를 이룬 사람이고 나머지 유학자는 부류를 나누어 실었다. 편찬 원칙도 매우 명확해서 공맹의 학설을 취사선택의 기준으로 삼았고 이단과 올바르지 않은 학설 그리고 향원에 기탁하여 인정을 받으려 한 사람은 모두 배제하고 싣지 않았다. 설선, 진헌장, 나흠순, 왕기王畿 등의 사람에 대해서는 비판했다. 그리고 사람들이 다투어 비판한 방효유, 오여필에 대해서는 크게 추존했다. 기타 조단, 호거인, 진선, 채청, 왕수인, 여남 등에 대해서는 긍정적으로 평가했다.

『명유학안』을 동탕이 서술한『황명도통록』과 비교하면 몇 가지 상통점을 발견할 수 있다. 우선,『도통록』의 3단식 편찬 구조는『명유학안』도 이어받았고 다만 논단을 각 학안의 첫머리로 옮겨 총론으로 삼았을 뿐이다. 둘째, 학술에 전승이 있는 대가의 경우『명유학안』도 독자적으로 학안을 구성했는데 숭인崇仁, 백사, 하동河東, 삼원三原, 요강姚江, 감천甘泉, 즙산 등이 그 예다. 기타 유학자들은『도통록』에서 부류를 나눈 것처럼『제유학안』,「절중왕문浙中王門」,「강우왕문江右王門」 등으로 편찬했다. "이단사설異端邪說"을 주창하여 비판 받은 이지,『학부통변學蔀通辨』을 지어 왕양명의『주자만년정론朱子晩年定論』을 조작이라고 비판한 진건 등은『명유학안』에 싣지 않았다. 마지막으로,『명유학안』이 명나라 유학자를 평할 때 대부분 스승 유종주의 학설을 근거로 삼았는데 각 학안이 모두 그렇기 때문에 일일이 다 열거할 수 없을 정도다. 예를 들면 첫 권 제일 처음이『사설』인데 방효유를 명나라 유학자의 종주로 추존했고, 권1「숭인학안」에서는 오여필을 유학자들의 영수로 평했으며, 권10「요강학안」에서는『양명전신록』전문을 인용했고, 권58「동림학안」에서는 고헌성의『소심재찰기』를 집록하면서 다음과 같이 덧붙였다. "소진과 장의를 언급한 단락은 잘못 기록한 것이므로 유 선생께서 삭제했다."132) 같은 권에서는 고반룡의 『논학서』를 집록하고 다음과 같이 덧붙였다. "즙산선생은 신복원이 거짓 유학자고 마군모는 거짓 선禪이라고 했다."133) 이상과 같은 것들은 모두『명유학안』이『황명도통록』을 계승했다는

131) 劉汋 輯, 董瑒 修訂,『蕺山先生年譜』卷上, "五十歲"條. 天啓七年丁卯, 五十歲,『皇明道統錄』成. 先生輯『道統錄』7卷, 仿朱子『名臣言行錄』, 首紀平生行履, 次語錄, 末附斷論. 大儒特書, 餘各以類見. 去取一準孔孟, 有假途異端以逞邪說, 托宿鄕願以取世資者, 擯弗錄. 卽所錄者, 襃貶俱出獨見. 如薛敬軒陳白沙羅整庵王龍溪, 世推爲大儒, 而先生皆有貶詞. 方遜志以節義著, 吳康齋人競非毁之, 而先生推許不置(原注略一引者). 通錄中無間辭者, 自遜志康齋外, 又有曹月川胡敬齋陳克庵蔡虛齋王陽明呂涇野六先生.
132) 秦儀一段, 繫記者之誤, 故劉先生將此刪去.

것을 보여주는 중요한 표지다.

　그러므로 황종희가 만년에 『명유학안』의 서문을 쓸 때 다른 사람의 입을 빌려 『학안』이 "명나라 수백 년의 성과를 실은 책[明室數百歲之書]"이라 칭하고 특별히 다음과 같이 강조했다. "사이사이에 밝힌 새로운 생각들은 모두 선사께 근본을 둔 것이고 감히 더하거나 덜어낼 수 없었다."134) 또 「명유학안서」나 「개본명유학안서」를 막론하고 서두의 요지에서 "생각은 다양하지만 이치는 하나로 귀결되고, 경로는 다르지만 귀착점은 같다[一致百慮殊途同歸]"는 것이 학문을 하는 도이고, "같음을 좋아하고 다름을 싫어하며[好同惡異]", "하나의 길에서 벗어나려 한다[必欲出于一途]"는 당시 학술의 폐단에 구차하게 뇌동해서는 안됨을 분명히 밝혔다.135)

(4) 천지의 원기를 지키다

　『명유학안』은 처음이 「사설」로 시작하고 마지막이 「즙산학안」으로 끝난다. 무엇이 사설인가? 이름을 보고 그 뜻을 생각해보면, 황종희의 스승 유종주가 명나라 유학자들에 대해 평가한 것이다. 「사설」에 거론된 명나라 학자로는 맨 처음에 명나라 초의 방효유가 나오고, 「즙산학안」의 중심인물은 바로 유종주다. 방효유는 명나라 초에 절의를 지키다 죽었고, 유종주는 명나라가 망하자 순국했으니 같은 유학자로서 한 사람은 명나라 초, 한 사람은 명나라 말에 앞뒤로 빛을 비추고 후대에까지 비쳤다. 황종희가 『명유학안』을 지을 때 이러한 배치를 선택한 것은 아마도 특별히 관계가 있는 말로 비유한 것일 텐데 『명유학안』에서 "동문의 친구가 대부분 충절을 지켰다[同門之友, 多歸忠節]"는 말과 연계시킨다면 황종희가 여기에 기탁한 깊은 뜻이 있을 것이다.

　황종희는 방효유를 매우 높게 평가했는데 남송의 주자와 병칭하고 "명나라 학술의 조종"이라 지목했을 뿐 아니라 바로 "천 년에 한 번 나올 만한 사람"이라 칭송하기도 했다. "선생은 다만 성현을 자임하고 … 지키는 것의 엄정함과 강대한 기는 자양과 대등하니 진실로 명나라 학술의 조종이다."136) 황종희가 볼 때 방효유의 역사적 지위는 명나라 흥망의 범위를 훨씬 넘어서는 것이어서 명나라 유학자 채청의 말을 인용하여 "손지와 같은 사람은 아마도 천 년에 한 번 나올 만한 사람일 것이다[如遜志者, 蓋千載一人也]"라고 하였다.137) 황종희가 "천 년에 한 번 나올 만한 사람"이라는 말로 방효유를 역사적으로 평가한 것은 사실 스승의 학설을 확대 발전시킨 것으로

133) 蕺山先師曰, 辛復元, 儒而僞者也, 馬君谟, 禪而僞者也.
134) 黃宗羲, 『南雷文定四集』卷1, 「明儒學案序」. 間有發明, 一本之先師, 非敢有所增損其間.
135) 黃宗羲, 『南雷文定五集』卷1, 「改本明儒學案序」.
136) 先生直以聖賢自任 … 持守之嚴, 剛大之氣, 與紫陽相伯仲, 固爲有明之學祖也.
137) 黃宗羲, 『明儒學案』卷43, 「諸儒學案上一·文正方正學先生孝孺」.

서 원천은 유종주에게 있다. 채청蔡淸과 마찬가지로 유종주도 "천 년의 정통 학자[千秋正學]" 네 글자로 방효유方孝孺를 평가했다. 유종주는 다음과 같이 말했다. "선생은 뛰어난 자질을 타고나서 감개하여 유학자를 자임하고 나섰다 … 시대를 잘 만나지 못했지만 결국 아홉 번 죽어도 한 가지 올바름은 성취했으니 천하 만세의 책무를 다한 것이다. 당세의 정통 예교를 보살폈으니 진실로 천추에 부끄러울 것 없는 정통 학자다. 선생이 당시에 이미 정자와 주자가 다시 태어났다고 할 정도로 칭송받았지만 후대 사람은 도리어 돌아가시자 선생 평생의 고심을 없애버리고 절의와 이학은 다른 부류의 것이며 후자가 아니면 전자라고 하여 양웅, 오초려와도 나란히 병칭될 수 없었다. 이에 인을 완성한다거나 의를 취한다는 가르침은 세상에서 크게 금지되고 난신적자가 줄지어 천하에 등장했으니 정말로 슬픈 일이다!"138) 이것은 방효유를 평가할 때 절의와 이학을 일체로 해야하고 "인을 완성하고 의를 취한다[成仁取義]"는 옛 가르침을 잊어서는 안 된다는 말이다.

사실 방효유에 대해서만이 아니라 황종희의 『명유학안』을 볼 때 절의와 이학을 결합한다는 관점에서 "인을 완성하고 의를 취한다.[成仁取義]"는 네 글자로 여러 유학자를 저록한 것을 관찰한다면 책 전체를 꿰뚫고 있는 노선이 지면에 두드러질 것이다.

먼저 권62의 「즙산학안」을 보면 "남쪽으로 건너가서 원래 부임했던 관직을 일으킨 것[南渡, 起原官]"으로부터 청나라 군대가 절강으로 들어오자 "음식을 끊고 20일 만에 죽기[絶食二十日而卒]"까지 침착하고 거리낌이 없이 죽음을 집으로 돌아가는 것처럼 여기면서 유종주가 절의를 지키고 죽은 일을 매우 자세하게 기록하고 있다. "절강성이 항복하자 선생은 통곡했다. '내가 죽어야 할 때가 왔다.' 문인이 문산文山, 첩산疊山, 원랑袁閬의 고사를 들어 말하자 선생이 이렇게 말했다. '북도北都에서의 변란은 관직을 박탈당해서 죽을 수도 있고 죽지 않을 수도 있었다. 남도에서의 변란은 주상께서 스스로 사직을 버리셨고 나는 퇴직한 상태였으니 여전히 죽을 수도 있고 죽지 않을 수도 있다고 할 수 있었다. 지금 우리 월 땅이 또 항복했으니 보잘것없는 노신이 무엇이라 하겠는가? 관직에 있지 않으니 성城과 존망을 함께 할 수 없다고 한다면 오직 땅과 존망을 함께 할 수 없을 뿐이겠는가? 옛 승상 강만리江萬里가 그렇게 해서 죽었다. 세상에는 죽음으로부터 도망친 재상이 없는데 어찌 죽음으로부터 도망친 어사대부가 있겠는가? 군신의 관계는 본래 정으로 결정되는 것이니, 정을 버리고 그 관계를 말한다면 올바른 관계가 아니다.

---

138) 黃宗羲, 『明儒學案』卷首, 「師說·方正學孝孺」. 先生稟絶世之資, 慨焉以斯文自任 … 既而時命不偶, 遂以九死成就一個是, 完天下萬世之責. 其扶持世敎, 信乎不愧千秋正學者也. 考先生在當時已稱程朱復出, 後之人反以一死抹過先生一生苦心, 謂節義與理學是兩事, 出此者人彼, 至不得與揚雄吳草廬論次並稱. 于是成仁取義之訓爲世大禁, 而亂臣賊子將接踵于天下矣, 悲夫!

부자 관계는 진실로 마음에서 풀어질 수 없고 군신 관계도 마음에서 풀어질 수 없다. 죽지 않을 수 있는데도 죽고 기대할 것이 있는데도 죽는다고 하는 것은 죽음으로써 명예를 추구하기 때문이다. 그러므로 지역에 따라 벗어난다면 결국 삶을 탐하고 죽음을 두려워하는 무리가 될 뿐이다.' 음식을 끊고 20일 만에 죽으니, 윤 유월 팔일 무자였고 향년 68세였다."[139] 유종주가 음식을 끊고 순국한 모습은 정기가 강직하여 확실히 절의와 이학을 일체로 합하여 "인을 완성하고 의를 취한다"는 옛 가르침 실천의 천 년 모범이 되었다.

다음으로 「동림학안」을 예로 들면, 첫 권 총론에서 황종희는 폐부를 찌르는 감상을 적었다. "희종熹宗 시기, 제위를 이양할 때 혈육으로 완강히 버티고 우연에 뛰어들어 황제를 구한 것이 동림이다. 의종毅宗의 변란 때, 황제가 승하하자 따라 죽으려 한 것은 동림에 속한 사람들이었는가? 동림을 공격하는 편에 속한 사람들이었는가? 수십 년 사이에 용감한 사람은 처자를 불에 태우고 약한 사람은 흙집을 파묻는 등 충의의 융성함이 전대보다 월등했던 것은 동림의 유풍이 남아 있었기 때문이다. 한 집의 스승과 친구가 차가운 바람과 뜨거운 피로 천지를 씻길 때 무지한 무리는 끼리끼리 속삭이기만 했으니 정말로 슬픈 일이다!"[140] 천계 연간에 「동림학안」의 중심인물 가운데 하나인 고반룡高攀龍은 권세 있는 간신 위충현魏忠賢의 도리에 맞지 않은 짓에 항의하기 위해 목숨을 버리고 의를 취하여 "한밤중에 황제께 임종 시에 올리는 상주문을 쓰고 스스로 지수에 몸을 던졌는데[夜半書遺疏, 自沈止水]" 죽음에 임하여 남긴 말은 다음과 같다. "마음이 태허와 같으니, 본래 생사가 없다.[心如太虛, 本無生死]"[141] 스승이 있으면 제자도 있는 법이어서 고반룡의 제자 화윤성이 절의를 지키고 죽은 것에 대해 다음과 같이 기록했다. "개혁 후 문을 닫고 『역』을 읽었다. 4년이 지났을 때 머리를 깎지 않았다고 고발당하여 체포되어 금릉으로 갔지만 굽히지 않고 죽었다. 선생은 고충헌을 사사했는데 충헌이 절의를 위해 죽으면서 선생에게 마지막 말을 남겼다. '마음이 태허와 같으니, 본래 생사가 없다.' 그러므로 스승과 제자의 죽음이

---

139) 黃宗羲, 『明儒學案』卷62, 「蕺山學案」. 浙省降, 先生慟哭曰, '此余正命之時也.' 門人以文山疊山袁閎故事言, 先生曰, '北都之變. 可以死, 可以無死, 以身在鑷籍也. 南都之變, 主上自棄其社稷, 僕在懸車, 尚曰可以死, 可以無死. 今吾越又降, 區區老臣, 尚何之乎? 若曰身不在位, 不當與城爲存亡, 獨不當與土爲存亡乎? 故相江萬裏所以死也. 世無逃死之宰相, 亦豈有逃死之禦史大夫乎? 君臣之義, 本以情決, 舍情而言義, 非義也. 父子之親, 固不可解于心, 君臣之義, 亦不可解于心. 今謂可以不死而死, 可以有待而死, 死爲近名, 則隨地出脫, 終成一貪生畏死之徒而已矣.' 絶食二十日而卒, 閏六月八日戊子也, 年六十八.

140) 黃宗羲, 『明儒學案』卷58, 「東林學案」卷首總論. 熹宗之時, 龜鼎將移, 其以血肉撑拒, 沒虞淵而取墜日者, 東林也. 毅宗之變, 攀龍髯而蓐螻蟻者, 屬之東林乎? 屬之攻東林者乎? 數十年來, 勇者燔妻子, 弱者埋土室, 忠義之盛, 度越前代, 猶是東林之流風餘韻也. 一堂師友, 冷風熱血, 洗滌乾坤, 無智之徒, 竊竊然從而議之, 可悲也夫!

141) 黃宗羲, 『明儒學案』卷58, 「東林學案一·忠憲高景逸先生攀龍」.

다만 한 가지 의로움만 보았지 생사가 있음을 보지 않았다."[142]

이뿐만 아니라 「동림학안」의 또다른 중심인물인 고헌성에게도 오종만이라는 제자가 있었는데 황종희는 그가 절의를 지키고 죽은 일도 기록했다. 종만은 명나라 숭정 7년(1634)에 진사가 되었고 관직이 계림추관에까지 이르렀다. 명나라가 망하자 바닷가로 은둔했고 붓을 던지고 군대에 들어가 남하하는 청나라 군대에 저항했다. 주산에서 군대가 패하자 순치 8년(1651) "8월말, 공자묘 오른쪽 곁채에 높은 좌대를 설치하고 그 아래에 땔감을 쌓았다. 성이 무너지자 부자의 신위를 받들고 좌대에 올라 단정하게 앉아서 불을 붙여 죽었는데 향년 75세였다."[143] 종만이 의를 위해 죽기 전에 황종희와 "함께 포위된 성에서 손을 잡고 통곡했다.[同處圍城, 執手慟哭]" 이후에 황종희는 사명산으로 돌아가 다행히도 난을 면했다. 황종희는 오씨의 소전 마지막에 다음과 같이 적었다. "내가 선생과 헤어지고 삼십 리를 갔을 때 선생은 다시 삼판선의 노를 저어 쫓아와 전송해 주었는데 말씀이 통절했다. 설해맹이 선생의 '오열하며 사명산의 부름에 응하여 갔다'고 한 말을 전했는데 바로 이것이다. 아아! 선생이 나를 아는 것이 이와 같았다. 지금 선생의 학안을 초록하는데 삼심 년 전의 일이지만 엄정하고 강인한 기운이 여전히 눈에 어른거리는 것 같다."[144]

그 외에도 김현金鉉, 황도주黃道周, 김성金聲처럼 명나라가 망하자 강에 몸을 던져 죽거나 청나라에 저항하는 군대가 패하자 굽히지 않고 죽은 사람들이 있는데, 그들의 학문과 행적을 일일이 『명유학안』에 실었다. 특별히 주의를 기울일 만한 것은 『명유학안』에 실린 명나라 말의 유학자 가운데 청나라가 되고 30여 년이 지난 후에 세상을 떠난 손기봉도 있다는 것이다. 명청이 교체되고 명나라로부터 청나라로 들어간 유학자가 남북에 골고루 곳곳에 있었는데 『명유학안』이 손기봉만 실어서 앞에서 인용한 것처럼 순국한 유종주, 화윤성華允誠, 오종만 등과 하나로 편집한 것은 무엇 때문인가? 확실히 깊이 생각하게 해주는 점이 있다. 손기봉의 학문과 행적, 특히 청나라가 된 이후의 경력을 정리하면 문제의 답을 찾을 수 있을 것이다.

손기봉은 자가 계태啓泰, 호는 종원鍾元이고 하북성 용성容城 출신이며, 명나라 만력 12년(1584)에 태어났다. 28년(1600)에 향시에 합격했고 명나라가 멸망할 때까지 여러 차례 회시를 보았지만

---

142) 黃宗羲, 『明儒學案』卷61, 「東林學案四·郎中華鳳超先生允誠」. 改革後, 杜門讀『易』. 越四年, 有告其不剃髮者, 執至金陵, 不屈而死. 先生師事高忠憲, 忠憲殉節, 示先生以末後語云, '心如太虛, 本無生死.' 故其師弟子之死, 止見一義, 不見有生死.

143) 八月末, 于聖廟右廡設高座, 積薪其下, 城破, 捧夫子神位, 登座危坐, 擧火而卒, 年七十五.

144) 黃宗羲, 『明儒學案』卷61, 「東林學案四·宗伯吳霞舟先生鍾巒」. 某別先生, 行三十里, 先生復棹三板追送, 其語痛絶. 薛諧孟傳先生所謂'嗚咽而赴四明山中之招者', 此也. 嗚呼! 先生之知某如此. 今抄先生學案, 去之三十年, 嚴毅之氣, 尚浮動目中也.

급제하지 못했다. 천계 연간에 환관이 나라에 재앙을 불러 조정이 크게 붕괴되었다. 위충현이 큰 사건을 만들어 조정 신하 양련楊漣, 좌광두左光斗, 위대중魏大中 등이 혹형을 받았다. 좌광두와 위대중은 모두 기봉의 친구였는데 광두의 동생 광명光明과 대중의 아들 학이學洢가 앞뒤로 용성으로 와서 구해주기를 간청했다. 기봉은 선뜻 나서서 녹정鹿正, 장과중張果中과 두 집안의 자제를 보호하려고 힘을 다했는데, 한편으로 돈을 모아 구할 것을 주창하고 다른 한편으로는 대학사 손승종孫承宗에게 무력으로 압력을 가할 것을 촉구했다. 의로움의 성가가 조야를 진동시켜 당시에 "범양의 세 열사[范陽三烈士]"[145]라 불렀다. 숭정 연간, 기봉은 나라 걱정을 함께 하며 여러 차례 고향에서 의용군을 조직하여 청나라 군대의 습격에 저항했다. 청나라가 되고 나서 순치 원년(1644) 9월에 순안어사巡按御史 유인동柳寅東의 추천으로 황제의 명을 받아 내원內院에 보내졌고, 이부吏部가 발탁을 청하자 담당 관리에게 초빙을 명했다. 기봉은 청나라 조정에 벼슬하지 않기로 뜻을 세웠기 때문에 병을 핑계로 사양했다. 2년 3월, 다시 추천을 받아 황제의 명을 받아 내원고시內院考試로 보내졌으나 여전히 병을 핑계로 나가지 않았다. 국자좨주國子祭酒 설소온薛所蘊이 겸손하게 직위를 능력 있는 사람에게 물려주면서 기봉이 대신 강석講席을 주관하도록 추천했지만 마찬가지로 완곡하게 거절했다. 3년(1646), 고향이 점령당하자 한을 품고 남쪽으로 이주했다. 9년(1652), 하남河南 휘현輝縣 소문산蘇門山의 하봉夏峰에 정착하여 살았다.

하봉에 정착했을 때 손기봉은 이미 고희에 이르렀다. 그 후 20여 년간 기봉은 하봉에서 일족과 함께 지냈고 강희 14년까지 제자들을 가르치고 저술하면서 노년을 보냈는데 향년 92세였다. 유종주, 화윤성, 오종만 등과 비교해 볼 때, 청나라가 된 이후 손기봉은 "인을 완성하고 의를 취하며" 죽음으로 나라에 보답하지는 못했지만 절의와 이학을 일체로 합하여 종신토록 나라를 잃은 유민의 법도를 고수하고 청나라 조정에 벼슬하지 않기로 뜻을 세웠다. 이것은 황종희가 청나라가 된 이후 지킨 커다란 절조와 남북으로 호응하여 부절이 합치하는 것과 같았다. 황종희는 다음과 같이 생각했다. "망국의 슬픔을 무엇으로 대신할 수 있을까? 주나라 수도를 지나면서 「서리黍離」편을 떠올리며 슬퍼하지 않고, 북산北山을 오르면서 부모 걱정을 하지 않으며, 궂은비를 맞으면서 이전의 지아비를 생각하지 않고, 산양山陽의 피리소리를 들으면서 옛 친구를 그리워하지 않는다면 인심이 없는 것이다. 그러므로 유민은 천지의 원기다. 그러나 사는 각자 분수가 있어서 조정에 나가지 않고 연회에 참여하지 않는데, 사의 분수라는 것도 벼슬하지 않는 것뿐이다."[146]

145) 湯斌·耿極, 『孫夏峰先生年譜』 卷上, "天啓六年, 四十三歲"條.

146) 黃宗羲, 『南雷文定後集』 卷2, 「謝時符先生墓志銘」. 亡國之戚, 何代無之? 使過宗周而不憫『黍離』, 陟北山而不憂父母, 感陰雨而不念故夫, 聞山陽笛而不懷舊友, 是無人心矣. 故遺民者, 天地之元氣也. 然士各有分, 朝不坐, 宴不與, 士之分亦止于不仕而已.

황종희는 "유민遺民"이 천지의 원기임을 긍정했다. 그에게 명청이 교체된 이후에 유학자는 청나라 조정에서 벼슬하지 않는 것만으로도 "유민"의 호칭에 부끄럽지 않을 수 있는 것이었다. 분명히 황종희가 만년에 『명유학안』을 지을 때 절의와 이학을 일체로 합하고 "인을 완성하고 의를 취한다"는 옛 가르침을 지킬 것을 주창하고 손기봉을 저술의 하한선으로 삼은 까닭은 그 깊은 뜻이 천지를 위해 오래도록 전하여질 수 있는 원기를 보존하려는 데 있었다.

(5) 결론

『명유학안』은 황종희가 만년에 심혈을 기울여 지은 것으로서 독창적이고 진실로 불후의 저작이라 할 수 있다. 강희 초엽 이후 황종희는 무엇 때문에 『명유학안』을 지으려고 했을까? 「명유학안서」를 거듭해서 읽어 보고 이 책을 저자가 생활한 구체적인 역사 환경에 위치시킨 다음 고찰한다면 다음과 같은 몇 가지 인식을 할 수 있을 것이다.

첫째, 『명유학안』의 처음 제목은 「즙산학안」으로서, 대략 강희 15년 이후에 짓기 시작했는데 그 원인은 운일초가 지은 『유자절요』가 유종주 학술의 종지를 곡해한 데 있다. 따라서 근본부터 바로잡아 사문의 학술을 전승하기 위해 「즙산학안」을 편찬했다.

둘째, 강희 20년 가을에 이르면 「즙산학안」이 이미 탈고된다. 그러나 청나라 조정이 거듭 『명사』관을 열고 『송사』의 전철을 밟아 『도학전』을 세워 주자학을 정통으로 떠받들고 양명학을 이단으로 배척하는 것이 엄연히 주류 의식이 되자 고국의 정확한 역사를 전하는 것이 역사학자들이 정시해야 할 첨예한 문제가 되었다. 이에 "나라는 망할 수 있어도 역사는 없앨 수 없다"는 책임의식을 가지고 황종희는 「즙산학안」의 출간을 기다리지 않고 「즙산학안」을 확대하여 충실하게 명나라 유학의 원류를 정리하여 "명나라 수백 년의 성과를 담은 책[明室數百歲之書]"에 관여했다.

셋째, 『명유학안』은 시종 수미가 연관되어 있는 일관된 종지를 지니고 있는데, 그것은 "인을 완성하고 의를 취한다"는 옛 가르침을 지키고 절의와 이학을 일체로 합할 것을 주창하는 것이었다. 게다가 명나라 초에 절의를 지키며 죽은 방효유로부터 명나라 말에 물에 빠져 순국한 고반룡에 이르기까지 그리고 명나라가 망하자 조금의 두려움도 없이 죽음을 맞이한 유종주, 황도주黃道周, 김현金鉉, 김성金聲, 오종만吳鐘巒, 화윤성華允誠 등에 이르기까지 모두 『명유학안』에 기록하여 영원히 역사에 이름을 드리울 수 있게 했다. 그리고 기록의 하한선을 청나라가 된 이후 30여 년이 지나서 죽은 손기봉까지로 삼은 것은 그가 유민의 법도를 지키고 청나라 조정에 벼슬하지 않기로 뜻을 세운 것을 드러냄으로써 천지에 오래도록 전해질 수 있는 원기를 보존하기 위함이었다.

　종합하자면 황종희의『명유학안』편찬은 학파를 뛰어넘어 기탁한 뜻이 심원한데, 그것은 사문을 위해 학술을 전하고, 고국을 위해 정확한 역사를 보존하며, 천지를 위해 원기를 지키는 데 있다. 이것은 이 책이 전해온 지 300여 년이 된 지금에 우리가 얻을 수 있는 역사적 결론일 것이다.

제5장
『일지록日知錄』에서 『일지록집석日知錄集釋』까지

고염무는 평생 경학, 사학, 지방지, 지리, 음운, 문자, 금석, 고고 및 시문 등의 학문을 광범위하게 섭렵하였으며, 수많은 학술영역에서 풍성한 학술성과를 거두어 50종에 가까운 귀중한 저술을 남겼다. 그 가운데 특히 『일지록』의 영향이 가장 큰데 불멸의 저술이라고 할만하다.

1. 『일지록』 편찬에 대한 고찰

(1) 편찬 시작시기의 판단

고염무는 언제 『일지록』을 편찬하기 시작했을까? 이 문제는 아직까지 확실한 결론이 내려지지 않았다. 최근에 감숙甘肅인민출판사가 출판한 『일지록』에서는 "이 책은 대략 명 숭정 12년(1639)에 지어지기 시작했다."[1]고 하였다. 이와 같은 판단을 하게 된 근거에 대해서는 언급하고 있지 않지만, 대체로 금본 『일지록』 앞부분의 제기題記에서 비롯된 것 같다. 제기에서는 다음과 같이 말한다. "나는 어려서 독서할 때 얻는 바가 있으면 기록을 하였다. 이치에 맞지 않는 부분이 있으면 그때마다 수정하였다. 혹 옛 사람 중에 나와 같은 생각을 한 사람이 있으면 해당부분을 삭제하였다. 30여년이 지나 한 편이 만들어지자 자하의 말을 빌려 『일지록』이라고 이름을 붙이고 훗날 군자를 바로잡는다."[2] 필자의 생각으로는, 이 제기에만 근거해서 『일지록』이 처음 지어진

---

1) 주소평周蘇平, 진국경陳國慶. 「점주설명點注說明」은 고염무의 『일지록』(감숙인민출판사 1997년판)에 보인다. 是書約始撰於明崇禎十二年(1639).

2) 고염무, 『일지록』 권수, 「제기」. 愚自少讀書, 有所得輒記之. 其有不合, 時復改正. 或古人先我而有者, 則

시간을 판단하는 것은 설득력이 부족한 것 같다. 그 이유는 다음과 같다.

우선, 여기에는 해결해야할 인식의 문제가 있다. 곧 고염무가 어릴 때 독서하여 찰기를 지은 것을 『일지록』의 편찬과 같은 일로 볼 수 있느냐하는 것이다. 필자는, 두 가지를 구별해야 한다고 생각한다. 고염무는 어릴 때부터 책을 읽고 난 후에 찰기를 지어야 한다는 교육을 받은 것만은 틀림없다. 그 자신의 말을 빌리자면 "초서抄書(베끼기)"라고 한다. 이 점에 관해서 고염무는 만년에 「초서자서抄書自序」를 지어 다음과 같이 말했다. "조부께서는 '책을 짓는 것은 책을 베끼는 것만 못하다. 지금 사람들의 배움도 고인들에게 미치지 못하고, 지금 사람들이 보는 책의 양도 고인들에게 미치지 못한다. 너는 오직 독서에만 힘쓰라.'라고 말씀하셨다."3)고염무가 언제부터 독서찰기를 지었는지에 대해서는 이 「초서자서」에도 회고하는 바가 있다. "어려서 첩괄帖括4)을 20년 동안 배웠다. 얼마 후 시와 고문을 짓는 것을 배우고 그 사이에 옛 일을 모아 기록하였다. 40살이 되자 함부로 무엇인가 지으려고 하였다. 또 10여년이 지나 독서량이 더욱 많아지고서야 이전에 잘못 지었던 글을 후회했다."5)이것은 고염무가 일찍부터 "초서"교육을 받았지만, 이미 20년 이상 "옛일을 모아 기록하는" 일을 실천하였으며, 40세가 되어서야 책을 짓기 시작했다는 것을 말한다. 또 50세 이후에는 이전에 지었던 저술의 미숙함 때문에 깊이 후회했다. 고염무는 명 만력 41년(1613)에 태어난다. 20여세의 나이는 숭정 연간에 해당하고, 40세면 이미 청나라로 들어서서 순치 9년(1652)이 되고, 50여세면 강희연간 초엽에 해당한다.

다음으로, 고염무가 숭정 12년부터 편찬하기 시작한 책은 『일지록』이 아니고 『천하군국이병서天下郡國利病書』와 『조역지肇域志』이다. 고염무가 만년에 지은 「천하군국리병서서天下郡國利病書序」에 의하면 다음과 같이 되어 있다. "숭정 기묘년 향시에 낙방하고 고향으로 돌아와 책을 읽었다. 천하에 어려움이 많은 것에 한탄하고 학사들이 배움이 없는 것을 부끄러워하여 이십일사6) 및 천하 군현의 지서志書, 유명인사들의 문집과 장주章奏나 문책文冊을 두루 읽었다. 깨닫는 바가 있으면 기록하여 모두 40여 질을 완성하였다. 하나는 천하 군현의 지리에 대한 기록이고 하나는 이로움과 폐단에 대한 책이다."7) 숭정 기묘년, 즉 12년(1639)에 고염무 나이 27세였다. 이 방면의 상황에 관해 「조역지서肇域志序」에서도 분명하게 말했다. "이 책은 숭정 기묘년부터 시작되었다.

遂削之. 積三十餘年, 乃成一編, 取子夏之言, 名曰『日知錄』, 以正後之君子.

3) 고염무, 『정림문집亭林文集』卷2, 「초서자서抄書自序」.

4) 당대唐代의 과거에서 경서를 시험보이는 방법 중 하나. 경서에 있는 몇 글자를 인용하여 출제한 문제에 대해 그 경서의 글을 총괄하여 답안을 작성하는 시험 방법. 역자 주.

5) 고염무, 『정림문집亭林文集』卷2, 「초서자서抄書自序」.

6) 이십사사에서 『구당서』, 『구오대사』, 『명사』를 뺀 중국 역대 정사正史. 역자 주.

7) 고염무, 『정림문집』卷6, 「천하군국이병서서」.

『일통지』를 먼저 취하고, 다음으로 각 성지와 부지, 주지, 현지를 취하며, 마지막으로 21사를 취하여 서로 비교하여 기록하였다."8)고염무의 「초서자서」에서 말하는 "옛 일을 모아 기록한다[纂記故事]"는 것이 바로 숭정12년 27세부터 모아서 기록하기 시작한 『천하군국이병서』와 『조역지』라는 것을 알 수 있다.

다음으로, 『천하군국이병서』와 『조역지』의 권질이 거대해서 고염무는 이 두 원고를 완성하기 전에 마음을 분산시켜 『일지록』을 지을 수가 없었다. 고증에 의하면 『천하군국이병서』의 초고가 완성된 것은 순치 9년이다. 당시 지방 토호와 지주들의 핍박, 집안의 불행한 일로 고염무는 고향을 떠나 북쪽으로 유람을 결심한다. 이 때문에 강남의 벗인 양이楊彝와 만수기萬壽祺 등이 공동으로 이름을 올려 「위고녕인징천하서적계爲顧寧人徵天下書籍啓」를 지었다. 이 글에서는 다음과 같이 말한다. "고염무는 나이 14세에 생원이 되었으나 여러 번 시험에 낙방했다. 공사貢士의 관직에서 두 번의 천거로 중추관서에 제수되었지만 나아가지 않았다. 사인들이 평생 하나의 경전만 고수하여 전장제도나 관리로서의 도리, 시급한 백성들의 일에 대해 아는 게 없어 실제로 시행해보고 낭패한 지경에 이르게 된 것을 홀로 탄식하였다. 이에 그동안 배운 첩괄을 모두 버리고 산중에서 8, 9년 동안 책을 읽었는데, 천하의 부와 주, 현의 지서志書 및 각 조대의 주소奏疏와 문집을 두로 살펴보았다. 모두 12,000권이 넘었다. 다시 이십일사二十一史와 『실록』을 취하여 하나하나 고증하고, 현실에 맞는 것을 골라 손수 적은 것이 수십 질이 되었는데 『천하군국이병서』라고 이름을 붙였다. 천하의 산천과 풍토를 유람하며 당시의 대인과 선생에게 찾아가 가르침을 구했다."9)『조역지』의 탈고는 이 글이 지어진지 10년 후, 즉 강희 원년의 일이다. 이것은 「서양이만수기등위고영인징천하서적계후書楊彝萬壽祺等爲顧寧人徵天下書籍啓後(양이와 만수기 등이 고염무를 위해 천하서적을 구하는 계문 뒤에 적다)」에서 증명된다. "앞의 글은 십년 전 벗들이 증정한 것이다. 여기서부터 장강과 회수를 건너 동쪽으로 노산과 불기산을 올랐다. 또 태산에 올라 공림을 바라보고 치수 서쪽에서 수레를 멈추었다. 경사로 들어간 후 어양과 요서로부터 산해관으로 나아갔다. 또 창평에 이르러 천수산의 명십삼릉을 알현하고 거용관으로 나갔다가 토목보에 이르렀다. 모두 5년이 지난 후에 남쪽 오로 돌아왔다. 전당강에서 배를 띄워 회계산을 오르고 또 북쪽으로 기수와 제수를 건너 경사로 들어간 후 반산을 유람하고 백단현을 거쳐 고북구 장성에 이르렀다. 방향을 꺾어 남쪽으로 항산을 알현하고 정형을 지나 태원에 도착했다. 구불구불 2, 3만 리를 왕래하며 열람한 책이 또 만권이 넘는다. 『조역기』를 완성하니 저술들이 또한 조금씩

---

8) 고염무, 『정림문집』卷6, 「조역지서肇域志序」,

9) 심대첨沈岱瞻, 「동지증언同志贈言 · 위고영인징천하서적계爲顧寧人徵天下書籍啓」, 『정림선생유서휘집亭林先生遺書滙集』부록.

모양을 갖추게 되었다. 그러나 아직도 잘못된 곳이 많아 벗들의 기대에 부응할 수가 없다. 또 인사麟士(顧夢麟), 연소年少(萬壽祺), 함생菡生(丁雄飛), 우일于一(王猷定)같은 사람들이 계속해서 세상을 떠나 만나 볼 수가 없으니, 생각하면 할수록 더욱 감개가 무량하다! 현익섭제격 10월에 고염무 적다."[10] 여기서 현익섭제격玄黓攝提格은 천간지지로 "임인壬寅"년의 별칭이니, 강희 원년(1662)이다.

마지막으로 고염무 자신과 그의 벗들이 『일지록』에 대해 언급한 것은 모두 강희 1년 이후이다. 금본 『일지록』 권 첫머리에 수록한 고염무의 문장, 예를 들어 「초각일지록자서初刻日知錄自序」와 「여인서십與人書十」, 「여인서이십오與人書二十五」, 「여반차경서與潘次耕書」, 「여양설신서與楊雪臣書」, 「여우인논문인서與友人論門人書」 등은 모두 잘 알고 있으므로 일일이 열거하지는 않는다. 연차의 순서에 따라 다섯 가지 사례를 들어 증명한다.

첫 번째, 강희 9년(1670), 산동 덕주德州 정선정程先貞이 지은 「증고징군정림서贈顧徵君亭林序」에서는 다음과 같이 말한다. "올해 이곳에서 여름을 지내면서 몇몇 뜻을 같이하는 사람들과 『주역』에 대해 강했다. 다시 『일지록』을 꺼내어 살펴보니 유물과 유적에 대해 논한 것과 시대를 논한 학문이 많았으나 요지는 경술을 밝히고 왕도를 돕는데 있었다. 이런 뜻에 깊이 탄식하고 마음속에 간직하며 배우는 사람들에게 출간하여 도움을 줄 것을 권했다."[11]

두 번째, 강희 11년, 고염무는 『여이양년(무증)서與李良年(武曾)書』에서 다음과 같이 말한다. "아우는 삼복 무렵에 도성을 나갔다가 8월에 다시 들어왔습니다. 요 몇 년간은 대체로 이곳에 있었습니다. 퇴곡선생의 장서를 읽으려니 좋은 음악을 보내주신 것 같았으며, 또한 이해하기도 쉬웠습니다. 근래에 『일지록』 견본을 판각하였으므로 한 부 보냅니다. 저 멀리 깊은 산속에서 이 책을 보고 제 얼굴을 보는 것과 같기 바랍니다."[12]

세 번째, 강희 12년에 고염무는 「우답이무증서又答李武曾書」에서 다음과 같이 말한다. "수 천 리 밖 귀주성에서 인쇄한 서적과 열 줄의 편지가 오래지 않아 도착하고, 방산소에 이르렀다는 수보를 얻어 누번과 안문에 있는 제게 부쳐주셨습니다. 동짓달이 눈앞이니 하늘의 보장은 지극히 치밀하나, 멀리 초 땅에 머무는 이 때 아직 아우의 책을 보지 못하고 있습니다. 이처럼 세상일이 가지런하지 못하니 탄식할 만합니다. 이 편지 가운데 두 가지 일은 아직 고명한 반론을 받지 못하여 스스로 잘못을 찾아 수정 후에 다시 보냅니다. 또 속록도 6권 얻었으나 뒤에 나올 것이 지금만 못하다고 장담 못하겠습니다."[13]

---

10) 顧炎武,「亭林佚文輯補·書楊彝萬壽祺等爲顧寧人徵天下書籍啓後」.

11) 程先貞,「同志贈言·贈顧徵君亭林序」,『亭林先生遺書匯輯』부록에 보인다.

12) 顧炎武,「亭林佚文輯補·與李良年(武曾)書」.

　네 번째, 강희 12년에 고염무는 「우여안수래서又與顔修來書」에서 다음과 같이 말한다. "아우는 지금 거처는 반은 역하에 있고 반은 장구에 있습니다. 수지국에 군읍의 서적이 자못 갖추어져 있어 빌려서 『산동조역기』를 혼자 완성할 수 있었습니다. … 근래에 『일지록』 8권을 완성했는데, 거친 옷을 입는 사인들은 겨우 말을 할 수 있으나, 현달하여 윗자리에 있는 사람은 그것으로 가르침을 넓힐 수 있으니 인심과 세도에 작은 도움이나마 없지는 않을 것입니다."14)

　다섯 번째, 강희 15년에 고염무는 「여황태충서與黃太沖書」에서 다음과 같이 말한다. "저는 짧은 소견으로 『일지록』을 지었습니다. 삼가 그 가운데 논한 내용이 선생의 책과 열에 여섯, 일곱은 같은 것을 다행으로 여깁니다. 하지만 이 책은 계속 수정하고 있어 아직 판각하지 못했습니다. 이미 판각한 8권과 「전량논」 2편은 몇 년 전에 지은 것이라 먼저 붙여 가르침을 청합니다."15)

　이상에서 살펴본 내용에 근거하면 『일지록』이 처음 편찬된 시간을 명 숭정 12년으로 정하는 것은 타당하지 않음을 알 수 있다. 필자의 생각으로는 고염무가 세상을 떠나기 전 강희 20년(1681)에 지은 「여인서與人書」를 근거로 삼아야 한다. 고염무는 이 편지에서 말했다. "저는 50세 이후로 경서와 사서에 뜻을 독실히 하여 음운학에 깊이 얻는 바가 있었습니다. 지금 『오서』를 지어 『시경』 삼백 편 이후로 오랫동안 끊겼던 전통을 이었습니다. 별도로 『일지록』을 지었는데 상편은 경술, 중편은 치도, 하편은 박문으로 하여 모두 30여권입니다. 왕자가 일어난다면 이 책으로 일에 시행하여 옛날 잘 다스려졌던 시대로 올려놓을 것이나, 지금 사람에 대해서는 감히 말하지 못하겠습니다."16) 이것에 의거하면 『일지록』이 편찬되기 시작한 시간을 강희 원년 그의 나이 50세 이후로 정하는 것이 더 합리적이다.

---

13) 顧炎武, 「亭林佚文輯補·又答李武曾書」. 黔中數千里, 所刻之書並十行之牘乃不久而達, 又得手報至方山所, 而寄我於樓煩·雁門之間. 若頻陽至近, 天生至密, 而遠客三楚, 此時猶未見弟之成書也, 人事之不齊, 有如此者, 可謂喟然一歎! 此書中有二條, 未得高明駁正, 輒乃自行簡擧, 容改後再呈. 且續錄又得六卷, 未必來者之不勝於今日也.

14) 顧炎武, 「亭林佚文輯補·又與顔修來書」. 弟今寓跡半在歷下, 半在章丘. 而修志之局, 郡邑之書頗備, 弟得借以自成其『山東肇域記』. … 近日又成『日知錄』八卷, 衛布之士, 僅能立言, 惟達而在上者爲之推廣其教, 於人心世道, 不無小補也.

15) 顧炎武, 「亭林佚文輯補·與黃太沖書」. 炎武以管見爲『日知錄』一書, 竊自幸其中所論, 同於先生者十之六七, 但鄙著恒自改竄, 未刻, 其已刻八卷及『錢糧論』二篇, 乃數年前筆也, 先附呈大教.

16) 顧炎武, 『亭林文集』卷4, 「與人書二十五」. 某自五十以後, 篤志經史, 其於音學深有所得. 今爲『五書』以續三百篇以來久絶之傳, 而別著『日知錄』, 上篇經術, 中篇治道, 下篇博聞, 共三十餘卷. 有王者起, 將以見諸行事, 以躋斯世於治古之隆, 而未敢爲今人道也.

(2) 『일지록』의 찬술동기

고염무는 왜 『일지록』을 지으려고 했을까? 그가 세상을 떠난 후, 강희 34년(1695)에 이 책은 복건福建 건양建陽에서 간행되는데, 반뢰潘耒는 이 일에 대해 다음과 같이 적었다. "선생은 한 시대의 사람이 아니며, 이 책은 또 한 시대의 책이 아니다. 위나라 사마랑은 정전의 논의를 회복하였으나 시대가 바뀐 다음에야 행해졌고, 원나라의 우집이 제시한 경성 동쪽의 수리의 계책은 세상이 바뀌어서야 쓰이게 되었다. 학설이 한 때 쓰이지 않는다는 것은 『일지록』에서 이미 말하였다. 훗날 백성과 만물을 정돈하는 책임이 있는 자가 이 책을 읽고는 깨달아 그 학설을 채용하여 시행하면 세도와 인심에 실로 적은 도움에 그치지는 않을 것이다. 다만 고증의 상세함과 문사의 유창함만 감탄하고 칭찬한다면 선생이 이 책을 지은 뜻이 아니다."[17] 이것은 『일지록』이 경세치용의 서적이며, 고염무의 이상이 생전에 실현되지 못하더라도 훗날 실현시킬 사람이 반드시 있으리라는 것을 말하고 있다. 만약 고증의 상세함이나 문사의 유창함으로만 이 서적을 평가한다면 고염무가 책을 지은 본 뜻과 어긋난다.

반뢰의 이런 근심은 예언처럼 맞아떨어진다. 건륭연간에 『사고전서四庫全書』를 편찬할 때, 유신들이 『일지록』에 제요提要를 쓰면서 반뢰와 완전히 다른 평가를 제기한다. "고염무는 명나라 말기에 태어나서 경세의 일에 대해 말하기를 좋아했으며, 시대의 일에 격분하여 복고를 뜻으로 삼았다. 그 설이 혹 우원하여 행하기 어렵고 혹 괴팍하여 지나치게 날카롭기도 하지만, 『음학오서후서』를 보면 성인이 다시 태어나 반드시 오늘의 성음을 들어서 옛날의 순박하면서도 예스러움으로 돌아갈 것이니, 이것이 어찌 행할만한 일이 아니겠는가? 반뢰가 이 책의 서문을 지어 이 책의 경세제민을 매우 칭찬하면서 고증의 상세함을 말단의 일로 삼았는데 독실한 논의는 아닌 것 같다."[18]

같은 책인데도 의외로 두 시대의 평가가 이처럼 다르다. 누가 옳을까? 필자의 생각으로는 고염무 본인의 논술에 근거하는 것이 가장 믿을 만한 것 같다.

『일지록』의 찬술동기에 관하여 고염무는 생전에 여러 차례 언급하였다. 예를 들어 그는 『일지록』 초각본에 서문을 지을 때 이 책의 편찬은 "학술을 밝히고 인심을 바르게 하며 어지러운

---

17) 潘耒, 『遂初堂集』卷6, 「日知錄序」. 先生非一世之人, 此書非一世之書也. 魏司馬朗復井田之議, 至易代而後行, 元虞集京東水利之策, 異世而見用. 立言不爲一時, 錄中固已言之矣. 異日有整頓民物之責者, 讀是書而憬然覺悟, 採用其說, 見諸施行, 於世道人心實非小補. 如第以考據之精詳, 文辭之博辨, 歎服而稱述焉, 非先生所以著此書之意也.

18) 『四庫全書總目』卷119, 「日知錄」. 炎武生於明末, 喜談經世之務, 激於時事, 慨然以復古爲志. 其說或迂而難行, 或僻而過銳. 觀所作「音學五書後序」, 至謂聖人復起, 必擧今日之音而還之淳古. 是豈可行之事乎? 潘耒作是書序, 乃盛稱其經濟, 而以考據精詳爲末務, 殆非篤論矣.

세상을 바로잡아 태평의 일을 일으키기"[19] 위한 것이라고 분명하게 말했다. 벗 양우楊瑀에게 보내는 서신에서도 더욱 분명하게 언급했다. "예전에 『일지록』의 판각은 잘못 허락해주었습니다. 근래에 학업이 조금 진전된 바가 있으며, 또한 수정한 부분도 많습니다. 어지러운 것을 바로 잡고 오류를 없애며, 옛 것을 본받고, 후대 학자에게 견문을 열어주고 후대 왕자에게 다스림을 기대하는데 그 뜻이 있습니다."[20] 앞에서 인용한 고염무가 세상을 떠나기 전 강남의 벗에게 보내는 편지에서 "『일지록』 상편은 경술, 중편은 치도, 하편은 박문으로 모두 30여권입니다. 왕자가 일어난다면 이 책으로 일에 시행하여 옛날 잘 다스려졌던 시대로 지금 세상을 올려놓을 것입니다."[21]라고 했으니, 이것이 틀림없이 찬술동기의 "만년의 정론[晩年定論]"이다.

이와 같기 때문에 고염무는 『사변록思辨錄』을 지은 육세의陸世儀와 『명이대방록明夷待訪錄』을 지은 황종희를 뜻을 같이하는 사람으로 끌어들인다. 육세의에게 보내는 서신에서 다음과 같이 말했다. "이십년 동안 동서남북으로 광야를 떠돌며 맑은 빛을 한 번도 보지 못했는데, 작년 계문에서 『사변록』을 읽고 당대에 선생 같은 참된 유자가 있다는 것을 알았습니다. 이는 맹자가 말하는 '궁하면 홀로 자신을 선하게 하고 현달하면 천하를 두루 선하게 한다'는 것이니, 내성외왕의 일을 갖춘 것입니다. 저는 어릴 때 여러 문사를 따라 글을 지은 작은 기술을 익힌데 불과합니다. 나이가 많아짐에 따라 견문이 조금 넓어지자 비로소 강물이 모여야 바다가 되고 한 삼태기의 흙이 모여야 산이 되는 것을 알게 되는데, 촛불의 빛과 저녁의 햇빛과 같이 역시 이미 늦었습니다. 근래 판각한 『일지록』 8권은 특별히 관사로 보냈으니 가르침을 청합니다. 도리에 맞지 않는 것은 수정하도록 일일이 지적하여 경사로 붙여주시기 바랍니다. 『사변록』의 판각이 다 되면 한 부 붙여주시기 바랍니다."[22] 그리고 황종희에게 보내는 서신에서도 다음과 같이 말했다. "얼마 전 계문을 지나다가 선생의 문인 진과 만 두 사람을 만났는데 모두 기거를 염려해주었습니다. 이어 『대방록』을 꺼내어 여러 번 읽고 난 후, 천하에 인재가 없었던 적이 없고 역대 제왕의 폐단도 다시 일으킬 수 있으며 삼대의 성함도 천천히 회복할 수 있음을 알았습니다. 천하의 일은

---

19) 顧炎武, 『亭林文集』卷2, 「初刻日知錄自序」. 明學術, 正人心, 撥亂世以興太平之事.
20) 顧炎武, 『亭林文集』卷6, 「與楊雪臣」. 向者『日知錄』之刻, 謬承許可, 比來學業稍進, 亦多刊改. 意在撥亂滌汚, 法古用夏, 啓多聞於來學, 待一治於後王.
21) 顧炎武, 『亭林文集』卷4, 「與人書二十五」. 『日知錄』上篇經術, 中篇治道, 下篇博聞, 共三十餘卷. 有王者起, 將以見諸行事, 以躋斯世於治古之隆.
22) 顧炎武, 「亭林餘集·與陸桴亭札」. 廿年以來, 東西南北, 率彼曠野, 未獲一觀淸光. 而昨歲於薊門得讀 『思辨錄』, 乃知當世而有眞儒如先生者, 孟子所謂'窮則獨善其身, 達則兼善天下', 其內聖外王之事者 也. 弟少年時, 不過從諸文士之後, 爲雕蟲篆刻之技. 及乎年齒漸大, 聞見益增, 始知後海先河, 爲山覆 簣, 而炳燭之光, 桑楡之效, 亦已晚矣. 近刻『日知錄』八卷, 特付東堂郵呈, 專祈指示. 其有不合者, 望一 一爲之批駁, 寄至都門, 以便改正. 『思辨錄』刻全, 仍乞見惠一部.

견식이 있는 자가 반드시 그 때를 만나는 것은 아니고, 때를 만난 사람도 혹 견식이 없기도 합니다. 옛날의 군자가 책을 지어 후대 사람을 기다린 것은 왕자가 일어나면 그 책을 스승으로 삼을 수 있기 때문입니다. 그러나 『주역』에 '궁하면 변하고, 변하면 통하며, 통하면 오래 간다'고 했으니 성인이 다시 일어나더라도 제 말을 바꾸지 않을 것임을 오늘 미리 자신할 수 있습니다. 저는 짧은 소견으로 『일지록』을 지었으나, 그 가운데 논한 내용 중 선생과 같은 부분이 열에 여섯이나 일곱이 됨을 다행으로 여깁니다."[23]

이상의 자료에 근거하면 『일지록』은 확실히 반뢰의 견해대로 경세치용의 학문을 추구하는 서적이라고 할 수 있다. 고염무는 『일지록』을 지어 "난세를 바로잡아 태평의 일을 일으키려고[撥亂世以興太平之事]" 하였다. 이치대로라면 이런 자료들을 사고관四庫館 신하들은 충분히 보았을 것이다. 이들은 모두 전국의 일류학자들이었으므로 정확하게 판단을 내리는 것은 어려운 일이 아니었다. 그러나 사고관의 신하들이 그렇게 하지 않고 고염무의 경세주장을 부정하여 "우원하여 행하기 어렵고[迂而難行]", "괴팍하여 지나치게 날카롭다[愎而過銳]"라고 비난했다. 왜 이런 상황을 만들었을까? 그 원인은 대체로 다음의 두 가지 측면에서 살펴볼 수 있다. 첫 번째는 고염무가 "옛 것을 본받고[法古用夏]", "후대 왕의 다스림을 기다리며[待一治於後王]", "난세를 바로잡아 태평의 일을 일으켜야 한다.[撥亂世以興太平之事]"라고 분명하게 주장했기 때문이다. 이런 주장은 청 왕조에 비협조적인 태도를 반영했을 뿐 아니라, 현 정권을 부정하는 모습에 가까웠다. 문화적 전제주의가 가혹했던 건륭시기에 당연히 이런 경세학설을 정확하게 바라보고 긍정할 사람은 없었다. 두 번째, 『일지록』의 편찬과 간행은 강희 중엽이전의 일이다. 건륭연간에 『사고전서』를 편찬하기까지는 이미 7~80년의 시간적 간격이 존재한다. 시대가 변하고 학풍도 변했다. 경세치용의 사조는 이미 과거의 일이 되고, 그를 대신하여 조정과 재야를 풍미했던 고증학이 일어났다. 이러한 정치적 학술적 환경에서 사고관 신하들이 『일지록』을 곡해하는 것도 이상할 것이 없다.

그러나 역사의 진실은 끝내 가릴 수 없다. 가경嘉慶, 도광道光 연간에 청 왕조가 쇠락하기 시작하고 내우외환이 성하자 경세치용의 사조는 다시 일어난다. 도광 초기에 가정嘉定의 청년 학자 황여성黃汝成이 『일지록집석』을 편찬하여 『일지록』에 관한 선대 학자들의 연구성과를 한데 모은다. 사고관 신하들의 제요를 비판하지는 않았지만, 고염무와 『일지록』의 경세학설을 분명하게

---

23) 顧炎武, 「亭林佚文輯補·與黃太沖書」. 頃過薊門, 見貴門人陳, 萬兩君, 其念起居無恙. 因出大著『待訪錄』讀之再三, 於是知天下之未嘗無人, 百王之敝可以復起, 而三代之盛可以徐還也. 天下之事, 有其識者未必遭其時, 而當其時者或無其識. 古之君子所以著書待後, 有王者起, 得而師之. 然而『易』'窮則變, 變則通, 通則久'. 聖人復起, 不易吾言, 可預信於今日也. 炎武以管見爲『日知錄』一書, 竊自幸其中所論, 同於先生者十之六七.

알렸다. 황여성은 『일지록』이 "경학과 문학, 사학, 깊고 정밀한 다스림과 태만함에 대한 내용 및 군사와 형벌, 부세, 농지, 관직, 선거, 돈, 소금과 철, 저울, 하천과 도랑, 조운, 여타 복잡한 사물에 이르기까지 모두 요체를 갖추어"[24], 경세학을 추구하는 "다스림에 도움이 되는 책[資治之書]"[25]이라고 생각했다. 청 말에 문화정책이 느슨해지자 「사고제요」는 이미 비판의 대상이 되었다. 주일신朱一新은 『무사당답문無邪堂答問』을 지어 사고관 신하가 『일지록』을 곡해한 것에 대해 "섭공이 용을 좋아하고[葉公之好龍]", "정나라 사람이 궤짝을 사는 것[鄭人之買櫝]"[26]이라고 첨예하게 비판했다.

(3) 초각 8권본부터 임종 절필까지

『일지록』 편찬과정 중에 초각 8권본이 세상에 나온 것은 중요한 연결부분이 된다. 예전에 이 책이 세상에 알려지기 전에는 구해 읽기가 어려웠기 때문에 이미 산실되었다고 여기는 연구자도 있었다. 1980년대 초반에 상해고적출판사는 이 책을 영인하여 『일지록집석』에 부록으로 출판하였다. 이렇게 하여 산실되었다는 오해는 말끔히 없어졌을 뿐 아니라 연구자들에게 큰 도움이 되었다. 『일지록』의 간행시기는 대체로 강희 9년 8월로 확정할 수 있다. 그 근거자료는 두 가지가 있다. 하나는 고염무가 강희 15년에 지은 「초각일지록자서初刻日知錄自序」이다. 이 서문에서 "내가 지은 『일지록』을 베끼려는 벗들이 많아 다 주지 못할까봐 상장엄무上章閹茂년에 이 8권을 판각했다."[27]라고 했다. 상장엄무는 천간지지로 경술庚戌년을 말하는 것이며, 경술년은 강희 9년이다. 두 번째는 앞에서 이용한 정선정程先貞이 지은 「증고징군정림서贈顧徵君亭林序」이다. 이 서문에서 다음과 같이 말했다. "정림선생은 … 올해 여기서 여름을 보내며 두 세 사람의 뜻을 같이하는 사람들과 『역』을 강하였다. 다시 『일지록』을 살펴보니 옛 일을 고증하고 세상을 논하는 학설이 많았으나, 경학을 밝히고 왕도를 보좌하는데 그 큰 뜻이 있었다. 그 때문에 여러 번 탄식하고 가슴에 새기며 출간하여 배우는 사람에게 도움을 주기를 권했다."[28] 정선정의 이 서문의 제목

---

24) 위와 같음. 於經術文史, 淵微治忽, 以及兵刑, 賦稅, 田畝, 職官, 選擧, 錢幣, 鹽鐵, 權量, 河渠, 漕運, 與他事物繁賾者, 皆具體要.

25) 黃汝成, 『袖海樓文錄』卷2, 「日知錄集釋序」.

26) 朱一新, 『無邪堂答問』卷5.

27) 顧炎武, 『亭林文集』卷2, 「初刻日知錄自序」. 炎武所著『日知錄』, 因友人多欲抄寫, 患不能給, 遂於上章閹茂之歲刻此八卷.

28) 程先貞, 「증고징군정림서贈顧徵君亭林序」는 심대첨沈岱瞻의 「동지증언同志贈言」에 실려있고 『정림선생유서회집亭林先生遺書匯輯』에 보인다. 亭林先生 … 今年結夏於此, 與二三同人講『易』. 復得發其『日知錄』一書觀之, 多考古論世之學, 而其大指在於明經術, 扶王道, 爲之三歎服膺, 勸其出以惠學者.

아래에 적힌 시기는 강희 9년 8월로 되어 있다.

『일지록』의 초판인쇄 시간과 관련된 자료는 또 『장산용잔고蔣山佣殘稿』에 보인다. 그 가운데 고염무의 「여우인서與友人書」에서는 "『일지록』 초각본은 신해년에 판각되었다.[『日知錄』初本乃 辛亥年刻]"[29]라고 했다. 신해년은 곧 강희 10년이다.

고염무가 『일지록』의 초판인쇄에 대한 언급에 왜 경술庚戌년과 신해辛亥년 두 가지 설이 있을 까? 필자의 생각으로는 8권본 『일지록』이 강희 9년에 처음 판각 되었으나 강희 10년에 이르러 완성되었다고 해석할 수 있다.

처음 인쇄된 장소는 주가정周可貞 선생이 새로 지은 『고염무연보』에 의거하면 덕주德州일 것이다. 그는 "『일지록』 초각본은 실은 선생이 『역』을 강론할 때 정선정 등 친구들의 설득함으로 간각하기로 한 것이니 간각한 장소는 덕주일 것이다."[30]라고 했다.

초각본 『일지록』과 관련된 일을 찾는데 있어, 주가정의 『일지록연보』의 공헌이 가장 크다는 것은 의심의 여지가 없다. 처음 인쇄된 장소를 대체로 산동의 덕주로 정하는 것은 추측에 의한 것이므로 더 많은 증거자료를 필요로 하지만, 이 몇 년 동안 고염무가 덕주로 자주 왕래한 경력을 보면 일리가 없는 것도 아니다. 하지만 이렇게 정할 경우 껄끄러운 문제에 봉착한다. 곧 현존 8권본 『일지록』의 인쇄자가 "부산당符山堂"이라고 직접 서명하였는데, 이 부산당은 장초張弨의 서옥이며, 장초는 강소 회안淮安 사람이지 산동 덕주 사람이 아니라는 것이다. 당시에 장초는 고염무를 위해 『음학오서音學五書』를 판각하는데 그 장소가 회안이다. 회안에서 판각했다는 증거자료로 고염무가 강희 19년에 지은 「음학오서후서音學五書後序」가 있다. "내가 이 책을 편찬한 삼십여 년 간, 산천과 변방의 보루를 지나면서 이 책을 지니지 않은 적이 없었으며, 다섯 번 원고를 수정하였고 직접 쓴 것이 세 번이나 되었다. 그러나 황량한 곳에 오랫동안 머무느라 보지 못한 고인의 서적이 많았던 데다가, 만년에 마침내 판각장인에게 주었기 때문에 이미 판을 올려 놓고도 수정한 것도 4차례나 되었다. 또 장초가 『설문』을 고증하고 『옥편』을 수집하며 『자양』을 모방하여 시의에 맞게 직접 썼다. 그리고 그의 두 아들 엽증과 엽기가 각각 나누어 작은 글씨로 적었으며, 회수 가에 장인을 모아 천리를 멀다 않고 누차 편지를 왕복한 공이 반드시 이 사람에게 돌아간다. 비용은 또 그의 재산을 처리한 돈으로 충당했지 다른 사람에게 조금도 빌리지 않았다. 책을 짓는 어려움과 완성의 어려움이 이와 같았다."[31] 이 때문에 『일지록』 8권본의 첫 번째 판각

---

29) 顧炎武, 『蔣山佣殘稿』卷1, 「與友人書」.

30) 周可貞, 『顧炎武年譜』康熙十八年, 蘇州大學出版社, 1998年版, 第401頁.

31) 顧炎武, 『亭林文集』卷2, 「音學五書後序」. 余纂輯此書三十餘年, 所過山川亭鄣, 無日不以自隨, 凡五易 稿而手書者三矣. 然久客荒壤, 於古人書多所未見, 日西方莫, 遂以付之梓人, 故已登版而刊改者猶至 數四. 又得張君弨爲之考『說文』, 採『玉篇』, 仿『字樣』, 酌時宜而手書之; 二子葉增, 葉箕分書小字; 鳩工

이 회안에서 행해졌을 가능성이 있다. 진상이 어떤지에 대해서는 증거가 될 사료가 없으므로 잠시 보류한다.

『일지록』 초각본 8권에는 모두 독서찰기 140 조목이 들어있다. 그 가운데 권1에는 15조, 권2에는 25조, 권3에는 7조, 권4에는 25조, 권5에는 16조, 권6에는 17조, 권7에는 18조, 권8에는 17조가 들어있다. 내용면에서 권1의 「주자주역본의朱子周易本義」와 「사일巳日」, 「홍점우육鴻漸于陸」, 「비妣」, 「서괘잡괘序卦雜卦」, 「칠팔구육七八九六」, 「복서卜筮」는 『주역周易』에 대해 말했고, 「제왕명호帝王名號」와 「무왕벌주武王伐紂」, 「풍희위상서豊熙僞尙書」는 『상서尙書』에 대해 말했으며, 「시유입악불입악지분詩有入樂不入樂之分」과 「공자산시孔子刪詩」, 「국풍國風」, 「공성公姓」, 「하피농의何彼穠矣」는 『시경詩經』에 대해 말했다. 권2와 권3은 『춘추春秋』와 『예禮』, 『사서四書』에 대해 말했다. 권4와 권5, 권6은 치도治道에 대해 말했다. 권7과 권8은 기타 고증이 된다. 뒤에 나온 32권 본 『일지록』과 비교해서 상편 경술經術, 중편 치도治道, 하편 박문博聞의 편찬양식이 이때 이미 대체적으로 형성되었다.

초각 8권본이 세상에 나온 이후, 『일지록』의 편찬은 추위와 더위를 무릅쓰고 더욱 정밀함을 추구하여 고염무는 필생의 힘을 소진한다. 그동안의 어려움에 대해 그는 다음과 같이 말했다. "지금 사람들은 편찬한 책이 사람들이 동전을 주조하는 것과 같다고 말한 적이 있습니다. 옛 사람들이 산에서 구리를 캐어 주조한 동전을 지금 사람들은 그 오래된 동전을 사서 쓸모없는 동전이라고 하며 동전주조에 충당합니다. 주조한 동전이 이미 조악한데다 또 옛 사람이 전한 보물을 찢거나 꺾거나 조각조각 내어 후대에 남기지 않으니 어찌 둘 다 잃는 것이 아니겠습니까? 『일지록』이 또 몇 권으로 되었는지 물으시길래 쓸모없는 동전이라고 답합니다. 저는 헤어진 이후 1년 동안 아침 일찍부터 밤늦게까지 책을 읽으며 반복해서 탐구하여 겨우 10여 조목을 얻었습니다. 하지만 산에서 구리를 캐는 것에 가까울 것입니다."[32] 고염무는 이 책을 짓는 것을 산에서 구리를 캐는 것에 비유하였으니, 저술의 어려움과 학풍의 엄격함을 볼 수 있다.

고염무는 엄격하고 독실하여 학문은 날로 깊어졌다. 그는 죽기 전 몇 년 동안 초각본을 정밀하게 조탁하고 오류를 바로잡는데 힘을 쏟았다. 강희 15년에 고염무는 초각본 『일지록』에 자서自序를 보완하며 다음과 반성한다. "근래 6, 7년을 보내며 나이가 들수록 진전되는 바가 있었다. 예전

淮上, 不遠千里累書往復, 必歸於是. 而其工費則又取諸鬻產之直, 而秋毫不借於人. 其著書之難而成之不易如此.

32) 顧炎武, 『亭林文集』卷4, 「與人書十」. 嘗謂今人纂輯之書, 正如今人之鑄錢. 古人採銅於山, 今人則買舊錢, 名之曰廢銅, 以充鑄而已. 所鑄之錢旣已粗惡, 而又將古人傳世之寶, 舂挫碎散, 不存於後, 豈不兩失之乎? 承問『日知錄』又成幾卷, 蓋期之以廢銅. 而某自別來一載, 早夜誦讀, 反復尋究, 僅得十餘條, 然庶幾採山之銅也.

에 배움이 넓지 못하고 보는 것이 뛰어나지 못하는 것에 대하여 후회하기 시작했다. 그 가운데 소략하고 누락된 부분이 종종 있었으나 그 책은 이미 세상에 알려져 가릴 수가 없었다. 점차 수정을 더하여 20여권을 얻어 다시 인쇄하고자 하였으나 확고하다고 감히 스스로 여기지 못하였으므로 먼저 구본을 가지고 뜻을 같이 하는 사람에게 가르침을 구한다."[33] 같은 해에 황종희에게 보내는 편지에서 "저는 좁은 식견으로 『일지록』을 지었습니다. … 이 책은 계속 수정하기에 아직 인쇄하지 못했습니다."[34]라고 했다.

만년의 고염무는 "좋은 장인은 아직 조탁하지 않은 옥을 다른 사람에게 보여주지 않는다.[良工不示人以璞]"는 교훈을 지켜서 『일지록』에 심혈을 기울여 조탁한다. 그의 학생 반뢰潘耒에게 보내는 편지에서 말했다. "저술하는 사람은 아직 확정되지 않은 책을 전하는 것이 가장 불리하다. 옛날 이천 선생이 『역전』을 아직 내지 않았을 때에 죽고 난 다음에 나올 책이라고 했다. … 지금 사람들은 책을 만드는데 급하고 이름을 구하는데 조급하니 이 도는 장차 망할 것이다. 전에 개미의 서찰이 와서 이 책[『음학오서音學五書』를 가리킴 : 인용자]을 찾고, 원일도 이 책을 찾아 모두 『일지록』을 베껴 쓰려고 하였다. 나는 『시경』과 『역경』을 올 여름에 인쇄할 수 있으나, 전체 서적은 다시 1년을 기다려야 하고 『일지록』은 다시 10년을 기다려야 한다고 답했다. 만약 정해진 기간에 못 낸다면 죽어 붓을 놓을 때를 그 시간으로 하겠다."[35]

고염무는 자신의 약속을 어기지 않고 강희 21년 정월 세상을 떠날 때까지 이미 완성한 30여권의 『일지록』을 다시는 인쇄하지 않았다. 13년 뒤에 가서야 반뢰가 유고를 정리하여 복건 건양建陽에서 인쇄했다.

2. 사회정치사상

사회정치사상은 고염무 사상의 핵심이다. 사회정치사상에 대해 어떻게 평가하느냐가 고염무의 사상적 실질을 파악하는 관건이며, 고염무라는 역사인물을 전반적으로 평가하는 중요한 부분

---

33) 顧炎武, 『亭林文集』卷2, 「初刻日知錄自序」. 歷今六七年, 老而益進, 始悔向日學之不博, 見之不卓, 其中疏漏往往而有, 而其書已行於世, 不可掩. 漸次增改, 得二十餘卷, 欲更刻之, 而猶未敢自以爲定, 故先以舊本質之同志.

34) 顧炎武, 「亭林佚文輯補·與黃太沖書」. 炎武以管見爲 『日知錄』一書 … 但鄙著恒自改竄, 未刻.

35) 顧炎武, 『亭林文集』卷4, 「與潘次耕書. 著述之家, 最不利乎以未定之書傳之於人. 昔伊川先生不出 『易傳』, 謂是身後之書. … 今世之人速於成書, 躁於求名, 斯道也將亡矣. 前介眉札來索此, 原一亦索此書, 竝欲抄 『日知錄』. 我報以 『詩』, 『易』二書今夏可印, 其全書再待一年, 『日知錄』再待十年. 如不及年, 則以臨終絶筆爲定.

이기도 하다.

고염무가 살았던 명청교체기는 중국봉건사회 말기의 위기가 중첩된 격동의 시대였다. 그의 사회정치사상도 역사의 발걸음에 따라 심화되어 선명한 시대적 자취를 남겼다.

명말 봉건사회의 극도의 부패는 고염무가 사회라는 문으로 들어섰을 때 직면한 준엄한 현실이었다. 그는 광범하고도 깊이 있게 부패한 사회현실을 주시하고 있었다. 이런 현실은 그가 27세에 짓기 시작한 『천하군국이병서天下郡國利病書』에 집중적으로 반영되어 있다. 이 책에서 고염무는 많은 사회역사자료를 열거하여 토지겸병과 부역불균등이라는 사회의 적폐에 대해 맹렬하게 비난했다. 그가 모아서 기록한 사료에 근거하여 명대에 토지겸병이 직접적으로 불러온 결과로서 주둔 군대가 경작하던 토지[軍屯]의 와해가 매우 엄중하여, "수십 둔의 땅이 부유하고 세력 있는 집안에 겸병되는 현상이 도처에 산재하는"[36) 지경에 이르렀다는 것 알 수 있다. 이런 현상에 필히 수반되는 부역의 불균등이나 지방토호들이 논밭을 숨기고 알리지 않는 일은 더 심했으면 심했지 못하진 않았다. 평소 과중한 세금으로 유명했던 강남 절강성浙江省 가흥현嘉興縣은 "한 사람이 논밭 천무를 숨기거나[一人而隱田千畝]", "알리지 않은 논밭과 양식이 이 현이나 저 현에도 없고 무하유지향에 있을"[37) 정도였다. 강소성江蘇省 무진현武進縣의 경우, 한 명의 토호가 "은전隱田 육백여 무를 각 호에 나누어주고 자신은 거기서 나는 양식을 몰래 먹으며 현의 가난한 백성들이 그를 대신해서 총계에 잡히게 했다."[38) 심지어 동남 연해의 복건성에는 "논밭이 천이나 백이 되지만 납부하는 쌀은 한 말이나 한 섬에도 못 미치는 경우도 있고, 가난하여 한 뙤기의 땅도 없지만 납부하는 쌀은 수십 섬이나 되는 경우도"[39) 출현했다.

고염무는 심혈을 기울여 이런 자료들을 수집하고, 수많은 부분을 통해 명말 농촌의 참된 모습을 반영하고 어두운 현실을 폭로했다. 이런 활동은 젊은 시기 고염무의 경세치용사상이 구체적으로 나타난 것이다. 명청 교체기에 이런 고염무의 사상은 이미 성숙해있었다. 순치 2년과 조금 뒤에 쓴 「군제론軍制論」과 「형세론形勢論」, 「전공론田功論」, 「전법론錢法論」, 「군현론郡縣論」 등은 모두 사회 적폐에 대한 개혁사상을 연구하는데 매우 좋은 자료이다.

앞에서 든 저술 중에서 고염무는 토지겸병과 부역불균등의 사회문제를 통렬하게 지적했을 뿐 아니라, 이런 사회현상이 생기게 된 역사적 원인에 대해서도 탐색을 시도했다. 문제의 실상을

---

36) 顧炎武, 『天下郡國利病書』卷91, 「福建一」. 擧數十屯而兼併於豪右, 比比皆是.
37) 顧炎武, 『天下郡國利病書』卷84, 「浙江二」. 其隱去田糧, 不在此縣, 亦不在彼縣, 而置於無何之鄕.
38) 顧炎武, 『天下郡國利病書』卷23, 「江南十一」. 隱田六百餘畝, 灑派各戶, 己則陰食其糧, 而令一縣窮民代之總計.
39) 顧炎武, 『天下郡國利病書』卷92, 「福建二」. 有田連阡陌, 而戶米不滿斗石者; 有貧無立錐, 而戶米至數十石者.

정확하게 지적하지는 못했지만, 칼끝은 이미 봉건사회의 상부구조를 건드렸다. 유명한 「군현론」에서 다음과 같이 적었다. "봉건제의 몰락은 본래 주나라가 쇠락하던 날로부터 시작했지 진나라에서 시작된 것은 아니다. 봉건제의 몰락은 하루아침의 일이 아니다. 성인이 일어나더라도 군현제로 바뀌었을 것이다. 지금 군현제의 폐단이 지극하지만 성인이 나타나지 않아서 일일이 옛 제도를 그대로 따르고 있다. 이것이 백성들이 날로 가난해지는 이유이며, 중국이 날로 약해지고 어지러워지는 이유이다."40) 고염무는 "군현제의 폐단이 이미 지극해진[郡縣之弊已極]" 국면이 형성된 것은 그 문제점이 "오로지 위 사람에게 있다.[其專於上]"고 보았다. "봉건제의 잘못은 온전히 아래 사람에게 있고, 군현제의 잘못은 온전히 위 사람에게 있다."41)고 보았다. 권력이 고도로 황제에게 집중된 것은 각급 지방관원들이 "두려운 마음에 자신의 과실을 구제하는 것도 시간이 모자랄 판에 관직을 유지하는 것만을 다행으로 여기고 백성을 위해 하루의 이로움도 일으키려고 하지 않는"42) 현상을 조성했다. 이왕 이렇게 된 이상, 고염무는 "백성이 어찌 가난하지 않을 수 있으며 나라가 어찌 약하지 않을 수 있겠는가!"43)라고 단언했다. 그래서 그는 간단명료하게 군현제를 바꿀 것을 요구하며 다음과 같이 외쳤다. "이 제도만 따르고 변하지 않는다면 천년 백년이 지나도 난세와 같은 일을 하는 정도가 날로 심해질 것임을 나는 알겠다."44) 명청교체기의 혼란이 자신의 의식에 자연스럽게 반영된 결과 고염무가 다급하게 변혁을 요구한 것이니 그 진보적 의의는 분명하고 쉽게 드러난다. 역사적 한계로 인해 문제해결의 방법을 찾지 못했다고 "군현제 가운데 봉건제의 뜻을 맡겼다.[寓封建之意於郡縣之中]"는 주장을 제기하기 때문에 「군현론」과 사회변혁을 요구한 그의 사상의 역사적 가치를 부정해서는 안 된다.

『일지록』에서 만년에 고염무의 경세치용사상이 날로 심화된 자취를 분명하게 볼 수 있다. 그는 이 시기에 지난날과 다름없이 당면한 시대적 과제와 민생에 관심을 가지고 「소송이부전부지중蘇松二府田賦之重」같은 우수한 학술찰기를 지어 사회역사에 대한 연구를 심화시켰다. 뿐만 아니라 약간의 가치 있는 민주사상의 싹을 틔웠다. 이것은 무엇보다 군권에 대한 회의이다. 고염무는 신성불가침의 군권을 대담하게 자신의 연구대상으로 집어넣었다. 『일지록』 권24 「군君」조목에서 그는 서적을 광범위하게 인용하여 '군주[君]'는 봉건제왕만 일컫는 명칭이 아님을 논증했다.

---

40) 顧炎武, 『亭林文集』卷1, 「郡縣論一」. 封建之廢, 固自周衰之日, 而不自於秦也. 封建之廢, 非一日之故也, 雖聖人起亦將變而爲郡縣. 方今郡縣之弊已極, 而無聖人出焉, 尙一一仍其故事. 此民生之所以日貧, 中國之所以日弱而益趨於亂也.

41) 封建之失, 其專於下; 郡縣之失, 其專於上.

42) 凜凜焉救過之不及, 以得代爲幸, 而無肯爲其民興一日之利.

43) 民烏得而不窮, 國烏得而不弱!

44) 顧炎武, 『亭林文集』卷1, 「郡縣論一」. 率此不變, 雖千百年而吾知其與亂同事, 日甚一日矣.

그는 고대에 군은 "위 사람과 아래 사람을 통틀어 일컫는 말[上下之通稱]"로, 천자 뿐 아니라, 신하, 제후, 경대부 내지 부의 주인[府主], 집안의 주인[家主], 부친, 시부모 등도 모두 군이라 부를 수 있었다고 지적했다. 이러한 논증은 그야말로 봉건제왕을 조롱하는 것에 가깝다. 뿐만 아니라 고염무는 한 걸음 더 나아가 '혼자 다스리는 것[獨治]'을 반대하고 '여러 사람이 다스릴 것[衆治]'을 주장했다. "군주는 천하를 혼자 다스려서는 안 된다. 혼자 다스리면 형벌이 많아지지만 여러 사람이 다스리면 형벌이 버려진다."45) 이로부터 출발하여 고염무는 "천하의 권력을 천하 사람에게 맡길[以天下之權寄之天下之人]" 것을 호소했다. "이른바 천자는 천하의 대권을 잡은 자이다. 대권은 잡는 것은 어떠해야 하는가? 천하의 권력을 천하 사람에게 맡기더라도 권력은 천자에게 돌아온다. 공경대부로부터 백리를 다스리는 읍재와 말단 관리까지 천자의 권력을 나누어 그 일을 다스리지 않는 경우가 없으나 천자의 권위는 더욱 높아진다. 후대에 잘 다스리지 못하는 자가 나오면 천하의 일체 권력을 모두 위 사람에게 수렴할 것이다. 하지만 천하의 수많은 일은 본래 혼자서 조절할 수 있는 것이 아니다."46) 시대적 한계로 고염무가 군주의 전제를 부정하지도 않았고 할 수도 없었지만, 군권에 대한 대담한 회의와 나아가 '여러 사람이 천하를 다스리고[衆治]' '천하의 권력을 천하 사람에게 맡길[以天下之權寄之天下之人]' 것 등을 주장한 것은 매우 귀한 사상이라고 할 수 있다.

『일지록』에서 민주사상의 싹이 집중적으로 반영된 부분은 탐구가치가 풍부한 사회풍속론이다. 고염무가 여기서 말하는 '풍속風俗'은 협의의 자연환경이나 풍속[風土人情]이 아니라 매우 광범위한 사회풍기이다. 그는 책에서 한 권의 편폭을 사용하여 역대 사회풍기의 변천상황을 자세하게 고찰했다. 명말 이후 사회풍기가 악화된 것에 대하여 걸출한 학자 겸 사상가로서 고염무는 수많은 역사사실에 근거하여 다음과 같이 논증했다. "애제와 평제의 한나라가 동한으로 변하고 오대가 송으로 변하는 것을 보면 천하에 변하지 않는 풍속이 없다는 것을 알 수 있다."47) 그는 사회풍기의 순화와 나라가 다스려지고 백성이 편안한 것을 동경했다. 이런 이상을 실현하기 위해 그는 '교화敎化'를 주장한다. "세상의 추이를 목격해야 비로소 치란의 관건이 인심과 풍속에 있다는 것을 안다. 그래서 인심을 바꾸고 풍속을 정돈하는 데는 교화와 기강을 빠뜨릴 수 없다. 백년

---

45) 顧炎武, 『日知錄』卷6, 「愛百姓故刑罰中」. 人君之於天下. 不能以獨治也. 獨治之而刑繁矣, 衆治之而刑措矣.

46) 顧炎武, 『日知錄』卷9, 「守令」. 所謂天子者, 執天下之大權者也. 其執大權奈何? 以天下之權寄之天下之人, 而權乃歸之於天子. 自公卿大夫, 至於百里之宰, 一命之官, 莫不分天子之權而各治其事, 而天子之權乃益尊. 後世有不善治者出焉, 盡天下一切之權而收之在上. 而萬幾之廣, 固非一人之所能操也.

47) 顧炎武, 『日知錄』卷13, 「宋世風俗」. 觀哀, 平之可以變而爲東京, 五代之可以變而爲宋, 則知天下無不可變之風俗.

이나 한 세대동안 길러도 부족함이 있지만 하루아침 하루저녁에 무너뜨리고도 남음이 있다."48) 『일지록』권13 「염치廉恥」 조목에서 고염무는 송대 사람 나종언[羅從彦, 자는 종수仲素]의 말을 인용했다. "교화는 조정의 급선무이고, 염치는 사인의 아름다운 절개이며, 풍속은 천하의 큰일이다. 조정이 교화가 있으면 사인들은 염치가 있으며, 사인들이 염치가 있으면 천하에 풍속이 있게 된다." 49)이것은 사회의 좋은 풍기를 확립하기 위해서 지식인에게 피할 수 없는 역사적 책임이 있으며, 염치가 있느냐 없느냐가 바로 그 관건이 된다. 문제를 해결하는 근본적인 방법은 국가가 문화교육을 반드시 치국의 급선무로 삼아야 한다는데 있음을 말하고 있다. 이와 동시에 고염무는 사회에 있어 공정한 여론의 작용을 중시할 것을 호소하고, 이 여론을 '맑은 의론[淸議]'이라고 불렀다. "옛날 명철한 왕이 제후들을 바르게 다스릴 수 있었던 이유는 태형을 만들어 관리를 경계시키고, 또 여사를 두고 향교를 설립하여 주와 리에 공정한 여론을 유지하여 형벌의 부족함을 보완했기 때문이다. 교와 수로 옮긴 것은 「예경」에 보이고, 향과 리의 논밭의 경계를 달리한 것은 「필명」에 보인다. 양한 이후에도 이 제도를 따랐다. 향과 리에서 인재를 추천할 때 반드시 평소 생활을 살펴보아 공정한 여론을 더럽혔다면 평생 등용하지 않았다. … 위진시대로 내려와 구품중정제의 설치는 실질을 잃은 경우가 많았지만 본래의 의미는 사라지지 않았다. 규탄을 받아 공정한 여론에 붙여진 사람들은 평생 버려졌으니 금고형을 받은 것과 같았다."50) 역사에 대한 깊은 반성을 통해 고염무는 "천하에서 풍속이 가장 나쁜 곳이라도 공정한 여론이 있다면 오히려 하나나 둘을 유지할 수가 있지만, 공정한 여론이 없다면 전쟁이 일어난다."51)라는 결론을 얻는다.

물론 국가의 흥쇠와 사회의 치란은 고염무가 말하는 것과 달리, 인심과 풍속의 문제에 불과하다. 하지만 명청교체기 무렵 사회풍기가 극도로 무너졌을 때, 인심을 바꾸고 풍속을 바로잡으며 '공정한 여론[淸議]'을 창도하는데 힘을 쏟은 것은 사회의 요구에 적합한 것임에는 틀림없다. 고염무가 이 점을 발견하고 목표로 삼은 것은 진보적 사상가로서 뛰어난 점이라고 할 수 있다.

젊은 시기에 비해 청대 시기가 된 후, 특히 만년에 고염무의 경세치용사상에는 또 하나의 두드러진 내용, 즉 강렬한 민족의식이 있다. 이것은 『일지록』에서 그가 반복해서 기술한 "오랑캐

---

48) 顧炎武, 『亭林文集』卷4, 「與人書九」. 目擊世趨, 方知治亂之關必在人心風俗, 而所以轉移人心, 整頓風俗, 則教化紀綱爲不可闕矣. 百年必世養之而不足, 一朝一夕敗之而有餘.

49) 教化者, 朝廷之先務; 廉恥者, 士人之美節; 風俗者, 天下之大事. 朝廷有教化, 則士人有廉恥; 士人有廉恥, 則天下有風俗.

50) 顧炎武, 『日知錄』卷13, 「淸議」. 古之哲王所以正百辟者, 旣已制官刑儆於有位矣, 而又爲之立閭師, 設鄕校, 存淸議於州里, 以佐刑罰之窮. 移之郊遂, 載在『禮經』; 殊厥井疆, 稱於『畢命』. 兩漢以來, 猶循此制. 鄕擧里選, 必先考其生平, 一玷淸議, 終身不齒. … 降及魏晉, 而九品中正之設, 雖多失實, 遺意未亡. 凡被糾彈付淸議者, 卽廢棄終身, 同之禁錮.

51) 위와 같다. 天下風俗最壞之地, 淸議尙存, 猶足以維持一二. 至於淸議亡, 而干戈至矣.

와 중화의 구별"이다. "군신의 구분은 자기 한 몸과 연결되고 오랑캐와 중화의 구별은 천하와 연결된다. 그러므로 공자는 관중이 자규를 위해 죽지 않은 죄는 가볍게 여기고 천하를 바로잡고 제후를 규합한 공만 취했다. 이는 경중을 저울질하여 천하를 마음으로 삼았기 때문이다. 군신의 구분으로도 오랑캐와 중화의 구별에 대적하지 못했으니, 『춘추』의 뜻을 알 수 있다."[52] "오랑캐와 중화의 구별을 엄격히 한다[嚴夷夏之防]"는 유가사상 중의 찌꺼기로 우리가 이것을 긍정할 이유는 없다. 그러나 청초 민족에 대한 압박이 특히 가혹했던 상황에서 고염무는 이것으로 청 조정의 통치에 저항하는데 있어 입론의 근거를 가지고 있었을 뿐 아니라, 민족억압에 저항하는 가운데 고염무의 이 주장도 적극적으로 영향을 끼쳤음이 틀림없다는 것을 알 수 있다. 강렬한 민족의식은 고염무 한 사람만 특유한 것은 결코 아니다. 청초 다른 사상가의 사상에서도 정도는 다르지만 반영되고 있다. 이것이 바로 당시 이론사유에 청초의 역사적 환경이 남긴 낙인이다.

고염무 만년의 경세치용사상의 심화는 이 시기에 쓴 대량의 서찰에서도 분명하게 볼 수 있다. 이 서찰의 공통된 특징은 이전과 마찬가지로 사회역사에 대해 깊이 살필 뿐 아니라 사회현실에 대해 강한 관심을 두고 있다는데 있다.

강희제 초기에 고염무는 산서山西와 섬서陝西까지 돌아다닌 후에 「전량론錢糧論」을 지어 세금으로 은을 강제로 징수하거나, '화모火耗'[53])를 지나치게 요구하는 학정에 대해 논했다. 그는 '화모'의 학정이 "백성을 가난하게 만드는 근본이고 재물을 없애는 근원이며 도적질을 여는 문[窮民之根, 匱財之源, 啓盜之門]"이라고 통렬하게 비판하고, "백성들의 곤궁함이 지금보다 심한 것이 없다.[生民之困, 未有甚於此時者]"고 생각했다. 이 글에서 다음과 같이 적었다. "요즘 관중에서는 호 땅 서쪽으로부터 기산 아래까지 매우 풍년이 들어 곡식도 많지만 백성들은 줄지어 처자식을 판다. 세금을 징수하는 날이면 마을 사람들이 한 사람도 빠짐없이 나오는데, 이를 사람시장이라고 한다. 그 마을의 관리에게 물어보니 '한 현에서 군영으로 팔려가 관인을 찍기를 청한 사람이 해마다 천명에 달하고, 도망가거나 스스로 목숨을 끊은 사람도 몇 명이나 되는지 모를 지경이다'고 했다. 왜 그런가? 곡식은 있으나 은이 없기 때문이다."[54] 이와 같은 현실에 대해 고염무는

---

52) 顧炎武, 『日知錄』卷7, 「管仲不死子糾」. 문장 가운데 "夷夏之防"은 원래 "華裔之防"으로 되어 있다. 황간의 『일지록교기』에 근거하여 고친다. 君臣之分, 所關者在一身, 夷夏之防, 所繫者在天下. 故夫子之於管仲, 略其不死子糾之罪, 而取其一匡九合之功. 蓋權衡於大小之間, 而以天下爲心也. 夫以君臣之分, 而猶不敵夷夏之防, 而『春秋』之志可知矣.

53) 철이 나는 곳에서 세금을 징수할 때 본래 양보다 많이 징수하여 동전주조 시의 소모분으로 보충하는 것. 역자 주.

54) 顧炎武, 『亭林文集』卷1, 「錢糧論上」. 今來關中, 自鄠以西至於岐下, 則歲甚登, 穀甚多, 而民且相率賣其妻子. 至徵糧之日, 則村民畢出, 謂之人市. 問其長吏, 則曰, 一縣之鬻於軍營而請印者, 歲近千人, 其逃亡或自盡者, 又不知凡幾也. 何以故? 則有穀無銀也.

개혁을 주장했다. "토지의 상태를 헤아리고 해마다 들어오는 세금의 수를 측정하며 전반법轉般
法55)을 사용하여 그 지역에서 원활하게 소통하게 한다. 주나 현에서 은으로 바꾸지 못한 경우는
모두 실물로 전세를 내게 하고 부득이한 경우 열에 셋은 돈으로 징수케 한다."56) 그는 이와 같이
해야만 "백성을 살리는 실질[活民之實]"57)을 확보할 수 있다고 생각했다. 고염무가 산서山西의
분주汾州에 거처할 때, 그곳의 쌀값에 대해 조사를 한 적이 있었는데, 벗 이인독李因篤에게 보내
는 서찰에는 다음과 같이 적었다. "분주의 쌀값은 한 섬에 2냥8전이고 대동의 경우는 5냥 이상이
나 되어 사람들끼리 잡아먹는 경우도 많습니다."58) 이 때를 전후하여 또 외조카인 서원문徐元文
에게 삼번三藩의 난을 겪은 "한 지역의 깊은 근심"에 대해 적었다. "관중 땅은 황량하여 더 이상
십년 전의 풍경이 아니다. 계륵인 촉 땅에는 아직도 전쟁이 잦아 곡식을 급히 실어 나르기도
바쁜데 어찌 민생을 돌아보겠는가? 육순의 노부인과 일곱 살 고아도 쌀 8되를 들고 천리 밖
군영으로 달려간다. 힘이 강한 사람은 험난함을 무릅쓰고 약한 사람은 목을 매어 죽는다. 온
가족이 곡을 하고 강물에 투신하며 온 마을 사람이 깃발을 걸고 명령에 불복한다. 이것은 한
지방의 깊은 근심인데도 조정에서는 아직 잘 모른다."59) 병세가 위독했던 강희제 20년 8월에
그는 병상에서도 백성들의 어려움을 잊지 않았다. 10월에 병세가 조금 나아지자 조정의 벗에게
편지를 보내 "진나라 백성으로부터 보리와 쌀 및 두초를 거두어들이되 일체 실물로 징수하여
관창에 저장하고 다음해 보릿고개 때 팔"60) 것을 건의했다. 그는 "백성들을 구제하는데 이것보다
중요한 것이 없다.[救民水火, 莫先於此]"61)고 생각했기 때문이다.

고염무는 평생 "국가 치란의 근원과 백성을 살리는 근본적인 계획"62)을 마음에 품고 젊었을
때는 나랏일을 위해 동분서주하고 중년에는 명나라의 광복을 도모했으며, 만년에는 북쪽지방에
혼자 살면서 "동쪽 땅의 기근[東土饑荒]"과 "강남땅의 수해와 한해[江南水旱]"를 늘 마음속에 두

---

55) 송대 조운 방법의 하나. 당나라 때 시작되었다. 사주泗州, 초주楚州, 진주眞州, 양주揚州에 전창轉倉을 설치하여
   동남육로의 곡물을 보관하고 다시 배를 바꿔 경성으로 운반하는 제도. 역자 주.

56) 度土地之宜, 權歲入之數, 酌轉般之法, 而通融乎其間. 凡州縣之不通商者, 令盡納本色, 不得已, 以其
   什之三徵錢.

57) 위와 같다.

58) 顧炎武, 『蔣山佣殘稿』卷1, 「與李子德」. 汾州米價, 每石二兩八錢, 大同至五兩外, 人多相食.

59) 顧炎武, 『亭林文集』卷6, 「答徐甥公肅書」. 關輔荒涼, 非復十年以前風景. 而鷄肋蠶叢, 尙煩戎略, 飛芻
   挽粟, 豈顧民生. 至有六旬老婦, 七歲孤兒, 挈米八升, 赴營千里. 於是强者鹿鋌, 弱者雉經, 闔門而聚哭
   投河, 竝村而張旗抗令. 此一方之隱憂, 而廟堂之上或未之深悉也.

60) 請擧秦民之夏麥秋米及豆草, 一切徵其本色, 貯之官倉, 至來年靑黃不接之時而賣之.

61) 顧炎武, 『亭林文集』卷3, 「病起與薊門當事書」.

62) 顧炎武, 「亭林佚文輯補·與黃太沖書」. 國家治亂之源, 生民根本之計.

고 살았다. 임종 직전 병마가 온몸을 감쌌을 때도 "어려움에서 백성을 구제하는[救民水火]" 것을 자신의 사명으로 삼았다. 고염무는 다음과 같이 주장했다. "하늘이 호걸을 냈을 때는 반드시 맡긴 일이 있다. … 오늘날 이 백성들을 도탄에서 구하고 만대의 후인들을 위해 태평한 세상을 열어주는 것이 우리들의 임무다. 인을 자신의 임무로 여기고 죽을 때까지 실행해야 한다."[63] 이러한 우국우민의 정신은 물론 특정계급의 생각이긴 하지만 일개 지주계급 사상가나 학자에게 참으로 대단한 일이다. 명청교체라는 현실을 대하고 고염무는 역사에 대한 반성을 통해 다음과 같은 결론을 얻는다. "나라를 망하게 하는 경우가 있고 천하를 망하게 하는 경우가 있다. 이 둘은 어떻게 구별하나? 성을 바꾸고 호칭을 바꾸는 것을 '나라를 망하게 한다'라고 하고, 인과 의의 길이 가로막혀 짐승을 이끌어 사람을 먹게 하고 사람들끼리 서로 잡아먹는 것을 '천하를 망하게 한다'라고 한다. 이런 까닭에 천하를 보존할 줄 안 연후에 나라를 보존할 줄 안다. 나라를 보존하는 것은 군주와 신하 등 높은 지위에 있는 사람이 도모하나, 천하를 보존하는 것은 미천한 필부도 여기에 책임이 있다."[64] 망국亡國과 망천하亡天下를 이렇게 구분하는 것은 시대와 계급적 한계에서 기인하는 것이므로 봉건정통의식이나 대민족주의관념大民族主義觀念은 응당 비판 받아야 한다. 하지만 봉건시대의 학자나 사상가가 이처럼 국가와 민족의 앞날과 운명에 관심을 가지고 분주하게 다니면서 호소한 것은 역사적으로 정확한 평가를 받아야 한다. 후대 학자들이 그의 이런 사상을 "천하의 흥망은 필부에게도 책임이 있다.[天下興亡, 匹夫有責]"고 결론을 내리고 중화민족의 애국주의전통의 한 부분이라고 한 것은 매우 일리가 있다.

3. 경학사상

명말 이후, 왕수인의 심학 내지 송명이학의 전체적인 몰락은 새로운 학술형태의 건립이라는 과제를 객관적으로 제기했다. 그래서 명청교체기에 날로 고조되는 실학사조 가운데 왕학에서 나왔지만 왕학을 비난하거나 왕학으로부터 다시 주자학으로 돌아가는 현상이 출현했을 뿐 아니라, 전체 송명이학에 대해 비판하는 경향도 나타났다. 고염무는 이런 역사적 추세에 순응하여 송명이학에 대한 비판 가운데 경학으로 이학의 곤궁함을 구제하려는 사상을 세운다.

---

63) 顧炎武, 『亭林文集』卷3, 「病起與薊門當事書」. 天生豪杰, 必有所任. … 今日者, 拯斯人於塗炭, 爲萬世開太平, 此吾輩之任也. 仁以爲己任, 死而後已.

64) 顧炎武, 『日知錄』卷13, 「正始」. 有亡國, 有亡天下, 亡國與亡天下奚辨? 曰易姓改號謂之亡國; 仁義充塞而至於率獸食人, 人將相食, 謂之亡天下. … 是故知保天下, 然後知保其國. 保國者, 其君其臣肉食者謀之; 保天下者, 匹夫之賤與有責焉耳矣.

송명이학에 대한 고염무의 비판은 명나라 멸망이라는 역사적 교훈을 종합하는 것으로부터 시작하였기 때문에 무엇보다 왕수인의 심학에 칼끝을 겨누었다. 그의 관점에서 보면 명 말에 "중국이 망하고 종묘사직이 폐허가 된 것[神州蕩覆, 宗社丘墟]"은 바로 왕학의 헛된 말로 나라를 그르친 결과였다. 그는 다음과 같이 말했다. "유석劉石이 중국을 어지럽힌 것은 청담의 화에서 비롯되었다. 사람들은 이 일은 잘 알지만, 오늘날 청담이 옛날보다 심하다는 사실을 누가 알겠는가? 옛날의 청담은 노장에 대해 말했고 오늘날 청담은 공맹에 대해 말한다. 미세한 것을 아직 얻기도 전에 거칠한 것을 이미 버렸고, 근본이 되는 것을 아직 궁구하기 전에 지엽적인 것을 벌써 배척하였다. 육예의 문장을 익히지 않고 이전 왕의 전장제도도 살피지도 않으며, 당대의 일을 종합하지도 않으면서, 공자가 공부와 정치를 거론하는 제일 중요한 내용을 일체 묻지 않고 '하나로 관통하거나[一貫]' '말하지 않았다'라고만 한다. 마음을 밝혀서 본성을 본다는 헛된 말로 수기치인의 실학을 대신하니 대신들은 게을러져 온갖 일은 황폐해졌으며, 무신들은 죽어 사방 나라들은 어지러워져, 결국 중국은 망하고 종묘와 사직은 폐허가 되었다."[65] 물론 명조 멸망의 원인을 왕학의 탓으로 돌리는 것은 역사 사실과 사뭇 다르지만, 왕학 말류에 대한 고염무의 비난 및 '헛된 말로 나라를 그르쳤다'는 지적은 정확성의 측면에서는 의심의 여지가 없다. 만명晚明 시기 심학이 지나치게 유행한 것에 대해 고염무는 뼈에 사무치도록 싫어하였기 때문에, 근본적으로 심학을 부정하기 위해서 학술사 측면에서 근원을 추적해 들어갔을 뿐 아니라 심학을 위진시대 청담사상과 동열에 두고 논하여 그 죄가 "걸이나 주보다 심하다[深於桀紂]"고 여겼다.[66]

심학의 죄가 걸이나 주보다 심한 이상, "배움이 없으면 일이관지[一貫]의 말을 빌려 비루함을 꾸미고, 행실이 없으면 성명性命의 학설로 도망쳐서 사람들이 공격하지 못하게 했다."[67] 그래서 고염무는 심학의 신비한 외피를 벗기고 선학禪學과의 관계를 있는 그대로 드러낸다. 심학은 내석 외유內釋外儒의 학문으로 "공자 문하에는 안內에만 마음을 쓰는 학설은 없다"고 지적하며 다음과 같이 말했다. "옛날 성인은 사람을 가르치는 학설이 그 행함은 효제충신에 있고, 그 직책은 물 뿌리고 비질하며 부름이나 물음에 답하고 관직에 나아가거나 물러나는 데에 있으며, 글쓰기는 『시경』, 『서경』, 『예기』, 『주역』, 『춘추』에 있고, 자신이 행하는 것은 출처, 거취, 교제에 있으며 천하에 시행할 것은 정령과 교화, 형벌에 있다. 조화롭고 온순한 덕이 안에 쌓여 영화로움이

65) 顧炎武, 『日知錄』卷7, 「夫子之言性與天道」. 劉石亂華, 本於淸談之流禍, 人人知之, 孰知今日之淸談有 甚於前代者. 昔之淸談談老莊, 今之淸談談孔孟, 未得其精而已遺其粗, 未究其本而先辭其末. 不習六 藝之文, 不考百王之典, 不宗當代之務, 擧夫子論學論政之大端一切不問, 而曰一貫, 曰無言. 以明心見 性之空言, 代修己治人之實學, 股肱惰而萬事荒, 爪牙亡而四國亂, 神州蕩覆, 宗社丘墟.

66) 顧炎武, 『日知錄』卷18, 「朱子晩年定論」.

67) 위와 같음. 不學則借一貫之言以文其陋, 無行則逃之性命之鄕以使人不可詰.

밖으로 드러나는 것 또한 체와 용의 구분이 있긴 하지만, 안에만 마음을 쓰는 가르침은 결코 없었다."68)그가 보는 관점에서 "지금의 '내학'은 또 도참의 서적에서 불교로 옮겨갔다."69) 이 때문에 고염무는 명나라 사람 당백원唐伯元(자 인경仁卿)의 「답인서答人書」에서 기술한 내용에 동조하며 거듭 말한다. "옛날에 배움을 좋아한다는 말은 있었으나 마음을 좋아한다는 말은 듣지 못했다. 심학 두 글자를 육경이나 공자와 맹자는 말하지 않았다."70) 고염무는 특히 심학에 대한 송말 학자 황진黃震의 지적을 찬성했다. "근래에는 심학에 대해 말하기를 좋아하여 문장의 본래 뜻을 제쳐두고 인심이나 도심만 논한다. 심하게는 도심 두 글자만 따와 마음이 곧 도라고 말한다. 선학에 빠져있으면서도 자신은 알지 못하니 요, 순, 우가 천하에 물려주었던 본래의 뜻과는 거리 가 멀다."71) 이것은 심학이 결코 유학의 정통이 아니고 공자와 맹자의 논의와도 부합하지 않으 며, 실제로는 노장의 학문이며 선학이다. 그러므로 심학은 버려야 한다.

　고염무는 심학을 부정했다. 그렇다면 무엇으로 이를 대체했을까? 정주학程朱學으로 대체했을 까? 아니다. 고염무가 볼 때, 심학도 내향적인 선학禪學일 뿐 아니라 '본성과 천도[性與天道]'를 탐구대상으로 하는 송명이학도 선불교로 흐르는 것을 면치 못했다. 고염무는 다음과 같이 말한 다. "근 백여 년간 공부하는 사람들은 종종 마음과 본성에 대해 말하였으나 막연하여 바른 해석 을 얻지 못한다. 천명과 인에 대해서는 공자도 드물게 말했고, 본성과 천도에 대해서는 자공도 듣지 못했다. … 지금 군자는 이와 같지 않다. 빈객과 문인학자들을 수십 수백 명씩 불러 모아 초목처럼 종류를 구별하여야 하는데, 그들에게 일절 마음과 본성에 대해 말한다. 넓게 배워 마음 에 두는 것을 버리고 일이관지의 방법만 추구하며, 천하의 어려움은 제쳐두고 위미정일의 학설에 대해서만 하루 종일 강구한다. 이들은 필시 도가 공자보다 높고 문하제자들이 자공보다 현명한 자들이며 공자의 가르침을 받아들여 요와 순이 마음으로 전수한 것을 직접 받아들인 자이다. 나는 감히 이들을 알지 못한다."72) 고염무는 나라의 안위는 돌보지 않고, 나가고 들어옴[出處],

---

68) 顧炎武, 『日知錄』卷18, 「內典」. 古之聖人所以教人之說, 其行在孝悌忠信, 其職在灑掃・應對・進退, 其 文在詩・書・禮・易・春秋, 其用之身在出處・去就・交際, 其施之天下在政令・教化・刑罰. 雖其和順積 中而英華發外, 亦有體用之分, 然並無用心於內之說.

69) 위와 같음. 今之所謂內學, 則又不在圖讖之書, 而移之釋氏矣.

70) 顧炎武, 『日知錄』卷18, 「心學」. 古有好學, 不聞好心, 心學二字, 六經・孔孟所不道.

71) 위와 같음. 近世喜言心學, 捨全章本旨而獨論人心・道心, 甚者撫道心二字, 而直謂心即道. 蓋陷於禪學 而不自知, 其去堯・舜・禹授受天下之本旨遠矣.

72) 顧炎武, 『亭林文集』卷3, 「與友人論學書」. 竊歎夫百餘年以來之為學者, 往往言心言性, 而茫乎不得其 解也. 命與仁, 夫子之所罕言也; 性與天道, 子貢之所未聞也. … 今之君子則不然, 聚賓客門人之學者數 十百人, 譬諸草木, 區以別矣, 而一皆與之言心言性. 捨多學而識, 以求一貫之方, 置四海困窮不言, 而 終日講危微精一之說. 是必其道之高於夫子, 而其門弟子賢於子貢, 桃東魯而直接二帝之心傳者也, 我

관직을 맡고 맡지 않음[去就], 사양하고 받음[辭受], 취하고 줌[取與]의 구별에 대해서도 말하지 않으면서 '본성과 천도'에 대해 떠들기만 좋아하는 것도 마찬가지로 유학의 정통正統이 아니라고 했다. 고염무는 이와 같은 학설이 사실 선학이라는 진흙 펄 속에 이미 빠져들었다고 여겼다. 그래서 고염무는 다음과 같이 말한다. "번지가 인에 대해 묻자 공자는 '거처할 때는 공경하고 일을 처리할 때는 진지하며 다른 사람을 대할 때는 자신의 진심을 다한다.'고 했다. 사마우가 인에 대해 묻자, 공자는 '어진 사람은 말이 어눌하다.'고 했다. 이로부터 확충해간다면 하루라도 자신의 욕심을 이겨서 예를 회복하는데 다른 도리가 있겠는가? 지금의 군자는 배움이 번지나 사마우에 미치지 못하면서 그 말은 안자나 증자보다 고원하다. 이는 하루 종일 '본성과 천도'에 대해 말하면서도 자신은 선학에 빠진 줄 모르는 것이다."73) 이것은 당연히 육왕[육구연과 왕수인]심학에 대한 부정일 뿐 아니라 정주이학에 대한 비판이기도 하다. 이런 비판 가운데 주자학을 명확하게 질책하는 경향이 없을 뿐 아니라 정이와 주희를 추숭함으로써 육구연과 왕수인을 종종 배척하기도 하지만, 이 말의 속뜻을 살펴보면 고염무가 추구하는 학문은 '본성과 천도'를 탐구대상으로 하는 이학이 아니라는 것을 분명히 알 수 있다.

우주의 본체는 무엇일까? 정주학파는 리理라고 여겼고 육왕심학은 마음[心]으로 귀결시켰다. 정이는 "도는 스스로 그러하게 만물을 낳는다.[道則自然生萬物]"74)고 하였고, 주희는 더욱 간단명료하게 "천지가 있기 이전에, 필경 먼저 이 이치가 있었다."75)라고 했다. 육구연은 "우주가 내 마음이고, 내 마음이 우주다."76)라고 주장했으며, 왕수인은 육구연의 관점을 이어받아 다음과 같이 생각했다. "마음 밖에 사물이 없고, 마음 밖에 일이 없으며, 마음 밖에 이치가 없고, 마음 밖에 의가 없으며, 마음 밖에 선이 없다."77) 이 문제에서 고염무는 정이나 주희, 육구연이나 왕수인과 그 취지가 각각 다르다. 고염무는 장재 쪽에 서서 기본론氣本論의 주장을 신봉했다. "장재張載의 『정몽正蒙』에 '태허에 기가 없을 수 없고, 기는 모여서 만물이 되지 않을 수 없으며 만물은 흩어져 태허가 되지 않을 수 없다. 이것을 따라 나가고 들어오는 것은 모두 그만둘 수 없어서 그러한 것이다.'"78)게다가 고염무는 명나라 사람 소보邵寶의 『간단록簡端錄』의 말을 인용하여 우

弗敢知也.

73) 顧炎武, 『日知錄』卷7, 「夫子之言性與天道」. 樊遲問仁, 子曰: "居處恭, 執事敬, 與人忠." 司馬牛問仁, 子曰: "仁者, 其言也訒." 由是而充之, 一日克己復禮有異道乎? 今之君子, 學未及乎樊遲司馬牛, 而慾其說之高於顏曾二子, 是以終日言性與天道, 而不自知其墮於禪學也.

74) 程頤, 『河南二程遺書』卷15.

75) 朱熹, 『朱子語類』卷1. 未有天地之先, 畢竟是先有此理.

76) 陸九淵, 『陸九淵集』卷22, 「雜著·雜說」. 宇宙便是吾心, 吾心卽是宇宙.

77) 王守仁, 『陽明全書』卷4, 「與王純甫書二」. 心外無物, 心外無事, 心外無理, 心外無義, 心外無善.

78) 顧炎武, 『日知錄』卷1, 「游魂爲變」. 張子『正蒙』有云, 太虛不能無氣, 氣不能不聚而爲萬物, 萬物不能不

주본원에 대한 자신의 견해를 밝혔다. "소보의 『간단록』에 말했다. '모여서 형체가 있는 것을 사물이라 하고 흩어져 모양이 없는 것을 변화라고 한다. 오직 사물이기 때문에 흩어지는 것은 반드시 모이는 것에서 하고, 오직 변하기 때문에 모이는 것은 반드시 흩어지는 것에 하지 않는다. 이런 까닭에 기는 기로써 모이고 흩어짐은 기로써 흩어지는 것이다. 흩어지는 것에 빠진 학설이 불교이고, 모이는 것에 황당한 학설이 도교이다.'"79)이렇게 하여 '천지 사이에 가득 찬 것은 기이 다[盈天地之間者氣也]'라는 결론을 얻는다.

송과 명대 수백 년간 이학가들은 봉건적인 인의예지仁義禮智와 강상윤리綱常倫理를 '천리'로 본체화 시키고, 아울러 '천리를 보존하고 인욕을 멸한다[存天理, 滅人欲]'는 교조를 제기하는데, 이는 사람들의 생각을 속박하는 질곡이 되었다. 고염무는 여기에 대해 정면으로 반박하지는 않지만 다음과 같이 생각했다. "천하가 한 집안이 된 후, 각각 그 친한 사람을 친하게 대하고 그 자식을 자식으로 대하여 사람들에게 사사로움이 있는 것은 본래 감정에 있어 피할 수 없는 것이 다. 그러므로 선왕들은 사사로움을 금하지 않았다. 금하지 않았을 뿐 아니라 백성들을 불쌍히 여겨 나라를 세워주고 제후와 친하게 지내며, 땅을 내려주고 성을 하사하며, 경계를 구별하고 밭을 나누어주었다. 천하의 사사로움을 합하여 천하의 공적인 것을 이루었으니, 이것이 왕도정치 를 행한 까닭이다."80) 이와 유사한 주장은 「군현론郡縣論」에도 보인다. 고염무는 "천하 사람들이 각자 그 집을 그리워하고 그 자식을 아끼는 것은 인지상정이다."81)라고 여기고, "천하의 사사로 움이 천자의 공적인 것이다.[天下之私, 天子之公也]", "천하의 사사로움을 써서 한 사람의 공적인 것을 이루면 천하는 다스려진다."82)라고 말했다. 이 말들은 고염무가 봉건통치자를 위해 말한 것이긴 하지만, 사람의 사사로운 감정이 존재하는 것에 대한 합리성을 논증하고, 심지어 이 감정 을 '천자의 공적인 것'의 전제로 삼고 있다. 이것은 분명 이학의 전통과 배치되는 것이다.

격물궁리는 정주파 이학가의 최상의 방법이다. 고염무도 '격물치지格物致知'에 대해 이야기하 지만 옛 외피 속에 새로운 시대적 내용을 충실하게 주입했다. 그는 "격물을 날짐승이나 들짐승, 풀이나 나무이름 같은 것을 많이 기억하는 것이라고 여긴다면 이는 지엽적이다. 지혜로운 사람은

散而爲太虛. 循是出入, 是皆不得已而然也.

79) 위와 같음. 邵氏『簡端錄』曰聚而有體謂之物, 散而無形謂之變. 唯物也, 故散必於其所聚; 唯變也, 故聚 不必於其所散. 是故氣以氣趣, 散以氣散. 昧於散者, 其說也佛; 荒於聚者, 其說也仙.

80) 顧炎武, 『日知錄』卷3, 「言私其豵」. 인용문 끝의 "天下之公"에서, 下자는 잘못된 것 같다. 「군현론郡縣論」과 대조해보면 '子'자가 되어야 할 것 같다. 自天下爲家, 各親其親, 各子其子, 而人之有私, 固情之所不能免 矣. 故先王弗爲之禁, 非爲弗禁, 且從而恤之, 建國親侯, 胙土命氏, 劃井分田. 合天下之私以成天下之 公, 此所以爲王政也.

81) 顧炎武, 『亭林文集』卷1, 「郡縣錄」5. 天下之人, 各懷其家, 各私其子, 其常情也.

82) 顧炎武, 『亭林文集』卷1, 「郡縣錄」5. 用天下之私以成一人之公, 而天下治.

모르는 것이 없지만 눈앞의 중요한 일을 우선시했다.”[83]고 말했다. '눈앞의 급선무[當務之急]'이란 무엇을 말할까? 고염무의 일관된 주장에 근거하면 '날짐승이나 들짐승, 풀이나 나무'도 아니며 '본성과 천도'도 아니다. '국가 치란治亂의 근원이자 백성을 기르는 근본적인 계획'이며 “천하를 보호하는 일은 천한 필부도 책임을 져야 하는[保天下者, 匹夫之賤與有責焉]” 일이다. 이것은 고염무의 격물관格物觀이 왕수인의 '치양지致良知'나 주희의 '궁리窮理'와 다르다는 것과 고염무가 이미 이학의 한계를 타파하고 광활한 사회현실로 시야를 넓혔음을 보여준다.

어떤 학술형태로 심학을 대체할 것인가 하는 선택의 상황에 직면하여 고염무는 주자학 복귀라는 길을 가지는 않는다. 하지만 역사적 한계로 인해 이학보다 더 발전적인 사유형식을 찾을 수가 없었다. 그래서 그는 전통적인 유가학설로 돌아가 경학부흥의 길을 선택할 수 밖에 없었다.

심성心性 공론의 대립물對立物로서 명말 학술계에는 '통경학고通經學古'의 경학 창도 현상이 이미 출현해 있었다. 이런 기풍은 가정嘉靖, 융경隆慶 연간의 학자 귀유광歸有光이 그 단서를 열었고, 중간에 초굉焦竑과 진제陳第 등이 그 흐름을 충실히 이어갔으며, 숭정 연간의 전겸익錢謙益과 장부張溥, 장채張采 등이 발전시킴으로써 '고학의 부흥[興復古學]'이 마침내 유력한 학술조류가 되었다. 이는 또 고염무의 경학부흥을 위한 길을 열어주었다.

고염무는 명말 학자들의 자취를 따라 경학부흥을 위해 노력한다. 벗인 시윤장施閏章에게 보내는 서신에서 고염무는 “이학은 경학이다”는 주장을 뚜렷하게 제기하고 다음과 같이 지적했다. “이학이라는 이름은 송나라 때 처음 있었다. 이른바 옛날의 이학은 경학이며 수십 년간 공부하지 않으면 통할 수가 없다. 그러므로 군자가 『춘추』를 평생 공부했다고 하는 것이다. 이른바 지금의 이학은 선학이며, 『오경』에서 취하지 않고 단지 어록에 근거했다. 과거응시문장에 비하면 훨씬 쉽다. 또 『논어』는 성인의 어록이라고 한다. 그런데 이 성인의 어록을 버려두고 훗날 유자의 말만 따르니 이것을 두고 근본을 모른다고 하는 것이다.”[84] 고염무는 경학을 유학의 정통으로 보았다. 그의 입장에서 볼 때, 유가경전을 깊이 연구하지 않고 이학가의 어록에만 몰두하는 것은 배움에 근본을 모르는 것이었다. 이 때문에 그는 “속학을 가벼이 여기고 『육경』을 추구할鄙俗學而求六經” 것을 지지하고 “본원이 되는 학문을 힘쓸務本原之學”[85] 것을 호소했다. 전겸익과 마찬가지로 고염무도 “경학을 공부함으로써 한나라의 학문을 회복할治經復漢” 것을 주장했다. “경학은 본래 근원과 흐름이 있으니 한 대로부터 위진 육조, 당, 송까지 반드시 하나하나 살펴보고

83) 顧炎武, 『日知錄』卷6, 「致知」. 以格物爲多識於鳥獸草木之名, 則末矣. 知者無不知也, 當務之爲急.

84) 顧炎武, 『亭林文集』卷3, 「與施愚山書」. 理學之名, 自宋人始有之. 古之所謂理學, 經學也, 非數十年不能通也. 故曰, 君子之於『春秋』, 沒身而已矣. 今之所謂理學, 禪學也. 不取之『五經』, 而但資之語錄, 較諸帖括之文而尤易也. 又曰, 『論語』, 聖人之語錄也. 舍聖人之語錄, 而從事於後儒, 此之謂不知本矣.

85) 顧炎武, 『亭林文集』卷4, 「與周籒書書」.

난 다음에 근래 유자의 저술까지 내려와야 같은 점과 다른 점[異同], 모였다가 흩어짐[離合]의 내력을 알 수가 있다. 이는 마치 글자를 논할 때 반드시 『설문해자』를 근본으로 삼아야지, 예서나 해서에 근거하여 고문자를 논한 경우는 없는 것과 같다."[86]

고염무의 이러한 주장들에서 말하고자 하는 바는 매우 분명하다. 고대 이학의 본래 면모는 사실 소박한 경학이며, 이후 옹정과 건륭연간의 학자인 전조망이 일반화시킨 "경학은 이학이다[經學即理學]"는 개념이기도 하다. 단지 뒤에 불교와 도가의 학설이 섞여들어 선학화禪學化 한 것에 불과하다. 그래서 고염무는 경학을 널리 알려야 하며 경학 속에서 의리에 대해 담론해야 "본원이 되는 학문에 힘쓴다務本原之學"고 말할 수 있다고 생각했다. 그래서 심학이든 이학이든 모두 "근본도 모르는" "후대 유학자[後儒]"의 학문으로 취급되어 버려진다.

구체적인 경학연구에 있어 고염무는 "옛 것을 믿되 의심나는 것은 그대로 둔다[信古而闕疑]"는 연구원칙을 제기하고, "『오경』은 분서갱유 뒤에 얻어졌기 때문에 그 가운데 착오가 없을 수 없다. 배우는 사람이 불행하게도 이천여년 뒤에 태어났으니 옛 것을 믿되 의심나는 것은 그대로 두는 것이 그 본분이다."[87]라고 했다. 이 원칙에 근거하여 고염무의 경학실천은 맹목적이거나 의존적이지 않고 믿어야 할 것은 믿고 의심할만한 것은 의심하여 실제에 힘쓰는[務實] 학문연구의 풍격을 구체적으로 드러내었다. 예를 들어, 그의 『주역』연구는 정이程頤의 『역전易傳』과 주희朱熹의 『주역본의周易本義』를 긍정하여 "정이와 주희의 책을 다시 읽음으로써 『주역』을 보존할[復程朱之書以存『易』]" 것을 주장하였을 뿐 아니라, "각각 근본이 되어야지[當各自爲本]" "오로지 『주역본의』만 활용하고[專用『本義』]" 『정전程傳』은 "버려두고 읽지 않아서는[棄去不讀]"[88] 안 된다고 주장했다. 동시에 고염무는 송대와 명대의 『주역』학설의 견강부회나 천착에 대해 매우 반박했다. 진단陳搏과 소옹邵雍의 『주역』학설을 두고 "방술서[方術之書]"나 "도가의 『주역』[道家之易]"[89]이라고 하거나 "공자의 책을 마음대로 해석하여 자신의 학설을 완성했다[強孔子之書以就己之說]"[90]고 대놓고 비판했다. 여러 가지 견해가 분분한 『상서尚書』에 대해 "「태서」의 문장은 위진 시기의 위서에서 나왔다."[91]고 판단하고, 다음과 같이 지적했다. "지금의 『상서』는 금문과 고문 모두

---

86) 顧炎武, 『亭林文集』卷4, 「與人書四」. 經學自有源流, 自漢而六朝, 而唐而宋, 必一一考究, 而後及於近儒之所著, 然後可以知其異同離合之指. 如論字者必本於『說文』, 未有據隷楷而論古文者也.

87) 顧炎武, 『日知錄』卷2, 「豊熙僞尙書」. 『五經』得於秦火之餘, 其中故不能無錯誤, 學者不幸而生乎二千餘載之後, 信古而闕疑, 乃其分也.

88) 顧炎武, 『日知錄』卷1, 「朱子周易本義」.

89) 顧炎武, 『日知錄』卷1, 「孔子論易」.

90) 顧炎武, 『日知錄』卷1, 「易逆數也」.

91) 「泰誓」之文出於魏晉間人之僞撰.

33편이 있는데, 본래 복생과 공안국의 글을 섞어 넣었다. 그 가운데 25편은 매색에게서 나왔으며, 「순전舜典」 28자는 요방흥姚方興에서 나왔는데 또 같이 합쳐놓았다. 맹자는 『상서』를 완전히 믿는 것은 『상서』가 없는 것만 못하다고 하였는데, 오늘날 그 말은 더욱 옳다는 것이 증명된다."[92] 여러 경전 중에서 고염무의 『춘추』에 대한 연구가 가장 깊이가 있다. 그는 수많은 서적을 깊이 연구한 뒤에, 그 성과를 『일지록』에 수록하는 것 외에 『좌전두해보정左傳杜解補正』이라는 전문서적을 집필했다. 금고문 경학연구에 따르면 『좌전左傳』은 고문경학의 노선을 따르는 반면, 「공양전公羊傳」은 금문경학에 속하고 「곡량적穀梁傳」 역시 의견이 각각 다르긴 하지만 금문경학에 넣는 사람들이 많다. 고염무는 『춘추』를 연구하는데 있어 금고문의 벽을 허물어 세 학파의 장점을 두루 취하고 후대 유학자들의 성과도 흡수했다. 그는 다음과 같이 언급했다. "경문의 대의를 좌구명은 다 얻지 못했으나 공양과 곡량은 다 얻었다. 또 공양과 곡량은 다 얻지 못했으나 담조啖助와 조광趙匡 및 송대 유신들은 그것을 얻어 별도로 서적에 기록하였다."[93] 고염무는 송명 대이후 많은 비난을 받은 당나라 사람 담조啖助의 『춘추』연구에 관하여 칭찬하며, 담조는 "전해 내려오는 주석을 근본으로 하지 않고 마음대로 이름과 학문을 사용했다[不本所承, 自用名學]"라거나, "후대 학자들의 궤변은 담조에 의해 유발되었다고 하는[謂後生詭辯爲助所階]" 사람들의 말에 동의하지 않았다. 오히려 "담조의 『춘추』학은 세 사람보다 탁월하며 스스로 터득한 것이 많았다."[94]고 생각했다. 그래서 그의 『춘추』연구는 후인들에게 매우 중시되어 "문호를 없애고 시비의 공평함을 지켰다."[95]는 평을 받고 있다.

송명 대 이후 이학가들은 훈고학訓詁學과 성음학聲音學을 경시하여 고음학은 간신히 명맥만 이어져 내려온다. 고음학에 대한 연구부족으로 그 이후로 종종 마음대로 경전을 고치는 폐해가 발생한다. 고염무는 경학을 연구하면서 음운과 문자에 통하지 않으면 경학의 문으로 본격적으로 들어갈 수 없다고 보았다. 그래서 그는 "구경을 읽는 것은 문자에 대한 고찰로부터 시작하고, 문자에 대한 고찰은 고음을 아는 것으로부터 시작한다."[96]는 경학방법론을 제기한다. 이런 방법론에서 출발하여 고음학 연구에만 몰두하여 30여년의 노력 끝에 『음학오서音學五書』같은 중국음

---

92) 顧炎武, 『日知錄』卷2, 「古文尙書」. 今之『尙書』,其今文, 古文皆有之三十三篇, 固雜取伏生, 安國之文, 而二十五篇之出於梅賾, 「舜典」二十八字之出於姚方興, 又合而一之. 孟子曰, 盡信書不如無書, 於今日而益驗之矣.

93) 顧炎武, 『左傳杜解補正』卷首, 「自序」. 若經文大義, 左氏不能盡得, 而公, 穀得之, 公, 穀不能盡得, 而啖, 趙及宋儒得之, 則別記之於書.

94) 顧炎武, 『日知錄』卷2, 「豊熙僞尙書」. 啖助之於『春秋』, 卓越三家, 多有獨得.

95) 『四庫全書總目』經部『春秋』類4, 「左傳杜解補正」. 掃除門戶, 能持是非之平.

96) 顧炎武, 『亭林文集』卷4, 「答李子德書」. 讀九經自考文始, 考文自知音始.

운학사에 있어 한 획을 긋는 저작을 집필한다. 고염무의 고음학 연구는 전해 내려오는 맥락이 있어서 송대 사람 오역吳棫이나 정상鄭庠, 특히 명 대 사람 진제陳第 등의 저술에서 적지 않은 계발啓發을 받기는 했지만 그가 실사구시적으로 독립적인 연구를 진행했기 때문에 음학音學의 변화와 발전, 근원과 흐름에 대한 심의와 수정, 고운부류古韻部類에 대한 분석 등 여러 방면에 있어 진제의 성과를 계승발전 시킬 수 있었다. 이는 오역의 오류를 바로잡아 신대륙을 발견한 것과 같은 성과를 얻었다고 할 수 있다. 남송 이후로 『시경』에 대해 마음대로 협운協韻[97]하는 폐단이 고염무에 이르러 깨끗이 없어진다. 고염무도 이 책 때문에 음운학에 있어 일대종사의 지위를 얻는다.

고염무의 경학부흥의 노력이나 "구경을 읽는 것은 문자에 대한 고찰로부터 시작하고, 문자에 대한 고찰은 고음을 아는 것으로부터 시작한다"는 학문방법론의 창도 및 "경학을 공부함으로써 한나라의 학문을 회복하다[治經復漢]"는 주장은 제기되자마자 급속하게 사방의 공명을 일으켰다. 강희제 중엽 이후로 옛 것을 믿되[信古] 사실에 바탕하여 진리를 탐구하는[求是] 경학연구의 기풍이 일시 학술계의 공통된 인식이 된다. 강소성江蘇省 오강吳江의 경학가 주학령朱鶴齡은 "경학의 황폐화는 한 사람의 말만 고집하고 옳은 이치를 구하지 않기 때문에 발생한 것이다. 만약 옳은 이치를 구하고자 한다면 반드시 옛 것을 믿는 것으로부터 시작해야 한다."[98]라고 했다. 상숙常熟의 학자 풍반도 말했다. "경학은 한 대에 성행했으나 송 대에 이르러 한나라는 원수처럼 미움을 받았고, 현학은 진대에 성행했으나 송 대에 이르러 이단이라고 비난을 받았다. 주와 소가 남아있긴 하지만 글자가 잘못되거나 빠지고 뒤섞여 지금 학자들이 제목을 거론할 수 없는 지경에 이르렀다."[99] 객지 양주揚州에서 머물렀던 사천성 신번新繁의 학자 비밀費密은 "고경의 전해진 뜻[古經定旨]"을 드러낼 것을 기치로 삼아 "학자는 반드시 성인의 학문을 근원으로 하여 고경을 오로지 지키며 실제를 따르고 도에 뜻을 두어야 한다."[100]고 주장했다. 고염무와 다른 학자들의 공동 창도를 통해 청초 학술은 학문방법에 있어 점차 경전과 사서를 넓게 연구하는 방향으로 나아간다. 이는 송명이학과 달리 경전과 역사를 소박하게 고증하는 역사적 특징을 형성한다.

---

97) 같은 운에 속하지 않는 운자韻字를 동일한 운으로 사용하는 일. 역자 주.

98) 朱鶴齡,「愚庵小集·毛詩稽古篇序」. 經學之荒也, 荒於執一先生之言而不求其是, 苟求其是, 必自信古始.

99) 馮班,「鈍吟文稿·經典釋文跋」. 經學盛於漢, 至宋而疾漢如仇. 玄學盛於晉, 至宋而詆爲異端. 注疏僅存, 訛缺淆亂, 今之學者, 至不能擧其首題.

100) 費密, 『弘道書』卷上,「古經旨論」. 學者必根源聖門, 專守古經, 從實志道.

4. 사학사상

고염무의 역사연구는 고금을 관통하고, 옛 것을 끌어와 지금을 헤아리는[引古籌今] 선명한 특징을 가지고 있다. 그는 「답서생공숙서答徐甥公肅書」에서 "역사서는 옛 일을 거울삼아 지금을 경계하는 것이다.[夫史書之作, 鑑往所以訓今]"[101]라고 했다. 역사서를 짓는 사람의 역사사건과 역사인물에 대한 평론은 "사건을 서술하는 가운데 추론하거나 판단을 해야지[於序事中寅論斷]"[102], 아무런 근거 없이 말해서는 안 된다. 이 때문에 그는 『사기』의 경우 역사서술과 추론 및 판단이 서로 빛을 발해 중국고대 사서의 본보기가 되었다고 칭찬했다.

사서의 체례에 대하여 고염무는 표表와 지志의 작용을 지극히 강조한다. 『일지록』에서 그는 벗인 주학령朱鶴齡의 주장을 인용하며 말했다. "『사기』에는 본기 다음에 십표와 팔서가 있다. 표는 치란과 흥망의 대략을 기록했고, 서는 제도연혁의 대강을 기록했다. 반고는 서를 지로 바꾸었으며, 연표는 『사기』보다 상세하다."[103] 고염무는 진수陳壽의 『삼국지三國志』와 범엽范曄의 『후한서後漢書』에서 표와 지를 넣지 않은 것은 매우 유감스런 일이라고 여겼다. "역사서를 짓는데 표가 없으면 열전이 많을 수밖에 없고, 열전이 많을수록 문장도 많아지지만 역사기록은 혹 누락되어 기재되지 못하기도 한다."[104] 고염무 자신이 사서를 읽을 때 늘 표열表列를 배열하는 방법을 이용해 수많은 역사사건을 순서에 맞게 정리하기도 하여 다음과 같이 말했다. "근래에 우연히 네 역사서를 보다가 진나라가 천하를 통일하던 때로부터 송이 망할 때까지 연표를 엮은 것이 정초鄭樵보다 간략하다."[105]

사서의 편찬은 신뢰할 만한 역사라고 불릴 수 있어야 후대에 신뢰를 받을 수 있는데, 그 근본은 사실을 찾고 거짓을 없애는데 있다고 고염무는 생각했다. 그는 "사실에 근거하여 있는 그대로 서술하는[據事直書]" 것을 "만세의 역사서술의 준칙[萬世作史之準繩]"이라고 보았다. 그는 『일지록』에서 명 말에 『삼조요전三朝要典』에 대해 논하면서 여기에 대해 집중적으로 밝혔다. "각 문호의 사람들이 한 말은 모두 어딘가에서 빌려온 곳이 있으니 상주문에 각각 시비가 있게 된다. 사서를 짓는 사람이 양쪽의 의견을 수렴하여 모두 보존한다면 거울로 사물을 비추면 형상을 숨길 수 없는 것처럼 후대의 군자는 시비를 알게 될 것이다. 편견을 가진 자들이 잘못 기재하여 이 당에 대해서는 옳은 것만 보존하고 잘못된 것은 없으며, 저 당에 대해서는 잘못된 것만 남기고

---

101) 顧炎武, 『亭林文集』卷6, 「答徐甥公肅書」.

102) 顧炎武, 『日知錄』卷26, 「史記·於序事中寅論斷」.

103) 顧炎武, 『日知錄』卷26, 「作史不立表志」. 『史記』帝紀之後, 卽有十表, 八書. 表以紀治亂興亡之大略, 書以紀制度沿革之大端. 班固改書爲志, 而年表視『史記』加詳焉.

104) 위와 같음. 不知作史無表, 則立傳不得不多, 傳愈多, 文愈繁, 而事迹或反遺漏而不擧.

105) 顧炎武, 『菰中隨筆』. 比日偶閱四史, 因自混一之年, 以迄厓山之歲, 編成年表, 較漁仲尤爲簡略.

옳은 것은 없앤다. 말하는 사람의 실정은 숨고 한쪽의 말만 드러나게 된다. 또 『요전要典』의 경우, 그 명목은 모두 잘못되었다고 할 수 없으나 그 의미는 의도하는 바가 있다. 이것을 계승한 책도 이와 같다. 이것이 국론이 통일되지 못하고 백대 이후에도 역사에 대해 믿기 어려워하는 이유다. 숭정제가 강관인 이명예의 상소를 비판하여 '『실록』을 짓는 법이 오직 사실에 근거하여 서술하는 데 있으면 시비는 서로 드러난다.'고 하였는데, 황제의 말은 훌륭하니, 만대에 사서 서술의 본보기일 것이다."106) 이 때문에 고염무는 역사서를 연구하는 과정에 사료의 신뢰성을 지극히 중시했다. 명나라 역사 연구를 예로 하면 그는 『실록』과 「저보邸報」를 매우 중시했다. 『일지록』에서 명나라 역대 왕조의 실록을 대량 인용하여 벗들과 역사사실의 곡직에 대해 논할 때도 실록에 근거하는 경우가 많다. 고염무는 명 조정의 공문서인 「저보邸報」를 더욱 중시했다. 그는 장기간 명대 역사에만 마음을 기울여, 젊은 시절에 만력 48년(1620)부터 숭정 원년(1628)까지의 「저보」에 대해 진지하게 연구했다. 『숭정실록』이 아직 편찬되지 않았고 왕조교체로 인한 약간의 기피현상까지 더해져, 고염무는 명말 역사 특히 숭정제 시기의 역사를 쓰는 것은 "단지 「관보」만 저본으로 할 수 있다."107)고 주장한다. 『일지록』에서 언급한 명말 역사사실에 대해서도 "왕조 흥망의 일은 『실록』을 다 읽고 숭정제의 「저보」를 같이 보아야 고금의 일이 크게 갖추어져 유감스러운 마음이 남지 않게 된다."108)고 하였다. 사료의 신뢰성을 강조하는 것과 궤를 같이하니, 고염무는 역사연구에 있어 공자의 "많이 듣고 의심나는 것은 그대로 두다[多聞闕疑]"의 정신을 높이 평가했다. "공자가 '나는 사서를 짓는데 있어 의심스러운 곳을 그대로 두는 것을 보았다'고 했으니, 역사서에서 글자나 글귀가 빠진 문장은 성인도 감히 더하지 못했다. … 공자가 '많이 듣고 의심나는 것이 있으면 그대로 두고 나머지 자신 있는 부분만 신중하게 말하라'고 하지 않았는가? 어찌 자장에게만 해당되는 말이겠는가? 『춘추』를 짓는 법도 이것을 지나치지 않는다."109) 여기서 출발하여 명청 교체기 역사를 마음대로 고치는 행위에 대해 그는 엄격하게 질책했다. "나는 대신의 아들 중 부친의 상주문 초고를 고친 후 인쇄하여 사람들을 속이는 것을 본 적이 있다. 이는 돌아가신 후에 다시

---

106) 顧炎武, 『日知錄』卷18, 「三朝要典」. 門戶之人, 其立言之指, 各有所借, 章奏之文, 互有是非. 作史者兩收而竝存之, 則後之君子, 如執鏡以照物, 無所逃其形矣. 偏心之輩, 謬加筆削, 於此之黨, 則存其是者, 去其非者; 於彼之黨, 則存其非者, 去其是者. 於是言者之情隱, 而單辭得以勝之. 且如『要典』一書, 其名未必盡非, 而其意則有所爲. 繼此之書者猶是也. 此國論之所以未平, 而百世之下難乎其信史也. 崇禎帝批講官李明睿之疏曰 : "纂修『實錄』之法, 惟在遽事直書, 則是非互見." 大哉王言, 其萬世作史之準繩乎!

107) 顧炎武, 『亭林文集』卷3, 「與公肅甥書」. 止可以「邸報」爲本.

108) 顧炎武, 『蔣山傭殘稿』卷1, 「答公肅甥」. 所謂興革之故, 須俟閱完『實錄』, 竝崇禎「邸報」一看, 然後古今之事, 始大備而無憾也.

109) 顧炎武, 『日知錄』卷4, 「春秋闕疑之書」. 孔子曰 : "吾猶及史之闕文也." 史之闕文, 聖人不敢益也. … 子不云乎 : "多聞闕疑, 愼言其餘." 豈特告子張乎? 修『春秋』之法, 亦不過此.

문장을 급히 짓느라 후인들에게 비난을 피하고 이전 일에 대한 선입견을 과장하려고 했기 때문이다. 남을 속이는 정도가 당나라 때보다 심했다. 그러므로 서적에 기록하여 사서를 짓는 군자가 자세히 살펴보고 엄중하게 비판하게 한다."[110] 이로 인해 고염무는 『명사』를 지을 때는 "오직 상주문의 시비와 동이의 논의에 대해서는 양쪽의 의견을 다 보존하고, 바깥에서 들은 내용에 대해서는 의심스러운 부분을 그대로 전하는 방법을 사용하고"[111] "일체를 보존하고 가벼이 없애지 말고 논하여 판단하는 말은 보류하여 뒷사람의 결정을 기다려야"[112]한다고 주장했다.

고염무는 역사연구 과정 중에 증거와 조사연구에 매우 주의를 기울였다. 그의 제자 반뢰潘耒는 역사연구의 스승의 업적을 종합할 때, "천하의 절반에 미치도록 발자취를 남기고 가는 곳마다 현명하면서도 뛰어난 사람들과 교유하였으며, 산천과 풍속의 어려움이나 이로움과 병폐를 살피기를 손바닥을 가리키는 것처럼 했다."[113]고 했으며, 또 "독특한 견해가 있으면 옛 일을 끌어와 지금의 일을 증명했다.[有一獨見, 援古證今]"[114]고 했다. 고염무는 유비類比의 귀납법에 뛰어나서 비슷한 역사자료의 나열을 통해 결론을 얻었다. 예를 들어 『일지록』의 「명이동사이회名以同事而晦」 조목에서 다음과 같이 말했다. "『여씨춘추』에 '진목공은 군사를 일으켜 정나라를 공격하러 가면서 주나라를 지나 동쪽으로 갔다. 정나라 상인 현고와 해시가 서쪽 주나라에 물건을 팔러가다가 현고는 급히 해시에게 돌아가 이 일을 고하게 했다. 정백의 명령이라고 속이고 소 열 두 마리로 군사를 위로했으니 이것이 해시와 현고의 사귐이다.'라고 했다. 그러나 『좌전』에는 이 일을 기록하지 않았다. 『회남자』에서는 '형가가 서쪽으로 진왕을 죽이러 가는데, 고점리와 송의가 그를 위해 축을 치며 역수에서 노래했다'고 했으며, 송옥의 『적부』에도 형가와 송의를 같이 언급했다. 이것은 송의와 고점리의 사귐인데, 『전국책』과 『사기』에는 기록하지 않았다."[115] 이런 귀납적 연구방법은 이후 학자들이 보편적으로 채용하는데, 최술崔述의 『고신록考信錄』과 유월兪樾의 『고서의의거례古書疑義擧例』 등이 모두 여기에 해당한다.

---

110) 顧炎武, 『日知錄』卷18, 「密疏」. 予嘗親見大臣之子, 追改其父疏草, 而刻之以欺其人者. 欲使蓋棺之後, 重爲奮筆之文, 道遺議於後人, 佟先見於前事. 其爲誣罔, 甚於唐時. 故志之於書, 俾作史之君子, 詳察而嚴斥之也.

111) 顧炎武, 『亭林文集』卷3, 「與公肅甥書」. 惟是章奏是非, 同異之論, 兩造竝存, 而自外所聞, 別用傳疑之例.

112) 顧炎武, 『亭林文集』卷4, 「與次耕書」. 一切存之, 無輕刪抹, 而微其論斷之辭, 以待後人之自定.

113) 潘耒, 『遂初堂集』卷6, 「日知錄序」. 足跡半天下, 所至交其賢豪長者, 考其山川風俗疾苦利病, 如指諸掌.

114) 위와 같다.

115) 顧炎武, 『日知錄』卷25, 「名以同事而晦」. 『呂氏春秋』言 : "秦穆公興師以襲鄭, 過周而東. 鄭賈人弦高, 奚施將西市於周, 遽使奚施歸告, 及矯鄭伯之命, 以十二牛勞師, 是奚施爲弦高之友." 而『左氏傳』不載. 『淮南子』言 : "荊軻西刺秦王, 高漸離, 宋意爲擊築而歌於易水之上." 宋玉『笛賦』, 亦以荊卿, 宋意竝稱. 是宋意爲高漸離之侶, 而『戰國策』, 『史記』不載.

5. 문학사상

고염무는 학문영역이 광대한 학자이다. 그는 '문인'을 부끄러워하여 평생 가볍게 시를 짓지는 않았지만 문학에 있어 대단한 조예가 있다. 특히 현실에 입각한 그의 문학사상은 더욱더 탐구할 만한 가치가 있다. 다만 문학에 대한 이해가 그의 경학, 사학, 음운학 등의 성취에 가려져 논자들에게 종종 소홀히 다루어졌을 따름이다.

고염무는 과거제도의 질곡에서 벗어난 사람이다. 그도 청소년 시기에는 과거시험을 위해 문사文士들 사이에서 경쟁하느라 "벌레 이름이나 새 이름에 주석을 달거나 바람과 달을 읊조렸고[注蟲魚, 吟風月][116]", "다른 사람의 글귀를 토막토막 따다가 맞추곤 하였다.[爲雕蟲篆刻之計]"[117] 그러나 명청교체라는 대변동을 거친 후에 오랜 습관이던 과거응시를 위한 문장을 짓던 일을 단호하게 포기하고 "문장만 잘 짓는다고 해서 문인이 되지 않고 말만 잘한다고 해서 도를 전하는 유학자가 되지 않는다."[118]고 스스로 맹세했다. 또 그는 "군자의 학문은 도를 밝히고 세상을 구하기 위함이다. 단지 시문을 짓기 위함이라면 이른바 벌레나 새기는 보잘 것 없는 솜씨에 불과하니 무슨 이로움이 있겠는가?"[119]라고 주장하고 문으로 세상을 다스리는 문이경세文以經世의 문학관을 수립했다.

고염무의 문학관이 문장에 구체적으로 드러난 것이 "문장은 천하에 도움을 주어야 한다.[文須有益於天下]"는 주장이다. 그는 다음과 같이 말한다. "천지 사이에서 끊을 수 없는 문장을 도를 밝힌다고 하니, 정사를 기록하고 백성의 고통을 살피며 사람들의 선행을 즐겨 말하는 것이다. 이와 같은 것은 천하에 유익하고 장래에 유익하여 한편이라도 많을수록 그만큼 유익하다. 괴이한 일과 용맹에 관한 일, 질서에 맞지 않는 일, 귀신의 일, 근거 없는 말, 표절한 말, 잘 보이기 위해 알랑거리는 문장 등은 자기에게 해롭고 다른 사람에게도 무익하여 한편이라도 많을수록 그만큼 해롭다."[120] 이러한 주장은 문학영역에서 고염무의 경세치용 사상이 집중적으로 반영된 것이며, 중년 이후 문학 활동의 근거가 되기도 한다. 고염무는 당나라의 저명한 문학가 백거이의 "문장은 현 시대를 위해서 지어야 하고, 시가는 지금의 일을 위해 지어야 한다.[文章合爲時而著, 歌詩合爲事

---

116) 顧炎武, 「亭林佚文輯補 · 與黃太沖書」.

117) 顧炎武, 「亭林文集 · 與陸桴亭札」.

118) 顧炎武, 『亭林文集』卷4, 「與人書二十三」. 能文不爲文人,能講不爲講師.

119) 顧炎武, 『亭林文集』卷4, 「與人書二十五」. 君子之爲學,以明道也,以救世也.徒以詩文而已,所謂雕蟲篆刻,亦何益哉.

120) 顧炎武, 『日知錄』卷19, 「文須有益於天下」. 文之不可絶於天地間者, 曰明道也, 紀政事也, 察民隱也, 樂道人之善也. 若此者, 有益於天下, 有益於將來, 多一篇, 多一篇之益矣. 若夫怪力亂神之事, 無稽之言, 剿襲之說, 諛佞之文,

而作]"는 주장을 가슴에 새기고 문장을 짓는 일을 세상을 구하는 수단으로 보았다. 그는 다음과 같이 말했다. "정사를 행하여 백성을 구제하는 것은 현달하여 위 자리에 있는 사람의 책무이고, 문장을 지어 백성을 구하는 것은 이 역시 곤궁하여 아래 자리에 있는 사람의 책무이다."121) 따라서 고염무는 자신의 문장에 대해 매우 엄격하여 "『육경』의 뜻이나 세상을 다스리는 일과 무관한 문장은 일절 짓지 않았다."122)

고염무는 "문장은 많이 짓는 것을 귀하게 여기지 않고 정밀함을 추구하는데 있다.[文不貴多而在精]"고 힘껏 창도하면서, 헛된 명예를 추구하거나 눈앞의 성공과 이익에 급급한 행태에 대해서 반대하고 엄격하고 정밀하게 문장을 지을 것을 주장했다. 그는 다음과 같이 말했다. "전한과 후한 문인들의 저술은 매우 적어서, 『전한서前漢書』와 『후한서後漢書』의 각 열전의 끝에서는 모두 몇 편의 저술이 있다고 매번 언급했다. 오직 동중서만 지은 문장이 백삼십 편이나 되었지 나머지 사람들은 오륙십 편이나 열 몇 편, 세 네 편에 불과했다. 역사서에서 그 수를 기록한 것은 대체로 칭찬한 것이지 적다고 여긴 것이 아니다. 지금 사람들은 저작이 많은 것을 뛰어나다고 여긴다. 저작이 많으면 분명 좋을 수가 없으며, 좋다고 하더라도 모두 유용한 것은 아니니 전하지 못하는 것도 마땅하다."123)

고염무는 "책을 짓는데 급급하고 이름을 구하는데 조바심을 가지는 것[速於成書, 躁於求名]"이 학자들이 크게 주의해야 할 점이라고 생각했다. 고염무는 이 점에 대해 종합적으로 말했다. "송나라 사람의 서적, 예를 들어 사마광司馬光의 『자치통감』이나 마단임馬端臨의 『문헌통고』는 모두 평생의 정력을 들여 완성하여 후대에 없어서는 안 될 책이 되었다. 하지만 그 가운데는 많지 않지만 오류가 있는 것도 피할 수 없었다. 후대 사람들의 경우도 서적이 많을수록 오류도 많고 급히 지을수록 전해지지 못했다. 그 이유는 책을 짓는 것을 너무 쉽게 여기고 이름을 구하는데 급급했기 때문이다."124)

무엇보다 고염무에게 있어 대단한 점은 그가 했던 말을 실천한 것이었다. 남아있는 그의 문집 중에 「을유사론乙酉四論」 및 「군현론郡縣論」, 「생원론生員論」, 「천량론錢糧論」 등의 문장이 시대

---

121) 顧炎武, 『日知錄』卷19, 「直言」. 救民以事, 此達而在上位者之責也; 救民以言, 此亦窮而在下位者之責也.

122) 顧炎武, 『亭林文集』卷4, 「與人書三」. 凡文之不關於『六經』之指, 當世之務者, 一切不爲.

123) 顧炎武, 『日知錄』卷19, 「文不貴多」. 二漢文人所著絶少, 史於其傳末每云, 所著凡若干篇. 惟董仲舒至百三十篇, 而其餘不過五六十篇, 或十數篇, 或三四篇. 史之錄其數, 蓋稱之, 非少之也. 乃今人著作, 則以多爲富. 夫多則必不能工, 卽工亦必不皆有用於世, 其不傳宜矣.

124) 顧炎武, 『日知錄』卷19, 「著書之難」. 宋人書, 如司馬溫公『資治通鑑』, 馬貴與『文獻通考』,皆以一生精力成之, 遂爲後世不可無之書. 而其中小有舛漏, 尚亦不免. 若後人之書, 愈多而愈舛漏, 愈速而愈不傳. 所以然者, 其視成書太易, 而急於求名故也.

의 병폐를 정확하게 지적한 것으로 일찍부터 정평이 나있었을 뿐 아니라, 「오동초행장吳同初行狀」, 「서오반이자사書吳潘二子事」 등의 서사문장 내지 「병기여계문당사서病起與薊門當事書」 등의 단편 서찰도 각각 다른 시각에서 역사의 진실을 반영했다. 그의 이런 문장들은 순박하고 조탁하지 않았으며 인물을 평하고 세상일의 득실을 논하는 데 이로운 점이 있어서 사료로도 활용할 수 있다. 고염무의 문집을 읽으면 또 매우 개성적인 특징을 발견할 수 있다. 당시 많은 문인들과 달리 그에게는 죽은 사람의 공덕을 칭송하는 응수應酬의 문장이 매우 적다는 점이다. 고염무는 다음과 같이 말했다. "『송사宋史』에 유지劉摯가 매번 제자들에게 '사인은 마땅히 기량과 견식을 우선시해야한다. 세상에 아부하는 문인으로 불리는 사람은 돌아볼 가치도 없다.'고 경계시켰다는 말이 있는데, 내가 이 글을 읽고 나서는 응수하는 문장을 끊었다. 이것이 기량과 견식을 기르고 세상에 아부하는 문인이 되지 않은 이유이다."[125] 섬서성陝西省 주지周至의 학자 이옹李顒은 고염무가 북쪽지방을 유람할 때 만나 교유한 벗이다. 그들은 처음 만나자마자 오래전부터 알고 지냈던 사람들처럼 스스럼없었으며 기개를 연마하여 두 사람 모두 고결한 절조로 세상에 알려졌다. 하지만 이옹이 고염무에게 그의 모친을 위해 사기祠記를 지어줄 것을 요청했을 때 고염무는 완고히 거절했다. 뒤에 고염무는 이 일에 대해 다음과 같이 언급했다. "중부[이옹]가 돌아가신 모친을 위해 전傳을 지어줄 것을 재삼 부탁했으나 끝내 사양하였습니다. 한 개인이나 한 집안 일이면서 경학이나 정사의 이치 같은 큰일과 무관하면 지어주지 않았기 때문입니다."[126] 중국문학사에서 한유는 "문장은 팔대의 쇠락한 기풍을 일으킨[文起八代之衰]" 대가이지만 고염무는 한유가 "경학이나 정사의 이치와 무관한[無關於經術政理]" 응수의 문장을 지었다고 해서 그에 대한 평가를 보류했다. "한문공(한유)이 팔대의 쇠락한 기풍을 일으켰습니다. 만약 「원도」나 「원훼」, 「쟁신론」, 「평회서비」, 「장중승전후서」 등의 문장만 짓고 나머지 명문이나 행장을 사절했다면 진실로 근래의 태산북두가 되었을 것입니다. 그래서 지금 감히 그에 대해 인정하지 않는 것입니다."[127]

고염무는 응수하는 문장을 짓는 것을 거절했을 뿐 아니라 오랫동안 문학 속에 존재해온 의고擬古의 병폐에 대해서도 강하게 비판했다. "근래 문장의 병폐는 온전히 모방에 있다. 고인의 수준에 거의 근접했다고 하더라도 이미 최고는 아니다. 하물며 그 내용은 버리고 외피만 취하는 것이 겠는가?"[128] 이 때문에 그는 다음과 같이 단언했다. "『초사』를 모방한 것은 분명 『초사楚辭』만

---

125) 顧炎武, 『亭林文集』卷4, 「與人書十八」. 『宋史』言, 劉忠肅每戒子弟曰: "士當以器識爲先, 一命爲文人, 無足觀矣." 僕自一讀此言, 便絶應酬文字. 所以養器識而不墮於文人也.

126) 顧炎武, 『亭林文集』卷4, 「與人書十八」. 中孚爲其先妣求傳再三, 終已辭之. 蓋止爲一人一家之事, 而無關經術政理之大, 則不作也.

127) 위와 같다. 韓文公起八代之衰, 若但作「原道」, 「原毁」, 「爭臣論」, 「平淮西碑」, 「張中丞傳後序」諸篇, 而一切銘狀槪爲謝絶, 則誠近代之泰山北斗矣. 今猶未敢許也.

못하고 「칠발七發」을 모방한 것은 분명 「칠발」만 못하다. 문장을 짓는 사람이 무엇보다 어떤 사람을 마음속에 두고 그 사람을 잊지 않으려고 한다면 필력은 더 이상 성취가 있을 수 없다. 이것이 바로 수릉 땅 소년이 한단에 가서 걸음걸이를 배운다는 것이다."[129] 아무런 생기가 없는 의고기풍을 구제하기 위해 고염무는 문학사의 각도에서 문학형식 변천의 원류源流를 밝힘으로써 옛 문장을 모방하면 달리 잘된 문장이 나올 수 없음을 논증했다. "『시』 삼 백편은 『초사』로 내려가지 않을 수 없고, 『초사』는 한과 위로 내려가지 않을 수 없으며, 한과 위는 육조로 내려가지 않을 수 없고, 육조는 당으로 내려가지 않을 수 없으니, 이것이 필연적 추세이다. 한 조대의 문체를 사용하면 반드시 그 조대의 문장과 비슷해진 후에야 기준에 부합하게 된다."[130] 이것은 한 시대의 문학은 각각의 풍격이 있고, 문학형식도 필연적으로 시대에 따라 변한다는 것을 설명했다. 이러한 문학주장은 문학사의 발전에 실제로 부합한다. 이것을 거울삼아 고염무는 '문인이 옛 것을 추구하는[文人求古]' 것을 문학의 병폐로 보고, 다음과 같이 말했다. "지금은 전한과 후한이 될 수 없으니 전한과 후한이 『상서』나 『좌전』이 될 수 없는 것과 같은 이치이다. 『사기』와 『한서』 속의 문법을 그대로 가져와 옛 문장을 짓거나 심하게는 한 두 글자나 구절을 따와서 문장에 사용하니, 서로 맞지 않는 것이 심하다."[131] 벗과 시문에 대해 토론한 서찰에서 고염무는 서찰을 받는 사람이 오로지 고인을 모방만 하는 것에 대해 격렬하게 비판했다. "그대 시의 병폐는 두보에 있고 그대 문장의 병폐는 한유와 구양수에 있다. 마음속에 이런 생각을 가지고 있다면 평생 '의존'이라는 구 글자를 벗어나지 못하니 단연코 최고의 경지에 도달할 수가 없다."[132]

현실에 입각한 고염무의 문학관이 시가 창작에 반영된 것이 "시는 성정을 위주로 하고 기이하거나 교묘한 것을 귀하게 여기지 않는다."[133]는 것이다. 응수하는 문장을 짓는 것을 거절한 것과 마찬가지로 고염무는 병도 없으면서 앓는 소리를 내는 부한시賦閑詩[134]도 지으려고 하지 않았다.

---

128) 顧炎武, 『日知錄』 卷19, 「文人摹仿之病」. 近代文章之病, 全在摹仿, 卽使逼肖古人, 已非極詣, 況遺其神理而得其皮毛者乎.

129) 위와 같다. 效『楚辭』者必不如『楚辭』, 效「七發」者必不如「七發」. 蓋其意中先有一人在前, 旣恐失之, 而其筆力復不能自邃. 此壽陵餘子學步邯鄲之說也.

130) 顧炎武, 『日知錄』 卷21, 「詩體代降」. 『三百篇』之不能不降而『楚辭』, 『楚辭』之不能不降而漢魏, 漢魏之不能不降而六朝, 六朝之不能不降而唐也, 勢也. 用一代之體, 則必似一代之文, 而後爲合格.

131) 顧炎武, 『日知錄』 卷19, 「文人求古之病」. 今之不能爲二漢, 猶二漢不能爲『尙書』, 『左氏』. 乃剽取『史』, 『漢』中文法以爲古, 甚者獵其一二字句用之於文, 殊爲不稱.

132) 顧炎武, 『亭林文集』 卷4, 「與人書十七」. 君詩之病在於有杜, 君文之病在於有韓, 歐. 有此蹊徑於胸中, 便終身不脫依傍二字, 斷不能登峰造極.

133) 顧炎武, 『日知錄』 卷21, 「古人用韻不過十字」. 詩主性情, 不貴奇巧.

134) 관직을 그만두고 한가롭게 지내면서 읊조리는 시. 역자 주.

그는 "옛날 시는 과실을 풍자하였기 때문에 유익하고 귀했지만, 지금 시는 헛된 이름만 좋게 여기기 때문에 해롭고 천하다."[135)]는 『포박자抱朴子』에서 시에 대한 갈홍의 관점을 매우 찬성했다. 그래서 당시 문화인들이 시가로 자신의 생각을 내세우는 습성에 대해 고염무는 몹시 경멸했다. "매번 시를 지을 때마다 받들어 칭송하는 것은 옛 사람들이 내세우던 관습이지 덕이 높고 학식이 뛰어난 군자는 이렇게 하지 않는다."[136)] 시가창작의 의고의 기풍에 대해서도 고염무는 단호하게 부정했다. "시문이 시대에 따라 변하게 된 데는 다 그렇게 된 이유가 있었다. 그래서 한 조대의 문장이 오랫동안 답습되면 이 말을 사용하는 것을 용납하지 않았다. 지금 천 몇 백 년이 지났는데도 옛 사람의 진부한 말을 취하여 그대로 일일이 모방하고 있다. 이렇게 시를 짓는 것이 과연 옳은 일인가? 그러므로 비슷하지 않으면 시가 되지 않고 비슷하면 나를 잃게 된 것이다. 이백이나 두보의 시가 당나라 시인들 가운데서 특출했던 이유는 옛 사람들의 시와 비슷하면서도 달랐기 때문이다. 이것을 아는 사람과는 함께 시를 말할 수 있을 것이다."[137)]

시가창작에서 고염무의 현실주의정신 때문에, 지어진 시기도 다르고 시인의 감정을 격발시킨 객관적인 환경도 다르지만 시대와 처해진 상황에 느낀 바가 있어 자신의 마음을 직접 토로하였으니 모두 진실한 성정의 표현이었다. 진실한 성정을 나타내었기 때문에 명청교체기에 지은 「감사感事」, 「경구즉사京口卽事」, 「천리千里」, 「추산秋山」 등의 시에는 명말 부패한 정치에 대한 폭로도 있고, 청나라에 저항하는 장수의 노래도 있으며, 청군의 말발굽아래 짓밟힌 것에 대한 호소도 있다. 웅장하고 비장하며 소박한 풍격이 심금을 울린다. 북쪽유람 이후부터 죽을 때까지 고염무는 "평생 송곳 꽂을 땅도 없었지만 늘 천하를 위한 마음을 가지고 살았다.[生無一錐土, 常有四海心]"[138)] 이 시기에 그의 시가창작은 고향을 그리워하고 민생을 걱정하는 심정을 진실하게 표현한 내용이 많았는데, 이처럼 늙었지만 굳세고 침울한 풍격은 두보의 영향을 많이 받았다. 고염무는 시에 백성들에 대한 깊고 절실한 동정심을 기탁하고 있다. 그의 「하일夏日」 시에서는 "천심에 답하지는 못하면서 백성들 근심 없애길 바랐네. 「서묘黍苗」는 노래로 불리지 않고 「석서碩鼠」는 헛되이 흥만 일으키네."[139)]라고 노래했다. 그는 "천하가 모두 농사짓고 누에치며, 노래 가락 마을마다 울려 퍼지는[四海皆農桑, 弦歌遍井閭]"[140)]는 태평성대를 동경하며, "바라건대, 권농관 되어

---

135) 顧炎武, 『日知錄』卷21, 「作詩之旨」. 古詩刺過失, 故有益而貴; 今詩純虛譽, 故有損而賤.

136) 顧炎武, 『亭林文集』卷4, 「答李子德書」. 若每一作詩, 輒相推重, 是昔人標榜之習, 而大雅君子所弗爲也.

137) 顧炎武, 『日知錄』卷21, 「詩體代降」. 詩文之所以代變, 有不得不變者, 一代之文沿襲已久, 不容人人皆道此語. 今且千數百年矣, 而猶取古人之陳言, 一一而摹仿之, 是是爲詩可乎? 故不似則失其所以爲詩, 似則失其所以爲我. 李, 杜之詩, 所以獨高於唐人者, 以其未嘗不似而未嘗似也. 知此者, 可與言詩也已矣.

138) 顧炎武, 『亭林詩集』卷3, 「秋雨」.

139) 顧炎武, 『亭林詩集』卷4, 「夏日」. 未省答天心, 且望除民患. 「黍苗」不作歌, 「石鼠」徒興歎.

진정처럼 순행하고, 크고 작은 도랑 중원에 두루 퍼져 백성들에게 곡식이 다 돌아가기를.[141])이
라고 읊었다.

고염무의 시가창작은 처음부터 끝까지 사회현실에 확실한 근거를 두고 있다. 그의 문장과 마
찬가지로 그의 시도 역사사실을 바탕으로 하는 동시에 경세치용의 실학사상을 반영하고 있다.
청말 서가徐嘉는 고염무의 시에 전주箋注를 달면서 다음과 같이 말했다. "그의 시는 침울하면서
도 청담하고 고아하며 역사서를 보완한다.[其詩沈鬱淡雅, 副貳史乘]", "실로 한 시대의 역사시가
되며 두보의 공업을 계승했다.[實爲一代詩史, 踵美少陵]"[142]) 이러한 평가는 비교적 정확하다고 할
수 있다.

6. 무실務實학풍

17세기 이후 날로 고조되는 경세사조 속에서 공허한 학풍을 바로잡는 것이 당시 학술계가
당면한 과제였다. 명이 망하기 전 30, 40년 동안 학식 있는 학술계 사인들의 공동노력을 거쳐
학풍은 일시에 건실한 방향으로 전환하기 시작한다. 고염무는 이런 학풍을 이어받아 "글에 대해
널리 배우고[博學於文]", "자신의 행위에 부끄러움이 있다[行己有恥]"는 학문주장과 부단한 학술
실천으로 명말의 공허한 학풍을 바꾸고 청초 실학의 길을 여는데 적극적으로 공헌하여 청초
무실務實학풍의 창도자가 되었다.

고염무의 학풍은 부단한 학습과 실천, 장기간의 탐색을 통해 형성되었다. 대략적으로 말하면
실제를 숭상하고 쓰임을 이루는[崇實致用] 것이라고 할 수 있다. '실제를 숭상한다[崇實]'는 것은
"마음을 맑고 깨끗하게 하여 자기의 본성을 발견하는 공허한 말[明心見性之空言]"을 버리고, 이를
"자신을 닦고 다른 사람을 다스리는 참된 학문[修己治人之實學]"과 "세상에 유행하는 학문을 버
리고 『육경』을 추구하며[鄙俗學而求『六經』]", "본원이 되는 학문에 힘쓰는[以務本原之學]" 것으로
대체하는 것을 말한다. '쓰임을 이룬다[致用]'는 배움으로 자신을 닦을 뿐 아니라, 이로써 세상을
다스리고 백성을 구제하며 "국가 치란의 근원과 백성의 근본이 되는 계획[國家治亂之源, 生民根本
之計]"을 탐색하는 것이다. 숭실이 치용을 목표로 삼지 않으면 우활함으로 빠지기 쉽고, 치용이
숭실을을 근거로 삼지 않으면 더욱더 공허함으로 빠진다는 것을 고염무는 평생의 학술실천을

---

140) 顧炎武, 『亭林詩集』卷5, 「歲暮」.
141) 顧炎武, 『亭林詩集』卷1, 「常熟縣耿橘水利書」. 愿作勸農官, 巡行比陳靖. 畎澮遍中原, 粒食詒百姓.
142) 徐嘉, 『顧亭林詩箋注』卷首, 「序」, 「凡例」.

통해 분명하게 제시하였다. 그가 한 표현을 빌리자면, "박학어문博學於文", "행기유치行己有恥" 것이 '성인의 도'가 된다.

"박학어문博學於文", "행기유치行己有恥"라는 것은 모두 전통적인 유가의 관점이며, 문인의 질문에 답한 공자의 학문과 사람됨에 관한 주장으로 『논어論語』의 「안연顏淵」편과 「자로子路」편에 각각 보인다. 그러나 이 두 주장을 하나로 합친 것은 고염무의 창조적인 발상이다. 또 이것은 명청교체기의 시대적 내용을 반영하는 한 측면이기도하다. "마음과 본성에 대해 말하고, 많이 배우고 기억하는 것을 그만두고 일이관지의 방법을 추구하며, 천하백성의 곤궁함에 대해 치지도 외하면서 위태로운 마음과 잘 드러나지 않는 도와 정밀하고 일관된 수양에 대해 하루 종일 말하는."[143] 양명학 말류의 공허한 학풍에 대해 고염무는 '널리 문헌을 배우는' 학문주장을 거듭 밝혔다. "군자는 널리 문헌을 배워 자신으로부터 집안, 나라, 천하에 미치고, 제도를 만들고 음성과 용모를 표현하는데 문이 아닌 것이 없어야 한다."[144] 여기서 말하는 문文은 문자나 문장의 문에만 국한되는 것이 아니라 인문人文을 가리키니, 광범한 내용을 포함하는 사회적 지식이다. 명말 사대부들이 염치없이 권세가에게 아부하며 "군주를 버리고 원수를 섬기는[反顏事仇]"[145] 행위를 거울삼아 고염무는 또 '박학어문[博學於文]' 것과 '행기유치[行己有恥]'를 같이 언급하고, 이를 '성인의 도'라고 힘껏 주장했다. "내가 말하는 성인의 도란, '글에 대대 널리 배우고', '자신의 행동에 부끄러움이 있다' 자신 한 몸으로부터 천하국가에 이르기까지 모두 배움에 대한 일이다. 자식과 신하, 아우와 벗으로부터 출입, 왕래, 사양과 받음, 받고 주는 것에 이르도록 모두 부끄러움에 관한 일이다. 사람에게 부끄러움은 중요한 것이다. 거친 옷과 맛없는 음식을 부끄러워하지 말고 평범한 백성들이 은택을 입지 못하는 것을 부끄러워해야 하기 때문에 맹자는 '일체 모든 것이 내게 갖추어져 있으니 자신을 돌아보아 성실해야한다'고 하는 것이다. 아! 사인으로서 부끄러운 일에 대해 먼저 말하지 않는다면 근본이 없는 사람이 되며, 옛 것을 좋아하고 많이 듣지 않는다면 공허한 학문이 된다. 근본이 없는 사람으로서 공허한 학문에 대해 말한다면, 그런 사람은 성인의 도에 종사할수록 성인으로부터 멀어질 것을 나는 안다."[146] 부끄러움을 중시하는 근본 있는 사람이 되고 옛 것을 좋아하고 많이 듣는 무실務實의 학문을 할 것을 강조했는데 이것이 바로 고염무

---

143) 言心言性, 舍多學而識, 以求一貫之方, 置四海之困窮不言, 而終日講危微精一之說.

144) 顧炎武, 『日知錄』卷7, 「博學於文」. 君子博學於文, 自身而至於家國天下, 制之爲度數, 發之爲音容, 莫非文也.

145) 顧炎武, 『日知錄』卷13, 「降臣」.

146) 顧炎武, 『亭林文集』卷3, 「與友人論學書」. 愚所謂聖人之道如之何? 曰"博學於文", 曰"行己有恥". 自一身以至於天下國家, 皆學之事也; 自子臣弟友以至出入, 往來, 辭受, 取與之間, 皆有恥之事也. 恥之於人大矣! 不恥惡衣惡食, 而恥匹夫匹婦之不被其澤. 故曰"萬物皆備於我, 反身而誠". 嗚呼! 士而不先言恥, 則爲無本之人; 非好古而多聞, 則爲空虛之學. 以無本之人而講空虛之學, 吾見其日從事於聖人而去之彌遠也.

학풍의 출발점이 된다.

고염무는 평생 학문을 종사하면서 내향적인 주관학문을 반대하고 외향적인 무실無實의 학문을 할 것을 주장했다. "송대 이후로 현명하고 지혜로운 사람이 한 둘이 나와 한나라 사람의 훈고의 학풍을 걱정하여 큰 도리로 그 폐단을 바로잡아 내면으로 귀속시켰으나, '변하지 않는 도[達道]'나 '변하지 않는 덕[達德]', '치국의 아홉 가지 원칙[九經]', '하은주 삼대의 훌륭한 예[三重]'에 관해서는 논하지 않았다. 이것이 바로 '고자가 의를 안 적이 없다'는 것에 해당한다."147) "인과 예를 배우고 익히지 않고도 밝게 아는 사람은 없다"148). 고염무는 책읽기뿐 아니라 실천도 강조했다. "배움은 하루라도 나아가지 않으면 뒤로 물러나게 된다. 혼자 배우고 같이 토론할 벗이 없으면 고루하여 이루기 어렵고, 오랫동안 한쪽에만 있으면 습성에 젖어들어 스스로 깨치지 못한다. 불행하게 궁벽한 곳에 있으면서 수레나 말이 없더라도 고인의 뜻과 일치하는 바를 널리 배우고 자세히 물어서 옳고 그름을 구해야만 열에 다섯이나 여섯을 얻을 수 있다. 자신의 울타리를 나가 실천하지도 않고 책도 읽지 않는다면 벽을 마주한 조금의 견식도 없는 사람이니, 자고子羔나 원헌原憲 같은 현명한 사람이라고 하더라도 끝내 천하를 구제할 수 없다.149)" 실제를 숭상하고 외향적인 무실의 학문을 제창한 것은 고염무 학문에 있어 두드러진 특징이 된다. 도광道光연간에 당감唐鑑(1776-1861)은 『청학안소식淸學案小識』을 지어 고염무를 정주이학의 「익도학안翼道學案」에 귀속시키며 말했다. "선생이 각종 경전에 통달한 학자라는 것은 사람들이 모두 잘 말할 수 있지만, 선생이 두루 통하는 이유가 바깥에 있지 않고 안에 있고, 제도制度와 전례典禮에 있지 않고 학문과 사변에 있다는 것은 모른다."150) 이러한 논의는 고염무의 학풍과는 정반대로 아전인수식 견해이다. 사실 고염무의 숭실치용崇實致用의 학문은 한학漢學이나 송학宋學의 울타리 안에 가둘 수가 없다. 그를 한학의 울타리 안으로 끌어들이는 것처럼 강제로 송학의 울타리 안으로 끌어들이는 것 역시 타당하지 않다.

실제를 숭상하고 외향적인 무실학문을 제창한 것과 궤를 같이하여 고염무의 학술실천은 실사구시의 정신으로 충만하다. 이러한 실사구시의 독립적인 풍격은 고염무의 경학연구 속에 집중적

---

147) 顧炎武, 『日知錄』卷7, 「行吾敬故謂之內也」. 自宋以下, 一二賢智之徒, 病漢人訓詁之學, 得其粗迹, 務矯之以歸於內, 而"達道", "達德", "九經", "三重"之事, 置之不論. 此眞所謂"告子未嘗知義"者也.

148) 顧炎武, 『日知錄』卷7, 「求其放心」. 仁與禮, 未有不學問而能明者也.

149) 顧炎武, 『亭林文集』卷4, 「與人書一」. 人之爲學, 不日進則日退. 獨學無友, 則孤陋而難成; 久處一方, 則習染而不自覺. 不幸而在窮僻之域, 無車馬之資, 猶當博學審問, 古人與稽, 以求是非之所在, 庶幾可得十之五六. 若旣不出戶, 又不讀書, 則是面牆之士, 雖子羔, 原獻之賢, 終無濟於天下.

150) 唐鑑, 『國朝學案小識』卷3, 「翼道學案」. 先生之爲通儒, 人人能言之, 而不知先生之所以通, 不在外而在內, 不在制度典禮, 而在學問思辨也.

으로 반영되어있다.

　"옛 것을 믿되 의심나는 것은 그대로 둔다[信古而闕疑]"는 것이 경학연구에 대한 고염무의 근본태도이다. 그는 다음과 같이 말했다. "『오경』은 분서갱유 뒤에 얻어졌기 때문에 그 가운데 착오가 없을 수 없다. 배우는 사람이 불행하게도 이천여 년 뒤에 태어났으니 옛 것을 믿되 의심나는 것은 그대로 두는 것이 그 본분이다."151) 여기서 출발하여 고염무는 송명 이후로 경문을 의심하고, 심지어 멋대로 빼거나 수정하는 기풍에 대해 비판했다. "근래 사람들이 경서를 등한시하고 무책임하게 대하니, 그 수준이 옛 사람에 훨씬 못 미친다. 또 이전 유학자들의 의견에 근거하지 않고 마음대로 책을 짓는데, 전기를 간행하다 못해 성인의 경서를 의논하기까지 하고 장구를 바꾸다 못해 글자를 고치기까지 한다. 이 점이 육유가 송대 사람들에게 개탄한 이유인데 지금 더욱 심하다. 서방徐枋이 '지금 사람들은 장구에 근거하지 않고 마음대로 천착하여 스승을 따르는 것을 옳지 않다고 여기고 억측해서 말하는 것을 이치가 있다고 생각하게 되었다. 마침내 이로 인해 도덕과 학문을 경시하는 것이 점차 기풍이 되었다.'고 했는데, 아! 이것이 배우는 사람이 깊이 경계해야 할 부분이다."152) 하지만 옛 것을 믿는다는[信古] 것은 옛 것을 고수하는 것이 결코 아니다. 고염무의 입장에서 경학은 평이하면서도 실제적인 학문이니 육경은 사실 고대의 역사서였다. "『시경』의 차례는 『춘추』의 연도의 차례와 같다. 공자는 옛 기록에 근거하여 옛 것을 밝혔지 새로 짓지는 않았다. 송頌이란 크고 훌륭한 덕행을 칭송하여 종묘에 고하는 것이다. 노나라의 송은 그 군주를 칭송한 것에 불과한데, 주송의 뒤에 배열한 것은 노나라 사람들이 송이라고 불렀기 때문이다. 세간의 유학자들이 공자가 노나라를 존경하여 송으로 추숭한 것이라고 하는데, 이것은 옳지 않다. 노나라 사람들이 송이라고 하는데 공자가 어찌 송이라고 부르지 않을 수 있겠는가? 아래 사람으로서 도리를 어기지 않은 것이다. 『춘추』에서 공公이라고 기록하거나 교체郊禘라고 기록한 것도 이와 같다. 맹자가 '그 문장은 역사서장이다'라고 하였는데, 『춘추』뿐만 아니라 육경도 모두 그러하다. 지금 사람들은 성인이 책을 지을 때 반드시 세상을 놀라게 하는 뛰어난 견해가 있다고 생각하는데, 이는 사사로운 마음으로 성인을 대하는 것이다."153) 육

---

151) 顧炎武, 『日知錄』卷2, 「豊熙僞尚書」. 『五經』得於秦火之餘, 其中故不能無錯誤, 學者不幸而生乎二千餘載之後, 信古而闕疑, 乃其分也.

152) 위와 같음. 近代之人, 其於諸經鹵莽滅裂, 不及昔人遠甚. 又無先儒爲據依, 而師心妄作, 刊傳記未已也, 進而議聖經矣; 更章句未已也, 進而改文字矣. 此陸游所致慨於宋人, 而今且彌甚. 徐枋有言 : "今不依章句, 妄生穿鑿, 以遵師爲非義, 意說爲得理, 輕侮道術, 寖以成俗." 嗚呼, 此學者所宜深戒.

153) 顧炎武, 『日知錄』卷3, 「魯頌商頌」. 『詩』之次序猶『春秋』之年月, 夫子因其舊文, 述而不作也. 頌者, 美盛德之形容, 以告宗廟. 魯之頌, 頌其君而已, 而列之周頌之後者, 魯人謂之頌也. 世儒謂夫子尊魯而進之爲頌, 是不然. 魯人謂之頌, 夫子安得不謂之頌乎, 爲下不倍也. 『春秋』書公, 書郊禘亦同此義. 孟子曰 : "其文則史", 不獨『春秋』也, 雖六經皆然. 今人以爲聖人作書, 必有驚世絶俗之見, 此是以私心待聖人.

경에 입혀져 있는 '세상을 놀라게 하고 세속을 끊어진다[驚世絶俗]'는 외피를 벗기고 평이하면서도 실제적인 역사서의 본래의 면모를 돌려준다는 고염무의 이러한 견해는 확실히 탁월하다. 후대에 건륭乾隆, 가경嘉慶연간의 학자인 장학성章學誠의 '육경은 모두 역사다[六經皆史]'라는 학설은 분명히 고염무의 주장으로부터 유익한 계발을 받았다고 할 수 있다.

고염무는 "고인들이 언급하지 않았으면서 후대 사람에게 없어서는 안 되는 것을 비로소 기재한다"154) 것을 학문의 좌우명으로 삼았다. "자서子書는 맹자와 순자 외에 노자, 장자, 관중, 상앙, 신불해, 한비자가 모두 일가一家의 말을 이루었다. 『여씨춘추』와 『회남자』는 스스로 일가의 말을 이룰 수 없었기 때문에 제자들의 말을 모아서 책을 만들었으니, 이것이 자서가 한 번 변한 것이다. 지금 사람들의 서적은 일일이 자신의 생각을 적으니 반드시 많이 적을 수가 없다. 대체로 『여씨춘추』나 『회남자』와 같은 서적이 그것이다. 고인들이 언급하지 않았으면서 후대 사람에게 없어서는 안 되는 사실을 비로소 기재한 것이 전기일 것이다."155) 이 때문에 그는 다른 사람의 성과를 표절하는 졸렬한 행위를 극단적으로 경멸했다. "한대 사람들은 자신이 지은 책을 고인에게 기탁하는 것을 좋아했으니, 장패張覇의 『백이상서百二尙書』와 위굉衛宏의 『시서詩序』 같은 책이 여기에 해당한다. 진대 이후 사람들은 다른 사람의 책을 자신의 것이라고 사칭하는 경우가 있었는데, 곽상郭象의 『장자주莊子注』와 하법성何法盛의 『진중흥서晉中興書』 같은 책이 여기에 해당한다. 명대 사람들의 경우 다른 서적을 표절하지 않은 경우가 없었다."156) 고염무가 평생 심혈을 기울여 만든 『일지록』이 바로 이런 엄격한 학풍을 잘 설명한다. 이 점에 관하여 고염무 자신은 다음과 같이 적었다. "나는 어려서 책을 읽다가 얻는 바가 있으면 기록하였다. 맞지 않는 부분이 있으면 수정하였으며, 혹 고인 중에 나보다 먼저 이야기한 것이 있으면 삭제하였다."157) 그래서 32권으로 된 『일지록』이 다른 사람의 논술을 인용한 부분이 열에 일곱이나 여덟이 되고 자신의 견해는 열에 둘 셋밖에 안 되지만, 남의 공을 가로챘다는 혐의도 없을 뿐 아니라 실사구시의 창의적인 학풍을 곳곳에 드러내었다. 『사고제요』에서 『일지록』을 "경사자집 네 부류를 총망라하고 각각의 저술들을 녹여 만들었다.[網羅四部, 熔鑄群言]"158)라고 하거나, "고

---

154) 古人之所未及就, 後世之所不可無而後爲之.

155) 顧炎武, 『日知錄』卷19, 「著書之難」. 子書自孟, 荀之外, 如老, 莊, 管, 商, 申, 韓, 皆自成一家言. 至『呂氏春秋』, 『淮南子』, 則不能自成, 故取諸子之言匯而爲書, 此子書之一變也. 今人書集一一盡出其手, 必不能多, 大抵如『呂覽』, 『淮南』之類耳. 其必古人之所未及就, 後世之所不可無而後爲之, 庶乎其傳也與.

156) 顧炎武, 『日知錄』卷18, 「竊書」. 漢人好以自作之書而托爲古人, 張覇『百二尙書』, 衛宏『詩序』之類是也. 晉以下之人, 則有以他人之書而竊爲己作, 象『莊子注』, 何法盛『晉中興書』之類也. 若有明一代之人, 其所著書無非竊盜而已.

157) 顧炎武, 「日知錄自記」, 黃汝誠『日知錄集釋』卷首. 愚自少讀書, 有所得輒記之, 其有不合, 時復改定, 或古人先我而有者, 則遂削之.

염무의 학술은 근본이 있어 넓고 풍부하면서 일관되다. 사건마다 반드시 그 내력을 상세히 살피고 그 근거를 참조한 다음에야 기록하였으므로 인용근거가 수없이 많지만 서로 모순되는 부분이 적다."159)고 칭찬한 것도 전혀 이상한 일이 아니다.

고염무의 무실학풍은 경세치용에 입각하고 있다. 그는 평생 경학, 사학, 음운학, 금석학, 고고학, 지리학輿地學, 시문학詩文學 등을 광범위하게 섭렵했는데, 그 목적의식은 뚜렷했다. 바로 국가와 민족, 사회에 유익한 일을 한다는 것이다. 이것이 그의 문인 반뢰潘耒에게 보내는 서찰에서 말한 '뜻[志]'이다. 고염무는 다음과 같이 말했다. "지금 학문을 하는 것은 이익만 위할 뿐이니 과거시험이 여기에 해당한다. 여기서 더 나아가 문장을 포함한 일체 저술행위는 이름만 위할 뿐이니 명대 삼백년간 문인이 여기에 해당한다. 군자의 학문은 자기만 이롭게 하는 것이 아니라, 도를 밝히고 사람들을 선하게 만드는 마음으로 난을 바로잡고 바른 도리를 회복하는 일을 하면서 천하의 형세가 어찌하여 이런 지경까지 왔는지를 안다면 다시 세상을 일으켜 구제할 수 있다. … 그러므로 먼저 그 뜻을 알려서 근본을 세운다."160) 가슴 속에 경세치용의 뜻을 가지고 있었기 때문에 고염무의 학문은 날로 발전하여 고염무 당대나 후대에 깊은 영향을 끼칠 수가 있었다.

고염무는 평생 『일지록』 저술에 정성을 다했는데, 이는 오로지 "학술을 밝히고 인심을 바로잡으며 난세를 평정하여 평화로운 세상을 일으키기"161) 위함이었다. 그가 30여년의 시간을 보내며 고음학 연구에 몰두한 것은 "세상의 추세를 목격해야 치란의 관건이 인심과 풍속에 있다는 것을 알 수 있으며"162), 음운학이야말로 "도덕과 풍속을 통일시키는 사람들이 감히 소홀히 여기지 않는"163) 중대한 일이라고 생각했기 때문이다. 그가 경서와 역사서 연구에 오로지 마음을 쓴 것은 "공자가 육경을 삭제하고 정리한 것이 깊은 물이나 뜨거운 불에서 백성을 구한 이윤과 강태공의 마음에서 비롯되며"164), 유가경전은 평이하면서도 실제적인 역사서로 모두 "후대사람들이 다스림을 행하는데 사용하는 책[天下後世用以治人之書]"165)이라고 보았기 때문이다.

---

158) 『四庫全書總目提要』卷129, 『子部』39, 『雜家類存目』6, 「雜說下·蒿庵閑話」.

159) 『四庫全書總目提要』卷129, 『子部』29, 『雜家類』3, 『日知錄』. 炎武學有本原, 博贍而能通貫, 每一事必詳其始末, 參以佐證, 而後筆之於書, 故引據浩繁而抵牾者少.

160) 顧炎武, 「亭林餘集·與潘次耕札」. 凡今之所以爲學者, 爲利而已, 科擧是也. 其進於此, 而爲文辭著書一切可傳之事者, 爲名而已, 有明三百年之文人是也. 君子之爲學也, 非利己而已也, 有明道淑人之心, 有撥亂反正之事, 知天下之勢之何以流極而至於此, 則思起而有以救之. … 故先告之志以立其本.

161) 顧炎武, 『亭林文集』卷2, 「初刻日知錄自序」. 明學術, 正人心, 撥亂世以興太平之事.

162) 顧炎武, 『亭林文集』卷4, 「與人書九」. 目擊世趨, 方知治亂之關必在人心風俗.

163) 顧炎武, 『亭林文集』卷2, 「音學五書序」. 一道德而同風俗者又不敢略.

164) 孔子之刪述六經, 卽伊尹, 太公救民於水火之心.

165) 顧炎武, 『亭林文集』卷4, 「與人書三」.

청조 260여 년간 학풍은 몇 차례 바뀌었다. 이 기간 동안 한송漢宋학술의 분쟁과 금고문경학의 대립이 있었지만, 고염무의 무실학풍의 영향은 시종 뚜렷한 자취를 남겼다. 청대 초기는 대학자인 고염무와 황종희, 왕부지를 대표로하는 경세치용 학풍의 시기였다. 청초의 유학은 넓고 큰 것을 그 특징으로 하는데, 이런 청대 학술방법은 모두 이 때 기초를 다졌다. 그러나 학술기풍의 영향의 측면에서 말하자면 고염무를 으뜸으로 친다. 왕부지는 만년에 외진 곳에 기거하면서 저술에 몰두하는데 그의 저술은 그가 세상을 떠난 지 백여 년 후에나 유행한다. 이는 청초학술계에 대한 그의 영향을 극도로 제한시켰다. 황종희는 조정과 재야에 모두 명망이 높았지만 만년에 고향에만 거처하면서 감히 장강을 넘지 못했다. 이런 상황은 당시 학술계에 대한 그의 영향력을 마찬가지로 제한시켰다. 고염무는 이들과 달리 45세에 고향을 떠나 북쪽으로 간 이후로 70세에 세상을 떠나기까지 줄곧 중원을 떠나지 않았다. 이런 현실생활과의 밀착으로 그의 저술은 강렬한 시대적 감각을 드러내고 있으며, 『일지록』도 집필과정 중에 "필사해가려는 벗이 많아 주지 못할까 걱정할 정도였으니"[166] 고염무 학술영향의 한 단면을 볼 수 있다. 고염무가 북쪽으로 떠돈 20여 년간 교유한 사람으로 남방학술계의 벗인 귀장歸莊, 장초張弨, 왕석천王錫闡 외에, 유명한 유학자인 손기봉孫奇逢, 부산傅山, 이옹李顒, 주이존朱彝尊, 굴대균屈大均 및 염약거閻若璩, 장이기張爾岐, 오임신吳任臣, 이인독李因篤, 왕홍찬王弘撰, 마숙馬驌 등이 있다. 남북학자들과의 광범위한 교유는 고염무 학문의 성숙과정을 가속화시켰을 뿐 아니라, 학풍의 전파에도 유리한 영향을 끼쳤다. "수많은 서적을 두루 살피고 한 시대를 내려다보았다.[博極群書, 睥睨一代]"는 평을 받는 염약거도 고염무를 "독서종자[讀書種子]"라고 불렀다. 황종희를 애도하는 「남뢰황씨애사南雷黃氏哀辭」에서 염약거는 다음과 같이 적었다. "아직 마음이 조급하지 않았을 때, 천하의 학문을 좋아하는 사람과 교유하기를 좋아했다. 넓고 정밀하게 독서하여 오백년의 역사를 오르내리고 만 리 길을 종횡하며 겨우 세 사람을 얻었으니, 목재 전종백錢謙益, 정림 고처사顧炎武, 남뢰 황선생黃宗羲 세 사람이다. 남뢰 선생께서 세상을 떠나신 때는 목재선생이 돌아가신지 32년이 되었고 고정림 선생께서 돌아 가신지도 14,5년이 되었다. 대개 이 시기가 되어 천하의 학문을 좋아하는 혈통은 맥이 끊겼다."[167] 청초 학술계에 있어 고염무와 황종희 두 사람의 지위를 이처럼 긍정한 것은 사실에 근거한 판단이다.

고염무의 만년의 경력 때문에 그의 학술기풍은 황종희나 왕부지보다 당시에 깊이 영향을 미쳤

---

166) 顧炎武, 『亭林文集』卷2, 「初刻日知錄自序」. 因友人多欲抄寫, 患不能給.

167) 閻若璩, 『潛丘札記』卷4, 「南雷黃氏哀辭」. 當發未躁時, 卽愛從海內讀書者遊. 博而能精, 上下五百年, 縱橫一萬里, 僅僅得三人焉: 曰錢牧齋宗伯也, 曰顧亭林處士也, 及先生而三之. 先生之亡, 上距牧齋薨已三十有二年, 卽亭林歿亦且十四五年. 蓋至是而海內讀書種子盡矣.

다. 근엄하면서도 건실한 학풍과 경세치용의 학문취지, 소박하면서도 귀납적인 학문방법, 여러 학술방향의 개척 및 명 말의 공허한 학풍에 대한 단호한 비판은 꿋꿋한 인격과 서로 빛을 발하여 후대 학풍에 대한 영향을 황종희나 왕부지보다 깊고 광범위하게 만들었다. 뿐만 아니라 청초 정세의 변화도 고염무의 영향력에 객관적인 근거를 제공했다. 강희제 중엽이후 청초 유학자들의 노력을 통해 명말의 공허한 학풍은 깨끗이 없어진다. 건실한 학풍이 형성되고 학문의 새로운 길이 열렸으며 학문방법도 새로 만들어졌다. 고염무와 황종희, 왕부지에 비해 시대가 조금 늦은 염약거閻若璩와 호위胡渭, 모기령毛奇齡 등은 명물名物에 대한 연구와 문자의 훈고, 전장제도에 대한 조사에 여전히 소박한 학풍을 유지했지만, 청 조정의 봉건문화적 전제가 심해짐에 따라 이들도 점차 경세치용의 사상을 버리게 된다. 이 때의 학풍은 사회환경의 변천에 따라 실질적인 전환을 이미 내포하고 있었다. 옹정제雍正와 건륭제乾隆 시기에 봉건문화적 전제는 더욱 가혹해 지고 문자옥도 온 나라에 두루 퍼짐에 따라 사회현실의 문제는 지식인들이 다루어서는 안 되는 금기사항이 되었다. 따라서 지식인들은 고서에 머리를 파묻고 세상사와 등지고 살 수밖에 없었다. 건륭제와 가경제嘉慶 시기의 한학자 가운데 한대 『주역』을 가학으로 하는 혜씨惠氏 삼대三代나 그 뒤를 이은 대진戴震, 단옥재段玉裁, 왕념손王念孫, 왕인지王引之는 모두 "구경을 읽는 것은 문자에 대한 고찰로부터 시작하고, 문자에 대한 고찰은 고음을 아는 것으로부터 시작한다.[讀九經 自考文始, 考文自知音始]"는 고염무의 경학연구방법론을 계승하여 그가 개척한 학술의 길을 따라 이전 시대를 뛰어넘는 성과를 이루었다. 그러나 이들은 숭실치용崇實致用의 학풍을 둘로 나누어 큰 것은 버리고 작은 것만 취하여 당시의 학풍을 순수 고증학이라는 좁은 길로 몰고 갔다. 경세치용의 실학사상은 이 때 계승하는 사람이 없어 자취도 없이 사라져 소박한 고증이라는 껍데기만 남게 되었다. 이것이 청대학풍의 첫 번째 변화이다.

가경제와 도광제 시기에 한학은 시든 상태에 빠진다. 학문을 위한 학문과 고증을 위한 고증을 하여 음식을 잡다하게 늘어놓거나 주절주절 소리 내어 읽는 것처럼 번쇄하여 막다른 길에 다다른다. 이런 학풍이 날로 심해지는 사회위기 속에서 문화적 법령이 느슨해지자 생각지도 않게 고증학을 대신하여 금문경학이 흥기한다. 장존여莊存與와 공광삼孔廣森이 제창하고 유봉록劉逢祿이 뒤이어 떨쳐 일으키며 공자진龔自珍과 위원魏源에 이르러 크게 성행하게 된다. 청대학풍은 여기에 이르러 두 번째로 변한다. 동치同治와 광서光緖시기에 『춘추』공양학이 조정과 재야로 차츰 파고들었는데, 이 때 강유위康有爲와 양계초梁啓超가 변법의 깃발을 높이 들고 부국강병을 도모하여 청대학풍은 절정으로 향한다. 금문경학이 청대 중엽에 우뚝 솟아올랐다가 무술변법戊戌變法[168]이 실패로 끝나고 점차 몰락해가는 가운데 금문경학 대가들의 학문기풍은 고염무와

---

168) 중국 청나라 말기, 강유위康有爲, 양계초梁啓超 등이 중심이 되어 진행한 개혁 운동.

완전히 같지는 않지만, 경세치용의 정신을 앞뒤로 계승한다. 이런 상황을 접했던 양계초 선생은 "최근 수십 년간 경학이 정치에 영향을 미친 것은 또한 멀리 고염무의 정신을 계승하고 있다."[169] 라고 논했다. 더 이상 헤쳐 나갈 방법이 없는 청말의 상황에서 유월兪樾과 손이양孫詒讓 같은 두 명의 대가가 나와 한학의 보루를 굳게 지켜 의외의 성취를 거둔다. 특히 장병린章炳麟은 고염무의 경세치용학을 새롭게 제창하여 청 조정에 저항하니 청말에 고염무의 학풍은 다시 빛을 발하게 된다. 고염무의 사상이나 학풍과 마찬가지로 장병린 선생의 사상이나 학풍도 한학으로 구속할 수 있는 성질의 것이 결코 아니다. 만청 학풍이 다시 변할 무렵, 청 조정의 통치도 신해혁명의 화약 연기 속에서 수명을 다한다.

고염무의 무실학풍과 그것이 구체적으로 나타난 실학사상 및 그의 사회정치사상, 경학, 사학, 문학사상 등은 모두 '옛 것을 본받는[法古]'다는 분명한 경향을 가지고 있다. 그래서 고염무는 다음과 같은 선조들의 유훈을 즐겨 말했다. "자신이 책을 짓는 것은 옛 사람의 책의 내용을 뽑아서 쓰는 것만 못하다. 지금 사람의 학문은 분명 옛 사람에게 미치지 못하고 지금 사람들이 본 책의 분량도 분명 옛 사람에게 미치지 못하기 때문이다."[170] 사실 이것은 고염무 집안의 가훈이라기보다 자신의 주장에 가깝다. 그의 평생 학문은 어떤 의미에서 이런 주장의 실천이기도 하다. 고염무의 이런 주장이 명 말의 공허한 학풍을 겨냥하여 그 자체의 근거를 가지는데 있었다고 하더라도 폐단을 보완하는 적극적인 측면도 있었다. 하지만 옛 것만 옳다고 여기는[唯古唯是] 경향은 긍정할 만한 가치가 없다. 이후 건륭과 가경시기의 한학의 위축도 결국 이런 주장의 소극적 영향을 배제할 수 없다. 예를 들어, 고염무는 『음학오서音學五書』를 저술하면서 "오늘의 음을 순박하고 예스러운 고음으로 되돌릴"[171]것을 시도하는데, 이는 분명 옛 것을 고수하는 것으로 실제에 맞지 않는 견해이다. 건륭 초기에 고학古學이 다시 일어나자 혜동惠棟이 『역한학易漢學』과 『구경고의九經古義』를 지어 한 대를 추존하고 옛 것을 믿었는데, 이것은 바로 이런 옛 것을 고수하는 경향이 발전한 것이다. 또 고염무 만년에 "경서와 역사서에만 몰두한[篤志經史]" 것은 물론 "옛 것을 끌어와 지금을 헤아리고[引古籌今]", "옛 것을 거울삼아 지금을 해석하기[鑑往所以訓今]" 위한 것으로 고고학에서 시작해서 고고학으로 끝나는 건륭가경 시기 학파들의 특징과는 취지가 크게 다르다. 하지만 절개를 지키고 화를 피하려는 의도가 있다는 것도 숨길 수 없는 사실이다. 건륭가경시기 한학자들이 멀리 세상사를 등지고 오직 경서와 역사서만 일삼은 것도

---

169) 梁啓超, 『淸代學術槪論』, 中華書局 1954年版, 10쪽. 最近數十年以經術而影響於政體, 亦遠紹炎武之精神也.

170) 顧炎武, 『亭林文集』卷2, 「抄書自序」. 著書不如抄書. 凡今人之學, 必不及古人, 今人所見之書之博, 必不及古人.

171) 顧炎武, 『音學五書』卷首, 「自序」. 擧今日之音而還之淳古.

고염무 만년의 학문태도로부터 소극적인 영향을 받았다.

고염무의 무실학풍에 소극적인 요소가 어느 정도 존재하고 시대적 계급적 한계가 분명히 있긴 하지만, 기본적인 성격은 긍정할 만하며 이는 또 청대에 적극적인 작용을 일으켰다. 후대 학자들은 고염무의 학문방법을 계승하거나 학문정신을 떨쳐 그가 개척한 길을 따라 건건가학술의 흥성 국면을 형성했을 뿐 아니라, 청대학술문화에 있어 다방면의 성과를 획득했다. 황종희나 왕부지와 같은 대가와 마찬가지로 새로운 기풍을 연 인물로서 고염무의 공은 확고부동하다.

7. 『일지록집석日知錄集釋』의 찬집纂輯

청대 도광道光연간에 세상에 나온 『일지록집석』은 청초 학자인 고염무가 지은 『일지록』에 대한 연구가 집대성되어 있는 저작이다. 그러나 이 책의 편집자에 대해서는 설이 분분하여 지금까지 정론이 없다. 다음은 이 점에 대해 한 번 살펴보고자 한다.

(1) 문제제기

『일지록집석』에는 원래 가정嘉定 황여성黃汝成이 편집했다고 되어 있다. 이 책이 세상에 나온 후 함풍咸豐, 동치同治 연간을 거쳤다는 것에는 이론이 없다. 광서光緖연간에 오현吳縣의 장서가인 주기영朱記榮이 먼저 이의를 제기하여 『집석』의 편찬자는 황여성이 아니라 이조락李兆洛이라고 단언했다.[172] 선통宣統연간 초기에 학자 이상李詳은 이 의견에 대하여 『집석』은 이조락이 오육吳育, 모악생毛岳生 등과 공동으로 편찬하고 "황여성에 의해 인쇄했다.[借刻於黃氏]"[173]고 답했다. 이 두 설에 대하여 이후 『일지록』 연구자들은 찬성하지 않는 사람이 많지만, 결국 각각 하나의 학설로 학술계에 아직 남아있으며 이를 반박하지 않았다. 특히 지금까지 청대문헌을 평가하는 영향력 있는 논저, 예를 들어 이미 타계한 장순휘張舜徽 선생의 『청인문집별록淸人文集別錄』과 내신하來新夏 선생의 『근삼백년인물연보지견록近三百年人物年譜知見錄』 등은 모두 이 두 사람의 학설을 기록했다. 이 때문에 역사의 진실을 분명하게 살피는 것은 『일지록집석』의 편찬자들의 노고를 공정하게 평가하는데 도움을 줄 뿐만 아니라, 역사문헌 속의 잘못된 인식을 바로잡을 수도 있다.

---

172) 朱記榮,「國朝未刊遺書志略跋」.
173) 李詳,『媿生叢錄』卷2,「李申耆先生年譜」.

사실에 입각하여 주기영과 이조락 두 선생은 모두 역사문헌학에 공로가 있는 사람들이다. 『일지록집석』의 편찬자에 대해 제기한 그들의 판단도 결코 꾸며낸 이야기가 아니다. 문제는 그들이 근거한 자료가 믿을 만한지, 판단방법이 과학적인지의 여부에 달려있다. 자료의 출처에 대해 주기영 선생은 언급하지 않았지만, 이조락 선생은 『괴생총록媿生叢錄』에서 분명하게 진술했다. 문장이 길지 않아 논의의 전개에 도움이 되므로 전문을 아래에 싣는다.

　　『이신기선생연보』 3권, 부록 「소덕록」 1권, 활자본, 양호陽湖의 제자 장동蔣彤이 편집함. 안에는 두 가지 일이 있어 참고하도록 갖추었으니 예전에 듣지 못했던 내용이다.

하나는 다음과 같다.

　　"도광 계사년[13년 : 인용자] 여름 5월에 고염무의 『일지록』을 처음 인쇄했다. 이에 앞서 가정의 전대흔이 『일지록』 백 수십 칙을 평석하고 생보[연보주인의 벗인 모악생, 자는 생보 : 인용자]가 기록하여 선생께 보였다. 이어 주제와 체례를 넓히고 두루 주석을 붙여 실학에 도움이 되고자하였다. 가정 황여성[원래는 誠으로 되어 있으니 오자다 : 인용자]이 기꺼이 인쇄비용을 대려고 하였다. 또 양남병[오자, 무병이 되어야 한다 : 인용자] 등의 사람을 얻었는데 모두 이 책을 만드는데 힘을 썼던 사람들이니 기록하여 모두 서적에 넣을 수 있었다. 산자(연보주인의 벗 겸 인척인 오육)와 생보가 나누어 맡았으며 장동도 교정에 참가했다." 지금 전하는 『일지록집석』을 살펴보면 가정 황여성으로 되어 있다.
　　연보에는 또 "14년 4월에 『일지록』을 간행했으며, 생보가 또 오자를 바로잡았다."라고 되어있는데, 지금 황여성의 「집석」에도 「간오」가 붙어 있다. 선생의 이 책은 오육이나 모악생 등과 함께 편찬하였으며 황여성의 이름을 빌려 인쇄했음을 분명히 알 수 있다.[174]

　　얼핏 보면, 위의 설은 근거가 있으므로 『일지록집석』은 이조락이 편찬을 담당하고 오육과 모악생, 장동이 참여하였으며 황여성은 인쇄비용만 댄 것 같다. 과연 그럴까? 그렇지 않다. 관련 자료를 조금만 찾아서 비교해보면 장동의 기록이든지 이상의 판단이든지 황여성의 편찬지위를 부정하려고 하는데 모두 역사의 검증을 거치지 못할 것이다.

---

174) 李詳, 『媿生叢錄』卷2, 「李申耆先生年譜」. 『李申耆先生年譜』三卷, 附「小德錄」一卷, 排印本, 陽湖弟子蔣彤編. 中有二事, 錄以備考, 是昔所未聞者. 一云 : "道光癸巳(十三年-引者)夏五月, 始校刊顧氏『日知錄』. 先是嘉定錢大昕評釋『日知錄』百數十則, 生甫(譜主友人毛岳生, 字生甫-引者)錄以示先生, 乃謀推其義例, 通爲箋注, 有資實學. 嘉定黃潛夫汝成(原作誠, 誤-引者), 肯任剞劂之費. 旣又得楊南屛(誤, 當作武屛-引者)諸家, 皆嘗用功於是書者, 有可採錄悉收之. 山子(譜主友人兼姻親吳育, 字山子-引者), 生甫分司之, 彤亦與校讐焉." 案今傳『日知錄集釋』, 題嘉定黃汝成名. 譜又云 : "十四年四月, 刊『日知錄』成. 生甫又爲刊誤." 今黃氏『集釋』亦附有「刊誤」. 是先生此書, 與吳, 毛諸君共撰, 借刻於黃氏, 此不可不知也."

(2) 이조락과 『일지록집석』

주기영과 이상 선생이 『일지록집석』의 편찬자가 이조락이라고 했으니 이조락과 『집석』의 관계를 먼저 살펴보자.

이조락의 자는 신기紳琦이며 뒤에 신기申耆로 바꾼다. 호는 양일養一이며 강소성 양호陽湖(지금의 상주시) 사람이다. 건륭 34년(1769)에 태어나서 도광 21년(1841)에 죽으니 향년 73세였다. 젊었을 때는 노문초盧文弨를 쫓아 용성서원龍城書院에서 배워서 고증학의 방법을 잘 알고 있었다. 뒤에 상주常州의 금문경학의 영향을 받아 한과 송의 학파에 초연하고 세상을 다스리는 실학實學에 관심을 가졌다. 그는 평생 저술로 세상에 이름이 알려지진 않았지만, 선현들의 저서를 알리고 편찬에 힘을 쏟은 걸로 일컬어진다. 하지만 이조락은 『일지록』에 대해 전문적으로 연구한 것 같지는 않다. 그의 문집에 적힌 내용에 따르면, 대체로 이조락이 편찬하거나 표창한 옛 현인의 저술, 예를 들어 『황조문전皇朝文典』이나 『변체문초駢體文抄』 및 『추도향집鄒道鄕集』, 『구충선집瞿忠宣集』, 『역지繹志』, 『역론易論』 등에 그는 서발序跋이나 제기題記류의 문장을 지었으나 유독 『일지록』을 표창한 문장은 보이지 않는다. 특히 그가 세상을 떠난 후에 그의 제자들이 편집한 26권의 『양일재문집養一齋文集』과 『속편續編』 속에 고염무의 학문과 덕행이나 『일지록』을 전문적으로 연구한 문장이 없다는 점은 가볍게 넘어가서는 안 된다. 겨우 『문집文集』 권4의 「고군[광기廣圻 : 인용자]묘지명顧君墓志銘」에 "정림선생이 책을 고치는 것의 폐단을 나열하다.[亭林先生羅列改書之弊]"는 몇 글자를 우연히 언급했을 따름이다. 이것은 『일지록집석』의 편찬자의 지위와 맞지 않는 것 같다. 조사에 의하면, 이조락이 편찬한 서적에도 『일지록집석』은 없다. 반대로 그가 『집석』에 대해 말할 때, 자신을 빼고 분명히 편찬자를 황여성이라고 했다. "잠부[황여성의 호 : 인용자]가 … 지은 책으로는 『일지록집석』32권과 『간오』2권, 『수해루문고』 약간 편이 있다."[175]

또 지적할 점은, 『일지록집석』의 편찬에 대해 논할 때 이조락과 황여성의 벗들 가운데서 이조락을 언급한 사람이 한 명도 없고 이구동성으로 황여성이 지은 것이라 했다는 것이다. 모악생毛岳生은 이조락과 황여성의 절친한 친구이다. 이조락의 말에 의하면, 모악생의 소개로 인해 그가 황여성의 학문과 품행을 이해하게 되었다고 한다. 모악생이 지은 「황잠부묘지명黃潛夫墓志銘」에는 황여성의 저술에 대한 다음과 같은 기록이 있다. "잠부의 저서중, 완성작에는 『일지록집석』, 『간오』, 『고금세삭실고교보』, 『문록』이 있으며 모두 44권이다. 미완성작으로 『춘추외전정의』

---

175) 李兆洛, 『養一齋文集續編』卷5, 「黃潛夫家傳」. 潛夫(黃汝成之號-引者) … 所著書, 惟成『日知錄集釋』三十二卷, 『刊誤』二卷, 『袖海樓文稿』若干首.

약간 권이 있다."176) 송경창宋景昌은 이조락의 훌륭한 제자로 천문과 책력, 산술에 뛰어난 것으로 세상에 알려졌다. 황여성이 세상을 떠난 후에 『고금세삭실고교보古今歲朔實考校補』를 송경창이 심의해서 간행한다. 송경창은 이 책의 발문에서도 다음과 같이 말한다. "잠부는 자신의 뜻을 굳게 지키고 옛 것을 좋아했으며, 널리 배우고 밝게 아는 것이 이와 같았다. 처음에 잠부는 『일지록집석』과 이 책을 완성한 다음에 다시 『춘추외전정의』를 지으려고 하였으나 끝내 마치지 못하고 죽었다."177) 많은 사례 가운데서 가장 설득력이 있는 것은 『이신기선생연보李申耆先生年譜』의 편자인 장동蔣彤의 기록이다. 장동은 황여성 생전에 그와 세 차례 만난 적이 있다. 황여성이 세상을 떠난 후에 장동은 그의 문집에 서문을 짓는다. 서문에서 『일지록집석』에 대해 분명하게 말한다. "보산의 모선생은 여러 번 나에게 황잠부의 사람됨에 대해 말해주었다. 뒤에 그가 지은 고염무의 『일지록집석』을 보고 그가 옛 사람의 배움에 뜻을 두고 큰 것을 우선시한 한 것에 대해 감탄하였다. 이어서 『일지록간오』와 『속간오』를 얻어서는 크면서도 정밀함에 탄복했으니, 넓고 크기만 하고 흑백이 없는 자는 아니었다."178)

사실 장동의 『이신기선생연보』에 기록된 『일지록』 교정과 간행에 관한 일은 연보의 주인인 이신기가 『일지록집석』의 편찬을 담당했음을 말하는 것이 아니라 황여성의 요청에 따라 그가 편집한 『집석』 원고를 심의 수정했다는 것을 말한다. 이 점에 관해서는 황여성의 「현고손지부군행장顯考損之府君行狀」에서 분명하게 말하고 있다. "나는 평소 고염무의 『일지록』을 궁구하기를 좋아했다. 뒤에 소첨 전신미錢大昕, 홍박 심과당沈彤, 대령 양명녕[楊名寧] 세 선생의 교감본과 고염무의 원래의 필사본을 얻어 조목조목 보주를 달고 사람을 보내 무진의 이신기 선생과 모생 보를 찾아가 가르침을 구하게 했다. 이어서 도헌 진송재 선생의 교감본을 얻어 『간오』 2권을 완성했다. 부군께서는 살펴보시고 기뻐하셨다. 교감이 끝나자마자 부군께서 돌아가시리라고 누가 생각이나 했겠는가?"179) 이것은 도광道光 15년 4월 17일에 황여성이 그의 양부養父가 세상을 떠나고 얼마 후에 지은 문장이다. 같은 기록이 같은 해 2월에 완성한 「일지록간오서日知錄刊誤

---

176) 毛岳生, 『休復居文集』卷5, 「黃潛夫墓志銘」. 潛夫著書, 成者『日知錄集釋』, 『刊誤』, 『古今歲朔實考校補』, 『文錄』, 凡四十四卷. 未成者, 『春秋外傳正義』若干卷.

177) 宋景昌, 「古今歲朔實考校補跋」, 『袖海樓雜著』에 보인다. 潛夫篤志好古, 博學明識如此. 始潛夫既成『日知錄集釋』與此書, 復欲撰『春秋外傳正義』, 未卒業遂歿.

178) 蔣彤, 『丹稜文抄』卷2, 「袖海樓文集序」. 寶山毛先生數數爲予言黃君潛夫之爲人, … 迨後, 得觀其所著顧氏『日知錄集釋』, 歎其志古人之學而能先其大者. 繼得其『日知錄刊誤』及『續刊誤』, 尤服其大而能精, 非徒閎博炫富而漫無黑白者.

179) 黃汝成, 『袖海樓文錄』卷5, 「顯考損之府君行狀」. 汝成素喜窮究顧氏『日知錄』一書, 後得錢少詹辛楣, 沈鴻博果堂, 楊大令簡在三先生校本及顧氏原寫本, 條加注補, 命就正於武進李申耆先生, 毛君生甫. 尋又得陳都憲宋齋先生校本, 成『刊誤』二卷. 府君覽之色喜. 執意校勘甫畢, 而府君已棄養矣.

序」에도 보인다. 서문에서 다음과 같이 적었다. "예전에 정본에 『집석』을 완성하기 위해 무진의 이신기, 오강의 오산자, 보산의 모생보 세 선생께 찾아가서 가르침을 구했다."[180]

따라서 『일지록집석』의 편찬자는 이조락이 아니라는 사실을 충분이 알 수가 있고, 반드시 황여성일 것이다.

(3) 황여성과 『일지록집석』

이조락의 명성에 비하면 황여성은 그야말로 비교할 처지가 못 된다. 한 사람은 명성이 자자한 문단의 영수이고 다른 한 사람은 무명의 까마득한 후학이었기 때문이다. 하지만 『일지록집석』은 공교롭게도 부지런한 젊은 사람의 손에서 나왔다.

황여성의 자는 용옥庸玉이고 호는 잠부潛夫이며, 강소성 가정嘉定(지금은 상해시에 속한다) 사람이다. 가경嘉慶 4년(1799)에 태어나서 도광道光 17년(1837)에 죽으니 40세도 못되었다. 그는 건륭 가경 연간의 저명한 고증학 대가인 전대흔의 고향에서 태어났으며 양아버지 황종黃鍾은 전대흔의 제자이다. 친아버지 황횡黃鈜 역시 시문을 잘 지어 이름을 알렸다. 황여성은 어려서 가학을 이어받았으며, 또 전대흔의 재전제자인 모악생毛岳生을 형으로 섬겼으니 고향 선배들의 학문적 전통을 계승했다고 할 수 있다. 13, 4세부터 "문학과 사학을 충실히 익혔으며[熟習文史]", "널리 섭렵하고 문장을 잘 지었다.[博涉能文]" 20세 이후에 현학縣學의 생원이 된다. 뒤에 오랫동안 과거 시험에 낙방하여 관직에 나가지 못했기 때문에 경학과 사학연구에 온 힘을 쏟았고 천문과 역법, 전세[田賦]와 조운[河漕], 직관[職官]과 선거[選擧], 소금업무[鹽務]와 전법錢法까지 널리 섭렵하여 "일관되면서도 해박하며 정심한 경지에 이르렀다.[綜貫浩博, 達於精邃]"[181] 가장 마음속으로 믿고 따랐던 것은 고염무의 『일지록』이었다. 황여성은 이조락에게 보낸 편지에 다음과 같이 적었다. "어려서부터 지금까지 고염무의 『일지록』을 특히 좋아했습니다."[182]

황여성이 『일지록』에 경도되었던 이유는 문사의 유창함이나 고증의 정밀함에 있지 않았다. "그 책은 경학과 문학, 사학, 정치의 득실에 대한 깊고 정밀한 분석 및 군사와 형벌, 부세, 농지, 관직, 선거, 돈, 소금과 철, 저울, 하천과 도랑, 조운, 여타 복잡한 사물에 이르기까지 모두 요체를 갖추고 있어"[183], 경세의 뜻을 담은 "다스림에 도움이 되는 책[資治之書]"이었기 때문이다. 이

---

180) 黃汝成, 『袖海樓文錄』卷2, 「日知錄刊誤序」. 曩爲定本纂成『集釋』, 曾就正於武進李申耆, 吳江吳山子, 寶山毛生甫三先生.

181) 李兆洛, 『養一齋文集續編』卷5, 「黃潛夫家傳」.

182) 黃汝成, 『袖海樓文錄』卷3, 「答李先生申耆書」. 自少至今, 尤好顧氏『日知錄』一書.

183) 위와 같음. 其書於經術文史淵微治忽, 以及兵刑, 賦税, 田畝, 職官, 選擧, 錢幣, 鹽鐵, 權量, 河渠, 漕運,

때문에 황여성은 모악생의 지도 아래 『일지록』연구에 오랫동안 힘을 기울였다. 염약거閻若璩, 심동沈彤, 전대흔錢大昕, 양명녕楊名寧 네 학자의 교감본을 주요 근거로 하여 여러 사람의 해석을 두루 받아들였다. 강희 34년 반뢰潘耒가 간행한 판본을 권별로 교정하여 마침내 『일지록집석』 32권을 완성하고 도광 14년 5월에 간행한다. 책이 완성된 된 후에 그는 또 『일지록』의 원래 필사 본을 구하여 반뢰의 판본과 자세하게 대조 교감하여 모두 700여 조목에 달하는 다르거나 애매모 호한 부분을 찾아내어 바로잡는다. 이렇게 해서 『일지록간오日知錄刊誤』 2권을 완성하여 도광 15년 2월에 간행한다. 이후에 황여성은 다시 가흥의 육균정陸筠精의 교감본을 얻어 앞서 편찬한 『집석』과 대조 교감하여 『일지록속간오日知錄續刊誤』 2권을 완성하여 도광 16년 9월에 간행했다.

황여성의 집안은 부유하여 인쇄비용을 대체로 자신이 직접 대었을 뿐 아니라, 또 돈을 내어 안휘성 사주泗州의 훈도訓導를 제수 받는다. 친어머니와 양아버지가 이어서 세상을 떠나는 바람 에 상을 치르느라 관직에 나갈 수가 없었다. 그는 천성이 활달하여 벗들의 어려움을 기꺼이 도와 주어 멀고 가까운 학자들이 기꺼이 친교를 맺었다. 그러나 지나치게 살이 찌고 오랫동안 천식으 로 고생하다가 그로 인해 갑자기 세상을 떠나니 겨우 39세의 나이였다. 황여성의 벗들은 매우 비통해했고, 모악생毛岳生, 이조락李兆洛, 장동蔣彤, 갈기인葛其仁 등이 잇달아 그를 기리는 문장 을 지었다. 친아버지 황횡은 자식이 뜻을 이루지 못하고 죽은 것을 상심하여 모악생에게 일을 맡겼다. 모악생은 그가 남긴 시문과 잡저를 수집 정리하여 『수해루잡저袖海樓雜著』라고 이름을 붙이고 도광 18년 9월에 한데 모아 간행했다. 잡저 안에는 『수해루문록袖海樓文錄』 6권, 『고금세 실고교보古今歲實考校補』 1권, 『고금삭실고교보古今朔實考校補』 1권, 『일지록간오합각日知錄刊誤 合刻』 4권이 있다. 황여성은 본래 『일지록집석日知錄集釋』과 『간오刊誤』를 완성한 다음에 『춘추외 전정의春秋外傳正義』를 이어서 편찬하려고 하였으나, 갑자기 병으로 세상을 떠나는 바람에 완성 하지 못하고 『문록文錄』 속에 찰기만 몇 편 남겼다.

『일지록집석』의 편찬자로서 황여성은 『수해루문록』에서 이 책의 편찬지위에 대해 재삼 밝혔 을 뿐 아니라, 『일지록』과 고염무의 학문과 품행에 대해 벗들과 토론한 「여오순백서與吳淳伯書」 와 「답이선생신기서答李先生申耆書」, 「여모생옹서與毛生翁書」 등과 같은 문장도 많이 실었다. 이 조락과 주고받은 서찰 속에는 『집석』에 대한 이조락의 진심어린 자신감도 들어 있다. "평가와 심의를 거쳐 수많은 오류를 없애어 사람들이 이 책을 우러러보고 세도와 인심에 유익하게 하였 으니 정말로 학자들의 복이다."[184] 황여성의 학풍은 독실하여 친척이나 벗들이 소장하고 있는

與他事物繁賾者, 皆具體要.

184) 黃汝成, 『袖海樓文錄』卷3, 「答李先生申耆書」. 評騭考核, 刪削繁穎, 使此書得成巨觀, 有益世道人心, 眞學 者之幸也.

자료를 제공해준 일, 이조락과 오육, 모악생이 원고를 심의 수정해준 일, 모악생이 『간오』와 『속간오』를 대조 검토해준 일, 같은 읍의 벗인 왕호王浩가 시종 "연구를 부지런히 도와준 일[勤佐探索]" 등 주위 벗들이 『집석』의 완성을 위해 도움을 준 것에 대해 감격하여 여러 번 표창하였다. 이런 기록들은 확실한 근거가 있으니 다른 사람의 내용을 표절하거나 남을 속이는 자들이 할 수 있는 것이 아니다. 처음에 주기영 선생이나 이상 선생이 『수해루문록』을 한 번 살펴보았다면, 『이신기선생연보』로 인한 오류를 범하지는 않았을 것이다.

위에서 살펴본 내용을 종합하면, 다음과 같은 결론을 얻을 수 있다.

첫 번째, 『일지록집석』의 편찬자는 본래부터 황여성이지 이조락이 아니다. 이조락은 『집석』에 대해 "교정의 수고로움"[185]만 있지 편찬의 공은 없다.

두 번째, 이신기가 『일지록』을 교정하고 간행했다는 『이신기선생연보』의 기록은 『일지록집석』 편찬과정 중의 하나의 단계이지 전체 과정에 대한 실록은 아니다. 따라서 이상 등 여러 선생이 이 불완전한 증거에 근거하여 황여성의 편찬지위를 부정한 일은 성립될 수 없다.

세 번째, 역사문헌에 대한 연구는 철저하게 자료를 갖추어, 사실에 근거하여 과학적으로 논증해야하며, 믿어야 할 것을 믿고 의심해야 할 것을 의심한다.

---

185) 蔣彤, 『丹稜文抄』卷3, 「養一子述」.

제6장
이이곡李二曲 사상 연구

청초, 명·청이 교체되는 사회적 혼란기를 거치면서 왕양명王陽明의 심학心學은 쇠퇴하여 풍비박산되었다. 그 당시에 이학理學의 보루 속에 있었던 사람 가운데에, 어떤 자는 양명학에서 나와 왕양명을 비난하고, 어떤 자는 양명학을 배워 주자학으로 돌아가, 주희, 육산상 간의 학술논쟁이 날이 갈수록 심해졌다. 그러나 순치順治 및 강희康熙 초 3~40년 간, 학술 논단을 주재한 것은 오히려 구학舊學인 왕학 대사王學大師였다. 즉, 손하봉孫夏峰을 대표로 한 북학北學, 황리주黃梨洲를 대표로 한 남학南學 그리고 이이곡李二曲을 대표로 한 관학關學이었다. 그래서 당시에 천하 학술을 아우르는 '삼대유三大儒'라는 말이 있었다. 근세에 청대 학술사를 논한 것을 살펴보면, 하봉, 이곡을 빼고 정림亭林, 선산船山을 꼽고, 고염무, 황종희, 왕양명 등 대사大師 3명을 '삼대유'라고 칭하였다. 이런 견해는 물론 합리적이라서 나무랄 것이 없지만, 이에 따르자면, 하봉, 이곡학의 학술에 대한 연구는 비교해보자면 아직 깊지 않고, 성과도 기타 삼가三家에 못 미친다. 즉, 이곡을 논해보자면, 예컨대 그의 학술 연원 및 변화추세에 대한 연구, 이곡 사상의 기본적 특징에 대한 파악 그리고 이곡 학설의 역사적 지위에 대한 평가 등은 모두 더 깊은 연구가 필요하다. 이 밖에, 이이곡의 평생 행적에 몇 가지 분명히 해야 할 문제가 있다. 본문에서는 위에 서술한 여러 사항에 대해서 미성숙한 견해를 밝히니 여러분의 질정을 기다린다.

1. 『청사고淸史稿』 이옹李顒 본전 변증

이이곡李二曲(1627-1705)은 섬서陝西 주질盩厔(지금의 주지周至) 출신으로, 이름이 옹顒이고, 자가 중부中孚이다. 그리고 호가 이곡二曲이고, 또 다른 호가 참부慚夫이고, 이곡토실병부二曲土室病夫

라 자호하기도 하였다. 학자들은 이곡선생二曲先生으로 높여 불렀다. 명明 천계天啓 7년(1627)에 태어나 청淸 강희康熙 44년(1705)에 사망하여 향년 79세이다. 이이곡의 본전本傳은『청사고』권 480「유림儒林」1에 실려 있는데, 광서光緒 연간에 청 국사관國史館이 증보 편집한『국사유림전國 史儒林傳』에 의거하여 보충하여 완성하였다. 근대의 유명한 학자 무전손繆荃孫(1844-1919) 선생 이 원고를 썼지만 소산筱珊(무전손의 자)선생은『사고史稿』의 완성을 기다리지 못한채 작고하고 말았다. 이후 유고遺稿는 여러 사람의 손에 전전하였다. 그리고『사고』간행 전에 또 금량金梁 (1878-1962)의 산삭刪削을 거치기도 하였다. 오래전에 전해온 원고에서 사실과 부합하지 않는 부 분을 바로잡지 않았을 뿐 아니라 한결 같이 간략한 서술에만 치중하였고, 또 간략히 서술해서는 안되는 부분을 간략히 서술해버리고 말았다. 그 결과 체제가 어그러져, 인물의 학술연원 및 학문 의 종지宗旨에 대한 소개가 누락되었고, 오래전에 잘 못 쓰지 않은 것을 틀리게 고친 것도 있다. 아래에 그 요지를 들어 다음과 같이 변증하였다.

(1) 이옹李顒 부친의 "이를 뽑아두고서 집을 떠나다[抉齒離家]"라는 설은 믿을 수 없다.

이옹 본전에, 명 숭정 15년, 이옹의 부친 이가종李可從이 섬서 순무 왕교년汪喬年의 군대를 따라 하남에 가서 '적을 토벌'하였는데, "출전에 임하여 이 하나를 뽑아 이옹 모친에게 건네주면 서 말하기를 '만약 싸움에 이기지 못하면, 뼈를 땅에 묻어야 할 것이오. 그대는 아들을 잘 가르치 시오.'[1]라고 하고 떠났다. 이 때 그는 군대가 패하여 전사하였다. 이옹의 모친은 남겨놓은 이를 땅에 묻고는 '이무덤[齒塚]'이라 하였다."[2] 살펴보면, 이 단락의 내용은 예로부터 전해오던 이야 기에서 나온 것인데,『국사유림전國史儒林傳』이 근거로 삼은 것이 이옹 자신이 술회한 것도 아니 고, 그 제자 혜룡사惠霙嗣가 찬집한『이곡역년기략二曲歷年紀略』의 내용도 아니며, 단지 다른 사 람이 과장하고 부회한 이야기일 뿐이다.

이가종이 "이를 뽑아두고서 집을 떠났다[抉齒離家]"는 설은『주질이씨가전盩屋李氏家傳』에 처 음 보인다.『주질이씨가전』에는 "명말, 틈적闖賊(이자성李自成)이 하남河南을 침략하자, 조정은 왕공汪公 교년喬年에게 군대를 독려하여 적을 공격하게 하였다. 중군 감기中軍監紀 동지同知 손 공孫公 조록兆祿이 장사壯士를 불러 함께 가려고 하였다. 행군에 앞서 장사가 이 하나를 뽑아 집에 남겨두고 말하기를 '내가 이번에 가서, 적을 섬멸하지 못하면 살아 돌아오지 않겠다. 집에 나를 기억할 물건이 없으니 이라도 하나 남겨두겠다.'라고 하였다."[3]라고 기재되어 있다.[4] 이

---

1) 臨行, 抉一齒與顒母曰 : "如不捷, 吾當委骨沙場, 子善教吾兒矣."

2)『淸史稿』卷480,「李顒傳」.

『가전』은 공백약龔百藥이 쓴 것이다. 공씨는 강소江蘇 상주常州 출신으로, 이옹이 강희 9년 말, 10년 초에 강남江南에서 강학할 때에 만났던 우인友人이다. 옛날 사람들은 사자死者 후손의 요청에 응하여, 죽은 자를 위해 비지碑志나 전기傳記를 썼는데, 대부분 악행은 숨기고 선행만 드러내어 지나치게 아름답게 포장하므로 진실을 잃게 된다. 공백약의 『주질이씨가전』은 바로 이런 류의 글이다. 같은 종류의 글은 이인독李因篤이 쓴 『양성현의림술襄城縣義林述』에도 보인다. 이인독은 이옹과 진정한 벗인 데다 둘 다 섬서출신으로 고향도 같지만 이옹 부친이 "이를 뽑아 놓고 전장으로 떠난 일"에 대해서는 마찬가지로 전해 들었을 뿐이다. 그가 글에서 "나는 주질에 이무덤[齒塚]이 있다고 들었다. 이는 장사가 동쪽으로 정벌가는 군대 모집에 응하여, 행군 나가기 직전에 이 하나를 뽑아 은군隱君의 모친 팽彭에게 준 것이라고 한다. 은군이 모친을 장사지낼 때에 '이'를 받들어 합장하였고, 이 무덤을 '이무덤'이라 불렀던 것이다."5)라고 썼듯이 '이무덤'에 대한 일은 전해 들은 것일 뿐이다. 전해들은 말은 검증을 거치지 않은 것이므로 믿을 수 있는 일은 아니다. 그러나 공백약, 이인독 두 사람의 글에 등장하는 '이를 뽑았다'라는 설은 발없는 소문이 천리를 가듯이 광범위하게 인용되었다. 이옹이 사망하자, 유종사劉宗泗는 이 이야기를 『이이곡선생묘표李二曲先生墓表』에 기입하여 넣었다. 이후, 옹정雍正, 건륭乾隆 연간의 사학자 전조망全祖望이 『이곡선생폄석문二曲先生窆石文』을 보완하였고, 결국 다음과 같은 내용이 되고 말았다.

> "신오信吾(이가종의 자字)가 행군 떠나기에 앞서 이 하나를 뽑아 그 아내 팽유인彭孺人에게 주면서 말하기를 '전쟁이 위험하니 만약 이기지 못하면 나는 뼈를 땅에 묻을 것이오. 그대는 아들을 잘 가르치시오.'라고 하였다."6)

사실, 이곡 가문을 살펴보면, 직접 쓰거나 제자가 기록한 것을 표준으로 삼아야 한다. 그러나 위에 서술한 문제와 관련하여, 이옹 및 그 제자가 기록한 내용에서는 독자는 "이를 뽑아 놓고 전장으로 떠났다"라는 내용 따위의 그림자를 전혀 찾아볼 수 없다. "이무덤"에 관한 일은 혜롱사의 『이곡역년기략』에 다음과 같이 기재되어 있다.

---

3) 明季闖賊犯河南, 朝議以汪公喬年督師剿賊, 中軍監紀同知孫公兆祿招壯士與俱. 將行, 壯士抉一齒留于家曰: "我此行, 誓不殲賊不生還. 家無憶我, 有齒在也."

4) 龔百藥, 『盩厔李氏家傳』(李顒의 『二曲集』 卷25, 「家乘1」)에 보인다.

5) 予嘗聞盩厔有齒塚, 蓋壯士君既應募東征, 將行, 抉一齒與隱君之母彭. 及隱君成母窆穸, 奉齒合葬, 而曰 '齒塚'.

6) 全祖望, 『鮚埼亭集』 卷12, 「二曲先生窆石文」. 信吾(李可從字──引者)臨發, 抉一齒與其婦彭孺人曰: "戰危, 事如不捷, 吾當委骨沙場, 子其善教兒矣".

"숭정 임오년 2월에, 선생의 태옹太翁(부친)이 왕총제汪總制를 따라 하남 양성襄城으로 틈적을 정벌하러 갔다가 군대는 전멸당하고 본인은 전사하였다. 이 때 선생은 아직 어렸는데, 모자母子는 전사 소식을 들을 수 없었고 밤낮으로 부친이 생환하기만을 바랐다. 틈적이 관중에 진입하자 비로소 절망하였다. 늘 마음 아파하다가 생각이 양성에 미치자 눈물을 흘리며 한번 가고 싶어 했다. 그러나 모친이 살아계셔서 이마저도 어려웠다. 단지 부친이 남긴 이를 받들어 두고 아침저녁으로 엄격히 섬겼다. 모친께서 돌아가시자 이를 받들어 모친과 합장하고 이 무덤을 '이무덤[齒塚]'이라 불렀다."[7]

이 부분은 평이하게 쓰여졌는데, 최소한 두 가지 점을 설명하고 있다. 첫째, 이가종이 이를 집에 남겨둔 것은 확실하지만 이것으로 이 이가 집을 떠나기 전에 뽑은 것인지 판단할 수 없다. 둘째, 이가종이 남긴 이를 매장한 사람은 바로 이옹이지 이옹의 모친이 아니다. 혜룡사는 그 스승과 아침저녁으로 함께 지내면서 직접 이야기를 들었을 것이므로 그가 쓴 "이무덤"에 관한 일이 가장 믿을 만 할 것이다.

이옹이 그 부친을 추억한 글, 예컨대 「제부문祭父文」, 「기일제문忌日祭文」 및 「도양성현성황문禱襄城縣城隍文」, 그리고 「여양성령동봉장공서與襄城令東峰張公書」 등에도 마찬가지로 "이를 뽑아 놓고 전장으로 떠난 일"과 관련된 기록이 없을 뿐 아니라 이른바 이를 뽑아 놓고 장렬하게 이별한 것과는 반대로, 도리어 더 많이 등장하는 기록은 자애로운 아버지에 관한 실록이다. 「발부수택跋父手澤」에서 그는 "내 아버지는 숭정崇禎 14년 12월 24일에 집을 떠나, 읍후邑侯 손공孫公을 따라 하남에서 적을 토벌하였다. 몇일 지나, 내가 원수의 모함에 빠질까봐 걱정하셔서, 큰아버님과 외삼촌에게 편지를 보내 거듭 부탁하셨다."[8]라고 기록하였다. 이듬해 2월 11일, 하남 상성襄城에 도착하였는데, 왕교년王喬年 부대는 몇 겹으로 포위당했다. 직접 성의 함락이 임박한 것을 보았다. 당시 이가종은 "여러 동료와 함께 눈물을 흘리면서 아들인 이옹이 어려서 의지할 데가 없을 것이라 마음 아파하였다. 17일에 성이 함락되어 결국 전사하고 말았다."[9] 이옹의 부친 이가종은 본디 일반 백성으로 군대 모집에 응하였고, 하급 재관材官에 불과하였다. 여러 정황을 살펴보면, 이옹의 기록은 아마 이를 뽑아 두고 장렬히 이별했다는 과장된 묘사보다 더 믿을 수 있을 것이다.

이가종이 집을 떠나 군에 입대한 문제를 역사학자의 안목으로 놓고 보면, 이렇게 다른 두

---

7) 崇禎壬午二月, 太翁隨汪總制征闖賊于河南之襄城, 師覆殉難. 是時先生尚幼, 母子不得凶問, 猶日夜望其生還.及闖賊入關, 乃始絶望.居恒披痛, 思及襄城, 流涕願一往. 以母在也難之, 惟奉太翁遺齒, 晨夕嚴事. 母歿, 奉以合葬, 名曰'齒塚'.

8) 吾父崇禎十四年臘月二十四日離家, 隨邑侯孫公征賊河. 至省數日, 慮顒爲仇人所陷, 托人寄書吾伯, 吾舅, 以致叮嚀.

9) 李顒, 『二曲集』卷19, 「跋父手澤」. 與同侪泣語, 深以顒幼弱無倚爲痛. 十七日城陷, 竟及于難.

유형의 기록을 마주하게 된다. 무엇을 선택하고 무엇을 버릴 것인가 하는 문제는 역사학자가 역사를 다루는 기본적 태도와 관련된 문제이다. 청대 학자는 본조本朝(청조)의 역사를 쓰면서 혜롱사나 이옹의 기록을 쓰지 않고, 공백약 등 학자들의 과장되고 부회가 심한 기록을 선택하였으므로 믿을 수 없다. 『청사고』는 와전된 기록을 와전하였으므로 당연히 더 믿을 수 없다.

(2) "폐관사객閉關謝客"설의 정오正誤

이옹 본전本傳에 "강희 18년 '박학홍유博學鴻儒'로 천거 받았다. 질병이 위독하여 들것에 실려 성省에 갔지만 물을 넘기지도 못할 정도로 질병이 깊어 휴가를 받을 수 있었다. 이때부터 문을 걸어 잠그고 토실土室에서 쉬었는데, 오직 곤산昆山의 고염무顧炎武가 방문하면 환대하였다."[10] 라고 기재되어 있다. 이 기록 역시 구전舊傳에서 따온 것으로 약간 산삭이 있을 뿐이다. 역사 사실을 상고해 보면 오류가 두 개 있다. 청 조정이 '박학홍유'로 등용한 것은 강희 17년 정월에 있었던 일이라고 사책에 분명히 쓰여 있어서 고증할 수 있다. 청 『국사유림전國史儒林傳』의 이옹 본전 기록은 본래 잘못된 부분이 없는데, 『청사고』 이옹 본전은 강희 18년에 고쳐 쓰면서 분명히 잘못 고친 부분이 있다. 마찬가지로, 이옹이 "질병이 위독하여 들것에 실려 성에 갔다.[稱疾篤, 舁床至省]" 운운한 것은 『이곡역년기략二曲曆年紀略』 역시 강희 17년이라 하였는데, 서안西安으로부터 은둔지인 부평富平으로 돌아온 해는 같은해 8월 13일 일이다. 그래서 『청사고』에 기재된 강희 18년은 오류이다. 이것이 오류 가운데 하나이다. 두 번째 오류는 이옹의 "토실에서 쉬었다.[晏息土室]"는 내용이다. 이 해는 분명히 강희 18년 이후의 일인데 이른바 "오직 곤산의 고염무가 오면 환대하였다.[惟昆山顧炎武至則款之]"라는 내용은 사실과 부합하지 않는다. 고증에 따르면, 고염무와 이옹이 서로를 안 것은 강희 2년이다. 이 해 가을, 고염무는 서쪽으로 진진秦晉 지역을 유람하였고, 10월에 섬서 주질盩厔에 도착하여 이옹과 처음 알게 되었다고 한다. 헤어진 이후 각기 동쪽과 서쪽에 머물렀고, 강희 16년 가을에 고염무가 섬서 땅에 두 번 들어가 부평에 있었던 이옹과 다시 만날 수 있었다. 이듬해 봄, 고염무, 이옹 두 사람은 부평에서 세 번 만났다. 이후, 강희 21년 정월에 고염무가 산서山西 곡옥曲沃에서 세상을 떠날 때까지 두 사람은 다시 만날 기약을 하지 못하였고, 다만 서찰만 주고 받았을 뿐이다. 그래서 이옹이 강희 18년 가을에 주질 고향에 돌아와 "토실에서 휴식"한 이후에는 "오직 곤산의 고염무가 오면 환대했던" 일이 있을 수 없는 것이다.

---

10) 『淸史稿』 卷480, 「李顒傳」. 康熙十八年, 薦擧博學鴻儒, 稱疾篤, 舁床至省, 水漿不入口, 乃得予假. 自是 閉關, 晏息土室, 惟昆山顧炎武至則款之.

(3) 부평에 은둔한 것은 만년晚年이 아니다.

본전에, 이옹이 "만년에 부평에 우거했다.[晚年寓富平]"라고 기재되어 있다. 이에 의하면, 이옹이 만년에 부평에서 여생을 편안히 보낸 것 같다. 사실, 이 설은 매우 잘못되었다. 이옹이 부평에서 은거한 것은 강희 14년 가을의 일이다. 이 때, 삼번三藩의 난이 일어나, 한중漢中이 이미 반군의 손에 들어간 상태였다. 첫째, 주질이 인근에 있었고, 둘째, "적의 군영이 모두 선생의 명성을 칭송하였다.[敵營鹹頌先生風烈]"11)라는 풍문을 들었기에, 병화를 피하기 위해, 이옹은 부평 지현 곽전방郭傳芳의 청에 응하여 맹씨孟氏의 의산당擬山堂에 기거하였다. 강희 18년 가을, 삼번의 난이 이미 평정되어 섬서성 전체가 다시 청淸 조정의 통제 하에 들어가자 그는 다시 부평으로부터 고향으로 옮겨왔다. 이때부터 집에 은둔하면서 두문불출하였다. 그리고 강희 44년 사망할 때까지 다시 부평에 가지 않았다. 따라서 이옹은 만년에 주질에서 기거하였다는 사실을 알 수 있다. 그리고 부평富平에 피난하였던 4년 동안 그는 겨우 50세 정도였는데, 당시에 79세였던 사람에게 당시 50세 전후라는 나이는 자연히 '만년'이라고 칭할 수 없다.

(4) 간략함을 구하려 하였으므로 누락이 발생하였다.

이옹은 청초 학술계의 탁월한 대가였다. 『청사고』 본전에 "이 때, 용성容城의 손기봉孫奇逢의 학술이 북쪽에서 성행하였다면, 여요余姚의 황종희黃宗羲의 학술은 남쪽에서 성행하여 이옹과 함께 정립하여 '삼대유三大儒'라 불렸다."12)라고 하였다. 그렇다면 『청사고』 본전의 주인공 이옹에 대한 학술의 연원, 기본 주장 그리고 학문적 성취 등에 대해서 설명할 필요가 있겠다. 오직 이렇게 해야 작자가 「儒林傳序」에서 "지금 『儒林傳』을 쓰면서 문파를 구분하지 않고 오로지 학술만을 기술하였다."13)라고 설명한 찬술의 취지와 부합할 수 있다. 그러나 이옹 본전은 이 취지를 잘 살려내지 못하였다. 앞에 서술한 내용과 같이, 이옹전은 구전舊傳을 취사하여 만들어졌는데, 구전은 위에 서술한 여러가지 사항들에 대해서 소개되어 있다. 이 소개에서는 "이옹의 학술 역시 요강姚江에서 나왔다.[顯學亦出姚江.]", "그 학술은 '존덕성尊德性'을 본체本體로 삼고, '도문학道問學'을 공부工夫로 삼고, '회과자신悔過自新'을 시기始基(출발)로 삼고, '정좌관심靜坐觀心'을 입수入手(실천)로 삼았다. 관학關學은 풍종오馮從吾 이후부터 점점 침체되었는데, 이옹은 날마다 그 문도와 함께 강론을 이어나갔다."14) 등의 사실을 분명히 지적하였다. 다시 말하면,

---

11) 惠霊嗣, 『二曲先生歷年紀略』, "康熙14年 乙卯"條.
12) 是時, 容城孫奇逢之學盛于北, 余姚黃宗羲之學盛于南, 與顯鼎足稱三大儒.
13) 今爲『儒林傳』, 未敢區分門徑, 惟期記述學術.

이옹의 학술은 왕양명의 심학心學에서 나왔고, 왕학王學을 기반으로 하여 주朱·육陸 학술을 한 데 합치는 길을 걸었다. 아울러, 이런 방법으로 이미 쇠락 해버린 관학을 다시 일으키려고 하였다. 그래서 구전舊傳은 또 이옹의 주장을 인용하여, "학자라면 먼저 육구연陸九淵·양간楊簡·왕수인王守仁·진헌장陳獻章의 책을 읽어서 심성心性을 명백히 밝혀야 하고, 그 이후에 이정二程·주자朱子 및 오여필吳與弼·설관薛瑄·여남呂柟·나흠순羅欽順의 책을 숙독하여 실천 공부를 해야 한다."[15]라고 서술하기도 하였다. 이옹 사상의 변천 순서에 대해서 언급할 할 때, 구전은 또 "애초에 세상을 구제하는 데에 뜻을 두어, 『제학굉강帝學宏綱』·『경연참의經筵僭拟』·『경세려측經世蠡測』·『시무급저時務急著』 등 저작을 저술하였는데, 얼마후 원고를 모두 불살라 버렸다. 그리고 『십삼경주소규무十三經注疏糾繆』·『입일사규무卄一史糾繆』·『역설易說』·『상수려측象數蠡測』를 저술하였는데, 몸과 마음에 마땅하지 않는다고 하며 남에게 보여주지 않았다."[16]라고 지적하기도 하였다. 이러한 기술 내용은 문제의 요점을 간명하게 제시하고 있으므로 온당하다고 하겠다. 그러나 『청사고』 이옹본전은 내용을 산삭刪削하여 이옹의 학술 연원, 기본적 주장 그리고 공부의 순서 등에 대한 내용을 누락하는 결과를 초래하고 말았다. 이는 『청사고』 이옹전의 중요한 결점이라고 하지 않을 수 없다.

2. "회과자신悔過自新"설 분석

이이곡李二曲은 명청 교체 시기에 태어나 사회의 급격한 변동을 경험하였다. 과거 공부에 흥미를 잃고 경세에 뜻을 두어 "약관이 되자 '안민제세安民濟世'하리라 굳게 마음먹었다.[甫弱冠, 即以康濟爲心]"[17] 이후, 이곡은 스스로 학업에 발분하여 스승 없이 성취하여, 전후로 『경세려측經世蠡測』·『시무급저時務急著』등을 저술하였고, "정치의 요체[政體]와 관련된 것이라면 구상하지 않는 것이 없었다.[凡政體所關, 靡不規畫]"[18] 순치13년, 30세에 또 섬서陝西에서 전역戰役이 잇달아 일어나자 병법을 연구하면서 난세에 실제로 역할을 할 수 있기를 기대하였다. 그러나, 섬서에 대한

---

14) 其學以尊德性爲本體, 以道問學爲工夫, 以悔過自新爲始基, 以靜坐觀心爲入手. 關學自馮從吾後漸替, 顯日與其徒講論不綴.

15) 學者當先觀陸九淵, 楊簡, 王守仁, 陳獻章之書, 闡明心性, 然後取二程, 朱子以及吳與弼, 薛瑄, 呂柟, 羅欽順之書, 以盡踐履之功.

16) 初有志濟世, 著『帝學宏綱』, 『經筵僭擬』, 『經世蠡測』, 『時務急著』等書, 既而盡焚其稿. 又著『十三經注疏糾繆』, 『卄一史糾繆』, 『易說』, 『象數蠡測』, 亦謂無當身心, 不以示人.

17) 駱鍾麟,「匡時要務序」, 李顒『二曲集』卷12, 『匡時要務』1卷에 보임.

18) 駱鍾麟,「匡時要務序」, 李顒『二曲集』卷12, 『匡時要務』1卷에 보임.

청 정부의 통치가 확립되자, 이옹은 당시까지 병법을 연구하기는 했지만, 학문적 취향에 이미 큰 변화가 일어났다. 이 해 봄, 여름을 즈음하여 그는 그만의 독특한 "회과자신悔過自新"학설을 제기하였다. 이를 계기로 이옹은 경세시무經世時務에 대한 열정을 접고 절기자반切己自反의 심성을 밝히는 학문에 주력하였다.

　이옹의 사상 발전 과정에는 왜 이러한 변화가 일어났을까? "회과자신"설은 도대체 무슨 설인가? 이 변화가 이옹의 사상 체계에 차지하는 지위를 어떻게 평가할 수 있을까? 모두 깊이 연구해야 할 주제이다.

　"회과자신"설은 인간의 본성이 "지선무악至善無惡"하다는 것을 전제로 한 학설이다. 이옹은 그의 저술인『회과자신설悔過自新說』첫머리에서 "천지天地의 본성은 인간이 귀하게 여긴다. 인간이란 존재는 천지의 기氣를 받아 몸체를 이루고, 천지의 이理를 얻어 본성으로 삼는다. 이 본성의 양量은 본디 천지와 크기가 같고, 이 본성의 영靈은 본디 해·달과 밝기가 같아서 처음부터 지극히 선하여 악함이 없고, 지극히 순수하여 흠이 없다."[19]라고 지적하였다. 이로부터 출발하여, 이옹은 아무리 "기질氣質에 막히고, 정욕情欲(욕구)에 이끌리고, 습속習俗에 얽매이고, 시세時勢에 마음이 변하여[氣質所蔽, 情欲所率, 習俗所囿, 時勢所移]" 소인·금수禽獸의 지경에 빠져도[淪于小人禽獸之域], "그 본성이 천지와 덕을 같이 하고, 해·달과 밝음을 같이 하는 자는 언제나 환하고 밝게 존재하였다."[20]고 생각했다. 이러한 인성론人性論은 바로 맹자孟子 이후 유가의 전통적인 성선설性善說을 조술祖述한 것일 뿐 말할 만한 것이 못된다. 그러나 이곡 학설 가운데 취할 만한 부분은, 그가 성선론에 적극적으로 사회적 의미를 부여하여 인성 본래의 면모를 회복시키는 과정을 통해서 "구세救世(세상의 폐단을 바로잡는 것)를 창도하였다[倡道救世]"는 점이다. 그래서 이옹은 "고금에 대유학자로서 구세救世를 창도한 인물은 많다. 어떤 학자는 '주경궁리主敬窮理'를 종지宗旨로 삼았고, 어떤 학자는 '선입호대先立乎大'를 종지로 삼았다. … 그리고 어떤 학자는 '지양지至良知'를 종지로 삼았고, … 학자 간의 종지는 서로 달랐지만 그 요점은 '회과자신悔過自新' 네 글자를 벗어나지 않았다."[21]라고 하였던 것이다. 그는 여러 학자들의 설에 대해 "'회과자신' 네 글자를 그대로 학설로 제기하여 혹시 곧바로 근거를 두는 편이 낳을 것이다."라고 주장하였다.[22] 이 학설에 따르면, 이옹은 사람들에게 과실을 저지른 다음에라도 심신心身을 단속

---

19) 李顒,『二曲集』卷1,『悔過自新說』. 天地之性人爲貴. 人也者, 稟天地之氣以成身, 即得天地之理以爲性. 此性之量, 本與天地同其大 ; 此性之靈, 本與日月合其明, 本至善無惡, 至粹無瑕.

20) 其本性之與天地合德, 日月合明者, 固未始不廓然朗然而常在也.

21) 古今名儒倡道救世者非一, 或以'主敬窮理'標宗, 或以'先立乎大'標宗, … 或以'至良知'標宗 … 雖各家宗旨不同, 要之總不出'悔過自新'四字.

22) 李顒,『二曲集』卷1,『悔過自新說』. 不若直提'悔過自新'四字爲說, 庶當下便有依據.

하기를 요구하였고, "예의염치禮義廉恥"라는 제방을 쌓아 과실을 미연에 방지해야 한다고 강조하였다. 그래서 그는 또 "'의명염치義命廉恥', 이 네 글자는 바로 입신立身의 기반으로서 조금이라도 흠이 생기면 기반이 무너져버린다. 오늘날, 심오한 도리는 말할 필요도 없다. 오로지 이 네 글자에서 기본을 밝힌다면, 이 사람이 바로 '공맹孔孟 문하인門下人'이다."[23]라고 하였다.

이옹이 제기한 '회과자신'설은 우연히 발생한 학술적 현상이 아니다. 이 설은 청초淸初 혼란스러운 사회현실을 반영한 필연의 산물이다. 명청 교체기는 그야말로 상전벽해의 시대라고 할 수 있다. 세대를 이어가며 지켜온 주씨朱氏 명왕조明王朝는 농민기의군에 의해 순식간에 매장 당하였고, 이어 동북의 소수민족 정권이 천하에 군림하였다. 이렇게 잇달아 벌어진 현실은, 3백여 년 전 봉건 정통 의식과 좁은 민족적 편견에 얽매여 있던 지식계에 있어서는 너무나 급작스레 찾아왔고 너무 맹렬하였다. 자연히 이 사실을 갑자기 받아들이기란 어려웠다. 황종희는 "천붕지해天崩地解(하늘이 무너지고 땅이 갈리짐)"라고 탄식하였고, 고염무는 "천붕지탁天崩地坼"이라 표현해야 한다고 하였다. 사회의 대혼란에 직면하여, 청초 지식인들은 나라와 백성을 걱정하며 비바람이 치는 듯한 난세에서 한 배를 탔다. 기풍을 바로 세우고자 하는 이들의 모습은 비장하였으며, 이에 대한 역사서의 기록이 끊이지 않는다. 그러나 과거제도가 회복되고, 청 정부의 통치정책이 조금씩 조정됨에 따라 지식계 역시 계속해서 갈라졌다. 염치를 모르는 파렴치한 자가 있는가 하면, 문장만을 탐닉하는 자도 있었고, 명성과 이익만을 좇는 자도 있었다. 엄혹한 현실을 목도하고서 유민遺民의 법도를 고수했던 이옹은 당연히 이를 가슴 아프게 여기고서 예의염치禮義廉恥가 상실된 것으로 보았다. 사회에 대한 이러한 책임감은 "예의염치라는 준칙[禮義廉恥之大閑]"을 유지하는 방법을 탐구하게 하는 계기가 되었다. 이옹은 다음과 같이 소리 높여 말했다.

오늘에 우리의 폐단이 정도正道에 어둡고 악행을 수치스럽게 여기는 자가 드문 데에 있다면, 예의염치라는 준칙은 대부분 사라져 물어볼 데도 없을 것이다. 세도世道를 걱정하여 구제하려는 뜻이 절실한 진정한 대군자大君子가 나와서, 정도를 세우는 데에 힘쓰고 염치를 크게 떨쳐서 정도를 밝히고 염치를 일으킨다면, 이 준칙은 허물어지지 않을 것이고 강상 역시 무너지지 않을 것이다. 이것이 바로 세상을 구하고 시대를 구제하는 것이다. 시급한 문제 가운데 이보다 절실한 일은 없다.[24]

---

23) 王心敬, 『南行述』, 李顒의 『二曲集』卷10에 보인다. 義命廉恥, 此四字乃吾人立身之基, 一有缺焉則基傾矣. 在今日, 不必談玄說妙, 只要于此著腳, 便是孔孟門下人.

24) 若夫今日, 吾人通病在于昧義命, 鮮羞惡, 而禮義廉恥之大閑多蕩而不可問. 苟有真正大君子, 深心世道, 志切拯救者, 所宜力扶義命, 力振廉恥, 使義命明而廉恥興, 則大閑借以不逾, 綱常賴以不毀, 乃所以救世而濟時也. 當務之急, 莫切于此.

이로 볼 때, 이이곡의 "회과자신"설은 이학理學의 울타리를 넘지는 못했으나 본성本性과 천도天道 따위를 말하는 공담空談은 결코 아니었고 오히려 세도를 구하고 시대를 구제하는 실학實學이었음을 알 수 있다.

사상사의 발전과정은 오래된 것을 밀어 내고 새로운 것을 내어 놓는 과정이다. 이 과정에서 일종의 개성을 지닌 어떠한 학설이 제기되더라도, 이는 모두 이전 사상의 요소에 대한 비판적 계승에서 벗어날 수 없다. "회과자신"설의 형성 역시 예외는 아니다. 앞서 서술한 바와 같이, "회과자신"설 입론의 이론적 근거는, 우선 유가의 전통적 성선론에 대한 계승이다. 그러나 이러한 계승은 오히려 선명한 시대의 흔적을 찍어놓았는데, 이 설의 직접적인 발원지는 바로 왕양명의 "치양지致良知"설이다.

이옹은 "회과자신"설을 제기하면서 송명 유학자 몇 명이 학습한 "회과자신"의 과정을 예로 들었다. 그리고 이러한 사례 가운데, 이옹에게 "학문에 힘을 쓰는 관건을 얻었다[得學問致力肯綮處]"라고 평가를 받은 것은 장재張載의 "진기이학盡弃異學"도 아니요, 주희朱熹의 "범람석노泛濫釋老"에 대한 "회오역개悔悟力改"도 아닌, 바로 왕양명의 "치양지"설이었다. 이옹은 "양명 선생의 학문은 모두 3번 변하였고, 가르침 역시 3번 변하였다. 젊은 시절 사장詞章에 주력하다가, 얼마후 석釋·노老를 넘나들었고, 이어 3년간의 유배되어 힘든 생활을 보내다 활연히 성현聖賢의 뜻을 깨달았다. 이것이 3번 변하여 도道에 이른 과정이다. 귀양에 살 때 학자와 함께 '지행합일知行合一'설을 만들었고, 저양滁陽에 거주한 이후 가르친 것은 대부분 정좌靜坐였으며, 강우江右에 거주한 이후 비로소 '치양지致良知' 세 글자만을 언급하면서 곧장 본체本體를 지적하자 학자들이 깨닫는 바가 있었다. 이것이 가르침에 3번 변화가 있었다는 말이다."25)라고 하였다. 왕양명은 세 번 변하여 "성현의 뜻[聖賢之旨]"을 깨달았고 "도에 이른다[至道]"는 경계에 도달하였다고 하였는데, 이는 당연히 "치양지致良知"설에 대한 지극한 긍정이다. 이어, 이옹은 또 왕양명의 제자 남대길南大吉의 학문 탐구 자세를 예로 들면서, 남대길은 바로 왕양명이 가르친 "치양지"설을 받아들여 "성현의 경지로 들어가는 실마리[入聖之機]"를 깨달았고, "이로써 학문에 힘을 쓰는 관건을 얻었다.[由是得學問致力肯綮處]" 남대길이 "치양지"설을 받아들인 것에 대해 "학문에 힘을 쓰는 관건을 얻었다."라고 하였는데, 이는 "치양지"설에 대한 이옹의 신봉을 나타내 주는 것을 뿐 아니라, "회과자신"설과 "치양지"설 사이의 하나의 주목할 만 한 등호等號와 다를 바 없다. 바로 이러한 선택적인 계승에서 우리는 "회과자신"설의 이론적 연원을 살펴볼 수 있다.

---

25) 李顒, 『二曲集』 卷1, 『悔過自新說』. 陽明先生之學凡三變, 其爲教也亦三變. 少之時馳騁于詞章, 已而出入二氏, 繼乃居夷處困, 豁然有得于聖賢之旨, 是三變而至道也. 居貴陽時首與學者爲'知行合一'之說, 自滁陽後多教學者靜坐, 江右以來始單提'致良知'三字, 直指本體, 令學者言言有悟, 是教亦三變也.

"회과자신"설을 제안한 이후, 이옹 이후의 학문 발전 과정에서, 사회환경과 학술환경이 바뀜에 따라 이 학설은 지속적으로 심화되는 변화과정을 거쳤다. 이 과정은 "지존경세志存經世"라는 동일한 방향에서, 각기 다른 두 갈래 길을 따르며, 때로 나뉘어졌다가도 때로 합쳐지기도 하면서 서로 엇섞여 나아갔다.

이 두 갈래 길 가운데 하나는 바로 오로지 "반기자인反己自認"을 강구하는 "자신지공自新之功"이며, 이는 마침내 "존심복성存心復性"으로 향한다. 이옹은 "학문이란 문장을 짓고 암송하는 따위가 아니다. '존심복성'하려면 '인도지당연人道之當然'을 다해야 한다."[26] "회과자신"에서 "존심복성"까지 변화하는 논리적 순서는 항상 육구연陸九淵·왕양명王陽明의 "우선 그 큰 것을 세우는 것[先立乎其大]"과 "치량지致良知"의 인식 노선에 따라 진행된다. 이에 대해, 그는 42세 때 강남에서 강학한 이후, 앞서 얼버무리는 태도를 이미 고치고 재삼 직언하며 꺼리지 않았다. 그는 공개적으로 왕양명의 "치량지"설을 "천년에 한번 나올까 말까하는 절학絶學"이라 칭송하면서 "양명이 나와 들추어내고 지적하면서 이어져온 폐단을 일소하자 학자들은 비로소 그의 설이 깊이가 있어 정곡을 찌른다는 사실을 알게 되었다. 평소 반짝반짝 빛나는 것이 마치 고요함 속에서 번개가 치는 것과 같고, 어두움 속의 밝은 태양과도 같아서, 명쾌하게 여기며 스스로 감탄하지 않는 학자가 없었다. 이전에는 천만리 먼 곳까지 가서 배우기를 청하였지만, 이때에 이르면 자기자신만 돌아보아도 충분했다."[27]라고 여겼다. 이로부터 출발하여, 그는 "학귀돈본學貴敦本" 주장을 하였다. '본本'이 가리키는 의미에 대해서는 이옹李顒이 잘 설명하였는데, 이옹은 "저마다의 인심人心 속에 있는 시비를 아는 마음이요, 일념의 영명이 바로 그것이다."[28]라고 설명하였다. 그는 "'본本'을 버리고 '말末'을 취하는 태도[舍本趨末]"에 반대하면서 "먼저 그 큰 것을 세울 수 있어서 학문이 바야흐로 혈맥을 지니게 되면 이것이 바로 대본령大本領이다. 만약 '본'을 버리고 '말'을 취하며, 이목에 의지하여 밖으로 구하면 조리가 없을 뿐더러 뒤섞여 오직 훈고訓詁만을 즐길 뿐 학문에 근본이 없어지는데 이것이 바로 본령本領이 없는 것이다. 즉 스스로 학문은 실천을 중시한다고 말하였는데 헛된 말이 아니다. 그러나 실천에 옮기면서도 먼저 그 큰 것을 세우지 않으면 그 발걸음은 자취를 따르는 것이 되고, 의義가 엄습하는 것이 된다. 예컨대 모든 흙과 나무를 아름다운 비단으로 싸 놓으면 혈맥血脈은 어디서 찾겠는가?"[29]라고 하였다. 이후에 그는

---

26) 李顒, 『李曲集』 卷11, 「東林書院會語」. 學非辭章記誦之謂也, 所以存心複性, 以盡乎人道之當然也.

27) 李顒, 『李曲集』 卷16, 「答張敦庵」. 陽明出而橫發直指, 一洗相沿之陋, 士始知鞭辟著裏. 日用之間, 炯然煥然, 如靜中雷霆, 冥外朗日, 無不爽然以自爲得. 向也求之于千萬里之遠, 至是反之己而裕如矣.

28) 李顒, 『李曲集』 卷4, 「靖江語要」. 即各人心中知是知非, 一念之靈明是也.

29) 李顒, 『四書反身錄』 卷7, 「孟子」. 能先立乎其大, 學問方有血脈, 方是大本領. 若舍本趨末, 靠耳目外索, 支離葛藤, 惟訓估是耽, 學無所本, 便是無本領. 即自謂學尚實踐, 非托空言, 然實踐而不先立乎其大者,

고염무顧炎武와 학문을 논하게 된다. 고염무가 그가 흥미롭게 이야기하는 "편벽근리鞭辟近里" 한마디 말에 대해서 이의를 제기했을 때, 그는 즉시 편지를 보내 이렇게 반박했다. "'편벽근리' 한마디 말은 실로 우리를 깨닫게 하는 핵심어로서 상황에 꼭 맞는 말입니다. 이는 기피할 수 없는 사실인데, 기피할 수 없을 뿐 아니라 책상 곁에 붙여놓고서 출입할 때마다 되새기고, 허리띠에 새겨 놓고서 마음을 늘 경계해야 합니다."[30]

"회과자신"에서 "존심복성"까지 이어진 이 길은 사실 육구연陸九淵·왕양명王陽明의 심학 인식론의 환원이 아닌 것이 없다. 이론적 측면이나 실천적 측면에서 보아도 이런 환원은 모두 학술의 진보라고 할 수 없다. 이는 이옹의 초기 경세사상의 소극적 변화라고 해야할 것이다. "존심복성"설의 제기는 이옹의 "회과자신"설이 이미 종점에 이르렀음을 말해준다. "존심복성"에서 세상을 구제하는 길을 찾는다면 그 결과는 이른바 '연목구어緣木求魚'일 수 밖에 없으며 시대의 어려움을 구하는 데 전혀 도움이 되지 않는다. 사실, "편벽근리鞭辟近理"의 공이 깊을수록 현실세계로부터 보다 멀리 벗어날 수밖에 없고, 기껏해야 '독선기신'이 아닌 것이 없을 뿐이다. 그러나 한 명의 사상가로서 당연히 여기서 멈출 수 없었다. 이옹의 탁월한 점은 바로 여기에 있다. "회과자신" 학설의 이론적 논증을 완성했을 때, 그는 한편으로 사상적 발전을 이루고자 하는 노력을 시작하였다. 이는 바로 "회과자신"을 경세시무經世時務와 하나로 결합시키면서 "명체적용明體適用"이라는 학술적 주장을 제기하였는데, 이렇게 함으로써 그의 사상에 새로운 생명력을 불어넣었다. 이처럼, "회과자신"설은 이이곡 사상 체계 중의 일부분으로서 없어서는 안될 중간 연결점으로서의 중요한 위치에 자리 잡았다.

3. 이이곡李二曲 사상의 기본 특징

이이곡 사상의 기본적 특징을 어떻게 파악할 수 있을까? 다시 말해, 이이곡 사상을 가장 잘 드러낼 수 있는 학술적 주장은 무엇인가? 결국 "회과자신悔過自新"설인가? 아니면 "명체적용明體適用"설인가? 이것은 우리가 이어서 살펴봐야 할 또 하나의 문제이다. 이 문제에 있어서 당시 학자들은 대부분 "회과자신"설에 무게를 두었지만, 필자는 이이곡의 사상 체계 중에 "회과자신" 설에서 변화, 발전을 거쳐 이루어진 "명체적용"설이 가장 성숙한 형태이자 가장 가치 있는 부분이라고 생각한다. "명체적용"설의 형성과정을 분명히 알려면 주요 구성부분을 분석하고 더 나아

則其踐爲踐迹, 爲義襲, 譬諸土木被文秀, 血脈安在?

30) 李顒, 『李曲集』 卷16, 「答顧寧人第二書」. 鞭辟近里一言, 實吾人頂門針, 對症藥. 此則必不可諱, 不惟不可諱, 且宜揭之座右, 出入觀省, 書之于紳, 觸目警心.

가 그 역사적 가치에 대해서 실사구시의 평가를 해야 한다. 이는 이 학설 자체에 대한 논의일 뿐 아니라 이이곡 사상을 전체적으로 평가하는 데에도 의미가 있다.

이옹의 "명체적용"설에는 우선 해결해야 할 문제가 있다. 바로 이 학설이 언제 제기되었나 하는 것이다. 『이곡집』에 남아 있는 자료로 볼 때, 『체용전학體用全學』, 『독서차제讀書次第』, 『주질답문盩厔答問』, 『부평답문富平答問』, 『수수기요授受紀要』, 『사서반신록四書反身錄』과 관련 서찰書札에 모두 이 학술이 언급되어 있다. 현재 남아 있는 관련 서발序跋을 근거로 이들 저술이 편찬된 차례를 살펴보면, 『주질답문』이 가장 이르다. 장밀張密이 이 답문에 쓴 『소인小引』에 서명한 시기가 '순치順治 병신丙申'으로 다른 책보다 앞선다. '순치順治 병신丙申'은 순치13년(1656)이다. 다시 말하면, "회과자신"설을 제기했을 때, 이옹은 또 "명체적용"설도 동시에 제시하였던 것이다. 오회청吳懷淸 선생이 『이이곡선생연보二曲先生年譜』를 편찬하면서 이에 의거하여 이 해 이옹의 학행學行에 대해 정리하였다.[31] 연보를 편찬하기 얼마 전에 간행된 『이옹평전李顒評傳』도 "회과자신"과 "명체적용" 두 설이 동시에 제기된 것으로 보았다.[32] 이 문제에 대해서는 그냥 지나치지 말고 더욱 분명히 해 두어야 할 것이다.

『주질답문』 첫머리의 「소인小引」에 쓰인 연대기의 오류를 구명하는 것이 이 문제를 분명히 하는 데 관건이 된다. 「소인」에 "선생은 늘, 천하의 치난治亂은 인재의 성쇠로부터 비롯되고, 인재의 성쇠는 학술의 명암으로부터 비롯된다. 그래서 이 기록은 한결같이 학술을 밝히는 것을 근본으로 하였다."[33]라고 쓰여있다. 연구에 의하면, "학술을 밝히고, 인심을 바로잡는[明學術, 正人心]" 사상은 이옹의 사상 발전사에 있어서 중년 이후에 비로소 조금씩 형성되었고, "학술을 밝히는" 것을 자신의 소임으로 삼은 것 역시 중년 이후에 세운 뜻이다. 순치13년, 그가 30세 되던 해에 이옹의 학술 방향이 변화하기 시작했는데, 이러한 사상이 당시까지 생겨나지 않았다면 "학술을 밝히려는" 지향도 세우지 못했을 것이다. 그리고 바로 10여년 후, 그가 강희7년에서 8년 사이에 동주同州에서 강학할 때 "천하의 치란은 인재의 성쇠에서 비롯되고, 인재의 성쇠는 학술의 명암에서 비롯된다."라는 이러한 명제 역시 나올 수 없었을 것이다. 사실, 이 명제를 처음 언급한 것은 이옹이 강남에서 강학한 강희9년 말에서 10년 초(1670-1671)이다. 이와 관련된 자료는 『량상회어兩庠會語』·『정강어요靖江語要』·『석산어요錫山語要』와 『광시요무匡時要務』 등에서 매우 쉽게 찾아볼 수 있기에 여기서 따로 언급하지는 않겠다. 「소인」은 또 "선생은 평소 후학을 이끌고 가르치는 일을 게을리 하지 않았다. 학생들이 선생으로부터 가르침을 받으면 이를 필기하

---

31) 吳懷淸, 『李二曲先生年譜』 卷1, "13歲"條.

32) 吳開流, 『李顒評傳』, 『中國古代著名哲學家評傳』 續篇4, 齊魯書社, 1984년판.

33) 張密, 「盩厔答問小引」, 李顒의 『二曲集』 卷14에 보인다. 先生嘗謂, 天下之治亂由人才之盛衰, 人才之盛衰由學術之明晦, 故是錄一主于明學術.

였다. 선생은 질문이 있으면 바로 답해 주었고, 학생은 선생의 가르침을 필기하였는데, 그 양이 수천 장은 넘을 것이다.34)"라고 하였다. 이옹의 평생 학술활동 가운데, "후학을 이끌고", "질문에 답하고", 가르침을 써 놓은 것이 "수천 장은 넘을 것이다."라고 운운한 것은 분명히 이옹이 30세 때의 일이 아니라 모두 40세 이후의 일이다.

위에서 서술한 두 가지 사실을 통해, 장밀張密이 쓴 「주질답문소인盩厔答問小引」이 결코 강희 10년 보다 앞설 수 없으며, 더우기 순치13년은 될 수 없다는 것을 확인할 수 있다.

그리고 『주질답문盩厔答問』 권 말에 부기된 「주질답문발盩厔答問跋」 내용으로 이를 증명할 수도 있다. 「주질답문발」에 이런 내용이 보인다.

"천하의 근심은 학술이 밝지 않는 것보다 심하지 않다. 최근에 士風에 그릇된 점이 많은데 이 모두가 士의 잘못이 아니라 학술이 분명하지 않은데도 이를 실천하는 자가 있기 때문이다. 선생께서 이를 매우 슬퍼하여 士友와 함께 절차탁마하여 모두가 모호해하고 모두가 의혹을 가진 부분에 대해서 분명히 설을 정리하셨다. 士人이 그 설을 듣고서 처음에는 비판하고 그 다음에는 의심하였으나 시간이 흐르자 의심은 풀리고 비판하던 자들은 탄복하였다. 이들은 마음 속으로부터 감동이 일어나 스스로 큰 깨달음을 얻은 마냥 탄식했다. 그리고 늦게 깨달은 것을 안타까워하였다. 그 결과 관중·하남으로부터 강우(江西)·양절까지, 그 사이에서 학술로 일어난 자가 점점 많게 되었다. 학문의 큰 밝음 바로 오늘을 기대하다.35)

이 글은 이옹이 강남에서의 강학을 마치고 주질盩厔에 돌아온 이후에 이 답문이 진행되었다는 사실을 말해준다. 발문을 쓴 사람은 바로 『주질답문』을 기록한 이옹의 문인 왕소석王所錫·유광劉鑛이다. 이들은 당사자이므로 증거로 삼기에 충분하다. 혜롱사惠籠嗣의 『이곡력년기략二曲歷年紀略』에는, 이옹이 강남으로부터 고향에 돌아온 시기가 강희 10년 4월로 기재되어 있다. 그렇다면, 그가 주질에서 문인의 질문에 답한 것은 당연히 이 이후의 일이다.

또 『이곡집』의 편차를 살펴보면, 이옹 문인 王心敬은 『주질답문』을 『관중서원회약關中書院會約』과 『부평답문』 사이에 두었다. 이 편차는 왕소석·유광의 이 배운 것이 이옹이 관중서원의 강학을 주재 할 때부터 부평으로 피신할 때까지, 그 사이에 있었던 일이라는 것을 의미한다. 고증에 의하면, 전자는 강희12년 5월에서 8월 사이의 일이고, 후자는 강희 14년 8월에서 강희18년

---

34) 先生平日啓迪後學不倦, 士之承聲欬者與述錄之以自益, 隨問輒答, 隨答輒錄, 總計不下數千紙.

35) 李顒, 『二曲集』卷14, 「盩厔答問跋」. 天下之患, 莫大于學術不明, 近世士風所以多謬者, 未必皆士之罪, 亦學術不明有以踏之也. 先生深悼乎此, 故其與士友講切, 直就共迷共惑者爲之發明. 士人乍聞其說, 始而嘩, 既而疑, 久之疑者釋, 嘩者服, 戚戚然有動于中, 自歎如大寐之得醒, 而且恨其知學之晩. 自關中, 河南以及江右, 兩浙, 其間興起者漸衆. 學之大明, 端有待于今矣.

8월 사이의 일이다. 그래서 유광·왕소석이 하남으로부터 주질에 와서 배운 때는 강희12년 8월에서 강희14년 8월 사이의 일일 수밖에 없다. 유광·왕소석이 공부를 마치고 하남으로 돌아가 기록을 다시 정리하고 비용을 준비하여 출판한 것은 당연히 그 이후의 일이다.

위 사실을 종합하면, 『주질답문』 첫머리 「소인」의 연대기는 아마 조판공의 실수인 것으로 보인다. '丙申'은 당연히 '丙辰'의 오기이다. 다시 말하면, 『주질답문』은 순치13년 병신년(1656)에 간행된 것이 아니라, 20년 후인 강희15년 병진년(1676)에 간행된 것으로 봐야 한다.

우리는 『주질답문』이 순치13년에 간행되지 않았다는 사실을 알았다. 그리고 강희12년 이전에 간행되었을 리가 없고, 강희 15년이 되어서야 간행되었다는 사실을 알았다. 그렇다면 "명체적용明體適用"학설이 제기된 시점에 대한 의문은 손쉽게 풀린다. 이 학설이 언급된 저술에 대해서 논하자면, 이옹이 동주同州에서 강학한 시기는 『체용전학體用全學』·『독서차제讀書次第』가 공개된 강희8년이다. 이때는 "회과자신"설이 제기된 지 이미 10여 년이 지난 이후이다. 시간이 흘러감에 따라, 풍부한 학술적 실천 과정 도중에 이옹의 "회과자신" 학설이 이미 성숙하여 변화발전의 추세에 있었다. 앞서 서술한 바와 같이, 변화 발전하는 학설의 주요내용 가운데 하나는 "존심복성"으로 향하는 막다른 골목이고, 나머지 하나는 당시 학풍의 병폐에 초점을 맞춘 것이다. 특히, 점점 심해져 가는 朱·陸 학술논쟁 가운데서 "명체적용"의 학설이 형성되었다. 청 초, 왕학이 극성에 달했다가 쇠퇴하자, 程·朱 학술이 그 틈을 타고 다시 일어났다. "공담으로 나라를 그르쳤다[空談誤國]"라는 반성 중에 王學은 이미 화살받이가 되었고, "朱·陸·薛·王의 학설이 분분하였다.[朱, 陸, 薛, 王之辨, 紛紛盈庭]"[36] 이옹은 이것이 한 시대 학풍의 큰 병폐라고 여겼다. 이옹은 이러한 학술 배경 아래에서, 시대의 폐단을 고쳐야 하는 필요성에서 출발하여 왕학王學에 근거하고, 주육朱陸 학설을 두루 통달하여 "명체적용"학설을 제기하였다.

"명체적용"설은 적극적인 경세 학설이다. 이옹은 여기에 유학의 정통이 들어있다고 생각했다. 그는 "유자의 학문은 명체적용의 학술이다.[儒者之學, 明體適用之學也]"[37]라고 하였고, 또 "『육경』·『사서』는 유학자의 명체적용 서적이다.[『六經』, 『四書』, 儒者明體適用之書也]"[38]라고 하였다. 그런데 이옹은, 진한秦漢시대 이후로 이러한 전통이 벌써 붕괴되어 청초까지 이어져 왔다고 생각했다. 문인학사가 "익힌 것은 오직 사장[詞章]이었고, 뜻은 오로지 명리에 있었다. 그 근원이 이미 잘못되었으니 그 이어온 폐단이 끝이 있겠는가?"[39] 이옹은 이러한 상황에 대해 깊이 우려

---

36) 王心敬, 「二曲集序」, 李顒 『二曲集』 첫머리에 보인다.

37) 李顒, 『二曲集』 卷14, 「盩厔答問」.

38) 李顒, 『二曲集』 卷15, 「富平答問」.

39) 李顒, 『二曲集』 卷13, 「匡時要務」. 所習惟在于詞章, 所志惟在于名利, 其源已非, 流弊又何所底止.

하여 탄식을 금하지 못했다. "아! 성인이 말을 세워 세상을 깨다는 고심은 번다한 설로 흩어지고, 훈고에 매몰되었으니, 그 유래가 오래되었구나. 이 『육경』·『사서』는 진나라 병화에는 재액을 당하지 않았으나, 속학의 입과 귀에 막혔다."[40] 그래서 그는 "홀로 근심을 품은 자는 근원과 근본을 맑고 바르게 해야 한다. 몸을 숨겨서 은밀히 나아가 스스로 발명하는 데 힘써야 한다. 공연히 해석하거나 가르쳐서 갈등만 키우게 되므로 말재주에 기댈 필요는 없다."[41] 그의 "명체적용" 설은 바로 "근원을 맑게 하고 근본을 바르게 하는 것[淸源端本]"을 시도한 경세학설인 것이다.

　　그렇다면 무엇을 "명체적용"이라고 하는가? 이옹은 이에 대해 설명했다. "이치를 궁구하여 지에 이르러 그것을 마음속으로 돌이키면, 자신의 마음을 알게 되고 성을 깨닫게 되어 실제로 수양하고 실제로 증명한다. 이를 밖으로 통하게 하면, 만물의 이치를 통달하여 천하의 일을 완수하고, 사람들을 구제할 수 있다. 이것을 바로 명체적용이라고 한다."[42] 다시 말하면, "명체적용" 설은 두 방면으로 구성되어 있다. 하나는 "識心悟性, 實證實修"으로 체體를 밝히는 것[明體]이고, 또 하나는 "開物成務, 康濟群生"으로 적절하게 활용하는 것[適用]이다. 이옹은 이 두 가지가 혼연일체되어 서로 떨어질 수 없다고 생각했다. 그는 "체를 밝히되 쓰임에 적절하게 하지 않으면 바로 쓸모없는 학자이다. 적절하게 쓰되 체를 밝히는 것에 근본을 두지 않으면 바로 위세만 과시하는 학자이다. 체를 밝히지 않고 또 적절하게 쓰지도 않으면 한낱 문장을 달달 외는 말엽에 지나지 않으니 이들이 바로 진부한 유학이다."[43] 명체와 적용 두 가지가 "일통일정체[一統一整體]"가 되었다 해도, 그 일단만을 고집하면 유학의 바른 길을 등지는 것이고, 버려두고 쓰지 않으면 아무것도 하지 않는 범속한 학문에 빠지고 만다. 그래서 이옹은 지식계 사람들에게 이렇게 호소하였다. "용감하게 떨치고 나와 스스로 습속을 뽑아내고 과감히 체용의 학문을 닦아야 한다. 잠심하여 돌이켜 바라보면서, 깊이 나아가 묵묵히 일을 이루는 방식으로 체를 세우고, 다스리는 방도에 통달하여 옛 것을 참작하여 오늘 것을 판단하는 것으로 용에 이르게 해야 한다."[44] 이렇

---

40) 李顒, 『二曲集』 卷15, 「富平答問」. 噫! 聖賢立言覺世之苦心, 支離于繁說, 埋沒于訓估, 其來非一日矣. 是『六經』, 『四書』不厄于嬴秦之烈火, 實厄于俗學之口耳.

41) 李顒, 『二曲集』 卷14, 「盩厔答問跋」. 抱隱憂者, 宜淸源端本, 潛體密詣, 務期以身發明. 正不必徒解徒訓, 愈增固葛藤, 以資唇吻已也.

42) 李顒, 『二曲集』 卷14, 「盩厔答問跋」. 窮理致知, 反之于內, 則識心悟性, 實修實證 ; 達之于外, 則開物成務, 康濟群生. 夫是之謂明體適用.

43) 李顒, 『四書反身錄』 卷1, 「大學」. 明體而不適于用, 便是腐儒; 適用而不本于明體, 便是霸儒; 既不明體, 又不適用, 徒汩沒于辭章記誦之末, 便是俗儒.

44) 李顒, 『四書反身錄』 卷1, 「大學」. 勇猛振奮, 自拔習俗, 勇爲體用之學. 潛心返觀, 深造默成以立體, 通達治理, 酌古准今以致用.

게 유가의 전통적인 "안으로는 성인이 되고 밖으로는 천하의 왕이 되는[內聖外王]" 도는 리옹의 "명체적용" 설과 만나 하나가 되었다.

　　그렇다면 "명체적용"의 학문을 어떻게 강구하는가? 이옹은 당연히 "명체적용"의 서적을 읽는 것부터 시작해야 한다고 여겼다. 그는 "체는 독서가 아니면 밝힐 방법이 없고, 용 역시 독서가 아니면 적용할 방법이 없다. 명체적용의 학문을 하고자 한다면 반드시 명체적용의 서적을 읽어야 한다. 읽지 않으면 착실하고 허명하다고 해도 끝내 일을 이룰 수 없다."45) 이옹은 이를 위해 예를 배우는 것으로부터 시작하여 경·사·문장으로 이어지는 독서의 차례를 정했다. 그는 "경·사·문은 배우는 자의 급무이다. 조금이라도 여력이 있다면 노자·장자·관자·한비자·단자檀子·홍렬鴻烈 등을 보면서 지식을 넓혀도 괜찮다."46)라고 하였다. 이어 이옹은 매우 정성스럽게 "명체적용"과 관련된 서목을 나열하였다. 서목은 명체와 적용으로 분류하였는데, 명체류明體類 서목 가운데 첫번째 서적은 바로 육구연의 『상산집』이다. 그는 "선생께서는 송유로서 거리낌없이 지적하여 제유의 비루함을 일소하였다. 논의가 시원스러워 사람의 마음을 열어주고 눈을 밝게 하였고, 간략한 데다 직접적이어서 맹가 이후의 또 한 분이라 할 수 있다."47)라고 하였다. 육구연에 대해서 참으로 숭상하였다는 것을 알 수 있다. 『상산집』 다음은 바로 왕수인의 『양명집』이다. 이옹은 『양명집』을 준칙으로 받들었다. 그는 『양명집』에 대해 "이 책은 『연보』·『전습록傳習錄』·『존경각기尊經閣記』·『박약설博約說』처럼, 여러 서문 및 다른 사람의 학설에 대한 답변이 구절마다 시원스럽고 글자마다 감동스러워 마치 음식이나 의복 또는 그림쇠나 먹줄로 여겨도 괜찮겠다."48)라는 견해를 밝혔다. 더우기 이옹은 왕수인의 "치양지"설에 대해 몹시 추숭하였다. 그는 "상산이 학설을 아무리 대대로 전수해 주었다고 하지만, 본체에 대해서는 오히려 밝히지는 않았다. 그런데 선생 때에 이르러서야 '치양지' 세 글자를 끄집어내어 천년의 비설을 누설하였다. 한 마디에 사람들이 본 면모를 꿰뚫게 하자 어리석은 백성들도 이를 따라 도의 영역에 들어갈 수 있게 되었다. 이것이 바로 만세의 공이다."49)라고 하였다.

---

45) 李顒, 『二曲集』 卷16, 「答王天如」. 體非書無以明, 用非書無以適, 欲爲明體適用之學, 須讀明體適用之書. 否則縱誠篤虛明, 終不濟事.

46) 李顒, 『二曲集』 卷8, 「讀書次第」. 經, 史, 文, 乃學人之急務. 一有余力, 則老, 莊, 管, 韓, 檀子, 鴻烈等集, 或間一披覽, 以廣其識可也.

47) 李顒, 『二曲集』 卷7, 「體用全學」. 先生在宋儒中, 橫發直指, 一洗諸儒之陋, 議論凱爽, 令人當下心豁目明, 簡易直捷, 孟氏之後僅見.

48) 李顒, 『二曲集』 卷7, 「體用全學」. 其書如『年譜』, 『傳習錄』, 『尊經閣記』, 『博約說』, 諸序及答人論學尺牘, 句句痛快, 字字感發, 當視如食飲裘葛, 規矩准繩可也.

49) 李顒, 『二曲集』 卷7, 「體用全學」. 象山雖云單傳直指, 然于本體猶引而不發, 至先生始拈'致良知'三字以泄千載不傳之秘. 一言之下, 令人洞徹本面, 愚夫愚婦鹹可循之以入道, 此萬世功也.

육·왕의 학설, 특히 "치양지"설에 대한 이옹의 찬양은 그 학설의 근본이 왕학에 있었기 때문이기에 이상할 게 없다. 그가 육·왕의 저술 다음으로 나열한 명체류 저술이 왕기王畿의 『용계집龍谿集』·나여방羅汝芳의 『근계집近溪集』·양간楊簡의 『자호집慈湖集』과 진헌장의 『백사집白沙集』이다. 그리고 그는 또 상술한 저술을 "명체 중의 명체[明體中之明體]"서書로 특별히 명시하였다. 이후에 또 이정·주희·설선薛瑄·오여필吳與弼로부터 여남呂柟·풍종오馮從吾 등 정주학파의 저술에 이르는데, 이들 저술은 그에 의해 "명체 중의 공부功夫"류 저술로 분류되었다. 이러한 구분의 취지는 육·왕을 추존하는 것이었는데, 그 의도는 매우 분명했다. 다만, 이옹 역시 정·주를 폄하할 뜻은 없었는데, 그는 『이정전서』를 평하면서 이렇게 서술하였다. "이정이 우리의 도를 중흥하였는데, 그 공이 매우 크다. 이 책은 주자가 직접 교정하여 매우 정밀하다. 이는 곧 공맹의 정통이다."50) 『주자어류대전朱子語類大全』 서문에서 이옹은 또 이렇게 언급했다. "편파적이거나 폐단을 교정하고 바로잡아 모든 학설에 절충하였으므로 모든 내용을 하나도 빠뜨린 것이 없다. 유학자들의 학설을 집대성하여 만세의 종사가 되었다."51) 이 말은, 이옹이 중년 이후로 접어들면서 앞서 "회과자신"라는 학술주장을 제기한 때에 다만 왕양명의 "치양지"설을 "성현의 뜻을 얻었다"는 것으로 삼고 "지극한 도[至道]"의 경계에 이르는 것과 달라, 그는 육·왕의 학설을 본체로 삼고, 정주의 학설을 공부工夫로 삼아, 주·육을 회통하여 스스로 일가에 이르는 학문의 지름길을 제시하였다. 이는 바로 그가 모든 명체류 서목에 대해서 "상산의 저술로부터 자호의 저술에 이르기까지 모두 심성에 관한 모든 것을 천명하였으므로 이를 숙독하면 이 도의 큰 근원을 꿰뚫을 수 있다. 그리고 나서 정주의 어록 및 강재吳與弼·경헌薛瑄 등의 문집을 열독하여 '하학의 공'을 다한다. 심성 함양과 관련한 내용을 수집하여, 공부를 통해 본체와 합하고, 현실로부터 근원을 온전히 하면, 하학으로부터 상달하여 내외본말이 하나로 관통하게 되는데 이에 비로소 실제에 도달하게 된다."52)라고 설명하였다.

"명체적용"설은, 이옹 사상의 발전과정 속에서 살펴보자면, "회과자신"설이 변화하여 이루어진 것이다. "회과자신"설은 이옹의 초기 사상의 집중적인 반영이다. 일종의 입신立身학설로서 요지는 "도덕수지道德修持"와 "입신지취立身旨趣"에 있다. 이 학설은 실제로는 명청 교체기 혼란스런 사회현실로부터 나온 "굴절"이기는 하지만 그 귀결점은 역시 "세상 구제를 앞장서서 인도

---

50) 李顒, 『二曲集』 卷7, 「體用全學」. 二程中興吾道, 其功不在禹下. 其書訂于朱子之手, 最爲精密, 此孔孟正派也.

51) 訂偏蠆弊, 折衷百氏, 巨細精粗無一或遺, 集諸儒之大成, 爲萬世之宗師.

52) 李顒, 『二曲集』 卷7, 「體用全學」. 自象山以至慈湖之書, 闡明心性, 和盤傾出, 熟讀之則可以洞斯道之大源. 夫然後日閱程朱諸錄及康齋, 敬軒等集, 以盡下學之功. 收攝保任, 由功夫以合本體, 由現在以全源頭, 下學上達, 內外本末一以貫之, 始成實際.

하는 것[倡道救世]"에 있다. 그러나 형식적인 면에서 보자면 오히려 사회현실에서 유리되어 있었다. 그러나 "명체적용" 학설은 이옹이 중년 이후에 사상적으로 성숙을 향해 나아가고 있었다는 증거이다. 그는 송·명 이래 전통 유학의 "중체경용重體經用"의 적폐에 반하여, 혼란스러운 사회현실에 발붙이고 있으면서, 수천 년 동안 유가가 주장해온 "내성외왕"의 도에 대해서 새로운 해석을 진행하였는데 이는 경세經世의 색채가 매우 선명했다. 이옹은 "회과자신"을 "강제시간康濟時艱"과 연결하여, 그의 "명체적용" 학설에 적극적인 사회적 의미를 부여했다. 이렇게 함으로써 자신의 사상을 새롭고도 더욱 심각한 층차로 향하게 했다. 그래서 우리는 "명체적용" 설이 이이곡의 가장 성숙한 사상이며 그의 모든 학술 가운데 가장 가치 있는 내용이라고 말하는 것이다. 따라서 이이곡 사상의 기본적인 특징을 가장 잘 반영하고 있는 학설은 "회과자신" 학설이 아니라 바로 "명체적용" 학설이라 할 수 있다.

"회과자신"에서 "명체적용"까지, 이이곡은 그의 사상적 체계 전부를 구축했다. 사상 구축의 과정에서 그는 성실하고 진실하게 사회 혼란이 발생하게 된 근원을 탐색하는 데 주력했다. 그러나 중국이 17세기 중엽의 제한된 경제발전 수준 및 자연과학과 이론사유의 수준으로 인하여 이이곡은 이러한 중대한 역사적 과제를 정확하게 파악할 수 없었다. 오랫동안 고통스럽게 모색했으나 그는 역시 이 문제를 "인심人心"과 "학술"의 문제로 돌릴 수밖에 없었다. 이옹은 강희10년, 즉 45세에, 처음으로 이 문제에 대해서 자신의 견해를 밝혔다. 그는 "천하의 다스림과 혼란함은 인심의 간사함과 올바름에서 비롯되고, 인심의 간사함과 올바름은 학술의 밝음과 어두움에서 비롯된다."[53]라고 하였고, 또 "대장부가 이 세상에 관심이 없으면 그만이다. 이 세상에 정말 관심이 있다면 큰 근본과 큰 관건으로부터 시작해야 한다. 이렇게 한다면 적은 노력에도 큰효과가 나타나 쉽게 이룰 수 있다. 무릇 천하의 큰 근본은 인심보다 중요하지 않고, 천하의 큰 관건은 천하의 인심을 일깨우는 것보다 중요하지 않다. 그러므로 人心을 일깨우려면 오직 학술을 밝혀야 한다. 이는 오늘날 시세를 바로잡을 첫번째 핵심 임무이다."[54]라고 하였다. 이에 따라, 이옹은 곧 "학술을 밝히고, 인심을 바로잡는 것[明學術, 正人心]"을 "명체적용"학설의 구체적인 실천사항으로 삼았다. 이는 그가 후반 인생에서 집착에 가깝게 추구한 핵심 내용이었다.

---

53) 天下之治亂, 由人心之邪正, 人心之邪正, 由學術之明晦.

54) 李顒, 『二曲集』 卷12, 「匡時要務」. 大丈夫無心于斯世則已, 苟有心斯世, 須從大根本, 大肯綮處下手, 則事半而功倍, 不勞而易舉. 夫天下之大根本, 莫過于人心, 天下之大肯綮, 莫過于提醒天下之人心. 然欲醒人心, 惟在明學術, 此在今日爲匡時第一要務.

4. 이이곡과 청 초기의 관학關學

관중關中은 흔히 "이학의 고장[理學之邦]"55)이라 불리는데, 이는 북송시기 유명한 학자인 장재가 그 선구이다. 장재는 송명이학사에서 주돈이·정호·정이 및 이후 주희의 학문과 그 이름을 나란히 하며, 장재로 인하여 "염濂·락洛·관關·민閩"이란 명칭이 생겨나기도 했다. 그러나 수백 년 동안 관학은 줄곧 정程·주朱·육陸·왕王의 학문에 가리워져 세상에서 빛을 보지 못했다. 장재 이후, 관학은 여러 차례 변화를 거치면서도 가는 실처럼 끊어지지는 않았다. 명 중엽에 이르러, 여남呂柟이 나와 이곳에서 학문이 부흥하였고, "이 때에 이르러서야 관학이 천하의 으뜸이 되었다.[于斯時也, 關學甲海內]"56) 명 말에 이르러, 풍종오馮從吾가 집대성하여 관중關中의 학술이 다시 일어났다. 그러나 풍종오 이후, 혼란스런 명청 교체기를 거치면서 관학 역시 모든 송명이학과 마찬가지로 쇠락하였고 갈수록 문인도 줄어들었다. 이러한 상황에 직면하여 관학의 쇠락한 실마리를 중흥하는 것은 "학술을 밝히고 인심을 바로잡는[明學術, 正人心]" 것을 자신의 소임으로 삼았던 이이곡의 목표가 되었다.

관학을 부흥시키려는 이이곡의 노력은 그가 주재한 관중서원關中書院 강석의 교육활동 가운데 집중적으로 반영되어 있다. 관중서원은 명 만력37년(1609)에 지어졌다. 당시, 유명한 학자이자 명신이었던 풍종오馮從吾가 직언하다가 기휘를 건드려 사적仕籍을 박탈당한 채 집에 머물면서, 서안성西安城 동남 고찰인 보경사寶慶寺에서 강학하고 있었다. 이 해 10월, 섬서 지방 당국이 보경사의 동쪽 일부에 관중서원을 세웠고 풍종오를 초빙하여 강석을 주재하게 하였다. 天啓 초, 풍종오가 떠나자 강회가 중단되었고, 이어 위충현魏忠賢의 조서 사칭으로 천하 서원이 철폐 당하였다. 관중서원은 이 재난 때문에 쇠락한 채 다시 일어날 수 없었다. 명 말, 섬서지역의 경우 관부는 각박하고 토호는 포악하였는데, 거기에 천재지변까지 연이어 일어나 인민의 생계가 매우 어려웠다. 이 때문에 결국 주씨朱氏 명나라를 몰락에 이르게 한 농민 대봉기가 발발하였다. 이후, 관중지역에는 전쟁이 끊이지 않았다. 청 초, 농민군이 군대를 섬서로 옮기자, 청군이 뒤를 바싹 쫓으면서 공격하여 전쟁 양상이 더욱 심해졌고, 모든 것이 잿더미로 변했다. 순치 연간에, 청 정부가 섬서 통치권을 확립하고 농민군 잔여 세력이 소멸되자 파괴된 지역경제를 회복하는 것이 급선무였고, 학문을 일으키고 교화를 베풀 겨를이 없었다. 관중 및 전국의 정세가 안정기에 접어 든 이후 관중서원은 강희2년과 12년에 두 차례 수리된다. 이이곡은 이러한 상황에서 관중서원 강석을 주재하는 초빙에 응하였다.

55) 馮從吾, 『關學編』 卷首, 「序」.
56) 李因篤, 『受祺堂文集』 卷3, 「重修宋張誠公橫渠夫子祠記」.

당시 이이곡은 학술을 밝히는 것을 시대를 바로잡고 세상을 구할 유일한 임무라고 여겼다. "학술을 밝히고, 인심을 바로잡기[明學術, 正人心]" 위해 그는 사방으로 분주히 다니면서 이렇게 호소했다. "사람을 세워주고 통달하게 해 주는 것은 전적으로 강학에 달렸다. 풍속을 변화시키는 것은 전적으로 강학에 달렸다. 어지러운 세상을 바로잡아 평화로운 상태로 되돌리는 것은 전적으로 강학에 달렸다. 천하의 형세를 일변시키는 것은 전적으로 강학에 달렸다. 윗사람으로서 덕을 행하고 아랫사람으로서 백성 노릇하는 것 모두 이것으로부터 나온다. 이것은 살아있는 사람의 생명과 혈맥이고 우주의 원기로서 하루라도 멈추어서는 안되는 것이다."[57] 이옹은 이러한 종지에 근본을 두고서 섬서 총독總督 악선鄂善의 청에 응하였고, 강희12년 5월에 관중서원 강석에 올랐다. 개강하는 날, 鄂善을 비롯하여 섬서 순무巡撫 아석희阿席熙 등 각급 관원 및 "향신, 명현, 진사, 학인 등이 강석을 빙 둘러쌌으며 강의를 듣는 자가 수천 명이었다."[58] 풍종오 이후 몇 년간 책 읽는 소리가 끊어진 관중서원의 강회가 다시 부흥한 것이다.

관중서원 강석을 주재한 3개월 간, 이이곡은 관학이 이학을 강의하는 전통을 회복하기 위해 노력하였다. 강당에 오르자마자 그는 『회약會約』 10조와 『학정學程』 8조를 강회에 참여한 사람들에게 분명히 주지시켰다. 이 가운데, 서원 강학講學의 시간·예의·내용·방법·목적 및 학생의 학습 과정 등에 대해서는 분명한 규정을 두었다. 이이곡은 강학의 내용에 대해서 이렇게 언급했다. "이전에 강학한 훌륭한 유학자는 인품으로는 성현이요 배운 것은 이학이었으므로 이학을 강의하고 성현을 배우라고 해도 무방했다. 나는 본래 어리석고 결점이 많으며 실수하고 잘못한 일은 셀 수조차 없다. 인품이 탁월하지도 않고 충실하게 배운 것이 없는데 주제넘게도 여기에 거처하고 있으니 뻔뻔스럽기가 정말로 심하다. 그래서 끝내 이학에 대해 함부로 떠들지 못하고 성현에 대해 가볍게 입을 놀리지도 못한다. 다만 하루 종일 생각마다 스스로를 돌이켜 보고 잘못 고치기를 입문으로 하고 스스로 새로워지는 것을 실제로 삼기를 바랄 뿐이다."[59] 여기서, 이이곡이 말한 "함부로 이학을 말하지 않는다.[妄談理學]"라는 것은 사실 겸사에 불과하다. 그가 이끌어 간 "절기자반切己自反"·"개과자신改過自新" 등의 말은 이학가의 말과 똑같으며, 특히 육·왕학파 심학가가 불이법문不二法門으로 받드는 것이다. 이이곡의 뜻이 관학의 이학 전통을 회복하는

---

57) 李顒, 『二曲集』 卷10, 「匡時要務」. 立人達人, 全在講學; 移風易俗, 全在講學; 撥亂返治, 全在講學; 旋乾轉坤, 全在講學. 爲上爲德, 爲下爲民, 莫不由此. 此生人之命脈, 宇宙之元氣, 不可一日息焉.

58) 惠靇嗣, 『二曲先生歷年紀略』, "康熙12年癸丑"條. 德紳名賢, 進士擧貢, 文學 子衿之衆, 環階席而侍, 聽者幾千人.

59) 李顒, 『二曲集』 卷13, 「關中書院會約」第4條. 先輩講學大儒, 品是聖賢, 學是理學, 故不妨對人講理學, 勸人學聖賢. 顒本昏謬庸人, 千破萬綻, 擢發難數, 既非卓品, 又無實學, 冒昧處此, 靦顔實甚. 終不敢向同人妄談理學, 輕言聖賢, 惟願十二時中, 念念切己自反, 以改過爲入門, 自新爲實際.

것이었기 때문에 「관중서원회약關中書院會約」에서 그는 또 당시 관중 학술계의 문장암송 세태에 대해서 비판을 가한다. 이이곡은 "요즘 뜻있는 학자 가운데 장구나 훈고에 빠지지 않고 의연히 '好學'으로 자처하는 자가 있는데, 이들은 현재 학문 진보의 실제를 버려둔 채 왕왕 명물을 변별하거나 상수에 몰두하면서 요원한 이치나 원대한 도를 궁구여 학문의 높이와 깊이를 함부로 추측한다. 이는 옛 사람 가운데 '가소로워라 그동안의 전도된 망상이여, 지엽말단 집착하며 밖으로만 치달렸네.'라고 말한 사람이 있는데, 바로 이러한 부류이다."60)라고 하였다.

관중서원에서의 이이곡의 노력은 당시 학자들에게 "천황天荒을 힘껏 격파하고 강상을 묵묵히 지켰다[力破天荒, 默維綱常]"61)라는 칭송을 받았다. 하지만 이이곡이 부흥시키려고 했던 관학은 이학을 궁구窮究하는 전통에 불과했으니, 장재의 이기일원理氣一元의 기본론氣本論도 아니고 여남呂枏이나 풍종오馮從吾 등이 강조했던 '독지호례篤志好禮'62)의 관학전통도 아니었다. 이이곡이 분명하게 제시한 학술주장은 사실 왕수인의 학문에 입각하여 주희와 육구연을 회통하는 것이었다. 이 때문에 관중서원에서의 이이곡의 강학은 "배움은 본디 듣고 보는 것을 폐하지 않지만, 듣고 본 것에만 의지하지 않는다[學固不廢聞見, 亦不靠聞見]", "고요하니 텅 비어 아무것도 없으며 마음을 완전히 잊을 수 있다[靜能空洞無物, 情悰渾忘]" 등의 주장을 삼가 지키는 동시에, 주희가 힘써 창도했던 '궁리치지窮理致知'를 선전했다. 이이곡은 한편으론 독사자讀士子들에게 "염濂(주돈이), 락洛(정호, 정이), 관關(장재), 민閩(주희) 및 하河, 회會, 요姚, 경涇의 어록"을 곱씹어 맛볼 것을 요구하면서, 또 한편 "도덕과 경세제민[道德經濟]"에 정통하여 "동動과 정靜을 하나로 하고, 체體와 용用을 아우르는[動靜諸一, 體用兼盡]"63)경지에 도달하도록 『자치통감강목資治通鑑綱目』과 『대학연의大學衍義』, 『연의보衍義補』를 깊이 연구할 것을 재촉했다. 오랫동안 전란을 겪은 후에 이이곡이 관중서원의 강회를 다시 시작한 것은 확실히 관중학술계의 대단한 일이었다. 하지만 왕양명의 학문이 이미 쇠퇴의 길로 들어섰고 주자학도 점차 운이 다해가는 상황에서 이이곡이 장재의 학문이나 주희의 학문을 추구하지 않고 정주학과 육왕학의 절충을 주장하며 학술문화계를 "명체적용"의 새로운 길로 이끌었으니, 이는 자연스럽게 논쟁을 초래했다. 당시의 상황은 섬서 화음의 유명한 학자 왕홍찬王弘撰이 "중부(이옹)가 거만하게 앉아서 고상한 말을 하면, 제생들은 묻고 반박하는 사이에 불평의 마음이 생겨났다."64)고 말한 것과 같았다. 관중서원에서의

---

60) 李顒, 『二曲集』卷13, 「關中書院會約」第9條. 迩來有志之士, 亦有不泥章句, 不墮訓詁, 毅然以好學自命者, 則又舍目前進步之實, 往往辨名物, 徇象數, 窮幽索大, 妄意高深. 昔人所謂'自笑從前顛倒見, 枝枝葉葉外頭尋', 此類是也.

61) 惠靇嗣. 『二曲先生歷年紀略』, "康熙十二癸丑"條.

62) 馮從吾, 『關學編』卷1, 「橫渠張先生」.

63) 李顒, 『二曲集』卷13, 「關中書院會約」第4, 10條.

이이곡의 노력도 수포로 돌아가리라는 것은 이미 예견된 일이었다.

실제로 관중서원關中書院에서 이이곡이 주관한 강학은 금방 시들해지고 말았다. 겨우 3개월이 지나자 악선鄂善 등이 일으킨 천거풍파65)로 인해 이이곡은 옷소매를 뿌리치고 떠나는데 이때부터 서원과 인연을 끊는다. 이이곡의 관학 부흥은 좌절당하기는 하지만, 그는 아랑곳하지 않고 한결같이 "명체적용"의 학문을 추구한다. 서원을 떠난 지 10년여 년이 지난 강희 24년에 당시 섬서 학정이었던 허손전許孫荃에게 쓴 서신에서 이이곡은 재삼 "모두 다 이학을 모든 사가 추구할 길로 삼을 것[一以理學爲多士倡]"을 간청한다. "무릇 회소에 가서 시찰하는 날에 관리 선발이나 강독의 선례에 얽매이지 말고 모두 다 이학을 사의 나아갈 방향으로 삼아야 합니다. 제생 가운데 기개가 비범하고 견식과 도량이 밝고 넓으며 의론이 정밀하면서 요점이 있고 생각이 이치에 맞는 자가 있으면 친절한 안색으로 대우하고, 예의로 대하십시오. 교관과 지방으로 하여금 아는 사람을 각각 천거하게 하고 아무개는 이학에서 유명하거나 아무개는 경세제민의 재주가 있다는 것을 명시하여 각자의 장점을 자세히 열거하여 사람들의 의견이 일치하도록 하십시오. 시험이 끝나면 학술과 당시 현안을 물어보아 우열을 가리고 뽑아서 직접 살펴보십시오. 만약 표리가 일치하고 뛰어나다면 특별히 우대하십시오. 하나를 들어 백가지를 장려하여 명성이 알려지게 되면 자연히 사들이 쫓아오게 될 것입니다."66) 지방에서 조정으로 서적을 바치는 일에 대해 논의할 때는 더욱 명확하게 "이학과 경세제민은 서로 표리관계"라는 주장을 제기했다. "이학과 경세제민은 원래 서로 표리관계에 있다. 이학서만 바치고 경세제민의 서적은 바치지 않는다면 체는 있으나 용이 없는 것이다. 이는 안은 있으나 밖은 없는 것으로 명체적용과 내성외왕의 도는 아니다."67)

---

64) 王弘撰, 『山志』初集卷3, 「李中孚」. 中孚據坐高談, 諸生問難, 遂有不平之言.

65) 강희 12년, 섬서 총독 악선鄂善이 풍종오가 세운 '관중서원'을 수리하고 이옹을 초빙하여 강학하게 했다. 이옹은 관부가 그를 위해 만든 짧은 소매와 좁은 도포를 거절하고 서인의 복장을 하고 강단에 올라가 청조에 항복한 한족관료에게 첫 번째 수업을 하였다. 강학은 34개월도 되지 않아 악선이 '산림은일山林隱逸'로 그를 천거하자 이옹은 8차례 글을 올려 한사코 거절한다. 뒤에 '박학홍유博學鴻儒'로 천거하는 조서를 내리고 예부에서 또 '해내진유海內眞儒'로 추천하였으며, 태사太史가 직접 가서 경사로 갈 것을 재촉한다. 이옹은 이런 조서에 지극히 반감을 가지고 극구 거절한다. 이후 관리가 와서 이옹을 침상채로 데리고 가다가 도중에 이옹이 검을 뽑아 자결하려하자 그를 조정으로 불러들이려는 계획이 무산되는데 이 일을 말한다.

66) 李顒, 『二曲集』卷17, 「答許學憲」. 凡至會所, 下學之日, 勿拘挈簽講書故事, 一以理學爲多士倡. 諸生中有器宇不凡, 識度明爽, 議論精簡, 發揮人理者, 假以顏色, 優以禮貌, 仍令教官及地方各舉所知, 明注某生理學有名, 某生材堪經濟, 詳列所長, 衆論俞同. 俟試士畢, 問以學術, 策以時務, 觀其所答優劣, 拔錄而面察之. 如果表裏允符, 卓然不群, 則格外優異. 獎一勸百, 風聲所屆, 自然士知向往.

67) 李顒, 『二曲集』卷17, 「又答許學憲」. 理學, 經濟原相表裏. 進呈理學書, 而不進呈經濟之書, 則有體無用, 是有裏而無表, 非所以明體適用, 內聖而外王也.

이이곡이 관학을 부흥시키려고 애쓰긴 했지만, 학술로서 관학의 쇠퇴는 본래 깊은 사회적 근원과 이론적 근거가 있어서 개인의 의지로 바꿀 수 있는 것은 결코 아니었다. 이이곡의 바람과 달리 관학은 이 시기가 되면 제 명을 다하고 되돌릴 수 없는 지경에 이르렀다. 이 때문에 이이곡과 동시기의 부평富平 이인독李因篤, 화음華陰 왕홍찬王弘撰, 미현郿縣 이백李柏, 화주華州 백환채白煥彩, 동주同州 당담党湛, 포성蒲城 왕화태王化泰 등은 같은 생각을 가지고 사방에서 관학을 이끌었지만 관학을 부흥시킬 수는 없었으니, 죽은 이를 애도하는 만가에 불과했다. 게다가 이옹의 입장에서 보면, 이런 사람들은 절개가 굳은 은사이거나 벗에게 독실했던 현사이거나 시문에 뛰어났던 문인이므로, 이들의 학문은 관학의 본 면모는 아니었다. 그래서 날로 몰락해가는 관학을 목도하면서 탄식을 금치 못했다. "관학의 부진이 오래되었다. 지금 인물 중에 강직함과 고결함으로 자신을 다스리는 사람은 조읍朝邑에 있고, 효성과 공경으로 지조를 지키는 사람은 위남渭南에 있으며, 풍아가 뛰어나며 의기와 정의精誼가 뛰어난 사람은 부평富平에 있으며, 서법에 뛰어나고 문사가 맑고 유창한 사람은 화음華陰에 있다. 다음으로 시학으로 일가를 이룬 사람은 또한 미오郿塢, 합양郃陽, 상군上郡, 북지北地, 천수天水, 얼란臬蘭에 있다. 그런데 이학에 관심을 두면서도 실제에 힘쓰고 경세제민에 어느 정도 마음을 쓸 줄 알며 유용한 학문에 힘쓴 사람은 없으니 아직 보지 못했을 뿐 아니라 듣지도 못했다."[68] 사실 이인독 같은 사람만 관학의 부흥에 무력한 것이 아니라, 이옹 자신도 관학의 흥성을 자신의 임무로 삼긴 했지만 자신의 학술실천으로 인해 관학을 "명체적용"이라는 새로운 길로 이끌어 결국 종결시키고 만다. 청초, 장재의 학설에 대해 이론적으로 종합하고 공헌한 사람은 이옹이 아니라 관중에서 천리나 떨어진 호남湖南의 대학자 왕부지였다. 이후 섬서에서 막유[69]를 지낸 하북 학자 이공李塨이 이학 유풍을 깨끗이 없앰으로 인해 관중의 학술은 남북학술과 점차 합쳐져 통경학고通經學古의 길로 나아간다. 이렇게 되리라고는 이이곡이 애초에 생각지도 못했다.

5. 이이곡 사상의 역사적 가치

명청 교체기 사회적 격동과 그에 따른 이학 진영의 분화는 이이곡의 사상체계를 낳았다. 이

---

68) 李顒, 『二曲集』卷17, 「又答許學憲」. 關學不振久矣. 目前人物, 介潔自律, 則朝邑有人; 孝廉全操, 則渭南有人; 風雅獨步, 氣誼過人, 則富平有人; 工于臨池, 詞翰淸暢, 則華陰有人. 其次, 詩學專門, 則郿塢, 郃陽, 上郡, 北地, 天水, 臬蘭亦各有人. 若夫留意理學, 稍知斂華就實, 志存經濟, 務爲有用之學者, 猶龜毛兔角, 不但目未之見, 耳亦絶不之聞.

69) 막유幕遊 : 명청明淸 시대에 지방 관서나 군軍에서 관직이 없이 업무를 보좌하던 고문顧問.

체계는 일찍이 경세의 현안에 대한 추구로부터 "자신을 돌아보고 스스로를 알고[反己自認]", 오로지 "잘못을 뉘우치고 스스로를 새롭게 하는[悔過自新]" 쪽으로 방향을 돌리고, 이어서 두 가지를 하나로 합쳐 "체를 밝히고 용을 알맞게 행하는[明體適用]" 학설을 형성한다. 이후에는 또 이 학설이 구체화되어 "학술을 밝히고 사람들의 마음을 바르게 한다.[明學術,正人心]"는 목표를 집요하게 추구하는 것으로 나타난다. 이이곡의 사상체계는 청초 사회 환경과 자신의 처지의 변화에 따라 부단히 심화되고 완성되는 과정을 거친다. 이이곡의 사상체계를 형성하는 전체 과정 속에는 "세상을 구하고 시대를 구제한다.[救世濟時]"는 생각이 시종 일관되게 흐르고 있다. 현실을 대하는 경세학설로서 "명체적용"설을 핵심으로 하는 이이곡의 사상체계는 장단과 득실이 함께 섞여있지만, 사회의 위기를 구하려는 노력에 그 지향점이 있다는 점에서 청초의 역사적 요구에 부응한다. 이 때문에 적극적인 사회적 가치가 있음은 의심의 여지가 없다.

이이곡 사상의 역사적 가치는 우선 유학의 경세전통을 회복하려고 했다는 점에 있다. 이옹은 다음과 같이 지적한다. "우리 유학의 가르침은 원래 경세를 그 줄기로 한다. 그 가르침이 흐려지고 잘못된 말이 횡행하자, 먼저 눈앞의 공적이나 이익을 추구하는 학문으로 바뀌고, 다시 훈고를 추구하는 배움으로 바뀌었다. 지금에 이르러서는 또 글씨를 잘 쓰고 읽고 외기를 잘 하는 것을 유자의 당연한 일로 여긴다. 갈수록 천박해져 유학은 이름만 남고 실질은 없어지고 말았다."[70] 이곡이 "명체적용"학설을 제기하여 "학술을 밝히고 사람들의 마음을 바로잡는"것을 자신의 임무로 여긴 것은 유학의 경세전통을 회복하기 위함이었다. 이 때문에 이옹은 "유학"에 대해 다음과 같이 명확하게 규정한다. "덕이 천지인 삼재에 합하면 유라고 한다. 하늘의 덕은 만물의 발육을 담당하고, 땅의 덕은 만물의 자생을 담당하며, 사는 천지에서 사람으로 살면서 만물을 경륜하는 것을 귀하게 여긴다. 체를 밝히고 용을 알맞게 행하여 만물을 경륜할 수 있으면 만물을 낳고 기르는 천지의 덕과 하나가 되니 유儒라고 명명하는 것도 마땅하지 않겠는가?"[71] 명청시기에 사회의 급격한 변화로 제기된 문제들은 학술문화계의 해결을 시급하게 기다리고 있었다. 이러한 역사의 과정은 이론체계로서 송명이학이 이미 막다른 길에 이르러 학술문화가 어디로 갈지 선택의 기로에 서있었다는 것을 의미한다. 이이곡은 이런 역사적 요구에 부응하여 책임감 있는 자세로 적극적으로 사색한다. 그는 학술사를 종합하는 각도에서 출발하여 "명체적용" 학설을 드러내어 유학의 본 면모로 삼고, 학술문화계가 현실을 직시하고 문호의 분쟁으로부터 벗어나도록 인도

---

70) 李顒, 『二曲集』卷14, 「盩屋答問」. 吾儒之教, 原以經世爲宗. 自宗傳晦而邪說橫, 于是一變而爲功利之習, 再變而爲訓诂之習. 浸假至今, 則又以善筆劄, 工講誦爲儒當然. 愈趨愈下, 而儒之所以爲儒, 名存而實亡矣.

71) 李顒, 『二曲集』卷14, 「盩屋答問」. 德合三才之謂儒. 天之德主于發育萬物, 地之德主于資生萬物, 士頂天履地而爲人, 貴有以經綸萬物. 果能明體適用而經綸萬物, 則與天地生育之德合矣, 命之曰儒不亦宜乎.

한다. 그는 다음과 같이 지적했다. "주돈이, 정이, 장재, 주희, 설선薛瑄, 호거인胡居仁, 나흠순羅欽順, 여남呂柟, 고염무顧炎武, 고반룡高攀龍, 풍종오馮從吾, 신전辛全은 공자문하의 증자와 자공의 학파이며, 그 학문은 옛 것을 법으로 삼는 것을 우선시하고 성인을 독실하게 믿었다. 육상산, 오여필, 진헌장, 왕양명, 왕간王艮, 왕기王畿, 나여방羅汝芳, 주여등周汝登은 맹자의 학파이며, 그 학문은 자신을 반성하고 스스로를 알며, 보고 듣는 것에 의존하지 않으면서 부정하지도 않았다. 우리 유학에 이 두 학파가 있는 것은 이단인 선종에 남종南宗 혜능慧能과 북종北宗 신수神秀가 있는 것과 같이 각기 보고 들은 바가 있고 얻은 바가 있어, 합쳐서 하나가 되어 배움에 치우침이 없다. 문호를 나누면 견고하여 깨뜨릴 수 없어 사물을 식별하는 힘과 학문을 빠짐없이 다 알 수 있을 것이다. 하지만 그 가운데는 실제로 얻는 바는 없으니 헛된 논쟁에 불과하다. 아! 폐단이 오래되었구나."[72] 이 방면에서의 이이곡의 노력은 당연히 진보적 의의를 지니고 있다.

두 번째로 이이곡은 "체와 용을 두루 갖추어야한다[體用兼該]"는 학설로 송명이래로 이학가들이 체를 중시하고 용을 경시하거나, 본성과 천도에 대해 공담을 일삼고, 치국의 방책과 민생을 무시한 오랜 폐단에 대해 강하게 비난했다. 유학의 경세전통을 회복하려고 힘쓰는 가운데 이옹은 "도학이 곧 유학이다[道學即儒學]"라는 견해를 제기한다. "도학은 유학이다. 유학의 바깥에 별도로 이른바 도학이 있는 것이 아니다"[73] 도학은 결코 성性과 리理에 대한 헛된 이야기가 아니라, 본래 쉽고 실제적인 유학이며 "명체적용"의 학문이라는 것을 의미한다. 이러한 견해는 "이학은 경학이다[理學, 經學也]"라는 고염무의 주장과 호응하여 청초 학술경향의 변화에 헤아릴 수 없이 깊은 영향을 낳았다. 이와 같이 이이곡은 이학에 대한 적극적인 수정을 통해 그의 학설을 이학비판의 청초의 사조와 일치시켜 역사조류의 전면에 내세운다.

마지막으로 "명체적용"을 기본 특징으로 하는 이이곡의 학설이 "명체적용"의 서적을 읽는 것을 시작으로, "마음을 알고 본성을 깨치며 실제로 증명하고 실제로 수행하여[識心悟性, 實證實修]" "경세제민의 실학[經濟實學]"을 강구하며, 최종적으로 "학술을 밝히고 인심을 바로잡으며[明學術, 正人心]", "만물의 뜻을 통하게 하고 천하의 사업을 성취시키며, 천하 만물을 위로하고 구제한다[開物成務, 康濟群生]"는 경지에 도달한다는 점이다. 이처럼 허虛와 실實이 서로 보완하는 학문체계에는 "도는 헛되이 담론하지 않고 학문은 실제적인 효과를 중시한다[道不虛談, 學貴實效]"는 무실학풍이 시종 관철되고 있다. 이런 학문체계는 명말 이후, "책을 보지 않고 근거 없는

---

72) 李顒, 『二曲集』卷15, 「授受紀要」. 周, 程, 張, 朱, 薛, 胡, 羅, 呂, 顧, 高, 馮, 辛, 乃孔門曾蔔流派, 其爲學也則古稱先, 笃信聖人. 陸, 吳, 陳, 王, 心齋, 龍谿, 近溪, 海門, 乃鄒孟流派, 其爲學也反己自認, 不靠見聞, 亦不離見聞. 吾儒學術之有此兩派, 猶異端禪家之有南能北秀, 各有所見, 各有所得, 合幷歸一, 學斯無偏. 若分門別戶, 牢不可破, 其識力學問盡可知矣. 中無實得, 門面上爭閑氣, 噫, 弊也久矣!

73) 李顒, 『二曲集』卷15, 「授受紀要」. 道學即儒學也, 非于儒學之外, 別有所謂道學也.

담소나 나누는[束書不觀, 遊談無根]" 내용이 없고 짜임이 허술한 학풍을 강하게 부정한 것이며 청초 건실한 학풍의 형성에 적극적으로 추동작용을 일으킨다. 이런 무실務實학풍은 그의 고상한 인격과 서로 빛을 발하여, 이이곡은 명실상부 청초 학술의 대가로 우뚝 선다. 동시대의 유명한 학자 고염무는 "각고의 노력으로 배움에 힘써 스승의 도움 없이 학문을 완성하니 나는 이중부다 못하다"[74]고 했을 뿐 아니라, "선생은 뛰어난 덕을 가지고도 은거하면서 조금도 동요하지 않았으니, 진실로 우리의 도가 의지하는 바가 군건한 성벽이 되며 우리와 같은 사람들이 바라보는 바가 태산북두가 된다."[75] 옹정, 건륭 연간의 학자 전조망은 이옹과 손기봉, 황종희를 나란히 언급하면서 "혼자 힘으로 일어나서 관학關學[76] 600년 전통을 계승하고, 가난하게 살면서도 더욱 엄격하게 도를 지켰으며, 사방을 비추면서도 의지하는 바 없이 천하에 우뚝 솟으니 따라갈 자가 없다."[77]고 그를 칭찬하였다.

이이곡의 학술주장은 변통을 추구하고 "옛날 일을 참작해 지금의 일을 판단하는[酌古準今]" 것을 특징으로 한다. 이는 문호에 따른 '도통'논쟁과 비교하면 천양지차가 나며, 하은주 삼대의 다스림을 동경하는 몇몇 학자들과 비교해도 옛 것에 얽매이는 생각이 비교적 적고 훨씬 열려있다. 그러나 역사적 한계로 인해 이런 "작고준금"의 특징은 기존의 학설과 절충하는 형식으로 진행되어 조화로운 색채를 짙게 띤다. 이옹은 청초 이학의 심각한 위기를 보긴 했지만 이학을 부정할 용기가 없었으며, 특히 그의 학설의 직접적인 근원이 되는 육왕심학에 대해서는 더더욱 그러했다. 이처럼 학술주장에서 변통을 추구한 결과, 이옹의 학설은 모두 왕학에 뿌리를 두면서 주희와 육구연의 학설을 취합하는 절충적 특징을 가지고 있다. 따라서 이런 의미에서 보자면, 근래에 양계초가 학술분야에 대해 논하면서 이옹을 청초 '왕학의 후계자[王學後勁]'[78]로 분류한 것은 결코 잘못된 일이 아니다. 하지만 양계초 선생이 평가하듯이 이옹이 "옛 학문을 위해 허물어진 보루를 굳게 지킨[爲舊學堅守殘壘]" 것이 아니며, 따라서 학문기풍도 "명에서 점차 송으로 돌아간[由明而漸返于宋]"[79] 것이 아니라는 점은 보충 설명할 필요가 있다. 이이곡 평생의 학술실

---

74) 顧炎武, 『亭林文集』卷6, 「廣師」. 堅苦力學, 無師而成, 吾不如李中孚.

75) 惠靇嗣, 『二曲先生歷年紀略』"康熙十四年乙卯"條. 先生龍德而隱, 確乎不拔, 真吾道所倚爲長城, 同人祈望爲山門者也.

76) 관학은 북송 경력연간의 유학자인 신안申顔과 후가侯可에 싹이 트고 장재張載가 정식으로 창립한 이학학파다. 관학은 유학의 중요한 학파이며 실제로 학파를 창시한 장재선생이 관중 사람이기 때문에 관학이라고 일컫는다. 사람들이 장재를 "횡거橫渠선생"이라 부르기 때문에 "횡거지학"이라고 부르기도 한다.

77) 全祖望, 『鮚埼亭集』卷12, 「二曲先生窆石文」. 起自孤根, 上接關學六百年之統, 寒餓清苦之中, 守道愈嚴, 而耿光四出, 無所憑借, 拔地倚天, 尤爲莫及.

78) 『梁啓超論清學史二種·中國近三百年學術史』, 朱維錚 校注, 복단대학출판사, 1985년판, 142쪽.

79) 梁啓超, 『清代學術概論』, 4쪽.

천은 유학 경세전통의 회복을 통해 학술발전의 새로운 길을 모색했다는 점을 말한다. 이러한 노력은 수구적이라고 말해서는 안 되며, 왕학과 주희, 육구연 학문의 절충 속에서 새로운 길을 추구했다고 말해야 한다.

학술에 있어 절충의 특징과 비슷하게 정치적 주장에 있어서도 "작고준금"은 기존의 학설을 조화시켜 새로운 길을 추구하는 노력이다. 그는 명나라 멸망을 절실하게 거울삼아 분명하게 다음과 같이 인식했다. "예부터 한 나라의 폐단은 기근이 들었을 때 위정자가 나라를 위해 도모하지 않아 백성이 먹고살 길이 없어지고, 그 결과 화근을 키워 해로움이 된 경우가 많았다. 이전의 조대는 물론이고 바로 명나라 말기만 해도 밝게 거울삼을 수 있다."[80] 문제의 본질을 언급하지는 않았지만 백성들이 먹고 살 길이 없다는 것이 명말 동란을 조성한 원인임을 분명하게 지적한 점은 취할 만하다. 그래서 이이곡은 유가전통인 민본사상을 거듭 밝히며 "백성들이 생활하는데 필요한 일정한 재산이나 생업을 만들것[爲民制恒産]"을 주장했다. "백성들에게는 항산恒産이 있은 다음에 항심恒心이 있을 것을 바랄 수 있다. 그러므로 밝은 군주가 학교를 세워 백성들을 가르치려고 할 때 반드시 먼저 백성들의 항산을 만들었다. 그 이유는 의식이 풍족한 다음에 예의를 바랄 수 있기 때문이다. 후대에 다스림에 대해 언급하는 자들은 걸핏하면 학교를 세울 것을 말하면서 백성들이 생활하는데 필요한 항산恒産을 만드는 것은 추구하지 않는다. 항산을 만들지 않으면서 백성에게 항심을 요구하는 것은 굶주린 사람에게 무거운 짐을 지게 하고 여윈 말에게 먼 길을 가게 하는 것과 같다. 잠시 억지로 일을 시키더라도 중도에 그만두게 된다."[81] 어떻게 백성을 위해 항산을 만들까? 이이곡은 끝내 구체적인 방안은 제시하지 못한 채, 유가전통인 '인정仁政'과 '왕도王道'를 뛰어넘지는 못하고 오직 기존 학설의 범위 안에서 "짐작하여 당시 현안에 맞추기를 바랐다.[斟酌損益, 期適時務.]" 그 결과 이른바 "때를 어기지 않고 옛 것에 어긋나지 않는 [不乖于時, 不悖于古]" '근본적인 원칙이나 법[大經大法]'[82]에 대한 공상이 되고 만다. 사실 "때를 어기지 않고", "옛 것에 어긋나지 않는다"와 같은 세상을 구하는 청사진은 신기루와 같아서 바라볼 수는 있어도 다가갈 수는 없다.

80) 李顒, 『二曲集』卷18, 「與布撫臺」. 自昔國家之弊, 多由饑荒時當事者不留心安插, 民不聊生, 以致釀成亂階, 爲國家患害. 前代無論, 明之季年, 昭昭其可鑒也.

81) 李顒, 『四書反身錄』卷7, 「孟子」. 民有恒産, 然後可望其有恒心, 故明君將欲興學校以教民, 必先有以制民之産. 所以然者, 衣食足然後可望其知禮義也. 後世言治者, 動曰興學校, 卻全不講爲民制恒産. 不知恒産不制, 而責民以恒心, 是猶役餒夫負重, 驅羸馬致遠, 縱勉強一時, 究之半途而廢耳.

82) 李顒, 『四書反身錄』卷7, 「孟子」.

6. 결론

이이곡의 학설의 결론을 말하자면 "도를 밝히고 마음을 보존하는 것을 체로 삼고 정치를 다스리고 백성을 관리하는 것을 용으로 삼는다."[83]이다. 하지만 그 자신에 대해 말하자면, "경세재물經世宰物"의 포부는 명나라 유민의 법도를 삼가 지키며 청 조정과의 합작을 거절하는 것이었기 때문에 당시 정치조건하에서는 실현할 수 없었다. 가혹한 현실이 이옹에게 제공한 것은 "명도존심"의 선택에 불과했다. 그가 만년에 "본성을 다하여 명에 이른다[盡性至命]"는 것을 "실학實學"이라 부르면서 "마음속을 텅 비게 하고 소리도 냄새도 없는[令胸中空空洞洞, 無聲無臭]" 허무한 경계를 추구할 것을 주장하는 것도 이상할 게 없다. 이런 노선을 따라 가면 문을 잠그고 자기한 몸의 처신만 온전하게 하는 것을 피할 수 없다. 만년의 이이곡의 학술주장은 세상에 행해지지 못했다. 정주학은 높이 조정에 있는 현실을 보고 그가 비판한 "잡학雜學"은 한창 번성한 것을 보면서 처음에 세운 뜻을 꿋꿋이 지키면서 세속에 따라 부침하지 않는 것을 최종 귀착처로 삼을 수밖에 없었다. 이러한 결말은 이옹 개인의 비극이 아니라 시대적 변천에 의한 것이었다. 우리는 고인에게 너무 엄격한 기준을 적용해서는 안 된다.

---

83) 李顒, 『二曲集』卷16, 「答顧寧人先生」. 明道存心以爲體, 經世宰物以爲用.

제7장
안리학파顔李學派의 역사적 운명

강희 중엽 이후의 학술계는 명청 교체기의 여러 학술 대사들이 전후로 세상을 떠난 뒤 하북의 대유학자 안원顔元과 그 제자 이공李塨, 왕원王源이 북학의 종사 손기봉의 "궁행실천躬行實踐"이라는 학술 주장을 발전시켜 실습, 실행, 실용을 강구하는 "습행경제習行經濟"의 학술로 북학을 근본적으로 개조하여 새로운 세력인 안리학파로 변화하였다. 이 학파는 독자적인 의견으로 고금을 멸시했는데 옹정 초까지 근 반세기 동안 학술계에서 활약하다가 결국 돌이킬 수 없는 경전과 역사의 고증학풍 속으로 파묻혔다.

1. 안원顔元 학설의 형성

안원은 그의 부친이 주씨의 양자로 들어갔기 때문에 성姓이 주朱, 이름은 방량邦良, 자는 이직易直, 호는 사고인思古人이었다. 나중에 생가로 되돌아와서 성을 회복하여 지금 전해지는 이름으로 바꾸었고 자는 혼연渾然, 호는 습재習齋로 했으며 하북 박야博野 출신이다. 명나라 숭정 8년 3월 11일(1635.4.27.)에 태어났고 청나라 강희 43년 9월 3일(1704.9.30.) 향년 70세로 죽었다. 그는 일찍 제생諸生이 되었지만 나중에 벼슬에 뜻을 두지 않고 학문을 가르치며 향리에서 생애를 마쳤다. 그의 학문은 육陸, 왕王으로부터 시작했고 이어서 정程, 주朱로 바꾸었으나 결국에는 모두 버리고 경세치용만 강구했으며 실습, 실행, 실용을 주창하여 청나라 학술사에서 저명한 안리학파의 창시자가 되었다. 주요 저술로 『존치存治』, 『존성存性』, 『존학存學』, 『존인存人』 네 편이 있는데 역사에서는 "사존편四存編"이라 칭한다. 그 외에도 『사서정오四書正誤』, 『주자어류평朱子語類評』 등이 있다. 전기와 행장, 서찰 및 단편 잡저는 문인이 『습재기여習齋記餘』로 편집하여 간행했다.

안원 학설의 연원에 관해서 예나 지금이나 많은 논쟁이 있고 사람마다 주장이 다르다. 연원을 탐구하려면 제자 이공이 지은 『안습재선생연보顔習齋先生年譜』에서 시작해야 한다. 연보에 따르면 안원이 31세 때 "왕법건에게 말하기를 '육예 가운데 악만 전해지지 않았는데 어禦는 긴급하게 사용될 것은 아니고 예, 악, 서, 수를 배워야 한다. 경서를 연구하고 이치를 밝히는 것만 하면 아마도 쓸데없는 유학자가 될 것이다.'고 했다."[1] 이공은 이 단락 뒤에 자신의 생각을 덧붙였다. "이 때 정학이 이미 단서를 드러냈는데 천계 연간이었다."[2] 안원의 육예실학六藝實學 창도가 "하늘의 계시"로 체득한 것인가 아니면 연원이 있는 것인가? 해답은 전자가 아니라 후자다. 청나라 초의 학술계에서 육예를 밝히는 학문을 주창한 창시자는 안원이 아니라 강남의 학자 육세의陸世儀였다. 안원의 학설은 육씨의 학술 주장의 계발을 받은 것이었다. 이 점에 관해서는 안원의 「상태창육부정선생서上太倉陸桴亭先生書」에 아주 명백하게 나와 있다. "하루는 기현祁縣에 유람 갔다가 옛 친구 조문효刁文孝와 함께 한 자리에서 선생께 좋은 책[『사변록』을 지칭한다 : 인용자]이 있다고 들었는데 공자 육예학을 다시 밝힌 것이며 문인 강성姜姓이 주수州守의 관청에 실제로 보관하고 있다고 들었습니다. 그 기쁨이 오랜 가뭄에 우레 소리 듣고 심한 갈증에 계곡 소리 듣는 것 같으니, 당장 단비에 목욕하지 못하고 맛 좋은 샘물을 마시지 못한 것이 한스럽습니다. 재삼재사 상세히 표현하려 했지만 결국 나오지 않았는데 삼천리 밖에서도 이와 같은 주장을 하는 학자가 있다는 것을 다행으로 생각합니다."[3] 서신에서 보이는 육세의에 대한 안원의 추숭은 지극하다. "선생은 공맹학의 종지를 얻었을 뿐 아니라 공맹의 인성론의 종지도 깨달았으니 이미 나의 마음을 먼저 얻었습니다. 지금 유가의 적통을 계승한 학파로 선생이 아니면 누가 있겠습니까!"[4] 안원이 육예실학을 강구한 것이건 인성학설에서 송유宋儒가 천지지성天地之性과 기질지성氣質之性을 구분한 것에 반대한 것을 막론하고 모두 육세의의 학술 주장으로부터 중요한 영향을 받았음을 알 수 있다.

사실 안원 학설의 형성은 하루아침 순식간에 깨달은 "하늘의 계시"가 아니라 여러 학설의 장점을 취해서 부단히 소화하여 자신의 것으로 융합하는 발전 과정이었다. 그의 학설 형성 초기

---

1) 與王法乾言, 六藝惟樂無傳, 禦非急用, 禮樂書數宜學. 但窮經明理, 恐成無用學究.

2) 李塨, 『顔習齋先生年譜』卷上, 三十一歲』條. 此時正學已露端倪矣, 蓋天啓之也.

3) 顔元, 『存學編』卷1, 「上太倉陸桴亭先生書」. 一日遊祁, 在故友刁文孝座, 聞先生有佳錄(當指『思辨錄』——引者), 復明孔子六藝之學, 門人姜姓在州守幕實筍之. 歡然如久旱之聞雷, 甚渴之聞溪, 恨不即沐甘霖而飮甘泉也. 曲致三四, 曾不得出, 然亦幸三千里外有主張此學者矣.

4) 顔元, 『存學編』卷1, 「上太倉陸桴亭先生書」. 先生不惟得孔孟學宗, 兼悟孔孟性旨, 已先得我心矣. 當今之時, 承儒道嫡派者, 非先生其誰乎.

에 결정적 영향을 준 것은 바로 손기봉의 북학이었다.

안원은 손기봉과 같은 군 출신이고 나이차가 50여 세 정도 나므로 기봉의 후학이다. 두 사람은 평생 만나지는 못했지만 안원이 기봉을 존중하고 예우한 것은 시종 한결같았다. 손기봉의 학술 주장을 대하는 태도에 있어서 안원은 받아들여 마음에 새기는 데에서 제각기 갈 길을 가는 과정을 거쳤다. 안원의 학문은 처음에 육왕으로부터 시작했다. 24세 때 그를 육왕학의 문턱 안으로 끌어들인 것이 손기봉의 학문을 계승한 팽통彭通이었다. 그 후 그는 또 이어서 손기봉의 제자인 왕지정王之征, 왕여우王餘佑에게 배웠다. 안원이 병법과 경세실학을 연구한 것은 왕여우로부터 도움을 받았기 때문에 줄곧 왕여우를 부친을 섬기는 예로 대했다. 나중에 안원의 인성학설에 중요한 영향을 준 장라철張羅喆도 학문이 기봉에 가까운 이학가였다. 그러므로 안원이 기주祁州 학자 조포刁包의 영향을 받아 줄곧 정주와 육왕 사이를 드나들었지만 대체적으로 말하자면 그의 학문은 질박하고 화려하지 않으며 호방한 기운이 넘쳤는데 초기 안원의 학문은 확실히 손기봉의 북학 계열에 속한다고 할 수 있다.

그러나 안원은 독창적 정신이 풍부한 학자인데다 육세의의 육예실학六藝實學의 영향을 받은 후에는 북학에 대해 근본적인 개조를 가하고 손기봉이 주왕의 학술을 통합하려 한 노력을 부정했다. 35세에 지은 『존성存性』, 『존학存學』 두 편을 그 표지로 하여 그는 북학과 의연히 갈라서서 정주육왕의 학문도 아니고 손기봉의 북학도 아닌 "습행경제"의 학문을 형성했다. 그러므로 그 이듬해 손기봉에게 보낸 편지에서 안원은 명확하게 다음과 같이 말했다. "저는 쓸데없는 걱정을 했는데, 주학이 육학보다 나아서 천하에 독행한다든가 육학이 주학보다 나아서 천하에 독행한다든가 아니면 화해가 이루어져서 주육이 합일되어 천하에 함께 유행한다고 하더라도 결국 이 세상은 다만 양송 당시의 세상이 될 뿐이고 또 결국 이 유학의 운명은 말이나 글로만 존재하는 도학일 뿐입니다. 어찌 성인의 도와 백성들의 장탄식을 감당할 수 있겠습니까!"[5] 이 말은 정주육 왕의 학문에 대한 부정일 뿐 아니라 주륙을 회통한 손기봉 북학과 반대가 되는 논조를 부르짖는 것과 다름이 없다. 그 이후 안원은 "주공과 공자의 올바른 학문[周孔正學]"의 회복을 자임하고 "습행경제習行經濟"의 육예실학 강구에 매진했다. "학습, 궁행, 경제는 우리 유학자의 본업이다. 이것을 버려두고 책이라 책이라고 하고, 강학이라 강학이라고 한다면 그것은 송명의 유학자이지 당우唐虞 삼대의 유학자가 아니다."[6]

---

5) 顔元, 『存學編』卷1, 「上征君孫鍾元先生書」. 某殊切杞人之憂, 以爲雖使朱學勝陸而獨行于天下, 或陸學勝朱而獨行于天下, 或和解成功, 朱陸合一, 同行于天下, 則終此乾坤, 亦只爲當時兩宋之世, 終此儒運, 亦只說話著書之道學而已. 豈不堪爲聖道生民長歎息乎!

6) 顔元, 『習齋記餘』卷6, 「論開書院講學」. 學習躬行經濟, 吾儒本業也. 舍此而書云書云, 講云講云, 宋明之儒也, 非唐虞三代之儒也.

강희 30년, 안원이 57세 때 남쪽 중주中州로 유람 갔다. 손기봉이 세상을 떠난 지 16년밖에 되지 않은 때였지만 이미 북학에 물든 중주에서 왕양명 심학은 완전히 쇠퇴했고 손기봉이 주왕朱王의 학문을 통합하려던 노력도 정주학설의 부흥 속에 파묻혔다. "사람마다 선승이요, 집집마다 헛된 문장만 써대는[人人禪子, 家家虛文][7] 상황에 직면하여 안원은 다음과 같이 크게 외쳤다. "정주의 도가 사라지지 않으면 주공과 공자의 도가 드러나지 않는다."[8] 이에 "특별히 하나의 학파를 만들어 그와 대항하며[別出一派, 與之抗衡][9] 단호하게 표명했다. "한 푼의 정주를 깨뜨려야 한 푼의 공맹으로 들어갈 수 있다. 확실히 공맹과 정주는 완전히 다르다고 생각하며 도통 가운데 향원이 되고 싶은 마음은 없다."[10] 이로부터 그는 주희의 학설과 타협하지 않는 비판자가 되었다.

2. 안원과 장남서원漳南書院

안원은 만년에 초빙을 받고 남쪽 지방으로 가서 장남서원의 강좌를 주관했다. 이것은 남쪽 중주로 유람한 것을 뒤이은 그의 필생의 중대한 학술 활동이자 청대학술사와 서원의 역사에 오래도록 영향을 준 일이었다. 이때의 학술활동을 고찰해 보면 안원 학설의 특징을 깊게 이해할 수 있을 뿐 아니라 청나라 초 서원 교육의 변화 추세를 들여다볼 수도 있다.

장남서원은 하북 광평부廣平府 비향현肥鄉縣에 세워졌는데 청나라 초의 의숙義塾을 기초로 확장된 것이었다. 강희 19년 우성룡于成龍이 보정순무保定巡撫(나중에 직예순무直隸巡撫로 변경됨)를 맡았을 때 비향의 명사 학문찬郝文燦 등이 우씨가 비향 둔자보屯子堡에 의숙을 세우라는 명령에 따라 학전學田 일백 무畝를 마련하고 문찬은 학사學師를 자임했다. 이후에 학문찬 등은 또 학사學舍의 확장에 착수했고 나중에 관직이 병부독포시랑兵部督捕侍郎에까지 이른 허삼례에게 명칭을 써주기를 청하여 장남서원이 되었다. 그 이후 학문찬은 "겸손하게도 일을 맡지 않고 15년 동안 따로 선생을 찾았는데"[11] 강희 33년 북쪽 박야로 올라가 강좌를 주관하도록 안원을 초빙했다. 안원은 거듭 완곡하게 거절했다. 35년, 3차례에 걸친 문찬의 요청 끝에 같은 해 4월에야 비로

7) 李塨, 『顔習齋先生年譜』卷下, "五十八歲"條.
8) 顔元, 『習齋記餘』卷1, 「未墜集序」. 程朱之道不熄, 周孔之道不著.
9) 顔元, 『習齋記餘』卷3, 「寄桐鄉錢生曉城」.
10) 李塨, 『顔習齋先生年譜』卷下, "五十八歲"條. 必破一分程朱, 始入一分孔孟. 乃定以爲孔孟程朱判然兩途, 不願作道統中鄉愿矣.
11) 顔元, 『習齋記餘』卷2, 「漳南書院記」. 謙不任事, 別尋師者十有五年.

소 문인 종릉鍾銕, 종손 중광重光을 데리고 남쪽으로 출발했다. 5월, 안원 일행이 비향 둔자보에 도착했다. 당시 장남서원은 초창기로서 완공되지 않은 상태였고 겨우 왼쪽 방만 있었다. 그는 서원의 규칙을 개정하고 나서 한편으로 건축공사를 진행하고 다른 한편으로는 여러 제자를 이끌고 육예실학을 익히고 실천했다. 4개월이 지나자 "어느 정도 학습한 것을 음미하고 그 맛을 즐기게 되었다.[頗咀學習樂味]"[12] 그러나 하늘은 사람 마음 같지 않아서 안원이 4개월 동안 서원을 힘들게 운영해 나가는 와중에 장하漳河가 범람해서 홍수가 무정하게 삼켜버렸다. 마지막으로 부득불 끝없이 펼쳐진 물을 바라보며 하늘을 우러러 장탄식하고 나서 사직을 고하고 고향으로 돌아갔다. 그 후 수해가 더 심해지고 또 나이도 들어서 학문찬이 여러 차례에 걸쳐 요청하는 서신을 보냈는데도 결국 다시 갈 수 없었다. 강희 38년 학문찬은 서신에 계약증서 한 장을 같이 부쳤는데 다음과 같이 밝혔다. "안습재 선생은 살아생전에는 장남서원의 선생이고 죽은 뒤에는 서원의 선사이다. 문찬이 드린 주택 한 채, 밭 오십 무는 생전에는 습재의 재산이고 죽은 뒤에는 습재의 유산이다."[13] 안원이 서신을 받아보고 매우 감동하여 병중에 「장남서원기漳南書院記」 한 편을 지었는데 서원에서 펼친 교학 활동을 기록했다. 글 끝에도 여전히 처음에 하고자 했던 것에 대한 마음가짐을 그대로 담고 있다. 그러나 병이 계속 이어져서 어떻게 할 수 없었고 결국 뜻을 이루지 못하고 죽었다.

청나라 초의 많지 않은 서원 가운데 장남서원의 개성은 선명하며 독자적으로 하나의 학파를 형성한 것은 연구할 가치가 상당하다. 이제 풍격이 아주 다른 관중서원關中書院과 비교해 볼 것이다.

관중서원은 명나라 만력 37년(1609)에 처음 세워졌다. 천계 초, 위충현魏忠賢이 조칙을 사칭해서 천하의 서원을 금지하고 파괴했는데 관중서원은 이 큰 재난을 당하고 나서 다시 일어나지 못했다. 이후 명나라와 청나라가 교체되는 과정에서 전란이 빈번하게 이어졌는데 강희 초년에 이르러서 섬서陝西 지방 당국이 관중서원을 중수重修하기 시작했다. 강희 5년 10월, 서안지부西安知府 엽승조葉承祧가 관중서원을 중수하고 주지현周至縣 이옹李顒을 초빙하고 강좌를 주관하게 하려 했지만 거절당했다. 12년 4월, 섬서 총독 악선鄂善이 관중서원을 다시 수리하고 정성을 들여 초빙했는데 이옹은 거듭 사양하다가 응했다. 5월, 강의를 시작하자 악선과 섬서 순무 아석희阿席熙 등 각급 관원 및 "덕 있는 명사, 진사, 거인, 공사, 학자들이 계단과 좌석을 둘러싸고 앉았는데 수천 명에 이르렀다."[14] 만력 연간의 이름난 유학자이자 명신이었던 풍종오馮從吾가 강학한 이후

12) 顔元, 『習齋記餘』卷2, 「漳南書院記」.
13) 李塨, 『顔習齋先生年譜』卷下, "六十五歲"條. 顔習齋先生生爲漳南書院師, 沒爲書院先師. 文燦所贈莊一所田五十畝, 生爲習齋産, 沒爲習齋遺産.

오랫동안 끊어졌던 관중서원의 강회가 다시 한 번 진작되었다.

관중서원에서 이옹은 강단에 오른 초기에 회약會約 10조條, 학업 과정 8조를 공시했다. 서원 강학의 시간, 예의, 순서, 방법, 내용, 목적 등의 항목과 취학한 학생의 매일의 학습과정 등에 대해 명확하게 규정해 놓았는데 전체를 관통하는 것은 "강학講學" 두 글자였다. "사람을 세워주고 통달하게 해 주는 것은 전적으로 강학에 달렸다. 풍속을 변화시키는 것은 전적으로 강학에 달렸다. 어지러운 세상을 바로잡아 평화로운 상태로 되돌리는 것은 전적으로 강학에 달렸다. 천하의 형세를 일변시키는 것은 전적으로 강학에 달렸다. 윗사람으로서 덕을 행하고 아랫사람으로서 백성 노릇하는 것 모두 이것으로부터 나온다. 이것은 살아있는 사람의 생명과 혈맥이고 우주의 원기로서 하루라도 멈추어서는 안 되는 것이다."[15] 강학의 내용에 관해서도 이옹은 매우 분명하게 밝혔다. "이전에 강학한 훌륭한 유학자는 인품으로는 성현이요 배운 것은 이학이었으므로 이학을 강의하고 성현을 배우라고 해도 무방했다. 나는 본래 어리석고 결점이 많으며 실수하고 잘못한 일은 셀 수조차 없다. 인품이 탁월하지도 않고 충실하게 배운 것이 없는데 주제넘게도 여기에 거처하고 있으니 뻔뻔스럽기가 정말로 심하다. 그래서 끝내 이학에 대해 함부로 떠들지 못하고 성현에 대해 가볍게 입을 놀리지도 못한다. 다만 하루 종일 생각마다 스스로를 돌이켜 보고 잘못 고치기를 입문으로 하고 스스로 새로워지는 것을 실제로 삼기를 바랄 뿐이다."[16] 그가 서원의 강단을 빌려 자신의 "잘못을 뉘우치고 스스로 새로워짐"이라는 학설을 표명하려 했다는 말이다.

마찬가지로 경세를 위해 학문을 종사하는 실학자이자 마찬가지로 많은 제자를 둔 교육 대사였던 안원은 서원의 강학이라는 문제를 대하는 데 있어서 이옹과 그 견해가 아주 달랐다. 안원은 명나라 말 이학가의 공담이 나라를 망친 것을 통감했으므로 헛되이 강설만 하는 풍조를 매우 경멸했다. "명목상으로는 도학이라 하면서 실제로는 시류에 영합하는 문장으로 명성과 이익을 탐하는 짓을 나는 감히 할 수 없다. 몸이 도통을 계승하지만 헛된 강설로 무리를 넓히는 짓을 나는 하고 싶지 않다. 몸소 실천하면 풍속이 본받을 것이고 덕을 지극하게 하면 천하가 구름처럼 따를 것이니 나는 함양시키고 아끼려 하는데도 그렇게 할 수가 없다."[17] 일찍이 강희 8년 그가

---

14) 惠霭嗣, 『二曲歷年紀略』. 德紳名賢進士舉貢文學子衿之衆, 環階席而侍, 聽者幾千人.

15) 李顒, 『二曲集』卷10, 「匡時要務」. 立人達人, 全在講學, 移風易俗, 全在講學, 撥亂返治, 全在講學, 旋乾轉坤, 全在講學. 爲上爲德, 爲下爲民, 莫不由此. 此生人之命脈, 宇宙之元氣, 不可一日息焉.

16) 李顒, 『二曲集』卷13, 「關中書院會約務」. 先輩講學大儒, 品是聖賢, 學是理學, 故不妨對人講理學, 勸人學聖賢. 顒本昏謬庸人, 千破萬綻, 擢發難數. 既非卓品, 又無實學, 冒昧處此, 靦顔實甚, 終不敢向同人妄談理學, 輕言聖賢. 惟願十二時中, 念念切己自反, 以改過爲入門, 自新爲實際.

17) 鍾錂, 『習齋先生言行錄』卷上, 「學人第五務」. 名爲道學, 而實屢時文以射名利, 吾不敢爲也. 身承道統,

35세 때 쓴 『존학편存學編』에서 안원은 강독보다 실천을 상위에 놓아야 한다고 분명하게 제시했다. "성명의 이치는 강학할 수 없는 것이다. 강학한다 하더라도 알아들을 수 없고, 알아듣는다 하더라도 깨달을 수 없으며, 깨닫는다 하더라도 실천에 옮길 수 없다. 함께 강학하고 깨닫고 실천할 수 있는 성명의 작용은 『시』, 『서』, 육예밖에 없다. 『시』, 『서』, 육예는 그냥 함께 앉아 청강할 것이 아니라 강학할 때 실천을 가르치고 실천하기 어려운 곳에 이르면 다시 함께 강학해야 한다. 강학의 효과는 유한하지만 실천의 효능은 끝이 없다."[18] 그래서 그는 다음과 같이 말했다. "습(실천) 한 글자에 뜻을 두면서 배우게 하고 가르치게 해서 강독에 힘쓰는 사람 한둘에 실천에 공력을 기울이는 사람이 여덟아홉이 되면 백성에게 큰 다행이고 우리가 따르는 도에도 큰 다행이 될 것이다."[19]

이옹의 서원 강학에 대해서 안원은 비판적 태도를 조금도 숨기지 않았다. "순무를 맡으면 예를 떠받들고, 많은 인재를 모아놓고 그림자처럼 따르기만 하며 또 책 읽고 이야기할 뿐이다. 어찌 옛사람의 삼사三事[정덕正德, 이용利用, 후생厚生]와 삼물三物[육덕六德, 육행六行, 육예六藝]의 경세를 들어 함께 실천시키지 않는가? 후대의 유학자들의 말과 글을 보고 쓸모없는 것이 아니지만 봐도 역시 쓸모가 없다. 이것이 내 마음이 더 아픈 이유다."[20] 이듬해에 그는 또 「서원을 열어 강학하는 것에 대해 논하다(論開書院講學)」라는 짧은 전문적인 논문을 써서 서원 강학의 풍조를 비평했다. "왕문성공전을 보면 정덕 13년 4월에 공현贛縣으로 가서 서원을 열고 강학했다. 탄식하면서 이와 같은 잘못은 정주와 육왕 두 파가 마찬가지다. 그러나 한 사람이 뜻을 얻어 지방관이 되었을 때 또는 한 유학자의 이름이 두드러져 지방관이 예우할 때면 꼭 서원을 세우고 가운데 마당에 강당이라 편액을 단다. 아아, 어찌 도원이나 학당이라 하지 않고 다만 직접 책을 강론하다는 명칭을 써놓는가! 아마도 그 실질을 숨길 수 없었던 것이며, 또 두 학파의 여러 선생이 미혹되어 깨닫지 못해서 그럴 것이다."[21] 끝부분에서 그는 당시 지식계에 경고한다. "지금 배우지 않고

而徒事講說以廣徒類, 吾不欲爲也. 躬行之而風俗式範, 德至焉而天下云從, 吾養之愛之而不能爲也.

18) 顔元, 『存學編』卷1, 「總論諸儒講學務」. 性命之理不可講也, 雖講人亦不能聽也, 雖聽人亦不能醒也, 雖醒人亦不能行也. 所可得而共講之共醒之共行之者, 性命之作用, 如『詩』『書』六藝而已. 即『詩』『書』六藝, 亦非徒列坐聽講, 要惟一講即教習, 習至難處來問, 方再與講. 講之功有限, 習之功無已.

19) 顔元, 『存學編』卷1, 「總論諸儒學」. 垂意于習之一字, 使爲學爲教, 用力于講讀者一二, 加功于習行者八九, 則生民幸甚, 吾道幸甚.

20) 李塨, 『顔習齋先生年譜』卷下, "五十八歲"條. 乃膺撫台尊禮, 集多士景從, 亦只講書說話而已. 何不舉古人三事三物之經世者, 與人習行哉? 後儒之口筆, 見之非無用, 見之是亦無用, 此所以吾心益傷也.

21) 觀王文成公傳, 正德十三年四月, 至贛開書院講學. 喟然曰, 此一失, 程朱陸王兩派所同也. 但一人得志, 守司地方, 或一人儒名顯著, 地方官尊禮, 則必建立書院, 額其中庭曰講堂. 嗟乎, 何不曰道院, 何不曰學堂, 而直以書講名乎! 蓋其實不可掩也, 亦兩派諸先生迷而不之覺也.

무엇을 강학하는가? 학습, 궁행, 경제는 우리 유학자의 본업이다. 이것을 버려두고 책이라 책이라 하고 강학이라 강학이라 하는 것은 송명의 유학자이지 당우 삼대의 유학자가 아니다. 그러므로 오늘날 강학한 것을 배우지 않는 것, 이것을 걱정한다."[22] 3년 뒤 이러한 사상의 지도 하에 자신의 "습행경제"학으로 퇴폐한 상황을 구제하기 위해서 안원은 62세의 나이로 초빙에 응하여 남쪽 지방으로 갔고 장남서원에 가서 서원의 일을 주관했다.

장남서원에서 안원은 "거칠더라도 실질적인 편이 되어야지 망령되어 허황되게 하지 말라"[23]는 교육 종지를 정하고, 그 일관된 학술 주장을 실천과 결부시켜서 전체 서원의 배치와 교육 내용에 대하여 모두 구체적인 계획을 세웠다. 그는 서원의 정청正廳 습강당習講堂이라 이름 지었으며, 동서 양 측에 각각 방 둘을 두고 동쪽은 문사文事와 무비武備, 서쪽은 경사經史와 예능藝能이라 명명했다. 네 곳에서 배우는 것으로는 차례로 예악서수와 천문지리, 제자병법과 사어기격射御技擊, 십삼경·역대사·고제誥制·장주章奏·시문, 수학水學·화학火學·공학工學·상수象數 등이었다. 습강당 및 네 방과 남북으로 마주하고 이학理學, 첩괄帖括 두 방이 있다. 이학에서는 "정좌靜坐, 편저編著, 정주육왕의 학문을 가르치고"[24] 첩괄에서는 "팔고문八股文과 과거科擧 공부를 가르쳤다.[課八股擧業.]" 이 두 방을 이렇게 설치한 것에 대해 안원이 설명했다. "이학의 글들을 북향으로 둔 것은 우리가 추구하는 도의 적대가 됨을 드러낸 것으로서 주공과 공자 본래의 학문이 아니지만 임시로 거두어 들여서 우리가 구하는 도의 광대함을 보여주고 또 당대에 유행하는 문장 체제에 대응하도록 한 것이다. 오래된 습관이 올바르게 되고, 관리를 등용하는 법이 옛 제도로 되돌아가면 그 후에 두 방을 비워서 좌측은 빈객을 묵게 하고 우측은 배우러 온 사람이 지내게 할 것이다."[25] 그 후에 그는 또 습강당에 친필로 대련對聯을 썼다. "공자의 실마리를 보존하고 익히고 실천하는 데 힘쓰며, 향원·선종·훈고·첩괄의 덮개를 벗어버려라. 공손하게 천심을 체득하고 경제를 배우며, 인재·정사·도통·기수의 기틀을 운행시켜라."[26]

이상에서 서술한 규제에 근거하여 장남서원에서 토목공사를 진행함과 동시에 안원은 구조를 대략 갖춘 습강당에서 학생들을 이끌고 "예·가·시를 익히고, 글씨 쓰기와 계산하기를 공부했으며" "병법과 농업에 대해 토론하고 고금을 토의했으며" 때때로 집밖에서 "돌을 들고 도약하며

---

22) 顏元,『習齋記餘』卷6,「論開書院講學」. 今不學, 何講哉? 學習躬行經濟, 吾儒本業也. 舍此而書云書云, 講云講云, 宋明之儒也, 非唐虞三代之儒也. 然則今日者, 講之不學, 是吾憂矣.

23) 顏元,『習齋記餘』卷2,「漳南書院記」. 寧粗而實, 勿妄而虛.

24) 課靜坐編著程朱陸王之學.

25) 顏元,『習齋記餘』卷2,「漳南書院記」. 置理學帖括北向者, 見爲吾道之敵對, 非周孔本學, 暫收之以示吾道之廣, 且以應時制. 俟積習正, 取士之法復古, 然後空二齋, 左處儐價, 右宿來學.

26) 李塨,『顏習齋先生年譜』卷下, "六十二歲"條. 聊存孔緒勸習行, 脫去鄕愿禪宗訓詁帖括之套. 恭體天心學經濟, 斡旋人才政事道統氣數之機.

주먹으로 치기도 했다."[27] 4개월 동안 서원에서는 문무를 함께 익혔고 상하 모두 생기가 넘쳤다. 이것은 이옹이 가르쳤던 관중서원과 전혀 함께 논할 수 없는 것이다.

이옹과 안원이 관중과 장남 두 서원에서 행한 교학활동은 이옹의 서원 교육이 지향한 것이 명나라 말의 강학 유풍을 계승하는 것이었음을 표명한다. 그러나 이러한 계승은 또 그저 모방만 한 것이 아니라 이학의 공담이라는 풍조에 대해 적극적인 수정을 가했다. 안원은 이옹과 비교해 볼 때 담력과 식견을 더 지니고 있어서 옛 규제에서 벗어나 다른 방도를 찾았고 자신의 "습행경제"학으로 서원교육의 개조를 시도하여 육예실학의 장소가 되도록 했다. 이와 같이 현실에 입각한 창의 정신은 매우 소중한 것이다. 그러므로 안원을 서원 교육의 개혁가로 평가하는 것은 아마도 지나친 것이 아닐 것이다.

서원의 역사에서 청나라 초의 순치, 강희 두 재위 기간과 옹정 초기에 이르는 8~90년 동안은 서원 교육이 쇠퇴기에서 부흥기로 전환되는 시기였다. 강희 12년 이옹의 관중서원 강회 재개, 35년 안원의 장남서원 강학 주관은 모두 상이한 측면에서 이 시기 서원 교육의 역사적 특징을 반영한 것이고, 청나라 초기 서원 교육의 변화 추세를 어렴풋하게 드러내 보여준다.

송나라와 명나라의 서원은 심성에 관한 학문의 강학이 특징이다. 그러나 명나라 말에 사회 위기가 날이 갈수록 심해지고 왕양명 심학 내지 전체 송명 이학이 와해되면서 심성학에 빠져서 국가의 안위를 무시하는 풍조는 점점 더 지식계로부터 버림을 받았다. 청나라가 된 이후, 한편으로 내용이 없고 소략한 학풍이 맹렬한 비판을 받았고 다른 한편으로는 문사들이 단체를 결성했는데 또 청나라 조정이 무리를 지어 당파 만드는 것을 명백하게 금지했기 때문에 청나라 초의 서원 교육은 송나라와 명나라의 옛 방식대로 진행될 수 없었다. 안원이 장남서원에서 가르칠 때 이학을 "습행경제"학의 반대편에 위치시킨 원인이 바로 여기에 있다. 이옹이 관중서원의 강회를 재개했을 때 오래 지속되지 못한 것은 천거가 그 원인 가운데 하나이지만 강회가 오래 유지하지 못하는 것은 그 근원은 훨씬 더 깊다.

안원은 서원 교육 개혁가라고 할 만하다. 서원 교육이 어느 길로 갈 것인가 하는 선택에 직면했을 때 그는 단호하게 심성에 관한 학문을 강학하는 서원의 전철을 던져 버리고 이옹과 완전히 다른 새로운 학문의 길을 선택했다. 그는 장남서원에서 특별히 "습행경제"학을 제창하고 이것으로 세상의 필요에 부합하는 인재를 양성하려 했다. 이러한 학문 방식은 현실적 수요로부터 출발하여 인재를 육성하는 서원의 전통을 계승한 것으로서 그 구상은 틀림없이 긍정적인 것이었다. 그러나 간과할 수 없는 것이 청나라 초에 과거임용제도가 신속하게 회복되었기 때문에 과거 준비로 공명을 얻으려는 유혹과 질곡 속에서 독서인이 사회에 쓰이기 위해서 장남서원으로 가는

---

27) 顏元, 『習齋記餘』卷2, 「漳南書院記」. "習禮歌詩, 學書計", "討論兵農, 辨商今古", "舉石超距拳擊".

길은 실제로 매우 많은 난점이 있었다. 이렇게 되어서는 관부의 승인을 받을 수 없었기 때문에 결국 생계를 잃어버릴 걱정이 생길 수밖에 없었다. 게다가 장남서원이 창도한 "병법과 농업에 대한 토론과 고금에 대한 토의[討論兵農, 辨商今古]"는 특히 청나라 조정이 금기시하는 것이었으니 누가 달걀로 바위를 치려고 했겠는가? 그래서 오히려 관중서원이 "관원 능력의 유무 및 타인의 득실에 대해 언급하지 않고 조정의 공사 및 국경으로부터 전해지는 소식에 대해 언급하지 않는 것"[28]이 시의에 더 적합했다. 이렇게 해서 청나라 초의 서원 교육은 심성에 관한 학문을 강학하는 전철을 따를 수도 없고 "습행경제"의 새로운 길로 갈 수도 없는 상태에서 부득이 과거를 준비하는 각급 학교에 동화되었다. 이옹이 관중서원을 떠난 후에 강회는 종적 없이 사라졌고, 서원은 관서官署로 바뀌었는데 "강당은 풀이 무성하고 거문고 타는 소리와 책 읽는 소리는 잦아들었으며 사장에 종사하는 비루한 사람이 속성으로 과거 준비하는 술수를 끼고 엄연히 강단에 앉아 위대한 선생이라 칭했다"[29]라는 말이 사실상 이러한 변화에 대한 유력한 증명이다.

송나라 서원이 처음 세워졌을 때 서원은 당시 학자들이 자유롭게 강학하는 곳이 되었고 관이 운영하는 학교와 병존하는 사학이었다. 원나라 이후 서원은 여전히 대부분 민간이 운영하는 사학이었지만 이미 점점 더 관부의 통제를 받았다. 이와 같은 서원의 관학화 추세는 명나라 때 크게 발전했다. 가정嘉靖·융경隆慶 연간 이후에 남북에서 봉기한 서원은 대부분 관학적 성격을 지녔다. 청나라 초의 서원도 마찬가지였다. 이옹이 강학을 주관한 관중서원이 전형인데 그의 말대로 이 서원은 "관원이 부흥을 주시했다.[上臺加意興復]"[30] 그러므로 서원이 강학을 개최하면 지방의 관리와 명사들이 달려와서 둘러 앉아 들었을 뿐 아니라 서원의 회약에도 명확하게 학생이 "각각의 관리에게 세 번 공경을 표하는[向各憲三恭]"[31] 예의를 규정해 놓았다. 장남서원은 예외로서 민간 사학에 속했다. 그래서 금방 상승했다 바로 하강했고 천재지변의 타격을 견디고 방어할 수 없었으며, 세워지자마자 홍수에 잠겨버렸다. 이후 다시 일어설 수 없었고 역사의 옛 자취가 되었다. 안원이 서거한 후에 그의 제자 이공李塨 등 사람들이 창립한 습재학사習齋學舍, 그리고 그 후에 이공의 제자가 재건하는 도전사道傳祠도 이러한 사학에 속한다. 관중서원과 같은 관학화한 서원만은 그 성쇠가 한결같지는 않지만 관부에 의존하여 지위를 유지했을 뿐 아니라 건륭 연간에는 크게 번성하기도 했다. 요컨대 하나는 거업화擧業化되고, 하나는 관학화되는데, 이것이 바로 관중, 장남 두 서원이 보여준 청나라 초 서원 교육의 변화 추세다.

---

28) 李顒, 『二曲集』卷13, 「關中書院會約」. 不得語及官員賢否, 及他人得失, 不得語及朝廷公事, 及邊報聲聞.
29) 陳康祺, 『郎潛紀聞』初筆卷8, 「北學南學關學」. 講堂茂草, 鉉誦闃如, 詞章儉陋之夫, 挾科擧速化之術, 俨然坐皐比, 稱大師.
30) 李顒, 『二曲集』卷13, 「關中書院會約」.
31) 李顒, 『二曲集』卷13, 「關中書院會約」.

3. 안학顧學에 대한 이공李塨의 계승과 결별

안원이 세상을 떠난 뒤 그의 학술사업을 제자 이공이 계승했다. 이공은 자가 강주剛主, 호는 서곡恕谷이고 하북 여현蠡縣 출신이다. 순치 16년(1659)에 태어나서 옹정 11년(1733)에 향년 75세로 죽었다. 강희 18년(1679)부터 안원에게 배웠는데 21세 때였다. 강희 29년에 향시에 합격했고 이후 여러 차례 회시에 응시했지만 급제하지 못했다. 만년에 통주학정通州學政에 임명되었지만 세 달도 못되어서 사직하고 귀향하여 죽을 때까지 저술에 전념했다. 그는 평생 안학顧學의 확장을 자신의 임무로 여겼다. 그래서 북쪽 수도로 올라가고 중주의 막료를 지내며 남쪽 전당錢塘으로 갔으며 서쪽으로는 옛 진秦과 진晉 지역을 두루 다니면서 널리 학생들을 만나고 이끌었고 당대의 뛰어난 유학자들과 두루 교류했으며 안리학파의 기치를 높게 들어올렸다. 안원은 저술에 뜻이 없었지만 이공의 저술은 풍부한데 예·악·병·농, 경·사·고증에까지 폭넓게 걸쳐 있다. 가장 유명한 것으로는 『대학변업大學辨業』, 『성경학규찬聖經學規纂』 등이 있고 단편 잡저는 『서곡후집恕谷後集』으로 모아 세상에 전해졌다.

초기의 이공은 안원의 학설을 독실하게 신봉했다. 청년 시절 처음 안원을 따르던 때 그는 다음과 같이 생각했다. "습재 선생 곁에 있는 것만으로도 자연스럽게 나를 완성시켜준다. 그 학문을 전하지 않는 것은 스스로를 버리고 하늘을 저버리는 것이다."[32] 이때부터 그는 안원의 가르침을 충실히 지켰고 잘 따라가서 "귀하다고 해서 그리고 부유하다고 해서 경솔하게 교제하지 않았고 가볍게 청탁하지 않았으며"[33] 또 다음과 같이 생각했다. "종이 위에 쓰인 것을 많이 보다보면 세상일을 많이 보지 못하고 필묵에 정신을 많이 팔다보면 경제에 정신을 쏟을 수 없다. 송나라와 명나라가 망한 것은 바로 이러했기 때문이다."[34] 그가 거쳐 온 것은 안학을 있는 그대로 흡수하고 소화한 과정이다. 이 과정에서 그는 안원으로부터 예禮, 장이소張而素로부터 금琴, 조사광趙思光과 곽금성郭金城으로부터 말타기와 활쏘기, 유견전劉見田으로부터 수數, 팽통彭通으로부터 서書, 왕여우王餘佑로부터 병법을 배워 그야말로 경세실학의 기상이 충만했다. 안원이 남쪽으로 가서 육예실학을 창도함으로써 주자의 학설과 맞서기로 결심했을 때 이공은 동조했다. "옛날 학문은 전일했지만 지금의 학문은 어지럽다. 옛날 학문은 충실했지만 지금의 학문은 공허하다. 옛날 학문은 유용했지만 지금의 학문은 무용하다. … 정주육왕은 송독으로 지루하지 않으면 선종으로 혼란스럽게 꼬였으니, 학문을 잃은 것이 한층 더 심해졌다."[35] 그는 사문이 주창한

---

32) 馮辰 等, 『李恕谷先生年譜』卷1, "二十三歲"條. 咫尺習齋, 天成我也, 不傳其學, 是自棄棄天矣.

33) 不輕與貴交, 不輕與富交, 不輕乞假.

34) 馮辰 等, 『李恕谷先生年譜』卷2, "二十九歲"條. 紙上之閱歷多, 則世事之閱歷少. 筆墨之精神多, 則經濟之精神少. 宋明之亡, 此物此志也.

바 그대로 충실하게 육예실학을 강구했다. "지금은 공허한 학문의 전성기라 할 수 있는데 전성기가 지나면 쇠퇴하니 충실한 것으로 전환하여 되돌아갈 것이다."[36] 강희 43년 9월에 안원이 세상을 떠났다. 장례식 전날 밤 이공은 세상을 떠난 사람을 위로하며 말했다. "제가 성취할 수 있도록 해주셨는데, 운이 따른다면 때를 얻어 수레를 타고 정학正學을 중천에 드날려 이 세상을 우하虞夏시대로 이끌 것입니다. 뜻을 얻지 못하더라도 두루 돌아다니며 흡수하고 대도를 고취하여 인재가 번성고 성인의 도가 소멸되지 않도록 할 것입니다."[37] 이후에 "정학을 중천에 드날릴" 조건을 얻을 수 없었지만 전력을 다해 안학을 전파하고 "두루 돌아다니며 흡수하고 대도를 고취했다." 그의 주위로 안리학설을 숭배하는 사람들이 모여들었는데 왕원王源, 운학생惲鶴生 등 학문이 어느 정도 뛰어난 남북의 학자들이 모두 안리학설의 문도가 되었다. 그가 세상을 떠나기 전, 북방의 많은 제자가 여현蠡縣에 도전사道傳祠를 세우고 안리학파가 후대에 전해지도록 했다.

그러나 음미할 가치가 있는 현상은 이공이 세상을 떠난 뒤에 안리학설은 결국 뚝 끊겨져 버렸다는 것이다. 한때 흥성했던 학파는 땅 밑을 흐르는 복류처럼 있다가 청나라 말에 대망戴望 등 여러 사람의 현양을 통해서야 다시 이채를 발할 수 있었다. 이러한 국면이 형성된 데에는 여러 가지 원인이 있다. 안리학파 자체의 역사적 한계도 있고 객관적 조건의 어쩔 수 없는 제약도 있는데, 귀납하자면 주로 두 가지 측면을 들 수 있다. 첫째는 청나라 조정이 주자학만 존중했다는 바꿀 수 없는 중요한 배경이 있고, 둘째는 청나라 초 학술 발전 내재 논리의 제약과 밀접한 관계가 있다. 이 논리적 역량이 드러낸 큰 작용은 이공 생전에 이미 드러난 것인데 이 때문에 이공은 안원학설과 결별했다.

강희 34년에 이공은 절강 동향지현桐鄉知縣 곽금탕郭金湯의 초빙에 응하여 남쪽으로 가서 막료가 되었는데 당시 37세였다. 이 남행은 그의 일생 학문에 중요한 전환점이 되었다. 당시의 강남은 경학이 한창이었고 실질적인 고증학 학풍이 마침 성숙되어 가는 중이었다. 모기령毛奇齡, 염약거閻若璩, 요제항姚際恒, 왕복례王復禮, 소정채邵廷采 등이 경적을 연구하고 저술에 특별히 뜻을 두어 마치 여러 꽃들이 아름다움을 다투는 듯했다. 절강에 도착한 뒤에 이공에게 경학 고증의 영향을 준 첫 번째 사람이 왕복례였다. 왕씨는 널리 자료를 인용하여 증명하고 송학의 그릇된 점을 힘써 비판했는데, 이공에게 다음과 같이 말했다. "『태극도』는 본래 도가의 학설이고, 지금 유통되는 『대학』과 『효경』은 주자가 고쳐 쓴 것 때문에 성경의 본뜻을 흐렸다. 정주육왕은 모두

35) 馮辰 等, 『李恕谷先生年譜』卷2, "三十一歲"條. 古之學一, 今之學棼. 古之學實, 今之學虛. 古之學有用, 今之學無用. … 程朱陸王, 非支離于誦讀, 即混索于禪宗, 學之亡也轉甚.

36) 李塨, 『恕谷後集』卷1, 「送黃宗夏南歸序」. 今之虛學可謂盛矣, 盛極將衰, 則轉而返之實.

37) 馮辰 等, 『李恕谷先生年譜』卷4, "四十六歲"條. 使恭克濟, 幸則得時而駕, 舉正學于中天, 挽斯世于虞夏. 即不得志, 亦擬周流吸引, 鼓吹大道, 使人才蔚起, 聖道不磨.

선종에 물들었다."38) 같은 해 9월에 이공은 북쪽으로 돌아갔다. 이듬해에 모기령이 『역易』에 대해 논한 서신 여러 통을 부쳐왔는데, 송나라 유학자의 『도圖』, 『서書』에 대한 학설 여러 곳을 공박했다. 36년에 그는 다시 절강으로 갔다. 그 해에 쓴 「안선생께 올리는 글(上顔先生書)」에서 왕복례, 모기령 등의 학술 주장을 수용하고 송나라 유학자가 유학의 옛 규칙을 어지럽힌 여덟 가지 근거를 일일이 열거하며 고증학의 길을 갔다. "송나라 유학자의 오류는 사실 주자周子로부터 시작했습니다. 주자는 승려 수애壽涯, 도사 진단陳摶과 왕래했고, 이정二程에게 공자와 안연이 즐거워한 것으로 가르친 것은 유가 학설에 의존했지만 공허한 데서 희롱한 것이어서 실제로는 두 사람이 은연중에 옮겨가도록 했습니다."39) 그의 결론은 다음과 같다. "송나라 유학자는 훈고 이외에 성性·천天을 체인할 것을 더했는데 결국 이것에만 의지하여 도를 전하게 되어서 성도와 어긋났습니다."40) 연말에 그는 특별히 항주로 가서 모기령에게 악학樂學에 대해 물었다. 이후 그는 모씨를 스승으로 모시고 악樂, 『역』, 음운을 배우고 『주례』, 『고문상서』의 진위를 가리면서, 모기령의 경전에 대한 학설의 영향을 매우 깊게 받았다. 41세에 고향으로 돌아가던 때에는 강남의 학자가 고증적으로 경전을 연구하는 방식에 이미 깊게 익숙해져 있었다. 모기령이 그를 동지로 여기고 "천 년에 한 번 나올 사람[千秋一人]"이라 칭찬하며 "나의 학문은 여기에서부터 흥성했다![吾學從此興矣!]"41)라고 외친 것도 당연하다.

여러 해 이어진 남북 학술의 교류 가운데 이공은 안학을 처음으로 멀리 강남에 전파했을 뿐 아니라 또 다른 것을 모두 받아들여 확충하여 경학 고증과 소통되도록 했다. 모기령과 강남학풍에 자신도 모르게 감화되면서 그는 경학 고증의 면밀한 방법을 수용했다. 안학과 경학 고증을 소통시킨 결과 그는 은연중에 고증학의 문턱을 넘어 들어갔고 안학의 본래 모습을 변화시켰다. 남쪽에서 지내던 때와 그보다 조금 나중의 때 사이에 그는 연속해서 『전부고변田賦考辨』, 『체협고변禘祫考辨』 등을 지었는데 모두 분명한 고증학적 색채를 띠었다. 남쪽 생활을 끝내기 전 그는 또 고증학적 방법으로 "두루 여러 경전을 살펴서 그것을 표준으로 삼아[遍考諸經, 以爲準的]"42) 자신의 성명작인 『대학변업大學辨業』을 완성했다. 이후 이공은 수도에서 강학하여 명성을 크게

---

38) 馮辰 等, 『李恕谷先生年譜』卷2, "三十七歲"條. 『太極圖』本道家說, 今本『大學』『孝經』繫朱子改竄, 晦聖經本旨. 程朱陸王皆染于禪.

39) 馮辰 等, 『李恕谷先生年譜』卷3, "四十歲"條. 宋儒學術之誤, 實始周子. 周子嘗與僧壽涯道士陳專往來, 其教二程以尋孔顔樂處, 雖依附儒說, 而虛中玩弄, 實爲二氏潛移而不之覺.

40) 馮辰 等, 『李恕谷先生年譜』卷2, "三十九歲"條. 宋儒于訓詁之外, 加一體認性天, 遂直居傳道, 而于聖道乃南轅而北轍矣.

41) 馮辰 等, 『李恕谷先生年譜』卷3, "四十歲"條.

42) 李塨, 『大學辨業』卷首, 「自序」.

떨쳤고 공경들이 입을 모아 "학문은 산이고 문장은 바다며 있는 그대로 매우 뛰어난 사람"43)이라고 칭송했다. 그는 북경에서 머물던 강남학자 만사동萬斯同, 호위胡渭 등과 빈번하게 왕래하면서 경전을 인용하여 증명하며 『예』와 『역』에 대해 논변했다. 만사동은 매우 칭송하고 이공을 고증학 대가 염약거와 경학가 홍가식洪嘉植보다 우위에 놓기도 했다. "천하에 오직 선생과 저뿐입니다. 염백시閻百詩와 홍거무洪去蕪는 훌륭하게 여길 만하지 않습니다."44)

만년의 이공은 "덕이 쇠하고, 공을 세우지 못할 것을 알고서[自知德之將耄, 功之不建]"45) "고대에 빠져[流連三古]" 여러 경전에 주석을 달았다. 의도는 안원학설을 이론적으로 논증하는 것이었지만, 실제로는 안학과 결별하고 고증학과 합류했다. 안원의 주장에 따르면 유학자는 "습행경제"학의 강구를 사명으로 삼아 "집에 있을 때에는 습행하고" "집밖으로 나가면 경제해야 한다."46) 그는 다음과 같이 말했다. "예로부터 『시』, 『서』는 습행경제의 본보기에 지나지 않는다. 그러나 그 경로를 얻으면 진위를 따지지 않아도 되고 거짓이어도 무방하다. 지금 함께 서책의 진위와 저술의 타당성 여부를 가리는데 모두 참되고 타당하더라도 그것은 폐해가 있는 정주가 되지만 나는 폐해가 없는 정주가 될 뿐이다. 옷을 걷어 올리고서 발가벗은 사람을 비웃고, 섶을 지고 불을 끄는 것에 가깝지 않은가?"47) 이공 만년의 행적은 사문의 가르침과 분명히 거리가 멀다. 이 점에 관해서 돌아가신 저명한 사학자 전목 교수가 다음과 같이 논했다. "습재의 학문은 서곡을 얻어서 위대해졌고 또 서곡에 이르러 변화했다."48)

안원과 이공의 학풍이 처음에는 같다가 마지막에 달라진 것은 이공이 고의로 사문과 다른 것을 표방한 것이 아니라 풍조의 추세였고 대세가 그랬기 때문이다. 이공은 만년에 어쩔 수 없이 이렇게 말했다. "안선생은 몸소 천하만세의 중임을 맡으시고 돌아가시면서 나에게 위탁했다. 나는 맡길 만한 사람을 찾지 못해 부득이하게 책을 써서 후세를 기다린다."49) 이렇게 엄혹한 사실이 표명하는 것은 강희 말엽이 되면 청나라 초의 경세학풍은 이미 종결되고 경사 고증의 학풍이 발흥했는데, 어떤 개인의 의지로도 변화시킬 수 없었다는 것이다. 이공이 세상을 떠난

---

43) 馮辰 等, 『李恕谷先生年譜』卷3, "四十三歲"條. 學山文海, 原原本本, 不世之人.

44) 馮辰 等, 『李恕谷先生年譜』卷3, "四十三歲"條. 天下惟先生與下走耳, 閻百詩洪去蕪未爲多也.

45) 李塨, 『恕谷後集』卷11, 「詩經傳注題辭」.

46) "處也惟習行", "出也惟經濟".

47) 顔元, 『習齋記餘』卷3, 「寄桐鄕錢生曉城」. 古來 『詩』『書』, 不過習行經濟之譜, 但得其路徑, 眞僞可無問也, 卽僞亦無妨也. 今與之辨書冊之眞僞, 著述之當否, 卽使皆眞而當, 是彼爲有弊之程朱, 而我爲無弊之程朱耳. 不幾揭衣而笑裸, 抱薪而救火乎?

48) 錢穆, 「淸儒學案序」. 習齋之學, 得恕谷而大, 亦至恕谷而變.

49) 惲鶴生, 「李恕谷先生傳」. 『李恕谷先生年譜』卷首를 볼 것. 顔先生以身任天下萬世之重, 卒而寄之我. 我未見可寄者, 不得已而著之書, 以俟後世.

후 방포方苞가 「이강주묘지명李剛主墓志銘」을 지으면서 다음과 같이 공언했다. "강주는 사문의 학문을 독실하게 믿었지만 나의 한마디 말로 완전히 바뀌었다."[50] 이것은 조작된 언론으로 그 거짓이 죽은 친구에게까지 미친 것이니 사실 한마디도 반박할 가치가 없다!

4. 왕원王源의 학문과 행적 약술

왕원은 자가 곤승昆繩, 호는 혹암或庵이고 직예直隷 순천부順天府 대흥현大興縣(현재 북경시) 출신이다. 순치 5년(1648)에 태어나서 강희 49년(1710) 가을에 죽었다.[51] 그는 초기에 고문에 뛰어나고 병법에 정통한 것으로 이름이 났다. 세상을 다스리는 데 뜻을 두었지만 남북으로 다니며 막료를 지내느라 "어렵게 떠돌아다녀[羈窮落拓]"[52] 노년에 이르도록 뜻을 실현하지 못했다. 만년에 안원을 스승으로 모시고 유학에 몰두하여 안리학파의 중요한 전인이 되었다.

왕원의 선조 왕옥王玉은 명나라 초의 정난靖難의 변 와중에 전사하여, 나중에 명나라 성조成祖가 종정장사從征將士를 하사했고 자손이 금의위지휘첨사錦衣衛指揮僉事를 세습하도록 은택을 베풀었다. 왕원의 부친 왕세덕王世德은 명나라 숭정 연간에 조상의 직책을 세습하였는데 명나라가 멸망하자 연북燕北으로 피난했고, 나중에 집을 버리고 남하해서 홀로 장강과 회수 일대를 떠돌았다. 순치 12년(1655), 왕원은 모친과 형 왕결王潔을 따라 남하하여 부친을 찾았다. 온 집안이 강소江蘇 보응寶應에서 한자리에 모이자마자 모친이 바로 1년 뒤에 병으로 세상을 떠났다. 이때부터 "부자형제가 셋이서 의지할 곳 없이[父子兄弟, 煢煢三人]"[53] 타향에서 지냈다. 당시 보응에서 객지생활 하던 원래 명나라 때 하남河南 태강지현太康知縣 양이장梁以樟은 왕세덕과 같은 군 출신인데다 처지와 지향이 같아서 타향에서 고난을 같이 하는 벗이 되었다. 연조燕趙 지역은 예로부터 비분강개한 지사들이 많았는데 양이장과 왕세덕 두 사람은 "술을 좋아하고 의를 숭상하여[喜酒尚義]"[54] 술을 마실 때마다 고금을 하나하나 논술하고 하늘을 우러러 오열하며 유연幽燕 열사의 유풍을 드러냈다. 강희 4년(1665) 양이장이 세상을 떠날 때까지 왕원 형제 두 사람은 줄곧 스승으로 모시고 배웠다. 왕원의 형 왕결은 자가 급공汲公이고 왕원보다 11살 많았다. "이학에

---

50) 方苞, 『方苞集』卷10, 「李剛主墓志銘」. 以剛主之篤信師學, 以余一言而翻然改.

51) 왕원의 생졸 연월에 관한 기록을 보지는 못했고, 다만 『이서곡선생연보』에 "곤승이 경인년 가을에 세상을 떠나다"라고 되어 있다.

52) 戴名世, 『戴名世集』卷5, 「送劉繼莊還洞庭序」, 中華書局, 1986, 137쪽.

53) 王源, 『居業堂文集』卷18, 「先府君行實」.

54) 王源, 『居業堂文集』卷18, 「梁鷦林先生墓表」.

몰두하고 경사를 탐구하여[潛心理學, 窮經史]."[55] 양이장이 각별히 좋아했다. 왕원은 어렸을 때 이학에는 뜻이 없고 "병법만 좋아했다[獨嗜兵法]."[56] 스승이 세상을 떠난 후 그는 아버지의 "협객의 짓을 하고 병법을 논한 것[任俠言兵]"[57]을 따른 것 외에는 어린 시절 내내 "형을 엄한 스승으로 섬기고[事兄爲嚴師]"[58] 고문을 익혔다.

청년 시기의 왕원은 "비범하고 뛰어난 영기[岸異多英氣]"를 문장으로 표현했는데 자유분방하고 구애됨이 없었다. 보응은 대운하 부근에 있어서 수륙교통이 모두 편리하여 당시 남북으로 왕래하는 명사들이 모두 의기투합하였는데 왕원의 부친 왕세덕과 교유한 사람이 많았다. 청나라 초의 문단은 전겸익錢謙益이 세상을 떠난 이후로는 위희魏禧가 탁월한 거장이었다. 왕원은 부친을 모시고 손님을 대접했는데 나이 스물이 되기도 전에 그 문장이 위희의 인정을 받았다. 강희 10년(1671), 위희가 북쪽 양주揚州로 갈 때 왕원이 특별히 문장을 들고 전송 가서 검토해주기를 청했다. 그 가운데 「항적론項籍論」은 그 지역의 문사들이 입을 모아 칭찬했지만 위희는 그러지 않았다. 왕원이 풀이 죽어 돌아왔는데, 집으로 돌아오고 나서 얼마 되지 않아 위희가 훈계하는 편지를 보내왔다. "사통팔달의 지역에서 친구를 사귀고 글 읽는 일을 쉽게 여기면 기풍이 뒤섞이고 공허한 찬사로 물드는데 그것 때문에 교활해지고 오만해지는 경우가 적지 않다. 재능이 뛰어난 사람은 흔들리지 말고 학문에 임해야 하며 학문은 실제적인 것을 구하는 데 있다. 수시로 자신의 부족함을 살피고 옛 사람에 미치지 못한다면 그치지 말아야 한다."[59] 강희 16년(1677), 위희가 옛날 지내던 곳에 다시 왔을 때 왕원이 다시 찾아갔다. 마찬가지로 「항적론」을 들고 갔는데 몇 차례 조탁하여 문장의 법도가 어지럽지 않고 원숙하여 6년 전의 기상과는 전혀 달랐다. 위희는 흔쾌히 서문을 써서 왕원이 문장으로 세상을 다스릴 기상을 지닐 것을 장려했다. 서문에서 동한東漢 초의 개국 공신 경엄耿弇이나 삼국의 유명한 장수 주유周瑜와 같은 사람이 되기를 기대했다. "나는 늙었지만 곤승은 이제 나이가 적다고 할 수 없다. 저 경백소耿伯昭와 주공근周公瑾은 어떤 사람인가!"[60]

당시 삼번三藩의 난의 전화가 막 타올랐다. 오삼계吳三桂는 호남湖南에 군대를 전개하고 함부로 군사력으로 위협하여 나이 어린 강희제를 그가 한 지역에서 할거하는 야심에 굴복시키려고

---

55) 王源, 『居業堂文集』卷18, 「先兄汲公處士行略」.

56) 李塨, 『恕谷後集』卷6, 「王子傳」.

57) 方苞, 『方苞集』卷8, 「四君子傳」, 上海古籍出版社, 1983, 217쪽.

58) 王源, 『居業堂文集』卷18, 「先兄汲公處士行略」.

59) 魏禧, 『魏叔子文集』卷7, 「與王汲公昆繩」. 處四達之地, 易于交友閱事, 而風氣雜揉, 虛美相熏, 以之滑性長傲亦不爲少. 長才人當堅定以學問, 學問在求實地, 日見己所不足, 則不進于古人不止.

60) 魏禧, 『魏叔子文集』卷7, 「信芳齋文敍」. 吾老矣, 而昆繩今不可爲少, 彼耿伯昭周公瑾何人哉!

하였다. 왕원은 오삼계의 군사 조치에 대해 코웃음치고 고대 병가의 "군사는 신속성이 첫째[兵貴神速]"라는 전통적 주장을 내세웠다. "군대가 대승을 거두고 난 뒤에 의지할 것은 힘이 아니라 기세다. 기세를 타는 데는 신속함이 중요하다. 조금이라도 늦추면 기세가 약해지고, 기세가 약해지면 적의 심리가 안정되고 수비가 견고해진다. 우리 기세가 고갈되었을 때 전투에 나서면 불리하고, 실제 정황이 드러나고 기세가 꺾이면 오히려 패한다."61) 오삼계가 단숨에 중원으로 신속하게 진군하는 것이 용병의 상책, 장강을 따라 동쪽으로 내려가 남경을 제압하여 풍요로운 강남을 차지하는 것이 중책이라 생각했다. 그러나 오삼계는 상책과 중책을 버리고 "형양荊襄 지역을 배회하며 시간을 버렸는데[徘徊荊襄, 延日引月]" 병가의 가장 큰 금기를 범한 것이다. 이에 왕원은 단언했다. "재능이 부족한 사람이 녹위祿位에 연연하니 원대한 계획을 어찌 도모할 수 있겠는가! 아무 일도 이루지 못할 것이다."62) 강희 20년(1681)에 삼번의 난이 평정되었다.

강희 24년(1685), 왕원은 강남을 떠나 30년 만에 고향으로 돌아왔다. 세월이 흘러 지난 날 세습 금의위지휘첨사의 가옥은 이미 없어졌다. 지낼 곳을 찾으려고 왕원은 수도에 도착한 뒤 바로 부친이 몸소 보고 들은 것에 근거하여 지은『숭정유록崇禎遺錄』한 권을 명사관明史館에 보냈다. 이 때, 천하의 명사들이 수도에 모여 함께『명사』를 편찬했고, 조정 대신들은 잘 모르면서 고상한 척하기 위해 문화 활동을 하느라 문사들을 각자의 막서幕署로 다투어 초빙했다. 만사동, 염약거, 호위, 고조우顧祖禹, 유헌정劉獻廷 등과 같은 강남의 명사들이 모두『명사』편찬을 주관한 서건학徐乾學, 서원문徐元文 형제의 막객으로 초빙되었다. 왕원도 자신의 문학적 재능으로 서원문의 막부에 들어섰고 이로부터 그의 후반생 막객 생활이 시작되었다.

수도에서 막료로 지내는 사이에 4년이 훌쩍 지났다. 4년 동안 왕원은 막우 유헌정과 막역한 사이가 되었다. 그들은 자주 "병법, 문장, 전제, 고금의 흥망의 원인"63)에 대해 토론했는데 "의견의 일치가 마치 메아리 같았다.[意見之同, 猶聲赴響]"64) 28년(1689) 서건학이 권세를 믿고 뇌물을 받았다가 부도어사副都御史 허삼례의 탄핵을 받자 상소를 올려 귀향을 청했다. 이듬해 봄, 서건학이 수도를 떠나자 막객들은 분분히 모두 함께 남쪽으로 내려갔다. 그 후 서원문도 서건학의 사건에 연루되어 이어서 관직을 버리고 귀향했다. 당초에 유헌정은 막부에서 직무를 담당하는 편리를 이용해서 유서를 구입하고 사료를 초록했는데 만사동, 왕원 그리고 다른 막우 대명세戴名世를 초대하고 함께 남쪽으로 돌아가 "한 시대의 업적을 정리할[爲一代之業]" 생각이었다.65) 하지만

---

61) 王源,『居業堂文集』卷9,「賈詡論」. 兵至大捷之後, 所恃者勢也, 非力也. 乘勢貴速, 稍緩則勢衰, 勢衰則敵之人心定而守固. 吾之氣竭, 以戰則不利, 情見勢屈, 反受其敗矣.

62) 李塨,『恕谷後集』卷6,「王子傳」. 駑馬戀栈, 安知遠圖, 必無事矣.

63) 兵法文章典制, 古今興亡之故.

64) 李塨,『恕谷後集』, 卷6「王子傳」, 卷18「劉處士墓表」.

재력이 부족해서 유헌정 혼자 남쪽으로 돌아갔고, 왕원 등은 계속 수도에서 막료 생활을 하며 살았다.

왕원이 막객으로서 고관과 지위가 높은 사람들 사이를 맴돌 수밖에 없었지만 남의 울타리 아래 의탁하는 것을 달가워하지 않았고 권세가에게 아첨하거나 남의 비위를 맞추기는 더욱 원치 않았다. 그는 장주莊周와 사마천司馬遷의 기궤하면서도 구애됨이 없는 문장 풍격을 마음에 새기고 제갈량諸葛亮, 곽자의郭子儀, 이강李綱, 이성李晟, 우겸于謙, 왕수인 등의 역사적 공적을 경모했다. 막우 방포, 강신영姜宸英과 입신의 목적에 대해 토론할 때 이렇게 말했다. "계책이 제갈무후諸葛武侯, 이백기李伯紀, 왕백안王伯安처럼 공적이 곽분양郭汾陽, 이서평李西平, 우충숙于忠肅처럼 문장이 몽장蒙莊, 사마자장司馬子長처럼 될 수 있다면 거의 비슷할 것이다."[66] 그러나 엄혹한 현실 속에서 왕원의 지향은 번번이 벽에 부딪혔다. 뜻을 펼 수 없어서 크게 낙담하고 술로 근심을 잊었다. 크게 취하면 언제나 마음속에 가득 찬 원망과 분노가 분출되어 풍자하고 야유하기도 하고 질책하고 노하여 꾸짖기도 하여 부유하고 지체 높은 사람들은 모두 그에게 쓸모없는 인간이 되었다. 이렇기 때문에 일시적으로는 통쾌했지만 더욱 더 "세상과 맞지 않아서[與世參商]"[67] 막주[幕主]는 겉으로는 예우했지만 암암리에 그를 배척하고 써주지 않았다.

곤경에서 벗어나기 위해 왕원은 과거를 통해 관직에 나아가는 것으로 출로를 찾으려 했다. 32년(1693) 가을, 그는 순천順天 향시에 4등으로 급제했다. 이때 그는 이미 46세였다. 그러나 사정이 순조롭지 못해서 형수가 세상을 떠난 뒤, 이 해 겨울 천진天津으로 옮겨가 얼마 지나지 않은 부친이 갑자기 세상을 떠났다. 청나라는 명나라 제도를 계승하여 부모상을 당한 거인擧人은 회시會試에 참가할 수 없었다. 이렇게 해서 그는 다음 해 회시에서 실력을 다툴 기회를 잃었다.[68]

---

65) 강희 29년 전후의 왕원의 경력에 관해서 『청사고淸史稿』권480 왕원 본전은 다음과 같이 말한다. "곤산昆山 서건학이 동정산洞庭山에 서국을 열고 천하 명사들을 초빙했는데 왕원이 거기에 참여했다." 이 말에 잘못이 있다. 『거업당문집居業堂文集』권13, 「남유일기서南游日記序」, 권18, 「선형급공처사행략先兄汲公處士行略」 및 방포方苞의 『사군자전四君子傳』에 실린 문장에 따르면 강희 29년에서 30년 사이에 왕원은 계속 수도에 있었고 서건학을 따라 남쪽으로 돌아가지 않았다. 『청사고』는 동정산 편찬에 참가한 왕원王原을 왕원으로 잘못 알았다.

66) 王兆符, 「望溪先生文集序」, 『方苞集』卷末「附錄」을 볼 것. 經緯如諸葛武侯李伯紀王伯安, 功業如郭汾陽李西平于忠肅文章如蒙莊司馬子長, 庶幾似之.

67) 方苞, 『方苞集』卷8, 「四君子傳」, 217쪽.

68) 왕원이 회시에 참가했는지에 대해 『청사고』 왕원 본전에서는 부정적으로 적고 있다. "어떤 사람이 예부시에 응시할 것을 권하자 사양했다. '제가 의탁한 것은 생계를 도모하기 위해서인데 질책이나 없었으면 할 뿐입니다.'" 이 말은 방포의 『사군자전』에 근거하여 제멋대로 확대 해석한 것으로서 사실과 부합하지 않는다. 『거업당문집』권7, 「여대전유서與戴田有書」, 권8「방령고에게 보내는 글[與方靈皐]」의 기재에 따르면 강희 39년과 42년에 그는 모두 회시에 참가했고, 42년 낙제한 뒤에 회시를 그만둘 생각을 하기 시작했다. 또 이공李塨의 「왕자전王子傳」의 기재에 따르면 강희 48년, 왕원이 세상을 떠나기 1년 전에야 회시를 사절했다.

생계의 압박 때문에 천진에서 상례를 다 정리한 뒤에 그는 또 처자식과 헤어져서 남쪽 강서江西로 갔다가 서쪽 관중關中으로 갔고 또 북쪽 수도로 올라갔는데 이리저리 떠다니며 객지에서 고생하며 사방에서 막료 생활을 했다. 이러한 처지에 대해서 그는 아무리 생각해도 그 이유를 알 수가 없었고 결국 운명이라 생각했다. 이때 친구 염약거에게 보낸 편지에서 그는 탄식했다. "저의 불행은 몸을 들일 몇 칸 집과 먹을거리를 위한 땅 백 무를 바란 데 불과합니다. 그 정도만 있으면 문을 닫아걸고 아무 것도 구하지 않으며 고증하고 낭송하며 저술하려는 뜻을 이룰 수 있을 것입니다. 그런데 저의 30여 년은 끝내 좋은 때를 만나기가 몹시 어려웠으니 운명이 아니면 무엇이겠습니까!"[69]

39년(1700) 봄, 왕원은 다시 관직의 문을 두드렸지만 결과는 또 회시에 낙제하고 문밖에서 거절당했다. 기로에서 방황하고 "생계가 막막한"[70] 때에 그는 하북 여현에서 수도로 회시를 보러 온 학자 이공을 알게 되었다. 이공은 하북의 저명한 학자 안원의 제자였고, 『대학변업』을 지어 스승의 학설을 천술闡述하고 발휘하여 독자적 학파를 세웠다. 이 학파는 이학가의 성리공담에 반대하고 "실습實習", "실행實行", "실용實用"의 육예실학을 강구하며 "정주의 도가 사라지지 않으면 주공과 공자의 도가 드러나지 않는다"[71]라고 주장했다. 안리학설의 반정통적 비판의 색채는 왕원의 공명을 불러일으켰고, 그는 이공과 처음 만남에 의기투합했다. 몇 개월에 걸쳐 빈번하게 접촉하면서 『대학변업』을 자세하게 열독한 뒤 그는 안리학설이 "주공과 공자에 직접 닿아 있음[直接周孔]"[72]을 확인하고 안원을 스승으로 모시기로 결심했다. 이 해 겨울의 어느 깊은 밤에 왕원은 이공과 수도에서 같이 잠자리에 들었는데 밤이 깊어 조용한데도 오랫동안 잠을 이루지 못했다. 동이 트기도 전에 갑자기 깊이 잠든 이공을 불러 깨워 속마음을 털어놓았다. "귀의할 곳을 알았습니다. 나는 유용한 고문이 후세에 전해질 것이라 자부했지만 태평한 때에 『육도六韜』와 『옥검玉鈐』 같은 병서를 쓸 일이 있겠습니까? 문장은 결국 지엽에 속하는 것이고 안신입명할 바가 못 됩니다. 습재 선생을 뵐 수 있도록 해주십시오."[73] 당시에 마침 순천부 윤전진尹錢晉이 대흥大興과 완평宛平에 각각 의학義學 한 곳을 창설하고 왕원에게 대흥의의 강의를 주관하도록 초빙해서 스승을 모시는 일은 잠시 보류되었다. 이듬해 봄, 완평의숙이 운영을 중지하여 학생들

69) 王源, 『居業堂文集』 卷7, 「與閻百詩書」. 弟之不幸, 不過欲數椽容膝, 百畝供餐, 足以閉戶而無求, 便可成其稽誦著述之志, 乃謀之三十餘年, 終如河淸難俟, 豈非命邪!

70) 王源, 『居業堂文集』 卷7, 「與戴田有書」. 生計茫然.

71) 顔元, 『習齋記餘』 卷1, 「未墜集序」. 程朱之道不熄, 周孔之道不著.

72) 馮辰 等, 『李恕谷先生年譜』 卷3, "四十二歲" 條.

73) 李塨, 『恕谷後集』 卷6, 「王子傳」. 吾知所歸矣. 吾自負有用古文必傳世, 然躬際太平, 弢鈐安事? 文辭終屬枝葉, 非所以安身立命也. 倩君價予執贄習齋.

이 모두 대흥의숙으로 옮겨갔다. 학생이 늘어 숙소가 부족해지자 의숙 소재지 홍장洪莊의 주인과 상의 끝에 땅을 빌려 순천서원順天書院을 짓기로 했다. 왕원이 직접 일을 맡아 그 해 7월에 착공했고 5개월 뒤에 서원이 완공되었다. 강희제도 친필로 "광육군재廣育群才(널리 많은 인재를 육성하다)" 네 글자를 써주었다. 왕원의 구상에 따라 서원은 안원학설을 실천하는 장소가 되어 학생들을 "옛 성인의 경전[學古聖經]"을 배우는 것으로부터 시작하여 세상을 다스릴 실학을 강구하는 데로 이끌고 나아가서 "인재를 양성하는 싹으로서 그 뜻을 천하에 확장할"74) 것이었다. 서원이 완공되고 나서 얼마 지나지 않아 엄혹한 현실이 왕원의 노력을 무정하게 무위로 돌렸다. 서원 용지와 관련한 쟁의 때문에 내대신內大臣 명주明珠가 직접 나서서 간섭했고 왕원을 막부로 불러 일을 맡긴다는 핑계로 서원이 근본적으로 운영되지 못하게 했다. 왕원은 성을 내며 떠났고 순천서원은 덧없이 사라져 버렸다.

순천서원의 폐원이 왕원이 안원학설을 추구하겠다는 결심을 동요시키지 못했다. 42년(1703) 6월, 그는 특별히 하북 박야로 와서 이공의 소개로 안원에게 정식으로 인사하고 배웠다. 안원이 그를 만난 것이 56세 때였으므로 다시 제자로 거두어들일 생각이 없었지만 재삼 간청하자 이렇게 물었다. "병법을 안다고 들었는데 그 요체가 무엇이냐?[聞子知兵, 其要云何?]" 왕원이 대답했다. "제가 어떻게 병법의 요체를 알겠습니까? 다만 정면 대결과 매복엄습이 그것이라고 생각할 뿐입니다."75) 안원이 다시 물었다. "오합지졸 수천을 통솔한다면 가장 먼저 무엇을 하겠느냐?"76) 왕원이 대답했다. "부대를 결속시키는 것이 우선입니다.[莫先束伍]" 안원은 참으로 기쁘고 스승의 예를 받으며 왕원에게 훈계했다. "이제부터 시문과 관련된 습관을 말끔히 씻어내고 성학에 실제적으로 힘쓴다면 이 도와 이 백성에게 다행이 될 것이다."77) 이후 왕원은 안학 전파를 자신이 해야 할 일로 여기고, 회시는 포기하고 유학에 전념하여 그의 인생 여정의 마지막 장을 열었다.

당시 이학계의 주희와 왕수인 학설에 관한 시비논쟁에 대하여 왕원은 다음과 같이 평가했다. "최근 고정考亭, 양명 두 학파는 대립하고 물과 불처럼 다투고 있다. 군자도 인仁할 뿐이지 하필이면 똑같아야 하는가라는 생각이 든다. 정주의 독실한 학문과 도덕수양은 본받을 만하지만 우활하여 실제로는 행할 만한 것이 못된다. 양명의 경제는 도덕에 손색이 없지만 학문이 선에 들어가 천하의 질책을 면하지 못한다."78) 그는 이공의 『대학변업』이 "두 학파를 모두 물리치고 바로

---

74) 王源, 『居業堂文集』卷19, 「順天書院記」. 造就人才之權輿, 而推其意于天下.

75) 源何足知兵要, 但以爲不過奇正而已.

76) 假以烏合數千使子治之, 何法爲先.

77) 李塨, 『顔習齋先生年譜』卷下, "六十九歲"條. 自今一洗詩文之習, 實力聖學, 斯道斯民之幸也.

78) 近日考亭陽明兩派, 分持門戶, 相爭如水火. 竊疑君子亦仁而已矣, 何必同然! 程朱之篤學操修雖可法, 而迂闊實不足以有爲. 陽明之經濟雖無慚于道德, 而學入于禪, 未免天下詬病.

공맹을 추구하지만[盡辟兩家, 直追孔孟]" 안원의 『존학편』은 더욱 더 "후대 유학자의 병폐를 깨닫고 바로 요, 순, 주공, 공자의 원래 모습을 전한다"[79]라고 지적했다. 그래서 왕원은 안리학설만이 힘껏 제창해야할 "성학聖學"이라고 생각했다.[80] 이 때문에 그는 막우 방포에게 긴 편지를 보내서 안리학설의 기본 주장을 자세하게 해설하고 방포도 함께 대명세에게 권유하여 "마음 맞는 사람끼리 한데 모이기[同聲相應]"를 희망했다. 방포와 대명세 두 사람의 주학에 기운 태도에 대해 왕원은 편지에서 다음과 같이 지적했다. "정, 주의 학문에 대해 나는 모두 수긍하지 못하는 것이 있다. 덕행은 순수하고 학문은 바르지만 성명에 대해 고상하고 오묘한 의론만 하지 천지를 경위할 재주를 지니고 있지는 못하다. ⋯ 정좌하고 도를 관조하는 것이 선이 아니면 무엇이겠는가! 또 문인이 선으로 들어간 것이 이상할 것도 없으니 무엇 때문에 유독 양명이 선을 행했다고 비난하는가!"[81] 그의 결론은 다음과 같다. "안선생은 그래서 귀의하지 않을 수 없고 강주의 글은 마음을 비우고 읽고 온 힘을 기울여 구하며 반복해서 보고 정밀하고 상세하게 체득하지 않을 수 없다. 세속 유학자의 통설로 스스로를 제한하고 속인의 파벌로 대립해서는 안된다."[82] 나중에 왕원은 또 직접 남경南京으로 가 방포 집에서 격렬한 설전을 벌였다. 헤어질 때 그는 탄식했다. "너는 끝내 미혹된 것을 지키려 하니 나는 이제 가겠다. 백 세대 이후의 총명하고 걸출한 학자가 무용한 학문에 빠져 돌아 나올 줄 모른다면 이것은 바로 정, 주의 죄다."[83]

강희 46년(1707) 『평서平書』의 완성을 표지로 왕원은 만년의 호걸, 문사로부터 유학자로의 전환을 끝냈다. 이 해 봄, 그는 『평서』 친필 원를 가지고 북경에서 하북 여현으로 가서 진실한 벗 이공에게 심의를 청했다. 『평서』는 3권 10편으로 나누어져 있고 국가 경제와 백성의 생활에 관계된 여러 문제, 예를 들어 관직의 설치, 관료 선발, 토지제도, 군비, 재용財用 등에 대해 집중적으로 탐구했다. 왕원은 다음과 같이 생각했다. "법은 매우 명확하고 폐단은 너무 심한데 어찌 부패함을 가려놓고 편안히 지낼 수 있겠는가? 옛 것을 모두 폐기하고 따로 세우지 않으면 거처할 수 없고, 옛 것을 모두 버리고 따로 계획하지 않으면 다스릴 수 없다."[84] 여기에서 출발하여

---

79) 說透後儒之弊, 直傳堯舜周孔之眞.

80) 王源, 『居業堂文集』卷8, 「與婿梁仙來書」.

81) 程朱之學, 源亦有所未盡服. 其德行醇矣, 學正矣, 然高談性命而不能有經緯天地之才. ⋯ 靜坐觀道, 非禪而何哉! 又何怪其門人之入于禪, 又何以獨訾陽明之爲禪哉!

82) 王源, 『居業堂文集』卷8, 「與方靈皐」. 顔先生所以不可不歸, 而剛主之書不可不虛心讀之, 專力求之, 反復觀之, 精詳體之. 而不得以世儒之成說自畫, 俗人之門戶相持也.

83) 方苞, 『方苞集』卷10, 「李剛主墓志銘」. 子終守迷, 吾從此逝矣. 使百世以下聰明傑魁之士, 沈溺于無用之學而不返, 是即程朱之罪也.

84) 法至明而弊已極, 尚可塗飾朽敝以爲安哉? 非盡毀其故而別爲構, 不可以爲居. 非盡棄其舊而別爲規, 不可以爲治.

그는 새로운 법도를 확립하여 "민생이 순조롭고 인재가 배출되며 관부가 다스려지고 나라가 날로 부유해지고 군대가 날로 강해지도록"[85] 하려 했다. 그래서 그는 단도직입적으로 지적했다. "『평서』는 천하를 안정되도록 하는 책이다.[『平書』者, 平天下之書也.]"[86] 2년 뒤에 왕원은 회안지부淮安知府 요도姚陶의 초빙에 응하여 집안을 이끌고 남쪽으로 내려갔다. 회안 막부에서 그는 자신의 마지막 저작 『독역통언讀易通言』을 썼다. 전체 15권이고 그 목적은 주희의 『주역본의周易本義』가 근거로 삼은 팔괘 "선천설先天說"을 반박하는 것이었다. 왕원은 진단陳搏으로부터 주희에 이르는 "선천설"은 "경전을 어지럽히고 성인을 능멸하며 후학을 잘못 가르쳐 지금에까지 이르렀는데 수백 년 동안 모두 그것이 거짓 부처가 우리 도를 해친 것임을 몰랐다."라고 지적했다.[87] 책이 완성되고 나서 그는 같은 해 겨울에 이공에게 편지를 보내 안원의 "정주의 도가 사라지지 않으면 주공과 공자의 도가 드러나지 않는다"[88]라는 주장을 거듭 펼치고 주희의 『역』설에 대해 타협하지 않는 비판적 태도를 보였다. "주자양朱紫陽이 진陳, 소邵에 미혹되어 마음 가득 선천의 학문을 지니고 공공연히 이단을 높이고 공자를 배신하며 그릇된 학설을 천명하고 성인의 경전을 어지럽혔다. …『역』에 대해 말하자면 이천伊川이 부합하지 않는 것이 있다 해도 오히려 공자에 의지하여 말하고 공자의 말을 배척하거나 바꾸지는 않았다. 그러나 따로 하나의 학설을 세워 그 위에 덧씌운 자는 주씨와 같은 사람이다."[89]

왕원은 평생 호방하고 구애됨이 없었으며 "도량이 넓은 영걸이었다[磊落英傑]."[90] 그러나 수십 년 간 사방으로 막료 생활을 하며 온갖 풍상을 다 겪어 마음과 몸이 모두 지쳤다. 만년에 객지 회안에서 지낼 때 늙었어도 원대한 뜻이 있었고 웅장한 뜻이 여전했지만, 피로가 쌓여 병이 되었고 친구 이공이 『독역통언』에 대해 보낸 답장이 아직 우체통에 있었지만 그는 묵묵히 기대하면서 뜻을 품은 채 죽었다. 강희 50년(1711), 대명세戴名世가 『남산집南山集』, 『혈유록孑遺錄』을 지은 것이 청나라 조정이 금하는 것을 위반하여 하옥되었다. 왕원 생전에 『혈유록』에 서문을 써 주었는데 사건의 경위를 심리하다가 연루되었다. 나중에 형부에서 판결을 내릴 때 "이미 사망했으므로 죄를 따질 필요가 없다[已經物故, 毋庸議]"[91]고 해서 다행히 화를 면했다. 옹정 7년(1729), 이공

---

85) 使民生遂, 人才出, 官方理, 國日富, 兵日強.

86) 王源, 『居業堂文集』卷12, 「平書序」.

87) 王源, 『居業堂文集』卷12, 「讀易通言序」. 亂經蔑聖, 誤後學以至于今, 數百年群然不知其爲僞佛之賊吾道也.

88) 程朱之道不熄, 周孔之道不著.

89) 王源, 『與李恕谷書』. 馮辰 等, 『李恕谷先生年譜』卷4, "五十二歲"條를 볼 것. 朱紫陽爲陳邵所惑, 滿腹先天學問, 公然尊異端而倍孔子, 闡邪說而亂聖經. … 就『易』以論, 伊川縱有不合, 猶依傍孔子而爲言, 未嘗敢將孔子之言辟倒, 而別立一說以駕乎其上如朱氏也.

90) 萬斯同, 『石園文集』卷7, 「王中齋先生八旬壽序」.

이 하북 여현에서 도전사道傳祠를 준공하고 왕원이 안리학설을 전파한 것을 표창하기 위해서
특별히 안원 신위 앞에 "왕곤승 선생 신위를 놓고 배향했다.[設王昆繩先生神位配享]"92) 왕원 평생
의 저서로는 『평서』, 『독역통언』 이외에도 『병법요략兵法要略』, 『여도지장輿圖指掌』, 『전주일득
록前籌一得錄』, 『합양현지郃陽縣志』 등이 있다. 그가 세상을 떠난 뒤 수집하고 정리할 사람이
없어서 대부분 산일되었다. 그 가운데 『평서』는 다행히 이공이 『평서정乎書訂』을 간행하여 보존
될 수 있었다. 오늘날에도 볼 수 있는 『거업당문집居業堂文集』은 도광 연간에 왕원 손녀의 증손
관승래管繩萊가 편집한 것인데 너무 오래 지나서 시간을 똑똑히 기억할 수 없기도 하고 견문에
구애되기도 해서 왕원 생전의 약간의 시문, 서찰 등 다른 사람의 문집, 연보에 흩어져 있는 것은
집록하지 못했다. 이외에도 왕원 아들 왕조부王兆符가 강희 60년(1721)에 진사가 된 뒤, 오래지
않아 병사하여 후사가 끊어졌고 지금에 이르기까지도 왕원의 연보를 편찬한 사람을 보지 못했다.

91) 佚名, 「記桐城方戴兩家書案」. 『戴名世集』卷末, 「附錄」을 볼 것.
92) 劉調贊, 「道傳祠記」. 『李恕谷先生年譜』卷5, "七十一歲"條를 볼 것.

제8장
범호정范鄗鼎과 『이학비고理學備考』

20세기 30년대, 서세창이 『청유학안』의 편찬을 주관하면서 산서 이학의 유명한 유자 범호정范鄗鼎을 권28에 배치하고 「누산학안婁山學案」이라고 명명하였다. 서세창은 이 책에서 다음과 같이 말했다. "삼진의 이학은 경헌 설선薛瑄을 가장 높이 치며, 복원 신전辛全이 실 그 전통을 발양한다. 누산의 조부와 부친은 모두 신전의 문하에서 유학했으니 그 연원이 나오는 바가 있는데다가, 또 한 뜻에 전념하고 강학도 게을리 하지 않아 외연히 청대 산서 유학의 대가가 되었다. 『이학비고』 역시 손기봉孫奇峰의 『이학종전』의 다음이다. 여기서 「누산학안」을 서술하겠다."[1] 서세창은 범호정을 청대 산서 유학의 창시자로 보았는데 명실상부 공정한 평가라고 할 수 있다. 다음은 범호정 선생의 덕행과 학문 및 세 가지 『이학비고』의 대요를 몇 가지로 정리하니 제현들의 질정을 바란다.

1. 범호정의 학문과 덕행 약술

범호정의 자는 한명漢銘이고 호는 표서彪西이다. 학자들은 누산선생이라 부르며 산서 홍동洪洞 사람이다. 명나라 천계天啓 6년(1626)에 출생했고 청나라 강희 44년(1705)에 죽었는데 향년 80세였다.

산서는 이학의 고장이다. 명나라 초엽 설선薛瑄이 하동河東에서 주자학을 제창한 이후 명대

---

1) 徐世昌, 『淸儒學案』卷28, 「婁山學案」. 三晉理學, 最稱敬軒, 復元辛氏, 實衍其緖. 婁山祖父, 皆遊辛門, 淵源旣有所自, 復能顓精一意, 講學不倦, 巍然爲淸代山右儒宗. 『理學備考』一書, 亦夏峰『宗傳』之亞也. 述「婁山學案」.

이학에 끼친 영향이 지대하다. 명나라 말엽에 신전辛全이 진중晉中지역에서 이름을 떨쳤는데, 가까이 설선을 계승하고 멀게는 주자를 이어받았으며, 『양심록養心錄』을 지어 진 지역의 인재를 육성했다. 범호정의 조부인 범홍사范弘嗣의 자는 죽계竹溪이며, 부친인 범운무范芸茂의 자는 단홍丹虹이다. 이들은 모두 신전의 문인들과 수학하여 이학을 집안 대대로 전했다. 운무범은 효성이 지극하고 형제간에 우애가 두터워 신전의 가르침인 집경執敬을 더욱 실천하여 명나라가 망하자 바깥출입을 하지 않고 일생을 마쳤다. 범호정은 어려서 가훈을 이어받아 신전의 학설을 잠시도 잊지 않았다. 조부와 부친의 뜻을 이어받아 『모시毛詩』와 『좌전左傳』을 즐겨 읽었으며 오경에 두루 뛰어났다. 순치 2년(1645)에 오경으로 응시하고 이듬해에 부방副榜2)에 이름을 올린다. 8년(1651)에 향시에 응시한다. 18년(1661) 봄에는 경성의 예부시禮部試에 응시하여 합격했으나 발표가나기 전에 "병이 나서 고향으로 돌아간다[抱病先歸]"3). 강희 6년(1667)에 진사가 된다. 13년(1674)에 노모의 봉양을 이유로 귀향을 허락받는데 이후 관직에 나가지 않는다.

범호정은 향리에 칩거하면서 큰 도시로 나가지 않고 조부와 부친의 유지를 받들어 고향의문헌을 유의해서 좋은 말과 행실을 책으로 엮어내었다. 일찍이 순치 12년(1655)에 범호정은 조부가 엮은 『삼진정학편三晉正學編』을 읽고 점차 깨닫는다. "사람이 이학을 하지 않으면 어떤 사람이 되겠는가? 문장이 이학을 하지 않으면 무슨 문장이 되겠는가?" 그래서 신전의 학문에 입문하고 나아가 염濂(周敦頤), 낙洛(程顥, 程頤), 관關(張載), 민閩(주희) 선생들의 학문에 전념하였으며, "팔고문에는 관심을 두지 않고 이학을 좋아하였으며", "하진을 주로 탐구하고 여요餘姚4)는 보조적으로 탐구했다."5) 노모가 세상을 떠난 후에는 오경서원五經書院을 먼저 세우고, 이어서 희현서원希賢書院을 세워 강당講堂을 설치하고 학전學田6)을 두었다. 그리고 학생들을 모아 강학과 교육을 진행하였으며, "과거시험과 이학을 일치시켜"7) 향리의 기풍을 변화시켰다.

강희 14년(1675)부터 호정이 향리의 유학을 진흥시키는 노력은 산서지방 당국의 주목을 끌었다. 17년에는 강희제가 직접 박학홍유博學鴻儒를 뽑자 범호정은 추천문서에 이름을 올린다. 범호정은 노모의 봉양을 이유로 조정의 부름을 한사코 거절하여 세 번이나 글을 올리고 "노모를

---

2) 예전에 회시會試나 향시鄕試에서 정방正榜 외에 별도로 인원을 뽑아 부방으로 하였다. 원나라 지원至正 8년에 시작되었다. 일종의 보결합격자. 역자 주.

3) 范鄗鼎, 『五經堂文集』卷2, 「四書反身錄序」.

4) 여요는 요강학파의 발상지이며, 오세남虞世南과 왕수인王守仁, 황종희黃宗羲, 장몽린蔣夢麟, 여추우余秋雨, 심군산沈君山 등의 고향이다. 역자 주.

5) "人不爲理學, 將爲何如人? 文不爲理學, 將爲何如文?", "知淡八股而嗜理學", "知主河津而輔餘姚".

6) 옛날에 학교를 운영하기위한 공공토지로 그 땅에서 나는 수익을 학교기금으로 운용하였다. 역자 주.

7) 范鄗鼎, 『五經堂文集』卷2, 「壽平陽石太守序」. 合學業, 理學而一之.

봉양하고 있으니 관직에 나아가는 것은 부당하며", "부모를 봉양하는 관례를 깨고 사람들을 속이는 사사로움을 행하고", "저 한 사람 때문에 나라의 전장제도를 더럽힐 수" 없다고 거듭 밝혔다.[8] 일시에 유림은 범호정과 섬서의 이옹李顒, 강서의 위희魏禧, 절강의 응휘겸應撝謙을 한데 아울러 일컬으니 "상산사호商山四皓"에 비견되었다.

강희 17년(1678) 이후에 청 조정의 숭유중도崇儒重道정책에 대한 추대를 표시하고, 관사를 설치하여 『명사』를 편찬하는 필요에 부응하기 위해서, 범호정은 『명유이학비고』를 편찬하여 명대 이학자들의 학문과 덕행을 널리 알리기 시작한다. 강희 40년(1701)까지 『명유이학비고明儒理學備考』와 『광명유이학비고廣明儒理學備考』의 편찬에 주로 정력을 쏟는다. 두 책이 완성된 후 강희 41년(1702)부터는 또 청초 이학자들의 학문과 덕행을 널리 알리는데 힘을 쏟는다. 그 사이에도 어질고 이치에 밝은 동향사람들의 저술을 편집, 간행하고 대학자의 훌륭한 언행을 정리하는 데에 처음부터 끝까지 변함없이 한결같다. 강희 38년(1699) 여름 『오경당기각서목五經堂既刻書目』의 기록에 의하면, 이 해까지 범호정이 편집 인쇄한 서적은 『어제권선요언御制勸善要言』, 『삼진어록三晉語錄』, 『중정진국수극重訂晉國垂棘』, 『삼진시선三晉詩選』, 『설문청독서전록薛文淸讀書全錄』, 『신복원사서설辛復元四書說』 등 30여종 백여 권이 넘는다.

강희 42년(1703) 성조聖祖가 서쪽을 순수했을 때 범호정을 불러 홍동洪洞에서 만난다. 범호정은 『명유이학비고』와 『광명유이학비고』를 바치고 아울러 『국조이학비고』도 곧 인쇄를 마친다고 보고한다. 성조는 기뻐서 "산림운학山林云鶴" 네 글자를 친필로 써서 하사한다. 노년에 범호정은 병을 앓으면서도 저술에 온 심혈을 기울인다. 강희 43년(1704) 연말에 『국조이학비고』 비밀費密[9]의 학문과 덕행자료의 보충을 마친 후 이듬해에 갑자기 세상을 떠난다.

범호정은 삼진三晉지역의 유학을 진흥시키는 것을 평생의 책무로 삼아 종파를 가리지 않고 이학을 빛내고 알리는데 온 심혈을 기울였다. 그가 세상을 떠난 후 문인들이 선생에게 '문개文介'라는 시호를 붙이고 향리의 현인들을 모시는 사당에 배향했다. 범호정이 지은 서기序記, 서찰書札, 전장傳狀 등은 『오경당문집』으로 묶여 간행된다. 『명유이학비고』와 『광명유이학비고』, 『국조이학비고』는 청대 내내 전해져, 지금까지 이학사를 정리하는 사람들에게 중시되고 있다.

---

8) 范鄗鼎, 『五經堂文集』卷1, 「辭薦舉呈詞」 "旣列終養, 不宜出仕", "破終養之例, 行欺罔之私", "鼎一人而玷國典".

9) 費密(1623-1699), 명말청초 유명한 학자, 시인, 사상가다. 자는 차도此度, 호는 연봉燕峰이며 사천 신번新繁 사람이다.

2. 『명유이학비고』2부

범호정은 강희 17년(1678) 정월에 『명유이학비고』를 저술하기 시작한다. 이 책의 찬술동기에 관해서는 책 서두의 「범례」 첫 번째 조목에 분명하게 밝혔다. "문희현의 주소진(이름은 배裹) 선생이 『기략』에 다음과 같이 서문을 썼다. '내가 예전 조정에 있을 때 『명사』의 찬술을 청하는 상소가 있어 황제의 뜻을 받들었다. 동료 고여화顧如華 선생도 배향配享의 증가를 청하는 상소가 있었으니 중앙이 그의 제의를 허가했다.' 정은 가만히 근래의 사례를 살펴보니, 예부 신하들에게 『성리대전』의 간행을 명하고 『효경』의 찬수를 명하였으니, 스스로 태평시대에 숭유중도와 이학에 관심을 기울였던 것이 하루 이틀이 아니라는 사실이 기뻤다."10) 이 조목의 말을 한번 살펴보면, 범호정이 저술하게 된 데는 주로 세 가지 이유가 있다. 첫째는 관사를 두어 『명사』를 찬술하려는 조정 신하들의 요구 때문이며, 둘째는 조정에서 대학자들의 배향을 증가시키는 것에 대한 논의 때문이며, 셋째는 조정의 숭유중도와 이학에 관심을 기울이는 정책이 날로 분명해졌기 때문이다.

이유가 분명해지자 찬술을 어떻게 실시할 것이냐가 중요한 문제가 되었다. 이 문제에서 범호정은 시종 "배움은 잘못되는 것이 두렵지, 다른 것은 두렵지 않다."11)는 신념을 가지고 있었다. 이것은 학문은 단지 정도를 벗어나 오류가 생기는 것이 두렵지, 인식의 차이가 존재하는 것은 두렵지 않다는 것을 뜻한다. 구체적으로 공자묘에 배향했던 네 명의 명나라 유자들에 대해, 범호정은 설선과 호거인의 학문이 하나고, 왕수인과 진헌장의 학문이 다른 하나라고 생각했다. 다시 세분화하면 네 사람의 학문은 모두 각각의 분야가 된다. 그러나 각자 노선은 다르지만 우열을 따질 수 없으니, 네 사람은 사실 상보상성相補相成의 관계에 있다. 범호정의 결론은 다음과 같다. "설선과 호거인의 학문은 왕수인과 진헌장을 참고하면 명확해지고, 왕수인과 진헌장의 학문 역시 설선과 호거인으로 인해 더욱 명확해진다."12) 이 취지를 견지하면서 범호정은 명청교체기의 이학사저술의 편파적 내용에 대해 비판한다. "근래 사람들이 이학의 저작을 모아서 편집하고는 누가 갑이고 누가 을인지, 누가 종가이고 누가 방계인지, 누가 정통이고 누가 비정통인지를 굳이 말한다고 한다. 객관적으로 헤아려보았을 때, 그들의 평가가 합당할까? 다만 자신이 분수를 모른다는 것만 드러낼 뿐이다."13) 이 때문에 『명유이학비고』는 정반대의 방법으로 "『비고』라고 이름

---

10) 范鄗鼎, 『明儒理學備考』卷首, 「凡例」 제1조. 聞喜朱小晉(諱裵)先生, 序小刻『紀略』曰 : "予向在臺中上封事, 有請修『明史』一疏, 部覆可其議." 鼎觀近日, 又有命禮臣刊『性理大全』之典, 有纂修『孝經』之典, 私喜昭代崇儒重道, 留心理學, 非一日矣.

11) 范鄗鼎, 『明儒理學備考』卷首, 「序」. 學問只怕差, 不怕異.

12) 范鄗鼎, 『明儒理學備考』卷首, 「序」. 薛, 胡之學, 參以王, 陳而薛, 胡明; 而王, 陳之學, 亦因薛, 胡而益明也.

붙여 각자의 의견을 폭넓게 수용하고", "누가 종가이고 누가 방계인지 말하지 않고, 두루 갖추어 살피게만 한다."[14]

강희 17년(1678) 정월에 짓기 시작하여 19년(1680) 10월에 제2편의 서문을 탈고하면서 『명유이학비고』는 대략 완성된다. 20년(1681)은 처음으로 간행된 해이다. 모두 16권이며, 권1부터 권6까지는 신전의 『이학명신록』을 적록摘錄한 것이며, 권7부터 권10까지는 손기봉의 『이학종전』의 전기傳記부분을 발췌, 편집하였으며, 권11부터 권16까지는 범호정이 신전과 손기봉 두 사람의 뜻을 근간으로 하여 여러 학자들의 전기를 널리 채록하여 보충하였다. 저자의 자술에 의하면 인용한 서적은 차례대로 『성조명세고聖朝名世考』, 『명명신언행록明名臣言行錄』, 『사국인문仕國人文』, 『도학정통道學正統』, 『도학우익道學羽翼』, 『성학종전聖學宗傳』, 『경성인물지京省人物志』 및 여러 학자의 문집 등이 된다.

강희 28년(1689) 봄에 범호정은 웅사리熊賜履의 저서 『학통學統』과 장하의 저서 『낙민원류록雒閩源流錄』을 얻은 다음, 두 사람이 기록한 이학자의 전기를 다시 취하여 『명유이학비고』를 20권으로 증보한다. 29년(1690) 겨울에 황종희의 제자 구조오仇兆鰲는 『명유학안』의 총목을 범호정에게 보낸다. 33년(1694) 2월에는 구조오가 다시 사람을 보내 신판 『명유학안』을 홍동으로 보낸다. 범호정은 다시 장하와 황종희의 서적을 편집하여 『명유이학비고』을 34권으로 만든다. 이렇게 함으로써 마침내 정본으로 완성된다.

『광명유이학비고廣明儒理學備考』는 『명유이학비고』의 자매편이다. 『비고』는 명대 이학자들의 전기를 엮어놓은 책으로 인물을 통해 학문을 드러내었다면, 『광비고』는 여러 학자들의 어록이나 시문만을 편집한 책으로 말을 통해 인물을 드러내었으니, 덕행을 먼저하고 말을 뒤로 하여 서로 그 장점을 두드러지게 한다. 두 책의 관계는 『비고』 권수의 『범례』에 전문적으로 설명하는 조목이 있다. 범호정은 다음과 같이 말했다. "신전의 문집은 본전만 싣고 어록은 싣지 않았다. 손기봉의 문집은 본전 다음에 어록을 두어 십여 절이나 수십여 절을 싣고 있다. 언행이 모두 기록되어 있으니 진실로 체계가 갖추어진 책이 된다. 나는 어록은 모두 빼고 몸소 실행하여 마음으로 깨친 선생의 뜻만 취했다. 어떤 사람은 육경은 모두 성현의 말이라고 하는데, 이 말은 어디에 근거하는가? 내 생각에, 이어서 편집한 『광명유이학비고』는 모두 성현의 말이다. 후대에 성현을 보면 모두 말로 전하지만 성현이 살았던 당시에는 무엇보다 행하는 것이 급선무였다. 내가 본래의 전기와 어록을 둘로 나눈 것을 잘 이해한 사람은 스스로 하나로 꿸 수 있을 것이다."[15] 『명유이학

---

13) 范鄗鼎, 『明儒理學備考』卷首, 「又序」. 近人匯輯理學, 必曰孰爲甲, 孰爲乙, 孰爲宗派, 孰爲支流, 孰爲正統, 孰爲閏位. 平心自揣, 果能去取皆當乎? 多見其不知量也.

14) 范鄗鼎, 『明儒理學備考·凡例』, 제5, 6조. "書名『備考』, 待人以恕", "不敢云宗, 聊以備考焉耳".

비고』를 마치고 난 다음부터 저자는 『광명유이학비고』를 편집해서 책으로 펴낼 계획을 가지고 있었던 것이다.

강희 19년(1680) 10월에 『명유이학비고』가 막 완성되었을 때, 범호정은 『광명유이학비고』의 저술에 착수한다. 23년(1684) 9월에 『광명유이학비고』의 편집이 막 끝났을 때 저자는 『범례』의 첫 번째 조목에서 거듭 밝힌다. "앞의 『이학비고』는 전기가 있는 경우 하나의 전기만 기록하였고, 전기가 없는 경우 서지를 줄여서 기록하니 좋은 말과 덕행에 아직 누락된 부분이 많다. 내가 어리석어 끝내 좋은 방법을 찾지 못했으니, 넓어서 수용하지 못할 따름이다. 앞의 책이 강綱이라면 이번 책은 목目이고, 앞의 책이 경經이라면 이번 책은 위緯이다. 합하여 읽으면 이학의 일이 갖추어질 것이다."16)

『비고』와 마찬가지로 『광비고』 역시 설선, 호거인, 왕수인, 진헌장 네 사람을 권수에 배치하여 학자들의 영수로 삼았다. 학자들을 기록하는데 있어서 문호나 우열을 따지지 않고 여러 생각들이 다르지만 귀착처가 같다는 데에 그 뜻을 두었다. 범호정은 이 책에서 다음과 같이 말한다. "역에 태극이 있고 태극은 양의를 낳는다. 음이었다가 양이고 부드러웠다가 강하며 움직였다가 고요하며 말하다가 조용하니 이런 것은 곳곳에 있고 사물마다 그러하니 어찌 유독 이학에 있어서만 의심하겠는가? 다른 것은 논하지 않더라도 송나라에 주희가 있다면 육구연이 있고, 명나라에 설선과 호거인이 있다면 왕수인과 진헌장이 있다. 녹백순은 『맹자·진심하』 '요순지탕'장을 해석하여 '실지로 보고 안 것에 모두 두 사람을 든 것은 바로 한 사람의 견해에 구속되어 혹시 보는 것이 온전하지 못할까 두려워했기 때문이다. … 사람들이 주희와 육구연이 다르다는 것만 알지 달랐던 적이 없었다는 사실은 모른다.'고 했으니, 녹공의 말은 이와 같다. 편안함과 힘쓰는 정도에 있어 방법은 달라도 이치는 하나였으며, 덕행과 문장에 있어 생각은 달라도 하나로 귀결되었다. 녹공을 생각해보니 실로 내 마음과 같다."17)

---

15) 范鄗鼎, 『明儒理學備考·凡例』, 제11조. 辛集止載本傳, 不載語錄. 孫集於本傳之後, 有語錄者, 或載十餘節, 或數十餘節, 言行俱存, 誠爲完書. 余於語錄盡刪, 竊取吾夫子躬行心得之意. 或曰, 六經皆聖賢之言, 此說何居? 余曰, 續有『廣理學備考』一書, 皆聖賢之言也. 在後世視聖賢, 非言莫傳, 而聖賢在當日, 先行爲急. 余所以分本傳與語錄而二之也, 善讀者自能一貫.

16) 范鄗鼎, 『廣明儒理學備考』卷首, 「凡例」제1조. 前刻『理學備考』, 有傳者止錄一傳, 無傳者節取序志, 其於嘉言善行, 尙多挂漏. 余下愚終未得門而入也, 此廣之不容已也. 且前刻綱也, 玆刻目也, 前刻經也, 玆刻緯也, 合而讀之, 理學之事備矣.

17) 范鄗鼎, 『廣明儒理學備考』卷首, 「凡例」제5조. 易有太極, 是生兩儀. 一陰一陽, 一柔一剛, 一動一靜, 一語一默, 處處皆有, 物物皆然, 何獨至於理學而疑之? 他不具論, 宋有考亭, 卽有象山, 明有薛, 胡, 卽有王, 陳. 鹿伯順解由堯舜至湯一章, 有曰: "見知都得兩人, 政爲怕拘一人之見, 或見不全也. … 人知朱, 陸之不同也, 而不知朱, 陸未嘗不同." 鹿公之言如此. 生安勉强, 殊途同歸, 德行文章, 百慮一致, 我思鹿公, 實獲我心.

『광명유이학비고』의 저술은 "문집을 하나 더 보면 한 사람을 더 넓혀나가는[見一集乃廣一人]"[18] 방식으로, 만들어지는 대로 인쇄하여 많은 시간을 들였다. 강희 27년(1688) 정월에 첫 번째 수정을 하고 인쇄하였다. 31년(1692) 9월에 세 번 수정하고 세 번 인쇄하였다. 이후 다시 증보를 거쳐 33년(1694) 여름에 마침내 48권 전체를 완성하였으며 이 가운데는 명대의 이학자 80명이 들어가 있다.

3. 『국조이학비고』에 관하여

범호정은 평생 2부의 『명유이학비고』의 편집에 거의 모든 심신의 힘을 쏟아 부었다. 그러나 청나라 이학에 대한 태도는 어떠했을까? 강희 29년(1690) 2월에 과거시험 동기인 조정관료 허삼례許三禮가 경사에서 서신을 보내와 명대 이학을 정리한 범호정의 공로를 칭찬했다. 범호정은 기쁜 마음에 답장을 보냈다. "두 부의 『비고』를 인쇄한 것은 원래 명대의 바른 학문이 사라지는 것을 원치 않았기 때문입니다. 지금 사관을 열어 『명사』를 편찬하는데 있어 문장에 뛰어난 사람들이 있을 것입니다. 저는 본래 비교되는 것을 감히 바라지도 않습니다. 하지만 삼십여 년 동안 자료를 찾아다닌 수고로움이나 인쇄비용, 온 정성을 들여 자나 깨나 이 책에만 몰두한 것으로 논하자면 감히 사양하지 않겠습니다." 서신의 끝부분에는 차후에 허삼례의 『정학합일政學合一』을 "본조이학本朝理學"[19]부분에 올리겠다고 말한다. 사실 4년 전에 선배 대신 위상추魏象樞가 서신을 보내 "청나라의 이학을 연구하여 저술이 있는 사람들"을 어떻게 처리할지에 대해 물어보았다. 범호정은 여기에 답하기를 "우리 조정의 이학에 대해서는 뜻은 있으나 아직 여력이 없습니다. 명유에 관한 대략적인 원고가 완성되면 차차 시작할 수 있을 것입니다."[20]라고 하였다. 명대 이학자의 학문과 덕행을 힘껏 저술하는 중에 범호정은 청대이학의 정리를 이미 고려하고 있었다.

강희 33년(1694)에 2부의 『명유이학비고』가 최종적으로 완성된다. 마침 이 해에 성조는 『이학진위론理學眞僞論』이라는 제목으로 영대瀛臺에서 한림원 신하들을 대상으로 시험을 치렀다. 시험이 끝나자 성조는 대학사 장영張英 통해 신하들에게 글을 내려 "그대들이 『이학론』을 짓는다

---

18) 范鄗鼎, 『廣明儒理學備考』卷首, 「凡例」제7조.

19) 范鄗鼎, 『與范彪西書四』附答書, 見『國朝理學備考·許三禮卷』. 蕪刻兩『備考』, 原不欲使一代正學湮沒. 今史館纂修『明史』, 其中自有文章鉅公, 弟固不敢望其項背. 然論三十餘年搜求之苦, 刊刻之費, 性情在此, 寤寐在此者, 弟亦不敢多讓也.

20) 范鄗鼎, 『與范彪西書四』附答書, 見「國朝理學備考·許三禮卷」; 『又與范彪西書四』附答書, 「國朝理學備考·魏象樞卷」. "本朝之講理學有著作者", "本朝理學, 有志未逮, 俟明儒草草就緒, 然後可漸擧也".

하더라도 강남 총독 우성용의 이학이 참되다는 것을 어찌 알겠는가?", "이학은 원래 몸소 실천하는 것이다."[21]라고 분명하게 밝혔다. 범호정은 이런 소식을 듣고는 지극히 고무되었다. 그 이유는 첫째, 강희 25년(1686) 가을에 우성용을 태원太原의 삼립사三立祠에 배향하는 일로 산서 지방 당국에 여러 차례 서신을 올린 끝에 이듬해에 바라던 대로 되었기 때문이다. 둘째, 2부의 『명유이학비고』 간행의 근본 취지는 삼립사의 입덕立德, 입공立功, 입언立言의 뜻과 이름은 다르지만 내용은 같기 때문이다. 셋째, 강희 25년(1686) 7월에 위상추에게 보내는 답신에서 다음과 같은 이학관을 분명하게 밝혔기 때문이다. "『광이학』은 역시 이학을 위주로 합니다. 이학이란 두 글자는 반드시 문장과 공적, 절의를 얻어야 합니다. 그래야 배움은 비로소 내실이 있고, 이치는 비로소 드러나서 실제 일에 드러낼 수 있기 때문입니다. 이는 빈말이 아닙니다."[22] 이 때문에 범호정이 "진부한 유학자의 어리석은 의견이 이처럼 성인의 가르침에 어긋나지 않으니 스스로 기쁘다."[23]

수년간의 자료 수집을 거친 후에 강희 41년(1702) 가을에 『국조이학비고』의 편찬을 시작한다. 『국조이학비고』는 범호정 만년의 중대한 역작이다. 앞선 2부의 『명유이학비고』와 마찬가지로 첫머리에서 본 서적의 찬술 취지를 밝힌다. 첫째는 "어리석은 나는 이학을 논하는데 있어 단지 궁행을 위주로 하였으며, 이런 부류가 아니면 책에 넣지 않았다." 둘째는 "학문을 논하는데 있어 근본이나 선한 것으로 귀결시켰으니, 전후 세 『비고』의 견해가 동일하다고 하더라도 상관없다." 셋째는 "다만 말 한 마디나 하나의 행동, 하나의 생각이나 하나의 일은 천리와 인정에 맞으면 책에 올렸다." 넷째는 "내가 『비고』를 지은 것은 안으로 자신을 살피고 밖으로 다른 사람을 돌아봄에 있어 『비고』에 들어가기 바랄 뿐만 아니라 『비고』를 읽기 바랐기 때문이다." 다섯째는 "얻는 바가 있으면 기록하였던 것이지 우열을 따지려는 생각은 없었다."[24]

서적 전체에 기록한 것은 모두 26명의 학자이며 차례대로 허삼례許三禮, 웅사리熊賜履, 육롱기

---

21) 范鄗鼎, 「與范彪西書四」附答書, 見『國朝理學備考·許三禮卷』之「自序」卷首. "你們做「理學論」, 哪知江南總督于成龍是個眞理學.", "理學原是躬行實踐".

22) 范鄗鼎, 「與范彪西書四」附答書, 見『國朝理學備考·許三禮卷』; 『又與范彪西書』附答書, 見『國朝理學備考·魏象樞卷』. 小刻『廣理學』, 仍以理學爲主. 竊謂理學二字, 必得文章, 事功, 節義, 而學始實, 而理始著, 始可見之行事, 而非托之空言矣.

23) 范鄗鼎, 「與范彪西書四」附答書, 見『國朝理學備考·許三禮卷』之「自序」卷首. 私喜腐儒迂見, 不悖於聖訓如此.

24) 范鄗鼎, 「與范彪西書四」附答書, 見『國朝理學備考·許三禮卷』之「凡例」卷首. "愚論理學, 但以躬行爲主, 非此族也, 不列集中", "論學歸宗, 論學歸善也, 雖謂前後三『備考』, 同一迂見可也", "但有一言一行, 一念一事, 合天理, 順人情者, 卽登於冊", "予之爲『備考』也, 內而自考, 外而考人, 既望之入『備考』者, 幷望之讀『備考』者", "隨得隨錄, 意無軒輊".

陸隴其, 당성党成, 탕빈湯斌, 위상추魏象樞, 우성룡于成龍, 이옹李顒, 이생광李生光, 유방철劉芳喆, 왕사정王士禎, 이개李鎧, 조속조曹續祖, 왕단王端, 조여대趙侶臺, 비밀費密, 시윤장施閏章, 도세정陶世征, 무동繆彤, 엄각嚴珏, 조사린趙士麟, 팽롱彭瓏, 시황施璜, 오숙공吳肅公, 왕우汪佑, 두극근竇克勤이다. 권을 따로 나누지 않고 한 사람이 한 편을 차지하니, 사람마다 권을 만든다면 26권이라고 할 수 있다. 각 편의 분량은 각각 다르다. 분량이 가장 많은 인물은 웅사리로 2책이니 상하 2권이라고 할 수 있고, 가장 적은 인물은 조여대인데 몇 조목의 어록으로 구성되어 있으며 2쪽에 불과하다.

이 책의 편찬체제는 앞의 두 『비고』와 조금 다르게 이학자들의 언행을 하나로 합쳐 기록하였다. 각 학자들은 이미 정해진 것도 있고 아직 정해지지 않은 것도 있다. 그러면 이미 정해졌다는 것과 아직 정해지지 않았다는 것은 무슨 뜻일까? 범호정은 책의 서두인 「범례」에서 다음과 같이 풀이했다. "앞전의 두 『명유비고』의 경우, 내 의견은 「범례」에 보인다. 이번 책에서도 의견은 앞의 두 『비고』와 같지만, 조금 다른 점은 평을 이미 정한 것과 아직 정하지 않은 것의 구별이 있다는 것이다. 인물에 대한 평이 이미 정해진 경우, 행장이나 지전志傳, 유명한 문장에서 구절을 따오거나 스스로 조작하여 한 편을 완성하고 저작을 같이 기록한 것은 같은 점이다. 인물에 대한 평이 아직 정해지지 않은 경우, 조정의 상주문이나 산림에서 은거하면서 지은 글, 시가와 어록, 논論과 서문序文, 서간, 장편의 글, 짧은 서신 등 그 저작을 통틀어 기록하고 행장과 전기는 후일을 기다린다는 것이 다른 점이다."[25] 우성룡于成龍, 위상추魏象樞, 육롱기陸隴其, 탕빈湯斌, 허삼례許三禮 같은 학자들은 이미 고인이 되어서 평을 이미 정한 것에 속하며, 나머지 학자들은 아직 살아 있거나 수집한 자료가 충분하지 않으므로 대부분 평을 아직 정하지 않은 것에 속한다.

서적에 오른 학자들은 먼저 간단한 약력을 달고 아울러 이와 관련된 범호정의 설명을 붙였으며 그 뒤에는 학술자료를 모아서 편집했다. 자료는 모두 네 종류로 나뉘니 어록語錄, 문집文集, 시사詩詞, 학자들의 평론이다.

범호정이 『국조이학비고』를 인쇄했을 때는 이미 77세의 고령이었다. 산중에서 병을 앓으면서 편찬에 전념했지만, 나이가 많아서 이 무거운 책임을 감당하지 못해 책의 완성을 보지 못한 채 세상을 떠난다. 사실 『국조이학비고』는 미완성 원고이기 때문에 자간이나 행간에서 아들 범린范翷이 보충한 부분을 흔히 볼 수 있다. 이 때문에 나이와 선후배의 차례로 하지 못했으니 순서가

25) 范鄗鼎, 『與范彪西書四』附答書, 見『國朝理學備考・許三禮卷』之「凡例」第1條. 昔刻兩種『明儒備考』, 愚意旣見「凡例」中. 玆刻愚意同前, 而小異者, 有已定, 未定之別. 於已定者, 或行狀, 或志傳, 或節取名篇, 或妄自杜撰, 謹成一篇, 而竝錄其著作. 此其同也. 於未定者, 或臺閣奏疏, 或山林撰述, 或詩歌語錄, 或論序書柬, 或長篇, 或短札, 總錄其著作, 而狀傳姑俟之他日. 此其異也.

맞지 않는 부분이 많다. 앞 두『비고』는 전파되는데 여러 해가 걸렸지만 정본이 완성된 후에는 조정과 민간의 이름난 학자들의 서발序跋이 잇달아 나와 호응하였다. 하지만『국조이학비고』가 세상에 서둘러 나와 아직 다듬지 못했기 때문에 책 서두의「자서自序」와「범례」외에 별도의 서발은 없었다. 그럼에도 불구하고 책 속에 기록된 내용들은 모두 새로 간각한 학자들의 서적이 나 직접 초록한 내용 때문에 문헌적 가치가 크다. 특히 저자인 범호정과 각 학자들 사이에 오고간 다소 서찰은 당시의 학술과 관련된 소식들이 많아 인물을 알고 사회상황을 의론하는 데에 귀중 한 자료가 된다. 나머지 학자들의 전기와 행장에 기록되어 있는 내용들은 그 내용이 착실해서 관찬 사서의 부족한 점을 보충할 수 있다. 이 때문에 범호정의 저서는 청 초기의 이학을 고찰 논증하는데 여전히 학술적 가치를 지니고 있다.

제 2 부

건가학파와 건가학술

제9장
사상사와 사회사 결합의 전범

후외려侯外廬 선생은 중국 사상사·사회사학계의 기초를 다진 걸출한 학자로서, 학문의 길을 개척하고 인재를 양성하여 중국의 20세기 역사학 발전에 거대한 공헌을 하였다. 2003년, 선생 탄신 1백주년을 맞이하여 평소『중국사상통사中國思想通史』를 읽으면서 생각해 두었던 내용 즉, 선생의 건가한학乾嘉漢學 연구에 대한 몇 가지 의견을 정리해 보았다. 이 원고로 선생의 탁월한 업적을 회고하고자 한다. 아울러 여러 분의 가르침을 구한다.

1. 18세기 중국 사회의 기본 상황에 대한 인식

중국사상사 연구에 있어서 사상사와 사회사의 결합은『중국사상통사』가 일이관지一以貫之하는 기본 학문 방법론이다. 후외려 선생은 이 방법론에 대해 이렇게 언급했다. "모두가 알고 있듯이 사상사는 사회사를 기초로 하여 그 형태를 변화, 발전한 것이다. 그래서 사상사 내의 난제 즉 풀기 어려운 문제를 사상 자체의 변화 속에서 해결할 수 없고 오직 사회의 역사발전 속으로부터 그 비밀을 찾아내야 한다."[1] 그래서 후외려 선생의 건가乾嘉 한학漢學 연구에서 우선 제기하고 해결할 문제는 바로 18세기 중국 사회의 기본 상황에 대한 인식이었다.

후외려 선생은 경제적 상황과 계급 관계에 대한 분석으로부터 착수하여, 16세기 중엽이후, 중국 봉건사회가 스스로의 해결 과정을 시작했다고 여겼다. 이는 몹시 어렵고도 고통스러운 과정

---

1) 侯外廬,『中國思想通史』卷1, 人民出版社, 1957년판, 28쪽. 如大家所周知的, 思想史系以社會史爲基礎而遞變其形態. 因此, 思想史上的疑難, 就不能由思想的本身運動裏求得解決, 而只有從社會的歷史發展裏來抉別其秘密.

이었다. 선생은 걸출한 사학가로서의 깊은 예지력으로 이 과정에 대한 기본적인 역사적 특징을 정확하게 파악했다. 선생은 다음과 같이 말씀하셨다. "16세기 이래로, 중국의 역사에 유럽 같은 자본주의 사회로의 이행은 없었다. 이는 중국의 봉건사회에 해체의 과정이 없었고, 자본주의의 형정과정이 없었다는 점을 말하는 것은 아니다. 그 열쇠는 봉건사회라는 모태 내에서 자본주의의 맹아형태가 이미 생겨났지만, 발전의 과정 중에 근대적 자본주의 세계로 이행하지 않았다는 데 있다. 다시 말하면 맑스가 말한 바와 같이, '구시대의 산물로 고통 받았다고 해서 또 새로운 발전의 부족함에 고통스러운데, 이는 죽은 자가 산 자를 잡는다(원주 : 『자본론』서문). 자본주의는 신분적 성격의 종속을 배척하고자 했다. 그러나 봉건주의의 완고한 전통이 이러한 인격종속을 유지하려고 했다. 이것이 바로 문제이고, 이것이 바로 모순이다."[2]라고 지적했다. "죽은 자가 산 자를 잡다[死的抓住活的]"는 것과 같은 명백하고도 분명한 귀납은 우리가 16세기 중엽이후 중국사회를 관찰할 때 잊어서는 안 되는 견해다.

17세기 중엽, 명·청 교체기가 빚어낸 혼란스러운 사회상은 중국 사회로 하여금 민족적 모순이 격화되는 국면을 출현하게 하였다. 그러나 봉건왕조의 교체는 중국 고대사회의 비틀거리는 걸음마를 변화시키지 못하고 또한 변화시킬 수 없었다. 후외려 선생은 "엥겔스가『반뒤링론·폭력론 反杜林論 · 暴力論』에서 지적한 바와 같이, 낙후된 민족의 통치는 일정한 시기가 지나면 어쩔 수 없이 피정복 민족의 선진적인 경제 상황을 따라, 선진적 민족의 경제상황에 적응할 방법을 모색하고 심지어 자기 민족의 언어를 바꾸면서까지 객관적 역사 조건에 적응할 수밖에 없다. 강희 이후 중국의 경제 상황을 살펴보면, 다시 소생하여 어떠한 발전에 이르는 모습을 살펴볼 수 있다."[3]라고 하였다. 후외려 선생은 명청 교체기 중국 국정에 대한 정확한 파악에서 출발하여, 18세기 중국 사회 상황에 관한 연구를 진행했다.

『중국사상통사』제 5권에서 후외려 선생은 절 하나를 할애하여 18세기의 중국 사회에 대해서 논증을 전개하였고, 아래 3개 방면의 기본 인식을 도출해 냈다.

첫째, 문명 수준이 비교적 낮은 민족이 문명 수준이 비교적 높은 민족을 통치한 역사를 정확히

---

2) 侯外廬,『中國思想通史』卷5, 人民出版社, 1957년판, 16쪽. 從十六世紀以來, 中國的歷史沒有如歐洲那樣走向資本主義社會, 這並不等于說中國封建社會沒有解體過程, 沒有資本主義的形成過程. 關鍵在于, 既在封建社會的母胎內産生了資本主義的萌芽形態, 又在發展過程中未能走進近代的資本主義世界. 這即是如馬克思說的, 既爲舊的所苦, 又爲新的發展不足所苦, 死的抓住活的(原注 : 參看『資本論』序言). 資本主義要排斥身份性的人格依附, 然而封建主義的頑固傳統又要維持這樣的人格依附. 這就是問題, 這就是矛盾.

3) 侯外廬,『中國思想通史』卷5, 人民出版社, 1957년판, 26쪽. 自然, 如恩格斯在『反杜林論·暴力論』中所指出的, 落後民族的統治, 經過一定時期, 也不得不按照被征服的民族的先進經濟狀況, 尋求適應的步驟, 甚至改變了自己民族的語言, 以求適應客觀的歷史條件. 康熙以後的中國經濟情況, 就呈現出複蘇以至某些發展的迹象.

인식해야 한다. 후외려 선생은 청 왕조가 중국을 통치한 역사는 문명 수준이 비교적 낮은 민족이 그보다 수준 높은 민족을 통치한 역사라고 지적했다. 맑스는 " … 야만적인 정복자는 장구한 역사적 규율을 따르는데, 정복자 자신이 그들이 정복한 민족의 수준 높은 문명에 정복당하기 마련이다."4)라고 지적하였다. 엥겔스는 『반뒤링론·폭력론』1장에서 이에 대해 더욱 상세히 설명하였다. "비교적 야만적인 민족이 전개하는 정복은 경제적 발전을 가로막고, 대규모 생산력을 와해시킨다. 그러나 장기간 정복 중에 비교적 야만적인 정복자는 대부분의 경우, 정복을 통해 만난 수준 높은 '경제적 상황'에 적응할 수밖에 없다. 이에 따라, 그들은 피정복자에게 동화되기 마련인 상황을 만날 수밖에 없다."5) 이 분석은 18세기의 중국 역사를 설명하는 데 적합하다.6)

둘째, 명청교체는 역사적 퇴보가 아니다. 중국 사회는 여전히 완만하게 전진한다. 이 관점에 관하여 후외려 선생은, "명청 교체기 때에, 중국 봉건사회는 그 해체 과정 중에 드러난 생산력과 생산관계의 모순이 계급관계에서 농민이 해방을 요구하는 이익 및 시민 반대파를 대표하는 이익이 봉건지주계급의 이익과의 모순으로 드러났다. 당시의 계몽사상은 정치·법률·도덕 등 방면의 굴절을 통하여 이 시대의 사회상 및 그 모순을 반영해 냈다. 청 왕조의 통치는 이러한 기본적 모순 위에서 민족적 모순을 더 증가시켰고, 이에 따라 역사의 발전도 더욱 완만한 길을 따라 전진했다. 청 초기의 대파괴 시대와 강희 후기 몇 년간의 상대적으로 안정된 시기에, 민족적 압박은 중국 역사를 절름발이로 만들어 결국 앞서나가지 못하게 했다. 그렇다고 해서 이것이 청 왕조의 진압정책과 통치계급의 주관적 바람이 객관 역사의 전진을 오랫동안 저지했다는 사실을 말하는 것은 아니다. 18세기의 중국 사회경제는 다시 살아나는 모습을 보여주었는데, 회복했을 뿐 아니라 심지어 발전도 있었다."7) 라고 설명하였다.

---

4) 原注, "『不列顚在印度統治的未來結果』, 『馬克思論印度』, 人民出版社版, 19쪽." 이 인용문은 新版本에 의거하여 조정한 것임. 『馬克思恩格斯選集』第1卷, 人民出版社 1995년판, 768쪽. 野蠻的征服者, 按照一條永恒的歷史規律, 本身被他們所征服的臣民的較高文明所征服.

5) 原注, "人民出版社版, 229쪽." 이 인용문은 新版本에 의거하여 조정한 것임. 『馬克思恩格斯選集』第3卷, 人民出版社 1995년판, 526-527쪽. 由比較野蠻的民族進行的每一次征服, 不言而喻, 都阻礙了經濟的發展, 摧毀了大批的生産力. 但是在長時期的征服中, 比較野蠻的征服者, 在絶大多數情況下, 都不得不適應由於征服而面臨的比較高的'經濟狀況, 他們爲被征服者所同化, 而且多半甚至不得不采用被征服者的語言.

6) 侯外廬, 『中國思想通史』卷5, 人民出版社, 1957년판, 393쪽.

7) 侯外廬, 『中國思想通史』卷5, 人民出版社, 1957년판, 393-94쪽. 明淸之際, 中國封建社會在它解體過程中所表現的生産力和生産關系的矛盾, 在階級關系上表現爲農民求解放的利益, 以及代表市民反對派的利益, 和封建地主階級的利益之矛盾. 當時的啓蒙思想, 通過政治, 法律, 道德等方面的折射, 正反映出這個時代的社會圖景及其矛盾. 淸王朝的統治使這樣基本矛盾之上更添加了民族的矛盾, 因而歷史的發展沿著更緩慢的途徑前進. 在淸初的大破壞時期和康熙後期若干年的相對安定時期,民族的壓迫都使中國歷史蹣跚不前. 但這並不是說, 淸王朝一系列的鎮壓政策和統治階級的主觀願望, 就能長久

셋째, 학술 사상의 진보는 필연적으로 사회 발전 수준의 제약을 받아야 한다. 후외려 선생은 "18세기의 중국사회는 계급모순과 민족모순이 교차했다. 전체 형세를 살펴보면, 이 시기, 청조 봉건 통치세력은 상대적으로 안정적인 통치 지위를 차지하고 있었다. 발전 상황을 살펴보면, 이 시기 자본주의의 맹아·시민의 역량·농민의 반항 활동이 저지할 수 없을 정도로 커 나가고 있었다. 이러한 역사적 형세는 당시의 사상계에서, 한편으로 전문 한학의 통치지위가 형성되었고, 또 한편으로 대진戴震·왕중汪中·장학성章學誠·초순焦循 등 철학사상이 출현하였다."8)라고 여겼다.

16세기 중엽 이후, 특히 18세기에서 19세기 초엽 국정國情에 대한 연구로, 후외려 선생은 18세기 중국 사회를 관찰하고 결론을 얻었는데, 이것은 바로 "18세기의 중국 사회가 이른바 태평성세가 아니었다"9)는 점이다. 후외려 선생은 중국 역사를 세계 역사의 거대한 배경으로 두고서 그의 논리를 심화하여 이렇게 지적하였다. "16세기 중엽 이래로, 중국 사회는 약간의 자본주의 맹아 요소가 있었다. 그러나 농업과 수공업이 결합된 봉건 자연경제는 여전히 지배적 경향을 띠고 있었다. 18세기 세계 시장이 형성되던 때, 중국사회의 완만한 변화는 세계의 폭풍우 뒷면으로 멀리 떨어져 있었다."10) 상황이 이러했으므로, 얼마 후 발발한 아편전쟁 및 일련의 불평등 조약이 이유 없이 갑자기 발생한 것은 아니었다. 이 견해에 관하여, 후외려 선생은 매우 분명하게 설명하였다. "단순히 중국 내부로부터 살펴보면, 18세기 말부터 사회의 위기가 이미 첨예하게 드러났다."11) 후외려 선생은 또, "아편전쟁과 이 전쟁이 만들어 낸 불평등 조약의 속박은 갑자기 발생한 것이 아니다. 반대로, 아편전쟁 이전 몇 십년간, 중국은 이미 외국 자본주의의 침략 아래에서 파산의 시기로 접어들고 있었다."12)라고 설명하였다.

阻止客觀歷史的前進. 十八世紀的中國社會經濟就呈顯了複蘇的景象, 它有了恢復, 甚至也有了發展.

8) 侯外盧, 『中國思想通史』卷5, 人民出版社, 1957년판, 403쪽. 十八世紀的中國社會, 是階級矛盾和民族矛盾相交錯的. 從整個形勢來看, 這時淸朝封建統治勢力占有相對穩定的統治地位. 從發展上看, 這時資本主義的幼芽, 市民的力量, 農民的反抗活動, 則是在不可阻遏地生長著. 這種歷史形勢反映在當時的思想界, 就是一方面有專門漢學之統治地位的形成, 另一方面則有戴震, 汪中, 章學誠, 焦循等人的哲學思想的出現.

9) 侯外盧, 『中國思想通史』卷5, 人民出版社, 1957년판, 623쪽. 十八世紀的中國社會並不是所謂太平盛世.

10) 侯外盧, 『中國思想通史』卷5, 人民出版社, 1957년판, 623쪽. 盡管十六世紀中葉以來, 中國社會具有若幹資本主義的萌芽因素, 但農業和手工業相結合的封建自然經濟, 依然是支配的傾向. 在十八世紀的世界市場形成的時候, 中國社會緩慢的變化還是遠遠落在世界風暴之後面.

11) 侯外盧, 『中國思想通史』卷5, 人民出版社, 1957년판, 623쪽. 如單從中國內部來看, 自十八世紀末起, 社會危機已經尖銳地暴露出來.

12) 侯外盧, 『中國思想通史』卷5, 人民出版社, 1957년판, 625-627쪽. 鴉片戰爭及其所産生的不平等條約的束縛, 不是突然而來的. 相反地, 在鴉片戰爭以前幾十年間, 中國已經在外國資本主義的侵略之下, 進人破産的時期.

2. 건가 한학의 형성에 관하여

청대 건륭·가경嘉慶 연간에 어찌하여 고증학考據學이 조야에 유행하는 형세가 이루어졌나? 이 문제는 여러 선배 학자가 청대 학술을 이야기 할 때, 모두 관심을 가지는 문제이다.

장태염章太炎 선생은 『구서訄書』를 저술하면서 먼저 이 문제에 대해서 제기했다. 그는 "청대에 이학은 고갈되어 더 이상 꽃피지 못했다. 기피하는 자가 많았으므로 시가·문사文史가 메말랐다. 백성을 어리석게 하여, 세상을 경영했던 선왕의 뜻이 쇠하였다.(원주: 이 세 가지 일은 모두 작자가 있지만, 송·명에는 미치지 못했다.) 집안에 지혜가 있어 대부분 경학을 거론할 수 있지만 또한 천천히 죽어가고 있는데, 그 방법은 정교하고 세밀하여 매우 탁월한 것이었다."[13] 장태염 선생의 이 말은 세 층차의 의미가 있다. 첫째, 학술적 측면에 있어서, 이학을 일종의 학술 형태로 이해하여, 청으로 접어 든 이후, 이미 그 발전적인 이론 공간이 사라졌다는 점이다. 둘째, 지식계의 상황에 있어서, 정치적 금기가 너무 많은 나머지 문인학사의 작품이 차고 생기를 잃어버렸다는 점이다. 셋째, 조정의 문화정책의 측면에서 말하자면, 청 정부가 "우민화"정책을 실시함으로써 인심人心을 속박하여 학문의 경세적 전통이 마침내 끊어지고 말았다는 점이다. 이 세 가지 측면이 상호작용한 결과, 학술계에서는 자연히 경전을 연구하다 점차 죽어가는 상황이 되었던 것이다.

"왜 고전고증학古典考證學만이 성행하였는가?"하는 문제에 대해서, 양계초 선생은 대체로 장태염 선생의 의견을 이어받았다. 그는 "명말, 도학의 반동으로, 학풍이 자연히 공허한 데서 실속 위주로 변하였다. 즉 주관적 추상으로부터 객관적 고찰로 변한 것이다."[14]라고 하였다. 이러한 객관적 고찰이 "왜 전문적으로 고전부분의 발전으로 전향하였고, 다른 것은 결핍되었는가?"[15]하는 문제에 대해서 양계초 선생은 "이 문제는 정치 현상을 가져와서 설명해야 한다."[16]라고 생각했다. 청 초 이후, 학술에 대한 정치의 영향을 살펴보고 나서, 양계초 선생은 두 가지 결론을 얻었다. 첫째, "사회 질서가 안정된 상태에서 물산과 재력이 풍성한 때에는 학문도 분석하고 정리하는 방향으로 발전한다. 건륭·가경 사이에 고증학이 특별히 유행한 까닭 역시 이러한 원칙에서 벗어나지 않는다."[17] 둘째, "고전학을 고증하는 학문은 대개 '학문의 금령이 지나치게 조밀'

---

13) 章太炎, 『訄書』12, 「淸儒」, 古典文學出版社 1958년판, 30쪽. 淸世, 理學之言, 竭而無余華; 多忌, 故歌詩文史枯; 愚民, 故經世先王之志衰.(原注 : 三事皆有作者, 然其弗逮宋明遠甚.)家有智慧, 大湊于說經, 亦以纾死, 而其術近工眇踔善矣.

14) 明季道學反動, 學風自然要由蹈空而變爲核實——由主觀的推想而變爲客觀的考察.

15) 爲什麽專向古典部分發展, 其他多付闕如?

16) 問到這裏, 又須拿政治現象來說明.

17) 凡在社會秩序安甯, 物力豐盛的時候, 學問都從分析整理一路發展. 乾, 嘉間考證學所以特別流行, 也

하기 때문에 형성된다."[18]

이 문제에 대해서, 전목錢穆 선생의 견해는 장태염·양계초 두 선생과 같은 점도 있지만 다른 점도 있다. 전목 선생은 양계초 선생의 "도학반동道學反動"설에 대해서 동의하지 않았다. 그는 청학淸學과 송학을宋學 하나의 전체整體로 보고서 "송학을 모르면 근대를 알 길이 없다.[不識宋學, 即無以識近代]"라는 주장을 하였다. 전목 선생은 "한학의 연원을 말하고자 한다면 반드시 명말의 여러 학자로 거슬러 올라가야 한다. 당시 하봉夏峰·이주梨洲·이곡二曲·반산船山·부정桴亭·호암蒿庵·습재習齋 같은 한 시대의 대학자로서 송학에 정력을 쏟지 않은 사람은 없었다. 이들 학자를 이어, 서곡恕谷·망계望溪·목당穆堂·사산謝山 및 신수서원愼修書院의 여러 학자가 모두 송학에 깊은 조예가 있었다. 그리고 건륭 때가 되면 '한학漢學'이라는 이름이 비로소 조금씩 일어나기 시작한다. 그런데 한학을 연구하는 학자의 수준이 종종 송학을 연구하는 수준의 고하로 판단되었다. 도광道光·함풍咸豐 이후, 한학·송학을 함께 받아들여야 한다는 설이 점점 흥성해졌으나, 대부분 송학을 높이고 한학을 폄하하였으며 건륭·가경 때 학문의 잘못을 바로잡았다. 그러므로 송학을 모르면 근대를 알 길이 없다고 한 것이다."[19]라고 하였다. 학술에 대한 봉건 전제정치의 질곡에 대한 전목 선생의 견해는 장태염·양계초 두 선생과 일치한다. 그는 "청대 유학자 가운데 명대 출신 학자를 제외하면 정치에 대해서 거의 언급하지 않는데 왜인가? 조정이 지고무상의 힘으로 위에서 매우 엄격하게 억압하여 입에서 나온 말이 조금이라도 비뚤면 재앙을 입힐 것이었다. 누적된 위압감에 익숙해져 마침내 정치를 입에 감히 담론하지 못했다. 입에 담론하지 못하는 것뿐만 아니라 생각조차 할 수 없었으므로, 정신과 의기意氣를 고경적古經籍에 쏟아 부었다. 부득이하게 그렇게 되었지만 익숙해져 잊어버리게 되었으니 그렇게 된 까닭은 깨닫지 못하였다. 이것이 바로 건륭·가경 시기, 경학이 훈고에만 몰두한 까닭이다."[20]라고 하였다.

후외려 선생은 이러한 여러 대학자에 이어서 나왔다. 많은 선배 학자의 설을 두루 받아들여

不外這種原則罷了.

18) 『梁啓超論淸學史二種·中國近三百年學術史』, 112-118쪽. 考證古典之學, 半由"文網太密"所逼成.

19) 錢穆, 『中國近三百年學術史』上冊, 中華書局, 1986년판, 1쪽. 言漢學淵源者, 必溯諸晚明諸遺老. 然其時如夏峰, 梨洲, 二曲, 船山, 桴亭, 亭林, 蒿庵, 習齋, 一世魁儒耆碩, 靡不寢饋于宋學. 繼此而降, 如恕谷, 望溪, 穆堂, 謝山, 乃至愼修諸人. 皆于宋學有甚深契詣. 而于時已及乾隆, 漢學之名始稍稍起. 而漢學諸家之高下淺深, 亦往往視其所得于宋學之高下淺深以爲判. 道鹹以下, 則漢宋兼采之說漸盛, 抑且多尊宋貶漢. 對乾嘉爲平反者. 故不識宋學, 即無以識近代也.

20) 錢穆, 『中國近三百年學術史』上冊, 中華書局, 1986년판, 533쪽. 淸儒自有明遺老外, 即少談政治.何者? 朝廷以雷霆萬鈞之力, 嚴壓橫摧于上, 出口差分寸, 即得奇禍. 習于積威, 遂莫敢談. 不徒莫之談, 蓋亦莫之思, 精神意氣, 一注于古經籍. 本非得已, 而習焉忘之, 即亦不悟其所以然. 此乾嘉經學之所由一趨于訓估索索也.

자신의 설에 반영하였고, 다시 깊은 사학가적 소양과 이론적 기초로 기존 학자의 설을 뛰어넘었다. 『중국사상통사』제5권에서 후외려 선생은 장 하나를 별도로 하여 건가 한학의 형성에 대하여 깊은 논의를 전개하였다.

앞서 서술한 바와 같이, 후외려 선생의 논의는 우선 18세기 중국의 사회상황에 대한 분석으로부터 시작하여 높은 고지에서 역사의 전체 국면을 조망하였다. 이는 바로 후외려 선생이 선배 학자를 초월한 중대한 공헌이었다. 다음으로 학술의 변화발전의 원류를 정리하였다. 청 초 학자의 학문 풍격에 대해서 논의를 진행하면서 염약거閻若璩, 호위胡渭, 모기령毛奇齡, 만사대萬斯人, 만사동萬斯同 등 "한학 선구자"의 역사적 지위를 논증하였다. 전목 선생과 마찬가지로, 후외려 선생은 건가 한학을 이야기하면서 원류를 고염무·황종희로 두는 것에 대해서 찬성하지 않았다. 그는 "청대 한학의 역사를 다루는 인물들은 종종 한학을 위로 고염무·황종희까지 거슬러 올라간다. 사실, 청초의 여러 대학자는 경세의 임무를 목적으로 삼고, 고증학을 수단으로 삼았지, 이른바 한학 전문연구는 존재하지도 않았다."[21]라고 하였다. 그래서 후외려 선생은 더 나아가 이렇게 지적했다. "18세기의 전문 한학이 마치 고염무·황종희 등 학자의 고증학을 계승한 것 같지만, 사실은 청초 학자의 경세치용학을 변질시킨 것이다. 전문 한학의 선구자를 결코 고염무·황종희 등 학자로 볼 수 없다."[22] 마지막으로, 학술과 정치의 관계에 대한 앞선 여러 대학자의 연구를 더욱 깊이 있게 연구하였고, 이에 따라 건가한학의 형성문제에 대해서 직접적인 대답을 내어놓았다.

건가한학을 형성한 직접적인 원인에 대해서, 후외려 선생의 착안점은 주로 두 방면에 있었다. 첫째, 사회의 상대적 안정, 둘째, 청 정부의 문화정책이다. 그는 "18세기에 이르러, 이른바 한학은 한 시대를 풍미하는 전문적 학문이 되었다. 이는 淸 봉건 통치세력이 상대적으로 안정된 시기로 접어든 것과 밀접한 관계가 있다. 특히, 강희 이래의 반동 문화정책과 밀접한 관계가 있다."[23]라고 하였다. 양자를 비교하면, 후외려 선생은 특히 두번째 원인에 주목했다. 따라서 후외려 선생은 아래와 같이 긴 분량의 논증을 제시하였다.

"강희 이래의 반동 문화정책은 원대의 통치 수법에 비하여 1만 배는 교활하였다. 한편으로 문자옥을 크게 일으키면서도 사고관을 열어 서적을 구하였는데, 기휘를 범한 서적은 불태워버렸다(장병린,

---

21) 講淸代漢學歷史的人, 往往把漢學上推到顧炎武, 黃宗羲. 其實淸初大儒以經世之務爲目的, 以考據之學爲手段, 並無所謂漢學的專門硏究.

22) 侯外廬, 『中國思想通史』卷5, 404쪽. 十八世紀的專門漢學, 好像是繼承顧, 黃等人的考據, 事實上是把淸初學者的經世致用之學變了質的. 專門漢學的前驅者, 決不應當追源于顧, 黃諸人.

23) 侯外廬, 『中國思想通史』卷5, 404쪽. 到了十八世紀, 所謂漢學成爲風靡一時的專門之學. 這和淸封建統治勢力之進人相對穩定時期有密切關系, 特別是和康熙以來的反動文化政策有密切關系.

『檢論』卷4,「哀焚書」참고). 또 한편으로 일련의 우민정책을 취하면서도 유학을 중시하고 학자를 높였다. 이는 강희12년에 산림에 은둔한 학자를 천거하고, 17년에 '博學鴻詞'를 천거하고, 18년에 명사관을 설치한 데에서 드러났을 뿐 아니라, 청 정부의 지도이론이 당시에 새롭게 일어난 '경세치용'학을 공격한 데에서도 드러났다. 예컨대, 12년에, 상께서 諭命을 내려 『태극도론』을 편찬하였고, 16년에 강희제가 직접 「사서해의서」를 지었고, 51년에 상께서 주자를 공묘에 배향하라 명하였다. 그리고 대신을 선임하면 대부분 이학의 명문가 출신이었다. 그러나 이러한 것만이 유일한 정책은 아니었으며, 또 양계초가 말한 것처럼 '조정의 이학과 재야의 한학이 하나의 대치국면을 형성'한 것도 아니었다. 오히려 강희 시대에는 이미 『도서집성』의 편찬이 시작되어, 옹정 3년에 완성되는데 서적이 모두 6109부에 달했다. 이러한 정책 아래에서 '경세치용'의 학풍은 승화하였고, 청초의 지식무기는 쇠하였다. 건륭 시대에 이르자 조정은 한학을 크게 권장하였고, 통치도구로서의 이학의 보조도구가 되었다. 건륭 38년에서 47년까지, 전국의 학자 3백 명을 모아 사고관에 불러 들여, 유명한 『사고전서』를 편찬하였는데, 모두 79,070권이었다. 이것이 이른바 '한학의 근거지'가 되었다. 이에 따라, 건륭조의 정책은 봉건문화에 대한 주해와 煩瑣가 병행한 지도방침을 채택하였다. 그래서 대진은 '황제가 실학을 높이고 장려하여 대신에게 경학 학자를 추천하라고 명했다.'(『대동원집』卷12,「江愼修事略狀」, 건륭 임오.)라고 하기도 하였다. 또 한편으로 옹정 원년(1723) 이후, 중국의 학술과 서양의 과학은 청 정부의 대외정책의 영향으로 잠시 관계가 단절되고 만다."24)

이상의 논증에 의거하고, 청 정부가 강희 54년 이후 편집·간행한 "어찬御纂" 경전을 근거로 하여, 후외려 선생은 결론을 도출하였다. 그는 "대외적인 폐관봉쇄와 대내적인 '欽定'봉쇄가 합쳐져서 이른바 건가시대의 고문을 연구하기 위해 고문을 연구하는 한학이 형성되었고, 이 한학이 당시 학술계의 조류를 지배하였다. … 전문 한학은 바로 이러한 '흠정어찬欽定御纂'의 세계 속에서 발전하기 시작했다."25)라고 강조하였다.

---

24) 侯外廬, 『中國思想通史』卷5, 410-411쪽. 康熙以來的反動文化政策, 比元代統治的手法圓滑到萬倍. 一方面大興文字之獄, 開四庫館求書, 命有觸忌諱者焚之(見章炳麟『檢論』卷四,「哀焚書」). 他方面又采取了一系列的愚弄政策, 重儒學, 崇儒士. 這不但表現在康熙十二年薦舉山林隱逸, 十七年薦舉博學鴻詞, 十八年開明史館, 而且表現在其指導理論, 打擊當時新興的"經世致用"之學. 如十二年上諭命編『太極圖論』, 十六年親制「四書解義序」, 五十一年上諭朱子配享孔廟, 以及選任大臣多理學名家等等. 然這不是唯一政策, 也不是如梁啓超說的"在朝理學與在野漢學形成了一個對峙", 反而在康熙時代已經有『圖書集成』的編纂, 至雍正三年告成, 書凡六千一百零九部. 在這樣的政策之下, 升化了"經世致用"之學, 削弱了清初的知識武器. 到了乾隆時代, 漢學也就大爲朝廷所提倡, 作爲統治工具的理學的補充. 乾隆三十八年至四十七年, 招集了海內學者三百人入四庫館, 編定了聞名的『四庫全書』, 凡七萬九千七十卷. 這是所謂"漢學的大本營". 因此, 乾隆朝的政策更實行對封建文化箋注與煩瑣並行提倡的指導方針. 所以戴震說: "値上方崇獎實學, 命大臣舉經術之儒." (『戴東原集』卷十二,「江愼修事略狀」, 乾隆壬午.)另一方面, 雍正元年(公元一七二三年)以後, 中國學術與西洋科學, 因了受清廷對外政策的影響, 暫時斷絶聯系.

3. 건가 한학은 하나의 역사적 과정

건가학파와 건가학술을 논하면 늘 오吳·환皖의 분파로부터 시작한다. 그 시작을 살펴보면, 당연히 장태염 선생이다. 『구서』에 장태염 선생이 청대 유학자의 학술을 논하면서 "그 학문의 계통을 밝히자면 건륭조에서 시작한다. 하나는 오吳로부터 시작하고, 또 하나는 환皖으로부터 시작한다. 오는 혜동惠棟에서 비롯되었는데 그 학문 경향은 박학을 좋아하고 지식을 높인다. 환 남皖南은 대진戴震으로부터 비롯되었는데 사물을 종합하고 자신의 판단을 하였다. 이것이 둘 사이의 다른 점이다."26)라고 하였다. 그 후, 양계초 선생이 『청대학술개론淸代學術槪論』·『중국근 삼백년학술사中國近三百年學術史』를 저술하여 다시금 이를 밝히면서, "혜동·대진 두 학파에서 건가학파로 나누어졌다.[惠, 戴兩家中分乾嘉學派]"27)라는 설이 만들어졌다. 전목 선생은 장태염 ·양계초 두 선생이 미처 다루지 않은 내용으로부터 시작하여 혜동이 대진의 학문에 끼친 영향에 대해 고찰하는 것에 뜻을 두어 "오·환은 구분할 것이 아니다.[吳皖非分幟]"28)라는 주장을 제기하 여 연구를 보다 깊이 이끌었다.

후외려 선생의 건가한학 연구는 장태염·양계초·전목 등 세 선생의 성과를 기점으로 하여 더욱 넓고 깊은 방향으로 추진하였다. 한편으로 후외려 선생은 선배 학자의 노작을 충분히 존중 하여 오·환 분파分派라는 사고의 맥락을 이어 채용하면서, 학문의 방법이나 취지로부터 건가학 술을 인식하였고, 또 한편으로 건가시대의 주요 사상가, 예컨대 대진·왕중汪中·장학성章學誠 ·초순焦循·완원阮元 등을 뽑아서 전문적 연구를 진행하였다. 여러 학자의 사상·학술의 개성과 공헌 등 연구를 통해 몇 가지 창의적이고도 중요한 견해를 제기하기도 하였다. 이 가운데, 아래 두 견해는 건가한학에 대한 연구를 심화하는 데 특히 중요하다. 첫 번째 견해는 다음과 같다. "한학은 혜동으로부터 시작되었고, 대진에게서 발전하였다."29), "대진의 학문은 사상사의 계승 관계에서 혜동의 학문이 발전된 형태이다."30) 두 번째 견해는 다음과 같다. "완원은 18세기 한학 사조를 총결하는 역할을 하였다. 만약 초순이 학설체계에서 건가한학의 사상을 총결하였다고

---

25) 侯外廬, 『中國思想通史』卷5, 411-412쪽. 對外的閉關封鎖與對內的"欽"封鎖相爲配合, 促成了所謂乾嘉 時代爲硏古而硏古的漢學, 支配著當時學術界的潮流 … 專門漢學就是在這樣欽定禦纂的世界中發展 起來的.

26) 章太炎, 『訄書』12, 「淸儒」, 30쪽. 其成學著系統者, 自乾隆朝始. 一自吳, 一自皖. 吳始惠棟, 其學好博而 尊聞; 皖南始戴震, 綜形名, 任裁斷, 此其所異也.

27) 『梁啓超論淸學史二種·中國近三百年學術史』, 306쪽.

28) 錢穆, 『中國近三百年學術史』卷5, 414쪽.

29) 侯外廬, 『中國思想通史』卷5, 414쪽. 漢學是始于惠棟, 而發展于戴震的.

30) 侯外廬, 『中國思想通史』卷5, 629쪽. 戴學在思想史的繼承上爲惠學的發展.

한다면, 완원은 모아서 간각, 편찬 방면에서 건가한학의 성과를 마무리하였다고 할 수 있다. 완원은 대진 학문의 계승자이자 한학 학풍을 이끈 최후의 학자이다."[31] 다시 말하면, 건가한학은 혜동이 그 시작을 열었고, 대진이 발전 시켰으며, 초순·완원에 이르러 완결되어 그 역사의 노정을 마무리 할 수 있었다.

후외려 선생의 이 두 가지 중요한 견해는, 오吳·환皖 분파의 오래된 국면을 돌파하여 건가학파와 건가학술을 하나의 역사과정으로서 연구를 진행하는 데 시작을 열었다. 이는 건가한학 연구에서 후외려 선생의 중대한 공헌으로서 사상사와 학술사에서 그 의미를 결코 홀시할 수 없다. 20세기 60년대 초, 선사 양향규楊向奎 선생이 후외려 선생과 서로 호응하여 『신건설新建設』학술지에 「단건가학파談乾嘉學派」라는 논문을 발표하였다. 논문에서 양향규 선생은 "역대로 건가학파를 이야기 할 때 늘 이 학파에 이른바 오파·환파의 구분을 한다. 사실, 이렇게 지역으로 구분하는 것보다 학문의 발전 방면에서 전후의 다른 점을 살펴보면 건가학파의 실질을 도출해 낼 수 있다."[32]라고 하였다. 안타까운 것이 있다면 후외려·양향규 두 학자의 의견이 아직 학술계에서 공감을 얻지 못하는데 민족 문화의 큰 재난이 갑자기 일어났다.

사인방이 숙청되자 국운이 날로 상승하였고, 개혁개방 정책의 결정으로 중국 사회와 중화민족이 거대한 진보의 발걸음을 내딛게 되었다. 학문은 세상의 변화에 따라 변하고, 시대와 함께 나아가기 마련인데, 선대를 이어 후대에 길을 열어주어야 할 중요한 때에, "건가한학이 하나의 역사적 과정"이라는 후외려 선생의 사상에 관하여 진지하게 정리하고, 건가학파와 건가학술에 대한 연구를 보다 심도 깊게 추진한다면 아마 가치 있는 연구방향이 될 것이다.

18세기 중국의 사회와 학술의 특수한 환경은 특정한 학술유파를 만들어 냈는데 이 유파가 바로 건가학파이다. 이 학파는 18세기와 19세기 초엽, 학술무대에서 활약하였다. 이 학파가 끼친 영향은 20세기 중엽에 이르러서도 소멸하지 않았다. 매우 강한 생명력을 지니고 있을 뿐 아니라 그 영향력도 매우 심원하였던 학술유파로서, 역사상 다양한 학술유파와 마찬가지로 매우 선명한 개성을 지니고서 형성·발전하였고 또 쇠퇴한 역사적 과정을 가지고 있다. 사상사와 사회사를 결합한 시각으로 이러한 역사적 과정에 대해 "실사구시"의 구체적인 연구를 진행하면서, 그 과정에서 많은 학자의 깊은 개별 연구를 포괄하고, 학술 세가世家와 지역 학술에 대한 군체 분석도 아우르며, 또 부문별 학술사 정리도 포괄한다면, 모든 생각이 하나로 수렴될 것이고, 각기

---

31) 侯外盧, 『中國思想通史』 卷5, 577쪽. 阮元是扮演了總結十八世紀漢學思潮的角色的. 如果說焦循是在 學說體系上清算乾嘉漢學的思想, 則阮元是在彙刻編纂上結束乾嘉漢學的成績. 他是一個戴學的繼承 者, 並且是一個在最後倡導漢學學風的人.

32) 楊向奎, 「談乾嘉學派」, 『新建設』1964-7. 歷來談乾嘉學派的, 總是說這一個學派有所謂吳派, 皖派之分. 其實, 與其這樣按地域來劃分, 還不如從發展上來看它前後的不同, 倒可以看出它的實質.

다른 방법으로 연구한다 해도 결국 같은 결론으로 귀결될 것이다. 그렇게 된다면 오늘 그리고 이후의 건가학파와 건가학술 연구는 선배 학자의 노고를 충분히 위로할 수 있는 국면을 만들어 낼 것이다.

4. 나머지 논의

후외려 선생은 건가한학에 대해 연구하면서, 문헌정리 부분에 있어서 건가학자의 업적에 주목하여 "건가학자의 성실하고 진지한 학문방법 및 경학 정리에서 일반문헌으로 확산시킨 사료작업"[33]은 자체로 그 역사적 가치가 있다. 옛날부터 지금까지 학술계의 여러 학술계 선배의 실천이 다시금 우리에게 학술 문헌이 곧 학술사를 연구하는 근거가 되며, 오직 학술문헌의 정리와 연구를 잘 해내야 학술사 연구가 믿음직한 기초 위에서 굳건하게 세워질 수 있다.

청대의 학술 즉, 건륭·가경 두 시기에서 도광 초엽까지 근 1백 년 간은 매우 찬란한 시기였다. 그 사이에 걸출한 학자가 많았고, 학술적 성취도 가장 컸으며, 후세에 전해진 학술문헌 역시 가장 풍부했다. 건가시기의 중요한 학술문헌을 심혈을 기울여 교감하고 신식 표점을 더하여 출판하는 것은 건가시기 학술문헌을 정리하는 중요한 사업으로서, 학계 및 지식층에 있어서는 천추에 빛나는 공이 될 것이다. 이 방면에서 학술계는 관련 전문가가 이미 많은 일을 해 놓았다. 이를 따라서, 학술을 분명하게 정리하고, 원류를 고찰하는데 영향력이 있는 목록학 저술 몇 권이 이어서 나왔다. 청대 문헌은 넓은 바다 같이 광대하여 어떠한 옛 시기도 따르지 못한다. 그 원인을 살펴보면, 대개 두 가지 원인이 있다. 첫째, 중국 고대사회가 수천 년간 발전해 오다가 청대에 이르러 극도로 성숙하여, 경제·정치·군사·문화 등 모든 방면에서 집대성의 국면에 이르렀다. 둘째, 광활하고도 정밀한 중화의 학술이 이 2백 몇 십 년 사이에 정리와 총결의 시기로 들어섰다는 점이다. 이처럼 청대에 인물이 연이어 나와 저술이 매우 많았고, 詩文別集도 매우 풍부하여 역대 전세문헌을 다 합쳐도 청대 문헌을 능가하지 못할 것이다. 이는 중화민족에 있어서 매우 소중한 역사문화유산이며 중화민족의 신문화를 발전시키는 역사적 근거가 된다. 청 학자의 別集을 정리하는 작업이 20세기 중엽 왕중민王中民 선생의 『청대문집편목분류삭인清代文集篇目分類索引』으로부터 시작되었고, 선배 학자가 뒤를 이어 이 일에 참여했다. 등지성鄧之誠 선생의 『청시기사초편清詩紀事初編』, 전중련錢仲聯 선생의 『청시기사清詩紀事』, 장순휘張舜徽 선생의 『청인문

---

33) 侯外廬, 『中國思想通史』卷5, 426쪽. 乾嘉學者的謹慎的治學方法, 以及由經學的整理而普及于一般文獻的史料工作.

집별록淸人文集別錄』, 원행운袁行云 선생의『청인시집서록淸人詩集敍錄』등의 심혈을 기울인 훌륭한 성과가 뒤를 이었다.

학술은 섶을 쌓는 것과 같아서 나중에 쌓은 것이 위에 있기 마련이다. 바로 전대 학자의 깊은 성과를 기초로 하여 왕소증王紹曾 교수가 주편한『청사고예문지습유淸史稿藝文志拾遺』, 이령년李靈年·양충楊忠 두 교수가 주편한『청인별집총목淸人別集總目』, 가유춘柯愈春 교수가 편찬한『청인시문집총목제요淸人詩文集總目提要』등 저술이 이어서 나왔다. 이 세 저술은 뜻을 같이 하는 학자가 모여서 저술했든, 혼자의 힘으로 찬술했든, 십수년 내지 수십 년의 노고 끝에 이루어진 학문의 이정표가 되는 거작이다.

건가시기 저명한 학자 문집 이외의 제발題跋·서기序記·서찰書札 등 일문佚文 종류별로 구분·정리되어, 간행하는 것은 학문의 공력을 보여줄 뿐만 아니라 학술 연구에 도움이 된다. 만청이래, 수많은 문헌학자가 전후로 일어났고, 고광기顧廣圻·황비렬黃丕烈 두 선생의 군서群書에 대한 題跋을 집록하여 이미 그 문을 열었다. 20세기 50년대 초, 진원陳垣 선생이 윤염무尹炎武이 얻은 전대흔錢大昕 문집 이외의 가족 간의 편지 15통을 자세히 고찰하여 한 시대 유림의 추존을 받았다. 이후, 전대 학자의 유풍을 이어 심혈을 기울인 학자도 있었지만, 이 일이 몹시 지난한 일이라 쉽게 성공할 수 없었고, 오랜 시간이 지나 유풍이 끊어지고 말았다. 20세기 90년대 중엽에, 진문화陳文和 교수가『전대흔전집錢大昕全集』을 정리하고 편찬·교정하는 일을 주재하여『잠연당집潛研堂集』외 산일된 시문을 찾아 모았고, 이를 정리하여『잠연당문집보편潛研堂文集補編』으로 편찬하였는데, 찾아서 모은 시문이 모두 80여 수였다. 이로써 옛 학문의 유풍을 재현하였다고 평가할 수 있겠다.

진문화 교수가 주편한『전대흔전집』이 간행되었을 때, 마침 진홍삼陳鴻森 교수가『전대흔잠연당유문집존錢大昕潛研堂遺文輯存』을 저술하고 발표하여 각자의 특징이 더욱 돋보였다. 진홍삼 교수는 다년간 전죽정錢竹汀 선생 문집이외 일문佚文 집록에 힘을 기울였을 뿐 아니라, 일생의 모든 정력을 거의 건가학술문헌의 정리와 연구에 바쳤다고 한다. 필자가 읽어본 바로 진홍삼 선생이 집록한 책으로『잠연당유시습보潛研堂遺詩拾補』·『간장유문집존簡莊遺文輯存』·『간장유문속집簡莊遺文續輯』·『단옥재경운루유문집존段玉裁經韻樓遺文輯存』·『왕명성서장유문집존王鳴盛西莊遺文輯存』그리고『완원연경실유문집존阮元研經室遺文輯存』등 6종이 더 있다. 이 가운데『완원연경실유문집존』3卷에는『蕓台先生集』외 遺文을 모아 수록해 놓은 것이 133편에 이른다. 그 노력과 학술적 가치가 같은 해에 나온『연경실집研經室集』의 편찬과 버금간다. 1993년 5월, 중화서국中華書局이 정리해 간행한『연경실집』은 어떤 목적으로 출판한 것인지 아직 살펴보지 않았으나, 속집續集 시문을 수록하지 않았다. 훗날 재판을 출간할 수 있다면 부족한 내용을 보충하고, 진홍삼 교수의『완원연경실유문집존阮元研經室遺文輯存』으로 보완해야 할 것이다. 그렇게 한다면 매우 훌륭한 책이 될 것이다.

　연보는 일종의 편년체 역사 서적으로서 인물을 평가하고 시대 배경을 연구하는 중요한 문헌이다. 래신하来新夏 교수가 저술한 『근삼백년인물년보지견록近三百年人物年譜知見錄』의 기술에 의하면, 현존하는 800여 종 청대 학자의 연보 가운데, 건가시기 학자의 연보가 약 1/4 가량이라고 한다. 이 시기 학자의 연보를 정리하는 것은 건가학파와 건가학술을 연구하는 데에 의미가 있다. 최근 10~20년간 많은 학자가 이 방면에서 많은 노력을 하였다. 이 가운데, 진홍삼 교수가 저술한 『청유진전년보淸儒陳鱣年譜』·『전대흔년보별기錢大昕年譜別記』·『단옥재년보정보段玉裁年譜訂補』, 양응근楊應芹 교수가 저술한 『대동원년보정보戴東原年譜訂補』, 탕지균湯志鈞 교수가 저술한 『장존여년보莊存與年譜』, 번극정樊克政 교수가 저술한 『공자진년보고략龔自珍年譜考略』, 왕일명王逸明 선생이 저술한 『신편청인년보삼종新編淸人年譜三種』 및 왕장도王章濤 선생이 저술한 『완원년보阮元年譜』 등은 빠진 내용을 보충하고 오류를 바로잡는 등 참으로 정성을 기울인 저작이다. 그러나 별집別集 및 경사논저經史論著의 정리·연구와 비교해서 말하자면, 이 방면의 연구는 여전히 부족하다. 특히, 중요한 영향을 끼친 몇몇 학자의 연보는 여전히 소략하기도 하고 내용에 빠진 부분도 있어 관련 연구를 깊이 진행하기에 각기 다른 정도의 제약이 있다. 예컨대, 혜동 혹은 혜씨조손惠氏祖孫 연보는 서둘러 편찬할 필요가 있다. 최근, 베이징대학 칠영상漆永祥 교수가 혜동년보 저술에 힘을 기울이고 있다는 소식은 매우 반가운 일이다. 필자는 칠영상 교수의 다년간의 노력에 그의 훌륭한 식견이 더해진다면 학술계는 조만간 훌륭한 성과를 기대할 수 있을 것이다.

　이상 서술한 내용을 종합하면, 건가학술문헌을 정리하고 연구하는 것은 건가학파와 건가학술의 연구를 진행하는 데 있어서 그 중요성을 무시할 수 없다. 최근 10~20년간 건가학파 연구가 매우 빠르게 진행되고 있음에도 문헌 준비는 충분하지 못한 듯하다. 향후 이 방면에서 더욱 충실한 연구가 필요할 것이다.

제10장
강남 중심 도시와 건륭乾隆 초기 고학古學의 부흥

청나라 건륭 초엽, 1730년대에서 60년대에 이르는 시기에 중국학술사에서 고학 부흥의 조류가 출현했다. 이 학술 조류는 강남의 중심 도시에서 발단하여 대운하를 따라 남쪽에서 북쪽으로 올라가 바로 수도로 들어갔다. 최고 통치 집단의 인가를 받은 뒤 청나라 조정의 문화정책으로 발전했다. 그리하여 조야朝野가 공명하고 사방으로 퍼져나가서 마침내 한 시대에 크게 융성한 경사經史 고증학考證學을 형성했다. 이 때문에 송나라 깃발을 뽑아버리고 한나라 깃발을 세워서 결국 한학漢學, 박학樸學이라는 명칭이 생겼다. 최근 학술사를 다룬 여러 선배 대가들은 건가학파乾嘉學派라고 불렀다. 건륭 초기 고학 부흥의 조류가 강남의 중심 도시에서 형성된 과정에 대한 연구는 건가학파와 건가학술 연구의 심화에 도움이 될 것이다. 앞으로 이에 대해 문헌을 정리해 볼 것인데 여러분의 비평과 지정을 청한다.

1. 고학 부흥의 선구자들

명청 시기 강소江蘇 소주蘇州는 풍요로운 경제, 편리한 교통과 오래되고 깊이 있는 문화 축적으로 오월吳越 지역의 인재와 문화가 집결되는 곳이었다. 건륭 초기의 고학 부흥 조류는 여기에서 시작되었다.

명나라 말에 중국 사회는 대격변의 역사 시기로 진입했다. 청나라 초에 명나라와 청나라의 교체라는 엄청난 변화를 겪고 양명심학 내지 전체 송명이학이 몰락하면서 중국 학술이 어디로 갈 것인가라는 문제가 객관적으로 제기되었다. 이 시기 중국의 사회, 경제, 정치, 문화 등의 발전 수준의 제약은, 봉건 사회 소농경제라는 기초위에 송명이학의 사유 수준보다 더 높은 학술 형태를 산출할 수 없었다는 것을 결정하였다. 그러므로 당시 학술계에 속한 사람들은 송명의 학술을 반성하고 기로에서 방황하며 누구를 따라야 할지 모르는 상태에서 학술 발전의 전망을 지니지 않았고 또 볼 수도 없었다. 이에 송명을 떨쳐버리고 양한兩漢으로 돌아갔고 그 결과 고학 부흥의 기풍이 강소 소주에서 시작되었다. 1930년대에 전빈사錢賓四 선생이 『중국근삼백년학술사中國近三百年學術史』를 지어 믿을 만한 근거를 마련했다.[1] 전선생이 보여준 역사의 진상에 근거하면, 이학가들이 "성과 천도[性與天道]"를 연구한 것과는 달리 명나라 말의 학술계에서는 "경전에 통달하고 고대 전적을 학습하자[通經學古]"[2]는 고학의 창도가 이미 출현했다는 것을 분명하게 볼 수 있다. 이러한 풍조는 가정嘉靖, 융경隆慶 연간 소주의 학자 귀유광歸有光이 단초를 열었고 천계天啓, 숭정崇禎 연간에 상숙常熟의 전겸익錢謙益이 굴기崛起하면서 고학 부흥의 외침은 끊이지 않았다. 전겸익이 다음과 같이 말했다. "당송 이래로 … 고학을 좀먹는 것이 두 가지 있었다. 과거제도의 공부는 천박해지고 도학의 공부는 부패해졌다. 이 두 가지는 모두 속학이다."[3] 귀유광처럼 고학을 창도한 전겸익은 더 나아가 명확하게 "한나라 사람을 종주로 삼는다[以漢人爲宗主]"는 학문 방식을 제시하면서 다음과 같이 말했다. "배우는 사람이 경전을 다룰 때에는 한나라 사람을 종주로 삼아야 한다. … 한나라가 부족하면 당나라에서 구하고, 당나라가 부족하면 송나라에서 구하며, 당송이 모두 부족한 후에야 근대에서 구한다."[4]

귀유광으로부터 전겸익에 이르는 명나라 말 소주 지구 학자의 경학 창도와 "고학古學" 부흥의 노력은 경학으로 이학의 궁핍함을 구제하려는 학술 조류가 이미 중국 전통 유학의 모체에 잉태되어 있었음을 표명한다. 청나라가 된 이후 유학자들은 명나라 말 선배의 발자취를 따라 나갔고 다시 경학을 진흥하는 것으로 고학을 부흥하여 마침내 소주의 대유학자 고염무顧炎武 및 그의 훈고訓詁라는 경학 방법론이 역사 무대에 올랐다.

송나라에서 명나라에 걸친 수백 년은 이학의 시대였고 이기심성理氣心性의 연구는 학문의 방법론에서 학술계가 의리를 중심으로 사변하는 경향을 띠게 했다. 수백 년 동안 이학가들은 훈고성음학訓詁聲音學을 경시하여 고음학古音學이 끊어질 듯했지만 실처럼 끊어지지는 않았다. 오랜 습관이 굳어지자 협운叶韻으로 보고 옛 것을 억지로 현재에 결부시키고 심지어 제멋대로 경전을 고쳐 놓고서 돌아보지도 않았다. 이러한 현상에 대해 고염무는 경학을 한다면서 음운과 문자를

1) 錢穆, 『中國近三百年學術史』上冊, 137-139쪽.
2) 歸有光, 『歸震川先生全集』卷7, 「山舍示學者」.
3) 錢謙益, 『初學集』卷79, 「答唐汝諤論文書」. 自唐宋以來 … 爲古學之蠹者有兩端焉, 曰制科之習比于俚, 道學之習比于腐. 斯二者皆俗學也.
4) 錢謙益, 『初學集』卷79, 「與卓去病論經學書」. 學者之治經也, 必以漢人爲宗主 … 漢不足, 求之于唐, 唐不足, 求之于宋, 唐宋皆不足, 然後求之近代.

강구하지 않는다면 입문할 수 없다고 생각했다. 그래서 친구 이인독李因篤에게 학문에 대해 논하는 편지를 보냈는데 적폐를 힘써 바로잡고 고학을 다시 주창하면서 "구경의 강독은 문장 고찰로부터 시작하며 문장 고찰은 음을 아는 것으로부터 시작한다"5)라는 훈고 경학 방법론을 제시했다. 새로운 학문 방법론의 제시와 일치하여 고염무는 이학을 경학에 융합시키고 경학으로 이학의 궁핍함을 구제해야 한다고 주창했는데, 그의 말을 빌리자면 다음과 같다. "옛날의 이학이라고 하는 것은 경학이다", "오늘날의 이학이라고 하는 것은 선학이다."6) 고염무는 경학을 유학의 정통으로 보았다. 그가 보기에 유가 경전을 연구하지 않고 이학가의 어록에 탐닉하는 것은 배움에 있어서 근본을 모르는 것이다. 그러므로 그는 "속학을 천시하고 『육경』을 추구하며, 봄의 꽃을 버리고 가을의 과실을 먹으라"7)고 하고, 양한을 연원으로 하고 원류를 맑게 할 것을 호소했다. 고염무는 다음과 같이 지적했다. "경학은 원류가 있으니 한나라로부터 육조로, 그리고 당과 송으로 반드시 하나하나 살핀 이후에 근대 유학자의 저술에 이르러야 한다. 그런 다음에야 그들의 이동, 그리고 헤어짐과 결합의 취지를 알 수 있다. 예를 들어 문자를 논하면 『설문說文』에 근본을 두어야 하는데 예서와 해서에 근거해서 고문을 논하는 사람은 없었다."8)

고염무의 고학 부흥의 노력은 선두에 서서 외치자 반향이 사방에서 일어났는데 제일 먼저 소주에서 공명했다. 오강吳江의 경학자 주학령朱鶴齡이 고염무에 동조하여 다음과 같이 생각했다. "경학이 터무니없게 된 것은 한 선생의 말만 고집하고 옳음을 구하지 않기 때문이다. 옳음을 구한다면 옛 것을 믿는 것으로부터 시작해야 한다."9) 양주에서 객지 생활하던 사천四川 신번新繁 출신의 학자 비밀費密도 "옛 경전만 지켜야 한다[專守古經]"라고 힘써 주창했다. "학자는 성인의 도에 근원을 두고 옛 경전만 지키며 착실하게 도를 지향해야 한다."10) 관중의 대유학자 이옹은 멀리서 호응하여 다음과 같이 거듭 천명했다. "사실 도학이 바로 유학이다. 유학 이외에 따로 도학이라고 하는 것은 없다."11) 특별히 주의를 기울일 만한 것은 한 때 남북 학자의 주장이 유신儒臣의 강론을 통해 조정에 진입했다는 것이다. 『강희기거주康熙起居注』의 기록에 따르면, 강희 21년(1682) 8월 8일에 "강관講官 우뉴牛鈕, 진정경陳廷敬이 『상서』를 진강했다 … 두 신하가 상주

5) 顧炎武, 『亭林文集』 卷4, 「答李子德書」. 讀九經自考文始, 考文自知音始.
6) 顧炎武, 『亭林文集』 卷3, 「與施愚山書」. "古之所謂理學, 經學也", "今之所謂理學, 禪學也."
7) 鄙俗學而求 『六經』, 舍春華而食秋實.
8) 顧炎武, 『亭林文集』 卷4, 「與周籍書序」. 經學自有源流, 自漢而六朝, 而唐而宋, 必一一考究, 而後及于 近儒之所著, 然後可以知其異同離合之指. 如論字者必本于 『說文』, 未有據隸楷而論古文者也.
9) 朱鶴齡, 『愚庵小集』 卷7, 「毛詩稽古篇序」. 經學之荒也, 荒于執一先生之言而不求其是, 苟求其是, 必自信 古始.
10) 費密, 『弘道序』 卷上, 「古經旨論」. 學者必根源聖門, 專守古經, 從實志道.
11) 李顒, 『二曲集』 卷14, 「周至答問」. 其實道學即儒學也, 非于儒學之外, 別有所謂道學也.

하기를, 한나라와 당나라의 유학자가 경학에만 힘을 쓴 이후로 입신과 실용에 부합하는 근본으로 여겼고 도학은 그 안에 있었습니다 … 황제가 맞는다고 했다."[12] 학자들의 경학 중흥의 노력이 이미 청나라 조정의 인가를 받았음을 알 수 있다.

청나라로 들어선 이후, 여러 가지 요인이 종합적으로 역사 구성에 작용하여 소주의 여러 유학자가 고학을 부흥하려 한 노력, 특히 고염무가 제시한 훈고치경訓詁治經의 방법론은 은연중에 감화하여 신속하게 전해졌다. 건륭 시기에까지 그리고 가경, 도광 연간에 이르기까지 문자를 식별하고 음을 연구하는 것으로부터 시작하여 옛 문자, 옛 언어의 고증과 훈고를 거쳐 전장 제도의 대요를 파악하고 유가 경전을 정확하게 해석하는 것이 수십 년 간 주류 학파가 공통으로 지킨 학술의 규칙이 되었다.

2. 강영江永과 휘주徽州의 유학자들

옹정, 건륭 연간의 고학 부흥을 연구할 때 휘주는 중점적으로 관심을 기울여야 할 지역이다. 이때 이 지역의 대유학자 강영과 문하에 배운 제자들의 학문과 행적을 정리하는 것이 부분적 관찰로 전체를 파악하는 효과를 거둘 수 있을 것이다.

강영은 자가 신수愼修, 호는 신재愼齋이고 안휘 무원婺源(지금은 강서성에 속한다) 출신이다. 강희 20년(1681)에 태어나 건륭 27년(1762)에 죽었고 향년 82세였다. 무원은 주희의 고향으로 이학으로 이름난 지역이다. 강씨 집안은 경사經史를 집안 대대로 전했는데 강영의 부친 강기姜期는 강녕江寧에서 거주하여 현학생縣學生이 되었으며 강영이 어릴 때부터 『십삼경주소十三經注疏』를 공부하게 했다. 강영은 부친의 가르침으로 『대학』을 읽고 학문의 시작이 격물에 있음을 알았고 두루 섭렵하며 심득을 구하는 데 힘썼다. 강희 46년(1707)부터 고향에서 학관을 열고 학생을 가르쳤는데 27세 때였다. 그 후 『예경禮經』에 몰두하여 전문 저작을 지어 주자가 만년에 지은 『의례경전통해儀禮經傳通解』에서 마무리하지 못한 뜻을 이루고자 했다. 10여 년이 흘러 강희 60년(1721)에 책이 완성되었다. 책은 모두 91권으로 처음 이름은 『존양편存羊編』이었는데 나중에 『증정의례경전增訂儀禮經傳』으로 고쳤고 세 차례에 걸쳐 원고를 고친 뒤에 결국 『예서강목禮書綱目』으로 이름을 정했다. 이 책은 주자가 남긴 뜻을 이어 각기 부류에 따라 모으고 따로 규모를 정해서 가례嘉禮, 빈례賓禮, 흉례凶禮, 길례吉禮, 군례軍禮, 통례通禮, 곡례曲禮, 악팔문樂八門 등 모두 106

---

12) 中國第一歷史檔案館, 『康熙起居注』第2冊, "康熙二十一年八月初八日"條, 中華書局, 1984, 879쪽. 講官 牛鈕陳廷敬進講『尙書』… 二臣奏, 自漢唐儒者專用力于經學, 以爲立身致用之本, 而道學卽在其中 … 上曰然.

편을 지었다. 책은 모두 "고주古注와 석문釋文"의 집록을 위주로 했고 "다만 옛 것을 보존하여 심사에 도움이 되는 데[但欲存古, 以資考核]" 뜻을 두었다. 책이 대단히 많아 간행이 쉽지 않았다. 그래서 원고가 10여 년 동안 먼지를 뒤집어쓰고 있다가 "거의 벌레 먹고 쥐가 갉아먹는 상태가 되었다.[幾爲蟲蝕鼠穿]"

건륭 원년(1736) 6월, 청나라 조정이 『삼례의소三禮義疏』를 편찬하기 시작했다. 안휘 지방 당국은 명령을 받아 『예서강목』 초록을 서관으로 보냈다. 그 해 겨울, 같은 군의 이학理學으로 저명한 유학자 왕불汪紱이 강영에게 서신을 보내 『예서강목』의 대략적인 내용을 물었다. 강영의 답신을 기다리지 않고 왕불은 다시 보내왔는데 전해들은 것을 잘못 믿고 강영이 잡다하게 배우고 헛되이 "박식함을 스스로 생각할[以博洽自見]"13) 뿐이라 의심했다. 3년(1738) 봄, 강영이 다시 장문의 편지로 『예서강목』의 대요를 소개하고 입신과 학문의 취지를 밝혔다. 편지에서 고례, 고악을 연구하여 "존고存古", "도고道古", "지고志古", "호고好古"의 뜻을 밝혔고, 복고를 소리 높여 외쳤지만 "옛 것에 얽매여서는 안된다[不必泥古]"고 주장하기도 했다.14) 9월, 왕불이 강영의 편지를 받고 오해를 풀었으며 "경학에 종사하는 데" 함께 힘쓸 것을 내용으로 하는 답장을 보냈다. 경학에 종사하는 방법에 있어서 왕불은 "당시의 문장을 따라서 경학을 연구하는 데[因時藝而講經學]" 찬성하지 않았고 또 "끝도 없이 집록하는 것[汗漫之書抄]"도 반대했다. 그리고 한나라 경학자의 전문적인 학문을 제창했다. "학자가 중상의 자질을 지니고 있다면 육경을 깊고 넓게 이해하고 자사에까지 이를 수 있으면 괜찮다. 그렇게 할 수 없다면 경전 하나를 전공하는 것이 낫다."15) 이듬해 봄, 장문의 답장을 왕불에게 보냈다. "어려서 서학을 연구했고 나이가 들어서는 선성宣城의 매물암梅勿庵 선생을 사숙하여 최근에 『익매翼梅』 8권을 지었고 사본을 매선생 손자에게 보냈습니다."16) 또 이렇게 말했다. "『근사록』은 우리에게 가장 필요한 책이고 책상위에 없으면 안됩니다. 속본이 흩어지고 부서졌으며 송나라 때 협채의 주석도 완전하지 않습니다. 일찍이 자세한 주석을 달았는데 주자의 말을 채택하여 주자의 책을 주석했습니다. 주자의 설이 충분하지 않으면 협채의 설로 보충하고 협채의 설이 부족하면 저의 생각을 덧붙였습니다. 족히 14권이 되는데 다 완성했습니다."17)

---

13) 汪紱, 『雙池文集』卷3, 「再與江愼修書」.

14) 余龍光, 『雙池先生年譜』卷2, "乾隆三年, 四十七歲"條.

15) 汪紱, 『雙池文集』卷3, 「與江愼修論學書」. 學者苟具其中上之資, 使能淹貫六經, 旁及子史, 尚矣. 如其不能, 則莫若專攻一經.

16) 早年探討西學, 晚乃私淑宣城梅勿庵先生, 近著『翼梅』八卷, 寫本歸之梅氏令孫.

17) 余龍光, 『雙池先生年譜』卷2, "乾隆四年, 四十八歲"條. 『近思錄』, 吾人最切要之書, 案頭不可離者. 俗本離析破碎, 宋時葉采之注亦未備. 嘗爲之詳注, 采取朱子之言, 以注朱子之書. 朱子說不備, 乃取叶說

건륭 5년(1740) 재향在鄉 한림원翰林院 검토檢討 정순程恂의 청을 받고 강영은 휴녕休寧의 정씨가관程氏家館에서 가르쳤다. 60세에 역학서 7권을 완성했고 『금수이성발미金水二星發微』, 『칠정연七政衍』, 『동지권도冬至權度』, 『항기주력변恒氣注曆辨』, 『세실소장변歲實消長辨』, 『역학보론曆學補論』, 『중서합법의초中西合法擬草』 7종이었다. 같은 해 8월, 정순을 따라 수도에 갔는데 삼례관三禮館 총재 방포 및 유신 오불吳紱, 매각성梅瑴成, 항세준杭世駿 등이 모두 와서 배우기를 구하고 토론했다. 6년(1741) 8월에 고향으로 돌아와서 건륭 12년(1747)까지 군성郡城 자양서원紫陽書院에서 잠시 강의하고 강서江西에 가서 답안을 평가한 것을 제외하고는 계속 정씨가관에 있었다. 그 사이에 휴녕의 대진戴震이 전적을 들고 배우러 와서 문하의 뛰어난 제자가 되었다.

건륭 14년(1749), 청나라 조정은 조칙을 내려 경학 특과를 선발했다. 강영은 나이가 고희에 이르러서 추천을 사양했고 또 대진에게 편지를 보내 "과거시험장에서 다투는 것이 본심이 아니다[馳逐名場非素心]"[18]라고 밝혔다. 15년(1750) 7월, 강영의 70세 생일을 맞아 대진이 다른 제자들과 함께 축하 글을 썼다. "우리 스승인 강신수 선생은 주자의 고향에서 태어나 위로는 한, 당, 송 이래 끊어진 학문을 잇고 육경을 밝히는 것을 자신의 책임으로 삼습니다. 저는 어릴 때 선생을 존경해서 몇 년 만에 비로소 한번 뵙게 되었고 또 몇 년이 지나서 선생을 우리 마을의 두산에서 모시게 되었습니다. 읽은 여러 경전에 대해서 문답을 나누었고 손짓 몸짓을 해가며 말씀하신 것을 받든 뒤에 확연히 경학의 본말을 알았습니다. 곧 선생이 본 읍의 막료로 가서서 배울 수 없게 되어 매우 아쉽습니다."[19] 또 다음과 같이 말하기도 했다. "제가 어릴 때 근대 유학자의 글을 읽고 진심으로 탄복한 사람이 몇 명 있습니다. 고증은 유원보劉原甫와 왕백후王伯厚, 수경지지水經地志는 호굴명胡朏明, 고경범顧景范, 염백시閻百詩가 있고 고음은 고영인顧寧人, 보산步算은 매정구梅定九가 전문가였습니다. 선생은 실로 배움과 생각을 함께 해서 모든 것에 일일이 득실을 지적하고 빠진 것을 보충할 수 있습니다. 저술도 이와 같으니 고금에 이렇게 할 수 있는 사람을 찾기가 정말로 어렵습니다."[20]

건륭 18년(1753), 흡현歙縣 서계西溪 왕씨의 청을 받고 강영은 왕씨가관汪氏家館을 책임지는

補之, 叶說有未安, 乃附己意. 足之十四卷, 已有成書.

18) 戴震, 『戴震文集』卷12, 「江慎修先生事略狀」.

19) 吾師江慎修先生, 生朱子之鄉, 上溯漢唐宋以來之絕學, 以六經明晦爲己任. 震少知向慕, 既數年, 始獲一見, 又數年, 始拜先生于吾邑之斗山. 所讀諸經, 往來問難, 承口講指畫, 然後確然見經學之本末. 既而先生就館本邑, 未能從學, 深悵悵焉.

20) 戴震, 「江慎修先生七十壽序」. 漆永祥, 「新發現戴震佚文一篇」, 『中國典籍與文化』2005年第1期에서 재인용. 震少覽近儒之書, 所心折者數人. 劉原甫王伯厚之于考核, 胡朏明顧景范閻百詩之于水經地志, 顧寧人之于古音, 梅定九之于步算, 各專精一家. 先生之學力思力, 實兼之, 皆能一一指其得失, 且其闕漏, 著述若此, 古今良難.

교사가 되었다. 대진, 방구方矩, 김방金榜, 정요전程瑤田, 왕오봉汪梧鳳 등 원근의 제자가 운집하여 경전에 대해 문답하며 함께 공명했다. 이듬해, 대진이 적을 피해 수도로 갈 때 강영이 지은 『추보법해推步法解』, 『익매』 등의 신작을 가지고 갔다. 당시에 마침 유신 진혜전秦蕙田이 명을 받들고 『오례통고五禮通考』를 편찬하고 있었으므로 『추보법해』 전체를 수록하고 아울러 강영의 관련 논설을 『관상수시觀象授時』류에 포함시켰다.

강영은 만년에 대단한 고령에 이르렀어도 여전히 제자들을 가르치고 저술도 계속해나갔다. 건륭 27년(1762) 3월 병으로 세상을 떠날 때까지 불과 10년 동안 연속해서 『향당도고鄉黨圖考』, 『율려천미律呂闡微』, 『춘추지리고실春秋地理考實』, 『고운표준古韻標準』, 『하락정온河洛精蘊』, 『사성절운표四聲切韻表』, 『음학변미音學辨微』와 같은 책을 완성했다. 강영의 학문은 한나라와 송나라를 관통하고 실사구시적이었으며 평생 명물제도名物制度, 경사여지經史輿地, 천문역산天文曆算, 율려음운律呂音韻에 전념하여 연구했고 특히 삼례三禮의 학문에 가장 정통했다. 앞에서 거론한 저서 이외에도 『주례의의거요周禮疑義舉要』, 『의례석궁증주儀禮釋宮增注』, 『예기훈의택언禮記訓義擇言』, 『군경보의群經補義』, 『고정주자세가考訂朱子世家』 등이 있다. 건륭 연간 『사고전서四庫全書』를 편찬할 때 저록된 강영의 저술은 15종 100여 권에 달했다. 강영의 학술은 대진, 김방金榜, 정요전程瑤田 등 제자를 얻어서 발양되고 한 시대 지방과 국가의 학술 기풍을 열었을 뿐 아니라 의기투합한 학자를 모으고 사방을 소통하여 고학 부흥의 학술 조류를 일으켰다.

3. 소주蘇州 자양서원紫陽書院

건륭 초기 고학의 부흥에서 소주 자양서원은 명사들이 운집하고 독보적이어서 사방의 시선을 끄는 학술의 중심지라 불릴 만했다. 소주 자양서원의 창립을 회고하고 학술적 취향의 변화를 고찰하면 고학 부흥 조류의 형성은 바로 역사 대세의 흐름이니 돌이킬 수 없는 내재적 논리를 지니고 있음을 볼 수 있을 것이다.

중국 서원의 역사에서 청나라 초 순치順治, 강희 두 시기에서 옹정 초에 이르는 80-90년 사이의 기간은 서원 교육이 쇠퇴해 있던 상태에서 다시 왕성해지는 전환기다. 청나라 초기는 명나라와 청나라의 교체라는 사회대변동을 거친 후 신정권의 통치를 공고하게 할 필요가 있었고, 지식계의 이색적 역량의 결집을 방지하기 위해서 청나라 조정은 한동안 각지 서원의 활동을 제한하고 심지어 금지하기도 했다. 강희 중엽 이후 대규모 군사 저항이 끝나자 사회 질서가 점차 평온해져서 서원을 회복하고 세우는 것을 지방문화 건설의 일정으로 넣었다. 지방 관학의 보충으로서 서원은 송나라 때 처음 세워져서 한 시기 학자들이 자유롭게 강학하는 곳이 되었고 관립학교와 병존하는 사학이었다. 원나라 이후 서원은 여전히 민간 사학이었지만 점점 더 관부의 통제를 받았다. 이러한 서원 관학화의 추세는 명나라 때 크게 확대되었다. 가정, 융경 연간 이후 남북에서 봉기한 서원은 대부분 관립官立적 성격을 띠었다. 청나라 초의 서원도 마찬가지였다. 소주 자양서원은 바로 이러한 배경 속에서 강희 후기에 역사 무대에 올랐다.

중국 수천 년의 봉건사회에서 문화교육의 중시는 세세대대로 이어지는 양호한 전통이다. 송명 이후 공孔, 맹孟으로부터 주周, 정程, 장張, 주朱에 이르는 "도통"설이 성행하자 숭유중도崇儒重道는 봉건국가의 기본 문화정책이 되었다. 청나라로 들어선 이후 숭유중도라는 문화의 골격을 확립하는 과정에서 청나라 조정은 주자학과 양명학 가운데 어떤 것을 존숭해야 하는가 하는 선택에 직면할 수밖에 없었다. 성조聖祖가 친정하고 게다가 삼번의 난이 평정되고 국가가 통일된 후에는 이러한 선택을 더욱 더 피할 수 없었다. 강희 40년(1701) 이후 청나라 조정은 "어찬御纂"을 명분으로 주희 학문의 정의를 모아 『주자전서朱子全書』로 편찬할 것을 명령했고 아울러 이학 명신 웅사리熊賜履와 이광지李光地에게 차례로 편수 주관을 위탁했다. 51년(1712) 정월, 성조가 조야에 조칙을 내렸다. "주자가 여러 경전을 주석하고 도리를 밝혔는데 저술하고 편찬한 모든 책이 명백하고 정확하며 지극히 중정하다. 지금까지 5백 여 년을 거치면서 학자들이 감히 비판하는 사람이 없다. 짐은 공, 맹 이후 이 문화에 도움이 된 사람 가운데 주자의 공이 가장 크다고 생각한다."[21] 이어서 훈령을 내려 주희의 공묘孔廟 종사 지위를 승격시켜 동무東廡 선현의 열에서 대성전大成殿 십철十哲 다음 자리로 올렸다. 이로부터 청나라 조정은 주자와 그 학설에 대한 존숭으로 한 시대 봉건왕조의 숭유중도라는 문화의 골격을 기본적으로 확립했다.

이러한 청나라 조정의 중대한 문화 정책의 결정에 호응하여 주자학설을 창도하고 지식인의 관습을 단정하게 하며 학술을 진흥하기 위해서 강희 52년(1713) 11월에 강소순무江蘇巡撫 장백행張伯行이 소주부학蘇州府學 동쪽에 자양서원을 세웠다. 이듬해 3월 서원이 완공되자 장백행은 문장으로 서원의 종지를 밝혔다. "배우는 사람은 공부를 하는 것과 가르치는 사람은 가르치는 것은 자양을 종주로 삼아야 하고 속학과 그 이외의 학문은 함께 있을 수 없을 것이다. 나는 여러 지식인들과 함께 즐겨 성인의 가르침을 충실히 따르고 주자의 도를 강학하고 밝히며 직접 체득하고자 자양서원을 세운다."[22] 다른 말로 하면 소주 자양서원이 창건 초기에 송명의 유풍을 이었고, 주자학을 종주로 받들고 심신성명의 학문을 강구하는 곳이었다.

---

21) 『淸聖祖實錄』卷249, "康熙五十一年正月丁巳"條. 朱子注釋群經, 闡發道理, 凡所著作及編纂之書, 皆明白精確, 歸于大中至正. 經今五百餘年, 學者無敢疵議. 朕以爲孔孟之後, 有裨斯文者, 朱子之功最爲弘巨.

22) 張伯行, 『正誼堂文集』卷9, 「紫陽書院碑記」. 學者之所以爲學, 與教者之所以爲教, 當以紫陽爲宗, 而俗學異學, 有不得而參焉者矣. 不侫樂與多士恪遵聖教, 講明朱子之道而身體之, 爰建紫陽書院.

　그러나 불과 10년 만인 옹정 원년(1723)에 강소포정사江蘇布政使 악이태鄂爾泰가 자양서원을 중수했고 그 후 서원의 교학 내용이 변했다. 『악문단공연보鄂文端公年譜』의 기록에 따르면 다음과 같다. "자양서원의 춘풍정에서 수업할 때마다 뛰어난 명사들과 창화했는데 수백 명이 모였다. 그리고 사방에서 배우러 온 사람들이 공이 여가가 나면 함께 경사를 논하고 경제를 이야기했는데 대부분 선현이 밝히지 않은 것이었다. 배우는 사람들이 모두 마음을 기울이고 깜짝 놀라며 더 일찍 듣지 못한 것을 한스러워했다. 공은 고금을 나누어 문집을 만들었고 모두 『남방여헌南邦黎獻』이라 제목 붙였다."[23] 이전의 자양서원이 심신성명의 학을 강구했다면 옹정 초에 이르러서는 이미 시문을 창화하고 경사를 논하며 경제에 대해 이야기하는 것으로 점차 대체해 나갔다는 것을 충분히 알 수 있다. 소주 자양서원의 이와 같은 취향의 변화에 관해서 1930년대에 유이징柳詒徵 선생은 『강소서원지초고江蘇書院志初稿』를 지어 다음과 같은 적절한 결론을 내렸다. "악이태와 소주의 명사들 그리고 당시 모였던 지식인들이 지은 문장과 시를 모아 『남방여헌집』을 냈다. 서원이 심성의 강구로부터 문장의 고증으로 변화해간 것은 아마도 이것이 계기가 되었을 것이다."[24]

　이러한 변천의 노선을 따라 가다가 옹정, 건륭 연간 사이 정치풍운의 기복을 거쳐 건륭 초에 이르면 소주 자양서원은 마침내 심성의 학문에 대한 강구에서 벗어나 "고학으로 서로 독려[以古學相策勵]"의 학술적 중심지가 된다.

　건륭 14년(1749), 청년 준재 전대흔錢大昕이 가정嘉定에서 소주로 와 자양서원에서 공부하는데 당시 원장이 왕준王峻이었다. 46년이 지나 전대흔이 추억한 것에 따르면 다음과 같다. "나는 스물두 살에 자양서원에 와서 공부했는데 우산虞山 왕간재王艮齋 선생께 배웠다. 선생은 경사로 독서를 시작해야 한다고 가르쳤고 저에게 옛 것에 대해 함께 이야기할 만하다고 말씀하셔서 기대하고 독려해주신 바가 너무나 크다. 내가 사학에 종사한 것은 선생 때문이다."[25] 전대흔은 자신이 지은 『죽정거사연보竹汀居士年譜』에도 다음과 같이 기록했다. "순무 각라저헌공 아이합선이 내 이름을 듣고 현의 공문을 자양서원으로 보내 배우게 했다. 당시 왕간재 선생을 원장으로 모시고 있었는데 나의 답안지 시부와 논책을 읽고 칭찬을 그치지 않으면서 이 사람은 천하의 인재라고

---

23) 鄂容安 等, 『襄勤伯鄂文端公年譜』, "雍正三年, 四十六歲"條. 每會課于紫陽書院之春風亭, 與賢卿名士互相唱和, 時集數十百人. 而四方從遊, 公餘少暇, 輒與論經史, 談經濟, 多前賢所未發. 學者無不傾心動魄, 恨聞道之晚. 公乃分爲古今文集, 俱題曰『南邦黎獻』.

24) 柳詒徵, 『江蘇書院志初稿』, 『江蘇國學圖書館年刊』1931年第1期, 56쪽. 鄂爾泰與蘇之紳耆, 及一時召集之士所作之文若詩, 彙刻爲『南邦黎獻集』. 書院之由講求心性, 變爲稽古考文, 殆以是爲津渡.

25) 錢大昕, 『潛硏堂文集』卷24, 「漢書正誤序」. 予年二十有二, 來學紫陽書院, 受業於虞山王根齋先生. 先生誨以讀書當自經史始, 謂予尚可與道古, 所以期望策勵之者甚厚. 予之從事史學, 由先生進之也.

했다. 이로부터 시험은 항상 일등이었다. 청포靑浦의 왕란천王蘭泉, 장주長洲의 저학려褚鶴侶, 좌아左我 그리고 예당禮堂, 습암習庵이 모두 같은 집에서 지내면서 서로 고학을 독려했다."[26] 연보 주인공의 증손 경증慶曾이 이 조목에 다음과 같이 주석을 달았다. "전에 왕소사구王少司寇가 자양서원에서 공부할 때 왕광록과 함께 지내면서 공이 어리지만 지혜롭고 신동의 안목이 있음을 알았다. 원장이 인재에 대해 묻자 공이라고 대답했다. 원장이 순무에게 보고하자 매우 기뻐하며 공을 서원으로 불러 『주례』,『문헌비고』 두 가지에 대한 생각을 시험했다. 공이 바로 천 마디 말을 써내려가자 매우 경이롭게 여겼고 서원의 여러 명숙이 모두 손을 거두어들이고 경의를 표했다."[27] 주 가운데 언급된 명숙은 연보 주인공 자신의 기록에 따르면 혜동惠棟과 심동沈彤 등이다.

전대흔이 초년에 소주 자양서원에 공부하러 간 이상의 사료를 정리하면 다음의 세 가지를 알 수 있을 것 같다.

첫째, 늦어도 건륭 14년에 소주 자양서원의 교육은 이미 경사로부터 시작하였는데, 취지는 "옛 것에 대해 함께 이야기할 만하고[可與道古]" 또 "고학으로 서로 독려하는[以古學相策勵]" 데 있었다.

둘째, 이때 서원의 강학을 주관하고 가르친 명숙은 왕준王峻, 이과李果, 조홍趙虹 등 시사詩詞와 고문의 명가 뿐 아니라 당시 고학 부흥의 주창자였던 혜동, 심동沈彤도 있었다.

셋째, 건륭, 가경 연간에 경사와 고학으로 조야에 이름을 떨친 전대흔, 왕명성王鳴盛, 왕창王昶, 저인량褚寅亮 등은 학문의 뿌리를 모두 소주 자양서원에 두고 있다.

4. 노견증盧見曾과 그의 양주揚州 막부

양주는 운하의 중심지로서 장강이 동쪽으로 흐르고 운하는 세로 방향으로 흐른다. 명나라 이래로 이곳은 양회염운사兩淮鹽運使 관서官署 소재지였다. 청나라 초에 전화를 겪어 참상이 가득했지만 강희 중엽 이후 황폐해진 것이 모두 일어나고 경제가 살아나 다시 사람과 문화가 모여들

---

26) 錢大昕,『竹汀居士年譜』, "乾隆十四年, 二十二歲"條. 巡撫覺羅雅爾哈善聞予名, 檄本縣具文送紫陽書院肄業. 時侍禦王艮齋先生爲院長, 闔居士課義詩賦論策, 嘆賞不置. 曰此天下才也. 自是課試常居第一. 靑浦王蘭泉長洲褚鶴侶左我, 及禮堂習庵皆在同舍, 以古學相策勵.

27) 錢大昕,『竹汀居士年譜校注』, "乾隆十四年, 二十二歲"條. 先是王少司寇肄業紫陽書院, 與王光祿同舍, 始知公幼慧, 有神童之目. 及院長詢以今日人才, 則以公對. 院長轉告巡撫, 巡撫喜甚, 招公至院, 試以『周禮』『文獻通考』兩論. 公下筆千言, 於是驚異, 院中諸名宿, 莫不斂手敬之.

고 상인과 여객이 집결하는 곳이 되었다. 회수 남북의 염상과 양주의 명사들은 평소 학술을 돕고 문화와 교육을 진흥하는 전통이 있었고, 강희 연간의 저명한 경학자 염약거의 유저『상서고문소증尙書古文疏證』도 건륭 초엽에 양주에서 간행되었다. 건륭 19년(1754), 노견증이 양회염운사에 다시 임용되었을 때 그 지방의 양호한 기풍을 계승하고 염상 마왈관馬曰琯, 왈로曰璐 형제의 재력을 빌려 사방의 학술 엘리트를 막부에 모아 경사를 창도하고 고학을 부흥했다. 따라서 양주는 고학 부흥의 조류 가운데 또 하나의 중심지가 되었다.

당시, 노견증의 막부에 모인 중요한 학자로 진장陳章, 강욱江昱, 혜동, 심대성沈大成, 왕창, 대진과 같은 사람이 있었다. 그 가운데 특히 혜동과 심대성 두 사람의 영향이 가장 컸다.『양주화방록揚州畫舫錄』의 기록에 따르면 다음과 같다. "노견증은 자가 포손抱孫, 호는 아우산인雅雨山人이고 산동山東 덕주德州 출신이다 … 공은 두 번 전운사를 지냈는데 좌중이 모두 천하 인재였다 … 혜동은 자가 정우定宇, 호는 송애松崖이고 소주 원화元和 출신이다. 연계硯溪 선생의 손자이고 반농半農 선생 아들이며 효성으로 지역에 이름이 났다. 고금에 두루 통달했고 진조범陳祖範, 고동顧棟高와 같이 경학을 제창했다. 공이 품행과 학식을 인정하여 초빙해서『건착도乾鑿度』,『고씨전국책高氏戰國策』,『정씨역鄭氏易』,『정사농집鄭司農集』,『상서대전尙書大傳』,『이씨역전李氏易傳』,『광류정속匡謬正俗』,『봉씨견문기封氏見聞記』[28],『당척언唐摭言』,『문창잡록文昌雜錄』,『북몽쇄언北夢瑣言』,『감구집感舊集』을 교감했고『산좌시초山左詩抄』등의 책을 편집했다."[29] 또 다음과 같이 말했다. "심대성은 자가 학자學子, 호는 옥전沃田이고 송강松江 화정華亭 출신이다 … 경사와 백가의 서적에 정통했고 혜동과 친했다."[30]

혜동, 심대성 등 여러 막료의 노력 덕분에 노견증은 두 차례의 양회염운사 임기 10년 동안 잇따라 기풍을 전환시켰다고 할 수 있는 큰 일 몇 가지를 했다.

가장 먼저 한 일은 주이존朱彝尊의 유저『경의고經義考』를 보충하여 출간하고 "현재의 것을 믿고 옛 것을 의심하지 말라[勿信今而疑古]"고 주장하며 "경전을 궁구하고 옛 것을 고증하 것[窮經稽古]"을 제창한 것이다.『경의고』는 강희 연간 경학 대가 주이존의 유저로서 모두 300권인데 주이존 생전에 출간한 것은 절반밖에 안되었고 완간하지 못하고 세상을 떠났다. 건륭 19년, 노견

---

28) 『봉씨문견기封氏聞見記』라고 해야 한다. 인용자.

29) 李斗,『揚州畫舫錄』卷10,「虹橋錄上」. 盧見曾, 字抱孫, 號雅雨山人, 山東德州人 … 公兩經轉運, 座中皆天下士 … 惠棟, 字定宇, 號松崖, 蘇州元和人. 硯溪先生之孫, 半農先生之子, 以孝聞於鄉. 博通今古, 與陳祖範顧棟高同舉經學. 公重其品, 延之為校『乾鑿度』『高氏戰國策』『鄭氏易』『鄭司農集』『尙書大傳』『李氏易傳』『匡謬正俗』『封氏見聞記』(當作『封氏聞見記』一引者)『唐摭言』『文昌雜錄』『北夢瑣言』『感舊集』, 輯『山左詩抄』諸書.

30) 李斗,『揚州畫舫錄』卷10,「橋東錄」. 沈大成, 字學子, 號沃田, 松江華亭人 … 通經史百家之書, 與惠棟友善.

증이 양주에 재임再任했을 때 염상 마왈관馬曰琯, 왈로曰璐 형제가 흔쾌하게 보충 출간에 출자해 주어 1년의 시간이 지나서 완수할 수 있었다. 보충 출간이 되자마자 19년 여름에 노씨가 서문을 썼다. "나는 경전에 정통하려면 옛날에 가까운 것을 믿어야 한다고 생각했다. 비유하자면 진 땅 사람이 유주나 기주의 일을 말하는 것이 오월 사람이 말하는 것보다 더 진실에 가까운 것과 같다. 먼저 기전으로부터 시작해야 하고 기전이 부족한 점이 있으면 양한으로 보충하고 양한이 부족하면 의소에서 취하며 의소가 통하지 않은 다음에 송, 원, 명의 설로 넓혀 나가야 한다. 현재의 것을 믿고 옛 것을 의심하지 말라. 그렇지 않으면 천박하고 비루한 책을 비본으로 삼고, 자기만 옳다고 고집하고 남의 말에 귀를 기울이지 않는다는 비난을 초래할 것이다."³¹⁾ 보충 출간이 끝나고, 20년(1755) 6월에 주씨 후손 주도손朱稻孫이 노견증과 양주 염상 마씨 형제에 대한 감격을 문장으로 표현했다. "책이 세상에 알려지는 것과 그렇지 않은 것, 빨리 전해지는 것과 그렇지 않은 것은 원래 하늘에 달린 것이다. 지금부터 경전을 궁구하고 옛 것을 고증하는 학자는 학문의 방법을 얻을 것이니 당신과 해곡嶰谷 선생이 베풀어 주신 은혜는 정말로 적지 않다."³²⁾ 21년 (1756) 2월, 청 고종高宗이 궐리闕里에서 제사지낼 때 노견증이 또 『경의고』 장식본 2부를 황제가 보도록 바쳤다. 이때부터 이 책은 황궁에 들어가 조야에 전파될 수 있었고 건륭 초기 이후 경학이 크게 성행한 것에 매우 큰 영향을 주었다.

두 번째 한 일은 『아우당장서雅雨堂藏書』를 편집하여 출판한 것인데, 먼저 동한 경학자 정현鄭玄의 학설을 드러내고 "한학漢學"의 기치를 들었다. 『아우당장서』는 한나라와 당나라의 전적 13종을 모아 출판한 것인데 중요한 것으로 『이씨역전』, 『정씨주역鄭氏周易』, 『상서대전』, 『정사농집』, 『주역건착도周易乾鑿度』와 같은 것이 있다. 모든 책은 건륭 19년에 출간이 시작되어 23년 (1758)에 완성되었다. 노씨의 서명이 되어 있지만 사실은 서적을 선택하고 교감하고 서문을 쓴 것 등 곳곳에서 소주의 대유학자 혜동의 수고를 볼 수 있다. 『이씨역전』 첫 권에 있는 노씨의 서문은 역학의 원류를 정리하고 한학을 추존하여 옛사람의 해석을 보존하고자 했다. "내가 『역』을 공부한지 수십 년 되었다. 당·송·원·명 사대의 『역』을 넓고 깊게 읽었고 그 가운데 성인이 남긴 뜻을 얻은 것을 구했는데 한학이 최고였다. 옛날과 멀리 떨어지지 않고 가법이 여전히 보존되어 있었기 때문이다."³³⁾ 『정씨역전』에서도 비슷하게 말했다. "이 책이 전해진 것이 『삼례』,

---

31) 盧見曾, 「經義考序」, 『經義考』補刻本卷首. 竊嘗謂通經當以近古者爲信, 譬如秦人談幽冀事, 比吳越間宜稍稍得眞. 必先從記傳始, 記傳之所不及, 則衷諸兩漢, 兩漢之所未備, 則取諸義疏, 義疏之所不可通, 然後廣以宋元明之說. 勿信今而疑古, 致有兎園冊子師心自用之誚.

32) 朱彝尊, 『經義考』卷首, 「朱稻孫後序」, 中華書局影印『四部備要』本, 1998, 6쪽. 書之顯晦, 與夫行世之遲速, 固有天焉. 繼自今窮經稽古之士, 其得所津逮, 而拜使君與嶰谷先生之嘉惠者, 良匪淺矣.

33) 盧見曾, 『雅雨堂文集』卷1, 「刻李氏易傳序」. 余學『易』數十年, 於唐宋元明四代之『易』, 無不博綜元覽,

『모시』만큼 완전하지는 않지만 한학의 『역』의미가 많지 않아 이 책을 보존하여 갖추면 옛 것을 좋아하는 지식인이 여기에서 고찰할 바가 있을 것이다."[34] 『주역건착도』에서도 다음과 같이 말했다. "『건착도』는 선진 서적이다. 성인으로부터 멀지 않아서 가법이 여전히 보존되었으니, 정강성은 한나라의 대유학자로서 주석을 달았고 … 판각하고 간행하여 한학이 완비되도록 했다."[35] 『상서대전』에서도 이렇게 말했다. "삼가의 장구가 없어졌지만 금문학에 이 책이 보존되면 부분적으로 엿볼 수 있어서 간행했다. 별도로 『보유』 1권을 짓고 『강성집』을 권말에 더하여 이후 한학을 탐구하는 사람이 살펴볼 바를 알 것이다."[36] 이상에서 인용된 모든 서문의 말을 통해 건륭 9년 혜동이 지은 『역한학易漢學』 그리고 혜씨의 여러 해 동안 정현의 『역』주석에 대한 이해와 정씨 경학에 대한 표창은 선인의 업적을 이어받아 발전시켜 이후에 한학이 사방에서 성행하도록 했다는 것을 보여준다.

세 번째 일은 혜동의 미완 유저 『주역술周易述』을 간행하여 건륭 초기 고학 부흥의 중요한 학맥 가운데 하나를 보존한 것이다. 혜동은 소주의 대유학자로서 4대가 경학을 전수했고 한학에 전념했다. 건륭 9년(1744), 『역한학』을 완성하여 한나라 『역』을 표창하고 고학 부흥의 선구가 되었다. 또 『구경고의九經古義』를 지어 고염무가 창도한 훈고경학을 선양하면서 학계에 명확하게 알렸다. "한나라 사람이 경학에 정통한 데에는 가법이 있었기 때문에 오경사가 있었다. 훈고학은 스승이 구전한 것을 후인이 죽백에 기록한 것이다. 그러므로 한나라 경사經師의 학설이 학관에 세워져 경전과 병행했다. 오경이 집의 벽에서 나왔는데 옛 문자와 언어가 많아 경사가 아니면 판별할 수 없었다. 경전의 뜻이 훈에 보존되어 있으니 문자와 음을 알아야 그 뜻을 안다. 그러므로 옛날의 훈은 고칠 수 없고 경사는 버릴 수 없다."[37] 건륭 14년(1749)부터 『주역술』 저술을 시작했지만 병으로 세상을 떠날 때까지 완성하지 못했다. 혜동 생전, 양주 노씨 막부에 들어간 초기부터 그의 경학 연구방법을 막주幕主가 받아들였고 이 때문에 노견증의 『경의고』 보충 간행, 『아우당장서』의 편집 출판과 같은 여러 학술적 조치가 있었다. 23년(1758) 5월에 혜동이 병으로

而求其得聖人之遺意者, 推漢學爲長. 以其去古未遠, 家法猶存故也.

34) 盧見曾, 『雅雨堂文集』卷1, 「刻鄭氏周易序」. 此書之傳, 雖不及『三禮』 『毛詩』之完具, 然漢學『易』義無多, 存此以備一家, 好古之士, 或有考於斯.

35) 盧見曾, 『雅雨堂文集』卷1, 「刻周易乾鑿度序」. 『乾鑿度』先秦之書也, 去聖未遠, 家法猶存, 故鄭康成漢代大儒, 而爲之註 … 爲梓而行之, 以備漢學.

36) 盧見曾, 『雅雨堂文集』卷1, 「刻尚書大傳序」. 三家章句雖亡, 而今文之學, 存此猶見一斑, 爲刊而行之. 別撰『補遺』一卷, 並附『康成集』於卷末, 俾後之求漢學者, 知所考焉.

37) 惠棟, 『松崖文抄』卷1, 「九經古義述首」. 漢人通經有家法, 故有五經師. 訓詁之學, 皆師所口授, 其後乃著竹帛. 所以漢經師之說立於學官, 與經并行. 五經出於屋壁, 多古字古言, 非經師不能辨. 經之義存乎訓, 識字審音, 乃知其義. 是故古訓不可改也, 經師不可廢也.

세상을 떠났다. 8월에 노견증이 바로 『주역술』을 출판하면서 권두에 다음과 같이 썼다. "나의 벗 혜송애 선생이 『역』에 대해 말할 때 한나라만 논술하기를 좋아했다. 그는 『역』에 오가가 있는데 한『역』, 위『역』, 진『역』, 당『역』, 송『역』이다. 오직 한『역』만 사법을 써서 그 전승을 얻었다고 말했다 ⋯ 선생의 경학은 반농 선생 사기로부터, 반농은 연계 선생 주척으로부터, 연계는 박암 선생 유성으로부터 이어받았다. 몇 대에 걸쳐 강론, 탐구하여 비로소 가법을 얻는 것이니 역시 어려운 일이라고 할 수 있다. 선생이 60세가 되고 나서 병을 무릅쓰고 무리하게 저술에 전념하면서 3년 정도면 끝날 것이라 했다. 다 되어 가다가 병세가 악화되어 완성하지 못하고 세상을 떠날지 누가 알았겠는가! 이제 그 권수 그대로 간행하고 거기에 감히 더하지 못하는 것은 훌륭한 것에 하찮은 것이 뒤잇는 것을 걱정해서다. 선생은 겨우 62세고 내가 선생과 함께 한 것은 4년인데 그의 뜻에 근거하여 이렇게 서술한다."[38]

5. 혜동惠棟, 대진戴震으로부터 전대흔錢大昕으로

건륭 초기의 고학 부흥 조류에서 강남의 여러 중심 도시는 고립되어 관계를 맺지 않은 것이 아니라 사실 한 세대 또 한 세대의 학자들이 그 사이에서 왕래하고 교류하면서 일체가 되었다. 많은 학자들의 집착과 책임감이 공동으로 경사 고학이 부흥하고 왕성해지도록 촉진했다. 이제 앞뒤로 이어진 세 대가의 학술과 행적을 약술하여 걸출한 학자들이 그 사이에 쏟은 노고를 살펴보고자 한다.

우리가 다룰 세 대가는 혜동, 대진, 전대흔이다. 세 사람 가운데 혜동이 가장 연장자로서 강희 36년(1697)에 태어났고, 그 다음은 대진인데 옹정 원년(1723)에 태어났으며, 전대흔이 가장 나이가 적어서 옹정 6년(1728)에 태어났다. 연배로 따지자면 혜동이 윗사람이고 대진과 전대흔은 후배다. 건륭 9년(1744), 혜동은 『역한학』을 저술하여 세상을 이름을 알렸고 고학 부흥의 걸출한 선구자가 되었다. 이때 대진과 전대흔은 모두 아직 부지런히 학문의 방법을 찾는 과정에 있었다. 14년, 전대흔은 자양서원에서 공부했고 따라서 혜동을 "오 지방의 노대가[吳中老宿]"로 존경했으며 명성을 흠모해서 방문했다. 43년이 지나 고희에 가까워진 전대흔이 여전히 깊이 감개하며 회상했다. "내가 약관일 때 반환항에 있는 댁으로 선생을 찾아뵙고 『역』의 뜻에 대해 논의했는데 시간

盧見曾,「周易述序」. 惠棟 『周易述』 卷首를 볼 것. 吾友惠松崖先生說 『易』, 獨好述漢氏. 其言曰, 『易』有五家, 有漢 『易』, 有魏 『易』, 有晉 『易』, 有唐 『易』, 有宋 『易』. 惟漢 『易』 用師法, 獨得其傳 ⋯ 蓋先生經學得之半農先生士奇, 半農得之硯溪先生周惕, 硯溪得之樸庵先生有聲, 歷世講求, 始得家法, 亦云艱矣. 先生六十後, 力疾撰著, 自云三年後便可卒業. 孰意垂成疾革, 未成書而歿. 今第如其卷數刊刻之, 不敢有加焉, 懼續貂也. 先生年僅六十有二, 余與先生周旋四年, 爲本其意而敘之如此.

이 지나도 피곤하실 줄 몰랐다. 말도 안 되지만 나와 함께 옛날에 대해 이야기할 만하다고 생각하신 것 같다."39) 21, 2년 사이에 전대흔의 동창인 왕창이 혜동과 함께 양주 노씨의 막객이었는데 『역한학』의 수고를 바로 왕창이 초록하고 교정했다. 이 초본과 혜동이 지은 『주역술』의 요지도 왕씨를 통해 수도로 전입되었다. 그래서 당시에 전대흔이 수도에서 왕창에게 편지를 보냈다. 한편으로는 "혜씨의 『역한학』을 학려[저인량: 인용자] 대형이 지금 베끼고 있는데 아직 돌려받지 못했다. 내년 봄에 오문으로 부칠 것이니 절대로 유실하지 마십시오."40)고 알리고, 다른 한편으로 "송애의 『주역술』은 악폐를 일소하고 홀로 끊어진 학술을 밝혔으니 한학에 대해 이야기하는 자로 이보다 나은 사람은 없다."41)고 칭송했다.

건륭 22년(1757) 겨울, 대진은 수도에 갔다가 남쪽으로 돌아오는 길에 양주를 지났다. 다행히 노씨 막부에서 혜동과 교제하기 시작했는데 당시의 상황을 대진은 매우 분명하게 기록했다. "내가 수도에 남쪽으로 돌아오는 길에 양주 도전염운사 사서에서 선생을 처음 뵈었다. 선생이 나의 손을 잡고 말씀하셨다. '전에 죽은 벗 오강의 심관운[심동: 인용자]이 저에게 휴녕에 대모라는 사람이 있는데 알고 지낸지 오래되었다고 말했다. 관운은 아마도 그대가 지은 책을 직접 보았겠지요.' 나는 그때 마음속으로 어린 시절 정해지지 않은 생각이 어떻게 심군의 눈에 들어갔는지 몰라 의아했지만 이미 만날 수 없어서 유감으로 여겼다. 그리고 선생을 만난 것을 더 기쁘고 다행스럽게 여겼다."42) 30년 겨울, 대진이 소주를 지나다가 혜동의 유족 및 제자들을 만나 「제혜정우선생수경도惠定宇先生授經圖」라는 문장을 지어 죽은 벗을 회상했다. 이 글에서 혜동의 학문을 높이 평가했다. "선생의 학문은 한나라 경사가 주고받은 떨어질 듯 말 듯 오랫동안 쌓아온 학업을 바로 거슬러 올라가는데, 이 학업을 오 지역의 뛰어난 후학에게 가르쳐 이 일이 사라지다가 부흥하도록 했다. 나는 학문에 성취가 없음을 부끄럽게 여기며 이전의 유학 대가에게서 잘한 것을 얻지 못했으므로 선생의 경계를 헤아릴 수 없다."43) 바로 이 문장에서 대진은 혜동의 훈고

---

39) 錢大昕, 『潛研堂文集』 卷24, 「古文尙書考序」. 予弱冠時, 謁先生於泮環巷宅, 與論『易』義, 更僕不倦, 蓋謬以予爲可與道古者.

40) 陳鴻森 輯, 『錢大昕潛研堂遺文輯存』 卷下, 「與王德甫書一」. 惠氏『易漢學』, 鶴侶(褚寅亮—引者)大兄現在手鈔, 此時尙未付還. 來春當郵致吳門, 決不遺失也.

41) 陳文和 主編, 錢大昕, 『嘉定錢大昕先生全集』 第10冊, 「潛研堂文集補編·與王德甫書一」, 江蘇古籍出版社, 1997, 28쪽. 松崖征君『周易述』, 摧陷廓淸, 獨明絶學, 談漢學者無出其右矣.

42) 戴震, 『東原文集』 卷11, 「題惠定宇先生授經圖」. 震自京師南還, 始覯先生於揚之都轉鹽運使司署內. 先生執震之手言曰, 昔亡友吳江沈冠云(沈彤—引者)嘗語余, 休寧有戴某者, 相與識之也久. 冠云蓋實見子所著書. 震方心訝少時未定之見, 不知何緣以入沈君目, 而憾沈君之已不及覯, 益欣幸獲觀先生.

43) 先生之學, 直上追漢經師授受, 欲墜未墜, 埋蘊積久之業, 而以授吳之賢俊後學, 俾斯事逸而復興. 震自愧學無所就, 於前儒大師不能得所專主, 是以莫之能窺測先生涯涘.

학 전통을 계승하여 "훈고가 분명하면 옛 경전이 분명해진다[故訓明則古經明]"라는 저명한 주장을 제기했다. 동시에 또 이 주장을 전장제도의 연구 및 의리학의 강구와 결합하여 혜동의 학술을 창조적으로 해석했다. "송애 선생의 경학은 배우는 사람이 한나라 경학가의 훈고를 일삼아 삼대의 전장제도를 두루 살피고 이로부터 의리를 추구하도록 하는데 이는 확실한 근거가 있었다. 훈고와 의리를 둘로 갈라놓은 것은 훈고가 의리를 밝히기 위한 것이 아니라는 것이니 고훈은 무엇을 위한 것인가? 의리가 전장제도에 있지 않다면 반드시 이단이나 바르지 않은 학설에 유입될 수밖에 없는데, 이 또한 선생의 가르침과는 멀다."44)

건륭 34년(1769), 대진이 혜동의 제자 여소객余蕭客이 지은 『고경해구침古經解鉤沉』에 서문을 지었는데 이전의 학설을 거듭 천명하고 훈고학으로 도를 밝힌다는 학문의 종지를 체계적으로 밝혔다. 그의 결론은 다음과 같다. "경전의 극치는 도이고 도를 밝히는 것은 사며 사를 이루는 것으로 소학문자를 벗어날 수 있는 것이 없었다. 문자로부터 언어로 통하고 언어로부터 옛 성현의 뜻에 통하는 것은 단에 오르려면 계단을 거쳐야 하고 건너뛰어 오르면 안 되는 것과 같다."45) 마지막 부분에서 대진은 거듭 천명했다. "이제 중림仲林이 옛 것을 고찰하는 학문을 그 고향의 혜정우에게 얻었는데 혜군은 나와 친하고 견강부회로 경전을 해석하는 것을 매우 싫어했다. 옛 것을 좋아하는 유학자 두세 사람만이라도 이 학문이 훈고 뿐 아니라 도를 깨닫는 데에도 뜻을 두고 있다는 것을 안다면 아마도 거의 가까울 것이다."46)

건륭 38년(1773), 청나라 조정이 『사고전서』관을 열자 대진은 거인擧人으로서 소집되어 수도에 들어가 편찬에 참여했다. 이 시기에 이르면 한학은 청나라 조정으로부터 관대하게 대우받고 세력을 크게 넓혀서 조야에서 유행하여 고학 부흥이 중천에 뜬 해처럼 사회적 기풍이 되었다. 당시 저명한 사학자 장학성章學誠은 다음과 같이 기록했다. "이에 사방의 뛰어난 지식인이 책략을 품고 수도로 왔는데 모두 우수하여 천록天祿과 석거石渠에 모인 지식인과 같고, 『삼분三墳』과 『팔삭八索』을 가려낼 생각이 있었다. 그리고 공경들에게 글을 주는 사람은 대부분 시부나 거자의 기예와 학업을 명물을 살펴 바로잡고 성음문자의 표준을 세우는 것으로 바꾸었다. 빠르게 풍속을 변화시켰다."47)

---

44) 戴震, 『東原文集』卷11, 「題惠定宇先生授經圖」. 松崖先生之爲經也, 欲學者事於漢經師之故訓, 以博稽三古典章制度, 由是推求理義, 確有據依. 彼歧故訓理義二之, 是故訓非以明理義, 而故訓胡爲? 理義不存乎典章制度, 勢必流人異學曲說而不自知, 其亦遠乎先生之教矣.

45) 戴震, 『東原文集』卷10, 「古經解鉤沉序」. 經之至者道也, 所以明道者其詞也, 所以成詞者未有能外小學文字也. 由文字以通乎語言, 由語言以通乎古聖賢之心誌, 譬之適堂壇之必循其階, 而不可以躐等.

46) 戴震, 『東原文集』卷10, 「古經解鉤沉序」. 今仲林得稽古之學於其鄉惠君定宇, 惠君與余相善, 蓋嘗深嫉乎鑿空以爲經也. 二三好古之儒, 知此學之不僅在故訓, 則以志乎聞道也, 或庶幾也.

건륭 42년(1777) 5월, 대진이 북경에서 세상을 떠났다. 이때 전대흔은 이미 전성기에 관직에서 물러나 은퇴했고 넓고 깊게 관통한 학문으로 학술계를 주도했다. 54년(1789), 대흔은 소주 자양서원의 강좌를 맡았다. 세월이 덧없이 쏜살같이 흘러 돌이켜 보니 자양에서 공부한 것이 어느새 40년 전 과거였다. 가경 9년(1804) 세상을 떠나기까지의 16년간 전대흔은 자양서원의 전통을 선양하여 "고학의 상세한 연구와 실사구시[精研古學, 實事求是]"로 그 지방의 인재를 육성했다. 전경증錢慶曾의 『죽정거사연보속편竹汀居士年譜續編』에 다음과 같은 기록이 있다. "공은 자양에서 가장 오래 있었는데 기유년부터 갑자년까지 모두 16년이다. 그 동안 문하에서 공부한 당시의 인재들이 적어도 2천 명은 된다. 모두 고학을 상세하게 연구하고 실사구시를 했다. 예컨대 무재茂才 이예李銳의 산술, 광문廣文 하문도夏文燾의 여지輿地, 포의布衣 뉴수옥鈕樹玉의 『설문』, 효렴孝廉 비사기費士璣의 경술, 징군徵君 장연창張燕昌의 금석, 공부工部 진계정陳稽亭 선생의 사학은 수천 년의 절학이 여러 사람에게 모였는데 강좌에서 모두 절충되었다."[48]

일에는 근본이 우선이고 말단은 나중이며, 물을 마실 때는 그 근원을 생각하듯이 만년의 전대흔은 걸출한 사학자로서 당시의 학술사를 정리하고 혜동, 강영, 대진과 같은 사람을 분별하여 전기를 썼으며 특별히 전기 주인공의 고학 부흥에 대한 공로를 드러내는 데 유의했다. 강영전에서 전대흔은 다음과 같이 칭송했다. "책을 읽으면 깊이 생각했고 비교 검토에 뛰어났으며 보산, 종률, 성운에 특히 밝았다."[49] 또 이렇게 기록했다. "휴녕의 대진은 어릴 때 고향에서 칭찬받지 못했지만 선생만이 인정하고 망년지교로 삼았다. 대진의 학문은 선생으로부터 얻은 것이 많다."[50] 대진전은 대략 대진이 지은 「제혜정우선생수경도」, 「고경해구침서古經解鉤沉序」와 같은 여러 문장에서의 주장을 인용하고 대진의 학문 종지를 "성음문자로 훈고를 구하고 훈고로 의리를 찾으며 실사구시하고 일가에 치우치지 않는 것"[51]으로 귀납했다. 『혜선생동전惠先生

47) 章學誠, 『章氏遺書』卷18, 「周書昌別傳」. 於是四方才略之士, 挾策來京師者, 莫不斐然有天祿石渠, 勾『墳』抉『索』之思. 而投卷於公卿間者, 多易其詩賦舉子藝業, 而爲名物考訂, 與夫聲音文字之標, 蓋駸駸乎移風俗矣.

48) 錢慶曾, 『竹汀居士年譜續編』, "乾隆五十八年, 六十六歲"條. 公在紫陽最久, 自己酉至甲子, 凡十有六年, 一時賢士受業於門下者, 不下二千人, 悉皆精研古學, 實事求是. 如李茂才銳之算術, 夏廣文文燾之興地, 鈕布衣樹玉之『說文』, 費孝廉士璣之經術, 張徵君燕昌之金石, 陳工部稽亭先生之史學, 幾千年之絶學, 萃於諸公, 而一折衷於講席.

49) 讀書好深思, 長於比勘, 於步算鐘律聲韻尤明.

50) 錢大昕, 『潛研堂文集』卷39, 「江永先生傳」. 休寧戴震, 少不譽於鄉曲, 先生獨重之, 引爲忘年交, 震之學, 得諸先生爲多.

51) 錢大昕, 『潛研堂文集』卷39, 「戴震先生傳」. 由聲音文字以求訓詁, 由訓詁以尋義理, 實事求是, 不偏主一家.

棟傳』에서 전대흔은 수천 년 경학사를 종합했고 송원 이래 학술의 적폐에 대해서 다음과 같이 지적했다. "내가 일찍이 말했는데 송, 원 이래 경전에 대해 이야기한 책이 집안에 가득한데 그 중에 나은 것은 고훈을 멸시하여 버리고 심득을 자랑하고, 못한 것들은 남의 말을 표절하여 자기 것이라 하니 유림의 명성이 다만 내용이 없고 약점을 감추는 것이 되었다. 혜씨만이 몇 대에 걸쳐 고학을 지켰고 선생이 체득한 것은 더 깊어서 한나라 유학자와 견주어 본다면 하소공何邵公과 복자신服子愼 사이에 들 것이고 마융馬融이나 조기趙岐와 같은 사람은 미치지 못한다."52) 대흔은 정확하게 혜동 역학과 한학 부흥의 관계를 파악했다. "혜동 선생은… 50세 이후 경학에 전념했고 특히 『역』에 정심했다. 공자가 『십익』을 지었고 그 미언대의를 칠십자 무리가 전하여 한나라 때에는 남아 있었다. 왕필이 등장하고 나서 한학이 사라졌지만 다행히도 그 대략이 이씨의 『집해集解』에 보존되었다. 30년을 상세하게 연구하면서 원의를 확대하고 추론하여 비로소 그 취지를 관통할 수 있었다. 『주역술』을 지어 우중상을 중심으로 하고 순荀, 정鄭 제가의 뜻을 참고했으며 요지를 요약하여 주에 기록하고 그 학설을 연역하여 소에 기록했다. 한학이 단절된 지 천오백여 년이 지났는데 이에 이르러 찬연히 다시 드러났다."53)

혜동, 대진, 전대흔 세 사람의 연관된 학술과 행적의 정리를 통해서, 건륭 초기 이후 "고학古學" 두 글자는 완연하게 한 가닥 무형의 노선이 몇 대에 걸친 학자들을 긴밀하게 연계시키고 있음을 어렴풋하게 볼 수 있다. 혜동, 대진으로부터 전대흔에 이르는 과정은 고학 부흥의 조류가 형성되어 성행하는 축소판으로 볼 수 있다고 생각한다.

---

52) 予嘗論宋元以來, 說經之書盈屋充棟, 高者蔑棄古訓, 自誇心得, 下者剿襲人言, 以爲己有, 儒林之名, 徒 爲空疏藏拙之地. 獨惠氏世守古學, 而先生所得尤深, 擬諸漢儒, 當在何邵公服子愼之間, 馬融趙岐輩不 能及也.

53) 錢大昕, 『潛硏堂文集』卷39, 「惠先生棟傳」. 惠先生棟 … 年五十後, 專心經術, 尤邃於『易』. 謂宣尼作『十 翼』, 其微言大義, 七十子之徒相傳, 至漢猶有存者. 自王弼興而漢學亡, 幸存其略於李氏『集解』中. 精硏 三十年, 引伸觸類, 始得貫通其旨. 乃撰次『周易述』一編, 專宗虞仲翔, 參以荀鄭諸家之義, 約其旨爲註, 演其說爲疏. 漢學之絶者千有五百餘年, 至是而粲然復章矣.

제11장
경연강론을 통해 본 건륭시기의 주자학

청대 주자학은 강희제 후기에 주도적인 지위를 획득한 후, 법령의 반포, 황제의 제창, 사대부들의 연구에도 불구하고 한동안 발전하지 못한다. 오히려 성리학과 거리가 먼 고증학이 대성황을 이루며 건륭가경 연간에 조정과 민간에 널리 유행하여 한때 학술주류가 된다. 이 때문에 건륭연간 초기에 벌써 고종은 다음과 같이 탄식했다. "근래에 사장학에 마음을 두는 자들은 아직 많은데 이학에 마음을 쓰는 자들은 대체로 드물다."[1] 건륭 중엽 이후가 되면 마침내 대동원의 『맹자의소증孟子字義疏證』이 나와 "주자의 자리를 넘보려고 한다.[欲奪朱子之席.]"[2] 건륭 말엽과 가경 초엽에 주자의 고향인 휘주徽州와 흡주歙州에서는 뜻밖에 "경전에 통하면서 옛 것을 따른다고 스스로 생각하는 무리가 주자를 경멸하지 않으면 학식이 넓고 깊은 사람이 될 수 없다"[3]는 상황이 출현한다. 이런 국면은 어떻게 형성되었을까? 학술사와 사회사를 결합시킨 각도에서 그 심층원인을 탐구하는 것은 주자학의 계승과 부침을 정리하는데 도움이 될 뿐 아니라 청대 중엽의 사회와 학술을 인식하고 파악하는데도 가치가 있다. 다음은 청 고종의 경연에서 강론내용의 변천으로부터 건륭연간 주자학이 부진했던 원인에 대해 논하고자 한다. 논한 내용이 모두 타당하다고 할 수 없으니 현인의 가르침을 청한다.

---

1) 『淸高宗實錄』卷128, "乾隆五年十月己酉"條. 近來留意詞章之學者, 尙不乏人, 而究心理學者蓋鮮.

2) 王國維, 『觀堂集林』卷12, 「聚珍本戴校水經注跋」, 中華書局, 1959년, 580쪽.

3) 章學誠, 『文史通義』內篇2, 「朱陸」附「書朱陸篇後」, 『章學誠遺書』, 文物出版社, 1985년, 16쪽. 自命通經服古之流, 不薄朱子則不得爲通人.

1. 고종 초엽의 정치와 주자학의 제창

청 고종 재위 60년간 건륭3년(1738)에 처음으로 경연을 시작하여 건륭 60년(1795) 제위를 물려주기까지 경연강학은 모두 51차례 거행되었다. 고종 초엽 조부와 부친의 법도를 따라 경연강학은 매년 봄과 가을 각각 한 차례씩 거행하여 유학을 숭상하고 도를 중시하며[崇儒重道] 부지런히 학문을 닦는다는 것을 보여주었다. 건륭 12년 이후 건륭 18년 중추仲秋에 경연을 거행한 것을 제외하고 나머지 해에는 모두 중춘에 거행하였다.[4]

건륭 원년 정월, 고종 개원 초기에 어사 사제세謝濟世가 『학용주소學庸注疏』를 지어 주자와 다른 견해를 내세운 일이 발생한다. 정사를 논의하는 황족과 대신들은 다음과 같이 말했다. "사제세가 자신의 저작인 『학용주소』를 바쳤는데 경전의 의의는 조금도 살피지 않았습니다. 주자를 존숭하라는 명나라 초엽의 명령은 동향同鄉과 동성同姓이라는 이유로 하는 것이고 명분은 성현을 표창하는 것이지만, 사실은 본 조정을 추존하고 있습니다. 더더욱 이치에 맞지 않으니 심히 학술과 사람의 마음에 해가 됩니다."[5] 상주문이 올라가자 고종은 여러 왕과 대신의 의론을 받아들여 사제세가 지은 책을 "엄격하게 경고하여 돌려보낸다.[嚴飭發還]" 2월에 고종은 또 사제세의 저술과 어사 이휘李徽가 『효경』과 『사서四書』를 나란히 열거할 것을 청한 상주문에 대해 조서를 내려 엄격하게 지적한다.

> 사제세는 주자의 『장구』 대신에 자신이 주석을 단 『학용』을 천하에 알리려고 한다. 자신과 주자가 구름과 진흙처럼 큰 차이가 있다는 것을 혼자만 헤아리지 못하고 마구 헐뜯으니 건방지고 도리에 어긋나는 것이 이미 지극하다. 또 고향이 같고 성이 같아 주자의 서적을 존숭했다고 하니, 부엌에서 일하는 늙은 여종이 옛날이야기를 말하는 것과 같으니 시골 아이들도 어이가 없어 웃음을 터뜨릴 것이다. 이휘는 『효경』을 『사서』와 나란히 오경으로 삼으려고 하니, 그 요지가 괴이하고 문장은 보잘 것 없다. 송과 원의 큰 유학자들이 논한 『효경』의 기원과 발전과정을 간략하게나마 살펴보지도 않고 역대의 정론을 어지럽히고, 학관에 세워 수백 년간 내려온 제도를 무너뜨리려고 하니 또한 자신을 헤아리지 못한 것이 매우 심하다.[6]

---

4) 11장 말미에 부록된 『乾隆朝經筵講學一覽表』에 보인다.

5) 謝濟世進自著『學庸註疏』, 於經義未窺毫末. 其稱明初尊朱之令, 以同鄉同姓之故, 名爲表彰聖賢, 實則推尊本朝. 尤屬謬妄無稽, 甚爲學術人心之害.

6) 『淸高宗實錄』卷13, "乾隆元年二月庚辰"조. 謝濟世請用其自註『學庸』, 易朱子『章句』, 頒行天下. 獨不自揣己與朱子, 分量相隔如云泥, 而肆口詆毁, 狂悖已極. 且謂明代以同鄉同姓, 尊崇朱子之書, 則直如爨下老婢陳說古事, 雖鄉里小兒, 亦將聞而失笑也. 李徽欲以『孝經』與『四書』並列爲五, 立義支離, 屬辭鄙淺. 於宋, 元大儒所論『孝經』源流離合, 曾未寓目, 卽欲變亂歷代論定, 列於學官, 數百年不易之舊章, 亦不自量之甚矣.

건륭 3년 정월, 고종은 옹정제의 삼년상을 마치고 예부에 경연강학을 준비시킨다.

짐이 생각건대, 『사서』와 『육경』은 성현들께서 마음을 전한 중요한 서적이며 제왕들이 천하를 다스린 위대한 계책이다. 천하를 다스리는 자가 성인의 경지에 들고 높은 이치에 오르려고 하면 이것을 버리고는 이룰 수가 없다. 황조이신 성조 인황제와 황고이신 세종 헌황제는 늘 강연에 참석하셔서 지극한 도를 궁구하시고 성덕이 천하에 두루 미쳐 융성함이 요순임금에 비견되었다. 짐은 일찍이 조부의 가르침을 이어받아 배움에 힘썼다. 황제의 자리에 오른 이후에는 정치의 요점을 부지런히 생각하였으며, 한림원의 과도관[7]에게 명하여 경전과 역사서를 손보아 올리고 바른 말과 논의를 바치지 않는 날이 없다. 특히 상중에 있으니 경연을 하지 못했다. 이제 복상도 끝났으니 즉시 거행해야 한다. 모든 전례는 예부에서 알맞은 날을 택하여 의식을 갖추어 알리도록 하라.[8]

2월 24일, 처음으로 경연대전을 거행했다. 유신儒臣들이 먼저 『논어·위정』편을 강하자 고종이 이어서 강론을 펼쳤으며, 유신들이 다시 『상서·순전』을 강하자 고종이 다시 강론을 펼쳤다. 이후 건륭 54년, 군신 간에 『논어』를 강하는 것 외에 『사서』를 먼저 강하고 『육경』을 뒤에 하는 것이 마침내 건륭제 시기 경연강학의 정해진 틀이 되었다. 이 기간에 강한 것은 모두 『논어』 26차례, 『맹자』 4차례, 『대학』 9차례, 『중용』 11차례, 『주역』 24차례, 『상서』 24차례였다.

건륭 5년 10월, 이학이 부진하다는 것을 알아차리고 장편의 조서를 공표하여 송대 유자의 책을 읽고 이학을 정밀히 연구할 것을 제창했다.

짐이 한림翰林과 첨사詹事, 과도관에게 명하여 경전과 역사서의 강의록을 매일 바치게 했다. 이는 원래 성현의 정밀하고 깊은 뜻을 탐색함으로써 태평성대를 이루고 백성들을 편안히 하는 정사의 근본으로 삼고자 한 것이다. 도통의 학술이 포괄하지 않은 것이 없으며 관통하지 않은 곳이 없다. 그러나 근래 2년 동안 신하들은 경전과 역사서를 조목조목 거론하여 각자 자신의 견해를 이야기하였으나 송대 유자의 성리서는 절실하게 서술하여 선대 유자들과 서로 표리가 된 사람이 없다. 근래에 사장학에 관심을 가지는 자들이 아직 적지 않은데 이학을 궁리하는 자들은 적다. 신하들 중에는 강의록에 잠문이나 명문을 붙이는 자들도 있다. 옛 사람들은 거울이나 쟁반, 안석이나 지팡이에 잠문이나 명문을 새겼으며 그 문장은 바로 도를 드러내었다. 지금은 문사를 숭상하여 응제의 도구로만 삼고

---

7) 명청시대 육과급사중六科給事中과 도찰원都察院 각 도道 감찰어사監察御史를 통틀어 '과도관'이라고 불렀다.

8) 『淸高宗實錄』卷60, "乾隆三年正月癸亥"조. 朕惟『四子』, 『六經』, 乃群聖傳心之要典, 帝王馭世之鴻模. 君天下者, 將欲以優入聖域, 茂登上理, 舍是無由. 我皇祖聖祖仁皇帝, 皇考世宗憲皇帝, 時御講筵, 精研至道, 聖德光被, 比隆唐虞. 朕夙承庭訓, 典學維殷, 御極以來, 勤思治要, 已命翰林科道諸臣, 繕進經史, 格言正論, 無日不陳於前. 特以亮陰之中, 經筵未御. 茲旣卽吉, 亟宜擧行. 所有典禮, 爾部其諏日具儀以聞.

있으니 이는 도와 문을 둘로 나눈 것이다. 이것은 평상시 수업할 때 송대 유자의 서적에서 침잠반복하고 마음과 몸에 체험하여 성현의 도를 구한 적이 없기 때문이다. 그러므로 의론으로 드러나는 것이 이런 정도에 머무는 것이다.9)

송대 유자의 책을 왜 읽어야 하는지 고종의 이유는 다음과 같이 말한다.

> 무릇 치통治統은 도통道統에서 근원하니 배움이 바르지 않으면 도가 밝지 못하다. 송나라의 주돈이, 정호, 정이, 장재, 주희는 하늘과 사람, 본성과 명의 큰 본원이 있는 곳과 힘을 쓰는 조목의 상세함에 있어 공자와 맹자가 전한 가르침을 얻었고, 이치와 욕심, 공과 사, 의와 리의 경계에 대해 지극히 분명하게 변별하였다. 이것을 따르면 군자가 되고 이것에 어긋나면 소인이 된다. 나라를 다스리는 자가 이것을 따르면 다스려지고 잃으면 어지러워지니, 실로 백성을 변화시키고 풍속을 이루며 자신을 닦고 다른 사람을 다스리는 요지에 도움이 있으니, 이른바 성인이 되는 데에 계단이고 도를 구하는 데에 길이 된다. 학자들이 정밀하게 살피고 힘껏 행할 경우, 이것을 쌓아서 덕행에 행하면 배움은 모두 실용적인 학문이 되고, 실천하여 사업에 행하면 다스림은 모두 실제적인 공업이 된다. 이것이 송대 유자들의 책이 후학들에게 공로가 있어서 연구하여 이치를 밝히고 절실하게 궁구하지 않을 수 없는 이유이다.10)

송대 유자의 서적을 읽어야 한다는 도리를 천명한 다음에 청 고종은 나아가 이학을 강하는 사람 중에 거짓됨이 있다고 해서 이학을 강하지 않아서는 안 된다고 말한다.

> 지금 경적을 해석하는 자들이 간혹 한나라와 당나라의 전주箋注를 인용하기도 한다. 무릇 전장과 제도에 대해 한과 당의 유자들이 전한 바가 있으니 고증을 없애서는 안 된다. 그러나 경술의 정밀함은 반드시 송대 유자들을 참고하여 천발한 다음에야 성인의 미언대의가 해와 달이 비추듯이 행해질 수 있다. 오직 강학하는 사람 가운데는 참된 사람도 있고 거짓된 사람도 있다. 참된 이는 많이 얻을

---

9) 朕命翰詹科道諸臣, 每日進呈經史講義, 原欲探聖賢之精蘊, 爲致治寧人之本. 道統學術, 無所不該, 亦無往不貫. 而兩年來, 諸臣條擧經史, 各就所見爲說, 而未有將宋儒性理諸書, 切實敷陳, 與儒先相表裏者. 蓋近來留意詞章之學者, 尙不乏人, 而究心理學者蓋鮮. 卽諸臣亦有於講章中系以箴銘者, 古人鑒槃几杖, 有箴有銘, 其文也, 卽其道也. 今則以詞藻相尙, 不過爲應制之具, 是歧道與文而二之矣. 總因居恒肄業, 未曾於宋儒之書沈潛往復, 體之身心, 以求聖賢之道. 故其見於議論, 止於如此.

10) 夫治統原於道統, 學不正則道不明. 有宋周, 程, 張, 朱子, 於天人性命大本大原之所在, 與夫用功節目之詳, 得孔孟之心傳, 而於理欲, 公私, 義利之界, 辨之至明. 循之則爲君子, 悖之則爲小人. 爲國家者, 由之則治, 失之則亂. 實有裨於化民成俗, 修己治人之要, 所謂入聖之階梯, 求道之塗轍也. 學者精察而力行之, 則蘊之爲德行, 學皆實學; 行之爲事業, 治皆實功. 此宋儒之書, 所以有功後學, 不可不講明而切究之也.

수 없지만 거짓된 이는 도덕과 성명의 설에 의탁하여 세상을 속이고 이름을 훔쳐 문호를 내세우는 해로움을 차차 열어놓는다. 이런 일을 짐은 잘 알고 있으며 또한 매우 싫어한다. 하지만 거짓됨으로 의탁하는 사람 때문에 명교에 죄가 있다고 해서 이학을 섬기지 않아서는 안 된다. 이것은 목이 메인다 하여 밥을 먹지 않는 것과 무엇이 다르겠는가?[11]

건륭 6년 7월, 신하들에게 충성으로 나라를 위할 것을 권면하는 조서에서 고종은 "짐은 어려서 책을 읽고 의리를 연구하여 지금까지 『주자전서』를 손에서 놓은 적이 없다."[12]라고 했다. 같은 해 9월, 호남 독량도督糧道[13]로 파견된 사제세가 파견지에서 경서를 인쇄했다. 고종은 이 소식을 듣고 군기대신에게 하교하여 호광총독湖廣總督 손가감孫嘉淦으로 하여금 불태워버리게 한다.

짐이 듣자하니, 사제세는 그가 주석한 경서를 인쇄하여 퍼뜨리는데 대부분 자신의 의견을 드러내고 정자와 주자를 헐뜯는다고 하니 아주 망령된 일이다. 종래 책을 읽고 도를 배우는 사람은 궁행실천을 중시하지 언어와 문자 사이에서 같거나 다른 점을 변별하는데 있지 않다. 하물며 고인의 저술이 많으니 어찌 지적할만한 곳이 한 두 곳 없겠는가? 후인들이 이전 사람들을 의론하면서 본 바가 반드시 마땅한 것이 아니라고 하더라도 마땅하다고 하니, 자신의 몸과 마음에 무슨 이로움이 있겠는가? 하물며 우리 성조聖祖께서 주자를 십철十哲의 반열에 올려놓고 가장 존숭하자 천하의 사자들이 기준으로 삼지 않는 이가 없었다. 그러나 사제세 같은 무리들은 기괴한 주장을 하고는 서로 표방하니 무지한 사람들이 그의 의견에 미혹될까 걱정스럽다. 하나의 도리로 풍속을 같이하는 의리가 아니니 충분히 인심과 학술에 해가 될 수 있다. 짐은 그동안 언어와 문자로 사람들을 벌하지 않았지만 이 일은 심히 관련이 있으니 또한 그대로 보고 지나칠 수 없다. 그대들은 호광총독 손가감에게 서신을 보내어 임지에 도착한 다음에 사제세가 주석한 경서에서 정자나 주자의 견해에 어긋나거나 다른 사람을 내세우는 곳이 있으면 낱낱이 조사하여 아뢰고, 하나도 남김없이 불태워 남기지 않도록 하라.[14]

---

11) 『淸高宗實錄』卷128, "乾隆五年十月己酉"조. 今之說經者, 間或援引漢唐箋疏之說. 夫典章制度, 漢唐諸儒有所傳述, 考據固不可廢. 而經術之精微, 必得宋儒參考而闡發之, 然後聖人之微言大義, 如揭日月而行也. 惟是講學之人, 有誠有僞, 誠者不可多得, 而僞者托於道德性命之說, 欺世盜名, 漸啟標榜門戶之害. 此朕所深知, 亦朕所深惡. 然不可以僞托者獲罪於名教, 遂置理學於不事, 此何異於因噎而廢食乎!

12) 『淸高宗實錄』卷146, "乾隆六年七月癸亥"조. 朕自幼讀書, 研究義理, 至今『朱子全書』未嘗釋手.

13) 명明·청대淸代 각 성省에 설치한 양곡 운송을 책임진 관리. 역자 주.

14) 『淸高宗實錄』卷151, "乾隆六年九月丁亥"條. 朕聞謝濟世將伊所註經書刊刻傳播, 多系自逞臆見, 肆詆程朱, 甚屬狂妄. 從來讀書學道之人, 貴乎躬行實踐, 不在語言文字之間辨別異同. 況古人著述既多, 豈無一二可指摘之處? 以後人而議論前人, 無論所見未必卽當, 卽云當矣, 試問於己之身心, 有何益哉! 況我聖祖將朱子升配十哲之列, 最爲尊崇, 天下士子, 莫不奉爲準繩. 而謝濟世輩倡爲異說, 互相標榜, 恐無知之人, 爲其所惑, 殊非一道同風之義, 且足爲人心學術之害. 朕從不以語言文字罪人, 但此事甚

다음해 정월, 호광총독 손가감은 "신이 사제세가 주석한 경서를 조사해보았습니다. 식견이 얕고 좁으며 고루하여 세상을 속이고 이름을 훔치기에는 부족하니 조목조목 지적할 필요가 없을 것 같습니다. 원 판본은 찾아서 불태우고 이미 인쇄된 책은 각지에 명하여 거두어 불태우도록 하겠습니다."라고 아뢰자, 고종은 손가감에게 "아뢴 일이 매우 타당하니 그렇게 해야 할 뿐이다." 고 하교한다.[15]

건륭 8년 2월, 고종은 각 성의 학신學臣들에게 주자가 편집한 『소학』을 제목으로 사인士人들에게 시험을 치르도록 명하고는 다음과 같이 말한다. "주자가 편집한 『소학』은 어린 아이의 마음을 함양하는 것을 가르침의 근본으로 삼는 데서 시작하여, 이어서 인륜을 밝히는 것을 도를 행하는 실제로 삼고, 마지막으로 자신을 공경하게 하는 것을 수양의 요지로 삼는다. 예교와 민심에 많은 도움이 된다."[16] 9년 10월, 한림원의 수리 공사를 마친 것을 기념하는 연회에 고종은 직접 방문하여 유신들에게 훈계했다. "한림의 직책은 문장에 있지만 그 문장은 도를 드러내는 것을 중시해야 한다. 여러 신하들은 이 뜻을 분명하게 알아야 한다."[17] 연회가 끝나자 고종은 자신의 저서인 『낙선당전서樂善堂全書』 외에 조부인 강희제 재위기간에 편찬한 『성리정의性理精義』를 한림원에 하사했다.

고종은 재위 초기에 조부와 부친의 법도를 성실하게 준수하여 주자를 존숭하고 이학을 제창하였다. 그래서 건륭 3년에서 18년까지 거행한 19차례의 경연강학에서 강관講官은 주자의 가르침을 독실하게 지켰을 뿐 아니라, 고종 역시 그대로 따라서 주자학설을 천명하니 군신이 온통 주자학을 부흥시키는 기상이었다.

2. 경연강론 가운데 주자학에 대한 질의

건륭 19년과 20년에 중단되었다가 21년 2월에 중춘의 경연이 다시 거행되었을 때 고종의 강론에는 주목할 만한 변화가 생긴다. 처음으로 주자의 『사서장구집주』에 의문을 제기한 것이다. 『중용』의 "착실함으로 밝아지는 것을 성이라 하고, 밝음으로 착실해지는 것을 교라고 한다.

有關係, 亦不可置之不問也. 爾等可寄信與湖廣總督孫嘉淦, 伊到任後, 將謝濟世所註經書中, 有顯與程朱違悖抵牾, 或標榜他人之處, 令其查明具奏, 卽行銷毀, 毋得存留.

15) 遵查謝濟世所註經書, 立說淺陋固滯, 不足以欺世盜名, 無庸逐條指潰. 謹將原板查毀, 並通飭收毀已印之本.", "所辦甚妥, 只可如此而已.
16) 『淸高宗實錄』卷185, "乾隆八年二月乙巳"條. 朱子所輯『小學』一書, 始自蒙養爲立敎之本, 繼以明倫爲行道之實, 終以敬身爲自修之要. 於世敎民心, 甚有裨補.
17) 『淸高宗實錄』卷227, "乾隆九年十月庚午"條. 翰林之職, 雖在文章, 要貴因文見道. 爾諸臣當明體此意.

착실하면 밝아지고 밝으면 착실해진다."18)는 구절에, 주자『중용장구』주석에서는 다음과 같이 풀이하였다. "자自는 따르다는 뜻이다. 덕이 진실하지 않음이 없고 밝음이 비추지 않음이 없는 것은 성인의 덕이 본성으로 가지는 것이니 천도이다. 먼저 선을 밝게 한 다음에 실행한 수 있는 것은 현인의 공부고 가르침으로부터 들어간 것이니 인도이다. 착실하면 밝지 않은 것이 없고 밝으면 착실함에 이를 수 있다."19) 문하의 제자가 『중용』에 대해 물은 질문에 답할 때, 주자는 또 다음과 같이 말한다. "'착실함으로 밝아지는 것을 성이라 한다', 이 성性자는 본성을 그대로 행하는 것이다. '밝음으로 착실해지는 것을 교라고 한다', 이 교教자는 배우는 것이다. 이 두 글자 는 돌려서 말한 것이니 1장 '천명지위성, 수도지위교'의 성性과 교教 두 글자와 뜻이 다르다."20)

건륭 21년 2월 6일, 만주족과 한족 직강관直講官이 각각 『중용』의 해당 장을 진강하고 주자의 해설을 다시 풀어주었다. 강이 끝나자 고종은 이전에 주자학설에 대해 설명하던 방식을 바꾸어 『중용장구』와 『주자어류』에 있는 주자의 주장에 대해 이의를 제기했다. "덕은 착실하지 않은 것이 없고 밝게 하는 것은 모두 선하니, 본성으로 가지고 있는 사람은 성인이다. 먼저 선을 밝게 한 다음에 덕을 착실하게 하니 가르쳐서 들어가는 사람은 현인이다. 성誠은 이치의 당연한 것이 고 명明은 그 소이연을 밝게 하는 것이다. 성이 곧 리이고 가르침이 곧 리를 밝히는 것이니, 하나이면서 둘이고 둘이면서 하나인 것이다."21) 청 고종의 이 설명은 주자의 학설에 근거하여 논한 것이지만 본성과 가르침을 하나이면서 둘이고 둘이면서 하나로 본 것은 이미 주자의 견해 와 다르다. 이로부터 출발하여 고종은 주자의 견해에 대해 의문을 제기한다. "이런 까닭에 성誠 밖에 성性이 없고 밝음 밖에 교教가 없다. 성인은 천리와 혼연일체가 되어 밝음을 쓰는 바가 없으면서도 비추지 않은 바가 없었다. '성으로 가지고 있다'고 해도 억지로 이름을 붙인 것 같으 니 어찌 가르침을 빌리려하겠는가? 현인은 짧은 시간동안 인을 생각하는데 불과하니 먼저 선을 밝게 한 다음에 착실하게 해야 그 성을 회복한다. 그러나 명은 이 이치를 밝히는 것이고 실은 또한 이 리를 착실하게 할 따름이다. 어찌 이른바 教교가 별도로 있겠는가?"22) 이 때문에 고종은

---

18) 自誠明謂之性, 自明誠謂之教. 誠則明矣, 明則誠矣.

19) 朱熹, 『四書章句集注』之『中庸章句』第21章. 自, 由也. 德無不實而明無不照者, 聖人之德, 所性而有者 也, 天道也. 先明乎善而後能實其善者, 賢人之學, 由教而入者也, 人道也. 誠則無不明矣, 明則可以至 於誠矣.

20) 黎靖德, 『朱子語類』卷64, 『中庸』第21章, 中華書局, 1986년, 1566쪽. '自誠明謂之性', 此性字便是性之也. '自明誠謂之教' 此教字是學之也. 此二字卻是轉一轉說, 與首章'天命之謂性, 修道之謂教'二字義不同.

21) 德無不實而所明皆善, 性而有之聖人也. 先明乎善而後實其德, 教而入之賢人也. 誠者理之當然, 明者 明其所以然. 性卽理也, 教卽所以明理, 一而二, 二而一者也.

22) 是故誠之外無性, 明之外無教, 聖人渾然天理, 無所用其明而明無不照. 謂之'所性而有', 尚屬强名, 則 何借乎教! 賢人日月至焉, 必待先明乎善而後實之, 乃復其性. 然明卽明此理, 實亦實此理而已, 夫豈

"주자는 하늘이 명령해서 부여준 것을 성이라고 하고 도를 닦는 것을 교라고 할 때의 성과 교가 다르다고 하지만, 내 생각에는 다를 바가 없다."[23]고 결론을 내린다. 고종의 결론은 두 가지를 말하고 있다. 첫째, 청 고종은 주자가 '성인의 덕[聖人之德]'을 '성으로 가지고 있는 것[所性而有]'이라고 본 것은 결코 합당하지 않으며 '억지로 이름을 붙였다고[强名]' 보았다. 둘째, 주자가 성性과 교敎 두 글자를 풀이하며 상황에 따라 다른 함의를 가질 수 있으니 역시 불필요하다고 보았다.

청 고종이 『중용』을 강하면서 주자와 다른 의견을 내세운 것은 우연일까? 비슷한 상황이 경연 강론에서 단 한 차례만 일어났다면 우연일 수도 있다. 하지만 이후 건륭 60년까지 32차례에 걸쳐 경연강학에서 분명하게 주자학에 의문을 제기한 것이 17차례가 넘으니, 우연적인 일은 아니다. 몇 가지 사례는 다음과 같다.

건륭 23년 2월, 중춘 경연은 『논어·자장편』의 "널리 배우고 뜻을 독실하게 하고 절실하게 묻고 가깝게 생각하면 인은 그 가운데 있다."[24]는 구절을 제목으로 하였다. 주자는 『논어집주』에서 이 구절에 대해 다음과 같이 풀었다. "학學, 지志, 문問, 사思 이 네 가지는 모두 학문과 사변의 일로 힘써 실행하여 인이 되는 것에는 미치지 못한다. 그러나 이것에 종사하면 마음이 밖으로 달아나지 않고 보존하는 바는 절로 무르익기 때문에 인은 그 가운데 있다고 하는 것이다."[25] 고종은 주자의 이 해석에 찬성하지 않고 반박한다. "이것은 네 가지 일이 아니라 두 가지 일이다. 널리 배우지만 뜻을 독실하게 하지 않으면 혹 황당해지고, 절실하게 묻지만 가까이 생각하지 않으면 혹 근거 없는 말이 된다. 그러나 지志나 사思는 한 마음의 일일 뿐이다. 인은 사람의 마음이니 뜻을 독실하게 하고 가까이 생각하면서 마음이 늘 바깥으로 달아나는 자를 어찌 보겠는가? 그러므로 인이 그 가운데 있다고 한다. 주자는 '힘써 실행하여 인이 되는 것에는 미치지 못했다'고 주석을 달았는데 이것은 하학을 하는 사람을 위해 한 말인 것 같다. 뜻을 독실하게 하고 가깝게 생각하지만 힘써 행하지 않는다면 어찌 '뜻을 독실하게 하고 가까이 생각한다'고 할 수 있겠는가?"[26]

別有所謂教哉!

23) 『淸高宗實錄』卷506, "乾隆二十一年二月甲辰"조. 朱子謂與天命謂性, 修道謂教二字不同, 予以爲政無不同耳.

24) 博學而篤志, 切問而近思, 仁在其中矣.

25) 朱熹, 『四書章句集注』之『論語集注』卷10, 「子張」. 四者皆學問思辨之事耳, 未及乎力行而爲仁也. 然從事於此, 則心不外馳, 而所存自熟, 故曰仁在其中矣.

26) 『淸高宗實錄』卷556, "乾隆二十三年二月己未"條. 此非四事, 蓋兩事耳. 博學而不篤志, 則或涉爲荒唐; 切問而不近思, 則或入於無稽. 然志也, 思也, 一心之事耳. 仁, 人心也, 安見篤志近思而心常馳騖於外者哉! 故曰仁在其中. 朱註以爲'未及乎力行而爲仁', 此或爲下學者言. 夫篤志近思而不力行, 則又安得謂之篤志近思乎?

건륭 25년 2월, 중춘仲春 경연도 『논어』를 제목으로 「양화편」의 "네 계절이 운행하고 만물이 생장하다[四時行焉, 百物生焉]"27)는 구절을 강하였다. 주자는 『논어집주』에서 이 구절을 다음과 같이 풀이하였다. "네 계절이 운행하고 만물이 생장하는 것은 천리가 발현하여 유행하는 실제가 아닌 것이 없으니 말하지 않아도 알 수가 있다. 성인의 한 번의 움직임과 한 번의 조용함이 오묘한 도와 정밀한 의리의 발현이 아닌 것이 없으니 또한 하늘일 따름이다. 어찌 꼭 말을 하고서야 드러나겠는가? 이 또한 자공을 일깨우는 절실함인데 아쉽게도 끝내 깨닫지 못했다."28) 자공의 질문에 대해서 주자는 "자공은 언어를 통해 성인을 보는 사람이다. 그러므로 의심하여 질문했다."29)고 보았다. 고종은 주자의 해석에 동의하지 않고 새로운 해석을 제시한다. "이 말은 아마도 공자가 50, 60세 이후에, 배우는 사람에게 진실하고 지당한 리를 보여준 것이지 자공이 언어를 통해 성인을 보기 때문에 단지 말하지 않아도 알 수 있는 말을 하기 위해, 이른바 오묘한 도와 정밀한 의가 별도로 있는 것은 아니다. 또 네 계절이 운행하고 만물이 생장하는 가운데 어찌 하나라도 하늘 아닌 것이 있겠는가? 네 계절이 운행하고 만물이 생장하는 이외에 무슨 별도의 하늘을 볼 수 있는 것이 있겠는가? 성인이 보고, 듣고, 말하고, 행동하며, 낮에 움직이고 밤에 쉬는 가운데 어찌 하나라도 오묘한 도와 정밀한 의가 아니겠는가? 성인이 보고, 듣고, 말하고 행동하며 낮에 움직이고 밤에 쉬는 이외에 또 무슨 별도의 오묘한 도와 정밀한 의가 있겠는가?"30)

건륭 32년 2월, 고종과 신하들은 『논어·헌문편』의 "다른 사람이 자신을 속이지 않을까 미리 의심하지 않고, 다른 사람이 성실하지 않을지 근거 없이 예단하지도 않으면서 미리 알아차리는 사람이 현인일 것이다"31)라는 구절에 대해 토론하였다. 주자는 이 구절을 다음과 같이 풀었다. "역逆은 아직 이르지 않았는데 맞이하는 것이다. 억億은 아직 보지 않았는데 예측하는 것이다.

---

27) 논어 이 구절의 전문은 아래와 같다. "공자가 '나는 무언의 가르침을 펴고 싶구나!'라고 하자, 자공은 말했다. '선생님께서 말하지 않으신다면 저희들이 어떻게 선생님의 가르침을 전할 수 있겠습니까?' 공자가 대답했다. '하늘이 무슨 말을 하더냐? 사계절이 운행하고 만물이 생장하는데 하늘이 무슨 말을 하더냐?'" 子曰"予欲無言!" 子貢曰"子如不言, 則小子何述焉?" 子曰"天何言哉! 四時行焉, 百物焉, 天何言哉?"

28) 四時行, 百物生, 莫非天理發見流行之實, 不待言而可見. 聖人一動一靜, 莫非妙道精義之發, 亦天而已, 豈待言而顯哉? 此亦開示子貢之切, 惜乎其終不喩也.

29) 朱熹, 『四書章句集注』之『論語集注』卷9, 「陽貨」. 子貢正以言語觀聖人者, 故疑而問之.

30) 『淸高宗實錄』卷606, "乾隆二十五年二月壬午"條. 斯言也, 蓋孔子知命耳順以後, 所以示學者眞實至當之理, 非因子貢以言語觀聖人, 徒爲是不待言而可見之語, 而別有所謂妙道精義也. 且四時行, 百物生之中, 何一非天乎? 而四時行, 百物生之外, 又何別有可以見天者乎? 聖人視聽言動, 晝作夜息之中, 何一非妙道精義乎? 而聖人視聽言動, 晝作夜息之外, 又何別有所謂妙道精義者乎?

31) 不逆詐, 不億不信. 抑亦先覺者, 是賢乎.

사詐는 남이 자신을 속이는 것을 말한다. 불신不信은 남이 자신을 의심하는 것을 말한다. 억抑은 반어사이다. 미리 맞이하거나 예측하지 않더라도 그 사람을 대하는 감정이 거짓되는 것을 자연스럽게 미리 아는 것이 현賢이다."[32] 고종은 마찬가지로 주자의 해석에 찬성하지 않고 반박한다. "이 말은 성명誠明을 참고하여 보아야 한다. 남이 나를 속일까 미리 맞이하지 않고 남이 나를 의심할까 미리 예측하지 않는 것이 성誠이고, 진실한지 거짓된지를 미리 아는 것이 명明이다. 인정은 변화무쌍하여 가지런히 할 수 없지만, 그것을 가지런하게 할 수 있는 것은 성誠만한 것이 없다. 하는 일마다 남이 나를 속이지 않을지, 나를 의심하지 않을지 미리 생각한다면 이것은 자신이 사람들을 불성不誠으로 대해서 사람들도 미리 생각하는 것으로 대응할 것이다. 이것도 하나의 불성이고 저것도 하나의 불성不誠이며 어지럽고 거짓되어 어떻게 해볼 도리가 없게 된다. 흙탕물을 일으키고 파란을 불러왔다고 하지만 자신이 이미 혼탁한 가운데 있으니 먼저 알고 싶어도 알기 어렵다."[33]

『논어·옹야편』에는 공자와 번지 사이의 다음과 같은 대화를 기록했다.

> 번지가 지智에 대해 묻자 공자가 답했다. "백성들의 의에 힘쓰고 귀신을 공경하면서도 멀리 한다면 지라고 할 수 있다." 번지가 또 인仁에 대해 묻자, 답했다. "먼저 어려운 일을 한 다음에 결실을 얻으면 인이라고 할 수 있다."[34]

주자는 『논어집주』에서 이 구절을 다음과 같이 해석했다.

> 지知와 원遠 두 글자는 모두 거성去聲이다. 민民은 또한 사람이다. 획獲은 얻는다는 것을 말한다. 사람의 도리에 있어 마땅한 바에 오로지 힘을 쓰고 귀신과 같은 알 수 없는 것에 미혹되지 않는 것이 지자知者의 일이다. 어려운 일을 먼저 하고 결과로 얻는 효과를 뒤에 하는 것이 인자仁者의 마음이다. 이것은 분명 번지의 잘못된 부분에 근거하여 알려 준 것이다.[35]

---

32) 朱熹, 『四書章句集注』之『論語集注』卷7, 「憲問」條. 逆, 未至而迎之也. 億, 未見而意之也. 詐, 謂人欺己. 不信, 謂人疑己. 抑, 反語辭. 言雖不逆不億, 而於人之情僞, 自然先覺, 乃爲賢也.

33) 『淸高宗實錄』卷778, "乾隆三十二年二月己亥"條. 此語宜與誠明相參看. 蓋不逆詐, 不億不信, 是誠也. 抑亦先覺, 是明也. 人情變幻莫齊, 而可以齊之者莫如誠. 使事事皆逆其詐而億其不信, 是己先以不誠待人, 人亦將以逆者, 億者應之. 此亦一不誠也, 彼亦一不誠也, 蓼擾虛僞, 莫可究詰. 雖云淈其泥而揚其波, 而己已處汙濁之內, 欲其先覺, 抑亦難矣.

34) 樊遲問知, 子曰: "務民之義, 敬鬼神而遠之, 可謂知矣." 問仁, 曰: "仁者先難而後獲, 可謂仁矣."

35) 朱熹, 『四書章句集注』之『論語集注』卷3, 「雍也」. 知, 遠, 皆去聲. 民, 亦人也. 獲, 謂得也. 專用力於人道之所宜, 而不惑於鬼神之不可知, 知者之事也. 先其事之所難, 而後其效之所得, 仁者之心也. 此必因樊遲之失而告之.

고종은 주자의 해석이 공자가 안회에게 '극기복례克己復禮'라고 알려준 말에는 미치지 못하기 때문에 요령을 얻지 못하고 있다고 보았다. 그래서 고종은 건륭 39년 2월 중춘경연에서 이 해석에 대해 다음과 같이 말한다.

공자에게 인에 대해 물어본 구절은 많지만 그 대답은 각각 다르다. 그러나 성인의 문하에서 안연을 가장 뛰어난 제자로 치는데도 공자는 '극기복례'로 답했다. 이를 통해 극기복례야말로 인의 가장 적합하고 중요한 것임을 알 수 있으니, 번지에게 대답한 말 역시 어찌 이 극기복례를 벗어날 수 있겠는가? 어려운 일을 먼저 한다는 것은 무엇인가? 극기이다. 결실을 뒤에 얻는다는 것은 무엇인가? 복례이다. 어려움은 자신을 이기는 것보다 어려운 것이 없다. 인은 천리인데, 사욕이 개입하면 천리를 보존할 수 있는 경우가 드물다. 그러므로 『주역』에서 "큰 군사로 해야 이기고 서로 만난다."고 했으니, 반드시 큰 군사의 힘을 들인 다음에야 사욕을 이겨 천리를 온전히 할 수 있다는 것이다. 그러므로 『주역』에서는 또 "안연은 그 덕이 거의 도에 가깝다. 불선함이 있으면 모른 적이 없었고, 불선함을 알면 다시는 행한 적이 없었으며"36), "문을 나간 지 얼마 되지 않아 원래의 길로 돌아오니, 후회하지 않고 크게 길하다."라고 했으니, 모두 극기복례를 말한다. 의의를 바로잡고 도를 밝히는 동중서의 논의가 대략 이에 가깝다. 주자는 이 구절은 결과를 구하지 않는 것이라 보았고, 또 번지에게 결과를 먼저 구하는 병폐가 있다는 것을 경계시킨 것이라 보았으며, 안자에게 말한 뜻을 자세하게 밝히지 못하기 때문에 내가 서술하여 논한다.37)

건륭 46년 2월 중춘경연에서는 『대학』의 '이것을 혈구지도라고 한다[此之謂絜矩之道]'를 제목으로 삼았다. 주자는 『대학장구』에서 '혈구絜矩'에 대해 "혈絜은 헤아리는 것이다. 구矩는 규범이 되는 것이다."라고 풀이했으며, 또 "윗사람이 내게 무례하기를 바라지 않으면 반드시 이 마음으로 아랫사람의 마음을 헤아리고, 또한 감히 이런 무례한 마음으로 아랫사람을 시키지 않는다. 아랫사람이 내게 불충하기를 바라지 않으면 반드시 이 마음으로 윗사람의 마음을 헤아리고, 또한 감히 이 불충한 마음으로 윗사람을 섬기지 않는다. 전후좌우로 이렇게 하지 않는 것이 없다."38)

---

36) 顔氏之子, 其殆庶幾乎? 有不善未嘗不知, 知之未嘗復行也.
37) 『淸高宗實錄』卷952, "乾隆三十九年二月己丑"條. 問仁於孔子者多矣, 而所對各有不同. 然聖門以顔淵爲高弟, 孔子所對者, 則曰克己復禮. 以此知克己復禮, 實爲仁之最切最要, 卽所對樊遲者, 亦豈外於是哉? 蓋先難者何? 克己也. 後獲者何? 復禮也. 夫難莫難於克己. 仁者天理也, 私欲介於中, 其能存天理者鮮矣. 故『易』曰"大師克相遇", 必用大師之力, 而後能克其私欲, 以全天理. 故『易』又曰, "顔氏之子, 其殆庶幾乎? 有不善未嘗不知, 知之未嘗復行也"; "不遠復, 無祗悔, 元吉", 皆克己復禮之謂也. 董仲舒正誼明道之論, 略爲近之. 而朱子擧以爲不求後效, 又以爲警樊遲有先獲之病, 未嘗申明告顔子之意, 余故敍而論之.
38) 朱熹, 『四書章句集注』之『大學章句』第10章. "絜, 度也. 矩, 所以爲方也", "如不欲上之無禮於我, 則必以此度下之心, 而亦不敢以此無禮使之. 不欲下之不忠於我, 則必以此度上之心, 而亦不敢以此不忠事

주자의 주석은 이미 얻은 해석을 분명하게 하였으나 고종은 옳다고 여기지 않았다.

> 증자가 공자의 '일이관지'라는 마음의 전수함을 듣고 문인들에게 "선생님의 도는 충과 서일 따름이다."라고 말했다. 그러므로 치국평천하를 해석하며 혈구지도가 있다고 여긴 것이다. 또 상하, 전후, 좌우 사이에 서로 이어지는 경계와 처리하는 이치가 있어서 '이것을 혈구지도라고 한다.'라고 말한 것이다. 대저 구矩는 '경계'이고 혈絜은 '리'이다. 리와 경은 하나의 마음에서 벗어나지 않는다. 경은 마음이 접하는 곳이고, 리는 마음이 거처하는 곳이다. 마음의 한 가운데를 충忠이라고 하니 리에 따라 처리하는 것을 말한다. 다른 사람의 마음과 같아지는 것을 서恕라고 하니 경을 잇는 것을 말한다. 하나로써 관통하면 어찌 다시 이것을 벗어나겠는가? 그러나 극기복례하지 않고 이치와 경계가 서로 하나가 되지 않으면 여기에 참여할 수 있는 사람이 드물 것이다. 중궁이 인에 대해 묻자 공자가 경과 충을 말해주었으니 이 사에 이 뜻이다.[39]

건륭 54년 2월, 중춘경연에서 고종과 신하들은 『논어』를 두 번 강하는데 이는 건륭시기 다른 경연에서는 보기 드문 일이었다. 첫 번째는 「술이편」의 "공자가 제나라에 있을 때 소음악을 듣고 세 달 동안 고기 맛을 몰랐다. '음악이 이런 지경에 이르렀는지 몰랐다.'라고 하였다"[40]라는 구절이고, 두 번째는 「팔일편」의 "공자가 소음악에 대해 아름다움도 지극하고 선도 지극하다고 하고, 무음악에 대해서는 아름다움은 지극하지만 선은 지극하지 않다"[41]는 구절이다. 주자는 『논어집주』에서 「술이편」의 구절에 다음과 같이 풀이하였다.

> 『사기』에서는 '삼월' 위에 '학지' 두 글자가 있다. 고기 맛을 모르는 것은 음악에 온전히 마음을 써서 다른 것에 미치지 못하기 때문이다. 순이 음악을 지은 것이 이렇게 아름다운 경지에 이르렀음을 생각지 못했다고 말한 것은 내용과 형식은 지극히 구비했지만 탄식의 깊이는 알지 못했다. 성인이 아니면 이런 경지에 미칠 수가 없는 것이다.[42]

之. 至於前後左右, 無不皆然".

39) 『淸高宗實錄』卷1124 "乾隆四十六年二月己酉"條. 曾子聞夫子一貫之心傳, 其告門人曰 : "夫子之道, 忠恕而已矣." 故其釋治國平天下, 以爲有絜矩之道. 又申之以上下, 前後, 左右, 有所以接之之境, 處之之理, 而曰"此之謂絜矩之道". 蓋矩者境也, 絜者理也. 理也, 境也, 不外乎一心. 境者, 心之接; 理者, 心之處. 中心之謂忠, 處理之謂也; 如心之謂恕, 接境之謂也. 一以貫之, 豈更外於此乎? 然非克己復禮, 理境相融, 其能與於此者鮮矣. 仲弓問仁, 而夫子示之以敬恕, 此物此志也.

40) 子在齊聞韶, 三月不知肉味, 曰"不圖爲樂之至於斯也".

41) 子謂韶盡美矣, 又盡善也; 謂武盡美矣, 未盡善也.

42) 朱熹, 『四書章句集注』之『論語集注』卷4, 「述而」.『史記』"三月"上, 有"學之"二字. 不知肉味, 蓋心一於是而不及乎他也. 曰不意舜之作樂至於如此之美, 則有以極其情文之備, 而不覺其嘆息之深也. 蓋非聖人不足以及此.

「팔일편」의 구절에 대해서는 다음과 같이 풀이하였다.

> 소는 순임금의 음악이고 무는 무왕의 음악이다. 미는 음성과 용모가 성대한 것이다. 선은 아름다움의 실질이다. 순임금이 요를 계승하여 다스리고 무왕이 은나라 주임금을 쳐서 백성들을 구한 것에 있어서 공적이 같기 때문에 그 음악이 모두 아름다움을 다한 것이다. 하지만 순임금의 덕은 성이 그대로 드러났으며 또 선양으로 천하를 소유하였다. 무왕의 덕은 노력한 것이며 또 무력으로 천하를 얻었기 때문에 실제는 다른 점이 있다.[43]

주자가 『논어·술이述而』편 구절에 대한 문인들의 물음에 답할 때 "공자가 소韶 음악을 듣고 난 후 배우는 동안 삼 개월 동안 고기 맛을 몰랐다. 학지學之 구절은 어떻게 봐야할지 모르겠다. 고기 맛을 잊은 부분을 보니 성인의 즐거움이 이처럼 좋고 성인의 마음이 이처럼 성실했음을 알 수 있다."라고 했다. 또 말하기를 "성인이 소 음악을 들은 것은 배우러 간 것인데 이해하지 못하여 그만둘 수밖에 없었다. 또 몇 개월 더 배워서야 익숙해 질 수 있었다. 삼 개월은 대략 오래되었음을 말한 것이지 정말로 구십일을 다 채우고, 구십일일째가 되어서야 고기 맛을 안 것은 아니다."[44]

주자의 해석에 대해 고종은 "음악도 모르고 공자도 모른다[未知樂, 且未知夫子]"고 부정하고, 이 때문에 대체로 주희의 견해를 부정했다. 이에 앞서 고종은 다음과 같이 말한다.

> 함지咸池[45]와 육영六英[46]은 이름은 남아있지만 음악은 전하지 않는다. 음악이 없는 것이 아니라 말이 없었기 때문에 음악을 전하지 못했다. 대저 순의 소韶음악은 절로 천고에 드리웠는데, 무엇 때문인가? 순의 말이 천고에 전해졌기 때문에 음악 역시 천고에 전해진 것이다. 공자가 제나라에 있을 때 우연히 음악을 들었을 것에 불과한데 "제나라에 있을 때는 소 음악이 있었는데 공자가 듣고 난 이후에 소 음악이 마침내 끊어졌다"고 한다면 어찌 음악을 아는 사람이겠는가? 사마천이 '학지學之' 두 글자를 더했기 때문에 주자 역시 그대로 따라서 주석하였으니, 두 사람 모두 음악도 몰랐고 공자도 몰랐다.[47]

---

43) 朱熹, 『四書章句集注』之『論語集注』卷2, 「八佾」. 韶, 舜樂. 武, 武王樂. 美者, 聲容之盛. 善者, 美之實也. 舜紹堯致治, 武王伐紂救民, 其功一也, 故其樂皆盡美. 然舜之德, 性之也, 又以揖遜而有天下. 武王之德, 反之也, 又以征誅而得天下, 故其實有不同者.

44) 黎靖德, 『朱子語類』卷34, 「子在齊聞韶章」, 第878쪽. 子聞韶音, 學之三月, 不知肉味. 學之一節, 不知如何. 今正好看其忘肉味處, 這裏便見得聖人之樂如是之美, 聖人之心如是之誠.", "聖人聞『韶』, 須是去學, 不解得只恁休了. 學之亦須數月方熟. 三月, 大約只是言其久, 不是真個足頭九十日, 至九十一日便知肉味.

45) 옛 악곡명으로 요임금의 음악이라고 전해진다. 일설에는 황제의 음악이고 요임금이 수정하여 사용했다고 한다. 역자 주.

46) 옛 악곡 이름. 제곡帝嚳이나 전욱顓頊의 음악이라고 전한다. 역자 주.

이어서 주자의 해석이 요령을 얻지 못했다고 비난한다.

> 공자는 하늘이 내린 성인이니 무엇을 배운들 못했겠는가? 오직 소음악만 세 달 동안 배운 다음에
> 할 수 있었겠는가? 대개 세 달이라는 시간은 한 계절이 되니 오래되었다는 것을 말할 뿐이다. 주자가
> 구십일일째에 고기 맛을 알았다고 거듭 풀이하고 반복해서 논변하고 있다. 아! 바른 해석과 더욱
> 멀어졌구나.[48]

마지막에는 주자의 설을 '쓸데없는 말[費辭]'이라고 비판한다.

> 음악이란 무엇인가? 음율과 소리로 뜻을 말하는 것에 불과하다. 뜻이 없으면 말이 없고 말이 없으
> 면 소리가 없고, 소리가 없으면 반드시 음률이 없다. 음악소리와 노랫가락은 음률 사이에 행해지면서
> 구체적인 모양을 갖추지 않은 것이다. 이것은 음악의 근본이 뜻에 있는 것이니, 뜻에 있다는 것을
> 안다면 순임금이 아름다움과 선함을 다한 것과 무왕이 선을 다하지 못한 것을 알게 된다. 어찌 쓸데없
> 는 말을 할 필요가 있겠는가?[49]

이상 열거한 사례로부터 건륭 21년 이후 경연강학에서 고종이 주자와 다른 견해를 제시한
것이 우연이 아님을 알 수가 있다.

3. 이학 제창에서 경학 장려로

건륭 21년 이후, 경연에서 고종은 왜 주자와 다른 견해를 여러 번 제시했을까? 이것은 깊이
논의해 볼 문제다. 필자의 생각으로는, 고종이 즉위 후 특히 건륭 5년에 이학을 제창했지만 효과
를 거두지 못하고 학술적 취향에 변화가 생긴 이후부터 고찰해보면 단서를 찾을 수 있을 듯하다.
이학과 경학의 관계는 어떻게 처리해야할까? 이것은 청조가 시작된 후 사회의 변화에 따라

---

47) 咸池六英, 有其名而無其樂. 非無樂也, 無其言, 故不傳其樂耳. 若夫舜之『韶』, 則自垂千古. 何以故? 舜
　　之言垂千古, 則樂亦垂千古. 夫子在齊, 偶聞之耳. 必曰在齊始有『韶』, 夫子聞之之後而『韶』遂絕, 是豈
　　知樂者哉? 司馬遷增之以 "學之"二字, 朱子亦隨而註之, 則胥未知樂, 且未知夫子矣.

48) 夫子天縱之聖, 何學而不能, 而必於韶也, 學之以三月而後能乎? 蓋三月爲一季, 第言其久耳. 而朱子且
　　申之以九十一日知味之說, 反覆論辨不已. 吁, 其去之益遠矣!

49)『清高宗實錄』卷1322, "乾隆五十四年二月辛卯"條. 夫樂者何? 律聲言志而已. 無志則無言, 無言則無
　　聲, 無聲必無律. 依與永則行乎其間, 而不具體者也. 是則樂之本在乎志, 知在乎志, 則知舜之盡美善,
　　而武之未盡善矣. 何必費辭!

조정과 재야에서 공동으로 관심을 가진 문제이다. 경학으로 이학의 곤궁함을 구제하자는 요구가 날로 고조되는 분위기 속에서, 청 조정은 강희제 후반기에 주자학을 표명하면서 경학에 이학을 접목시키자는 발전추세를 분명하게 드러내었다. 그래서 성조는 "주자가 경전을 주석하면서 그 도리를 밝혔다. 개인저술이나 편집, 간행된 서적은 모두 명백하고 정밀하니 대중大中과 지정至正으로 귀결된다."50)라고 했다. 또 "천하를 다스리는데 인심과 풍속을 근본으로 삼아야 하는데, 인심을 바르게 하고 풍속을 후하게 하려면 반드시 경학을 숭상해야 한다."51)라고 했다. 성조는 자손들에게 "제왕의 정사의 요지는 반드시 경학을 근본으로 해야 한다."라고 분명하게 알리고 "경학을 정사의 기준으로 하는" 법도를 제시한다.52)

세종은 재위기간이 짧아 경학숭상의 문화적 조치를 제대로 실시하지 못하고 일찍 세상을 떠난다. 고종이 즉위하자 조부와 부친이 확립한 풍부한 기틀을 바탕으로 평화롭고 안정된 국가를 이어받았다. 그리고 경제적 풍족함과 정국의 안정으로 그는 조부와 부친이 이루지 못한 뜻을 여유있게 실천해 나갈 수 있었다.

건륭 원년 4월, 고종은 '경학을 제일 중시하는[首重經學]' 법도를 재차 표방했으며 성조시기에 편수한 경전 해석서를 널리 반포하고 경학으로 과거시험을 치를 것을 명령한다. 고조는 다음과 같이 말한다. "성조 인황제께서 사경四經을 편찬한 것은 한나라에서 명나라에 이르는 2천여 년 유자들의 설을 종합하고 절충하는 것이다. 명나라 『성리대전』이 송나라와 원나라의 강해만 편집하여 깊이가 없고 잡다하니 차이가 많다. 각성 학신들의 책무는 실학을 장려하는데 있으니 유학의 가르침을 선양하여 사인士人의 근본을 세우는 일이 제일 중요하다."53) 이 때 청나라 조정이 존숭하는 경학은 송원이학 유자들의 해설에만 국한되는 것이 아니라, 송명에서 한당까지 역대 경학스승들의 장점을 널리 취하여 "사인의 근본을 세우는" 것임을 고조의 조서는 말해주고 있다.

건륭 2년 3월, 고종은 유신들에게 명하여 매일 경사주소를 채록하여 바치게 한다. 3년 10월에 고종은 또 천하 사인들에게 "경학에 전념하여 도를 밝히고 세상을 다스리는 근본으로 삼을"54) 것을 호소한다.

---

50) 『淸聖朝實錄』卷249, "康熙五十一年正月丁巳"條. 朱子註釋群經, 闡發道理, 凡所著作及編纂之書, 皆明白精確, 歸於大中至正.

51) 『淸聖朝實錄』卷258, "康熙五十三年四月乙亥"條. 治天下以人心風俗爲本, 欲正人心, 厚風俗, 必崇尙經學.

52) 『淸聖朝實錄』卷113, "康熙二十二年十二月乙卯"條. "帝王立政之要, 必本經學", "以經學爲治法".

53) 『淸高宗實錄』卷17, "乾隆元年四月辛卯"條. 聖祖仁皇帝四經之纂, 實綜自漢迄明, 二千餘年群儒之說而折其中, 視前明『大全』之編, 僅輯宋元講解, 未免膚雜者, 相去懸殊. 各省學臣, 職在勸課實學, 則莫要於宣揚盛教, 以立士之根柢.

54) 究心經學, 以爲明道經世之本.

학문은 반드시 근본이 있어야 실학이다. 하나의 경서를 공부하면 그 경서의 의미를 반드시 깊이 파악하여 이것으로 문사를 지으면 자연스럽게 순정하고 전아해진다. 진부한 과거응시문장만 백여 편 구차하게 외워 과거합격을 위한 도구로 삼는다면 사대부의 학문은 공허해지고 품행도 비루해질 것이다.[55]

고종의 창도 하에 각 지역의 학정學政[56]들은 이에 즉각 반응한다. 4년 3월, 먼저 섬서陝西학정 숭수嵩壽가 상주문을 올렸다. "『사서』의 경의 외에, 경서에서 네다섯 줄 정도 따와 동생童生[57]들에게 경의 한 단락을 짓게 해서 우열을 정하시기를 청합니다. 동생 가운데 『오경』을 외고 아울러 경전의 이치에 통하는 자가 있으면 행실을 따져 등용하시기 바랍니다."[58] 이어서 산동학정 서탁 徐鐸이 또 상주문을 올렸다. "우공과 발공[59]을 선발하는 것은 경서에 통하고 쓰임을 이루는 것을 귀하게 여겨서입니다. 이후 우공에게는 어떤 경서를 잘 아는지 분명하게 기재토록 하시고 발공에게는 시험 과목을 경해經解로 바꾸어 주실 것을 청합니다."[60] 같은 해 6월, 안휘학정 정강鄭江이 천거한 우생 도경신陶敬信이 자신의 저서 『주례정의周禮正義』를 바치자 고종은 "해석이 온당하고 분명하다"고 하여 조서를 내려 칭찬하고 "『삼례三禮』관의 찬수纂修[61]에서 입직하게 했다."[62]

건륭 5년, 고종은 조서를 내려 송대 유학자들의 책을 읽고 이학을 자세하게 연구할 것을 제창하지만 효과를 거두지 못한다. 이학으로 명성이 자자한 조정 신하 가운데 주자학을 연구한 방포 方苞나 육구연과 왕수인의 학문을 연구한 이발李紱이 모두 말뿐이고 실행이 따르지 않아 고종에게 큰 실망감을 안겨준다. 이 때문에 고종은 조서를 내려 방포를 "공적인 이름으로 사복私腹을 채우며, 뜻이 같은 사람끼리는 한패가 되고 그렇지 않은 사람은 배척하여 고질적인 습관을 늘도

---

55) 『淸高宗實錄』卷79, "乾隆三年十月辛丑"條. 學問必有根柢, 方爲實學. 治一經必深一經之蘊, 以此發爲 文辭, 自然醇正典雅. 若因陋就簡, 只記誦陳腐時文百餘篇, 以爲弋取科名之具, 則士之學已荒, 而士之 品已卑矣.

56) 청대 각 성의 교육 행정 장관으로 제독학정提督学政의 준말. 역자 주.

57) 명청 시대에 수재 시험을 보지 않았거나, 그 시험에 낙방한 사람. 역자 주.

58) 『淸高宗實錄』卷88, "乾隆四年三月丁未"條. 請於『四書』經義外, 摘錄本經四五行, 令生童作經義一段, 定其優劣. 童生中有能背誦『五經』, 兼通講貫者, 量行取進.

59) 청나라 제도로 삼년마다 각 성의 학정이 부府, 주州, 현縣의 재학 중인 생원 가운데서 문장과 행실을 갖춘 자를 선발하는데, 독무와 함께 몇 명을 확정하여 경사의 국자감에 들인다. 이를 우공생優貢生이라 하는데 조정의 시험을 통과한 후에 직책을 맡을 수 있다. 세공歲貢, 은공恩貢, 발공拔貢, 부공副貢과 함께 '오공五貢'이라 일컬어 진다.

60) 『淸高宗實錄』卷88, "乾隆四年三月己酉"條. 薦舉優拔, 貴乎通經致用. 請嗣後報優, 註明通曉何經, 拔 貢改試經解.

61) 청대 관직명. 국사관國史館의 속관이다. 역자 주.

62) 『淸高宗實錄』卷95, "乾隆四年六月丙申"條. "其註解尚屬平妥明順", "令其在『三禮』館纂修上行走".

록 고치지 않았다."63)라고 질책한다. 또 어사御史 장미張湄의 상주문을 비판하면서 "유언비어를 날조하고 문제를 일으키며 세상 사람을 속여 헛된 명예를 얻는 방포의 나쁜 습관"64)에 대해 언급했다. 이불李紱의 경우, 고종은 품행이 단정치 못해 방포와 같은 사람이라고 생각했다. "방포가 나를 진견한 후 위정진魏廷珍을 기용하려는 뜻을 바깥에 전하고 아울러 위정진을 부르기도 전에 거처를 옮겨 그가 경사로 오기를 기다린 일을 짐은 아직 기억하고 있다. 이것은 사람들이 모두 아는 일이다. 또 이불이 조정에 나왔을 때, 짐은 '군주가 신중하지 못하면 신하에게 신뢰를 잃고 신하가 신중하지 못하면 자신을 망친다.'는 『주역』의 말로 훈시해주었다. 그는 신하로서 신중하지 않을 수 없는데 좌우로 혹 새어나갈까 걱정된다고 했다. 짐이 조서로 전하거나 군신백관을 불러 만날 때마다 가까이에 내시 한 사람도 둔 적이 없었다. 듣는 사람이 없었으니 또 어떻게 새어나갈 수 있었겠는가? 이 두 사람이 한 일임이 분명하다."65) 이학을 자신의 얼굴로 삼는 호북순무湖北巡撫 안사성晏斯盛의 경우, 고종은 바로 "그 사람은 가짜 도학자다[其人乃一假道學者流]"66)라고 지적하기도 한다.

이학의 부진과 이학 신하들에 대한 실망이라는 원인과 경학의 상고기풍이 아직 자리를 잡지 못한 이 두 가지 원인이 상호작용을 일으켜 고종은 경학의 장려에만 온 마음을 쏟게 된다. 건륭 10년 4월, 고종은 태화전에서 회시會試 합격자들을 책문으로 시험을 치르면서 "정사와 학문은 둘이 아니며, 옛 일을 살피는 것과 지금을 아는 것은 하나다."라고 말하고, 또 천하 사인들에게 "훌륭한 신하가 되고 싶으면 경학을 공부하는 것 외에 다른 방법은 없다."67)라고 분명하게 제시한다. 12년 3월, 중간본 『십삼경주소』가 완성되자 고종은 특별히 서문을 지어 "독실한 뜻으로 경학을 연구하고 실학을 숭상하자[篤志研經, 敦崇實學]"라고 학술계에 호소한다.

우리 조정의 선조들께서는 대대로 문을 숭상하고 옛 것을 살폈다. 황조이신 성조 인황제께서는 지극한 도를 자세하게 연구하고 성인의 학문을 존숭했으니 오경에 대한 서적을 구비하여 천하에 반포하셨다. 짐이 『십삼경주소』를 펼쳐보니 세월이 오래되어 서판이 날로 마모되었다는 생각이 들어

---

63) 『淸高宗實錄』卷92, "乾隆四年五月戊午"條. 假公濟私, 黨同伐異, 其不安靜之痼習, 到老不改.

64) 『淸高宗實錄』卷98, "乾隆四年八月丙子"條. 方苞造言生事, 欺世盜名之惡習.

65) 『淸高宗實錄』卷139, "乾隆六年三月甲申"條. 朕猶記方苞進見後, 將朕欲用魏廷珍之意, 傳述於外, 並於魏廷珍未經奉召之前, 遷移住屋, 以待其來京. 此人所共知者. 又李紱曾經召對, 朕以君不密則失臣, 臣不密則失身之義訓諭之. 伊稱臣斷不敢不密, 但恐左右或有泄露耳. 朕諭云, 朕從來召見臣工, 左右近地, 曾無內侍一人, 並無聽聞, 亦何從泄露. 如此二人者, 則皆此類也.

66) 『淸高宗實錄』卷189, "乾隆八年四月癸丑"條.

67) 『淸高宗實錄』卷239, "乾隆十年四月戊辰"條. "夫政事與學問非二途, 稽古與通今乃一致", "將欲爲良臣, 舍窮經無他術".

시문담당 신하들에게 다시 교정하게 했다. 경문의 오자와 내용이 맞지 않는 전주나 주소는 서로 참고하여 바로잡고, 각각 고증을 거쳐 책 뒤에 붙여 예전의 상태를 어지럽히지 않았다. 선본善本을 간행한 것은 금궤나 석실에 보관하기 위해서 그렇게 한 것이 아니다. 『서경』에 "옛 가르침을 배워야 얻는 바가 있다"고 했고, 『전』에 "경전은 성인군자의 일을 기록했다. 그 가르침은 대상에 맞게 하고 쓰임은 다함이 없다."[68]고 했다. … 금후로 후학들을 이끄는 일도 바르게 되었으니 도덕의 정밀하고 심오한 곳을 깊이 탐구하고 천하에 배우는 사람들의 뜻을 독실하게 하여 경학을 연구하고 실학을 숭상할 수 있게 되었다. 앞으로 경전의 의미가 밝게 드러나 유학의 도리가 바르게 되고, 유학의 도리가 바르게 되어 인재들이 번성하기를 바란다.[69]

고종재위 초기 10여년의 노력으로 뭇 산들이 산악으로 향하고 작은 물이 바다로 흘러들 듯 경학자를 추천하는 큰 행사로 발전한다. 건륭 14년 11월, 고종은 조서를 내려 내외 대신들에게 경학을 깊이 연구한 사인을 추천하게 한다.

성현의 학문은 실행이 근본이고 문장은 말단이다. 또 문장 가운데는 경학이 근본이고 사장은 지엽이다. 한림학사들이 문학으로 나를 보필하기 때문에 근래 짐은 시부로 매번 시험을 치러 사장에 매우 힘을 썼다. 하지만 육경에 심취하고 시문의 정화를 깊이 맛보며 경전의 깊은 뜻을 연구한 사람을 참으로 보기 드물다. 바른 학문에 온 힘을 쏟는 사람이 어찌 드물겠는가? 아니면 경학을 연구하는 사람은 있으나 아직 듣지를 못해서 그런 것인가? 경학을 열심히 연구하는 것은 성실하게 실행하는 것만 못하다. 하지만 근본에 힘쓸 줄 알면 몸소 실행하는 것에 가깝다. 경학을 숭상하는 것은 세상을 다스리는 도리나 사람들의 마음과 관련이 있다. 시랑 채문지蔡聞之, 종인부宗人府 부승府丞 임계운任啓運은 경학을 연구하고 인정이 매우 두텁고 소박하니 가상하다고 할 수 있다. 근래에 시랑 심덕잠沈德潛은 배움에 근본이 있어 대학자라고 할 수는 없지만 경학을 밝혀 쓰임에 다하는 효과를 거두었으니, 전거를 나열한 글을 뛰어나다고 하고 전채剪綵[70]같은 문채를 좋은 것으로 여기는 무리들과는

---

68) 『隋書·經籍志』經籍(1) 經부분의 내용이며, 전체 내용은 다음과 같다. 經籍也者, 機神之妙旨, 聖哲之能事, 所以經天地, 緯陰陽, 正紀綱, 弘道德, 顯仁足以利物, 藏用足以獨善, 學之者將殖焉, 不學者將落焉. 大業崇之, 則成欽明之德, 匹夫克念, 則有王公之重. 其王者之所以樹風聲, 流顯號, 美教化, 移風俗, 何莫由乎斯道? 故曰 : "其爲人也, 溫柔敦厚, 詩教也; 疏通知遠, 書教也; 廣博易良, 樂教也; 潔靜精微, 易教也; 恭儉莊敬, 禮教也; 屬辭此事, 春秋教也." 遭時制宜, 質文迭用, 應之以通變, 通變之以中庸. 中庸則可久, 通變則可大, 其教有適, 其用無窮, 實仁義之陶鈞, 誠道德之橐籥也.

69) 『清高宗實錄』卷286, "乾隆十二年三月丙申"條. 我朝列祖相承, 右文稽古. 皇祖聖祖仁皇帝, 研精至道, 尊崇聖學, 五經具有成書, 頒布海內. 朕披覽『十三經註疏』, 念其歲月經久, 梨棗日就漫患, 爰敕詞臣, 重加校正. 其於經文誤字, 以及傳註箋疏之未協者, 參互以求其是, 各爲考證, 附於卷後, 不紊舊觀. 刊成善本, 匪徒備金匱石室之藏而已. 『書』曰"學於古訓乃有獲"; 『傳』曰"經籍者聖哲之能事, 其教有適, 其用無窮" … 繼自今津逮既正, 於以窮道德之闉奧, 嘉與海內學者, 篤志研經, 敦崇實學. 庶幾經義明而儒術正, 儒術正而人才昌.

거리가 멀다. 지금 천하가 평화롭고 학사대부들은 모두 본업을 깊이 연구하고 평생 부지런히 힘써 선대의 학자들을 믿고 따르는 이들이 적지 않으니, 어찌 서창에서 늙게 하여 사원詞苑에 경학의 사대부들이 없도록 하겠는가? 71)

이어 고종은 다음과 같이 조서를 내린다.

> 안으로는 대학사大學士와 구경九卿, 밖으로는 독무督撫와 진사進士, 거인擧人, 제생諸生, 그리고 관직에서 물러났거나 관직에서 쫓겨난 인원에 상관없이 경학에 전념할 수 있는 자들을 신중하게 방문하고, 신중하고 인정이 두터우며 순박하고 널리 통달한 사대부를 고르되 엄선하여 짐의 뜻에 맞게 하라.72)

고종의 조서가 하달되자 조정신하들은 즉각 명령에 따랐고 불과 한 달도 안 되어 천거한 인원이 고종의 예상을 넘어섰다. 이로 인해 고종은 "이번에 대학사와 구경이 천거한 인원수가 지나치게 많은 것 같다. 이처럼 경학에 두루 통달한 사대부들이 한꺼번에 선거에 응한다면 특별히 조서를 내릴 필요는 없을 듯하다."73)라고 다시 조서를 내린다. 건륭15년 12월, 이부에서는 유지를 받들어 내외대신들이 천거한 경학학자 49명을 심의하여 불합격자 8명을 가려낸다. 천거를 담당한 관리는 이 일로 9개월 감봉을 당한다.74)

건륭 16년 정월, 고종은 처음으로 남쪽으로 순수를 거행한다. 이 때 강남은 천하의 학술기풍을 선도하며 경학과 고증학으로 인해 한학이 다시 빛을 발했다. 강남의 농후한 상고적 경학기풍에 느끼는 바 있어, 고종은 시부詩賦를 바치는 지식인들에게 시험을 했다. 이 시험은 조부와 부친이 유신儒臣을 시험 치르던 방식과 동일하게 『이학진위론理學眞僞論』을 그 제목으로 한다.75) 수도로

---

70) 무늬가 있는 종이나 비단을 오려서 벌레나 물고기, 꽃, 풀 등의 장식품을 만드는 것.

71) 聖賢之學, 行本也, 文末也, 而文之中, 經術其根柢也, 詞章其枝葉也. 翰林以文學侍從, 近年來, 因朕每試以詩賦, 頗致力於詞章, 而求其沈酣六籍, 含英咀華, 究經訓之闡奧者, 不少槪見. 豈篤志正學者鮮與? 抑有其人而未之聞與? 夫窮經不如敦行, 然知務本, 則於躬行爲近. 崇尙經術, 良有關於世道人心. 有若故侍郎蔡聞之, 宗人府府丞任啓運, 硏窮經術, 敦樸可嘉. 近者, 侍郎沈德潛, 學有本源, 雖未可遽目爲鉅儒, 收明經致用之效, 而視獺祭爲工, 剪彩爲麗者, 迥不侔矣. 今海宇升平, 學士大夫擧得精硏本業, 其窮年矻矻, 宗仰儒先者, 當不乏人. 奈何令終老牖下, 而詞苑中寡經術士也.

72) 『淸高宗實錄』卷352, "乾隆十四年十一月己酉"條. 內大學士, 九卿, 外督撫, 其公擧所知, 不拘進士, 擧人, 諸生, 以及退休閑廢人員, 能潛心經學者, 愼重遴訪. 務擇老成敦厚, 純樸淹通之士以應, 精選勿濫, 稱朕意焉.

73) 『淸高宗實錄』卷355, "乾隆十四年十二月辛卯"條. 此番大學士, 九卿所擧, 爲數亦覺過多. 果有如許淹通經學之士, 一時應選, 則亦無煩特詔旁求矣.

74) 『淸高宗實錄』卷379, "乾隆十五年十二月己丑"條.

돌아온 후 5월에 태화전에서 회시합격자들을 책문으로 시험을 치르며 고종은 일 년 전의 계획을 바꾸고 기쁜 마음으로 "경학이 오늘보다 흥성한 날이 없었다.[經術昌明, 無過今日]"[76]라고 말한다. 경학인사들에 대한 2년 동안의 천거는 심의가 엄격하여 최종적으로 진조범陳祖范, 오정吳鼎, 양석여梁錫璵, 고동고顧棟高 네 사람만 선정되지만 이 조칙의 영향이 엄청 크다. 여기에 대해서 당시 천거명단에 이름을 올린 강남의 경사經師인 혜동은 다음과 같이 말한다. "역대 인재선발 과정 중에 조정에서 직접 시험을 치르며 담당 관리를 거치지 않는 시험을 제과制科, 또는 대과大科라고 한다. 나라의 두 제과시험은 사장으로만 선발했는데, 근래에는 경학으로만 선발한다. 이는 한위 육조 시대 이후로 오랫동안 거행하지 않은 전례이다."[77]

고종은 경학인사를 천거하는 중대한 조치를 통해 이학과 사장을 경학에 이입시킴으로써 강희 중엽이후 고학古學을 회복하는 학술적 변화추세를 그대로 따라가면서 경학에 이학을 접목시키는 조부와 부친의 숙원을 완성시켜 경학 장려의 문화적 틀을 확립한다.

4. 나머지 논의

중국고대에 경연강학은 문치와 관련이 있어 평소 제왕들이 중시했다. 청나라는 명나라의 제도를 계승하여 순치 9년에 매년 봄과 가을 중월仲月에 각각 한 차례씩 경연을 거행한다고 정했다. 이후 강희제와 옹정제 시기를 거치며 수십 년 동안 시행되면서 당대의 제도로 확립된다. 고종이 즉위하자 조부와 부친처럼 숭유중도의 정책을 펼쳐 배움을 밝히고 경학을 높여 경연강학을 특히 중시했다. 건륭 5년 8월, 중추仲秋 경연이 끝나고 고종은 경연강관들을 불러 훈시한다.

경연을 마련한 것은 경전의 뜻을 펼쳐 군주의 잘못을 경계시키기 위함이다. 근래 올리는 강장을 보니 칭송하는 말은 많지만 경계시키는 말은 적으니, 군주와 신하가 한 자리에서 잘못을 따지고 선을 밝히며 묻고 경계하는 뜻과는 거리가 멀다. 원래 군주가 천하에 임하여 정사를 펼쳐 백성들을 편안히 하는데 있어 어찌 조금이라도 과실이 없을 수 있겠는가? 옛 것으로 지금을 증명하고 선善을 권하고

---

75) 전대흔錢大昕의 『죽정거사연보竹汀居士年譜』 "건륭 16년, 24세"조 기록에 의하면 다음과 같다. 이 해에 황제가 남쪽순수를 시작하자 강소, 절강, 오 땅의 사대부들이 각각 시를 지어 바쳤다. … 강녕江寧의 행재소에서 황제가 직접 시험을 본다는 조서를 내리고 「잠월조상부蠶月條桑賦」, 「지영초시指佞草詩」, 「이학진위론理學眞僞論」의 시제를 내렸다.

76) 『淸高宗實錄』卷388, "乾隆十六年五月丙午"條.

77) 惠棟 『松崖文鈔』卷1, 「上制軍尹元長先生書」. 歷代選擧, 朝廷親試, 不涉有司者, 謂之制科, 又謂之大科. 國家兩擧制科, 猶是詞章之選, 近乃專及經術, 此漢魏六朝, 唐宋以來, 所未行之曠典.

잘못을 바로잡아 경연강학의 이로움을 취하고자 한다.78)

건륭 25년 정월, 어사 길몽웅吉夢熊이 글을 올려 경연에 대해 논의하자 고종은 거듭 밝힌다.

경연의 강관講官은 짐이 선발하여 기용한 대신이다. 강장講章79)은 본래 군주가 직접 지어 충언을 간하고 학문을 토론하는 의도에 부합하려고 했던 것이다. 그런데 전례가 그대로 이어져 내려와 한림원에서 강학원고를 짓게 된 것이다. 짐은 강관이 강장을 올렸을 때, 토론하고 절충하기 위해서 경론과 서론을 지어 마음속에 깨우친 바를 스스로 풀어내려고 힘썼다. 짐의 곁에서 사리를 논하는 자들이 단지 기존의 말만 외우는 것으로 책임을 다했다고 할 수 있겠는가? 어사 길몽웅의 상주문은 실로 이치에 가까우니 이후에 이 내용을 명령으로 반포할 것이다.80)

고종 마음속에 경연강학은 으레 형식적으로 하는 말이 아니었다. 그래서 강관이 사전에 올린 강장에 대해 고종은 진지하게 생각해보고 경론과 서론을 지어 깨우친 바를 스스로 풀어내려고 한 것이다. 정말 그가 말하는 것처럼 "제왕의 학문은 유자의 학문과는 다르므로"81) 경연강론에 대해 학자들이 학문을 토론하는 것처럼 그 시비를 판단해서는 안 된다. 하지만 경연강단에서 한 강론은 청나라 조정의 학술에 대한 애호를 드러내었다고 할 수 있다. 이처럼 경연의 영향력은 학문을 논하는 어떤 학자와도 비교할 수 없을 정도로 크다. 건륭 중엽이후 조정에서 한 나라의 군주가 학문을 논하면서 주자와 다른 의견을 제시하고 변론과 반박을 하면서 자신의 의견을 내세웠다면, 조정과 재야의 관리와 백성들도 이를 본받아 주자와 다른 견해를 말하는 것은 하등 이상할 게 없다. 이것이 바로 논어에서 말하는 "윗자리에 있는 사람이 무슨 좋아하는 것이 있으면 아랫사람은 반드시 그 좋아하는 정도가 더 심하다."82)는 것이다.

고종이 경학을 확립하고 장려하는 과정은 전제황권을 역사상 유례없이 강화시키는 과정이기도 하다. 고종은 초기에 가혹하게 정사를 펼친 부친의 사례를 거울삼아 언로를 넓히고 관대한

---

78) 『清高宗實錄』卷125, "乾隆五年八月甲寅"條. 經筵之設, 原欲敷宣經旨, 以獻箴規. 朕觀近日所進講章, 其間頌揚之辭多, 而箴規之義少, 殊非責難陳善, 君臣吝儆一堂之意. 蓋人君臨禦天下, 敷政寧人, 豈能毫無闕失? 正賴以古證今, 獻可替否, 庶收經筵進講之益.

79) 과거시험의 문장을 학습하고 경연의 진강을 위해 정리하여 만든 오경五經과 사서四書의 강의. 역자 주.

80) 『清高宗實錄』卷605, "乾隆二十五年正月乙亥"條. 講官系朕簡用大員, 經筵講章本應自行撰擬, 期副獻納論思之義. 乃故事相沿, 竟有由翰林院循例屬稿者. 朕於講官呈本時, 尙爲研討折衷, 著爲經, 書二論, 務在自抒心得. 而侍案敷陳者, 顧以成言誦習, 聊爲塞責, 可乎? 該禦史所奏, 實爲近理, 嗣後將此明著爲令.

81) 『清高宗實錄』卷1106, "乾隆四十五年五月戊子"條. 帝王之學與儒者終異.

82) 『孟子·滕文公上』. 上有好者, 下必有甚焉者矣. "君子之德, 風也; 小人之德, 草也. 草尙之風, 必偃". 역자 주.

정사를 시행했다. 그러나 얼마 지나지 않아 이런 느슨한 정국은 바뀐다. 건륭 8년 2월, 한림원 편수編修 항세준杭世駿이 시무책으로 시험을 치르면서 '안은 만주족 밖은 한족[內滿而外漢]'인 당시의 폐단에 대해 언급하여 고종의 노여움을 사서 파면 당한다.[83] 이를 시작으로 건륭 16년 8월부터 21년 정월까지 고종은 위작僞作인 손가감孫嘉淦 주고奏稿 안, 왕조기王肇基 헌시안獻詩 안, 양연소楊煙昭 저서著書 안, 유진우劉震宇 『치평신책治平新策』 안案, 호중조胡中藻 『견마생시초堅磨生詩鈔』안, 주사조朱思藻 편집 『사서四書』성어成語 안 등에 대한 정밀한 조사와 엄격한 징벌을 통해 관대한 정사가 끝이 나고 문화적 질곡이 시작되었음을 알렸다. 이런 배경 하에 고종은 경학을 장려하고 주자와 다른 견해를 제시하는 방식으로 학술계를 경학을 궁구하고 옛 것을 고증하는 좁은 길로 이끈다.

---

83) 『淸高宗實錄』卷184, "乾隆八年二月癸巳"條.

부록 : 건륭조 경연강학 일람표

시간	내용
乾隆三年二月	『論語』 "道之以德, 齊之以禮, 有恥且格." 『尚書』 "咨十有二牧曰, 食哉惟時."
乾隆三年八月	『論語』 " 寬則得衆, 信則民任焉, 敏則有功, 公則說."[84] 『尚書』 "兢兢業業, 一日二日萬幾."
乾隆四年二月	『孟子』 "聖人治天下, 使有菽粟如水火, 菽粟如水火, 而民焉有不仁者乎." 『周易』 "天行健, 君子以自强不息."
乾隆四年八月	『論語』 "唯仁者能好人, 能惡人." 『尚書』 "德惟善政, 政在養民."
乾隆五年八月	『中庸』 "執其兩端, 用其中於民." 『尚書』 "以義制事 . 以禮制心."
乾隆六年二月	『中庸』 "凡爲天下國家有九經, 所以行之者, 一也." 『尚書』 "罔違道以干百姓之譽, 罔咈百姓以從己之欲."
乾隆七年二月	『大學』 "詩云, 樂只君子, 民之父母. 民之所好好之, 民之所惡惡之." 『周易』 "元者善之長也, 亨者嘉之會也, 利者義之和也, 貞者事之幹也."
乾隆七年八	『論語』 "一日克己復禮, 天下歸仁焉." 『周易』 "天地之道, 恒久而不已也."
乾隆八年二月	『論語』 "子曰, 性相近也, 習相遠也." 『周易』 "天地養萬物, 聖人養賢以及萬民."
乾隆九年二月	『論語』 "古之學者爲己, 今之學者爲人." 『周易』 "天地之大德曰生."
乾隆九年八月	『論語』 "居之無倦, 行之以忠." 『周易』 "天地感而萬物化生, 聖人感人心而天下和平."
乾隆十年三月	『論語』 "子路問政, 子曰先之勞之. 請益, 曰無倦." 『周易』 "修辭立其誠."

시간	내용
乾隆十一年二月	『中庸』 "致中和, 天地位焉, 萬物育焉." 『尙書』 "闢四門, 明四目, 達四聰."
乾隆十一年八月	『大學』 "自天子以至於庶人, 一是皆以修身爲本." 『周易』 "天施地生, 其益无方."
乾隆十二年二月	『論語』 "樊遲問仁, 子曰愛人. 問知, 子曰知人." 『周易』 "君子以敎思无窮, 容保民无疆."
乾隆十四年二月	『論語』 "夫子之道, 忠恕而已矣." 『周易』 "上下交而其志同."
乾隆十七年二月	『論語』 "君子之於天下也, 無適也, 無莫也." 『尙書』 "知人則哲, 能官人. 安民則惠, 懷之."
乾隆十八年八月	『論語』 "視其所以"一章 『周易』 "君子體仁, 足以長人."
乾隆二十一年二月	『中庸』 "自誠明謂之性, 自明誠謂之敎." 『尙書』 "欶天之命, 惟時惟幾."
乾隆二十三年二月	『論語』 "博學而篤志, 切問而近思, 仁在其中矣." 『尙書』 "思其艱以圖其易, 民乃寧."
乾隆二十四年二月	『中庸』 "成己仁也, 成物知也." 『周易』 "易簡而天下之理得矣."
乾隆二十五年二月	『論語』 "四時行焉, 百物生焉." 『尙書』 "其難其愼, 惟和惟一."
乾隆二十六年二月	『孟子』 "舜明於庶物, 察於人倫, 由仁義行, 非行仁義也." 『周易』 "益動而巽, 日進无疆."
乾隆二十八年二月	『大學』 "如保赤子, 心誠求之, 雖不中不遠矣." 『周易』 "咸速也, 恒久也."
乾隆二十九年二月	『論語』 "因民之所利而利之." 『尙書』 "屢省乃成."

시간	내용
乾隆三十一年二月	『論語』 "無適也, 無莫也, 義之與比." 『尙書』 "皇建其有極, 斂時五福, 用敷錫厥庶民."
乾隆三十二年二月	『論語』 "不逆詐, 不億不信, 抑亦先覺者, 是賢乎." 『周易』 "日新之謂盛德."
乾隆三十三年二月	『大學』 "是以君子有絜矩之道也." 『尙書』 "一日二日萬幾."
乾隆三十四年二月	『大學』 "所謂誠其意者, 毋自欺也." 『尙書』 "欽哉, 惟時亮天功."
乾隆三十五年二月	『孟子』 "由仁義行, 非行仁義也." 『周易』 "聖人養賢以及萬民."
乾隆三十七年二月	『中庸』 "修道之謂敎." 『周易』 "輔相天地之宜."
乾隆三十八年二月	『大學』 "民之所好好之, 民之所惡惡之." 『尙書』 "慮善以動, 動惟厥時."
乾隆三十九年二月	『論語』 "仁者先難而後獲." 『尙書』 "功崇惟志, 業廣惟勤."
乾隆四十年二月	『大學』 "日日新, 又日新." 『周易』 "有孚惠我德."
乾隆四十一年二月	『論語』 "百姓足, 君孰與不足." 『尙書』 "君子所其無逸."
乾隆四十四年二月	『論語』 "先之勞之, 請益, 曰無倦." 『周易』 "自上下下, 其道大光."
乾隆四十六年二月	『大學』 "此之謂絜矩之道." 『周易』 "乾始能以美利利天下, 不言所利."
乾隆四十七年二月	『論語』 "知者樂, 仁者壽." 『尙書』 "在知人, 在安民."

시간	내용
乾隆四十八年二月	『中庸』 "悠久所以成物也." 『尙書』 "惟臣欽若, 惟民從義."
乾隆五十一年二月	『論語』 "仁者安仁, 智者利仁." 『尙書』 "正德, 利用, 厚生, 惟和."
乾隆五十二年二月	『孟子』 "天與賢則與賢, 天與子則與子." 『周易』 "剛健, 篤實, 輝光, 日新其德."
乾隆五十三年二月	『大學』 "安而后能慮, 慮而后能得." 『尙書』 "明作有功, 惇大成裕."
乾隆五十四年二月	『論語』 "子在齊聞『韶』, 三月不知肉味, 曰不圖爲樂之至於斯也." 『論語』 "子謂『韶』盡美矣, 又盡善也. 謂『武』盡美矣, 未盡善也."
乾隆五十五年二月	『中庸』 "栽者培之, 傾者覆之." 『周易』 "天行健, 君子以自强不息."
乾隆五十六年二月	『論語』 "回也聞一以知十, 賜也聞一以知二." 『尙書』 "允執其中."
乾隆五十七年二月	『論語』 "君子思不出其位." 『周易』 "唯幾也, 故能成天下之務."
乾隆五十八年二月	『中庸』 "至誠無息, 不息則久." 『尙書』 "天聰明自我民聰明, 天明畏自我民明威."
乾隆五十九年二月	『中庸』 "悠遠則博厚, 博厚則高明." 『周易』 "顯諸仁, 藏諸用."
乾隆六十年二月	『中庸』 "小德川流, 大德敦化." 『尙書』 "亶聰明作元后, 元后作民父母."

---

84) '公則說'은 논어원문에는 '惠則足以使人'으로 되어 있다. 역자 주.

중국학술사에서 『명유학안明儒學案』이후에 『송원학안宋元學案』은 또 하나의 중요한 영향력을 가진 학안체學案體 역사서이다. 이 책은 청대 강희康熙연간에 황종희黃宗羲가 요지를 제기하고 범례를 세운 이래로 그의 아들 황백가黃百家가 미완성의 책을 이어 찬수하였고, 건륭乾隆 초에 전조망全祖望이 다시 편찬하기까지 총 백 권의 규모를 확립했다. 도광道光연간에 왕재재王梓材, 풍운호馮云濠가 다시 정리, 간행하는 데에 이르기까지, 이 저서가 완성되는 데 걸린 시간은 근 150년에 가깝다.

1. 황종희 부자 : 창시創始의 공

『송원학안』의 저술은 황종희에 의해 시작되고 아들 황백가가 이어서 편찬했다. 산을 만들려면 삼태기의 흙부터 먼저 모아야 하고, 바다가 되려면 먼저 강줄기가 있어야 한다[爲山復簣, 後海先河]. 황종희 부자의 개척의 공을 다음과 같이 삼가 기술한다.

(1) 황종희의 요지 설명과 범례 세움

『명유학안』을 완성한 후에 황종희는 고령에도 『송원학안』의 저술에 힘을 다한다. 전조망의 「이주선생신도비문梨洲先生神道碑文」에 의하면 황종희는 "만년에 『명유학안』 외에 또 『송유학안宋儒學案』, 『원유학안元儒學案』을 편집하여 700년 유학의 학파들을 기록한다. … 그러나 편집을 마치지 못하고 죽는다"[1]고 기록하였다. 연대가 지금과 멀어서 황종희 당시 『송유학안』과 『원유학안』을 정리한 내력을 알 수 없지만, 요지를 제기하고 범례와 규정을 세운 수고로움은 금본今本 『송원학안』에 뚜렷한 자취를 남겨놓았다.

송원대 『학안』의 편찬과정에서 황종희가 창시한 공은 편찬 체계가 『명유학안』의 구조의 격식을 그대로 따른 것 외에 다음과 같은 두 가지 방면에 주로 나타난다.

첫 번째, 책의 차례를 확립했다.

금본 100권 『송원학안』가운데 도광연간에 초고를 정리한 왕재재와 풍운호의 소개에 의하면 서적의 차례는 황종희 생전에 이미 대체적인 면모를 갖추었다.

전체 서적이 호원胡瑗(호 安定)과 손복孫復(호 泰山)으로부터 시작되었다는 것에 대해, 왕재재는 그 논의는 황종희에 의해 시작되었다고 분명하게 지적한다. 왕재재는 여기에서 "전조망이 황종희가 편찬한 『학안』이 호원과 손복에서 시작되었다고 여긴 것은 그 뜻이 깊고 단서가 있다."[2)]고 하였다. 그 후에 강절康節, 염계濂溪, 명도明道, 이천伊川, 횡거橫渠의 다섯 학안은 그 편차가 역시 황종희로부터 유래한다. 전조망은 각 안을 둘로 나누고, 「횡거학안橫渠學案」에서 황종희의 주석과 고증의 공을 칭찬한 말이 있다. 그가 말하기를 "장재張載(호 橫渠)선생은 도에 나아감이 과감했는데, 그 길은 이정二程(程顥 호 明道, 程頤 호 伊川)형제와 조금 달랐지만 그 근본은 하나다. 천인天人의 사리事理를 말하는데 있어 간혹 합당하지 않은 바가 있으면 황종희가 조금 주석하고 고증하였으니, 역시 장재의 충신이다."[3)]라고 하였다. 권33 「형양학안滎陽學案」은 황종희의 초고가 「안정학안安定學案」에 부록으로 있었는데 뒤에 전조망이 드러내서 나누어 독립시킨다. 권31 「여범제유학안呂范諸儒學案」은 황종희의 초본의 원제목이 「남전학안藍田學案」으로 되어있다. 권32 「주허제유학안周許諸儒學案」과 권33 「왕장제유학안王張諸儒學案」은 전자의 원제목이 「영가학안일永嘉學案一」이고, 후자는 「강절학안康節學案」에 붙었다. 권36 「자미학안紫微學案」 역시 전조망에 의해 나누어졌으며 옛날에는 「화정학안和靖學案」안에 있었다. 권41에서 권43까지의 「형록衡麓」과 「오봉五峯」, 「유호제유劉胡諸儒」세 학안은 황종희의 초고에는 모두 「무이학안武夷學案」에 있다. 권52에서 권55까지의 「간재艮齋」, 「지재止齋」, 「수심水心」 세 학안은 황종희본에는 역시 같이 「영가학안永嘉學案」에 있다. 마찬가지로 권56의 「용천학안龍川學案」은 황종희본에는 「영강학안永康學案」이라는 제목으로 되어 있다. 권57과 권58의 「사산복재梭山復齋」와 「상산象山」, 그리고 권74에서 권76까지의 「자호慈湖」, 「서재絮齋」, 「광평정천廣平定川」 및 권93의 「정명보봉靜

---

1) 전조망, 『鮚埼亭集』卷11, 「梨洲先生神道碑文」. 晚年, 于『明儒學案』之外, 又輯『宋明儒學案』. 『元儒學案』, 以志七百年來儒苑門戶. … 尚未成編而卒.

2) 왕재재, 『송원학안』卷首, 「序錄」권4按語. 謝山以梨洲編次學案托始于安定, 泰山者, 其意遠有端緒.

3) 전조망, 『송원학안』卷17, 「橫渠學案·序錄」. 橫渠先生勇于造道, 其門戶雖微有殊于伊洛, 而大本則一也. 其言天人之故, 間有未當者, 梨洲稍疏證焉, 亦橫渠之忠臣哉!

明宝峰」 등의 학안은 황종희 초고에는 모두 「금계학안金溪學案」에 있다. 그 나머지, 예를 들어 권48, 권49 「회옹학안晦翁學案」은 「자양학안紫陽學案」이라고 했고, 권82 「북산사선생학안北山四先生學案」은 「금화학안金華學案」이라 했고, 권85 「심영학안深寧學案」은 「서산학안西山學案」에 붙였고, 권86과 권87 「동발東發」과 「정청靜淸」두 학안은 「사명주문학안四明朱門學案」이란 제목으로 되어 있고, 권69 「개헌학안介軒學案」은 「신안학안新安學案」이란 제목으로 되어있으며, 권90과 권91 「노재魯齋」와 「정수靜修」두 학안은 「북방학안北方學案」에 같이 배열되어 있다. 이 모두는 황종희의 저술의 수고로움을 엿볼 수 있다.

두 번째, 제가의 학술을 논정했다.

금본 『송원학안』가운데, 황종희의 안어按語[4] 58개가 아직도 남아있다. 이 안어들은 각 사람들의 학술을 논정하는데 스승의 학설을 발양하거나 자신의 의견을 서술하였다. 이는 황종희가 『송원학안』을 편찬한 사상을 탐구하는 데에 매우 진귀하다. 편장篇章의 선후에 따라 요지를 선택하여 대략적으로 인용하고 서술하였다.

권10 「백원학안百源學案」하下에 고반룡高攀龍이 소옹邵雍의 학술이 '공중누각과 같다[如空中樓閣]'고 평한 말을 황종희가 저록한 뒤에 안어를 두어 다음과 같이 말한다. "소옹諡號(康節)은 도리어 수학에 가려졌지만 소옹의 수학 가운데 『관물외편觀物外篇』은 요지를 밝혔다. 지금 『성리性理』에 실어놓은 것은 주석을 단 사람이 그 설을 얻지 못하여 남아있는 천백억조千百億兆의 수목數目이 빠지거나 잘못되어 마침내 정리할 수 있는 조리가 없게 되었다. 대개 이 학문을 전수한 사람은 장행성張行成과 축필祝泌, 요응회廖應淮가 있는데 지금은 아무도 계승한 사람이 없다. 나는 『역학상수론易學象數論』에서 두서를 정리하고 그 뿌리를 들추어내었다."[5] 이 단락의 안어는 소옹 학술의 요지를 『관물외편』에서 밝히는 바가 많았으나, 명초에 『성리대전性理大全』을 수찬할 때, 감별하여 선택할 줄 모르고 어지럽게 섞어 종류대로 구별하지 못하여 한 조목도 조리 정연함이 없게 되는 지경을 초래하였다는 말이다. 그래서 황종희가 『역학상수론』을 편찬하여 그 두서를 정리하고 또는 『송원학안』에 「강절학안」을 수립했으며, 『관물외편』을 실어서 소옹의 학술을 밝혔다. 소옹 학술의 계승에 있어서, 황종희는 원래 안주案主의 문인을 「강절학안」에 기재했는데, 전조망은 「왕장제유학안王張諸儒學案」과 「장축제유학안張祝諸儒學案」으로 나누었다. 마찬가지로 소옹의 문인을 기술하는데 황종희는 왕예王豫(자 悅之, 또는 天悅)의 전기를 뒤에 넣

---

4) 작자作者, 엮은이, 편집자編輯者가 관련 문장, 글귀에 대하여 설명, 주석, 주의, 고증考證 등을 달아 놓은 말. 역자 주.

5) 황종희, 『宋元學案』卷10, 「百源學案下」按語. 康節反爲數學所掩. 而康節數學, 『觀物外篇』發明大旨. 今載之『性理』中者, 註者旣不能得其說, 而所存千百億兆之數目, 或脫或訛, 遂至無條可理. 蓋此學得其傳者, 有張行成·祝泌·廖應淮, 今寥寥無繼者. 余嘗于『易學象數論』中爲之理其頭緒, 抉其根柢.

고, 붙인 안어가 앞에서 인용한 것과 약간 달랐다. 황종희는 다음과 같이 말한다. "소옹의 학문은 자문子文(소옹의 아들 伯溫) 외에 전하는 바는 왕예에서 그친다. 그 외에 들리는 바가 없다. 대개 소옹은 (자신의 학문을) 깊이 숨기고 귀중하게 여겨 전할 만한 사람이 아니면 전하지 않았다. … 왕예는 전수하는 바가 없고 선생의 책을 베개 속에 넣어 순장하였다. 백년이 되지 않아 오희가 반란을 일으켰는데 도적이 그 묘를 파헤치니 「황극경세체요皇極經世體要」1편과 「내외관물內外觀物」수십 편이 있었다. 도사인 두가대杜可大가 뇌물로 그것을 얻어 요응회에게 전하고, 요응회는 팽복彭復에게 전하고, 팽복은 부립傅立에게 전했는데, 모두 앞으로 다가올 일을 알 수 있었다고 한다."6) 전조망은 바로 이 두 단락의 안어를 합치고 다방면으로 수집하여 마침내 황종희 옛 원고의 「강절학안」을 셋으로 나누었다.

권12「렴계학안濂溪學案」하에 주돈이周敦頤의 『태극도설太極圖說』의 전문全文을 인용한 다음에 황종희는 안案에서 다음과 같이 말한다. "주자는 양陽의 움직임은 용用이 행해지는 소이가 되고, 음陰의 고요함은 체體가 세워지는 소이가 된다고 생각한다. 무릇 태극이 이미 그 체가 되면 음양은 모두 그 용이다. 하늘의 봄과 여름은 양이고, 가을과 겨울은 음이다. 사람이 숨을 내쉬는 것은 양이고, 들이마시는 것은 음이다. 어찌 봄·여름과 숨을 내쉬는 것을 용으로 삼고, 가을·겨울과 숨을 들이마시는 것을 체로 삼을 수 있겠는가? 그러나 주자는 (『태극도』)아래 '정을 위주로 하고, 인극을 세운다'라는 문장을 남기기 때문에 어쩔 수 없이 체를 정靜에 귀속시킨 것이다. 스승께서 '이치를 따르면 고요함이 되니, 움직임(動)과 고요함(靜)이 대대待對한다고 할 때의 고요함은 아니다.'라고 하셨는데, 한 마디로 설파하여 눈먼 사람이 갑자기 보이는 것처럼 눈앞이 돌연히 밝아진다."7) 이것은 주희朱熹가 『태극도설』을 오해한 부분이 있고 오직 유종주의 설이 비로소 바른 해석이라는 것을 말한다. 주돈이의 학술에 대해 황종희가 같은 권 다른 곳에서 총평하는 안어가 있다. 안어에 "주돈이의 학문은 성誠을 근본으로 한다. 적연하여 움직이지 않는 데에서 성의 근본을 파악했기 때문에 고요함을 주로 하여 표준을 세웠다고 하는 것이다. 근본이 서면 도가 생겨나서, 천변만화는 모두 이로부터 나온다. 길흉과 회린의 갈래를 변화시켜 불선한 움직임을 되돌려놓는 것, 이것이 바로 고요함을 주로 함(主靜)의 진정한 작용이다. 고요함은 움직

---

6) 황종희, 『宋元學案』卷33, 「王張諸儒學案」按語. 康節之學, 子文之外, 所傳止天悅, 此外無聞焉. 蓋康節深自秘惜, 非人勿傳. … 天悅無所授, 以先生之書殉葬枕中. 未百年而吳曦叛, 盜發其家, 有「皇極經世體要」一篇, 「內外觀物」數十篇. 道士杜可大賄得之, 以傳廖應淮, 應淮傳彭復, 彭復傳傅立, 皆能前知云.

7) 황종희, 『宋元學案』卷12, 「濂溪學案下」按語. 朱子以爲, 陽之動爲用之所以行也, 陰之靜爲體之所以立也. 夫太極旣爲之體, 則陰陽皆是其用. 如天之春夏, 陽也; 秋冬, 陰也. 人之呼, 陽也; 吸, 陰也. 寧可以春夏與呼爲用, 秋冬與吸爲體哉! 緣朱子以下文主靜立人極, 故不得不以體歸之靜. 先師云, 循理爲靜, 非動靜對待之靜. 一語點破, 曠若發蒙矣.

임에서 오묘(妙)하게 작용하니, 움직임은 곧 고요함이다. 움직임도 없고 고요함도 없는 것이 신神이며, 하나됨(一)의 지극함이며 하늘의 도이다. 천년동안 전하지 못한 오묘한 도리(秘)가 진실로 여기에 있다."8)고 했다. 황종희는 성誠을 주돈이 학문의 대체로 삼고, 나아가 '움직임도 없고 고요함도 없는 상태[無動無靜]'가 천년동안 전하지 못한 오묘한 도리라는 점을 논증하여 오직 주돈이가 깨달음을 얻었다고 했다. 이 때문에 황종희는 주돈이의 학문이 불교와 노자의 학설에서 근원한다는 것에 찬성하지 않는다. 황종희는 이러한 내용에 대해 다음과 같이 지적한다. "후대의 논의를 달리하는 사람들은 『태극도』는 진단으로부터 전해졌으며, 그 도圖가 화산의 바위에 새겨져있는데 현빈玄牝 등의 이름을 열거하고 있어, 이는 주돈이의 학문이 노자로부터 나온 것이라고 말한다. 또 주돈이와 호복공(胡宿 : 陳祖武 註)은 승려인 수애를 같이 스승으로 모셨으니, 이는 주돈이의 학문이 또한 불교로부터도 나온 것이라고 말한다. 이들은 모두 그 고기를 먹어보지도 않고 그 맛에 대해 말하는 자들이다. 만약 그 학문이 과연 옳은 것이라면, 진단과 수애는 또한 주돈이에게 노담老聃과 장홍萇弘이 되는 것이다. 만약 그 학문이 과연 잘못된 것이라면, 곧장 노자와 불교를 가져다 세세히 변론하였을 것이니, 범진의 「신멸神滅」과 부혁의 「창언昌言」 정도는 성학聖學이 밝아지거나 어둡게 되는 것과 무관한 것이 된다."9) 이에 황종희는 고반룡高攀龍의 학설에 동조하여 주돈이의 학문이 '글자마다 불교를 배척한다[字字辟佛]'는 결론을 얻어낸다. 황종희는 말한다. "고경양顧涇陽은 주돈이가 불교를 배척하지 않았다고 하자, 고반룡은 '주돈이의 책은 글자마다 불교와 상반되니, 곧 글자마다 불교를 배척했다고 말해도 괜찮다고 답했으니, 어찌 미덥지 않겠는가?'라고 하였다."10)

권15 「이천학안伊川學案」상上에 "사람이 이미 알 수 있으면 어찌 행하지 못함이 있겠는가?"11)라는 정이程頤의 한 단락의 말을 인용한 뒤에 황종희는 안어를 더하여 "이천선생은 이미 지행합일의 말이 있었다."12)고 하였다. 몇 마디의 말이지만 핵심을 말해주고 있으며, 언외의 뜻은 왕수

---

8) 황종희, 『宋元學案』卷12, 「濂溪學案下」按語. 周子之學, 以誠為本. 從寂然不動處握誠之本, 故曰主靜立極. 本立而道生, 千變萬化皆從此出. 化吉凶悔吝之途而反覆其不善之動, 是主靜真得力處. 靜妙于動, 動即是靜. 無動無靜, 神也, 一之至也, 天之道也. 千載不傳之秘, 固在是矣.

9) 황종희, 『宋元學案』卷12, 「濂溪學案下」按語. 後世之異論者, 謂『太極圖』傳自陳摶, 其圖刻于華山石壁, 列玄牝等名, 是周學出于老氏矣. 又謂周子與胡卜恭同師僧壽涯, 是周學又出于釋氏矣. 此皆不食其臠而說味者也. 使其學而果是乎, 則陳摶壽涯亦周子之老聃萇弘也. 使其學而果非乎, 即日取二氏而諄諄然辯之, 則範縝之神滅, 傅奕之昌言, 無與乎聖學之明晦也.

10) 황종희, 『宋元學案』卷12, 「濂溪學案下」按語. 顧涇陽曰, 周元公不闢佛. 高忠憲答曰, 元公之書, 字字與佛相反, 即謂之字字闢佛可也. 豈不信哉!

11) 황종희, 『宋元學案』卷15, 「伊川學案上」. 人既能知見, 豈有不能行.

12) 황종희, 『宋元學案』卷15, 「伊川學案上」按語. 伊川先生已有知行合一之言矣.

인의 '지행합일'知行合一의 견해가 결코 괴이한 학설이 아니라, 실은 멀리 정이를 계승하고 있고 기원이 있다는 것을 말했다. 정이의 고족제자 가운데 사량좌謝良佐와 양시楊時는 함께 존귀한 위치에 있다. 황종희는 사량좌(호 上蔡)를 칭송하지만 양시(호 龜山)에 대해서는 비판적인 말이 있다. 권24「상채학안上蔡學案」권수卷首에 『명유학안』총론과 유사한 일단의 말이 있는데 다음과 같다. "정자의 뛰어난 제자 중 내 생각에는 사량좌가 제일이라 『어록語錄』을 누차 손으로 베껴 쓴 적이 있다. 어떤 사람들은 도남 학파는 세 번 전해져 주자가 나와서 여러 유자들의 학문을 집대성하였으니 사량좌 위에 양시를 두어야 한다고 말한다. 모르겠지만 한 당堂의 공력을 어찌 후인들이 멋대로 평가하는 것을 따라 하겠는가? 또 주자의 말에 '사량좌는 어릴 적 멋대로 배움에 뜻을 두었다가, 선생의 말을 많이 빌려 그 추향을 일으켰다'고 하였으니, 사량좌야말로 진실로 주자의 선구자이다."13) 권25「귀산학안龜山學案」에서 양시를 논함에 "정이가 되기는 쉽고 정호가 되기는 어렵다. 양시는 진실로 둘 다 잃었다"14)는 결론이 있다. 황종희는 다음과 같이 말한다. "주자가 말하기를 '양시는 만년에 출사하였는데 녹봉祿俸 때문에 하는 관직을 면치 못하고 구차하게 나아갔다. 그러나 출사한 것이 이미 옳지 않았고, 부임한 후에 할 수 있는 일이 없었는데도, 단지 긴요한 일이 없다고 말할 따름이었다. 그래서 세상의 어떤 사람들로 하여금 유자를 비웃고 쓸 수 없다고 여기게 만든 것이 바로 이것에서 기인한다.'고 말했는데, 이것은 확실하게 정해진 말이다. 대개 양시의 학문은 장자와 열자로부터 시작하고, 세상일을 살피는 데 주의를 기울이지 않은 부분이 많아 '떠나려고 하다가도 잡아당겨 멈추게 하면 멈추었다'는 길만 잘 알았다. 만약 정이가 이런 곳에 있었다면 의연히 갈등이 되는 부분을 잘라냈을 것이다. 그러므로 사량좌가 말하기를 '정호(자 伯淳)는 양시(자 中立)를 가장 좋아했고, 정이(자 正叔)는 유작游酢(자 定夫)을 가장 아꼈으니 두 사람의 기상은 서로 비슷했다.'고 했다. 양시는 정호와 비슷했지만 정호는 살활殺活의 수단이 있어 한 번도 헛되이 수고로운 지경에 이르지 않았다. 정이가 되는 것은 쉬우나 정호가 되는 것은 어렵다. 양시는 진실로 둘 다 잃었다."15) 양시와 사량좌 두 사람의 학문을 어떻게 평가해야 하는지, 주희의 학설이 사량좌로부터 근원하는지 등 문제는 모두 검토할 수

---

13) 황종희, 『宋元學案』卷24, 「上蔡學案」按語. 程門高弟, 予竊以上蔡為第一, 『語錄』嘗累手錄之. 語者謂道南一派, 三傳而出朱子, 集諸儒之大成, 當等龜山于上蔡之上. 不知一堂功力, 豈因後人為軒輊! 且朱子之言曰, 某少時妄志于學, 頗藉先生之言以發其趣, 則上蔡固朱子之先河也.

14) 황종희, 『宋元學案』卷25, 「龜山學案」按語. 為伊川易, 為明道難, 龜山固兩失之矣.

15) 황종희, 『宋元學案』卷25, 「龜山學案」按語. 朱子言, 龜山晚年之出, 未免祿仕, 苟且就之. 然來得已不是, 及至, 又無可為者, 只是說沒緊要底事. 所以使世上一等人笑儒者, 以為不足用, 正坐此耳. 此定論也. 蓋龜山學問從莊·列入手, 視世事多不經意, 走熟援而止之而止一路. 若使伊川, 于此等去處, 便毅然斬斷葛藤矣. 故上蔡云, 伯淳最愛中立, 正叔最愛定夫, 二人氣象相似也. 龜山雖似明道, 明道卻有殺活手段, 決不至徒爾勞攘一番. 為伊川易, 為明道難, 龜山固兩失之矣,

있는 것이다. 황종희의 학설은 이미 결정난 평론이라고 볼 수는 없지만, 개성이 선명하며, 시류를 따르지 않는 학술풍모가 모두 그 가운데 있다. 바로 전조망이 말한 다음의 말과 같다. "사량좌와 양시 두 선생의 경우, 사량좌는 기의 강직함을 얻었고, 양시는 기의 부드러움을 얻었다. 그러므로 사량좌의 말에는 의기 왕성하고 거침없는 웅변과 종횡의 논변이 많고, 양시의 말에는 부드러우면서 평온하면서도 느린 기운이 많다고 주자는 이미 언급했다. 그러나 황진黃震(자 東發)은 육구연陸九淵(호 象山)의 학문이 사량좌로부터 근원한다고 했으니, 대개 육구연 역시 기의 강함을 얻은 자이다. 황종희 선생의 자질은 여기에 가장 가깝기 때문에 마음 속으로 더욱 사량좌를 칭송했다."16) 오직 이와 같기 때문에 주희가 사량좌의 학술을 비평하는 말에 대해 황종희는 논박을 많이 가하여 다음과 같이 지적한다. "사량좌는 정자문인 가운데에서 영명하고 과단성이 있다. 깨달음(覺)과 생의生意로 인을 논하고, 실리로 성誠을 논하며, 늘 깨어있으라는 것으로 경을 논하며, 살사구시로 궁리할 것을 논하는데, 이것은 모두 홀로 깨달은 바로 스승의 학설을 밝힌 것이다."17) 주희가 사량좌를 '선사상에 섞였다(雜禪)'라고 비판한 것은 실은 주자가 '평생 이와 기를 둘로 보았기[終身認理氣爲二]' 때문이라고 황종희는 생각했다. 황종희의 관점에서 사량좌는 정자程子문하에서 "그 언어에 조금의 출입이 혹 있기도 하지만 그 스승의 학설을 얻지 못한 것이라고까지 말하는 것은 감히 믿지 못하겠다."18)고 했다.

위와 비슷하게 주희와 다른 의견을 세운 부분은 40, 42, 48, 50권의 안어에 많이 있다. 황종희가 주자와 다른 의견을 세운 것은 본디 그 입론의 근거가 있지만, 학파가 다르기 때문에 생기는 편견도 실제로 그 사이에 존재한다. 왕양명王陽明의 『주자만년정론朱子晩年定論』을 지나치게 믿은 결과, 주희와 육구연의 학술이 초기에는 달랐지만 만년에는 같다는 견해가 가슴에 걸쳐있어 자연스레 편파적인 견해가 출현한다. 하지만 황종희는 필경 학파간의 투쟁에 집중한 사람이 아니고 견식이 탁월한 역사가이다. 이 때문에 권58 「상산학안象山學案」에서 그가 남긴 상당한 분량의 안어는 편견을 벗지는 못했지만 학파에 구속되어서는 안 된다는 주장을 의연히 말한다. 황종희는 다음과 같이 말한다. "선생의 학문은 존덕성을 종지로 삼았다. … 주자(호 紫陽)의 학문은 도문학을 위주로 하였다. … 선생의 존덕성은 옛 것을 배우고 행함을 독실하게 하는 데에 공을 들이지 않은 적이 있었던가? 주자의 도문학은 자신을 돌아보고 덕을 닦는 것에 힘을 들이지 않은 적이

---

16) 황종희, 『宋元學案』卷25, 「龜山學案」全祖望按語. 謝楊二公, 謝得氣剛, 楊得氣柔, 故謝之言多踔厲風發, 楊之言多優柔平緩, 朱子已嘗言之. 而東發謂象山之學原于上蔡, 蓋陸亦得氣之剛者也. 洲先生天資最近乎此, 故尤心折于謝.

17) 황종희, 『宋元學案』卷24, 「上蔡學案」按語. 上蔡在程門中, 英果明決. 其論仁以覺以生意, 論誠以實理, 論敬以常惺惺, 論窮理以求是. 皆其所獨得, 以發明師說者也.

18) 황종희, 『宋元學案』卷24, 「上蔡學案」按語. 其言語小有出入則或有之, 至謂不得其師之說, 不敢信也.

있었던가? 다만 학자의 입문에 각각 선후가 있다는 것을 보인 것이다. … 두 선생께서는 강상綱常을 같이 세우고 명교를 같이 부축하며 공맹을 같이 정종으로 삼았다. 의견이 끝내 일치하지 않았더라도 각자가 보는 바가 다른 것에 불과하니, 이른바 여기에서 배우고 그 본성의 가까운 바를 얻은 것이다."[19] 이에 황종희는 다음과 같이 단언한다. "두 선생의 전체 책을 보지 않고 두 선생의 본말을 궁구하지 않으면, 졸렬한 안목으로 학문이 뛰어난 문하에 억지로 붙어 천박하여 스스로를 헤아리지 못하고 함부로 서로 폄훼하게 된다. 저쪽 사람들은 내가 육자를 돕는다고 하고, 이쪽 사람들은 내가 주자를 돕는다고 한다. 두 선생에게 있어 이런 보잘 것 없는 사람이 자신을 돕는 것을 달갑게 여기겠는가?"[20] 주희와 육구연의 학술의 동이同異를 말할 때 초기에는 달랐지만 만년에는 같았다는 편견을 버릴 수 있다면 황종희가 논한 바는 또한 공평함을 잃지 않는다.

같은 이치로, 황종희는 학술사가의 이성과 지혜로 학술적 안건을 토론하기 때문에 중도와 관건을 얻을 수 있었다. 예를 들어, 권74 「자호학안慈湖學案」에서 육구연의 문인 양간楊簡을 논하는 데 있어 황종희는 두 가지 안어를 남겼다. 첫 번째 안어에서는 "육구연이 안회顔回의 극기지학에 대해 말한 것은 보통 사람이 일체의 사적인 분함과 욕심, 이해득실의 마음을 극복하는 것과는 그 수준이 다르다. 왜냐하면 생각이 일어나는 곳에서 극복하고자 하기 때문이다. 그러므로 양간(호 慈湖)이 생각을 일으키지 않는 것을 종지로 삼은 것은 스승의 문하에서 전해오는 바다. … 하지만 양간의 공부가 세밀하다고 해서 육구연과 같을 수는 없는데, 일체의 경전에 아직 터득하지 못한 곳이 있으면 억지로 말하거나 물리쳤다. 이것은 또 육구연을 배웠으나 지나친 곳이다."[21] 라고 말했다. 이것은 양간이 육구연의 참된 전함을 얻었지만 함부로 말하고 고상하게만 논하여 근거하는 바가 없어 스승의 가르침을 어기는 것을 면치 못했음을 말한다. 두 번째 안어는 더욱 간단명료하다. "양간이 전하는 바는 모두 밝게 깨닫는 것을 위주로 한다. … 이른바 각覺은 본체를 인식하는 것을 말한다. 육구연은 이것을 공부의 시작으로 삼았으나, 양간은 이것을 궁극으로 삼았다. 이것은 양간이 그 전함을 잃은 것이다."[22] 육구연의 학문은 양간을 얻어서 전하지만,

---

19) 황종희, 『宋元學案』卷24, 「象山學案」按語. 先生之學, 以尊德性為宗. … 紫陽之學, 則以道問學為主. … 先生之尊德性, 何嘗不加功于學古篤行, 紫陽之道問學, 何嘗不致力于反身修德, 特以示學者之入門各有先後. … 二先生同植綱常, 同扶名教, 同宗孔·孟. 即使意見終于不合, 亦不過仁者見仁, 知者見知, 所謂學焉而得其性之所近.

20) 황종희, 『宋元學案』卷24, 「象山學案」按語. 不睹二先生之全書, 從未究二先生之本末, 糠粃眯目, 強附高門, 淺不自量, 妄相詆毀! 彼則曰我以助陸子也, 此則曰我以助朱子也, 在二先生豈屑有此等庸妄無謂之助己乎!

21) 황종희, 『宋元學案』卷74, 「慈湖學案」按語. 象山說顔子克己之學, 非如常人克去一切忿慾利害之私, 蓋欲于意念所起處將來克去, 故慈湖以不起意為宗, 是師門之的傳也. 但慈湖工夫入細, 不能如象山, 一切經傳有所未得處, 便硬說關倒, 此又學象山而過者也.

또한 양간으로 인하여 전함을 잃었다. 이것은 양간의 학술에 대한 황종희의 정론이다.

하기何基, 왕백王柏, 김리상金履祥, 허겸許謙은 역사에서 '북산사선생北山四先生'이라 칭한다. 황종희는 처음으로 「금화학안」을 짓고 고찰, 논증하여 송원대 학술사를 탐구했다. 뒤에 전조망의 수정을 거쳐 「북산사선생학안」으로 제목을 고친다. 이 학안에 황종희는 또한 두 가지 안어를 남겼다. 첫 번째 안어는 송말 하기(호 北山)의 학문을 전문적으로 논하여 다음과 같이 지적한다. "하기의 종지는 『사서』를 숙독했을 따름이다. … 스승의 학설을 확고하게 지켰으니 한유의 학풍이 있다고 할 수 있다."[23] 두 번째 안어는 원나라 사람 김리상, 허겸을 합쳐서 논하고 아울러 절동학술浙東學術을 언급했다. 황종희는 다음과 같이 말한다. "리일분수理一分殊에서 리는 하나가 되지 못할까 걱정되지 않지만 어려운 바는 분수分殊(직분이 다름)이다. 이 말은 이동李侗(호 延平)이 주자에게 한 것이다. 이 때 주자는 한꺼번에 포괄하여 분명하지 않게 말하기를 좋아해서 이동은 병에 따라 약을 처방한 것이다. 김이상과 허겸이 활동하던 때에는 절강지역은 모두 양간의 일파로 추구하는 것이 본체여서, 곧 궁극적인 것을 추구하고 사물을 잘 이해하지 못했으며, 본체는 사물을 떠나서 본체가 된 적이 없다는 것을 몰랐다. 따라서 김이상은 이 말을 거듭 거론하여 당시의 폐단을 구제하였던 것이다."[24]

『송원학안』전체에서 황종희가 남긴 안어 중 마지막 말은 권89 「개헌학안介軒學案」에 보인다. 이 학안은 황종희는 원래 「신안학안新安學案」이라 제목을 했는데, 안의 주인공인 허월경許月卿(호 山屋, 婺源 사람)의 지위와 명망에 근거하여 명명하였으나, 전조망은 허월경의 스승인 동몽정董夢程(호 介軒)의 호를 근거로 하여 「개헌학안」으로 제목을 바꾸었다. 안어 가운데 황종희는 신안新安 일대의 원나라 초기 학풍의 변화 발전의 대세를 논하며 다음과 같이 말한다. "신안지역의 학문은 허월경으로부터 한 번 변하여 풍절이 된다. 대개 주자의 평소 강하고 굳센 기운은 늠름하여 침벌할 수 없는데, 이것으로 허월경이 정통이 됨을 안다. 저들은 풍절이란 의기가 아직 화합하지 않은 것이며, 자신을 굽혀 풍속을 따르는 것이 득이 된다고 여겼으니, 진실로 사악한 학설이 백성을 속인 것이다. 스승께선 일찍이 동한의 풍절이 한 번 변화하여 도에 이르렀다고 하셨는데, 아마도 여기서 얻은 바가 있을 것이다."[25]

---

22) 황종희, 『宋元學案』卷74, 「慈湖學案」按語. 慈湖所傳, 皆以明悟爲主. … 夫所謂覺者, 識得本體之謂也. 象山以是爲始功, 而慈湖以是爲究竟. 此慈湖之失其傳也.

23) 황종희, 『宋元學案』卷82, 「北山四先生學案」按語. 北山之宗旨, 熟讀『四書』而已. … 確守師說, 可謂有漢儒之風焉.

24) 황종희, 『宋元學案』卷82, 「北山四先生學案」按語. 理一分殊, 理不患其不一, 所難者分殊耳. 此李延平之謂朱子也. 是時朱子好爲儱侗之言, 故延平因病發藥耳. 當仁山·白云之時, 浙河皆慈湖一派, 求爲本體, 便爲究竟, 更不理會事物. 不知本體未嘗離物以爲本體也, 故仁山重擧斯言以救時弊.

(2) 황백가가 『송원학안』을 이어서 편찬함

황종희는 만년에 『송원유학안宋元儒學案』을 완성하기를 원했지만 나이가 너무 많고 시간이 허락해주지 않아, 초고의 면모를 대략 얻고는 뜻을 다 이루지 못하고 죽었다. 그의 아들 황백가가 부친의 못 다한 뜻을 이어받아 편찬하여 『송원학안』의 완성을 위해 지울 수 없는 업적을 세운다.

황백가는 황종희의 셋째 아들로 원래 이름은 백학百學이며 자는 주일主一이고 호는 뇌사耒史이다. 그가 살던 시기는 명청교체기의 난리에 속하여 청소년 시기에 부친인 황종희가 청나라에 저항하는 투쟁에 종사하느라 사방으로 전전하는 바람에 독서할 겨를이 없었다. 이로 인해 백가는 '배우지 못한'[26]다는 탄식이 있게 된 것이다. 어릴 때, 은현鄞縣의 무사인 왕래함王來咸을 따라 무술을 배워 권법이나 검술에 모두 그 전함을 자못 얻었다. 뒤에 황백가는 이 기간의 경력에 대해 온당하지 못하다고 느끼고 누차 반성하였다. 그의 말을 빌리면 "자칫하면 건달이 될 뻔했다."[27]고 하였다. 강희 연간 초에 부친이 고향으로 돌아가 은거하자 황백가는 비로소 아침저녁으로 부친을 따라다니며 과거시험 공부를 함께 할 수 있었다. 강희 6년, 황종희는 영파寧波에서 강학했는데, 황백가는 진적충陳赤衷, 진석하陳錫嘏, 만사대萬斯大, 만사동萬斯同 등 같은 용상甬上의 제현들과 강경講經의 모임에서 같이 배웠다. 이로부터, 소흥紹興, 자계慈溪, 해녕海寧 등 황종희가 강학하러 가는 곳마다 황백가는 따라다니며 보고 들으며, 학습하여 학업이 날로 일취월장했다. 강희 18년에 청나라 조정에서 『명사』관『明史』館을 다시 열어 황종희를 초빙하였다. 황종희는 완곡한 말로 사양하였으나 계속된 요청을 감당할 수 없어 마침내 제자 만사동과 만언萬言을 경사京師로 보내 『명사』를 미리 편수하게 했다. 강희 26년에 다시 황백가에게 명해 『명사』관 총재總裁인 서원문徐元文의 저택에 가서 만사동과 함께 포의布衣의 신분으로 사서史書를 편찬하게 했다. 29년 여름에 서원문은 벼슬을 잃어버리고 남쪽으로 돌아갔지만 황백가와 만사동은 일을 주관하는 사람이 만류하여 남아서 경사의 강남회관江南會館에서 사서를 편찬하였다. 뒤에 황종희는 나이가 들어 몸이 쇠약해지자 황백가는 마침내 초고를 가지고 남쪽으로 돌아와 『천문天文』과 『역법曆法』등 여러 지誌의 저술에 전념했다. 강희 31년 7월에 『명유학안』은 하북河北 고성故城의 가윤賈潤의 도움을 받아 간각하게 된다. 가윤이 죽고 자식인 가박賈朴이 그 일을 이어받았다. 황종희는 소식을 듣고, 병상에서 서문을 구술하자 황백가가 받아 적어 책을 완성했다.

---

25) 황종희, 『宋元學案』卷89, 「介軒學案」按語. 新安之學, 自山屋一變而為風節, 蓋朱子平日剛毅之氣凜不可犯, 則知斯之為嫡傳也. 彼以為風節者, 意氣之未融, 而以屈曲隨俗為得, 真邪說之誣民者也! 先師嘗言, 東漢之風節, 一變至道, 其有見于此乎!

26) 황백가, 『學箕初稿』卷2, 「贈陳子文北上序」. 失學.

27) 황백가, 『學箕初稿』卷2, 「贈陳子文北上序」. 幾失足為狹邪無俚之徒.

황종희가 세상을 떠난 후에 4부의 미완성 유고를 남기니, 곧 『송유학안』, 『원유학안』, 『송문안宋文案』, 『원문안元文案』이다. 뒤에 황백가는 『명사』에 뜻이 있었지만, 부친의 유지를 다 마치지 못해 더 이상 경사로 가서 역사 편찬을 하지 못한다. 강희 37년 봄에 만사동은 부모를 찾아뵈러 남쪽으로 돌아가서 황백가에게 사관史館 총재인 왕홍서王鴻緖가 초빙한다는 요청을 전달하고 황백가와 가을에 함께 입경하기로 약속하려고 한다. 만사동이 말하기를 "나의 배움은 그대보다 넓지만 필력은 그대에게 미치지 못한다. 『명사』의 일은 기꺼이 그대의 도움을 얻었다."[28]고 하였다. 황백가는 부친의 유업을 마치기 위해 끝내 같이 가지 못한다. 만년에 황백가는 『송원유학안』과 『송원문안宋元文案』의 편찬에 힘을 다했는데, 특히 『송원유학안』에 더욱 힘을 쏟았다. 뒤에 그의 부친과 마찬가지로 일을 다 마치지 못하고 돌아가지만 금본 『송원학안』에는 그가 힘들여 작업한 흔적이 남아있다.

황백가의 『송원학안』에 대한 수고로움은 두 가지 방면으로 귀납할 수 있다. 하나는 부친의 원고를 정리하고 빠진 부분을 보충한 것이다. 다른 하나는 부친의 학설을 드높이고 학술을 논정했다. 이에 그 대요를 들어 다음과 같이 약술한다.

첫 번째, 부친의 원고를 정리하고 빠진 부분을 보충했다.

『송원학안』은 뒤에 전조망이 각 안을 보완한 것을 제외하면, 황백가가 손수 편찬하지 않은 안이 없다고 할 수 있다. 단지 황백가가 자술하여 언급한 부분은 찾기가 참 쉽다. 예를 들어, 권1 「안정학안」에서 안에 저록한 호원의 많은 문생 제자 34인의 자료는 곧 황백가가 수집한 것이다. 그는 여기에 대해 다음과 같이 기록한다. "안정선생이 처음에 소蘇와 호湖에서 가르치고, 뒤에는 직강이 되어 조정에서 명을 내려 태학의 정사를 오로지 주관하게 했다. 선생은 정성을 다해 교육하고 인물을 선별하였다. 경술을 좋아하는 사람, 병법을 담론하기 좋아하는 사람, 문예를 좋아하는 사람, 절의를 숭상하기를 좋아하는 사람이 있었는데, 그들로 하여금 같은 부류끼리 모여서 강습하게 했다. 선생은 때때로 그들을 불러 배운 바를 논하고 이치를 정하게 했다. 혹 스스로 하나의 논쟁거리를 내어 사람마다 각각 대답하게 하고는 가부를 정하게 하였다. 혹 당시 정사에 대해서도 절충하게 했다. 그러므로 사람들은 모두 즐거이 따라서 효과가 있게 되었다. … 선생의 가르치는 법은 경을 궁구하여 옛 것을 투철하게 이해하고, 실제의 일을 전공하여 지금의 일에 통달하며, 사람이 각자 가진 재주를 성취시켜주니 가장 적당하였다. 뒤에 염학濂學과 낙학洛學이 흥기하자 종지를 세워 학문의 목표로 삼았으나, 쓸모없는 무리들이 도리어 숨어들기 쉬웠다. 이것은 어록의 배움이 행해졌으나 경술은 황폐해진 것이다. 당시 안정의 학문을 배운 사람이 천하에 가득했는데, 지금 널리 찾아보았지만 겨우 34사람뿐이다. 그러나 뛰어난 인재들은

---

28) 황백가, 『碑傳集』卷131, 「萬季野先生斯同墓志銘」. 吾學博於汝, 而筆不及汝, 『明史』之事, 樂得子助.

모두 여기에 있다."[29] 또 권9 「백원학안」상에 기록한 소옹의 「관물내외편觀物內外編」과 「어초문답漁樵問答」 등 역시 황백가의 손에서 나왔다. 황백가는 말하기를 "선생의 「관물내외편」 중 「내편內編」은 선생이 직접 지은 것이고, 「외편外編」은 문하의 제자들이 저술했다. 「내편內編」의 주석은 선생의 아들인 소백온이 지었다."[30]라고 했으며, 또 말하기를 "『황씨일초黃氏日抄』에서는 '『이천지론伊川至論』 제8권에 실려 있는 「어초문답」은 대개 사람들이 소옹의 책이라고 하는데, 어째서 거기에 들어가게 되었는지는 모르겠다. 근래에 소덕선생 조씨晁公武의 『독서기讀書記』에는 이 책은 소옹의 아들 소백온이 지은 것이라고 추측한다. 지금 그 책을 보면, 오직 천지가 서로 의지하고 부합한다는 몇 마디 말을 선유들이 취했으나, 나머지는 천박함이 많다. 자식인 자문이 가정에 전해지는 학설을 얻어서 붙인 것이 분명하다.'고 쓰여 있다. 지금 그 문답하는 말과 「관물편觀物篇」과 중첩된 부분을 없애고 그 대략적인 것만 남긴다."[31]고 했다. 또 권11 「염계학안」에 기록한 『통서通書』에 대한 황종희의 전주箋註 역시 황백가가 집록한 것이다. 그는 여기서 편말에 상세하게 안설按說을 달았을 뿐 아니라, 권수에도 다음과 같이 해석했다. "『통서』는 주돈이의 도를 전한 책이다. 주자가 그것을 상세하게 해석하고 월천 조단이 이어서 『술해述解』를 달았으니 곧 주자의 의소義疏이다. 돌아가신 부친께서는 사소한 말과 깊은 뜻에 대해 아직 미진한 바가 있는 것을 싫어하여 유종주의 아들 유자의 학설을 취해 전주를 단다. 본문 아래 조목조목 싣고 그 사이에 나의 의견을 붙였다."[32] 황백가는 권13 「명도학안明道學案」과 권17 「횡거학안」 및 권82 「북산사선생학안」과 권90 「노재학안魯齋學案」 등에 황백가의 수고로움이 모두 역력하게 드러나니 일일이 거론할 수가 없다.

---

29) 황백가, 『宋元學案』卷1, 「安定學案」 按語. 安定先生初教蘇·湖, 後為直講, 朝命專主太學之政. 先生推誠教育, 甄別人物, 有好經術者, 好談兵戰者, 好文藝者, 好尚節義者, 使之以類群居講習. 先生時時召之, 使論其所學, 為定其理. 或自出一義, 使人人各對, 為可否之. 或就當時政事, 俾之折衷. 故人皆樂從而有成效. … 先生之教法, 窮經以博古, 治事以通今, 成就人才, 最為之當. 自後濂·洛之學興, 立宗旨以為學的, 而庸庸之徒反易躲閃. 是語錄之學行而經術荒矣. 當時安定學者滿天下, 今廣為搜索, 僅得三十四人, 然而錚錚者在是矣.

30) 황백가, 『宋元學案』卷9, 「百源學案上」, 「百源學案」 按語. 先生 「觀物內外篇」, 「內篇」 先生所自著, 「外篇」 門弟子所記述. 「內篇」 註釋, 先生子伯溫也.

31) 황백가, 『宋元學案』卷9, 「百源學案上」, 「百源學案」 按語. 『黃氏日鈔』云, 『伊川至論』 第八卷載 「漁樵問答」, 蓋世傳以為康節書者, 不知何為亦剿入其中. 近世昭德先生晁氏 『讀書記』, 疑此書為康節子伯溫所作. 今觀其書, 惟天地自相依附數語, 為先儒所取, 餘多膚淺. 子文得家庭之說而附益之, 明矣. 今去其問答浮詞并與 『觀物篇』 重出者, 存其略焉.

32) 황백가, 『宋元學案』卷11, 「濂溪學案上」, 「濂溪學案」 按語. 『通書』, 周子傳道之書也. 朱子釋之詳矣, 月川曹端氏繼之為 『述解』, 則朱子之義疏也. 先遺獻嫌其于微辭奧旨尚有未盡, 曾取蕺山子劉子說, 箋註一過. 謹條載本文下. 間竊附以鄙見.

두 번째, 부친의 학설을 드높이고 학술을 논정했다.

필자의 대략적인 통계에 의하면, 금본 『송원학안』 가운데 황백가의 안어 210조가 실려 있다. 그 수량이 많아서 부친의 몇배 이상이 될 뿐 아니라, 전조망과도 견줄 수 있다. 이 안어들은 부분적으로 의의를 고증하여 밝히고 시비是非를 변증하는 것 외에, 대부분 부친의 학설을 밝혀 각 학파의 학술을 논정하였으니, 실로 『명유학안』의 각 학파 학술 총론과 유사하다. 예를 들어 앞에서 인용한 권1 「안정학안」에서 평한 호원의 학술은 이 학안의 총론으로 볼 수 있다. 또 권2 「태산학안泰山學案」에서 논한 손복의 학술은 역시 이와 같이 볼 수 있다. 황백가는 안의 주인공인 손복의 전기 다음에, 우선 안어 가운데 황진黃震의 설을 인용하여 "송나라가 일어난 지 80년 만에 안정 호원 선생, 태산 손복 선생, 조래祖徠 석개石介 선생이 비로소 스승의 도로 올바른 학문正學을 밝히자, 이어서 염학과 락학이 일어났다. 그러므로 우리 이학이 이락에 이르러 정밀해졌지만, 실은 세 선생으로부터 시작하였다."[33]라고 하였다. 이어서 자신의 견해를 다음과 같이 진술한다. "대개 선생이 과거에 급제하지 못하고 태산에 물러나 있을 때, 제자를 모으고 저서를 지으면서 경전을 연구하는 것을 가르침으로 삼았다. 선생은 호원과 같이 배웠으나, 『송사宋史』에는 호원이 경학을 연구한 것이 손복만 못하다고 말한다. 호원의 경술은 정밀하고, 선생은 다시 그것을 넘어섰다. 세상에 전하는 그의 저서가 적은 것이 애석하다. 그 대략적인 것은 석개가 지은 「태산서원기泰山書院記」에 보인다."[34] 같은 권 맹종유孟宗儒의 전기 다음에도 황백가는 일단의 안어를 두어, 『명사』가 『송사』의 병폐를 따라 『도학전道學傳』을 세우면 안 된다는 부친의 변증을 빠짐없이 인용한 다음에 곧 자신의 견해를 다음과 같이 편다. "선문길先文潔은 말하기를 '본 조정의 이학은 실은 호원과 손복, 석개 세 선생으로부터 비롯되었다'고 했으며, 주문공 역시 '정이는 세 선생을 잊지 못하는 말이 있다'고 했다. 곧 선유에게서 고찰해보면 역시 잘못된 것이 아니다."[35] 또 권48 「회옹학안」, 주희의 전기 뒤에 있는 황백가의 안어 역시 이 안의 총론과 다름이 없다. 황백가는 다음과 같이 말한다. "주자는 주송朱松(호 韋齋)을 부친으로 삼고, 이동, 유면지劉勉之(호 白水), 유자휘劉子翬(호 屛山), 호헌胡憲(호 籍溪)를 스승으로 삼고, 장식張軾(호 南軒), 여조겸呂祖謙(호 東萊) 제군자를 벗으로 삼았다. 그 도를 전하고 절차탁마한 사람들은 모두

33) 황백가, 『宋元學案』卷2, 「泰山學案」按語. 宋興八十年, 安定胡先生·泰山孫先生·徂徠石先生, 始以師道明正學, 繼而濂洛興矣. 故本朝理學雖至伊洛而精, 實自三先生始.

34) 황백가, 『宋元學案』卷2, 「泰山學案」按語. 蓋先生應舉不第, 退居泰山, 聚徒著書, 以治經為教. 先生與安定同學, 而『宋史』謂瑗治經不如復. 安定之經術精矣, 先生復過之. 惜其書世少其傳, 其略見徂徠作「泰山書院記」.

35) 황백가, 『宋元學案』卷2, 「泰山學案」按語. 先文潔曰, 本朝理學, 實自胡安定·孫泰山·石徂徠三先生始. 朱文公亦云伊川有不忘三先生之語. 即攷諸先儒, 亦不謬也.

쉽게 만날 수 있는 사람들이 아니다. 영민한 자질을 타고 나서 힘든 공부를 하며 일찍이 스스로 말하기를 '제가 옛날에 매우 고심하며 이 도리를 생각한 것이 마치 위태로운 나무다리를 지나는 것과 같았습니다. 단지 한 터럭의 차이라도 나서 조금만 헛디디면 떨어집니다.'고 했다. 선생이 힘들게 공부했다는 것을 볼 수 있다. 그러나 잠시라도 태만하려고 하지 않았다. 그 배움은 경敬을 주로 하여 근본을 세우고, 이치를 궁구하여 앎을 다하며, 자신을 돌아보아 그 진실을 실천하였다. 여러 서적을 널리 읽어서 경사저술 외에 제자서, 불교와 노장, 천문, 지리학 등을 섭렵하여 강구하지 않은 것이 없었다. 그는 천지간의 거유인데 또 무슨 말을 하겠는가?"36) 총론적인 것과 유사한 안어가 권83 「쌍봉학안雙峰學案」, 권87 「정청학안靜清學案」 등 곳곳에 많이 있다. 권86 「동발학안東發學案」에서 황백가는 부친의 학설을 계승하는데 원제목은 「사명주문학안四明朱門學案」2이다. 황진의 전기 뒤에 황백가는 부친의 논의를 다 끌어와 안어로 삼아 다음과 같이 말한다. "돌아가신 부친께서 말씀하시기를 '아! 학문의 도는 대개 말하기 어렵다. 전수하는 스승이 없으면 갈림길이 많은 데서 양을 잃어버린다[多歧亡羊] 탄식함이 많이 있다. 자득한 사람이 아니면 함만 차지하고 진주는 돌려주는[買櫝還珠] 어리석음이 있다. 그래서 철인哲人이 대를 이어 일어나서 때에 맞게 보완하고 구제하여 너무 심한 경우를 보고 크게 바꾸었던 것이다. 송나라 말에 우리 동절 지방에 어지럽고 천박한 지혜가 가득 찼고 양간의 유폐가 지극했다. 이방자李方子(호 果齋)와 황진(호 文潔)이 일어나 구제하지 않을 수 없었다. 그러나 이방자의 기백은 황진에 미칠수가 없었다. 그러나 『일초日抄』는 제유의 학설을 절충하여 주자(호 考亭)와 구차하게 같아지려하지 않았으니 자득한 바가 깊었다. 지금 단지 황진이 위로 주자를 이었다고 하는데 어찌 말을 안다고 할 수 있겠는가?'라고 하였다."37)

이 외에 황백가가 지은 안어는 각 학술원류에 대해 매우 자세하게 기술하고 있으니 시종 전체적인 대의가 가슴속에 있었다. 예를 들어, 권25 「귀산학안」에서는 양시의 전기 다음에 황백가의 다음과 같은 안어가 있다. "정호와 정이는 유전하는 경전에서 맹자의 전하지 않은 뜻을 얻어 천하에 널리 퍼트렸다. 그리고 승당의 경지에 올라 오묘한 뜻을 보고 뛰어난 제자로 불린 사람

---

36) 황백가, 『宋元學案』卷48, 「晦翁學案上」, 「晦翁學案」按語. 紫陽以韋齋爲父, 延平·白水·屏山·籍溪爲師, 南軒·東萊諸君子爲友, 其傳道切磋之人, 俱非夫人之所易媲也. 稟穎敏之資, 用辛苦之力. 嘗自言曰, 某舊時用心甚苦, 思量這道理, 如過危木橋子, 相去只在毫髮之間, 才失腳便跌下去. 可見先生用功之苦矣. 而又孜孜不肯一刻放解. 其爲學也, 主敬以立其本, 窮理以致其知, 反躬以踐其實. 而博極群書, 自經史著述而外, 凡夫諸子·佛老·天文·地理之學, 無不涉獵而講究也. 其爲間世之鉅儒, 復何言哉!

37) 황백가, 『宋元學案』卷86, 「東發學案」按語. 先遺獻曰, 嗟夫! 學問之道, 蓋難言哉. 無師授者, 則有多歧亡羊之歎; 非自得者, 則有買櫝還珠之誚. 所以哲人代輿, 因時補救, 視其已甚者而爲之一變. 當宋季之時, 吾東浙狂慧充斥, 慈湖之流弊極矣, 果齋·文潔不得不起而救之. 然果齋之氣魄, 不能及于文潔. 而『日鈔』之作, 折衷諸儒, 即于考亭亦不肯苟同, 其所自得者深也. 今但言文潔之上接考亭, 豈知言哉?

중에 유조游酢, 양시, 윤돈尹焞, 사량좌, 여대림呂大臨이 가장 뛰어났다. 각 학자들이 전하는 바가 있었지만, 유독 양시 이후에 세 번 전하여 주자가 나와 이 도는 크게 밝혀지고 천하에 미쳤다. 정호가 도가 남쪽으로 간다고 송별한 말은 이전의 참언讖言이 아니라고 할 수 없다."38) 이처럼 양시가 남송 이학에 끼친 영향과 주희의 학술연원을 겸하여 논할 때, 분명히 그의 부친이 사량좌를 추존한 것보다 더욱 역사적 진실에 접근한다. 또 권58 「상산학안」에서 주자와 육구연의 학술 논쟁을 기술할 때 황백가는 역시 문호를 벗어난 논의가 있다. 그는 다음과 같이 말한다. "증자曾子 천여 년 뒤에 이 도가 장차 끊어지려는 맥을 이은 자가 문득 어둠을 깨고 나오니 주돈이와 정호·정이가 있었다. 주돈이와 정호·정이 뒤에 얼마 되지 않아 주자와 육구연이 있었으니 진실로 뛰어난 경우였다. 그러나 육구연은 존덕성을 위주로 하여 먼저 큰 것을 세우면 자신을 돌아보아 자득하고 모든 시내가 흘러들 것이라고 했다. 주희는 도문학을 위주로 하여 사물의 이치를 다 궁구하면 나의 지가 저절로 지극해져 구름과 안개가 사라진다고 했다. 두 선생이 세운 가르침은 다르다. 하지만 방에 들어가는 것과 같으니, 동서로 문은 다르지만 방 가운데에 도달하는 것은 하나이다. 어찌하여 두 학파의 제자들은 깊이 탐구하지 않고 나가는 자는 노예이고 들어오는 자는 주인이라고 해서 분분히 논변하고 있으며, 지금까지 이 길을 빌려서 공부하는 자들은 걸핏하면 주희와 육구연의 같고 다른 점을 변별하고 스스로를 높이 위치시켜 높은 누각의 조그마한 나무가 되려하는가?"39)

금본 『송원학안』권82 「북산사선생학안」에 황종희 부자는 원래 「금화학안」으로 제목을 붙였는데, 황백가는 이 안에 마음을 쓴 바가 많았다. 황백가는 먼저 한 단락의 안어로 금화학파의 학술 연원을 종합하여 다음과 같이 말했다. "황간의 학문은 하기에게 전했지만, 광신지역의 요로饒魯(호 雙峰)는 역시 뛰어난 제자였다. 요로 이후에 오중행, 주공천이 있는데 역시 한 때 명성이 쟁쟁했다. 그러나 재전제자는 명성을 떨치지 못했다. 북산 일파 중 왕백(호 魯齋), 김리상(호 仁山), 허겸(호 白云)은 순수하게 주자 학문의 정수를 얻었고, 유도전과 오정전에서 대숙능과 송잠허에 이르기까지 또 주자 문장의 영향을 얻었으니 매우 성대했다. 자양의 정통은 그 단서가 금화학파

---

38) 황백가, 『宋元學案』卷25, 「龜山學案」按語. 二程得孟子不傳之秘于遺經, 以倡天下. 而升堂睹奧, 號稱高第者, 游·楊·尹·謝·呂其最也. 顧諸子各有所傳, 而獨龜山之後, 三傳而有朱子, 使此道大光, 衣被天下. 則大程道南目送之語, 不可謂非前讖也.

39) 황백가, 『宋元學案』卷58, 「象山學案」按語. 子輿氏後千有餘載, 纘斯道之墜緒者, 忽破暗而有周程. 周程之後曾未幾, 旋有朱陸. 誠異數也. 然而陸主乎尊德性, 謂先生乎其大, 則反身自得, 百川會歸矣. 朱主乎道問學, 謂物理既窮, 則吾知自致, 瀜霧消融矣. 二先生之立教不同, 然如詔入室者, 雖東西異戶, 及至室中則一也. 何兩家弟子不深體究, 出奴入主, 論辯紛紛, 而至今借媒此徑者, 動以朱·陸之辨同辨異, 高自位置, 為岑樓之寸木?

에 있다."40) 이어서 왕백이 경을 연구하는 데에 있어 주희와 다른 설을 세운 것을 후인들이 타당하지 않게 비난한 것을 전심으로 물리치고 그는 다음과 같이 말한다. "허형許衡(호 魯齋)이 주자를 정종으로 믿는 것이 독실하다고 할만하다. 『대학』에 있어서는 격물치지의 전함이 없어지지 않았으니 보완할 필요가 없다고 여겼고, 『중용』에 있어서는 『한지漢誌』에 『중용설中庸說』2편이 있으니 마땅히 성명誠明 이하를 나누어 별도로 한편으로 만들어야 한다고 생각했으며, 『태극도설』의 경우, 무극 구절은 마땅히 도상圖上에서 말해야 하고, 무극은 형체가 없는 것, 태극은 리가 있는 것으로 여기지 않았다. 『시경』과 『서경』에 있어서도 수정하는 바가 있지 않음이 없다. 어찌 일부러 자양과 다르게 하겠는가? … 후대에 주자를 따르는 사람들은 껍데기에도 들어가지 못하여 오로지 주를 지키고 경을 외우며, 그 학설의 근본 까닭은 알지 못하고 한 마디라도 다른 말이 있으면 주자를 공격한다고 여겼다. 그렇다면 허형은 역시 주자를 공격한 자인가? 심하구나! 지금 사람들이 배우지 않음이여!"41) 마지막에 김리상의 『논맹고증論孟考證』을 빌어 평하고는 한걸음 더 나아가 맹목적으로 주희를 존숭하는 폐단을 비난한다. 황백가는 여기서 다음과 같이 쓴다. "김리상에게 『논맹고증』이 있는데, 주자가 밝히지 못한 내용을 밝혔으나, 저촉되는 부분이 많다. 주자의 말과 저촉되는 바는 새로운 것을 세워서 고원한 사상으로 삼은 것이 아니라, 도를 밝히려는 마음이 또한 주자와 같고자 한 것이었을 따름이다. 주자가 어찌 같은 것은 좋아하고 다른 것은 싫어한 자이겠는가! 대대로 과거를 보려고 학문을 하는 자들은 주자의 말에 대해 조금이라도 부합하기를 구하지 않은 적이 없었다. 곧 학술의 전함은 여기에 있지 저기에 있지 않으니 문득 깨우칠 수 있다."42)

황종희와 황백가가 「금화학안」을 저술하는 것은 실은 그것을 근거로 하여 원대 절동浙東 이학을 논하고자 했다. 그러나 금본 권90의 「노재학안」은 원대 북방의 이학을 전문으로 기술했기 때문에 원래의 제목은 「북방학안北方學案」이었다. 이 학안의 안주案主인 조복趙復의 전기 뒤에

---

40) 황백가, 『宋元學案』卷82, 「北山四先生學案」按語. 勉齋之學, 既傳北山, 而廣信饒雙峰亦高弟也. 雙峰之後, 有吳中行·朱公遷, 亦錚錚一時. 然再傳即不振. 而北山一派, 魯齋·仁山·白雲, 既純然得朱子之學髓, 而柳道傳·吳正傳以逮戴叔能·宋潛溪一輩, 又得朱子之文瀾, 蔚乎盛哉! 是數紫陽之嫡子, 端在金華也.

41) 황백가, 『宋元學案』卷82, 「北山四先生學案」按語. 魯齋之宗信紫陽, 可謂篤矣. 而于『大學』, 則以為格致之傳不亡, 無待于補; 于『中庸』, 則以為『漢誌』有『中庸說』二篇, 當分誠明以下別為一篇; 于『太極圖說』, 則以為無極一句當就圖上說, 不以無極為無形·太極為有理也. 其于『詩』『書』, 莫不有所更定. 豈有心與紫陽異哉! … 後世之宗紫陽者, 不能入郛廓, 寧守注而背經, 而昧其所以為說, 苟有一言之異, 則以為攻紫陽矣. 然則魯齋亦攻紫陽者乎? 甚矣, 今人之不學也.

42) 황백가, 『宋元學案』卷82, 「北山四先生學案」按語. 仁山有『論孟考證』, 發朱子之所未發, 多所牴牾. 其所以牴牾朱子者, 非立異以為高, 其明道之心, 亦欲如朱子耳. 朱子豈好同而惡異者哉! 世為科舉之學者, 于朱子之言, 未嘗不錙銖以求合也. 乃學術之傳, 在此而不在彼, 可以懷然悟矣.

황백가의 안어 일단이 있는데, 원대 북방이학을 총론하여 다음과 같이 말한다. "석진石晉의 연운 燕云 16주의 분할 이후에 북방이 이국땅이 된 것이 오래되었다. 송대에 유자들이 차례로 나왔지 만 교화는 통하지 않았다. 조복이 전쟁포로가 된 후 도는 북방으로 들어갔다. 요추姚樞, 두묵竇默, 허형, 유인劉因 등이 정주의 학문을 듣고서 그것을 널리 전파하였는데, 이로부터 북방의 학문은 흥기하였다. 오징의 경학, 요수의 문학 등 손꼽아 셀 수가 없을 정도로 많았으며, 모두 문질이 겸비되고 성대했다."43) 권91「정수학안靜修學案」은 황종희 부자의 원본이 「북방학안」에 붙어있었 는데, 황백가가 안 속에 역시 일대의 학술을 총론하는 말을 두었다. 그는 다음과 같이 말한다. "원대의 학자는 허형, 유인(호 靜修), 오징吳澄(호 草廬) 세 사람만 있을 따름이다. 오징은 뒤에 나오고, 허형과 유인은 원나라가 그들의 힘을 빌려서 나라를 세운 자들이다. 두 사람 가운데 허형의 공이 매우 커서 수십 년 동안 문질을 겸비하여 뛰어난 경卿이나 대부로 불렸던 사람들은 모두 그 문인이었다. 이에 나라 사람들이 비로소 성현의 학문이 있음을 알았다. 유인은 그리 오래 살지 못하여 미친 바가 멀지 않다. 그러나 이 때 우소암의 논에 말하기를 '허형이 죽고 난 후에 명성과 그림자를 따르는 자들은 문사를 닦고 의를 펴는 것을 완물이라고 하여 문장을 짓는 데나 구차하게 얽매이고, 의문을 변별하고 물음에 답하는 것을 분수에 맞지 않는 일이라고 하여 그 스승을 곤란하게 하며, 도모하는 바가 없는 것을 덕성을 함양한다고 하고, 마음속을 깊이 있게 하고 외모를 두터이 하는 것을 기질을 변화시킨다고 하였다. 밖으로 천하 사람의 이목 을 눈멀게 만들고, 안으로 학자의 마음을 고혹하고 어둡게 했다. 유폐로 인해 이런 결과를 초래했 으며, 역시 허형이 본 바는 단지 조잡한 자취를 갖추었지만 한 세대가 일제히 그것을 따랐다. 유인과 같은 사람은 자질이 지극히 높고 증점曾點의 기상이 뚜렷하니 본디 공효로 우열을 비교할 수 없다.'고 했다."44)

황종희 부자가 송원유학에 마음을 궁구하여 완성한 『송유학안』과 『원유학안』은 내용면에서 보면 『명유학안』과 마찬가지로 시대를 구분 짓는 것을 역사로 삼아 왕조의 한계를 벗어나지 못했다. 하지만 편찬체계에 있어 옛 저작을 변통시키고 발전시킨 부분이 있다. 황씨의 유고를

---

43) 황백가, 『宋元學案』卷90, 「魯齋學案」按語. 自石晉燕云十六州之割, 北方之爲異域也久矣, 雖有宋諸儒 疊出, 聲教不通. 自趙江漢以南冠之囚, 吾道入北. 而姚樞·竇默·許衡·劉因之徒, 得聞程朱之學以廣 其傳, 由是北方之學鬱起, 如吳澄之經學, 姚燧之文學, 指不勝屈, 皆彬彬郁郁矣.

44) 황백가, 『宋元學案』卷92, 「靜修學案」按語. 有元之學者, 魯齋·靜修·草廬三人耳. 草廬後至, 魯齋·靜修, 蓋元之所藉以立國者也. 二子之中, 魯齋之功甚大, 數十年彬彬號稱名卿材大夫者, 皆其門人, 于是國 人始知有聖賢之學. 靜修享年不永, 所及不遠. 然是時虞邵庵之論曰, 文正沒, 後之隨聲附影者, 謂修辭 申義為玩物, 而苟且于文章, 謂辨疑答問為躐等, 而姑困其師長, 謂無所猷為為涵養德性, 謂深中厚貌 為變化氣質. 外以聾瞽天下之耳目, 內以蠱晦學者之心思. 雖其流弊使然, 亦是魯齋所見, 只具粗跡, 故 一世靡然而從之也. 若靜修者, 天分儘高, 居然曾點氣象, 固未可以功效輕優劣也.

지금은 볼 수 없지만, 전조망이 편찬하고 수정한『송원학안』에서 논하자면 이 발전은 이미 드러나 쉽게 보인다. 대체적으로 말하면 황종희 부자의『송원유학안』은 구조가 여전히 3단식3段式이다. 하지만 3단 안에『명유학안』과 유사한 총론은 혹 탈고에 아직 시일이 필요하기 때문에 아울러 권수에 독립되어 있지 않고 문장에 따라 안어의 형식으로 안案 속에 두었다. 이것을 대신하는 것이 학술자료를 선택, 편찬한 후의「부록附錄」이다. 무릇 완정한 학안은 모두 이 3부분으로 구성되어 있으니, 곧 안주의 전기, 학술자료 선편選編, 부록이다. 부록에 싣고 있는 것은 가깝게는 손기봉孫奇逢의『이학종전理學宗傳』권말의 작은 글씨로 된 부주附註를 계승했고, 멀게는 주희의『이락연원록伊洛淵源錄』의「유사遺事」를 답습하여 안주와 동시기나 이후학자들의 학문과 덕행을 기록한 말들을 집중적으로 수록했다. 이 새로운 3단식 편찬 구조와 격식은 이후 전조망의 편집, 수정을 거쳐서『송원학안』이 정형定型되고, 마침내 책머리「서록」과 합쳐서 학안체 역사서적의 전범이 된다.

2. 전조망과『송원학안』

황종희와 황백가 부자가 세상을 떠난 후에 유고인『송원유학안』원고를 정리하는 사람이 없어 거의 산일되었다. 건륭연간 초에 다행히 절동浙東 학자 전조망이 이어서 보완 편집하여, 서적의 권수를 규정하며, 장차 없어질 뻔한 원고를 수습하고 산일될 뻔한 유고를 정리하였다.『송원학안』이 완성됨에 있어 전조망의 수고로움은 가장 기억할 만하다.

(1) 전조망의 학문과 학행 약술

전조망의 자는 소의紹衣이고 호는 사산謝山이며 절강浙江 은현鄞縣(지금은 寧波에 속한다)사람이다. 강희 44년(1705)에 태어나서 건륭 20년(1755)에 죽는데 향년 겨우 51세였다. 전조망은 본성은 강직하고, 중년에 관직을 잃은 후에 관직에 뜻을 접고 경전과 사학에 잠심했으며, 고향의 문헌을 표창하고『수경주水經注』를 교감했으며,『곤학기문困學紀聞』을 주석하고『송원학안』을 편찬, 수정했다. 그로써 건륭 초엽 학술계에 이름이 났을 뿐 아니라, 이후 학자들에게 경사經史와 사장辭章에 두루 뛰어난 전재全才라는 평가를 받았다.

전조망은 4살에 사숙私塾에 들어가 독서를 하고, 14살에 박사제자博士弟子가 되어 여러 경전 외에『통감通鑑』,『통고通考』등 여러 서적을 두루 읽었다. 16살에 지은 고문을 가지고 저명한 문사인 사신행査愼行을 알현하였는데, 사신행의 깊은 인정을 받아 북송산문가 유창劉敞과 같은 사람들에게 비견되었다. 그 후에 전조망은 경전과 역사서에 마음을 두어 고향 문헌의 정리에 전심한다. 전조망은 범씨范氏 천일각天一閣, 사씨謝氏 천사원天賜園, 진씨陳氏 운재루云在樓 같은 절동의 장서가를 모두 찾아가서 경전과 역사서를 기록해온다. 옹정雍正 7년에 전조망은 절동 학정學正 왕란생王蘭生의 인정을 받아 선공選貢에 발탁되는데 당시 나이 25세였다.

옹정 8년 봄, 전조망은 고향을 떠나 경사의 국자학國子學에서 공부를 했다. 이 때 덕행이 높고 나이가 많은 유자인 방포方苞가 『예경禮經』을 전공하여 경성에서 이름이 났다. 전조망은 방포의 저서인 『상례혹문喪禮或問』을 읽고 그 가운데 대부大夫의 상례를 논한 부분에 타당하지 않은 점이 많아서 방포에게 서신을 올려 논의했다. 경사에 온 초기에 이 일로 두각을 나타냈다. 뒤에 산동 학정 나봉채羅鳳彩의 초빙에 응하여 제남濟南으로 가서 나봉채의 막료가 되어 삼제三齊 지방을 두루 돌아다녔다. 10년 가을에 일등으로 순천順天 향시에 뽑혔다. 다음해 봄 회시에 낙제 했다. 당시 청나라 세종世宗이 조서를 반포하여 박학홍사특과博學鴻詞特科를 다시 열어 인재를 뽑으려고 하였다. 전조망은 추천을 받아 마침내 경사에 머무르며 시험을 준비했다. 건륭 원년 봄에 삼갑三甲 36등으로 진사가 되었다. 원래 특과 시험을 보고 한 번에 한림원 유신의 자리에 오르려고 했다. 그러나 이전에 대학사大學士 장정옥張廷玉의 뜻을 거스른 적이 있어서 마침내 시험에 참가하는 것을 허락받지 못했다. 다음해 5월에 또 서길사庶吉士의 시험성적이 하등이었으 므로, 한림원에서 재직하지 못하고 외관外官의 보충 선발을 기다렸는데 당시 나이 33세였다. 관 직을 잃고 남쪽으로 돌아와 이때부터 더 이상 관직에 나가지 않는다.

고향으로 돌아온 후에 건륭 20년 7월에 병으로 세상을 떠나기까지 18년 간 전조망은 초빙에 응하여 소흥紹興의 즙산서원蕺山書院과 월동粤東의 단계서원端溪書院의 강석을 맡고, 경사經史에 전심하며 인재를 길렀다. 만년에 가난하고 또 병에 걸렸으며, 다른 사람에게 얹혀살았지만 여전 히 초심을 잃지 않고 죽을 때까지 학술에 헌신한다.

『곤학기문』의 전주箋註는 전조망이 중년 이후에 완성한 첫 번째 저술사업이다. 『곤학기문』은 송원대 절동의 대유 왕응린王應麟이 저술한 것으로 모두 20권이다. 이 저술은 저자의 경사백가의 학문고증을 거친 독후감 모음집으로 여러 서적을 널리 살펴서 인용과 근거가 풍부하다. 일생의 학문과 수양을 집중하고 국가를 걱정하는 마음을 붙이니, 중국 고대 학술사 중 사람들이 모두 칭송하는 명저이다. 청초에 고학부흥의 기풍이 일어나자 염약거閻若璩는 경사의 고증학으로 뛰 어나 『곤학기문』에 교주校註를 다니 이 서적에 대한 청대 사람들의 첫 번째 전箋이 된다. 조금 뒤에 하작何焯이 사장학을 스스로 자랑하며 『곤학기문』에 다시 전주를 다니 두 번째 전箋이 된 다. 전조망이 이어서 일어났을 때, 염약거와 하작 두 사람의 전주가 연이어 간행되었으며, 두 사람의 수고에 많이 수긍이 가긴하지만 역시 마음에 흡족치 못한 부분이 있어 세 번째 전을 지을 것을 결심한다. 건륭 6년 가을과 겨울에 전조망은 양주揚州에 거처하면서 두 사람의 전주를 합치고 수정을 가하고, 번잡한 내용을 산삭하여 간단하게 하고, 빠진 것은 메꾸고 잘못된 것은 바로잡은 다음, 다시 300여 조를 증익하여 『곤학기문삼전困學紀聞三箋』을 완성한다. 다음해 2월에 「곤학기문삼전서困學紀聞三箋序」를 지어 다음과 같이 말한다. "심녕 왕선생 『문집』120권은 지금 볼 수가 없다. … 편린으로 남은 금쪽같은 모은 것이 곧 『곤학기문』을 만들었다. 인용한 서적들이 깊이 있고 범위가 넓어서 그 내력을 갑자기 얻기 어렵다. 태원 염약거가 일찍이 전을 짓고, 얼마 후 장주 하작이 다시 보충하였다. … 염약거는 밝혀주고 찾아내는 데에 상세하였는데 이 서적에 대해 가장 마음을 썼다. 그러나 문장이 너무 길어 그 요점을 드러내지 못하고 때때로 치우치거나 어긋난 견해를 끼워 넣었다. 예를 들어, 힘써 연구한 『고문상서古文尙書』는 평소 자부하는 작품이었으나, 하필 이 전에 불필요하게 끼워 넣을 필요가 있었을까? 산삭하는 이유를 모르는 것이 아닌가? 의를 숭상하는 가문은 간단하고 확실해야 한다. 그러나 스스로를 높이 평가하고자 하였고 만년에 잘못된 생각으로 학문을 논하였다. 그리고 이 책은 아직 과거 시험을 보는 사람의 습관을 면치 못한 것이다. 자신의 비평작업이 자기 전주箋註의 아직 세척되지 않은 것을 드러내리라는 것을 몰랐던 것이다. … 나의 학식은 보잘 것 없으니 어찌 감히 이전의 현인들의 설을 가지고 그들을 반박하여 승리를 다투겠는가? 더더구나 현인들이 전에 전주를 달지 않았다면 나 역시 이 전을 완성할 수 없었을 것이다. … 이 책은 세 번의 주석을 거쳤지만, 빠진 내용이 아직도 많다. 또 해내에 사물에 박학한 군자 중에는 세 명의 유씨만한 사람이 없으리란 것을 어찌 알겠는가? 날마다 그들을 바란다."45)

『수경주』를 교감하는 것은 전조망 만년의 두 번째 저술사업이었다. 『수경水經』은 중국 고대의 역사지리저술로 남북의 물길을 전문적으로 기록했다. 작자가 누구인지의 설은 하나가 아니다. 하나는 한나라 상흠桑欽이고, 다른 하나는 진晉나라 곽박郭璞인데, 증거가 모두 확실하지 않기 때문에 오랫동안 의문으로 남아있었다. 일반적으로는 동한東漢시대의 작품이라고 여긴다. 북위北魏시대에 역도원酈道元이 이 책에 주석을 달아 『수경주』40권을 만들었다. 근원과 내력을 밝히고 인용이 넓고 많으며 경문과 주석이 잘 어울려 모두 역사지리학의 명저가 된다. 송명 이래, 『수경주』가 많이 간행되어 역도원의 책을 연구하는 것이 또한 하나의 전문적인 학문이 되었다.

---

45) 전조망, 『鮚埼亭集外編』卷25, 「困學紀聞三箋序」. 深寧王先生『文集』百二十卷, 今世不可得見. … 碎金所萃, 則爲『困學紀聞』. 顧其援引書籍奧博, 難以猝得其來歷, 太原閻征君潛丘嘗爲之箋, 已而長洲何學士義門又補之. … 潛丘詳於開索, 其於是書, 最所致意,然筆舌冗漫, 不能抉其精要,時挾偏乖之見, 如力攻『古文尙書』, 乃其平日得意之作, 顧何必曉曉攙入此箋之內, 無乃不知所以裁之耶? 義門則簡核, 而愈高自標置, 晚年妄思論學, 遂謂是書尙不免詞科人習氣, 不知己之批尾家當, 尙有流露此箋未經洗滌者. … 予學殖荒落, 豈敢與前輩爭入室操戈之勝? 況莫爲之前, 予亦未能成此箋也. … 是書雖經三箋, 然闕如者尙多有之, 又安知海內博物君子, 不有如三劉者乎? 予日望之矣.

그러나 연대가 멀어지고 시대가 많이 떨어져 있으므로 역도원의 책은 이리저리 필사하고 간행되는 가운데 산실되거나, 편장의 차례가 잘못되거나, 경문과 주석이 섞이고 글자가 혼돈되는 부분이 곳곳에 많이 생겼다. 잘못되거나 빠진 글자를 교정하고 옛 면모를 회복하며 일문을 보충하고 문자를 바로 잡는 것이 모두 급히 해결해야할 문제였다. 그러므로 송명대 수백 년간 그 일을 정리하는 사람이 대대로 없지 않았다. 청대에 들어와서 경사를 고증하는 학풍이 점차 일어나 황의黃儀, 호위胡渭, 고조우顧祖禹, 염약거, 하작何焯, 손잠孫潛 등 제가들이 각각 전주를 달았다. 건륭 초에 고학古學이 날로 성하여 심병손沈炳巽, 전조망, 조일청趙一淸 등이 이어서 교감을 하여 이전 사람들의 연구 성과를 모아 『수경주』의 정리를 새로운 단계까지 추진했다. 전조망이 『수경주』를 정리하는 일은 건륭 14년에 시작되었는데 경과 주를 정리하고 빠진 글자를 보충하며 문자를 교정하는데 지극히 힘썼으나, 세상을 떠날 때 까지도 완성하지 못했다. 금본 『길가정집외편鮚埼亭集外編』에 기록된 「수경주설수편발水經注泄水篇跋」에서는 '을해년 오월에 또 제하다(乙亥五月又題)'라고 분명하게 말한다. 죽기 전날까지도 힘들게 정리 작업을 했음을 알 수 있다. 도광연간에 전조망 유고의 전초본傳抄本이 유출되었고, 광서光緖연간에 비로소 설복성薛福成이 이에 의거하여 간행한다.

전조망은 송원대 역사사실에 유의하여 『송사』를 다시 저술하려는 뜻이 있었다. 옹정 11년 경사에 있을 때 그는 육구연의 학술에 대해 여섯 차례 조정의 대신인 이불李紱에게 서신을 보내 자세하게 의논했다. 당시에 이불은 『육자학보陸子學譜』를 편찬했는데 한뜻으로 육구연의 학문을 표창했다. 전조망은 황종희를 사숙하여 육구연의 학술에 추존하는 바가 많았다. 그러므로 이불을 끌어들여 동조同調자로 삼아 그의 저술이 최선의 상태가 되도록 계속해서 서찰을 주고받았다.

전조망이 이불에게 보낸 첫 번째 서신에서는 전문적으로 원명시대의 주자와 육구연의 학술을 취합하는 풍조를 논하고 그런 단서를 연 사람이 조방趙汸이 아님을 변증했다. 그는 우선 원대 유자인 원각袁桷의 논의를 끌어들여 일찍이 남송 말년 순우淳祐 연간에 번양番陽의 탕중민湯中民이 이미 이런 풍조의 앞길을 열었다는 것을 증명했다. 원나라 사람 공정송龔霆松이 이어서 일어나 『주륙이동거요朱陸異同擧要』를 저술하니, 역시 주희와 육구연의 학술을 취합하는 저작이다. 이 때문에 『육자학보』는 전인의 잘못된 학설을 답습하여 원명元明시기 사람 조방을 주희와 육구연의 학술을 취합하는 선구로 추존하는데, 이는 타당하지 않다고 전조망은 생각한다. 전조망은 서신에 다음과 같이 지적한다. "성인의 학문은 몸소 실천하는 것보다 중한 것이 없으며 자신의 학설을 세우는 것立言은 끝내 치우침을 면치 못합니다. 주희와 육구연의 학문은 모두 몸소 실천한 학문입니다. 입언의 치우침 중 후인들이 순정함은 취하고 흠이 되는 것은 생략하면 진실로 주희와 육구연을 취합할 수 있습니다. 만약 한갓 문의에 구속되어 떠들썩하게 맹목적인 공격과 수비의 장점을 드러낸다면 주희와 육구연을 위해 사명詞命의 사신을 맡은 것인 즉 한 번 굽히고 한 번 펴는 것이 궁행에 어찌 참여하겠습니까!"46) 서신의 끝에 전조망은 또 육구연 학문을 표창하는 여러 명대 유학자들을 간략하게 기술하여 『육자학보』의 못 다한 부분을 보완했다. 그는 다음과 같이 말한다. "명유 가운데 동산의 전통을 계승한 자들은 모두 정민程敏政, 호 篁敬을 추존합니다. 또 독학 금계金溪 왕재王齋가 있어 『육자심학록陸子心學錄』을 지었는데, 가정 초년에 각하의 향로였습니다. 또 시랑 이산李山이 있었는데 사명의 사람입니다. 『육자수언』은 임해 왕경소王敬所의 손에서 나왔으니 또한 마땅히 기록해야 하는 사람입니다."47)

전조망은 두 번째 편지에서 『육자학보』에서 열거한 육구연의 제자에 대해 전문적으로 살피고 변별했다. 편지에서 우선 서의徐誼를 육구연의 제자로 보는 것이 타당하지 않음을 고증했다. 전조망은 이를 위해 엽적葉適이 지은 「徐氏墓誌銘」을 인용했다. 묘지명에서 "공은 깨달음을 근본으로 삼아 뚜렷하고 깊이있게 이해하고 가까이 일상생활에서 사례를 취하여 배우는 사람들을 위해 수증修證의 원인을 열어서 제시했습니다. 형체와 마음의 작동이 멈추는 지경에 이르러도 정신이 보고 기운이 들으니 고요한 가운데 벼락이 치고 어둠속에서 해를 보는 것과 같이 분명하지 않은 것이 없었으니 스스로 얻음이 있다고 여겼습니다."48)라고 했다. 전조망은 이 단락의 말을 『송사』에 기재하지 않았는데 이불이 특별히 드러낸 것이니 실로 그 빠진 부분을 보충할 수 있다고 여겼다. 그러나 이 문장은 단지 서의의 학문과 육학이 서로 합치함을 증명할 수 있지만, 서의가 육구연의 제자가 된다는 것은 판정할 수 없다. 양간이 서의를 제사지내는 문장을 살펴보면 양간이 육구연을 만난 일은 서의의 소개를 통한 것이라고 했다. 황진의 『황씨일초』에서도 서의가 육구연의 "天地之性人爲貴論"을 보고 그로 인해 양간으로 하여금 육구연을 사사하게 했다고 말했다. 전조망은 다음과 같은 결론을 얻는다. "그렇다면 서의가 육구연을 사사한 적이 없는데, 『연보年譜』에 '문충이 모시고 배웠다'는 말이 있으니 믿을 수 없을 것 같습니다."49) 이어서, 전조망은 또 다음과 같이 말한다. "각하께서는 서문충공 이하로 문의공 채유학, 태부 여조검, 용도 항안세, 문단공 대계를 관련시켜 모두 육구연의 제자라고 쓰셨는데 저는 의심이 없을 수

---

46) 전조망, 『鮚埼亭集外編』卷44,「奉臨川先生帖子一」. 聖學莫重於躬行, 而立言究不免於有偏. 朱陸之學, 皆躬行之學也, 其立言之偏, 后人采其醇而略其疵, 斯真能會同朱陸者也. 若徒拘文率義, 嘵嘵然逞其 輸攻墨守之長, 是代為朱陸充詞命之使, 即令一屈一伸, 於躬行乎何預!

47) 전조망, 『鮚埼亭集外編』卷44,「奉臨川先生帖子一」. 明儒申東山之緒者, 共推篁敬. 而又是督學金溪王 奠弘齋, 著『陸子心學錄』, 在嘉靖初年, 閣下之鄉老也. 又有侍郎李堂董山, 四明人也. 『陸子粹言』, 則出 自臨海王敬所之手, 是亦所當著錄者也.

48) 전조망, 『鮚埼亭集外編』卷44,「奉臨川先生帖子二」. 公以悟為宗, 懸解朗徹, 近取日用之內, 為學者開示 修證所緣. 至於形廢心死, 神視氣聽, 如靜中震霆, 冥外朗日, 無不洗然, 自以為有得也.

49) 전조망, 『鮚埼亭集外編』卷44,「奉臨川先生帖子二」. 然則文忠未嘗師陸子矣, 而年譜有'文忠侍學'之語, 恐未可據.

없습니다."[50] 이에 하나하나 질의한 다음에 전조망은 "만약 육구연의 문집 가운데 절차탁마하고 정진한다(切磋鐌厲)는 말이 있는 것을 가지고 드디어 양과 원의 무리가 어울렸다고 하면, 계보譜系는 문란해지고 정통성宗傳은 혼란해지니, 바로 육학의 누가 되는 것입니다."[51]라고 단언했다. 마지막에 전조망은 또 나점羅點의 아들을 육구연의 재전제자로 보는 것은 타당하지 않다고 논정했다. 전조망은 이것은 문호를 자랑하고 수식하는 『고정연원록考亭淵源錄』의 영향을 받아서 그렇게 된 것이니 실로 취할 수 없다고 여겼다. 이 서신에 또 주의할 만한 소식이 있으니, 곧 전조망은 다음과 같이 말한다. "『육자학보』를 보여주시니, 그 가운데 드러나지 않고 빠졌던 부분을 수집한 것이 요강 황종희의 『학안』에 비교하면 몇 배나 됩니다. 후대에 도학의 맥을 추구하는 자들이 유감이 없을 수 있겠습니다."[52] 이것은 바로 옹정 11년에 이르러 전조망이 이미 황종희 부자의 『송유학안』의 원고를 보았으며, 최소한 그 가운데 「금계학안金溪學案」 원고라도 보았던 것이 분명하다는 점을 보인다. 그렇지 않다면 '몇 배나 된다(數倍過之)'고 한 것은 아무런 목표 없이 활시위를 당긴 꼴이 된다.

전조망이 이불에게 보낸 나머지 4통의 편지는 모두 『육자학보』의 빠진 부분을 보충하기 위해 지은 것이다. 네 통의 편지는 혹 관사사적官私史籍을 인용하거나 별집잡저別集雜著에 의거하는데 본래 고증이 상세하니 모두 전조망이 송원대 역사 사실, 특히 고향의 문헌에 대해 유의하고 잘 알고 있음을 알 수 있다.

건륭 2년 겨울, 전조망은 여요餘姚로 길을 택하여 고향으로 돌아왔다. 이는 정성鄭性이 자비를 털어 『명유학안』을 재판한 때이므로 그는 오로지 그 때문에 편지를 보내 상의했다. 편지 가운데 의론한 것은 모두 11조이다. 첫 번째는 양간의 학문이 명초시기에 계승된 것에 대해 논의했다. 두 번째는 설선薛瑄의 초기 사승관계에 대해 논의했다. 세 번째는 「경천학안鏡川學案」을 증보해야 한다는 것을 의논했다. 네 번째는 「즙산학안蕺山學案」 가운데 '오성취장五星聚張'의 단락은 산삭해야 한다는 것을 논의했다. 다섯 번째는 『학안』의 '사기향인私其鄉人'의 부실함을 논의했다. 여섯 번째는 사계방史桂芳의 문집을 보완할 수 있음을 논의했다. 일곱 번째 영가永嘉 왕문王門제자들에 대해 논의했다. 여덟 번째 「근계학안近溪學案」 가운데 호종정胡宗正, 호청허胡清虛는 한 사람이 아님을 논의했다. 아홉 번째 「동림학안東林學案」에서 선택한 오종련吳鐘戀의 어록이 모두

50) 전조망, 『鮚埼亭集外編』卷44, 「奉臨川先生帖子二」. 閣下於徐文忠公而下, 牽連書蔡文懿公幼學, 呂太府祖儉, 項龍圖安世, 戴文端公溪, 皆為陸子弟子, 則余不能無疑也.

51) 전조망, 『鮚埼亭集外編』卷44, 「奉臨川先生帖子二」. 倘以陸子集中嘗有切磋鐌厲之語, 遂謂楊袁之徒侶焉, 則譜系紊而宗傳混, 適所以為陸學之累也.

52) 전조망, 『鮚埼亭集外編』卷44, 「奉臨川先生帖子二」. 蒙示『陸子學譜』, 其中搜羅潛逸, 較姚江黃征君『學案』數倍過之. 後世追原道脈者, 可以無憾.

타당한 것은 아님을 논의했다. 열 번째 「동림학안」에 기록한 황존소黃尊素의 '요조증책繞朝贈策'을 기술한 일이 타당하지 않음을 논의했다. 열한 번째 양명의 산좌山左(山東省을 가리킴)제자를 보충해야 함을 논의했다. 전조망이 논의한 열한 가지 조목은 대부분 지엽적인 것이고 대체에 장애가 되지 않으니 정성鄭性과 황종희의 후인들도 채용하지 않았지만, 송명대 학술의 흐름을 훤히 알거나 「명유학안」을 통독하지 않으면 상술한 의견을 일일이 거론하기 어렵다.

건륭 4년 여름에 『명유학안』을 간행하는 일이 끝났다. 황종희의 후인들은 또 조부와 부친의 『송원유학안』유고를 찾아, 급히 이름난 유자에게 정리편정의 일을 맡기려고 하였다. 전조망은 송원대 학술에 대한 깊은 소양이 있었을 뿐 아니라, 『송원유학안』과 『명유학안』원고도 읽었었다. 이에 그는 자연스럽게 가장 적합한 사람이 된다. 『송원학안』의 편찬과 수정은 이렇게 전조망 만년의 세월로 접어들어서이다.

전조망의 문인 동병순董秉純이 편집한 『전사산선생연보全謝山先生年譜』의 기록에 의하면 전조망이 『송원학안』을 편찬 수정한 일은 건륭 11년 늦봄에 시작했다. 당시 전조망은 벗들의 요청에 응하여 물길을 따라 올라가 소주蘇州를 유람했는데, 이 때 황종희 부자의 『송원유학안』의 유고가 곧 배 안 상자에 있었다. 배 안에서 달리 할 일이 없어 『송원학안』을 편정하는 일이 날마다 진행되었다. 여름, 북으로 양주揚州에 도달하여 그곳의 소금상인인 마씨馬氏의 여경당畲經堂에 묵으면서 계속해서 『송원학안』의 편정에 힘을 다했다. 근 1년의 노력을 거쳐 다음해 2월에 『송원학안』100권의 「서록」을 완성했는데, 이에 전조망은 또 자금을 모아 간행하는 일을 계획했다. 이 때문에 전조망은 빈번하게 항주杭州, 남경南京, 양주를 오가는데, 이 때의 여정에는 원고를 휴대하고 다니면서 계속 교정과 보완작업을 하였다. 건륭 13년 이후에 그는 즙산, 단계서원의 강좌를 번갈아 주관하는 것으로 인하여, 먼저 초빙에 응하여 황종희의 유서를 다시 정리하고 이어서 또 『수경주』의 교감에 정력을 쏟았다. 그러므로 『학안』편정은 때로는 중단되었다가 이어져 오랫동안 마치지 못했다. 18년에 전조망은 월동粵東에서 병에 걸리고 오랫동안 병이 낫지 않아 어쩔 수 없이 서원의 강석講席을 떠나 북쪽으로 돌아왔다. 7월에 고향으로 돌아왔다. 19년 초봄에 양주에서 요양하며 여전히 여경당에 머물며 『수경주』를 정리하고 아울러 『송원학안』을 보완했다. 뒤에 병세가 호전되지 않아 마침내 같은 해 1월에 고향으로 돌아왔다. 오랜 투병생활 이후에 몸은 매우 쇠약해진데다가, 20년 3월에 또 적장자가 요절하는 일에 상심하여 이때부터 병의 상황은 더욱 위중해졌다. 7월에 갑자기 세상을 떠났다. 『송원학안』의 편정은 마침내 끝을 맺지 못한 사업이 되어, 뒤에 자계慈溪 정씨鄭氏가 돈을 내어 간행하게 되는 것은 겨우 전서全書의 「서록」과 제17권의 「횡거학안」상권에만 미친다.

(2) 『송원학안』을 편집한 업적

전조망의 『송원학안』에 대한 주요업적은 아래 세 가지 방면에 있다. 첫 번째, 정심하게 안배하고 서적을 개정한다. 두 번째, 요점을 간명하게 제시하고 「서록」을 짓는다. 세 번째, 옛 규칙을 변통하고 체계를 통일시킨다. 다음과 같이 나누어 기술한다.

첫 번째, 정심하게 안배하고 서적을 개정한다.

황종희 부자의 『송원유학안』유고는 서적 편장篇章의 분합이 대략 면모를 갖추었지만, 다 타당한 것도 아니고 빠진 부분도 많았다. 전조망이 그 것을 근거로 편찬, 정리할 때 없어지고 빠진 부분을 보충하고 다시 분합해야 하는 많은 일을 해야 했다. 도광 연간에 전체 서적을 교정한 왕재재, 풍운호의 소개에 의하면 전조망이 서적을 편찬 수정하는 과정에 한 일은 대체로 수정修定, 보본補本, 차정次定, 보정補定 네 가지로 나뉜다. 수정이란 황종희 원본에 있는 것을 전조망이 더하거나 뺀 것을 말한다. 보본이란 황종희의 원문에는 없는 것을 전조망이 특별히 세운 것을 말한다. 차정이란 황종희가 원본을 갖고 있지만 서적의 분합이 모두 합당하지는 않아 전조망이 자르고 나눈 것을 말한다. 보정은 황종희의 원본에 있고, 전조망이 또 권의 차례를 나누어 특별히 안을 세운 것을 말한다. 왕재재와 풍운호 두 사람의 말을 빌리자면, "차정에는 수보라고 할 필요가 없고, 보본에는 원본이라고 할 필요가 없으며, 수정에는 반드시 유래가 있고, 보정은 그 특별히 안을 세운 것을 겸하여 드러내었다."[53]라고 했다.

금본 100권 『송원학안』가운데, 전조망의 수정을 거친 것은 모두 31권이며, 차례대로 하면, 「안정학안」, 「태산학안」, 「백원학안」하, 「염계학안」하, 「명도학안」하, 「이천학안」하, 「횡거학안」하, 「상채학안」, 「귀산학안」, 「치산학안鴈山學案」, 「화정학안和靖學案」, 「무이학안武夷學案」, 「예장학안豫章學案」, 「횡포학안橫浦學案」, 「애헌학안艾軒學案」, 「회옹학안」하, 「남헌학안南軒學案」, 「동래학안東萊學案」, 「사산복재학안梭山復齋學案」, 「상산학안」, 「면재학안勉齋學案」, 「서산진씨학안西山真氏學案」, 「북산사선생학안」, 「쌍봉학안雙峰學案」, 「개헌학안介軒學案」, 「노재학안魯齋學案」, 「초려학안草廬學案」이다. 전조망의 보본을 거친 것은 모두 33권이며 차례대로 하면 「고평학안高平學案」, 「여릉학안盧陵學案」, 「고령사선생학안古靈四先生學案」, 「사유제유학안士劉諸儒學案」, 「속수학안涑水學案」상하, 「범려제유학안范呂諸儒學案」, 「원성학안元城學案」, 「화양학안華陽學案」, 「경우학안景迂學案」, 「겸산학안兼山學案」, 「진택학안震澤學案」, 「진주제유학안陳鄒諸儒學案」, 「한상학안漢上學案」, 「묵당학안默堂學案」, 「조장제유학안趙張諸儒學案」, 「범허제유학안范許諸儒學

---

53) 왕재재, 풍운호, 「校刊宋元學案條例」第三條, 『宋元學案』卷首. 次定無所謂修補, 補本無所謂原本, 修定必有所由來, 補定兼著其特立.

案」,「옥산학안玉山學案」,「청강학안淸江學案」,「설재학안說齋學案」,「서진제유학안徐陳諸儒學案」, 「이강제유학안二江諸儒學案」,「장축제유학안張祝諸儒學案」,「구유제유학안丘劉諸儒學案」,「존재 회정식암학안存齋晦靜息庵學案」,「손재학안巽齋學案」,「사산학안師山學案」,「소동제유학안蕭同諸 儒學案」,「원우당안元祐黨案」,「경원당안慶元黨案」,「형공신학략荊公新學略」,「소씨촉학략蘇氏蜀 學略」,「병산명도집설략屛山鳴道集說略」이다. 전조망의 보정을 거친 것은 모두 30권이며, 차례대 로하면,「형양학안滎陽學案」,「유리제유학안劉李諸儒學案」,「여범제유학안呂范諸儒學案」,「주허제 유학안周許諸儒學案」,「왕장제유학안王張諸儒學案」,「자미학안紫微學案」,「형록학안衡麓學案」, 「오봉학안五峰學案」,「유호제유학안劉胡諸儒學案」,「간재학안艮齋學案」,「지재학안止齋學案」,「수 심학안水心學案」상하,「용천학안龍川學案」,「서산채씨학안西山蔡氏學案」,「남호학안南湖學案」, 「구봉학안九峰學案」,「창주제유학안滄州諸儒學案」상하,「악록제유학안岳麓諸儒學案」,「여택제유 학안麗澤諸儒學案」,「자호학안」,「서재학안絜齋學案」,「광평정천학안廣平定川學案」,「괴당제유학 안槐堂諸儒學案」,「심녕학안深寧學案」,「동발학안」,「정청학안」,「정수학안」,「정명보봉학안靜明 寶峰學案」이다. 전조망의 차정을 거친 것은 모두 6권이며 차례대로 하면「백원학안」상,「염계학 안」상,「명도학안」상,「이천학안」상,「횡거학안」상,「회옹학안」상이다. 금본『송원학안』서적의 개정은 전조망의 수고로움이 들어가 있지 않는 권이 없다는 것을 충분히 볼수 있다. 그래서 왕재 재와 풍운호는 말하기를 "황종희梨洲의 원본은 많지 않았다. 전조망의 속보續補를 거친 것이 열에 여섯 일곱이다."[54)]라고 했다.

두 번째, 요점을 간명하게 제시하고「서록」을 짓는다.

황종희 부자의『송원유학안』유고는 연대의 범위가 400년이고 기록한 유림의 사람은 수백 수천 명에 달한다. 원고는 송과 원 두 시대로 나누었지만 전조망은 하나로 합하여 두 시대를 관통하는 백 권의 거대한 한 질帙을 완성했다. 서적을 개정하는 동시에 전조망은『명유학안』총론의 뜻을 취하여 백 가지 조목으로 된「서록」을 만들고 권수의 머리맡에 두었다. 독자들이 처음『송원학 안』을 보면 전조망의「서록」의 인도가 있으니, 요점을 간명하게 파악하는 효과를 확실히 거둘 수 있다.

전조망의「서록」은 송원학술의 단서를 연 대유들을 처음에 기술한다. 황종희 부자와 마찬가지 로 전조망은 주돈이가 송학의 비조가 된다는 학설을 취하지 않고, 호원과 손복을 추존한다. 전조 망은 다음과 같이 말한다. "송대 학술의 번성함은 호원과 손복이 그 근원이 되는데 정이와 주희 두 선생도 모두 그렇다고 했다."[55)]「안정安定」,「태산泰山」두 학안 다음에 황종희 부자의 미진함

---

54) 왕재재, 풍운호,「校刊宋元學案條例」第三條,『宋元學案』卷首. 梨洲原本無多, 其經謝山續補者, 十居六七.
55) 전조망,『宋元學案序錄』卷1,「安定學案」. 宋世學術之盛, 安定·泰山為之先河, 程·朱二先生皆以為然.

을 보완하기 위해 전조망은 「고평高平」, 「여릉廬陵」, 「고령사선생古靈四先生」, 「사유제유士劉諸儒」 및 「속수涑水」 다섯 학안을 특별히 두어 범중엄范仲淹, 구양수歐陽修, 진양陳襄, 정목鄭穆, 진열陳烈, 주희맹周希孟, 사건중士建中, 유안劉顏, 사마광司馬光 등의 학술을 표창했다. 범중엄에 대해서 전조망은 다음과 같이 말한다. "주자(호 晦翁)가 학술을 근원으로 거슬러 올라가 살필 때 (거론하는 사람은), 호원과 손복 외에도 고평 범위공范仲淹이 그 중의 한 사람이다. 고평은 평생 깨끗하여 하자가 없었고 장재를 인도하여 성인의 경지에 들어가게 이끌었으니 특히 공이 있다."[56] 구양수에 대해서는 전조망은 '문에 의거하여 도를 드러낸[因文見道] 공을 전심으로 표창하며, "도를 드러내는 글은 성인의 무리가 아니면 또한 불가능하다."[57]고 여겼다. 소옹과 주돈이의 학술을 논할 때, 전조망은 또한 황종희의 견해를 계승하고, 주희의 『이락연원록伊洛淵源錄』의 학설을 취하지 않고 소옹을 주돈이의 앞에 두었다. 전조망은 특히 주희 문인들이 사마광을 유학 밖으로 배척하는 편견에 대해 불만으로 여기고 다음과 같이 지적한다. "정이小程子가 말하기를 많은 사람을 겪어보니 잡되지 않은 자는 사마광, 소옹, 장재 세 사람 뿐이라고 했다. 그러므로 주자는 여섯 선생이라고 부른 것이다. 그러나 사마광(호 涑水)에 대해서는 격물이 정밀하지 못하다는 점을 약간 싫어하고, 소옹邵雍(호 百源)에 대해서는 경을 유지하는 것이 부족하다는 점을 약간 싫어하였다. 마침내 『이락연원록』에서 이러한 인식을 계승하였다. 오징은 이로 인해 사마광은 아직 드러나지 않고 살피지 않은 행렬에 있다고 감히 말하는데 이런 것이 있는가? 터무니없다."[58] 이정二程의 학술이 주돈이로부터 연원하는지에 대해, 전조망 역시 주희의 설을 취하지 않고 여희철呂希哲과 왕응진汪應辰이 논한 바를 근거로 삼아 부정했다. 전조망은 다음과 같이 말한다. "주돈이(호 濂溪)의 문하에서 이정자는 어렸을 때 유학했지만, 그 후 정호·정이가 얻은 것은 실로 주돈이로부터 말미암지 않는다. 문하의 뛰어난 제자인 여희철呂希哲(호 榮陽)이 이미 분명하게 말했고, 여희철의 손자인 여본중呂本中(호 紫薇)도 거듭 말했으며, 왕옥산汪玉山 역시 그렇게 말했다. 지금 보건대, 이정자二程子가 평생 두돈이를 그리 높이 추종하지 않고 사마광과 소옹의 자리에 참여시키지 않았으니, 이려二呂의 말이 거짓이 아님을 알 수 있다. 주자와 장식(호 南軒)은 처음으로 주돈이가 이정자가 나온 바라고 확실히 여겼고, 이로부터 후대 사람들은 그것을 정통으로 삼았으나, 의심하는 자들 역시 이어서 나왔다. 그러나 의심하더라도 모두 이려의

---

56) 전조망, 『宋元學案序錄』卷1, 「高平學案」. 晦翁推原學術, 安定·泰山而外, 高平范魏公其一也. 高平一生, 粹然無疵, 而導橫渠以入聖人之室, 尤為有功.

57) 전조망, 『宋元學案序錄』卷7, 「廬陵學案」. 夫見道之文, 非聖人之徒亦不能也.

58) 전조망, 『宋元學案序錄』卷11, 「涑水學案」. 小程子謂, 閱人多矣, 不雜者, 司馬·邵·張三人耳. 故朱子有六先生之目. 然于涑水微嫌其格物之未精, 于百源微嫌其持敬之有歉, 『伊洛淵源錄』中遂祧之. 草廬因是敢謂, 涑水尚在不著不察之列. 有是哉? 忘也.

말을 살펴서 증거로 삼은 적이 없으니, 끝내 근거할 바가 없었다. 내가 생각하건대, 주돈이는 진실로 성인의 경지에 들어갔으나, 이정자는 그 학문을 전한 적이 없으니, 반드시 합하고자 하는 것은 참으로 무의미한 것 같다."59)

주희와 육구연의 학술논쟁은 송대이학사의 일대 공안으로 원명대를 거쳐 청대초기까지 계속되었다. 전조망은 주자학을 묵수하는 것을 주장하지 않았다. 그래서 전조망은 「서록」에서 다음과 같이 기록한다. "양시(諡號 文靖)가 네 번 전하여 주자를 얻자, 주자는 광대함을 이루고 정미함을 다해 백대를 종합했다. 강서의 학문과 절동 영가의 학문은 엄정하지 않은 것이 없으나 끝내 그 치우침을 피할 수 없었다. 그러나 주자의 책을 잘 읽는 사람은 마땅히 제가를 두루 구하여 단점은 없애고 장점은 모으는 효과를 거두어야 한다. 묵수하면서 일체를 버린다면 주자의 학문이 아니다."60) 똑같은 도리로 전조망은 또 주희 문인들이 육구연의 학문을 기이한 학문이라 비난하는 것을 찬성하지 않는다. 이에 「상산학안」의 「서록」에서 전조망은 다음과 같은 말을 기재한다. "육구연의 학문은 '먼저 그 큰 것을 세운다'는 것은 맹자에 근본을 두었으니 타락한 세속의 지리한 학문을 구제할 수 있다. 하지만 육구연의 천분은 높고 하는 말은 놀라워 혹 치우침에 빠져도 스스로 알지 못하니 이것이 그의 병폐이다. 정자문하는 사량좌 이후로 왕신백, 임죽헌, 장무구에서 임애헌에 이르도록 모두 뛰어난 자들이다. 육구연에 이르러 대성하고 그 종전宗傳이 역시 가장 넓다. 혹자는 치우침에 따라 더욱 심해지게 하여 세상의 전문傳聞을 성찰없이 그대로 믿는 것처럼, 스스로 주희를 도울 수 있다고 여기는 사람은 마침내 육구연의 학문을 이단으로 비난하니 나는 감히 믿지 못하겠다."61)

송원 교체시기에 육학은 쇠퇴하고 주자학은 흥성했다. 주자학과 육학을 화회和會시키려는 기풍이 일어나 원대를 거쳐도 쇠하지 않았다. 전조망은 여기에 더욱 주의하였기 때문에 「서록」에 반영하는 바가 많다. 황종희 부자와 마찬가지로 전조망은 육학의 쇠락을 양간의 탓으로 돌려,

---

59) 전조망, 『宋元學案序錄』卷11, 「濂溪學案」. 濂溪之門, 二程子少嘗遊焉. 其後伊洛所得, 實不由于濂溪. 是在高弟滎陽呂公已明言之, 其孫紫微又申言之, 汪玉山亦云然. 今觀二程子終身不甚推濂溪, 并未得與馬·邵之列, 可以見二呂之言不誣也. 晦翁·南軒始確然以爲二程子所自出, 自是後世宗之, 而疑者亦踵相接焉. 然雖疑之, 而皆未嘗考及二呂之言以爲證, 則終無據. 予謂濂溪誠入聖人之室, 而二程子未嘗傳其學, 則必懲溝而合之, 良無庸矣.

60) 전조망, 『宋元學案序錄』卷48, 「晦翁學案」. 楊文靖公四傳而得朱子, 致廣大, 盡精微, 綜羅百代矣. 江西之學, 浙東永嘉之學, 非不岸然, 而終不能諱其偏. 然善讀朱子之書者, 正當遍求諸家, 以收去短集長之益. 若墨守而屏棄一切焉, 則非朱子之學也.

61) 전조망, 『宋元學案序錄』卷58, 「象山學案」. 象山之學, 先立乎其大者, 本乎孟子, 足以砭末俗口耳支離之學. 但象山天分高, 出語驚人, 或失於偏而不自知, 是則其病也. 程門自謝上蔡以後, 王信伯·林竹軒·張無垢至於林艾軒, 皆其前茅, 及象山而大成, 而其宗傳亦最廣. 或因其偏而更甚之, 若世之耳食雷同, 自以爲能羽翼紫陽者, 竟詆象山爲異學, 則吾未之敢信.

다음과 같이 말한다. "육구연의 그룹에서는 반드시 용상甬上 사선생을 으뜸으로 치는데 대개 건도, 순희 년간의 여러 노성한 학자들에 근원한다. 그러나 그들의 교육을 괴란시킨 자는 양간이다."[62] 전조망은 원대 유학자 오징의 학문은 주자학에 가깝지만 역시 육학도 같이 겸하니, 실로 주자학과 육학을 화해시키는 대유가 된다고 여겼다. 그는 다음과 같이 기재한다. "오징은 요로로부터 나왔으니 진실로 주자학이다. 그 후에 역시 육학을 겸하여 주로 전공했다. 대개 오징은 또 정소개를 스승으로 삼았는데, 정씨는 일찍이 도일서원을 세워 양가를 화회시키려고 했다. 그러나 오징의 저서는 결국엔 주자학에 가깝다."[63] 오징의 뒤에는 정옥鄭玉이 주자학과 육학을 화회시키려는 또 다른 학자이다. 전조망은 다음과 같이 말한다. "오징을 이어서 주자학과 육학을 화회시킨 사람은 정옥(호 師山)이다. 오징은 육구연을 숭상하는 바가 많았으나, 정옥은 주희를 숭상하였으니, 이것은 두 사람이 다른 바이다."[64] 전조망의 입장에서 보면, 송말에 서림徐霖이 세상을 떠난 후로 육학은 마침내 쇠미함을 고했다. 그 후에 호장유胡長孺가 육학을 전공하기는 했지만, 기울어진 형세는 떨치지 못했다. 원대에 육학을 중흥시킨 사람은 강서江西 진원陳苑과 절동 조해趙偕이다. 이에 전조망은 「정명보봉학안」을 특별히 두어, 「서록」에 다음과 같이 말한다. "서림(호 徑畈)이 죽자 육학이 쇠락했는데, 석당 호씨가 주희로부터 육상산으로 들어갔으나, 떨칠 수 없었다. 그것을 중흥시킨 사람으로 강서에 진원(호 靜明)이 있고, 절동에 조해(호 寶峰)가 있다."[65]

세 번째, 옛 규칙을 변통하여 체계를 통일하다.

전술한 바와 같이 황종희 부자가 저술한 『송원유학안』은 편찬체계에서 『명유학안』을 따르지만 또한 조금 변통하는 바가 있었다. 안주案主의 학술을 기술하는 3단식 구조의 대체는 바꾸지 않았지만, 총론은 이미 부록으로 대체되었다. 전조망이 『송원학안』을 편찬, 수정할 때 전례前例를 따라서 진행하였지만 여기에 다시 변통을 하였다. 한편으로 책머리에 「서록」을 두어 요점을 간명하게 제시하고 각 인물들의 학술을 평가한 것은 전술한 바와 같다. 다른 한 편으로는 총체적으로 시대순서에 따라 각 학안을 편차하고, 또 각안의 안주를 중심으로 강우講友, 학려學侶, 동조

---

62) 전조망, 『宋元學案序錄』卷74, 「慈湖學案」. 象山之門, 必以甬上四先生爲首, 蓋本乾·淳諸老一輩也. 而壞其教者實慈湖.

63) 전조망, 『宋元學案序錄』卷92, 「草廬學案」. 草廬出于雙峰, 固朱學也, 其後亦兼主陸學. 蓋草廬又師程氏紹開, 程氏嘗筑道一書院, 思和會兩家. 然草廬之著書, 則終近乎朱.

64) 전조망, 『宋元學案序錄』卷94, 「師山學案」. 繼草廬而和會朱·陸之學者, 鄭師山也. 草廬多右陸, 而師山則右朱, 斯其所以不同.

65) 전조망, 『宋元學案序錄』卷93, 「靜明寶峰學案」. 徑畈歿而陸學衰, 石塘胡氏雖由朱而入陸, 未能振也. 中興之者, 江西有靜明, 浙東有寶峰.

同調, 가학家學, 문인門人, 사숙私淑, 속전續傳으로 항목을 나누어 학술의 전승과 연변을 빠짐없이 기술하였다. 이로써 사승을 강구하고 연원을 중시하는 송원학술의 역사적인 특징을 두드러지게 했다. 전체 서적의 권수와 권말의 두 안을 다음과 같이 예로 들어보겠다.

책 권수의 「안정학안」은 먼저 '고평강우高平講友'로 제목을 표시하여 안주인 호원의 학술을 기술했다. 먼저 호원의 전기를 서술하고, 이어서 안주의 『논어설論語說』과 『춘추설春秋說』을 기록하여 다시 부록 15조목을 편집했다. 이것은 전형적인 3단식 구조가 된다. '고평강우'라고 한 것은 학술을 강론하는 데에 범중엄范仲淹이 안주의 좋은 친구라는 것을 말한다. 호원의 학술과 덕행에 대한 소개가 끝나고 '안정학려安定學侶'로 제목을 삼는데, 기록한 사람은 모두 세 사람이다. 곧 손복, 석개石介, 완일阮逸이 된다. 손복의 이름 밑에 "별도로 「태산학안」을 둔다別爲「泰山學案」"는 주석이 있다. 이것은 손복을 위해 별도로 하나의 전문적인 학안을 세웠다는 것을 뜻한다. 석개의 이름 아래에 또한 "별도로 「태산학안」에 보인다別見「泰山學案」"는 주가 있다. 이것은 석개와 유관한 상황이 손복의 「태산학안」에 기재되어 있다는 것을 뜻한다. 완일의 경우 그의 생애에 대해 지극히 간략한 소개가 있다. 그 다음에 '안정동조安定同調'라는 제목으로 있는데, 제목에 들어간 사람은 진양陳襄, 양적楊適 두 사람이다. 진양의 이름 밑에는 "별도로 「고령사선생학안」을 둔다別爲「古靈四先生學案」"는 주석이 있다. 양적의 이름 밑에는 "별도로 「사유제유학안」에 보인다別見「士劉諸儒學案」"는 주석이 있다. '별도로 둔다'(別爲)와 '별도로 보인다'(別見)의 구분은 이미 앞에서 기술한 바와 같으니 여기서는 따로 해석하지 않을 것이다. 그 아래는 '안정문인安定門人'이라는 제목인데 기재하고 있는 내용은 호원의 제자 46명이 된다. 이 46명 제자에 대한 기술에 있어 상세함의 정도가 각각 다르다. 다음의 세 가지 경우는 모두 그 사람의 성명만 기록했다. 곧 첫째, 정이와 여희철 두 사람처럼 어떤 학안을 '별도로 둔다(別爲)'의 경우. 둘째, 여순呂純, 왕해汪懈, 구양발歐陽發, 요자의饒子儀, 장거張居, 진이범陳眙范, 주광정朱光庭처럼 어떤 학안에 '별도로 보인다(別見)'의 경우. 셋째, 범순우范純祐, 범순인范純仁, 관사복管師復, 관사상管師常처럼 어떤 학안에 '모두 보인다(並見)'의 경우. '모두 보인다(並見)'라고 한 것은 두 사람이 동시에 어떤 학안에 부록으로 기재되어 있다는 것을 말한다. 이 세 가지 경우 외에 나머지 사람들은 모두 문장의 길이가 다른 전기가 있다. 손각孫覺의 경우 부록 하나만 있고, 서적徐積의 경우 완정한 3단식 학술 소개가 있다. '안정문인'의 다음은 '절효동조節孝同調'의 항목이며 서적과 같은 학술 견해를 가진 조군석趙君錫을 기재했다. 조씨의 이름 아래 주석에는 '별도로 「고평학안」에 보인다.別見「高平學案」'라고 하였다. 뒤 이어서 '安定私淑'이라는 제목이 되며, 호원의 학문을 진심으로 신봉하는 나적羅適을 기재했다. 그 다음의 제목들은 차례대로 '절효문인節孝門人', '화로문인華老門人', '팔행가학八行家學', '유씨가학劉氏家學', '유씨문인劉氏門人', '개부가학開府家學', '예씨문인倪氏門人', '전씨문인田氏門人', '계절문인季節門人', '추씨가학鄒氏家學', '두씨가학杜氏家學', '막씨가학莫氏家學'이 된다. 기재한 바는 모두 호원의 재전, 삼전 제자이다. 마지막에는 '안정속전安定續傳'이라는 제목이 맨뒤에 있으며 기록한 사람은 두 사람이니 오경吳儆과 왕심汪深이다. 오경의 이름 밑에 주석에는 "별도로 「악록제유학안」에 보인다.別見「岳麓諸儒學案」"라고 하였고, 왕심의 이름 밑의 주석에는 "별도로 「상산학안」에 보인다.別見「象山學案」"고 하였다. 하나의 학안 중에 안주案主, 적전嫡傳, 재전再傳, 삼전三傳, 속전續傳이 이미 80여 명에 달하니, 확실히 눈을 현란하게 만든다. 그리고 시간의 범위는 더욱 놀랍다. 안주 호원은 북송초 사람으로 인종仁宗 가우嘉祐 4년(1059)에 죽는다. 그런데 '속전'의 왕심은 이미 송원교체기 무렵 사람이며 원대 성종成宗 대덕大德 8년(1304)에 죽으니 시간 차이가 이백몇십년이나 된다. 이처럼 학술기원과 흐름을 정리하는 것은 길다면 길지만 한결같이 긴 시간대의 학술을 추구하는 가운데 사실상 역사의 신뢰성을 상실했다. 질서정연한 『명유학안』과 비교하면 재주를 피우려다 일을 망친 셈이니 그야말로 뒷걸음치는 형국이다.

『송원학안』권말은 「병산명도집설략屏山鳴道集說略」인데, 그 앞의 「형공신학략荊公新學略」과 「소씨촉학략蘇氏蜀學略」과 함께 전조망이 특별히 둔 것이다. 왕안석王安石 및 소순蘇洵, 소식蘇軾, 소철蘇轍 부자는 모두 북송대 사람이나 이순보李純甫는 금나라 사람인데 어찌하여 권말에 넣어놓았을까? 이미 기록을 했으면서 또 무엇 때문에 '안案'이라 하지 않고 '략略'이라 했을까? 전조망의 해석에 의하면 왕안석과 소순 부자는 '선사상을 섞었고(雜於禪)' 이순보는 '이단에 노닐었기(游於異端)' 때문이다. 전조망은 다음과 같이 말한다. "관과 낙은 완안完顏에 함락당하고 백년 동안 학통을 잇지 못했으니, 역시 탄식할 만하다. 이병산은 시문이 뛰어나지만 이단에 빠져서 감히 거리끼는 바가 없이 말했다. 사마광 이래 대유의 책들을 모두 취하여 혀를 함부로 놀렸으니 비웃음을 살만하다. 그러나 또한 변명할 필요가 없다. 그의 대의를 대략 들어 후대 학자들로 하여금 보고 웃게 한다. 그 때 하북에서 정학이 일어났으니, 광풍과 괴이한 안개가 없었다면 밝은 햇살의 광명함을 볼 수 없었을 것이다."[66]

「병산명도집설략」권수에는 먼저 '왕소여파王蘇餘派'로 제목을 붙이고 금대金代의 문장가 이순보李純甫의 전기를 기술했다. 그 다음으로 『명도집설鳴道集說』가운데의 문장 4조목을 기록했다. 이어서 다시 '병산강우屏山講友'라는 제목을 이어 조병문趙秉文 전기 및 『부수문집滏水文集』의 내용을 발췌, 편집했다. 그 다음은 차례대로 '이조학려李趙學侶', '부수동조滏水同調', '병산문인屏山門人', '뇌송동조雷宋同調', '부수문인滏水門人', '봉문가학蓬門家學', '봉문문인蓬門門人', '뇌씨가

66) 전조망, 『宋元學案序錄』卷100, 「屏山鳴道集說略」按語. 關·洛陷于完顏, 百年不聞學統, 其亦可歎也. 李屏山之雄文而溺于異端, 敢為無忌憚之言, 盡取涑水以來大儒之書, 恣其狂舌, 可為齒冷. 然亦不比辯也, 略舉其大旨, 使後世學者見而嗤之. 其時河北之正學且起, 不有狂風怪霧, 無以見皎日之光明也.

학雷氏家學’, ‘주씨문인周氏門人’, ‘신천문인神川門人’, ‘왕씨문인王氏門人’의 제목이 되는데, 이순보의 후학 20인을 기재했다. 하나 주의할 점은 전조망이『부수문집』뒤에 한 단락의 안어를 더했다는 점이다. 다음과 같이 말한다. “조병문(滏水)은 본래 불교를 배우지만 유학을 계승했다. 이순보(호屛山)에 비하여 단지 오십보, 백보의 차이에 불과하다. 그렇지만 명교의 법도를 두려워할 줄 아니 결국 이순보와 동렬로 논할 수는 없다. 유종익劉從益과 송구가宋九嘉는 불교를 배척할 수 있어 호걸지사라 부를 만하지만 그 저서가 전해지지 않다. 동문보 역시 조병문에 버금가는 사람이다. 모두 뒤에 부록으로 되어 보이는데 어둠 속에 간신히 한 줄기 선이 남아있는 셈이다.”[67] 이 단락의 안어는 최소한 두 가지 점을 설명할 수 있다. 하나는 이순보와 조병문은 같이 유교를 끌어들여 불교에 들어갔지만 그 사이에 또한 차이도 있어서 하나로 논할 수 없다는 점이다. 이것은 첫 번째이다. 두 번째는 전조망이 당시에 이순보와 조병문 두 사람 뒤에 부록한 것은 유종익과 송구가, 동문보董文甫 세 사람이 된다. 이 때문에 ‘이조학려李趙學侶’이하 여러 제목은 도광연간 왕재재와 풍운호가 증보한 것이다. 이 의문점으로부터 넓혀나가면 필자는 금본『송원학안』의 번다한 구조와 번거롭게 제목을 붙인 것은 전조망이 한 것이 아니라 아마도 왕재재나 풍운호 두 사람의 손에서 비롯되었으리라 추측한다. 찾아볼 문헌이 없기 때문에 잠시 여기에서는 문제제기만 한다. 학식이 넓은 전문가에게 가르침을 구하는 한편, 앞으로 자세한 고증을 기다린다.

(3)『심녕학안深寧學案』과『곤학기문困學紀聞』교감기

『심녕학안』은 금본『송원학안』권85에 보인다. 황종희와 황백가 부자의 미완성 유고에 의하면 왕응린王應麟은 단지 소전 한편만 남아있으며『진서산학안眞西山學案』에 부기되어 있다. 뒤에 전조망의 증정을 거쳐서야 비로소 독립적으로 나와 스스로 한 권을 형성하여『심녕학안』으로 제목이 붙여졌다. 학안체 사적의 정해진 예와 마찬가지로『심녕학안』권수는『서록序錄』이 되며 안주의 학술을 총평하여 다음과 같이 말한다. “사명의 학문에는 육구연의 학풍이 많고 심녕의 부친 역시 사독선을 스승으로 삼아 육학에 접했다. 심녕은 그 가훈을 이었으며, 또 왕자문을 따라서 주희에 접하고 누우재를 따라서 여씨에 접했다. 또 탕동간과 교유하였는데, 동간 역시 주희와, 여씨, 육구연의 학문을 겸하여 다스린 자이다. 화회융통하여 한 명의 스승을 모시지 않았다.『송사』에서 다만 그 문사의 성대함을 과장하고 심녕을 비판하는 것은 바로 과거의 습관이

---

67) 전조망,『宋元學案序錄』卷100,「屛山鳴道集·序錄」. 滏水本學佛, 而襲以儒, 其視李屛山, 特五十步百步 之差耳. 雖然, 猶知畏名教之間, 則終不可與屛山同例論也. 劉從益·宋九嘉能排佛, 可謂豪傑之士, 顧 其書無傳焉. 董文甫者, 亦滏水之亞也, 皆附見之, 聊爲晦冥中存一線耳.

없어지지 않았기 때문이다. 만약 구구하게 『옥해』라는 어린 시절의 작품을 가지고 그 깊은 뜻을 다했다고 여긴다면 비루하다."[68] 이어서 안주의 소전이 되는데 대체로 『송사』본전을 깎고 줄여서 이루었으며 그 일을 곧바로 기록하는 것이 간단하고 요점이 있으면서 법도가 있다. 증보한 '입원불출入元不出' 네 글자는 대절을 드러내었으니 정말로 실록이라 칭할 만 하다. 다음에 오는 것은 안주의 학술자료 선편이며 모두 두 가지이다. 하나는 『심녕문집』이고 하나는 『곤학기문』이다. 전자는 단지 9조목에 불과하지만 후자는 백여 조목에 이른다. 도광연간, 전조망의 유고는 왕재재王梓材와 풍운호馮雲濠의 정리를 거쳐 『심녕학안』 속에 기록한 『곤학기문』의 말은 65조목이 남아 있다. 안의 끝은 부록이 되며 모두 2조목이다.

『심녕학안』에서 선록하고 있는 『곤학기문』의 말은 모두 전조망의 손에서 나왔다. 안주의 학문적 취향과 위엄있는 풍채에서 그 대체를 볼 수 있다. 서고는 본래 아주 작은 초서로 되어 있는데 다 정리가 되지 않았으며 전조망은 일을 다 마치지 못하고 죽었다. 이 때문에 유고는 이리저리 필사되어 여러 사람의 손을 거치며, 글자는 혼돈되거나 순서가 뒤바뀌고 잘못 인쇄하는 것을 피할 수 없었다. 도광 연간 옹씨翁氏의 집주 본 『곤학기문』과 같이 비교하여 읽어보면 금본 『심녕학안』이 생략되고 타당하지 못하며, 구두가 우연히 빠진 점이 중간에 보인다. 몇 가지 예를 들어보겠다.

『역설易說』류, 여덟 번째 조목 '법불가변法不可變'이하는 별도로 한 조목을 만들어야 한다. 아홉 번째 조목 '관심어『복』觀心於『復』'이하 역시 별도로 조목을 만들어야 한다. 『기문』은 모두 같은 조목이 아니니 합치면 마땅하지 않다.

『서설書說』류, 다섯 번째와 여섯 번째 조목은 본래 하나의 조목에 속하니 나누어서는 안 된다. '내명삼후乃命三後'는 확실히 『상서·여형尚書·呂刑』의 말이다. 그러나 '『소아』진폐『小雅』盡廢'의 말은 『상서』에 나오지 않고 『시·소아·육월서六月序』의 말이다. 다섯 번째 조목 '입어入於'이하는 '이적夷狄'두 글자가 빠져 있다.

『시설詩說』류, 첫 번째 조목 '불외어천不畏於天' 이하는 『기문』에는 원래 "형공은 세상이 혼란하지만 군자는 악을 행해서는 안 되니, 스스로 공경하기 때문이고, 다른 사람을 두려워하기 때문이고 하늘을 두려워하기 때문이라고 했다. 내 생각에 『시경』에서 말한 '주나라 종실이 이미 멸망했다'를 말한다."[69]로 되어 있다. 『학안』에서는 형공의 말을 없앴으며 또 '우위『시』운愚謂『詩』云'

---

68) 四明之學多陸氏, 深寧之父亦師史獨善以接陸學. 而深寧紹其家訓, 又從王子文以接朱氏, 從樓迂齋以接呂氏. 又嘗與湯東澗游, 東澗亦兼治朱呂陸之學者也. 和齊斟酌, 不名一師. 『宋史』但夸其辭業之盛, 予之微嫌於深寧者, 正以其辭科習氣未盡耳. 若區區以其『玉海』之少作為足盡其底蘊, 陋矣.

69) 荊公謂世雖昏亂, 君子不可以為惡, 自敬故也, 畏人故也, 畏天故也. 愚謂『詩』云'周宗既滅'.

네 글자를 기록하지 않고 바로 '종주기멸宗周旣滅'을 이어놓았다. 이렇다면 본래 『소아·우무정雨無正』의 '종주기멸'에서 나왔는데, 마침내 어떤 사람에 의해 '종주기멸'로 고쳤다. 같은 조목 뒤쪽의 '본심本心' 두 글자는 『기문』에 의거해 '인심人心'이 되어야 하며 문자 역시 고친 적이 있었다.

두 번째 조목, 『기문』에는 원래 "'교묘한 말은 관악기의 혀와 같으니 얼굴이 두꺼운 것이다'는 말은 수오지심이 없어지지 않은 것이다. '사람에게 부끄럽지 않고 하늘이 두렵지 않다'는 말은 수오지심이 없는 것이다. 하늘과 사람이 하나이니 부끄럽지 않으면 두렵지도 않다는 것이다."[70]로 되어 있다. 금본 『학안』에는 "'사람에게 부끄럽지 않고 하늘이 두렵지 않는 것'은 하늘과 사람이 하나이니, 부끄럽지 않으면 두렵지 않다"[71]로 되어 있다. 『기문』을 산삭하는 것이 안 되는 것은 아니나 이처럼 고적을 끌어오면서 면모가 바뀌면 말뜻도 잘못된다.

네 번째 조항, 『기문』에는 원래 "『효경』에 경대부의 효를 말하면서 '선왕의 옷이 아니면 감히 입지 않고, 선왕의 말이 아니면 감히 말하지 않으며, 선왕의 덕행이 아니면 감히 행하지 않는다.'고 하였다. 맹자가 조교에게 말하길 '요임금의 옷을 입고 요임금의 말을 외고 요임금의 행동을 한다.'고 했으니, 성현의 가르침은 모두 입는 것이 말하고 행동하는 것의 앞에 있다."[72]로 되어 있다. 『학안』은 "『효경』의 선왕의 옷이 아니면 감히 입지 않으며, 『맹자』의 요임금의 옷을 입는 것은 성현의 가르침이다"[73]로 고쳤다. 없앤 것이 적당하지 않을 뿐 아니라 구두 역시 잘못되었다. 같은 조목 아래의 '불독경不篤敬'은 『학안』에 역시 '독篤'자를 '공恭'으로 고쳤다.

다섯 번째 조목은 본래 『기문』의 주석이며 본문이 아니다. 『학안』은 본문을 끌어들여 다시 '근독謹獨'을 '신독愼獨'으로 고쳤다.

여섯 번째 조목은 『기문』에는 원래 "위무공이 스스로 경계하며 '신중하게 말을 하고, 공경하는 마음으로 거동을 위엄 있게 하여 부드럽고 훌륭하지 않음이 없도록 해야 한다.'고 했다. 옛날의 군자는 안은 강하고 밖은 부드럽다. 중산보의 덕이 '부드럽고 훌륭함을 법으로 한' 것은 '부드럽지만 감히 범하지 못한다.' 한문공이 왕중서의 명문을 지어 말하길 '기는 예리하면서 견고하며, 강하면서 엄격하니 철인의 상도이다. 그와 벗 삼아 있으면 순하기가 부녀자와 같아 덕의 광채를 받는다.'라고 하였다."[74]으로 되어 있다. 『학안』은 원문순서를 따르지 않고, "옛날의 군자는 안은

---

70) '巧言如簧, 顔之厚矣', 羞惡之心未亡也. '不愧于人, 不畏于天', 無羞惡之心矣. 天人一也, 不愧則不畏.

71) 不愧于人, 不畏于天'. 天人一也, 不愧則不畏.

72) 『孝經』言卿大夫之孝曰: '非先王之法服不敢服, 非先王之法言不敢道, 非先王之德行不敢行.' 孟子謂曹交曰: '腹堯之服, 誦堯之言, 行堯之行.' 聖賢之訓, 皆以服在言行之先. 마지막 글자 '先'은 옹원기翁元圻의 주석한 『곤학기문』에는 '則'으로 되어 있는데 잘못 기재한 것이다. 『사고전서』본에 근거하여 고친다.

73) 『孝經』'非先王之法服不敢服', 『孟子』'腹堯之服, 聖賢之訓'.

74) 衛武公自警曰: "愼爾出話, 敬爾威儀, 無不柔嘉." 古之君子, 剛中而柔外, 仲山甫之德'柔嘉維則', 隨會

강하고 밖은 부드러우니, 중산보가 '부드럽고 훌륭함을 법칙으로 삼았고', 위무공이 '부드럽고 훌륭하지 않음이 없었'으니 '부드럽지만 감히 범하지 못했던 것이다'"75)로 고쳤다. 이처럼 옛 서적을 고치는 것은 짐작하기에 가장 적당하다.

『예설禮說』류, 여섯 번째 조목은 『기문』에 의거하면 '학지시學之始' 다음은 본래 마침표로 되어 있고, 다시 '변운자辯云者' 세 자를 이었으니, 곧 "일 년은 배움의 시작이다. 변이라고 한 것은 그 마음이 나아가는 바를 분별한 것이다."76) 그러나 금본 『학안』에는 '변운자辯云者' 세 글자가 빠져있다. 그러므로 '일년자, 학지시분별[一年者, 學之始分別]'로 잘못 되어 있다.

아홉 번째 조목은 『학안』의 "나머지 사람들은 모두 학교에 들어오고, 동지까지 45일 남을 때에야 학교에서 나갔다."77)라고 하는 것은 학교에서 나간 시간은 있으나 학교에 들어온 시간은 없으니 문장의 뜻이 완전하지 않다. 『기문』에 의하면 '여자개입학餘子皆入學' 앞에 '신곡이입新穀已入' 네 글자가 빠져있다.

『경설經說』류, 첫 번째 두 번째 조목은 『기문』에 의하면 같은 조목에 속하니 나누어서는 안 된다. 상반부에서 인용한 우부虞溥의 말은 『진서晉書』권82 『우부전虞溥傳』에서 나온다. 인용부호는 '지불립志不立' 뒤에 있어야지, '입신야入神也' 뒤에 있어서는 안 된다. 하반부에 인용된 임자任子의 말은 『기문』의 원래 주석에는 매우 분명하며 『태평어람太平御覽』권613에 보인다. 인용부호는 '무이위인無以爲仁' 뒤에 있어야지 '소이치인所以治人' 다음에 있어서는 안 된다. 두 사람의 말을 인용한 다음에 왕응린王應麟은 말하길 "내 생각에 이것은 모두 천하의 명언이니 배우는 사람들은 마땅히 기록하여 스스로 경계해야 한다."78)고 하였다. 금본 『학안』의 잘못은 왕응린의 마지막 말을 기록하지 않았기 때문이다.

『고사考史』류, 첫 번째 조목, '아첨에 미혹됨이 심하다[其惑於佞甚矣]' 앞에 『기문』에 의하면 '사람을 아는 것에 문제가 있었을 뿐 아니라[不惟失於知人]' 여섯 글자가 빠져 있다. '자릉이 아득한 하늘로 날아간 소이이다[子陵所以鴻飛冥冥也]' 뒤에 "인을 생각하고 의를 보완한다는 말은 어찌 후패를 바로잡는데 불과하겠는가?[懷仁輔義'之言, 豈特規侯覇哉]" 12글자가 빠져 있다. 두 곳의 빠진 글자는 금본 『학안』구두의 잘못을 양성할 수밖에 없다.

위에서 거론한 11가지 예로부터 책을 읽을 때 수교를 소홀히 할 수 없음을 알 수 있다. 더더구나 『곤학기문』이나 『송원학안』과 같은 학술명저의 경우 우리 학인들이 더욱 엄격하고 정밀하게

'柔而不犯'. 韓文公爲王仲舒銘曰: "氣銳而堅, 又剛以嚴, 哲人之常. 與其友處, 順若婦女, 何德之光."

75) 古之君子, 剛中而柔外, 仲山甫'柔嘉維則', 衛武公'無不柔嘉', 隨會'柔而不犯'.

76) 一年者, 學之始. 辯云者, 分別其心所趨向也.

77) 餘子皆入學, 距冬至四十五日始出學.

78) 愚謂此皆天下名言, 學者宜書以自儆.

하고 조금도 소홀히 하지 않아야 한다. 만청시기에 장지동張之洞의 저서『서목답문書目答問』은
『곤학기문』의 여러 판본 가운데서 유독 두 부를 들어 후학들에게 제시하는데 하나는 만희괴萬希
槐의『칠전집중七箋集證』이고 하나는 옹원기翁元圻의『집주集註』이다.『답문』및 조금 뒤의 범희
증范希曾 선생의『보정補正』은 모두 옹원기의『집주』본을 더욱 추중하여 "이 주석은『칠전』본보
다 낫다.[此註更勝『七箋』本.]"고 했다. 앞선 현인의 경험에서 우러나는 말은 믿을 만 하다.

3.『송원학안』의 간행

전조망이 자신의 숙원을 이루지 못한 채 죽자『송원학안』의 편정은 중단된다. 그 후에 세월이
흘러 정리작업은 어려움을 겪다가 80여 년 후 도광 18년(1838)에 가서야 간행될 수 있었다. 그
사이에 전조망의 제자, 황종희의 후손 및 왕재재王梓材, 풍운호馮雲濠 등이 보관하거나, 필사나
보완했으니 여러 사람의 수고로움이 있었다.

(1) 전조망 제자들의 보관과 필사

전조망이 세상을 떠나고 편찬 수정한『송원학안』유고는 모두 문인 노호盧鎬가 보관했다. 노호
의 자는 배경配京이고 호는 월선月船이며, 건륭 18년(1753)에 거인擧人으로 산서 평양부학平陽府
學 교유教諭를 지냈다. 전조망이 병으로 죽자 노호는 교직을 사임하고 고향으로 돌아가 스승의
유고인『송원학안』의 정리와 필사에 전념했다. 노호는 황종희의 자손인 황장黃璋과 벗이 되어
『송원학안』을 함께 완성하기로 약속한다.「和姚江黃稚圭見贈原韻」시에 다음과 같이 말한다.
"남뢰황종희의 정학의 근원과 흐름은 유장하여 정림과 하봉은 멀리 바라보네. 용상甬上(寧波)
의 선현들 가운데 입실의 경지에 드신 분 많고 즙산의 제기는 향기를 전하네. 소천옹은 이미
일어설 수 없고 전형은 중랑만한 분 없네. 유서는 흩어졌으니 누가 수습할꼬? 후학이 책을 잡고
더욱 방황하네. 변변찮은 이가 교감하여 힘이 미치지 못하지만 감히 속석束晳(264-303)을 본받아
시경의 전통을 잇네. 깊이 생각하여 다행히 책을 가르치는 것을 빌려서 나를 도와 계속 이어
벗 황장을 구했네. 어찌 기대했겠는가? 두 폭포의 손자 찾아주어 힘들이지 않고 정장역을 둘지.
황모와 백위는 눈에 가득한데 홀연히 좋은 나무 보니 높고 씩씩하네. 가을비에 문을 닫고 함께
토론하니 족본足本이 속초당續抄堂을 이으려 하네. 지금부터 판각하여 기대하노니 오성이 더욱
휘황찬란함을 알리길"[79) 시 가운데 노호는 자주에서 다음과 같이 말한다. "황이주 선생의『송원
학안』은 뇌사와 사산 두 선생의 정리를 거쳤으나 아직 완성되지 못한 채, 초고는 지금 나에게

있다. 보완할 것을 오랫동안 생각했으나 실행하지 못했다." 노호의 주석에서 스스로 일컫기를 "그대[황장]는 나와 『학안』을 함께 완성할 임무를 힘껏 맡고 간행할 것을 도모했다. 이어서 『송문감』을 완성하려고 나에게 『평원』과 『공괴』 등 여러 문집을 찾았다."⁸⁰⁾노호는 그로 인해 전조망이 지은 『서록』과 저고 20책을 황장에게 보냈으며, 그 역시 황장이 보낸 조부 황백가가 찬집한 원고를 받았다. 노호는 『송원학안』의 편찬과 수정에 뜻이 있었지만, 유고 필사본이 채 반 정도 완성되었을 때 세상을 떠난다. 뒤에 노호의 외손과 황동의 손자가 초고를 안휘와 광동으로 가져가서 그 가치를 알아주는 지음을 찾아 선조의 뜻을 이루려고 했다. 정리할 만한 사람이 없어서 노호의 후인에게 돌려주어 보관하는 수밖에 없었다.

전조망은 생전에 제자가 많았는데, 그 제자들은 종종 학업이 성취되면 관직으로 나갔기 때문에, 오직 장학용蔣學鏞이 집에서 제자들을 가르쳤다. 전조망이 수정한 『송원학안』 원고 중 1부는 장학용에 의해 보관되었는데 그 가운데 전조망의 수고가 있으니 더욱 진귀하다. 이 판본을 본 왕재재는 말한다. "그 책을 보면 대부분 노호의 책과 중복된다. 그러나 장남헌張栻의 제자인 열재 이진의 전이나 서굉부의 제자인 치은 조희관의 전처럼 중복되지 않은 것은 사산의 기록이 매우 상세하다. 남아있는 소량의 진품은 모두 귀중하여 잔본이라고 소홀히 여길 수 없다. 책 말미에 60권의 제목이 있는데 사산이 『서록』을 아직 정하지 못했을 때의 제목이거나 뇌사가 편집한 제목이다."⁸¹⁾

(2) 황종희 후인의 교정과 보완

전조망이 『송원학안』을 편정할 때, 황종희의 후손인 황장黃璋은 살펴보려고 하였으나 아직 편집이 끝나지 않아 마음먹은 대로 할 수가 없었다. 황장은 만년에 전조망의 제자인 노호의 도움을 받아 전조망이 지은 『서록』 및 초고 20책을 얻는다. 그 후에 황장과 그 자손은 삼대에 걸쳐

---

79) 南雷正學源流長, 亭林夏峰遙相望. 甬上前賢多入室, 載山俎豆傳馨香. 小泉翁既不可作, 典型無復如中郎. 遺書散漫孰收拾, 末學執卷增彷徨. 區區校勘力未及, 敢效束晳補詩亡. 覃思幸借下帷容, 助我尚賡求友章. 何期雙瀑老孫子, 枉顧不勞置鄭莊. 黃茅白葦正彌望, 忽見秀幹方崇強. 秋雨閉門共商榷, 足本擬續抄堂. 從今剞劂庶可望, 告成五緯重輝煌.

80) 王梓材, 馮雲濠, 『宋元學案考略』, 『송원학안』권수에 보인다. 梨洲先生《宋元學案》, 經耒史謝山兩先生續葺, 尚未成書, 藁本今在余處. 久思補完之, 不及也.
君力任與余共成《學案》, 謀即入梓. 且欲續成《宋文鑒》, 索余《平園》《攻媿》諸集.

81) 王梓材, 馮雲濠, 『宋元學案考略』, 『송원학안』권수에 보인다. 顧其本多與盧氏本復, 然其不復者如張南軒弟子李悅齋真傳, 徐宏父弟子趙時隱希舘傳, 謝山著錄甚詳. 吉光片羽, 皆可寶貴, 不得以殘本少之. 其本帙尾有六十卷之目, 是謝山未定《序錄》時之目, 或耒史所編之目也.

정리와 필사 편집하여 86권인 가장본家藏本을 마침내 완성한다. 황장의 손자인 황직후黃直垕의 기록에 의하면 "선조인 유헌공遺獻公은 『명유학안』 외에 또 『송원유학안』을 편집하여 편집을 다 마치지 못하고 돌아가시게 되자 막내아들인 주일에게 명하여 편집하게 했다. 그 후 사산 전서 상全庶常이 또 이어서 수정하였는데, 조부께서 전조망에게 볼 것을 구했으나 그렇게 할 수 없었다. 전조망이 죽고 배경 노호가 초고 20책을 보내주었고 이어서 『서록』 1권도 보내주었다. 조부께서는 그것을 얻고 기뻐하기를 진귀한 보물과 같이 하였다. 만년에 고향에 거처하면서 1년 동안 필사와 편집을 하였다. 그러나 여러 번 필사하느라 생략된 부분이나 잘못된 부분이 많고 글자가 비슷하여 혼돈스러우니 거의 식별할 수가 없었다. 그리고 전조망의 글씨는 또 글씨가 작은 초서가 많고 자질구레하고 드문드문하여 거의 식별할 수가 없었다. 선친께서는 고향으로 돌아온 후에 다시 잘못된 것은 바로 잡고 생략된 부분은 보충하며, 드문드문 떨어져 있는 것을 이어 붙여 황직후로 하여금 초록하여 차례에 맞게 하니 이 책은 비로소 편집을 마칠 수 있었다."[82]

황종희 가장家藏 교보본校補本은 전씨 초고가 생략되고 서적의 배분이 다 적당한 게 아니어서 책 머리의 전조망 100권 『서록』과 들어맞지 않게 되었다. 그러나 소옹, 정이 및 육구연 형제의 자료처럼 노호의 소장본에 빠진 부분은 황종희 본에 완전하게 보존되어 있다. 그 가치를 아는 왕재재는 "이 판본 역시 어찌 소홀히 대할 수 있겠는가?[是本安可少哉!]"라고 했다.

(3) 『송원학안』의 정리간행

도광연간(1820-1850)에 『송원학안』의 간행에 있어 제일 먼저 주장한 사람은 하능한何凌漢이다. 도광 11년(1831)에 하능한은 공부시랑으로 절강浙江 향시를 주관한다. 시험이 끝난 후 학정으로 절강에 머물렀다. 다음 해 봄에 영파寧波에서 시험을 주관할 때 사자士子인 왕재재에게 황종희와 전조망 두 사람이 편집해서 남긴 『송원학안』의 일을 물었을 때, 왕재재는 아직 보지 못했다고 답한다. 하능한은 영파에 장서가가 많기 때문에 왕재재에게 부지런히 찾아다닐 것을 부탁한다. 13년(1833) 봄에 하능한은 조서를 받고 경사로 돌아갔으므로 후임 학정인 진용광陳用光이 일을 이어받아 찾아다녔다. 먼저 황종희의 자손들이 집안에 간직하고 있던 86권의 교보본校補本을 얻고 이어서 또 노호와 장학용 두 사람이 소장하고 있던 전조망 유고를 얻는다. 이에 모두 다

---

82) 황직후: 『家藏宋元學案補本跋』은 『송원학안』 권수에 보인다. 先遺獻公于《明儒學案》外, 又輯《宋元儒學案》, 尚未成編而卒, 命季子主一公纂輯之. 其後, 謝山全庶常又續修之, 大父嘗向全氏索觀而不得. 全氏歿, 配京盧氏寄示底稿二十冊, 續寄《序錄》一卷, 大父得之, 欣同拱璧. 晚藏裡居, 為之抄輯者有年. 無如輾轉抄寫, 多有闕略舛誤, 補其闕略, 並其件系, 命直垕抄錄而次第之, 是書始克成編.

사자士子인 왕재재와 풍운호에게 정리하게 한다.

왕재재의 자는 확헌籱軒이며 절강 은현鄞縣(지금의 영파) 사람이다. 풍운호의 자는 오교五橋이고 절강 자계慈溪 사람이다. 왕재재와 풍운호 두 사람은 『송원학안』의 정리에 있어 주로 다음의 몇 가지 방면의 일을 한다. 우선, 황종희, 전조망 두 사람의 유고를 상세하게 비교 대조하는데 전조망의 100권 『서록』을 기준으로 하여 전체 서적의 차례를 정리한다. 그 다음은 전조망의 100권 『서록』을 책 머리에 두는 것 외에, 각 학안의 『서록』을 해당 학안의 첫머리에 나누어 배치하여 요점을 제시한다. 셋 째, 다시 각 학안에 표 하나씩을 보충 편집하고, 각 학안의 『서록』 뒤에 배치하여 각 학자들의 학술의 전승을 밝힌 것이다. 정리자는 다음과 같이 말한다. "명유 제가들은 파별이 아직 적은 편이다. 하지만 송대와 원대의 유자들은 호원, 손복 여러 선생으로부터 주렴계, 정이 정호 형제, 장재, 주희에 이르기까지 세목細目이 대체 몇 개인지 모를 지경이다. 그러므로 『명유학안』은 표가 없을 수 있으나 『송원학안』은 표가 없을 수 없다."[83] 또 그 다음으로, 전조망의 『길기정집鮚埼亭集』과 그 보편補編 중에서 송원대 학술을 논한 문장을 가려내어 각 안에 배치하여 생략되었거나 이지러져 완전하지 못한 부분을 보완하였다. 마지막에 전조망의 『서록』에 근거하고 『도명록道命錄』을 저본으로 하여 권96 『원우당안元祐黨案』과 권97 『경원당안慶元黨案』을 보완하여 짓는다. 또 역사와 전기를 참고하여 황종희, 전조망 두 사람이 생략한 학안의 인물전기의 대략적인 내용을 보충하고, 역사사실에 맞게 고정考訂과 교감 등의 작업을 하였으며, 각 안에 필요한 안어按語를 참작하여 더하였다.

도광 17년(1837) 봄에 풍운호가 돈을 대어 왕재재와 풍운호가 정리한 원고를 절동浙東에서 부각付刻한다. 다음 해 여름에 왕재재가 새로 간행한 『송원학안』 인쇄본을 가지고 경사로 가서 하능한에게 보이자 하능한은 기뻐서 서문을 짓는다. 일 년 정도 지난 후에 하능한은 병으로 세상을 떠난다. 22년 봄에 영국군대가 절동에서 사람들을 마음대로 죽이고 박해하여 풍운호의 서판은 전란의 와중에 타 버린다. 같은 해 가을에, 하능한의 아들 하소기가 부친상을 마치고 도성으로 들어와 왕재재가 준 인쇄본을 근거로 『송원학안』을 중간重刊하여 부친의 유지를 받들려고 결심한다. 왕재재는 하소기의 청에 응하여 다시 교감을 한다. 이때 하소기何紹基는 경사에서 돈을 모아 서성西城 자인사慈仁寺 안 빈터에 고정림 선생의 사당을 세우고 왕재재에게 그곳에 거처하게 한다. 하소기는 또 보관하고 있던 도서 중 『학안』과 관계가 있는 것을 사당으로 옮기고 왕재재에게 살펴보게 한다. 판각하는 사람도 함께 자인사에 거처했다. 왕재재는 심혈을 기울여 교감하고 빠진 부분은 보충하고 잘못된 부분은 바로잡았으며, 판각하는 사람도 그에 맞게 교정하고

---

83) 王梓材, 馮雲濠, 『校刊宋元學案條例』, 『송원학안』 권수에 보인다. 明儒諸家, 派別尚少. 宋元儒則自安定泰山諸先生, 以及濂洛關閩, 相繼而起者, 子目不知凡幾. 故《明儒學案》可以無表, 《宋元學案》不可無表.

판각하였고 하소기도 힘을 다해 일을 마무리하였다. 도광 26년(1846) 여름에『송원학안』의 중간본이 완성된다. 이 중간본 교정 와중에 왕재재는 또『송원학안보유』100권을 완성하고 뒤에 별본으로 간행한다.

제13장
대동원戴東原의 학술

대진戴震은 청나라 건륭 중기 학술 무대에서 활약한 걸출한 대가이고 혜동惠棟의 뒤를 이어 이름을 나란히 하면서 당시의 학술 기풍을 주재했다. 대진의 학문 역정을 정리하고 학술의 취지를 연구하는 것은 건륭 중기 학술의 대세를 정확하게 파악하고 나아가서 건가학파乾嘉學派의 역사적 특징을 드러내는 데 분명히 전형적인 의의가 있다.

1. 강영江永으로부터 대진戴震으로

대진은 자가 동원東原 또는 신수愼修이고 안휘安徽 휴녕休寧 출신이다. 옹정 원년 12월 24일 (1724.1.19.)에 태어나서 건륭 42년 5월 27일(1777.7.1.) 북경에서 세상을 떠났는데 향년 55세였다.

휴녕은 환남皖南의 산지에 위치해서 평원과 광야가 적다. 경지가 적고 사람이 많아서 이 지방 백성들은 항상 "물건을 거래하기 위해 여기 저기 돌아다니며 외부에 행영을 차렸다."[1] 대진이 어렸을 때 집안이 가난해서 일가의 생계는 부친 대변戴弁이 사방으로 베를 팔러 다니는 것으로 유지했고 10세 때 비로소 글방에 가서 공부할 수 있었다. 총명하고 민첩하며 지혜로웠고 부지런히 배웠으며 생각이 깊었다. 『설문해자說文解字』 정독으로부터 시작해서 『이아爾雅』, 『방언方言』으로 넘어갔고 그 다음에 한나라 유학자의 전주傳注와 여러 경전의 주소注疏에 이르렀다. 따라서 학문의 견실한 기초를 놓았고 그 위에서 경전 훈고로 도를 체득하는 학문의 경로를 밟았다. 만년에 대진은 다음과 같이 회상했다. "나는 17살부터 도의 체득에 뜻을 두었다. 『육경』과 공맹에서 구하지 않으면 얻지 못하고 문자의 뜻, 제도, 명물에 종사하지 않으면 그 언어에 정통할 수 없다.

---

1) 戴震, 『東原文集』 卷12, 「戴節婦家傳」. 商賈東西, 行營於外.

송나라 유학자가 훈고학을 비판하고 언어문자를 경시한 것은 강을 건너려고 하는데 배와 노를 버리고, 높은 곳에 오르려고 하는데 계단과 사다리가 없는 것과 같다. 30여 년을 이렇게 한 끝에 고금의 안정과 동란의 근원이 바로 여기에 있다는 것을 분명하게 알았다."[2]

건륭 5년(1740), 대진은 부친을 따라 강서江西, 복건福建으로 가서 베를 팔았고 아울러 소무邵武에서 학동들을 독려했는데 이때 나이가 18세였다. 7년, 소무에서 돌아왔는데 마침 유신儒臣 정순程恂이 마을에 있어서 대진은 그에게 가서 배웠다. 정순은 옹정 2년에 진사가 되었고 건륭 원년 박학홍사과博學鴻詞科에 급제하여 한림원翰林院 검토檢討가 되었으며 "휴녕산두休寧山斗"라는 호칭을 얻었다.[3] 이때 무원婺源의 저명한 학자 강영江永이 교사로서 정순의 신임을 받았다. 강영은 그 지역의 대유학자로서 학문은 주자를 종주로 받들었고 『삼례三禮』 및 천문역산天文曆算, 성운聲韻, 여지輿地에 정통했다. 주자의 유지遺志를 이어받아 일찍이 강희 60년에 강영은 『예서강목禮書綱目』을 완성했다. 건륭 초에 청나라 조정이 이 책을 『삼례』관館에 들였다. 그 후 강영은 또 『근사록近思錄』의 집주集注에 힘썼다. 건륭 5년에 정순의 가관家館에 들어가서 역학서 7권을 완성했는데 『금수이성발미金水二星發微』, 『칠정연七政衍』, 『동지권도冬至權度』, 『항기주역변恒氣注曆辨』, 『세실소장변歲實消長辨』, 『역학보론曆學補論』, 『중서합법의초中西合法擬草』 7종이었고 취지는 매문정梅文鼎이 남긴 학설을 검토하는 데 있었다. 같은 해 8월, 강영은 정순을 따라 수도에 갔고 『삼례』관의 신하 방포方苞, 오불吳紱, 항세준杭世駿 등이 그와 학문을 논했다. 이듬해 8월에 안휘로 돌아왔고 9년에서 12년 사이에 강영은 내내 정씨의 가관에서 가르쳤다.

정순의 가르침을 받은 데다 강영의 학문 방법의 영향을 받으면서 건륭 9년에서 12년 사이에 대진은 잇따라 『주산籌算』, 『육서론六書論』, 『고공기도考工記圖』, 『전어轉語』와 같은 책을 썼다. 정순은 특히 『고공기도』를 가장 중시해서 12~13년 사이에 유신 제소남齊召南에게 추천했고 제씨로부터 "기서奇書"[4]라고 칭찬받았다.

건륭 14년(1749), 대진은 학문이 거의 이루어지자 『대대례기大戴禮記』 교감 초고에 힘썼고 흡현歙縣의 학자 정요전程瑤田과 교제했다. 이듬해에는 또 요전을 통해 서계西溪의 왕씨汪氏 숙질叔姪과 교류했다. 정요전은 뒷날 다음과 같이 썼다. "경오년과 신미년(건륭 15년과 16) 사이에 나와 치천稚川 그리고 나의 누이의 사위 왕송잠汪松岑 세 사람이 함께 공부하면서 당시의 지식인 가운

---

2) 『戴震全書』의 35「與段茂堂等十一札」의 第9札; 또 段玉裁『戴東原先生年譜』, "乾隆四年, 十七歲"條를 볼 것. 僕自十七歲時, 有志聞道, 謂非求之『六經』孔孟不得, 非從事於字義制度名物, 無由以通其語言. 宋儒譏訓詁之學, 輕語言文字, 是欲渡江河而棄舟楫, 欲登高而無階梯也. 為之卅餘年, 灼然知古今治亂之源在是.

3) 江錦波·汪世重, 『江愼修先生年譜』, "乾隆五年, 六十歲"條.

4) 紀昀, 『紀曉嵐文集』卷8,「考工記圖序」.

데 사귈 만하고 연구에 도움이 될 사람에 대해 이야기할 때마다 나는 대동원을 꼽았다. 동원의 이름은 진이고 휴녕 융부隆阜 출신이다. 이전 기사년에 나는 동원을 처음 알았다. 당시 동원은 소시小試에 막 실패했지만 학문은 이미 어느 정도 수준에 올라 있었는데 『태부례』를 교감한 것을 보여주었다. 『태부례』는 사람들이 많이 다루지 않아서 경전이 맞지 않고 자구에 착오와 탈락이 있어 학자들이 늘 읽기 어렵다고 하는데 동원이 일일이 바로 잡았다. 나는 읽고 놀라서 결국 동원과 교제했다. 이때에 이르러서야 치천과 송잠도 동원과 왕래했다."5) 그 후, 대진과 여러 친구들은 모두 강영에게 배웠고 강씨 학술의 추종자가 되었다. 강영은 특히 대진을 좋아하여 "민첩함은 미칠 수 없다[敏不可及]"6)고 탄식했다. 때마침 청나라 조정에서 경학특과經學特科로 인재를 등용했는데 강영은 고희가 넘어서 추천을 사양하고 또 대진에게 편지를 보내 "과거장에서 경쟁하는 것이 내 본심이 아님[馳逐名場非素心]"7)을 보였다.

16년(1751), 대진은 휴녕의 현학생縣學生이 되었는데 이미 29세였다. 17년, 대진은 왕오봉汪梧鳳의 초빙을 받아 흡현歙縣 서계西溪의 왕씨汪氏 가관에서 가르쳤다. 이듬해, 강영도 서계로 왔는데 왕씨가관의 강의를 주재해 달라는 초빙을 받았다. 그래서 왕씨 집안의 학자 및 대진, 정요전 등이 모두 아침저녁으로 강영에게 배울 수 있었다. 『강수신선생연보江愼修先生年譜』 건륭 18년, 73세조에 다음과 같은 기록이 있다. "흡현 서계에서 가관을 열어 놓고 흡현의 제자 방구方矩, 김방金榜, 왕오봉, 오소택吳紹澤이 따라서 공부했다. 휴녕의 정목鄭牧, 대진, 흡현의 왕조룡汪肇龍, 정요전은 이전에 이미 문하에서 배웠는데 이 해에는 빈틈없이 따져 묻고 반드시 손짓 몸짓을 해가며 말하기를 기다려 며칠이 지나서야 떠났다."8)

건륭 19년(1754), 권세가 동족과 묘지 분쟁이 일어나 대진은 할 수 없이 유학 갔는데 원수를 피해 수도로 들어갔다. 수도에 도착한 뒤에는 여행으로 피곤했지만 천문역산, 성운, 훈고와 고대 예제와 같은 여러 학문에 뛰어나서 전대흔錢大昕, 기윤紀昀, 왕명성王鳴盛, 왕창王昶, 주균朱筠 등 그 해 과거에 합격한 진사들과 폭넓게 교류했고 결국 천하 기재로서 수도에서 명성이 더해졌

5) 程瑤田, 『通藝錄』의 「修辭餘抄·五友記」. 庚午辛未(乾隆十五十六年)之間, 余與稚川及余姊婿汪松岑三人同研席, 每論當世士可交而資講習益者, 余曰戴東原是. 東原名震, 休寧隆阜人. 先是己巳歲, 余初識東原. 當是時, 東原方躓於小試, 而學已粗成, 出其所校『太傅禮』示余. 『太傅禮』者, 人多不治, 故經傳錯互, 字句訛脫, 學者恒苦其難讀, 東原一一更正之. 余讀而驚焉, 遂與東原定交. 至是, 稚川松岑亦交於東原矣.
6) 洪榜, 『初堂遺稿·戴先生行狀』.
7) 戴震, 『東原文集』卷12, 「江愼修先生事略狀」.
8) 江錦波·汪世重, 『江愼修先生年譜』, "乾隆十八年, 七十三歲"條. 館歙邑西溪, 歙門人方矩金榜汪梧鳳吳紹澤從學. 休寧鄭牧戴震, 歙汪肇龍程瑤田, 前已拜門下問業, 是年殷勤問難, 必候口講指畫, 數日而後去.

다. 전대흔은 이에 대해 매우 명확하게 기록한 바 있다. "대진 선생은 강직하고 독특했는데 여러 가지 일들이 맞지 않아서 홀로 뜻을 이룰 수 없었다. 30여 세가 되어 절뚝거리는 나귀를 타고 수도에 왔다. 여행으로 고생하여 죽도 거의 이어지지 못했는데 사람들이 모두 미친 서생이라고 했다. 하루는 자신이 지은 책을 가지고 우리 집에 와서 날이 다가도록 이야기를 나누었다. 그가 가자 나는 눈으로 그를 보내면서 천하의 기재라고 탄식했다. 당시 금궤金匱의 문공공文恭公 진혜전秦蕙田이 산학算學을 겸하고 관리하였는데 천문 역법에 정통한 사람을 구하고 있으니 바로 선생 이름을 대고 추천했다. 진공이 크게 기뻐하며 그날로 방문했고 자신의 집으로 청하여 관상觀象과 수시授時에 대해 이야기를 나누고서 한 번도 듣지 못한 이야기라고 생각했다. 진공이 『오례통고』를 지을 때 종종 대진의 학설을 채택했다. 고우高郵의 문숙공文肅公 왕안국도 가숙 선생으로 초빙하여 그의 아들 왕념손을 가르치게 했다. 당시 관각館閣의 학식이 해박하고 통달한 학자, 하간의 태사 기윤, 가정의 편수 왕명성, 청포의 사인 왕창, 대흥의 태사 주균이 전후로 선생과 교유했다. 그래서 세상 사람들이 모두 대선생을 알았다."[9] 기윤과 노문초盧文弨도 대진의 학문을 추존하는 글을 썼다. 기윤은 다음과 같이 칭송했다. "대군은 옛사람의 소학에 매우 밝아서 제도와 자의에 대한 고증은 한나라 이후 유학자들이 미칠 수 없다."[10] 노문초는 이렇게 말했다. "나의 친구 대동원은 어려서부터 성음문자학에 통달했고 이것으로 남아 있는 경전에서 탐구하여 천 년 전 옛 사람의 마음을 찾을 수 있었다. 『시보전』, 『고공기도』, 『구고할원기』, 『칠경소기』와 같은 책들을 지었고 또 여력으로 『굴원부』 25편의 주를 달았는데 뜻이 깊고 미묘한 언사와 심오한 뜻이 모두 드러나 통하게 되었다."[11] 요내姚鼐는 심지어 편지를 보내 대진을 "부자夫子"라고 칭하고 스승으로 모시고 공부하겠다고 요청했는데, 대진은 완곡하게 거절했다. 대진이 답장을 보냈다. "과분하게도 저를 선생으로 모시고 싶다고 하셨는데 그런 말씀 하지 마십시오. … 저와 당신은 서로의 스승이 되어도 무방할 것입니다. 서로 충분한 의견을 구하고 잘못이 있으면 충고하며 도가 언어에 있지 않고 사람에게 있도록 하는 것이 벗이라는 뜻을 잃지 않으니 가장 바람직

---

9) 錢大昕, 『潛研堂文集』 卷38, 「戴先生震傳」. 戴先生震, 性介特, 多與物忤, 落落不自得. 年三十餘, 策蹇 至京師, 困於逆旅, 饘粥幾不繼, 人皆目爲狂生. 一日, 攜其所著書過予齋, 談論竟日. 旣去, 予目送之, 嘆曰天下奇才也. 時金匱秦文恭公蕙田兼理算學, 求精於推步者, 予輒擧先生名. 秦公大喜, 卽日命駕 訪之, 延主其邸, 與講觀象授時之旨, 以爲聞所未聞. 秦公撰 『五禮通考』, 往往采其說焉. 高郵王文肅公 安國亦延致先生家塾, 令其子念孫師之. 一時館閣通人, 河間紀太史昀嘉定王編修鳴盛靑浦王舍人昶 大興朱太史筠, 先後與先生定交. 於是海內皆知有戴先生矣.

10) 紀昀, 『紀曉嵐文集』 卷8, 「考工記圖序」. 戴君深明古人小學, 故其考證制度字義, 爲漢以降儒者所不能及.

11) 盧文弨, 『抱經堂文集』 卷6, 「戴東原注屈原賦序」. 吾友戴君東原, 自其少時, 通聲音文字之學, 以是而求 之遺經, 遂能探古人之心於千載之上. 旣著 『詩補傳』 『考工記圖』 『勾股割圓記』 『七經小記』 諸書, 又以 餘力爲 『屈原賦』 二十五篇作註, 微言奧指, 其見疏抉.

한 일입니다. 어제 욕되게도 편지를 보내셔서 지나치게 겸양하시고 저를 부자라 칭하셨는데 감당하지 못할 것이니 삼가 받들어 돌려드립니다."[12]

수도에서 지낸 3년 동안 대진은 자신의 학문을 널리 퍼뜨리고 기존의 학설을 "융통성 없이 고수하는 것[株守]"과 "옛 것을 믿어 어리석어지는 것[信古而愚]"[13]에 반대하며 "리의[理義]", "제수[制數]", "문장文章"을 하나로 합해서 도를 구할 것을 주장했을 뿐 아니라[14] 강영의 학술을 현양하는 것도 잊지 않았다. 건륭 27년 3월에 강영이 세상을 떠났다. 5월, 대진이 강영의 행장을 지어 훗날 사관이 채택할 수 있도록 했다. 이 글에 당시의 역사적 사건을 기록했다. "내가 일찍이 수도에 들어와서 상서 진혜전이 객으로 받아주었는데 책 상자에 선생의 역학 여러 편이 있는 것을 보고 그 책을 진기하게 여겼다. 그래서 내가 선생에 대해 이야기해 주었다. 상서가 『오례통고』를 지을 때 선생의 설을 관상수시류에 넣었고 『추보법해』는 전체를 실었는데 선생의 『예서강목』을 보지 못해서 유감스러워했다."[15] 만년에 강영은 대진 장년기의 박학함[盛年博學][16]때문에 동지로 여겼다. 그는 다음과 같이 칭송했다. "내가 『사성절운표』에서 현재의 운을 세분하여 자모음 등으로 귀결한 다음 다시 동지 대동원과 함께 『고운표준』 4권, 『시운거례』 1권을 상의하여 정하고 고운을 13부로 나누었으니 운학에 약간은 보탬이 될 것이다."[17] 강영이 세상을 떠나기 전에 대진도 긴 답장을 보내 『설문해자』의 육서六書 학설에 대해 토론해서 강영에게 배운 이래 스승보다 더 나아진 모습을 보였다. 편지에서 대진은 다음과 같이 썼다.

> 『설문』은 자체字體, 자훈字訓에 있어서 누락이 있지만 육서를 논한 것은 사승師承을 잃지 않았습니다. … 대체적으로 문자를 처음 만들 때에는 의지할 것이 없었습니다. 우주에는 일과 형체 두 가지 큰 단초만 있습니다. 일의 실질을 가리키는 것을 지사指事라고 하는데 일一, 이二, 상上, 하下가 그것입니다. 형태의 대체를 본뜨는 것을 상형象形이라 하는데 일日, 월月, 수水, 화火가 그것입니다. 문자가 세워지면 소리가 기탁되는데 문자는 조절할 수 있는 소리를 갖습니다. 뜻이 문자에 기탁되면 소통할

---

12) 戴震, 『東原文集』卷9, 「與姚孝廉姬傳書」. 至欲以僕爲師, 則別有說 … 與足下, 無妨交相師, 而參互以求十分之見, 苟有過則相規, 使道在人不在言, 斯不失友之謂, 固大善. 昨辱簡, 自謙太過, 稱夫子, 非所敢當, 謹奉繳.

13) 戴震, 『東原文集』卷3, 「與王內翰鳳喈書」.

14) 戴震, 『東原文集』卷9, 「與方希原書」.

15) 戴震, 『東原文集』卷12, 「江愼修先生事略狀」. 戴震嘗入都, 秦尚書蕙田客之, 見書笥中有先生曆學數篇, 奇其書. 戴震因爲言先生. 尚書撰『五禮通考』, 撫先生說入觀象授時一類, 而『推步法解』則取全書載入, 憾不獲見先生『禮書綱目』也.

16) 洪榜, 「初堂遺稿・戴先生行狀」.

17) 段玉裁, 『戴東原先生年譜』, "乾隆二十八年, 四十一歲"條 인용. 余既爲『四聲切韻表』, 細區今韻, 歸之字母音等, 復與同志戴東原商定『古韻標準』四卷『詩韻舉例』一卷, 分古韻爲十三部, 於韻學不無小補.

수 있는 뜻을 지닙니다. 이것도 문자의 두 가지 큰 단초입니다. 그것에 따라서 넓게 확장시키고 소리의 조화를 취한 것을 해성諧聲이라고 하고, 소리가 조화를 이루지 못하지만 뜻을 모은 것을 회의會意라고 합니다. 이 네 가지는 문자의 체인데 여기에서 그칩니다. 이것으로부터 활용해 나가는데 여러 문자를 하나로 활용하는 것, 예를 들면 초初, 재哉, 수首, 기基는 모두 시始가 되고 앙卬, 오吾, 태台, 여予는 모두 아我가 되는 것과 같은 것이 있습니다. 이와 같이 뜻이 옮겨 흘러들어 가는 것을 전주轉注라고 합니다. 한 문자가 여러 가지로 활용되는 경우가 있는데 뜻에 의존하여 확장되거나 소리에 의탁하여 곁에 붙는다든지 이것을 빌어 저것에 쓰는 것을 가차假借라고 합니다. 그러므로 문자를 활용하는 데에 이 두 가지 큰 단초가 있습니다. 여섯 가지의 순서가 자연스러움에서 나오고 법칙의 세움이 쉽고 간단함으로 귀결됩니다. 그러므로 저는 허숙중許叔重의 육서론은 틀림없이 사승이 있을 것이라 믿으며 고考와 노老 두 글자에 대해서 『설문』으로 『설문』을 증명한 것은 다시 의심하지 않을 수 있습니다.[18]

허신許愼의 육서학설을 서술한 것이 이처럼 명석하니 강영이 제자 가운데 오직 대진에 대해서만 "민첩함은 따를 수 없다[敏不可及]"[19]고 칭찬한 것도 이상할 것이 없다.

2. 혜동惠棟과 대진

건륭 22년(1757) 겨울, 대진은 수도를 떠나 남쪽으로 돌아가는 길에 양주揚州를 거쳤다. 이때 양주는 마침 양회염운사兩淮鹽運使 노견증盧見曾이 머물며 일하고 있었다. 견증은 시에 뛰어났고 경사를 좋아해서 당시 강남의 이름난 유학자들이 그의 막부에 많이 모였고 남북으로 왕래하는 뛰어난 학자들도 항상 그 사이를 드나들었다. 대진은 양주에 도착했을 때 노견증의 막객으로 있던 대유 혜동과 심대성沈大成을 만났다. 그 당시에 두 학자가 견증을 도와 『아우당장서雅雨堂藏書』를 편찬하여 동한 시대 경학자 정현鄭玄의 학설을 현양했다. 그 후 2~3년간 대진은 계속 노견증의 막부에 머물렀다. 박식하고 구체적 수행에 힘쓰는 선배 대유를 앞에 두고 대진은 한나라

---

18) 戴震, 『東原文集』卷3, 「答江愼修先生論小學」. 『說文』於字體字訓, 舛漏不免, 其論六書, 則不失師承. … 大致造字之始, 無所憑依. 宇宙間, 事與形兩大端而已. 指其事之實曰指事, 一二上下是也. 象其形之大體曰象形, 日月水火是也. 文字既立, 則聲寄於字, 而字有可調之聲. 意寄於字, 而字有可通之意. 是又文字之兩大端也. 因而博衍之, 取乎聲諧曰諧聲, 聲不諧而會合其意曰會意. 四者, 書之體止此矣. 由是之於用, 數字共一用者, 如初哉首基之皆爲始, 仰吾台予之皆爲我, 其義轉相爲註, 曰轉註. 一字具數用者, 依於義以引申, 依於聲而旁寄, 假此以施於彼, 曰假借. 所以用文字者, 斯其兩大端也. 六者之次第出於自然, 立法歸於易簡, 震所以信許叔重論六書必有師承, 而考老二字, 以 『說文』 證 『說文』, 可不復疑也.

19) 洪榜, 『初堂遺稿·戴先生行狀』.

경학자를 본받는 기풍에 젖어들었고 이전에 수도에서 내려 보던 신진 진사들과는 당연히 함께 논할 수 없게 되었다.

혜동은 대진보다 27세 연장으로 건륭 19년에 노씨의 막부에 들어왔으므로 가장 연장자였고 노씨와 그 지방 학술에 대한 영향력도 가장 컸다. 혜동은 이전에 죽은 친구 심동沈彤으로부터 대진이 박학하다는 이야기를 들었는데 이번에 만나니 마치 옛 친구를 다시 만나는 것 같았다. 대진의 말에 따르면 다음과 같다. "내가 수도에서 남쪽으로 돌아가는 길에 양주 도전염운사都轉鹽運使 관청에서 처음으로 선생을 만났다. 선생은 내 손을 잡고 말했다. '전에 죽은 친구 오강吳江의 심관운沈冠云이 나에게 휴녕에 대 모라는 사람이 있는데 알고 지낸지 오래되었다고 했다. 관운은 아마도 네가 쓴 책을 실제로 보았겠지.' 나는 마음속으로 어릴 적에 정해지지 않은 견해가 어떻게 심군의 눈에 띄게 되었는지 알지 못해서 의아했고 심군이 이미 오랫동안 보지 못하게 된 것을 유감으로 여겼지만 선생을 만난 것은 매우 다행으로 생각했다."[20] 대진이 혜동과 양주에서 같이 지낸 시간은 몇 개월에 불과하지만 이목으로 스며들어 은연중에 변화했고 이후의 공부에 상당히 깊은 영향을 남겼다. 그 대요로 세 가지를 꼽을 수 있다.

첫째는 정현의 학설을 추숭하고 송명 시기의 경학을 "근거 없이 공론하다[鑿空]"고 비판한 것이다. 왕창王昶은 혜동 학설의 추종자로서 어릴 적 소주蘇州 자양서원紫陽書院에서 공부할 때 혜동에게 배웠다. 건륭 21~22년 사이에 왕창은 또 혜동과 함께 노견증의 막객으로 있었다. 23년 5월에 혜동이 소주에서 병으로 세상을 떠나자 왕창은 묘지명을 지었는데 다음과 같은 언급이 있다. "내가 약관 무렵 여러 공들 사이에서 공부하다가 선생에게 배울 수 있었다. 병자, 정축년 즈음에 선생은 또 나와 함께 운사運使 노견증의 막객이 되어 선생의 저술을 더 충분히 읽을 수 있었다. 화정華亭의 상사上舍 심대성과 손으로 초록하고 교정한 적이 있었으므로 선생 학문의 근본을 나보다 자세히 아는 사람은 없다."[21] 자신이 학술적으로 본받는 것을 밝히기 위해서 왕창은 청년시기에 서실의 명칭을 "정학재鄭學齋"로 지었다. 건륭 24년 9월, 대진은 수도에서 순천順天 향시에 응시했고 「정학재기鄭學齋記」를 써달라는 왕창의 요청에 응했다. 대진은 글머리에서 분명하게 밝혔다 "난천蘭泉 왕사인王舍人이 제생이 되었을 때 책을 교열하는 방을 정학재라고 불렀다고 하면서 나에게 기문을 써주기를 부탁했다. 오늘날 학문을 아는 사람으로서 경전에 대한

20) 戴震, 『東原文集』 卷11, 「題惠定宇先生授經圖」. 震自京師南還, 始覯先生於揚之都轉鹽運使司署內. 先生執震之手言曰, 昔亡友吳江沈冠云嘗語余, 休寧有戴某者, 相與識之也久. 冠云蓋實見子所著書. 震方心訝少時未定之見, 不知何緣以入沈君目, 而憾沈君之已不久觀, 益欣幸獲觀先生.

21) 王昶, 『春融堂集』 卷55, 「惠定宇先生墓志銘」. 余弱冠遊諸公間, 因得問業於先生. 及丙子丁丑, 先生與予又同客盧運使見曾所, 益得盡讀先生所著. 嘗與華亭沈上舍大成手抄而校正之, 故知先生之學之根柢, 莫余爲詳.

언설이 빠르게 한나라로 나아가고 정강성鄭康成에게까지 나아갈 수 있는 사람은 세상에 아마도 몇 사람 정도가 선구자가 될 것인데 사인이 그 가운데 하나이다."22) 이어서 정현을 일대 종사로 떠받들면서 정학의 흥폐에 대해 서술했다. "한나라가 오경박사를 설치하고 제자원을 열자 선사들이 모두 한 무제 때 일어났다. 그 후 정씨가 탁월하게 유가의 종주가 되었다. 여러 학파의 책이 영가永嘉 연간에 없어졌지만 정씨의 전승만은 단절되지 않았다. 당나라가 강좌江左의 의소義疏를 계승하여 『서』는 매색梅賾이 바친 고문, 『역』은 보사輔嗣와 강백康伯의 두 경전을 사용했고 이전의 유학자 가운데 정현의 학설을 편 사람을 정학으로 분류했다. 그러므로 정학이 폐기되고 나서 나중에 정학이라는 명칭을 붙여서 구별했다."23) 대진은 송명 이래로 경학의 적폐는 "근거 없이 공론하다[鑿空]"는 데 있다고 생각했다. "정현의 『삼례三禮』, 『시전詩箋』만 겨우 남아 있는데 후대 유학자는 천박하고 비루하여, 여러 경전을 관통하여 언론을 세운 것임을 알기에 부족하고 또 의소가 장황한 것을 어렵게 여겼다. 그래서 다투어 근거 없이 공론을 하였다."24) 대진은 주자가 당시에 왕안석王安石의 『삼경신의三經新義』를 비난한 것을 예로 들면서 송명 경학의 병통을 질책했다. "팔고문으로 인재를 선발한 이래로 송나라 유학자의 학설을 사용한 것은 새로운 경전을 받들고 주소를 폐기한 것과 같다. 그렇지 않다면 주자가 만년에 『예』를 연구했다고 들었는데 정씨의 학문을 숭상하는 것이 어떻겠는가!"25) 마지막 부분에서 대진은 혜동의 훈고학과 고학 부흥의 주장을 계승하고 더 나아가서 정학의 정의를 내렸다. "육서, 구수九數, 제도, 명물을 통해 그 문구에 정통할 수 있게 된 다음에 마음으로 헤아린다. 그러므로 망망히 구하고 헛되이 치달림으로써 어려움을 피하고 이단으로 갈라져나가는 사람은 마르고 시든 것을 떨쳐버리고 고친 후에야 옛 사람의 경전 연구에 법이 있다는 것을 안다. 이것을 정학鄭學이라고 한다."26)

둘째는 혜동의 유지를 이어받아 심대성과 망년지우가 되어 고학 부흥에 힘을 쏟은 것이다. 심대성은 혜동보다 3살 아래로 경사에 조예가 깊고 고금에 두루 정통했으며 혜동의 고학 부흥 사업에 동지가 되었다. 혜동은 생전에 대성의 「학복재집學福齋集」의 서문을 썼다.

---

22) 王蘭泉舍人爲余言, 始爲諸生時, 有校書之室曰鄭學齋, 而屬余記之. 今之知學者, 說經能駁駁進於漢, 進於鄭康成氏, 海內蓋數人爲先倡, 舍人其一也.

23) 方漢置五經博士, 開弟子員, 先師皆起建元之間, 厥後鄭氏卓然爲儒宗. 衆家之書亡於永嘉, 師傳不絶獨鄭氏. 及唐承江左義疏, 『書』用梅賾所進古文, 『易』用輔嗣康伯二經, 涉前儒之申鄭者, 目曰鄭學云爾. 故廢鄭學, 乃後名鄭學以相別異.

24) 鄭之『三禮』『詩箋』僅存, 後儒淺陋, 不足知其貫穿群經以立言, 又苦義疏繁蕪, 於是競相鑿空.

25) 自制義選士以來, 用宋儒之說, 猶之奉新經而廢註疏也. 抑亦聞朱子晚年治『禮』, 崇鄭氏學何如哉!

26) 戴震, 『東原文集』卷11, 「鄭學齋記」. 由六書九數制度名物, 能通乎其詞, 然後以心相遇. 是故求之茫茫, 空馳以逃難, 歧爲異端者, 振其槁而更之, 然後知古人治經有法. 此之謂鄭學.

고금에 밝고 하늘과 인간의 이치를 꿰뚫는 것이 유학자가 할 일이다. 나는 약관에 고학을 숭상하고 따를 줄 알았고 나이가 들어가면서 아울러 예술을 섭렵하고 고금의 관계를 반복해서 연구하여 상당한 체득이 있었고 그 결과로 책을 여러 권 완성했다. 그러나 견문과 지식이 매우 넓고 뜻을 같이 하면서 서로를 인정하는 사람은 40년 동안 한 사람도 만나지 못했다. 결국 내 친구 운간云間의 심군을 학생으로 얻어서 너무나 기뻤다. 배우는 사람에게 중요한 것은 현재의 학설을 미루어 옛날에 통할 수 있는 것이다 … 심군과 나는 법도로 삼는 것이 같을 뿐 아니라 이것으로 동지가 있고 우리가 추구하는 길이 외롭지 않다는 것을 알고 기뻐했다. 심군은 경사에 조예가 깊고 또 구궁九宮, 납갑納甲, 천문, 악률, 구장九章과 같은 여러 분야에 두루 정통했으므로 찾고 선택한 것을 융화하여 하나로 관통했다. 지금을 알지만 옛것을 모르면 장님이고 옛것을 알지만 지금을 모르면 우매하다고 옛사람은 말했다. 옛것을 익히고 새로운 것을 알면 스승이 될 수 있다는 것을 나는 내 친구 심군에게서 보았다.[27]

혜동이 세상을 떠나고 나서 심대성은 대진과 노견증의 막부에서 아침저녁으로 함께 지냈다. 대성은 대진이 "옛것을 좋아하는 사람[耆古之士]"이라며 기뻐했고 건륭 25년(1760) 여름에 대진과 하작何焯이 교정한 『수경주水經注』를 다시 교정하기로 약속했다. 대성이 교감기에 다음과 같이 썼다. "경진년 초여름, 내 친구 오중의 문유文斿 주환朱奐으로부터 하의문何義門의 교정본을 빌려 광릉廣陵에서 다시 교정을 보았다. 함께 본 사람은 휴녕의 동원 대진이었는데 마찬가지로 옛것을 좋아하는 사람이다."[28] 대진은 선배의 아낌을 받자 감사의 마음을 잊지 않고 문장을 지어 심대성을 "탁월한 유학자[卓然儒者]"로 존경했다. "옥전沃田 선생이 예순 살 이듬해 여름에 「대립도戴笠圖」를 나에게 보여주었다. 선생이 유양사維揚使 막부에 지낸 지도 오래되었고 내가 선생을 알고 지낸 것도 지금까지 4년 되었는데 서너 번 정도 만났다. 만나면 늦도록 셀 수 없이 많은 이야기를 하고 헤어졌고 헤어져서는 때때로 생각이 나는 것 같았다. 어찌 형체로 만난 것이 소원하고 정신으로 만난 것이 더 가까울까? 아니면 그렇지 않은가? 선생은 『육경』, 소학의 문헌에서 조리를 자세히 살폈고 눈으로 보고 손으로 펼치면 점교를 본 것이 찬연했으며 성실하게 숙중叔重, 강성康成, 충원沖遠과 같은 사람들의 뒤를 따랐다. 선생은 탁월한 유학자일 것이다."[29]

27) 惠棟, 『松崖文抄』卷2, 「學福齋集序」. 明於古今, 貫天人之理, 此儒林之業也. 余弱冠即知遵尚古學, 年大來兼涉獵於藝術, 反復研求於古與今之際, 頗有省悟, 積成卷帙. 而求一殫見洽聞, 同志相賞者, 四十年未睹一人. 最後得吾友云間沈君學子, 大喜過望. 夫所貴於學者, 謂其能推今說而通諸古也 … 沈君與余, 不啻重規而疊矩, 以此見同志之有人, 而吾道之不孤, 爲可喜也. 沈君邃於經史, 又旁通九宮納甲天文樂律九章諸術, 故搜擇融洽而無所不貫. 古人有言, 知今而不知古, 謂之盲瞽. 知古而不知今, 謂之陸沈. 溫故知新, 可以爲師, 吾於沈君見之矣.
28) 楊應芹, 『東原年譜訂補』, "乾隆二十五年, 三十八歲"條. 庚辰初夏, 從吾友吳中朱文斿奐借何義門校本, 復校於廣陵. 同觀者休寧戴東原震, 亦耆古之士也.
29) 戴震, 『東原文集』卷11, 「沈處士戴笠圖題咏序」. 沃田先生周甲子六十之明年夏, 以「戴笠圖」示休寧戴

그 후, 대진이 북쪽으로 가서 몇 년간 헤어져 있었다. 건륭 36년(1771)에 심대성의 문집이 다시 간행될 때 대성은 이천 리 멀리 편지를 보내 대진에게 문집의 서문을 써주기를 부탁했다. 대진은 약속대로 서문을 써주었는데 서문에서 다음과 같이 밝혔다. "선생의 학문은 한나라 경학자가 주고받으며 끊어질 듯 끊어지지 않은 전수함을 받고 그 앎이 유독 깊다."[30] 그러므로 그는 문장은 심대성 학문의 잔여이고, 전할 만한 것은 소학과 훈고로부터 시작하는 경학 방법이라고 생각했다. 대진은 이것에 대해 다음과 같이 지적했다.

대저 선생으로부터 전할 만한 것이 어찌 이것에만 있겠는가! 지금은 옛날로부터 멀리 떨어져 있지만 성인의 도는 『육경』에 있다. 당시에는 함께 듣고 익히 아는 것에 근거해서 깊은 것을 천명하고 은미한 것을 밝게 드러냈을 뿐이다. 그러나 그 명의, 제도를 천백 년 뒤에 거슬러 알려고 해도 잘 알 수가 없다. 그러므로 배움은 문자 분석에서 시작하여 언어 분별을 거치고 도의 체득에서 끝난다. 문자 분석은 소학과 훈고가 아니면 손댈 수 없고 언어 분별은 발화의 본체를 버리면 마음으로 닿을 방법이 없다. 선생은 옛사람의 소학, 훈고, 그리고 책을 써서 서술하는 것에 대해 빠짐없이 연구했다. 경전을 연구하는 학자가 한마디 말을 잘 알아들을 수 있으면 옛것에 통할 수 있고 그것으로 도에 가까이 갈 수 있다. 이 문집에 모은 문장은 여러 편이 있는데 그 법도와 규칙으로서 옛 사람을 거의 따른 것이지만 오로지 선생만이 그 나머지를 드러낸 것일 뿐이다.[31]

셋째는 혜공의 학술을 현양하고 "훈고가 명확하면 옛 경전이 명확해진다[故訓明則古經明]"는 저명한 주장을 제시한 것이다. 건륭 30년(1765), 대진이 소주에서 객지 생활을 할 때 「제혜정우선생수경도」라는 글을 지어 죽은 벗 혜동을 기념했다. 글 가운데, 대진은 혜동의 학술을 극진하게 추숭했다. "선생의 학문은 한나라 경학가에서 전수받았고 떨어질 듯 말 듯하며 오랫동안 축적되어 드러나지 않은 이 사업, 그 사업을 오 지방의 뛰어난 후학에게 전수하여 이 일이 없어졌다가 다시 부흥시켰다. 나는 스스로 학업에 성취가 없어서 부끄러운데, 이전의 유학 대가에서 그 들이 전일하게 종사는 바를 얻지 못했으니, 선생 학문의 한계를 헤아리지 못하겠다."[32] 바로 이 글에

震. 先生在維揚使幕也久, 震之得識先生也, 於今四年, 蓋四三見. 其見也, 漏下不數商而復離, 離則時時懸於想似. 豈形遇疏者神遇故益親邪? 抑非也? 先生於『六經』小學之書, 條貫精核, 目接手披, 丹黃爛然, 而恂恂乎與叔重康成沖遠諸人輩行而踟躕也. 蓋先生卓然儒者.

30) 先生之學, 於漢經師授受欲絶未絶之傳, 其知之也獨深.

31) 戴震, 『東原文集』卷11, 「沈學子文集序」. 夫先生之可傳, 豈特在是哉! 以今之去古旣遠, 聖人之道在『六經』也. 當其時, 不過據夫共聞習知, 以闡幽而表微. 然其名義制度, 自千百世下遙溯之, 至於莫之能通. 是以凡學始乎離詞, 中乎辨言, 終乎聞道. 離詞則舍小學故訓無所借, 辨言則舍其立言之體無從而相接以心. 先生於古人小學故訓, 與其所以立言用相告語者, 研究靡遺. 治經之士, 得聆一話言, 可以通古, 可以與幾於道. 而斯集都其文凡若干篇, 繩尺法度, 力追古人, 然特先生之出其餘焉耳.

서 대진은 혜동의 훈고 방법론의 전통을 이어받아 "훈고가 명확하면 옛 경전이 명확해진다"는 저명한 주장을 제시했다.

『육경』의 심오하고 정밀한 말들로 시달려 후대 사람은 다른 길로 달려 나가서 그 본래의 뜻을 잃게 되었다. 사람들은 언제나 이렇게 말한다. "한나라 유학자의 경학이 있고 송나라 유학자의 경학이 있다. 하나는 훈고를 중심으로 하고 다른 하나는 의리를 중심으로 한다." 나는 정말로 이 말을 이해하지 못하겠다. 대저 의리라고 하는 것이 경전을 버려두고 헛되이 억측에 근거하여 사람마다 공론으로 얻을 수 있는 것이라면 경학이라고 할 수 있는가? 오직 이 사람들은 헛된 억측에만 근거해서 결국 현인과 성인의 의리에 맞지 않은 연후에 옛 경전에서 구한다. 옛 경전에서 구하지만 남은 글이 거의 없어지고 지금과 옛날의 차이가 현격해진 연후에 훈고에서 찾는다. 그러므로 훈고가 명확하면 옛 경전이 명확해지고 옛 경전이 명확해지면 현인과 성인의 의리가 명확해지며 내 마음이 그와 같이 하는 것이 따라서 명확해진다.33)

건륭 중엽의 학술계에서 대진이 경학 대가 혜동과 이름을 나란히 할 수 있었던 근본 원인은 그가 혜동의 학술을 자신의 것으로 융합했을 뿐 아니라 진일보하여 혜동의 학술을 전장제도의 연구 및 의리학 연구와 결합해서 혜동의 학술을 발전시켰기 때문이기도 하다. 바로 여기에서 출발하여 대진은 혜동의 학술을 창조적으로 해석했다.

현인과 성인의 의리는 다른 것이 아니라 전장제도에 보존되어 있다. 송애 선생이 경학을 다룰 때 배우는 사람이 한나라 경학가의 훈고를 일삼아서 고대의 전장제도를 두루 살피도록 하고, 이로부터 의리를 추구한다면 확실한 근거를 가질 것이다. 그들은 훈고와 의리를 둘로 나누기 때문에 훈고가 의리를 밝히기 위한 것이 아니라면 훈고는 무엇을 위한 것인가? 의리가 전장제도에 보존되어 있지 않다면 이단이나 곡한 학설로 유입되어도 스스로 알지 못하게 될 것인데 그 또한 선생의 가르침과 멀다.34)

---

32) 先生之學, 直上追漢經師授受, 欲墜未墜, 埋蘊積久之業, 而以授吳之賢俊後學, 俾斯事逸而復興. 震自愧學無所就, 於前儒大師不能得所專主, 是以莫之能窺測先生涯涘.

33) 戴震, 『東原文集』卷11, 「題惠定宇先生授經圖」. 然病夫『六經』微言, 後人以歧趨而失之也. 言者輒曰, "有漢儒經學, 有宋儒經學, 一主於故訓, 一主於理義." 此誠震之大不解也者. 夫所謂理義, 苟可以舍經而空憑胸臆, 將人人鑿空得之, 奚有於經學之云乎哉? 惟空憑胸臆之卒無當於賢人聖人之理義, 然後求之古經. 求之古經而遺文垂絶, 今古懸隔也, 然後求之故訓. 故訓明則古經明, 古經明則賢人聖人之理義明, 而我心之所同然者, 乃因之而明.

34) 戴震, 『東原文集』卷11, 「題惠定宇先生授經圖」. 賢人聖人之理義非它, 存乎典章制度者是也. 松崖先生之爲經也, 欲學者事於漢經師之故訓, 以博稽三古典章制度, 由是推求理義, 確有據依. 彼歧故訓理義二之, 是故訓非以明理義, 而故訓胡爲? 理義不存乎典章制度, 勢必流入異學曲說而不自知, 其亦遠乎先生之教矣.

건륭 34년(1769), 대진은 혜동의 제자 여소객余蕭客이 지은 『고경해구침古經解鉤沉』의 서문을 써서 앞에서 한 말을 밝히고 체계적으로 훈고 경학으로 도를 밝히는 학문의 종지를 드러냈다.

학자가 옛 것을 배우고 경전을 연구하는 것을 중시하는 것이 다만 그 이름을 드러내기 위한 것인가? 아니면 도의 체득에 뜻을 두고 마음에 오류가 없기를 구하는 것인가? 사람에게 도의지심은 있는데 드러나기도 하고 미약하기도 하다. 드러나면 마음이 맑고 밝으며 미약하면 신명에 이를 수 없다. 『육경』은 도의의 으뜸이고 신명의 관저다. 옛 성인은 갔지만 그 마음과 뜻은 천지의 마음과 조화하여 이 백성의 도의지심이 되니 이것이 도라고 한다.[35]

이것은 옛 것을 배우고 경전을 연구하는 목적이 도의 체득에 있다는 말이다. 도는 어디에 있는가? 대진은 『육경』에 포함된 전장제도에 있다고 생각했다. 그러므로 이어서 다음과 같이 말했다.

학자가 천 년 뒤에 태어나서 전장제도에서 도를 구하지만 남은 문장이 거의 없어지고 지금과 옛날이 현격하다. 시간의 차이는 땅의 거리와 거의 비슷한데 겨우 경학가의 훈고에 의존해야 통하는 것은 통역을 거쳐 전달하는 것과 다르지 않다. 또 옛사람의 소학이 없어지고 난 이후에 훈고가 생겼다. 훈고의 법이 없어지자 근거 없는 공론으로 흘렀다. 수백 년 이래 경설의 폐단은 근거 없는 공론을 잘하는 데 있을 뿐이다.[36]

송명 수백 년의 근거 없는 공론이라는 경학으로부터 취할 수 없다면 정확한 방법은 어떠해야 하는가? 대진의 견해에 따르면 한나라 유학자의 훈고학을 취하여 문자와 언어로부터 시작해야 한다. 그의 결론은 다음과 같다.

경전의 극치는 도이고 도를 밝히는 수단은 그 언사이며 언사를 구성하는 방법으로는 소학문자를 벗어날 수 있는 것이 없다. 문자로부터 언어로 통하고 언어로부터 옛 성현의 심지로 통하는 것은 단에 오르려면 층계를 따라야지 뛰어넘을 수 없는 것에 비유할 수 있다.[37]

---

35) 士貴學古治經者, 徒以介其名使通顯歟? 抑志乎聞道, 求不謬於心歟? 人之有道義之心也, 亦彰亦微. 其彰也是爲心之精爽, 其微也則以未能至於神明. 『六經』者, 道義之宗, 而神明之府也. 古聖哲往矣, 其心志與天地之心協, 而爲斯民道義之心, 是之謂道.

36) 士生千載後, 求道於典章制度, 而遺文垂絶, 今古懸隔. 時之相去, 殆無異地之相遠, 僅僅賴夫經師故訓乃通, 無異譯言以爲之傳導也者. 又況古人之小學亡, 而後有故訓. 故訓之法亡, 流而爲鑿空. 數百年以降, 說經之弊, 善鑿空而已矣.

혜동의 학술로부터 대진의 학술로 넘어가는 데에는 계승도 있고 또 발전도 있다. 계승은 훈고학의 전통이다. 이 전통의 근원은 청나라 초 고염무顧炎武의 "구경九經 읽기는 문자를 고증하는 것으로부터 시작하고 문자 고증은 음을 아는 것으로부터 시작한다"[讀九經自考文始, 考文自知音始]는 말에 있는데 혜동에 이르러서 확립되었다. 이에 대해 혜동은 다음과 같이 말했다. "한나라 사람이 경전을 연구할 때에는 가법이 있어서 오경사五經師가 있었다. 훈고학은 모두 스승이 입으로 전하고 그 후에 죽백에 쓰여졌다. 그러므로 한나라 경사의 학설이 학관에 세워지고 경전과 병행했다. 오경이 집 벽에서 나왔는데 고문 고어가 많아서 경학자가 아니면 분별할 수 없었다. 경전의 의미는 훈에 있고 문자를 알고 음을 살펴야 그 뜻을 안다. 그러므로 옛 훈은 고칠 수 없고 경학자를 폐지할 수 없다."[38] 대진은 그 맥을 이어 남북으로 전파했고 결국 건륭학파의 중요한 방법론이 되었다. 문자의 훈고를 떠나면 건륭학파는 의존할 것을 잃는다. 그러나 대진의 학술에서 중요한 점은 혜동의 학술을 발전시킨 것이다. 그것은 여러 경전의 훈고를 스스로 제한하지 않고 다만 그것을 수단으로 여기고 『육경』에 내포된 의리를 탐구했으며 경전을 통해 도를 밝혔다. 그러므로 「고경해구침서」 마지막 부분에서 대진은 다음과 같이 지적했다. "이제 중림仲林이 옛 것을 살피는 학문을 고향의 혜군 정우로부터 얻었는데 혜군은 나와 친하고 근거 없는 공론으로 경전을 연구하는 것을 매우 싫어했다. 옛 것을 좋아하는 두세 명 유학자가 이 학문이 훈고에만 있지 않음을 알고 도의 체득에 뜻을 두면 거의 가깝다."[39]

3. 대진 학설의 전파

양주 막부를 드나들면서 어느덧 5년이 지났다. 그 사이에 『고공기도考工記圖』를 이어서 『구고할원기句股割圓記』, 『굴원부주屈原賦注』와 같은 책들이 잇달아 출간되어 대진의 학설이 일세를 풍미했다. 그리고 다년간 『대대례기大戴禮記』를 교감한 경험을 빌어 대진은 또 선배 대유학자 노문초盧文弨와 합작하여 서찰을 왕래하고 심혈을 기울여 다듬어서 『대대례기』선본을 완성했다. 건륭 23년(1758), 노견증이 노문초와 대진이 교감한 『대대례기』를 『아우당장서雅雨堂藏書』에 포

---

37) 戴震, 『東原文集』卷10, 「古經解鉤沉序」. 經之至者道也, 所以明道者其詞也, 所以成詞者未有能外小學文字者也. 由文字以通乎語言, 由語言以通乎古聖賢之心志, 譬之適堂壇之必循其階, 而不可以躐等.

38) 惠棟, 『松崖文抄』卷1, 「九經古義述首」. 漢人通經有家法, 故有五經師. 訓詁之學, 皆師所口授, 其後乃著竹帛. 所以漢經師之說立於學官, 與經並行. 五經出於屋壁, 多古字古言, 非經師不能辨. 經之義存乎訓, 識字審音, 乃知其義. 是故古訓不可改也, 經師不可廢也.

39) 戴震, 『東原文集』卷10, 「古經解鉤沉序」. 今仲林得稽古之學於其鄉惠君定宇, 惠君與余相善, 蓋嘗深嫉乎鑿空以為經也. 二三好古之儒, 知此學之不僅在故訓, 則以志乎聞道也, 或庶幾也.

함시키면서 다음과 같이 서문을 썼다. "『대대례기』 13권은 이전에 주를 단 사람의 성명을 알 수 없었다. … 착란되어 읽기 어려워서 학자들이 비판했다. 우리 집에 궁태사弓太史를 불러 오고 북평의 황부자黃夫子 집에서 원나라 판각본을 빌려 오늘날 판본의 잘못을 바로 잡았는데 열 가지 가운데 두세 가지는 되었다. 후세에 삭제된 것에 주를 달았고 또 근거를 대고 보충했다. 또 그 친구 휴녕의 동원 대진이 범람한 여러 서적을 참고하여 서로 잡았다. 완성된 후에 나에게 선사했 다. 대씨의 글과 노씨의 주가 오랜 세월이 흐른 뒤에 다시 같은 씨족의 사람이 있어서 그 저서를 바로잡고 발명되었다. 이 일은 우연이 아니니 속히 출간할 것이다."[40] 2년 뒤『대대례기』신간이 완성되자 노문초도 발문을 지었다. "우리 종친 아우雅雨 선생이 경술로 후진을 이끌려고 생각했 다. 한나라와 당나라의 여러 유학자가 경전을 찬술하는 저서 몇 종류를 가려서 얻었고 서적을 간행하는 사람에게 맡겨 출간했다. 특히『대대』의 경우는 공문孔門이 남긴 언론과 주원공의 옛 전적이 이 책에 많이 흩어져 보이는데 송나라와 원나라 이래의 여러 판본은 날이 갈수록 착오가 생겨서 읽을 수 없게 되어 바로 잡아서 여러 학자에게 전하고자 했다. 문초가 휴녕의 대군진과 일찍이 이 책에 뜻을 두고 판본을 찾으면서 아울러 여러 집안의 판본을 모아서 참고하여 올바른 것을 구했다. 의미에 의심이 있는 경우 직접 편지를 써서 문의하고 여러 차례 왕복을 거친 후에 정했다. 2년이 지나서야 완성되었는데 그 신중함이 이와 같았다."[41]

건륭 27년(1762), 3년 전 북위北闈 향시의 좌절을 겪은 뒤 대진은 이 해 가을에 강남江南 향시에 급제했는데 이 때 나이가 40세였다. 이듬해 수도로 가서 회시에 응시했지만 결국 실패했다. 수도 에 머물던 기간에 대진은 신안회관新安會館에 머물렀는데 왕원량汪元亮, 호사진胡士震, 단옥재段 玉裁 등을 따라 공부했다. 단옥재는 또 대진이 지은『원선原善』 3편,『상서금문고문고尙書今文古 文考』,『춘추개원즉위고春秋改元卽位考』를 일일이 정서한 뒤에 다시 제자로 자칭하며 스승으로 모시기를 고집했다. 대진은 이전에 요내를 완곡하게 거절한 것처럼 여러 차례 사양했지만 단옥재 가 진심으로 원해서 묵인했다. 이때부터 건륭 중엽 이후의 학술사에서 대진과 단옥재가 스승과 벗으로서 더욱 두각을 나타내는 한 페이지가 쓰여졌다.

40) 盧見曾,『雅雨堂文集』卷1,「大戴禮記序」.『大戴禮記』十三卷, 向不得註者名氏 … 錯亂難讀, 學者病之. 余家召弓太史, 於北平黃夫子家, 借得元時刻本, 以校今本之失, 十得二三, 註之爲後人刊削者, 亦得據 以補焉. 又與其友休寧戴東原震, 泛濫群書, 參互考訂. 旣定, 而以貽余. 夫以戴書盧註, 經千百年後, 復 有與之同氏族者, 爲之審正而發明之. 其事蓋有非偶然者, 因亟授諸梓.

41) 盧文弨,『抱經堂文集』卷8,「新刻大戴禮跋」. 吾宗雅雨先生, 思以經術迪後進. 於漢唐諸儒說經之書, 旣 遴得若干種, 付剞劂氏以行世. 猶以『大戴』者, 孔門之遺言, 周元公之舊典, 多散見於是書, 自宋元以來 諸本, 日益訛舛, 馴至不可讀, 欲加是正, 以傳諸學者. 知文弨與休寧戴君震夙嘗留意是書, 因索其本, 並集衆家本, 參伍以求其是. 義有疑者, 常手疏下問, 往復再四而後定. 凡二年始竣事, 蓋其愼也如此.

건륭 30년(1765), 대진은 『수경주水經注』 교감에 힘을 쏟았는데 주와 경을 따로 두어 경과 주가 섞이지 않도록 했고 『수경고차水經考次』 1권을 완성했다. 마지막 부분에 대진이 다음과 같이 기록했다. "여름 6월, 호굴명胡朏明의 『우공추지禹貢錐指』에 인용된 『수경주』를 읽고 의심이 들었다. 역씨酈氏의 책을 검토하고 이리저리 궁리하다가 굴명이 잘못한 이유를 알았다."[42] 호위胡渭의 잘못을 풀이하는 것으로부터 시작하여 대진은 더 나아가 『수경주』의 경문과 주문의 4가지 조목을 드러내어 변석하고 바로 "『수경』의 문장은 처음에 어떤 강이 어디에서 시작되는지를 언급하고 이하에서는 다시 강 이름을 거론하지 않는다. 그러나 주에서는 흘러드는 작은 강을 상세하게 언급하고 거기에 전고를 채택하여 덧붙이면서 이것저것이 뒤섞이니 강 이름을 문장의 흐름에 따라 다시 거론하지 않을 수 없다. 『수경』에서 순서대로 지나가는 군현은 예를 들면 '또 동쪽으로 어떤 현의 남쪽을 지난다'라는 식으로 한 단어가 하나의 현을 포괄한다. 그러나 주에서는 현의 서쪽으로부터 동쪽으로 상세하게 물길이 지나는 곡절을 기록한다. 『수경』에 열거된 것은 당시 현을 두어 다스린 곳인데 선장善長이 주를 달 때에는 이미 현읍이 옮겨갔다. 주는 경에 붙어 있으므로 어떤 현의 고성을 지난다고 했지만 경에는 고성에 대한 언급이 없다. 일반적으로 경에서는 지난다고 할 때 '과過' 자를 쓰지만 주에서는 '경徑' 자를 쓴다."[43] 마지막에 대진은 다음과 같이 밝혔다. "이제 역씨의 주를 놓고 경문을 살펴서 따로 한 권을 지었고 아울러 주에서 전후의 예가 어지러워져서 읽을 수 없는 것은 바로잡아서 뒤에 붙였다. 이 일은 역씨의 책이 얽힌 실처럼 어지러운 것을 정리하기 위한 것이고 또 주의 맥락이 조리를 얻을 수 있도록 하기 위한 것이지 『수경』을 바로잡기 위한 것은 아니다."[44]

31년(1766), 대진은 다시 수도에 와서 회시에 응시했지만 또 좌절당했다. 37년까지 여러 차례 회시에 응시했지만 모두 낙방했다. 그 사이에 대진은 연이어 산서山西와 하북河北에서 막객으로 지내면서 『분주부지汾州府志』, 『분양현지汾陽縣志』와 『직예하거서直隸河渠書』 편수를 주관하도록 초빙 받았다. 『성운고聲韻考』는 점차 완성되어 갔는데 운서의 원류의 득실과 고운의 부류에 대한 분석은 모두 식견이 탁월하여 일가를 이루었다. 대진의 박학다식은 국자감에서 공부하고 있던 장학성章學誠을 경도시켰는데 장학성은 다음과 같이 칭송했다.

---

42) 夏六月, 閱胡朏明『禹貢錐指』所引『水經註』, 疑之. 因檢酈氏書, 輾轉推求, 始知朏明所由致謬之故.

43) 『水經』立文, 首云某水所出, 已下不復重舉水名. 而註內詳及所納小水, 加以采摭故實, 彼此相雜, 則一水之名不得不循文重舉. 『水經』敘次所過郡縣, 如云"又東過某縣南"之類, 一語實賅一縣. 而註內則自縣西至東, 詳記水歷委曲. 『水經』所列, 即當時縣治, 至善長作註時, 已縣邑流移. 註既附經, 是以云徑某縣故城, 經無有稱故城者也. 凡經例云"過", 註例云"徑".

44) 戴震, 『水經考次』卷末, 「後記」. 今就酈氏所註, 考定經文, 別爲一卷, 兼取註中前後例紊不可讀者, 爲之訂正, 以附於後. 是役也, 爲治酈氏書者夢如亂絲, 而還其註之脈絡, 俾得條貫, 非治『水經』而爲之也.

　　예전에 나는 독서로 대의를 얻어야 한다고 생각했고 또 어려서 기가 예리해서 섭렵하는 데 전념했고 사부구류四部九流를 모두 보면서 끝을 보지 못했다. 의론을 좋아했지만 높기만 할 뿐 절실하지 않았고 훈고를 배척하고 공허한 것에만 치달리며 언제나 유유자적하고 스스로 기뻐하지 않음이 없어 얻었다고 생각했다. 다만 휴녕의 대동원이 격앙하여 외치는 말을 이상하게 여겼다. "오늘날의 학자는 학문이나 문장을 막론하고 우선 문자도 알지 못한다." 나는 그 말에 놀라서 쫓아가 물었다. 그가 다음과 같이 대답했다. "나는 선천과 후천, 황하와 낙수의 정심함을 궁구하지 못하면 원형리정元亨利貞을 읽지 않았고, 천체의 운행과 세차, 천지의 표상을 알지 못하고서는 흠약경수欽若敬授를 읽지 않았으며 성음과 율려, 고금의 운법을 분별할 수 없으면 관관저구關關雎鳩를 읽지 않았고 『삼통』의 정삭正朔, 『주관』의 전례를 알지 못하면 춘왕정월春王正月을 읽지 않았습니다." 나는 거듭 그 말을 듣고 부끄러웠다! 이어서 지난날 당신에게 "학자는 다만 독서가 너무 쉽고 작문이 너무 공교하며 의리가 너무 실제적인 것을 걱정한다"고 했던 말을 기억했다. 지칭한 것이 다르기는 하지만 그 이치는 사실 다르지 않다. 같은 종류 사물의 이치를 궁구하여 끝까지 다 해야 하는데 우리는 『사서四書』에 있어서 책을 펴고 끝낸 적이 없으니 부끄럽고 두려우며 실망스럽다!45)

　　장학성과 단옥재는 사람됨과 학문의 취지가 같지 않았다. 단옥재는 진심으로 기뻐하고 스승으로 따르기를 고집했지만 장학성은 세상을 놀라게 하며 추구하는 바가 따로 있었다. 그러므로 단옥재는 종신토록 사문을 성대하게 했고 언필칭 선생이라고 하며 노년에 이르기까지 부지런히 『대동원선생연보戴東原先生年譜』를 편집했다. 그러나 장학성은 자신의 길을 갔을 뿐 아니라 비평을 받아들이지 않고 상대방을 비난하고 자신의 장점으로 남의 단점을 드러내며 악의적으로 비판하고 쉴 새 없이 지껄였으며 대진이 세상을 떠나고 몇 년 뒤까지도 시종 늘 마음에 두고 있었다.

　　건륭 38년(1773) 2월, 청나라 조정은 『사고전서』 편수관을 열었다. 윤3월 11일, 서관의 정·부총재 및 모든 편수관원을 임명하고 아울러 민간에서 학자를 수도로 징집하여 편수하게 했다. 대진은 고서의 본말을 고증하여 교정할 수 있었기 때문에 징집되었다. 『고종실록高宗實錄』의 기록에 따르면 이날 대학사 유통훈劉統勛 등은 다음과 같이 상주했다.

　　『사고전서』 편찬은 분량이 방대하여 종합적으로 고찰해야 누락이 없고 가지런해집니다. 현재 충원된 편수 기윤, 제조提調 육석웅을 총판總辦으로 삼으십시오. 원래 파견된 찬수 30명 외에 찬수한림

---

45) 章學誠, 『章氏遺書』卷22, 「與族孫汝楠論學書」. 往僕以讀書當得大意, 又年少氣銳, 專務涉獵, 四部九流, 泛覽不見涯涘, 好立議論, 高而不切, 攻排訓詁, 馳騖空虛, 蓋未嘗不閑然自喜, 以爲得之. 獨怪休寧戴東原振臂而呼曰, "今之學者, 毋論學問文章, 先坐不曾識字." 僕駭其說, 就而問之. 則曰, "予弗能究先天後天, 河洛精蘊, 即不敢讀元亨利貞. 弗能知星躔歲差, 天象地表, 即不敢讀欽若敬授. 弗能辨聲音律呂, 古今韻法, 即不敢讀關關雎鳩. 弗能考『三統』正朔, 『周官』典禮, 即不敢讀春王正月." 僕重愧其言! 因憶向日曾語足下所謂"學者只患讀書太易, 作文太工, 義理太實"之說, 指雖有異, 理實無殊. 充類至盡, 我輩於『四書』一經, 正乃未嘗開卷卒業, 可爲慚惕, 可爲寒心!

10명이 더 있어야 합니다. 그리고 조사관으로 있는 낭중 요내, 주사 정진방과 임대춘, 학정學正 왕여조, 강조학사降調學士 옹방강은 전적에 관심이 있으니 편수로 파견해야 합니다. 또한 진사 여집, 소진함, 주영년과 거인 대진, 양창림은 고서의 본말에 대해 모두 고증하여 교정할 수 있으니 수도로 징집하여 나누어 교감하게 해서 생각을 모으고 도움을 더 받을 수 있도록 하십시오.[46]

이 상주를 고종이 윤허하여 이동 명령이 내려졌다. 이때 대진은 절동浙東에서 객지 생활을 하면서 금화서원金華書院의 강좌를 주재하고 있었다. 소식을 듣고는 강의를 중단하고 길을 떠나 영파寧波로 갔고 영소대병비도서寧紹臺兵備道署에서 우연히 장학성을 만났다. 대진과 장학성의 이 만남은 7년 전 초면일 때와 완전히 달랐는데 쌍방은 결국 지방지 편수에 대한 주장이 일치하지 않아서 각자 자신의 의견을 피력하고는 감정이 좋지 않은 채로 헤어졌다. 장학성의 기록에 따르면 다음과 같다.

건륭 38년 계사 여름, 대동원과 영파도서寧波道署에서 만났는데 풍군필馮君弼이 영소대병비도를 담당하고 있었다. 대군은 경술에 정통해서 공경들 사이에 명성이 자자했지만 사학에는 조예가 깊지 않아서 내가 역사에 대해 이야기하자 오만한 기세로 깔보았다. 나의 『화주지례』를 보고 이렇게 말했다. "체제는 매우 고아하지만 지방지는 고아함이 중요하지 않다. 내가 분주의 여러 지방지를 편찬할 때 모두 세속을 따르고 절대로 다른 사람과 달리하지 않았다. 또 일정한 형식이 없고 편의에 따를 뿐이다. 대저 지방지는 지리를 고찰하는 것이니 다만 지리의 연혁에 마음을 다하면 그것으로 끝날 뿐 문헌에 대해 자세하게 서술하는 것이 어찌 급한 것이겠는가?" 내가 이렇게 말했다 "나는 체제에 있어서 올바름을 추구할 뿐 고아함에 마음을 쓰지 않는다 … 내 생각에 옛것에 대한 고찰은 자세하고 신중해야 하지만 부득이해서 둘 다 잘할 수 없다면 차라리 문헌을 중시하고 연혁을 경시하는 편이 낫다."[47]

---

46) 『高宗實錄』卷930, "乾隆三十八年閏三月庚午"條. 纂輯『四庫全書』, 卷帙浩繁, 必須斟酌綜核, 方免星漏參差. 請將現充纂修紀昀提調陸錫熊, 作爲總辦. 原派纂修三十員外, 應添纂修翰林十員. 又查有郎中姚鼐, 主事程晉芳任大椿, 學正汪如藻, 降調學士翁方綱, 留心典籍, 應請派爲纂修. 又進士余集邵晉涵周永年, 擧人戴震楊昌霖, 於古書原委, 俱能考訂, 應請旨調取來京, 令其在分校上行走, 更資集思廣益之用.

47) 章學誠, 『章氏遺書』卷14, 「記與戴東原論修志」. 乾隆三十八年癸巳夏, 與戴東原相遇於寧波道署, 馮君弼方官寧紹臺兵備道也. 戴君經術淹貫, 名久著於公卿間, 而不解史學, 聞余言史事, 輒盛氣淩之. 見余『和州誌例』, 乃曰, "此於體例則甚古雅, 然修誌不貴古雅, 余撰汾州諸志, 皆從世俗, 絕不異人, 亦無一定義例, 惟所便爾. 夫志以考地理, 但悉心於地理沿革, 則志事已竟, 侈言文獻, 豈所謂急務哉?" 余曰, "余於體例求其是爾, 非有心於求古雅也 … 如余所見, 考古固宜詳愼, 不得已而勢不兩全, 無寧重文獻而輕沿革耳."

4. 『사고전서』에 헌신하다

건륭 38년(1773) 8월, 대진은 명령을 따라 수도에 와서 『사고전서』 편수에 참여했다. 서관이 처음 열렸을 때에는 『영락대전永樂大全』에서 산일된 고적을 집록하는 데 목적을 두어서 대진은 『영락대전』을 교감하는 찬수 겸 분교관分校官에 임명되었다. 대진은 『수경주』를 몇 년간 교감했고 이전 해부터는 절동에서 자신의 『수경주』를 출간했는데 4분의 1에도 미치지 못한 상태에서 명령을 받고 수도로 가는 바람에 중단했다. 서관에 들어가 편수하다가 『영락대전』이 의거할 만해서 『수경주』 교정이 숙달되어 쉬운 첫 번째 일이 되었다. 동시에 학술의 장점에 근거하여 천문, 역법, 소학, 방언, 예제와 같은 여러 서적의 집록을 나누어 맡았다. 이 해 10월 30일, 대진이 멀리 촉蜀 땅에 있던 단옥재에게 편지를 보내 수도에서 몇 달 동안 한 일을 알렸다. "몇 달 동안 『영락대전』에서 흩어진 글들을 편찬하면서 『의례』에서는 장순의 『식오』, 이여규의 『집석』 산학算學에서는 『구장』, 『해도』, 『손자』, 『오조』, 『하후양』의 다섯 가지 산경을 얻었다. 모두 오랫동안 산일되었다가 여기에 보존된 것으로 매우 진귀한 것들이다."[48] 1년여 만에 대진은 『수경주』, 『구장산술九章算術』, 『오경산술五經算術』과 같은 여러 서적의 교감을 연이어 완성했다.

건륭 40년 4월, 대진은 회시에 또 낙제했지만 고종의 명에 따라 공사貢士들과 함께 전시에 응할 수 있도록 허락을 받았고 진사 출신과 같은 대우를 받았다. 5월, 한림원에 들어가 서길사庶吉士가 되었다. 대진이 처음 사관에 들어갔을 때 학술적 견해의 차이 때문에 장사전蔣士銓, 전재錢載와 연이어 논쟁을 벌였는데 특히 유신 전재錢載와의 논변은 학술의 공안公案이 되었고 20여 년이 지나서도 여전히 학자들이 다시 제기하는 것이 되었다. 옹방강은 전재와 대진이 논쟁할 때 목격자 가운데 하나였는데 사후에 이 일에 대해서 유신 정진방程晉芳에게 편지를 보내 두 사람의 논쟁을 끝내고자 했다.

전에 탁석과 동원이 논쟁했는데 모두 과격했다. 대동원은 사관으로 새로 들어와 선배를 질책하는 것은 탁석도 자극해서 되었는데 모두 공허한 말이고 실질적인 근거가 없었다. 탁석은 동원이 대도를 파쇄했다고 했는데 아마도 탁석이 고증학을 몰랐던 것 같고 그래서 동원을 승복시키지 못했다. 명물의 훈고를 어떻게 파쇄라고 할 수 있는가? 배우는 사람은 고증과 훈고를 자세히 연구한 후에야 의리를 논할 수 있다. 송나라 유학자는 의리의 명백함만을 믿고 결국 『이아』, 『설문』을 경시했으니 점차 공담으로 흐른 것이 아니겠는가? 하물며 송나라 유학자는 매번 후대의 문자의 습관적으로 자주 쓰는 뜻을 가진다면 곧바로 훈고라고 정했는데 이것은 옛 것을 더욱 멸시한 폐단이니 매우 옳지 않다.

---

48) 『戴震全書』의 35 『與段茂堂等十一札』의 第7札. 數月來, 纂次 『永樂大典』內散篇, 於 『儀禮』得張淳 『識誤』, 李如圭 『集釋』, 於算學得 『九章』 『海島』 『孫子』 『五曹』 『夏侯陽』五種算經. 皆久佚而存於是者, 足寶貴也.

오늘날의 전재와 대진 두 사람의 논쟁은 언사가 매우 과격했지만 결국 동원의 주장이 올바를 것이다. 그러나 두 사람은 모두 칭송을 받는 사람이니 우리가 공정하게 말 한 마디 해서 배우는 사람이 헷갈리지 않도록 해야 할 것이다.49)

물론 이 논쟁은 옹방강의 한마디로 잦아들 성질의 것이 결코 아니다. 그러므로 대진이 세상을 떠나고 나서 20여 년 뒤에 장학성이 또 단서를 끌어들여 일을 만들었다. "대동원이 일찍 모임에서 우연히 수수秀水의 주씨朱氏에 대해 의론한 적이 있었는데 탁석 종백宗伯이 종신토록 이를 갈았다. 한심한 일이다 ⋯ 대씨가 이런 일을 당한 것은 바로 말 때문이다."50)

대진은 가정형편이 원래부터 넉넉하지 않았고 수도에 들어와 편수할 때도 관봉이 적어서 집안 노소의 생계를 유지하는 일이 더 곤란했다. 수도에 막 왔을 때 대진은 단옥재에게 보낸 편지에서 우려를 표했다. "내가 이번에 수도로 온 것이 요행이기는 하지만 2년간 아침저녁을 해결할 푼돈조차 없었다. 지난날 자유로울 때도 집안을 돌아볼 겨를이 없었지만 지금은 더구나 수도에서 지낼 비용 때문에 어떻게 감당해야 할지 모르겠다."51) 편수도 매우 힘든데다 생계 걱정까지 있었다. 게다가 동료 관리와의 논쟁이 부른 울화까지 더해져서 건륭 41년 3월부터 대진은 발에 병이 났다. 이 해 11월 22일, 대진은 단옥재에게 편지를 보내 남쪽으로 돌아갈 생각을 비치기 시작했다. "내가 3월 초부터 발에 병이 나서 지금까지 운신을 못하고 있는데 찬수작업이 끝나지 않아 여전히 집에서 일하고 있다. 내년 봄 쯤 일이 끝나면 휴가를 얻어 남쪽으로 갈 생각이다. 오랫동안 사람들과 만나지 못했다 ⋯ 나는 이번 달 16일에 북관원北官園 범씨 집으로 이사했는데 해대문 서쪽, 전문 동쪽에 있어서 인적이 더 드물다."52) 이듬해 정월 14일 대진은 다시 단옥재에게 편지를 보내 남쪽으로 돌아갈 생각을 밝혔다. "나는 작년 3월 초부터 발에 병이 나서 지금까지 문밖을

---

49) 翁方綱, 『復初齋文集』卷7, 「理說駁戴震作」. 附「與程魚門平錢戴二君議論舊草」. 昨擧石與東原議論相詆, 皆未免於過激. 戴東原新入詞館, 斥詈前輩, 亦擧石有以激成之, 皆空言無實據耳. 擧石謂東原破碎大道, 擧石蓋不知考訂之學, 此不能折服東原也. 訓詁名物, 豈可目爲破碎? 學者正宜細究考訂詁訓, 然後能講義理也. 宋儒恃其義理明白, 遂輕忽『爾雅』『說文』, 不幾漸流於空談耶? 況宋儒每有執後世文字習用之義, 輒定爲詁訓者, 是尤蔑古之弊, 大不可也. 今日錢戴二君之爭辯, 雖詞皆過激, 究必以東原說爲正也. 然二君皆爲時所稱, 我輩當出一言持其平, 使學者無歧惑焉.

50) 章學誠, 『章氏遺書』卷29, 「上辛楣宮詹書」. 戴東原嘗於筵間偶議秀水朱氏, 擧石宗伯至於終身切齒, 可爲寒心 ⋯ 戴氏之遭切齒, 卽在口談.

51) 『戴震全書』의 35 『與段茂堂等十一札』의 第8札. 僕此行不可謂非幸邀, 然兩年中無分文以給旦夕. 曩得自由, 尚內顧不暇, 今益以在都費用, 不知何以堪之.

52) 『戴震全書』의 35 『與段茂堂等十一札』의 第8札. 僕自三月初獲足疾, 至今不能行動, 以纂修事未畢, 仍在寅辦理. 擬明春告成, 乞假南旋. 久不與人交接 ⋯ 僕於本月十六, 移寓北官園范宅, 在海岱門之西, 前門之東, 更遠人跡.

나가보지 못했고 또 시력도 크게 나빠졌다. 올 여름에 찬수 작업이 끝날 것 같은데 7~8월 사이에 휴가를 청하여 남쪽으로 가서 의사에게도 보이고 서원 하나 찾아서 먹고 살면서 다시는 나오지 않을 것이다."53)

42년(1777) 봄, 대진은 산동포정사山東布政使 육요陸燿가 『절문재문초切問齋文抄』를 지었다는 것을 듣고 자신의 「선기옥형해璇璣玉衡解」, 「칠정해」 두 글에 이 책의 권24 「시헌時憲」 항목을 넣고 기뻐하며 육씨에게 편지를 보냈다. 편지에서 근래 유학자의 천리와 인욕에 대한 주장에 대해 논급하고 아울러 남쪽으로 돌아갈 마음을 알렸다. 늦봄에 육씨가 편지를 받았고 대진에게 답장을 보내며 공감을 표했고 또 제남濟南으로 올 것을 요청했다.

늦봄에 편지를 받았지만 오랫동안 답장을 못하고 공문서에 바쁘게 파묻혀 있었는데 능력은 없고 맡은 일은 막중하여 밤낮으로 당황하고 괴로워하면서 지금까지 시간을 끌었으니 재주와 능력이 모자 람을 충분히 알 수 있습니다. 귀하께서는 전적을 연구하여 많은 유학자들 가운데 탁월하고 편수 작업 의 기대를 받고 있는데 어찌 갑자기 가을에 휴가를 받아 돌아간다고 하십니까? 거동은 어떠하십니까? 가시기 전에 알려주시기를 바랍니다. 진짜로 남쪽으로 돌아가시면 혹시라도 제남을 거쳐 가신다면 작화교鵲華橋의 멋진 풍경을 한 번 보시기를 간절히 바랍니다. 보내주신 편지에서 근래 유학자의 천리와 인욕에 대한 주장을 거론하시고 가려진 마음으로 의견을 내고 스스로 이치를 얻었다고 하지만 주장하는 이치가 사실은 잘못된 것이라고 했습니다. 속된 유학자의 병폐를 정확하게 지적한 것이라 할 수 있습니다.54)

대진의 같은 심정이 같은 해 4월 24일에 단옥재에게 보낸 편지에도 보인다. "발에 병이 나서 1년이 넘도록 문밖을 나가지 못했고 초가을에 휴가를 내어 남쪽으로 돌아가기로 정했지만 사실은 다시 나갈 수 없을 것 같다. 강영江寧에 거처를 잡을 때 반드시 개명한 곳에 잡아 소식이 전하기에 편하도록 할 것이다… 내 평생에 가장 많은 논술을 한 것이 『맹자자의소증孟子字義疏證』인데 이 것은 사람의 마음을 바로잡는 요체이다. 요즘 사람은 정사를 막론하고 모두가 의견을 천리라고 잘못 이름 붙여서 이 백성에게 화를 끼치고 있다. 그래서 『소증』을 지을 수밖에 없었다."55)

---

53) 『戴震全書』의 35 『與段茂堂等十一札』의 第9札. 僕自上年三月初獲足疾, 至今不能出戶, 又目力大損. 今 夏纂修事似可畢, 定於七八月間乞假南旋就醫, 覓一書院糊口, 不復出矣.

54) 陸燿, 『切問齋集』卷2, 「復戴東原言理欲書」. 春杪接書, 久未裁復, 紛紜案牘之中, 力小任重, 日夜惶疚, 即此稽緩, 亦足見其才力之困也. 閣下究心典籍, 高出群儒, 修述之事方期身任, 胡遽有秋令假歸之語? 行止何如, 臨期尚祈示及. 如果言旋, 倘可迂道濟南, 一訪鵲華之勝, 尤所顒跂. 來教舉近儒理欲之說, 而謂其以有蔽之心, 發爲意見, 自以爲得理, 而所執之理實謬. 可謂切中俗儒之病.

55) 『戴震全書』의 35 『與段茂堂等十一札』의 第10札. 僕足疾已逾一載, 不能出戶, 定於秋初乞假南旋, 實不 復出也. 擬蔔居江寧, 俟居定當開明, 以便音問相通 … 僕生平論述最大者, 爲『孟子字義疏證』一書, 此

이 편지를 발송한지 이틀이 지나서 대진의 병세가 갑자기 악화되었다. 5월 21일, 억지로 일어나 단옥재에게 편지를 보내 8월에 남쪽으로 돌아갈 것을 명확하게 밝혔다. "나는 은퇴할 뜻을 일찍이 정했고 8월에는 반드시 남쪽으로 돌아갈 것이다 … 내가 돌아가면 노친은 78세이니 서원 하나를 얻지 못하면 안 된다. 섬서의 필공畢公이 불러서 가고 싶지만 너무 멀어서 갈 수 없다."56) 하늘이 사람의 원하는 것을 이루어주지 않음을 예상하지 못하여 7일 후 돌팔이 의사의 잘못으로 한 시대의 대유학자 대동원은 숭문문崇文門 서쪽 범씨 영원穎園의 객사에서 갑자기 세상을 떠났다.

건륭 38년 8월 『사고전서』관에 들어가서 42년 5월 27일 세상을 떠날 때까지 5년 동안 대진의 손을 거쳐 편집 교정된 고적은 모두 16 가지로 『수경주』, 『구장산술』, 『오경산술』, 『해도산경海島算經』, 『주비산경周髀算經』, 『손자산경孫子算經』, 『장구건산경張邱建算經』, 『하후양산경夏侯陽算經』, 『오조산경五曹算經』, 『의례식오儀禮識誤』, 『의례석궁儀禮釋宮』, 『의례집석儀禮集釋』, 『항씨가설項氏家說』, 『몽재중용강의蒙齋中庸講義』, 『대대례大戴禮』, 『방언』이다. 대진은 『사고전서』에 대해 온 힘을 다했고 죽은 다음에야 그만둘 수 있었다.

5. 『맹자자의소증孟子字義疏證』과 그 운명

대진의 일생 저술은 매우 많다. 초기에 지은 『고공기도』, 『구고할원기』, 『굴원부주』와 같은 책으로부터 시작해서 만년에 완성된 『맹자자의소증』에 이르기까지 30여 종 100여 권에 이른다. 그 가운데 특히 『맹자자의소증』이 가장 완성된 체계를 지녔고 저자가 평생 학술적으로 추구한 것을 가장 잘 반영한다. 대진은 죽기 한 달 전에 이렇게 말했다. "내 평생에 가장 많은 논술을 한 것이 『맹자자의소증』인데 이것은 사람의 마음을 바로잡는 요체이다. 요즘 사람은 정사를 막론하고 모두가 의견을 천리라고 잘못 이름 붙여서 이 백성에게 화를 끼치고 있다. 그래서 『소증』을 지을 수밖에 없었다."57)

대진 평생의 학술적 추구에 관해서 그는 제자 단옥재에게 다음과 같이 말했다. "육서, 구수와 같은 일은 교자꾼과 같으므로 교자에 탄 사람을 든 것이다. 육서, 구수와 같은 일로 나의 재능을

正人心之要. 今人無論正邪, 盡以意見誤名之曰理, 而禍斯民, 故『疏證』不得不作.

56) 『戴震全書』의 35『與段茂堂等十一札』의 第11札. 僕歸山之志早定, 八月準南旋 … 僕歸後, 老親七十有八, 非得一書院不可. 陝西畢公欲招之往, 太遠不能就也.
57) 『戴震全書』의 35『與段茂堂等十一札』의 第10札. 僕生平論述最大者, 爲『孟子字義疏證』一書, 此正人心之要. 今人無論正邪, 盡以意見誤名之曰理, 而禍斯民, 故『疏證』不得不作.

다 발휘하게 하는 것은 교자꾼을 교자에 탄 사람으로 잘못 아는 것과 같다.”[58] 이것은 문자음운, 훈고고증 및 천문역산 등이 모두 대진이 학문을 하는 도구일 뿐이고 그가 근본적으로 추구한 것은 따로 있었다는 말이다. 추구한 구체적인 목표는 대진의 말을 따르자면 『육경』, 공맹을 탐구하여 도를 체득하는 것이고 도를 체득하는 과정은 한 가지 즉 훈고밖에 없다. 그러므로 그는 다음과 같이 말했다. “훈고가 명확하면 옛 경전이 명확해지고 옛 경전이 명확해지면 현인과 성인의 의리가 명확해진다.”[59]

이러한 대진의 학문 종지는 일찍이 휘주에서 정순과 강영에게서 배울 때 시작되어 중년에 양주에서 혜동과 알게 된 이후에 확립되었다. 이때부터 그는 『육경』의 의리의 천명에 힘을 쏟기 시작했다. 늦어도 건륭 28년에 완성된 『원선』 3편으로부터 시작하여 건륭 31년에 『원선』 3장으로 확충되고 다시 건륭 37년 전후에 수정되었으며 잇달아 『맹자사숙록孟子私淑錄』, 『서언緒言』 각 3권으로 증보되었다. 이후 다시 여러 책의 정수를 모아 번잡한 것은 제거하고 간단하게 하고 분류하여 결국 건륭 42년 세상을 떠나기 전 자신의 대표작 『맹자자의소증』을 완성했다.

『맹자자의소증』은 모두 3권으로 상권은 리理, 중권은 천도天道와 성性, 하권은 재才, 도道, 인의예지, 성誠, 권權을 풀이했다. 전체는 문자훈고의 방식으로 송명의 이학가가 맹자학설을 밝히는 과정에서 논구된 상술한 여러 범주에 대해서 그 근원을 집중적으로 탐구했다. 특히 정이, 주희 등 이학 대가의 학술적 주장의 잘못을 지적하여 선명한 개성을 지닌 사상체계를 형성했다.

이와 기의 관계는 송명 수백 년간 이학가가 반복해서 논구한 근본 문제였다. 청나라로 들어온 이후 대진의 시대에 이르기까지 이학가들은 전대 학자의 논구論究를 되풀이하고 답습했다. 이 논구의 궁극적인 목적, 그것이 해결하고자 했던 것은 세계의 본원에 대한 문제였다. 이 근본 문제에 있어서 대진은 주자의 “리가 먼저고 기는 나중[理先氣後]”이라는 주장에 찬성하지 않았고 특히 “리”를 “마치 사물이 거기에 있는 것 같은데 하늘로부터 얻어 마음에 갖춘다”[如有物焉, 得於天而具於心]라고 정의한 것에 반대했다. 『맹자자의소증』은 리에 대한 집중적인 해석으로부터 시작하여 주자학설의 배격을 목표로 유력한 반론을 제기했다.

리 자의 본래 의미는 매우 평이하며 송나라 유학자가 말한 것처럼 하늘이 부여한 것이 아니라 사물에서 파악할 수 있는 조리라고 대진은 생각했다. 그는 한나라 유학자 정현과 허신의 “리는 구분이다”[理, 分也]라는 해석을 자기 주장의 증거로 삼았다. “리는 살펴보면 잘 보이지 않으므로 구별하여 이름을 붙여야 한다. 그러므로 분리라고 한다. 사물의 바탕에 있으면 기리, 문리라고 하고

---

58) 段玉裁,「戴東原集序」. 中華書局1980年12月版『戴震集』卷首를 볼 것. 六書九數等事, 如轎夫然, 所以异 轎中人也. 以六書九數等事盡我, 是猶誤認轎夫爲轎中人也.

59) 戴震, 『東原文集』卷11,「題惠定宇先生授經圖」. 故訓明則古經明, 古經明則賢人聖人之理義明.

[또한 문루文縷라고도 하는데, 리理와 루縷는 전주轉注다] 구분되면 질서가 있고 문란하지 않으므로 조리라고 한다."[60] 이것은 결국 리가 사물의 조리라는 말이다. 그는 더 나아가 리와 정을 결합시켜 해석했다. "리라고 하는 것은 정이 어긋나지 않은 것이다."[理也者, 情之不爽失也] 대진의 결론은 다음과 같다. "정을 버리고 이를 구하면 그때의 리는 의견일 뿐이다."[苟舍情求理, 其所謂理無非意見也.] 그러므로 그는 자신의 의견을 따라서 하는 사리를 부정하고 사물에서 조리를 구할 것을 주장했다. "물은 일이다. 일에 대한 이야기는 일상의 생활을 벗어나지 않을 뿐이다. 이것을 버리고 리에 대해 말하는 것은 옛 성현이 말한 리가 아니다."[61] 이와 같이 대진은 유가 경전에 나오는 "리" 자의 본래 의미를 환원하고 리를 "하늘로부터 얻었다[得於天]"고 하는 허황한 말로부터 현실의 인간 세상으로 소환했다. 이러한 논리의 과정을 따르면 "리는 일 가운데 있다[理在事中]", "리는 정 가운데 있다[理在情中]"라는 명제는 바로 도출된다.

사실상 이기에 대한 논변의 시비는 대진이 『서언』을 지을 때 이미 해결되었다. 그는 그 책에서 매우 명백하게 말했다.

> 대개 천지, 인물, 일과 행위는 리로 말할 수 없다는 것을 듣지 못한다. 『시』에서 "사물이 있으면 법칙이 있다"고 한 말이 바로 그것이다. 천지, 인물, 일과 행위에서 불변의 법칙을 구하는데 그것을 리라고 한다. 후대의 유학자는 그것을 높고 크게 여겨서 천지, 인물, 일과 행위의 리라고 할 뿐 아니라 그 말을 전환시켜 "리는 없는 곳이 없다"라고 하고 기와 본말로 나누어 한 가지 사물처럼 보았는데 그것이 어찌 리이겠는가![62]

그래서 대진은 다음과 같이 단언했다. "리가 먼저고 기는 나중이다"라는 주장은 "배우는 사람이 머리카락이 다 세도록 망연하게 하고 합당한 사물을 구해도 얻지 못하고 옛 성현의 말과 어긋나 어울리지 못하게 할 것이다."[63] 그의 사상의 발전에 따라 『맹자자의소증』이 나왔고 논구의 중점은 천리, 인욕의 관계에 대한 탐구로 전환되어 이것으로 송학을 철저하게 청산하려 했다.

천리, 인욕 관계의 변증은 『맹자자의소증』 전체 논구의 핵심이고 대진의 사상이 가장 성숙한 형태다. 이 사상은 이전에 그가 『원선』을 썼을 때 이미 싹텄지만 완전한 체계를 갖춘 사상적

---

60) 戴震, 『孟子字義疏證』卷上, 「理」. 理者, 察之而幾微, 必區以別之名也, 是故謂之分理. 在物之質, 曰肌理, 曰文理(亦曰文縷, 理縷, 語之轉耳). 得其分則有條而不紊, 謂之條理.

61) 物者事也, 語其事, 不出乎日用飮食而已矣. 舍是而言理, 非古聖賢所謂理也.

62) 舉凡天地人物事爲, 不聞無可言之理者也, 『詩』曰"有物有則"是也. 就天地人物事爲求其不易之則, 是謂理. 後儒尊大之, 不徒曰天地人物事爲之理, 而轉其語曰"理無不在", 以與氣分本末, 視之如一物然. 豈理也哉!

63) 戴震, 『緖言』卷上. 將使學者皓首茫然, 求其物不得, 合諸古賢聖之言抵牾不協.

주장으로 드러난 것은 『맹자자의소증』의 완성을 통해서였다.

송명 이학의 정치한 체계에서 천리는 최고의 철학 범주였다. 이학가는 전통적인 강상윤리를 본체화하여 지고무상의 천리가 되게 했고 그것으로 천하의 만사만물을 주재했다. 이학가에게 천리와 상대하여 존재하는 것이 바로 만악의 근원인 인욕이었다. 따라서 온힘을 다해 막고 제어해야 했다. 이에 "천리를 보존하고 인욕을 없애는 것"[存天理, 滅人欲]이 송명 시기 수백 년 동안 이학가가 표방하는 신조가 되었다. 청나라로 들어온 이후 강희 후기의 주자학 독존의 구도 확립을 거쳐 대진의 시대에 이르면 "천리와 인욕의 구분에 대해 누구나 말할 수 있었다."[理欲之分, 人人能言之] 대진은 이에 대해 극도로 싫어했고 인심을 바로잡고 풍속을 구제하기 위해서 그는 첨예하게 대립하고 『맹자자의소증』에서 체계적으로 자신의 이욕일본론理欲一本論을 제시했다.

리와 기의 분별에 대한 탐구와 마찬가지로 천리와 인욕에 대한 논증에서 대진은 자의의 훈고로부터 시작하는 방법을 채택했다. 정으로 리를 해석하는 일관된 사상에 근거하여 그의 천리에 대한 해석도 정과 조금의 분리도 없었다. 그는 다음과 같이 말했다. "천리라고 하는 것은 자연의 분리分理를 말한다. 자연의 분리는 나의 정으로 남의 정을 헤아리고 모두 공평함을 얻는다."[64] 또 이렇게 말했다. "정이 공평함을 얻으면 좋아하고 싫어함이 절도에 맞고 천리에 따르게 되는 것이다."[65] 이것은 천리가 인정과 대립할 수 없고 천리는 바로 인정 가운데 있다는 말이다. 이것이 바로 천리의 원시계설이라고 대진은 생각했다. 그의 말에 따르면 다음과 같다. "옛 사람이 천리라고 한 것에는 후대 유학자가 천리라고 한 것이 없다."[66] 분명히 이것은 송나라 유학자가 말한 천리와 다른 것이다. 인욕에 대해서 대진은 마찬가지로 이학가처럼 홍수나 맹수처럼 보지 않고 반복해서 『시경』의 "백성의 근본은 일상의 음식이다"[民之質矣, 日用飲食], 『예기』의 "음식 남녀는 사람의 근본적인 욕구가 있는 곳이다"[飲食男女, 人之大欲存焉]라는 유가 경전의 말을 인용하여 인간 욕망의 존재 합리성을 논증했다. 그가 볼 때 인욕은 두려워할 것이 아니고 유무의 문제도 존재하지 않는다. 관건은 절제 여부에 있다. 그러므로 그는 다음과 같이 말했다. "천리는 욕망을 절제하는 것이고 인욕을 다하지 않는 것이다. 그러므로 욕망은 다해서는 안 되는 것이지 지녀서는 안 되는 것이 아니다. 지니고 있으면서도 절제하고 정에 지나침이 없게 하며 정에 맞지 않은 것이 없게 하는 것을 천리가 아니라고 할 수 있는가!"[67] 이것도 정을 척도로 삼아 절제할 수 있다면 천리는 바로 인욕 가운데 존재한다는 말이다.

---

64) 天理云者, 言乎自然之分理也. 自然之分理, 以我之情絜人之情, 而無不得其平是也.

65) 情得其平, 是爲好惡之節, 是爲依乎天理.

66) 古人所謂天理, 未有如後儒之所謂天理者矣.

67) 天理者, 節其欲而不窮人欲也. 是故欲不可窮, 非不可有. 有而節之, 使無過情, 無不及情, 可謂之非天理乎!

여기에 이르면 천리와 인욕 사이의 큰 틈은 대진의 붓 아래에서 갑자기 메워지고 송나라 유학자의 "천리와 인욕을 완전히 둘로 분리한"[截然分理欲為二] 천리와 인욕의 분변도 당연히 부정되어야 한다. 여기에서 대진의 "천리는 인욕에 존재한다"[理者, 存乎欲者也]는 이욕일본론理欲一本論이 완성된다. 그의 결론은 다음과 같다. "무릇 일과 행위는 모두 욕망을 지닌다. 욕망이 없으면 어떤 행위도 없다. 욕망이 있은 후에야 행위가 있고, 행위가 있으면서도 지당하여 바꿀 수 없는 것을 리라고 한다. 욕망도 없고 행위도 없으면 또 어디에 리가 있겠는가!"68) 대진은 더 나아가 송나라 유학자가 끊임없이 말한 천리와 인욕의 분변은 "마침 억제하여 살해하는 도구가 되"[適成忍而殘殺之具]는 것이고 천하에 화를 부르는 이론적 근원이라고 지적했다.

> 옛날에 리에 대해서 이야기할 때에는 사람의 정욕에서 구하고 그것을 흠이 없게 하고서 리라고 했다. 오늘날 리에 대해 이야기할 때에는 사람의 정욕으로부터 떠나서 구하고 억제하여 돌아보지도 않고서 리라고 한다. 이러한 천리와 인욕의 분변은 다만 천하 사람을 모두 기만적이고 위산적인 사람으로 변화시키는 것이니 그 재앙을 어찌 이루 다 말할 수 있겠는가!69)

천리와 인욕의 분변을 돌파구 삼아 대진은 이전에 『원선』과 『맹자사숙록』, 『서언』을 저술할 때의 둘러대던 언사를 완전히 바꾸어 송명 이학에 대해 비타협적인 비판을 가했다. 그는 정주학이 "노석과 멀고 공맹에 가깝다[遠於老釋而近於孔孟.]"70)는 것을 긍정하지 않았을 뿐 아니라 "송나라 유학자가 리를 추숭한 것이 성인의 가르침에 해가 되지 않는다"71)는 것을 승인하지도 않았다. 그리고 명확하게 지적했다.

> 송나라 유학자가 순자, 노, 장, 석씨를 뒤섞어 『육경』, 공, 맹의 책에 넣은 이후로 배우는 사람은 그것이 잘못되었음을 알지 못했고 『육경』, 공, 맹의 도가 없어졌다.72)

대진의 견해에 따르면 정주학의 유행이 『육경』, 공, 맹의 도가 단절되도록 했다. 그렇다면 이러한 학설이 묘당廟堂 위에 군림하는 국면은 당연히 계속되어서는 안되는 것이다. 근대의 저명

---

68) 凡事爲皆有於欲, 無欲則無爲矣. 有欲而後有爲, 有爲而歸於至當不可易之謂理. 無欲無爲, 又焉有理!
69) 戴震, 『孟子字義疏證』卷下, 「權」. 古之言理也, 就人之情欲求之, 使之無疵之爲理. 今之言理也, 離人之情欲求之, 使之忍而不顧之爲理. 此理欲之辨, 適以窮天下之人盡轉移爲欺僞之人, 爲禍何可勝言也哉!
70) 戴震, 『孟子私淑錄』卷下.
71) 戴震, 『緒言』卷下. 宋儒推崇理, 於聖人之教不害.
72) 戴震, 『孟子字義疏證』卷上, 「理」. 自宋儒雜荀子及老莊釋氏以入『六經』孔孟之書, 學者莫知其非, 而『六經』孔孟之道亡矣.

학자 왕국유王國維 선생은 대진의 학문을 평가하면서 대진이 "만년에 주자의 자리를 **빼앗으려고** 『맹자자의소증』을 지었다"⁷³⁾고 생각했는데 근거는 대개 여기에 있다. 그러나 "주자의 자리를 **빼앗은 것**"만으로 대진 저술의 종지를 개괄할 수 있는지는 생각해 볼 문제다.『맹자자의소증』의 비판정신은 결코 주희와의 차이를 내세우는 데 있을 뿐 아니라 권력자가 "리로 사람을 죽이는[以 理殺人]" 암흑과 같은 상황에 대한 불만과 규탄의 표현이기도 하다. 이것이 바로 대진 저술의 최종적인 목적이라 해야 할 것이다.『맹자자의소증』은 이에 대해 집중적으로 서술했다.

> 지위 높은 사람은 리로 낮은 사람을 질책하고 나이 많은 사람은 리로 어린 사람을 책망하며 신분 귀한 사람은 리로 천한 사람을 질책하는데 잘못된 것인데도 이치를 따른 것이라 한다. 낮은 사람, 어린 사람, 천한 사람이 리로 다투는데 올바른 것인데도 이치를 거스른 것이라 한다. 그래서 아래에 있는 사람은 천하가 함께 하고자 하는 감정, 천하가 함께 하고자 하는 욕망으로 윗사람에게 알려주지 못하고, 윗사람은 리로 아랫사람을 질책하니 아래에 있는 사람의 죄가 사람마다 일일이 셀 수 없을 정도다. 법을 어겨 죽어도 불쌍히 여겨주는 사람이 있는데 리를 어겨 죽은 사람은 누가 불쌍히 여겨줄까!⁷⁴⁾

이와 같은 사회정치 상황은 대진이 볼 때 마찬가지로 계속되어서는 안 되는 것이었다. 그러므로 그는 책에서 "백성의 정을 체험·관찰하고 백성이 하고자 하는 것을 이루어주라"[體民之情, 遂民之欲]는 정치 주장을 제시했고 "백성과 즐거움을 함께 하고[與民同樂]", "형벌을 줄이고 세금을 가볍게 하며"[省刑罰, 薄稅斂], "위로는 부모를 섬기기에 충분하고 아래로는 처자를 양육하기에 충분하게 하고"[必使仰足以事父母, 俯足以畜妻子], "집에서 지내는 사람은 양식을 쌓여 있는 창고가 있고 길 가는 사람은 휴대한 식량이 있으며"[居者有積倉, 行者有裹糧], "안으로는 원망하는 여자가 없고 밖으로는 홀로 지내는 남자가 없는"[內無怨女, 外無曠夫] "왕도"를 동경했다. 대진의 정치사상은 맹자의 "인정"학설을 뛰어넘지 못했지만 건륭 중엽이라는 시기를 감안한다면 실질적으로 청 왕조가 전성기에서 쇠퇴기로 전환하는 시기에 해당하므로 그 안에 포함된 사회적 의미를 과소평가해서는 안된다.

걸출한 사상가로서 대진의『맹자자의소증』에 나타난 이성적 사유는 엄혹한 사회 현실의 반영이자 심각한 사회 위기가 이미 도래했음을 예시했다. 그러나 이와 같은 전성 시대의 위기에 대한 언론은 대진의 생전에 공명을 얻지 못했을 뿐 아니라 도리어 비난을 초래했고 심지어 "심한 욕을 들었다[橫肆罵詈]." 진사로서 불학에 종사한 팽소승彭紹升은『맹자자의소증』을 읽은 뒤에

---

73) 晚年欲奪朱子之席, 乃撰『孟子字義疏證』.

74) 戴震,『孟子字義疏證』卷上,「理」. 尊者以理責卑, 長者以理責幼, 貴者以理責賤, 雖失, 謂之順. 卑者幼者賤者以理爭之, 雖得, 謂之逆. 於是下之人不能以天下之同情天下所同欲達於上, 上以理責其下, 而在下之罪, 人人不勝指數. 人死於法猶有憐之者, 死於理其誰憐之!

대진에게 편지를 보내 이 책이 "사람들을 사물을 좇고 법칙을 버리며 형색을 따르고 천성을 천박하게 하여 그 해가 적지 않을 것"[75]이라고 지탄했다. 대진은 편지를 받고 건륭 42년 4월 병 중에 답장을 써서 반박하고 학술의 취지가 팽씨와 "완전히 달라 조금도 같지 않다[盡異, 無毫髮之同]"고 표명했다. 그리고 송나라 유학자가 『육경』과 공맹의 도를 어지럽혀서 "어쩔 수 없이 『소증』을 지었다[不得已而有『疏證』之作.]"[76]고 거듭 밝혔다. 대진이 세상을 떠난 뒤 같은 군의 후학 홍방洪榜이 행장을 썼는데 이 글에 팽소승에게 보낸 답장 전문을 실었다. 한림원학사 주균朱筠이 보고 다음과 같이 말했다. "실을 필요가 없었다. 대씨의 학술에서 전할 만한 것은 여기에 있지 않다."[可不必載, 戴氏可傳者不在此] 주균이 대진의 학문을 곡해한 것과 마찬가지로 대진이 생전에 절친하게 지낸 전대흔, 왕창과 같은 사람들도 그를 기념하는 글을 썼지만 『맹자자의소증』의 학술적 가치에 대해서는 한 마디도 언급하지 않았다. 대진을 사숙한 능정감凌廷堪이 「원선생사략장東原先生事略狀」을 지었는데 『소증』이 "지극한 도를 담고 있는 책"임을 긍정했지만 "그 책을 갖추어 놓고 후인의 정론을 기다린다"[77]고 하여 구체적인 평가를 회피했다. 대진의 제자 단옥재 조차도 『소증』의 정의에 대한 입장이 밝은 것 같기도 하고 어두운 것 같기도 한데 그가 『대동원선생연보』를 지을 때 결국 이 책의 완성을 건륭 31년(1766)으로 잘못 위치시켰다. 『맹자자의소증』의 당시의 운명과 당시 학술계의 기풍을 여기에서 부분적으로 볼 수 있다.

대진의 굴기는 바로 건륭 중엽 한학이 성대할 때였다. 그는 『맹자자의소증』으로 훈고를 통해 의리를 밝히는 새로운 학풍을 개창하려 했다. 그러나 당시의 역사적 조건 아래에서 고학의 부흥을 사명으로 여기는 한학은 바야흐로 발전하기 시작했지만 지식계는 경사의 고증에 빠져 취한 듯하기도 하고 어리석은 것 같기도 한 상태에서 스스로 빠져나올 수 없었다. 분위기가 만들어졌어도 방향을 바꾸는 것은 일조일석에 이룰 수 있는 것이 결코 아니었고 게다가 개인의 의지로 바꿀 수 있는 것도 아니었다. 하물며 훈고와 의리는 법칙이 달라서 대신할 수 없는 것이기도 했다. 대진이 보여준 훈고의 방법은 의리학을 탐구하는 필수적인 과정이 아니었다. 게다가 청나라 조정의 문화전제적인 심각한 제약은 지식계의 방법론을 바꾸려는 기도가 사실상 실제적이지 않은 자기 생각만 하는 것일 뿐이었다. 그러므로 대진의 생전에 『맹자자의소증』은 거의 공감받지 못했다. 그가 세상을 떠난 후 그의 문자훈고, 천문역산, 전장제도에 관한 여러 학문은 단옥재, 왕념손, 공광삼孔廣森, 임대춘과 같은 제자에 의해 확장되고 더 분명하고 주밀해졌지만 의리학만은 위축되어 계승한 사람이 없었다. 가경嘉慶 연간에 이르러서야 초순焦循이 두각을 나타내어

75) 使人逐物而遺則, 徇形色, 薄天性, 其害不細.
76) 戴震, 『東原文集』卷8, 「答彭進士允初書」.
77) 凌廷堪, 『校禮堂文集』卷35, 「東原先生事略狀」. 其書具在, 俟後人之定論云爾.

「독서삼십이찬讀書三十二贊」으로『맹자자의소증』을 드러내고 아울러 그가 지은『맹자정의孟子正義』에 그 학설을 인용하여 비로소 대진이 "평생 힘을 들이고 정신을 집중한 것이 오로지 『맹자자의소증』에 있다"[78]고 긍정했다. 그러나 이 시기는 대진이 세상을 떠나고 나서 40년 가까이 지난 뒤여서 시세가 바뀌고 학풍도 변하여 확실히 함께 취급하여 이야기할 수는 없게 되었다.

---

78) 焦循,『雕菰樓集』卷7,「申戴」. 生平所得力, 而精魄所屬, 專在『孟子字義疏證』一書.

제14장
양주揚州 유자들과 건가학파

양주는 운하의 요지로 장강과 운하가 종횡으로 교차하여 명대 이후로 양회염운사의 관서가 있던 곳이다. 청대 초기 전쟁으로 거의 폐허가 되다시피 했지만, 강희 중엽 이후 경제가 다시 살아났다. 교통의 편리함과 경제적 번영으로 뛰어난 인재나 상인, 여행자들이 몰려들었다. 청대 학술은 양주의 유학자들이 이런 분위기 속에서 일구어낸다. 진후요陳厚耀, 왕무굉王懋竑에서 유문기劉文淇, 유사배劉師培에 이르도록 수많은 명사가 배출되어 학술에서 중요한 지위를 차지하게 되었다. 그 가운데 청대중엽의 대학자들이 나와 이전의 학술을 종합하여 만청 시기 학술을 열어놓았기 때문에 공헌이 가장 크다고 할 수 있다. 이 시기 양주지역 학술을 대상으로 하여 청대 중엽 학자들의 개성 있는 학문연구를 연구하는 것이 건가학파와 건가학술연구를 심화시키는데 중요한 의의가 있음은 더 이상 논할 필요가 없다.

1. 왕중汪中의 선진제자연구

건륭 중엽 이후 양주의 유자들 중 혜동과 대진의 영향을 받아 가장 탁월한 업적을 이룬 사람은 왕중汪中이다.

왕중은 자는 용보容甫이며, 양주부揚州府에 속한 강도江都 사람이다. 건륭 9년(1744)에 태어나서 건륭 59년에 향년 51세로 죽는다. 어려서 부친을 여의고 배울 기회를 얻지 못하며 홀어머니 밑에서 갖은 고생을 하며 자란다. 생활이 궁핍하여 14세부터 서점에서 일했다. 서점의 일이 끝난 후에는 부친의 친구에게 가르침을 받아 경사백가를 훑어보았으며 특히 시 짓기 좋아하여 외롭고 가난한 처지를 묘사했다. 건륭 28년 처음으로 동자시童子試에 응시하여 부학의 생원자격을 얻는데 이 때 나이가 20세이다. 이후 막료로 있으면서 글을 지어 생계를 유지하느라 장강長江의 남쪽과 북쪽, 절수浙水의 동쪽과 서쪽을 평생 왕래하며 살았다. 건륭 42년, 발공생拔貢生으로 선발된 이후 정충怔忡을 앓아 관직으로 나가지 못하고『술학述學』의 저술에 전념한다. 뒤에 문종각文宗閣과 문란각文瀾閣에 보관된『사고전서』을 교감하다가 심장병으로 항주에서 갑자기 세상을 떠난다.

건륭 중엽 이후 사상계는 대진戴震, 장학성章學誠, 왕중 세 사람이 솥발처럼 학술계를 지탱하고 있었다. 형식적인 면에서 세 사람의 학설은 다르지만 실제정황을 살펴보면 각자 한 시대의 새로운 길을 개척하려고 힘썼다. 대진은 문자훈고에 착수하여 경전의 의리를 밝히는 것을 목표로 하고 앞 시대의 업적을 계승하고 새로운 길을 제시한 탁월한 학자였다. 장학성은 역사학에서 의리와 사례 및 교수校讎에 관한 심법의 연구에 전념하여 일가를 이룬 학자였다. 왕중은 선진 자학子學의 창조적 연구로 새로운 견해를 제시하여 명성을 떨친 학자이다.

춘추전국시기에 발흥한 유가, 묵가, 명가, 법가 등 제자백가 사상은 각 학파의 학문이 대등하게 경쟁하여 학술사의 한 페이지를 장식했다. 서한 초기에는 제자백가를 몰아내고 유학만을 존숭하였으며, 위진 육조 시기에는 경학은 성했으나 자학은 쇠미했다. 당송원명을 거치며 불학과 이학은 번갈아가며 번성했다 쇠퇴했는데, 특히 송명 수 백 년은 이학으로 통일되어 제자백가의 학문은 이단과 동일시되었다. 명청 교체기에 이르러 이학의 오랜 폐단을 반성하는 가운데 부산傅山, 왕부지王夫之, 고염무顧炎武 같은 대학자들이 자학을 다시 연구하였다. 특히 부산은 경학과 자학을 함께 중시하여 자학 부흥의 선하를 열었다. 건륭 초기, 고학이 부흥하여『사고전서』관서를 여는 것을 신호로 전통학술에 대한 전체적인 정리와 종합이 시대적 기풍이 된다. 왕중의 자학연구는 이런 배경 하에서 생겨난다.

왕중은 자학 중에서도『순자』에 가장 먼저 공을 들였다. 건륭 41년, 왕중은 막료로 남경에 있으면서 안휘성 흡현歙縣의 유명한 학자 정요전程瑤田과 교유한다. 정요전으로부터 대진 학술의 요체를 배우고 순자학설에 대한 대진의 성과를 이어받아 동시기의 학자 왕념손王念孫, 노문초盧文弨 등과 같은 목소리로 대진의 학문을 연구하면서『순자』까지 아우르게 되었다. 왕중의『순자』연구는 교감부터 시작한다. 그해 2월부터 5월까지 전체를 한번 교감한 다음에 교감한 결과에 근거하여『순경자통론荀卿子通論』을 짓고『순경자연표荀卿子年表』도 만든다. 당시에『순자』를 교감하는 사람이 왕중 한 사람만 있는 것은 아니었지만, 순자의 학문을 공자학문의 직계 계승자로 긍정한 것은 왕중이 처음이다. 송대 이학가들이 맹자의 '성선性善'설을 추존하고 순자의 '성악性惡'설을 이단으로 지적한 이후 맹자를 높이고 순자를 폄하하는 분위기는 수백 년 동안 변하지 않았다. 왕중은 기존의 학문에 대한 비판정신을 바탕으로 서적을 널리 고증하여 개성이 매우 풍부한 견해를 제기했다.

왕중의 고증에 의하면 순자의 학문은 공자의 제자 중 자하와 중궁으로부터 근원한다. 학문적 특징은 예禮에 뛰어나고 『주역』에도 밝았으니, 이전의 학문을 계승하고 후대의 길을 열어준 업적은 더욱 소홀히 해서는 안 된다. 왕중은 『모시毛詩』, 『노시魯詩』, 『좌씨춘추左氏春秋』, 『곡량춘추穀梁春秋』는 모두 순자로부터 전해졌으며, 『예경』은 순자에서 갈라져 나왔고 『한시韓詩』도 "순자의 서자[荀卿別子]"나 다름없다고 말한다. 그래서 왕중은 "공자의 칠십 제자가 죽은 후 한나라의 유자들이 흥기하기 전에, 중간에 전국시대와 진시황의 난리에도 불구하고 육경의 전통이 끊어지지 않은 것은 순자 때문이다."[1]라고 단정한다. 왕중은 학술사가의 식견으로 선진유학전통의 틀을 만든다. "주공이 만들고 공자가 그것을 계승했으며, 순자가 그것을 전했으니 그 도는 하나이다."[2]

왕중의 『순자』 연구는 정밀하지 못하여 후대에 '독단武斷'적이라는 비난을 받기는 하지만 "순자의 학문은 공자로부터 나오고 여러 경전에 더욱 공이 많다"[3]는 왕중의 결론은 번복할 수 없는 확고한 말이다. 왕중의 연구 성과는 "사람의 본성은 악한데, 선한 것은 인위적으로 만든 것이다"[4]라는 『순자』의 말에 대해 동시기 학자인 전대흔錢大昕이나 왕염손 등이 분석한 것과 표현은 달라도 내용은 같으니, 서로 상승작용을 일으켜 『순자』 학술의 부흥에 획기적인 업적을 남겼다.

『순자』를 이어 왕중은 또 『상자商子』, 『노자老子』, 『안자춘추晏子春秋』, 『가의신서賈誼新書』, 『묵자墨子』 등 제자백가 학설의 연구에 힘을 기울인다. 그 가운데 『묵자』에 관한 연구에 들인 시간이나 공이 가장 많아 성과 역시 가장 크다.

중국고대 학술사에서 유학이 서한시대에 독존적인 지위를 획득한 이후, 『묵자』는 『순자』에 비해 더욱더 공평한 대우를 받지 못했다. 『순자』가 이단으로 받아들여진 것은 송대 이학이 발흥한 이후의 일이다. 반면 『묵자』는 일찍이 맹자의 시대에 양주와 함께 '자신의 아버지와 타인의 아버지의 구별이 없다無父'고 배척당하고 "양주와 묵적의 도가 사라지지 않으면 공자의 도는 드러나지 않는다"[5]고 비난받았다. 바로 이 때문에 한나라 초기에 묵자의 학문은 벌써 쇠미해져 위진 시기가 되면 학문의 맥이 거의 끊어지게 된다. 송과 명나라 때, 맹자는 '아성亞聖'으로 떠받들어져 사당에 배향되고, 묵학에 대한 맹자의 비판도 정이와 주희를 거치며 유가경전의 한 부분이 된다. 많은 사람이 하나같이 묵학을 이단이나 사설로 보아 더 이상 번복할 수 없을 것 같았다.

---

1) 汪中, 『述學』補遺『荀卿子通論』. 自七十子之徒旣歿, 漢諸儒未興, 中更戰國, 暴秦之亂, 六藝之傳賴以不絶者, 荀卿也.
2) 周公作之, 孔子述之, 荀卿子傳之, 其揆一也.
3) 荀卿子之學出於孔氏, 而尤有功於諸經.
4) 『순자·성악性惡』. 人之性惡, 其善者僞也.
5) 『맹자·滕文公』. 楊墨之道不息, 孔子之道不著.

왕중은 그동안 가려졌던 묵학의 가치를 밝혀낸 청대 초기 유자들의 공헌을 이어받아 비판정신을 통해 역사를 실제적으로 고증한다. 이를 통해 선진시기의 유가와 묵가를 '세상에 이름 높은 학문'이라고 동일하게 보았던 역사적 진실로 되돌려 놓았다.

겸애兼愛는 묵학의 중요한 주장이며, 맹자가 묵자를 부정한 근거이기도 하다. 왕중은 바로 여기서부터 착수하여 시비를 밝혀낸다. 왕중은 우선 겸애와 "선왕이 빙문聘問과 조휼弔恤의 예를 만들어 제후국 사이의 관계를 화목하게 한 것"은 사실 다른 점이 없다는 것을 논증하고, 나아가 "묵적이 겸애로 천하의 자식들을 가르쳐 부모에게 효도하도록 했는데도 '자신의 아버지와 타인의 아버지의 구별이 없다'고 한다면 너무 지나치다."라고 말한다. 동시에 양주와 묵적을 함께 언급하는 것에 대해서도 왕중은 단연코 부정한다. "주와 한 대의 서적을 보면 백 조목이 넘는 곳에서 공자와 묵자, 유가와 묵가를 같이 언급하고 있다. 양주의 서적은 오직 방종한 것을 귀하게 여겨 당시에도 존숭하는 사람이 없었다. 그런데 올려서 묵자와 나란히 놓으니 진실로 같은 무리가 아니다."6)

왕중은 묵자에 대한 오해를 밝힌다는 기초에서 더 나아가 자신의 묵학관을 분명하게 밝힌다. 묵자학은 세상을 구제하는데 뜻을 둔 인인仁人의 학문이라고 왕중은 여겼다. 배움으로 세상을 다스린다는 측면에서 보자면 유가와 묵가는 "함께 일을 도모하지는 않지만"[不相爲謀], "그 의미는 서로 반대되면서도 서로 보완적이다"[其意相反而相成]. 이른바 정통이나 이단의 구별은 없다고 보았다. 묵자가 공자를 공격한 것도 춘추전국시기에는 이상할 것이 없다고 생각했다. "제자백가가 모두 이처럼 서로 공격하지 않은 경우가 없었다"[諸子百家, 莫不如是] 따라서 공자를 공격했다는 것을 묵자를 비난하는 근거로 삼아서는 안 된다. 왕중은 『여씨춘추』의 「거사去私」편과 「상덕尙德」편 및 『한비자』의 「현학顯學」편을 증거로 삼아 선진 제자 가운데 오직 유가가 묵자와 필적할 수 있었다고 말한다. "묵자가 죽은 후 그 학문은 셋으로 나누어져 그 무리들이 천하에 가득 찼다."7)고 하여, 유가와 묵가를 현학顯學이라고 동일하게 보는 것이 당시 학술계의 참된 모습이라고 여겼다.

묵자연구에 있어 왕중의 비판정신은 건륭 후기 가혹한 문화적 전제 하에서 세상에 수용될 수 없었다. 이 때문에 내각학사 옹방강翁方綱은 그를 "명교의 죄인[名敎之罪人]"이라고 맹렬히 비난하고 "생원의 의복과 모자를 환수할[摭其生員衣頂]" 것을 주장한다.8) 평소 사물을 식별하는

---

6) 汪中, 『述學』內篇3, 「墨子序」. 先王制爲聘問, 吊恤之禮, 以睦諸侯之邦交者, 彼且以兼愛敎天下之爲人子者, 使以孝其親, 而謂之"無父", 斯已過矣. 歷觀周, 漢之書, 凡百餘條, 並孔墨, 儒墨對擧. 楊朱之書, 惟貴放逸, 當時亦莫之宗, 躋之於墨, 誠非其倫.

7) 自墨子歿, 其學離而爲三, 徒屬充滿天下.

8) 翁方綱, 『復初齋文集』卷15, 「書墨子」.

능력을 자부하던 장학성도 옹방강과 의기투합하여 왕중이 세상을 떠난 지 얼마 후 글을 지어 그의 묵자연구는 '지극히 허망한 소리를 좋아한다[好誕之至]'고 비난하고, 그의 학문은 '근본을 모른다[不知宗本]'거나 '대체가 모호하다[大體茫然]'9)고 지적한다.

엄밀히 논하자면, 각각의 장단이 있듯이 학문에도 각각의 전공분야가 있다. 장학성과 왕중의 학술은 서로 길이 달라 한 가지 기준으로 비교할 수 없다. 그러나 왕중의 자학연구는 전통에 반하는 비판정신과 실사구시의 학문태도로 사람들이 하지 못하는 말을 충분하고 과감하게 토로했다. 이는 충분한 이론적 용기뿐 아니라 뛰어난 학술적 식견도 구비해야 한다. 장학성은 왕중을 공격하여 "대체가 모호하다"고 뭉뚱그려 비난한 것은 분명 경솔했다고 할 수 있다. 장학성과 왕중의 악연은 학술사의 오래된 문제로 선배 학자들은 많이 정리했다. 사실 그들 사이의 견해의 차이는, 물론 개인적 원한이 이유이지만 예전 독서인들의 고질적 폐단이기도 하다. 하지만 논쟁이 격렬해져 "칼로 상대방을 해치려는"[竟欲持刀抵舌鋒] 지경까지 간 데는 더욱 복잡한 이유가 있는 것 같다. 왕중의 묵자연구가 마침 그 이유를 드러냈다. 있는 그대로 말하자면, 한 사람은 힘을 다해 강상명교綱常名敎10)를 지키려고 했고, 한 사람은 공공연히 유가경전을 멸시하여 과감하게 반기를 들었다는 점이 문제의 근본 원인인 것 같다.

2. 초순焦循의 경학사상

청대 양주의 경학은 강희제와 옹정제 시기에 그 기풍을 열었다. 태주의 진후요陳厚耀는 천문과 역산을 궁구했는데 선성宣城의 매문정梅文鼎을 계승했다. 보응寶應의 왕무굉王懋竑은 주희의 학술을 정밀하게 연구하여 『주자연보朱子年譜』와 『고이考異』10권을 짓는다. 이 때문에 진정한 경학자로 천하 사람들에게 중시되었다. 건륭 60년, 고우高郵의 왕념손王念孫, 가도손賈稻孫, 이돈李惇이 앞에서 선창하고 보응寶應의 유대공劉臺拱, 강도江都의 왕중汪中, 흥화興化의 임대춘任大椿과 고구포顧九苞가 뒤를 이어 학술을 빛냄에 따라 그야말로 대성황을 이룬다. 결국 초순이 등장하여 통유通儒로 위대한 업적을 만들어낸다.

초순의 자는 이당理堂인데 이당里堂이라고도 하여 만년에는 이당里堂노인으로 불렸다. 양주부揚州府 감천甘泉 사람이다. 건륭 28년(1763)에 태어나 가경嘉慶 25년(1820)에 향년 58세로 죽는다. 그는 일찍이 유생으로 과거를 준비하느라 시와 고문을 읽었다. 과거시험에 번번이 미끄러져 가경

---

9) 章學誠, 『文史通義』(遺書本)外篇1, 「述學駁文」.

10) 삼강三綱과 오상五常의 명교名敎를 말한다. 강상명교 이론에서는 오직 '이름'만 고려하고 그 '이름'의 '실'에 대해서는 고려하지 않았다. 이런 맥락에서 '명교'라고 한다.

6년(1801)에 향시에 합격하는데 이때 그의 나이 39세였다. 다음해 북경에 가서 회시에 응시하지만 다시 낙제한다. 낙제의 고배를 견디지 못하고 이 때부터 관직에 나가는 뜻을 접고 병을 핑계로 서재書齋인 조고루雕菰樓에 칩거하며 저술과 교육으로 여생을 보낸다. 그의 학문은 박대통달博大通達하여, 천문, 수학, 경전과 역사, 예문藝文, 음운, 훈고, 성리, 사장辭章, 지리, 방지方志, 의약, 박물 등 여러 분야에 두루 정통했다. 평생 지은 저술이 매우 많아 권질의 수량이 300권 가까이 된다. 그 가운데『이당학산기里堂學算記』와『역학삼서易學三書』,『맹자정의孟子正義』는 큰 명성을 얻어 일시에 '통유通儒'라고 불리게 되었다.

초순은 어려서 경학기풍의 훈도를 받았다. 건륭 44년, 경학을 공부하던 동창 고봉모顧鳳毛와 붕우가 되었는데 이 때가 그의 나이 17세였다. 구봉모는 유명한 경사經師[11] 고구포顧九苞의 아들로 가학을 이어받아 매번 논하는 내용이 정밀하면서도 두루 포함하고 간결하면서도 요점을 갖추어 초순이 지극히 탄복했다. 2년 후, 초순은『모시毛詩』를 시작으로 경학연구의 여정을 시작한다. 건륭 52년, 고봉모가 집안에 전해오던『매씨총서梅氏叢書』를 초순에게 선물하며 격려했다. "그대는 깊이 생각하는데 뛰어나니 이 일을 잘 마무리 지을 수 있을 것이네."[12] 이때부터 초순은 매문정의 저작에 대한 연구에 전념함으로써 수학數學의 길로 들어선다.

중국은 고대에 수학이 경학에 예속되어 있었으므로 경사經師가 수학을 연구한 사례는 대대로 있어왔다. 청대에 들어와 매문정, 왕석천王錫闡, 설봉조薛鳳祚 등이 모두 경사로 수학을 정밀하게 연구한 유명한 학자들이다. 건가학파가 흥기하자 강영江永, 대진戴震, 전대흔錢大昕 등 유명한 경학자들도 동시에 수학에 정통한 것으로 명성을 날렸다. 대진이『사고전서』관에서『산경십서算經十書』를 편집교정하고 전대흔이『삼통술연三統術衍』을 짓거나『이사고이廿二史考異』가운데 역대『율력지律曆志』의 빠진 부분을 보충하고 잘못된 것을 고친 것은 모두 일시에 사람들의 주목을 끌었다. 초순은 이런 전통을 계승하여 가경 6년까지 10여 년간 매문정의 저작에 대한 연구를 시작으로 동서양의 학술을 회통한 수학 저작들을 짓는다. 뒤에 이 서적들을 한데 모아『이당학산기里堂學算記』로 간행하는데 이 시기 수학적 성취를 종합한 결과물이 된다.

초순은 수학연구에 몰두하는 동시에『삼례三禮』를 연구하여『군경궁실도群經宮室圖』상하권 31편을 짓는다. 그는 또『모시毛詩』를 해석한 원고를 여섯 차례나 수정하여『모시조수초목충어석毛詩鳥獸草木蟲魚釋』11권을 완성한다. 앞의 수학 저작과 함께 이 두 저작은 건륭제와 가경제 교체시기에 초순이 학술계로 진입하는데 있어 대표적인 작품이다. 수학연구의 성과로 인해 인재들이 구름처럼 몰린 건륭제와 가경제 연간의 학술계에서 한 자리를 차지했다고 한다면,『주역』연

---

11) 경서를 전수하는 거장이나 어른.

12) 초정호焦廷琥,「선부군사략先府君事略」은『초씨유서焦氏遺書』부록에 보인다. 君善苦思, 可卒業於是也.

구는 일가를 이루어 일약 가장 뛰어난 학자의 반열에 오르게 했다고 할 수 있다.

청대의『주역』연구는 청대 초기 송대 유학자들에 대한 유학자들의 비판시기를 거쳐 건륭제 초엽에 혜동이『역한학易漢學』과『주역술周易述』을 지어 옛 뜻을 밝히고 한대 역학을 널리 세상에 알림으로써 점차 한대 역학의 부흥시기로 들어선다. 장혜언이 뒤이어 우번의『역』설만을 숭상하여『주역우씨의周易虞氏義』와『우씨소식虞氏消息』등 여러 서적을 내놓음으로써 우번의 독보적인 학문이 세상에 널리 알려지게 되었다. 자연스럽게 많은 사람이 호응하여 한대『역』을 연구하는 것이 당시 역학의 주류가 되었다. 이런 기풍이 형성된 후, "오직 한나라만 추구한다"[唯漢是求]는 풍조가 역학으로부터 확대되어 전체 경학연구와 지식계를 빠르게 휩쓸게 된다. 역사적으로 보면, 중국고대의 경학이 한당의 주소로부터 송명이학으로 변해간 것은 필연적인 추세다. 이런 추세는 역사에 있어 진보이지 후퇴는 아니므로 긍정하는 것이 당연하다. 물론 송대 유학자들의 경전연구가 독단적으로 곡해한 과실이 있는 것은 사실이므로 경전에 대한 정리와 종합을 통해 사실에 근거하여 유가전적의 본래 면모를 되살려내는 것은 매우 필요한 작업이다. 하지만 오직 옛 뜻만 따르고 한나라만 추구하며 유가경전 해의 본 모습만 되살리는 것에만 힘쓴다면 잘못을 고치려다가 오히려 나쁘게 되는 경우를 면치 못하게 된다.

이것을 거울삼아 초순은 "한나라만 추구하고 정확함을 추구하지 않는"[唯漢是求而不求其是] 경향을 비판한다. 그는 건가시기에 학술계에 널리 퍼져있던 한학 풍조가 "공자를 계승하지만 한나라 사람의 견해를 견지하여 오직 한나라만 추구하고 정확성은 추구하지 않아, 경전 주석에 얽매여 종종 경문과 맞지 않게 되었다. 이것은 한나라 유자를 기술한 것이지 공자가 아니다."[13] 라고 생각했다. 당시 한학자漢學者들의 경전연구의 저의가 송대 유학자들을 폄하하는데 있었던 것에 대해 초순은 날카롭게 질문한다. "당송 이후 사람들도 공자를 계승했는데 한학을 지지하는 사람들이 혹 당송 사람들을 물리쳐 얼씬도 못하게 한다. 공자를 계승한 당송 사람의 말 중에 어찌 취할만한 것이 하나도 없겠는가? 배우는 사람들이 혹 당송 사람의 말이 취할만하다는 것을 알면서도 취할 때는 또 그 성과 이름을 깊이 감춘다. 이는 당송 이후의 사람이 당송사람의 이름을 한번이라도 언급한다면 한학을 하는데 방해가 된다고 생각하기 때문이다. 아! 나는 왜 그런지 모르겠다."[14]

초순의 경전연구는 한대 유학자들을 맹목적으로 신봉하는 적폐에 반하여 독립적인 사고를

---

13) 述孔子而持漢人之言, 唯漢是求而不求其是, 於是拘於傳註, 往往扞格於經文. 是所述漢儒也, 非孔子也.

14) 焦循,『雕菰樓集』卷7,「述難四」. 唐宋以後之人, 亦述孔子者也, 持漢學者或屛之不使犯諸目, 則唐宋人之述孔子, 豈無一足徵者乎? 學者或知其言之足徵, 而取之又必深諱其姓名, 以其爲唐宋以後之人, 一若稱其名, 遂有礙乎其爲漢學者也. 噫, 吾惑矣!

주장하며 "실로써 증명하고 허에서 운용한다"[證之以實而運之於虛]는 방법론을 제기한다. "경학의 도 역시 때에 따라야 한다. 한대 초기는 진나라가 서적을 폐기한 무렵이라 유자들은 각각 스승의 학문을 지켰다. 지킨 지 오래되어 반드시 회통해야 하기 때문에 정현이 경전을 해석한 것이 구설에 맞지 않는 부분이 많았다. 명대 삼백년은 대체로 팔고문을 업으로 삼았기 때문에 한대 유학자들의 구설은 높은 서가에 묶여 있다가, 청대 초기에 경학이 싹터 점차 크게 갖추어지게 되었다. 근래 수십 년 동안 강남 천 여리에 걸쳐 학동이나 이치를 모르는 유생이라고 하더라도 허신許愼이나 정현鄭玄을 모르는 사람이 없지만, 헛된 명성에만 익숙해져 깊이 들어가 터득하지 못하니 걱정된다. 고학古學이 흥기하지 않았을 때는 도가 그 학문을 보존하는 데에 있고 고학이 크게 흥기했을 때는 도가 통탈함을 구하는 데에 있다. 전자의 폐단은 배우지 않는데 있고 후자의 폐단은 생각하지 않는데 있다. 실로써 증명하고 허에서 운용하면 경전을 배우는 도에 가깝다."[15] 그럼 "실로써 증명하고 허에서 운용한다"는 것은 무엇을 말할까? 초순의 말을 빌리자면, "여러 학설들을 두루 살펴보고 각각 그 뜻을 얻되 나의 정신과 기혈氣血로 대하는"[16] 것이다. 이런 정신은 한 마디로 말하자면, 배움에 정확함을 추구하고 회통會通을 중시하는 것이다. 초순의 역학 연구는 이런 정신이 집중적으로 반영된 것이다.

역학 연구는 초순집안의 가학으로 증조부 초원焦源, 조부 초경焦鏡, 부친 초총焦蔥을 거치며 대대로 전해져왔다. 초순의 부친은 악가岳家 왕씨의 『역』해석법도 배워 초순이 14세 때 『역』을 읽는데 있어 주의해야할 문제를 가르쳐준다. 이것은 바로 '밀운불우, 자아서교密云不雨,自我西郊' 구절이 왜 「소축小畜」괘에도 보이고 「소과小過」에도 보이느냐 하는 것이다. 이후에 초순은 이 문제의 계발을 받아 '호도號咷' 구가 「동인同人」괘와 「여旅」괘에 각각 보이며, 「고蠱」괘와 「손巽」괘에 '선갑先甲'과 '후갑後甲', '선경先庚'과 '후경後庚'이 중복에서 나오는지, 「명이明夷」괘와 「환渙」괘에 '용증마장, 길用拯馬壯, 吉' 구절이 동일하게 반복되는 현상을 연구했다. 그러나 30년 가까운 시간동안 사방으로 가르침을 청하며 『역』해석에 대한 서적을 찾아다녔지만 끝내 그 해답을 얻지 못하다가, 가경 7년 회시에 낙제한 후 『역』연구에 전념하기로 결심한다. 가경 15년부터는 일체 모든 일을 멈추고 역학에만 몰두하여 3년 후에 『역학삼서易學三書』인 『역통석易通釋』, 『역도략易圖略』, 『역장구易章句』를 잇따라 완성한다. 이 세 책 가운데 마지막 서적인 『역장구』를

---

15) 焦循, 『雕菰樓集』卷13, 「與劉端臨敎諭書」. 經學之道, 亦因乎時. 漢初, 値秦廢書, 儒者各持其師之學. 守之旣久, 必會而通, 故鄭氏註經, 多違舊說. 有明三百年, 率以八股爲業, 漢儒舊說, 束諸高閣. 國初, 經學萌芽, 以漸而大備. 近時數十年來, 江南千餘里中, 雖幼學鄙儒, 無不知有許, 鄭者, 所患習爲虛聲, 不能深造而有得. 蓋古學未興, 道在存其學; 古學大興, 道在求其通. 前之弊患乎不學, 後之弊患乎不思. 證之以實而運之於虛, 庶幾學經之道也.

16) 焦循, 『里堂家訓』卷下. 博覽衆說, 各得其意, 而以我之精神氣血臨之.

탈고했을 때가 가경 20년인데 초순의 이 때 나이가 이미 50세가 넘었다.

초순은 역학이라는 동산에서 아주 힘들게 수십 년 동안 밭 갈고 김을 맸다. 처음에는 정이와 주희를 연구하다가 점차 복건服虔과 정현鄭玄을 탐구했는데, 한위漢魏 이후 당송원명을 거쳐 청대의 혜동과 장혜언張惠言에 이르기까지 모든 『역』해석서의 핵심적인 부분을 따와서 수첩에 기록하였다. 그런 다음 수학연구 성과를 활용하여 "수數의 비율로 『역』의 비율을 구했다."[17] 동시에 문자훈고학 가운데 가차와 전주 등 육서의 방법을 역학에 끌어들여 마침내 한과 송의 범위를 벗어나 일가를 이룬다. 초순의 『역』해석은 주희가 『주역』을 점치는 책으로 본 것에 찬성하지 않고 『역』을 성질을 "성인이 사람들의 과실을 고치도록 가르친 서적"[18]으로 보았다. 이로부터 출발하여 그는 송대 유학자의 선천역학을 부정하는 동시에 한대 유학자들의 납갑納甲, 괘기卦氣설도 취하지 않았다. 그 대신 경전을 관통하여 괘효 변화의 '비율比例'을 탐구하는데 온 정신을 기울인다. 초순은 『주역』 괘효의 변화 법칙을 세 가지 조목, 즉 방통旁通, 상착相錯, 시행時行으로 종합한다. 이 세 조목의 핵심은 변통變通에 있다. 초순은 다음과 같이 말한다. "변통할 수 있으면 오래 갈 수 있고, 오래 갈 수 있으면 큰 과실이 없다. 오래 갈 수 없으면 큰 과실에 이르게 된다. 오래 가지 못하면서 큰 과실에 이른 것은 변통하지 못하기 때문이다. 변통이란 과실을 고친다는 것을 말한다. … 이를 버려두고 『역』을 말한다면 어찌 『역』을 안다고 할 수 있겠는가?"[19] 이런 변통은 또 『주역』 탐구를 통해 '자기가 원치 않는 일을 다른 사람에게 시키지 않는'[己所不欲, 勿施於人] 조화로운 경지로 귀결된다.

초순의 역학 연구는 물론 경전을 관통하는 것이 장점이기는 하지만 그만큼 경전을 어지럽게 뒤섞어놓는다는 단점도 가지고 있다. 그는 『주역』 경전이 어느 특정시기 특정인이 지은 것이 아니라는 기본적 인식을 소홀히 한데다 역사적 한계까지 더하여 복희, 문왕, 주공, 공자 '네 성인'이 『주역』을 지었다고 믿었다. 그래서 그의 『역』연구의 세 가지 방법이 고정관념으로 작용하여 견강부회의 과실이 많았다. 하지만 한과 송을 회통하여 자득한 부분을 서술하였으니 학술 진리를 추구한 그의 정신은 숭고하다고 할 수 있다. 초순의 실사구시의 연구정신은 그의 역학 연구뿐 아니라 경전에 대한 보소補疏[20]에도 구체적으로 드러난다. 여러 사람의 의견을 되도록 배제하고

---

17) 焦循, 『易通釋』卷首, 「自序」. 以數之比例, 求『易』之比例.

18) 焦循, 『易通釋』卷1. 聖人教人改過之書.

19) 焦循, 『易圖略』卷3. 能變通則可久, 可久則無大過, 不可久則至大過. 所以不可久而至於大過, 由於不能變通. 變通者, 改過之謂也. … 舍此而言『易』, 豈知『易』哉!

20) 『論語補疏』2권을 지었으며, 『주역왕씨주보소周易王氏注補疏』2권, 『상서공씨전보소尙書孔氏傳補疏』2권, 『모시정씨전보소毛詩鄭氏箋補疏』5권, 『춘추좌전사씨집해보소春秋左傳社氏集解補疏』5권, 『보기정씨보소禮記鄭氏補疏』3권, 『논어하씨집해보소論語何氏集解補疏』2卷을 합쳐 『육경보소六經補疏』20권을 지었다.

왕필『역』주注의 가치를 긍정한 점, 위작인 공안국孔安國의 이름으로 된『상서전尙書傳』이 위진 시대의 경학을 연구하는데 도움이 된다는 생각 등은 막힘없으면서도 공평한 이론이라고 할 수 있다. 정확성을 추구하고 회통을 중시한 초순의 경학사상은 건가한학에 대한 비판적인 종합이라고 할 수 있다. 이것은 한학의 흥성국면이 끝나고 한학을 회통함으로써 새로운 학풍을 개창하는 것이 역사적 필연성임을 상징하고 있다.

3. 건가학술에 대한 고우高郵 왕씨 부자의 종합

근래의 유명한 학자 왕국유 선생은 청대학술을 논하면서 간결하면서도 뼈있는 말을 한 적이 있다. "청대 초기의 학문은 크고, 건가의 학문은 정밀하며, 도함 이후의 학문은 새롭다."[21] 왕국유 선생이 '정精' 한 글자로 건가학술을 개괄한 것은 실로 핵심이 된다. 건가학술은 넓은 것에서 정밀한 것으로 바뀌면서 학자와 실전된 학문이 일시에 흥기하였다. 혜동과 대진 이후, 학술풍모를 가장 잘 드러내면서도 정밀하고 깊이 있는 학문으로 한 시대를 압도했던 사람은 고우高郵의 왕념손王念孫과 왕인지王引之 부자이다.

왕념손의 자는 회조懷祖, 호는 석구石臞이며 양주부揚州府 고우高郵 사람이다. 건륭乾隆 9년 (1744)에 태어나서 도광道光 12년(1832)에 향년 89세로 죽는다. 아들 왕인지의 자는 백신伯申, 호는 만경曼卿이며 시호는 문간文簡이다. 건륭 31년(1766)에 태어나서 도광 14년(1834)에 향년 69세로 죽는다.

고우 왕씨는 대대로 관직생활을 한 집안이다. 왕념손의 부친인 왕안국王安國은 옹정雍正 2년 (1724)에 진사과에 합격하고 관직은 이부상서까지 오른다. 왕념손은 건륭 40년에 진사과에 합격하고 공부주사工部主事와 섬서도어사陝西道御史, 이과급사중吏科給事中을 두루 역임한다. 왕인지는 조부와 부친처럼 가경 4년에 진사과에 합격하고 관직은 이부상서까지 오른다. 왕씨 3대는 관직으로 이름을 알리지만, 학문으로도 유명하다. 역사서에서는 "청대의 경학은 천고에 독보적이다. 고우 왕씨 가문의 학문은 삼대에 걸쳐 이어져 장주長洲 혜씨 부자 이외에 필적한 사람이 드물다."[22]라고 하였다. 왕념손은 어려서 부친을 따라 경성에서 머물렀고, 10살이 넘어서는 경전과 역사서를 두루 읽어 학문적 기초가 두터웠다. 건륭 20년 전후에 대진이 해를 피해 경성으로 왔을 때, 왕안국이 집으로 초빙하여 자식의 교육을 부탁하였다. 이후 왕념손 부자는 대진의 학문

---

21) 王國維,『觀堂集林』卷23,「沈乙庵先生七十壽序」. 國初之學大, 乾嘉之學精, 而道咸以來之學新.

22) 『清史列傳』卷68,「王念孫」. 國朝經術, 獨絕千古. 高郵王氏一家之學, 三世相承, 自長洲惠氏父子外, 蓋鮮其匹云.

을 이어받아 일가를 이룬다. 왕념손의 저작인 『광아소증廣雅疏證』과 『독서잡지讀書雜志』, 왕인지의 저작인 『경의술문經義述聞』과 『경전석사經傳釋詞』를 합쳐 '왕씨사종王氏四種'이라고 하는데, 넓고 크며 정밀한 것이 필적할 사람이 없다.

왕씨 부자의 학문은 문자와 음운에서 가장 공을 들였다고 사람들은 말한다. 중국 고대학술사에서 문자음운학은 본래 경학의 부속된 것에 불과했다. 그런데 건가시기의 유학자들이 경학을 연구하면서 문자훈고를 추구하여 "구경을 읽는 것은 문자를 고증하는데서 시작하고 문자를 고증하는 것은 음을 아는데서부터 시작한다"[讀九經自考文始, 考文自知音始]는 것을 규범으로 삼은 후, 학문적 기풍이 조성되어 사람들이 몰리면서 부속적인 지위에서 독립적인 분야가 된다.

처음에 왕념손이 대진으로부터 성음문자훈고를 전수받을 때는 『이아爾雅』와 『설문해자說文解字』에 들인 공이 많았다. 뒤에 소진함邵晉涵의 『이아정의爾雅正義』와 단옥재의 『설문해자주說文解字注』의 소해疏解가 매우 잘 되어있는 것을 보고는 삼국시대 위나라 사람 장읍張揖의 저술 『광아廣雅』를 연구하여 『광아소증廣雅疏證』 32권을 짓는다. 왕념손이 이 책을 지을 때 하루에 세 글자만 파고들었기 때문에 10년이 지나서야 완성할 수 있었다. 왕념손은 다음과 같이 말한다. "훈고의 뜻은 성음에 보존된다. 글자의 성음이 같거나 비슷한 경우 경전은 종종 가차한다. 배우는 사람이 성음으로 뜻을 구할 때, 가차한 글자를 없애고 본 글자로 읽으면 훤히 문제가 풀린다."[23] 『삼창三倉』과 『이아爾雅』의 옛 풀이를 널리 취하면서 옛 뜻을 옛 성음에서 구한 후, 범위를 넓혀 『이아』와 『설문해자』 이외의 서적으로 뜻과 사례를 많이 발휘하였다. 책이 완성된 후, 당시에 내심 복종하는 사람이 많았다. 완원이 왕념손의 책을 장읍이나 혜동, 대진 두 사람의 저술과 비교하고는 "장읍의 책을 가져다 왕념손과 비교해보니 장읍이 미처 몰랐던 내용이 많았으며 혜동과 대진 역시 미치지 못하였다."[24]라고 평하였다.

왕인지는 부친의 가르침을 이어받아 옛 성음으로부터 옛 뜻을 밝혀 부친과 같은 길을 걸어갔다. 그의 저술 『경전석사經傳釋詞』 10권은 어려움을 무릅쓰고 경전의 허사연구에 전념한 결과물이다. 이 책은 단어를 분류하여 견주어보고 뜻과 사례를 연역적으로 풀어내어 후대 고문을 읽는 사람들에게 명쾌한 느낌을 준다. 완원은 이 책을 극도로 추앙하며 "모형毛亨, 모장毛萇, 공안국孔安國, 정현鄭玄같은 분들을 모셔와 이 통쾌한 논증을 같이 증명하지 못하는 것이 안타까울 따름이다."[25]라고 경탄했다.

---

23) 訓詁之旨, 存乎聲音. 字之聲同聲近者, 經傳往往假借. 學者以聲求義, 破其假借之字而讀以本字, 則渙然冰釋.

24) 阮元,「王石臞先生墓志銘」은 『淸代碑傳集補』卷39에 보인다. 借張揖之書以納諸說, 實多張揖所未及知者, 而亦爲惠氏定宇, 戴氏東原所未及.

25) 阮元, 『揅經室一集』卷5,「王伯申經傳釋詞序」. 恨不能起毛, 孔, 鄭諸儒而共證此快論也.

건가학파에게 음운학은 경전연구를 위한 수단의 역할을 하기 때문에 청대 초기 고염무가 개척한 길을 따라 송대 유학자들의 협운설協韻說을 취하지 않고 오직 상고시대의 음운을 깊이 연구하여 경전의 본래 모습을 되살려 놓는다. 그래서 당시 경사經師의 음운학 성취는 주로 고운古韻부류에 대한 분석으로 표현되었다. 고염무의 『음학오서音學五書』는 송나라 사람 정양鄭庠이 6부 분류의 기초 위에 고운을 10부로 나눈다. 뒤이어 강영江永은 『고운표준古韻標準』을 지었는데 13부로 분류하였다. 단옥재는 대진의 제자지만 고운분석에 있어 뛰어난 업적을 낸다. 저서인 『육서음운표六書音韻表』는 더욱 세밀하게 17부로 나눈다. 대진은 그의 영향을 받아 단옥재의 설에 근거하여 『성류표聲類表』를 집어넣어 18부로 증편한다. 이후 왕념손과 왕인지 부자가 나타나서는 『시경』을 근거로 하고 경전과 『초사楚辭』의 운을 널리 취하여 21부로 나눈다. 그 가운데, 지支, 지脂, 지之 세 부분은 본래 단옥재의 『육서음운표』에서도 보이지만, 지至, 제祭, 합盍, 집輯을 4부로 나눈 것은 단옥재의 책에서는 보이지 않는다. 동시기 사람 강유고江有誥도 약속이나 한 듯이 저서인 『시경운독詩經韻讀』과 『군경운독群經韻讀』, 『선진운독先秦韻讀』에서 역시 고운을 21부로 나누었다. 이렇게 갈수록 세밀해지는 고운분석으로 인해 송대 학자들의 협운설은 저절로 설 자리를 잃었다. 경전을 자신의 구미에 맞게 수정하는 근거를 상실했을 뿐 아니라, 선진 서적을 읽는데 있어서도 불분명한 훈고로 인해 다른 해석이 생기는 일도 없어지게 되었다. 근래 학자들의 고음학 연구는 장태염章太炎이 23부, 황간黃侃이 28부로 나누었지만 왕씨 부자의 학설을 상세하게 한 것에 불과하여 그들이 이룬 성과를 끝내 넘을 수 없었다.

건가시대에 교감학校勘學과 집록輯錄學은 유례없이 발전했다. 중국 고대 학술사에서 학술연구에 교감과 집록을 활용한 것은 건가시기부터 시작된 일은 아니다. 하지만 건가학파 사람들이 이것을 전문적인 학문으로 삼아 기풍을 이루고, 심지어 개인의 학술사업으로 삼아 여기에만 전념하여 평생의 공력을 들인 것은 전례가 없는 일이었다. 취향이 같은데다가 온 힘을 기울여 매진하였기 때문에 고대 전적의 정리방면에서 건가시기 유학자들은 혁혁한 성과를 거둘 수 있었다. 특히 이 방면에서 교수학校讎學[26]에 대한 왕씨 부자의 조예가 깊었기 때문에 그 공헌도 탁월했다.

왕념손의 저서 『독서잡지讀書雜誌』 82권은 평생 학문연구의 정수를 모아놓은 것이다. 그는 이 책에서 널리 제자백가, 역사, 사장辭章에 이르도록 심혈을 기울여 교감했다. 모두 조사해보면 『일주서逸周書』, 『전국책戰國策』, 『사기史記』, 『한서漢書』, 『관자管子』, 『순자荀子』, 『안자춘추晏子春秋』, 『묵자墨子』, 『회남자淮南子』, 『한예습유漢隷拾遺』, 『후한서後漢書』, 『장자莊子』, 『노자老子』, 『여씨춘추呂氏春秋』, 『한비자韓非子』, 『법언法言』, 『초사楚辭』, 『문선文選』 등 10여 가家가

---

26) 한 사람이 교감하는 것을 '교校', 두 사람이 마주앉아 교감하는 것을 수讎라고 한다. 옛 책의 옳고 그름, 같음과 다름 등을 살피어 고치고 잘못을 바로잡는 학문. 역자 주.

있다. 왕념손은 옛 뜻 중 불분명하거나 잘못된 곳, 역대 학자가 함부로 고쳐진 곳 등을 광범하게 고증하고 인용하여 하나하나 바로잡았다. 이 책이 나오자 처음부터 끝까지 본모습이 그대로 쓰여 있어 근거로 삼을 부분이 많아 청대 교감학의 명저가 된다. 왕인지가 지은 『경의술문經義述聞』 32권 역시 필생의 심혈을 기울여 몇 십 년 만에 완성된 책이다. 부친의 가르침을 밝히고 판단을 내린 것이 정밀하고 확실하다. 역대로 유학자들이 오해한 부분을 널리 고증하고 간접적으로 비유하여 그 본뜻을 얻었다. 왕인지의 이 책은 부친의 『독서잡지』와 쌍벽을 이루어 교수학의 명저로 꼽힌다.

선진시기 제자서의 교수에 대해서만 말하자면, 왕씨 부자는 건가시기 유학자들의 법도를 계승했는데, 특히 『순자』, 『묵자』, 『관자』 세 책에 들인 공이 컸고 수확도 매우 많다.

『순자』 32편은 원래 당나라 사람 양경楊倞의 주석이 있고 송宋대와 명明대에 각각 교각본이 있긴 하지만 잘못되거나 빠진 글자가 많아 정리할 필요가 있었다. 건륭 중엽 이후에 왕념손이 왕중汪中, 노문초盧文弨 등과 함께 순학荀學을 연구하여 건가시기 순학 연구의 길을 연다. 뒤에 강소江蘇 학정 사용謝墉이 노문초의 도움을 받아 『순자전석荀子箋釋』을 교정 간행한다. 이 책이 나오면서 『순자』는 비로소 선본善本[27])이 생기게 되었다. 노문초와 사용의 저서가 나온 후, 왕념손과 고광기顧廣圻, 학의행郝懿行, 유대공劉臺拱의 정정을 거쳐 빠진 부분을 채워 넣고 문자를 바로 잡자 순학은 비로소 점차 다시 일어나게 되었다.

『묵자』는 『한서·예문지』에 의하면 원래 71편이 있었는데 지금은 53편만 남아있다. 원래 당나라 사람 악대樂臺의 주석이 있었는데 오래전에 실전되었다. 송명 대의 목판본이 있긴 하지만 "빠진 글자나 착간된 부분을 교정할 수 없으며, 옛 말과 글자는 더더욱 알 수가 없어"[28]), 묵학은 거의 맥이 끊어지게 되었는데, 건륭 중엽 이후에 왕중, 노문초, 손성연孫星衍, 필원畢沅 등이 묵학을 연구하였다. 필원은 여러 학자들의 연구를 집대성하여 건륭 48년에 『묵자주墨子注』 16권을 간행한다. 이후에 고광기와 왕념손 등이 이어서 교감과 훈석 작업을 진행하여 한漢나라와 진晉나라 이후 이천년 동안 묻혀있었던 묵학墨學이 점차 부흥하기 시작한다. 『순자』나 『묵자』에 비하면 『관자管子』의 문자가 오래되고 어려운데다가 착간이나 오자의 문제가 많아 "읽어내려 읽기가 어려운 것이 오래되었다.[訛謬難讀, 其來久矣.]"[29]) 모두 24권이며 원래는 86편이 있었으나 지금은 76편만 남아있다. 원래 당나라 사람 방현령房玄齡의 주석이 있었는데[어떤 판본에는 윤지장尹知章의 주석으로 되어있다], 앞뒤가 맞지 않는 부분이 많아 거의 읽을 수가 없을 정도였다. 가경연

---

27) 서지학書誌學에서, 보존 상태가 좋거나 본문의 계통이 오래되어 희귀한 책. 역자 주.

28) 俞樾, 「墨子序」는 孫詒讓의 『墨子閑詁』卷首에 보인다. 闕文錯簡, 無可校正, 古言古字, 更不可曉.

29) 戴望, 『管子校正』卷首, 「凡例」.

간에 왕념손과 왕인지 부자 및 손성연, 홍이훤洪頤煊 등이 각각 『관자』교감에 전념한다. 홍이훤이 먼저 왕씨부자와 손성연의 교정한 내용에 근거하여 『관자정의管子義證』8권을 만들고, 뒤에 왕념손이 이어서 교정하고 보완하여 『독관자잡지讀管子雜誌』24권을 만들어 『독서잡지』에 집어 넣는다. 왕념손의 책이 나오고 『관자』가 정돈된 후 기풍이 점차 일어나서, 만청 시기 자학 부흥의 국면으로 발전한다.

4. 완원阮元과 『황청경해皇淸經解』

건륭제와 가경제 교체시기 완원이 나와 도광제 초엽까지 봉강대리封疆大吏[30]로 학술을 장려하고 문교를 진흥시키면서 당시 학단의 맹주이었다. 그가 편찬을 주재한 『황청경해』는 청대 전기 중요한 경학저작을 한데 모은 것으로 청대 이백년 경학의 종합이 된다고 할 수 있다. 완원 역시 이 책으로 건가학파와 건가학술을 찬란하게 정리하였다.

(1) 한학 수호와 경학 명신

완원의 자는 백원伯元이며 호는 운대云臺, 운대芸臺, 뇌당암주雷塘庵主이고, 만년의 호는 이성노인頤性老人이었다. 시호는 문달文達이며 양주부揚州府 의징儀徵 사람이다. 건륭 29년(1764)에 태어나서 도광道光 29년(1849)에 향년 86세로 죽는다. 건륭 54년에 전시에 합격하고 한림원 편수로 건륭, 가경, 도광 세 조대에 걸쳐 관직을 역임한다. 외직으로는 산동山東과 절강浙江의 학정學政, 절강과 강서江西, 하남의 순무河南巡撫, 조운漕運과 호광湖廣, 양광兩廣, 운귀云貴의 총독總督을 두루 역임한다. 내직으로는 첨사부첨사詹事府詹事, 도찰원도어사都察院都御史, 제부시랑諸部侍郞, 상서尙書 등을 역임하며, 도광 18년에는 체인각대학사體仁閣大學士를 끝으로 귀향한다. 만년에는 저술활동으로 여생을 마감한다.

완원은 어려서 가학을 계승하였다. 부친인 완승신阮承信은 역사에 해박했으며 『자치통감』의 연구에 전념하여 "독서는 유용한 학문이 되어야지 당시에 유행하는 기예만 익혀서는 이로운 바가 없다."[31]라고 자식에게 가르쳤다. 뒤에 교춘령喬椿齡과 이도남李道南에게 배웠는데, 두 사람은 모두 경학에 통하며 시류에 편승하지 않는 유학자였다. 이런 배경은 가학의 스승으로서 어린

---

30) 명대의 도지휘사都指揮使, 포정사布政使, 안찰사按察使나 청대의 총독總督이나 순무巡撫가 하나의 성이나 여러 성의 군정대권을 총람하는 것으로 고대 강토를 분봉 받았던 제후와 비슷하기 때문에 이렇게 이름 붙임. 역자 주.
31) 讀書當爲有用之學, 徒習時藝無益也.

시절 완원의 학문적 범위를 확립시켜준다. 건륭 45년부터 완원은 양주와 경성에서 경학자이면서 사학자인 능정감凌廷堪, 소진함邵晉涵, 왕념손, 임대춘任大椿 등과 왕래하면서 당시 학술기풍에 젖어들어 훈고학과 경학을 종신토록 연구한다.

건륭 말엽, 완원은 처음으로 한림원에 들어가 황제의 명령으로 『석거보급石渠寶笈』을 편집하고 석경石經32)을 교감한다. 산동학정을 맡을 때는 금석비첩金石碑帖에 유의하여 『산좌금석지山左金石志』의 편찬을 담당한다. 가경 초기에는 북경으로 옮겨 『경적찬고經籍纂詁』, 『주인전疇人傳』, 『회해영령집淮海英靈集』, 『양절유헌록兩浙輶軒錄』, 『양절금석지兩浙金石志』, 『십삼경교감기十三經校勘記』, 『경부經郛』, 『황청비판록皇淸碑板錄』 등의 편찬을 건의하고 담당하며 항주 영은靈隱의 운림사云林寺에 '서장書藏(서적을 보관하던 곳)'을 세운다. 고경정사詁經精舍를 창건하고 양절지역의 경학에 뜻이 있는 사람들을 불러 모아 실제 유용한 학문을 장려하고 인재를 길러내니 당시 서원건설에 큰 영향을 미친다. 그는 또 한학저술을 모아 『문선루총서文選樓叢書』를 편집 간행한다. 또 『사고전서』에 수록되지 않은 서적을 모아 『사고미수서목제요四庫未收書目提要』의 저술을 담당한다. 가경 15년에는 다시 한림원에 들어가 국사관총집國史館總輯을 겸임하며 「유림전儒林傳」과 「문원전文苑傳」을 편집하여 청대 학술사를 정리하는 기풍을 연다. 19년에는 강서순무江西巡撫를 맡으며 송본宋本 『십삼경주소』를 간행한다. 가경 말엽과 도광 초엽에는 양광총독兩廣總督으로 있으면서 고경정사의 체제를 따라 학해당學海堂을 창건하고 경학과 사학을 제창하며 이 지역을 이끌었다. 또 『광동통지廣東通志』의 수정편찬을 담당하고, 『월동금석략粵東金石略』과 『양광염법지兩廣鹽法志』를 편집했으며, 『국조한학사승기國朝漢學師承記』의 간행을 지원하고 『황청경해』와 『강소시징江蘇詩徵』 등을 편찬한다. 또 운남云南과 귀주貴州지역으로 옮겨서는 『운남통지云南通志』를 편찬한다.

완원은 박학다식하였는데 특히 고증에 뛰어났다. 평생의 학문은 경학연구를 주로 하면서 사학, 금석학, 고고학, 방지학, 보첩학譜牒學, 여지학, 천문학, 역법학, 음운학, 문자학, 목록학, 시문학 등에 이르기까지 널리 연구하였다. 저술도 많아서 30여종 100권에 달한다. 앞에서 기술한 편찬을 담당했던 저술 외에 주요 저서로 『삼가시보유三家詩補遺』, 『고고기거제도해考工記車制圖解』, 『증자주석曾子注釋』, 『시서고훈詩書古訓』, 『성명고훈性命古訓』, 『적고재종정이기관식積古齋鍾鼎彛器款識』, 『정향정필담定香亭筆談』, 『소창랑필담小滄浪筆談』 등이 있다. 기타 시문잡저로는 도광 3년

---

32) 돌에 새긴 유가경전. 인쇄술이 발명되기 전에 기록 전달방법의 하나로 만들어지기도 했지만, 인쇄술이 발달된 후에도 경전 가운데 권위가 인정된 것을 공시하기 위해 만들어지기도 했다. 원래는 유교경전을 석경으로 만들었지만 후에 불교·도교 경전도 만들었다. 유교의 석경은 국가사업으로서 태학太學·국자감의 앞에 세우는 것이 상례였다. 역자 주.

부터 『연경실일집罈經室一集』, 『이집二集』, 『삼집三集』, 『사집四集』, 『속집續集』, 『외집外集』, 『재속집再續集』이 차례대로 간행된다. 건가학파의 학자들 가운데 완원은 전문분야의 학문으로 일가를 이룬 것은 아니지만 학문기풍을 주재하고 학술을 장려했으며 학술조직을 유지한 공은 누구도 따라올 수 없다. 양계초梁啓超 선생은 젊은 시절의 저서 『청대학술개론淸代學術槪論』에서 이런 업적으로 인하여 완원을 한학의 '수호신'[33]이라고 일컫는다. 전빈사錢賓四 선생도 그의 저서 『중국근삼백년학술사中國近三百年學術史』에서 "많은 인재들 중 가장 뛰어나서 한 시대를 이끌었으니 청대의 마지막 경학 대신이었다."[34]이라고 칭찬하였다. 대학자의 이런 말은 부동의 평가다.

(2) 『경부經郛』로부터 『황청경해皇淸經解』까지

완원의 여러 가지 업적 중 학술사업의 업적이 가장 크다. 가장 두드러진 공적은 『황청경해』의 편찬을 주재한 것이다. 완원이 『황청경해』를 편찬하려고 생각한 것은 오랜 숙성과정을 거쳐 나왔다. 일찍이 절강에 고경정사詁經精舍를 창건한 후, 양광총독으로 가서 광주에 학해당을 짓기까지 각 방면에서 편찬사업의 충분한 준비를 해왔다.

고경정사는 청 중엽의 유명한 서원이다. 가경 2년 완원이 절강학정으로 있을 때 『경적찬고經籍籑詁』의 편찬을 발기하고, 가경 5년에 책이 완성되자 절강순무浙江巡撫로 부임한 후 경전과 역사 등 고학古學에 뜻이 있는 양절兩浙지역의 유생을 선발하여 예전에 서적편찬에 이용했던 방 50칸에서 책을 읽게 하고는 고경정사라고 불렀다. 정사는 본래 한나라 때 학생들이 공부하던 곳인데, 완원이 이 이름을 차용한 것은 한학漢學을 장려하는데 그 목적이 있었기 때문이다. 그래서 정사 안에 정현과 허신의 신주를 세우고 가르치는 사람과 학생들이 모두 정기적으로 가서 예를 올렸다. '고경'詁經 : 경서를 훈고한다라는 이름에는 완원의 학술적 취향이 구체적으로 드러난다. 그는 "경서는 훈고가 아니면 밝힐 수 없고", "훈고를 버려두고 경서를 구하면 그 경서는 확실하지 않다."라고 인식했기 때문에 '고경詁經'이라고 이름을 붙여 "한대의 학술을 계승하고 새로운 지식에 힘쓴다."[35]는 정신을 제시했다. 정사가 처음 만들어졌을 때, 완원은 왕창王昶과 손성연孫星衍을 초빙하여 교육을 맡기고 자신의 녹봉의 일부분을 교학비용으로 충당했다. 매달 한 번 세 사람이 돌아가며 강의를 진행했는데, 문제를 내고 글을 평가하였다. 정사에서는 팔고문을 배우지 않고 시첩시[36]를 쓰지 않았으며, 경서를 해석하고 역사서를 살피는 것에 중점을 두었으며 아울

---

33) 梁啓超, 『淸代學術槪論』, 제48쪽. 護法神.

34) 弁髦群材, 領袖一世, 實淸代經學名臣最後一重鎭.

35) 阮元, 『罈經室二集』卷7, 「西湖詁經精舍記」. 經非詁不明. 舍詁求經, 其經不實. 不忘舊業, 且勤新知.

러 시사고문詩詞古文을 익혔다. 그 가운데 우수한 시문은 『고경정사문집詁經精舍文集』으로 간행하였다. 가경 14년 완원이 양절 지역을 떠날 무렵에는 많은 명사名士들이 강학하여 학술을 진흥시키는 바람에 양성된 인재도 매우 많았다. 나중에 『황청경해』 편찬사업에 구체적으로 종사했던 엄걸嚴杰도 이 고경정사가 배출한 인물이다.

고경정사에 이어 학해당도 남북에 이름을 알린 서원이 된다. 가경 22년 겨울, 완원은 양광총독에 취임한다. 경서와 역사서의 실학을 선도하기 위해 가경 25년 3월에 항주 고경정사의 법도를 따라 광주성廣州城 서쪽 문란서원文瀾書院의 옛 터를 빌려 학해당學海堂을 세우고 지역 자제들에게 경서와 역사서의 고학古學을 가르쳤다. 수년간의 계획을 거쳐 도광 4년 12월에는 월수산粤秀山 기슭에 새 당사堂舍를 준공한다. 완원이 학생들의 경사시문을 직접 살피고 가려내어 『학해당집』으로 간행한다. 다음해 가을 『황청경해』의 편찬이 시작될 때, 이 학해당의 학생들이 교정과 편찬 작업의 인재들이 된다.

고경정사에서 학해당까지 완원은 『황청경해』의 편찬을 위한 인재양성 외에도 몇 차례 중대한 경학편찬활동을 한다. 첫 번째는 『십삼경주소교감기十三經注疏校勘記』의 완성이고, 두 번째는 송본宋本 『십삼경주소』의 간행이며, 세 번째는 경학 전문서적인 『경부經郛』의 편찬이다. 그 가운데 『경부』의 편찬이 『황청경해』와 가장 직접적인 관계가 있다.

『경부』의 편찬은 가경 8년 여름부터 시작되는데 여기에 실제로 참여한 사람은 완원의 제자 진수기陳壽祺와 고경정사의 학생들이다. 『경부』는 당나라 사람 이정조李鼎祚의 『주역집해周易集解』를 본보기로 하여 당 이전 학자들의 경설을 모으는데 힘썼다. 진수기는 「상의징완부자청정경부의례서上儀徵阮夫子請定經郛儀例書」에서 "위로 공자의 가르침을 받들고 아래로 학생들을 가르쳐 구경의 전주傳注 외에 옛 해설을 모아 저와 정사의 학생들로 하여금 편찬하게 하셨습니다."[37] 라고 했으니, 구경의 전주 외에 옛 해설도 자세히 조사하려고 했다는 것을 알 수 있다. 그러나 진수기가 초안을 잡은 『경부』의 주제와 체제는 더욱 구체화된다. "『경부』는 경서에 대한 해설을 모아 본말을 갖추고 근원과 변화를 구비하였으며, 허신과 정현의 넓고 큰 학문을 밝히고 공영달 孔穎達과 가공언賈公彥의 빠뜨린 부분을 보충하였습니다. 위로 주나라와 진나라, 아래로 수나라와 당나라까지 여러 학자들의 견해를 망라하여 이치는 크고 인용한 사물은 넓습니다. 특히 한나라와 위나라 이전의 서적을 부지런히 살펴 경서의 의미를 두루 섭렵하여 한 글자도 빠뜨리지

---

36) 시체명. 당나라 때 '첩경帖經'과 '시첩試帖'의 영향을 받아 생겨났으며 과거시험에 사용되었다. 시는 대부분 5언6운이나 5언8운의 배율排律이며, 고인들의 시구절이나 성어成語를 제목으로 했다. 제목 앞에 '부득賦得' 2글자를 붙였으며 운각韻脚을 제한하였다. 역자 주.

37) 乃者仰蒙善誘, 俯啟檮昧, 將於九經傳註之外, 裒集古說, 令壽祺與高才生共纂成之.

않았습니다."[38] 이처럼 거대한 공정과 숭고한 규격으로 볼 때 그 어려움을 충분히 짐작할 수 있으니 결코 쉬운 일이 아니었을 것이다. 그래서 진수기가 고경정사의 학생들과 함께 온 힘을 다해 몇 개월의 시간을 들여 실행했지만 초고가 기대에 미치지 못했다. 가경 8년 겨울, 진수기는 북쪽으로 떠나고 완원은 공무로 바빠 더 이상 증보와 수정을 담당할 사람이 없어 이 일도 중단된다. 가경 15년, 완원은 절강학정의 시험부정사건험에 연루되어 한림원 편수編修로 좌천된다. 이후 다시 한림원에 들어가 한가로운 시간을 보내면서 『경부』 옛 원고를 다시 정리하게 된다. 가경 16년 4월까지 한 차례 수정을 거친 후 100여권의 원고를 얻는다. 하지만 "채택한 것이 주도면밀하지 못해 빠진 부분을 보충하는데 어려움이 있다"[39]는 이유로 오랫동안 서가에 방치하고는 간행하지 못한다.

가경 22년 겨울, 완원은 광주에 부임한다. 다음해 섣달 그믐날 막우幕友[40] 강번江藩의 저서 『국조한학사승기國朝漢學師承記』에 서문을 지으면서 앞서 『경부』를 편찬할 때 가졌던 생각을 바꾸어 『경부』의 체례를 따르되 청대의 경학 관련 해설만 편집하여 『대청경해大淸經解』로 이름을 붙이려고 하는 생각을 드러낸다.

> 경서를 해석한 우리 청조 유자의 서적은 매우 많은데다가 문집이나 소설, 필기, 잡저류 서적까지 모두 취할 만 것이 있으니 조목조목 나누고 잘라내어 경서의 각 장구 아래 두고자 한다. 예를 들어, 휴녕의 대진은 『상서』의 구절 '광피사표光被四表'를 '횡피'로 해석하여 『요전』에 두었으며, 보응 유대공은 『논어』의 구절 '애이불상哀而不傷'을 해석하면서 『시경』의 구절 '유이불영상惟以不永傷'의 '상'을 『논어·팔일편』에 두어 『주남』과 서로 참고하였다. 이와 같이 편찬하여 『대청경해』라고 이름을 붙인다.[41]

여기에서 『황청경해』를 편찬할 준비를 이미 하고 있었다는 것을 알 수 있다.

완원은 처음에 『황청경해』의 편찬에 있어 강번과 고광기顧廣圻 등 이름난 유자들에게 기대를 하였다. 그래서 "(나는) 단지 학력이 날로 떨어지고 정사로 인해 겨를이 없지만, 이 일을 총괄하

---

38) 陳壽祺, 『左海文集』卷4, 「上儀徵阮夫子請定經郛義例書」. 『經郛』薈萃經說, 本末兼該, 源流具備, 闡許, 鄭之閎渺, 補孔, 賈之闕遺. 上自周秦, 下迄隋唐, 網羅衆家, 理大物博. 漢魏以前之籍, 搜采尤勤, 凡涉經義, 不遺一字.

39) 阮常生續編, 『雷塘庵主弟子記』卷4, "四十八歲"條. 采擇未周, 艱於補遺.

40) 명청 시대에 지방 관서나 군에서 관직이 없이 업무를 보좌하던 고문. 역자 주.

41) 阮元, 『揅經室集』卷11, 「國朝漢學師承記序」. 國朝諸儒, 說經之書甚多, 以及文集說部, 皆有可采. 竊欲析縷分條, 加以剪截, 引系於群經各章句之下. 譬如休寧戴氏解『尙書』"光被四表"爲"橫被", 則系之『堯典』; 寶應劉氏解『論語』"哀而不傷", 卽『詩』"惟以不永傷"之"傷", 則系之『論語·八佾篇』, 而互見『周南』. 如此勒成一書, 名曰『大淸經解』.

고 시비를 살피며 취사선택할 수 있는 사람은 학우인 강번과 고광기 등 몇 사람에 불과하다. 장래 옛 사람의 저서가 혹 다 전해지지 못하여 간단하지만 심오한 뜻을 지닌 말이 사라질 것이니 애석하다. 어찌해야할까?"[42]라고 하였다. 그러나 강번과 고광기 등은 멀리 삼오三吳[43]지역에 거처하면서 남행에 어려움이 있거나 가까운 곳에 있어도 다른 일로 몸을 뺄 수가 없어 편찬을 맡을 수가 없었다. 7년의 시간적 간격을 두고 맡길 사람이 없자, 완원은 남쪽으로 돌아온 제자 엄걸嚴傑과 학해당學海堂 제생諸生의 도움을 받아 예전에 구상했던 체제를 과감하게 버리고 총서 형식으로 청대 유학자들의 경학저술을 모아 책으로 낼 수밖에 없었다.

일찍이 『경부』를 진수기에게 맡겼던 것처럼 『황청경해』의 편찬도 완원의 제자 엄걸이 처음부터 끝까지 담당했다. 엄걸의 자는 후민厚民이고 호는 구맹鷗盟, 절강 여항余杭 사람이다. 전당에 기거했기 때문에 전당인餞塘人이라고 불렀다. 생졸년은 알 수 없다. 광서연간에 중수重修한 『항주부지杭州府志』에 의하면, 만청시기 제가보諸可寶가 지은 전기 1편이 있는데 필자는 과문한데다가 공부가 부족하여 아직 읽어보지 못했다. 엄걸은 처음 제생이었을 때 단옥재로부터 배웠다. 완원이 절강학정이었을 때, 『경적찬고經籍纂詁』의 편찬을 위해 그를 불렀다. 이어서 완원이 절강 순무가 되어 항주에 고경정사를 지었을 때 엄걸이 이곳에 들어가 공부하여 우수한 제생이 된다. 가경 15년, 완원은 절강을 떠나 조정으로 돌아간다. 다음해, 엄걸도 북경으로 가서 완원의 딸 완안阮安을 가르치면서 1년 넘게 머문다. 뒤에 완원이 강도江都 장씨와 혼인하자 엄걸은 또 완안의 장래 남편인 장희張熙의 스승이 된다. 가경 25년 봄, 학해당이 막 완공되었을 때, 엄걸도 완안의 혼인에 참석하기 위해 장희와 함께 광주로 온다. 장희는 본래 간질을 앓아 체질이 허약하여 혼인한지 채 1년도 되지 않아 요절하고 만다. 이후 엄걸은 광주의 완원의 관사에 머무르게 된다. 도광 4년 겨울, 학해당의 새 정사가 완성되었다. 다음해 8월, 엄걸은 완원의 명을 받아 학해당에 완원의 장서를 모아 『황청경해』를 편찬한다.

경학총서로서 『황청경해』의 편찬체례는 강희 연간의 『통지당경해通志堂經解』와 다르고 건륭 연간에 편찬된 『사고전서四庫全書』와도 달랐다. 이 두 서적의 편찬방식에 따라 서적에 맞게 인물을 배치하지 않고, 작자를 줄기로 삼아 연배의 선후와 인물에 따라 경학관련 저서를 골라 싣거나 문집이나 필기筆記를 모아 기록하였다. 고염무顧炎武, 염약거閻若璩, 호위胡渭로부터 도광 초기의 송상풍宋翔風과 능서凌曙까지의 인물을 포괄하고 마지막으로 엄걸이 편집한 『경의총초經義叢鈔』

---

42) 阮元, 『揅經室集』 卷11, 「國朝漢學師承記序」. 徒以學力日荒, 政事無暇, 而能總此事, 審是非, 定去取者, 海內學友惟江君(藩)與顧君千里二三人. 他年各家所著之書或不盡傳, 奧義單辭, 淪替可惜, 若之何哉!

43) 삼오에 대한 설명은 오흥吳興, 오군吳郡, 회계會稽로 보거나 오흥吳興, 오군吳郡, 단양丹陽으로 보는 설 등이 있으나, 일반적으로는 장강 하류 일대를 가리킨다. 역자 주.

를 집어넣었다. 수록한 인물은 모두 74명이고, 저술은 180여종 모두 1400권이다.

도광 6년 6월, 완원은 운남과 귀주의 총독으로 옮겨가게 되는데, 이때는『황청경해』의 편찬이 시작된 지 1년이 다 되어가는 시점이어서 집필이 천권이나 진행된 상황이었다. 완원은 광주를 떠나기 전『황청경해』를 주재하는 일을 광동 독량도督糧道 하수서夏修恕에게 맡기고, 편집은 엄걸에게 위임했다. 도광 9년 12월,『황청경해』30함을 전남滇南(운남성)으로 보냄으로써 각고의 노력 끝에 수십 년의 숙원은 실현된다.

완원은 평생 관직으로 가는 곳마다 문교를 진흥하고 학술을 장려하여 청대 중엽 학술문화의 발전에 탁월한 공헌을 세웠다.『황청경해』는 완원에게 만년의 중대한 학술편찬사업이며『십삼경주소교감기十三經註疏校勘記』를 계승하였다. 그 거대한 업적으로 말미암아 청대학술사의 찬란한 한 페이지를 장식한다. 그 공적은 주로 세 가지 방면으로 요약된다.

첫째,『황청경해』는 청대 전기의 중요한 경학저술을 한 데 모았다. 이 시기 경학성취, 특히 건가학파의 업적을 성공적으로 종합한다. 청대 전기의 경학은 청초 고염무 등의 유학자로부터 출발하여 호위와 염약거, 모기령 등의 경학가들이 크게 기치를 내걸면서 송명이학의 굴레를 벗어나서 고학을 부흥시키고 질박하면서도 실제적인 경학연구로 들어가게 된다. 건륭 초, 혜동 등 유학자들이 떨쳐 일어나 한나라『역』의 복원을 사명으로 삼아 송학의 깃발을 뽑고 한학의 깃발을 세우자 경학은 마침내 청대 학술의 중심이 된다. 혜동과 강영을 이어 대진이 시문을 장악하였으며, 또 그의 학문은 단옥재와 왕념손, 왕인지王引之 부자 및 양주 유학자들이 이어받아 더욱 발전시킨다. 중국고대 학술사에서 청대경학은 마침내 송명이학과 어깨를 나란히 하며 우뚝 선다. 이와 동시에 장존여莊存與가 처음 길을 열고, 공광삼孔廣森과 장혜언張惠言 등 유학자들이 밝게 드러낸 후 유봉록劉逢祿이 나옴으로서 금문경학이 우뚝 솟아 청대 경학 가운데 새로운 경지를 열고 대성황을 이룬다.『황청경해』에는 순치연간부터 도광연간까지 근 이백년 동안 청대경학의 발전과정이 자료를 모아서 편집하는 휘편彙編의 형식으로 나타난다. 전체 서적은 선택과 편집에 법도가 있고 기본적인 취지는 타당하여 이 시기 경학성과를 이해하는데 집중적인 근거를 제공한다.

두 번째로『황청경해』의 편찬은 실사구시의 학풍이라는 좋은 모범을 제시하여 은연중 학술문화계에 심원한 영향을 미친다. 청대 유학자들은 실제에 힘쓰는 것을 취지로 삼았다. 청대 초기, 명말 심학 말류末流의 유행으로 조성된 학술적 폐단을 거울삼아 헛된 것은 버리고 실제를 취하고 배운 것을 실제로 활용하니 풍기는 점차 건실해졌다. 강희 중엽부터 건륭시기까지 실제에 힘쓰는 무실務實학풍은 백여 년의 배양기간을 거쳐 실학을 존숭하고 실사구시를 추구하는 분위기가 조정과 민간을 통틀어 유행하였다. 완원 사제師弟의 훈고학적 경학연구는 평이하면서 실제적인 성격을 갖고 있어서 강희와 건륭연간 유학자들의 정통이라고 할 만하다. 실학의 기준으로 경학가들의 경학저술을 선별하고 편집하는데 있어, 고염무의『좌전두해보정左傳杜解補正』을 시작으로 혜동의『주역술周易述』과『구경고의九經古義』, 강신수江愼修의『주례의의거요周禮疑義擧要』와『군경보의群經補義』를 거쳐, 대진의『고계시경보주杲溪詩經補注』와『고공기도考工記圖』, 단옥재의『설문해자주說文解字注』, 왕념손의『광아소증廣雅疏證』과『독서잡지讀書雜誌』, 왕인지의『경의술문經義述聞』과『경전석사經傳釋詞』를 수록하고 유봉록의『춘추공양경하씨석례春秋公羊經何氏釋例』, 능서凌曙의『공양예설公羊禮說』도 함께 기재한 후 완원 사제의『십삼경주소교감기』와『경의총초』로 마치니 그야말로 충실하고 믿을 만하다. 자간에 내포되어 있는 실사구시의 학풍은 학술문화계의 양호한 학풍을 배양하는데 적극적인 영향을 끼쳤으며, 이후『황청경해』는 널리 전해져 경전해석의 기준이 된다. 함풍연간에 인쇄용 목판이 병란으로 불탄 후 양광총독 노숭광勞崇光이 편찬을 위해 모금하자는 제안을 한다. 광서연간에 왕선겸이 강소학정으로 완원의 유풍을 계승하여 다시 편찬을 시작하는데 완원의 원래 서적에서 수록하지 못했던 것을 보완하고 함풍과 동치이후의 경학가들의 저술을 수록하여 마침내 이전 경학가들에게 손색없는『황청경해속편皇淸經解續編』을 완성한다.

마지막으로『황청경해』는 청대 유학자들의 경학의 정수를 한 데 모았는데 우수학술문화성과의 보존과 전파에 들인 노력이 많고 업적도 매우 크다. 청대 전기에 유학자들의 경학저술은 매우 풍부하였으나 외적인 조건으로 인해 널리 전해지지 못하였으므로 서적을 얻는 일이 쉽지 않았다. 당시 광주를 예로 들자면, 상업과 경제가 번성한 항구도시였지만 사인士人들은 오히려 이전 경학가들의 경학저술을 얻지 못해 안타까워하였다. 광주가 이런데 나머지 낙후된 지역은 더 말할 것도 없었을 것이다. 이 때문에 완원 사제는 청대 전기 경학저술을 정리, 비교검토하고 모아서 책으로 만들었으니 학술의 전파로 조사와 확인이 편리해졌을 뿐 아니라, 문헌을 보존하고 옛 서적을 널리 알려 뜻밖의 재해나 기타 이유로 인한 도서의 산실이나 훼손을 피할 수도 있었다. 일거에 여러 가지 이점을 취했으니 청대학술사의 성대한 쾌거라 할 수 있다.

건륭 초기 혜동과 강영이 흥기하여 건가학파의 길을 열고, 청나라 조정에서『사고전서』관을 개설함으로써 대진, 소진함邵晉涵, 기윤紀昀, 임대춘任大椿 등의 유학자들이 이곳에 구름떼처럼 모여들어 건가학파의 전성기를 이룬다. 가경, 도광연간에 건가학파가 쇠락하기 시작하자 비로소 양주의 유학자들이 역사적인 총결을 한다. 왕중, 초순, 왕념손, 왕인지, 강번, 완원 등은 모두 이 시기 양주 유림의 걸출한 인재들이다. 건가학파와 건가학술에 대해 찬란한 총결을 할 수 있었던 것은 양주 유학자들의 피나는 노력 때문이었으니 그 공로는 지극하다고 할 만하다.

5. 공자의 인학과 완원의 『논어논인론論語論仁論』

공자의 가르침은 인仁을 구하는 것을 근본으로 한다. 공자 인학의 함의를 찾기 위해서 고금을 막론하고 수많은 사람들이 부지런히 탐구했으니 관련된 서적만 해도 어마어마하다. 그러나 각자 방법의 차이로 결론도 각자 다르다. 청대 유학자 완원은 주자의 『사서장구집주四書章句集注』가 크게 유행한 다음에 『사서장구집주』를 취하지 않고 한나라 유학자인 정현鄭玄의 학설을 계승하여 새로운 방법을 만들고 훈고학적으로 경전을 해석하여 『논어논인론』을 짓는다. 완원의 저술은 인을 고증학으로 해석하여 이학과 다른 관점을 가지고 있지만 철저하게 실제에 힘쓰면서 절실하므로 공자 인학의 핵심을 파악하는데 많은 도움이 된다.

(1) 『논어논인론』에 관한 주변지식

완원이 지은 『논어논인론』은 1권으로 되어 있으며, 단행본으로 간행되지 않고 도광 3년 편집된 『연경실집揅經室集』에서는 1집 권8에 수록되어 있다. 서발序跋이나 제기題記같은 문장이 없기 때문에 언제 지어졌는지 분명하게 알 수가 없다. 완원의 제자나 후손들이 편집한 연보에서도 명확하게 기록해놓지 않았다. 장감張鑑이 편집한 『뇌당암주제자기雷塘庵主弟子記』 권1의 기록에 의하면 가경 3년 완원이 절강학정으로 있을 때 『증자주석曾子注釋』 10편을 완성했는데 이 때 그의 나이 35세였다. 완원의 셋째 아들 완호阮祜가 이 조목에 "이 때 『논어논인론』과 『성명고훈性命古訓』 3권이 아직 지어지지 않았다."[44]라고 주석을 달았으니 『논어논인론』이 가경 3년 이후에 지어졌음을 알 수가 있다. 그럼 언제일까? 완원이 그의 문인인 진수기陳壽祺에게 보내는 서찰에 의하면 다음과 같이 되어 있다. "나는 근래에 수십 년간 하고 싶던 말을 『성명고훈』 1권으로 완성하였다. 이 책은 대체로 이고李翱의 『복성서復性書』를 물리치고 성정을 절제하는 『서경』과 「소고召誥」를 위주로 하였네. 조금 시간이 나면 다시 베껴 써서 보내겠네. 또 『논어논인론』 2권도 보내네."[45]이 서찰은 도광 원년 4월에 지어졌는데 『연경실집』에는 수록되어 있지 않고 진수기의 『좌해전집』 권수에 보인다. 이 서찰에 의하면, 『논어논인론』의 탈고는 늦어도 도광 원년을 넘지 않는다. 또 강번江藩의 저서 『국조한학사승기』를 살펴보면 이 문제의 해답에 더 가까이 갈 수 있다. 강번의 책에는 완원의 학문과 덕행에 대해 기술하는 대목이 있다. "백원의 이름은 원元이

---

44) 是時, 『論語論仁論』, 『性命古訓』三卷尙未撰.

45) 阮元致陳壽祺札, 『揅經室集』에서는 수록되어 있지 않고 진수기의 『좌해문집左海全集』 권수에 실려있다. 生近來將胸中數十年欲言者, 寫成 『性命古訓』一卷. 大抵欲辟李習之復性之書, 而以 『書』, 『召誥』節性爲主, 少暇當再抄寄. 又 『論仁論』二卷奉政.

며, 운대芸臺라는 자가 있으며 의징儀徵 사람이다. 건륭 병오년에 향시에 합격하고 기유년에 진사에 합격하였다. 편수編修를 제수 받고 관직이 절강순무浙江巡撫에 오른다. 지금은 첨사부詹事府의 소첨사少詹事[46]를 맡고 있다. 통하지 않는 학문이 없다. 저서로는 『고공거제고考工車制考』, 『석경교감기石經校勘記』, 『십삼경주소교감기十三經注疏校勘記』, 『증자주曾子注』, 『논어논인론論語論仁論』, 『주인전疇人傳』 등이 있다."[47] 고증에 의하면, 강번의 원고는 가경 17년에 처음 완성되는데 완원은 그 전해 7월 23일부터 이 해 5월 8일까지 첨사부의 소첨사를 맡았다. 강번의 책에서 "금관今官"이라고 한 부분은 실제 일이다. 이 때문에 『논어논인론』의 탈고시점을 가경 16년과 17년 사이로 앞당겨야 한다. 거기다가 초순이나 능정감이 완원의 인학仁學사상에 끼친 영향을 참고하면, 이런 판단이 역사적 사실에서 크게 벗어나지 않을 것이다.

완원은 무엇 때문에 이 시기에 『논어논인론』을 지었을까? 관련된 책 내용에서 보면, 이 문제는 두 가지 측면에서 생각해 볼 수 있다. 하나는 당시 학술적 배경 때문이고, 다른 하나는 완원이 인학 방면에서 받아들인 구체적인 학술 영향 때문이다.

가경 말기, 여러 가지 변란이 많이 생기고 시대적 변화가 날로 빨라지는 상황에서 학술도 따라 변한다. 강번江藩의 『국조한학사승기國朝漢學師承記』 편찬을 기준으로 한학은 쇠락의 길로 접어들어 비판과 종합이라는 대세를 따른다. 이와 동시에 송학의 길항拮抗은 날로 거세진다. 이럼에도 불구하고 청대 초기 모기령의 『사서개착四書改錯』부터 건륭연간 후기 대진의 『맹자자의소증孟子字義疏証』까지 한대 유학자를 추존하고 송대 유학자를 배격하며 주자학을 비난하는 기풍은 여전히 가시지를 않는다. 모기령이나 대진을 직접 만나보지는 못했지만 완원의 학문은 모기령의 저술을 읽고 난 다음부터 시작된다. 절강학정으로 있을 때, 모기령의 학설을 충심으로 받아들였기 때문에 『서하전집西河全集』의 서문을 짓고 간행하여 세상에 널리 알렸던 것이다. 완원은 다음과 같이 말한다. "우리 청나라 경학은 모기령 선생의 실력이 탁월하다. 동림東林학파와 즙산蕺山학파의 강학 이후에 선생께서 경학을 자임하며 크게 들고일어나자 실학이 일시에 흥기하였다. 이 때, 만사대萬斯大는 절동에서 일어나고 호위胡渭는 절서에서 일어났으며, 고염무와 염약거는 장강과 회수 지역에서 일어났는데 선생은 뛰어난 학식과 논변으로 세상을 내려다보며 이들과 경쟁하였으나 사실 추구하는 도는 서로 도움을 주었다. 지금 학자들이 날로 번성하여 장강 남북으로 학설을 세우고 의발을 전수하는 수십 명의 학자들이 선생보다 정밀한 사람이 많기는 하지

46) 첨사부, 명청대 중앙기구 중의 하나로 명대 홍무제洪武帝 때 창설되었다. 주로 황제나 황태자의 궁중사무를 맡아본다. 첨사와 소첨사 등의 관직을 두었다. 역자 주.

47) 江藩, 『國朝漢學師承記』卷7, 「凌廷堪」. 伯元名元, 一字芸臺, 儀徵人. 乾隆丙午擧人, 己酉進士, 授編修, 官至浙江巡撫, 今官詹事府少詹事. 於學無所不通, 著有『考工車制考』, 『石經校勘記』, 『十三經註疏校勘記』, 『曾子註』, 『論語論仁論』, 『疇人傳』等書.

만, 선생이 시작하지 않았으면 불가능하다고 할 수 있다."[48] 대진에 대해서는 완원이 받아들이지 않는 부분도 있긴 하지만, 훈고로 의리를 밝히는 대진이 제창한 연구방법론은 자신의 것과 일맥상통하므로 확실하게 믿고 정성껏 지켰다. 한학의 계승자면서 기풍을 관장하여 학술계를 이끌었으니 당연히 강번과 같은 목소리를 내며 자신의 학파의 든든한 보루가 되었던 것이다. 이와 같기 때문에 근래의 양계초 선생이 『청대학술개론』에서 한학의 '호법신'[49]으로 치켜세운 것도 지나친 표현이 아니다.

완원 인학사상의 형성 과정에 비교적 큰 영향을 끼쳤던 인물은 주로 네 사람이 있다. 첫 번째는 그의 인척관계인 유대공劉台拱이다. 유태공은 한 때 유명한 경학스승으로서 뛰어난 학술과 인품으로 학단의 지극한 존중을 받았으며 가경 10년에 죽는다. 저서인 『논어병지論語駢枝』는 완원이 절강순무로 있을 때 간행했을 뿐 아니라 경사로 가져가서 선배 학자인 옹방강에게 보내 한 번 읽어볼 것을 요청한다. 옹방강의 『복초재집復初齋集』에 이 일에 대한 기록이 있다. "유태공이 『논어』를 깊이 공부한 바가 있어 어제 시랑 완원이 간행한 유태공의 책을 보내왔는데 그 책 내용 가운데는 정밀하고 자세한 곳도 있고 한쪽으로 치우친 곳도 있었다."[50] 두 번째는 장용臧庸이다. 장용은 강희연간 경학스승 장림臧琳의 자손이며, 한 때 이름난 유학자인 노문초盧文弨, 전대흔錢大昕, 왕창王昶, 단옥재段玉裁 등에게 배웠다. 가학의 연원이 있는데다가 전통이 있는 스승에게서 배워 경학의 기초가 매우 견실했다. 완원이 절강학정으로 있을 때 『경적찬고』의 판찬을 돕기 위해 장용을 초빙하고, 뒤에 절강순무로 있을 때 또 장용을 초청했다. 장용이 가경 16년에 죽었을 때, 완원은 그의 저서인 『배경일기拜經日記』에 있는 『논어』 인학에 대한 견해를 보고 우러러 탄복했다.

세 번째로 완원의 인학관에 직접적으로 영향을 끼친 사람은 자신에 앞서 『논어』를 분류하여 전문 저작으로 만든 초순이다. 초순은 완원과 한 마을에서 같이 공부했던 사이이며 친족 자형으로 평생 학업에만 몰두하여 박학다식하였다. 가경 25년 병으로 세상을 떠나자 완원은 그를 위해 전을 짓고 '통유通儒'라고 높이며 '유림대가儒林大家'로 칭찬하였다. "초군은 나와 나이가 같고 나의 친족 자형이다. 약관의 나이에 나와 나란히 명성을 알렸으며, 내가 관직에 들어간 이후로는

48) 阮元, 『揅經室二集』卷7, 「毛西河檢討全集後序」. 國朝經學盛興, 檢討首出, 於東林, 蕺山空文講學之余, 以經學自任, 大聲疾呼, 而一時之實學頓起. 當是時, 充宗起於浙東, 胐明起於浙西, 寧人, 百詩起於江淮之間, 檢討以博辨之才, 睥睨一切, 論不相下, 而道實相成. 迄今學者日益昌明, 大江南北著書授徒之家數十, 視檢討而精核者固多, 謂非檢討開始之功則不可.

49) 梁啓超, 『淸代學術槪論』, 48쪽.

50) 翁方綱, 『復初齋集』卷7, 「考訂論」中之2. 劉台拱深於『論語』, 昨阮侍郎元以所錄台拱之書來示, 其『論語』卷中有精審者, 亦有偏執者.

초군의 학문은 정심하면서도 넓고 커져 내가 멀리 쫓아갈 수가 없었다."[51] 초순은 대진을 사숙하고 가경 9년에 대진의 『맹자자의소증孟子字義疏證』을 모방하여 『논어통석論語通釋』을 지었다. 이 책은 배움에 관해 논한 공자의 말을 분류하여 모두 성聖, 대大, 인仁, 일관충서一貫忠恕, 학學, 지知, 능能, 권權, 의義, 예禮, 사仕, 군자소인君子小人 등 12부분으로 나누었으니, '인仁'은 그 가운데 하나이다.

네 번째 사람은 완원의 인학사상에 가장 큰 영향을 끼친 사람으로 능정감凌廷堪이다. 완원은 18세에 능정감과 교분을 맺었는데 이 때가 건륭 46년이었다. 가경 14년, 능정감이 병으로 세상을 떠날 때까지 학문에 대해 서로 논하면서 평생 허물없이 지냈다. 능정감은 또한 대진을 사숙하였는데 특히 예학에 가장 정통했다. 가경 13년, 능정감은 완원의 요청으로 남쪽 항주로 와서 그동안 지었던 모든 서적을 완원에게 보여준다. 완원은 크게 탄복하고 그의 장자 완상생阮常生에게 가서 배우도록 한다. 저서 『예경석례禮經釋例』와 『교례당집校禮堂集』의 「복례復禮」 3편은 『논어논인론』 편찬에 거대한 영향을 끼쳐 완원에게 논의의 근거가 된 다고 할 수 있다. 능정감은 "성인의 도는 지극히 평이하다. 『논어』에서 공자의 말을 자세하게 기록하였으나, 항상 예에 대해 말했지만 리理에 대해서는 한 마디도 언급하지 않았다."라고 하며, 다음과 같이 지적한다. "인은 본성에 근거하지만, 보고 듣고 말하고 행동하는 것은 감정에서 생겨난다. 성인이 리에서 구하지 않고 예에서 구한 것은 리에서 구하면 반드시 마음을 스승으로 삼는 지경에 이르지만, 예에서 구해야 비로소 본성을 회복할 수 있기 때문이다." 이 때문에 "『논어』는 성인이 남긴 책인데, 성인이 남긴 책에 대해 말하면서 항상 말했던 예는 버려두고 사사건건 언급한 적이 없는 리에 견강부회한다면 과연 성인의 뜻이겠는가?"[52]라고 단언한다. 완원은 능정감의 견해를 그대로 따라 『논어논인론』를 시작하면서 "『논어』에서 오상五常을 말한 부분이 상세한데, 인에 대해 논한 것은 모두 58장이며 『논어』에서 인자는 105번 보이니 특히 상세하다. 성인의 문하에서 가장 상세하게 언급한 부분에 대해서는 논의하지 않으면서 『논어』에서 언급하지 않은 글자는 취하여 어찌 논의할 겨를이 있겠는가?"[53]

---

51) 阮元, 『揅經室二集』卷4, 「通儒揚州焦君傳」. 焦君與元年相若, 且元族姊夫也. 弱冠與元齊名, 自元服官後, 君學乃精深博大, 遠邁於元矣.

52) 凌廷堪, 『校禮堂文集』卷4, 「復禮」.

53) 완원, 『연경실집』권8, 「논어논인론」. (앞으로 완원의 말을 인용하면서 출처를 밝히지 않은 부분은 모두 이 편이다.) 聖人之道, 至平且易也. 『論語』記孔子之言備矣, 但恒言禮, 未嘗一言及理也. 夫仁根於性, 而視聽言動則生於情者也. 聖人不求諸理而求諸禮, 蓋求諸理必至於師心, 求諸禮始可以復性也. 夫『論語』, 聖人之遺書也, 說聖人之遺書, 必欲舍其所恒言之禮, 而事事附會於其所未言之理, 是果聖人之意邪! 『論語』言五常之事詳矣, 惟論仁者凡五十有八章, 仁字之見於『論語』者, 凡百有五, 爲尤詳. 若於聖門最詳切之事, 論之尙不得其傳而失其旨, 又何暇別取『論語』所無之字, 標而論之邪!

완원은 청년기에 관직을 시작한 이후, 공무로 바빠 앞에서 언급한 유학자들만큼 학문이 정밀하지는 못하지만 오랫동안 학문을 갈고 닦은 데다가 우월한 조건이 따라주어 학술사에서 많은 성취를 남기게 되었다. 가경 16년 이후에 완원은 '예로써 이理를 대신한다(以禮代理)'는 능정감의 뜻을 따라 초순이 분류한 『논어』의 선례를 취하고 여러 학자들의 장점을 한데 모아 『논어논인론』을 완성하니 '인으로 리를 대신한다(以仁代理)'는 깃발이 자연스럽게 드날리게 되었다. 그 사이의 학술발전의 내재적 논리는 어느 한 개인이 바꿀 수 있는 것이 아니었다.

(2) 완원의 인학관

『논어논인론』은 한나라 유학자 정현의 '인仁'에 대한 해석에서 시작하는데 모두 3부분으로 되어 있다. 첫 번째 부분은 개요로서 강령을 들고 저술의 대의를 소개한다. 두 번째 부분은 『논어』에서 인에 관해 논한 장章들을 분류하여 모아놓고 그 중에 작자의 평어가 들어있어 각장의 요지를 선명한다. 세 번째 부분은 마무리 부분으로 고훈을 자세하게 설명하여 첫 부분의 대의와 호응한다. 완원의 인학관은 이 사이에 들어있는데 개괄하면 주로 세 가지가 있다.

① '인'자의 본래의 뜻

완원의 '인'에 대한 해석은 고훈을 기본으로 하는데 되도록 고적에서 글자의 원뜻을 찾는다. 그의 고증에 의하면, '인仁'자는 『상서』 가운데 우서, 하서, 상서에도 보이지 않고, 『시경』 속의 3개의 송과 『주역』의 괘효사에서도 보이지 않는다. 이 글자가 유가경전에서 최초로 나오는 것은 『시경』 소아의 「사월四月」편이다. 이 때 「사월」편의 "선조비인, 호녕인여先祖匪人, 胡寧忍予"에서의 '인人'자가 '인仁'자라는 것이다. 그 다음으로 나오는 것이 정풍鄭風 「숙우전叔于田」의 '순미차인洵美且仁'이다. 이 때문에 완원은 문자의 발전과정이라는 측면에서 인仁은 "주나라 초기에 말은 있었으나 글자는 없어", 당시에 모든 인仁자는 "인人자로 썼으며 『주관례周官禮』이후에야 인仁자가 생겨났다"[54]고 보았다.

주나라 초기 이후 '인仁'자는 어떻게 해석되었을까? 완원은 먼저 허신의 『설문해자說文解字』의 "인仁은 친하다는 뜻이다. 인人과 이二를 따른다."[仁, 親也, 從人二]라는 해석을 인용하고, 이어서 단옥재의 『설문해자주說文解字注』의 "친親은 지극히 밀접하다는 뜻이며, 회의자會意자이다."[親者, 密至也, 會意]라는 해석을 인용하였다. 이어서 『중용』의 '인은 사람이다(仁者人也.)' 구절에 대

---

54) 阮元, 『揅經室集』卷8, 「論語論仁論」. 周初, 有此言而尚無此字. 但寫人字, 『周官禮』後始造仁字也.

해 정현의 주석을 인용하였다. "인人은 '상인우相人偶'의 인人과 같이 읽어야 하니, 사람들의 뜻으로 서로 안부를 묻는 것을 말한다."55) 여기서 '상인우相人偶'의 의미가 무엇일까? 완원은 이것에 대해 수많은 인용과 증거를 들어 자신의 견해를 증명한다. 『의례儀禮』 가운데 「대사의大射儀」의 '읍이우揖以偶'에 대해 정현은 "이以는 우偶의 일이 여기서 이루어진 것이다. 서로 짝한다는 것을 의미한다."56)라고 주석을 달았다. 『빙례聘禮』의 '매곡읍每曲揖'에도 정현은 "매번 문을 들어가면서 읍하는 것은 상인우相人偶를 공경함으로 삼기 때문이다."[每門輒揖者, 以相人偶爲敬也]라고 주석을 달았으며, 「공식대부례公食大夫禮」의 '빈입삼읍賓入三揖'에도 정현은 마찬가지로 "상인우相人偶"라고 주석을 달았다. 『시경』 국풍 「비풍匪風」편의 '수능팽어誰能烹魚'와 '수장서귀誰將西歸' 구절도 정현은 다음과 같이 해석한다. "사람이 짝을 이루면 요리할 수 있고…, 사람이 짝을 이루면 주나라의 도를 도와 백성을 다스릴 수 있다."57) 가의 『신서』의 「흉노편」에 "호족의 어린 아이가 가까이서 모시면 호족의 귀인은 한걸음 더 나아가 술잔을 따르는 것을 받으니 군주는 사람들로 하여금 공경하게 한다."58)라고 한다. 완원은 여러 예를 자세히 들어 다음과 같은 결론을 낸다. "옛날의 소위 인우人偶는 상대방과 내가 서로 친애하는 말과 같으니 혼자일 때는 짝이 없고 짝이 있을 때는 서로 친했다. 그러므로 글자는 인人과 이二를 따른다."59) 그는 인자의 본래 뜻을 자세히 진술한다. "인仁자의 뜻은 사람이다. 주나라와 진나라 이후로 고훈을 계속 사용하여 동한 말에도 사람들이 모두 이 뜻을 알았으며 다른 설이 없었다. 정현이 거론한 상인우는 또한 진한 이후 민간의 말로 사람들이 구어로 사용하였으니, 이것을 들어서 훈고로 삼았다."60) 이 말에 의하면 완원은 고훈의 원래 뜻을 살펴 『논어』 인仁자에 대해 새로운 정의를 내린다. "춘추시대에 공자문하의 인은 이 사람과 저 사람이 서로 짝이 되어 공경과 예의, 충과 서 등의 일을 다 하는 것을 말한다."61)

② 공자의 인학에 대한 이해

완원의 학문은 자신의 일과 밀접하게 연결시키고 실제에 힘썼으며 실사구시를 특징으로 한다.

---

55) 人也讀如相人偶之人, 以人意相存問之言.

56) 以者偶之事成於此, 意相人偶也.

57) 人偶能割烹 … 人偶能輔周道治民.

58) 胡嬰兒得近侍側, 胡貴人更進得佐酒前, 上使人偶之.

59) 古所謂人偶, 猶言爾我親愛之辭, 獨則無偶, 偶則相親, 故其字從人二.

60) 仁字之訓爲人也, 乃周秦以來相傳未失之故訓, 東漢之末, 猶人人皆知, 並無異說. 康成氏所擧相人偶之言, 亦是秦漢以來民間恒言, 人人在口, 是以擧爲訓.

61) 春秋時, 孔門所謂仁也者, 以此一人與彼一人相人偶, 而盡其敬禮忠恕等事之謂也.

완원은 일찍이 다음과 같이 말했다. "유자는 경전에 대해 단지 올바름을 구할 따름이다. 올바름이 있다면 주석을 따라도 괜찮고 따르지 않아도 상관없다. 공영달孔穎達과 가공언賈公彦의 의소義疏를 반드시 따를 필요는 없다. … 전주傳注에 얽매여 견강부회한다면 그 폐단은 전주를 따르지 않고 함부로 말하는 것과 다름없다."[62] 공자의 인학에 대한 이런 인식은 그의 학문적 개성을 가장 잘 드러내고 있다. 공자의 인학을 탐구하는 일은 "고원한 것을 힘써 추구하는 것"을 매우 꺼리고, "실제적이고 가까운 것, 일상적인 것을 논해야 한다."[63]고 완원은 생각했다. 이런 취지를 근본으로 하여 『논어』의 인에 대해 논한 장章들을 각각 분류하여 「옹야」편과 「술이」편부터 시작하여 「자한」편까지 하나의 장을 각각 분류하거나, 여러 장을 묶어서 분석하여 공자의 인학에 대해 광범위하면서도 깊이 있는 탐구를 진행하였다. 완원은 공자의 인학을 거론할 때 그 요점은 3가지가 있다.

ㄱ "자신이 서고자 함에 다른 사람을 세워주고 자신이 이르고자 함에 다른 사람을 이르게 한다."[己欲立而立人, 己欲達而達人]

완원은 "서로 친하고 공경한다(相人偶)"를 인의 해석의 출발점으로 삼았기 때문에 『논어·옹야편』의 공자와 자공의 문답이 공자 인학의 핵심이 된다. 완원은 "인은 자신이 서고자 하면 다른 사람을 세워주고 자신이 이르고자 하면 다른 사람을 이르게 한다"[64]는 공자의 말을 중심으로 이 장을 「옹야」편의 첫머리에 두고 "서로 친하고 공경한다"는 가르침과 하나로 합쳐 『논어』 전체의 일관된 사상으로 삼았다. 완원은 이에 앞서 "이른바 인은 자신이 서고자 하면 다른 사람도 세워주고 자신이 이르고자 하면 다른 사람도 이르게 한다. 그래서 두 사람이 서로 친하고 공경해야 인이 비로소 드러나는 것이다."[65]라고 하고, 이어서 또 "성현의 인은 반드시 다른 사람과 짝해야 비로소 드러낼 수 있다. 그러므로 공자의 인은 반드시 나이 많은 사람이 편안히 여기고 어린 사람이 마음으로 품어주어야 한다. 만약 마음으로 드러나는 바가 없는데도 인이라고 할 수 있다면 이것은 노승이 면벽수양할 때 자비심만으로 인의 일을 끝낼 수 있는 것이니, 이런 도가 있는가?"[66]라고 하였고, 이어서 또 "다른 사람에게 손해를 끼치지 않고 이로움도 주지 않아

---

62) 阮元, 『揅經室集』卷11, 「焦里堂群經宮室圖序」. 儒者之於經, 但求其是而已矣. 是之所在, 從註可, 違註亦可, 不必定如孔, 賈義疏之例也. … 株守傳註, 曲爲附會, 其弊與不從傳註, 憑臆空說者等.

63) 務爲高遠. 當於實者, 近者, 庸者論之.

64) 夫仁者, 己欲立而立人, 己欲達而達人.

65) 所謂仁者, 己之身欲立則亦立人, 己之身欲達則亦達人, 所以必須兩人相人偶而仁始見也.

66) 聖賢之仁, 必偶於人而始可見. 故孔子之仁, 必待老少始見安懷. 若心無所著, 便可言仁, 是老僧面壁多年, 但有一片慈悲心, 便可畢仁之事, 有是道乎?

아직 다른 사람을 세우거나 이르게 하지 않았기 때문에 공자는 인이라고 허락하지 않았다"⁶⁷⁾라고 하였다. 끝에서는 다음과 같이 마무리 짓는다. "백이와 숙제가 나라를 양보할 때 서로 짝이 되어 인을 행한 것이 바로 자신이 서고자 함에 다른 사람을 세워주고 자신이 이르고자 함에 다른 사람을 이르게 한 도이다."⁶⁸⁾ 앞뒤가 서로 호응하며 세 번이나 뜻을 드러나, 공자의 이 명제가 인학 사상에서 지극히 중요한 것임을 알 수 있다.

ⓛ "자신을 이기고 예를 회복하는 것이 인이다."[克己復禮爲仁]

"자신을 이기고 예를 회복하는 것이 인이다"는 공자가 『논어·안연편』에서 인학에 대해 제기한 중요한 명제다. 공자는 "자신을 이기고 예를 회복하는 것이 인이다. 하루라도 자신을 이기고 예를 회복하면 천하 사람들이 인으로 돌아갈 것이다. 인을 행하는 것이 자신으로부터 말미암지 다른 사람으로부터 말미암겠는가?"⁶⁹⁾라고 했는데, 이 명제를 어떻게 해석하느냐에 따라 학술사에서 한과 송의 학설이 나뉘므로 어느 한쪽을 옳다고 단정할 수 없다. 한나라 유학자인 마융은 '자신을 이기다(克己)'를 자신을 단속하다(約身)로 해석한다. 후대 유학자들은 중간에 다른 해석이 있긴 하지만 대부분 이 설을 따른다. 남송 시기에 주자는 『논어』를 주석하면서 새로운 해석을 제기한다. "인이란 본심의 온전한 덕이다. 극克은 이기다는 뜻이다. 기己는 자기자신의 사욕을 말한다. 예禮는 천리의 절문이다."⁷⁰⁾ 완원은 주희의 이 해석에 대해 가장 불만스럽게 생각하며 유가와 불교가 나누어지는 곳으로 보았다. 이치에 근거하여 힘써 논쟁하며 상세히 분석하니 『논어논인론』 가운데 편폭이 가장 큰 곳이며 가장 두드러진 부분이기도 하다. 완원은 우선 '극기복례'는 본래 고어이기 때문에 『논어』에도 보이고 『좌전』에도 보인다. 공자가 '다른 사람[人]'과 '자신[己]'을 호응하여 말한 것은 바로 정현이 '서로 친하고 공경하는[相人偶]' 것을 인의 근본으로 삼은 것이지, 주희처럼 '기己'를 사욕으로 해석해서는 안 된다. 만약 사욕으로 해석하면 『논어』의 본래 뜻과 맞지 않는다. 그래서 완원은 고훈의 근본을 밝혀 다음과 같이 지적한다. "'극기克己'의 기己자는 자기의 기己자이며, 아래 '위인유기爲人由己'와 같다. 자신을 이겨 예를 회복하면 사람들과 함께 인을 행할 수 있는 것을 말한다. 하루라도 자신을 이겨 예를 행하면 천하 사람들이 인으로 돌아가니 이것이 곧 자기가 서고자 하면 다른 사람을 세우고 자신이 이르고자 하면 다른 사람을 이르게 하는 도이다. 인이 다른 사람으로부터 말미암아 이룬다고 하더라도 사실은 자신이

---

67) 但能無損於人, 不能有益於人, 未能立人達人, 所以孔子不許爲仁.

68) 夷, 齊讓國, 相偶而爲仁, 正是己立立人, 己達達人之道.

69) 克己復禮爲仁. 一日克己復禮, 天下歸仁焉. 爲仁由己, 而由人乎哉?

70) 朱熹, 『論語集注』卷6, 「顏淵」. 仁者, 本心之全德. 克, 勝也. 己, 謂身之私欲也. 禮者, 天理之節文也.

시작해야 하는 것이다. 자신이 있다는 것만 알고 다른 사람이 있다는 것을 모른다면 불인不仁한 것이다."[71)

▻ "살기를 구하여 인을 해침은 없지만 자신을 희생하여 인을 이루는 경우는 있다."[無求生以害仁, 有殺身以成仁]

공자의 인학에서 인의 포괄범위와 영향력은 지극히 광대하고 심후하다. 효제에서 발원하여 공恭, 관寬, 신信, 민敏, 혜惠를 겸하고 충忠, 청淸, 경敬, 서恕 등의 덕을 포괄하며 최종적으로 숭고한 정신경계와 이상적인 추구가 된다. 그래서 공자는 "지사와 인인은 살기를 구하여 인을 해침이 없고 자신을 희생하여 인을 이루는 경우는 있다."[72)라고 하고, 또 "부귀는 사람들이 바라는 바이나 정당한 방법으로 얻는 것이 아니면 거처해서는 안 된다. 빈천은 사람들이 싫어하는 바이나 정당한 방법으로 벗어나는 것이 아니면 떠나지 않는다. 군자가 인을 떠나서 어디서 이름을 이루겠는가? 군자는 밥 먹는 때에도 인을 어기지 않고 다급할 때도 반드시 인을 행하고 넘어질 때도 반드시 인을 행한다."[73), "백성들에게 인이 필요한 것이 물이나 불보다 심하다. 물과 불은 내가 그 속에서 죽은 사람은 보았지만, 인을 밟고서 죽은 사람은 아직 보지 못했다."[74)라고 하였다. 이 때문에 공자는 "인을 행하는데 있어서는 스승에게도 양보하지 않는다."[75)라고 주장하였다. 제나라의 관중이 "전쟁을 멈추고"[不以兵車], "환공을 도와 제후들의 패자가 되게 하여 천하를 바로잡은"[相桓公, 霸諸侯, 一匡天下] 역사적 업적에 대해 "바로 관중의 인이구나! 관중의 인이구나!"[76)라고 공자는 진심으로 칭찬했다. 완원은 몇 개의 장을 나열하고 정밀하면서도 핵심적으로 "백성들에게 인의 유익함은 매우 크다", "부귀와 생사에 의해 빼앗기지 않는다"[77)라고 하며 공자 인학에 대한 거시적 이해를 도출해낸다. 공자가 관중의 공적과 과실을 논한데 대해 완원은 더욱 다음과 같이 강조한다. "인도仁道는 다른 사람을 아끼는 것을 위주로 하니 만약 천만 백성을 보전할 수 있다면 인은 크다. 그러므로 공자는 관중의 인을 지극히 칭찬하고 공자

---

71) "克己"己字, 卽自己之己, 與下爲仁由己相同. 言能克己復禮, 卽可並人爲仁. 一日克己復禮, 而天下歸仁, 此卽己欲立而立人, 己欲達而達人之道. 仁雖由人而成, 其實當自己始, 若但知有己, 不知有人, 卽不仁矣.

72) 『論語·衛靈公』. 志士仁人, 無求生以害仁, 有殺身以成仁.

73) 『論語·里仁』. 富與貴是人之所欲也, 不以其道得之, 不處也. 貧與賤是人之所惡也, 不以其道得之, 不去也. 君子去仁, 惡乎成名. 君子無終食之間違仁, 造次必於是, 顚沛必於是.

74) 『論語·衛靈公』. 民之於仁也, 甚於水火. 水火, 吾見蹈而死者矣, 未見蹈仁而死者也.

75) 『論語·衛靈公』. 當仁不讓於師.

76) 『論語·憲問』. 如其仁! 如其仁!

77) 仁之有益於人民者甚大. 爲富貴生死所不能奪.

규를 위해 죽지 않은 작은 절개는 소략히 다루었다.”78)

③ 인을 구하는 방법

앞에서 말한 바와 마찬가지로 완원의 연구에 의하면 공자의 사상체계에 있어 인은 미시적인 관점에서 인간관계를 처리하는 준칙이 된다. 곧 “자신이 서고자 하면 다른 사람을 세우고, 자신이 이르고자 하면 다른 사람을 이르게 한다”, “자신이 원하지 않는 바를 다른 사람에게 시키지 않는다.”는 사람들 사이의 조화로움에 그 뜻이 있다. 거시적인 관점에서는 포괄범위와 영향의 깊이 때문에 인은 또한 숭고하고 이상적인 추구이다. 따라서 어떻게 인을 구하느냐는 공자의 인학을 구성하는 부분이면서 공자의 인학을 실천하는 중대한 과제이기도 하다.

인을 구하는 방법에 대해서, 공자는 “자신 주위의 일로 미루어 다른 사람의 처지를 이해하라”79)고 하거나, “천하에 다섯 가지 덕(공손, 관대, 성실, 근면, 자혜)을 행하라”80)고 하거나, “인을 행하는데 힘을 쓰라”81)고 하는데, 이것들은 모두 평이하면서도 실제적인 도덕실천이며 직접 실천해야하는 성격을 갖고 있다. 공자의 제자들이 언급한 내용들도 마찬가지로 실제적이다. 자하는 “널리 배우고 뜻을 일관되게 하며 절실하게 묻고 가까운데서 생각하면 인은 그 가운데 있다.”82)라고 했으며, 증자도 “사는 원대한 포부와 굳센 의지를 가지고 있어야 하니 책임이 무겁고 길은 멀기 때문이다. 인을 자신의 임무로 삼으니 또한 무겁지 않겠는가? 죽은 다음에야 그치니 또한 멀지 않겠는가?”83)라고 했다. 완원은 이 두 사람의 말을 근본으로 삼아 인을 구하는 방법을 논하면서 오직 몸소 실천하는데 있다고 말한다. “인은 반드시 몸소 실행해야 비로소 드러나고, 또한 두 사람이 있어야 인은 드러난다.”84) 그래서 완원은 문을 닫아걸고 수양하거나 멀리서 도를 구하는 것을 반대한다. 그래서 완원은 “『논어』라는 책에서 공자는 인에 대해 말할 때, 보고 듣고 말하고 행하지 않는 데에 절대 인을 말한 적이 없다.”라고 말하고, 또 “인은 반드시 실행해야지, 바르게 앉아 조용히 관찰하면서 말만 하는 것이 아니다.”라고 했다. 완원은 더 나아가 “어떤 사람이 문을 닫고 집안에만 들어앉아 눈을 감고 정좌만 한다면 덕과 이치가 마음속에 있다고 하더라도 공자가 말하는 인은 아니다.”85)라고 단언한다.

---

78) 仁道以愛人爲主, 若能保全千萬生民, 其仁大矣. 故孔子極許管仲之仁, 而略其不死公子糾之小節也.
79) 『論語·雍也』. 能近取譬.
80) 『論語·陽貨』. 能行(恭, 寬, 信, 敏, 惠)五者於天下.
81) 『論語·里仁』. 用其力於仁.
82) 『論語·子張』. 博學而篤志, 切問而近思, 仁在其中矣.
83) 『論語·泰伯』. 士不可以不弘毅, 任重而道遠. 仁以爲己任, 不亦重乎? 死而後已, 不亦遠乎?
84) 凡仁必於身所行者驗之而始見, 亦必有二人而仁乃見.

　　이렇게 완원은 학리學理적인 연구를 통해 적극적 경세經世하고, 몸으로 체험하여 힘쓰게 실천하는 인학관을 확립하였다.

6. 나머지 논의

　　인학은 하나의 역사범주이다. 중국사상사에서 이 학설은 공자가 주장한 이후에 부동한 역사시기 부동한 학술유파와 사상가에 따라, 각자의 경제 정치 학술적 관점에 따라 자세히 해석함으로써 그 사상을 발전시켜 중국고대 유학에 있어 중요한 구성부분이 된다. 청대학술은 중국의 전통학술을 종합하고 정리하는 것을 기본특징으로 한다. 완원의 『논어논인론』은 공자 인학에 대한 역사적 종합이다. 완원의 이런 종합은 공자 인학에 대한 송대 유학자들의 해석으로부터 직접 기원한다. 인의 해석에 있어 송대 유학자들에 대한 불만으로 인하여 공자 인학에 대한 표창을 통해 유가 인학의 본래 면모를 회복하려고 애썼다.

　　송대 유학자들의 인의 해석은 주자를 집대성한 사람으로 삼는다. 주희는 「인설仁說」을 지었는데, 이정, 특히 정이의 인학사상을 발전시켰다. '애지리愛之理'와 '심지덕心之德'으로 인을 풀이하고 양송 유학자들의 인학사상을 비판하고 종합했다. 주희가 말하기를 "그러므로 마음의 덕을 말함에 있어 종합하고 관통하며 갖추지 않은 바가 없지만 한 마디로 요약하면 인을 말할 따름이다."라고 하였다. 또한 말하기를 "정자가 말하는 것은 애지발로 인을 명명한 것이다. 내가 논한 것은 애지리로 인을 명명한 것이다."[86] 이후 『논어집주論語集注』의 「학이편學而篇」에서 "기위인지본여其爲仁之本歟"구절에 대해 주자는 인을 더욱 간편하게 풀이하여 "인은 사랑의 이치고 마음의 덕이다."[仁者, 愛之理, 心之德也]라고 한다.

　　주자가 세상을 떠난 후, 그의 제자인 진순陳淳이 『북계자의北溪字義』를 지어 스승의 학설을 밝히고 고대 인학의 근본과 변천을 정리했다. 진순이 말하길 "공자 문하 이후로 사람들은 모두 인을 모른다. 한나라 사람들은 은혜恩惠의 뜻으로만 여겼으니 '애愛'의 뜻에만 구속되었다. 또 그 위에 사상누각을 지어 올려 인을 거칠게 보았기 때문에 한유는 마침내 인을 박애라고 여기게 된 것이다."[87] 당나라의 유학자 한유의 저서 「원도原道」에서는 "널리 사랑하는 것을 인이라고

---

85) 一部『論語』, 孔子絶未嘗於不視, 不聽, 不言, 不動處言仁也. 仁必須爲, 非端坐靜觀卽可曰仁. 若一人閉戶齋居, 瞑目靜坐, 雖有德理在心, 絶不得指爲聖門所說之仁矣.

86) 朱熹, 『朱文公文集』卷67,「仁說」. 故語心之德, 雖其總攝貫通, 無所不備, 然一言以蔽之, 則曰仁而已矣. 程子之所訶, 以愛之發而名仁者也. 吾之所論, 以愛之理而名仁者也.

87) 自孔門後, 人都不識仁. 漢人只把做恩惠說, 是又太泥了愛. 又就上起樓起閣, 將仁看得全粗了, 故韓子

한다"88)고 하는데 이정二程과 주희는 모두 이 설을 따르지 않는다. 정이가 제자들의 물음에 답하며 "성현이 인에 대해 말한 것을 분류하여 살피고 깊이 이해할"89) 것을 주장한다. 인에 대한 한유의 논의에 대해 그 그릇됨을 분명하게 지적한다. "인은 물론 널리 사랑하는 것이다. 하지만 널리 사랑하는 것을 인이라고 하면 안 된다."90) 진순의 설은 바로 여기에서 나왔다. 이어서 진순은 또 "사랑은 본래 정情이며 인은 본래 성性이다."[愛自情, 仁自是性]라는 정이의 가르침을 근본으로 하여 송대 유학자들의 인학을 종합한다. 진순은 다음과 같이 말했다. "정자에 와서 비로소 명백히 구별하여 인은 성性 애는 정情이라고 하였다. 그러나 정자의 이 말이 나온 이후로 문인들은 또 애愛를 완전히 흔들어서 줄곧 고원함만을 추구하니, 인은 애愛의 성性이고 애는 인仁의 정情이라는 것을 몰랐다. 애는 인이라고 바로 부를 수는 없지만, 인이 어찌 애를 떠날 수가 있겠는가?"91) 주자의 가르침을 따라 정자의 제자인 사량좌, 양시 등의 인학 주장에 대해 진순은 단연코 부정하고 '그 동안의 공자문하에 내려오는 심법'[殊失向來孔門傳授心法本旨]의 본 뜻을 완전히 상실했다고 평가한다. 따라서 그는 다음과 같이 결론을 내린다. "정자가 '마음은 비유하자면 곡식의 종자와 같으니, 자라는 성은 인이다'라고 논했는데, 이 말은 지극히 친절하다. 단지 이것을 준거로 삼아 이른바 '인은 성이고 애는 정이다'나 '인은 깨달음覺이나 공적인公 것으로 풀이할 수 없고 사람을 체로 삼기 때문에 인이 된다.' 등의 말과 겸하여 참조하고 깊이 이해하면 주된 뜻은 어그러지지 않고 인을 얻을 수가 있다."92)

이정에서 주희를 거쳐 진순陳淳까지 인학에 있어 송대 유학자의 주된 흐름은 분명 긍정해야 한다. 송대 유학자들은 연역적 학문방법을 잘 사용했으니 선대 학자들의 이치를 연역하는 가운데 "자라는 성은 인이다[生之性便是仁.]"나 "사랑의 이치며 마음의 덕이다[愛之理, 心之德.]" 등의 사상으로 공자의 인학을 발전시킨다.

청대 유학자들에게 학문의 방법은 송대 유학자들로부터 왔지만 청초 고염무나 염약거 같은 거장들이 이미 별도로 영역을 개척하여 박학樸學93)의 길로 나아가게 되었다. 건륭 연간에 대진이

遂以博愛爲仁.

88) 韓愈, 『昌黎先生集』卷11, 「原道」. 博愛之謂仁.

89) 將聖賢所言仁處, 類聚觀之, 體認出來.

90) 程頤, 『河南程氏遺書』卷18, 「伊川先生語四」. 仁者固博愛, 然便以博愛爲仁, 則不可.

91) 至程子始分別得明白, 謂仁是性, 愛是情. 然自程子此言一出, 門人又將愛全掉了, 一向求高遠去. 不知仁是愛之性, 愛是仁之情, 愛雖不可以正名仁, 而仁豈能離得愛?

92) 陳淳, 『北溪字義』卷上, 「仁義禮智信」. 程子論"心譬如穀種, 生之性便是仁", 此一語說得極親切. 只按此爲準去看, 更兼所謂"仁是性, 愛是情"及"仁不可訓覺與公, 而以人體之, 故爲仁"等數語相參照, 體認出來, 則主意不差而仁可得矣.

93) 고대의 질박한 학문이라는 뜻으로, 청대 고증학이나 훈고학을 말한다.

나와 마침내 박학으로 인을 해석할 것을 주장한다. 대진의 명저 『맹자자의소증』은 '인의예지仁義禮智' 부분을 별도로 두어, 인을 해석한다. "인은 생생의 덕이다. 백성들의 근본이요, 일상생활에 있어 먹고 마시는 것 중에 인도의 생생한 것이 아님이 없다. 한 사람이 생을 이루고 미루어 천하 사람들과 함께 그 생을 이루는 것이 인이다."[94] 이것을 근본으로 하여 네 가지 덕을 하나로 합쳐서 대진은 나아가 다음과 같이 말한다. "인도로부터 천도로 소급해가고, 인덕으로부터 천덕으로 소급해가면 기의 변화와 운행, 끊임없이 낳고 낳는 것이 인이다. 생생으로부터 자연의 조리가 있게 되는데, 조리에 질서가 있는 것을 관찰하면 예를 알 수 있다. 조리가 경계가 분명하여 어지럽힐 수 없는 것을 관찰하면 의를 알 수 있다. 하늘에서는 기의 변화인 생의 이치가 되며 사람에게는 생생의 마음이 되는 것이 인의 덕이다. 하늘에서는 기가 변하여 추행해가는 조리가 되며 사람에게는 마음의 지혜가 조리에 통하여 어지럽지 않은 것이 지의 덕이다. 오직 조리 때문에 낳고 낳으며, 조리가 상실되면 생생의 도는 끊어진다."[95] 대진은 송대 유학자들의 천리天理설을 취하지 않고 리理를 조리로 해석하며 새로운 영역을 개척하여 이론적 탐색방면에서의 용기를 분명하게 드러낸다. 그는 또 인에 생의生意가 있다는 것에 대한 송대 유학자들의 탁견을 파악하고 인에 생생불식의 덕을 부여하여 인학을 발전시킨 것은 건륭가경 시기 대진의 탁월한 공이다.

대진이 처음 학문의 길에 들어섰을 때 향리의 송학 유풍의 영향을 받아 송을 버리고 한으로 돌아가려고 했지만, 시종일관 의리를 탐구하였으므로 인에 대한 그의 해석은 연역적인 방법이 매우 많았으니 다 귀납적인 것은 아니었다. 이와 같기 때문에 박학을 주로 했던 완원은 결코 이런 방법을 찬성하지 않았다. 대진을 사숙했던 능정감은 정현의 '상인우相人偶'설을 근본으로 인을 해석하여 완원이 『논어논인론』을 짓는데 선도적 역할을 한다. 완원이 박학으로 인을 해석한 것과 송대 유학자들이 이학으로 인을 해석한 것은 각각 그 장점을 살려 길은 달라도 돌아가는 곳은 같았으니 마찬가지로 인학의 발전에 공이 있었다. 공자의 인학은 도덕의 수양과 유지를 출발점으로 하여 그 귀결점은 적극적으로 세상을 다스리는데 있었다. 공자 인학의 본래 면모를 회복한다는 의의에서 보면 완원의 『논어논인론』이 성공을 거두었음은 의심의 여지가 없을 뿐 아니라, 송대 유학자에 비교해도 한 걸음 더 진전되었다. 그러나 훌륭한 점과 못한 점을 구분하지 않고 줄곧 송대 유학자들을 배척하고 이정과 주희의 인설을 모두 버린 것은 또한 식견이 부족했

---

94) 仁者, 生生之德也. 民之質矣, 日用飲食, 無非人道所以生生者. 一人遂其生, 推之而與天下共遂其生, 仁也.

95) 戴震, 『孟子字義疏證』卷下, 「仁義禮智」. 自人道溯之天道, 自人之德性溯之天德, 則氣化流行, 生生不息, 仁也. 由其生生, 有自然之條理, 觀於條理之秩然有序, 可以知禮矣. 觀於條理之截然不可亂, 可以知義矣. 在天爲氣化之生理, 在人爲其生生之心, 是乃仁之爲德也. 在天爲氣化推行之條理, 在人爲其心知之通乎條理而不紊, 是乃智之爲德也. 唯條理, 是以生生; 條理苟失, 則生生之道絕.

다고 할 수 있다. 이 때문에 일찍이 그의 막빈幕賓이었던 방동수가 그와 논쟁을 벌이고, 그의 저서 『한학상태漢學商兌』에서 완원의 인론을 겨냥하고 있는 것도 이상할 게 없다.96) 만청시기에 주일신의 저서 『무사당답문無邪堂答問』에서 옛날의 견해를 그대로 따라 다시 정리한 원인도 여기에 있다.97)

공자가 인학을 주장한 이후 수천 년 간 중국민족에게는 줄곧 인학을 연구하고 실천하는 좋은 전통이 있었다. 중국역사에서 인학의 발전은 중국사회에 깊이 영향을 미쳐 중국민족이 쉬지 않고 노력하는 심층적인 근거가 되었다. 수천 년 간 축적된 역사적 경험이 하나로 귀결되는 것은 인을 추구하는 단연코 버려서는 안 되는 좋은 전통이다. 필자는 미래의 사회가 어떻게 발전하든, 후대에 인을 어떻게 해석하든지 간에 적극적인 경세학설로서 인학은 결국 중국민족과 후대자손들이 살아갈 세계와 공존할 것이라고 생각한다.

---

96) 方東樹, 『漢學商兌』卷中之上.
97) 朱一新, 『無邪堂答問』卷1.

제15장
장실재章實齋 연구의 두 과제

1. 장실재 가서家書 찰기札記

건가학술사에서 장학성章學誠은 "사학의 체례와 서적 교정법"을 연구하여 한시대의 독보적 존재가 되었다.[1] 그는 생전에 당시 사람들로부터 두루 인정받지 못하였고, 알아주는 사람도 없었으나 사망한지 채 1백년이 못되어 그의 학문은 결국 빛을 발했다. 특히, 20세기 초 이후로 장학성의 학행學行·사상에 대한 연구는 날이 갈수록 국내외 학자의 주목을 받았다. 임경창林慶彰 교수가 최근에 주편한 『건가학술연구논저목록乾嘉學術研究論著目錄』(1900-1993)을 살펴보면, 건가시기의 많은 학자 가운데 대진을 제외하면 장학성이 가장 관심을 많이 받은 학자였다. 장학성은 건륭3년(1738)에 태어나 가경6년(1801)에 사망하였는데, 이 시기는 고증학의 바람이 전국에 유행하던 시대였다. 그는 당시 주류학파 학자들과 처음에는 관계가 매우 친밀하였으나 시간이 지남에 따라 점점 어긋났다. 그리고 마침내 길을 달리하여 고증학풍에 대한 비판자의 입장에 서게 되었다. 아래에는 장학성의 가서를 연구 대상으로 삼아, 이러한 국면이 형성된 원인에 대해 정리하고, 하나의 측면으로부터 한 시대 학풍의 핵심 내용을 살펴보고자 한다. 다만, 부지런하지 못하여 서술에 온당하지 못한 점이 있다면 제위의 가르침을 구하고자 한다.

민국 초, 오흥吳興 유씨劉氏 가업당嘉業堂이 『장씨유서章氏遺書』를 편집하고 간각하였는데, 권9 『문사통의文史通義』 외편3에 '「가서」'를 제목으로 하여 장학성이 그 아들들에게 보낸 서찰 7건을 저록하였다. 이것이 엄격한 의미에서 실재實齋의 가서이다. 그리고 이번에 장학성이 그 큰 아들에게 준 서 두 통 및 친족에게 보낸 서찰을 정리하였는데, 아래에 함께 논할 것이다. 이것을

---

1) 章學誠, 『章氏遺書』卷9, 『文史通義』 外篇3, 「家書2」. 史學義例. 校讎心法.

넓은 의미에서 가서로 볼 수 있는지에 대해서는 제위를 평가가 필요하다. 이런 부류의 서찰은, 헤아려 보자면, 같은 권에 「여족손수일론사표與族孫守一論史表」·「답대아이선문答大兒貽選問」이 있고, 卷22 『문집』7의 「여족손여남론학서與族孫汝楠論學書」, 卷29 『외집』2의 「론문시이선論文示貽選」·「여종족론찬절민공가전서與宗族論撰節愍公家傳書」·「여호지질與琥脂姪」·「여가정보론문與家正甫論文」·「우여정보론문又與正甫論文」 그리고 「여가수일서與家守一書」 등 9수가 있다.

(1) 족손族孫 여남汝楠과 학문을 논하는 글

「여족손여남론학서」는 건륭 31년(1766) 가을에 썼는데, 이 때 실재의 나이가 29세였다. 당시에 그는 아직 국자감에서 공부 중이었는데, 이미 순천順天 해시解試에서 세 차례 낙방한 나머지 곤궁하고 쓸쓸하게 방황하던 때였다. 이 글은 학문을 주제로 하여, 유년시절의 공부 과정을 서술하고 또 경성京城에서 유학하던 시절의 고민을 서술하였으며, 자신이 추구했던 학문 방향과 세상일에 대한 평론, 인물 감별 등에 대해서도 서술하여 참고할 만한 내용이 많다. 호적胡適 선생이 저술하고 요명달姚名達 선생이 바로잡고 보충한 『장실재년보章實齋年譜』에서 논한 바와 같이, 이 책은 연보 주인공의 "젊은 시절 처음으로 쓴 중요한 글로서 가장 주목할 만하다."[2]

장학성의 초기 학문 태도가 서신에 아래와 같이 쓰여 있다.

생각해 보니, 저는 어릴 적부터 병치레가 잦아서 1년에 대략 두 달도 채 공부하지 못했습니다. 게다가 자질도 형편없어 하루에 겨우 1백 여 글자를 암송할 뿐이었는데, 그나마도 병이 도지면 그만두어야 했습니다. 14세에 결혼하였는데, 그때까지 사서도 마치지 못했습니다. 돌아보면 늙은 아버님께서 학생을 모아 경전을 가르칠 때에, 저는 여전히 조무래기로서 노부 곁에서 놀았습니다. 그러던 중, 경사의 대의를 듣고 혼자서 너무나 기쁜 나머지 의문 나는 점을 질문하기도 하였는데, 가끔 어른들이 생각지도 못한 의견을 내기도 했습니다. 이후, 지식이 점점 열려서 방대한 독서를 좋아하였는데, 노부께서 공부가 정밀하지 못할까 걱정하여, 여러 서적을 금지하여 읽지 못하게 하였습니다. 그러나 처음 공부하는 맛을 보았기에 책을 치워두는 것을 못 참았고, 노부께서 독서를 제한할 때마다 한동안 방황하기도 했습니다. 15~6세에 응성에 살았는데 학관의 교사가 날마다 과거 공부를 시켰습니다. 그리고 官舍에서는 다른 책을 볼 수 없었기 때문에, 몰래 어머니에게 부탁하여 비녀나 귀걸이를 종이와 붓으로 바꾸었고, 관사 서리의 손을 빌려 『춘추』내·외전, 춘추전국시대 자서 및 사서를 밤낮없이 베꼈습니다. 베낀 원고가 나올 때마다 다시 의미로 구분하여 기·표·지·전으로 묶었는데 모두 1백여 권이었습니다. 3년간 이렇게 했음에도 완성하지 못했습니다. 그러나 나중에 학관 스승에게 발각되었고, 꾸지

---

2) 胡適 著·姚名達 訂補, 『章實齋先生年譜』, "乾隆三十一年·二十九歲"條. 早年第一篇重要文字, 最可註意.

람을 듣고서 중도에 그만두었습니다. 수고롭게 정리했는데 결과를 보지 못해 지금까지도 아쉽게 여깁니다. 노부께서 관직을 그만두고 돌아오자 힘겨운 시절이 찾아왔고, 우리 가족은 남으로 북으로 쫓기듯 떠돌아 다녔습니다. 길에서 1만여 리를 돌아다녔는데 지금도 짐을 완전히 풀어놓지 못하고 있습니다. 전에 비해 식견은 조금 나아졌으나 기억력은 더욱 쇠퇴하여, 때로 책상자를 열어 지난날 묶어두었던 서책을 들추며 찾아봐야 할 지경이니 몹시 엉성하여 비웃음을 살만 합니다. 그 때가 떠오를 때면 저도 모르게 멍해집니다. 대개 공부를 할 나이에 저술에 욕심을 부리면 조그만 성취는 있겠지만 기본공부가 부족해집니다. 이는 옛 사람도 안타까워하였는데 제가 바로 그런 공부를 한 사람입니다. 세월은 말이 달리듯 매우 빨리 지나가 자신을 기다려주지 않습니다. 세월을 따르지 못하면 그 노력도 성공에 이르기 어렵다는 것을 알게 됩니다.3)

실재의 자술에서 그의 어릴 적 자질이 그리 좋지 못하였고, 학문도 매우 늦게 시작했을 뿐 아니라, 과거공부 과정도 준수하지 않았다는 사실을 알 수 있다. 그리고 학문을 시작할 때, 지나치게 일찍 사서 편찬에 힘을 기울여 경사經史의 기본기가 그렇게 단단하지 않았다는 점을 알 수 있다. 그는 23세에 경사京師에 들어가 향시鄕試에 응했음에도, 29세까지 세 차례 낙방하고 이룬 것이 하나도 없는데 이는 결코 우연이 아니다.

실재의 이 책에서 또 주목할 만한 한 가지 점은 당시 주류학파 학자와의 관계에 대해 서술한 부분이다. 주류학자 가운데 한 명은 그가 배웠던 주균朱筠이고, 또 한 명은 그가 존경했던 대진이다. 이 책에서 실재는 주균에 대해 "얼마 전 주선생 문하에서 공부하였는데, 경솔한 후생과 허하고 현실에서 벗어난 의리를 이야기하는 자를 몹시 싫어한다고 하였다. 그러므로 주선생께서는 학자가 되려면 먼저 실질적인 것을 구하고 나중에 확충을 논해야 한다고 가르쳤다. 이른바 '유가경전에 기록된 고사를 믿는 것[信古]'을 할 수 없는데 어떻게 '유가경전에 기록된 내용을 의심[疑經]' 하겠는가? 이 말은 참으로 핵심중의 핵심이다.4)"라고 써 두었다. 그리고 이 해에, 존경하던 대진을 방문하였는데, 이 일은 장씨章氏에게 매우 큰 감동을 주었다. 그는 이에 대해 서신에

---

3) 仆自念幼多病, 一歲中銖積黍計, 大約無兩月功, 資質椎魯, 日誦才百余言, 輒復病作中止. 十四受室, 尚未卒業四子書. 顧老父聚徒授經, 仆尚為群兒嬉戲左右. 當時聞經史大義, 已私心獨喜, 決疑質問, 間有出成人擬議外者. 自後知識漸通, 好泛覽, 老父以業患不精, 屏諸書令勿閱, 而嗜好初入, 不忍割置, 輒仿徨久之. 年十五六, 在應城, 館師日課以舉子業. 又官舍無他書得見, 乃密從內君乞簪珥易紙筆, 假手在官婚吏, 日夜抄錄『春秋』內外傳及衷周戰國子史. 輒復以意區分, 編為紀表誌傳, 凡百余卷, 三年未得成就. 後為館師所覺, 呵責中廢. 勤而無所, 至今病之. 老父解組來, 饑驅寒迫, 北走燕秦, 南楚越, 往返一萬余裏, 至今不得稅駕. 比雖識力稍進, 而記誦益衰, 時從破簏檢得向所業編, 則疏漏抵牾, 甚可嗤笑. 回首當日, 不覺憮然. 夫讀書之年, 誤貪撰著, 小成無本, 古人攸悲, 而仆乃更為文墨兒戲. 日月如馳, 忽不我與, 知弗及守, 知其勤苦鮮成功矣.

4) 近從朱先生遊, 亦言甚惡輕雋後生, 枵腹空談義理. 故凡所指授, 皆欲學者先求征實, 後議擴充. 所謂不能信古, 安能疑經, 斯言實中藏結.

이렇게 썼다.

> 휴녕 대동원께서 팔을 떨치며 말씀하셨습니다. "오늘날 학자의 병폐는 학문을 하건 문장을 하건 글자의 의미를 모르는 데 있다." 제가 그 말에 놀라 즉시 질문하였더니 선생께서는 "나는 선천·후천과 하도서의 정밀하고 심오한 글을 다 알 수 없으니, '『주역』[원형이정]'을 감히 읽을 수 없다. 일월성신의 운행과 세차, 하늘과 땅의 모습을 알 길이 없으니, '흠약경수(『상서』)'를 읽을 수조차 없다. 성음률려와 고금의 운법을 구분해 낼 수 없으니 '『시경』[관관저구]'을 볼 도리가 없다. 『삼통』의 정삭·『주관』의 전례를 알 수 없으니, '『춘추』[춘왕정월]'를 읽어낼 도리가 없다."라고 말씀하셨습니다. 나는 그 말씀에 몹시 부끄러웠습니다.5)

대진의 한 차례 강론의 영향으로, 실재는 젊은 시절 자신의 학업을 반성하면서 "지난날, 나는 학업을 하면 당연히 대의를 얻어야 한다고 생각했다. 그리고 젊은 날의 치기로 모든 서적을 섭렵하려고 노력했지만 그 속에 빠져 끝을 보지 못하였다. 토론하는 것을 좋아하여, 고담준론하였으나 절차탁마하지 않았고, 훈고를 배척하여 공허한 설만을 쫓았다.6)"라고 회상하였다. 그래서 그는 "비슷한 말만 끝없이 반복하였지, 우리는 『사서』 가운데 하나라도 첫 장을 넘겨 끝까지 본 적이 없었으니, 몹시 부끄럽고 한심하다.7)"라고 탄식했다.

그러나 젊은 시절 학업 훈련으로 학문의 울타리가 형성되고, 뿌리와 줄기도 깊고 튼튼해 진 것은 분명했다. 그래서 유신 주균에게 가르침을 받고, 명류名流 대진에게 고명한 논의를 들었다 해도 이는 장학성의 학문을 근본적으로 바꿀 수는 없었다. 실재는 "소싯적부터 '성격[性]'이 '역사[史]'에 맞서서 '학문을 하면 마땅히 대의를 얻어야 한다.[自少性與史近, 讀書當得大意]"라는 학문적 신념을 견지했다. 그는 서신에서 고증·사장辭章·의리 간의 관계에 대해서 논하면서 이렇게 지적했다.

> 학문의 길에는 동류도 있고 별류도 있습니다. 고증을 높이는 자는 사장을 비하하고, 의리를 찾는 자는 실증에 약합니다. 각자 성향이 가까운 것에 따라 독특한 성과도 따라서 드러납니다. 그러므로 복건·정현의 훈고, 한유·구양수의 문장, 이정·주희의 어록은 모두 독보적인 것이라서 어느 것 하나

---

5) 休寧戴東原振臂而呼, 曰 : "今之學者, 毋論學問文章, 先坐不曾識字." 仆駭其說, 就而問之, 則曰 : "予弗能究先天, 後天, 河洛精蘊, 即不敢讀'元亨利貞'; 弗能知星躔歲差, 天象地表, 即不敢讀'欽若敬授'; 弗能辨聲音律呂, 古今韻法, 即不敢讀'關關雎鳩'; 弗能考『三統』正朔, 『周官』典禮, 即不敢讀'春王正月'." 仆重愧其言.

6) 往仆以讀書當得大意, 又年少氣銳, 專務涉獵, 四部九流, 泛濫不見涯涘. 好立議論, 高而不切, 攻排訓詁, 馳騖空虛.

7) 充類至盡, 我輩於『四書』一經, 正乃未嘗開卷卒業, 可為慚惕, 可為寒心.

도 비하할 수 없습니다. 기필코 학문의 문호를 나누어 다른 것을 비판하고자 한다면, 의리는 허무에 빠지고, 고증은 한갓 술지게미 마냥 쓸데없는 것이 되고, 문장은 감상품에 지나지 않게 됩니다. 한·당 이후, 초가 나은가 제가 나은가 하는 문제는 지금까지도 분분하여 아직 결론을 낸 사람이 없지 않습니까?[8]

이 문제에 있어서 장학성의 결론은 이랬다. "고증은 곧 의리를 확인하는 것이고, 문장은 곧 의리에 도달할 수 있게 하는 도구이다. 속성이 다르지 않은데 무엇 때문에 시끄럽게 떠드는가? 이는 황새·조개 고사와 같아서 이단·속학에게 앉아서 어부지리를 얻도록 해 줄 뿐이다.[9]" 장학성은 학문으로 의리의 큰 뜻을 구해야 한다는 원칙에 의거하여 자신의 학문적 추구를 다음과 같이 밝혔다.

나는, 학자의 굳은 신념이란 귀하게 여길만한 것이어서 전적으로 속하는 곳이 있다고 생각한다. 넓고 자세히 하는 공부와 요점만 잡아서 하는 공부는 본디 분명히 나누어지는 것이 아니다. 넘쳐흐르거나 고여 쌓이는 것은 각각이 가지고 있는 속성에 따라 더욱 정밀해지게 마련이다. 그러므로 보다 멀리 도달하게 된다. 옛 성인이 다시 살아난다면, 이 말을 어떻게 생각할지 모르겠다. 그러나 말 하는 것이 어찌 어렵겠느냐마는, 10년간 문을 닫고 출입을 끊은 채, 우뚝하게 홀로 자립한다면 고인에게 부끄럽지 않을 것이다. 반드시 경솔하게 헛된 명성을 부러워하지 않고, 세속의 비방과 칭찬에 흔들리지 않고 성실하게 학업을 닦아야 한다. 수십 년간 중인 이하로 할 가치가 없다고 여기는 자라도 이를 실행한다면 하루아침에 거의 다 될 날이 올 것이다.[10]

다시 말하자면, 설사 대진·주균의 학문적 영향이 있기는 했지만, 장학성은 당시 경화학풍京華學風 사이에서 흔들리지 않았고, 의연히 의리학만을 종착점으로 굳게 견지했다. 사람들의 비방과 칭찬이 반복되었지만 결심을 밀고 나갔다.

---

8) 學問之途, 有流有別. 尚考證者薄詞章, 索義理者略征實. 隨其性之所近, 而各標獨得, 則服鄭訓詁, 韓·歐文章, 程·朱語錄, 固已角犄鼎峙而不能相下. 必欲各分門戶, 交相譏議, 則義理入於虛無, 考證徒為糟粕, 文章只為玩物. 漢唐以來, 楚失齊得, 至今囂囂, 有未易臨決者.

9) 考證即以實此義理, 而文章乃所以達之之具. 事非有異, 何為紛然, 自同鷸蚌, 而使異端俗學得以坐享漁人之利哉!

10) 章學誠, 『章氏遺書』卷22, 『文集』7, 「與族孫汝楠論學書」. 仆則以為, 學者祈向, 貴有專屬. 博詳反約, 原非截然分界, 及乎泛濫停蓄, 由其所取愈精, 故其所至愈遠. 古人復起, 未知以斯語為何如也. 要之談何容易, 十年閉關, 出門合轍, 卓然自立, 以不愧古人. 正須不羨輕雋之浮名, 不搞世俗之毀譽, 循循勉勉, 即數十年中人以下所不屑為者而為之, 乃有一旦庶幾之日.

(2) 여러 아들 집에 보낸 서찰 7수

장학성은 아들 다섯을 두었다. 장자는 이선貽選이고, 나머지 아들은 차례로 화불華紱·화수華綬·화련華練, 화기華紀이다. 호적胡適 선생의 연구에 따르면, 실재 선생이 여러 아들 집에 보낸 서신이 7수인데, 모두 건륭 55년에 쓴 것이다.[11] 이 당시의 장학성은 이미 50세를 넘긴 때였다. 이보다 이전인 건륭 42년, 43년 두 해에 걸쳐 향시·회시會試가 연속적으로 급제하였는데, 진사進士 귀반歸班으로서 선발을 기다렸다. 단지 지현직知縣職을 구할 심산이었으나 구하지 못하여 늘 남에게 얹혀살면서 사방을 떠돌아다녔다. 그 기간 동안 주균·대진의 뒤를 이어, 장학성은 또 전후로 당시 유림의 여러 학자와 교류하였는데, 예를 들면 임대춘任大椿·왕휘조汪輝祖·전대흔錢大昕·소진함邵晉涵·주영년周永年·황경인黃景仁·왕념손王念孫·단옥재段玉裁·유태공劉台拱·정진방程晉芳·왕중汪中·능정감凌廷堪·홍량길洪亮吉·손성연孫星衍·완원 등이다. 다만 학문 논의가 맞지 않았고, 소진함·왕휘조 등 몇명 우인友人을 제외하면 늘 의견이 충돌하여 함께 자리를 하기가 힘들 정도였다. 특히 대진·왕중 두 사람이 장학성과 가장 맞지 않아 늘 공격의 대상이 되었다. 건륭55년 봄, 장학성이 박주亳州(지금의 안휘 박현) 막부를 떠나 무창武昌으로 가서 호광총독湖廣總督 필원畢沅에게 몸을 의탁했다. 그의 가서家書 7수는 그가 무창의 필원 막부에 도착한 다음 쓴 것이다.

「가서1」에서는 독서와 학문의 방법을 논하였다. 실재의 말에 의하면, 그의 부친이 매일 일기日記를 쓰면, 그가 날마다 일초日草를 썼다. 이 일로 인해 부친이 여러 아들을 다그치며 "조부님 일기를 모방한다면 세간사의 쓸데없는 내용은 버려야 한다. 내 일초를 모방한다면 문장이 안 된다고 따질 필요는 없다. 모두 안 될 것은 없다.[12]"라고 말했다고 한다. 전체 내용의 뜻이 한결같이 늘 의리를 강구하는 데 있었다. 그래서 장씨章氏는 또 여러 아들에게 재삼 강조했다. "너희들은 학문 문장을 아직 이해하지 못한다. 평소의 이 마음으로 하여금 시시때때로 의리를 궁구하게 해야 한다. 눈 닿는 곳, 마음을 두는 곳에 절로 오묘한 실마리가 와서 모일 것이다. 즉, 범람하게 책을 보다보면 깨달음을 스스로 얻을 것이다. 朱子가 '늘 義理로 하여금 그 마음을 씻도록 해야 한다.'라고 한 말이 바로 이런 의미다."[13]

「가서2」에서는 "나는 사학史學에 대해서, 대체로 하늘로부터 받은 것이 있어서, 범례를 만들어

---

11) 胡適 著, 姚名達 訂補, 『章實齋先生年譜』, "乾隆五十五年·五十三歲"條.

12) 或仿祖父日記, 而去其人事閑文. 或仿我之日草, 而不必責成篇章. 俱無不可.

13) 章學誠, 『章氏遺書』 卷9, 『文史通義』 外篇3, 「家書1」. 爾輩於學問文章, 未有領略, 當使平日此心, 時體究於義理, 則觸境會心, 自有妙緒來會. 即泛濫觀書, 亦自得神解超悟矣. 朱子所謂常使義理澆洗其心, 即此意也.

후세를 위해 개척하는 것이 많을 것이라 자신한다.14)"라고 자신있게 말했다. 그는 아들이 부친의
업을 계승하여 사학史學을 가업으로 전하기를 희망하였다. 이 서신에서 가장 주목할 만한 점은
실재가 대부분의 내용을, 자신이 당시 주류학파 및 주류학파의 학문 풍격과 맞지 않는 점에 대해
서 집중적으로 서술하고 있다는 점이다. 그는 이렇게 말했다.

> 학문을 논할 때 당시 주류학자와 전혀 맞지 않았다. 대체로 당시 학자들은 학문의 결함을 보완하는
> 것을 높이 쳐주었고, 명물을 조사하는 것을 힘써야 할 일로 여겼으며, 문자학과 음운학을 업적으로
> 삼았다. 나는 이 몇 가지 일에 모두 능하지 못하지만, 매우 중시할 줄 알아서 잘 하는 사람에게 물어보
> 고서 본보기로 삼았다. 능하지 못한 일에 노력을 기울이지 않았고, 스스로 저술을 통해 시대의 학문
> 추세를 따르려고 했다. 이는 내 자신을 잘 헤아린 것이다. 당시 사람들은 그 의미도 모르면서 억지로
> 하려는 자들이 "이것을 버려두고 스스로 설 수 없다."라고 말하는데, 그 진위 시비를 막론하고 이
> 길은 모두 하나에서 나왔다. 내가 하려는 것은 세상 사람들이 하지 않는 것이다. 예를 들면, 옛 문사의
> 경우 최근에 하는 자가 드물지만 이전에는 연구하는 자가 있었다. 사학 의례義例나 교수심법校讎心法
> 은 모두 이전 학자가 언급한 적이 없고 아는 사람도 없다. 예컨대, 나와 친한 유단림 같은 분이 부친의
> 학사學士를 만나 내가 공부하는 것이 도대체 무엇인지 물어보았는데, 유단림은 모르겠다고 답하였다.
> 아마 유단림은 이 공부가 매우 어렵다는 것을 알고 다른 사람에게 말하기 어려웠을 것이다. 그래서
> 나와 가장 잘 통했던 사람도 언급하지 않았던 것이다.15)

「가서3」은 학문의 기초와 추구를 밝힌 중요한 글이다. 학문의 기초에 대해서 장학성章學誠은
그의 부친으로부터 동향의 선철先哲 소정채邵廷采로 곧장 거슬러 올라갔다. 그는 "나는 고문사古
文辭에 있어서 네 조부님을 조금도 따라가지 못한다. 그리고 조부께서 평소 소사복 선생의 글을
매우 높였으므로 나도 실제로 소씨를 앙모하였는데, 그 수준에 미칠 수 없어서 부끄럽다. 대체로,
사마천·반고의 사서, 한유·구양수의 문장, 정자·주자의 이학, 육상산·왕양명의 학문은 집대성
하여 일가를 이룬 것이다. 송대 구양수·증공이후에는 이처럼 학설을 세우고 저서를 펴낸 자가
나오지 않았다. 그런데 邵氏의 명성이 고을 밖으로 나가지 않았는데도, 네 조부께서는 몹시 깊이
아끼셨다. 내가 이 때문에 나아갈 방향을 정할 수 있었다. 연구와 수양 방법은 주선생에게서

---

14) 吾於史學, 蓋有天授, 自信發凡起例, 多為後世開山.
15) 章學誠, 『章氏遺書』卷9, 『文史通義』外篇3, 「家書2」. 至論學問文章, 與一時通人全不相合. 蓋時人以補
    且襞績見長, 考訂名物為務, 小學音畫為名. 吾於數者皆非所長, 而甚知愛重, 咨於善者而取法之, 不強
    其所不能, 必欲自為著述, 以趨時尚. 此吾善自度也. 時人不知其意而強為者, 以謂舍此無以自立, 故無
    論真偽是非, 途徑皆出於一. 吾之所為, 則舉世所不為者也. 如古文辭, 近雖為之者鮮, 前人尚有為者.
    至於史學義例, 校讎心法, 則皆前人從未言及, 亦未有可以標著之名. 愛我如劉端臨, 見翁學士詢吾學
    業究何門路, 劉則答以不知. 蓋端臨深知此中甘苦, 難為他人言也. 故吾最為一時通人所棄置而弗道.

배웠는데 이는 나중의 일이다. 그러므로 내 학문의 기초는 소씨에게서 나왔고 이는 또한 부친으로부터 배운 것이기도 하다.[16]"라고 밝혔다. 일생의 학문적 지향에 대해서, 실재는 "나는 사학에 있어서 저술로 일가를 이루는 것을 중시하였지, 편리에 따라 간략함만을 추구하거나 같은 종류의 글을 분류하여 편찬하거나 하는 일은 하지 않았다.[17]"라고 하였다. 그리고 그는 "내가 옛 사람의 글을 읽어보니 고명한 식견은 넉넉하지만 학문의 깊이는 부족한 것 같았다. 그래서 나는 훈고하고 질의하는 데 소홀한 부분이 많으나, 사물에 대한 이해와 정밀한 식견은 옛 사람이 도달하지 못한 곳까지 이를 수 있었다.[18]"라고 하였다. 그는 심지어 "나는 이제 기전의 사책을 깊이 궁구하여 체례를 분류하였고, 마침내 하늘로부터 임무를 받았듯이 절세의 업적을 이루었다."[19]라고 자부하기도 하였다.

「가서4」에서 「가서7」은 학문과 수양을 논하면서 학문의 취지를 밝히고, 한 시대의 학풍을 비판하였는데 모두 중요한 글이다. 이 가운데, 특히 「가서5」·「가서6」 두 수는 가장 주목할 만하다. 「가서5」에서는 송유宋儒의 학풍을 논하였는데, 실재는 다음과 같이 지적했다.

> 송유의 학술은 이로부터 삼대이후 '성의, 정심, 치국, 평천하'의 바른 길을 강구했다. 다만 그 유폐는 학문과 문장·경제와 이익 이외에 또 이른바 도가 있을 뿐이다. 도로써 학문을 이름 짓고서 밖으로 경제와 이익을 경시하고, 안으로 학문과 문장을 가볍게 여기어 고루한 학술을 고집한 것이 이로부터 시작되었다. 공허하게 인성과 천명만을 말하였으니, 박학한 유학자가 송학을 창피하게 여기는 것은 이상할 것도 없다.[20]

다시 말하면, 송유의 학문이 유학의 정통이라는 사실은 부인할 수 없다. 그러나 유행한지 오래지나 유폐가 점차 생겨나자 실질 없는 도학만 말하면서 학문과 문장 그리고 경제와 이익을 경시하여 마침내 "쓸데없이 인성·천명만을 이야기하는" 적폐를 양성했다. 이에 따라, 한 시대의 박학한 유학자가 송학을 부끄럽게 말하였는데 이는 매우 자연스러운 일이다.

---

16) 吾於古文辭, 全不似爾祖父. 然祖父生平極重邵思復文, 吾實景仰邵氏, 而愧未能及者也. 蓋馬, 班之史, 韓, 歐之文, 程, 朱之理, 陸, 王之學, 革命以成一子之書. 自有宋歐, 曾以還, 未有若是之立言者也. 而其名不出於鄕黨, 祖父獨深愛之, 吾由是定所趨向. 其討論修飾, 得之於朱先生, 則後起之功也. 而根底則出邵氏, 亦庭訓也.

17) 吾於史學, 貴其著述成家, 不取方圓求備, 有同類纂.

18) 吾讀古人文字, 高明有余, 沈潛不足. 故於訓詁考質, 多所忽略, 而神解精識, 乃能窺及前人所未到處.

19) 章學誠,『章氏遺書』卷9,『文史通義』外篇3,「家書3」. 吾於是力究紀傳之史, 而辨析體例, 遂若天授神詣, 竟成絶業.

20) 宋儒之學, 自是三代以後講求誠正治平正路. 第其流弊, 則於學問文章, 經濟事功之外, 別見有所謂道耳. 以道名學, 而外輕經濟事功, 內輕學問文章, 則守陋自是, 枵腹空談性天, 無怪通儒恥言宋學矣.

장실재章實齋가 보기에, 송학을 비판하는 것은 괜찮았지만, 송학을 부정하는 것은 불가능했다. 한 시대 학풍의 병폐에 점을 맞추어, 그는 學術史學家로서의 식견으로 "군자란 배워서 세상을 지탱해야지, 기풍이 좋다 나쁘다 여겨서는 안 된다. 송학의 유폐는 참으로 옛 사람이 나무란바 그대로이다. 오늘날 근심은 또 송학을 너무 경시하는 데 있다.[21]"라고 외쳤다. 따라서 실재는 서신에서 소진함邵晉涵과 『송사』 재 편찬을 논의하던 옛 일을 회고하면서 이렇게 썼다.

> 과거 경사에 있을 때, 소선생과 이 일에 대해서 언급한 적이 있는데, 소선생은 내 말에 매우 동의했습니다. 21史 가운데, 『송사』가 가장 엉성하여 소씨가 별도로 『송사』를 지으려고 하였습니다. 나는 별도로 『송사』를 지으면 다만 일가의 학설에 지나지 않으며, 반드시 주제가 있어야 한다고 하였습니다. 그러자 송학을 보존하는 것을 뜻으로 삼겠다고 소씨가 말했습니다. 내가 송학을 보존하고자 한다면 근거 없는 설을 피하고, 참으로 반고·사마천의 공업으로 정자·주자의 도를 밝혀야 하니, 그대가 부족한 나의 뜻을 염두 한다면 이룰 수 있을 것이라고 말해주었습니다.[22]

여기서 출발하여, 실재는 여러 아들을 훈계하면서 "너희들이 요즘 문사를 중요하게 생각하는데, 송학에도 소홀해서는 안 된다. 다만 송학에 빠져서 옛 사람이 남긴 유폐를 답습해서는 안 된다."[23]라고 하였다.

「가서6」은 흡사 "사람의 재질은 자주 변하고 또 각기 다르다[人之才質, 萬變不同]."에 대한 논의 같지만, 실제로 주의해서 볼 만한 부분은 이 내용이 아닌 것 같다. 장실재는 당시에 대동원戴東原이 내세운 학술의 기치를 공개적으로 비판하였는데, 오히려 그 사이에 토로한 중요한 정보에 주목해야 할 것이다. 바로 같은 해에 실재는 무창武昌에서 한 해 전에 편찬한 『문사통의文史通義』의 글을 정리하였는데, 이 작업과 아울러 특별히 「서주육편후書朱陸篇後」·「기여대동원론수지記與戴東原論修志」를 보충하면서 대동원 학술에 대해 정면으로 비판하였다. 「가서6」은 이 두 글을 보충할 때 쓴 서신이므로 대동원의 학술을 비판한 것 또한 서찰의 중요한 내용이었다. 실재는 이에 대해 다음과 같이 썼다.

> 선배 학자가 자신이 평생 했던 일을 자술한 것을 살펴보면, 그 자만한 자는 대부분 일부러 높고

---

21) 君子學以持世, 不宜以風氣為重輕. 宋學流弊, 誠如前人所譏. 今日之患, 又坐宋學太不講也.

22) 往在京師, 與邵先生言及此事, 邵深謂然. 廿一史中, 『宋史』最為蕪爛, 邵欲別作『宋史』. 吾謂別作『宋史』, 成一家言, 必有命意所在. 邵言即以維持宋學為誌. 吾謂維持宋學, 最忌鑿空立說, 誠以班, 馬之業, 而明程, 朱之道, 君家念魯誌也, 宜善成之.

23) 章學誠, 『章氏遺書』卷9, 『文史通義』外篇3, 「家書5」. 爾輩此時講求文辭, 亦不宜略去宋學, 但不可墮人理障, 蹈前人之流弊耳.

깊은 것을 한다. 예컨대, 대동원은 하룻밤 사이에 고문의 도를 깨달아 그 다음날 바로 손 가는 대로 글을 썼는데, 『좌전』·『국어』·『사기』·『한서』 보다 나았다고 한다. 이는 대군이 옛날 사람에 가까워 사람들이 그를 보자마자 황당함을 느끼게 하는 것과 같으니 걱정할 필요가 없다. 그가 정말 고문에 능했다면 쓴 글이 조금은 정리情理에 가까웠을 것이니, 아마도 사람들이 미혹되지는 않았을 것이다!24)

이 글의 의미를 곰곰히 생각해 보면, 실재는 대동원이 고문의 도에 그다지 밝지 않았고, 과장하는 말로 세상을 속였지, 실제로는 황당하고 핵심도 없다는 것을 설명하고자 했음을 알 수 있다. 장실재가 이 글을 썼을 때, 대동원은 이미 13년 전에 세상을 떠난 상황이었는데, 실재가 왜 하필 이 때 대씨의 학술을 비판 했는가? 필자는 우매하여 그 이유에 대해서 설명할 방법이 없다. 이에 대해서 제위의 가르침을 받는다면 매우 감격스러울 것이다.

(3) 친척 및 자질子姪에게 보낸 서찰

장학성이 친척 및 자질에서 보낸 서찰은, 앞서 소개한 8수 외에, 금본今本 『장씨유서章氏遺書』에도 8수 보인다. 원문의 주석 및 호적胡適·요명달姚名達 두 선생이 고증한 『장실재선생년보章實齋先生年譜』에 따르면 대체로 글을 쓴 시기를 판단할 수 있다. 순서대로 나열하자면, 건륭33년의 「여가수일서與家守一書」, 38년의 「여호지질與琥脂姪」, 53년의 「여종족론찬절민공가전서與宗族論撰節愍公家傳書」, 54년의 「여가정보론문與家正甫論文」과 「논문시이선論文示貽選」, 56년의 「여족손수일론사표與族孫守一論史表」 등 6수이다. 그리고 「답대아이선문答大兒貽選問」은 쓰여진 시기를 알 수 없는데, 아마 「가서」7수 이전일 것이다. 「우여정보론문又與正甫論文」은 「여가정보론문與家正甫論文」 이후에 쓰여졌는데, 아마 건륭 55년에서 56년 사이일 것이다.

이 여덟 편 가운데, 가장 중요한 글은 「우여정보론문又與正甫論文」이다. 서신에 쓰여진 글은 모두 그 시대의 학풍과 관련이 있다. 이 글에서 실재가 논한 내용은 대체로 두 가지다. 첫째, 학문과 공력功力의 관계이고, 둘째, 대동원의 학술에 대한 비판이다. 첫 번째 문제에 있어서, 장학성은 학문과 공력을 구별하여 공력을 결코 학문과 혼동해서는 안 된다고 분명히 주장하였다. 그는 이에 대해 다음과 같이 지적하였다.

---

24) 觀前輩自述生平得力, 其自矜者多故爲高深. 如戴東原, 一夕而悟古文之道, 明日信筆而書, 便出『左』, 『國』, 『史』, 『漢』之上. 此猶戴君近古, 使人一望知其荒謬, 不足患也. 使彼眞能古文, 而措語稍近情理, 豈不爲所惑歟!

학문과 문장은 옛 사람들에게는 본디 한 가지 일이었는데, 나중에 두 갈래로 나누어졌다. 최근 사람들은 문장은 이해하지 못하고서 학문을 말하지만 여기서 이른바 '학문'이란 공력이지 학문이 아니다. 功力은 학문과 비슷한 것 같지만 실은 다르다. 명수를 줄줄 외우고, 일실된 것을 수집하고, 문류를 편집하고, 이동을 고정하고, 다 방면에 관심을 기울이는 것은 사실 모두 학자가 지식을 탐구하는 데 필요한 '공력'일 뿐이다. 즉, 앞에 열거한 몇 가지 가운데, 그 소이연을 깨달을 수 있으면, 이를 바탕으로 위로 古人의 정미함을 밝히고, 아래로 후학을 인도하는데, 그 사이에서 은미한 의미를 깨우치되 타인에게 설명하기 어려운 것이 바로 학문이다. 지금 학자들이 고인의 공력을 학문으로 잘못 알고 있으니, 학문이 분분한 것도 이상하지 않다.25)

이런 상황이었으므로 실재는 한걸음 더 나아가 당시 학풍을 격렬히 비판했다. "지금 공력을 학문으로 잘 못 아는 자는 기풍을 쫓는 것일 뿐 근본적으로 마음으로부터 터득했다 할 것이 없다. 저 구구한 주운 것을 방치한다면 이른바 '학'이라는 것이 없을 뿐더러 여름의 벌레의 식견일 뿐이다.26)"

「가서6」처럼, 이 서신 역시 대진의 학술을 공격의 대상으로 삼았다. 실재는 이에 대해 다음과 같이 썼다.

최근, 학문을 논하는 자는 대동원를 최고로 여긴다. 그가 고인의 대체에 대해서 실로 식견이 있기 때문이지 단지 고정을 좋아하고 박아博雅를 구해서가 아니다. 그러나 대씨의 설에는 또한 잘못이 있다. 대씨는 "『요전』을 암송하되, '내명희화乃命羲和' 부분에 이르러 항성칠정恒星七政을 알지 못하면 독서를 마칠 수 없다. 『주남』·『소남』을 암송하되, 옛 발음을 알지 못하면 제대로 읽을 수조차 없다. 옛『경』을 암송하되 옛날의 궁실·의복 등 제도에 밝지 못하면 그 방향조차 잡지 못한다."라고 하였다. 대씨는 훈고에 깊이 통달하여 제도와 수에 능하고, 또 옛 사람의 소이연을 깨달았다. 고증과 연구를 바탕으로 학문을 이루었기 때문에 그의 말은 맞다. 그러나 이것으로 사람을 재단하여 반드시 그가 한 대로 해야 경전을 송독할 수 있다고 한다면, 이는 모두 전문적이고 끊어진 학문이니 고금을 따져 봐도 몇 사람 안 될 것이다. 오히려 시비를 불러 일으켜 하나로 정해질 수 없을 것이다. 고금에 오경을 암송한 사람이 없게 되니 이것은 사기가 아니겠는가!27)

---

25) 學問文章, 古人本一事, 後乃分為二途. 近人則不解文章, 但言學問, 而所謂學問者, 乃是功力, 非學問也. 功力之與學問, 實相似而不同. 記誦名數, 搜剔遺逸, 排纂門類, 考訂異同, 途轍多端, 實皆學者求知所用之功力爾. 即於數者之中, 能得其所以然, 因而上闡古人精微, 下啟後人津逮, 其中隱微可獨喻, 而難為他人言者, 乃學問也. 今人誤執古人功力以為學問, 毋怪學問之紛紛矣.

26) 今之誤執功力為學問者, 但趣風氣, 本無心得. 直謂舍彼區區掇拾, 即無所謂學, 亦夏蟲之見矣.

27) 近日言學問者, 戴東原氏實為之最. 以其實有見於古人大體, 非徒矜考訂而求博雅也. 然戴氏之言又有過者. 戴氏言曰: "誦『堯典』, 至'乃命羲和' 不知恒星七政, 則不卒業; 誦『周南』, 『召南』, 不知古音則失讀; 誦古『禮經』, 先士冠禮, 不知古者宮室, 衣服等制, 則迷其方." 戴氏深通訓詁, 長於制數, 又得古人之

장실재의 소견에 의하면, 대동원의 학문에는 분명히 장점이 있지만, 또한 고의로 높고 깊은 척해서 세상 사람을 속인 잘못이 있다.

대진의 학문이 사실을 외곡하다는 사실을 증명하기 위해, 장학성은 옛날 어질한 철인哲人을 예로 들어 다음과 같이 지적했다.

맹자는 정전·봉건에 대해 이야기 할 때 그 大略을 말했을 뿐이다. 또 맹헌자의 벗 다섯 사람이 있는데 세 사람의 이름은 잊어버렸다고 하였고, 제후의 예를 아직 공부하지 않았다고 하였고, 작록爵祿에 관한 상세한 내용은 들어본 적이 없다고 하였다. 맹자가 후세에 태어났다면, 대씨는 필시 오경도 암송하지 못했다고 맹자를 비판할 것이다. 사마천·반고의 역사서, 한유·유종원의 문장은 도에 있어서 마융馬融·정현의 훈고, 가공언·공영달의 소의 보다 낫다. 대씨는 이에 대해 "저들은 모두 예이지 도가 아니라고 말할 것이다. 이는 마치 나룻배를 타고 경사에 들어가면서, 육로는 경사로 가는 길이 아니라고 말하는 것과 같다. 증자는 성인 문하에서 독실하게 공부한 사람이다. 그러나 그가 예에 대해서 말할 때에는 늘 용모·안색·사기에 중점을 두었고, 예기禮器와 기수器數는 군자가 중시할 것이 아니라고 하였다.[28]

이렇게 많은 사례는 대동원의 경학 방법론이 독단적이라는 사실을 말해준다. 그래서 장학성은 결국 자신이 잘하는 문사지학文史之學으로 맞서면서 "문장의 효용을, 구구한 주워 모은 공과 어찌 함께 말할 수 있겠는가![29]"라고 지적하였다. 그는 심지어 고증학을 "위학僞學"이라 정면으로 지적하면서 이렇게 선언했다. "비록 그렇다 해도, 잘못을 바로잡는 데 그 정도 지나친 것을 경계해야 한다. 문장은 기호嗜好라서 본디 사람들이 쉬이 받아들인다. 지금 위학이 유행하여 학문이 치우쳐 있는데도, 이를 방치하고 비판하지 않는다. 그러므로 어쩔 수 없이 문장을 중시할 뿐이다.[30]" 실재의 결론은 "도덕으로부터 나와서 문장으로 발현한다면 이것이 곧 '니언立言'이라고 할 수 있으며, 비로소 대씨로부터 비난받지 않는다."는 것이다.[31]

所以然, 故因考索而成學問, 其言是也. 然以此槪人, 謂必如其所擧, 始許誦經, 則是數端皆出專門絕業, 古今寥寥不數人耳, 猶復此紏彼訟, 未能一定. 將遂古今無誦五經之人, 豈不誣乎!

28) 孟子言井田封建, 但云大略; 孟獻子之友五人, 忘者過半; 諸侯之禮, 則云未學; 爵祿之詳, 則云不可得聞. 使孟子生後世, 戴氏必謂未能誦五經矣. 馬, 班之史, 韓, 柳之文, 其與於道, 猶馬, 鄭之訓詁, 賈, 孔之疏義也. 戴氏則謂, 彼皆藝而非道. 此猶資舟楫以入都, 而謂陸程非京路也. 曾子之於聖門, 蓋篤實致功者也, 然其言禮, 則重在容貌, 顏色, 辭氣, 而籩豆器數, 非君子之所貴.

29) 由是言之, 文章之用, 較之區區摭拾之功, 豈可同日語哉!

30) 雖然, 矯枉者戒其過甚. 文章嗜好, 本易入人, 今以僞學風偏, 置而不議, 故不得不講求耳.

31) 章學誠, 『章氏遺書』卷29, 『外集』2, 「又與正甫論文」. 由道德而發爲文章, 乃可謂之立言, 乃可不爲戴氏所譏.

「우여정보론문又與正甫論文」의 처음부터 끝까지, 모두 당시의 고증학풍 및 학풍을 대표했던 대진의 학술을 공격의 과녁으로 삼았다는 사실을 충분히 알 수 있다. 장학성은 대진과 타협할 수 없는 대결을 결심한 것이 분명하다. 상황이 이러했으므로, 그가 조금 후에 쓴 「여족손수일론사표與族孫守一論史表」에도 여전히 당시 학풍을 공격하는 내용이 담겨있다. 이 서신에는 "최근 학자의 병폐는 명성을 좋아하고 유행을 좇아 마침내 고증학을 하는데, 학식이 충분하지 못해도 억지로 하려 한다. 독서의 양은 적고, 저작은 많은데, 그 설이 자신에게서 나오지 않은 것이라서, 그 설이 믿을 수 없는 것이라는 사실을 모른다는 것이 부끄럽다.[32]"라고 하였다.

(4) 결론 및 여론餘論

건륭 31년에 쓴 「여족손여남론학서與族孫汝楠論學書」를 시작으로, 56년에 쓴 「여족손수일론사표」를 끝으로 장학성이 남긴 가서 16수는 하나의 측면에서 그와 당시 고증학풍의 관계를 잘 보여준다. 그 사이에, 가서 작자의 학술적 추구를 밝힌 연구도 있었고, 당시 학술계의 학문적 병폐에 대해 잘못을 지적한 연구도 있었다. 이 가서 16수는 장씨의 학행을 연구하건, 사상을 연구하건, 또는 건륭연간 학술의 발전 과정을 연구하건 모두 가치 있는 자료이다.

건륭 25년, 장학성은 처음으로 경성에 들어갔다. 당시, 한학 대사大師 혜동이 세상을 떠난 지 얼마 되지 않은 시점이었는데, 이 때 대진이 혜동에 이어 일어나, 명성이 조야에 떠들썩하였고, 경학고거도 바야흐로 힘차게 발전하였다. 당시 경사京師의 학풍은 장학성이 살았던 호북湖北 응성應城과는 몹시 달랐고, 젊은 시절 학문적 추구와는 도무지 맞지 않았다. 청소년 시절의 장학성은 과거 공부도 하지 않은 데다 또 경학에 대해서도 본디 정력을 바칠 뜻이 없었다. 그의 말을 빌어 말하자면 그는 "사부의 서적이 문득 눈길을 사로잡아서 일찍부터 공부한 것 같다."[33]라고 하였다. 학문의 길이 당시 유행에 맞지 않았으므로, 이 때문에 과거 시험에서 여러 번 낙방했을 뿐 아니라, 국자감에서도 냉대를 당하여 "이상한 사람으로 취급당하거나, 부류가 다른 자로 알려지기도 하였다."[34]

건륭 31년, 경사에서 장학성이 대진과 처음 만났다. 대동원의 고상한 논의는 장실재로서는 신선한 충격이었으므로 한 차례 자신을 되돌아보기도 하였다. 그러나 장학성은 이 때문에 자신의

---

32) 近人之患, 好名爲甚, 風氣所趨, 競爲考訂, 學識未充, 亦強爲之. 讀書之功少, 而著作之事多, 恥其言之不自己出也, 而不知其說之不可恃也.

33) 章學誠, 『章氏遺書』 卷9, 『文史通義』外篇3, 「家書6」. 而史部之書, 乍接於目, 便似夙所攻習.

34) 章學誠, 『章氏遺書』 卷22, 『文集』7, 「與族孫汝楠論學書」. 視爲怪物, 詫爲異類.

학문 방향을 바꾸지는 않았다. 반대로, 문사文史에 대한 소양이 세월과 함께 진보함에 따라, 그는 고증학풍의 병폐에 대해 타협이 불가능할 정도로 비판을 가하였다. 그리고 사학에 대한 자신의 주장으로 막힌 길을 뚫고 새로운 길을 열었다.

조야에 풍미한 고증학을 대면한 장학성은 이러한 기풍을 바꾸는 것을 자신의 소임으로 삼았다. 그는 "천하의 일은, 무릇 유행을 좇는데, 유행이 아무리 좋아도 반드시 병폐가 생기게 마련이다. 군자의 '경세지학經世之學'은 병폐를 직시하고 치우친 것을 바로잡는 것을 목표로 삼아야 한다.[35]"라고 생각했다. 그리고 또 "군자의 학문은 유행을 피하는 것을 높이지, 따르는 것을 높이지는 않는다."[36]라고 말하기도 했다. 이에 따라, 그는 당시 유행하던 학문적 기풍을 바로잡기 위해 『문사통의文史通義』를 찬술하기 시작했을 때, 설사 "시대 추세에 거스르고[逆於時趨]", "당시 사람들의 호오를 거스른다[乖時人好惡]"해도 후회하지 않겠다고 결연히 밝혔다. 건륭 37년, 당시 유명 학자였던 전대흔에게 보낸 서신에서, 그는 이 문제에 대해서 "세상의 유행에는 치우침이 있기 마련입니다. 그리고 통달한 사람이나 현달한 사람이 주장하는 것, 총명한 사람이나 뛰어난 사람이 가는 길에도 반드시 유폐가 적지 않은 법입니다. 유폐를 바로잡을 생각은 하지 않고 저술만을 중시하는 자는 붓을 든 학자가 아닙니다."[37]라고 진술하였다. 장학성의 입장에서 보자면, 당시 학풍의 폐단은, 그 적폐가 고증학·훈고학에 빠져서 근본은 버리고 말단을 좇아 대의大義를 알지 못하는 데 있었다. 그는 "근래의 고증학은, 그 뜻은 구하지 않고 형식이라는 말단만 고집하는 것이 참으로 병폐인데, 아주 미세한 차이라도 헤아려서 조금이라도 다르면 떠들썩하게 다투기만 하고, 옛 사람의 참된 설이 여기에 없다는 사실은 모른다."[38]라고 하였다. 따라서 그는 고증학의 기본적 역할을 무시하지는 않았다. 다만 학문을 위한 공력으로 간주했을 뿐 고증학을 학문으로 인정하지 않았다. 장학성은 대의大義를 모르는 이런 고증학자에 대해서, "마치 누에가 뽕잎을 먹고도 실을 뽑아내지 못하는 것과 같다"[39]라고 기롱하였고, 심지어 고증학을 "대나무 끄트러기나 나무 부스러기 같은 하찮은 폐물과 같은 위학"[40]이라고 꾸짖기까지 했다.

한학고거漢學考據의 적폐에 초점을 맞추어, 장학성은 학술사가學術史家로서의 탁월한 식견으

---

35) 天下事, 凡風氣所趨, 雖善必有其弊. 君子經世之學, 但當相弊而救其偏.

36) 章學誠, 『章氏遺書』卷7, 『文史通義』外篇1, 「淮南子洪保辨」. 君子之學, 貴辟風氣, 而不貴趨風氣.

37) 章學誠, 『章氏遺書』卷29, 『外集』2, 「上錢辛楣宮詹書」. 惟世俗風尚必有所偏, 達人顯貴之所主持, 聰明才雋之所奔赴, 其中流弊必不在小. 載筆之士不思挽救, 無為貴著述矣.

38) 章學誠, 『章氏遺書』卷8, 『文史通義』外篇2, 「說文字原課本書後」. 近日考訂之學, 正患不求其義, 而執形跡之末, 銖黍較量, 小有同異, 即嚣然紛爭, 而不知古人之真不在是也.

39) 章學誠, 『章氏遺書』卷9, 『文史通義』外篇3, 「與汪龍莊書」. 有如桑蠶食葉而不能抽絲.

40) 章學誠, 『章氏遺書』卷9, 『文史通義』外篇3, 「與邵二云書」. 竹頭木屑之偽學.

로 적극적인 수정修正을 진행했다. 그의 수정修正은 학술적 주장으로 표현되었다. 그는 바로잡는 두 가지 방법을 제기하였는데, 하나는 고문사古文辭이고, 또 하나는 사학史學이었는데, 근본적인 해결책은 역시 사학史學이었다. 장학성은 "요즈음 동지 여러분에게 고문사를 많이 지을 것을 권장하였는데, 고문사는 반드시 기전체 사학으로부터 시작해야만 성과를 거둘 수 있습니다."[41]라고 하였다. 그는 또 "사장·기송 따위는 옛 사람이 전적으로 중시한 것이 아니다. 식견 있는 학자라면 반드시 사학으로 돌아가야 한다. 고문사를 공부하더라도 사학에 깊지 않으면 육예의 근원을 따져서 그 근원을 찾을 방법이 없다."[42]라고 하였다.

장학성이 정성을 다해 편찬한 『문사통의文史通義』는 이러한 학술적 주장을 구체적으로 실천한 것이다. 이 책은 건륭37년에 편찬하기 시작하여 저자가 가경6년에 세상을 떠날 때까지 30년을 하루같이 힘들게 저술하였고 사망하고 나서야 그만둘 수 있었다. 그는 학술풍토를 바로잡아 새로운 길을 열고자 시종일관 한결같은 태도를 견지하였다. 이 문제는 그가 만년에 벗인 왕휘조에게 보낸 서신에서 "내가 『문사통의』를 저술하였는데, 저술하던 중에 논의가 개벽하여 부득이 분발하였고, 마침내 천고의 사학을 위해 그 막힌 길을 열었다."[43]라고 한 데에 잘 드러나 있다.

장학성은 한결같이 사학을 학술풍토를 바로잡는 길로 정하고서 뒤돌아보지 않고 결심대로 곧장 나아가 『문사통의』 저술에 몸과 마음을 기울였다. 건륭 53년에 손성연孫星衍에게 편지를 보내 처음으로 "온 천지 간에 저작의 숲을 다녔는데 모두 사학이었습니다."[44]라고 언급하였고, 건륭 54년에서 57년 사이에 「경해經解」·「원도原道」·「사석史釋」·「역교易教」 및 「방지립삼서의方志立三書議」 등 여러 편을 쓰면서 체계적으로 해석하고 심화하였다. 그리고 가경5년에 『절동학술浙東學術』을 편찬하여 "사학은 경세를 위한 것"이라는 학문의 취지를 드러내 밝히고,[45] "육경은 모두 역사다."라는 핵심적인 사학사상을 구축하였다.[46]

중국 고대 학술사에서 이른바 "육경은 모두 역사다.[六經皆史]"라는 사상은 그 싹이 매우 오래되었다. 고故 전종서錢鍾書 교수가 쓴 『담예록談藝錄』의 고증에 의하면, 그 시작은 『장자莊子』의 「천도天道」·「천운天運」 등 편까지 거슬러 올라가고, 가까이는 왕수인王守仁의 『전습록傳習錄』

41) 章學誠, 『章氏遺書』 卷9, 『文史通義』外篇3, 「與汪龍莊書」. 近日頗勸同誌諸君多作古文辭, 而古文辭必由紀傳史學起步, 方能有得.
42) 章學誠, 『章氏遺書』 卷9, 『文史通義』外篇3, 「報黃大俞先生」. 辭章記誦, 非古人所專重, 而才識之士, 必以史學為歸. 為古文辭而不深於史, 即無由溯源六藝而得其宗.
43) 章學誠, 『章氏遺書』 卷9, 『文史通義』外篇3, 「與汪龍莊書」. 拙撰 『文史通義』, 中間議論開辟, 實有不得已而發揮, 為千古史學辟其榛蕪.
44) 章學誠, 『章氏遺書』 卷9, 『文史通義』外篇3, 「報孫淵如書」. 盈天地間, 凡涉著作之林, 皆是史學.
45) 章學誠, 『章氏遺書』 卷2, 『文史通義』內篇2, 「浙東學術」. 史學所以經世.
46) 章學誠, 『章氏遺書』 卷1, 『文史通義』內篇1, 「易教上」, 卷14 「方志立三書議」. 六經皆史.

·고염무顧炎武의『일지록日知錄』등 명·청 시기 학자의 저술을 그 근원으로 볼 수 있다.47) 당연히, 장학성의 "육경은 모두 역사다.[六經皆史]"학설이 노장老莊 사상에서 기원했는지에 대해서는 증거가 부족하여 아직 결론을 내리기가 어렵지만 왕수인·고염무의 사상이 그에게 끼친 영향은 『문사통의』에 자주 보이므로 분명한 것으로 보인다. 그리고 당대 사학가 유지기劉知幾가 저술한 『사통史通』역시 장학성 사학사상의 중요한 내원이라 말할 수 있을 것이다.

장학성의 자술에 따르면, 그가 28세 때 처음『사통』을 읽고,48) "유지기가 '사법史法'을 말했다면, 나는 '사의史意'를 말했고, 유지기가 사관史館의 찬수纂修를 비판하였다면, 나는 일가一家의 저술을 비판하였다. 두 길이 완전히 달라 서로 맞지 않는다."49)라고 소리 높여 말했다. 이 말속에 숨겨진 뜻은, 그의 사학이 하늘로부터 받은 것이지『사통』을 읽고서 시작된 것이 아니라는 말이다. 그러나 그의 사상에 대한『사통』의 영향은 곳곳에서 살펴볼 수 있어서 숨기려 해도 숨길 수 없다. 예컨대, 역사 서적의 구분을 찬술撰述과 기주記注로 나누고, 사재史才·사학史學·사식史識과 사덕史德의 통일을 강조하고, 문인의 역사 편수에 반대하고, 상근략원詳近略遠[가까운 사실은 상세히 하고 먼 것은 간략하게 함]·거사직서據事直書[사실에 의거해 바르게 기록함]·학이경세學以經世[학문을 연구하여 세상에 도움이 됨] 등을 주장한 것은 모두『사통』과 일맥상통한다. 이 점에 대해서는 부진륜傅振倫 노선생이 오래전에 「장학성재사학상적공헌章學誠在史學上的貢獻」이라는 글을 써서 밝힌 적이 있다.50) "육경개사六經皆史"에 대해서는『사통』의 총론인 「육가六家」편에서 유가경전인『상서尙書』·『춘추春秋』를 역사 서적 편찬으로 간주하고서『좌전左傳』·『국어國語』·『사기史記』·『한서漢書』와 나란히 "육가六家"로 칭했다. 이러한 내용은 장학성 사학사상의 출발점일 수밖에 없다. 사실,『문사통의文史通義』가『사통』을 중요한 근거로 삼고 있다는 사실은, 장학성이『문사통의』를 찬술하기 시작할 즈음에 숨기지 않고 인정한 적이 있다. 벗인 엄장명嚴長明에게 보낸 서신에서 그는 "정신을 거두어들이고자 교수학校讎學을 하면서, 위로 반고·류지기를 탐구하여『관』·『례』의 근원으로 거슬러 올라갔고, 아래로『문심조룡』·『사통』까지 받아들였다. 명·실을 구별하고 유·별을 품평하여『문사통의』를 지었다."51)라고 하였다. 이 서신이 이후에『문사통의』에 수록되지는 않았지만 역사적 사실은 결국 지울 수 없는 것이다.

---

47) 錢鍾書,『談藝錄』(補訂本) 86,「章實齋與隨園」.

48) 章學誠,『章氏遺書』卷9,『文史通義』外篇3,「家書6」.

49) 章學誠,『章氏遺書』卷9,『文史通義』外篇3,「家書2」. 劉言史法, 吾言史意; 劉議館局纂修, 吾議一家著述. 截然兩途, 不相入也.

50) 傅振倫,『傅振倫方志論著選』, 浙江人民出版社, 1992, 238-254쪽.

51) 章學誠,『章氏遺書』卷29,『外集』2,「與嚴冬友侍讀」. 思斂精神為校讎之學, 上探班, 劉, 溯源『官』,『禮』, 下該『雕龍』,『史通』. 甄別名實, 品藻流別, 為『文史通義』一書.

장학성의 "육경개사"설은, 그 핵심을 말하자면, 여전히 논쟁의 여지가 분분한 존경尊經·억경
抑經 문제가 아니라, 그 사이를 관통하는 하나의 중심 사상으로서 중국 유학의 경세 전통을 복원
하여 사학으로 경세치용에 이르는 길을 인도하는 것이다. 그래서 그는 육경은 곧 역사라는 사실
을 천명함과 동시에 "선왕의 정전政典"으로서의 육경의 기본적인 특징을 재삼 강조하였던 것이
다. 그는 "육경은 모두 역사이다. 옛 사람들은 책을 저술하지 않았고, 고인은 일을 떠나 이치를
말한 적이 없다. 육경은 모두 선왕의 정전이다.52)"라고 하였다. 장학성은 이에 대해 또 "육경은
모두 선왕이 지위를 얻어 도를 행하고, 세상을 경위한 행적으로서 현실성 없는 공언에 근거를
둔 것이 아니다."53)라고 하였다. 한 사학가로서, 장학성은 학술사의 각도에서 고대 학술이 애초부
터 경과 사의 구별이 없었고, 육경은 나중에 생겨난 명칭이라는 사실을 증명하였다. 그는 "고대에
이른바 '경'이라는 것은 삼대의 태평성세 시대에 정사를 행하고 교화를 펼치던 행사에 보이는
전장법도典章法度이지 성인이 일부러 문자를 남겨서 후세에 전해준 것은 아니다."54)라고 하였다.
그래서 장학성은 "'기'를 버려둔 채 '도'를 구하고, '금'을 버려둔 채 '고'에서 구하고, '인륜의
일용'을 버려둔 채 '학문의 정미'함을 구하는55)" 경향을 반대하고, 판단의 기점을 현실 사회 가운
데로 옮길 것을 주장했다. 그는 "군자가 정말로 학문에 뜻을 둔다면 반드시 당대의 전장에서
구하여, 인륜의 일용에 적절하며, 반드시 관사의 장고에서 구하여 경술의 정미함에 통달해야
한다. 그러므로 학문은 실용적인 일을 위함이고 문장은 공언이 아니다. 이른바 체가 있으면 반드
시 용이 있다."56)라고 하였다. 이러한 "현재의 것을 중시하고 옛날의 것을 경시하며, 학문을 연구
하여 세상을 경위해야 한다[厚今薄古, 學以經世]"라는 사학 사상은 그가 만년에 쓴 「절동학술浙東
學術」편에 집중적으로 서술되어 있다. 장실재는 이에 대해 다음과 같이 서술했다.

> 사학은 이른바 경세를 위한 것이지 현실성 없는 공언으로 저술하는 것이 아니다. 그리고 육경처럼
> 모두 공자에게서 나왔는데, 선유는 그 공이 『춘추』만 못하며 당시의 사람의 일에 부합할 뿐이다.
> 나중에 저술에 대해 말하는 자가 현재의 일은 버려둔 채 옛날의 일에서 구하고, 사람의 일은 버려둔
> 채 인성·천명 따위를 말하는데 나는 그 까닭을 알 수가 없다. 학자가 이 뜻을 모른다면 사학을 말할

---

52) 六經皆史也. 古人不著書, 古人未嘗離事而言理, 六經皆先王之政典也.

53) 章學誠, 『章氏遺書』 卷1, 『文史通義』內篇1, 「易敎上」. 若夫六經, 皆先王得位行道, 經緯世宙之跡, 而非
　　托於空言.

54) 章學誠, 『章氏遺書』 卷1, 『文史通義』內篇1, 「經解上」. 古之所謂經, 乃三代盛時, 典章法度見於政敎行
　　事之實, 而非聖人有意作爲文字以傳後世.

55) 舍器而求道, 舍今而求古, 舍人倫日用而求學問精微.

56) 章學誠, 『章氏遺書』 卷1, 『文史通義』內篇5, 「史釋」. 君子苟有誌於學, 則必求當代典章, 以切於人倫日
　　用; 必求官司掌故, 而通於經術精微. 則學爲實事, 而文非空言, 所謂有體必有用也.

자격이 없다.57)

건륭·가경 무렵에, "육경은 모두 역사"라는 설을 말하며 학문으로 세상을 경위하려 한 학자는 실로 장학성 한 사람 뿐만 아니었고, 당시 걸출한 학자라면 모두 인지하고 있었던 문제이다. 예컨대, 전대흔·이보태李保泰·원매袁枚 등은 모두 장학성과 약속이나 한 듯 의견이 일치하였고, 앞장서서 동조하였다. 가경5년(1800), 전대흔은 조익趙翼이 지은 『입이사차기卄二史箚記』에 서문을 쓰면서, 이학가는 독서를 "쓸데없는 물건에 빠져 자신의 원대한 이상을 잃어버리는 일[玩物喪志]"로 바라보는 편견에 대해서 반박했을 뿐 아니라, 송·명 이후, "경학은 정밀한데 사학은 조악하다[經精而史粗]"라던가 "경학은 바른데 사학은 바르지 않다[經正而史雜]"라는 당시의 설을 부정했다. 그리고 그는 "경과 사에 어찌 두 학문이 있는가!"58)라며 단언하였다. 이 보태는 "사대부가 과거공부에 빠져 관부 문서만 다루고 율령격식만 준수하면서 부터, 국가가 큰 조치를 시행하거나, 민간에 큰 공사가 일어나면 멍하니 그 일의 연혁이나 이해관계 그리고 유지하고 구제하는 방법을 알지 못한다. 황초가 가짜 연호라는 것을 분별할 수 있고, 난대에서 소실된 죽간을 수습할 능력이 있다면, 이것으로 학식이 높고 전고를 잘 안다고 할 수 있다. 그러나 어떻게 이 능력으로 경세의 대업을 담당할 수 있다고 하겠는가!"59)라며 큰 소리로 주장하였다. 원매는 시문의 명가이고 사학은 본업이 아니었으나, 그도 마찬가지로 "옛날에 사는 존재했지만 경은 존재하지 않았다."60)라고 여겼다. 그러나 전대흔·이보태·원매 등 여러 학자의 설을 이끌어 내고, 사학의 경세적 전통을 드러내 밝힌 학자로서 그 성과를 집대성한 자는 마땅히 장학성을 꼽아야 할 것이다.61) 조금 후에 등장한 학자인 공자진龔自珍 등은 바로 장학성의 설을 빌려 경학을 연구하였고, 마침내 『공양公羊』개제론改制論을 연역해 냈다. 전빈사錢賓四 선생이 『중국근삼백년학술사中國近三百年學術史』를 저술하였는데, 이 사실에 대해서 중요한 관점을 제시하였다. 전선생은 "『공양』금문설은 기실 '육경개사'의 뜻과 서로 통하므로 실재의 학문이 당시에 끼친 영향이 깊지 않다고 할 수 없다."62)라고 지적하였다.

---

57) 章學誠, 『章氏遺書』卷2, 『文史通義』內篇2, 「浙東學術」. 史學所以經世, 固非空言著述也. 且如六經, 同出於孔子, 先儒以爲, 其功莫大於『春秋』, 正以切合當時人事耳. 後之言著述者, 舍今而求古, 舍人事而言性天, 則吾不得而知之矣. 學者不知斯義, 不足言史學也.

58) 錢大昕, 「卄二史箚記序」, 趙翼의 『卄二史箚記』 첫머리에 보인다. 經與史豈有二學哉!

59) 李保泰, 「卄二史箚記序」, 趙翼의 『卄二史箚記』 첫머리에 보인다. 自士大夫沉湎於擧業, 局促於簿書, 依違於格令, 遇國家有大措置, 民生有大興建, 茫然不識其沿革之由, 利病之故, 與夫維持補救之方. 雖使能辨黃初之僞年, 收蘭台之墜簡, 於以稱博雅備故實足矣, 烏足以當經世之大業哉!

60) 袁枚, 『隨園文集』卷10, 「史學例議序」. 古有史而無經.

61) 焦循, 『雕菰樓集』卷6, 「讀書三十二贊」.

2. 장실재집章實齋集외 일찰佚札 2통 고증

얼마전 양염추楊艷秋 박사가 장실재집章實齋集외 일찰의 영인본 두 통을 보여주었다. 이 일찰은 원래 『대공보大公報』1946년 11월 6일 문사판文史版에 실렸으며, 명청사明清史 전문가인 황운미黃云眉 선생이 교열했다. 그리고 1980년 4월에 제로서사齊魯書社에서 출판한 황선생 유저인 『사학잡고속존史學雜稿續存』에 발표되었다.[63] 실재집외 일찰 2통 가운데 한 통은 조모당曹慕堂 학민學閔에게 보낸 「상모당광록서上慕堂光祿書」이고, 나머지 한 통은 전대흔에게 보낸 「상효징 학사서上曉徵學士書」이다. 이 두 서찰에는 장실재와 전효징曉徵(전대흔)이 주고받은 일에 대한 중요한 사정이 매우 명확하게 나와 있어서 궁금증을 시원스럽게 풀어준다. 이 내용에 대해 아래에 간략히 서술하고자 한다. 이후에 제위의 가르침을 청한다.

첫째, 장실재와 전효징은 모두 건륭·가경 시기의 유명한 사학가지만 입신立身 취지, 학문 방향에 모두 거리가 있어서, 두 사람 사이에 설사 왕래가 있었다 할지라도 문자와 관련된 기록은 매우 드물다. 세상에 전하는 전효징의 『잠연당문집潛研堂文集』에는 실재의 흔적이 거의 없다. 그리고 실재의 『장씨유서章氏遺書』에도 그 막주幕主인 필원畢沅이 편찬한 「위필제군여전신미궁 첨론속감서爲畢制軍與錢辛楣宮詹論續鑒書」를 제외하면[64] 오로지 「상신미궁첨서上辛楣宮詹書」 한 통 밖에 없다.[65] 그런데, 하나 밖에 남지 않은 이 서찰이 언제 쓰여 졌는지는 지금까지도 여전히 정해진 설이 없다.

호적지胡適之 선생이 전에 장실재 연보를 만들었는데, 연보에 따르면 「상신미궁첨서上辛楣宮 詹書」는 가경3년 무오년에 쓰여졌고 이 때 연보 주인의 나이 61세였다. 호적지 선생이 이렇게 정리한 까닭은 실재가 이 해에 『무오초존戊午鈔存』1권을 내었는데, 「상신미궁첨서」가 여기에 있었기 때문이다. 1928년, 호적지 선생이 요달인姚達人 선생에게 부탁하여 6년 전에 저술한 『장실 재선생년보』를 증정할 때, 옛 설을 폐기하여 「상신미궁첨서」가 건륭 37년의 글이라고 고쳤는데, 이 때 연보 주인의 나이 35세였다. 장실재의 학문과 행적에 대한 호·요 두 선생의 이러한 판단은 장씨가 주춘포朱春浦 분원菜元에게 보낸 「후국자사업주춘포선생서候國子司業朱春浦先生書」에 근거를 두고 있다. 이 글의 말미에 "경사를 나온 이후 대부분 시간을 저술에 힘쓰면서, 학계를 헤아려 '문사통의'라고 지었습니다. 책이 완성되지는 않았으나 큰 취지는 신미선생후독辛楣先

---

62) 錢穆, 『中國近三百年學術史』上冊, 392쪽. 『公羊』今文之說, 其實與六經皆史之意相通流, 則實齋論學, 影響於當時者不為不深宏矣.

63) 黃云眉, 『史學雜稿續存』, 『雜稿』附錄2, 「章氏遺書未收之實齋手札二通」, 齊魯書社, 1980, 347-351쪽.

64) 章學誠, 『章氏遺書』卷9, 「爲畢制軍與錢辛楣宮詹論續鑒書」.

65) 章學誠, 『章氏遺書』卷29, 「上辛楣宮詹書」.

生候牘에서 보여드렸습니다. 내편 3수를 베껴서 함께 보내드립니다."66)라는 내용이 보인다. 바로 이 내용을 근거로 호·요 두 선생은 "이른바 신미선생후독은 바로 「상신미궁첨서」인데, 신미는 곧 전대흔이다."67)라고 판단했다. 그래서 『장실재선생년보』증보본은, 장씨의 「상신미궁첨서」의 대부분 내용을 인용하여 쓰고 나서, 그 뒤에 특별히 "이 서신은 절본 표제는 『무오초존』가운데 하나라고 되어 있다. 그러므로 본 연보의 초판에는 무오년 아래에 있다. 지금 「후주춘포서候朱春浦書」에 근거하여 이 서신이 이 해에 지어진 것임을 알았다."68)고 하는 안어를 붙였다.

호적지·요달인 두 선생의 판단은 과연 확실한가? 장실재의 「상신미궁첨서上辛楣宮詹書」를 자세히 살펴보면 내용 속에 서로 모순되어 부합하지 않은 부분을 발견할 수 있다. 『장실재선생년보』증보본이 「상신미궁첨서」를 인용할 때, 인용문이 쓸데없이 길어지는 것을 피하려고 생략부호를 써서 이 서신의 중요한 내용을 생략한 것은 아닐까? 즉 "대동원이 연석에서 뜻하지 않게 수수 주씨를 비판하자, 전탁석 종백이 종신토록 절치부심하였으니 참 한심하다."69) 사실, 이 내용은 「상신미궁첨서」가 쓰여진 때를 판정하는 중요한 글이기 때문에 결코 가볍게 보거나 인용하지 않을 수 없는 내용이었다. 당시 호·요 두 선생이 실재의 이 글을 생략하지 않았거나, 이 단락의 생략된 내용에 대해 조금만 더 주의를 기울였다면 아마 연보 초판의 연대를 고치지 않았을 것이다.

둘째, 「상신미궁첨서」에 쓰여 있는, 대동원戴東原과 전탁석錢籜石가 학술을 논하다가 사이가 멀어져서 전씨가 "종신토록 절치부심"한 일은, 건륭 중엽이후 학술계에 일어난 하나의 사건이다. 장실재는 이 일에 대해서 상세히 말하지 않았지만 옹부초翁復初 방강方綱이 이 사건에 대해 쓴 글이 있다. 옹부초는 전錢·대戴 두 사람 사이에 논쟁을 벌일 때 직접 본 증인 가운데 한 사람으로서, 사후에 이 일에 대해 정어문程魚門 진방晉芳에게 편지를 보내 두 사람의 다툼을 중재했다. 옹씨의 『부초재문집復初齋文集』에 실려 있는 「여정어문평전대이군의론구초與程魚門平錢戴二君議論舊草」에 다음과 같은 내용이 보인다.

어제 전탁석과 대동원이 논쟁을 벌이면서 서로를 비난했는데 둘 다 과격했습니다. 대동원이 한림

---

66) 章學誠, 『章氏遺書』 卷22, 「候國子司業朱春浦先生書」. 是以出都以來, 頗事著述, 斟酌藝林, 作為『文史通義』. 書雖未成, 大指已見辛楣先生候牘, 所錄內篇三首, 並以附呈.

67) 所謂辛楣先生候牘, 即「上辛楣宮詹書」, 辛楣即錢大昕.

68) 胡適 著·姚名達 訂補, 『章實齋先生年譜』, "乾隆37年 35歲"條, 商務印書館, 1931, 25-26쪽. 此書在浙本題註為『戊午鈔存』之一, 故本年譜初版列在戊午年下. 今據『候朱春浦書』, 知是此年之作.

69) 章學誠, 『章氏遺書』 卷29, 「上辛楣宮詹書」, 文物出版社, 1985, 332쪽. 戴東原嘗於筵間偶議秀水朱氏, 籜石宗伯至於終身切齒, 可為寒心.

원에 새로 들어와 선배에게 욕을 하였고, 전탁석도 사태를 부추긴 면이 있는데, 모두 알맹이 없는 말로 근거가 없었습니다. 탁석은 대동원이 대도를 깨뜨려 부순다고 하였는데, 탁석은 고정학을 몰랐기 때문에 동원을 설복시킬 수 없었습니다. 훈고와 명물을 어떻게 깨뜨려 부수는 주체로 지목할 수 있겠습니까? 학자라면 훈고를 상세히 연구하고 고정考訂을 해야 하는데, 그런 연후에야 의리를 말할 수 있기 때문입니다. … 오늘 전·대 두 군의 말다툼은 언사가 과격하기는 했지만 결국 동원의 설이 바르다고 할 수 있겠습니다. 그러나 두 군君 모두 세상 사람들에게 칭송 받고 있기에 우리가 마땅히 한마디 말을 하여 중재하고 학자들이 두 군을 의심하지 않게 해야 합니다.[70]

옹씨의 이 서찰에는 원래 연·월이 없는데, 서찰 내용 가운데 "대동원이 한림원에 새로 들어갔다.[戴東原新入詞館]"라는 한마디 말이 있으므로 서찰이 쓰여진 시점을 대체로 추측할 수 있다. 단옥재가 편집한 『대동원선생년보』의 기록에 의하면, 동원은 건륭 27년에 향시에 급제했지만 이후에 여러 번 회시에 떨어졌다. 건륭 38년 봄 『사고전서』개관 때에 이르러서야 비로소 거인 신분으로 특별히 등용되어 "조칙을 받들어 찬수관에 충임되었고, 중추에 경사에 도착했다."[71] 한림원에 들어가 사신詞臣이 되었을 때는, 경사에 도착한지 1년여 후인 건륭 40년 5월 무렵이었다. 단옥재가 쓴 연보에 따르면 "이 해에 회시에 떨어졌으나, 황제의 특명으로 을미년 회시 합격자와 함께 전시에 참가하여 '진사와 같은 출신[同進士出身]'을 하사받았고, 한림원 서길사庶吉士에 제수되었다."[72] 그리고 『청고종실록淸高宗實錄』에는, 이 해 5월에 대해서 분명한 기록이 있다. "경신년에, 내각 한림원이 새 진사를 데리고 알현하였다. 성지를 얻었는데 … 대진을 … 한림원 서길사에 옮겨 제수하라고 하였다."[73]

대동원은 건륭40년 5월에 비로소 한림원에 들어가 서길사가 되었는데, 옹부초가 언급한 "새로 사관에 들어갔다.[新入詞館]"라는 말은 당연히 이 일을 가리켜 한 말이다. 이듬해 5월, 전탁석은 내각 학사로서 산동의 학정에 옮겨 제수된다.[74] 따라서, 대戴·전錢 두 사람의 학문논쟁으로 인한

---

70) 翁方綱, 『復初齋文集』卷7, 「理說駁戴震作」附「與程魚門平錢戴二君議論舊草」, 昨籜石與東原議論相詆, 皆未免於過激. 戴東原新入詞館, 斥詈前輩, 亦籜石有以激成之, 皆空言無實據耳. 籜石謂東原破碎大道, 籜石蓋不知考訂之學, 此不能折服東原也. 詁訓名物, 豈可目為破碎? 學者正宜細究考訂訓詁, 然後能講義理也. … 今日錢, 戴二君之爭辨, 雖詞皆過激, 究必以東原說為正也. 然二君皆為時所稱, 我輩當出一言持其平, 使學者無歧惑焉.

71) 段玉裁, 『戴東原先生年譜』, "乾隆38年 51歲"條. 奉召充纂修官, 仲秋至京師.

72) 段玉裁, 『戴東原先生年譜』, "乾隆40年 53歲"條. 是年會試不第, 奉命與乙未貢士一體殿試, 賜同進士出身, 授翰林院庶吉士.

73) 『淸高宗實錄』卷982, "乾隆40年5月庚申"條. 庚申, … 內閣翰林院帶領新進士引見. 得旨 : … 戴震 … 著改為翰林院庶吉士.

74) 『淸高宗實錄』卷1009, "乾隆41年5月壬辰"條.

다툼은 오직 건륭 40년 5월에서 41년 5월 사이의 일일 수밖에 없다. 같은 이치로, 옹부초翁復初가 정어문程魚門에게 서신을 보내 전·대 두 사람의 다툼을 무마하려고 했던 시점 역시 이 기간일 수밖에 없다.

그러므로, 「상신미궁첨서」에 나온 내용은 건륭 40~41년 사이에 있었던 일이며, 자연히 일이 발생하기 전인 건륭 37년에 쓰여졌다는 것은 불가능하다. 이 밖에, 장실재는 평소에 문장을 자부하였는데, 서찰 내용 가운데 전탁석이 "종신토론 절치부심[終身切齒]했다."라는 내용이 보인다. 이 "종신終身" 두 글자에 근거하면, 이 서신은 전씨錢氏 사후에 쓰여진 것이 분명하다. 전탁석이 사망한 해에 대해서는 『청사렬전清史列傳』·『청사고清史稿』 및 전씨의 기타 비문碑文이나 전해지는 글에 기록되어 있는데 모두 건륭58년 계축으로 기록되어 있다.[75] 그래서 장실재의 「상신미궁첨서」는 전탁석이 사망한 이후에 쓰여졌을 수밖에 없고, 당시에 전탁석이 살아 있었을 리 없다. 그리고 대동원과 다툼이 발생한 건륭37년에 쓰여졌을 리 만무하다.

20세기 30년대에 전빈사錢賓四가 『중국근삼백년학술사中國近三百年學術史』를 쓰면서 호胡·요姚 두 선생의 연구 성과를 받아들여 장실재의 「상신미궁첨서」를 건륭37년에 쓴 편지라고 하면서도 동시에 의문을 제기하였다. 전빈사 선생은, "신미에게 보낸 서찰은 만년에 수정을 한 것 같다. 전부가 당시 필치는 아니다."라고 의심하였다.[76]

셋째, 필자가 젊을 때, 호적지·요달인·전빈사 등 여러 선생의 저술을 읽으면서 『장씨유서章氏遺書』·『부초재문집復初齋文集』 등 다양한 문헌도 함께 보았는데, 장실재가 쓴 「상신미궁첨서」의 진상에 대해서는 오랫동안 의문이 풀리지 않았다. 2년 전에 벗인 양군梁君 용勇에게 이 의문에 대해서 말한 적이 있다. 양군이 다방면으로 노력을 했음에도 직접적인 증거를 찾을 수 없어 방치해 두었다. 올해 봄에, 양군 염추楊君 艷秋 박사가 어려운 점을 알면서도 연구에 착수하였고 성실하게 내용을 정리한 끝에 마침내 창수량倉修良·엽건화葉建華 두 교수가 지은 『장학성평전章學誠評傳』에서 실마리를 찾았다. 즉, 평전과 『장씨유서』에 실려 있는 「후국자사업주춘포선생서候國子司業朱春浦先生書」를 비교, 대조하였더니 의문이 풀리고 사실이 분명해졌다.

「상모당광록서上慕堂光祿書」에 "청명한 가을이 되어 남주의 나뭇잎은 점점 시들어지고, 밤에 마당에서는 귀뚜라미 소리가 들려서 객지에 있는 느낌이 들자 비로소 강호에서 또 1년을 정처 없이 떠돌았다는 사실을 깨달았습니다. 여름 즈음에 먼 길을 돌아 절강에 돌아와 십리 옛 고향을

---

75) 『淸史列傳』 卷25, 『淸史稿』 卷30의 「錢載本傳」 및 朱休度의 「禮部侍郎秀水錢公載傳」에는 전탁석이 사망한 해가 모두 乾隆58년 癸丑으로 기재되어 있다. 錢氏가 禮部侍郎에 제수된 것은 乾隆45年 3월의 일로, 이 때에 이르러서야 비로소 "宗伯"이라 칭할 수 있었다.

76) 錢穆, 『中國近三百年學術史』 上冊, 418쪽. 上辛楣一書, 似經晚年點定, 非盡當日筆致也.

마주하고서 격세지감을 느꼈습니다. 균필 선생을 만나 함께 영소를 구경하고 나서 장강長江을 건너 만나 뵙고 선생의 근황과 수지受之와 신지申之 두 형에 대해 자못 자세히 말씀드렸습니다.[77]라고 쓰여 있다. 균필均弼은 성이 풍馮이고, 이름이 정승廷丞이다. 건륭37년에 절강浙江 영소대寧紹臺 병비도兵備道에 제수되어 영파寧波에 머물면서 공무를 처리하였다. 나중에 관직이 호북안찰사湖北按察使까지 올랐고, 건륭49년에 임지에서 사망했다. 장실재는 그를 위해 「호북안찰사풍군가전湖北按察使馮君家傳」을 지었는데, 그 내용 가운데 "나는 임진년 여름에 파 관아에 있는 君을 방문하였다."[78]라는 내용이 보인다. 이 것이 바로 「상모당광록서上慕堂光祿書」에서 말한 "여름 즈음에 먼 길을 돌아 절강에 돌아온[夏間迂道返浙]" 일이다. 호·요 두 선생의 『장실재선생년보』 "건륭 37년·35세"조에 "여름에, 선생이 영파 관아로 영소대 병비도 풍정승을 방문했다."[79]라고 쓰여진 바와 같이, 장실재는 그 한 해 전 10월에 경사를 나와, 그 스승인 주사하 균朱筍河 筠을 따라 안휘安徽 학정學政에 부임했는데, 이 해 가을에 이르러 1년이 훌쩍 가 버리자 이 때문에 "강호에서 정처 없이 또 1년을 떠돌았구나![浪跡江湖又一年]"라는 탄식을 한 것이다. 장씨의 이 서찰에는 또 "영소에서 두 달 동안 병을 앓느라 기일을 많이 초과하여 자못 걱정입니다. 제가 짓고 있는 『문사통의』는 현재 내편 5수, 외편 22수로 정해진 상황입니다. 제 글은 보내드릴 수 없는 것이 많아서 삼가 3수만 베껴 써서 보내니 교정한 다음 다시 신미 선생·주춘포 스승께 보내주시기를 청합니다. 두 선생께 보내는 서신은 봉하지 않았으니, 읽어보신 후에 봉하여 보내주시기 바랍니다."[80]라고 하였다. 그리고 서신의 말미에 다시 "외문 3편을 함께 주춘포 스승과 신미 선생께 올리는데 책을 베끼느라 바빠서 드릴 겨를이 없습니다."[81]라고 하였는데, 이 글에서 파악할 수 있는 것은 세 가지 사실이다. 첫째, 실재가 이 때 『문사통의』를 편찬하기 시작했고, 당시에 이미 "내편 5수와 외편 22수"를 완성했다는 사실이다. 둘째, 글 세편을 올리고 아울러 전錢·주朱 두 선생께 서찰을 보냈는데, 이 일을 모두 조모당曹慕堂에게 대신 전달해 달라고 부탁했다는 사실이다. 셋째, 장씨가 조曹·전錢·주朱 세 선생에게 서찰을 보낸 때는 장소가 같고 때도 같다는 사실이다.

---

77) 秋氣轉清, 南州木葉漸索, 夜堂聞蟋蟀聲, 似有風土之異, 始覺浪跡江湖又一年矣. 夏間迂道返浙, 十裏故土, 便如隔世. 值均弼先生觀察寧紹, 渡江相見, 爲道先生近履, 及受之, 申之兩兄頗悉.

78) 章學誠, 『章氏遺書』 卷17, 「湖北按察使馮君家傳」. 余於壬辰之夏, 訪君寧波道署.

79) 胡適 著·姚名達 訂補, 『章實齋先生年譜』, "乾隆37年 35歲"條, 24쪽. 夏, 先生訪寧紹臺兵備道馮廷丞於寧波道署.

80) 在紹伏處兩月, 頗懼得過日多. 裒集所著 『文史通義』, 其已定者, 得內篇五, 外篇二十有二. 文多不可致, 謹錄三首, 求是正訖, 轉致辛楣先生, 朱春浦師. 兩處書具未緘, 亦乞閱後封致.

81) 章學誠, 「上慕堂光祿書」, 黃云眉의 『史學雜稿續存』의 『雜稿』 附錄2, 「章氏遺書未收入之實齋手札二通」, 347-348쪽. 外文三篇, 並呈朱春浦師及辛楣先生, 以繕錄手不暇給也.

「후국자사업주춘포선생서候國子司業朱春浦先生書」의 머리말에 "스승님을 모시지 않은지 겨우 1년 되었을 뿐입니다.[不侍函丈,才匝歲耳]"라는 내용이 있고, 또 "제가 20년간 강남의 가을을 보지 못했습니다.[學誠二十年不見江南秋矣.]"라는 내용도 보인다. 장실재의 평생을 헤아려보면, 건륭 37년의 일이라는 것은 의심할 것이 없다. 이 서찰 말미에 "경사를 나온 이후 대부분 시간을 저술에 힘쓰면서, 학계를 헤아려 『문사통의』라고 지었습니다. 책이 완성되지는 않았으나 큰 취지는 신미선생의 후독에서 보여드렸습니다. 내편 3수를 베껴서 함께 보내드립니다. 선생께서 제 글을 살펴보시면 반드시 그 출처를 아실 것입니다."[82]라고 하였다. 장씨는 여기서 여전히 『문사통의』를 쓰기 시작한 일에 대해서 서술하였는데, "큰 취지는 신미선생 후독에 보여 드렸다.[大指已見辛楣先生候牘]"라고 고했을 뿐 아니라, 내편 3수를 베껴서 보낸 것 또한 전죽정錢竹汀에게 서찰을 보낸 것과 같다. 이 사실에서, 주선생의 안부를 묻는 서찰과 전선생에게 보낸 서찰은 분명히 동시에 쓴 것이고, 두 서찰은 조모당을 통해 전달되었다는 사실을 알 수 있다.

위에 인용한 서찰 두 통에 근거하면, 장실재가 동시에 전죽정에게 보낸 서찰은 최소한 특징 두 가지를 갖추고 있다. 첫째는, 시간상의 특징으로 건륭 37년 가을에 썼다는 것이고, 둘째는 내용상 특징으로 서찰의 내용 대부분이 『문사통의』의 찬술 취지를 밝히고 있다는 점이다. 지금 남아 있는 『장씨유서』에 실려 있는 「상신미궁첨서」는 이 두 가지 특징을 모두 가지고 있지 않다. 다만 1946년 11월 『대공보大公報』에 발표된 실재의 일찰佚札 「상효징학사서上曉徵學士書」에는 이러한 특징이 부절을 합쳐 놓은 듯 꼭 닮았다.

앞서 인용한 서찰 두 통과 마찬가지로 장실재의 「상효징학사서」는 서찰 첫머리에 "경사에서 나오고부터 종일 분주합니다. 강남은 가을 하늘이 청명하고 바람도 제법 시원해져 귀뚜라미 소리와 팔랑이는 나뭇잎이 소슬히 남쪽과 북쪽의 풍경을 갈라놓는 듯합니다. 경사에서 오래전에 공부하던 일을 추억하는데, 생각해보니, 오랫동안 그대의 가르침을 듣지 못하여 마음이 무겁습니다. 삼가 생각건대, 입추를 맞은 이때에 만복을 누리시기를 바랍니다."[83]라는 내용이 있을 뿐 아니라, 편말에 글을 쓴 시기와 장소를 분명히 기록하고 있다. 즉, "8월 22일 이고[84] 태평부太平府 관아에서[八月二十二日二鼓, 太平府官署中.]"이다. 다시 말하면, 「상효징학사서」는 건륭 37년 8월 22일에 쓰여졌고, 글을 쓴 장소는 안휘安徽 태평부(지금의 당도현當涂縣) 관아이다. 특히 주목할 만한 점은 이 서찰이 『문사통의』의 찬술 취지를 밝히는 중요한 서신이라는 점이다. 장실재는 이 서찰

---

82) 章學誠, 『章氏遺書』 卷22, 「候國子司業朱春浦先生書」. 出都以來, 頗事著述, 斟酌藝林, 作為『文史通義』. 書雖未成, 大指已見辛楣先生候牘, 所錄內篇三首, 並以附呈. 先生試察其言, 必將有以得其所自.

83) 自出都門, 終日逐逐. 江南秋高, 風日清冽, 候蟲木葉, 颯颯有南北風氣之殊. 因憶京華舊遊, 念久不獲聞長者緒論, 以為耿耿. 敬想入秋來, 起居定佳, 伏維萬福.

84) 二鼓 : 밤 9시부터 11시 사이를 말한다.

에 다음과 같이 서술했다.

　　저는 어릴 적부터 공부를 하였고 다른 장기가 없었습니다. 오직 고금 저술의 연원, 문장의 분류에 대해서만 열정을 기울인 것만 해도 여러 날이었습니다. 저는 "옛 사람의 학술에는 각기 사법師法이 있어서, 이 사법으로 관직을 갖추게 되고, 관직으로 서적의 지위를 지키게 되는데 이를 바탕으로 대대로 그 학술을 전하게 되었다."라고 말한 적이 있습니다. … 진 나라 책을 불태운 이후, 서적이 실전되고 사법 역시 끊어져서 오늘날 남은 것은 단지 그 강목 뿐입니다. 『사공편』이 망실되자 '육경이 함께 국정을 처리한다'는 뜻이 통하지 않게 되었고, 체계가 산실되자 학술도 기강을 잃었습니다. 남은 서적은 천백에 십분의 일의 책에 불과하여 유향·유흠 부자의 능력에 의지할 수밖에 없었습니다. 대체로 유향·유흠이 지은 『칠략』·『별록』은 육예의 백가를 서술하면서 전부 오직 옛 사람이 관직의 책임을 지키는 데에 근본을 하였는데, 전부 학술계를 위해 서술한 것은 아니었습니다. 그 책은 비록 잃어버렸으나 『한서·예문지』에 남아 있습니다. 『예문』은 또한 반고가 그 예를 이루어 놓은 것이 아닌데, 다만 서술하는 사례는 찾아 볼 수 있습니다. 그러므로 지금의 학사로서 삼대의 성세를 궁구하고, 관례官禮의 근원을 밝히는 데 뜻이 있어서 고금의 큰 학문을 총망라하려 한다면 오직 『한서·예문지』 한 편에 의지할 수밖에 없습니다. 무릇 『예문』으로서, 예컨대 가의의 『좌전훈고』, 동중서의 『춘추』, 윤경시의 『좌전장구』, 장패의 『상서백량편』 및 숙손의 『조의』, 한신의 『군법』, 소하의 『율령』과 같은 류는 모두 유명한 저술이지만 실리지 않았습니다. 진관의 『주사』, 『태사공서』는 『춘추』류에 예속시켰지만 다섯 종류의 시부는 『시경』류에 예속시키지 않습니다. 이러한 사례로 볼 때 『예문지』가 완전무결한 것은 아닌 것 같습니다. 그러나 이 책을 참고하면 관사官師 학술의 원류에 대해서 대략적으로 알 수 있습니다. 그러므로 근래에 이 책을 교정하고 은미한 뜻을 밝혔습니다. 그리고 古今의 서적을 취하여, 육예이후 근대의 수많은 저작까지 그 장단점과 득실을 연구하고 『문사통의』라는 책을 고안하였는데, 내편·외편·잡편으로 나누어 완성했습니다. 이제 막 필사를 시작하여 십분의 일도 쓰지 못했습니다. 그래서 글 대부분을 보내드릴 수 없고 삼가 3수만 써서 드리니, 당신께서 평정한 마음으로 한 번 살펴봐 주시기 바랍니다.[85]

---

85) 學誠自幼讀書, 無他長, 惟於古今著述淵源, 文章流別, 殫心者蓋有日矣. 嘗謂古人之學, 各有師法, 法具於官, 官守其書, 因以世傳其業. … 秦火而後, 書失傳而師法亦絶, 今所存者, 特其綱目. 『司空篇』亡, 六卿聯事之義, 又不可以强通, 條貫散失, 學術無所統計, (計字疑誤, 似當為紀, 或系排字失誤——引者.) 所賴存什一於千百者, 向, 歆父子之術業耳. 蓋向, 歆所為 『七略』, 『別錄』者, 其敘六藝百家, 悉惟本於古人官守, 不盡為藝林述文墨也. 其書雖軼, 而 『班史·藝文』獨存. 『藝文』又非班固之, 舊特其敘例猶可推尋. 故今之學士, 有誌究三代之盛, 而溯源官禮, 網維古今大學術者, 獨 「漢藝文誌」 一篇而已. 夫 『藝文』於賈誼 『左傳訓故』, 董仲舒說 『春秋』 事, 尹更始 『左傳章句』, 張霸 『尚書百兩篇』, 及叔孫 『朝儀』, 韓信 『軍法』, 蕭何 『律令』 之類, 皆灼然昭著者, 未登於錄. 秦官 『奏事』, 『太史公書』, 隸於 『春秋』, 而詩賦五種, 不隸 『詩經』. 要非完善無可擬議者. 然賴其書, 而官師學術之源流, 猶可得其仿佛. 故比者校讎其書, 申明微旨, 又取古今載籍, 自六藝以降, 訖於近代作者之林, 為之商榷利病, 討論得失. 擬為 『文史通義』 一書, 分內, 外, 雜篇, 成一家言. 雖草創未及什一, 然文多不能悉致, 謹錄三首呈覽, 閣下試平心察之, 當復以為何如也.

　　장실재는 다른 사람을 쉽게 인정하지 않았는데, 어째서 유독 전죽정만 인용하며 『문사통의』의 지음知音으로 여겼는가? 「상효징학사서上曉徵學士書」에서 두 가지 이유를 살펴볼 수 있다. 첫째, 전죽정은 박학다식하였는데 특히 사학 분야에 가장 정밀했다. 그리고 실재보다 10살 많아 앞서 인용한 바와 같이 장씨는 늘 "윗 사람[長者]"으로 존중했다. 둘째, 전죽정錢竹汀이 『원사元史·예문지藝文志』를 편찬하자 장실재가 초고를 살펴보고서 竹汀에 대해 "교감에 정통하다.[精於校讎]"라며 감탄하였고 이에 따라 동지同志로 삼았다. 실재 자신의 말을 인용하자면, "당신께서 교수학校讎學에 정통하여 저에게 많은 지식을 더해주셨습니다. 또 한 시대의 서적 정리에 심혈을 기울여 수집하여 찬술한 글이 옛날 학자까지 거슬러 올라가 그 성과를 거두어들이기에 충분합니다. 오늘날, 유향劉向·유흠劉歆 부자의 업적을 이어받아 반고의 선례를 넓힐 일을 그대 아니면 누구에게 부탁하겠습니까?[86]

　　이상의 고찰을 종합하면, 장실재가 건륭 37년에 전죽정에 보낸 서찰은, 곧 1946년 11월 6일 『대공보』에 발표된 「상효징학사서上曉徵學士書」이지, 현행본 『장씨유서』에 실린 「상신미궁첨서上辛楣宮詹書」가 아니다.[87] 그래서 호적지胡適之 선생이 처음 편찬한 『장실재선생년보』에서 「상신미궁첨서」를 가경嘉慶3년이라 하였는데 가장 타당하다. 그리고 증정본增訂本에서 건륭37년으로 고쳤는데 이는 우연히 실수한 것이다.

---

86) 閣下精於校讎, 而益以聞見之富, 又專力整齊一代之書, 凡所搜羅撰述, 皆足追古作者而集其成. 即今紹二劉之業而廣班氏之例者, 非閣下其誰托!

87) 錢大昕의 『竹汀居士年譜』 기록에 의하면, 竹汀은 乾隆37年 봄에 翰林院侍讀學士에 제수되었고, 詹事府少詹事에 제수된 때는 乾隆38년 11월이다.

제16장
『중국근삼백년학술사』찰기札記

   최근 10여 년 사이에 국내외 학술계의 공동 노력으로 건가학파와 건가학술에 대한 연구는 갈수록 사방 학자들의 관심을 끌어 발전하는 추세를 보이고 있다. 이 연구가 건실하고 깊이 있게 발전하도록 하기 위해서 평소 전빈사錢賓四 선생의 대작 『중국근삼백년학술사中國近三百年學術史』를 읽고 체득한 것 가운데 한두 가지에 대해 좁은 소견이나마 망령되게 개진하니 가르침을 바란다.

1. 건가학파가 고증으로 기운 연유

   청나라 건륭, 가경 연간에 경학계는 무엇 때문에 훈고의 탐구로 기울어서 건가학파라는 명칭을 얻었을까? 전빈사 선생의 『중국근삼백년학술사』는 양임공梁任公 선생의 같은 제목의 논저처럼 전문적인 토론을 전개하지는 않았지만 정확하고 투철한 견해로 매 글자마다 행간을 읽어내고 있다. 이 문제에 관한 전선생의 논지는 다음과 같은 몇 가지로 나누어 볼 수 있는데 새로운 관점이라 할 수 있다.

   첫째, 청대학술과 송명학술은 전후로 이어진 전체다. 전선생의 『중국근삼백년학술사』는 첫머리에서 다음과 같이 밝히고 있다. "근대 학자는 언제나 한나라와 송나라의 영역을 나누는데 송학을 모르면 한학도 알 수 없고 더구나 한나라와 송나라의 옳고 그름을 평가할 수도 없다고 생각한다."[1] 이런 순서로 진행하여 전선생은 논의의 중점을 학술 발전의 내재 논리를 드러내

---

1) 錢穆, 『中國近三百年學術史』上冊, 「自序」, 1쪽. 竊謂近代學者每分漢宋疆域, 不知宋學, 則亦不能知漢

는 데 둔다.

근대 학술을 연구하는 사람은 어디에서 시작해야 하는가? 송나라로부터 시작해야 한다. 왜 송나라로부터 시작해야 하는가? 근세에는 한학을 내세우는 것으로 송학과 척을 지는데 송학을 모르면 한나라와 송나라의 옳고 그름을 평가할 수 없다. 그리고 한학의 원류를 이야기하려면 명나라 말의 여러 유신遺臣들에게로 거슬러 올라가야 한다. 그러나 그 당시 하봉夏峰, 이주梨洲, 이곡二曲, 선산船山, 부정桴亭, 정림亭林, 고암篙庵, 습재習齋와 같은 한 시대를 풍미한 대학자들이 모두 송학에서 침식하고 있었다. 그 뒤로 서곡恕谷, 망계望溪, 목당穆堂, 사산謝山 내지 신수愼修와 같은 사람들이 모두 송학에 조예가 깊었다. 그러다가 건륭乾隆 시대가 되어서야 한학이라는 명칭이 조금씩 등장하기 시작했다. 그러나 한학자들의 수준도 종종 송학으로부터 체득한 수준에 비추어 판단되었다. 도광道光, 함풍咸豐 이후로는 한과 송을 함께 취하는 학설이 점점 성행했고 게다가 대부분이 송나라를 추존하고 한나라를 폄하하여 건가학술에 대해서 잘못을 바로잡게 되었다. 그러므로 송학을 모르면 근대를 알 수 없다.[2]

전선생은 높은 지붕 위에서 병에 든 물을 쏟듯이 위에 인용한 논술에서 정확하게 송학에서 청학에 이르는 과정의 필연적 내재 연계를 드러내 보여주었다.

둘째, 청나라의 고증학은 연원이 명나라 중기 이후의 여러 유학자에게 있다. 청나라 고증학의 연원에 대해 토론할 때 전빈사 선생은 간단하게 왕조의 교체로 시기를 나누는 것에 찬성하지 않는다. 한편으로 전선생은 청나라 초의 여러 유학자 고정림顧亭林, 염백시閻百詩 등의 건가학술에 대한 심각한 영향을 긍정한다. "음운 연구를 경전으로 통하는 열쇠로 삼고 경전에 정통한 것을 도를 밝히는 바탕으로 삼는데 도를 밝힌다는 것은 바로 세상을 구제하는 것이다. 정림의 의견이 이와 같았다. 건가 고증학은 이것에 근거하여 전개되었는데 문자와 음의 공부로 경전을 연구하고 경전 연구로 도를 밝히는 것은 정말로 정림의 종지를 얻었다고 할 수 있다."[3] 다른 한편으로 빈사 선생은 또 고정림이 한학의 개조라는 주장을 부정했다.

學, 更無以評漢宋之是非.

2) 錢穆, 『中國近三百年學術史』上冊第1章, 「引論」上, 1쪽. 治近代學術者當自何始? 曰必始於宋. 何以當始於宋? 曰近世揭櫫漢學之名, 以與宋學敵, 不知宋學, 則無以評漢宋之是非. 且言漢學淵源者, 必溯諸晚明諸遺老. 然其時如夏峰梨洲二曲船山桴亭亭林篙庵習齋, 一世魁儒耆碩, 靡不寢饋於宋學. 繼此而降, 如恕谷望溪穆堂謝山, 乃至愼修諸人, 皆於宋學有甚深契誼. 而於時已及乾隆, 漢學之名始稍稍起. 而漢學諸家之高下淺深, 亦往往視其所得於宋學之高下淺深以爲判. 道咸以下, 則漢宋兼采之說漸盛, 抑且多尊宋貶漢, 對乾嘉爲平反者. 故不識宋學, 即無以識近代也.

3) 治音韻爲通經之鑰, 而通經爲明道之資, 明道即所以救世. 亭林之意見如是. 乾嘉考證學即本此推衍, 以考文知音之工夫治經, 即以治經工夫爲明道, 誠可謂得亭林宗傳.

정림의 학문에는 근본적으로 두 가지 목표가 있는데 하나는 도를 밝히는 것이고 다른 하나는 세상을 구제하는 것이다. 그의 『일지록』은 경술, 치도, 박문 세 부분으로 나누어져 있다. 후대 유학자는 한 가지로 귀결시켜 경학 즉 이학의 주장만 지키고 경술로 도를 밝히며 여력을 모아 널리 아는 것에 이른다. 치도를 연구하고 구세를 강구하는 것은 시대와 세상이 변해서 잇는 사람이 없었고 결국 기세를 잃었다. 정림의 본래 뜻을 논한다면 분명히 치도와 구세를 중심으로 삼았다. 그 이후에 정림의 학문을 배우는 사람은 실천의 가르침을 잊고 문헌을 널리 섭렵하라는 가르침만 받들어서 절반은 얻고 절반은 잃게 되었다. 그리고 문헌을 널리 섭렵하는 것도 치도를 연구하고 구세를 논의하는 것을 버리고 오로지 경술을 강구하고 널리 듣는 것에 힘썼기 때문에 그나마 절반 가운데에서 또 절반을 잃었다. 게다가 잃은 것은 중요한 것이고 취한 것은 중요치 않은 것이었다. 취사에도 시운이 있으니 모두가 인력으로 할 수 있는 것은 아니다. 그런데도 근래 사람들은 경솔하게 정림을 한학의 개조로 여기니 그 말은 정림이 듣고 좋아하지 않을 것이다.[4]

그래서 전빈사 선생은 다음과 같이 생각했다. "청나라 유학자가 고증학의 뿌리가 고염무顧炎武와 염약거閻若璩에게 있다고 하고 청나라를 시기적 상한으로 보는데 이 또한 그 일이 두 사람으로부터 이루어진 것이라고 할 수 없고 내력도 없다."[5] 이 "내력"에 대해서 전선생은 『사고총목四庫總目』과 건가 연간의 통유通儒 초순焦循의 주장에 근거해서 곧바로 명나라 중기 이후의 여러 유학자 양신楊愼, 초횡焦竑, 진제陳第, 방이지方以智에게로 거슬러 올라간다. "청나라 조정의 관각 사신館閣詞臣이 청나라 유학자의 고증학에 대해 서술할 때에도 명나라 중기의 양신 등 여러 사람으로부터 내려왔다고 했고 청나라 때 시작되었다고 말하지는 않았다."[6] "이당理堂이 재야에 있을 때 한학이 매우 융성해지자 그 내력을 밝혀 명나라 말부터 시작되었다고 했는데 사고관四庫館 신하의 말과 상응한다."[7] 전선생의 결론은 다음과 같다. "이것은 청나라 유학자의 정론이다. 고증학이 고염무와 염약거로부터 시작되었다는 주장은 최근에 나온 것이며 사실을 살펴보면 근거가 전혀 없다."[8]

셋째, 학술 변화의 파악은 사회 역사적 환경의 변천과 분리할 수 없다. 전빈사 선생은 다음과

4) 錢穆, 『中國近三百年學術史』上冊, 145쪽. 亭林論學本懸二的, 一曰明道, 一曰救世. 其爲『日知錄』, 又分三部, 曰經術治道博聞. 後儒乃打歸一路, 專守其經學即理學之義, 以經術爲明道, 餘力所匯, 則及博聞. 至於研治道, 講救世, 則時異世易, 繼響無人, 而終於消沈焉. 若論亭林本意, 則顯然以講治道救世爲主. 之後之學亭林者, 忘其行己之敎, 而師其博文之訓, 已爲得半而失半. 又於其所以爲博文者, 棄其研治道論救世, 而專趨於講經術務博聞, 則半之中又失其半焉. 且所失者婚其所重, 所取婚其所輕. 取舍之間, 亦有運會, 非盡人力. 而近人率推亭林爲漢學開山, 其語要非亭林所樂聞也.

5) 淸儒言考證推本顧閻者, 乃以本朝自爲限斷, 亦不謂其事由兩人特造, 更無來歷也.

6) 淸廷館閣詞臣序淸儒考證之學, 亦謂沿明中葉楊愼諸人而來, 不自謂由淸世開辟也.

7) 理堂在野, 親値漢學極盛, 推溯來歷, 亦謂起明季, 與四庫館臣之言相應.

8) 錢穆, 『中國近三百年學術史』上冊, 136쪽. 此自淸儒正論, 謂考證由顧閻開山, 其說起晩近, 按實固無據也.

같이 지적했다.

건가로부터 강희康熙, 옹정雍正으로 거슬러 올라가고 또 명나라 말의 여러 대학자로 올라간다. 여러 대학자로부터 동림東林으로 거슬러 올라가고 또 양명陽明에게로 올라간다. 다시 양명으로부터 주륙朱陸으로 거슬러 올라가고 또 북송의 여러 유학자에게로 올라간다. 학술의 변천을 구하고 세상사에 부합하는지 살피면 선후가 이어져 정연하게 조리가 선다.9)

학술 변천과 사회역사의 발전 전체적으로 고찰하고 그 사이의 정연한 질서 또는 법칙을 발견하는 것이 전빈사 선생이 보여준 기본적인 학문 방법론이다.

건가 고증학의 형성에 대해서『중국근삼백년학술사』에서 전빈사 선생은 학술사와 사회사를 결합하여 세 가지 측면에서 구체적으로 정리했다.

첫째는 경학의 고고학적 기풍과 당시 팔고문八股文의 관계에 대한 탐구다. 이 문제에서 전선생은 송학자 요내姚鼐, 이조락李兆洛의 주장에 근거해서 다음과 같이 지적했다. "모두가 청나라 한학이 팔고문에 대한 반동으로 나왔다고 생각한다."[是皆以淸代漢學爲激起於八股也] 이어서 왕창王昶의 혜동惠棟 묘지명을 인용하여 다음과 같이 밝혔다. "이것 또한 건가 경학이 당시의 팔고문에 대응하여 시작되었다는 말이다."10) 마지막으로는 강번江藩의『한학사승기漢學師承記』에 서술된 것에 근거해서 결론을 내렸다. "건가 경학의 고고학적 기풍은 과거시험에 의해 격발되었다는 것이 청나라 유학자의 공언이다."11)

둘째는 이학이 부진한 이유에 대한 탐구다.『중국근삼백년학술사』에서 전빈사 선생은 한 장을 따로 할애하고 이불李紱의 학술에 대한 논구를 통해 당시 이학 성쇠의 근원을 관찰했다. 이불 학술의 역사적 지위에 대해서 전선생은 매우 높게 평가했다. "청나라 육왕陸王학자 가운데 최고 중진으로 꼽더라도 손색이 없을 것이다."12) 이씨가 일생의 관직 생활에서 부침하고 몇 번이나 참수당할 뻔 했던 경험을 회고한 다음에 전선생은 다음과 같이 지적했다.

목당이 청나라에서 목을 지킬 수 있었던 것만 해도 천만 다행이니 무슨 업적을 이야기하겠는가! 사산謝山이 매우 슬퍼하며 말했다. "공은 평생 도를 행하고 세상을 구제하는 것을 급선무로 여겼고

---

9) 錢穆,『中國近三百年學術史』上冊, 20쪽. 自乾嘉上溯康雍, 以及於明末諸遺老. 自諸遺老上溯東林, 以及於陽明. 更自陽明上溯朱陸, 以及北宋之諸儒. 求其學術之遷變, 而考合之於世事, 則承先啓後, 如繩秩然, 自有條貫.

10) 此亦以乾嘉經學發軔, 針對當之時文應擧言也.

11) 錢穆,『中國近三百年學術史』上冊, 141쪽. 謂乾嘉經學考古之風爲有激於擧業, 固淸儒之公言矣.

12) 以有淸一代陸王學者第一重鎭推之, 當無愧矣.

세상에 쓰이려는 마음이 매우 컸다. 그러므로 세 번 쫓겨나면서도 그 뜻이 조금도 약해지지 않았고 호연지기도 줄어든 적이 없었다. 그러나 서리와 눈이 침심하여 날마다 벗겨져 떨어져서 정수도 소모되었다." 또 이렇게 말했다. "공은 만인의 천품을 지닌 데다 중년에 오랫동안 단련하여 광채가 더했다. 어찌 혈육으로 이루어진 몸이 결국은 금석이 아니어서 끝내 초췌해지고 거의 다하게 될 줄 알았을까." 아아! 이것이야말로 목당의 기개와 운명을 아주 잘 안 것이라고 할 수 있다.[13] 이렇게 해서 의리와 경제에 대한 언설이 훈고 고증으로 들어가지 못했을 것이다.[14]

바로 이목당의 학문과 행적의 정리를 전형적인 사례로 삼아 전빈사 선생은 명확하게 인식했는데 "청나라 학술이 의리로부터 고증으로 들어간 것"은 사실 역사의 필연이었다.[15]

셋째는 청나라 조정의 정치적 억압이 학술 발전에 엄중한 질곡이었음을 논증한 것이다. 『중국근삼백년학술사』의 첫 장에서 전빈사 선생은 "학술의 변천은 시대와 함께 한다[學術流變, 與時消息]"는 주장을 제시했다. 명청이 교체되고 나서 청나라 조정이 정치로 학술을 억압한 열악한 영향에 대해 전선생은 특별히 주의를 기울였다. 그는 이것에 대해 지적했다. "강희, 옹정 연간 이래 청나라 조정은 더욱 고압적으로 반대편을 질책했고 여러 차례 문자옥文字獄을 일으켰다. 학자들은 정치에 대한 논의를 금기시하고 입을 닫고 한 마디도 내뱉지 않았다. 매우 두려워하며 다함께 향원의 길로 달려갔다."[16] 이 책 제11장에서 공자진龔自珍과 만청 정론의 부흥에 대해 토론할 때 전선생은 다시 다음과 같이 지적했다. "가경, 도광 연간 이후 청나라 세력은 날이 갈수록 쇠퇴했다. 단단한 얼음이 갑자기 녹고 뿌리에서 다시 싹이 돋듯이 사대부들은 조금씩 정론을 발표했다. 그리고 정암定庵은 그러한 기풍을 연 사람 가운데 하나다."[17]

가경, 도광 연간의 관점에서 이전의 근 200여 년의 청나라 역사를 돌이켜 보면서 전빈사 선생은 학술사와 사회사를 결합하여 "건가경학이 훈고 고증으로 기운 이유"[乾嘉經學所由一趨於訓詁考索]에 대한 답을 얻었다. "청나라 유학자는 명나라에서 넘어온 대학자를 제외하고는 정치에 대해 거의 이야기하지 않았다. 무엇 때문인가? 조정이 엄청난 힘으로 위에서 억압했고 조금이라

---

13) 원주 : 탕잠암湯潛庵과 전사산錢謝山의 운명도 모두 참혹했다.

14) 穆堂之在聖朝, 得保首領已萬幸, 尚何高言踐履功業! 謝山深悲之, 曰 "公平生以行道濟時爲急, 用世之心最殷, 故三黜而其誌未嘗少衰, 浩然之氣亦未嘗少減. 然而霜雪侵尋, 日以剝落, 菁華亦漸耗." 又曰 "公有萬夫之稟, 及中年百煉, 芒彩愈出. 豈知血肉之軀, 終非金石, 竟以是蕉萃殆盡." 嗟乎! 是可謂深識穆堂之誌氣遭遇者矣. (原註 : 湯潛庵全謝山, 遭遇皆至酷.) 如是而言義理經濟, 幾乎其不折入於訓詁考據之業者.

15) 錢穆, 『中國近三百年學術史』上冊, 285쪽. 清學自義理折入於考據.

16) 錢穆, 『中國近三百年學術史』上冊, 8-19쪽. 康雍以來, 清廷益以高壓鋤反側, 文字之獄屢興. 學者乃以論政爲大戒, 鉗口不敢吐一辭. 重足疊跡, 群趨於鄉願之一途.

17) 嘉道以還, 清勢日陵替. 堅冰乍解, 根蘗重萌, 士大夫乃稍稍發舒爲政論焉. 而定庵則爲開風氣之一人.

도 틀린 말을 하면 바로 재난을 당했기 때문이다. 쌓인 위력에 익숙해져서 결국 아무도 이야기하지 않았다. 말하지 않았을 뿐 아니라 생각도 하지 않았으며 정신과 의지를 오로지 옛 경전과 전적에 쏟았다. 원래는 부득이해서 그랬던 것이 익숙해지자 망각했고 또 그렇게 된 까닭을 깨닫지도 못했다. 이것이 건가경학이 훈고 고증으로 기운 이유다."[18]

2. 건가 사상계의 세 거두

건륭, 가경 양조의 80여 년 동안 박학樸學의 풍조가 성행했고 경사의 고증, 성음의 훈고가 당시 조야 학술의 주류가 되었다. 반대로 이 시기의 사상계는 매우 적막했다. 전빈사 선생은 『중국근삼백년학술사』를 저술할 때 독특한 안목으로 당시의 많은 학자 가운데 대진戴震, 장학성章學誠, 초순 세 사람을 특별히 부각시켰다. "동원東原과 실재實齋는 건가 연간 최고의 두 대사이고, 이당理堂은 뒤를 이어 양가의 장점을 종합하고 일가를 이루었으니 정말로 존경할 만하다."[19]

전빈사 선생이 대동원에 대해 고증으로부터 의리로 들어갔다고 논한 것에는 참신한 면이 많다. 그 가운데 특히 혜동과 대진 두 사람의 관계에 대한 고증과 또 이것에 근거해서 대진 학술을 전후 두 시기로 구분한 것은 탁월하고 믿을 만하며 이전 사람이 밝히지 못한 것이라는 최고의 칭찬을 할 만하다.

혜동은 강희 36년(1697)에 태어났고 대진은 옹정 원년(1723)에 태어났으니 연배로 따지자면 두 사람은 27살 차이가 나고 혜동이 선배가 된다. 학문으로 보자면 건륭 9년 혜동은 『역한학易漢學』을 저술했는데 한나라 『역』을 복원하여 한 시대의 기풍을 열었다. 이때 대진은 여전히 자의字義, 음성音聲, 산수算數를 탐색하고 있었고 건륭 16년이 되어서야 휴녕休寧 현학생縣學生이 되었다. 따라서 혜동과 비교할 때 대진은 확실히 후학이 된다. 건륭 22년 대진이 북쪽으로 갔다가 남쪽으로 돌아오는 길에 양주를 지났는데 그때 마침 양회염운사兩淮鹽運使 노견증盧見曾의 막객으로 있던 혜동을 만났고 두 사람은 결국 망년지교를 맺었다. 그 후 4년 동안 대진은 계속 양주에서 객으로 지냈다. 전빈사 선생은 혜동과 대진의 관계에 대한 고증을 통해서 "동원이 한나라를 존숭하고 송나라를 낮춘 것은 사실 소주의 혜씨의 학풍을 접하고 나서 시작되었다"[20]라고 생각했다.

18) 錢穆, 『中國近三百年學術史』下冊, 533쪽. 淸儒自有明遺老外, 卽少談政治. 何者? 朝廷以雷霆萬鈞之力, 嚴壓橫摧於上, 出口差分寸, 卽得奇禍. 習於積威, 遂莫敢談. 不徒莫之談, 蓋亦莫之思, 精神意氣, 一註於古經籍. 本非得已, 而習焉忘之, 卽亦不悟其所以然. 此乾嘉經學之所由一趨於訓詁考索也.
19) 錢穆, 『中國近三百年學術史』下冊, 475쪽. 東原實齋乃乾嘉最高兩大師, 理堂繼起, 能綜匯兩家之長, 自樹一幟, 信可敬矣.

전선생은 다음과 같이 말했다. "동원이 건륭 정축[원주 : 22년, 동원 35세]에 남쪽 양주로 왔을 때 염운사 아우雅雨 노견증의 관서에서 송애松崖를 알게 되었고 이때부터 양주에서 4년 동안 객으로 지냈다. 동원 학문의 종지는 그 때 아마도 변하기 시작했을 것이다."21)

대진 학풍의 변화에 관해서 전빈사 선생이 제시한 근거는 세 가지다. 첫째 근거는 건륭 30년 대진이 혜동을 기념하여 지은 「제혜정우선생수경도題惠定宇先生授經圖」다. 대진의 문장을 인용한 다음에 전선생은 다음과 같이 지적했다. "동원은 이 문장을 건륭 을유[원주 : 30년, 동원이 43세 때, 『연보』를 볼 것]에 지었는데 논의가 앞에서 든 것과 크게 다르다. 앞에서는 강성康成, 정程, 주朱를 나누어 논하고 의리, 제수制數에 있어서 득실을 이야기했다. 그러나 지금은 하나로 귀결시켜 얻은 것은 모두 한나라에 있고 잃은 것은 모두 송나라에 있으며 의리가 훈고와 전제를 통차統次한다고는 것은 훈고와 전제典制에 나아가는 것이 의리라고 말하는 것만은 아니다. 이것이 동원의 학문이 변화해서 오학吳學 혜파惠派에 가까워졌다는 증거다."22)

두 번째 근거는 앞의 글을 쓰고 나서 4년 뒤에 대진이 혜동의 제자 여소객余蕭客이 지은 『고경해구침古經解鉤沉』의 서문을 써준 것이다. 전선생은 이 서문을 인용하여 밝혔다. "이것에 근거해 보면 동원의 이 몇 년 간의 학문이 혜씨의 훈고설과 깊이 교감한 것이 분명하다. 동원이 세상을 떠난 후 능정감凌廷堪은 「사략장事略狀」에서 동원이 양주에서 원화元和의 혜동을 만났는데 학문이 부합했고 헛된 말이 결코 아니었다고 말했다.23) 왕명성王鳴盛도 당시 학자 가운데 단연 혜동과 대진 두 선생을 추천할 수 있다고 말했다. 혜군의 경학은 옛 것을 추구했고 대군은 옳음을 추구했는데 생각해보니 옛 것을 버리면 올바르다고 할 것이 없다.[원주 : 홍방(洪榜)의 「동원행장(東原行狀)」을 보라] 옛 것을 버리면 올바르다고 할 것이 없다는 말은 위로는 정림의 경학을 버리면 이학이 없다는 말이고 뒤로는 동원의 의리를 구할 때 옛 경전 밖의 근거 없는 공론에서 얻을 수 없다는 주장이다. 그러므로 혜동과 대진의 학문은 귀결점이 모두 『육경』에 있고 취지가 다르지 않다."24)

---

20) 東原論學之尊漢抑宋, 則實有聞於蘇州惠氏之風而起也.

21) 錢穆,『中國近三百年學術史』上冊, 322쪽. 東原於乾隆丁丑(原註 : 二十二年, 東原年35.) 南遊揚州, 識松崖於鹽運使盧雅雨見曾署, 自是客揚州者四年. 東原論學宗旨, 其時蓋始變.

22) 東原是文作於乾隆乙酉(原註 : 三十年, 東原年43, 見『年譜』.), 而議論與前擧已大異. 其先以康成程朱分說, 謂於義理制數互有得失者, 今則並歸一途, 所得盡在漢, 所失盡在宋, 義理統次故訓典制, 不啻曰即故訓即典制而義理矣. 是東原論學一轉而近於吳學惠派之證也.

23) 원주 : 왕창의 동원묘지명에서도 '혜동과 대진이 양주에서 만났는데 서로를 존중했다'고 말했다.

24) 錢穆,『中國近三百年學術史』上冊, 323-324쪽. 據是觀之, 東原此數年論學, 其深契乎惠氏故訓之說無疑矣. 東原卒後, 凌廷堪爲作『事略狀』, 謂東原於揚州見元和惠棟, 論學有合, 抉非虛語. (原註 :「王昶爲東原墓誌銘」, 亦謂"惠戴見於揚, 交相推重".) 王鳴盛亦言, 方今學者, 斷推惠戴兩先生. 惠君之治經求其

세 번째 근거는 대진이 지은 『원선原善』이 혜동 학술의 영향을 받아 완성되었다는 것이다. 대동원이 지은 『원선』은 3편에서 3권에 이르는 과정을 거쳤다. 3편이 완성된 때는 단옥재段玉裁의 대진연보에 명확하게 나와 있지 않은데 대략 건륭 18년에서 28년 사이다. 전빈사 선생은 『원선』 3편을 혜동의 『역미언易微言』과 비교하고 나서 다음과 같이 생각했다. "동원의 『원선』 3편은 문장이 송애의 『역미언』의 영향을 상당히 받은 것 같다."25) 그래서 전선생은 이렇게 말했다. "지금 생각해보니 『원선』 3편은 대략 정축년 양주에 가서 송애를 알게 된 이후에 완성된 것 같다. 동원의 학문은 이때부터 변하기 시작했다."26) 『원선』 3권에 대해서 전빈사 선생은 단옥재의 기록을 취하여 건륭 31년 병술로 정했다. 전선생은 이에 대해 다음과 같이 지적했다.

이제 『원선』 3권본을 동원이 44세 되던 해인 병술년에 완성된 것으로 정하면 위로 『원선』 3편이 처음 완성된 것도 이때로부터 아주 멀지는 않을 것이니 늦어도 계미년[원주: 왜냐하면 이 해에 무당懋堂이 베끼러 왔기 때문이다.], 빨라야 정축년[원주: 송애를 만난 해]이고 전후로 10년을 벗어나지는 않을 것이다. 을유년에 동원은 소주를 지나며 「송애수경도松崖授經圖」에 대해 글을 지었다. 『원선』을 확대한 것은 그 이듬해다. 동원은 송애를 깊이 존경해서 훈고를 버리면 의리를 밝힐 수 없다고 했으니 『원선』 3권은 이 정신에 근본을 두고 완성했다. 그래서 "천인의 도는 경전의 큰 뜻에 모여 있다."라고 했는데 동원의 학문과 저서가 받은 송애의 영향을 볼 수 있다.27)

대진이 세상을 떠나기 전에 일생에 가장 만족스러운 저작 『맹자자의소증孟子字義疏證』을 완성했다. 이 책은 천리와 인욕의 분변을 돌파구 삼아 송명 이학에 대해 비타협적인 비판을 가했다. 전빈사 선생은 이 책의 완성 과정 및 운명에 대한 고증을 통해 다음과 같이 지적했다.

오직 당시 사람들이 동원을 추중한 것은 결코 이것 때문이 아니었다. 동원이 계사년[원주: 건륭

古, 戴君求其是, 究之舍古亦無以爲是.(原註: 見洪榜「東原行狀」.) 謂舍古無以爲是者, 上之即亭林舍經學無理學之說, 後之即東原求義理不得鑿空於古經外之論也. 然則惠戴論學, 求其歸極, 均之於『六經』, 要非異趨矣.

25) 東原『原善』三篇, 則其文頗似受松崖『易微言』之影響.

26) 錢穆, 『中國近三百年學術史』 上冊, 325쪽. 以今考之, 『原善』三篇, 大約在丁丑遊揚州識松崖以後. 以東原論學, 至是始變也.

27) 錢穆, 『中國近三百年學術史』 上冊, 327쪽. 今定『原善』三卷本成於丙戌東原四十四歲之年, 則上推『原善』三篇, 其初成亦抉距此不甚遠, 至遲在癸未(原註: 因是年懋堂已抄謄及之.), 至早在丁丑(原註: 遇松崖之年.), 先後不出十年也. 乙酉東原過蘇州, 題「松崖授經圖」. 『原善』擴大成書, 即在其翌年. 東原深推松崖, 謂舍故訓無以明理義, 『原善』三卷, 即本此精神而成書. 故曰"天人之道, 經之大訓萃焉." 則東原論學著書, 其受松崖之影響, 居可見矣.

38년, 동원 51세.]에 소집되어 수도에 왔고 『사고四庫』 편수관이 되어 교감한 책은28) 모두 천문산법,
지리수경, 소학방언 종류였다. 즉 동원이 처음 수도에 왔을 때 당시 유력자에게 인정받은 것은 이
때문이었고 추천받은 것도 이 때문이었다. 한나라 유학자는 도수度數를 얻었고 송나라 유학자는 의리
義理 를 얻었다고 하는데 당시에는 도수로 동원을 추천한 것이지 의리 때문이 아니었다. 그러므로
홍초당洪初堂[원주 : 방榜]이 「동원행장」을 지었을 때 「팽척목에게 보내는 글[與彭尺木書]」을 실었는데
주사하朱笥河가 보고 이렇게 말했다. "꼭 실을 필요는 없다. 성과 천도에 대해 들을 수 없었다고 했는
데 어찌 정주 외에 다시 논설을 두려 하는가! 대씨의 학문에서 전할 만한 것은 이것이 아니다."[원주
:『한학사승기漢學師承記·홍전洪傳』] 당시 학자의 견해를 알 수 있다.29)

장학성은 대진보다 15살 어렸다. 건륭 42년 대진이 세상을 떠났을 때 장학성은 40세의 장년이
었다. 건륭 중엽 이후의 학술계에서 대진이 경학의 의리를 연구하여 세상을 내려다보았다면 장학
성은 "육경이 모두 역사"라고 주장하고 "사학의 의례와 교정에 대한 심법"[史學義例, 校讎心法]을
강구하여 한 시대를 독보했다. 전빈사 선생은 장학성에 대해 논할 때 대진과 장학성의 학문의
차이를 비교하면서 시작했고 『문사통의文史通義』의 요점을 분석하여 장학성의 "경학에 대해 시
정하도록 함"으로 기풍을 바로잡는 독특한 견해를 표창했다. 전선생은 이에 대해 다음과 같이
지적했다. "실재實齋의 저술 가운데 가장 중요한 것이 『문사文史』와 『교수校讎』 두 통의인데 근
래에 실재의 학문을 연구하는 사람도 모두 문사가로 분류한다. 그러나 실재의 『통의通義』는 사실
당시의 경학을 시정하려고 지은 것으로서 이러한 뜻을 아는 사람이 거의 없다."30)
건륭 37년, 장학성은 당시의 저명한 학자 전대흔錢大昕에게 편지를 보냈다.

저는 문사를 교감하는 데에 종사하면서 깨달은 것이 있었습니다. 그런데 논변하는 가운데 요즘

28) 원주:『수경주水經註』,『구장산술九章算術』,『오경산술五經算術』,『해도산경海島算經』,『주비산경周髀算經』,『손
자산경孫子算經』,『장구건산경張丘建算經』,『하후양산경夏侯陽算經』,『오조산경五曹算經』,『의례식오儀禮識誤』,
『의례석궁儀禮釋宮』,『의례집석儀禮集釋』,『대대례大戴禮』,『방언方言』과 같은 책들.
29) 錢穆,『中國近三百年學術史』上冊, 332쪽. 惟時人所以推重東原者, 則並不在此. 東原自癸巳(原註 : 乾
隆三十八年, 東原年五十日.)被召入都, 充『四庫』纂修官, 所校官書(原註 : 如『水經註』『九章算術』『五
經算術』『海島算經』『周髀算經』『孫子算經』『張丘建算經』『夏侯陽算經』『五曹算經』『儀禮識誤』『儀
禮釋宮』『儀禮集釋』『大戴禮』『方言』諸書.), 皆天文算法地理水經小學方言一類, 即東原初入京時所由
見知於時賢者, 至是而時賢仍以此推東原. 所謂漢儒得其度數, 宋儒得其義理, 並世自以度數推東原,
不以義理也. 故洪初堂(原註 : 榜.)撰「東原行狀」, 載「與彭尺木書」, 朱笥河見之, 曰"可不必載. 性與天道
不可得聞, 何圖更於程朱之外復有論說! 戴氏可傳者不在此."(原註 :『漢學師承記·洪傳』.) 可見當時學
者見解矣.
30) 錢穆,『中國近三百年學術史』上冊, 380-381쪽. 實齋著述最大者, 爲『文史』『校讎』兩通義, 近代治實齋之
學者, 亦率以文史家目之. 然實齋著『通義』, 實爲箴砭當時經學而發, 此意則知者甚少.

사람의 취향과 상당히 다른 것이 있어서 남이 알아주기를 그리 바라지는 않습니다. 올리는 것이 그다지 중요한 것은 아니지만 사람에게 말해 주지 않기를 바랍니다. 저서에서 크게 경계하는 것이 두 가지인데 시비 판단이 성인과 다른 것과 금기가 군주, 부모에 저촉되는 것입니다. 이것은 천리에 용납되지 않습니다. 그러나 사람이 대의를 거칠게 알고 문리에 조금 통한 상태라면 어떻게 이러한 큰 계율 범하겠습니까. 세속의 풍상에는 반드시 치우친 것이 있고, 현달하고 지체 높은 사람이 주장하고 총명하고 재주 있는 사람이 추구하는 것 가운데 유폐가 꼭 작은 것에 있는 것은 아닌데 사관은 구제하려고 생각하지 않고 저술을 중시하지 않습니다. 구제하려 한다면 세상의 추세와 어긋날 것인데 세상의 추세는 형부의 법령보다 더 두렵습니다.[31]

전빈사 선생의 토론은 이 편지로부터 시작한다. "이것은 평범한 불평이 결코 아니다. 세속의 풍상이라고 한 것은 경학을 가리킨다. 『통의』와 『교수』 두 책은 경학의 유폐를 구제하기 위해 지었다는 것이 매우 명백하다."[32]

당시 경학의 유폐에 대해서 장학성은 두 가지 적극적인 구제 방법을 제시했다. 하나는 옛 문장이고 다른 하나는 사학인데 결국은 사학으로 귀결된다. 장학성은 다음과 같이 말했다. "최근에 뜻을 같이 하는 여러 사람에게 옛 문장을 많이 지을 것을 권했는데 옛 문장은 기전 사학으로부터 나아가야 얻는 것이 있을 수 있다."[33] 또 이렇게 말했다. "사장과 기송은 옛 사람이 중시하던 것이 아니고 재능 있고 식견 있는 학자는 사학을 귀결점으로 삼아야 한다. 옛 문장을 지으면서도 사학에 조예가 깊지 않으면 육예로 근원을 거슬러 올라가 종지를 얻지 못한다."[34]

장학성이 필생의 심력을 다해 지은 『문사통의』는 이러한 학술 주장을 관철하는 구체적 실천이었다. 이 책은 건륭 37년에 쓰기 시작해서 저자가 가경 6년에 세상을 떠날 때까지 30년을 하루같이 부지런히 정신과 노력을 기울였고 죽음에 이른 다음에야 그쳤다. 그러나 기풍을 바로잡고 새로운 길을 개척한 것은 시종 변하지 않고 수미일관했다. 장학성은 만년에 친구 왕휘조汪輝祖에

---

31) 章學誠, 『章氏遺書』卷29,「上錢辛楣宮詹書」. 學誠從事於文史校讎, 蓋將有所發明. 然辨論之間, 頗乖時人好惡, 故不欲多爲人知. 所上敝帚, 乞勿爲外人道也. 夫著書大戒有二, 是非謬於聖人, 忌諱或幹君父. 此天理所不容也. 然人苟粗明大義, 稍通文理, 何至犯斯大戒. 惟世俗風尚, 必有所偏, 達人顯貴之所主持, 聰明才雋之所奔赴, 其中流弊, 必不在小, 載筆之士, 不思救挽, 無爲貴著逃矣. 苟欲有所救挽, 則必逆於時趨, 時趨可畏, 甚於刑營之法令也.

32) 錢穆, 『中國近三百年學術史』上冊, 381쪽. 此絶非泛泛牢騷語, 所謂世俗風尚, 卽指經學. 『通義』『校讎』兩書, 則爲救挽經學流弊而作, 其意甚顯白.

33) 章學誠, 『文史通義』(遺書本)外篇3,「與汪龍莊書」. 近日頗勸同志諸君多作古文辭, 而古文辭必由紀傳史學進步, 方能有得.

34) 章學誠, 『文史通義』(遺書本)外篇3,「報黃大俞先生」. 辭章記誦, 非古人所專重, 而才識之士, 必以史學爲歸. 爲古文辭而不深於史, 卽無由溯源六藝而得其宗.

게 편지를 보냈다. "내가 저술한 『문사통의』는 중간에 새로운 의론을 열었는데 사실 그것은 부득이해서 발표한 것으로서 천고의 사학을 위해 잡초를 제거했다."[35]

그러나 대동원의 의리학이 당시 학술계의 승인을 받지 못한 것과 마찬가지로 장실재가 집착하여 추구한 "사학의 의례와 교감의 심법"[史學義例, 校讎心法]도 반응이 없이 외롭게 부르는 절창이 되었다. 전빈사 선생은 이에 대해서 다음과 같이 말했다. "실재는 학문으로 시대의 추세에 반대했지만 세상의 학자들은 그의 학문이 어떤 것인지도 몰랐다. 실재 스스로도 당시 사리에 통달한 사람이 버리고 언급하지 않는 것이 되었다고 말했다. 그러므로 전림錢林[36]은 『문헌징존록文獻徵存錄』의 소진함邵晉涵 전에서 장학성은 경학으로 일생을 마쳤다고 하기도 했다. 이때는 실재가 세상을 떠난 지 얼마 안 되었을 때인데도 고향 사람[원주 : 전동생도 절강 출신이다]이 잘 알지 못했다.[37] 실재는 생전에 명성이 알려지지 않았고 『문사』, 『교수』 두 통의도 도광 임진년[원주 : 12년.]에야 처음 간행되었다.[원주 : 그의 아들 화불華紱의 발문에 근거했다.] 생전에 문자의 유전도 상당히 자중했고 세상의 추세에 지나치게 배치되는 것은 가볍게 드러내지 않았기 때문에 다른 사람도 잘 알지 못했다. 초리당焦理堂만이 「독서삼십이찬讀書三十二贊」에서 『통의』를 19번째에 열거했고, 칭송한 것은 대부분 당시의 박학인데 실재의 이 책은 그 부류에 속하는 것이 아니었다. 그러나 제목에 장석재章石齋라고 주를 달았는데 전동생錢東生이 장章을 장張으로 잘못 안 것과 비교하면 엇비슷하다. 이것으로 당시 실재의 명성이 그리 알려지지 않았다는 것을 증명할 수 있다."[38]

대진, 장학성과 비교해볼 때 초순은 명성이 실질에 부합한 후배였다. 대진이 세상을 떠났을

---

35) 章學誠, 『文史通義』(遺書本)外篇3, 「與汪龍莊書」. 拙撰『文史通義』, 中間議論開闢, 實有不得已而發揮, 爲千古史學辟其榛蕪.

36) 원주 : 자는 동생東生이고 건륭 27년에 태어나 도광 8년에 죽었다. 1762-1828.

37) 원주 : 『징존록』에 따르면 실재는 어려서 산음山陰의 문울文蔚 유표군豹君과 옥이鈺二 동수유童樹游에게 배워 즙산戢山, 남뢰南雷의 학설을 익히 들었으며, 명나라 말 당화黨禍의 원인, 환관의 난정과 당노唐魯 이왕의 본말에 대한 이야기가 자주 정사의 기록을 벗어나는 경우가 많았는데 이것은 전해 받은 바가 있을 것이다. 또 가경 11년에 당중면唐仲冕이 『기년경위고紀年經緯考』를 출간했는데 실재의 성을 장張으로 잘못 달았다.

38) 錢穆, 『中國近三百年學術史』上冊, 416-417쪽. 實齋以講學反時趨, 並世學者至不知其學業是何門路. 實齋亦自言, 最爲一時通人所棄置而弗道, 故錢林(原註 : 字東生, 生乾隆二十七年, 卒道光八年, 1762-1828年.)『文獻征存錄』爲邵晉涵作傳, 至稱爲張學誠, 以明經終. 是實齋沒世未久, 即其鄕人(原註 : 錢東生亦浙人.)已不甚知之.(原註 : 唯『徵存錄』稱, 實齋少從山陰劉文蔚豹君童鈺二樹遊, 習聞戢山南雷之說, 言明季黨禍緣起閹寺亂政及唐魯二王本末, 往往出於正史之外. 此語應有受. 又嘉慶十一年, 唐仲冕刻『紀年經緯考』, 亦誤題實齋姓爲張.) 蓋實齋生時, 既無灼灼之名, 其『文史』『校讎』兩通義, 至道光壬辰(原註 : 十二年.)始得刊行.(原註 : 據其子華紱跋.) 生前文字流傳, 頗自謹重, 其過背時趨者, 未必輕出, 故外人亦不深知也. 唯焦理堂「讀書三十二贊」, 『通義』列於十九, 所贊大率皆當時樸學, 獨實齋一書非其類, 而題註作章石齋, 較之錢東生之誤章爲張, 亦相勝一肩而已. 是可徵實齋當時聲名之暗晦矣.

때 초순은 아직 어린 아이였고 장학성도 그보다 25살 많았다. 초순의 시대는 고증학이 해가 중천에 있는 것처럼 성행한 것이 이미 과거가 되어버렸고 건가학술이 비판과 종합의 장을 열었다. 초순은 "실로 증명하고 허에 운용한다"[證之以實而運之於虛]는 경학 방법론으로 한나라와 송나라를 회통하고 그 올바름을 탐구하여 건가경학의 걸출한 총괄하는 자 가운데 하나가 되었다.

　전빈사 선생은 초순의 사상을 논할 때 초씨가 제시한 경학 방법론으로부터 시작한다. 가경 원년, 초순은 친구 유대공劉臺拱에게 편지를 보내 조야에 가득한 고증 경학에 대한 자신의 견해를 밝혔다.

　　경학의 방법론도 시대를 따른다. 한나라 초는 진나라가 서적을 없앤 후여서 유학자는 각자 스승의 학문을 유지했다. 충분히 오래 유지한 다음에는 회통시켜야 했으므로 정씨가 경전에 주를 달았는데 옛 학설과 어긋나는 것이 많았다. 명나라 300년은 대개 팔고문만 배우고 한나라 유학자의 옛 학설은 높은 선반에 방치했다. 청나라 초에 경학이 싹텄고 점차 크게 갖추어졌다. 근래 수십 년 동안 강남 천여 리에서는 어리건 비루하건 모두 허신과 정현을 알았지만 공허한 소리에 익숙해져서 깊은 곳까지 나아가 체득하지 못함을 걱정했다. 고학이 흥성하지 않았을 때에는 도가 그 학문을 보존하는 데 있지만 고학이 크게 흥성했을 때 도는 그것을 통하게 하는 데 있다. 전자의 폐단은 배우지 않는 데 있고 후자의 폐단은 생각하지 않는 데 있다. 실로 증명하고 허에서 운용한다면 경전을 배우는 도에 가까울 것이다. 근래 학자는 갑자기 고증이라는 명칭을 설치하고, 지난 해 산동에 있을 때 손연여孫淵如 관찰 觀察에게 보내는 찰기를 쓴 것처럼 반복해서 이 명칭의 잘못을 따지고 있다.[39]

　초순의 이 편지를 인용한 다음에 전선생은 이렇게 말했다. "이것과 동원이 의리, 고증, 사장으로 학술을 세 가지로 나눈 것은 깊고 얕음의 차이는 있지만 실재의 『문사통의』의 의론과 상당히 상응한다. 이당이 고증을 아주 싫어한 것은 바로 생각으로 통하기를 구할 수 없었기 때문이다."[40]

　가경 연간은 중국 고대사회와 고대사상이 모두 끝에 다다라 변화를 일으키는 시대였다. 한편으로 새로운 요인이 싹트고 있었고 다른 한편으로는 옛 관습이 완고하게 역사의 진전을 제약하고 있었다. 초순의 사상에서도 이러한 침중한 역사적 한계가 확실히 그를 구속하고 있다. 그러므

---

39) 焦循, 『雕菰樓集』卷13, 「與劉端臨敎諭書」. 經學之道, 亦因乎時. 漢初, 值秦廢書, 儒者各持其師之學. 守之既久, 必會而通, 故鄭氏註經, 多違舊說. 有明三百年, 率以八股爲業, 漢儒舊說, 束諸高閣. 國初, 經學萌芽, 以漸而大備. 近時數十年來, 江南千餘里中, 雖幼學鄙儒, 無不知有許鄭者, 所患習爲虛聲, 不能深造而有得. 蓋古學未興, 道在存其學. 古學大興, 道在求其通. 前之弊患乎不學, 後之弊患乎不思. 證之以實而運之於虛, 庶幾學經之道也. 乃近來爲學之士, 忽設一考據之名目, 循去年在山東時, 曾作 札與孫淵如觀察, 反覆辨此名目之非.

40) 錢穆, 『中國近三百年學術史』下冊, 469쪽. 此與東原以義理考據辭章分學術爲三途者, 深淺有殊, 而與 實齋『文史通義』議論, 頗相枅鼓也. 理堂之所以深惡於考據者, 正爲其不能用思以求通.

로 전빈사 선생은 『중국근삼백년학술사』에서 하나의 주제로 설정하고 "이당 학문의 결점"을 비판했다. 전선생은 이렇게 말했다. "이당이 변통을 힘주어 말하기는 했지만 이당 학문이 형성한 틀은 사실 여전히 지킨다는 범위에서 벗어나지 못했다. 그 스스로가 새롭게 변통한 견해는 반드시 하나하나 『어』, 『맹』, 『주역』에서 받아들였다. 이당은 조술을 잘한다고 자부했지만 지금의 관점에서 보면 당시 한학을 고수하던 여러 학자와 오십보백보의 상태를 벗어나지 못한 것 같다."[41]

초순의 사상과 학문이 "지킨다는 범위에서 벗어나지 못한 것"[不脫據守範圍]에 대해서 전빈사 선생은 세 가지 이유를 들어 증거로 삼았다. 첫째, "이당은 『논어통석論語通釋』을 지은 데다 『맹자정의孟子正義』도 지었으며 집중적으로 의리에 대해 논한 여러 편에서도 반드시 『어語』, 『맹孟』의 화두를 표제로 삼았다. 의리에 대한 언론은 공맹을 절대로 벗어나지 않았는데 이것이 지키는 것이 아니면 무엇인가?"[42] 둘째, "공맹 연구도 여전히 육경을 경전으로 지키고, 『시』와 『예』의 여러 단서에 대해서 많이 밝혀놓지는 않았지만 기발한 생각과 깊은 의미는 종종 『역』과 관련된 여러 책에 기탁했다. 『역』을 모르면 공문의 교의라고 할 수는 없다."[43] 셋째, "이당은 널리 조사하는 데 힘쓰면서도 저술의 분기를 고증하고 싶지는 않았다. 『논어통석』은 의리에 대해서만 이야기했는데 이른 시기에 완성된 책으로서 『조고루전서雕菰樓全書』에 들어가지 않았고 별도로 지은 『논어보소論語補疏』와 『역통석易通釋』, 『맹자정의』 같은 여러 책은 모두 의리를 풀어놓은 말과 명물, 훈고를 고증한 것을 뒤섞어서 심오한 뜻이 엉키고 가려져 드러나지 못하게 했다. 체례는 분명히 동원의 『원선』, 『소증』과 다르고 문자 고증과 뒤섞이도록 하지는 않았다."[44] 이 세 가지 증거에 근거해서 전선생은 초순의 사상 및 당시의 학풍에 대해서 다음과 같이 판단했다. "그러므로 이전에는 경학이 바로 이학이고 경학을 버리고 어디에서 이학을 얻을 수 있느냐고 했지만 이때에 이르러서 의리와 훈고고증을 분리하지 않으면 둘 다 온전하게 할 수 없다고 느꼈다.[45]

---

41) 錢穆, 『中國近三百年學術史』 下冊, 475-476쪽. 理堂雖力言變通, 而理堂成學格局, 實仍不脫據守範圍. 凡其自所創通之見解, 必一一納之『語』『孟』『周易』. 理堂雖自居於善述, 然自今觀之, 與當時漢學據守諸家, 想仍不免五十步之與百步耳.

42) 理堂既爲『論語通釋』, 又爲『孟子正義』, 集中論義理諸篇, 亦必以『語』『孟』話頭爲標題. 言義理決不能出孔孟, 此非仍據守而何?

43) 其治孔孟, 仍守六籍爲經典, 雖於『詩』『禮』諸端, 未多發揮, 而奇思奧旨, 往往寄之治『易』諸書. 不知『易』之爲書, 未必即是孔門之教典也.

44) 理堂既務爲通核, 乃不願爲考據著述分途. 『論語通釋』專言義理, 乃早成之書, 未刻入『雕菰樓全書』, 而別爲『論語補疏』, 與『易通釋』『孟子正義』諸書, 均以發抒義理之言與考據名物訓詁者相錯雜出, 遂使甚深妙義, 郁而不揚, 掩而未宣. 以體例言, 顯不如東原『原善』『疏證』別自成書, 不與考據文字夾雜之爲得矣.

이것이 바로 경학의 권위가 이 때문에 떨어지고 학풍이 장차 변화할 징후다."46)

전빈사 선생은 건가사상에 대해 논의하면서 대진, 장학성과 초순을 정립하는 세 대가로 생각했다. 전선생은 다음과 같이 말했다. "이당의 학문에는 정치하고 탁월한 견해가 매우 많다. 그는 사상과 문예의 천재를 풍부하게 지니고서 그 시대 고증의 조류에 골몰하여 끝내 장점을 충분히 펼치지 못했다. 그러나 그의 사상적 성취는 매우 심오해서 동원, 실재와 정족할 수 있다."47) 대진으로부터 장학성을 거쳐 초순에 이르는 세 학술 대가가 남긴 역사의 자취는 우리가 건가시대의 사상 발전을 인식하고 나아가 당시 학술의 주류를 파악하는 데 전형적 의의를 지닌 근거를 제공한다. 전빈사 선생이 세 사람의 학문을 정리하고 비교한 다음에 한 말은 정말로 옳다. "동원, 실재, 이당 세 사람의 학문을 종합하여 본다면 그간의 변화를 알 수 있다."48)

3. 장씨학莊氏學의 연원에 대한 탐구

현재까지의 건가학술에 대한 연구 가운데 상주常州 장씨학에 대한 연구는 여전히 약한 고리다. 청나라 중기 상주 장씨학은 장존여莊存與로부터 시작해서 중간에 조카 장술조莊述祖의 계승과 발전을 거쳐 외손자 유봉록劉逢祿과 송상봉宋翔鳳에 이르러 알려지기 시작했다. 최근의 학자가 상주 장씨학의 연원을 논할 때 종종 사회 위기나 권신 화신의 난정에만 착안하고 학리적으로 정리하는 사람은 비교적 적다. 사실 이것은 깊이 있게 연구해볼 만한 문제다. 사회 위기나 권신의 난정이라고 하는 것은 만약 그것으로 장술조 이후의 상주 금문학今文學을 관찰한다면 적합할 수 있겠지만 장존여의 『춘추』 공양학公羊學을 해석한다면 연계시키기가 어려울 것이다.

이 문제에 관해서 장태염章太炎 선생의 초기 저작 『구서訄書』에서는 역사적 환경과 학풍의

45) 원주: 『조고루집雕菰樓集』권7, 「신대편申戴篇」에서는 동원이 임종 때 한 말을 서술한다. 평생의 독서를 다시 기억하지는 못하지만 지금에서야 의리학이 마음을 함양시킬 수 있다는 것을 알았다. 이당은 동원이 의리라고 한 것을 철저하게 분별하여 그가 자득한 의리는 강학자의 『서명西銘』, 『태극』의 의리가 아니라고 했다. 그러나 동원 자신에게 고증과 의리는 분명히 다른 것이어서 하나로 귀결할 수 없는 것이었음을 알아야 한다.

46) 錢穆, 『中國近三百年學術史』下冊, 476쪽. 故其先謂經學即理學, 舍經學安所得有理學者, 至是乃感義理之與訓詁考據, 仍不得不分途以兩全.(原注 : 『雕菰樓集』卷7, 「申戴篇」, 述東原臨終之言曰, 生平讀書, 絕不複記, 到此方知義理之學可以養心. 理堂極辨東原所謂義理, 乃其自得之義理, 非講學家『西銘』『太極』之義理. 然要知考據與義理, 在東原自身, 顯屬兩事, 未能並歸一體矣.) 此則經學權威必以此降落, 而學風將變之候也.

47) 錢穆, 『中國近三百年學術史』下冊, 455쪽. 理堂論學, 極多精卓之見. 彼蓋富具思想文藝之天才, 而溺於時代考據潮流, 遂未能盡展其長者. 然即其思想上之成就言之, 亦至深湛, 可與東原實齋鼎足矣.

48) 錢穆, 『中國近三百年學術史』下冊, 476쪽. 合觀東原實齋理堂三人之學, 正可以見斯間之消息矣.

변화에 착안해서 개략적으로 토론했다.

　　이전에 태호太湖 변에 위치한 소蘇, 상常, 송강松江, 태창太倉과 같은 여러 읍의 백성은 매우 수려했다. 명나라 말 이래로 비흥比興의 문장을 짓고 함께 모여 먹고 마시며 비유를 들어 토론하기를 즐겼으므로 대충 훑어보기 좋아하고 기강이 없었다. 이러한 풍속이 강 남북으로 퍼졌고 혜동이 등장했을 때에도 여전히 여러 학파에 두루 영향을 미쳐서 문채를 좋아하는 사람들이 어정쩡한 상태로 지내고 있었다. 대진이 휴녕에서 일어났는데 휴녕은 강남의 고원지대로서 백성이 부지런하고 생계를 잘 유지하였으므로 학문이 심오하고 언어는 직설적이고 진실하면서도 온유하거나 관대함이 없어서 문사에게는 불편했다. 대진이 사고관에 들어갔을 때 유학자들이 모두 대진을 공경하며 옷깃을 여미고 제자가 되기를 원했다. 천하가 점차 문사를 경시하자 문사와 경학가가 서로 미워하기 시작했다. 강회 지역에 문장을 연구하는 사람으로는 원래부터 방포方苞, 요범姚範, 유대괴劉大櫆가 있었는데 모두 동성桐城 출신으로서 증공曾鞏, 귀유광歸有光을 서로 높이며 배우고 후세에 정자와 주자를 전하고자 한 것을 동성의 준칙이라 불렀다. 대진이 『맹자자의소증』을 저술하여 재성을 밝히자 배우는 사람들이 정자와 주자를 경시했다. 동성의 여러 학자는 본래 정자와 주자의 요령을 얻지 못하고 다만 부차적인 것을 끌어들여 스스로 대단하다고 큰소리를 쳤으므로[49] 더 경멸받았다. 요범의 조카 요내는 대진에게 배우고자 했지만 대진은 사양하고 오히려 자주 은미한 말로 바로잡아 주었다. 요내는 불평하며 여러 차례 박학이 세세하고 잡다하다고 비난했다. 그 후 방동수方東樹가 『한학상태漢學商兌』를 저술하자 표지가 더 나누어졌다. 양호陽湖의 운경惲敬, 육계로陸繼輅도 음으로 동성으로부터 준칙을 받아들였다. 그 나머지는 대구로 된 글귀를 짓는 사람이 많았는데 그 가운데 겉으로는 대진을 받들었지만 사실 그의 학문과 서로 용납될 수 있는 것은 아니었다.[50] 경설은 질박함을 숭상하고 문사는 풍부함을 중시하는데 이러한 구분은 자연스럽다. 문사는 자유롭게 즐기면서도 경전을 학습하지 않은 것을 부끄럽게 여긴다. 상주의 금문학은 탁월한 뜻과 정묘한 문사에 힘써 문사에게 편했다. 금문은 『춘추』공양, 『시』제齊, 『상서』복생伏生이고 『주관』, 『좌씨춘추』, 『모시』, 마정馬鄭 『상서』를 배척한다. 하지만 모두 공양을 근본으로 여겼다. 전에 무진武進의 장존여는 대진과 같은 시대에 활동했고 공양씨 연구만 좋아했는데 『춘추정사春秋正辭』를 지을 때는 오히려 『주관』에 대해 진술했다. 그 제자 양호의 유봉록이 처음으로 동생董生, 이육李育에 주의를 기울여 『공양석례公羊釋例』를 저술했다. 관계가 있는 말로 비유하고 종류에 따라 열거하고 형용이 명확했으며 굳이 괴이하게 쓰려고 하지도 않았다. 그러나 문장은 온후해서 보는 사람이 좋아했다. 장주長洲의 송상봉은 부회를 가장 잘 했고 허식적인 말을 끌어들이고 여러 대가를 떠받들어 선택하기도 했으며 참위의 신비한 문사를 섞기도 했다. 송상봉이 『설문』은

---

49) 원주: 방포는 가난한 집안 출신이어서 정자와 주자의 깊은 뜻을 알지 못했지만 효성과 우애가 엄정하고 행실은 훌륭하다고 칭찬받을 만했다. 요범은 명문대가의 자제로서 세상 물욕이 없었고 부유한 사람 자리에 앉으면 스스로 바꾸었으며 기타 행실에 대해서는 알려진 바 없다. 송학을 제대로 공부하지 않고 겉으로만 따르면서 평정을 유지하는 것도 실천이라 하기에는 부족하며 더 저급하다.

50) 원주: 대구로 된 글귀를 짓는 사람들 가운데 오직 왕중汪中만 대진을 칭송했지만 학문은 같지 않았다. 기타 대부분의 문사 가운데 혜동에 다소 가까운 사람은 있었지만 대진과는 아주 멀었다.

일로 시작해서 해로 끝나니 옛날의『귀장歸藏』이라고 말한 적이 있다. 그 뜻은 진기하고 문장은 화려해서 박학에 종사하는 사람과는 방법을 달리했으므로 문사에게는 더 유리했다.[51]

태염 선생의 뒤를 이어 양임공梁任公 선생이 금문경학 진영에서 나왔는데 양선생의『청대학술개론淸代學術槪論』과『중국근삼백년학술사』도 여기에서 하나하나 논술하겠다.『청대학술개론』에서는 다음과 같이 말했다. "건가 연간 이래로 집집마다 허신許愼, 정현鄭玄 사람마다 가규賈逵, 마융馬融을 거론했는데 동한학이 크게 발전했다. 벼랑에서 구르는 돌이 땅에 이르면 멈추는 법이니 서한의 금고문이라는 오래 된 현안은 결국 반드시 한 번 끄집어내어져야 했는데 상황이 그랬다."[52] 또 이렇게 말했다. "청나라 유학자는 옛 경전을 두루 연구했고 대진의 제자 공광삼孔廣森이 처음으로『공양통의公羊通義』를 지었지만 가법이 명확하지 않아서 금문학을 연구하는 사람이 받들지 않았다. 금문학의 계몽 대가는 무진의 장존여다. 존여는『춘추정사』를 지었는데 명물훈고의 말단을 삭제하고 오로지 미언대의微言大義라고 하는 것을 구했으니 대진, 단옥재 일파와 선택한 길은 완전히 달랐다. 같은 현의 후진 유봉록이 이어받아『춘추공양경전하씨석례春秋公羊經傳何氏釋例』를 지었는데 하씨의 '장삼세張三世', '통삼통通三統', '출주왕노絀周王魯', '수명개제受命改制'와 같은 매우 이상하고 괴이한 의론에 대해 차례로 밝혔다. 이 책은 또 과학의 귀납법을

<hr>

51) 章炳麟,『訄書』第13,「淸儒」, 31-32쪽. 인용된 문장에서 "참위讖緯"를 "섬위纖緯"로 잘못 썼는데 문맥을 살펴 고쳤다. 初, 太湖之濱, 蘇常松江太倉諸邑, 其民佚麗. 自晚明以來, 喜爲文辭比興, 飮食會同, 以博依相問難, 故好流覽而無紀綱. 其流風遍江之南北, 惠棟興, 猶尙該洽百氏, 樂文采者相與依違之. 及戴震起休寧, 休寧於江南爲高原, 其民勤苦, 善治生, 故求學深邃, 言直霰而無溫借, 不便文士. 震始入四庫館, 諸儒皆震竦之, 願斂衽爲弟子. 天下視文士漸輕, 文士與經儒始交惡. 而江淮間治文辭者, 故有方苞姚範劉大櫆, 皆産桐城, 以效法曾鞏歸有光相高, 亦願屍程朱爲後世, 謂之桐城義法. 震爲『孟子字義疏證』, 以明材性, 學者至是薄程朱. 桐城諸家, 本未得程朱要領, 徒援引膚末, 大言自壯(原注 : 案方苞出自寒素, 雖未識程朱深旨, 其孝友嚴整, 躬行足多矣. 諸姚生於紈袴綺襦之間, 特稍恬淡自持, 席富厚者自易爲之, 其他躬行, 未有聞者. 旣非誠求宋學, 委蛇寧靖, 亦不足稱實踐, 斯愈庳也,), 故尤被輕蔑. 範從子姚鼐, 欲從震學, 震謝之, 猶亟以微言匡飭. 鼐不平, 數持論詆樸學殘碎. 其後方東樹爲『漢學商兌』, 徽章益分. 陽湖惲敬陸繼輅, 亦陰自桐城受義法. 其餘爲儷辭者衆, 或陽奉戴氏, 實不與其學相容. (原注 : 儷辭諸家, 獨汪中稱頌戴氏, 學已不類. 其他率多辭人, 或略近惠氏, 戴則絶遠.) 夫經說尙樸質, 而文辭貴優衍, 其分塗自然也. 文士旣已熙蕩自喜, 又恥不習經典, 於是有常州今文之學, 務爲瑰意眇辭, 以便文士. 今文者,『春秋』公羊『詩』齊『尙書』伏生, 而排斥『周官』『左氏春秋』『毛詩』馬鄭『尙書』. 然皆以公羊爲宗. 始武進莊存與, 與戴震同時, 獨畬治公羊氏, 作『春秋正辭』, 猶稱說『周官』. 其徒陽湖劉逢祿, 始專主董生李育, 爲『公羊釋例』, 屬辭比事, 類列彰較, 亦不欲苟爲恢詭. 然其辭義溫厚, 能使覽者說繹. 及長洲宋翔鳳, 最善傅會, 牽引飾說, 或采翼奉諸家, 而雜以讖緯神秘之辭. 翔鳳嘗語人曰,『說文』始一而終亥, 卽古之『歸藏』也. 其義瑰瑋, 而文特華妙, 與治樸學者異術, 故文士尤利之.

52) 乾嘉以來, 家家許鄭, 人人賈馬, 東漢學爛然如日中天矣. 懸崖轉石, 非達於地不止. 則西漢今古文舊案, 終必須翻騰一度, 勢則然矣.

써서 조리가 있고 판단이 정확하니 청나라 사람의 저술 가운데 실질적으로 가장 가치 있는 창작이다."53)

『청대학술개론』이 나오고 나서 조금 뒤에 양선생은 『중국근삼백년학술사』를 저술했다. "상주파에는 두 가지 원천이 있는데 하나는 경학, 다른 하나는 문학이고 점차 하나로 합쳐졌다. 그들의 경학은 공양가의 경전 해설이다-특별한 관점에서 공자의 『춘추』를 연구했는데 장방경莊方耕, 존여, 유신수劉申受(봉록)가 이 유파를 시작했다. 그들의 문학은 양호파의 고문인데 동성파로부터 해방된 것으로 장고문張皋文[혜언惠言], 이신기李申耆[조락兆洛]이 이 유파를 시작했다. 두 유파가 합일하여 새로운 정신을 산출했다. 이것은 건가 연간 고증학의 기초 위에서 순順, 강康 연간의 '경세치용'의 학문을 건설했다. 이 정신을 대표하는 사람이 공정암龔定庵[자진自珍]과 위묵심魏黙深[원원]이다. 두 사람의 저술은 후래의 광서光緖 초기 사상계에 매우 큰 영향을 주었다. 이 새로운 정신은 무엇 때문에 발생할 수 있었을까? 첫째, 고전에 대한 고증 작업이 이전 학자들에 의해 대부분 완료되어서 나중에 일어난 사람이 새로운 땅을 개척하려면 다른 길을 갈 수밖에 없었다. 둘째, 당시의 정치 현상은 사람들을 불안하게 했고 한편으로 정부의 탄압 위력도 쇠락해서 사상이 점점 해방되었고 정치와 사회에 대한 비평도 점차 나오기 시작했다."54)

장태염, 양임공 두 선생의 논의에 대해 전빈사 선생은 그렇게 만족하지 않은 것 같다. 그래서 전선생은 『중국근삼백년학술사』에서 다만 두 사람의 논구의 합리적인 부분만 받아들이고 다른 길을 개척하여 매우 중요한 의견을 제시했다.

전빈사 선생이 상주 장학莊學의 연원을 탐구할 때 소주 혜학惠學의 거대한 영향에 주의력을 집중시켰다. 소주 혜씨 일파는 강희 연간에 혜유성惠有聲으로부터 시작되어 혜주척惠周惕, 혜사기惠士奇가 울타리를 세우고 건륭 초에 혜동이 일어나기까지 4대가 경학을 전수하여 일파를 이

53) 梁啓超, 『淸代學術槪論』, 53, 54쪽. 淸儒既遍治古經, 戴震弟子孔廣森始著『公羊通義』, 然不明家法, 治今文學者不宗之. 今文學啓蒙大師, 則武進莊存與也. 存與著『春秋正辭』, 刊落訓詁名物之末, 專求所謂微言大義者, 與戴段一派所取途徑, 全然不同. 其同縣後進劉逢祿繼之, 著『春秋公羊經傳何氏釋例』, 凡何氏所謂非常異義可怪之論, 如"張三世""通三統""紐周王魯""受命改制"諸義, 次第發明. 其書亦用科學的歸納研究法, 有條貫, 有斷制, 在淸人著述中, 實最有價值之創作.

54) 『梁啓超論淸學史二種·中國近三百年學術史』, 119쪽. 常州派有兩個源頭, 一是經學, 二是文學, 後來漸合爲一. 他們的經學是公羊家經說一用特別眼光去硏究孔子的『春秋』, 由莊方耕(存與)劉申受(逢祿)開派. 他們的文學是陽湖派古文, 從桐城派轉手而加以解放, 由張皋文(惠言)李申耆(兆洛)開派. 兩派合一來產出一種新精神, 就是想在乾嘉間考證學的基礎之上, 建設順康間"經世致用"之學. 代表這種精神的人, 是龔定庵(自珍)和魏黙深(源). 這兩個人的著述, 給後來光緖初期思想界很大的影響. 這種新精神爲什麼會發生呢? 頭一件, 考證古典的工作, 大部分被前輩做完了, 後起的人想開辟新田地, 只好走別的路. 第二件, 當時政治現象, 令人感覺不安, 一面政府鉗制的威權也陵替了, 所以思想漸漸解放, 對於政治及社會的批評也漸漸起來了.

루었다. 혜씨 가문의 학풍에 관해서 전빈사 선생은 "한나라 유학을 추존하고 가법을 숭상하고 고훈을 신봉한다"[推尊漢儒, 尚家法而信古訓]라고 귀납했다. 전선생이 이러한 판단을 한 근거는 두 가지인데, 하나는 혜사기가 『주례』에 대해 논한 것이고 다른 하나는 혜동이 『구경고의九經古義』를 저술한 것이다. 전선생은 다음과 같이 말했다.

천목天牧이 『주례』에 대해 논하여 예경禮經이 집 벽에서 나왔을 때 옛 문자와 옛 음이 많았는데 경전의 뜻은 훈에 보존되어 있고 문자를 알고 음을 살펴야 그 뜻을 알 수 있으므로 고훈을 고쳐서는 안 된다고 말했다. 강성康成이 경에 주를 달 때 모두 옛 독법을 따랐는데 문자의 음과 뜻이 가까워서 잘못되었으므로 읽을 때 그것을 따랐다. 후세에 학자가 배우지는 않고 강성이 문자 고치기를 좋아했다고 했으니 어찌 그렇겠는가? 강성의 『삼례三禮』, 하휴何休의 『공양』은 한나라의 법을 많이 인용했는데 옛날로부터 멀지 않았기 때문에 그 설을 빌려왔다.[55]

전선생은 또 이렇게 말했다.

송애松崖는 부친의 뜻을 더 굳게 지켰고 마침내 『구경고의』를 저술하고 이렇게 말했다. 한나라 사람이 경전에 통달하는 데에는 가법이 있어서 다섯 경사가 있었다. 훈고학은 모두 스승이 입으로 전해준 것을 나중에 죽백에 기록한 것이다. 그러므로 한나라 경학가의 학설이 학관에 세워지고 경전과 병행되었다. 옛 문자와 옛 언어는 경학자가 아니면 알 수 없었다. 그러므로 고훈은 고칠 수 없고 경학자를 없앨 수 없다. 우리 집안은 4대가 경학을 전수하여 옛 뜻에 모두 통달했으므로 가학을 서술하여 『구경고의』를 지었다.[56]

이 두 가지를 근거로 삼아서 전선생은 위와 같이 귀납했고 나아가 다음과 같이 지적했다. "이것이 고훈을 지키고 사전을 받들며 가법을 지킨다는 것인데 한학의 진영이 마침내 확정되었

---

55) 天牧之論『周禮』, 謂禮經出於屋壁, 多古字古音, 經之義存乎訓, 識字審音乃知其義, 故古訓不可改. 康成注經, 皆從古讀, 蓋字有音義相近而訛者, 故讀從之. 後世不學, 遂謂康成好改字, 豈其然乎? 康成『三禮』, 何休『公羊』, 多引漢法, 以其去古未遠, 故藉以為說.

56) 及松崖守父意益堅, 遂著『九經古義』, 謂漢人通經有家法, 故有五經師. 訓詁之學, 皆師所口授, 其後乃著竹帛. 所以漢經師之說, 立於學官, 與經並行. 古字古言, 非經師不能辨. 是故古訓不可改也, 經師不可廢也. 余家四世傳經, 咸通古義, 因述家學, 作『九經古義』一書.(原注 : 『九經古義述首』. 又朱鶴齡書, 尚有『易廣義略』『春秋集說』『左傳日鈔』. 『日鈔』著錄『四庫』, 其書多采亭林『杜解補正』. 定宇『左傳補注』, 即承是書而起, 為『九經古義』之一部.) 원주 : 『구경고의술수九經古義述首』. 또 주학령朱鶴齡의 책으로는 『역광의략易廣義略』, 『춘추집설春秋集說』, 『좌전일초左傳日鈔』가 있다. 『일초』는 『사고四庫』에 저록되었는데 그 책은 정림亭林의 『두해보정杜解補正』에 많이 채택되었다. 정우定宇의 『좌전보주左傳補注』는 이 책을 계승한 것으로서 『구경고의』의 한 부분이다.]

다. 그의 제자로 같은 현 출신인 여소객, 강성江聲 같은 사람이 잇달아 보좌했고 유풍이 전파되어 천하의 인사들이 모두 경전의 통달을 중시하고 경전 통달에 옛 것을 신봉할 줄 알았는데 그 단초는 혜씨로부터 나왔다."[57]

바로 소주 혜씨의 학풍 및 그 영향에 대한 정확한 파악으로부터 출발해서 전빈사 선생은 새로운 학설을 세우고 "상주학은 혜씨가 근원"[常州之學原本惠氏]이라는 주장을 제기했다. 전선생의 논증은 차례대로 다음 몇 가지 분야를 둘러싸고 전개된다.

첫째, 한나라 유학을 표창하는 것이 혜학의 장점이지만 오직 한나라만이 믿는 것은 또한 혜학의 병폐임을 드러냈다. 장존여가 옛 경적을 끌어다 엮어서 학설을 형성한 것은 혜학의 병폐를 이어받은 결과다. 전빈사 선생은 이 점에 대해 다음과 같이 말했다. "장씨의 학문은 고증을 경시했으므로 건가학자처럼 독실할 수 없었다. 또 송명의 유학자를 본받아 언어문자에서 의리를 찾을 수 없었고 다만 옛 경적을 끌어다 엮어서 학설을 만들었을 뿐이다. 또 종종 한나라 유학의 진부하고 괴이함을 견강부회하였으므로 소주 혜씨의 황당한 학풍이 더 심해졌다."[58]

둘째, 장존여의 조카 장술조莊述祖의 학문은 명당음양을 전심하여 연구했는데 마찬가지로 소주 혜학의 범위 안에 있는 것이다. 전선생은 이렇게 말했다. "방경方耕에게는 술조라는 조카가 있었는데 자는 보침葆琛이고[59] 저서로 『진예환총서珍藝宦叢書』가 있으며 명당음양을 주로 연구했는데 마찬가지로 소주 혜학이다."[60]

---

57) 錢穆, 『中國近三百年學術史』上冊, 320쪽. 此所謂守古訓, 尊師傳, 守家法, 而漢學之壁壘遂定. 其弟子同縣余蕭客江聲諸人先後羽翼之, 流風所被, 海內人士無不重通經. 通經無不知信古, 其端自惠氏發之.(原注 : 王昶「惠定宇墓志銘」.) 원주 : 왕창王昶「혜정우묘지명惠定宇墓志銘」.

58) 莊氏爲學, 既不屑於考據, 故不能如乾嘉之篤實, 又不能效宋明先儒, 尋求義理於語言文字之表, 而徒牽綴古經籍以爲說. 又往往比附以漢儒之迂怪, 故其學乃有蘇州惠氏好誕之風而益肆. (原注 : 「汪中與畢沅書」, 自謂爲考古之學, 實事求是, 不尚墨守. 以此不合於元和惠氏. 王引之與焦理堂書, 亦謂惠定宇先生考古雖勤, 而識不高, 見異於今者則從之, 大都不論是非. 王念孫「拜經日記序」, 亦謂世之言漢學者, 但見其異於今者則寶貴之, 而於古人之傳授, 文字之變遷, 多不暇致辨, 或以細而忽之. 惠學流弊, 當時已多能言之者.) 원주 : 왕중汪中은 필원畢沅에게 보낸 편지에서 자신에 대해 고고학을 하고 실사구시하며 묵수를 중시하지 않는 다고 했다. 이 점은 원화의 혜씨와 합치하지 않는다. 왕인지王引之가 초이당焦理堂에게 보낸 편지에서도 혜정우 선생의 고고考古는 근면하기는 하지만 학식이 높지 않고 오늘날과 다른 것을 따르는데 대부분 시비를 논하지 않는다고 했다. 왕념손王念孫의 『배경일기서拜經日記序』에서도 세상에서 한학자라고 하는 사람은 오늘날과 다른 것만 보고 중시하며 옛 사람이 전수한 것과 문자의 변천에 대해서는 변별할 생각을 않거나 하잘 것 없는 것으로 여기고 소홀히 한다고 했다. 혜학의 유폐에 대해 말할 수 있는 사람이 당시에 이미 많았다.

59) 원주 : 건륭 15년 12월에 태어나서 가경 21년 6월에 죽었고 향년 67세였다.

60) 方耕有姪曰述祖, 字葆琛(原注 : 生乾隆十五年十二月, 卒嘉慶二十一年六月, 年六十七.), 所著曰『珍藝宦叢書』, 頗究明堂陰陽, 亦蘇州惠學也.

셋째, 장존여의 외손 유봉록이 "한나라 경학자의 가법[漢師家法]"을 굳게 지키자고 주장한 것도 혜씨 유풍이다. 전선생은 다음과 같이 말했다. "신수申受가 학문에 가법을 중심으로 삼은 것은 소주 혜씨의 학풍이다.[61] 조례를 중심으로 한 것은 휘주徽州 대씨戴氏의 학설이다. 또 미언대의, 어지러운 세상을 바로잡아 정상을 회복한다는 것을 중시한 것은 외가에서 전해지는 단서를 계승한 것이다. 시대와 세상의 풍조가 변하는 때에 맞추어 경학 연구를 『춘추』에 모았고[원주 : 인간사를 갖추었기 때문이다.] 『춘추』 연구는 또 『공양』으로 향했다."[62]

넷째, 유봉록의 『춘추론春秋論』이 하휴의 "삼과구지三科九旨"를 드러내어 성인의 미언대의가 있는 곳으로 지목한 것은 소주 혜씨 가법의 영향을 더 잘 보여주는 것이다. 전선생은 다음과 같이 말했다. "신수申受 이전에 곡부曲阜의 손헌巽軒 공광삼이 있었는데[63] 방경方耕의 문인이었고 또 대씨에게서 배우기도 했다. 『공양통의公羊通義』를 지었는데 남송 이래의 『춘추』는 일을 직설적으로 쓰고 번거롭게 포폄하지 않는다는 뜻을 따르지 않았고 하휴가 정한 삼과구지도 모두 지키지는 않았다. 신수에 이르러 하씨의 삼과구지를 성인의 미언대의가 있는 곳으로 제시했고 특별히 『춘추론』 상하편을 지어 『춘추』에 서법書法이 있고[64] 조례는 하씨를 따라야 한다고 주장했다.[65] 하씨의 삼과구조가 전의 문장에 보이지 않는데도 유씨는 믿었다. 따라서 가법과 사설로

---

61) 원주 : 대망戴望은 『유선생행장劉先生行狀』에 다음과 같이 기록했다. 가경 5년 유봉록이 공생貢生으로 선발되어 수도에 갔다. 부친의 오랜 친구들이 수도에 여럿 있었지만 만나러 가지 않고 다만 장혜언張惠言에게 가서 우씨虞氏 『역』, 정씨鄭氏 『삼례』에 대해 물었다. 장씨張氏의 학문도 혜씨 가법으로부터 시작했다. 유씨劉氏의 『우씨역언보虞氏易言補』도 장씨張氏의 책을 보충한 것이다. 『역우씨오술易氏五述』도 지었다. 이것은 유씨가 가법으로 『역』을 연구한 것이다.

62) 申受論學主家法, 此蘇州惠氏之風也.(原注 : 戴望「劉先生行狀」, 記嘉慶五年, 劉擧拔貢生入都, 父執故舊遍京師, 不往干謁, 惟就張惠言問虞氏 『易』鄭氏 『三禮』. 張氏爲學, 亦由惠氏家法人也. 劉氏有 『虞氏易言補』, 即補張氏書. 又有 『易虞氏五述』. 此劉氏之以家法治 『易』者.) 主條例, 則徽州戴氏之說. 又主微言大義撥亂反正, 則承其外家之傳緖. 値時運世風之變, 而治經之業乃折而萃於 『春秋』(原注 : 因其備人事.) 治 『春秋』又折而趨於 『公羊』焉.(原注 : 因其其師傳詳條例. 惠士奇論 『春秋』, 曰 "『春秋』無 『左傳』, 則二百四十年, 盲焉如坐暗室中. 左氏最有功於 『春秋』, 公殺有功兼有過." 此與申受專尊公羊深抑左氏者大異, 然無害謂常州之學原本惠氏) 원주 : 사전師傳을 갖추고 조례가 상세했기 때문이다. 혜사기는 『춘추』에 대해 '『춘추』에 『좌전』이 없었던 것이 240년이었는데 암실에 앉아 있는 것처럼 아무 것도 보이지 않았다. 좌씨가 『춘추』에 가장 큰 공이 있고 공양과 곡량穀梁은 공도 있고 과도 있다'고 말했다. 이것은 신수가 공양만 높이고 좌씨를 매우 폄하한 것과 크게 다르지만 상주학의 근원이 혜씨라는 데 대해서는 아무런 영향도 주지 않는다.

63) 원주 : 건륭 17년에 태어나서 건륭 51년에 죽었다. 향년 35세.

64) 원주 : 상편은 전죽정錢竹汀의 『잠연당집潛研堂集·춘추론春秋論』에 반박했다. 전씨의 문장은 예증이 견실하고 명확했는데 유씨는 비판했다. 이것은 장방경이 『고문상서』를 배척하지 않은 것과 같이 사실 고증학에 대한 반동이었다. 최근 학자는 청나라 말의 금문학이 청나라 경학 고증 최후의 가장 정밀한 결과라고 생각하는데 더 큰 잘못을 범한 것이다.

논변한데 이것은 초이당이 이것을 웅크리고 지키는 학문이라고 비난한 것이다. 상주 공양학의 연원이 소주 혜씨의 가법에 있다는 주장은 이와 같은 곳에서 가장 잘 드러난다."66) 『춘추론』 상하 두 편은 도광 10년에 간행된 『유예부집劉禮部集』 권3에 실려 있으니 틀림없이 유봉록이 지은 것이다. 현재 『위원집魏源集』에 실린 『춘추론』 상하 두 편은 한 글자도 바꾸지 않고 전문을 잘못 싣고서는 위원의 문장으로 보는데 분명히 오식誤植이다.

다섯째, 장존여의 외손 송상봉의 학문은 명당음양을 견강부회했는데 마찬가지로 혜씨의 유풍과 관계가 있다. 전선생은 다음과 같이 말했다. "송상봉은 자가 우정于庭이고 장주長洲 출신이며 술조의 생질이기도 하다.67) 『논어발미論語發微』를 지었는데 대의는 『논어』의 미언이 『춘추』와 통한다는 것으로 신수申受의 『술하述何』의 종지이기도 하다.[원주 : 현재 『속경해續經解』에는 송씨의 『논어설의論語說義』 10권이 있는데 『논어발미』의 전편이다.] 또 『대학고의설大學古義說』을 지었는데 명당음양을 견강부회한 것이다.[원주 : 이것은 오학 혜씨 유풍이다]"68)

이상 다섯 가지를 근거로 해서 전빈사 선생은 상주 장씨학의 연원에 관한 결론을 내렸다. "요약하자면 상주 공양학과 소주 혜씨학이 사실 가법의 관념으로 일맥 상승한 것을 분명히 볼 수 있다."69)

장章, 양梁, 전錢 세 선생의 논의 특히 전빈사 선생의 해석은 학풍을 넓은 관점에서 파악하여 우리가 상주 장씨학의 연원을 연구할 때 매우 소중한 의견을 제시해 주었다. 더 깊이 구체적으로 연구하여 장존여가 무엇 때문에 『춘추정사』와 같은 책을 지었는가와 같은 문제를 해결하는 것은 세 선생이 후학에게 남긴 과제다. 이하에서는 전빈사 선생의 생각의 자취를 따라 이 문제에 대해

---

65) 원주 : 하편은 공손헌의 『공양통의』를 겨냥해서 나왔다.

66) 前乎申受者, 有曲阜孔廣森巽軒(原注 : 生乾隆十七年, 卒乾隆五十一年, 年三十五.), 爲方耕門人, 而亦從學戴氏, 爲『公羊通義』, 已不遵南宋以來謂『春秋』直書其事, 不煩褒貶之義, 然於何休所定三科九旨, 亦未盡守. 至申受, 乃擧何氏三科九旨爲聖人微言大義所在, 特著『春秋論』上下篇, 極論『春秋』之有書法(原注 : 上篇, 針對錢竹汀『潛研堂集·春秋論』而加駁難. 錢氏文例證堅明, 而劉氏非之. 此如莊方耕不斥『古文尚書』, 實同爲考證學之反動. 近人乃認晚淸今文學爲淸代經學考證最後最精之結果, 則尤誤也.), 與條例之必遵何氏.(原注 : 下篇, 針對孔巽軒『公羊通義』而發. 何氏三科九旨不見傳文, 而劉氏信之. 則以家法師說之論爲辨, 此焦理堂所譏爲據守之學也. 常州公羊學之淵源於蘇州惠氏家法之論, 此等處最顯.

67) 원주 : 건륭 44년에 태어나 함풍 10년에 죽었다. 향년 82세.

68) 宋翔鳳字于庭, 長洲人, 亦述祖甥. (原注 : 生乾隆四十四年, 卒咸豐十年, 年八十二.) 著『論語發微』, 大意謂『論語』微言通於『春秋』, 蓋亦申受『述何』之旨.(原注 : 今『續經解』有宋氏『論語說義』十卷, 乃『論語發微』之前稿.) 又爲『大學古義說』, 以明堂陰陽相牽附.(原注 : 此吳學惠氏遺風也.)

69) 錢穆, 『中國近三百年學術史』下冊, 529쪽. 要之, 常州公羊學與蘇州惠氏學, 實以家法之觀念一脈相承, 則彰然可見也.

몇 가지 시도를 해보겠다.

장존여는 혜동보다 후배인데 강희 58년에 태어났으니 22살 아래다. 건륭 9년 혜동은『역한학』을 완성하고 솔선하여 한학 부흥의 기치를 올렸다. 이듬해, 장존여는 일갑一甲 2 등으로 진사가 되었는데 그 때 나이 27세였다. 혜동은 「역한학자서易漢學自序」에서 다음과 같이 말했다.

육경은 공자가 정했고 진나라 때 훼손되었다가 한나라에 전해졌다. 한학이 없어진지 오래되었지만 『시』, 『예』, 『공양』은 모毛, 정鄭, 하何 삼가에 보존되어 있다. 『춘추』는 두씨杜氏, 『상서』는 거짓 공씨 孔氏, 『역경』은 왕씨王氏가 어지럽혔다. 두씨가 다시 정했지만 대체적으로 가賈, 복服과 같았고 거짓 공씨는 마馬, 왕王의 학설을 뒤섞어 채택해서 한학이 없어졌다고는 하지만 완전히 없어지지는 않았다. 왕보사王輔嗣만이 가상을 빌려 『역』을 논했는데 황로黃老에 근본을 둔 것이어서 한나라 경학자의 뜻이 전혀 남지 않게 되었다.70)

상주는 소주와 인접해서 혜동이 한학 부흥을 창도했을 때 장존여는 부친의 관직을 따라 남북으로 다녔지만 대강은 알 수 있었다.

건륭 14년, 청나라 고종은 경학에 몰두한 학자를 소집했다. 혜동은 양강총독兩江總督 황정계黃廷桂, 섬감총독陝甘總督 윤계선尹繼善의 보증으로 추천되어 추천 명부에 이름을 올렸다. 16년, 시험 기간이 다가오자 혜동은 기간에 맞추어 수도에 갈 수 없을 것을 많이 걱정하며, 이 점에 대해 윤계선에게 편지를 보냈다.

저는 어려서부터 가학을 이어서 구경의 주소 대요를 대강 익혔습니다. 증조부 박암공樸庵公으로부터 고의古義로 자제를 가르쳐 저에게 이르기까지 4대가 모두 한학에 통달했습니다. 한나라만 해도 옛날에 가깝고 성인으로부터 멀지 않았기 때문입니다. 『시』, 『예』의 모, 정과 『공양』 하휴는 전의 주가 모두 갖추어져 있습니다. 『상서』와 『좌전』은 거짓 공씨가 마, 왕을 모두 채택했고 두원개杜元凱는 가, 복에 근본을 두었습니다. 『주역』만이 한나라 학문이 아니었습니다. 15년 전, 자주資州 이씨李氏의 『역해易解』를 얻어 반복 연구했는데 문득 정결하고 정미한 취지를 깨달았고 자유子游의 『예운禮運』, 자사子思의 『중용中庸』이 모두 『역』의 이치를 따른 것이었습니다. 그래서 사법師法과 가전家傳이 연원이 있음을 알았습니다. 이것이 제가 홀로 깨달은 것으로서 감히 바칩니다.71)

---

70) 惠棟, 『松崖文鈔』卷1, 「易漢學自序」. 六經定於孔子, 毀於秦, 傳於漢. 漢學之亡久矣, 獨『詩』『禮』『公羊』, 猶存毛鄭何三家. 『春秋』爲杜氏所亂, 『尚書』爲僞孔氏所亂, 『易經』爲王氏所亂. 杜氏雖有更定, 大校同於賈服, 僞孔氏則雜采馬王之說, 漢學雖亡而未盡亡也. 惟王輔嗣以假像說『易』, 根本黃老, 而漢經師之義, 蕩然無復有存者矣.

71) 惠棟, 『松崖文鈔』卷1, 「上制軍尹元長先生書」. 棟少承家學, 九經注疏, 粗涉大要. 自先曾王父樸庵公, 以古義訓子弟, 至棟四世, 咸通漢學. 以漢猶近古, 去聖未遠故也. 『詩』『禮』毛鄭, 『公羊』何休, 傳注具

이때 장존여는 한림원의 서길사庶吉士가 되어 유림의 청요淸要에 있었으니 혜동이 한나라 유학자의 경설을 드러낸 것에 대해 더 깊은 체득이 있었을 것이다. 건륭 23년 3월, 장존여는 직예학정直隸學政으로서 과장科場의 사무에 대해 낱낱이 조목을 써서 상주하면서 "경전의 취지를 가지고 인재를 선발할 때 모두 선대 유학자의 전과 주를 따르기를 주청했는데"[72] 혜동의 주장에 대한 반향으로 볼 수도 있다. 당시 학술계의 상황을 보면 혜동이 서술한 한나라 유학자의 여러 경설에 대해 한나라 『역』은 혜동, 『예』는 강영과 휘주의 여러 유학자, 『시』는 대진을 들었고 유독 『춘추』공양설에는 알려진 사람이 아직 없었다. 장존여가 일어나 호응한 것도 사리에 맞는 일이었다.

장존여莊存與가 『춘추정사春秋正辭』의 저술을 원한 것은 한편으로는 원래 혜동 등의 여러 유학자가 한학을 부흥한 영향이었고 다른 한편으로는 당시 청나라 조정의 취향과 존여 자신의 지위와 밀접한 관계가 있다.

고종高宗은 초기에 부친과 조부의 유훈을 이어 "경학을 가장 중시함[首重經學]"을 가법으로 삼았다. 건륭 10년 4월, 고종은 태화전에서 천하 공사貢士에게 책문策問하고 천하 지식인들에게 밝혔다. "훌륭한 신하가 되려면 경전 연구밖에 없다."[73] 장존여는 이 전시를 통해 한림원서길사관에 들어갔다. 건륭 13년 5월, 서길사 산관散館으로 존여는 한서漢書 2등의 말석이었는데 본래는 중벌을 받아야 했지만 고종이 "평소에 항상 경학에 마음을 둔 것"[74]을 감안하고 다시 3년 동안 남아 공부하라고 명령했다. 16년의 재시를 통해서 존여는 마침내 한림원편수가 되었다. 이때는 바로 청 고종이 경학에 뛰어난 인재를 직접 선발했고 또 처음으로 남방을 순수하고 돌아와서 강남의 고증 경학과 한학 부흥의 기풍에 젖어 있던 때였다. 따라서 "경학의 흥성이 오늘날보다 더하지는 못할 것이다."[75]라고 크게 외쳤다. 17년, 장존여는 시강으로 승진하여 남서방南書房에 들어갔고 청 고종의 문학시종이 되었다.

성조聖祖와 세종世宗의 뒤를 이어 청 고종도 『춘추』를 제왕학으로 보았고 유신에게 『춘추직해春秋直解』 편찬을 명했다. 건륭 23년 8월, 책이 완성되자 고종은 서문을 짓고 간행했는데 서문에서 다음과 같이 말했다. "중고 시대의 책 가운데 『춘추』만큼 중요한 책은 없다. 그 가르침을

存. 『尙書』『左傳』, 僞孔氏全采馬王, 杜元凱根本賈服. 唯『周易』一經, 漢學全非. 十五年前, 曾取資州李氏『易解』, 反覆硏求, 恍然悟潔靜精微之旨, 子遊『禮運』, 子思『中庸』, 純是『易』理. 乃知師法家傳, 淵源有自. 此則棟獨知之契, 用敢獻之左右者也.

72) 『淸高宗實錄』卷588, "乾隆二十三年三月丙申"條. 奏請取士經旨, 悉遵先儒傳注.
73) 『淸高宗實錄』卷239, "乾隆十年四月戊辰"條. 將欲爲良臣, 舍窮經無他術.
74) 『淸高宗實錄』卷315, "乾隆十三年五月庚子"條. 平時尙留心經學.
75) 『淸高宗實錄』卷388, "乾隆十三年五月丙午"條. 經術昌明, 無過今日.

미루어보면 글 쓰고 일에 비유하는 것을 넘지 않지만 원래 그 책이 완성되었을 때에는 자유子游와 자하子夏라도 말 한 마디를 돕지 못했다."76) 이 서문에서는 송나라 유학자 호안국胡安國의 『춘추전春秋傳』이 "견강부회하고 억단했다"고 질책했고 『직해』는 청나라 성조가 정한 『춘추전설휘찬春秋傳說彙纂』을 지침으로 삼았으며 "여러 학설의 분기를 종식시킴으로써 전을 돕고, 여러 전의 차이를 융합하여 경을 높이는 데 뜻을 두었다."77)라고 공언했다.78)

유신에게 『춘추직해』 편찬을 명할 즈음에 청 고종은 여러 차례 한나라 유학자 동중서의 학문을 표창했다. 건륭 19년 4월, 고종은 태화전에서 천하 공사에게 책문策問하여 "천일합일天人合一" 설을 설명하라고 하고 다음과 같이 지적했다. "동중서는 하늘에 대해 잘 말한 것은 반드시 사람에게 증험이 있다고 생각했다. 또 도의 위대함은 원래 하늘로부터 나온 것인데 하늘이 변하지 않으니 도도 변하지 않는다고 말했다."79) 37년 4월, 마찬가지로 천하 공사에게 책문하며 고종은 또 이렇게 말했다. "한나라 중서 동씨의 경술이 가장 순수하다."80) 39년 2월, 고종은 경연에서 『논어』의 "극기복례克己復禮"를 강의할 때 동중서와 주자의 학설을 비교하고 다음과 같이 생각했다. "동중서의 도를 밝히는 논의가 정확하여 더 가까운 것 같다."[董仲舒正誼明道之論, 略爲近之] 고대 전제 시대에 "짐은 곧 국가다[朕即國家]"라고 했는데 제왕 자신의 기호가 당시 유신의 학문에 대해 미치는 영향력이 얼마나 큰 것인지는 말하지 않아도 알 수 있다.

건륭 33년, 장존여는 청 고종에게 발탁되어 상서방上書房에 들어갔고 열한 번째 황자 영성永瑆을 가르쳤으며 51년에 노령으로 사직하고 고향으로 돌아갔으니 10여 년 동안 이 일을 했다. 그의 『춘추정사』는 대략 상서방에 들어간 후에 저술이 시작되었을 것이다. 우리가 이렇게 말할 수 있는 주된 근거는 다음과 같은 세 가지가 있다.

첫째, 『춘추정사』는 고종의 뜻을 받들고 맹자의 가르침을 따라 『춘추』를 천자의 일로 생각했다. 장존여는 이에 대해 다음과 같이 말했다. "옛 전적과 예경에 대해서는 좌구가 견문이 넓다. 공양으로 모여들어 옛 것을 익히고 새로운 것을 알았다. 곡량은 잘못을 바로잡았는데 자하가 전한 것이다. 빠진 것을 보충하는 데 대대로 뛰어난 학자들이 많았다. 『춘추』는 하늘에 응해서 천명을 받고 지어졌다. 맹자여는 천자의 일이라고 말했다. 왕법을 기탁했지만 노나라는 귀중하게 여기지 않았다. 만세를 다스렸으니 한나라가 어찌 바랄 것인가."81) 이 책에서 존여는 여러 차례

76) 中古之書, 莫大於『春秋』. 推其教, 不越乎屬辭比事, 而原夫成書之始, 即遊夏不能贊一辭.

77) 意在息諸說之紛歧以翼傳, 融諸傳之同異以尊經.

78) 『淸高宗實錄』卷569, "乾隆二十三年八月丁卯"條.

79) 『淸高宗實錄』卷461, "乾隆十九年四月乙巳"條. 董仲舒以爲, 善言天者, 必有驗於人. 又謂道之大, 原出於天, 天不變, 道亦不變.

80) 『淸高宗實錄』卷907, "乾隆三十七年四月丙戌"條. 漢仲舒董氏, 經術最醇.

동중서의 학설을 인용하여 군주의 도를 밝히고 "대일통大—統"을 힘주어 말하며 옹호했다. 그러
므로 도광道光 초 완원阮元이 『황청경해皇淸經解』를 편집할 때 『춘추정사』를 싣고 존여의 책을
다음과 같이 평했다. "공양과 동자를 중심으로 했고 좌씨, 곡량씨와 송원 여러 유학자의 학설을
채택하긴 했지만 하소공이 경전을 어기고 제멋대로 하며 전傳에 반하여 어긋났다고 비난한 것과
같지는 않다."[82]

둘째, 건륭 36년 3월에 장존여는 회시會試 부고관副考官을 맡았고 이듬해 6월에 한림원에서
서길사를 가르쳤다. 이때 진사가 된 공광삼은 나중에 『춘추공양통의春秋公羊通義』를 지었는데
책에서 장존여의 『춘추』에 대한 학설을 많이 인용하여 다음과 같이 말했다.

> 좌주座主 장시랑莊侍郎이 나에게 이 경전에 대해 말했다. 굴맥屈貉의 전투에 대해서 좌씨는 진후陳
> 侯와 정백鄭伯이 거기 있었고 또 나중에 송공宋公이 왔는데 균자麋子가 도주하여 돌아갔다고 생각했
> 다. 『춘추』는 모두 중심인물을 기록하지 않는데 채후蔡侯라고 기록한 것은 채를 매우 싫어했기 때문
> 이다. 채는 동성의 어른으로 대대로 초나라에서 일하고 중국과는 관계를 끊었다. … 채장후蔡莊侯와
> 같은 사람은 오랑캐로 중국을 변화시킨 사람이다. 나는 선생의 말을 마음에 새기고 이렇게 생각했다.
> "진실로 『춘추』의 은미한 뜻이니 이 말을 세 번 반복해야겠다."[83]

셋째, 『춘추정사』는 모두 아홉 가지 부류로 구성되었는데 차례대로 봉천사奉天辭, 천자사天子
辭, 내사內辭, 이패사二霸辭, 제하사諸夏辭, 외사外辭, 금포사禁暴辭, 주란사誅亂辭, 전의사傳疑辭
다. 대체로 각 부류가 한 권씩인데 내사는 상중하 3권이므로 모두 11권이고 마지막에 『춘추요지
春秋要指』, 『춘추거례春秋擧例』 각 1권을 덧붙였다. 각 부류는 다시 세목을 나누었는데 열거한
분량이 같지 않으며 모두 175 항목이다. 현재 판본에 실린 것은 제목은 있지만 내용이 없는 것이
많다. 그래서 광서光緒 연간에 편수된 『무양지여武陽志餘』에서는 다음과 같이 생각했다. "이 책은
선생이 다 끝내지 못했을 수도 있다. 그래서 각 부류에서 목록은 있는데 그 내용이 없는 것이
있는 것일까?"[84] 그러나 체례는 상당히 법도가 있는 것 같다. 이 점에 관해서는 위원의 문장을

---

81) 莊存與, 『春秋正辭』卷1, 「奉天辭第一」. 舊典禮經, 左邱多聞. 淵乎公羊, 溫故知新. 穀梁繩愆, 子夏所傳.
拾遺補闕, 歷世多賢. 『春秋』應天, 受命作制. 孟子興有言, 天子之事. 以托王法, 魯無偕焉. 以治萬世, 漢
曷覬焉.

82) 阮元, 「莊方耕宗伯經說序」, 莊存與 『味經齋遺書』卷首를 볼 것. 『揅經室集』에는 실려 있지 않다. 主公羊
董子, 雖略采左氏穀梁氏及宋元諸儒之說, 而非如何劭公所譏倍經任意反傳違戾也.

83) 孔廣森, 『春秋公羊通義』卷5, 「文公十年」. 座主莊侍郎爲廣森說此經曰, 屈貉之役, 左氏以爲陳侯鄭伯
在焉, 而又有宋公後至, 麋子逃歸. 『春秋』一切不書主, 書蔡侯者, 甚惡蔡也. 蔡同姓之長, 而世役於楚,
自絶諸夏. … 若蔡莊侯者, 所謂用夷變夏者也. 廣森服膺師說, 認爲"三復斯言, 誠『春秋』之微旨."

84) 莊毓鋐等, 『武陽志餘』卷7, 「經籍·春秋正辭」. 此書先生或未能畢業, 故各類中多有錄無書乎?

증거로 삼을 수 있다. 도광 연간에 장씨의 후인이 존여의 경설을 모아 『미경재유서味經齋遺書』를 펴냈는데 위원이 첫 권에 서문을 쓰고 다음과 같이 말했다. "무진의 장방경 소종백은 건륭 중기에 10여 년간 상서방에서 성친왕에게 경술을 가르쳤는데 도의를 거침없이 술술 강의했다. 그의 자손이 기록하여 『팔괘관상상하편八卦觀象上下篇』, 『상서기견尙書旣見』, 『모시설毛詩說』, 『춘추정사』, 『주관기周官記』 등 몇 권의 책을 냈다. 동교서董膠西가 천인에 대해 논한 것처럼 준엄하고 광승상匡丞相이 도덕에 대해 서술하듯 순후하며 유중루劉中壘가 고금을 진술하듯 정성스러웠고 조리가 없고 분산된 적이 없었지만 한韓, 동董, 반班, 서徐 여러 사람이 비난한 것과 같아 세상에서 한학에 대해 말하는 사람이 거의 칭송하지 않았다."[85]

이상 몇 가지 항목에 근거해서 필자는 『춘추정사』가 건륭 30년에서 40년대 사이에 지어졌다고 생각한다. 장존여가 저술한 것은 바로 건륭 전성기였고, 존여 자신은 궁궐에 있으면서 천자와 그 자손 주위에서 강좌를 열고 학문을 논했으니 어떻게 감히 사회 위기에 대해서 망령되게 논의할 수 있었겠는가! 화신和珅이 정치무대에 오른 것은 『청고종실록淸高宗實錄』과 『청사고』의 화신 본전 기록에 따르면 건륭 40년이었고 정치가 어지러워지고 포학해진 것은 건륭 45년 이후였다. 그러므로 장존여가 만년에 화신이 나라와 백성의 재앙이 된 것을 한스러워 했지만 이것이 『춘추정사』를 지은 동기였는지에 대해서는 다시 생각해 볼 필요가 있을 것 같다.

---

85) 魏源, 「武進莊少宗伯遺書序」, 『魏源集』上冊, 中華書局, 1976, 237-238쪽. 武進莊方耕少宗伯, 乾隆中, 以經術傳成親王於上書房十有餘載, 講幄宣敷, 茹吐道誼, 子孫輯錄成書, 爲『八卦觀象上下篇』『尙書旣見』『毛詩說』『春秋正辭』『周官記』如干卷. 峯乎董膠西之對天人, 醇乎匡丞相之述道德, 肫乎劉中壘之陳今古, 未嘗淩雜瓿析, 如韓董班徐數子所譏, 故世之語漢學者鮮稱道之.

제**17**장

건가학파연구와 건가학술문헌정리

최근 10여 년 간 건가학파와 건가학술연구는 청대학술을 연구하는 학자들에게 관심의 대상이 되어왔다. 학자들의 공동노력으로 이 연구가 이미 매우 많은 성과를 거두었으니 한창 무르익고 있는 추세에 흐뭇할 따름이다. 이후 각 연구자들이 심도 있는 연구를 위한 방법론은 다양한 생각과 방법으로 각자의 계획에 따라 연구해나가면 될 것이다. 다음은 각 연구자들이 한 번 생각해볼 내용으로 필자는 진일보 문헌정리와 연구를 할 것을 주장한다.

1. 『청인별집총목淸人別集總目』의 편찬

청대학술은 건륭과 가경 연간부터 도광 초엽까지의 근 100년이 성대했던 시기였다. 이 기간에 걸출한 학자가 가장 많이 배출되었고 학술성취도 가장 컸으며 전해지는 학술문헌 역시 가장 풍부하다. 지금까지 선배들의 학술실천은 학술문헌이 학술사를 연구하는데 있어 근거가 되며, 학술문헌의 정리와 연구를 잘 해야 학술사의 연구가 비로소 튼튼한 기초 위에 세워질 수 있음을 재삼 우리에게 경계시켜준다.

건륭가경 시기의 중요한 학술문헌을 세심하게 교감하고 표점을 붙여 출판하는 것은 건륭가경 시기의 학술문헌을 정리하는데 있어 중요한 일로써 학술계에 오래도록 남을 공이 될 것이다. 이 방면에서 최근 10~20년간 학술계의 각 전문가들이 이미 큰 공헌을 남겼다. 예를 들어, 20세기 80년대 이후에 『잠연당문집潛研堂文集』, 『방포집方苞集』, 『장학성유서章學誠遺書』, 『포경당문집抱經堂文集』, 『대진전집戴震全集』, 『교례당문집校禮堂文集』, 『전대흔전집錢大昕全集』, 『전조망집회교집주全祖望集匯校集注』, 『의례정의儀禮正義』, 『예기집해禮記集解』, 『예기훈찬禮記訓纂』, 『상서금고문주소尙書今古文注疏』등이 세상에 나와 하나같이 귀중한 연구자료를 제공했으며 관련연구의 발전을 고무했다.

이 이후로 학술의 중요성을 일깨우거나, 근원과 변천을 밝히며, 건륭가경학술문헌의 정리나 연구와 관련된 목록학 저술이 줄지어 나왔다. 임경창林慶彰 교수가 주편한 『건가경학논저목록乾嘉經學論著目錄』과 『일본연구경학논저목록日本研究經學論著目錄』, 왕소증王紹曾 교수가 주편한 『청사고예문지습유青史稿藝文志拾遺』, 이영년李靈年, 양충楊忠교수가 주편한 『청인별집총목清人別集總目』, 가유춘柯愈春 선생이 저술한 『청인시문집총목제요清人詩文集總目提要』 등은 모두 학술계에 엄청한 업적을 남긴 서적이다. 이 기회를 빌려 『청인별집총목』에 대해 약간 소개하고자 한다.

청대문헌은 바다처럼 많아서 이전 시대가 쫓아갈 수가 없다. 그 원인을 분석하면 크게 두 가지로 요약할 수 있다. 첫째, 중국 고대사회가 수천 년의 발전을 거쳐 청대가 되면서 극도로 성숙하여 경제, 정치, 군사, 문화 모두 집대성의 국면으로 접어들었기 때문이다. 둘째, 박대정심한 중국의 학술이 청대 200여 년 동안 전체적으로 종합하고 정리하는 역사적 시기로 진입했기 때문이다. 이런 이유 때문에 청대에 많은 인재들이 배출되고 저술은 숲처럼 많아 시문별집의 양이 역대 서적을 합친 것과 거의 맞먹는 수준이 되었다. 이것은 중국민족의 지극히 고귀한 역사문화 유산이며 새로운 문화를 발전시킬 필연적 근거가 되기도 한다. 그래서 청대 별집의 정리작업은 20세기 왕중민王重民 선생의 『청대문집편목분류색인清代文集篇目分類索引』이 나온 이후로 수십 년 간 뛰어난 학자들이 계속해서 나와 진행시켜 왔던 것이다. 등지성鄧之誠 선생의 『청시기사초편清詩紀事初編』과 전중련錢仲聯 선생의 『청시기사清詩紀事』, 장순휘張舜徽 선생의 『청인문집별록清人文集別錄』원행운袁行云 선생의 『청인시집서록清人詩集敍錄』 등은 온갖 정성을 쏟아낸 역작으로 빛나는 업적을 이루었다.

학문은 장작을 쌓는 것과 같아서 후인들은 당연히 이전의 업적 위에 서게 된다. 전대 학자들의 누적된 업적에 근거하여 이령년李靈年과 양충楊忠 교수는 뜻을 같이하는 사람들을 모아 10년간 의 노고를 들인 결과 거질의 『청인별집총목清人別集總目』 3책을 완성한다. 이 책은 국내외의 현존 청대 별집서목과 판본, 도서관의 수장도서 및 비전碑傳자료를 한 데 모아 체례를 새롭게 하여 전대 학자들을 뛰어넘었으니, 지금까지 가장 완전한 체계를 갖춘 청인별집종합목록이라고 할 수 있다. 『청인별집총목』의 「전언前言」에 주편집자가 편찬의도를 소개한다. "『청인별집총목』은 진전된 연구를 위한다는 생각에 입각하고 청대문헌자료의 발굴이라는 방침을 근본으로 하였다. 그리고 모든 것은 연구에 유리해야한다는 기준에서 출발했으며 사용의 편의성을 준칙으로 삼았고 전통적인 서목체례에 구속되지 않았기 때문에 이전 편찬체례의 틀을 벗어났다."[1] 『청인별집총목』의 편찬특징에 대해 이영년, 양충 두 교수는 5가지로 귀납한다. 첫째, 이 책에 수록된 서적이 광범위하다는 것, 둘째, 판본이 다양하다는 점, 셋째, 도서관 수장도서에 대한 상세한 설명, 넷째 저술과 전傳을 결합시킨 점, 다섯째 사용에 편리하다는 점이다. 필자는 주편의 소개와 귀납을 절대적으로 찬성하며 서적 가운데 하나의 사례를 들어 미진하나마 견해를 제시하고자 한다.

능정감은 건륭가경 시기의 유명한 학자인데, 이 책은 시문집과 비전자료를 다음과 같이 기록했다.

> 교례당초고문불분권매변취적보校禮堂初稿文不分卷梅邊吹笛譜 2권
>   고본稿本(상해도서관)
>   안: 청나라 ■소남■巢南 발문
>
> 교례당시집校禮堂詩集 14권
>   도광 6년 장기금張其錦 각본[중국국가도서관, 일본인문日本人文, 오사카]
>   안: 북경도서관 소장본에는 청나라 이자명李慈銘의 비문과 발문이 있다.
>
> 교례당문집校禮堂文集 36권
>   가경 18년 장기금 각본[중국국가도서관, 광주廣州도서관, 인민대학, 산동대학]
>   안: 중국국가도서관 소장본에 청나라 이자명의 비문批文과 발문이 있다.
>
> 교례당문집校禮堂文集 36권 시집 14권
>
> 교례당전집본, 가경 18년에 판각한 문집, 도광道光 6년에 판각한 시집[총서종록叢書綜錄, 여대旅大, 대만사어臺灣史語, 일본인문, 경문京文, 동문東文, 광도廣島]
>
> 민국 24년 안휘총서安徽叢書 제4기·능차중선생유서영인교례당전집본凌次仲先生遺書影印校禮堂全集本[총서종록叢書綜錄, 안휘사범대학교, 안경安慶, 일본인문]
>
> [부록] 능정감凌廷堪(1757-1809), 자는 중자仲子, 호는 차중次仲, 흡현歙縣사람이고, 건륭58년 진사이며, 영국부교수寧國府教授를 담임했다.
>
> 사략장事略狀 대대창戴大昌 지음 교례당문집校禮堂文集 부록
> 전傳 완원阮元 편찬 연경실이집揅經室二集 4
> 청사고清史稿 481
> 청사열전清史列傳 68
> 비전집碑傳集 135
> 국조기헌류징초편國朝耆獻類征初編 258
> 국조선정사략國朝先正事略 36

1) 李靈年, 楊忠, 『淸人別集總目』卷1, 安徽教育出版社2000年版, 卷首, 「典言」第8쪽.『淸人別集總目』立足於爲進一步的研究服務, 本著挖掘淸代文獻資料的指導思想, 一切從有利於研究出發, 以使用方便爲準則, 不受傳統書目體例的限制, 因而在編纂體例上有所突破.

인용한 바와 같이, 이 서적에서는 확실히 다양한 판본과 도서관 수장도서에 대한 자세한 설명, 저술과 전을 결합시키고 있다. 이 몇 가지의 장점만 한데 모아도 자연스럽게 "사용에 편리하다는"[便於使用] 의도에 부합한다. "이 책에 수록된 서적이 광범위하다"[著錄廣泛]는 것은 더더욱 빈말이 아니다. 이 책에 수록된 시문의 경우 작자가 근 2만 명에 육박하며 별집은 약 4만종, 비전자료는 모두 16000여 편이나 되니 '광범하다'는 말은 결코 거짓이 아니다. 더욱 칭찬할 만한 것은 심도 있는 연구를 위한다는 편찬의도이다. 이영년, 양충 두 선생은 이 점에서 다음과 같이 말한다. "이 책은 특히 청대문학, 문헌학, 역사학 등 여러 분야의 연구에 필수 공구서의 역할을 할 것이며,『전청시全淸詩』와 『전청문全淸文』의 편찬을 위해 일정한 기초를 마련해줄 수 있다. 사용자가 이 책을 가지고 있으면 청대시문별집의 개략적인 모습을 파악할 수 있는 동시에, 심도 있는 연구를 위한 열쇠도 쥘 수 있다."[3]

『교례당초고校禮堂初稿』는 능정감의 젊은 시절의 초고들을 처음 문집으로 만들었다. 이 때가 건륭 60년으로 한 때 선배 석학이었던 노문초盧文弨가 이 문집에 서문을 지어주었다.『매변취적보梅邊吹笛譜』는 능정감의 젊은 시절 사집詞集으로 가경 5년에 만들어진다. 두 책이 만들어진 시기가 가장 빠르고 초고이므로 자연스럽게 가장 앞에 놓여진다. 상해도서관 수장본의 제발문에

---

2) 李靈年, 楊忠,『淸人別集總目』卷2, 安徽敎育出版社 2000年版, 1967-1968쪽. 校禮堂初稿文不分卷梅邊吹笛譜2卷.

3) 李靈年, 楊忠,『淸人別集總目』卷1, 卷首,「前言」. 此書的問世, 尤可爲淸代文學, 文獻學, 歷史學等多種學科的硏究提供一部必備的工具書, 爲『全淸詩』,『全淸文』的編纂打下一定的基礎. 使用者一書在手, 既可以從量上大致把握淸代詩文別集的槪貌, 同時也掌握了一把深入硏究的鑰匙.

는 진거병陳去病 선생으로 되어있는 판본도 있으니 관심 있는 연구자들이 문풍이나 서법에 근거하여 고증해볼 필요가 있다. 추측건대, 본서의 원고가 완성된 시간을 기준으로 능정감 부분을 편찬한 사람이 왕문금 선생이 정리간행한 『교례당문집校禮堂文集』을 아직 보지 못했기 때문인 것 같다. 후일 다시 출판할 때 보충하면 좋을 것 같다. 이 항목에 부록된 능정감의 소전小傳은 몇 십 자에 불과하지만 확실한 근거를 가지고 있으니 정말 쉬운 일은 아니다. 그 사이에 언급된 두 군데의 연도기재는 진일보한 연구를 진행할 수 있을 듯하다. 하나는 능정감의 생년을 장기금張其錦이 편집한 연보와 능정감이 직접 기술한 내용에 근거하여 건륭 22년(1757)으로 정하든지, 아니면 완원이 지은 전에 근거하여 건륭 20년(1755)으로 정하는 것이다. 다른 하나는 능정감이 진사가 된 해에 관해 『명청진사제명비록明淸進士題名碑錄』에는 건륭 58년으로 되어있으나 능정감이 직접 기술한 내용과 여러 관사 서적에는 모두 건륭 55년으로 되어있으니 어느 것을 기준으로 삼아야 하느냐의 문제다. 이 문제에 대해 본 책에서는 문제해결의 실마리를 제공하고 있으니 좀 더 연구한다면 해결될 수 있을 것이다.

2. 별집 일문佚文의 편집과 보존

건륭가경시기 유명한 학자들의 문집에 들어가 있지 않은 제발題跋, 서기序記, 서찰書札 등의 일문佚文을 수집기록하고 분류, 정리, 간행한 것은 뛰어난 재능을 발휘한 일이면서 학술연구에도 도움이 되는 일이었다. 만청 이후로 계속해서 많은 문헌학자들이 나와 고광기顧廣圻, 황비열黃丕烈 선생의 제발문을 수집 기록하여 학술사 연구의 기풍을 열어놓았다. 20세기 50년대 초 진원陳垣 선생은 윤염무尹炎武 선생이 수집한 전대흔 문집에 들어가 있지 않은 서신 15통에 근거하여 하나하나 자세히 조사하여 당시 유림에게 "여운勵耘서옥4)이 천하제일이다"5)라고 추존된다. 이후 간간이 선배들의 유풍을 계승하는 학자들이 나와 힘들여 정리하긴 했지만 굉장히 어려운 일이라 오랫동안 그 맥이 끊어진다. 90년대에 진문화陳文和 교수가 『전대흔전집』의 정리와 편찬 수정을 담당하여 잠연당집 외의 산일된 시문을 특별히 수집하여 『잠연당문집보편潛硏堂文集補編』을 편찬하고 시문 80수를 얻는다. 고풍스러우면서도 질박한 기풍의 재현은 봉황이 높은 언덕을 만나고 오동나무가 산 동쪽에서 자라는 것과 같았다.

2001년 봄에 진홍삼 교수가 『전대흔잠연당유문집존錢大昕潛硏堂遺文輯存』을 필자에게 보내주

---

4) 북경사범대학교의 교장을 지냈던 진원 선생이 거거하던 곳. 현재 북경사범대 동문 밖에 있다. 역자 주.

5) 劉乃和, 周少川, 『陳垣年譜配圖長編』, "一九五二年五月二十四日"條, 遼海出版社2000年版, 612쪽. 勵耘書屋外無二手.

었다. 이 책을 읽고 난 후 나는 비로소 20세기 80년대에 진홍삼 교수가 전대흔 선생의 문집에 들어가지 않은 일문의 수집에 온 힘을 기울여 1990년 5월 18일에 이 책이 만들어졌다는 것을 알게 되었다. 진홍삼 교수는 다음과 기록했다.

> 나는 자신의 역량도 헤아리지 못하고 『죽정학기竹汀學記』를 편집하여 원고가 대략 갖추어졌으나 견식이 아직 깊지 못한 점이 부끄러워 감히 정본을 완성하지 못했다. 책을 펼쳐보다가 우연히 죽정이 생전에 남긴 글을 보면 직접 기록해놓았는데 오랜 시간이 지나자 점차 많아졌다. 여러 문장들이 모두 정수가 녹아있는 것은 아니지만 인용하여 고증의 근거로 삼을 만한 것이 적지 않았다. 옛날 전경증이 『죽정연보竹汀年譜』의 각 연도의 조목 아래 각 문장이 지어진 연도를 주석으로 표기하였으며 문집에 들어가지 않은 일문도 약간 있었다. 애석하게도 세월이 지나 옛 전적이 날로 없어져 당시 찾기 용이했던 것들이 지금은 대부분 찾기가 어렵게 되었다. 그래서 훗날 죽정의 일문을 수집하여 연구하는 사람들의 어려움이 혹 지금보다 훨씬 더할 것이라는 생각이 들었다. 병으로 요양하느라 쉬는 동안에 수집하고 기록했던 것을 차례대로 늘어놓고 옮겨 적어 책으로 만들었다. 하지만 서적의 범위가 지극히 넓은데다가 내 안목도 주도면밀하지 못해 이 책에 싣지 못한 것은 학식이 깊고 덕행이 뛰어난 군자가 보충해주기를 간절하게 바란다. 1990년 5월 18일.[6]

『전대흔잠연당유문집존』은 모두 3권이며 죽정선생의 문집에 들어가지 않은 일문은 156편이다. 상권은 서발과 제기 65편이며, 중권은 『장흥현지長興縣志』를 변별 증명한 것으로 32편이며, 하권은 서찰과 전지로 59편이다. 여기에 들인 공으로 따지자면 천하에 으뜸일 것이다.

진홍삼陳鴻森 교수는 본래 『전대흔잠연당유문집존』이 완성되었을 때, 『대륙잡지大陸雜誌』에 발표할 계획이었으나 아쉽게도 사정이 생겨 여러 해 지체하다가 1999년 3월에야 『경학연구논총 經學研究論叢』 제6집에 발표하게 된다. 진홍삼 교수의 작품이 발표되고, 마침 이 때 진문화陳文和 교수가 주편한 『전대흔전집錢大昕全集』이 간행되었다. 진홍삼 교수가 두 책을 비교대조하여 흔연히 다음과 같이 「후기」를 지었다.

> 이 문장의 원고를 인쇄에 맡길 무렵, 양진룡楊晉龍 군이 강소고적출판사에서 출판한 『가정전대흔

---

6) 陳鴻森, 『錢大昕潛研堂遺文輯存』卷首, 「自序」, 『經學研究論叢』第6輯에 보인다. 臺北學生書局 1999年版, 189쪽. 余不自揆, 向嘗纂『竹汀學記』一編, 稿草粗就, 自慚所見未深, 卒未敢寫定. 而披覽所及, 見有竹汀遺文, 輒手錄之, 積久漸富. 諸文雖非盡精詣之所在, 然可援據以資考證者不少. 昔錢慶曾於『竹汀年譜』每年條下, 注記其文撰年之可考者, 中有集外遺文若干題. 惜年湮世遠, 舊籍日稀, 當日檢索易易者, 今率多難以蹤跡. 因念異時有搜討竹汀佚文者, 其難或將遠過今日. 養疴長日, 爰就向所錄存者略加排比, 移寫成篇. 然載籍極博, 眼目難周, 其搜采未備者, 甚望世之博雅君子補其闕焉. 一九九〇年五月十八日."

전집嘉定錢大昕全集』을 구입했는데 책 10권에 주편인 진문화 씨가 편집한 『잠연당문집보편潛研堂文集補編』이 있으며 내가 편집한 것과 차이가 있다고 알려왔다. 내가 그 책을 빌려와 대략 한 번 살펴보니 『잠연당문집보편潛研堂文集補編』에 수록된 「단연명端硯銘」, 「연역演易」, 「소지록서小知錄序」, 「계남창화집서溪南唱和集序」, 「발황문헌공집跋黃文獻公集」, 「발송척안로공서다보탑감응비跋宋拓顏魯公書多寶塔感應碑」, 「발장이기서跋張爾岐書」 등 7편은 내가 아직 보지 못한 문장이었다. … 옛날 진내건陳乃乾이 고광기의 제발문을 수집하여 『사적재서발思適齋書跋』 2권을 만들었는데, 그와 동시에 장곡손蔣谷孫도 『사적재집외서발집존思適齋集外書跋輯存』을 편집하였으며, 왕흔부王欣夫 씨도 『사적재서발思適齋書跋』과 『사적재집보유思適齋集補遺』를 편집하였다. 각자 수집한 자료에 근거하여 편집하였으므로 서로 상충하는 부분은 없다. 일찍이 탄식한데 학자들이 고, 황 생전에 남긴 문장을 편집한 것이 여러 번이나 되었다. 하지만 전대흔의 정밀함과 넓이, 깊이는 고나 황이 결코 미칠 수 있는 것이 아니다. 여러 서적에 남아있는 전대흔의 유문과 제관題款을 200년 동안 수습한 사람이 없으니 어찌 예술계의 유감스런 일이 아니겠는가? 지금 진내화 군의 『잠연당문집보편』을 얻으니 이런 내 마음과 같아서 아무도 없는 산골에서 인기척을 듣는 것 이상으로 반갑기만 하다. 독자들이 두 책을 함께 놓고 본다면 전대흔이 생전에 남긴 문장의 전체적인 모습을 조금이나마 볼 수 있을 것이다.[7]

특히 경의를 표하는 점은 진홍삼 교수가 10~20년 동안 전죽정 선생의 문집에 들어가지 않는 일문을 부지런히 집록했을 뿐 아니라 건가학술문헌의 정리와 연구에 거의 모든 정력을 쏟아냈다는 것이다. 진홍삼 교수가 보내준 책에 의하면, 진선생이 정성을 들여 집록한 서적으로 또 『잠연당유시습보潛研堂遺詩拾補』, 『간장유문집존簡莊遺文輯存』, 『陳鱣簡莊遺文續輯』, 『단옥재경운루유문집존段玉裁經韻樓遺文輯存』, 『왕명성서장유문집존王鳴盛西莊遺文輯存』, 『완원경경실유문집존阮元擘經室遺文輯存』 등 6종이 있다. 그 가운데 『잠연당유시습보』와 『간장유문집존』, 『왕명성서장유문집존』 3종은 이미 간행되었고 나머지는 모두 고본稿本의 형태로 동호인들 사이에 전한다.

1999년 8월 23일, 『왕명성서장유문집존』이 완성되자 진홍삼 교수는 권수에 「자서自序」를 지었다. 서문에서 진선생은 서장 선생의 일문을 집록하게 된 경위를 술회한다.

---

7) 陳鴻森, 『錢大昕潛研堂遺文輯存』, 卷末「後記」, 『經學研究論叢』第6輯에 보인다. 266쪽. 此文付印校稿時, 楊晉龍君見告, 渠新購得江蘇古籍出版社所印『嘉定錢大昕全集』, 冊十有主編陳文和氏所輯『潛研堂文集補編』, 與余所輯互有同異. 餘假其書, 略檢一過, 『補編』所收「端硯銘」, 「演易」, 「小知錄序」, 「溪南唱和集序」, 「跋黃文獻公集」, 「跋宋拓顏魯公書多寶塔感應碑」, 「跋張爾岐書」等七首, 爲余所未見者. … 昔者陳乃乾搜輯顧千里群書題跋, 爲『思適齋書跋』二卷, 同時有蔣穀孫亦有『思適齋集外書跋輯存』, 而王欣夫氏複輯『思適齋書跋』, 『思適齋集補遺』. 蓋各據所得而存之, 不相妨也. 常歎諸家輯顧, 黃遺文, 至於再三. 而竹汀之精博淵深, 迥非顧, 黃所可比及, 其遺文題識散見群書, 乃二百年來無有收拾之者, 詎非藝林之闕事與! 今得陳君『補編』, 同此用心, 不啻空谷跫音. 覽者合二文而觀之, 庶乎竹汀遺文稍得其全云.

『서장시존고西莊始存稿』는 건륭 30년에 인쇄되었다. 시 14권, 문 16권이다. 전해 내려오는 판본이 매우 적어 정진탁鄭振鐸 씨는 당대의 장서가로 유명한 사람인데도 현상금을 걸었을 정도니 귀중한 서적임을 알 수 있다. 내가 십 몇 년간 수소문해보았으나 구해 볼 수가 없었다. 작년 11월 달에 임경창林慶彰 교수가 처음으로 나를 위해 한 질을 영인해주니 그 가치는 만금이상이었다. 이 책의 목록 뒤에 "부모님의 상이 끝난 뒤에 짓기 시작하여 별도로 『만졸고晚拙稿』를 완성한다"라고 직접 적어놓았으나 인쇄되지는 않는다. 완원의 『연경실이집揅經室二集』권7의 「왕서장선생집서王西莊先生集序」에 "서장선생이 시문전집 40권의 편집을 마친 후 나에게 서문을 부탁했다."라고 되어 있는데, 아직도 이 책을 구해보지 못했다. 5세손 완원증阮元增이 흩어진 내용을 수집하여 『경양재유문耕養齋遺文』을 만들었으나 겨우 6편8)에 불과하다. 전대흔이 지은 왕명성의 묘지명에서는 "섬세하고 빠르지 않으며 온순하고 인정이 두텁다. 구양수와 증공의 법을 사용하고 허신과 정현의 학문을 밝혔으니 당시 뛰어난 인물로 치켜 올려졌다."라고 왕명성의 문장을 평했다. 세상을 떠난 후 그가 남긴 원고는 전혀 들리는 바가 없었고 후대 사람들 역시 수습하는 사람이 없었다. 한 시대의 뛰어난 학자임에도 불구하고 이처럼 문장이 흩어져 소실되었으니 탄식하지 않을 수 없다.9)

서장선생의 유문을 집록하는 것과 건가학술을 연구하는 것 사이에 불가분의 관계가 있다는 것을 진홍삼 교수는 「자서」에서 특히 구체적으로 밝힌다.

예전에 잠연당의 유문을 편집하느라 여러 서적을 대략 살펴보았는데 서장의 시문을 적지 않게 볼 수 있었다. 『서장시존고西莊始存稿』를 아직 보지 못했기 때문에 이 시문들이 문집에 들어갔는지는 알 수가 없었다. 이 때문에 아직 인쇄하지는 못했다. 작년 겨울 이 책을 얻고는 기억하고 있는 것과 쉽게 구할 수 있는 것을 조금 더하여 모두 53편을 얻었는데 후대 사람의 교정을 기다리는 몇 편의 문장이 아직 있다. 서장이 부모님의 상을 마친 후부터 가경 2년에 죽을 때 까지 30년 간 지은 시문이 이보다 몇 배는 될 것이다. 그렇지만 지금 남아있는 시문에서도 평생 학문을 논하고 문을 논한 대략적인 뜻을 알 수가 있다. 서장이 중년에 경학을 연구할 때는 오직 정강성만 다루었다. 『상서후안尙書後案』이 완성된 후 다시 17사를 정리하였으니 옛 서적을 연구한 공이 깊이가 있기 때문에 지은 문장도 다른 모든 문장을 압도했으며 자신의 독창적인 견해를 제시하여 다른 사람들과 같은 것이 없었다.

---

8) 이 책은 아직 구해보지 못했다. 지금은 양향규楊向奎 씨의 『청유학안신편淸儒學案新編』책8에 있는 왕수민 씨가 지은 「서장학안西莊學案」에 근거한다. 110쪽.

9) 『西莊始存稿』刻於乾隆三十年, 凡詩十四卷, 文十六卷. 顧傳本絕少, 鄭振鐸氏, 當代藏書名家, 猶懸金以待, 其罕遇可知. 余求之十數年, 未得一見. 去年十一月, 林慶彰教授始爲余影印一帙, 良友之賜, 奚啻百朋. 其書目錄後自識云"自服闋後所作, 別爲『晚拙稿』, 然其稿迄未付梓. 阮元『揅經室二集』卷七有「王西莊先生集序」, 稱"西莊先生編定詩文全集四十卷, 既成, 屬元爲之序"云云, 今亦不見刻本. 五世孫元增搜其遺佚, 爲『耕養齋遺文』, 僅得六篇(原注 : 此書余未之見, 今據楊向奎氏『淸儒學案新編』冊八王樹民氏撰「西莊學案」, 頁一一〇). 錢竹汀撰西莊墓誌, 稱其文"纖徐醇厚, 用歐, 曾之法, 闡許, 鄭之學, 一時推爲巨手". 乃身後遺稿蔑爾無聞, 後之人亦無爲之收拾者, 一代碩學, 文字零落如此, 可勝浩歎.

그렇다면 이 책이 불완전한 형태로 남아있는 문장을 수집해 만든 것이지만 건가학술을 연구하는 사람들이 결코 버려서는 안 된다.10)

진홍삼 교수가 옮겨 적어 보관한 건가시기 저명한 학자들의 일문은 이미 간행한 것도 있고 아직 간행하지 못한 원고도 있다. 이것은 모두 다년간 문헌정리에 몰두하여 얻어낸 결과다. 독자들이 진홍삼 교수의 엄격하며 독실한 학풍을 느낄 수 있을 뿐 아니라 건가학술문헌 연구에 들인 심후한 공력은 건가학술 연구자들에게 기준을 제시한 것이나 다름없다. 이미 간행된 전죽정, 왕서장, 진간장 제가들이나 미간행된 여러 서적도 마찬가지다. 그 가운데, 아직 간행되지 않은 『완원연경실유문집존』 3권은 운대 선생의 일문을 133편이나 초록해 놓았다. 그 업적이 『전대흔잠연당유문집존』과 어깨를 겨룰 뿐 아니라 들인 공이나 학술적 가치 역시 당시 『연경실집』의 편찬에 비해 손색이 없다. 이 점에 관해서는 『완원연경실유문집존』 권수의 「자서」에서 일부분을 엿볼 수 있다. 진홍삼 교수는 「자서」에서 다음과 같이 말한다.

> 완원이 지은 문집은 몇 년을 주기로 편집되어 간행되었다. 『연경실』은 1집이 40권, 2집이 8권, 3집이 5권, 4집이 13권(그 가운데 시가 11권이다)이다. 속집이 12권(시7권 포함), 다른 속집이 6권(시2권 포함)이다. 유문과 문집에 들어가지 못한 서발도 아직 많았으니, 나는 여러 서적을 펼쳐보다가 때때로 우연히 발견했다. 역사서에서 운대에 대해 "문물이 번성했던 건가시기를 거치며 수 십 년간 풍기를 주관하니 천하 학자들이 태산북두로 받들었다."(『청사고·본전』)라고 평했다. 여러 사람이 지어준 서문이 굉장히 많은데, 대부분 이 역사서의 평가를 근거로 하여 지어졌다. 나는 이것들을 특히 좋아한다. 완원은 여러 서적을 넓고 깊게 보았으며 또 고증에 뛰어났다. 그러므로 서발문도 광범위하고 많은 이치에 통하거나, 어떤 일의 경위를 근원까지 추적하니 운대의 고명한 식별력과 견식은 완미하고 탐구할 만하다. 사람들에게 보내는 서신에 관련된 일화가 많으니 고증에 참고가 될 만한 것이 적지 않다.11)

---

10) 陳鴻森, 『王鳴盛西莊遺文輯存』卷首, 「自序」, 『大陸雜誌』2000年1月 第100卷 第1期. 曩輯潛研堂遺文, 流覽群籍, 西莊詩文不少概見. 顧以未見 『始存稿』, 不識其已入集否, 是以均未鈔存. 去冬得其書, 乃就記憶所及, 與易於尋檢者稍加集錄, 共得五十三篇, 其待訪者尙若干篇. 度西莊服闋後, 迄嘉慶二年卒, 三十年間所作, 當倍徙於此. 雖然, 即此遺存者, 其平生論學, 論文大旨可見. 蓋西莊中蔵治經, 專主鄭康成, 『尙書後案』既成, 復理十七史, 汲古之功既深, 故所爲文, 遂雄視一切, 獨抒自見, 不爲苟同. 然則此雖掇拾殘遺, 固治乾嘉學術者所不可廢與.

11) 阮氏所撰文集, 每數年輒結集付刊. 凡 『揅經室』一集四十卷, 二集八卷, 三集五卷, 四集十三卷(其中詩十一卷); 另續集十二卷(含詩七卷), 再續集六卷(含詩二卷). 顧其遺文, 序跋未入集者尙多, 余披覽群籍, 時或遇之. 史謂芸臺"身歷乾嘉文物鼎盛之時, 主持風會數十年, 海內學者奉爲山門焉"(『清史稿·本傳』). 所撰諸家序文甚夥, 多隨本書以行. 余於此尤有深嗜焉. 蓋阮氏淹貫群籍, 復長於考證, 故其序跋, 或博涉多通, 或窮源竟委, 精鑒卓識, 最可玩繹. 其與諸家信函, 則多關藝文故實, 足資考證者不少.

1993년 5월에 중화서국에서 『연경실집』을 정리간행하면서 무슨 이유에서인지 재속집再續集의 시문을 넣지 않았다. 후일 다시 찍어내어 빠진 부분을 보충할 때 진홍삼 교수가 지은 『완원연경실유문집존阮元揅經室遺文輯存』으로 보충한다면 일월오성이 천하를 비추듯 완벽한 판본이 될 것이다.

3. 제가諸家연보의 정리

연보는 편년체 역사서의 부분으로서 지인논세知人論世의 중요한 문헌이다. 현존하는 800여 종 청인 연보 가운데 건가시기 학자의 연보가 대략 4분의 1을 차지한다.[12] 건가시기 학자의 연보를 정리하는 것은 건가학파와 건가학술을 연구하는 것과 마찬가지로 가볍게 볼 수 없는 의의가 있다. 최근 10~20년간 연보의 정리에 들인 공력과 업적을 따지자면 진홍삼 교수가 제일일 것이다.

진홍삼 교수는 건가학자의 연보를 정리하는데 있어 두 가지 방면에 주로 힘을 쏟았다. 첫째는 현존하는 연보에 대한 정정과 보유이고, 둘째는 명사들의 연보의 편찬과 중찬重纂이다. 정정과 보유의 대표작은 『단옥재연보정보段玉裁年譜訂補』이고, 편찬과 중찬의 대표작은 『전대흔연보별기錢大昕年譜別記』와 『청유진전연보淸儒陳鱣年譜』이다. 건가학파와 건가학술의 전체적인 모습을 마음속에 그리고 있었기 때문에 진홍삼 교수의 연보는 학풍의 연변과 학술변천에 더욱 신경을 써서 연보가 가지는 지인논세의 학술적 가치를 분명하게 제시했다. 다음은 진홍삼 선생이 정정 보유하고 중찬한 세 사람의 연보 중에서 각각 예를 하나씩 들어 살펴보고자 한다.

진전陳鱣, 자는 簡莊은 건가시기의 유명한 유학자로 널리 배우고 옛 것을 좋아하며 교감과 집일에 정밀했는데, 특히 정현의 학설을 표창했다. 처음 앞길을 열며 어려움을 겪었으니 그 공로는 덮을 수가 없다. 진홍삼 교수는 『청유진전연보』를 짓는데 온 힘을 기울였으니, 굴원이 여러 번 자신의 뜻을 자신의 글에 표현한 것에 비유할 수가 있다.

『효경』의 정현주를 편집한 것은 진간장 선생이 정현의 학설을 표창하는데 있어 성공적인 실천이라고 할 수 있다. 노견증盧見曾[13]이 편집 간행한 『정사농집鄭司農集』의 뒤를 이어 『효경』 정현주를 편집한 것은 선대를 계승, 발전시킨 대단한 일이다. 건가학술 내지 청대학술을 연구한 것은 가볍게 볼 수 없는 중요한 대목이다. 『청유진선연보』의 "건륭 47년, 30세 조목"에 이 일에 대해 기록했다.

---

12) 來新夏, 『近三百年人物年譜知見錄』卷首, 「清人年譜的初步研究」, 上海人民出版社, 1983年版, 1-11쪽.

13) 卢见曾(1690—1768), 字澹园, 又字抱孙, 号雅雨, 又号道悦子, 山东德州人.

겨울 … 『효경정주孝經鄭注』의 편집이 끝났다. 12월 1일, 직접 서문을 지었는데 대략 다음과 같다. "정강성이 『효경』에 주석을 달았다는 것은 범엽范曄의 『후한서』 본전에 보이고 『정지鄭志』의 목록에는 없다. 『중경부中經簿』에서는 '정씨가 풀이했다'라고만 되어있고 이름은 기록하지 않았다. 어떤 사람은 정소동14)이 지었다고 한다. … 당현종이 여러 학설을 취하여 주석을 단 이후로 정현을 배우는 사람이 날로 적어졌다. 오대십국의 시대가 쇠락하면서 중원지역에 오랫동안 전하지 않다가 송나라 옹희雍熙연간 초기에 일본 승려 조연奝然이 이 책을 가져 와서 바치자 의논하여 비부에 보관하였으나 다시 사라진다. 근래에 나의 벗 포군鮑君이 상선을 타고 일본국으로 가는 왕익창汪翼滄에게 이 책을 구입해 줄 것을 부탁했으나 역시 구할 수 없었다. 다행히 육덕명의 『경전석문』에 대략적인 내용이 남아있고 여러 서적에도 인용하는 부분이 있어 왕백후王伯厚15)의 『정씨주역鄭氏周易』의 체례를 모방하여 한 책으로 만드니 일가의 학문이 보존되기를 바란다."(본 책)16)

진간장 선생이 처음으로 개척한 업적을 표창하기 위해 진홍삼 교수는 이 인용문 뒤에 상세하게 안어按語를 붙여 근원과 변천을 밝히는 뜻을 밝힌다.

안 : 청대에는 산일된 것을 집록하는 학문이 가장 성했다. 『효경정주』를 편집한 서적으로는 선생의 이 책 외에 왕모王謨, 장용臧庸, 홍이훤洪頤煊, 원균袁鈞, 엄가균嚴可均, 공광림孔廣林, 황석黃奭, 손계함孫季咸, 반사潘仕, 증원필曾元弼, 왕인준王仁俊 등의 제가들의 집본이 있다. 피석서의 「효경정주소서孝經鄭注疏序」에서는 "당 명황明皇의 주석이 나온 후로 정현의 주석은 산일되었다. 근래에 와서야 유학자 장배경臧拜經(장용), 진중어陳仲魚(진전)가 모아서 편집했으며, 엄철교의 사록당四錄堂본이 가장 완비되어있다."라고 하였다. 사실 선생의 이 책이 편집되었을 때 장용의 나이는 겨우 열여섯 살이었고 제가의 집본은 모두 가경이후에 간행된다. 그러므로 『효경정주』의 편집은 사실 선생의 책이 효시가 된다. 특히 당시의 일본사람 강전정지岡田挺之의 집본이나 『군서치요群書治要』가 아직 중국에 들어오지 않았기 때문에 엄가균만큼 편집이 풍부하고 완비될 수가 없었다. 본말을 속일 수가 없다.17)

14) 鄭小同(約194年—258年以后), 字子眞(『高貴乡公纪集解』), 北海国高密人.

15) 王应麟(1223—1296), 字伯厚, 号深宁居士, 又号厚斋. 庆元府鄞县(今浙江省宁波市鄞州区)人. 宋理宗淳祐元年进士, 宝祐四年复中博学宏词科. 历官太常寺主簿, 通判台州, 召为秘节监, 权中书舍人, 知徽州, 礼部尚书兼给事中等职.

16) 冬 … 輯『孝經鄭注』成. 十二月一日, 自爲之敍, 略云 : "鄭康成注『孝經』, 見於範書本傳, 『鄭志』目錄無之, 『中經薄』但稱'鄭氏解', 而不書其名, 或曰是其孫小同所作. … 自玄宗取諸說以爲己注, 而後之學鄭氏者日少. 五季之衰, 中原久佚. 宋雍熙初, 日本僧奝然以是書來獻, 議藏秘府, 尋複失傳. 近吾友鮑君以文屬汪君翼滄從估舶至彼國購訪其書, 亦不可得矣. 幸陸氏『釋文』尚存其略, 群籍中間有引之, 因仿王伯厚『鄭氏周易』例, 集成一編, 庶以存一家之學"云.(本書)

17) 陳鴻森, 『淸儒陳鱣年譜』, "乾隆四十七年, 三十歲"條. 按 : 淸代輯佚之學最盛, 其輯『孝經鄭注』者, 除先生此書外, 另有王謨, 臧庸, 洪頤煊, 袁鈞, 嚴可均, 孔廣林, 黃奭, 孫季咸, 潘仕, 曾元弼, 王仁俊等諸家輯本. 皮錫瑞「孝經鄭注疏序」云 : "自明皇注出, 鄭注遂散佚不完. 近儒臧拜經, 陳仲魚始袞輯之, 嚴鐵

정현의 『육예론』을 편집하고 『정강성년기鄭康成年紀』를 편찬한 것은 모두 진간장 선생이 처음으로 시도한 일이었다. 진홍삼 교수가 진간장 선생의 연보에서 사실대로 기록하고 있다. 또 여기에 상세하게 안어를 붙여 처음으로 개척한 공로를 밝혔다. 진중어陳仲魚가 편집한 『육예론六藝論』에 대해 진홍삼 교수는 다음과 같이 고증한다.

> 안 : 정현의 『육예론』은 왕모, 장용, 홍이훤, 원균, 엄가균, 공광림, 마국한, 황석 제가들도 각각 편집본이 있다. 장용의 판본은 그의 고조인 장림臧琳이 편집하고, 장용이 보충했다고 말하지만, 이 책은 가경 6년 겨울에 처음 판각되었으니 선생의 책이 나오고 나서도 한참 뒤의 일이다. 원균의 편집본의 「서문」에 선생이 편집한 책이 다 좋은 것이 아니고 "한 책을 두 번 인용한 것은 하나로 돌아갈 수 없으며, 책을 인용한 사람의 말을 마음대로 집어넣어 총론과 육경의 논의가 종종 섞여서 나오고 차례도 맞지 않으니 창시자의 공이 되기 어렵다." 원균의 편집본은 선생의 책에 근거하여 거듭 교정을 본 후에 정밀하게 되었으니 이치가 마땅히 그러하다.[18]

진중어가 편찬한 『정강성기년』에 진홍삼 교수는 상당한 분량의 문장으로 고증하고 있다.

> 안 : 이 책은 혹 "정군연보鄭君年譜"라고 부른다. 청대에 정현의 연보를 편찬한 사람으로는 왕명성王鳴盛[『아술편蛾術編』 권58에 보인다], 손성연[『고밀유서高密遺書』본], 심가배[『소대총서昭代叢書』본], 정안[『이지재총서頤志齋叢書』본], 정진[『정학록鄭學錄』 권2에 보인다] 등 제가가 있다. 별도로 홍이훤의 『정현별전주鄭玄別傳注』, 호배훈의 『정군전고증鄭君傳考證』, 호원의의 『정군사적고鄭君事績考』가 있다. 선생의 이 책은 이런 서적들의 길을 열어주었다. 전대흔은 『서문』에서 다음과 같이 말한다. "경술은 한나라보다 성한 때가 없었다. 북해의 정군은 육예에 두루 통하고 제가의 학설을 집대성하였으며, 번다한 것을 없애고 빠지거나 없어진 것을 수정하여 경전을 연구하는 사람이 대대로 절충할 수 있게 했으니 그 공이 위대하다. 그러나 연보를 만드는 후인들이 없었으니 어찌 유감스러운 일이 아니겠는가? 해녕海寧의 진중어가 처음으로 열전에 근거하고 여러 서적을 참고한 후, 차례대로 배열하여 해당시기인 연월年月을 붙이니 확연하게 가닥이 잡혀 믿을 수 있게 되었다. 정말로 선철들에게 공이 있다."(『잠연당문집潛研堂文集』 권26 「정강성연보서」) 원균이 편찬한 『정씨유서鄭氏遺書』는 선생

橋四錄堂本最爲完善." 實則先生是書輯成時, 臧庸年方十六, 而諸家輯本皆刊於嘉慶以後, 故輯『孝經鄭注』實以先生書爲嚆矢. 特其時日本岡田挺之輯本及『群書治要』尙未傳入中國, 故其書不能如嚴君所輯之富備耳. 若先河後海之義, 則不可誣也.

18) 陳鴻森, 『淸儒陳鱣年譜』, "乾隆49年, 32歲"條. 按 : 鄭玄『六藝論』, 王謨, 臧庸, 洪頤煊, 袁鈞, 嚴可均, 孔廣林, 馬國翰, 黃奭諸家亦各有輯本. 臧本雖托云其高祖臧琳輯, 臧庸補, 然其書嘉慶六年冬始付刻, 固遠在先生書出之後矣. 袁氏輯本其「序」雖以先生所輯未能盡善, "一書兩引者未能歸一, 又多攔入引書者語, 總論與六經之論往往雜出, 失於比次, 蓋創始者難爲功也". 袁本即據先生書重爲校定, 後出轉精, 理固宜然也.

의 이 책을 취하여 뒤에 붙였으며[19], 완원 역시 선생이 고증한 바를 취하여 손성연의 연보를 보충하여 간행했다. 그 처음으로 개척한 공을 없앨 수가 없다.[20]

전대흔은 건가시기 학술대가로 해박하면서도 하나로 꿰고 있는 것이 천하제일인데, 특히 사학을 정밀하게 연구하여 당대의 뛰어난 스승이라 일컬어진다. 건륭말, 가경초기 죽정선생은 고희의 나이로 필추범(畢秋帆, 畢沅)을 위해 『속자치통감』을 심의 수정한다. 이 일은 전선생 만년의 중요한 학술활동이기도 하고, 또 당시 학술사건과 연관되어 있었기 때문에 죽정선생연보를 편찬하는데 있어 이 일에 주의를 기울여야 한다.

『속자치통감』을 심의 수정하는 일에 관해 죽정선생의 증손인 전경증錢慶曾이 『죽정거사연보竹汀居士年譜』를 속편한 것이 "가경2년, 70세"조목에 있다. 다음과 같이 말한다.

> 이 해에 양호兩湖의 제군制軍인 필원이 『속자치통감續資治通鑑』을 교정 간행하였다. 사마온공이 『자치통감』을 편집한 후로 송원 대에 설薛씨[21]와 왕王씨[22]가 나오긴 했지만 기록이 소략하고 월일月日의 기록이 전도되었으며, 요와 금의 역사사실이 소략했다. 근래에 서徐씨[23]가 중수하니 설씨나 왕씨보다 낫긴 하지만 인용한 서적이 오히려 누락되었다. 사고관이 개설된 이후로 천하에서 올린 서적과 조정에 보관되어 있는 기서비적奇書秘籍 및 『영락대전』에 기재된 송원대와 관련된 일은 전대 사람들이 아직 보지 못한 것인데, 필공이 모두 초록하여 참고하는데 도움을 받았다. 먼저 학사 소진함邵晉涵, 시독 엄장명嚴長明, 관찰 손성연孫星衍, 편수 홍양길洪亮吉 및 친족조부인 십란十蘭(錢坫)선생께서 필공을 도와 분담하여 완성하였다. 몇 년 후에 또 필공에게 심의와 증보 및 고이考異를 부탁하였다. 일을 다 마치기도 전에 필공께서 세상을 떠나죽어 이 책을 공의 아들에게 돌려주었다.[24]

---

19) 양복례羊復禮의 「간장문초발簡莊文鈔跋」에서는 이 책이 이미 실전되었다고 말하는데 잘못 말한 것이다.

20) 陳鴻森, 『淸儒陳鱣年譜』, "乾隆54年, 33歲"條. 按 : 此書或稱"鄭君年譜". 淸代之纂鄭玄年譜者, 別有王鳴盛(見『蛾術編』卷五十八, 孫星衍『高密遺書』本), 沈可培(『昭代叢書』本), 丁晏(『頤志齋叢書』本), 鄭珍(見『鄭學錄』卷二)諸家. 另洪頤煊有『鄭玄別傳注』, 胡培翬撰『鄭君傳考證』, 胡元儀有『鄭君事續考』. 而先生此編導其先路者. 錢大昕「序」云 : "經術莫盛於漢, 北海鄭君, 兼通六藝, 集諸家之大成, 刪裁繁蕪, 刊改漏失, 俾百世窮經之士有所折中, 厥功偉矣. 而後人未有譜其年者, 庸非缺事乎. 海寧陳君仲魚始據本傳, 參以群書, 排次事實, 係以年月, 粲然有條, 咸可徵信, 洵有功於先者矣." (『潛研堂文集』卷二十六, 「鄭康成年譜序」)袁鈞纂『鄭氏遺書』, 即取先生是編以附諸後(羊復禮「簡莊文鈔跋」謂此書已佚亡, 誤); 阮元亦采先生所考者, 以補孫譜刊行之. 蓋其創始之功終不可沒也.

21) 명나라 설응기薛應旂의 『宋元通鑑』을 말함.

22) 왕종목(王宗沐)의 『宋元資治通鑑』을 말한다.

23) 淸나라 서건학徐乾學의 『자치통감후편資治通鑑後編』을 말함.

24) 錢慶曾, 『竹汀居士年譜續編』, "嘉慶2年, 70歲"條. 是年, 爲兩湖制軍畢公沅校刊『續資治通鑑』. 自溫公編輯『通鑑』後, 宋元兩朝, 雖有薛氏, 王氏之續, 而記載疏漏, 月日顚倒, 又略於遼金之事. 近世徐氏重修, 雖優於兩家, 所引書籍, 猶病漏略. 自四庫館開, 海內進獻之書, 與天府儲藏奇秘圖籍, 『永樂大典』所

죽정선생이 필추범을 위해『속자치통감』을 심의 수정했는데, 그간의 사정은 그다지 복잡하지 않다. 그러나 중요한 당사자로서 장학성은 제일 처음으로 필원을 대신하여 전대흔에게 서신을 보내 심의 수정을 부탁하며 "소여동이 교정이 자못 공을 들였다"[25]고 말한다. 소진함이 세상을 떠난 후 장씨는『소여동별전邵與桐別傳』을 지어 필씨의 초각본初刻本은 소진함이 교정한 것이 아니고 "빈객들이 처음으로 수정했다"[26]라고 지적한다. 이로부터 착오가 생겨나 진상을 가릴 수가 없게 되었으니, 하나의 학술사건이 된다. 진홍삼 교수는『전대흔연보별기』를 새로운 안목으로 여기에 정심하게 고증한다.

이 연보의 "건륭 56년, 67세"조목에 진홍삼 교수는 다음과 같이 말한다.

> 이 해에 필추범의『송원편년宋元編年』200권의 초고가 완성되자 장실재가 옮겨 적어 선생에게 주면서 서명을 토론하고 전체 책의 요지와 체례를 상의하였으며, 부본副本을 기록하여 주면서 심의 수정을 부탁하였다. [27]

그 다음에 진홍삼 선생은 두 개의 안어를 붙여놓았다. 그 첫 번째 안어에서 다음과 같이 말한다.

> 삼안森案:『송원편년』은 곧『속자치통감』의 본명이다. 장씨가 선생에게 서신을 보내어『송원사감宋元事鑑』으로 이름 붙일 것을 힘써 주장했다. 지금『속통감』으로 제명한 것은 장씨가 붙인 새로운 이름이 마땅치 않다고 여겨 지금의 이름으로 정하여 속수涑水(사마광)의 책을 계승한 것이다.[28]

두 번째 안어에서 말한다.

> 우안又案: 장씨의 이 서신은 지은 연대를 기록하지 않았고, 호적지胡適之 선생의『장실재연보』는 57년 임자에 붙어있는데 모두 분명한 근거가 없다. 이 서신에는 책 전체의 "글자를 세어보니 235만5천

載事涉宋元者, 前人都未寓目, 畢公悉鈔得之, 以爲此書參考之助. 先經邵學士晉涵, 嚴侍讀長明, 孫觀察星衍, 洪編修亮吉及族祖十蘭先生佐畢公分纂成書. 閱數年, 又屬公覆勘, 增補考異. 未竟事而畢公卒, 以其本歸公子.

25) 章學誠,『章氏遺書』卷9,「爲畢制軍與錢辛楣宮詹論續鑑書」. 邵與桐校訂頗勤.

26) 章學誠,『章氏遺書』卷18,「邵與桐別傳」. 乃賓客初訂之本.

27) 是年, 畢秋帆『宋元編年』二百卷纂成初稿, 章實齋代筆與先生書, 討論書名及商榷義例, 並錄全書副本屬爲審訂. (原注:『章氏遺書』卷九,「爲畢制軍與錢辛楣宮詹論續鑒書」.) 원주:『장씨유서章氏遺書』권9,「위필제군여전신미궁첨논속감서爲畢制軍與錢辛楣宮詹論續鑒書」.

28) 森按,『宋元編年』即『續資治通鑑』原名. 章氏致先生書, 力主標名『宋元事鑒』. 今題『續通鑑』者, 蓋先生不以章氏之標新立異爲然, 仍定今名, 以繼涑水之書.

여 자이고 모두 200권이다", "소여동의 교정이 자못 공을 들였다"라고 하여, 이 책의 대체적인 것을 적어놓았다. 또 "대략 다음해 가을이나 겨울에 판각할 계획이다"라고 하였다. 지금 『구목부자정연보瞿木夫自訂年譜』 건륭 60년 조에 의하면 선생이 필공을 위해 교열 심의하고 조사 정정했다고 기록하고 있으니, 오문에서 판각을 시작한다[원주 : 본문 명년明年 조에 상세하다]. 장씨의 이 책은 마땅히 이 해에 붙여야 사실에 가까울 것이다.29)

바로 『구목부자정연보瞿木夫自訂年譜』를 확실한 증거로 삼았다. 이에 진홍삼 교수는 건륭 60년, 68세의 전대흔의 학문과 품행에 대해 기록한다.

　　　이 해에 필추범을 위해 『속자치통감』을 교정하니 오문에서 판각을 시작한다.30)

이어서 진홍삼 교수는 또 이 연보의 "가경 6년, 74세"조목에서 죽정선생이 풍로정馮鷺庭에게 보내는 서신의 전문을 인용하며 판각이 끝난 『속자치통감』에 서문을 짓는 것에 대해 전대흔이 완곡하게 거절한 일을 기록했다. 진홍삼 교수는 다음과 같이 말한다. "내 생각에, 이것은 선생이 거절할 구실로 삼은 말인 것 같다. 선생은 이 책을 탐탁지 않게 여겼으나 앞서 필씨의 부탁이 있었기 때문에 마지못해 응했을 것이다. 필추범이 죽자 선생은 이 원고를 필추범의 집으로 돌려보냈으니 아직 판각하지 않은 170권은 더 이상 교정하지 못했다."31) 이 대목에서 진홍삼 교수의 정리를 거쳐 전대흔이 『속자치통감』을 교정보는 일에 대하여 일의 경위가 드디어 분명하게 되었다.

단옥재 역시 건가시기의 대학자이며 특히 『설문해자』를 주석한 것이 뛰어나다고 일컬어진다. 그의 만년의 학문도 세상의 변화에 따라 변하고, 건가학파와 건가학술은 이미 종합의 단계로 진입했다. 한과 송을 회통하는 기풍이 일어난 지 얼마 안 되어 기세가 아직 미약하긴 했지만 무당懋堂선생은 선성先聲을 울린 사람 가운데 한 명이다. 건가학파와 건가학술을 토론하는 것은 실로 매우 주의를 기울여야하는 현상이다. 진홍삼 교수는 탁월한 견식으로 『단옥재연보정보段玉

---

29) 陳鴻森, 『錢大昕年譜別記』, "乾隆59年, 67歲"條. 又按 : 章氏此信不記撰年, 胡適之先生『章實齋年譜』 係於五十七年壬子, 並無明據. 余考此信既言全書"計字二百三十五萬五千有奇, 爲書凡二百卷", "邵與桐校訂頗勤". 是全書大體已經寫定. 又言"大約明歲秋冬擬授刻矣", 今據『瞿木夫自訂年譜』, 乾隆六十年條, 載先生爲畢氏閱定考正, 即於吳門開雕(原注 : 詳本文明年條下), 則章氏此書宜係於本年, 庶幾近之.

30) 陳鴻森, 『錢大昕年譜別記』, "乾隆60年, 68歲"條. 是年, 爲畢秋帆校訂『續資治通鑑』, 即於吳門開雕.

31) 陳鴻森, 『錢大昕年譜別記』, "嘉慶6年, 74歲"條. 余意此殆先生借詞耳. 先生似不以其書爲盡善, 先前因畢氏之托屬爲審定, 故勉應之耳. 秋帆既卒, 先生即將此稿還諸其家, 而未刻之百七十卷, 則不復爲之校訂矣.

裁年譜訂補』에서 이를 특별히 강조한다. 이 연보의 "가경19년, 80세"조목에서 진홍삼 교수는 진수 기陳壽祺의 『좌해문집左海文集』 권4에서 단옥재의 서신 한 통을 가져와 편집하였는데 여기서는 서신의 전문을 인용한다.

> 공보恭甫대형 선생께 : 그동안 평안하신지요? 생활하시는 데에 상서롭기를 바랍니다. 올해 세 번이나 서신을 주시고 『오경이의소증五經異義疏證』, 『상서尙書』, 『의례儀禮』 등의 여러 경설도 보내주셔서 삼가 반복해서 읽어보니 넓고 정밀하며 확실하지 않은 말이 없었습니다. 선생님이시면 제가 금 녹여 섬겨야 마땅합니다. 근래 학자라고 하는 사람들은 깊이가 없고 남의 말을 흉내만 내어 이름을 훔칠 줄만 알지 마음속으로 자득을 추구하지 않습니다. "문장은 날로 흥하나 경술은 날로 얕아지고, 재주는 더욱 무성하나 기절氣節은 더욱 쇠해지니 진실로 앞서서 이끌어가는 사람은 드물다. 또한 처하는 바가 날로 위축되어 그 몸을 편안히 할 수 없으니 이는 인심과 세상의 걱정이다."라고 하신 말씀이 정말 좋습니다. 생각해보니, 오늘날의 큰 병은 낙洛, 민閩, 관關의 학문을 버리고 공부하지 않으면서, 용속하고 진부하다고 말하는 데 있습니다. 그런데 지금 몸가짐을 소홀하게 하고 기절은 무너졌으며 정사는 거칠어 외형상으로는 천하 사람들이 모두 군자 같지만 참된 군자는 없습니다. 모범이 되어 이끄는 사람의 과실이 아니라고 장담할 수 없습니다. 그러므로 한학만을 말하고 송학을 다스리지 않는 것은 참으로 인심과 세상의 근심이거늘 하물며 이른바 한학자들이 그림의 떡과 같은 경우에 있어서이겠습니까? 대형께서 계신 곳의 뇌취정雷翠庭선생께서는 지금도 전하는 말씀이 있는지요? 곧 선생에게 안부를 묻습니다. 강자란江子蘭의 서찰에 소무邵武에 고주연高澍然이 있어 역시 좋다고 하셨습니다. 대형께서 강의를 주관하시니 마땅히 제생들과 더불어 바른 학문과 기절을 강구하여 참된 인재를 배양하고 기운氣運을 도와야 합니다. 선생의 책은 자세히 읽고 가르침을 구해야 마땅하겠습니다. 저는 금년 80세인데 종일 배불리 먹으면서 하나를 들으면 열을 까먹으니 매우 웃음거리가 됩니다. 어찌 대형의 칭찬을 감당할 수 있겠습니까? 단옥재 감사드립니다.[32]

진홍삼교수는 이 서찰을 인용한 다음에 서찰에서 토로한 중요한 학술소식을 한마디로 드러낸다. "이 서신에 의하면 단씨의 만년사상과 당시 학풍에 대한 그의 비판을 대략 볼 수 있다. 근래에 건가학술을 논하는 자들은 이 내용을 대부분 소홀하게 다루니 빨리 이것을 드러내어야 한다."[33]

---

32) 恭甫大兄先生執事 : 伏惟侍奉萬安, 興居多吉. 今歲三奉手書, 見賜『五經異義疏證』, 『尙書』, 『儀禮』諸經說, 一一盥手洛誦, 旣博且精, 無語不確. 如執事者, 弟當鑄金事之. 以近日言學者, 淺嘗剿說, 騁騖獵名而已, 不求自得於中也. 善乎執事之言曰 : "文藻日興而經術日淺, 才華益茂而氣節益衰, 固倡率者稀, 亦由所處日蹙, 無以安其身, 此人心世道之憂也." 愚謂今日大病, 在棄洛, 閩, 關申之學不講, 謂之庸腐. 而立身苟簡, 氣節敗, 政事蕪, 天下皆君子, 而無眞君子, 未必非表率之過也. 故專言漢學, 不治宋學, 乃眞人心世道之憂, 而況所謂漢學者, 如同畵餠乎? 貴鄉如雷翠庭先生, 今尙有嗣音否? 萬舍人乞爲致候. 江子蘭札云, 邵武有高澍然亦良, 執事主講, 宜與諸生講求正學氣節, 以培眞才, 以翼氣運. 大著尙當細讀, 以求請益. 弟今年八秩, 終日飽食而已, 記一忘十, 甚可笑也, 安足以當執事之推許. 玉裁再拜.

앞에서 기술한 내용을 종합하면, 건가학파와 건가학술의 연구를 추진하는데 있어 건가학술문헌을 정리 연구의 중요한 의의를 대략 엿볼 수 있다. 근10~20년 동안 건가학파연구를 거울삼아보면 착수는 매우 빨랐으나 문헌의 준비는 충분하지 못한 것 같다. 이 때문에 앞으로 한동안 이 방면에서의 절실한 공부가 필요하다. 삼가 여러 독자께 가르침을 청한다.

---

33) 陳鴻森, 『段玉裁年譜訂補』, "嘉慶19年, 80歲"條. 據此書, 略可見段氏晩年之思想及其對當時學風之批評. 乃近世論乾嘉學術者, 頗多忽之不視, 今亟宜表出之.

제**3**부

청 말기 학술 및 일대一代 학술의 총결

제18장
한송漢宋학술논쟁과 『국조학안소식國朝學案小識』

가경, 도광 연간에 중국고대학술은 장차 건가한학漢學의 페이지를 넘기고 근대학술의 문으로 진입하려고 한다. 관련 역사 서적이 시대의 요청에 부응하여 나와 명청 교체이래로 근 이백년의 학술을 비판, 종합한다. 강번江藩의 『국조한학사승기國朝漢學師承記』, 완원의 『황청경해皇淸經解』, 『국사유림전고國史儒林傳稿』, 방동수의 『한학상태漢學商兌』 등의 서적이 앞뒤로 나와 각각 자신의 견해를 제시했다. 도광 25년(1845)에 당감唐鑑의 『국조학안소식國朝學案小識』이 나와 이학 부흥의 구호를 계승하고 한송학술논쟁을 정리하며, 청대학술의 변천을 종합할 뿐만 아니라 저자의 학술적 특징을 드러내어 당시 학술경향도 엿볼 수 있다.

1. 한송학술논쟁의 유래와 발전

청대 한송학술논쟁은 학술사의 중요한 문제이다. 이 논쟁은 청조 초엽에 시작하여 건가시기 한학의 전성기를 거쳐, 가경과 도광연간에 물과 불처럼 논쟁은 격렬해진다.

학문방법으로 말하면, 건가시기의 한학은 송명이학과 풍격이 다르다. 송학은 유가경전에 내포된 의리를 밝히는데 그 뜻이 있다면, 한학은 경전장구에 대한 고증과 훈고를 추구하는 데에 그 뜻이 있다. 중국고대 학술사에서 처음에는 한과 송의 학술적 구분이 없었다. 이 구분은 청대에 비로소 생겨났다. 근대 학자 유사배劉師培는 여기에 대해 다음과 같이 말한다. "옛날에는 한학이라는 명칭이 없었으며 근대에 시작되었다. 어떤 사람은 '독실히 믿고 옛 것을 좋아하는 것으로' 한학의 범위를 정한다. 그러나 한학을 공부하는 사람이 반드시 한대 유학자의 학설을 다 사용하지는 않으며, 한대 유학자의 학설을 사용한다고 하더라도 반드시 그들이 공부한 책을 공부하지는 않는다. 이른바 '한학'이란 한대 유학자들의 훈고로 경을 해석하거나 한대 유학자들의 주석서의 체례로 서적을 연구하는데 불과하다."[1] 강희 연간에 모기령毛奇齡은 송대의 학설을 힘껏 비판하고 한대의 학설을 드러내며 처음으로 '한학漢學', '송학宋學'[2]이라는 명칭을 사용한다. 이후 전조망全祖望은 한대 유학자의 '경학을 다스리는 공로[修經之功]'를 높이고 유향이 '여러 경전을 집대성한[集諸經之大成]'[3] 것을 칭찬한다. 저서인 『경사문답經史問答』에 대해 건가시기 한학자들은 "옛 현인을 계승하고 후학을 열어준 공로가 고염무의 『일지록』과 대등하다."[4]고 평가했다. 건륭 초엽, 혜동은 경학을 깊이 탐구한다. 조부와 부친의 못 다한 뜻을 이어받고 한대 『역』의 연구를 가학으로 삼아 『역한학易漢學』과 『주역술周易述』, 『구경고의九經古義』 등의 서적을 차례대로 저술한다. 혜동은 다음과 같이 주장한다. "한나라 경사의 학설을 학관에 세워 경전과 병행한다. 오경은 공자가 살던 집에서 나와 옛 글자와 음이 많으니 경사가 아니면 변별할 수가 없다. 경전의 뜻이 훈고에 보존되니 글자와 음을 알아야 그 뜻을 알 수가 있다. 이런 까닭에 고훈은 바꿀 수 없고 경사도 없앨 수 없다."[5] 혜동이 한대 경학의 흐름을 정리한 것이 완전히 있는 그대로 기록했다고 할 수 없고, 또 금문학과 고문학의 경계를 헷갈리게 하지만 그가 오직 한학만 높이고 옛 것만 믿는 것은 당시 학술무대에서 처음으로 한학의 깃발을 들고, '고학古學' 부흥의 길을 열었다고 할 수 있다. 조금 뒤 고증학의 거장인 전대흔이 혜동학풍의 영향을 "한학이 천오백년 이상 끊어졌다가 혜동에 이르러 찬란하게 다시 빛을 발했다."[6]라고 평가했다.

혜동이 세상을 떠난 후 대진이 나와 고향 선배인 강영江永의 가르침을 계승한다. 대진은 또 삼오三吳지역에서 학생을 가르치면 거기의 학문을 전부 받아들여 "성음과 문자로부터 훈고를 구하고, 훈고로부터 의리를 찾아갈 것"[7]을 주장하며, 남북을 가리지 않고 배움을 길을 추구하여 경성에 명성이 자자했다. 뒤에 청 조정의 초빙으로 사고전서관에 들어가 소진함邵晉涵, 주영년周永年, 기윤紀昀 등 많은 이름난 유학자들과 함께 경전과 역사서 연구에 힘을 쏟고, 전해지지 않는 옛사람들의 글을 모으고 여러 서적들을 교감, 정리했다. 경전과 역사서에 대한 고증도 이에 따라

---

1) 劉師培, 『左庵外集』卷9, 「近代漢學變遷論」. 古無漢學之名, 漢學之名始於近代. 或以篤信好古該漢學之範圍, 然治漢學者未必盡用漢儒之說, 即用漢儒之說, 亦未必以治漢儒所治之書. 是則所謂漢學者, 不過用漢儒之訓詁以說經, 及用漢儒注書之條例以治群書耳.

2) 毛奇齡, 『推易始末』卷1.

3) 全祖望, 『鮚埼亭集外編』卷39, 「前漢經師從祀議」.

4) 阮元, 『揅經室二集』卷7, 「全謝山先生經史問答序」. 繼古賢, 啟後學, 與顧亭林『日知錄』相埒.

5) 惠棟, 『松崖文鈔』卷1, 「九經古義述首」. 漢經師之說, 立於學官, 與經並行. 五經出於屋壁, 多古字古音, 非經師不能辨. 經之義存乎訓, 識字審音, 乃知其意. 是故古訓不可改也, 經師不可廢也.

6) 錢大昕, 『潛研堂文集』卷39, 「惠先生棟傳」. 漢學之絶者千有五百餘年, 至是而粲然復章矣.

7) 錢大昕, 『潛研堂文集』卷39, 「戴先生震傳」. 由聲音文字以求訓詁, 由訓詁以尋義理.

큰 기풍을 이루었으며, 서관書館[8] 또한 "한학자들의 주둔지"[9] 같은 역할을 하였다. 청 조정의 우대를 받은 한학은 크게 진영을 펼치며 최고의 전성기를 누린다. 조정의 현달한 사람들도 고상한 척하기 위해 문화 활동에 참여하여 "모두 널리 고증하는 것을 일로 삼아 이학을 깊이 연구하는 사람은 더 이상 없었다. 송, 원, 명의 유학자들을 칭송하는 일이라도 있으면 서로 비웃곤 했다."[10] 조정과 재야의 관리나 사대부들이 "마침내 한대의 학설을 높이고 송대 유학자들을 배격하여 남북의 거의 모든 곳에 이런 기풍이 만연했다."[11]

한학이 크게 성행한 반면, 송학은 거의 지리멸렬한 상황이었다. 한학이 처음 흥기했을 때 강남의 시인 원매袁枚가 혜동에게 서신을 보내 다른 주장을 펼친다. "당신과 오 땅의 선비들은 송대 유학의 공허함을 싫어하기 때문에 한학을 주장하여 바로잡고자 하니, 생각은 정말 좋은 것 같습니다. 다만 송학이 폐단이 있긴 하지만, 한학의 폐단은 더 심하다는 것은 모릅니다. 송학 형이상에 치우쳤기 때문에 심성心性의 학설이 현황한 것에 가깝고, 한학 형이하에 치우쳤기 때문에 전주箋注의 학설에 견강부회한 것이 많습니다."[12] 그러나 힘도 미약하고 형세도 고립적인 상황에서 한참 번성하는 한학의 기세를 혼자 힘으로 바꿀 수 있는 것이 아니었다. 이후 한학이 한 시대를 풍미하며 줄곧 옛 것으로 치닫는 상황에서 송학을 따르는 사람들이 그 폐단을 목격하고 비판하는 사람도 없지 않았다. 정진방程晉芳과 요내姚鼐, 옹방강翁方綱은 모두 사고관四庫館의 신하로서 당시 학풍의 폐단을 이구동성으로 지적한다. 정진방은 "옛날의 학자들은 날로 지혜로워졌지만, 지금의 학자들은 날로 어리석어진다. 옛날의 학자들은 음석과 훈고의 미세한 곳으로부터 시서예악의 광대하고 고명한 곳으로 점차 나아갔지만, 지금의 학자들은 자잘한 장구에만 신경을 써서 늙어죽어야 쉰다.[13]"라고 생각하고 다음과 같이 탄식한다. "천하의 유학자들이 한학을 제창한 지 거의 40년이 되었다. 당나라 이전의 서적은 작은 부분이라도 귀하지 않은 것이 없다는 데 그 대의가 있다. 그래서 당에서 한으로, 한에서 주周와 진秦으로 소급하여 『구경九經』과 『사기史記』, 『한서漢書』의 주소注疏를 근본으로 삼고 송나라 이후로는 치지도외하여 언급하지 않아도 된다. 아! 송학을 하는 사람은 한과 당을 버린 적이 없건만 한학을 하는 사람은 송과 원 이후를

---

8) 전적을 가르치던 곳.

9) 『梁啓超論淸學史二種·中國近三百年學術史』, 115쪽. 漢學家大本營.

10) 姚瑩, 『東溟文外集』卷1, 「復黃又園書」.

11) 袁枚, 『隨園詩話』卷2. 競尊漢儒之學, 排擊宋儒, 幾乎南北皆是矣.

12) 袁枚, 『小倉山房文集』卷18, 「答惠定宇書」. 足下與吳門諸士厭宋儒空虛, 故倡漢學以矯之, 意良是也. 第不知宋學有弊, 漢學更有弊. 宋偏於形而上者, 故心性之說近玄虛; 漢偏於形而下者, 故箋注之說多附會.

13) 古之學者日以智, 今之學者日以愚. 古之學者由音釋訓詁之微, 漸臻於詩書禮樂廣大高明之域; 今之學者瑣瑣章句, 至老死不休.

버리면 되겠는가!"[14] 요내와 옹방강은 학문을 의리義理와 고증考證, 사장辭章 세 부분으로 나눌 것을 주장했으며, 의리를 목표로 삼을 것을 주장하고 고증학의 길로만 가는 것에 반대했다. 옹방강은 "송대 유학자들만 고수하고 다른 곳으로 한 걸음도 나가지 않아 마침내 한당의 주소를 서가에 가두고, 명물기수名物器數로 봐서 연구할 수 없게 되었다. 그 폐단은 비루하다고 할 수 있다. 그런데 고증학만 알고 이상하고 새로운 학설만 추구하여 점차 정주학은 도외시하여 태연히 느끼지 못하는 지경에 이른다면 그 폐단 또한 이루 다 말할 수 없을 것이다."[15]라고 지적했다. 요내는 한학을 '이도[異道]'라고 더욱 비판하여 말했다. "근래 왕양명의 불꽃이 꺼지고 이상한 도[異道]가 흥기했다. 학자들은 배움에 힘쓰고 옛 것을 본보기로 삼는 것에 조금씩 뜻을 둔다면 곧바로 서로 이끌어 고증과 훈고의 길을 추구하게 되었다. 그리고 스스로 한학이라고 부르며 자잘한 것에 천착하고 번잡한 것을 묻고 따지게 되었다. 행하는 데 있어 육구연이나 왕양명 같은 사람을 바라볼 수 없고 견식은 영가永嘉시기에 비해 훨씬 떨어졌는데도 감히 정주학을 비난하니, 어찌 오늘날의 근심이 아니겠는가?"[16]

건륭말엽, 가경초엽에 한학은 전성기를 지나 쇠락하기 시작한다. 이에 송학을 따르는 사람만 그 병통을 비판하는 것이 아니라 한학을 따르는 사람 중에서도 자기 학파의 폐단에 대해 반성하는 사람이 많았다. 능정감凌廷堪과 초순焦循, 왕인지王引之 등의 유학자들은 약속이나 한 듯 서로 호응하였으니, 모두 선견지명을 가지고 있었다.

능정감은 휘주徽州 대진戴震 문하의 후학으로 일찍이 건륭 58년 여름에 당시의 학풍에 통렬한 일침을 가한다. "『역』을 다 읽지 않고서 왕필王弼과 한강백韓康伯을 폐할 수 있다고 하고, 『시』를 아직 다 논하지 않고서 모형毛亨과 모장毛萇, 정현鄭玄을 정통으로 삼으며, 『좌전』의 구두를 다 끊어보지 않고 복건服虔이 두예杜預 보다 낫다고 하며, 『상서』의 편차를 자세히 알아보지 않고 매색梅賾이 『고문상서』를 조작하다고 한다. 심지어는 허신의 책만 옆구리에 끼고 구경은 제쳐두고 배우지도 않으며, 『설문』의 글자만 몇 자 기억하고 육경은 고치면서 의심하지도 않으며, 유구한 학술의 근원과 변천에는 밝지 못하면서 송대 유학자를 비난하는 것을 능사能事로 삼는 지경에

---

14) 程晉芳, 『勉行堂文集』 卷1, 「正學論四」. 海內儒家, 昌言漢學者幾四十年矣. 其大旨謂, 唐以前書皆尺珠 寸璧, 無一不可貴. 由唐以推之漢, 由漢以溯之周秦, 而 『九經』, 『史』, 『漢』, 注疏為之根本, 宋以後可置 勿論也. 嗚呼! 為宋學者未嘗棄漢唐也, 為漢學者獨可棄宋元以降乎!

15) 翁方綱, 『復初齋文集』 卷11, 「與曹中堂論儒林傳目書」. 墨守宋儒, 一步不敢他馳, 而竟致有束漢唐注疏 於高閣, 卽以名物器數而不能究者, 其弊也陋. 若其知考證矣, 而騁異聞, 侈異說, 漸致自外於程朱而恬 然不覺者, 其弊又將不可究極矣.

16) 姚鼐, 『惜抱軒文後集』 卷10, 「安慶府重修儒學記」. 近時陽明之焰熄, 而異道又興. 學者稍有志於勤學法 古之美, 則相率而競於考證訓詁之途, 自名漢學, 穿鑿瑣屑, 駁難猥雜. 其行曾不能望見象山, 陽明之倫, 其識解更卑於永嘉, 而輒敢上訕程朱, 豈非今日之患哉?

이르렀다. 이것이 이른바 '천하 사람들이 각 학술의 차이를 알지 못하게 되었다'는 것이니 그 폐단은 이루 다 말로 표현할 수가 없다."[17] 초순이 그 뒤를 이어 고증과 명학名學의 잘못을 힘써 비판한다. "근래의 학자가 아무 이유 없이 고증이라는 이름을 내세우자 많은 사람들이 일어나 이것을 쫓았다. 이들이 근거로 삼은 것은 한대 유학자이고, 한대 유학자들이 근거로 삼은 것은 또 정현과 허신이다. 하나만 고집하여 도를 해침이 이보다 심한 경우는 없었다."[18] 초순은 특히 고증과 보완으로 경학연구를 대체하는 것에 반대했다. 능정감과 마찬가지로 초순은 청대 경학의 근원과 변천의 정리를 통해 당시 학풍의 병통을 비판한다.

> 우리 청조의 경학이 흥성한 예로, 이전에 고정림(고염무), 만충종(만사대), 호줄명(호위), 염잠구(염 약거)가 있었고, 근래에는 오 땅의 혜동, 휘주의 강영과 대진이 있다. 더욱 정밀하게 공부한 사람으로 는 정이주程瑤田가 흡주에서, 단약응(단옥재)가 금단에서, 왕회조(왕념손) 부자가 고우에서, 전죽정 숙질이 가정에서 명성을 날렸다. 스스로 '학'이라 부르고 저서를 지어 전수한 사람도 수십 명이나 된다. 이들은 모두 보완이나 수집만 하는 사람들과는 달랐다. 이 사람들을 모두 경학이라고 불러야지 속된 명칭인 이른바 고증이라는 이름으로 그 사이에 섞어놓을 수가 있겠는가?[19]

왕인지가 초순에게 서신을 보내 같은 생각을 피력한다. "혜동 선생은 옛 것을 부지런하게 탐구 하긴 했지만, 견식이 높지 않고 마음 씀도 자세하지 않은데도 지금 사람들과 다른 견해를 가진 자들이 그를 쫓으면서 대부분 옳고 그름을 논하지 않았습니다. 『주례』 분묘의 제도에 대해 말한 대목은 전도된 것이 심한데, 다른 사람들은 이런 오류가 없습니다. 서신으로 해주신 말씀은 한학 을 고집하며 옳은 것을 구하지 않는 자들로 하여금 어찌할 바를 모르게 하기에 충분합니다."[20]

혜동과 대진의 뒤를 이은 능정감과 초순, 왕인지는 당시의 대유학자였다. 한학에 뛰어난 재주

---

17) 凌廷堪, 『校禮堂文集』卷23, 「與胡敬仲書」. 讀『易』未終, 即謂王, 韓可廢. 論『詩』未竟, 即以毛, 鄭為宗. 『左氏』之句讀未分, 已言服虔勝杜預. 『尚書』之篇次未悉, 已云梅賾偽『古文』. 甚至挾許慎一編, 置九經 而不習. 憶『說文』數字, 改六籍而不疑. 不明千古學術之源流, 而但以譏彈宋儒為能事, 所謂天下不見學 術之異, 其弊將有不可勝言者.

18) 焦循, 「先府君事略」, 『焦氏遺書』附錄에 보인다. 近之學者, 無端而立一考據之名, 群起而趨之. 所據者 漢儒, 而漢儒中所據者, 又唯鄭康成, 許叔重. 執一害道, 莫此為甚.

19) 焦循, 『雕菰樓集』卷13, 「與孫淵如觀察論考據著作書」. 本朝經學盛興, 在前如顧亭林, 萬充宗, 胡朏明, 閻潛丘. 近世以來, 在吳有惠氏之學, 在徽有江氏之學, 戴氏之學. 精之又精, 則程易疇名於歙, 段若膺 名於金壇, 王懷祖父子名於高郵, 錢竹汀叔侄名於嘉定. 其自名一學, 著書授受者, 不下數十家, 均異乎 補苴掇拾者之所為. 是直當以經學名之, 烏得以不典之稱之所謂考據者, 混目其間乎!

20) 王引之, 「致焦里堂書」, 『焦氏遺書』卷首에 보인다. 惠定宇先生考古雖勤, 而識不高, 心不細, 見異於今 者則從之, 大都不論是非. 說『周禮』丘封之度, 顛倒甚矣, 他人無此謬也. 來書言之, 足使株守漢學而不 求是者爽然自失.

로 함께 일어나 자기 학파의 폐단을 비판했으니, 이는 학술변화의 새로운 시기가 이미 도래했다
는 것을 말해준다. 이렇게 학술기풍이 전환할 무렵 혜동의 재전再傳제자 강번은 홀로 한학을
굳게 지켰다. 이후 그를 축으로 한 한학과 상대방인 송학은 전례 없이 격렬한 한송漢宋 학술논쟁
으로 발전한다.

2. 강번江藩과 『국조한학사승기國朝漢學師承記』

강번의 자는 자병子屛이고 호는 정당鄭堂이며 만년의 호는 절보節甫이다. 강소성江蘇省 감천
[甘泉 : 지금의 양주揚州] 사람이다. 건륭 26년(1761)에 태어나서 도광 10년(1830)[21]에 죽는데 향년
70세였다. 강번은 어릴 때 부친을 따라 소주로 와서 사는데, 12세부터 설기봉薛起鳳과 왕진汪縉을
스승으로 모시고 배운다. 설기봉과 왕진은 모두 불학을 좋아하고 유불을 회통하여 각자 새로운
길을 개척한다. 강번의 부친 역시 여러 해 불학을 배웠지만, '유불일본儒佛一本'설[22]을 취하지
않았으니 설기봉이나 왕진과 그 주장이 달랐다. 이후 강번의 학문은 불학에 입문하지는 않았지만
죽을 때까지 부친의 가르침을 지켜서 불학을 배척하지도 않고 아부하지도 않았다. 15세 이후에는
이름난 유학자 여소객余蕭客과 강성江聲의 가르침을 받아 경전과 역사의 고증학으로 들어간다.
여소객과 강성은 모두 혜동의 제자다. 여소객의 자는 중림仲林이며 다른 자로는 고농古農이
있다. 저서 『고경해구침古經解鉤沉』은 남북에 그 명성이 자자했다. 여소객은 건륭 43년에 병으로
세상을 떠난다. 죽기 전에 『고경해구침』의 개정을 강번에게 간곡히 부탁한다. "『구침』은 본래
한漢과 진晉, 당唐 3대의 흩어진 경전주석을 모두 수록하여 만들려고 했던 책이다. 건륭 임오년
4월에 허손증虛損症[23]에 걸려 언제 죽을지 모르는 상황에서 급히 책을 완성하기 위해 원고를
모아 인쇄하려고 하였으나 지금까지도 송구스럽다. 나는 힘이 다했지만 네가 이 책을 완성할
수 있다면 또한 경학의 다행스런 일이다."[24] 여소객이 세상을 떠난 후, 강번이 제자백가를 한번

---

21) 강번의 졸년은 민이창閔爾昌의 『강자병선생연보江子屛先生年譜』가 나온 이후로 모두 도광 11년으로 되어 있다.
칠영상 교수의 『강번과 한학사승기연구江藩與漢學師承記研究』의 고증에 의하면 도광 10년으로 되는 것이 믿을
만하다.

22) 유교와 불교가 그 근원이 같다는 학설. 역자 주.

23) 병증명. 칠정七情, 피로勞倦, 음식飮食, 주색이나 병을 앓고 난 후 조리를 잘못하여 일어난 음양, 기혈, 장부가
허한 병증. 역자 주.

24) 江藩, 『國朝漢學師承記』卷2, 「余古農先生」. 『鉤沉』一書, 漢, 晉, 唐三代經注之亡者, 本欲盡采, 因乾隆
壬午四月得虛損症, 危若朝露, 急欲成書, 乃取舊稿錄成付梓, 至今歉然. 吾精力衰矣, 汝能足成之, 亦經
籍之幸也.

읽어보니 대해를 건너는 것처럼 아득하기만 했다. 뒤에 운 좋게 강성으로부터 7경經 3사史 및 허신의 『설문해자』에 대한 가르침을 받아 혜동이 전수해준 한대 유학자들의 역학을 연구할 수 있었다. 강성의 가르침을 받아 강번은 18세에 『이아정자爾雅正字』를 짓고, 뒤에 개정을 거쳐 『이아소전爾雅小箋』으로 이름을 바꾸니 그의 대표작 가운데 하나이다. 건륭 49년에 강번은 혜동의 못 다한 뜻을 이어받아 『주역술보周易述補』5권을 짓는데, 혜동의 책에서 빠진 부분을 하나하나 채워 넣고 이전 사람들의 사례나 저작을 정밀하고 넓게 증거로 삼아 스승의 학설을 보충하였다. 『이아소전』과 마찬가지로 강번의 대표작 가운데 하나이다.

청년시기에 강번은 양주의 고향으로 돌아와 조정의 관료인 주균朱筠과 왕창王昶의 중시를 받았으며, 왕중汪中, 이돈李惇, 완원阮元, 초순焦循 등 남북의 걸출한 인물들과 넓게 교유를 하여 경전과 역사에 대한 학문이 날로 발전한다. 건륭 50년 부친이 세상을 떠나자 가정형편이 좋지 않아 생계를 위해 막료로 떠돌아다닌다.

가경, 도광 연간에 스승과 학식이나 뛰어난 학자들이 대부분 세상을 떠나자 강번은 관직이 없는 일반 평민의 신분으로 한때 장고掌故의 으뜸이 되어 초순과 명성을 나란히 한다. 강번의 정당鄭堂과 초순의 이당里堂은 학술계에서 어깨를 나란히 하여 '이당二堂'이라는 명칭이 생겨난다. 강번이 만년에 지은 『국조한학사승기』는 그의 일생에 가장 중요한 저술이 된다.

『한학사승기』가 지어진 시기에 관해 자세하게 알 수는 없지만, 책 가운데 자신이 직접 기록한 부분이나 왕희손汪喜孫의 발문 등에 기록된 것에 의하면 책이 지어진 대략적인 시기를 알 수가 있다. 이 책의 권2 「여고농선생전余古農先生傳」에 전기의 주인공인 여소객이 『고경해구침』의 개정을 부탁하는 말을 인용한 후에 강번이 다음과 같이 말하는 대목이 있다. "선생님께서 세상을 떠나신 후에, 집안에 일이 많아 사방을 분주하게 다녔다. 길에서 비나 눈을 맞으며 배고픔과 추위로 견디느라 마음을 하나로 하여 책을 편집할 수가 없었다. 올해 내 나이 이미 오십으로 어느새 노경에 접어들었다. 생계의 어려움에 탄식하고 학문을 게을리 한 죄를 지어 스승의 가르침을 저버렸으니 슬퍼하지 않을 수 있겠는가?"[25] 저자의 나이 50세는 가경 15년 3월이다. 왕중汪中의 아들 왕희손은 『한학사승기』의 발문에서 다음과 같이 썼다. "우리 고향의 강선생님은 여러 서적을 널리 보아 글을 지은 사람의 뜻을 훤히 알았으며 견문은 날로 넓어져 해석과 근거가 엄격했다. 경학자들이 전수하는 뜻을 모으고 논하여 『한학사승기』로 엮어내셨다. 훗날 장서각에서 이 책을 취하여 적당한 사람에게 전하면 선생님의 공적은 후대에 길이 전해질 것이다. 혹 사마천의 『사기』나 반고의 『한서』처럼 별도로 「서전敍傳」편을 책 뒤에 두었으니 후대 유자들이

---

25) 江藩, 『國朝漢學師承記』卷2, 「余古農先生」. 藩自心喪之後, 遭家多故, 奔走四方, 雨雪載途, 饑寒切體, 不能專志一心, 從事編輯. 今年已五十, 忽忽老矣, 歎治生之難, 踏不習之罪, 有負師訓, 能不悲哉!

헤아려 의논하려는 생각을 없애는 데에 충분하다. 이것은 고염무나 전대흔 및 부친[汪中]과 더불어 세상을 밝힐 수 있는 책이다. 나는 선생님의 가르침을 받아 여러 해 동안 마음에 새기고 있다가 발문을 지으라는 명을 받았다. 끝내 사양하지 못하고 들었던 이야기를 있는 그대로 적긴 했지만 자신의 뜻을 잘 알았다고 여기실지 모르겠다.26)" 왕희손의 발문에 적힌 시간은 가경 17년 5월 7일로 되어 있다.27) 강영의 아들 강무균江茂鈞도 『국조경사경의목록國朝經師經義目錄』의 발문에서 다음과 같이 적었다. "부친께서는 『한학사승기』를 짓고 난 다음에 전기에 실린 인물들의 저술 중 경전과 꼭 관련이 없는 것도 있고, 경학과 관련은 있으나 순수하지 못한 것도 있다고 생각하여 경학만을 논한 내용을 취하되 한학과 관련된 것만 근본으로 삼으셨다. 그리고 당나라 육덕명의 『경전석문經典釋文』의 전주傳注에 있는 성씨姓氏의 예를 모방하여 『경사경의목록』 1권을 지어 책 뒤에 붙이셨다.28)" 발문 끝에는 가경 16년 10월로 적혀있다.29) 여기서 늦어도 가경 16년 10월부터 다음해 5월 사이에 『한학사승기』가 지어졌다는 것을 알 수 있다. 가경 23년 여름에 강번은 양광총독兩廣總督 완원阮元의 초빙을 받아 양성羊城에서 막료를 지낸다. 그 해의 마지막 날에 완원이 『한학사승기』의 서문을 지어 영남嶺南 지역에서 간행한다.

『한학사승기』는 기전체 역사서의 「유림전儒林傳」을 본보기로 삼아 청초 황종희黃宗羲, 고염무顧炎武, 염약거閻若璩, 호위胡渭로부터 가경 연간에 건강하게 살고 있는 완원阮元, 초순焦循, 유봉록劉逢祿까지의 청대 경사經師들을 모두 기록했다. 전체 8권으로 이루어져 있으며 대체적으로 전기 주인공의 선후 차례에 따라 책을 구성하고 염약거, 호위, 장이기張爾岐, 마숙馬驌을 책의 첫머리에 두어 청대의 한학이 청초의 유학자에게 근원을 두고 있다는 것을 보여주었다. 이어서 혜주척惠周惕, 혜사기惠士奇, 혜동惠棟 3대 및 여소객, 강성 등의 유학자를 배치하였으니, 각 인물들의 학맥의 근원을 설명하는데 그 뜻이 있다. 권3 이하로는 왕명성王鳴盛, 전대흔錢大昕, 왕창王昶, 주균朱筠, 강영江永, 대진戴震, 왕중汪中, 능정감凌廷堪 등의 건가시기의 경사經師들을 차례대로 기록하였다. 청대 경학의 근원과 변천은 각 학자들의 전기를 한데 모아 편집한 형식으로 그 흐름을 기술하지만, 청초 학술의 거장인 황종희나 고염무 및 수학자 진후요陳厚耀는 예외다. 진

---

26) 吾鄉江先生, 博覽群籍, 通知作者之意, 聞見日廣, 義據斯嚴, 匯論經生授受之旨, 輯為『漢學師承記』一書. 異時采之柱下, 傳之其人, 先生名山之業固當附此不朽. 或如司馬子長『史記』, 班孟堅『漢書』之例, 撰次「敍傳」一篇, 列於卷後, 亦足屛後儒擬議窺測之見, 尤可與顧寧人, 錢曉征及先君子後先輝映者也. 喜孫奉手受教, 服膺有年, 被命跋尾, 不獲固辭, 謹以所聞質諸坐右, 未識先生以為知言不也.

27) 汪喜孫, 「漢學師承記跋」, 『漢學師承記』 卷末에 보인다.

28) 家大人既為『漢學師承記』, 之後, 複以傳中所載諸家撰述, 有不盡關經傳者, 有雖關經術而不醇者, 乃取其專論經術而一本漢學之書, 仿唐陸元朗『經典釋文』傳注姓氏之例, 作『經師經義目錄』一卷, 附於記後.

29) 江茂鈞, 「國朝經師經義目錄跋」은 『目錄』의 卷末에 보인다.

후요는 강희 연간의 사람이나 권7에 배치되어 건가연간의 경들과 같이 편집되었다. 청대의 학술 기풍을 연 황종희나 고염무는 또 권8에 있어 전체 책의 뒷부분에 위치한다.

강번은 『한학사승기』를 지은 이유에 대해 앞부분의 자서自序에서 분명하게 말하고 있다. 서문에서 한나라 유학자들의 경학을 전수한 공적을 칭찬하지만 송명 유학자들에 대해서는 대체로 "경전을 어지럽히고 성인을 헐뜯었다[亂經非聖]"라고 비판한다. 강번은 다음과 같이 적고 있다. "송 초에 당나라의 폐단을 이어받아 그릇되고 간사하게 꾸민 말이 경전을 어지럽히고 성인을 헐뜯는 정도가 더욱 심하였다. 구양수의 『시본의詩本義』, 손복의 『춘추존왕발미春秋尊王發微』, 왕안석의 『삼경신의三經新義』가 이것이다. 염학濂學, 낙학洛學, 관학關學, 민학閩學30)은 예악의 근원은 탐구하지 않고 오직 본성과 천명의 뜻만 드러내니, 경전의 뜻을 해석한 저술들은 서가에 묻혀 술지게미처럼 쓸데없는 것으로 간주되었다. 예법을 따르는 것은 남음이 있지만 고증과 참고는 부족했다. 원나라와 명나라의 교체기에는 팔고문八股文으로 사대부를 뽑아 고학이 거의 끊어지게 되었다. 그리고 명나라 300년 동안은 천하의 인재들이 첩괄帖括31)로 힘들어하고 강장講章32)을 경학으로 삼으며, 유서類書를 박문博聞으로 여겼다. 밤은 아직 한창인데 하늘을 보니 아직 꿈에 빠져있으니 슬퍼구나!"33) 강번은 청나라 황제들의 성대한 문치의 업적을 하나하나 열거한 다음에 서문에서 또 다음과 같이 말한다. "내가 어려서 책을 읽는데 오군吳郡의 통유通儒 여소객과 동족同族인 강성江聲 두 선생으로부터 경전을 배울 때, 상수象數와 제도制度의 근원과 성음과 훈고의 학문을 밝게 알았다. 이때에야 비로소 경학이 동진과 서진의 청담淸談에 의해 한 번 무너지고, 남송과 북송의 도학에 의해 다시 무너졌다는 것을 알게 되었다. 원명이래로 이 도는 더욱 쇠락하였다. 우리 청나라에 이르러 혜씨 3대의 학문이 오 땅에서 무성하게 일어나고 강영과 대진 등이 흡주歙州에서 이어서 일어났다. 이로부터 한학은 번영하여 천년동안 뿌옇던 하늘이 하루아침에 밝아졌다. 한가한 때를 타서 우리 청조의 유학자 중 한학을 연구하는 사람들을 차례로 배열하여 『한학사승기』를 지어 청사의 편찬에 대비한다."34) 『한학사승기』의 편찬은 한학을 칭찬하

---

30) 염은 염계濂溪의 주돈이周敦頤, 낙양洛陽의 정호程顥와 정이程頤, 관중關中의 장재張載, 민중閩中의 주희朱熹를 말함. 역자 주.

31) 당나라의 제도로 명경과에서 첩경으로 시험을 보았다. 경문에 몇 글자를 붙여 응자자에게 답하게 한다. 뒤에는 시험 치는 사람들에게 첩경이 기억하기 어렵기 때문에 경문을 총괄하여 가결歌訣로 편집하여 응시할 때 외우기 좋게 하여 "첩괄"이라 부른다. 역자 주.

32) 과거문장을 배우거나 경연의 진강을 위해 편집한 오경과 사서의 강의. 역자 주.

33) 宋初, 承唐之弊, 而邪說詭言, 亂經非聖, 殆有甚焉. 如歐陽修之『詩』, 孫明複之『春秋』, 王安石之『新義』 是已. 至於濂, 洛, 關, 閩之學, 不究禮樂之源, 獨標性命之旨, 義疏諸書, 束置高閣, 視如糟粕, 棄等弁髦. 蓋率履則有餘, 考鏡則不足也. 元明之際, 以制義取士, 古學幾絶. 而有明三百年, 四方秀艾困於帖括, 以講章為經學, 以類書為博聞, 長夜悠悠, 視天夢夢, 可悲也夫!

며, 송학의 깃발을 뽑고 한학의 깃발을 꽂아『국사유림전國史儒林傳』의 편찬의 참고로 제공하기 위한 것임을 설명하고 있다. 이로부터 강번의『한학사승기』는 가경 14년과 15년에 진수기陳壽祺와 완원이 국사관에서「유림전」을 편찬한 노력과 상응하는 것임을 알 수 있다.

『한학사승기』를 이어 강번은 또 가경 16년에『국조경사경의목록』을 지어『한학사승기』 뒤에 붙인다.『목록』은『역』,『서』,『시』,『예』,『춘추』,『논어』,『이아』,『악』의 차례로 청대 경사經師들의 주요 저술을 한데 모아 편집했다. 저술의 기준이 엄격하여 오로지 한학을 그 기준으로 삼아 "경전의 뜻이나 소학과 관련이 없는 말과 한대 유학자들의 고훈에 순수하지 않은 뜻은 싣지 않았다."[35] 가령,『역』의 경우 황종희나 황종염黃宗炎 형제의『역학상수론易學象數論』과『도서변혹圖書辨惑』은 모두 "한학을 존숭하지 않았기[不宗漢學]" 때문에 목록에서 뺀다.『서』의 경우 호위의『홍범정론洪範正論』 또한 "한학의 오행재이설五行災異說을 비난[辟漢學五行災異之說]"했기 때문에 싣지 않는다.『시』의 경우 주학령朱鶴齡의『모시통의毛詩通義』와 진계원陳啓源의『모시계고편毛詩稽古編』, 고동고顧棟高의『모시유석毛詩類釋』 등이 "넓은 것을 좋아하지만 순수하지 않거나[好博而不純]", "괴이하면서 상리에 맞지 않거나[怪誕不經]", "근거 없는 말[多鑿空之言]"이 많아 마찬가지로 목록에서 제외시킨다. 송학을 연구한 사람의 경학 저작은 일률적으로 싣지 않았다. 옹정, 건륭 연간의 방포는『예』학의 연구로 유명한데도 강번은 "더더욱 언급할 가치도 없다[更不足道]"는 평으로 눈길 한번 주지 않는다.

두 책의 저술이 끝난 다음에, 강번은 다시『국조송학연원기國朝宋學淵源記』 2권을 지어 도광 2년에 간행한다.『연원기』의 편찬 체례는『사승기』와 같이 인물 전기를 모아서 편집한 것이다. 전체 책은 지역을 기준으로 분류하였는데 상권에서는 손기봉孫奇逢과 조포刁包 이하 송학을 연구한 북방사람들을 수록하였으며, 하권에서는 유작劉汋과 장리상張履祥 등을 전문적으로 기록하였다. 책의 맨 끝에서는 심국모沈國模와 사효함史孝咸 및 저자의 어릴 때 스승인 설기봉薛起鳳과 왕진汪縉 등을 부록으로 붙여 유교와 불교의 구분을 분명히 하려고 하였다.『한학사승기』가 한을 높이고 송을 폄하하려고 했던 것과 마찬가지로『송학연원기』는 "육경은 복건과 정현을 존숭하고 모든 행실은 정호, 정이 형제와 주희를 본보기로 한다[六經尊服鄭, 百行法程朱]"는 혜사기의 가르침을 근본으로 하지만, 자신이 속한 학파의 견해를 끝내 벗어나지 못한다.

강번의 학파에 얽매인 편견이 너무 견고하여『한학사승기』가 처음 나왔을 때 공자진龔自珍은 서신을 보내 '한학'이라는 제목이 가지는 여러 타당하지 못한 점을 일일이 열거하며『국조경학사

---

34) 江藩,『國朝漢學師承記』卷首,「序」.

35) 江茂鈞,「國朝經師經義目錄跋」은『目錄』맨 끝에 보인다. 言不關乎經義小學, 意不純乎漢儒古訓者, 固不著錄.

승기國朝經學師承記』로 제목을 바꿀 것을 주장한다. 한편 방동수方東樹는 정호, 정이 형제와 주희를 종주로 삼고 송학을 고수하며, 강번의 책과 한학을 통렬하게 비판하여 치열한 한송 학술 논쟁을 일으키게 된다.

3. 방동수方東樹와 『한학상태漢學商兌』

방동수의 자는 식지植之, 만년의 호는 의위노인儀衛老人이며 안휘安徽 동성桐城 사람이다. 건륭 37년(1772)에 태어나서 함풍咸豊 원년(1851)에 죽으니 향년 80세였다. 방동수는 어려서 가풍을 계승하고 그 지역의 기풍을 자연스럽게 받아들여 배움은 옛 문사로부터 시작했다. 22세에 같은 동네의 요내를 스승으로 모시고 매증량梅曾亮, 관동管同, 유개劉開와 함께 요문사걸姚門四傑로 일컬어졌다. 이후에 의리를 깊이 연구하고 심성의 학문을 추구하였는데 한결같이 주자를 근거로 삼았다. 스승의 가르침을 받들어 당시 한학 고증의 기풍을 매우 옳지 않다고 여겼다.

가경 24년 양광총독兩廣總督 완원이 『광동통지廣東通志』 만들려고 하자 방동수는 초빙에 응하여 양성羊城에서 막료가 된다. 당시에 강번 역시 『황청경해』의 편집을 도와주느라 완원의 막료로 있었으며, 『국조한학사승기』도 간행되기 시작한다. 『사승기』에서 한학을 높이고 송학을 폄하하자 방동수는 강렬한 불만을 가진다. 그는 논할 가치도 없다는 기존의 자세를 바꿔 통렬하게 힐난하고 도광 4년에 『한학상태』 3권을 짓는다. 원고가 완성되자 방동수는 완원의 지지를 구하려고 문고본으로 만들어 올린다. 「상완운대궁보서上阮芸臺宮保書」에서 방동수는 완원을 당대 현철인 한유로 비유하고 칭찬한다. "각하의 도는 백성들을 돕고 공적은 바다에 가득 찹니다. 나이가 아직 어렸을 때는 공부가 우수하여 관직에 나아갔으며, 고향으로 내려갔을 때는 관직생활이 잘되어 다시 배우셨습니다. 30년 동안 조정과 재야에서 모두 믿어주었으니 한유가 다시 살아나더라도 문장이 곤궁해질 것이니 또 어찌 후학인 제가 그 전체를 평할 수 있겠습니까?[36]" 이어서 또 완원을 한당漢唐 큰 경사經師인 마융, 정현, 공영달, 가공언과 같이 논하며 말했다. "각하께서는 일찍이 천하의 기대를 등에 업었으니 백대의 스승이 되어 마융, 정현과 어깨를 나란히 하고 공영달, 가공언에 필적하니 육경에 큰 공이 있어 아무런 손색이 없습니다.[37]" 이런 지나친 칭찬한 뒤에 비로소 『한학상태』의 '질의質疑'과 '청업請業'에 대한 생각을 말한다. "오늘날의 한학역시 지나칩니다. 제 생각으로는 지금 반드시 큰 유학자를 얻어 그 극단을 바로잡고 기울어진

---

36) 閣下道佐蒼生, 功橫海望, 歲路未強, 學優而仕, 歸墟不舍, 仕優復學. 三十年間, 中外鹹孚, 雖使退之複生, 且將窮於言句, 又豈晚進小生所能揚權其大全者哉!

37) 惟閣下早負天下之望, 宜為百世之師, 齊肩馬, 鄭, 抗席孔, 賈, 固已卓然有大功於六經而無愧色矣.

것을 부축해야 쇠미해지기 전에 지나친 운세를 만회하여 넘어져서 극처를 지나치지 않게 될 것이며, 후대 사람들로 하여금 그 공적을 살필 수 있게 할 수 있을 것입니다. 이로써 지금 세상에 구하여 천하를 떠받치고 잘못된 폐단을 쓸어버릴 수 있는 사람은 각하 외에 누구이겠습니까?"[38] 그러나 이런 말도 아무런 소용이 없었다. 완원은 본래 송대 유학자의 의리에는 별다른 생각이 없었다. 당시 한학의 맹주였기 때문에『한학상태』는『한학사승기』와 같이 완원의 도움을 받아 간행이 될 수 없었다.

도광 6년, 완원이 운귀云貴총독으로 옮겨갈 때 방동수 역시 각자 다른 길을 가게 되는데, 고향으로 돌아가 안휘 순무 등정정鄧廷楨에 의탁한다. 같은 해 4월에「한학상태서」가 완성된다. 서문에 방동수는 한학을 힘껏 배격한다. "근래에 한학고증을 하는 자들이 책을 지어 송유를 무시하고 주자를 공격하는 것을 근본으로 삼아 무엇보다 마음과 본성, 이치를 말하는 것을 금한다. 천하의 이름난 공경과 높은 재주와 큰 학자 수십 명이 돌아가며 기세를 일으키고 있다. … 이름은 경학을 연구한다고 하지만 실은 어지럽히는 일이며, 이름은 도를 보호한다고 하지만 실은 도에 거스르는 일이다."[39] 이후, 다시 개정을 거쳐 도광 11년에『한학상태』는 마침내 간행된다.

『한학상태』는 모두 3권이다. 상권은 한학가 학설의 연원을 탐구하고, 중권은 한학 중의 주요 학술주장을 변별, 분석하고, 하권은『국조경사경의목록』을 겨냥하여 한학의 폐단을 종합적으로 논한다. 전체 책은 주희의『잡학변雜學辨』의 체례를 모방하여 한학자의 말을 골라 따와서 하나하나 반박한다. 황종희, 고염무로부터 혜동, 대진, 전대흔, 강번에 이르는 한학자들은 한 사람도 빠짐없이 칼끝을 겨눈다. 남송의 대유 황진黃震도 무슨 이유에서인지 방동수에게 비난을 받는다. 일찍이 방동수가 추숭했던 완원도 어느새 이미 비난하고 규탄하는 대상이 되어 있었다. 방동수는 "고염무, 황종희 같은 사람들은 실학을 숭상하긴 했지만 한학의 깃발만을 표방하지 않았다. 한학의 깃발만을 표방한 것은 혜동으로부터 시작한다. 혜동은 한학의 깃발을 표방하긴 했지만 이치[理]를 말하는 것을 금하지는 않았다. 이치를 말하는 것을 금한 것은 대진으로부터 시작한다. 이런 종지가 계승되어 사악한 물결이 크게 떨치기 시작하면서 당송 유학자들의 확고부동한 안과 지극히 정밀한 논을 하나하나 뒤집어 문호를 펼치려고 하였다. 강번이『한학사승기』를 짓고 완원이『경해』를 편찬할 때, 여러 학자의 저술 가운데 소학과 무관하면서 한나라 유학자들의 고훈을 순수하게 사용하지 않는 내용은 대체로 싣지 않았다. … 송나라 유학자를 쓸어 없애고 주자에게

---

38) 方東樹,『儀衛軒文集』卷7,「上阮芸臺宮保書」. 今日之漢學, 亦稍過中矣. 私心以為, 於今之時, 必得一非常之大儒, 以正其極, 扶其傾, 庶乎有以挽太過之運於未敵之先, 使不致傾而過其極, 俾來者有以考其功焉. 以此求之當今之世, 能正八柱而掃糠秕者, 舍閣下其誰與歸!

39) 方東樹,『漢學商兌』卷首,「序例」. 近世有為漢學考證者, 著書以辟宋儒, 攻朱子為本, 首以言心, 言性, 言理為厲禁. 海內名卿巨公, 高才碩學, 數十家遞相祖述. … 名為治經, 實足亂經; 名為衛道, 實則畔道.

해를 끼쳐 잔잔한 물에 성난 파도를 일으키고 고요한 나무에 거센 바람을 떨치려고 하여 그만둘 수 있는데도 멈추지 않았다. 이 바람이 거세게 불자 인심의 학술에 해를 끼치려고 하였다."⁴⁰⁾ 완원은 다음과 같이 말했다. "주자가 중년에 리를 강론하고 만년에는 예를 강론할 때, 진실로 이치에서 본 바가 있으면 반드시 예로 드러내었다. 예를 들어, 은나라가 백색을 숭상하고 주나라가 적색을 숭상한 것은 예다. 주나라에 거하면서 백색을 숭상하는 사람을 예가 아니라는 관점에서 분석하면 사람들은 다투지 못한다. 하지만 이치가 아니라는 관점에서 분석하면 다툼이 없을 수 없다. 그러므로 이치는 반드시 예에 붙어서 행해지지만, 헛되이 이치만 말한다면 저것도 될 수 있고 이것도 될 수 있는 사설邪說이 일어나게 된다. 그러나 『삼례』의 주소는 배우는 사람이 어찌 읽지 않을 수 있겠는가?⁴¹⁾" 방동수는 완원을 한당 경학의 큰 경사들과 병칭하는 이전의 견해를 돌아보지 않고 오직 이 조목만 잡아 통렬하게 비판한다. "이 종지는 대체로 송학을 물리치고 한학을 일으키며 송대 유학자들의 이치를 궁구하는 학문을 깨부수고 『대학』의 가르침을 고증학으로 바꾸려고 한 것이다. 이것은 요당, 우순, 주공, 공자가 예로써 가르침을 드리우고 세상을 다스린 근본이 더 이상 아니며 정현과 가공언이 경전을 지키는 뜻도 결코 아니다.⁴²⁾" 심지어 완원의 학설을 왕양명의 『주자만년정론朱子晚年定論』과 동일하게 보고 "사악한 견해가 바름을 해치니 단서는 매우 미미하지만 흐름은 매우 크다."⁴³⁾라고 비판한다. 책의 끝부분에 방동수는 사제세謝濟世의 주자학 비판을 징계한 조서를 자신의 주장으로 삼아 공개적으로 드러낸다. "빛나는 황제의 가르침은 진실로 천하의 학자들이 따르고 궁구하여 감히 어기지 못 한 것이다."⁴⁴⁾ 청나라 조정의 권위를 빌려 한학을 제압하려고 하니 마음씨가 모질다고 할 수 있다.

『한학상태』가 도광 초엽에 세상에 나온 것은 우연이 아니다. 가경 도광 시기에 수많은 우환과 급속한 변화 가운데 한학도 전성기를 지나 시류에 따라 변한다. 『한학사승기』와 『황청경해』와

---

40) 方東樹, 『漢學商兌』卷上. 顧, 黃諸君雖崇尚實學, 尚未專標漢幟. 專標漢幟, 則自惠氏始. 惠氏雖標漢幟, 尚未厲禁言理. 厲禁言理, 則自戴氏始. 自是宗旨祖述, 邪波大肆, 遂擧唐宋諸儒已定不易之案, 至精不易之論, 必欲一一盡翻之, 以張其門戶. 江氏作『漢學師承記』, 阮氏集『經解』, 於諸家著述, 凡不關小學, 不純用漢儒古訓者, 槪不著錄. … 欲掃滅宋儒, 毒罪朱子, 鼓怒浪於平流, 振驚飆於靜樹, 可已而不已. 斯風一煽, 將害及人心學術.

41) 朱子中年講理, 晚年講禮, 誠有見於理必出於禮也. 如殷尚白, 周尚赤, 禮也. 使居周而有尚白者, 以非禮析之, 則人不能爭; 非理析之, 則不能無爭矣. 故理必附於禮以行, 空言理, 則可彼可此之邪說起矣. 然則『三禮』注疏, 學者何可不讀!

42) 此之宗旨, 蓋欲絀宋學, 與漢學, 破宋儒窮理之學, 變『大學』之教為考證之學. 非複唐, 虞, 周, 孔以禮垂教經世之本, 並非鄭, 賈抱守遺經之意.

43) 方東樹, 『漢學商兌』卷中之上. 邪說害正,其端甚微, 其流甚巨.

44) 方東樹, 『漢學商兌』卷下. 煌煌聖訓, 誠天下學者所當服膺恭繹, 罔敢違失者也.

마찬가지로『한학상태』역시 건가시기의 한학을 총괄하는 저작이다. 차이점은 전자가 긍정적인 칭찬이라면, 후자는 부정적인 비판이다. 한학자 가운데 어떤 사람은 고증과 훈고에 빠져서 세상 일을 멀리하였는데 이는 역사적 흐름에 필연적으로 도태될 수밖에 없었다.『한학상태』의 비판은 그 폐단을 정확하게 적중시켰기 때문에 이 책이 세상에 나오자 신속하게 공감을 일으킨다. 잠시 후 당감唐鑑의『국조학한소식國朝學案小識』의 편찬은『한학상태』에 대한 강렬한 반응이다.

4. 당감唐鑑의 일생과 학술 및 품행

당감의 자는 율생栗生, 호는 경해敬楷, 또는 경해鏡海이다. 호남 선화善化(지금의 장사長沙) 사람이다. 건륭 43년(1778)에 태어나서 함풍 11년(1861)에 죽으니 향년 84세였다. 세상을 떠난 후에 청 조정에서 확신確愼이라는 시호를 내린다.

당감은 대대로 관직을 배출한 가문 출신이다. 당감의 조부는 당환唐煥이며, 건륭 초에 거인擧人으로 산동山東 평도주平度州 지주知州까지 오른다. 부친은 당중면唐仲勉이며, 건륭 58년에 진사가 되어 관직이 지현知縣에서 섬서포정사陝西布政使까지 오른다. 가경 10년(1805)에 당감은 늠생廩生으로 돈을 써서 임상현臨湘縣의 현학훈도縣學訓導가 된다. 12년에 향시에 합격한다. 14년에 진사가 되어 한림원서길사翰林院庶吉士가 된다. 16년에 산관散館이 되어 한림원검토翰林院檢討를 제수 받고 국사관협수國史館協修를 맡는다. 23년에 절강 감찰도어사監察道御史로 옮겨가 호남 무릉지현武陵知縣 고랑기顧烺圻의 비리를 탄핵하여 당시에 장한 일로 이름을 알린다. 뒤에 회염淮鹽의 일처리가 합당하지 못하다는 상주문으로 인해 육부원외랑六部員外郎으로 개보된다. 도광 원년에 제성諸城의 유환劉鐶의 천거로 광서 평락부平樂府의 장관이 된다. 도광 4년(1824) 이후에, 부모의 상을 연거푸 당하여 움막을 짓고 상을 치른다. 뒤에 초빙으로 산동의 태안서원泰安書院에서 강의를 주재한다. 10여 년 동안에는 안휘휘녕지태광도安徽徽寧池太廣道, 강안량도江安糧道, 산서안찰사山西按察使, 귀주안찰사貴州按察使, 절강포정사浙江布政使, 강녕포정사江寧布政使를 차례로 지낸다. 가는 곳마다 나쁜 관습을 없애고 각종 제도를 모두 시행하여 당시에 청렴함으로 이름을 날린다. 도광 20년에는 황제의 명령으로 태상사경太常寺卿으로 자리를 옮김에 따라 경사로 가서 직책을 맡는다. 아편전쟁이 일어났을 때 기선琦善, 기영耆英 등을 탄핵하자 정직하다는 명성이 천하를 진동시킨다. 25년에 수레사고로 팔꿈치를 다치고, 그 다음해에 노병으로 사직을 청한다. 만년에는 강소의 존경서원尊經書院, 종산서원鍾山書院 및 강서의 백록동서원白鹿洞書院의 강의를 두루 주재한다. 뒤에 호남에서 병으로 세상을 떠난다.

당감은 어릴 때는 문학과 사학을 연구하고 중년에는 백성들의 일로 힘쓰다가 휴가를 청해 이학에 몰두했다. 주자를 지향점으로 삼고 진심으로 믿고 따랐다. 평생의 저술로는『주자학안朱子學案』80권,『국조학안소식國朝學案小識』15권,『기보수리비람畿輔水利備覽』8권,『독역반신록讀易反身錄』2권,『역유易牖』2권,『독역식讀易識』2권,『독례소사기讀禮小事記』2권,『사서습유四書拾遺』4권,『성신일과省身日課』14권 등이 있다. 시문과 잡저는 후인들이『당확신공집唐確愼公集』10권으로 편집, 간행한다.

호상湖湘지역은 이학의 고장이다. 북송 중엽에는 주돈이가 기풍을 열었고, 북송과 남송의 교체기에는 호안국胡安國, 호굉胡宏, 호인胡寅 부자가 형록衡麓에서 낙학을 전하여 호상학통이 확립된다. 남송시기에는 장식張栻, 주희朱熹가 악록서원岳麓書院에서 강의하여 호상의 이학은 크게 떨치게 된다. 원명시기를 거치며 이학은 호상지역에서 오랫동안 전해지다가 마침내 명청교체기에 걸출한 학술대사大師인 왕부지王夫之가 나온다. 건가 이후로 이곳은 또 지리환경적 제약으로 이학만 단독으로 대를 이어 전해진다. 당감은 가학을 계승하여 관직에 들어선 이후에 이학기풍을 경사로 가져간다. 그의 아들인 당이조唐爾藻가 지은 경해부군행술鏡海府君行述에 의하면, 그는 한림원에서 처음 관직을 맡았을 때 공무가 없을 때면 척인경戚人鏡, 하장령賀長齡 등과 이학을 절차탁마했다. 도광 20년 이후에 다시 경사에서 관직을 맡았을 때, 당감은 늘 왜인倭仁, 하계진何桂珍, 두서竇墭 등과 성리性理와 체용體用의 학설을 추구한다. 당감의 학문은 육구연과 왕양명을 매우 싫어하고 오로지 정호, 정이와 주자를 근거로 삼는다. 그는 또 다음과 같이 말한다. "성인의 학문은 격물, 치지, 성의, 정심과 수신, 제가, 치국, 평천하에 지나지 않는다. 이것을 떠나면 도를 거스르는 것이고 이것에 미치지 못하면 도와 멀어지는 것이다.[45]"라고 하였으며, 또 다음과 같이 말했다. "학문이 달라지는 이유와 도가 갈라지는 것에 어찌 다른 것이 있겠는가? 모두 격물, 치지, 성의, 정심을 모르기 때문이다. 실제적이지 않은 말을 익히는 사람은 밝고 신령스러운 것을 추구하다가 안이 가려지고, 온전하지 않은 것을 지키는 자는 어지러운 것을 쫓다가 바깥이 가려진다. 이 두 가지는 모두 지나친 것이다.[46]" 이로부터 출발하여 당감은 건가시기 고증학을 옳지 않다고 여기고, '남은 찌꺼기를 훌륭한 것으로 과장하는' 바깥에만 힘쓰는 학문이라고 비판했다. 당감은 이점에 대해 구체적으로 진술한다.

성인이 전장제도에 대해 말한 것으로 안회가 나라를 다스리는 방도에 대해 물었을 때 하나라의 역법을 쓰고 은나라의 수레를 사용하며, 주나라의 모자를 쓰고 순임금의 음악인 소악韶樂을 사용하라

---

45) 聖人之學, 格致誠正, 修齊治平而已. 離此者畔道, 不及此者遠於道也.

46) 夫學之所以異, 道之所以歧, 豈有他哉! 皆由不識格致誠正而已. 習空談者, 索之於昭昭靈靈而障於內; 守殘編者, 逐之於紛紛借借而蔽於外. 斯二者皆過也.

고 답하고, 정나라의 음악을 버리고 소인을 멀리하라고 답한 것보다 중요한 것이 없다. 이렇게 하면 하늘에 순하고 사람에 부응하여 오랫동안 다스려지고 편안하며 경제를 크게 하고 공업을 크게 이루어 천지사이에 운용하게 되니, 어찌 오직 천문을 추측하고 수레와 복장을 고증하며, 음률을 추구하겠는 가? 정사에 대해 말한 것으로는 애공이 정사에 대해 물었을 때, 천하에 공통된 도는 다섯 가지며 행하는 덕은 세 가지라고 답한 것과 천하국가를 다스리는 아홉 가지 원칙과 실행하는 한 가지 방법을 답한 것보다 중요한 것이 없다. 이렇게 하면 부모를 섬기고 하늘을 알며 선을 밝히고 자신을 성실하게 하여 참된 근본과 참된 학문으로 한없는 곳까지 포괄할 수가 있으니, 어찌 관록과 등급, 예절만 추구하겠는가?[47]

　　그래서 당감은 "대략적인 자취를 변별하고 논하는 자는 성인의 학문을 모른다. 이는 밖이 있기 때문이다.[48]"라고 말한다. 당감의 관점에서는 오직 주자의 가르침을 받들어 격물, 치지, 성의, 정심하여 안과 밖을 하나로 합쳐야만 성인의 도가 된다. 당감은 다음과 같이 말한다. "『중용』에 '자신을 완성시키는 것이 인仁이고, 사물을 완성시키는 것이 지智다. 이 두 가지는 본성으로부터 나온 덕이며 안과 밖을 합치시키는 도이므로 때에 맞게 시행해야 적당하다.'라고 했으니, 나라를 다스리고 천하를 평화롭게 하는 일이 어찌 바깥에 있겠는가? 안이 가려지지 않고 밖이 덮이지 않는 것은 오직 격물, 치지, 성의, 정심할 수 있는 자만 가능하다."[49] 이것을 근거로 삼아 도광 23년 초엽부터 당감은 200년 동안의 청대학술을 총괄한다. 정호, 정이, 주희를 종주로 삼고 도를 지키고 학문을 변별하여 도광 25년 여름에 『국조학안소식』을 완성한다. 원고가 완성되자 유신儒臣 중국번, 하계진 및 당감의 외조카인 황탁黃倬 등의 교정과 검토를 거쳐 같은 해 겨울에 경사에서 간행된다.

　　당감이 평생 지은 두 개의 학안체 저술은 『주자학안朱子學案』과 『국조학안소식』이 있다. 이중 『국조학안소식』이 먼저 간행되기 때문에 세상에 전해질 수 있었다. 그러나 『주자학안』은 편찬에 여러 해가 걸리고, 함풍 초엽에 당감이 황제의 명령으로 경사에 들어갔을 때도 이 일을 등극한지 얼마 안 되는 문종文宗에게 알렸다. "신이 주자의 전집을 읽고 별도로 사례를 만들었습니다. 격물치지, 성의정심, 수신제가, 치국평천하를 여덟 조목으로 나누어 주자의 문장을 각 조목에

---

47) 聖人之言典章也, 莫大於顏子之問為邦, 曰夏時, 殷輅, 周冕, 韶樂; 曰放鄭聲, 遠佞人. 是必有順天應人, 長治久安, 大經濟, 大功業, 以運用於兩間. 豈惟推天文, 考輿服, 講求樂律而已哉! 其言政事, 莫大於哀公之問政, 曰達道五, 行之者三; 曰九經, 行之者一. 是必有事親知天, 明善誠身, 真本原, 真學問, 以彌綸於無際. 豈惟考官祿, 別等差, 講明禮節而已哉!

48) 沾沾焉辨論於粗跡者, 不知聖人之學也, 外之故也.

49) 唐鑑, 『國朝學案小識』卷首, 「自序」. 『中庸』曰, 成己仁也, 成物知也. 性之德也, 合內外之道也, 故時措之宜也. 治國平天下之事, 豈在外哉! 不障於內, 不蔽於外, 惟格致誠正者能之.

배속시키려고 합니다. 그렇게 하면 배우는 사람들이 상세하게 분석하여 분명하게 이해하게 될 것입니다.[50]" 그러자 문종 역시 그 자리에서 "그대의 책이 나오면 반드시 짐이 열람할 수 있도록 하라."[51]고 흔쾌히 말한다. 그러나 책의 권질이 방대하여 간행되지 못한다. 당감이 세상을 떠난 후, 원고는 또 후인들에 의해 유실되어 「주자학안목록서朱子學案目錄序」만 금본 『당확신공집』 속에 남아있다.

5. 『국조학안소식國朝學案小識』의 요점

　『국조학안소식』은 5개의 학안으로 조성되어 있으니, 「전도학안傳道學案」, 「익도학안翼道學案」, 「수도학안守道學案」, 「경학학안經學學案」, 「심종학안心宗學案」이다. 전체 서적은 모두 15권이다. 권1과 권2는 「전도학안」이며 육롱기陸隴其와 장리상張履祥, 육세의陸世儀, 장백행張伯行 등 4명의 학문과 행실을 실었다. 권3, 권4, 권5는 「익도학안」이며 탕빈湯斌, 고염무顧炎武, 장이기張爾岐, 왕부지王夫之 등 19명의 학문과 행실을 실었다. 권6, 권7, 권8, 권9는 「수도학안」이며 우성룡于成龍, 위상추魏象樞, 이광지李光地 등 44명의 학문과 행실을 실었다. 권10, 권11은 「수도학안」의 「대방록待訪錄」이며 응휘겸應撝謙, 장정생張貞生, 조포刁包 등 68명의 학문과 행실을 실었다. 권12, 권13, 권14는 「경학학안」이며, 황종희黃宗羲, 주학령朱鶴齡, 매문정梅文鼎 등 104명의 학문과 행실을 실었다. 뒤에는 「대방록」을 부록하고 장혜언張惠言, 김방金榜, 왕명성王鳴盛 등 8명의 학문과 행실을 실었다. 마지막은 「심종학안」이며 장목張沐, 반용미潘用微, 조관부趙寬夫 3명의 학문과 행실을 실었다. 뒤에는 「대방록」을 부록하고 소정채邵廷彩, 위일오魏一鰲, 팽소승彭紹升 등 6명의 학문과 행실을 실었다. 전체 책은 200년간의 학자, 총 256명을 실었다. 마지막 학안은 권15라고 부르지는 않았지만, 실제로 독립해서 하나의 학안이 되기 때문에 책 전체는 마땅히 15권이 되어야 한다.

　『국조학안소식』은 왜 다섯 개의 학안으로 나누어지는가? 저자는 책의 서두에 「제요」편을 지어 이유를 설명한다. 「전도」학안의 서두에서 당감은 요지를 밝히고 있다.

　　'전傳'은 무엇 때문에 도를 얻었는가? 공자, 맹자, 정자, 주자 때문이다. 도는 어떻게 그 사람에게 전해질 수 있었는가? 공자, 맹자, 정자, 주자를 계승했기 때문이다. 공자, 맹자, 정자, 주자를 계승한

---

50) 臣讀朱子全集, 別爲義例, 擬分格致, 誠正, 修齊, 治平爲八大案, 而以朱子之文分隸之. 則學者縷析條分, 了然心目.

51) 唐爾藻, 「鏡海府君行述」, 『唐確愼公集』卷首에 보인다. 爾書出時, 必呈朕覽爲要.

것이 어떻게 해서 '전하다'라고 하게 되었는가? 공자, 맹자, 정자, 주자의 도가 어두워졌으나 이 사람들 때문에 밝아지고, 공자, 맹자, 정자, 주자의 도가 버려졌으나 이 사람들 때문에 행해질 수 있었기 때문이다. 공자, 맹자, 정자, 주자의 도는 어떻게 해서 밝아지고 행해지게 되었는가? 엄격하게 변별하니 다른 학설이 어지럽힐 수 없었고, 힘써 행하니 뜻을 같이하는 사람들이 그 참됨을 따랐기 때문이다. 갑자기 크게 밝아지고 행해질 수 있는 것은 아니었지만 후대의 학자들이 이로 말미암아 밝음으로 나아가고 행함으로 나아갈 수 있었으니 밝힌다[明]고 해도 괜찮고, 행한다[行]고 해도 괜찮고, 전한다 [傳]고 해도 괜찮다.52)

소위 '도를 전한다[傳道]'는 공자, 맹자, 이정, 주희를 계승하는 것을 말한다. 바꾸어 말하면 육구연, 왕양명의 학문은 이 도에 들지 않는다는 뜻이기도 한다. 이어서 당감은 보다 분명하게 말한다. "명나라는 정덕正德, 가정嘉靖연간 이후로 새롭게 건립할 것을 주장하는 자들은 마음대로 풍파를 일으키고 울타리를 찢어 법도를 넘어가 버렸다. 인륜은 무너지고 세상의 도리는 천박해져 그릇되고 간사한 말이 백성을 속이고 인의를 막았다. 왕조가 바뀌자 나이 많은 스승이나 평소 수양이 잘 되어있는 유자라고 하는 자들도 치우친 말, 음탕한 말, 그릇된 말, 회피하는 말로 인심을 어지럽히니 그 해로움이 어땠겠는가?53)" 그래서 당감은 다음과 같이 생각했다. "세상에 인심을 바로잡아 그릇된 말을 멈추게 하려는 사람은 맹자라고 해도 괜찮고, 주자라고 해도 괜찮 다. 도를 전하는 일은 이 사람들이 아니면 누구와 함께 하겠는가?"54)

「익도翼道」학안에서 당감은 다음과 같이 해석한다.

도를 전하는 사람이 적으면 도를 전하지 못 할까봐 걱정하지 않은 적이 없었고, 도를 돕는 자가 많으면 도에 도움이 될 것을 기뻐하지 않은 적이 없었다. 도를 돕는 것이 도를 전하는 것보다 중요한 것은 아니지만, 도우면 도는 외롭지 않다. 도가 외롭지 않으면 도를 어지럽히는 사람이 전승하는 것을 뺏을 수가 없다. 그 전승하는 것을 뺏을 수 없게 된 다음에 기강을 하나로 할 수 있고 법도를 밝힐 수 있다. 학술이 바르면 인심이 단정하게 되고 교화가 엄숙하면 풍속이 아름답게 되어, 인도가 천도나 지도와 나란히 서게 된다. 그렇다면 도의 전승은 전하는 사람이 전할 뿐 아니라 돕는 사람 역시 함께 전하는 것이다. 55)

---

52) 傳何由而得其道乎? 曰孔, 孟, 程, 朱. 道何由而傳得其人? 曰述孔, 孟, 程, 朱. 述孔, 孟, 程, 朱何由而遽謂之傳乎? 曰孔, 孟, 程, 朱之道晦, 而由斯人以明; 孔, 孟, 程, 朱之道廢, 而由斯人以行. 孔, 孟, 程, 朱之道何由而遽明, 遽行乎? 曰辨之嚴, 異說不能亂; 行之力, 同志服其真. 雖未必遽能大明與行, 而後之學者, 可由是而進於明, 進於行也. 則謂之明可, 謂之行可, 謂之傳可.

53) 明自正, 嘉以後, 講新建者大肆狂瀾, 決破藩籬, 逾越繩檢. 人倫以壞, 世道日漓, 邪說誣民, 充塞仁義. 逮及鼎革, 托為老師宿儒者, 尚欲以詖淫邪遁, 淆亂人心, 傷何如哉!

54) 世有欲正人心以熄邪說者, 即謂之孟子可也, 即謂之朱子可也. 道之傳也, 非斯人其誰與歸.

도를 돕는 사람들이 있기 때문에 도를 전하는 사람의 형세가 외롭지 않게 된다는 것을 말한다. 이 때문에 당감은 남송의 주희와 장식張栻, 여조겸呂祖謙을 예로 들어 "(도를 전하는데) 공자도 오래되고, 증자, 자사, 맹자도 오래되었으니 주자가 어찌 쉽게 얻었겠는가?56)"라고 말한다.

도가 천하에서 끊어지지 않는 이유는 도를 전하고 도를 돕는 유자들 외에 도를 지키며 변치 않는 유자들이 있기 때문이라고 당감은 생각했다. 그는 「수도守道」학안에서 다음과 같이 말한다.

> 시대의 폐단을 구제하는 것은 사람이고 시대의 폐단을 구제하는 소이所以는 도이다. 정직은 바르지 않은 것을 굴복시키며, 강건함은 강경强梗함을 다스리며, 장엄함은 아첨을 없앨 수 있으며, 성실함은 태만함을 꺾을 수 있으며, 화평은 횡포를 잠재울 수 있으며, 간단하고 쉬운 것은 복잡한 것을 정리할 수 있으며, 인을 안고 의를 머리에 이면 마음과 몸을 깨끗이 할 수 있으며, 걸음걸이가 법도에 맞으면 혈기를 부드럽게 할 수 있으며, 홀로 서서 두려움이 없으면 기풍과 법도를 진작시킬 수 있으니, 도를 지키는 것이 중요하지 않겠는가?57)

이 때문에 당감은 도를 지키는 유자들도 지극히 추앙하여 다음과 같이 마음을 표시한다. "내가 한 사람을 얻을 때마다 옷깃을 가다듬고 공경하며, 바르게 앉아 아득히 흠모하지 않은 적이 없었다. 그 사람은 이미 갔으나 그 기풍이나 여운은 오래될수록 참되니 천지사이에 밝게 빛난다."58)

이상 세 학안은 책 전체의 주요 줄기로 3분의 2 이상의 편폭을 차지한다. 서로 비교해 보면, 「경학」과 「심종心宗」 두 학안은 인물의 우열을 미리 정하거나 폄하에 뜻을 두고 있지만, 사실 중요하지 않고 돋보이게 하는 데 불과하다. 그래서 「경학」 학안에서 저자는 제목을 빌려 자신의 뜻을 드러내어 건가고증학을 통렬하게 비판한다.

> 한 글자나 한 구절을 얻느라 멀리까지 수집하고 두루 섭렵하여 혹 수십 수백 말, 혹 수천 수백 말로 넓게 뻗어가며 끝이 없었다. ⋯ 혹 문사의 뜻이 지금과 구별되고 도수度數가 옛날과 일치하는 것을 자신의 긍지로 삼아 아직 얻지 못했던 바를 얻었다고 여기면서, 평범한 사람이 성인의 도를

---

55) 傳道者少, 未嘗不為道憂, 翼道者眾, 又未嘗不為道喜. 非翼道之重於傳道也, 翼之則道不孤矣. 道不孤, 則亂道者不能奪其傳矣. 不能奪其傳, 而後統紀可一, 法度可明. 學術正而人心端, 教化肅而風俗美, 人道與天道, 地道並立矣. 然則道之傳也, 傳者傳之, 翼者亦相與傳之也.

56) 孔子尚矣, 曾子, 子思, 孟子尚矣, 朱子又豈易得耶?

57) 今夫救時者人也, 而所以救時者道也. 正直可以懾回邪, 剛健可以禦強梗, 莊嚴可以消柔佞, 端愨可以折侵侮, 和平可以息橫逆, 簡易可以綜繁頤, 抱仁戴義可以淑心身, 周規折矩可以柔血氣, 獨立不懼可以振風規, 百折不回可以定識力, 守顧不重乎哉!

58) 吾每得一人焉, 未嘗不正襟而起敬, 端坐而緬思也. 雖其人已往, 而其流風餘韻愈久而愈真, 炳炳焉在天壤間也.

전하여 경학을 보전하는 것은 싫어하였다. 이와 같으니 처신하는 것이 또한 너무 경박하다.[59]

이로부터 나아가 당감은 진秦나라 사람이 스승을 존중하는 도를 논하는 것을 비유로 삼아 한을 높이고 송을 폄하하는 학풍을 비판한다. "진나라 사람 중에 나이 많은 스승은 공경하면서 젊은 스승은 업신여기는 사람이 이었다. 어떤 사람이 그 이유를 물으니, '나이 많은 스승은 자색 옷을 입었고 젊은 스승은 갈색 옷을 입었기 때문이다.'고 했다. 어떤 사람이 말했다. '그렇다면 그의 스승을 공경하는 것이 아니라 자색을 공경하는 것이다.' 지금 한학의 경사는 높이면서 주자를 비난하는 것 역시 자색을 공경하는 것과 같으니 어찌 그와 따질 수 있겠는가?"[60]

당감은 육왕심학을 자신과 다른 학문으로 보고 「심종학안」에 위로 왕양명으로부터 아래로 손기봉에 이르기까지 모두 심학을 주장하고 주희와 다른 의견을 가져 똑같이 비난을 당한다. 담감은 다음과 같이 말한다. "천천의 모임에서 양명학을 하는 들은 스승의 학설을 세상에 알리는 데 각자 자신이 하고 싶은 일을 마음대로 하거나 사적인 일을 편히 했다. 이 사람도 하나의 종지를 내세우고 저 사람도 하나의 종지를 내세우니 말을 할수록 거짓되었고 마음대로 행동할수록 사리에 맞지 않았으며 명성이 높을수록 무례하였다. 끝없이 소진되고 이리저리 떠다니며 마음도 없어진다. 마음이 없어지고 세상의 가르침도 없어져 명나라도 마침내 망했던 것이다. 유정 손선생孫奇逢이란 사람이 있어 녹백순鹿伯順과 명나라에서 강학하였다. 청조에 들어와 나이 이미 칠십이니 자신을 숨기고 초췌한 모습으로 여생을 보내는 것이 마땅한데 소문산蘇門山으로 강석講席을 옮기고 여전히 옛 명성으로 천하 사람을 불러 모으니 이 또한 그만둘 수 없단 말인가?"[61]

6. 편찬 체례體例와 그 평가

『국조학안소식』은 『명유학안』과 『송원학안』의 뒤를 이어 청 중엽에 나온 학안체 저술이다. 이 역사서는 문호지견에 얽매여 『명유학안』과 『송원학안』에 대해서도 일부러 낮게 평가하여

---

59) 得其一字一句, 遠搜而旁獵之, 或數十百言, 或數千百言, 蔓衍而無所底止. … 乃或以辭意之別於今, 度數之合乎古, 遂至矜耀, 以為得所未得, 而反厭薄夫傳聖人之道以存經者. 是其所以自處, 亦太輕矣.

60) 秦人有敬其老師而慢其師者, 或問之, 曰老師衣紫, 師衣褐. 或曰然則非敬其老師也, 敬紫也. 今之尊漢經師而詆朱子者, 是亦敬紫之類也, 又烏足與校哉!

61) 唐鑑, 『國朝學案小識』卷首, 「提要」. 天泉一會, 為陽明之學者, 推闡師說, 各逞所欲, 各便所私. 此立一宗旨, 彼立一宗旨, 愈講愈誕, 愈肆愈狂, 愈名高而愈無禮. 淪漸流蕩, 無所底極, 而人心亡矣. 人心亡, 世教裂, 而明社亦遂墟矣. 有征君孫先生者, 與鹿伯順講學於明者也. 入國朝, 年已七十, 遁影韜形, 枯槁以終其身宜矣, 而乃移講席於蘇門山, 仍以其舊聞號召天下, 是亦不可以已乎!

"천고학술의 기강이 이로부터 어지러워졌고 후대 인심의 상해가 이로부터 더욱 깊어졌다"[62]고 비방하였다. 하지만 『명유학안』 이후로 확립된 학안체 역사서의 편찬격식은 뛰어넘을 수가 없다. 이 책 권수의 「제요」는 사실 『명유학안』 각 안의 총론에서 배태되어 예전의 관점을 변통하여 책 전체의 제일 첫머리에 두었다. 『송원학안』 권수의 「서록序錄」과 같다고 할 수 있다. 각 학안 안주案主의 학문과 품행에 대한 부분은 『명유학안』과 『송원학안』 안주의 간략한 전기와 학술자료를 합쳐 편집했으나, 학술자료의 소개를 중심 줄기로 하여 나누었다 합치니 모양은 달라도 실제는 같다. 다음은 「전도학안傳道學案」만 예로 들어 대략적으로 분석한다.

「전도학안傳道學案」의 권수卷首는 「제요」의 일부분으로써 그 내용은 앞에서 기술한 것과 같으므로 더 이상 부언하지 않는다. 「전도학」에는 모두 4 사람을 싣고 있으며, 권1은 육롱기陸隴其와 장리상張履祥이며 권2는 육세의陸世儀와 장백행張伯行이다. 『평호육선생平湖陸先生』전은 먼저 20여 글자로 전주傳主의 자와 호를 짧게 서술하고 이어서 전주의 학문주장을 많은 분량으로 인용했다. 그의 학술풍모를 반영하는 「평정사서대전자서評定四書大典自序」, 「태극론太極論」, 「학술변學術辨」 등을 상세하게 인용, 서술한 다음에 비로소 전주의 치적을 소개한다. 마지막에는 '문인門人'을 항목으로 삼아 왕전석王前席 등 네 사람의 성명을 집어넣어 학술의 계승을 보여준다. 「육롱기전陸隴其傳」과 마찬가지로 「동향장선생桐鄉張先生」전도 먼저 수 십 글자 정도의 양으로 자와 호 같은 내용을 기술한 다음, 전주의 학문 주장중 중요한 내용을 기술한다. 전주에 대한 저자의 추앙하는 마음 때문에 이 부분의 편폭은 육롱기전에 비해 거의 배가 된다. 그 다음이 장리상의 일생에 대해 대략적인 소개를 하고, 끝부분에 한 단락으로 장리상을 '주자 이후 한 사람[朱子後之一人]'으로 칭찬한다. 전의 끝부분에는 각각 '동학同學'과 '종유제자從遊諸子'의 항목을 만들어 안사봉顔士鳳 등 7인의 성명을 집어넣었다. 「태창육선생太倉陸先生」전도 마찬가지다. 전체 부분은 전주인 육선생의 저서 『사변록思辨錄』 전후집의 인용을 중심으로 하여 학안체 역사서의 기본특징을 비교적 돌출시켰다. 곧 안주의 학문주장에 관한 자료를 한데 모아 편집한 것을 주요줄기로 삼고 소전小傳과 논단論斷을 보충하였다. 전의 끝부분에는 앞에서와 마찬가지로 '동학'과 '종유제자'의 항목을 만들어 성성전盛聖傳 등 24인의 성명을 집어넣었다. 「의봉장선생儀封張先生」전도 앞의 세 전기와 마찬가지로 전주의 중요한 학문주장이 전체 분량의 4분의 3이상을 차지한다. 전의 끝부분에 다음과 같이 평론한다. "가서稼書(육롱기)와 양원楊園(장리상) 선생이 남쪽에서 정학正學을 창도한 이후로 천하 요강姚江으로 잘못 들어간 사람들은 추구할 바를 조금 알게 된다. 그러나 유독 황하와 낙수 사이의 사람들만 끝내 굴하지 않았으니 하봉夏峰

---

62) 唐鑑, 『國朝學案小識』卷12, 「經學學案·余姚黃先生」. 千古學術之統紀由是而亂, 後世人心之害陷由是而益深.

(손기봉)선생이 이곳의 학풍을 주재했기 때문이다. 선생은 이곳 노선생들의 말에 현혹되지 않고 탁월하게 지극한 바름으로 돌아가 두려운 마음으로 정주의 학문을 법으로 삼았으니 지금 낙학에 뜻을 둔 자들이 선생이 아니면 누구를 스승으로 모셔야겠는가?"63)

「전도학안」가운데 인물 전기에 인용된 자료는 보통 출처를 밝히지만 「경학학안」아래로는 저자가 드러내려는 바가 아니기 때문에 인용한 내용들의 출처를 밝히지 않았다. 저자는 여기에 대해 다음과 같이 말한다. "경학 세 권에는 『사고서목四庫書目』을 근거한 것이 있고, 선배들의 문집에서 취한 것이 있고 각자의 저서에 따라 차례를 논한 것이 있는데, 상호 참고하여 편집했으므로 출처를 바로 밝히지는 않았다."64) 당감은 2년이라는 짧은 시간에 200년간 백 명이 넘는 학자의 저술을 정리하고, 거기다가 문호의식에 깊이 빠져 자신의 의견을 고집하여 정주학파를 표창하는 데만 마음을 다했다. 그러므로 정밀하지 않고 누락되는 것이 역시 사리에 맞다. 그래서 『국조학안소식』이「수도守道」,「경학經學」,「심종心宗」세 학안에 다「대방록待訪錄」의 항목이 있는 것이다. 저자는 이 부분에 대해 다음과 같이 해석한다. "한때 그 저술을 수집하여 얻지 못해서 별집에서 논하는 것이 상세하기도 하고 소략하기도 하니 기록하여 후대 현자를 기다린다."65) 이렇게 보니「대방록」의 항목이 추가된 것이 편찬 체제에 있어 그다지 새로운 의도가 있는 것이 아니라 졸렬함을 가리기 위한 것일 뿐이다.

구체적인 편찬 차례에서 보자면, 『국조학안소식』의 의도는 도학을 세상에 알리는데 있지만, 「전도」,「익도翼道」,「수도守道」세 안을 나누는 근거가 어디에 있는지 그 이유를 충분히 설명하지 않고 있다. 역사적 실제나 학술적 조예도 묻지 않고, 단지 도를 지키는 용기에 근거하여 육롱기를 책의 맨 앞에 두었다. 이 점 역시 많은 토의가 필요한 부분이다. 관리로서 청렴하며 강직한 것이 육롱기의 고상한 풍모다. 하지만 육씨의 학문은 고집스럽고 편협하며 문호의 학설에 얽매였으니 넓고 크며 통달하면서 경세에 뜻을 둔 육세의에 비하면 그야말로 비교할 수 없을 정도다. 이 때문에 두 사람을 한데 놓고 편집한 것은 맞지 않다. 사실, 육롱기가 주자를 높이고 왕양명을 배척한 것은 그가 처음으로 주장한 것이 아니다. 장리상張履祥과 여유량呂留良이 그에 앞서 주희의 학설을 세상에 알렸다. 육롱기를 사숙한 오광유吳光酉가 편집한 『육가서선생연보정본陸稼書

---

63) 唐鑑, 『國朝學案小識』卷2, 「傳道學案·儀封張先生」. 自稼書, 楊園兩先生倡正學於南, 天下之誤入姚江者, 稍知所趨向. 而獨河洛間, 斷斷焉競而不爲之屈, 則以夏峰之主持故也. 先生能不惑溺於鄕先生, 而卓然歸於至正, 兢兢以程朱爲守法, 則今日之有志於洛學者, 非先生之師而誰師乎.

64) 唐鑑, 『國朝學案小識』卷12, 「經學學案題注」. 經學三卷, 有本『四庫書目』者, 有採取先輩文集者, 有就本人所著書論次者. 參互成篇, 未便揭明所出.

65) 唐鑑, 『國朝學案小識』卷12, 「經學學案題注」. 一時搜求未得其著述, 則於別集之所論及者, 隨詳隨略, 錄以待訪.

先生年譜定本』에 의하면 40세 전후까지 육롱기는 주희와 왕양명 학설 사이에서 배회했다. 뒤에 강희 11, 12년, 그의 나이 43, 44세 때 여유량과 알게 되면서 장리상과 여유량의 학술로부터 영향을 받아 비로소 주자학의 독실한 신봉자가 된다. 이 사이의 관계에 대해 육롱기 자신도 말을 꺼리지 않는다. 강희 22년 10월, 육롱기가 경사에서 여유량이 세상을 떠났다는 소식을 들었을 때 제문을 짓는다. 제문에 다음과 같이 말한다. "나는 불민하여 40세 이전에 정주의 서적을 반복해서 읽었으나 대략적인 것만 알았다. 이어서 여러 학자들의 어록을 살펴보았으나 쌀겨나 쭉정이가 어지러운 가운데 옥돌도 같이 있어 오히려 미혹됨이 생겨났다. 임자년과 계축년[강희11, 12년 : 인용자]에 비로소 선생의 가르침을 받아 내 뜻도 굳게 되어 더 이상 변하지 않게 되었다.[66]" 여유량의 학문주장이 육롱기의 학술에 영향이 크다는 것을 알 수 있다. 또 이 제문에서 육롱기는 또 양명학의 "울타리를 부수고 뿌리를 뽑는다[破其藩, 拔其根]"는 여유량의 주장을 지극히 추앙하며 다음과 같이 말한다. "선생의 학문은 이미 큰 뜻을 드러내었다. 잡초를 제거하고 구름과 안개를 쓸어버려 당시 학자들이 하늘의 해를 볼 수 있게 되어 평탄한 길을 다니는 것과 같았으니 그 공이 또한 매우 크다."[67] 아이러니한 것은 똑같이 왕양명을 배척하고 주희를 높인 학자로서 육롱기는 청 조정에 등용되었다고 해서 죽은 후에도 이학의 명신으로 공묘에 배향되는 영광을 얻지만, 여유량은 청 조정에 협조하지 않았다고 해서 세종世宗(옹정제)에게 "뛰어난 유자의 가르침을 모욕하고 사인의 마음을 훼손시켰으니 참으로 명교의 죄수 가운데 우두머리다"[68]라고 비난받고, 결국 세상을 떠난 지 41년 후에 문자옥文字獄으로 인해 육시형과 효수형에 처하게 된다는 점이다. 당감은 이런 사실을 당연히 잘 알고 있었다. 전제군주에 대한 공포심으로 『국조학안소식』에서 단 한 글자도 여유량에 대해 언급하지 않았다. 당감에게 이 점을 가혹하게 요구할 필요는 없다. 하지만 육롱기가 결코 청초의 큰 유학자가 아니며, 본래 장리상과 여유량으로부터 학문적 영향을 받았다는 점은 당감도 모르지는 않았을 것이다. 그래서 청 조정의 분위기에 영합하여 육롱기를 책의 처음에 둔 것은 잘못된 것임에는 분명하다.

청초 이학계理學界는 순치와 강희 초엽의 2~30년간 당시의 학술강단의 기풍을 주재한 사람은 양명학의 유학자들이었다. 이 유학자들은 손기봉을 대표로 하는 북학, 이옹을 대표로 하는 관학, 황종희를 대표로 하는 남학이었다. 『국조학안소식』은 이런 역사사실을 무시하여 청대에 처음으로 '심종心宗'을 주장했다고 해서 손기봉을 빼고, 또 억지로 육구연과 왕양명을 종주로 삼았던

---

66) 隴其不敏, 四十以前, 以嘗反復程朱之書, 粗知其梗概. 繼而縱觀諸家語錄, 糠粃雜陳, 瑊玞並列, 反生淆惑. 壬子, 癸醜(康熙十一, 十二年——引者), 始遇先生, 從容指示, 我志始堅, 不可復變.

67) 陸隴其, 『三魚堂文集』卷12, 「祭呂晩村先生文」. 先生之學, 已見大意. 辟除榛莽, 掃去云霧, 一時學者獲睹天日, 如遊坦途, 功亦巨矣.

68) 『清世宗實錄』卷81, "雍正七年五月乙丑"條. 狎侮聖儒之教, 敗壞士人之心, 真名教中之罪魁也.

이옹은 정주의 '도를 도운[翼道]' 행렬에 집어넣어 학파의 범위를 넓혔으며, 황종희에 대해서는 폄하하여 「경학학안經學學案」에 집어넣었다. 이처럼 역사서를 편집한 것은 문호의 편견에 얽매여 역사적 진상을 어지럽힌 것이니 그 오류는 명명백백하게 드러난다. 탕빈湯斌, 경개耿介, 위일오魏一鰲는 모두 손기봉의 제자로서 스승의 가르침을 평생 지켰는데『국조학안소식』에서는 이 세 사람을 세 학안에 각각 나누어 배치하였다. 탕빈은 「익도」의 제일 처음 정통의 자리에 놓고 경개는 그 다음으로 「수도」학안에 넣고 위일오는 정주의 대립적인 성격으로 보아 「심종학안」에 편집했다. 저자가 어디에 근거하여 이와 같이 나누었는지는 알 수가 없다. 사제지간인 안원顔元과 이공李塨을 모두 「경학학안」에 넣은 것도 타당하지 않은데, 제자인 이공은 앞에 두고 스승인 안원은 건가시기 경사經師의 뒤에 두었다. 왜 이처럼 순서를 전도시키고 어지럽혔는지 이해할 수 없다.

청대학술에서 경학이 그 중심이 되는데, 청초 유자들의 창도를 거쳐 건가시기에 마침내 번성해진다. 그 사이 이학은 면면히 이어져왔지만 쇠미해진 기세는 이전과 달라 학술체계로서 발전의 생기를 상실하고 만다. 이전의 학술을 종합하고 이학을 표창하는 것은 괜찮지만, 역사를 왜곡하고 경학을 폄하한 것은 안 된다.『국조학안소식』은 선입견에 치우쳐 우열을 비교하는 의도를 가지고 매번 자신의 주관적인 견해에 억지로 끼워 맞췄다. 고염무나 왕부지가 이정과 주희를 근거로 삼아 육구연과 왕양명을 배격하는 경향이 있긴 했지만, 두 사람의 정심한 경학 조예 및 박대한 학문체계는 이기심성론을 논의하는 것으로 제한할 수 있는 그런 것이 아니었다. 강번의 저서인『국조한학사승기』가 고염무를 한학의 진영陣營에 억지로 집어넣었다는 것은 본래 타당하지 않지만, 당감의『국조학안소식』은 이와 반대로 고염무와 왕부지를 이정과 주희의 '도를 돕는' 행렬에 집어넣었으니 마찬가지로 실제에 맞지 않는다. 당감의 학안 중 「경학학안」에 경학이라는 이름이 붙었으니 청초 이래 경학의 거장들을 마땅히 소개해야 하는데 이것은 말할 필요도 없다. 그러나 두 권의 「경학학안」에 빠진 인물들이 너무 많은 점은 특히 이해할 수가 없다. 건가 이래로 거장들이 배출되었다. 예를 들어 단옥재, 왕념손, 왕인지, 초순, 장존여, 유봉록 등이 청대 경학에 미친 영향이 거대하다는 사실은 모두 주지하는 바이다. 그러나 당감의 책은 한 글자도 기록하지 않고 두 눈을 뜨고도 보지 못했으니 어떻게 신뢰가 가겠는가?

『국조학안소식』을 종합해 보면,『명유학안』의 편찬 체제를 변통하려고 했지만 옛 체제를 완전히 벗어나지는 못했으니 학안체 역사서가 변형된 것이라 할 수 있다. 이런 변형은 학안체가 기전체 역사서의 유림전儒林傳으로 회귀하는 색채를 띠고 있으므로 역사편찬학에서 논하자면 결코 발전된 형태는 아니다. 그래서 청이 망한 이후에 서세창徐世昌이『청유학안淸儒學案』의 편찬을 주재했을 때『국조학안소식』의 변형된 체제를 인정하지 않고,『명유학안』과『송원학안』의 계승으로 중국고대 학안사에 대해 명실상부한 종합을 해주었다.

제19장
청나라 말 70년의 사상과 학술

도광 중기의 아편전쟁은 중국 사회에 미증유의 거대한 역사적 변화를 초래했다. 그것을 시작으로 청나라가 멸망할 때까지 70년간의 중국 학술계는 시대의 선두에 서서 중국 사회가 곤경으로부터 벗어날 수 있도록 꾸준히 노력했다. 지금부터 이 역사 시기의 사상과 학술에 대해 요령 있게 정리해볼 것인데 빠트린 것도 많고 실수도 많을 것이므로 아낌없는 가르침을 바란다.

1. 경세 사조의 굴기

건륭乾隆 중기 이후는 청 고종이 문치를 선양하고 군사상의 공적을 자랑하던 시기로서 관료 정치는 문란해지고 관리의 횡포가 심하여 백성은 반발하기 마련이어서 청나라 왕조는 이미 쇠퇴기에 접어들었다. 가경嘉慶 연간에 쇠퇴와 부진은 여기저기서 일어난 남북의 민중 봉기에 집중적으로 표현되었다. 그 가운데 특히 상검湘黔 묘족苗族의 봉기, 천초섬川楚陝 백련교白蓮敎 대봉기, 동남 연해의 무장 반청 봉기와 기보畿輔 천리교天理敎 봉기가 청나라 조정에 가한 타격이 가장 심각했다. 가경 25년(1820) 7월, 인종仁宗이 병으로 죽고 선종宣宗이 제위를 계승하여 다음해를 도광道光 원년으로 변경했다. 가경 연간이 청나라 조정의 쇠퇴가 빈번한 민란의 발발로 상징된다면 도광 전기 20년 왕조의 위기는 아편 수입, 백은白銀 유출에 두드러졌다. 전자는 내우內憂고 후자는 외환外患으로서 내외가 협공하고 번갈아 타격하여 청나라 왕조는 이미 서산에 지는 해와 같은 상황이었다. 전에 없이 심각한 경제, 정치와 사회의 위기를 근거로 강희康熙 중기 이후 오랫동안 침묵을 지키던 경세 사조가 다시 굴기했고 아편전쟁 전후로 고조되어 중국 근대 사상과 학술의 서막을 열었다.

(1) 공자진龔自珍의 경세 사상

공자진(1792-1841)은 또 다른 이름이 공조鞏祚고 자는 슬인瑟人, 호는 정암定盫이며 절강浙江 인화[仁和, 지금의 항주杭州] 출신이다. 가경 말에 거인擧人으로 내각중서內閣中書가 되었다. 도광 9년(1829)에 진사가 되었지만 문장 필법이 법도에 맞지 않아서 다시 중서中書原班로 돌아갔다. 나중에 종인부주사宗人府主事로 발탁되었고 예부禮部 주객사주사主客司主事 겸 사제사행주祠祭 司行走까지 지냈다. 도광 19년 관직 생활의 곤란과 위험 때문에 숙부가 예부상서禮部尙書 임명을 피했다는 핑계로 재빨리 남쪽으로 돌아왔다. 고향으로 돌아온 후에 강소江蘇 곤산昆山 서원문徐 元文이 이전에 살던 곳에 별장을 짓고 항주杭州 자양서원紫陽書院의 강좌 주재 초빙에 응하는 한편 강소 단양현丹陽縣 운양서원云陽書院도 맡았다. 도광 21년 8월, 단양에서 급병으로 죽었다.

자진은 절강의 명문 집안 출신으로 부친과 조부는 고관으로 문학과 사학에 조예가 깊었고 대대로 관직에 나아갔으며 외조부 단옥재段玉裁는 더구나 당시 유명한 문자학자였다. 그는 어려 서부터 부친의 관직을 따라 수도에 와서 지냈고 가학의 영향 때문에 처음 공부할 때 건가乾嘉 박학樸學의 영향을 받았다. 그러나 날로 극렬해지는 사회 위기 가운데 살았으므로 가정의 영향은 결국 사회 역량에 맞설 수 없었다. 가경 18년(1813) 4월, 자진은 수도에 와서 순천향시順天鄕試에 응시했다. 9월, 천리교天理敎 의병이 자금성을 공격하여 조야를 놀라게 했다. 이때에 이르러 태평 성세는 이미 역사의 자취가 되었고 일대 왕조의 쇠락이 완전히 드러났다. "해는 지려하고 처량한 바람이 휘몰아치네."[日之將夕, 悲風驟至] 국운이 점점 나빠지고 뜻을 펼 수 없는 상황은 결국 공자진이 "기풍을 새롭게 여는 것만으로 스승이 되도록 하지 않고"[但開風氣不爲師] 독자적인 학문으로 세상을 구하는 길을 가도록 했다.

가경 18년, 공자진은 저명한 「명량론明良論」 4편을 완성하고 "법을 새롭게 고치라[更法]"는 시대적 요구를 외쳤다. "폐해가 변하기를 기다리는가, 구제할 방법을 급히 생각하라. 훗날 조례의 파괴가 이보다 더 심할 것이다."[1] 자진은 한바탕 역사의 대동란이 닥쳐올 것을 예민하게 감지하 고 뒤를 이어 완성한 「존은尊隱」에서 다시 한 번 세상에 경종을 울렸다. "산 속의 사람이 큰 소리를 지르면 하늘과 땅은 종이나 북소리로 여기고 귀신과 인간은 파도로 여긴다."[2] 21년 전후, 자신은 또 「을병지제저의乙丙之際著議」 25편을 완성했다. 이 글에서 그는 한 폭의 "시들어가는 꽃과 참담하게 말라죽은 나무"[將萎之華, 慘於槁木] 같은 "쇠퇴한 세상[衰世]"의 풍경을 심각하게 묘사했다. "쇠퇴한 세상은 표면적으로 평화로운 세상, 명목상으로 평화로운 세상, 가무歌舞로

---

1) 龔自珍, 『龔自珍全集』第1輯, 「明良論四」. 待其蔽且變, 而急思所以救之, 恐異日之破壞條例, 將有甚焉者 也.

2) 龔自珍, 『龔自珍全集』第1輯, 「尊隱」. 山中之民, 有大音聲起, 天地爲之鐘鼓, 神人爲之波濤矣.

보아 평화로운 세상이다. … 왼쪽에 능력 있는 재상이 없고 오른쪽에 재능 있는 사관이 없으며 군대에 뛰어난 장수가 없고 학교에 훌륭한 학자가 없으며 농경지에 재능 있는 백성이 없고 상점에 재주 있는 장인이 없고 거리에 재주 있는 상인이 없다…. 그러한 세상에 훌륭한 학자와 재능 있는 백성이 나오면 재능이 없는 사람은 그들을 꾸짖고 속박하며 심지어 죽인다. 죽이는 데도 칼, 톱, 물과 불이 아니고 문채로도 죽이고 명목으로도 죽이며 말과 웃는 모습으로도 죽인다. … 오직 마음을 죽이는데 근심할 수 있는 마음, 분개할 수 있는 마음, 사려할 수 있는 마음, 행위를 일으킬 수 있는 마음, 염치를 알 수 있는 마음, 해악을 끼치지 않을 수 있는 마음을 죽여 버린다."[3] 이와 같이 시비가 전도되고 흑백이 뒤섞여 세상 사람이 모두 무관심하게 만드는 쇠퇴하는 세상에 대해 공자진은 가슴 아프게 여기며 놀라 소리쳤다. "일어나 세상을 보라, 어지러운 세상이 멀지 않다!"[4] 그래서 공자진은 현존 질서의 합리성에 대해 대담하게 질의했다. "조정에 지내면서도 예절에 주의를 기울이지 않는다면 파오에 누워 있는 것이 더 낫고, 수놓인 옷을 입고서도 좋은 말을 듣지 못한다면 오랑캐 옷을 입는 것이 더 나으며, 백성 위에서 거처하고 용모를 바르게 하면서도 존엄하지 않은 것을 걱정한다면 궁정을 폐쇄하는 것이 더 낫고, 깨끗하고 넓은 관사가 있는데도 큰 유학자를 초청하지 않다면 꼴이나 베는 것이 더 낫다."[5] 「명량론」에서 제창한 "법을 새롭게 고치라[更法]"는 말과 마찬가지로 「을병지제저의乙丙之際著議」에서도 공자진은 다시 "개혁改革"을 주장했다. "한 조상으로부터 내려온 법 모두 닳지 않을 수가 없고 천 사람의 의론 모두 썩지 않음이 없으니, 올 사람에게 주어서 개혁에 돕는 것보다 스스로 개혁하는 것이 더 낫다."[6]

(2) 위원魏源의 "경술을 통치술로 삼는다[以經術爲治術]"는 주장

도광 시대의 사상계에서 위원은 공자진과 함께 "절세기재絶世奇才"[7]로 이름을 나란히 했다.

---

3) 襄世者, 文類治世, 名類治世, 聲音笑貌類治世. … 左無才相, 右無才史, 閫無才將, 庠序無才士, 隴無才民, 廛無才工, 衢無才商 …. 當彼其世也, 而才士與才民出, 則百不才督之縛之, 以致於戮之. 戮之非刀非鋸非水火, 文亦戮之, 名亦戮之, 聲音笑貌亦戮之. … 徒戮其心, 戮其能憂心能憤心能思慮心能作為心能有廉恥心能無渣滓心.
4) 龔自珍, 『龔自珍全集』第1輯, 「乙丙之際著議第九」. 起視其世, 亂亦竟不遠矣!
5) 龔自珍, 『龔自珍全集』第1輯, 「乙丙之際著議第二十五」. 居廊廟而不講揖讓, 不如臥穹廬. 衣文繡而不聞德音, 不如服橐鞬. 居民上正顏色而患不尊嚴, 不如閉宮廷. 有清廬閑館而不進元儒, 不如辟牧蒭.
6) 龔自珍, 『龔自珍全集』第1輯, 「乙丙之際著議第七」. 一祖之法無不敝, 千夫之議無不靡, 與其贈來者以勁改革, 孰若自改革.
7) 李兆洛, 『養一齋文集』卷18, 「與鄧生守之」.

그들은 각자의 학문으로 세상을 구제하겠다고 주창하여 당시 경세 사조의 영수가 되었을 뿐 아니라 시대의 전후를 이어주면서 모두 청나라 말 학술의 기풍을 열었다.

위원(1794-1857)은 원래 이름이 원달遠達이고 자는 묵심黙深 또는 한사漢土였으며 호남湖南 소양邵陽 금담[金潭, 지금의 융회현隆回縣] 출신이다. 그는 일찍이 부친의 관직을 따라 수도에 와서 지냈고 잇달아 호승공胡承珙에게 한나라 유학자의 경학을 배웠고 유봉록劉逢祿에게 『춘추』공양학을 배웠으며 요학상姚學塽에게 송나라 유학자의 이학을 배웠다. 도광 2년(1822), 순천향시에 급제했고 박학다식으로 수도에 명성이 자자했으며 당시에 "명확하게 기억하지 못하면 묵심에게 묻고, 온전하게 기억하지 못하면 위원에게 묻는다"8)라는 말이 있었다. 이후 여러 차례 회시에 급제하지 못해서 지방독보번얼地方督輔藩臬의 초빙을 받아 사방으로 다니며 막객 생활을 했는데 강회염무江淮鹽務, 하공河工, 조운漕運 등 여러 큰 일에서 많은 일을 도왔다. 도광 25년 진사가 되었고 여러 관직을 거쳐 고우지주高郵知州까지 이르렀다. 함풍咸豐 초에 태평군太平軍이 양주揚州를 함락하자 "공첩을 늦게 보냈다[貽誤文報]"9)고 탄핵받아 관직을 떠났다. 만년에는 흥화興化에 거주하면서 불학佛學에 몰두했고 법명은 승관承貫이었다. 함풍 6년, 남쪽 서호西湖로 갔다. 이듬해 3월, 항주 사찰에서 병으로 세상을 떠났다.

위원의 학문은 왕양명 심학으로부터 시작했다. 북쪽 수도로 올라갔다가 강남에서 객지 생활을 하기도 하면서 당시 뛰어난 학자들과 폭넓게 교유하여 시야를 크게 넓혔으므로 건가 한학과 송학의 병폐점을 모두 잘 알았다. 동요하는 사회 현실 속에서 그는 결국 『춘추』공양학을 통해 공부 방향을 전환하여 "경세치용"의 노선으로 갔다. 한학과 송학 진영 사람과 달리 위원은 "경술을 통치술로 삼는다[以經術爲治術]"라고 주장하고 "경학에 통달하여 실제에 활용해야 함[通經致用]"을 제창했다.

> 『주역』으로 의문을 해결하고 『홍범洪範』으로 변화를 점치며 『춘추』로 일을 판단하고 예악복제로 교화를 일으키며 『주관周官』으로 태평한 세상을 만들고 『우공禹貢』으로 황하를 순행하며 삼백오편으로 간언하고 사신으로 나가 홀로 일을 처리할 수 있다면 경술을 통치술로 삼는다고 한다. 경학에 통달하여 실제에 활용하는 것을 비난한 적이 있었는가?10)

---

8) 姚永朴, 『舊聞隨筆』卷2, 「魏黙深先生」. 記不淸, 問黙深, 記不全, 問魏源.

9) 『淸文宗實錄』卷88, "咸豐三年三月己未"條.

10) 魏源, 『魏源集』上冊, 「黙觚上·學篇九」. 能以『周易』決疑, 以『洪範』占變, 以『春秋』斷事, 以禮樂服制興教化, 以『周官』致太平, 以『禹貢』行河, 以三百五篇當諫書, 以出使專對, 謂之以經術爲治術. 曾有以通經致用爲詬厲者乎?

경술과 통치술, 경학 통달과 실제 활용을 일체로 합하여 일치시킨 것과 마찬가지로 위원은 현실에 입각해 과거보다 현재를 중시하면서 과거와 현재, "삼대 이상의 마음[三代以上之心]"과 "삼대 이하의 정세[三代以下之情勢]"를 결합하기를 주장했고 나아가 "과거를 더 많이 변화시킬수록 백성을 더 편하게 한다"[變古愈盡, 便民愈甚]는 사회개혁론을 제시했다. 그는 이에 대해 다음과 같이 밝혔다.

> 과거를 더 많이 변화시킬수록 백성을 더 편하게 한다. … 천하의 일은 인정이 불편해 하는 것은 다시 변화시킬 수 있지만 인정이 모두 편하게 여기는 것은 변화를 되돌릴 수 없다. 강의 근원이 백 가지인데도 모두 바다로 흐르지만 강물을 돌이켜 산으로 돌아가게 할 수 있는가? 신이 모두 같지는 않지만 발을 편하게 하려하고 통치가 반드시 같지는 않지만 백성을 이롭게 하려한다. 그러므로 충忠, 질質, 문文을 달리 숭상하고 자子, 축丑, 인寅을 달리 세우며 오제五帝는 예를 이어받지 않았고 삼왕은 악을 이어 받지 않았으니 군현을 둔 세상에 봉건을 말하고 논밭 길을 낸 세상에서 정전을 말하며 태형과 장형을 시행하는 세상에서 육형을 말할 수 있겠는가![11]

현존하는 위원의 경학 저작 가운데 『시고미詩古微』와 『서고미書古微』는 스스로 체계를 세웠는데 그의 "경술을 통치술로 삼는다[以經術爲治術]"는 사상을 가장 잘 체현한 저술이다. 두 책이 억지가 있고 부회한 점이 있어서 후세 학자가 비판하기는 하지만 학문으로 경세를 한다는 정신은 도광, 함풍 시대의 큰 동요 가운데 귀중한 자산이라고 할 수 있다. 『시고미』와 『서고미』가 위원이 경술을 빌려 통치술을 이야기한 것이고 따라서 부득이하게 신성한 경학의 겉옷을 입었다고 한다면 그의 『황조경세문편皇朝經世文編』과 조금 이후에 나온 『성무기聖武記』, 『해국도지海國圖志』는 경세 사조의 기치가 선명한 외침이다. 『황조경세문편』이 나온 후로 동치同治, 광서光緖 연간에도 계속해서 속집이 나왔고 민국에 이르기까지 오래도록 영향력은 줄어들지 않았다.

(3) 경세 사조의 고조

가경, 도광 즈음에 굴기한 경세 사조는 관동管同의 『영명편永命篇』이 개혁을 제창한 것으로부터 포세신包世臣의 『설저說儲』에서 팔고八股를 폐기하고 언로를 열며 무용한 말을 제거하라는 구체적인 개제 방안의 논의를 거쳐 공자진의 사회비판사상이 형성되는 데까지 남북이 호응하여

---

11) 魏源, 『魏源集』上冊, 「黙觚下·治篇五」. 變古愈盡, 便民愈甚. … 天下事, 人情所不便者變可復, 人情所群便者變則不可復. 江河百源, 一趨於海, 反江河之水而復歸之山, 得乎? 履不必同, 期於適足, 治不必同, 期於利民. 是以忠質文異尙, 子丑寅異建, 五帝不襲禮, 三王不沿樂, 況郡縣之世而談封建, 阡陌之世而談井田, 笞杖之世而談肉刑哉!

약속이나 한 듯 의견이 일치한 것은 모두 당시 학술계가 날로 심화되는 사회 위기에 대해서 퇴폐를 구제하기 위해 지른 함성이었다. 서양 식민주의자의 악랄한 아편 무역과 갈수록 극렬해지는 군사 위협은 이 사조에 새로운 시대적 내용을 부여했다. 도광 20년을 전후해서 시국은 중심의 전환이 신속하게 이루어지도록 해서 퇴폐의 구제로부터 민족을 위기와 멸망으로부터 구제하는 것으로의 전향은 근대 반제애국 투쟁의 선구가 되었다.

여기에서 우선 표창해야 할 사람은 임칙서林則徐다. 임칙서(1785-1850)는 자가 원무元撫, 호는 소목少穆, 만년의 호는 사촌노인竢村老人이며 복건福建 후관侯官(지금의 복주시福州市) 출신이다. 가경 16년에 진사가 되어 한림원편수관翰林院編修官으로서 호광총독湖廣總督에 이르렀다. 도광 18년 말 흠차대신欽差大臣으로 광동廣東에 가서 아편을 조사하여 금지했고 곧 양광총독에 임명되었다. 20년 9월에 무고 당하여 면직될 때까지 2년 간 임칙서는 엄격하고 신속하게 아편을 금절했고 전쟁 준비를 강화했으며 침략에 항거했다. 동시에 통역을 조직하고 외국 출판물 번역에 종사하여 지피지기하고 외국의 침략에 맞섰다. 진승린陳勝磷 교수의 연구에 따르면 임칙서가 조직적으로 번역한 외국 출판물은 대략 다섯 종류다. 첫째가 『오문신문지澳門新聞紙』 6책과 그것을 근거로 발췌하여 편집하는 『오문월보澳門月報』 5집이다. 둘째는 『화사이언華事夷言』과 『대화아편무역죄과론對華鴉片貿易罪過論』의 발췌 번역문이다. 셋째는 1836년 런던에서 출판된 『세계지리대전世界地理大全』을 근거로 번역한 『사주지四洲志』다. 넷째는 바텔(Emerich de Vattel)의 『각국율례各國律例』[또는 『만국공법萬國公法』으로 번역]의 발췌 번역문이다. 다섯째는 대포조준법 등 무기제조 응용 서적의 번역이다.[12] 그 가운데 『사주지』 및 관련 중국과 서양의 문헌은 나중에 모두 위원에게 보내져 『해국도지』에 수록되었다.

아편전쟁 실패의 타격 특히 『남경조약南京條約』 등 일련의 불평등 조약과 같은 민족적 굴욕을 겪고서 위원은 솔선하여 침략에 항거할 대책을 모색했다. 도광 21년, 그는 강소 진강鎭江에서 임칙서를 만나 『사주지』 등의 자료를 받고 임씨의 부탁에 따라 『해국도지』를 편집했다. 이듬해 50권이 완성되자 바로 간행했다. 후속된 증보를 거쳐 함풍 2년(1852)에는 100권으로 중간했다. 이 책은 전체적으로 세계 각국의 역사, 지리, 경제, 정치 등 여러 분야의 상황을 소개했는데 첫머리에서 출간 의도를 밝혔다. "오랑캐로 오랑캐를 공격하기 위해서, 오랑캐로 오랑캐를 타격하기 위해서, 오랑캐의 장기를 배워 오랑캐를 제압하기 위해서 만들었다."[13] 이로부터 "오랑캐의 장기를 배워 오랑캐를 제압한다는 것"은 당시 진보 지식계가 공통으로 인식하는 바가 되었다.

서양 부국강병의 방법에 대한 소개와 동시에 위원은 또 청나라 전기 용병 경험의 종합에 착수

---

12) 陳勝磷, 『林則徐與鴉片戰爭論稿』, 中山大學出版社, 1985, 22쪽.

13) 魏源, 『海國圖志』卷首, 「自序」. 爲以夷攻夷而作, 爲以夷款夷而作, 爲師夷長技以制夷而作.

하여 『성무기』 14권을 지었다. 이 책은 도광 22년 가을 초에 완성되었고 여러 차례 증정增訂을 거쳐 24년에 중간되었고 26년에 재간되었다. 책 전체는 『해국도지』와 일체를 이루어 민족의 분발을 격려하여 당시 침략에 항거할 방법을 모색하는 중요한 저술이 되었다. 임칙서와 마찬가지로 아편전쟁을 전후하여 위원도 눈을 뜨고 세계를 보라는 것을 제창한 걸출한 선구다.

아편전쟁 후 청나라 조정의 타협과 양보는 투항하자는 의론이 한 동안 분분하게 만들었다. 임칙서와 위원의 눈을 뜨고 세계를 보라는 경세 주장은 따라서 여러 차례 조정 대신의 비난을 받았다. 그러나 이러한 역경 속에도 임칙서, 위원에 공감하는 사람이 적지 않았다. 그 가운데 특히 요영姚瑩, 서계여徐繼畬 두 사람의 영향력이 컸다.

요영(1785-1853)은 자가 석보石甫, 또 다른 자가 명숙明叔이고 호는 전화展和, 만년의 호는 행옹幸翁이며 안휘安徽 동성桐城 출신이다. 가경 13년에 진사가 되었다. 아편전쟁 기간에 대만병비도臺灣兵備道로서 그 지역의 군인과 백성을 이끌고 영국 침략군에 저항하고 공격했는데 용맹함이 탁월한 것으로 역사책에 이름을 남겼다. 『남경조약』이 체결된 후 결국 그 일 때문에 천장川藏으로 폄적 당했다. 영락하여 유랑하는 가운데 그는 직접 경험한 것에 근거해서 또 "서장 사람이 서양을 방문한 것[藏人訪西事]"으로 저명한 『강유기행康輶紀行』을 저술했다. 전체 16권이고 임칙서의 『사주지』와 위원의 『해국도지』를 이어 세계 각국의 역사지리에 대해 임칙서와 위원보다 더 자세하게 소개했다. 저자는 각국 상황에 대한 깊이 있는 이해를 통해 침략에 항거할 정확한 방법을 찾으라고 주장했다. "우물에 앉아 하늘을 본다면 사방 변경 지대를 괴물처럼 보고 우매하고 무지해서 회유에 손쓸 도리 없이 앉아서 침탈당하면서도 걱정할 줄 모르니 될 말인가? 구애되고 진부한 안목이 천하 국가를 그릇되게 하는 것이 심하다!"[14] 이 책에서는 대량의 반박할 수 없는 사실로 영국 침략자의 서장에 대한 야심을 드러내고 나아가 청나라 조정이 변방 수비를 강화할 것을 정중히 촉구했는데 특히 멀리 내다보는 식견이 탁월했다.

서계여(1795-1873)는 자가 건남健男, 호는 목전牧田 또 다른 호는 송감松龕이고 산서山西 오대五臺 출신이다. 도광 6년에 진사가 되었다. 16년부터 광서심주지부廣西潯州知府, 복건연건소도福建延建邵道, 정장용도汀漳龍道, 양광염운사兩廣鹽運使, 광동안찰사廣東按察使, 광서순무廣西巡撫의 관직을 거쳤다. 26년, 복건순무福建巡撫로 전근 가서 민절총독閩浙總督을 겸했다. 아편전쟁 후, 동남 연해가 대외교섭의 최전방이 되었고 서씨는 여러 해 동안 양광, 복건에서 공직해서 각국의 풍토와 인정을 잘 알고 있었다. 그 사이에 수도에 와서 황제를 만났는데 선종宣宗이 각국의 풍토와 형세에 대해 묻자 매우 자세하게 상주했고 그 후에 명령을 받고 채집하여 책을 완성했다.

---

14) 姚瑩, 『康輶紀行』卷12. 若坐井觀天, 視四裔如魑魅, 暗昧無知, 懷柔之術, 坐致其侵凌, 曾不知所憂慮, 可乎? 甚矣, 拘迂之見, 誤天下國家也!

도광 28년 『영환지략瀛寰志略』 10권을 완성하여 간행했다. 책 전체는 중국과 서양의 다양한 도서에 근거해서 편찬되었는데 언급된 80여 국의 풍토와 인정, 역사지리 연혁과 사회 변천 등은 특히 동남아 각국의 자료는 매우 자세했다. 이 책의 편찬이 엄밀하고 구도가 상세하여 위원이 편집한 『해국도지』와 어깨를 나란히 하기에 충분하여 아편전쟁 후 세계 각국의 상황을 소개하는 중요한 저술이 되었다. 따라서 중국 내에서 널리 퍼졌을 뿐 아니라 『해국도지』와 함께 일본에 전해져서 매우 큰 영향을 주었다.

2. "중체서용中體西用"으로부터 "삼민주의三民主義"에 이르기까지

함풍 연간에 태평천국 민란이 맹렬한 기세로 진행되었고 자본주의 열강이 일촉즉발의 형세를 취하고 있어서 청나라 조정은 안팎으로 곤경에 처했고 국가는 오랫동안 퇴세하여 부진했다. 이에 "오랑캐의 지혜를 배워 대포와 군함을 만들자"와 "중국의 학문은 본체로 하고 서양의 학문을 용用으로 한다"는 양무洋務 사조가 일어났다. 동치, 광서 연간에 이 사조는 시국의 일시적인 안정을 틈타 조야를 석권했다. 갑오 청일전쟁에서 청나라 조정의 참패는 양무운동의 파산을 선고했다. 30여 년의 "자강신정自强新政"은 일본 침략자의 포함砲艦에 의해 분쇄되었다. 제국주의 열강이 흉악한 몰골을 여지없이 드러냈고 중국에서 세력 범위를 나누고 각축했고 분할의 풍조가 갑자기 격화되어 중화 민족은 철저하게 무너질 엄중한 재난에 직면했다. 이에 1870년대부터 배태되기 시작한 초기 개량주의 사조는 강유위康有爲, 양계초梁啓超가 이끈 변법유신變法維新 운동의 고조로 마침내 강경한 변법유신 사조로 신속하게 발전했다. 청나라 말 최후 10여 년은 자산계급 민주혁명 사조가 세차게 물결치던 시기였다. 중산中山 선생의 "삼민주의"를 기치로 이 사조는 이전에 없던 강도로 부패한 군주전제 정치를 타격했고 따라서 신해혁명辛亥革命의 발발을 추동하여 최종적으로 청나라 왕조를 매장했다.

(1) "중국의 학문을 본체로 하고 서양의 학문을 용用으로 한다"는 문화관

"중국의 학문을 본체로 하고 서양의 학문을 용으로 한다"[中學爲體, 西學爲用]는 청나라 말 사상계의 중요한 문화관이다. 그것은 아편전쟁 전후에 임칙서, 위원이 창도한 "오랑캐의 장기를 배워 오랑캐를 제압한다."는 사상을 선구로 하고 증국번曾國藩, 이홍장李鴻章 등 청나라 조정 중신의 수긍과 선양을 거쳐 양무파洋務派 후진 장지동張之洞의 『권학편勸學篇』에 이르러 총괄되었는데 양무운동 가운데 형성되고 정형되어 청나라 말 논단에서 수십 년 동안 유행했다.

"중체서용" 문화관이 청나라 말 사상계에서 유행한 것은 우연이 아니라 심각한 사회적 배경과 문화적 배경을 지닌다. 문화 발전의 관점에서 보자면 이 문화관은 아편전쟁 후에 서양 문화의 강력한 도전에 직면한 조야 사대부와 지식계의 적극적인 반응으로 싹텄다. 주요 목적은 서양의 학문을 수용하는 데 있었고 그것을 중국을 위해 사용하자고 호소했다.

도광 중엽의 아편전쟁은 서양 자본주의 열강의 문화가 "군함이 튼튼하고 대포가 강력하다[船堅炮利]"는 것을 앞세워 중국 문화에 강력하게 도전한 것이다. 이 도전에 어떻게 대응할 것인가? 임칙서, 위원 등의 지식인은 현실을 직시하고 "오랑캐의 장기를 배워 오랑캐를 제압한다"고 주창했다. 서양 열강의 침략을 막아 내기 위해 그들의 군사적 장점을 배워야 한다는 말이었다. 당시에 조야에 만연했던 보수적 분위기 가운데 이 주장은 빠르게 전파되지는 못했다. 그러나 2차 아편전쟁에서 청나라 조정이 패배한 후 서양 열강의 "강한 해군력"에 겁을 먹은 혁흔奕訴, 증국번, 이홍장 등 내외 중신은 어쩔 수 없이 엄혹한 현실을 받아들일 수밖에 없었다. 함풍 10년(1860), 양강총독兩江總督 증국번은 "오랑캐의 지혜를 배워 대포와 군함을 만들자"[師夷智以造炮制船]고 주장했다. "지금은 오랑캐의 힘에 의지해서 태평천국을 토벌하고 조운을 원활하게 하여 한 동안의 우환을 덜 수 있다. 장래에는 오랑캐의 지혜를 배워 대포와 군함을 만들면 영원한 이익을 바랄 수 있다."[15] 증국번의 주장은 혁흔, 이홍장 등과 호응하여 조야에 다음과 같은 신호를 보냈다. 선택적으로 서양의 학문을 학습할 수 있다. 구체적으로 말하자면 열강의 "튼튼한 군함과 강력한 대포"를 만드는 기술을 학습할 수 있다.

청나라 조정 중신의 사상 전환은 진보 지식계의 촉진에 힘입은 바 크다. 이 측면에서 가장 먼저 소리를 외친 사람은 풍계분馮桂芬이었다. 풍계분(1809-1874)은 자가 임일林一, 호는 경정景亭 또 다른 호는 등위산인鄧尉山人이었고 강소江蘇 오현吳縣 출신이다. 도광 20년에 진사가 되었고 한림원편수翰林院編修, 우춘방우중윤右春坊右中允의 관직을 거쳤다. 나중에 병 때문에 고향에서 지내며 나오지 않고 강학하고 저술에 전념하여 엄연한 동남의 사회적 명망이 높은 인사가 되었다. 그의 학문에는 근본이 있는데 경사經史, 소학小學을 중점적으로 연구했고 천문, 역법, 수학에는 더 힘을 기울였다. 열강의 침략에 직면해서 그는 임칙서, 위원을 이어 당시 정치에 대해 많은 의론을 전개했고 또 중서 문화의 비교에 대해서는 더 깊이 들어갔다. 함풍 11년(1861), 그의 『교빈려항의校邠廬抗議』가 완성되었다. 전체 2권, 50편으로 구성되었다. 이 책에서 풍계분은 "서학을 채택하라[采西學]", "서양 기물을 제작하라[制洋器]"고 주장했고 중국이 "오랑캐보다 못한 것 네 가지[四不如夷]" 즉 "사람에게 버릴 재능이 없는 것이 오랑캐보다 못하고, 땅의 이로움을

---

15) 曾國藩, 『曾文正公全集・奏稿』卷12, 「覆陳洋人助剿及采米運津折」. 目前資夷力以助剿濟運, 得紓一時之憂. 將來師夷智以造炮製船, 尤可期永遠之利.

버리지 않는 것이 오랑캐보다 못하며, 임금과 백성이 차이가 없는 것이 오랑캐보다 못하고, 명실이 반드시 상부하는 것이 오랑캐보다 못하다"16)는 것을 과감하게 승인했다. 따라서 "삼대 성인의 법[三代聖人之法]"에 위배되지 않는다는 전제 하에서 서양 학문의 학습을 주장했다. 그는 심지어 다음과 같이 말했다. "법이 좋지 않으면 오래된 것이라도 배척하고 좋으면 오랑캐라도 본받겠다."17) 한 마디로 풍계분이 제시한 문화관은 "중국의 윤상명교를 원본으로 하고 여러 나라의 부국강병술을 수단으로 돕는다"18)라는 것이다.

풍계분의 『교빈려항의校邠廬抗議』는 "중체서용" 문화관에 기본 틀을 확립시켰다. 이후에 "중체서용"설을 밝힌 사람은 양무파건 양무파를 비판하는 초기 개량주의자나 변법으로 부강을 도모하자고 주창한 강유위, 양계초 등이건 관계없이 모두 총체적으로 그 울타리를 벗어날 수 없었다. 동치, 광서 연간의 사상계는 양계초가 말한 것처럼 "중체서용"설이 확실히 "나라 전체가 지극한 말로 여기는"[擧國以爲至言] 경향이 강했다. 바로 이러한 기초 위에서 광서 24년(1898) 3월, 장지동이 『권학편』을 출판하고 그것에 대해 전면적으로 서술하고 총괄했다.

장지동(1837-1909)은 자가 효달孝達, 호는 향도香濤, 만년의 호는 포빙抱冰, 시호는 문양文襄이고 직예直隸 남피南皮(지금의 하북) 출신이다. 동치 2년(1863)에 진사가 되었고, 한림원편수로부터 호북湖北·사천四川 학정學政, 산서순무山西巡撫, 양광兩廣·호광湖廣 총독 등 여러 관직을 거쳤고 만년에는 체인각대학사體仁閣大學士, 군기대신軍機大臣으로 있다가 병으로 세상을 떠났다. 봉강대리封疆大吏와 조정 중신으로서 장지동은 양무를 진흥시킨 여러 업적으로 청나라 말 시국에 중요한 영향을 미쳤다. 이것과 함께 조야에 이름난 유신으로서 그는 학업 수양이 심후했고 정치와 교육을 함께 했는데 이것도 청나라 말 학술에 심각한 영향을 미쳤다. 무엇 때문에 『권학편』을 지으려 했을까? 장지동은 이에 대해 다음과 같이 설명했다.

> 오늘날 세상의 변란이 어찌 춘추에만 없었던 것일까. 진한이래 원명에 이르기까지도 없었던 일이다. 그 재앙에 대해 말하자면 공공共工의 광기, 신유辛有의 통한으로도 비유하기가 부족하다. 조정에서 사무가 많아 식사 제대로 못 먹고, 삼가고 두려워하며 엄숙하게 지내면서, 막 현을 갈고 금슬을 조율하고 뛰어난 재지로 문무 대신을 뽑아 저축하며 학당을 세우고 특과를 개설하니 국내의 지사가 손목을 불끈 쥐고 발분한다. 이에 시대를 구제하려는 사람은 새로운 학문을 말하고 도에 해가 될 것을 염려하는 사람은 옛 학문을 지켜 일치된 결론을 내릴 수 없다. 옛 것은 목이 멘다고 먹기를

16) 馮桂芬, 『校邠廬抗議』下卷, 「制洋器議」. 人無棄材不如夷, 地無遺利不如夷, 君民不隔不如夷, 名實必符不如夷.

17) 馮桂芬, 『校邠廬抗議』下卷, 「收貧民議」. 法苟不善, 雖古先吾斥之, 法苟善, 雖蠻貊吾師之.

18) 馮桂芬, 『校邠廬抗議』下卷, 「采西學議」. 以中國之倫常名教爲原本, 輔以諸國富強之術.

그만두고 새로운 것은 갈림길에서 양을 잃는다. 옛 것은 융통할 줄 모르고 새로운 것은 근본을 모른다. 융통할 줄 모르면 적에 대응하여 변화할 줄 모르고 근본을 모르면 명교를 업신여기는 마음이 생긴다. 그렇게 되면 옛 것은 새로운 것을 더 비난하고 새로운 것은 옛 것을 더 싫어하며, 이러한 상황이 더 심해지면 허황하고 간악하며 명칭을 어지럽히고 고치려 드는 등의 주장이 뒤섞여 나와서 사람들의 마음을 동요시킨다. 배우는 사람은 흔들려서 마음속에 주재하는 바가 없으니 그릇된 주장이 천하에 횡행한다. 적이 이미 와 있는데도 그와 싸우지 않고 적이 오지 않았는데도 그와 편안히 지지 않는다. 나는 중국의 재앙이 사해 밖에 있는 것이 아니라 구주 안에 있을까 걱정한다.[19]

"중체서용"의 문화관을 어떻게 평가할까? 이 문제에 대해서 필자는 풍천유馮天瑜 교수의 의견에 찬성한다. 풍선생은 다음과 같이 생각했다. 양무운동이 일어났을 때 통치계급은 "절충"적 문화 선택을 제시했는데 진보적 의의가 있다. 그러나 유신변법이 배태되던 중요한 때에도 여전히 이 문화관을 견지하고 "중체"로 변법에 항거하려고 한 것은 취할 바가 못 된다. 무술변법이 실패하고 정치혁명이 이미 앞당겨졌는데도 여전히 "중체서용"을 고취하는 것은 혁명 여론에 대항하고 사상해방을 방해하며 사회 진보를 저지한 것이다.[20]

(2) 양계초의 변법 활동과 학술적 공헌

양계초(1873-1929)는 자가 탁여卓如, 또 다른 자는 임보任甫이고 호는 임공任公 또 다른 호는 음빙실주인飮冰室主人이다. 광동廣東 신회新會 출신이다. 그는 어릴 적부터 좋은 가정교육을 받아서 소년 급제했고 재기가 뛰어났다. 광서 16년(1890) 봄, 수도에 들어와 회시에 응시했지만 실망스럽게도 좌절했다. 남쪽으로 돌아가는 길에 상해를 거쳤는데 책방 거리에서 서계여의 『영환지략』을 구입하고 오대주 각국을 처음으로 알았고 시야가 넓어졌다. 초가을에 월粤 지방으로 돌아왔을 때 학해당學海堂의 뛰어난 학생 진천추陳千秋를 알게 되었다. 당시 강유위는 평민으로서 상서했다가 쫓겨나서 광동에 거주할 때였다. 천추는 강씨의 학술을 마음에 새기고 있었는데 계초도 마침내 이 해 8월에 천추를 통해 제자로서 만났다. 이 역사적 만남은 양계초 일생의 학술

---

19) 張之洞, 『張之洞全集』 卷270, 「勸學篇序」. 今日之世變, 豈特春秋所未有, 抑秦漢以至元明所未有也. 語其禍, 則共工之狂辛有之痛, 不足喻也. 廟堂旰食, 乾惕震厲, 方將改弦以調琴瑟, 異等以儲將相, 學堂建, 特科設, 海内志士發奮扼腕. 於是圖救時者言新學, 慮害道者守舊學, 莫衷於一. 舊者因噎而食廢, 新者歧多而羊亡. 舊者不知通, 新者不知本. 不知通, 則無應敵制變之術, 不知本, 則有非薄名教之心. 夫如是則舊者愈病新, 新者愈厭舊, 交相爲愈, 而恢詭傾危亂名改作之流遂雜出其說, 以蕩衆心. 學者搖搖, 中無所主, 邪說暴行, 橫流天下. 敵既至無與戰, 敵未至無與安. 吾恐中國之禍, 不在四海之外而在九州之内矣.

20) 馮天瑜, 『張之洞評傳』 第7章, 「舊學爲體新學爲用」.

과 사업의 이정표가 되었다. 이로부터 중국 근대 역사에 강유위와 양계초가 병칭되는 한 페이지가 열렸다.

광서 20년(1894) 6월, 중일 갑오 전쟁이 발발했다. 청나라 조정이 부패하고 무능해서 군대를 모조리 잃고 대패했다. 국가와 민족의 위난은 만목초당萬木草堂에서 공부하던 양계초를 형극의 정치 무대로 불러냈다. 이듬해 봄에 그는 북쪽 수도로 올라갔다. 3월, 청나라 조정이 일본과 주권을 상실하고 국위를 실추시킨 강화 조약을 체결했다는 소식이 전해졌고 계초는 스승 강유위와 용감하게 나서서 수도의 회시에 응시한 18성의 거인을 조직하고 연명하여 상서했는데 영토 할양과 배상에 반대하고 강화 거부, 천도, 변법을 힘써 주장했다. 그 후 몇 년 동안 계초는 남북으로 분주하게 다니며 변법과 구국 활동에 투신했다. 광서 24년(1898), 그 해에 발생한 백일 유신의 영수 가운데 하나로서 그는 자신의 청년 시대의 매우 비장한 한 페이지를 썼다.

이 해 정월에 양계초는 병 든 몸으로 북상하여 2월 수도에 도착했다. 서양 열강의 분할 풍조에 직면하여 그는 병든 몸을 돌보지 않고 위험을 무릅쓰고 분연히 각처로 다니며 소리쳤다. 4월 23일, 광서 황제가 반포한 국사 조직을 표지로 양계초와 강유위 등의 지사가 다년간 분투해온 변법유신이 한 동안 사실이 되었다. 8월 6일, 양계초는 담사동譚嗣同의 집에서 국사를 논의하다가 갑자기 궁정에서 정변이 발생해서 광서 황제가 연금되고 자희慈禧 태후가 수렴청정한다는 보고를 접했고 또 강유위 자택이 조사받고 몰수당했다는 소식도 들었다. 담사동이 죽음으로 나라에 보답하겠다고 결의하고 양계초에게 일본 대사관으로 몰래 가서 도움을 청할 것을 독촉했다. 나중에 다행히 일본 대리공사 하야시 곤스케의 비호로 천진을 거쳐 일본 기선을 타고 동쪽으로 건너갔다. 이때로부터 청나라가 망할 때까지 그는 계속 일본에서 객지 생활을 했다.

백일유신 후 약 10여 년 동안 정치 무대에서 계속 좌절을 겪은 것과는 반대로 양계초의 학문은 크게 증진되었다. 당시의 일본은 메이지 유신을 거친 이후 마음을 단단히 먹고 잘 다스릴 방도를 구하여 경제, 정치, 군사건 학술문화의 여러 분야건 막론하고 모두 일약 아시아 일류의 강국이 되었다. 양계초는 상대적으로 개방된 나라 속에서 서양의 철학과 사회정치학의 학설을 광범위하게 접했고 일본이 강성하게 된 경험을 깊이 있게 탐구했다. 이것은 그에게 정치적 주장의 이론적 근거를 제공했을 뿐 아니라 학술적 시야를 매우 크게 열어 주어서 강유위의 개제와 보교保敎에 대한 주장으로부터 벗어나서 서양 자산 계급의 진화론을 받아들이게 했다. 양계초는 "동서 여러 큰 학자의 책을 읽고 그 학설을 확충하는 데에 힘써서 중국에 수입해야 한다."[21)]는 학문의 종지를 정하고 "사상계의 진섭陳涉"[22)]을 자임하고 이 10여 년 동안 대량의 영향이 큰 정치 문장을

---

21) 讀東西諸碩學之書, 務衍其學說, 以輸入於中國.

22) 梁啓超, 『淸代學術槪論』, 65쪽.

써서 나라와 백성을 구할 진리를 서양에서 찾는 걸출한 선구자 가운데 하나가 되었다.

진화론의 독신자로서 광서 27년(1901)부터 그는 이 이론을 사학의 영역에 끌어들여 중국역사학의 건설에 힘을 기울였고 『중국통사中國通史』 편저를 희망했다. 이것을 위해서 그는 일련의 매우 가치 있는 사학 저작을 연속해서 발표했고 그 가운데 특히 광서 27년과 28년에 발간한 『중국사서론中國史敍論』, 『신사학新史學』의 영향이 가장 컸다.

중국사학사에서 양계초는 처음으로 "역사철학歷史哲學"의 개념을 도입했다. "역사 연구를 제대로 하려면 인간 사회의 진화 현상을 연구하고 그 공리와 공례의 소재를 구해야 하는데 이에 역사철학이라고 하는 것이 나왔다. 역사와 역사철학은 비록 다르지만 요컨대 철학의 이상이 없으면 좋은 역사가 될 수 없다는 것은 분명하다."[23] 더 중요한 것은 그가 이것을 근거로 중국 수천 년 역사 발전의 궤적을 어렴풋하게 언급하고 역사 발전 과정이 "일직선이 아니다"[非爲一直線]라는 사상을 제시했다는 것이다. "한 자 나아갔다가도 한 치 물러나기도 하고 크게 고조되다가도 조금 떨어지기도 하는데 그 형상이 나선과 같다. 이 이치를 밝힌다면 역사의 진상을 알 수 있다."[24] 양계초는 자신이 창도하고 힘써 실천한 "사계 혁명[史界革命]"으로써 최초로 서양 자산 계급의 사학 이론을 중국에 도입하여 의심할 여지없이 중국 자산 계급 사학 이론의 기초를 놓은 사람이 되었다.

광서 28년(1902), 양계초는 "사계 혁명"의 주장을 실천에 옮겨 논중국학술사상변천지대세[論中國學術思想變遷之大勢]라는 문장을 발표했다. 전문은 원래 16장으로 계획되었지만 안타깝게도 앞의 6장까지만 쓰고 중단했다. 나중에 그는 또 광서 30년에 8, 9장을 이어 쓰고 『근세학술近世學術』이라는 제목으로 간행했다. 양계초의 이 학술 논저는 장병린의 『구서』에서 많은 부분 참고했지만 그보다 한 단계 높은 유리한 상황에서 중국 고대 학술 발전의 역사에 대해서 조감도 식의 윤곽을 그렸다. 그는 중국 학술사상의 발전사를 따를 수 있는 공리와 공례가 있는 역사 발전 과정으로 보았을 뿐 아니라 역사 편찬학에 있어서도 이전부터 있었던 학안체 사적의 기초 위에서 비약하여 광활하고 견실한 연구 방법을 개척했다.

(3) 중산中山 선생의 "삼민주의三民主義"의 제출

손중산(1866-1925)은 중국 민주혁명의 위대한 선구자이고 중화민국의 위대한 창건자이다. 청

---

23) 善爲史者, 必研究人群進化之現象, 而求其公理公例之所在, 於是有所謂歷史哲學者出焉. 歷史與歷史哲學雖殊科, 要之苟無哲學之理想者, 必不能爲良史, 有斷然也.

24) 梁啓超, 『飮氷室合集』專集, 「新史學」. 或尺進而寸退, 或大漲而小落, 其象如一螺線. 明此理者, 可以知歷史之眞相矣.

나라 말 마지막 10여 년 동안 중산 선생의 민주혁명 사상은 날이 갈수록 성숙했고 "삼민주의" 학설의 제시를 표지로 민주혁명 사조의 고조를 강력하게 추진하여 신해혁명辛亥革命을 지도하는 사상이 되었다.

중일 갑오전쟁이 발발하자 중산 선생은 그 해 10월에 단향산檀香山에 도착했다. 그의 창도 아래 혁명조직흥중회革命組織興中會가 결성되었다. 흥중회의 「맹서盟書」, 「장정章程」은 모두 중산 선생이 기초했다. 「맹서」에서 중산 선생은 "만주족을 몰아내고 중화를 회복하며 합중合衆 정부를 창립한다"[25]는 것을 단체의 투쟁 목표로 규정했다. 그리고 중산 선생이 기초한 「단향산 흥중회장정檀香山興中會章程」은 명확하게 지적한다. "본 회의 설립은 오로지 중화를 진흥하고 국체를 유지하는 것을 목적으로 한다. 중화가 외국의 업신여김을 당한 것이 이미 오래 되었다. 모두 내외가 단절되고 상하의 실정이 통하지 않아서 국체가 낮게 평가되는데도 알지 못하고 백성이 억압받는데도 알릴 곳이 없다. 액운이 날로 심화되니 해로움이 어찌 이리도 심한가! 이에 특별히 중국과 외국에 있는 화인을 연락하고 이 회를 창립하여 백성의 뜻을 펼치고 국종國宗을 도울 것이다."[26]

이듬해 정월, 중산 선생은 또 홍콩에서 흥중회를 결성하고 아울러 광주에서 무장 봉기를 일으킬 준비에 착수했다. 이후 기밀이 지켜지지 않아서 중산 선생은 구미로 망명할 수밖에 없었다. 광서 22년(1896), 청나라 조정이 런던에서 중산 선생의 종적에 대한 정보를 얻고 주영 대사관을 통해 선생을 유인하여 체포했다. 다행히 영국인 친구의 도움으로 대사관에서 도주했다. 이때부터 중산 선생은 중국 혁명가로서 세상에 이름을 날렸다. 그의 혁명 사상은 해외 화교와 유학생을 통해서도 사방으로 전파되었다.

광서 30년(1904), 중산 선생의 저명한 논문 「중국문제적진해결中國問題的眞解決」이 미국에서 발표되었다. 이 글에서 중산 선생은 처음으로 중화민국 건립이라는 정치사상을 명확하게 제시했다. "중국은 현재 한 차례 위대한 민족운동의 전야에 처해 있는데 작디작은 불티만 있다면 정치적으로 들판을 태울 세력을 조성할 수 있다."[27] 중산 선생은 "새롭고 깨어 있으며 진보적인 정부를 건립하여 옛 정부를 대체할 것"[28] 즉 "과거의 … 군주정치 체제를 '중화민국'으로 바꿀 것"[29]

---

25) 孫中山, 「檀香山興中會盟書」, 『孫中山全集』卷1, 中華書局, 1981, 20쪽. 驅除韃虜, 恢復中國, 創立合衆 政府.

26) 孫中山, 「檀香山興中會章程」, 『孫中山全集』卷1, 19쪽. 本會之設, 專爲振興中華維持國體起見. 蓋我中 華受外國欺淩, 已非一日. 皆由內外隔絶, 上下之情罔通, 國體抑損而不知, 子民受制而無告. 苦厄日深, 爲害何極! 玆特聯絡中外華人, 創興是會, 以申民志而扶國宗.

27) 中國現今正處在一次偉大的民族運動的前夕, 只要星星之火就能在政治上造成燎原之勢.

28) 一個新的開明的進步的政府來代替舊政府.

을 호소했다. 중산 선생은 이에 대해 다음과 같이 지적했다. "이렇게 하면 중국은 자력갱생할 수 있을 뿐 아니라 기타 국가가 중국의 독립과 온전함을 지키는 번거로움을 제거할 수도 있다. 중국 인민 가운데에는 최고의 교양을 지닌 유능한 인물이 많이 있는데 그들은 새로운 정부를 조직할 임무를 충분히 담당할 수 있다."30) 중산 선생은 자신만만하게 전도를 바라보았고 명확하게 전 세계에 보여주었다. "일단 중국을 혁신하는 위대한 목표가 완성될 수 있다면 우리의 아름다운 국가에서 신기원의 서광이 출현할 수 있을 뿐 아니라 전체 인류도 더 빛나는 전경을 함께 누릴 수 있을 것이다. 보편적 평화가 중국의 새로운 탄생과 함께 도래하고 이전에는 꿈에서도 상상할 수 없었던 웅장한 곳이 문명 세계의 사회경제 활동을 향해 활짝 열릴 것이다."31)

중산 선생의 정치 이상을 실현하기 위해서 광서 31년(1905) 8월에 중산 선생이 이끄는 흥중회를 중심으로 기타 혁명 단체를 연합하여 중국동맹회가 일본 토쿄에서 결성되었다. 이때부터 중국 자산계급 민주혁명이 고조되었다. 1905년 10월, 중국동맹회中國同盟會 기관간행물 『민보民報』가 일본 도쿄에서 창간되었다.32) 중산 선생이 발간사를 썼는데, 이 글에서 선생은 처음으로 완전하게 그의 삼민주의 학설을 제시했다.

나는 유럽과 미국의 진화가 민족, 민권, 민생이라는 삼대 주의로 진행되었다고 생각한다. 로마가 멸망하고 민족주의가 일어났으며 유럽의 각국이 독립했다. 나라를 자신의 황제가 다스릴 때부터 전제가 위력적으로 행해졌고 아랫사람들이 고통을 감당하지 못하자 민권주의가 일어났다. 18세기 말에서 19세기 초에 걸쳐 전제를 뒤엎고 입헌 정치 체제가 생장했다. 세계의 개화, 인간 지혜의 성숙, 물질적 여유가 백 년이 천 년보다 급격했다. 경제 문제가 정치 문제의 뒤를 이어 민생주의가 활발하게 발동하여 20세기는 민생주의가 압도하는 시대가 될 수밖에 없다. 이 삼대 주의는 모두 백성에 근본을 두고 차례로 전개되어 구미 인종은 모두 단련되었다. 기타 작은 자아와 큰 집단 사이를 맴돌며 옛 주장이 된 것은 모두 이 세 가지의 충만함이 발휘되어 주변에까지 미친 것일 뿐이다.33)

---

29) 把過時的 … 君主政體改變爲'中華民國.

30) 這樣一來, 中國不但會自力更生, 而且也就能解除其他國家維護中國的獨立與完整的麻煩. 在中國人民中有許多極有教養的能幹人物, 他們能夠擔當起組織新政府的任務.

31) 孫中山, 「中國問題的眞解決」, 『孫中山全集』卷1, 254, 255쪽. 一旦我們革新中國的偉大目標得以完成, 不但在我們的美麗的國家將會出現新紀元的曙光, 整個人類也將得以共用更爲光明的前景. 普遍和平必將隨中國的新生接踵而至, 一個從來也夢想不到的宏偉場所, 將要向文明世界的社會經濟活動而敞開.

32) 민보의 창간 시기에 관해서는 고故 곽정이郭廷以 교수의 『近代中國史事日志』의 설을 따랐다.

33) 孫中山, 「民報發刊詞」, 『孫中山全集』卷1, 288쪽. 余維歐美之進化, 凡以三大主義, 曰民族, 曰民權, 曰民生. 羅馬之亡, 民族主義興, 而歐洲各國以獨立. 泊自帝其國, 威行專制, 在下者不堪其苦, 則民權主義起. 十八世紀之末, 十九世紀之初, 專制僕而立憲政體殖焉. 世界開化, 人智益蒸, 物質發舒, 百年銳於千載. 經濟問題繼政治問題之後, 則民生主義躍躍然動, 二十世紀不得不爲民生主義之擅場時代也. 是

1년 뒤,『민보』창간 1주년을 경축하기 위해 중산 선생은 일본에서 중요한 연설을 발표하고 그의 삼민주의 학설에 대해 전면적으로 밝혔다. "『민보』발간 이래 이미 1년이 지났는데 제가 생각해보니 이야기한 것이 삼대 주의였다. 첫째가 민족주의, 둘째는 민권주의, 셋째는 민생주의다."[34] 민족주의에 관해서 중산 선생은 다음과 같이 말했다. "민족주의는 다른 민족에 속한 사람을 배척해야 한다는 말이 아니다 … 내가 다른 사람의 말을 보고 들으니 민족 혁명은 만주 민족을 멸망시키는 것이라고 하는데 이 말은 크게 잘못되었다."[35] 민족주의는 한 마디로 중산 선생이 조금 뒤에 말한 "만주족을 몰아내고 중화를 회복하고"[36] "만주 전제정부를 전복하는"[37] 것이다. 민권주의에 관해서 중산 선생은 다음과 같이 말했다. "민권주의는 정치혁명의 근본이다. … 우리가 만주 정부를 넘어뜨렸는데 만주인을 내몬 것으로 말하자면 민족 혁명이고 군주 정치체제를 전복한 것으로 말하자면 정치 혁명이지만 그것을 나누어 두 가지로 보아서는 안 된다. 정치 혁명의 결과는 민주 입헌 정치체제를 건립하는 것이다. 현재 이와 같은 정치론으로 보면 한인을 군주로 삼아야 한다고 생각되는데 그것도 혁명이 아니라고 할 수는 없다."[38] 그러므로 한 마디로 하면 중산 선생이 말한 "민권주의"는 "민국을 건립하는 것"[39]이었다. 민생주의에 관해서 중산 선생은 다음과 같이 말했다. "우리가 민족 혁명, 정치 혁명을 실행할 때, 동시에 사회경제 조직을 개량하고 후래의 사회 혁명을 방지할 방법을 생각해야 하는데 이것이 정말로 최대의 책임이다."[40] 사회 문제에 대해서 사전에 방비해야 하는데 "내가 가장 신뢰하는 것은 지가를 정하는 법이고"[41] "토지권을 고르게 하는 것"[42]이라고 중산 선생은 생각했다.

三大主義皆基本於民, 遞嬗變易, 而歐美之人種脊治化焉. 其他旋維於小己大群之間而成爲故說者, 皆此三者之充滿發揮而旁及者耳.

34) 兄弟想『民報』發刊以來已經一年, 所講的是三大主義, 第一是民族主義, 第二是民權主義, 第三是民生主義.

35) 孫中山, 「在東京民報創刊周年慶祝大會上的演說」, 『孫中山全集』第1卷, 324, 325쪽. 民族主義, 並非是遇著不同族的人便要排斥他 …, 惟是兄弟曾聽見人說, 民族革命是要盡滅滿洲民族, 這話大錯.

36) 孫中山, 「中國同盟會革命方略」, 『孫中山全集』卷1, 296-297쪽. 驅除韃虜, 恢復中華.

37) 孫中山, 「臨時大總統誓詞」, 『孫中山全集』卷2, 中華書局, 1982, 1쪽. 傾覆滿洲專制政府.

38) 孫中山, 「在東京民報創刊周年慶祝大會上的演說」, 『孫中山全集』卷1, 369쪽. 至於民權主義, 就是政治革命的根本. … 我們推倒滿洲政府, 從驅逐滿人那一面說是民族革命, 從顛覆君主政體那一面說是政治革命, 並不是把來分作兩次去做. 講到那政治革命的結果, 是建立民主立憲政體. 照現在這樣的政治論起來, 就算漢人爲君主, 也不能不革命.

39) 孫中山, 「中國同盟會革命方略」, 『孫中山全集』卷1, 297쪽. 建立民國.

40) 孫中山, 「在東京民報創刊周年慶祝大會上的演說」, 『孫中山全集』卷1, 326쪽. 我們實行民族革命政治革命的時候, 須同時想法子改良社會經濟組織, 防止後來的社會革命, 這眞是最大的責任.

41) 孫中山, 「在東京民報創刊周年慶祝大會上的演說」, 『孫中山全集』卷1, 329쪽. 兄弟所最信的是定地價的法.

42) 孫中山, 「中國同盟會革命方略」, 『孫中山全集』卷1, 297쪽. 平均地權.

중산 선생의 결론은 다음과 같다. "요컨대 우리 혁명의 목적은 모든 사람의 행복을 도모하는 것이다. 소수 만주인이 이익을 독점하는 것을 바라지 않으므로 민족 혁명을 해야 하고 군주 한 사람이 이익을 독점하는 것을 원하지 않으므로 정치 혁명을 해야 하며 소수의 부자가 이익을 독점하는 것을 바라지 않으므로 사회 혁명을 해야 한다. 이 세 가지 가운데 하나라도 하지 않는 것은 우리의 본의가 아니다. 이 세 가지 목적을 달성한 이후에야 우리 중국은 완전한 국가가 될 것이다."[43] 중산 선생의 삼민주의 학설은 동맹회의 혁명 활동에 사상적 지침을 제공했고 따라서 사상적으로 강유위, 양계초를 대표로 하는 자산계급 개량주의가 승리를 거두었고 청나라 왕조의 통치를 전복한 신해혁명에 사상적 기초를 놓았다.

3. 한송漢宋 학술을 회통하여 새로운 학문을 구하다

청나라 말 70년간의 학술은 하나의 사조가 유행한 것으로는 가장 오래 지속되었다는 것도 가장 주의를 기울일 만 한 것인데, 이는 한나라와 송나라를 회통하여 진부한 것은 밀어내고 새로운 것을 산출했다. 민국 초기의 저명한 학자 왕국유王國維 선생이 청나라 학술에 대해 논할 때 매우 유명한 말을 남겼다. "청나라 초의 학술은 웅대하고 건가의 학술은 정밀하며 도광 함풍 이래의 학문은 새롭다."[44] 왕선생이 말한 "새로움"은 당시 바야흐로 힘차게 발전하고 있던 서학을 가리킬 뿐 아니라 동시에 중국 전통학술이 한나라와 송나라를 회통하는 가운데 보인 자기 경신도 포함한다.

(1) 증국번曾國藩과 청나라 말의 이학

청나라 말 이학은 마르고 협애해서 송명 시대와 나란히 놓고 이야기할 수는 없다. 오직 증국번은 공적과 학업이 모두 두드러져 중흥의 기세를 보였다고 할 수 있다. 증국번(1811-1872)은 원래 이름이 子城, 자가 백함伯涵, 호는 척생滌生이고 호남湖南 상향湘鄉 출신이다. 도광道光 18년 (1838)에 진사가 되었고 한림원검토翰林院檢討로서 여러 관직을 거쳐 대학사大學士 겸 직예直隸

43) 孫中山, 「在東京民報創刊周年慶祝大會上的演說」, 『孫中山全集』卷1, 329쪽. 總之, 我們革命的目的是 爲衆生謀幸福, 因不願少數滿洲人專利, 故要民族革命, 不願君主一人專利, 故要政治革命, 不願少數 富人專利, 故要社會革命. 這三樣有一樣做不到, 也不是我們的本意. 達了這三樣目的之後, 我們中國 當成爲至完美的國家.

44) 王國維, 『王靜安先生遺書』卷23, 「沈乙庵先生七十壽序」. 國初之學大, 乾嘉之學精, 而道咸以來之學新.

·양강兩江 총독에까지 이르렀다. 그의 일생은 공적이 두드러져 양무파의 중요한 영수였을 뿐 아니라 학문으로도 저명해서 실제로 청나라 말 학술계에서 선인들의 뒤를 이어받아 계속 발전시킨 중요한 인물이었다.

증국번의 학술은 동성桐城의 요내姚鼐의 유지를 이어받았고 또 고향 선배 당감唐鑒의 훈도를 받기도 했다. 당감(1778-1861)은 자가 율생栗生, 호는 경해敬楷 또 다른 호는 경해鏡海이고 호남湖南 선화善化(지금의 장사長沙) 출신이다. 가경 14년(1809)에 진사가 되었고 한림원검토로서 관직이 태상시경太常寺卿까지 이르렀으며 나중에 노병으로 고향으로 돌아갔다. 그는 문사를 연구하여 본받았고 이학에 몰두하여 호상湖湘 학통의 진전을 상당히 얻었다. 아들 이조爾藻가 지은 『경해부군행술鏡海府君行述』의 기록에 따르면 한림에 처음 임직했을 때 공사 이외의 여가에 당감은 척인경戚人鏡, 하장령賀長齡 등과 이학理學을 연구했다. 도광 20년(1840) 이후 다시 수도에서 공직할 때 그는 또 때때로 왜인倭仁, 하계진何桂珍, 두서竇垿 등과 성리체용의 학문을 연구했다. 당씨의 학술적 견해는 육구연, 왕수인을 매우 싫어하고 한결같이 이정, 주자에 귀의했다. 건가 고증학에 대해서도 그는 매우 마뜩잖게 여겼다. 그에게는 오직 주자의 가르침에 근거해서 격물치지, 성의정심하고 내외를 합일해야 비로소 성인의 도가 될 수 있었다. 이 기준에 따라 도광 23년 초부터 시작해서 당감은 이전 200년 동안의 청나라 학술을 종합하고 정주程朱를 종주로 받들고 도를 지키고 학술을 변별했으며 도광 25년 여름에 『국조학안소지國朝學案小識』의 편찬을 완성했다. 원고가 완성되자 증국번, 하계진의 교감을 거쳐 같은 해 겨울 수도에서 간행되었다.

증국번의 학문은 당감의 가르침을 따르기도 했지만 또 문호에 구애되지 않고 다양하게 받아들였고 결국 폭넓게 배운 것을 요약하여 스스로 일가를 이루었다. 건가 이래 사회 실제로부터 이탈하는 한학의 적폐가 증국번의 시대에 이르러 매우 분명해졌다. 그러므로 『국조학안소식』의 발문에서 증국번은 한학의 병폐에 대해서 다음과 같이 비판했다.

> 근세 건륭, 가경 연간에 여러 학자는 폭을 넓히는 것에 힘써서 혜정우, 대동원과 같은 사람은 훈고를 찾아 연구했는데 하간헌왕河間獻王의 실사구시의 종지를 근본으로 삼고 송나라 학자를 근거 없는 공론이나 하는 사람으로 치부했다. 일이라고 하는 것은 사물이 아닌가? 옳음이라고 하는 것은 리가 아닌가? 실사구시實事求是는 주자가 말한 즉물궁리即物窮理가 아닌가? 명목을 스스로 높이고 성철을 비난한 것은 또 변해서 폐단이 되었다.[45]

---

45) 曾國藩, 『曾文正公全集』文集卷2, 「書學案小識後」. 近世乾嘉之間, 諸儒務爲浩博, 惠定宇戴東原之流, 鉤研詁訓, 本河間獻王實事求是之旨, 薄宋賢爲空疏. 夫所謂事者非物乎? 是者非理乎? 實事求是, 非即朱子所稱即物窮理者乎? 名目自高, 詆毁日月, 亦變而蔽者也.

이것은 건가학파의 학자가 학문의 목적으로 삼은 "실사구시"가 증국번이 보기에는 주자가 주장한 "즉물궁리卽物窮理"와 다르지 않다는 말이다.

그러나 한학자의 장기인 "널리 조사하고 변별하는 것[博核考辨]"에 대해서 증국번은 일률적으로 말살하지는 않았다. "나는 송나라 유학만을 받들지만 한학을 폐기하지는 않는다."46) "한나라와 송나라 두 학문에 대한 논쟁의 단서에 대해서는 모두 가세해서 한 소리를 내지 못한다. 여러 학자의 도를 숭상하고 문장을 폄하하는 주장에 대해서는 감히 맞장구치지 못하고 따르기만 한다."47) 당시 조야에서 모두 태평천국의 난을 한학 탓으로 돌리자 증국번은 이의를 제기했다.

> 군자의 말은 고르면 평화를 낳고 격하면 다툼을 부른다. 말투의 경중은 오래도록 쌓이면 세상 풍속을 변화시키는데 패거리를 이루어 시비를 논쟁하는 것이 그칠 줄 모른다. 이전에 양지설은 폐단이 없지 않았지만 명나라 말의 화를 키웠다고 하는 말은 조금 지나치다. 근래 한학의 학설이 폐단이 없는 것은 아니지만 월적粵賊의 난을 초래했다는 말은 조금 지나치다.48)

증국번은 학문을 하는 것이 영역을 없애고 한나라와 송나라를 회통해야 한다고 생각했다.

> 건가 이래 훈고학을 하는 사대부는 송나라 유학을 근거 없는 공론으로 경시했고 성리학을 하는 사대부는 또 한학을 지리支離하다고 경시했다. 널리 배우는 것으로부터 시작해야 요약으로 되돌아갈 수 있고 격물해야 정심할 수 있다고 나는 생각한다. 예경에 종사해서 삼천삼백 가지의 상세함을 조사하여 이름 하나 사물 하나의 세밀함을 살펴야 근본과 말단을 두루 갖추고 원천과 지류를 모두 관통한다. 전쟁이 극에 달하고 경제가 뒤섞여 어지럽지만 모두 예가가 토론해야 할 일이다. 그러므로 강씨의 『예서강목』, 진씨의 『오례통고』는 한나라와 송나라 두 학문의 막힘을 통하게 하고 여러 학설의 논쟁을 종식시킬 수 있다고 내가 말했던 것이다.49)

이로부터 출발해서 증국번은 풍속 변화와 인재 양성을 자신의 사명으로 여기고 마음을 다해

---

46) 曾國藩, 『曾文正公全集』書札卷20, 「復潁州府夏敎授書」. 國藩一宗宋儒, 不廢漢學.

47) 曾國藩, 『曾文正公全集』書札卷1, 「致劉孟蓉」. 於漢宋二家構訟之端, 皆不能左祖右附一哄. 於諸儒崇道貶文之說, 尤不敢雷同而苟隨.

48) 曾國藩, 『曾文正公全集』文集卷1, 「孫芝房侍講芻論序」. 君子之言也, 平則致和, 激則召爭. 辭氣之輕重, 積久則移易世風, 黨仇訟爭而不知所止. 曩者良知之說, 誠非無蔽, 必謂其釀晚明之禍, 則少過矣. 近者漢學之說, 誠非無蔽, 必謂其致粵賊之亂, 則少過矣.

49) 曾國藩, 『曾國藩全集』書札卷13, 「復夏弢甫」. 乾嘉以來, 士大夫爲訓詁之學者, 薄宋儒爲空疏, 爲性理之學者, 又薄漢儒爲支離. 鄙意由博乃能返約, 格物乃能正心. 必從事於禮經, 考核於三千三百之詳, 博稽乎一名一物之細, 然後本末兼該, 源流畢貫. 雖極軍旅戰爭, 食貨凌雜, 皆禮家所應討論之事. 故嘗謂, 江氏『禮書綱目』秦氏『五禮通考』, 可以通漢宋二家之結, 而息頓漸諸說之爭.

예학을 표창하고 그것으로 경세제민할 것을 주장했다.

> 선왕의 도는 수기치인修己治人이라고 하는 것인데 만물을 경위하는 것은 무엇으로 귀결되는가? 또한 예일 뿐이다. 진나라가 서적을 없앴는데 한나라 유학자가 정리하고 정강성鄭康成이 탁월했던 것이 모두 예다. 두군경杜君卿의 『통전通典』은 예가 열에 여섯을 차지하고 그 지식은 팔대를 이미 뛰어넘었다. 송나라 장자張子, 주자朱子가 토론한 것 마귀여馬貴與, 왕백후王伯厚가 편집한 것도 모두 예에 주의를 기울였다. 청나라 학자는 고정림顧亭林을 종주로 받들어 국사 유림전에 칭송하며 제일 앞에 실었다. 예속교화를 언급할 때 의연히 이전의 것을 지키고 앞으로 올 것을 기다리며 나 아니면 누가 있는가라는 뜻을 지녔는데 얼마나 기개가 대단한가. 그 후 장호암張蒿庵이 『중용론中庸論』을 지었고 강신수江愼修, 대동원 등에 이르러 더욱 예를 우선했다. 그리고 상서 진혜전이 마침내 『오례통고』를 지어 천하 고금의 유형무형의 모든 일을 예로써 경영했는데 체제가 웅대하고 사상은 정밀하다고 할 수 있다.50)

청나라 말 학술사에서 증국번 선생의 지위에 대해서 고 전빈사 선생의 초기 저술 『중국근삼백년학술사』에서 따로 토론한 바 있다. "척생의 학문은… 당경해 등 여러 사람을 매우 추숭했지만 당시 한학가, 고문가의 장점을 두루 채택해서 이학의 마르고 협애한 병폐를 보완할 수 있었다. 기상이 광대하고 포함한 것이 풍부한 것은… 청나라 200여 년에서 필적할 사람이 드물다."51) 선생의 정평은 사실 고칠 것이 없다.

(2) 황식삼黃式三의 실사구시학

황식삼(1789-1862)은 자가 미향薇香, 호는 경거儆居 만년의 호는 지비자知非子고 절강浙江 정해定海 출신이다. 식삼은 초년에 세공생歲貢生이 되어 여러 차례 향시에 응시했지만 급제하지 못했고 결국 과거를 포기하고 경학 연구에 전념했다. 그의 평생 학문은 "경학 연구를 천직으로 삼았고"52) 한나라와 송나라를 회통하고 실사구시할 것을 주장했다. "경에 한나라와 송나라가 없는데

---

50) 曾國藩, 『曾國藩全集』文集卷2, 「聖哲畫像記」. 先王之道, 所謂修己治人, 經緯萬匯者, 何歸乎? 亦曰禮 而已矣. 秦滅書籍, 漢代諸儒之所掇拾, 鄭康成之所以卓絶, 皆以禮也. 杜君卿『通典』, 言禮者十居其六, 其識已跨越八代矣. 有宋張子朱子之所討論, 馬貴與王伯厚之所纂輯, 莫不以禮爲兢兢. 我朝學者, 以 顧亭林爲宗, 國史儒林傳, 褒然冠首, 言及禮俗敎化, 則毅然有守先待後舍我其誰之志, 何其壯也. 厥後 張蒿庵作『中庸論』, 及江愼修戴東原輩, 尤以禮爲先務. 而秦尚書蕙田, 遂纂『五禮通考』, 擧天下古今幽 明萬事, 而一經之以禮, 可謂體大思精矣.

51) 錢穆, 『中國近三百年學術史』下冊, 590-591쪽. 滌生論學 … 雖極推唐鏡海諸人, 而能兼采當時漢學家古 文家長處, 以補理學枯槁狹隘之病. 其氣象之闊大, 包蘊之宏豐 … 有淸二百餘年, 固亦少見其匹矣.

어떻게 학문에 한나라와 송나라를 나누는가! 명나라 말 유학자가 경학 연구를 소홀히 하고 강학에 힘쓰며 중지를 드러내 보이기 좋아하면서 한학, 송학의 구분이 생겼다."53) "학자가 한나라와 송나라를 둘로 나눈 것은 창을 기려서 방패를 잊고 방패를 기려서 창을 잊은 것과 같은데 심징군沈徵君의 『과당집果堂集』을 읽어보면 그 잘못을 알 수 있다. 징군 혜정우는 한학 연구자가 받드는 사람으로서 그의 묘지명에 다음과 같은 말이 있다. '예로부터 이학자는 품수 받은 것에 막혀 문장이 번창하지 못했고 경술가는 이익에 매몰되어 행동이 독실하지 못했다. 당신은 단점을 버리고 장점을 모을 수 있었다.' 그러므로 지식인이 학문에 뜻을 두었다면 어찌 한나라와 송나라의 장점을 취하여 함께 본받지 않겠는가!"54) 따라서 식삼은 다음과 같이 주창했다. "천하 학술의 정종으로 실사구시보다 중요한 것은 없고 천하의 큰 근심은 옛 것을 멸시하고 스스로를 옳다고 여기는 데 있다."55)

황식삼은 초년에 "실사구시"에 근본을 둔 공부를 했고 『한정군수언漢鄭君粹言』 1권을 지어 정현의 학설을 추존했다.

　　세상에서는 북해 정군강성을 경학의 시조로 추숭하고 또 의리의 단점을 들어 과소평가한다. 정군이 정말로 의리에 단점이 있는가? … 의리는 경학의 본원이고 고증과 훈고는 경학의 지엽이자 말류다. 지엽을 잘라내면 줄기는 마를 것이고 말류를 막으면 원천은 끊길 것이다. 사람들은 고생스럽게도 스스로 알지 못하고 자랑스럽게 마르고 끊어질 것을 가지고 뿌리와 원천이 있다고 뻐기는데 나는 믿지 못하겠다. 그러나 정군처럼 배우기를 좋아하는 사람이 뿌리가 없어도 지엽이 있을 수 있고 원천이 없어도 말류가 있을 수 있다고 한다면 더 믿을 수 없다.56)

그리고 당시 학술계가 한나라를 숭상하는 사람과 송나라를 숭상하는 사람이 문파를 나누고

52) 黃式三, 『儆居集』經說2, 「上達說」. 以治經爲天職.
53) 黃式三, 『儆居集』經說3, 「漢宋學辨」. 經無漢宋, 曷爲學分漢宋也乎! 自明季儒者疏於治經, 急於講學, 喜標宗旨, 始有漢學宋學之分.
54) 黃式三, 『儆居集』讀子集4, 「讀果堂集」. 學者分漢宋爲二, 譽矛忘盾, 譽盾忘矛, 讀沈徵君『果堂集』而知其非矣. … 惠徵君定宇, 治漢學者之所宗也, 志君之墓則曰, "自古理學之儒, 滯於稟而文不昌, 經術之士, 汩於利而行不篤. 君能去兩短, 集兩長." 然則士苟志學, 何不取漢宋之所長者兼法之也邪!
55) 黃式三, 『儆居集』讀子集3, 「讀顧氏心學辨」. 天下學術之正, 莫重於實事求是, 而天下之大患, 在於蔑古而自以爲是.
56) 黃式三, 『儆居集』雜著1, 「漢鄭君粹言敍」. 世推北海鄭君康成爲經學之祖, 輒復以短於理義而小之. 鄭君果短於理義乎哉? … 夫理義者, 經學之本原, 考據訓詁者, 經學之枝葉之流委也. 削其枝葉而幹將枯, 滯其流委而原將絶. 人苦不自知, 而詡詡焉以其將枯絶者, 矜爲有本有原, 鄙意所不信. 而謂好學如鄭君, 無本而能有枝葉, 無原而能有流委, 尤不敢信之矣.

있는 상황에 대해서 황식삼은 매우 옳지 않다고 생각했다. "경학을 연구하는 사람은 한나라와 송나라를 나누어 두 계율로 삼은 이후로 각자 전공을 지키고 편안하게 여기는 것을 믿는데 편안하지 않은 것도 믿어야 한다. 자신을 속이고 남을 속이면 결국 성인을 속이고 하늘을 속이는 데까지 이르러도 깨닫지 못하는데 나는 심히 우려가 된다."[57] 그래서 황식삼은 강번江藩이 지은 『국조한학사승기國朝漢學師承記』가 "근본을 잊고 원천을 잃은 폐단을 구제할 수 있다"[可以救忘本失源之弊]는 점을 긍정하고 동시에 또 다음과 같이 지적했다. "강씨는 정현을 종주로 삼아서 결국 주자를 몰아냈는데 이 또한 치우친 것이다."[江氏宗鄭而遂黜朱, 抑又偏矣] 그의 결론은 다음과 같다. "강씨가 혜惠, 여余를 스승으로 받들고 염閻, 강江 제공을 받아들여 한학을 하고 송학을 나누어 둘로 본 것은 다만 후인들의 의혹을 증가시켰을 뿐이다."[58]

식삼은 만년에 특별히 예학을 좋아했다. "예라고 하는 것은 이치다. 옛날에 이치를 궁구한다고 한 것은 바로 예를 연구하는 공부다. 본성을 다하는 것도 여기에 있고 천명을 정하는 것도 여기에 있다."[59] 식삼의 예禮 연구는 정현의 학을 따랐지만 주자의 학을 버리지는 않았다. 봉건, 정전井田, 병부, 교체郊禘, 종묘, 학교, 명당, 종법의 큰 항목에 대해서 의문을 제기하고 많은 부분을 고쳤다. 그가 지은 「복례설復禮說」, 「숭례설崇禮說」, 「약례설約禮說」 3편은 일생 예 연구의 심득을 모았고 요점을 간명하게 제시했는데 예의 뜻을 가장 잘 얻었다. 「복례설」은 예의 연원과 변화에 대해 집중적으로 토론하고 하나같이 공자의 "자신을 이기고 예로 돌아가는 것이 인이다"[克己復禮爲仁]라는 말을 귀의로 삼았다.

예는 성인이 제정했지만 질서는 하늘로부터 왔다. 백성이 처음 생겼을 때 예의가 갖추어져 있지 않아서 본성의 자연에 근본을 두고 감정이 멈출 수 없는 것에서 드러냈는데 예가 마침내 그 사이에서 유행되었다. … 공자는 성인으로서 자신을 이기고 예로 돌아가는 것이 인이라고 말했다. 예로 돌아가는 것은 인의 착실한 효과이자 본성을 다한 실제적 효과다.[60]

「숭례설」은 "예가 바로 덕성"[禮即爲德性]이라는 것을 논증하고 나아가 "숭례崇禮"를 근본으로

---

57) 黃式三, 『儆居集』雜著1, 「易釋叙」. 自治經者判漢宋爲兩戒, 各守專家, 而信其所安, 必並信其所未安. 自欺欺人, 終至欺聖欺天而不悟, 是式三所甚憫也.

58) 黃式三, 『儆居集』雜著1, 「漢學師承記跋」. 江氏宗師惠余, 攬閻江諸公爲漢學, 必分宋學而二之, 適以增後人之惑也.

59) 黃家岱, 『嫗藝軒雜著』卷下, 「禮記箋正叙」. 禮者理也. 古之所謂窮理者, 即治禮之學也. 盡性在此, 定命在此.

60) 黃式三, 『儆居集』經說1, 「復禮說」. 禮也者, 制之聖人, 而秩之自天. 當民之初生, 禮儀未備, 而本於性之所自然, 發於情之不容已, 禮遂行於其間. … 孔聖言克己復禮爲仁. 復禮者, 爲仁之實功也, 盡性之實功也.

하여 존덕성尊德性과 도문학道問學을 하나로 융합할 것을 주장한다.

　　군자는 예를 숭상하여 도에 응집시킨 사람인데 예가 덕성임을 알아서 존중하고 예가 묻고 배워야 할 것임을 알고 따르니 도문학이 바로 존덕성의 방법이다. … 후세의 군자는 예를 밖으로 덕성을 안으로 여겨서 존중하는 것이 허무에 빠지기도 하고 예를 버리고 함부로 묻고 배워서 말미암는 것이 지리한 것으로 빠지기도 한다. 이것은 예를 숭상하는 요체를 알지 못하기 때문이다. 예를 숭상하지 않으면 지극한 덕이 아니니 어떻게 지극한 도로 응집시킬 수 있겠는가!⁶¹⁾

　「약례설」은 『논어』 박문약례의 취지를 밝히고 아울러 이것에 근거해서 "억견을 이치로 여기고"[以心之臆見爲理] "본심의 천리로 예를 이야기하는"[以本心之天理言禮] 잘못에 반박했다.

　　『논어』가 거듭해서 박문약례博文約禮를 말한 것은 성인의 가르침을 드러낸 것이다. 예는 선왕의 『예경』이다. 왕양명의 「박약설博約說」에서는 분명하게 드러난 것을 넓혀서 볼 수 있는 예를 문, 은미한 것으로 요약해서 보기 어려운 이치를 예라고 한다. 어찌 성인의 가르침이 왕씨의 보충을 기다린 후에야 밝아지는 것이겠는가? 예는 하나인데 분명하게 드러난 것과 은미한 것을 나누어 둘로 만들었다. 문과 예는 둘이지만 예의 분명하게 드러난 것을 문으로 보아서 하나로 만들었다. 이치라고 하는 것을 누가 밝힐 수 있을까? … 억견을 이치로 보아서 이치가 잘못되었고 본심의 천리로 예를 말해서 예도 잘못되었다.⁶²⁾

(3) 황이주黃以周의 한송 학술 회통의 노력

　황이주(1828-1899)는 자가 원동元同, 호는 경계儆季 만년의 호는 재생哉生이고 절강 정해 출신이다. 정해 황씨는 대대로 농사를 지었다. 이주의 조부 흥오興梧에 이르러 경학에 뜻을 두고 『역』, 『시』를 연구하여 지방 학교에서 이름을 알렸다.⁶³⁾ 이주의 부친 식삼이 이어서 경학에 몰두하고 여러 경전을 두루 연구하여 더욱 경학 연구의 명가가 되었다. 이주는 어려서부터 집안의

---

61) 黃式三, 『儆居集』經說1, 「崇禮說」. 君子崇禮以凝道者也, 知禮之爲德性也而尊之, 知禮之宜問學也而道之, 道問學所以尊德性也. … 後世君子, 外禮而內德性, 所尊或入於虛無, 去禮而濫問學, 所道或流於支離. 此未知崇禮之爲要也. 不崇禮即非至德, 何以能凝至道!

62) 黃式三, 『儆居集』經說1, 「約禮說」. 『論語』繩言博文約禮, 聖訓章矣. 禮即先王之『禮經』也. 王陽明「博約說」, 博其顯而可見之禮曰文, 約以微而難見之理曰禮. 豈聖人之教, 必待王氏幹補而後明乎? 禮一也, 分顯微而二也. 文與禮二也, 以禮之顯者爲文而一之. 其所謂理, 誰能明之乎? … 以心之臆見爲理, 而理已誣, 以本心之天理言禮, 而禮又誣.

63) 黃以周, 『儆季雜著』文鈔5, 「先考明經公言行略」.

가르침을 이어받았는데 처음 공부할 때는 식삼의 감독을 받으며 경학의 울타리를 세웠다. 그는 6살에 서당에 들어가 문자를 익혔고 7살에 바로 『소대기小戴記』를 읽기 시작하면서 처음으로 예학을 알았다. 그 다음에 차례대로 『상서』, 『시경』, 『주역』을 읽으면서 견실한 경학의 기초를 다졌다. 도광 20년(1840), 영국 침략군이 정해를 유린하자 이주는 부친을 따라 병란을 피해서 진해鎭海의 해안향海晏鄕으로 갔다. 식삼이 병으로 세상을 떠나기까지 20여 년 동안 박학만으로 경학 연구를 집안에 전했다. 식삼은 만년에 예학에만 뜻을 두었다. 이주도 따라서 예를 읽는 데 전념했다. 그는 먼저 진혜전의 『오례통고』를 읽고 진씨가 책에서 길례는 정현의 학설을 상당히 비난하고 군례는 또 강성의 뜻에 지나치게 영합한 것에 불만을 느끼고 이에 한 권이 끝날 때마다 모두 찰기를 남겼다. 함풍 10년(1860)부터 역대 예학을 전면적으로 정리하고 종합하기 시작해서 『예서통고禮書通故』를 지었는데 이때부터 한송을 회통하고 예학을 표창하는 노선을 갔다. 이때 나이가 33세였다.

이주의 예 연구는 한결같이 부친의 가르침을 따라서 문호를 없애고 실사구시했다. "육경 밖에는 도가 없고 육서 밖에는 학문이 없다. 그러므로 도에 대해 이야기하려는 사람은 먼저 경전에 통달해야 하고 경전에 통달하려는 사람은 먼저 문자를 알아야 한다."[64] "훈고를 떠나서 경전에 대해 이야기하면 경전이 어두워지고 경전을 떠나서 도에 대해 이야기하면 도가 어두워진다."[65] 그러므로 이주는 다음과 같이 주장했다. "한학의 번쇄함을 제거하고 광대함을 취하고 송학의 공허함을 끊고 실질을 조사한다."[66] 그가 『한서예문지漢書藝文志』를 읽을 때 『효경』과 『이아』를 일가로 묶은 데 대해서 찰기 1편을 썼다. "경전을 풀이한 책은 예로부터 두 가지로 나누어지는데, 하나는 훈고를 중시하고 다른 하나는 대의를 논한다. 훈고를 중시하면 학설이 정밀하지만 구애받은 사람이 하면 장구에 막혀 대도를 파쇄한다. 대의를 논하면 취지가 넓혀지지만 방종한 사람이 하면 경전을 떠나 공담을 일삼아서 본모습을 잃는다. 취지를 넓히는 것이 『효경』과 같고 학설을 정밀하게 하는 것이 『이아』와 같으면 경전의 풀이는 유례가 없다. 『한지』가 합해서 편집한 것은 바로 한나라 때 경전을 읽는 법을 보여주기 위해서였다. 애석하게도 오늘날 한학, 송학을 하는 사람은 길을 달리하여 치달려서 모두 이 뜻을 깨닫지 못했다."[67] 이와 같은 관점에서 『한지』를

---

64) 黃以周, 『儆季雜著』文鈔2, 「說文解字補說敍」. 六經之外無所謂道, 六書之外無所謂學. 故欲譚道者先通經, 欲通經者先識字.

65) 黃以周, 『儆季雜著』文鈔2, 「經訓比義敍」. 離故訓以談經而經晦, 離經以談道而道晦.

66) 黃以周, 『儆季雜著』文鈔3, 「答劉藝蘭書」. 去漢學之瑣碎而取其大, 絶宋學之空虛而核諸實.

67) 黃以周, 『儆季雜著』史鈔2, 「讀漢藝文志」. 凡解經之書, 自古分二例, 一宗故訓, 一論大義. 宗故訓者, 其說必精, 而拘者爲之, 則凝滯章句, 破碎大道. 論大義者, 其趣必博, 而蕩者爲之, 則離經空談, 違失本眞. 博其趣如『孝經』, 精其說如『爾雅』, 解經乃無流弊. 『漢志』合而編之, 乃所以示漢世讀經之法. 惜今之講

논한 것은 독서하는 사이에 따라 독자적 견해를 갖추었다고 말할 수 있다.

동치同治 원년(1862), 황식삼이 병으로 세상을 떠났고 이주는 상을 지키면서도 계속해서 예를 읽었다. 광서 4년(1878), 19년의 시간이 걸려서 『예서통고』가 완성되었는데 이주는 이미 50세가 넘어 있었다. 전체 100권으로서 예서, 궁실, 의복, 복서卜筮부터 육서, 악률, 거제車制, 명물에 이르고 의절, 명물의 두 도판과 서목을 덧붙였는데 모두 50 항목으로 되어 있다. 이주가 쓴 이 책의 서문은 예학의 원천과 지류를 정리하고 저술의 종지를 밝혀서 그의 예학사상을 가장 잘 들여다볼 수 있다.

대저 예는 당唐이 다섯 가지 일을 세웠고 우虞가 세 가지 예법을 맡겼으며 하나라가 제작하고 은나라가 이어받았으며 주나라 예는 갖출했다. 동천 이후 옛 규정이 사라졌고 공자가 찬수했지만 괴롭게도 징험할 수 없었으며 언언言偃과 증삼曾參의 토론으로 또 다시 뒤섞였다. 예학을 말하기 어려운 것은 그 유래가 오래되었다. 전국 시대에 서적을 없앴고 포학한 진나라는 책을 불태워 선왕의 전장이 모두 인멸되었다. 불완전하고 빠진 것을 끌어안고 지킨 것은 한나라 박사의 공이다. 문호를 분별한 것은 또 한나라 박사의 불합리한 점이었다. 선제가 걱정하여 결국 석거각石渠閣을 열고 가법을 강구하지 않으면 종지를 밝힐 수 없고 가법만 지키면 또 여러 경전과 어긋날 것이라 생각했다. 이에 법에서 다른 것은 각각 사설을 진술하고 뜻을 널리 살펴서 황제가 직접 결재하여 존중할 법 하나를 정하도록 했다. 소대小戴 차군次君이 이에 상주하여 시비를 의론하고 양 극단을 잡고 중간을 써서 옛 도에 부합했다. 백호관白虎觀의 의론은 이전 사람의 미덕을 쫓았고 반씨 맹견은 또 통의를 지었는데 자신이 좋아하는 것만 취하고 여러 뛰어난 학자의 의론을 모두 버려서 대의를 보존하기는 했지만 사법을 살필 수 없었다. 허군 숙중이 다른 의론을 모아 들였고 대성의 의론에서 빠진 것을 수습하고 반고의 논의에서 막힌 것을 고쳤으며 여러 의견을 함께 개진하고 자신의 생각을 더했다. 정군 강성은 또 잘못을 비판하고 옳은 것을 보존하여 옛 예가 밝아졌다.

서한 초에 경을 몇 개의 학파로 나누었고 동한 이래로 학파가 몇 개의 학설로 나누어졌다. 하나는 엄격하게 지켰는데 지킬수록 더 정밀해졌으며 다른 하나는 통합을 구했는데 통할수록 세밀해졌다. 여러 박사는 정밀함을 지켰고 대성戴聖과 허신許愼의 두 책은 통함을 구한 것이다. 정현이 주를 단 책은 중요한 전적을 포괄하고 여러 학파를 망라했으니 세밀함을 강구한 것이다. 당송 이래 예학이 날이 갈수록 미약해졌다. 깊이 생각하기를 좋아하는 사람은 억설을 과시했고 옛 것을 기술하기를 좋아하는 사람은 또 심득이 적었다. 통폐를 캐보니 두 궤를 벗어나지 않았다. 나는 천박하고 고루함을 헤아리지 않고 특이한 것을 이어서 이론을 세우지 못하고 또 분별없이 맞장구를 치지도 않았으며 여러 서적을 반복해서 읽고 밤낮으로 깊이 생각했다. 현명한 사람은 식견이 높고 현명하지 않은 사람은 식견이 낮으며 도가 사람에게 있으면 무엇 때문에 형식을 나누는가? 위로는 한나라와 당나라로부터 아래로 현재에 이르기까지 경전의 주석과 사서의 학설, 제자와 잡가를 두루 섭렵했고 일을 따라

漢學講宋學者, 分道揚鑣, 皆未喩斯意.

집록했다. 이전에 정현은 『시』를 주해했지만 여러 차례 모전을 바꾸었고 『예』를 주석했지만 여러 차례 정중鄭衆과 달랐는데 학식은 육예에 정통했지만 학문은 하나의 학파를 지키지 않았다. 이 책은 이러한 뜻으로 지었고 문장에 근거하여 예를 궁구하는 것은 경학자가 하는 일이고 실사구시는 고금에 통달한 학자의 학문이라고 생각했다. 어떤 사람은 사설을 구분하지 않은 것이 나의 잘못이라고 하고 기꺼이 이전 유학자의 간사한 신하가 되고 결국 옛 성인의 난적이 되어 벌벌 떨며 두려워하는 일은 감당할 수 없다.68)

『예서통고』가 완성되자 당시 경학의 대사 유월兪樾이 흔쾌하게 서문을 써서 칭송을 충분히 더했다.

청나라는 경학이 발전하고 뛰어난 학자가 나와서 예에 대해 논의하는 학파가 날로 정밀해졌다. … 그리고 모아서 책을 만들고 예학의 큰 성취를 이루는 것으로는 진미경 씨의 『오례통고』만한 것이 없다. 증문정공이 나와 이야기를 나눈 적이 있는데 이 책이 규모가 웅대하고 내용이 풍부하며 역대 전장을 모두 포함하고 있어서 삼통 외에 이 책을 더하여 모두 네 부가 되어 다 학자가 반드시 읽어야 하는 책이다. 내가 읽어 보니 정말로 그러했다. 진씨의 책은 조사하지만 단언하지 않고 절충하지 않아서 예학이 집결된 것이라고 할 수 있지만 예를 연구하는 사람의 준칙이 되기에는 충분하지 않다. 넓고 상세하며 그른 것을 제거하고 옳은 것을 구하며 선왕의 제작의 심오함을 엿볼 수 있는 것은 아마도 정해 황씨의 책일 것이다! … 그의 이 책은 한 학파의 학술을 묵수하지 않고 여러 경전을 종합했으며 널리 다양한 주장을 채집하고 실사구시적으로 좋은 것만을 따랐다. … 진실로 하늘과 인간의 심오함을 연구하고 고금의 올바름에 통하는 데 충분하며 진씨의 『오례통고』와 비교하면 넓음은 미치지 못하지만 정밀함은 더하다.69)

---

68) 黃以周, 『禮書通故』 卷末, 「敍目」. 夫禮唐修其五, 虞典以三, 夏造殷因, 周禮猶釀. 東遷以後, 舊章云亡, 孔子贊修, 猶苦無征, 言曾討論, 又復錯出. 禮學難言, 由來久矣. 戰國去籍, 暴秦焚書, 先王典章, 盡爲演沒. 抱殘守闕, 漢博士之功也. 分門別戶, 又漢博士之陋也. 宣帝憂之, 遂開石渠, 以爲不講家法, 無以明其宗旨, 專守家法, 又恐戾乎群經. 於是令其法之異者, 各陳師說, 博觀其義, 臨決稱制, 以定一尊. 小戴次君, 爰作奏議, 執兩用中, 有合古道. 白虎之論, 聿追前徽, 班氏孟堅, 又纂通義, 乃專取一己所好, 盡掃群賢之議, 大義雖存, 師法莫考. 許君叔重, 衷入異議, 拾戴議之遺, 砭班論之錮, 淸陳衆見, 條加案語. 鄭君康成, 又駁其非而存其是, 古禮以明. 夫西京之初, 經分數家, 東京以來, 家分數說. 一嚴其守, 愈守愈精, 一求其通, 愈通愈密. 諸博士, 其守之精者也, 戴許二書, 其通者也, 鄭所註書, 囊括大典, 網羅衆家, 其密者也. 唐宋以來, 禮學日微, 好深思者或逞臆說, 好逃古者又少心得. 究其通弊, 不出兩軌. 以周不揣譾陋, 綴入異聞, 不敢立異, 亦不敢苟同, 爲之反復群書, 日夜覃思. 賢者識大, 不賢識小, 道苟在人, 何分局途. 上自漢唐, 下迄當世, 經註史說, 諸子雜家, 誼有旁涉, 隨事輯錄. 昔者高密箋 『詩』 而屢易毛傳, 註 『禮』 而屢異先鄭, 識已精通乎六藝, 學不專守於一家. 是書之作, 竊取茲意, 以爲按文究例, 經生之功, 實事求是, 通儒之學. 或者反以不分師說爲我詬病, 甘作先儒之佞臣, 卒爲古聖之亂賊, 惴惴自懼, 竊有不敢.

69) 兪樾, 「禮書通故序」, 『禮書通故』 卷首를 볼 것. 國朝經術昌明, 大儒輩出, 於是議禮之家日以精密. … 而

　　최근의 저명한 경사학자 호옥진胡玉縉 선생은 스승의 『예서통고』에 제요를 썼는데 마찬가지로 이 책에 "규모가 웅대하고 생각이 정밀하다"[70]는 최고의 평가를 내렸다.

　　『예서통고』가 간행된 것은 광서 19년(1893)이었고 이주의 나이 66세 때였다. 만년의 황이주는 제자를 표창하고 공맹을 소통시키면서 여전히 예학의 부흥에 전념했다. 안자에 대해 그는 다음과 같이 표창했다. "안자가 즐거워한 것은 하늘이고 하늘을 즐거워하는 공부는 예를 좋아하는 것으로부터 시작한다. … 안자의 소견이 크다는 것에 대해 가볍게 헤아려 볼 수는 없지만 『중용』의 '풍요롭고 아름다운' 예를 넘어서지는 않을 것이다. … 안자가 왕을 보좌할 재능이 있었다는 것도 예를 벗어나지는 않는다."[71] 안연을 표창하는 것으로부터 송나라 여러 유학자에까지 이르러 이주는 또 다음과 같이 말했다. "주자가 정문程門의 뛰어난 제자에 대해 논할 때 가령 사상채謝上蔡, 유정부游定夫, 양귀산楊龜山은 모두 선학으로 들어갔지만 여여숙呂與叔은 선학으로 들어가지 않았다. 여씨는 처음에 장자張子 횡거橫渠에게 배웠고 예학에 조예가 깊었다. 주자 문하에서는 많은 사람이 황자黃子 면재勉齋를 으뜸으로 치는데 황자도 예에 조예가 깊었다."[72] 이주는 다음과 같이 생각했다. "옛 사람이 학문에 대해 논할 때 예에 대해서는 자세하게 말하지만 리理에 대해서는 대략적으로 말했는데 예가 바로 천리의 정연함이다."[73] 그러므로 그의 결론은 다음과 같다. "예를 연구하는 공부가 리理를 궁구하는 학문이다."[考禮之學, 即窮理之學] 이러한 인식에 근거해서 황씨는 증자에 대해 다음과 같이 말했다. "증자가 리理를 궁구한 것은 본말을 모두 관통하고 경도와 권도를 함께 밝혔다. 그러므로 결국 공맹의 일관된 진전을 얻을 수 있었으니 또 무슨 비난을 하겠는가!"[74]

　　자유子游, 자하子夏에 대해서도 이주는 표창하는 문장을 남겼다.

匯萃成書, 集禮家之大成者, 則莫如秦味經氏之『五禮通考』. 曾文正公嘗與余言, 此書體大物博, 歷代典章具在於此, 三通之外, 得此而四, 爲學者不可不讀之書. 余讀之誠然. 惟秦氏之書, 按而不斷, 無所折中, 可謂禮學之淵藪, 而未足爲治禮者之藝極. 求其博學詳說, 去非求是, 得以窺見先王制作之潭奧者, 其在定海黃氏之書乎! … 君爲此書, 不墨守一家之學, 綜貫群經, 博采衆論, 實事求是, 惟善是從. … 旬足究天人之奧, 通古今之宜, 視秦氏『五禮通考』, 博或不及, 精則過之.

70) 胡玉縉, 『許廎學林』卷17, 「禮書通故跋」. 體大思精.

71) 顔子之所樂者天, 而樂天之學由好禮始. … 顔子所見之大, 雖無容輕擬, 要不越『中庸』所謂"優優"之禮矣. … 顔子有王佐才, 要亦不出乎禮.

72) 黃以周, 『儆季雜著』文鈔1, 「顔子見大說」. 朱子論程門高第弟子, 如謝上蔡遊定夫楊龜山皆入禪學, 惟呂與叔不入禪. 呂氏初學於張子橫渠, 湛深禮學者也. 朱子之門, 群推黃子勉齋爲冠, 黃子亦深於禮.

73) 古人論學, 詳言禮而略言理, 禮即天理之秩然者也.

74) 黃以周, 『儆季雜著』文鈔1, 「曾子論禮說」. 曾子之窮理, 本末兼徹, 經權並明, 故卒能得孔孟一貫之傳, 又何間焉!

『의례』는 이전의 유학자 대부분이 자하가 지은 것이라고 생각했다. 자유의 말도 『대기戴記』에 여러 군데 보인다. 두 사람의 학문은 사실 예가 특히 뛰어났다. … 예에 익숙한 학사는 번거롭고 불필요한 예절만 숭상하고 바깥에 힘쓰고 안을 버리며 예의 뜻이 어디에 있는지 몰랐다. 자유가 말류의 잘못을 만회하려고 홀로 근본을 탐구하는 문장을 지었다. … 자하는 예문을 엄수하고 조리를 잃지 않았고 자유는 예의 뜻을 깊이 알고 형적으로 막히지 않았는데 한 사람은 침잠하고 한 사람은 고명했으며 학문은 각자 본성에 가까운 것을 얻었다.75)

그러나 황이주는 만년에 자사자子思子를 표창하는 것에 가장 뜻을 두었고 이를 위해서 그는 69세 때 『자사자집해子思子輯解』 7권을 편집했다. 이주는 다음과 같이 고증했다. "자사가 송나라에서 곤란을 당하고 『중용』을 지었고 노나라로 돌아와서 「표기表記」를 지었다."76) 그는 다음과 같이 말했다. "『구당서舊唐書』에 심약沈約의 말이 실려 있는데 「중용」, 「표기」, 「방기坊記」, 「치의緇衣」는 모두 자사자에게서 취했다고 했다. 왕백후王伯厚의 『예문고증禮文考證』도 심약의 말을 인용했다. 자사자가 「중용」을 지은 데 대해서는 역사에 명문이 있다. 『문선주文選註』는 자사자의 '백성은 임금을 마음으로 삼고' 두 구절과 『시』에 이르기를 '예전에 우리 선왕의 정사가 있어' 네 구절을 인용했는데 지금 모두 「치의」편에 보인다. 그러므로 자사자가 「치의」를 쓴 것이 확실하다. 또 소대가 예기를 편집할 때 「방기」를 「중용」 앞에, 「표기」와 「치의」를 「중용」 뒤에 놓은 것은 대대가 『증자曾子』 10편을 종류별로 취한 것과 같다. 「방기」, 「표기」, 「치의」는 모두 '공자가 말씀하시길[子言之]'로 시작하여 문법이 더욱 비슷하므로 휴문休文의 말은 더 믿을 만하다."77) 최근에 곽점郭店에서 초간楚簡이 출토되어 뛰어난 학자 다수가 자사의 학설을 표창했고 심지어 "학술사를 다시 써야 한다"[重寫學術史]고 주장했는데 다만 선현 황이주가 이미 백여 년 전에 먼저 주장한 것이라는 사실을 모른다.

청나라의 학술은 청나라 초에 고염무가 "경학이 바로 이학"[經學即理學]임을 주장하며 앞길을 열었고 청나라 말에 증국번, 진례陳澧와 황식삼, 이주 부자가 한나라와 송나라를 회통하고 예학

75) 黃以周, 『儆季雜著』文鈔1, 「子游子夏文學說」. 『儀禮』之記, 先儒多以爲子夏作. 子遊之言, 亦多散見於 『戴記』中. 二子之學, 實於禮爲尤長. … 學士之習禮者, 專尚繁文縟節, 務外而遺內, 不知禮意所在. 子遊 欲挽末流之失, 獨作探本之論. … 子夏謹守禮文而不奪其倫, 子遊深知禮意而不滯於跡, 一沈潛, 一高 明, 學各得其性之所近.

76) 子思困於宋作「中庸」, 歸於魯作「表記」.

77) 黃以周, 『儆季雜著』禮說6, 「坊記」. 『舊唐書』載沈約之言曰, 「中庸」「表記」「坊記」「緇衣」, 皆取諸子思子. 王伯厚『藝文考證』, 亦引沈約. 夫子思子作「中庸」, 史有明文. 『文選註』引子思子"民以君爲心"二句及 『詩』云"昔有先正"四句, 今皆見「緇衣篇」. 則「緇衣」出於子思子, 可信. 且小戴輯記, 以「坊記」厠「中庸」 前, 「表記」「緇衣」厠「中庸」後, 與大戴類取『曾子』十篇正同. 「坊記」「表記」「緇衣」皆以"子言之"發端, 其 文法尤相類, 則休文之言益信.

을 부흥하고 "예학이 이학"[禮學卽理學]임을 드러낸 데 이르러 총결되었다. 경학으로 이학의 어려움을 구제한 학술 조류는 300년의 시간을 거쳐 세상의 흐름을 따라 변화하여 한나라와 송나라를 회통하여 새로움을 구하는 방향으로 발전했다. 부패한 청나라 왕조가 만회할 수 없게 멸망했지만 현재의 관점에서 과거를 총결산해보면 한나라와 송나라를 회통하여 새로움을 구한 학술 조류는 역외의 선진 학술을 녹여 중국 민족의 기백과 합친 것은 중국 학술이 여전히 자신의 독특한 발전 노선을 따르면서 구불구불하게 나아가고 있음을 보여준다. 다른 사람의 뒤를 따라 뛰는 것은 영원히 출로를 찾을 수 없는데 이것이 청나라 말 70년의 학술이 우리에게 보여주는 진리가 아니겠는가!

간단한 결론

청나라 말 70년, 중국 사회는 한바탕 미증유의 역사적으로 거대한 변화를 겪었다. 당시 조야의 인재들은 시대의 전선에 서서 중국 사회가 곤경으로부터 빠져 나오고 중국 학술이 발전을 도모할 수 있도록 하기 위해서 방법은 다르지만 같은 지향을 갖고 다양한 주장을 내세웠다. 근래의 저명한 학자 왕국유 선생이 청나라 학술에 대해 다음과 같이 논했다. "청나라 초의 학술은 웅대하고 건가의 학술은 정밀하며 도광 함풍이래의 학문은 새롭다."[78] 왕선생이 "새로움"이라는 말로 청나라 말의 학술을 개괄했는데 대체를 얻었고 사실 정확하기도 하다. 70년 동안 먼저 금문경학이 부흥하여 경세 사조의 굴기와 합류했고 따라서 청나라 말 학술사의 서막을 열었다. 이어서 양무사조가 일어나고 신구 체용 논쟁이 조야를 한동안 석권하는 기세를 보였다. 이와 동시에 한나라와 송나라를 회통하고 『공양』을 빌려 정치에 대해 의론하는 기풍이 갈수록 격렬해져 결국 무술유신의 사상적 광풍을 이루었다. 청나라 말 최후의 10~20년은 "예로써 리를 대신하는"[以禮代理] 학설이 널리 퍼져서 마침내 황이주의 『예서통고』, 손이양孫詒讓의 『주례정의周禮正義』가 나와 집대성했다. 선진제자학이 부흥하여 본말을 밝히고 시종을 깊이 탐구하여 다시 당시 사상해방의 관건이 되었다. 중산선생의 삼민주의 학설이 그 사이에 등장했고 그것을 기치로 사상 해방과 무장 항쟁이 서로 보완하여 마침내 무창에서 최초의 봉기가 일어났고 청나라 왕조를 매장했다.

과거를 서술하고 미래를 생각하며 옛 것을 거울삼아 지금을 가르친다. 청나라 말 70년의 학술을 착실하게 정리하는 것은 현재와 미래의 중국 학술과 중국 사회의 발전에 틀림없이 유익할 것이다.

---

78) 國初之學大, 乾嘉之學精, 而道咸以來之學新.

제20장
청대학술사연구에 대한 양계초의 공헌

　20세기 초 이래로 청사를 연구하는 많은 선배 학자들 가운데 양계초 선생은 청대학술에 대한 최초 연구로 이 영역의 탁월한 대가와 창시자 가운데 한 명이다. 이 영역에서의 양선생의 고된 여정을 돌아보고 새로운 길을 개척하는데 있어 성패와 득실을 종합하며, 그의 연구 성과에 대해 실제적이고 과학적인 평가를 하는 것은 매우 필요한 일이다. 이것은 중국문화사에 있어 이전 시대를 계승하고 새로운 길을 열어준 거장에 대한 기념일뿐 아니라 청대 학술사 연구를 심화시키는데 있어서도 의미 있는 일이기 때문이다.

1. 『근세지학술近世之學術』에 관하여

　양계초의 청대학술사 연구의 득실을 평가하는 일은 그의 저서인 『청대학술개론』과 『중국근삼백년학술사』에 집중되어 있다. 이 두 저서를 연구하는 것이 그를 평가하는 정확한 방법임에는 의심의 여지가 없다. 이 두 논저는 바로 그가 청대학술사 연구를 하면서 터득한 정수가 있는 부분이기 때문이다. 하지만 양계초 연구여정에 대한 회고로서 『청대학술개론淸代學術槪論』이 세상에 나온 10여 년 전으로 거슬러 올라갈 수 있는데, 이 해는 그가 청대학술사 연구의 처녀작인 『근세의 학술近世之學術』이 발표된 1904년이기도 하다.

　1902년, 양계초는 『논중국학술사상변천지대세論中國學術思想變遷之大勢』를 지으려고 했다. 이 장편의 논저는 원래 16장으로 완성하려고 했으나, 아쉽게도 제6장 수당불학까지 쓰고 사정으로 인해 멈춘다. 2년 후 1904년 여름이 되어서야 청대학술사를 논하는 글을 이어서 짓는다. 원고가 완성되자 『근세지학술近世之學術』이라는 제목으로 『신민총보新民叢報』에 간행하여 유포한다. 전체 3절로 되어 있는데, 1절은 '영력강희시기永歷康熙間', 2절은 '건가시기乾嘉間', 3절은 '최근세시기最近世'이다. 양계초는 청대학술을 중국고대학술발전의 한 단계로 보고 고찰한다. 그는 이 책에서 다음과 같이 말한다. "내가 중국학술사를 차례대로 논하면서 명말이 청초로, 청초가 건가시기로, 건가시기가 오늘날로 바뀔 수 있다는 것을 보고 시세가 인심에 미치는 영향이 심히 크고 빠르며, 인사와 시세가 확실히 서로 차례를 바꾸어가며 좌우한다는 것을 탄식했다."[1] 그의 작품은 장병린의 저서『구서訄書』를 어느 정도 참고했지만 장태염 선생보다 발전된 고옥건령의 기세로 200여년 학술발전의 역사에 대해 조감하듯 윤곽선을 그렸다. 궤적이 분명하고 맥락이 뚜렷하여 청대학술사 연구에 있어 실로 독창적인 일이라고 할 수 있다.

『근세지학술』에서 양계초의 청대학술사에 관한 약간의 근본문제, 가령 청대학술의 기본특징, 청대학술사의 분기, 청초의 경세사상, 건가학파와 금문경학파의 평가, 청대학술의 중국학술사에서의 지위 등이 이미 대체적으로 형성되었다. 청대학술의 기본특징을 논할 때 그는 말한다. "청조정 이백년의 학술은 이천년의 학술을 거꾸로 그림자를 드리우듯 부연하니 봄 죽순을 벗겨내는 것과 같이 벗겨낼수록 핵심에 가까워지고, 사탕수수를 씹는 것과 같이 씹을수록 맛이 난다. 기이한 현상이 아니라고 할 수 없다."[2] 양계초는 청초 경세사조의 연구에 매우 주의를 기울였다. 청초 대가인 고염무, 황종희, 왕부지, 안원 등에 대해 매우 높이 평가했을 뿐 아니라, 유헌정劉獻廷도 나란히 언급하여 '다섯 선생(五先生)'이라 불렀다. 그는 다음과 같이 생각했다. "다섯 선생은 모두 시대가 만든 영웅으로 탁월하게 일가를 이루었다. 고대에서 구하면 주와 진의 제자백가에 가까울 것이다. 이후에 오직 남송 영가학파[원주 : 진지재陳止齋, 엽수심葉水心, 진용천陳龍川 일파] 역시 대략 이들과 비슷하다. 그러나 다섯 선생을 영가학파에 비교하는 것은 용用은 있으나 체體가 없는 것이다. 곧 이른 바 용이라고 하는 것은 부분은 있으나 전체는 없는 것이다. 그러므로 내가 당시의 학파를 진한 이후 이천년 동안 없었던 조직으로 치켜세우려 해도 지나친 일은 아닐 것이다."[3] 반면 양계초는 청초 학자인 서건학徐乾學, 탕빈湯斌, 이광지李光地, 모기령毛奇齡 등을 매우 싫어하여 '학계의 해충[學界蟊賊]'이라고 비난했다. "위로 위군자로 사람들을 이끄는 탕빈, 이광

1) 梁啓超,『飮冰室合集』之『文集』第3冊,「近世之學術」第3節. 吾論次中國學術史, 見夫明末之可以變爲淸初, 淸初之可以變爲乾嘉, 乾嘉之可以變爲今日, 而嘆時勢之影響於人心者正巨且劇也, 而又信乎人事與時勢迭相左右也.

2) 梁啓超,『飮冰室合集』之『文集』第3冊,「近世之學術」第1節. 本朝二百年之學術, 實取前此二千年之學術, 倒影而纜演之, 如剝春筍, 愈剝而愈近裏, 如啖甘蔗, 愈啖而愈有味. 不可謂非一奇異之現象也.

3) 梁啓超,『飮冰室合集』之『文集』第3冊,「近世之學術」第2節. 五先生者皆時勢所造之英雄, 卓然成一家言. 求諸前古, 則以比周秦諸子, 其殆庶幾. 後此, 惟南宋永嘉一派(原註 : 陳止齋, 葉水心, 陳龍川一派) 亦略肖焉. 然以永嘉比五先生, 則有其用而無其體者也, 即所謂用者, 亦有其部分而無其全者也. 故吾欲推當時學派爲秦漢以來二千年空前之組織, 殆不爲過.

지가 있었고, 아래로 또 진정한 소인으로 사람들을 무시하는 모기령이 있었으니, 모두 한 시대에 높은 명성으로 학계를 좌지우지했으니 청학이 내려갈수록 쇠락한 것도 무슨 이상한 일이었겠는가?"[4] 양계초는 청초 대가들 이후로 건가학파까지 청학은 내리막길을 가고 있다고 생각했다. 이 때문에 건가학파에 대한 평가가 좋지 않다. "근래의 학파를 논하면, 연역적인 방법에서 귀납적인 방법을 활용하여 과학적 정신이 다분하고 분업된 조직을 실행하였으나 자잘한 고증에만 이용한 것이 유감스럽다."[5] 건가시기 대가인 혜동, 대진에 대한 평가에서 그는 다음과 같이 생각했다. "혜동과 대진의 학문은 나라에는 무익하지만, 경전연구의 충성한 종복으로서 이후 국학연구자들의 수고를 줄여주었으니 그 공은 참으로 속일 수 없다."[6] 하지만 동시에 대진에 대해 완곡하게 비판하는 말이 많다. 양계초는 다음과 같이 말했다. "대진이 무욕으로 불교의 학문을 한다고 극단적으로 말했으니, 이는 욕심을 막는 해로움이 시내를 막는 것보다 심하다는 것을 의미한다. 이 말은 근대 서방국가의 공리주의에 가까운 점이 있다. 철학 학파의 한 가지가 아니라고 할 수는 없다. 그렇지만 사람이 살아가면서 욕심이 있는 것은 이상한 일이 아니나, 절제하지 못하는 것이 걱정이다. 어찌 또 원숭이에게 나무를 타는 방법을 가르치도록 대진을 수고롭게 하겠는가?"[7] 그는 심지어 대진에게 책임을 전가시킨다. "이백년 동안 학자들이 암기하는 것은 날로 넓어졌지만, 염치는 날로 없어졌으니, 대진에게 그 죄가 있다."[8] 이것은 그가 1920년대 이후의 행동과 판이하게 다르다. 이 부분과 관련된 상황은 곧 다시 토론하겠다.

양계초는 만청시기 금문경학 진영의 용맹한 장군이다. 일찍이 양계초는 광주 만목초당萬木草堂에서 강유위에게 배우다가 무술변법이 실패한 후 일본으로 도망간다. 당시 일본은 명치유신을 거치며 부국강병을 위해 힘써서 경제, 정치, 군사, 학술문화 등 여러 방면을 막론하고 일약 아시아의 일류국가가 되었다. 양계초는 상대적으로 개방된 국가에 몸을 두어 서방 자산계급의 철학, 사학, 사회정치학을 광범위하게 접촉하며 강성한 일본의 경험을 깊이 탐구할 수 있었다. 이것은 그의 정치주장에 이론적 근거를 제공했을 뿐 아니라, 학술시야도 지극히 넓혀주었다. 양계초가

---

4) 梁啓超, 『飮冰室合集』之『文集』第3冊, 「近世之學術」第2節. 上旣有湯, 李輩以僞君子相率, 下復有奇齡等以眞小人自豪, 而皆負一世重名, 以左右學界, 淸學之每下愈況也, 復何怪焉.

5) 梁啓超, 『飮冰室合集』之『文集』第3冊, 「近世之學術」第2節. 吾論近世學派, 謂其由演繹的進於歸納的, 饒有科學之精神, 且行分業之組織, 而惜其僅用諸瑣瑣之考據.

6) 梁啓超, 『飮冰室合集』之『文集』第3冊, 「近世之學術」第2節. 惠, 戴之學, 固無益於人國, 然爲群經忠僕, 使彼此治國學者省無量精力, 其功固不可誣也.

7) 極言無欲爲異氏之學, 謂遏欲之害甚於防川焉. 此其言頗有近於泰西近世所謂樂利主義者, 不可謂非哲學派中一支派. 雖然, 人生而有欲, 其無怪也, 節之猶懼不戢, 而豈復勞戴氏之敎猱升木爲也.

8) 梁啓超, 『飮冰室合集』之『文集』第3冊, 「近世之學術」第2節. 二百年來, 學者記誦日博, 而廉恥日喪, 戴氏其與有罪矣.

『근세지학술』과 『논중국학술사상변천지대세論中國學術思想變遷之大勢』를 지었을 무렵이 바로 금문경학의 굴레를 벗어나서 강유위의 제도개혁과 유교보존설의 울타리를 뛰어넘어 서구 자산 계급 진화론의 독실한 신봉자가 되었을 때다. 그는 진화론을 사학영역으로 끌어들여 중국근대사 학사에서 앞장서서 '사계혁명[史界革命]'[9]의 기치를 들었다. 『근세지학술』과 앞뒤로 발표된 일련 의 사학논저는 바로 그가 창도한 '사계혁명'의 산물이다. 옛 금문경학 진영의 출신이라는 이유 뿐 아니라, 금문경학이 따라잡을 수 없는 사상적 무기를 찾았기 때문에 고개를 돌려 옛 금문경학 의 진영을 내려다보았을 때 이해득실은 명약관화했다. 『근세지학술』에서 양계초는 청대 금문경 학의 변천과 원류에 대해 다음과 같이 말했다. "처음으로 금문경학을 주장한 사람은 무진의 장방 경莊方耕(장존여)이며 그는 『춘추정사春秋正辭』를 지었다. 방경은 대진과 동시기 사람으로 친하게 지냈으나, 학문은 대진을 스승으로 삼지는 않았다. 대진의 학문은 경전 의리에 대한 해석을 연구 하고 여러 경전에 널리 통했으나, 장방경의 학문은 경전의 의리를 연구하고 『춘추공양전』을 간략 하게 취했다. 대진의 제자 공손헌孔巽軒(공광삼)은 일찍이 『공양통의公羊通義』를 지었지만, 금문 학파에 대대로 내려오는 가법은 통달하지 못해 천박하고 조리가 없었으니 언급할 가치가 없다. 장방경의 제자 유신수劉申受(유봉록)는 처음으로 동중서董仲舒와 이육李育만을 공부하고 『공양석 례公羊釋例』를 지었으니 사실 금문학을 연구하는 사람들의 시조가 된다. 도광연간에 그 학문은 점점 번성했으니, 가장 두드러진 사람은 인화仁和 공정암龔定庵(공자진)과 소양 위묵심魏默深(위 원)이다."[10] 양계초는 공자진과 위원 이후에 금문경학을 집대성한 사람으로 요평廖平을 높이 쳐 야하며, 변법과 제도개혁에 활용한 것은 강유위로부터 시작한다고 생각했다. "강선생이 『공양』 을 연구한 것은 금문경학을 연구한 것이다. 그 연원은 정연[요평廖平이다. 요평은 사천四川 정연井研 사람이다.]으로부터 나오니 속일 수 없다. 그러나 연구한 바는 같지만 연구한 이유는 다르다. 예전 에 『공양』을 연구한 자들은 모두 사례를 말했으나 남해南海(강유위)는 의리를 말했다. 오직 사례 에 이끌렸기 때문에 잘못 취사선택하게 되었다. 오직 의리를 추구하였기 때문에 지나간 것을 기억하고 올 것을 알았다. 제도개혁으로 『춘추』를 말하고 태평세太平世, 승평세昇平世, 난세亂世 삼세로써 『춘추』를 말한 것은 남해로부터 시작한다."[11] 중국근대학술사에서 청대금문경학의 원

---

9) 梁啓超, 『飮冰室合集』之 『文集』 第3冊, 「新史學」.

10) 首倡之者, 爲武進莊方耕(存與), 著 『春秋正辭』. 方耕與東原同時相友善, 然其學不相師也. 戴學治經訓, 而博通群經, 莊學治經義, 而約取 『春秋公羊傳』. 東原弟子孔巽軒(廣森), 雖嘗爲 『公羊通義』, 然不達今 文家法, 膚淺無條理, 不足道也. 方耕弟子劉申受(逢祿), 始專主董仲舒, 李育, 爲 『公羊釋例』, 實爲治今 文學者不祧之祖. 逮道光間, 其學寖盛, 最著者曰仁和龔定庵(自珍), 曰邵陽魏默深(源).

11) 梁啓超, 『飮冰室合集』之 『文集』 第3冊, 「近世之學術」 第3節. 康先生之治 『公羊』, 治今文也, 其淵源頗出 自井研(即廖平, 平係四川井研人——引者), 不可誣也. 然所治同, 而所以治之者不同. 疇昔治 『公羊』者

류 및 이익과 폐단을 이처럼 조리정연하게 정리하였으니 양선생은 가장 뛰어나다고 할 수 있다.

양계초 선생이 『근세지학술』을 통해 처음으로 청대학술사로 들어갔을 때, 총체적으로 청학에 대한 그의 평가가 높지 않았다는 것을 알 수 있다. "청대학술을 종합하면, 대체로 계승하지만 짓는 바가 없고 배우지만 생각하는 바가 없기 때문에 사상이 가장 쇠락했던 시기라고 할 수 있다."[12] 그러나 한창 분발하는 젊은 학자 및 사상가로서 중국사상계에 대한 전망은 낙관적이었다. 이 문장의 맨 끝에 양선생은 자신에 차서 다음과 같이 기록한다. "요약하여 논하면, 이 이백여 년은 고학부흥시대라고 부를 수 있다. 특히 그 모습은 점차적인 것이지 갑작스럽게 흥기한 것이 아니다. 그러나 하나의 유기체가 발달하듯이 지금에 이르러 번창해져 봄처럼 흥성하는 기운이 있으니, 나는 우리 사상계의 앞길에 대해 무궁한 희망을 가지고 있다."[13]

『근세지학술』은 양계초의 청대학술사 연구에 있어 이른 시기 작품이다. 그의 만년 동류의 논저와 비교하면 위풍당당하고 생기가 있다고 할 수 있다. 그러나 허심탄회하게 말하면 호기롭긴 하나 착실함이 부족한 것 같다. 당시에 그는 '사상계의 진섭思想界之陳涉'으로 자임하며 "동서 석학들의 책을 읽고 그 학설을 힘써 펼쳐서 중국에 수입하던"[14] 시기였다. 이 때문에 이 시기의 논저는 시대의 폐단을 구제하는 실용적 색채가 농후했다. 이런데다가 학업에 있어 섭렵한 것도 깊지 않아 『근세지학술』에서는 지나치거나 소략한 곳이 곳곳에 보인다. 예를 들어, 앞에서 인용한 대진에 대한 가혹한 평가와 서건학徐乾學 등에 대한 비난이 한 예이다. 게다가 당시 양선생은 '혁명으로 만주족을 몰아낸다[革命排滿]'와 '파괴주의破壞主義'는 생각에 기울어져 있었기 때문에 청초 학자인 유헌정, 여유량을 지나치게 치켜세웠던 것이다. 그는 유헌정과 여유량을 진심으로 칭찬하며, 유헌정을 '절세의 비밀운동가[絶世之秘密運動家]'라고 칭찬하고 심지어는 "내가 청초의 대유를 논한다면 마땅히 여유량을 제일 처음으로 쳐야한다."[15]고 했다. 유헌정 특히 여유량에 대해 긍정적인 평가를 내리는데, 이것은 청 조정의 통치가 여전히 유지될 수 있는 상황에서 충분한 정치적 이론적 용기가 필요한 것이다. 양선생은 이 점에서 '사상계의 진섭'이라고 자처한 것은

皆言例, 南海則言義. 惟牽於例, 故還珠而買櫝; 惟究於義, 故藏往而知來. 以改制言『春秋』, 以三世言『春秋』者, 自南海始也.

12) 梁啓超, 『飮冰室合集』之『文集』第3冊, 「近世之學術」第3節. 綜擧有淸一代之學術, 大抵述而無作, 學而不思, 故可謂之爲思想最衰時代.

13) 梁啓超, 『飮冰室合集』之『文集』第3冊, 「近世之學術」第3節. 要而論之, 此二百餘年間, 總可命爲古學復興時代. 特其興也, 漸而非頓耳. 然固儼然若一有機體之發達, 至今日而蔥蔥郁郁, 有方春之氣焉. 吾於我思想界之前途, 抱無窮希望也.

14) 梁啓超, 『飮冰室合集』之『文集』第3冊, 「近世之學術」第3節. 讀東西諸碩學之書, 務衍其學說, 以輸入於中國.

15) 梁啓超, 『飮冰室合集』之『文集』第3冊, 「近世之學術」第1節. 吾論淸初大儒, 當首推呂子.

조금의 손색도 없다고 할 수 있다. 하지만 정치적 필요로 학술연구를 대체한 것은 실제보다 지나쳤다고 할 수 있다. 이런 하자와 미숙한 점은 본래 착실한 학문적 기초와 뛰어난 재주를 가진 양계초에게 며칠 생각하기만 하면 완선한 경지에 도달하는 것은 어려운 일이 아니다. 하지만 만청의 어지러운 시국에 그는 장기간 정치투쟁의 소용돌이에 휘말리게 된다. 민국이 막 건립되었을 때 그는 시대적 격랑에 휘말리는 바람에 손을 놓았다가 16년의 시간이 지나서야 이 작업을 다시 진행할 수 있게 되었다. 1920년 『청대학술개론』의 발표를 기준으로 양계초 선생은 두 차례 청대학술사의 연구영역으로 진입하게 된다.

2. 『청대학술개론淸代學術槪論』의 성과

인류의 인식활동은 부단히 앞으로 나아가는 나선방향을 따라 낮은 데서 높은 곳으로 한쪽 면에서 다방면으로 발전해간다. 양계초 선생의 청대학술사 연구도 이런 운동법칙을 따라 앞으로 나아간다. 그의 『청대학술개론』은 형식적인 면에서 16년 전의 『근세지학술』과 마찬가지로 여전히 청대학술의 조감식 요점에 지나지 않았으며 또 약간의 기본관점도 큰 차이가 없다. 그러나 세밀하게 비교하면 두 책 사이에 계승한 부분도 있고 그대로 답습한 부분도 있긴 하지만, 간단하게 반복한 것은 아님을 알 수 있다. 그가 자술한대로 "지금 기본적인 관념은 18년 전과 큰 차이가 없다. 오직 부분적인 관찰의 경우, 옛날에 비해 더욱 정밀해진 것 같다. 또 옛날에는 목표하는 바가 있어 말을 했기 때문에 종종 결론이 한쪽으로 치우치게 되었다. 그래서 지금은 이런 것을 완전히 고쳐 옛날의 문장을 취한 것은 열 가운데 하나에 불과하다."16) 전체 문장을 종합해보면, 양선생이 예전의 결론에 대해 필요한 수정을 했을 뿐 아니라 정도와 범위에서 보다 깊고 넓게 청대학술사에 대한 그의 사고를 보여주어 이 논저는 그가 만년 청대학술사 연구의 강령적 저작이 된다.

다음은 『청대학술개론』과 『근세지학술』의 차이점을 중심으로 토론해보자. 바꾸어 말하면, 양선생이 어느 측면에서 자신의 연구를 추진시켰는지 살펴보는 것이다.

우선, 청대학술사의 분기에 관한 것이다. 『근세지학술』에서 양선생은 시간의 선후에 따라 청학을 4분기한다. 곧 "제1기는 순치강희 시기이며, 두 번째는 옹정건륭가경 시기이며, 세 번째는 도광함풍동 시기이며, 제4기는 광서시기이다."17) 양계초는 각 시기의 주요 학술추세를 4기로

---

16) 梁啓超, 『淸代學術槪論』卷首, 「自序」, 4쪽. 余今日之根本觀念, 與十八年前無大異同, 惟局部的觀察, 今 視昔似較爲精密. 且當時多有爲而發之言, 其結論往往流於偏至. 故今全行改作, 采舊文者什一二而已.

17) 第一期, 順康間; 第二期, 雍乾嘉間; 第三期, 道咸同間; 第四期, 光緒間.

귀납하는데, 제1기는 정주와 육왕의 문제이고, 제2기는 한학과 송학문제이며, 제3기는 금고문
문제이며, 제4기는 맹자와 순자, 공자와 노자, 묵자의 문제이다.[18] 이러한 시기구분과 귀납은
사실, 그 자신도 미숙하다고 여겼기 때문에 분기표 뒤에 특별히 각주를 달았다. "위의 표는 억지
로 시기구분을 한 것에 불과하다. 사실 각 시기는 맞물리고 어지럽게 섞여 서로 관계가 있으니
명확하게 구분할 수가 없다. 이 점을 독자들은 혼동해서는 안 된다."[19] 『청대학술개론』을 썼을
때, 양계초는 딱딱한 시기분기법을 더 이상 따르지 않았다. 당시 양계초는 불학佛學을 연구하고
있어서 "불교학설의 일체 변천상은 네 시기로 나뉘니, 생生, 주住, 이異, 멸滅이다."[20]는 관점을
차용하고, 아울러 시기분기법과 결합하여 청학을 네 시기로 새로이 나눈다. 이것이 곧 "첫째
계몽기[生], 둘째 전성기[住], 셋째 분열기[異], 넷째 쇠락기[滅]"[21]이다. 서술의 편의를 위해 전자
를 시서분기법時序分期法, 후자를 성쇠분기법盛衰分期法이라고 하자. 마찬가지로 네 시기구분은
시간의 선후에 따라 분기하여 큰 오류는 없지만 실제로는 간단한 자연주의를 사실대로 표현한
것에 불과하다. 성쇠분기법은 학술사조의 변천궤적에 대한 탐구를 통해 청대 학술발전의 규율을
밝혀내려고 시도했다. 이 문제에서 우리는 양선생의 결론에 대해 상당히 보류하더라도, 성쇠분기
법은 시기분기법보다 큰 폭으로 나아갔다고 생각한다. 왜냐하면 성쇠분기법은 본질적으로 역사
실제를 향해 접근한 것이지 멀어진 것이 아니기 때문이다.

다음으로 청대학술의 기본특징에 대한 귀납이다. 『근세지학술』이 고증만을 청학정통파의 학
풍으로 여긴다고 한다면, 『청대학술개론』은 하나도 빠짐없이 전체 청대학술을 고증학이라고 지
목했다. 이 책은 시작부분에서 다음과 같이 말한다. "우리 중국에서 진나라 이후로 확실한 시대사
조가 될 수 있었던 것은 한나라의 경학, 수당의 불학, 송명의 이학, 청나라의 고증학 네 가지에
불과하다."[22] 그래서 고증학파의 변천과 원류를 논할 때 양계초는 다음과 같이 말한다. "이 학파
는 멀리 순치와 강희제 교체시기에 발원하여 광서 선통까지 이어지는데 유풍과 여운이 교체하긴
하지만 없어지지는 않았으니 청조와 운명을 같이했다고 할 수 있다."[23] 양선생은 청대학술은
복고를 기치로 삼아 면밀한 고증의 형식을 취해 출현하였으니 중국학술사의 하나의 독립된 사조

---

18) 梁啓超, 『飮冰室合集』之 『文集』 第3冊, 「近世之學術」 第1節.

19) 梁啓超, 『飮冰室合集』之 『文集』 第3冊, 「近世之學術」 第1節. 上表不過勉分時代, 其實各期銜接摻雜, 有
相互之關系, 非能判若鴻溝, 讀者勿刻舟求之.

20) 佛說一切流轉相, 例分四期, 曰生, 住, 異, 滅.

21) 梁啓超, 『淸代學術槪論』, 2쪽. 一, 啟蒙期(生), 二, 全盛期(住), 三, 蛻分期(異), 四, 衰落期(滅).

22) 梁啓超, 『淸代學術槪論』, 1쪽. 我國自秦以來, 確能成爲時代思潮者, 則漢之經學, 隋唐之佛學, 宋及明
之理學, 淸之考證學四者而已.

23) 梁啓超, 『淸代學術槪論』, 48쪽. 此派遠發源於順康之交, 直至光宣, 而流風餘韻, 雖替未沫, 直可謂與前
淸朝運相終始.

라고 보았다. 게다가 양계초는 청학의 '복고復古' 특징은 구체적인 내용에서 보자면, 역방향으로 층층이 나아가는 추세가 있다고 생각했다. 양계초는 말한다. "이백여 년의 학술사를 종합할 때, 전체 사상계에 끼친 영향을 한 마디로 하면 '복고를 해방으로 삼다'이다. 제1보는 송을 복고하여 왕양명의 학문으로부터 해방된 것이고, 제2보는 한당을 복고하여 정이와 주희로부터 해방된 것이며, 제3보는 서한을 복고하여 허신과 정현으로부터 해방된 것이며, 제4보는 선진을 복고하여 일체 전주傳注로부터 해방된 것이다."24) 이러한 귀납은 '복고를 해방으로 삼다'[以復古爲解放]를 청학발전의 필연적 추세로 보는 것이다. 솔직하게 말하면, 우리는 이러한 생각을 결코 찬성하지 않는다. 하지만 이것은 분명 『근세지학술』에서 보인 '고학부흥古學復興'의 간단한 표현을 심화시킨 것이다. 왜냐하면 이것은 '고학부흥'의 층차를 충실히 했을 뿐 아니라, '복고'의 목적을 탐구했기 때문이다. 바로 이러한 기본적인 추정에서 출발하여 양계초는 '복고를 해방으로 삼다'를 끈으로 삼아 청대학술을 현대학술과 소통시킨다. "이미 선진을 복고했다면 공맹으로부터 해방되는 지경에 미쳐야 그친다."25) 이러한 소통은 물론 분명히 주관적 억측의 측면이 있지만 이론적 시도로서 마땅히 긍정해야할 가치가 있다. 이러한 시도는 작자의 이전 연구과제에 대한 심화임에는 틀림없다.

　다음으로, 중국학술사의 지위에 있어서 청대학술의 평가이다. 앞에서 기술한 내용과 마찬가지로 『근세지학술』에서 양계초의 청학에 대한 총체적인 평가는 높지 않다. 그러나 16년의 간격을 두고 양계초는 이전의 관점에 대해 중대한 수정을 한다. 당시는 그가 1년여의 서구여행을 마치고 귀국했을 때다. 서구방문 기간에 양계초는 서구의 문화, 특히 '문예부흥文藝復興'이후 서구문화가 선두지위를 차지하게 된 원인에 대해 진일보한 인식을 갖게 되었다. 그는 이 인식을 중국전통적인 정치, 경제, 사회 및 문화와 대조하고 예전의 비관적이고 소극적인 생각을 일소하여 나라의 장래에 자신감이 충만해 있었다. 귀국 초에 행한 연설에서 양계초는 다음과 같이 말했다. "저는 이번 여행 이후로 중국에 대해 심히 낙관적이며 깊은 흥미도 가지고 있습니다. 또 소극적인데서 적극적으로 변하는 동기가 이미 시작되었음을 깨닫습니다. 여러분은 중국의 장래가 절대 비관적이지 않고 중국 고유의 기초 역시 세계의 새로운 사조에 가장 적합하다는 사실을 알아야 합니다. 다만 각자가 자신의 인격을 닦고 앞으로 힘써 나아갈 것을 추구해야만 합니다."26) 이로부터 교육

---

24) 梁啓超, 『淸代學術槪論』, 6쪽. 綜觀二百餘年之學史, 其影響及於全思想界者, 一言以蔽之, 曰以復古爲解放. 第一步, 復宋之古, 對於王學而得解放; 第二步, 復漢唐之古, 對於程朱而得解放; 第三步, 復西漢之古, 對於許鄭而得解放; 第四步, 復先秦之古, 對於一切傳注而得解放.

25) 梁啓超, 『淸代學術槪論』, 6쪽. 夫旣已復先秦之古, 則非至對於孔孟而得解放焉不止矣.

26) 「梁任公在中國公學演說」(『申報』1920年3月15日), 丁文江, 趙豊田 편집. 『梁啓超年譜長編』에서 간접인용, 上海人民出版社 1983年版, 902쪽. 鄙人自作此遊, 對於中國甚爲樂觀, 興會亦濃, 且覺由消極變積極

에 몸을 던져 평생사업으로 삼고 그가 설계하는 사회의 청사진에 따라 "새로운 인재를 배양하고 새로운 문화를 선전하며 새로운 정치를 개척하기로"[27] 결심한다. 양계초 선생의 청대학술평가에 대한 평가 및 그의『청대학술개론』의 편찬은 이런 배경에서 성숙한 것이다.『청대학술개론』에서 그는 시종 청대학술을 서구 '문예부흥'과 비교하며 청학의 역사 가치에 대해 충분히 긍정한다. "청대 사조란 과연 어떤 것인가? 간단하게 말하면, 송명이학에 대한 반동으로 복고를 기치로 삼은 것이다. 동기와 내용은 서구 '문예부흥'과 매우 유사하다. 서구에서 '문예부흥'를 거친 후에 발생한 새로운 영향은 우리 중국에도 오늘날 단서를 드러내고 있다."[28] 이것은 청학이 곧 우리 중국 역사에 있어 '문예부흥'이며, 청대가 곧 우리나라의 '문예부흥'시대임을 말하는 것이기도 하다. 이 점에 관해 양선생은「청대학술개론자서淸代學術槪論自序」를 쓸 때, 예전 저서의 문구 중 한 곳에 수정을 가한 것이 이 문제를 잘 설명해 줄 것이다. 본래『근세지학술에서 그는 청대 이백여 년을 '고학부흥시대古學復興時代'라고 일컬었다가, 이 때 와서 예전의 저서를 인용할 때 표정하나 바뀌지 않고 '고학'을 '문예'로 고친다. "이 이백여 년은 중국의 문예부흥시대라고 명명할 수 있을 것이다."[29] 이러한 수정과 평가는 예전의 '사상이 가장 쇠락한 시대思想最衰時代'라는 논단과 당연히 같이 논할 수 없다.

마지막으로『청대학술개론』이 이론적으로 탐구를 심화시킨 점은 청대학술에 대한 종합을 통해 이후 학술발전의 추세를 예측하려고 했다는 데 있다.『근세지학술』에서 양계초의 이런 노력은 이미 시작되었다. 그는 일찍이 다음과 같은 견해를 제시했었다. "나는 우리 사상계의 앞날에 무한한 희망을 가지고 있다."[30] 하지만 이러한 전망은 예측이라기보다는 아름다운 희망이나 독자를 고무시키는 것이라 할 수 있다. 이 때문에 그것의 이론적 가치는 지극히 제한적이었다. 그러나『청대학술개론』은 별도로 절을 만들어 그에 대해 논술한다. "내가 역사에서 살펴보고 시세에서 징험해보고 우리나라 국민성에서 살펴보고는 그리 멀지 않은 미래에 반드시 여러 가지 조류가 출현하고 각각 차고 넘치는 발전을 하리라는 것을 믿는다."[31] 양선생이 예측한 다섯 가지

之動機現已發端. 諸君當知中國前途絶對無悲觀, 中國固有之基礎亦最合世界新潮, 但求各人高尚其人格, 勵進前往可也.

27) 梁啓超,「致伯祥亮儔等諸兄書」(1920年 5月 12日), 丁文江, 趙豐田 편집『梁啓超年譜長編』제909쪽에 보인다. 培養新人才, 宣傳新文化, 開拓新政治.

28) 梁啓超,『淸代學術槪論』, 3쪽. 淸代思潮果何物耶? 簡單言之, 則對於宋明理學之一大反動, 而以復古爲其職誌者也. 其動機及其內容, 皆與歐洲之'文藝復興'絶相類. 而歐洲當'文藝復興'期經過以後所發生之新影響, 則我國今日正見端焉.

29) 梁啓超,『淸代學術槪論』卷首,「自序」, 3쪽. 此二百餘年間, 總可命爲中國之文藝復興時代.

30) 梁啓超,『飮冰室合集』之『文集』第3冊,「近世之學術」第3節. 吾於我思想界之前途, 抱無窮希望也.

31) 梁啓超,『淸代學術槪論』, 79쪽. 吾稽諸歷史, 徵諸時勢, 按諸我國民性, 而信其於最近之將來必能演出

학술조류에 대해 여기서는 시비를 논하지 않는다. 하지만 이 전망 자체에서만 보자면 그것의 이론적 가치는 분명하다. 역사학은 하나의 과학으로서 본질적으로 역사에 원래 모습을 되돌려주어 역사의 발전규율을 드러내어야 할뿐 아니라, 이런 규율적인 인식에 근거하여 역사발전의 추세를 예측해야 한다. 『청대학술개론』에서 진행한 이론탐색으로 그는 이런 점에서 중국전통사학의 '옛 것을 끌어와 지금을 증명하다[引古籌今]'과 '옛 것을 거울삼아 지금의 교훈으로 삼다[鑑往訓今]'의 역사연구 목적론을 훨씬 넘어섰다. 그는 과거를 현실이나 미래와 일이관지—以貫之하는데, 이러한 노선은 분명 정확하다는 점에서 의심의 여지가 없다. 이것이 바로 봉건역사가에 비교해 자산계급사가의 탁월한 점이 된다.

3. 『중국근삼백년학술사中國近三百年學術史』의 편찬

　『청대학술개론』을 기점으로 양계초 선생은 만년에 집중적으로 청대학술사에 대해 광범위하고 깊이 있는 연구를 진행한다. 범위와 깊이 면에서 이 연구의 발전은 우선 대진과 그의 철학에 대한 고도의 평가에서 나타난다.

　1923년 음력 12월 24일은 대진이 태어난 지 200주년이 되는 날이다. 양선생은 이해 10월에 대진을 위한 기념회를 열 것을 학술계에 처음으로 제안한다. 그는 이를 위해 「대동원생일이백년기념회연기戴東原生日二百年紀念會緣起」를 지어 대진과 그의 철학을 지극히 추앙한다. 그는 "청조학술의 특징은 고증학이다. 대동원은 고증학의 거장이다."[32]라고 했다. 또 "대동원의 공로 중 장래 학술계에 가장 가치 있는 것은 두 가지다."[33]라고 했으니, 하나는 '대동원의 연구방법'이고, 다른 하나는 '그의 정감철학情感哲學'이다. 이 두 가지 가치 때문에 대진은 '우리나라 과학계의 선구자로서' 주희나 왕수인과 '동등한 지위를 가지는' '철학계의 혁명적 건설가'가 될 수 있었다고 양계초는 생각했다.[34] 이 기념회를 위해 그는 「대동원선생전戴東原先生傳」과 「대동원철학戴東原哲學」을 짓고, 기념회를 마치고는 「대동원저술찬교서목고戴東原著述纂校書目考」 등을 짓는다. 이 몇 편의 글에서 양계초 선생은 대진의 평생행적과 사상연원 및 철학사상의 주된 내용을 깊이 탐구했다. 그는 다음과 같이 결론을 내린다. "대동원 선생은 청대 학자 중 으뜸이다. 고증학

　數種潮流, 各爲充量之發展.

32) 前淸一朝學術的特色是考證學, 戴東原是考證學一位大師.

33) 戴東原的工作, 在今後學術界留下最大價値者, 實在左列兩項.

34) 梁啓超, 『飮冰室合集』之『文集』第14冊, 「戴東原生日二百年紀念會緣起」. 可以說是我們科學界的先驅者", "平分位置", "哲學界的革命建設家".

은 청대학술을 집대성했고, 철학은 이천년 동안 밝혀내지 못한 내용을 밝혀냈다. 그리 오래 살지는 못해 최고의 경지에 이르지는 못했지만, 성취한 바는 이전 사람들을 빛내고 후학들의 길도 열어주었다."[35] 마음속에서 우러나는 이런 칭찬은 20년 전 은근하게 풍자한 것에 비하면 지나친 감이 있긴 하지만 연구를 통해 자득한 것임에 틀림없다. 대진의 사상연구에 있어 양선생이 처음으로 개척한 공은 실로 가릴 수가 없다.

대진과 그의 철학에 대한 평가와 마찬가지로 연구가 심화됨에 따라 양선생이 젊었을 때 청초학자에 대해 행한 지나친 논의들에 대해서도 이 시기에 실제에 맞게 일일이 수정을 가한다. 1924년 2월에 쓴 「근대학풍의 지리분포近代學風之地理分布」란 글에서 이전에 그가 '학계의 해충'이라고 비난했던 탕빈 등의 인물에 대해 이전의 관점과 달리 평가한다. "휴주의 탕잠암(탕빈)은 청대의 명신 겸 유자로서 사람들이 모두 최고로 친다. 잠암은 관직이 현달한 후에 휴가를 내어 고향에 돌아가 평소 생각을 바꿔 소문蘇門에서 배운다. 하봉(손기봉)의 제자 가운데 학문을 가장 잘 전수한 사람으로 연燕 땅에는 위연륙魏蓮陸이 있고, 예豫 땅에 잠암이 있다. 당시 조정에서는 정주학으로 서로 아부하고 왕학을 편벽되고 그릇된 것으로 비난했다. 잠암은 그의 스승을 굳건히 따르고 주희와 육구연의 뜻을 조화시키며 육구연과 왕양명을 종주로 받들었다. 관직에 있을 때는 권세 있는 재상인 명주明珠의 뜻을 거슬러 해임되어 거의 죽을 뻔했다. 이는 배운 바의 소신으로 세상에 아부하지 않은 것이다."[36] 서건학에 대해서도 다음과 같이 평했다. "곤산의 서건암徐健庵(서건학)과 서입재徐立齋(서원문)는 상관에게 아부를 잘해 많은 비난을 받았지만 후진들을 힘껏 장려하고 발탁한 공은 지극히 크다. 강희 초엽 온 나라가 배움을 장려하는데 서건암과 서입재의 힘이 있었다. 건암은 『예』도 열심히 연구하여 『독례통고讀禮通考』는 사실 만계야萬季野, 만사동의 손에서 나오지만 앞서서 주장한 공은 속일 수가 없다. 『통지당구경해通志堂九經解』는 성용약덕成容若德(납란성덕)의 이름을 빌렸으나 실은 건암으로부터 나왔으니 당송경학의 학설을 연구하는 사람은 여기서 고찰하는 바가 있다."[37] 양계초가 젊었을 때 위군자僞君子, 진소인眞小人으로

---

35) 梁啓超, 『飮冰室合集』之『文集』第14冊, 「戴東原圖書館緣起」. 戴東原先生爲前淸學者第一人, 其考證學集一代大成, 其哲學發二千年所未發. 雖僅享中壽, 未見其止, 抑所就者固已震鑠往祿, 開拓來許矣.

36) 梁啓超, 『飮冰室合集』之『文集』第14冊, 「近代學風之地理的分布」5, 「河南」. 睢州湯潛庵(斌), 淸代以名臣兼名儒者共推以爲巨擘, 潛庵宦達後假歸, 及折節學於蘇門. 而夏峰弟子中, 最能傳其學者, 在燕則魏蓮陸, 在豫則潛庵. 時盈廷以程朱學相誇附, 詆陸王爲诐邪, 潛庵嶽然守其師調和朱陸之旨, 而宗陸王爲多. 居官以忤權相明珠去位, 幾陷於戮, 是眞能不以所學媚世者.

37) 梁啓超, 『飮冰室合集』之『文集』第14冊, 「近代學風之地理的分布」7, 「江蘇」. 昆山徐健庵(乾學), 徐立齋(元文), 雖頗以巧宦叢譏議, 然宏奬之功至偉. 康熙初葉, 擧國以學相淬勵, 二徐與有力焉. 健庵治『禮』亦頗勤, 其『讀禮通考』雖出萬季野, 然主倡之功不可誣也. 『通誌堂九經解』嫁名成容若德, 實出健庵, 治唐宋經說者有考焉.

비난했던 이광지李光地, 모기령毛奇齡에 대해서도 공정하게 평가한다. "안계安溪 이진경(이광지)은 사람들의 생각을 잘 살펴 정주의 도통으로 자임했으며, 또한 예학과 역산학曆算學의 연구로 높은 지위에 올라 세상 사람들은 그를 대유大儒로 받들었다."[38] 그는 또 "청초 절동의 고증학으로 명성을 날렸던 사람은 초산蕭山의 모서하毛西河(모기령)다.", "서하의 학문은 잡박하고 충실함이 부족하지만 독창적인 견해 또한 가릴 수가 없다."[39] 학술관점의 수정은 당연히 연구방면에 있어 퇴보가 아니라 진리 추구의 과정이다.

양선생은 이 시기에 자신의 청대학술사 연구를 더욱 심화시키는 또다른 하나의 표현은 바로 그가 17세기 사조에 대한 연구다. 청초 경세經世사조를 중시한 탐구는 양선생의 수 십 년에 걸친 청대학술사 연구에 있어 좋은 전통이라고 할 수 있다. 이는 그의 연구특징을 구성하는 중요한 측면이다. 이 측면에서 그가 걸어간 길은 부단한 심화의 여정이기도 하다. 이전에는 청초사상을 청학발전의 초기단계로 보고 고찰하여 긍정적인 평가를 내린데 불과했지만, 만년에 학식이 누적되고 연구가 심화됨에 따라 왕조교체의 한계를 넘어 17세기 전체 사조에 대한 연구로 확대시킨다. 그래서 양계초는 1924년에 이 부문만을 중심으로 「명청지교중국사상계급기 대표인물明淸之交中國思想界及其代表人物」한 편을 지었다. 이 글에서 그는 1624년부터 1724까지 백 년 동안의 중국사상계의 대략적인 형세와 중요인물에 대해 논한다. 양계초는 "정치적 구분을 따르자면 1644년부터 시작해야 하지만 문화사 연대는 관례대로 정치사보다 한 걸음 앞서야 한다. 그래서 본 강의에서 말하는 여명시대는 20~30년 앞당겨서 서구 17세기에 해당하다."[40]라고 했으며, 또 "이 백년간은 학술사에서 가장 가치 있는 시대로 제1기 공맹의 시대를 제외하면 비교할 수 있는 시대가 없는 것 같다."[41]라고 했다.

양계초 선생이 만년에 진행한 17세기사조 연구에서 안리顏李학파를 세상에 알린 것은 그가 공을 들인 중요한 과제이다. 안원顏元은 일찍이 "문장을 쓰는 것은 단지 시비만 논하지 이동異同은 논하지 않는다. 시是는 한 두 사람의 견해로 바꿀 수가 없고, 비非는 천만인이 똑같이 생각한다 하더라도 그 목소리를 따르지 않는다."[42]라고 했다. 양선생은 충심으로 이 말을 받아들인다.

---

38) 梁啓超, 『飮冰室合集』之『文集』13, 「福建」. 安溪李晉卿(光地), 善伺人主意, 以程朱道統自任, 亦治禮學, 曆算學, 以此躋高位, 而世亦以大儒稱之.

39) 梁啓超, 『飮冰室合集』之『文集』第14冊, 「近代學風之地理的分布」9, 「浙江」. 淸初浙東以考證學鳴者, 則蕭山毛西河(奇齡).", "西河之學, 雜博而缺忠實, 但其創見時亦不可沒.

40) 梁啓超, 『飮冰室合集』之『文集』第14冊, 「明淸之交中國思想界及其代表人物」. 若依政治的區劃, 是應該從1644年起的, 但文化史的年代, 照例要比政治史先走一步. 所以本講所講的黎明時代, 提前二三十年, 大約和歐洲的十七世紀相當.

41) 梁啓超, 『飮冰室合集』之『文集』第14冊, 「明淸之交中國思想界及其代表人物」. 這一百年, 是我們學術史最有價値的時代, 除卻第一期──孔孟生時, 像是沒有別個時代比得上它.

그는 "안원과 이공李塨은 청유 가운데 특별한 사람일 뿐 아니라 이천년 사상계의 대혁명가다."[43] 라고 말한다. 당시는 미국의 유명한 철학자 존 듀이가 중국을 방문한 뒤, 존 듀이와 윌리엄 제임스의 실용주의 철학이 한 동안 풍미했을 때라 양선생은 안원과 이공의 학설이 그들과 필적할 수 있다고 지적한다. 그는 다음과 같이 말한다. "그들이 한 말을 읽으면 만족스러우면서도 이치에 맞다. 그 가운데는 삼백년 전이라고 하지만 지금 유행하는 학설과 맞아떨어지는 부분도 확실히 존재한다."[44] 그는 안리顔李학설을 현대교육사조와 비교하며 안원이나 이공의 실학사상과 교육주장에 대해 상세한 인증을 진행한다. "내가 인용한 내용이 교육자의 흥미를 각별히 끌어내기를 희망하며, 이 학파의 교육이론과 방법이 나의 이 글로 인해 널리 전해져 많은 사람들이 힘써 실행하기를 바란다."[45] 이 측면에서 후대 교육계의 안원의 교육사상에 대한 심화연구는 구천에 있는 양선생을 위로할 수 있을 것이다.

1924년 전후는 청대학술사의 연구에 있어 양계초 선생이 풍성한 수확을 거둔 시기이다. 이 시기에 그는 앞서 언급한 논문을 발표하는 것 외에,『청유학안』의 편찬작업에 착수한다. 1923년 4월에 그는 당시 상무인서관 담당자 장원제張元濟에게 보내는 편지에서 다음과 같이 쓰고 있다. "근래에『청유학안』을 편집하려고 합니다. 먼저 몇 사람을 묶어 세상에 내려고 하는데, 그 첫 번째 인물이 대동원입니다."[46] 다음해 초엽에 그가 대학교에서 강의를 할 때 또 다음과 같이 말한다. "저는『청유학안』을 짓기로 결심한지 몇 년이 되었지만 늘 지금 제가 처한 시대를 황종희의 고명故明함에 비교하며 책임을 전가할 방법이 없음에 통감합니다. 할 일은 많고 시간은 빨리 지나가니 언제 그동안 품어왔던 바램을 실행할 수 있을지 모르겠습니다."[47] 애석하게도 이 작업은 끝을 맺지 못한 채 양선생은 세상을 떠난다. 대진, 황종희, 고염무의 세 학안과『청유학안연표』백여 페이지의 원고만 남았다. 이와 동시에 양계초 선생이 한 세 번째 일은 천진 남개南

42) 顔元,『顔習齋先生言行錄』卷下,「學問」第20. 立言但論是非, 不論異同. 是則一二人之見不可易也, 非則雖千萬人所同不隨聲也.

43) 梁啓超,『飮冰室合集』之『文集』第14冊,「明淸之交中國思想界及其代表人物」. 顔李不獨是淸儒中很特別的人, 實在是二千年思想界之大革命者.

44) 梁啓超,『飮冰室合集』之『文集』第14冊,「顔李學派與現代敎育思潮」. 他們所說的話, 我們讀去實覺得鏨心切理, 其中確有一部分說在三百年前而和現在最時髦的學說相暗合.

45) 梁啓超,『飮冰室合集』之『文集』第14冊,「顔李學派與現代敎育思潮」. 我盼望我所引述的, 能夠格外引起敎育家興味, 而且盼望這派的敎育理論和方法, 能夠因我這篇格外普及, 而且多數人努力實行.

46) 梁啓超,「致菊公書」, 丁文江, 趙豐田 編『梁啓超年譜長編』, 992쪽. 頃欲輯『淸儒學案』, 先成數家以問世, 其第一家即戴東原.

47)『梁啓超論淸學史二種·中國近三百年學術史』, 438쪽. 吾發心著『淸儒學案』有年, 常自以時地所處竊比梨洲之故明, 深覺責無旁貸; 所業既多, 荏苒歲月, 未知何時始踐夙願也.

開대학과 북경 청화연구원淸華硏究院에 행한 중국 근삼백년 학술사에 대한 강의다. 뒤에 그가 행한 강의는 『중국근삼백년학술사中國近三百年學術史』라는 서명으로 간행된다.

『중국근삼백년학술사』는 『청대학술개론』의 뒤를 이은 양계초 선생의 청대학술사 연구의 또 하나의 중요한 논저이며, 이 학술영역에서 만년의 연구성과가 결집된 저술이다. 『청대학술개론』을 집필할 때가 양선생이 정치투쟁의 소용돌이 속에서 막 나온 뒤라 정론가의 기운을 자못 띠고 있기 했지만, 이 때 그는 이미 여러 해 동안 유명 교수로서 학생들의 강의를 맡아왔기 때문에 학술문제에 대한 탐구가 수년 전에 비해 보다 냉정하고 치밀해졌다. 그래서 학술 전문사의 최초 형태로 『청대학술개론』에 비해 성숙해있었다. 이 책은 앞서 행한 청대학술사에 대한 거시적 연구라는 특징도 가지고 있으면서, 동시에 인물과 주제 중심으로 거시적 연구를 부분적이며 구체적인 연구와 결합시켰다. 이 논저는 모두 16절로 되어 있으나 귀납하면 세 개의 주제를 벗어나지 않는다. 첫째는 청대학술변천과 정치의 영향이다. 둘째는 청초 경세사조와 주요학자의 성취다. 셋째는 청대학자의 학술정리에 대한 종합이다. 전체 책은 청대학술주류에 대한 파악든지, 각 시기 학술추세에 대한 분석, 청초의 거장인 고염무, 황종희, 왕부지, 안원 등에 대한 연구든지, 논자들에게 홀시되었던 방이지方以智, 비밀費密, 당견唐甄, 진확陳確, 반평격潘平格 등을 세상에 알리는 일이든지, 모두 심후한 연구에 기초한 탁월한 견식과 판단을 분명하게 드러내었다. 그 가운데는 특히 세 번째 주제에 대한 연구에 있어 자료수집과 탐구에 노력을 기울여 깊은 공력을 보여주니 만년의 득의한 작품이기도 하다. 1924년 4월, 그가 이 부분의 초고를 『동방잡지』에 보내 발표를 청할 때 다음과 같이 말한다. 전편에 열거한 20개 학술분류는 "각 부분의 처음부분은 먼저 청 이전의 상황을 기술하고, 중간부분은 성적을 언급했으며 끝부분은 앞으로 어떻게 정리가공할지에 대한 의견을 자술했다. 자료수집에 들인 공이 적지 않다. 각 부분 학술에 대한 내 개인의 의견은 대체로 그 속에 들어있어서 청년들의 학업에 대한 흥미를 이끌어낼 수도 있을 것이다. 잡지에 먼저 발표하여 천하 식자들의 반론과 보충을 널리 구한 다음에 책을 완성했으면 한다."[48]

양계초 선생은 『청대학술개론』의 내용이 너무 소략하여 개정하려는 생각을 오랫동안 가지고 있었다. 『중국근삼백년학술사』는 이 부분에서 견실한 걸음을 떼었다고 할 수 있다. 하지만 유감스러운 점은 이 작업을 계속 진행하지 않고 학술적 흥미를 선진자학연구로 돌렸다는 것이다. 엄격하게 말하면, 『중국근삼백년학술사』는 미완성 작품이라고 할 수 있다. 왜냐하면 양선생이 이 책 서두에서 "본 강의의 목적은 청학의 각 부분을 조금 더 상세하게 분석하고"[49], "각 시기의

---

48) 梁啓超, 「致菊公書」, 丁文江, 趙豐田 編 『梁啓超年譜長編』, 1016쪽. 每類首述淸以前狀況, 中間擧其成績, 末自述此後加工整理意見, 搜集資料所費工夫眞不少. 我個人對於各門學術之意見, 大槪都發表在裏頭, 或可以引起靑年治學興味. 頗思在雜誌上先發表, 征求海內識者之批駁及補正, 再泐爲成書.

중요인물과 그들의 학술성과를 설명하는 것이다."[50]라고 분명하게 말했지만, 이 책의 작업을 마쳤을 때 처음의 목적은 반 밖에 실행되지 못한 채, 청 중엽 이후 학술사는 종합논평만 있지 설명은 없이 더 이상 분석하지 않았기 때문이다. 이후 중국 제1차 대혁명이 고양됨에 따라 그는 색안경을 끼고 시국을 관찰하여 고민 방황하다가 점차 낙오하게 된다. 거기다 병환까지 깊어져 1929년 1월 세상을 떠날 때까지 청대학술사 연구를 더 이상 진행하지 못한다. 이것은 매우 유감스러운 일이다. 만약 양선생이 몇 년 더 살아서 『청대학술개론』과 『중국근삼백년학술사』를 합쳐 『청대학술사』를 개정하려는 바람을 실현했다면 청대 학술영역에서의 그의 성과는 한정 없이 위대했을 것이다.

4. 걸출한 공헌 개요

중국근현대 학술사에서 양계초는 개척정신이 풍부했던 것으로 유명하다. 바로 이런 독립적이고 대담한 개척으로 인해 그는 청대학술사연구에서 독특한 특징을 이루어 선배 학자들을 뛰어넘는 탁월한 성취를 달성한다. 걸출한 선행자로서 양선생의 연구는 보다 멀리 가지 못했을 뿐 아니라 편파적이고 소략한 부분도 약간 있긴 하지만, 대의와 체례를 만들고 새로운 길을 개척하였으니 청대학술사의 창건과 건설이라는 측면에서 그의 업적은 영원토록 사라지지 않을 것이다. 귀납하면 양계초 선생의 청대학술영역에서의 공헌은 주로 다음의 몇 가지가 있다.

첫 번째, 거시적 연구의 개척.

청대에 학술발전의 근원와 변천에 대해 부분적으로 정리하는 것은 중엽부터 시작한다. 가경, 도광연간에 강소의 양주학자 강번은 『국조한학사승기國朝漢學師承記』와 『국조송학연원기國朝宋學淵源記』 및 『국조경사경의목록國朝經師經義目錄』을 저술하여 학술적 추세의 기원이 된다. 이어 호남의 학자 당감唐鑒이 한을 높이고 송을 낮추는 강번의 방식에 불만을 가지고 이전과 정반대로 오직 정주학파를 대종으로 삼고 경학과 심학은 자신과 다른 학설로 보아 『국조학안소식』을 편찬하니 이전의 방식을 이어서 자득한 바가 있다고 할 수 있다. 하지만 강번과 당감 두 사람의 저작은 청대전기학술계의 상황을 이해하는데 참고할만한 가치가 없는 건 아니지만 그들은 모두 자신의 학파의 견해에만 매몰되었는데 당감이 그중에 특히 심했다. 그래서 학술사연구의 각도에서 이 두 사람이 얻은 성취를 양계초와 비교하면 전체는 말할 것도 없고 한 부분도 이루지 못한다.

---

49) 『梁啓超論淸學史二種·中國近三百年學術史』, 103쪽. 本講義目的, 要將淸學各部分稍爲詳細解剖一番.

50) 『梁啓超論淸學史二種·中國近三百年學術史』, 125쪽. 要將各時期重要人物和他的學術成績分別說明.

양계초 선생의 연구가 이전 사람보다 훨씬 뛰어난 근본적인 이유는 진화론을 역사연구 영역으로 끌어들여 청대학술발전을 하나의 역사적 변천과정으로 보고 중국학술사에 대해 처음으로 거시적 역사연구를 진행했기 때문이다. 갈수록 심화되는 연구과정 속에서 양선생은 우선 종적방법에서 착안하여 청대학술사를 중국 수천 년 학술발전사에 두고 하나하나 논했다. 그는 청학과 송명이학과의 필연적 연관성을 지적했을 뿐 아니라 청학을 공맹의 도에 대한 비판과 소통시킨다. 그가 사람들에게 분명하게 제시한 것은 수천 년간 이어져온 봉건왕조 문치주의에 대한 역사가들의 가송이나 주희부터 당감에 이르도록 역대 학자들이 자기 학파의 학설을 세상에서 표창한 것도 아니라, 역사의 각 시기마다 학술사상의 성쇠를 다룬 전체적인 모습이었다. 이와 같이 양선생은 '사계혁명'의 실천을 통해 청대학술사 연구를 새로운 경지로 이끌었다. 동시에 양선생은 또 어느 특정 역사단계의 학술사상사로서 300년간의 학술발전을 독립된 하나의 개체로 보고, 여러 층차와 여러 측면에서 체계적인 연구를 진행했다. 그가 행한 연구과제의 범위나 논평한 학자의 인원수는 역사상 유례를 찾을 수 없다. 청대학술발전에 관한 기본특징, 청대학술사의 분기와 각 시기의 중요한 학술적 추세, 17세기 경세사조와 전체 청학의 역사지위 등에 관한 그의 탐구는 전무후무하며, 후대 학자들의 연구를 심화시키는데 광범위하면서도 견실한 길을 제시했다. 매우 귀한 점은 만청 학술계의 대표적 인물임에도 불구하고 선생은 뛰어난 역사가의 이성으로 자기학파의 견해에 얽매이지 않고 직접 경험한 학술사에 대해 냉정하면서도 치밀한 연구를 진행한다는 것이다. 그는 "조금도 미련 없이 오늘의 나로 과거의 나를 힐난하고", "현재 집필중인 또 다른 하나의 양계초로 삼십년 역사자료 중의 양계초를 비판한다."[51] 그는 "사상계에서 나의 파괴력은 작지 않지만 새로 만들어냈다는 말은 듣지 못했다. 만청 사상계의 조잡하고 천박함은 내게 책임이 있다."[52]라고 말한 적이 있는데, 이처럼 양선생과 마찬가지로 자신을 역사인물의 하나로 보아 분석한 사례는 중국학술사에서 자주 볼 수 없는 일이다. 이와 같이 허심탄회하면서도 물 흐르듯 바른 의견을 쫓아가는 학풍 때문에 청대학술사 연구에서 양선생의 개척정신은 끊임없이 살아 숨 쉰다. 또 개척적인 거시적 연구로 인해 양선생은 청대학술영역의 뛰어난 창시자 중 한 명이 되었다.

두 번째, 청대학술 발전규율에 대한 탐색.

---

51) 梁啓超, 『淸代學術槪論』, 63쪽, 卷首, 「自序」第4頁. 不惜以今日之我, 難昔日之我. 即以現在執筆之另一梁啓超, 批評三十年史料上之梁啓超也.

52) 梁啓超, 『淸代學術槪論』, 65쪽. 啓超之在思想界, 其破壞力確不小, 而建設則未有聞, 晚淸思想界之粗率淺薄, 啓超與有罪焉.

청대학술은 중국고대 학술발전의 중요한 단계로서 그 자체의 운동규율을 가지고 있다. 이 규율을 탐구하고 정확하게 파악하는 것은 청대학술사연구의 근본적인 과제다. 중국학술사에서 이런 탐색을 진행한 선구자가 바로 양계초 선생이다. 그는 청년시기 청대학술사연구로 들어갈 때, 봉건역사가가 미칠 수 없는 기백과 탁견으로 역사의 세 '경계설[界說]'을 제기했다. 곧 첫 번째는 "역사는 진화의 현상을 서술한다."이고, 두 번째는 "역사는 인류의 진화현상을 서술한다."이며, 세 번째는 "역사는 인류의 진화현상을 서술하고 그 보편적인 이치와 규율을 추구한다."이다.[53] 중국사학사에서 양계초 선생은 처음으로 서양으로부터 '역사철학' 개념을 도입했다. "역사연구를 잘 하는 사람은 반드시 인류의 진화현상을 연구하고 보편적 이치와 규율이 어디에 있는지 연구해야 한다. 여기에서 이른바 역사철학이 나온다. 역사와 역사철학은 다르지만 요컨대 철학적 이상이 없으면 좋은 역사가 될 수 없는 것은 분명하다."[54] 양선생이 청대학술사를 연구한 과정은 자산계급의 역사철학을 기준으로 삼아 학술영역의 '보편적 이치와 규율'을 탐색해간 과정이기도 하다.

양계초 선생은 『근세지학술』로부터 『중국근삼백년학술사』까지, 전체 연구에서는 청대학술의 연변과 원류에 대한 윤곽선만 그리는데 만족하지 않았으며, 청대학자의 업적을 세상에 알리는데 국한되지도 않았다는 것을 표명했다. 그는 청대학술사에서 차례로 출현한 학술현상의 원인 및 학술현상 사이의 관계를 탐색하고, 아울러 이것들을 합쳐 하나의 독립된 사조로 보고, 나아가 이 사조와 전후 역사시기에 출현한 사조들의 관계를 찾으려고 시도한다. 역사와 계급의 제한으로 이 문제의 탐구에 있어 양선생은 끝내 바라던 바를 이루지는 못하지만, 청대학술발전의 내재논리에 대한 인식이든, 지리나 사회환경, 사람들의 심리상태 등의 원인이 학술발전에 끼친 영향에 대한 탐구, 특히 그가 만년에 힘들여 논증한 봉건전제정치의 학술추세에 대한 제약에 있어서 가치 있는 탐색을 한다. 그의 탐구의 결과는 후인들의 진리탐구에 귀한 사상적 자료를 제공한다.

세 번째, 일련의 중요연구과제의 제기.

학술연구은 근본으로 돌아가면, 진리추구를 위해 문제를 해결하는 것이다. 그러나 문제의 해결과 진리의 파악은 결코 단숨에 이루어지는 것이 아니라 장기적이고 대를 잇는 수고가 연구자에게 요구된다. 그래서 개척자로서 그들의 공적을 평가하는 근거는 종종 문제해결 여부에 달려있는

53) 梁啓超, 『飮冰室合集』之『文集』第3冊, 「新史學」. 歷史者, 敍述進化之現象也. 歷史者, 敍述人群進化之現象也. 歷史者, 敍述人群進化之現象而求得其公理公例者也.
54) 梁啓超, 『飮冰室合集』之『文集』第3冊, 「新史學」. 善爲史者, 必研究人群進化之現象, 而求其公理公例之所在, 於是有所謂歷史哲學者出焉. 歷史與歷史哲學雖殊科, 要之苟無哲學之理想者, 必不能爲良史, 有斷然也.

것이 아니다. 역사가 그들에게 긍정적 평가를 내리는 것은 문제를 제기한 그들의 견식과 판단 때문이다. 이런 의의로부터 문제제기와 문제해결은 동등하게 중요한 가치를 가지고 있다. 양계초 선생의 청대학술사연구의 역사적 가치는 이전 사람들이 언급하지 못했던 문제들을 건드리고 해결하려고 착수했을 뿐 아니라, 청대학술영역에서 해결해야하는 일련의 중요한 과제를 제기했다는데 있다. 양선생이 제기한 연구과제에는 규율성 인식에 대한 탐구도 있고 부분적 문제에 대한 깊이 있는 분석도 있다. 전자의 경우는 청대학술사의 분기, 청대학술발전의 기본특징과 추세, 17세기 경세사조연구, 청대학술의 역사지위 등이 있다. 후자의 경우는 대진과 그의 철학 및 안리顔李학파의 평가, 청대학자들의 이전 학술정리에 대한 총체적인 성과, 건가학파와 상주학파의 형성, 만청시기 서학의 전파 등이 있다. 명세서로 표시하면 최소한 40~50개의 큰 제목으로 나열할 수 있을 것이다. 반세기 이상 연구자들은 양계초 선생이 개척한 길을 따라 각자 다른 각도에서 다른 연구방법을 이용하여 그가 제기한 과제를 해결해왔다. 그와 동시에 이런 과정 속에 새로운 연구과제를 부단히 발굴하여 청대학술사 연구를 새롭고 보다 높은 차원으로 끌어올렸다.

네 번째, 동서문화 대비연구의 탐색.

어느 국가나 민족이든 모두 자신의 이론사유사와 문화사가 있다. 역사의 원인 때문에 그들 사이의 발전수준에 차이가 있지만 각 국가와 민족을 동일한 역사시기나 유사한 발전단계의 이론 사유사와 문화사에서 비교 연구하는 것은 각각의 발전수준을 제고시키고 공동으로 인류문명을 창건하는데 십분 필요한 일임에 의심의 여지가 없다. 오늘날의 관점에서 보면, 이러한 인식은 이미 사람들에게 기꺼이 받아들여진다. 하지만 몇 세기 전 쇄국정책을 취한 청 정부의 통치하에서 이것은 불가사의한 일이다. 20세기 초까지 봉건통치가 아직 연명해가던 시기에 이렇게 하는 것은 충분한 이론적 용기와 탁월한 견식을 필요로 했다. 이 방면에서 양계초 선생은 역사상 유례가 없는 용감한 탐색을 시도했다. 그는 부분적인 측면에서 청대학술사 연구에서 황종희, 안원, 대진 등의 각 시기 유명 사상가의 사상을 서구의 유사한 사상가들과 대비시켜 각 사상의 역사적 가치를 긍정했을 뿐 아니라, 전체적인 관점에서 청대학술을 서구 '문예부흥'과 대비시켜 청학의 역사적 지위를 높이 평가했다. 그가 행한 대비적 연구는 매우 간단하면서도 소략한 유비類比방식에 불과하고, 게다가 종종 주관적 임의성을 확실히 띠고 있긴 하지만 이러한 비교연구를 통해 그는 '국수주의'에 얽매인 보수주의자도 되지 않았으며, 다른 사람을 숭배하는 민족허무주의자도 되지 않았다. 양계초 선생의 성공적인 시도는 결과적으로 중국의 사상문화 유산에 대한 심화인식 및 앞날에 대한 충만한 낙관적인 생각을 불러왔다는 것을 의미한다. 그는 여기에 대해『청대학술개론』의 끝부분에서 다음과 같이 말한다. "나는 이 책을 마치면서 우리 선조들의 지극히 두터운

은혜에 감사하고 지극히 찬란하고 장엄한 장래가 우리 앞에 펼쳐지리라는 것을 깨닫는다."[55]

서구의 '문예부흥'은 서양이 자본주의로 가는 선도자가 되며 헤아릴 수 없는 역사적 가치를 가지고 있다. 엥겔스는 이 문예부흥을 '그동안 겪어보지 못한 가장 위대하며 진보적인 변혁'[56]이라고 불렀다. 이런 의미에서 보면, 양계초 선생이 진행한 비교방식은 적합하지 않다. 그러나 양선생이 청대학술사에 대한 총결로써 청학과 '문예부흥' 사이의 유사점을 찾으려고 시도하고, 결국 중국의 자본주의를 불러내려고 한 점은 역사상 진보적 의의가 있다. 역사의 발전과정이 사회주의야 말로 중국을 구원했다고 웅변하고 있지만, 20세기 초에 양계초 선생의 새로운 사회에 대한 동경 및 그가 진행했던 이론적 담색에 대해 분석을 포기한 채 일괄적으로 부정해서는 안 된다. 사실, 그의 동서문화 비교연구와 "'무분별하게' 외국학설을 수입한 것"[57]은 그의 말을 빌려 말하면 "외국학문의 참된 정신을 우리 조국에 보급하는데"[58] 그 목적이 있었다. 이 점에서 양계초 선생이 구국구민의 진리를 서양에서 찾은 걸출한 선행자 중 한 사람이라는 데는 한 점의 부끄럼이 없다. 게다가 청대 근 300년 동안은 이론사유의 수준에서, 서양에 비해 이미 하나의 역사단계가 낙후되어 있다는 것을 그가 진행한 이론탐색은 우리에게 알려준다. 양선생의 탐구는 이런 차이가 형성된 근본원인이 우리가 청대사회사와 사상사를 연구하는 중요한 과제임을 말해준다.

다섯 번째, 학술사 편찬재를 새로 만듦.

중국사학사에서 학술사의 분기는 유구하다고 할 수 있다. 『장자』의 「천하편」, 『순자』의 「비십이자편」에서 역대 사서 가운데 유림전, 경적지, 예문지에 이르도록 대대로 정리를 거쳐 한 계통으로 이어져 내려온다. 하지만 엄격하게 말하면, 전문적인 사서체재로서 그것의 기원은 남송시대에 형성되니, 바로 주희의 『이락연원록伊洛淵源錄』이다. 이어서 수백년의 발전을 거쳐 청초 학자 황종희가 편찬한 『명유학안』에 와서야 완성된다. 청대에 학술사의 편찬은 황종희의 뒤를 이어 학안체를 기준으로 삼았으며 큰 체재는 차이가 없고 작은 체재에서 변통이 있을 뿐이었다. 양계초 선생의 청대학술사 저술은 이런 격식을 타파했다. 『근세지학술』로부터 『중국근삼백년학술사』에 이르도록 그는 학안체 사서에서 장점은 취하고 단점은 버려 학자에 대한 전문적인 연구를 각 역사시기의 중요한 학술현상의 주제연구 속에 녹여내었다. 장절을 분명하게 나누고 강목과 세목을 구분하였다. 양선행이 보여준 학술사는 예전의 학안처럼 고립된 하나하나의 학자나 학파

---

55) 吾著此篇竟, 吾感謝吾先民之餉遺我者至厚, 吾覺有極燦爛莊嚴之將來橫於吾前.

56) 『馬克思恩格思選集』第4卷, 人民出版社 1995年版, 261쪽. 從來沒有經歷過的一次最偉大的, 進步的變革.

57) 『梁啓超論淸學史二種·中國近三百年學術史』, 124쪽. "無揀擇的"輸入外國學說.

58) 梁啓超, 『飲冰室合集』之『文集』第3冊, 「近世之學術」第3節. 欲使外學之眞精神普及於祖國.

가 아니라 서로 연결되어 불가분의 관계를 가진 역사발전 과정이었다. 양선생이 그리려고 했던 그림은 한 폭의 사생화다. 청대 300년간 학술변천은 하늘로 치솟은 한 그루 나무와 같고, 각 역사시기의 중요한 학술현상은 각 층마다 그늘을 드리운 **빽빽한** 가지와 같으며, 각각의 특징을 띠는 학자들은 가지마다 주렁주렁 매달린 열매에 해당한다. 이와 같이 역사편찬학의 측면에서 양계초 선생의 청대학술사 저술은 학안체 사서의 기초 위에 비약적 발전을 숙성시켜 편찬학술사의 새로운 체재를 제공했다.

이 지점에서 청대학술사의 편찬과 관련하여 전체 청사에 대해서도 양선생의 편찬은 공헌한 바가 있다는 점을 지적할 필요가 있다. 일찍이 1914년에 그는 청사의 기, 표, 지, 전에 대해 각 부분별로 일련의 건설적인 의견을 제기한 적이 있다. 양선생은 사서에 있어 표와 지의 지위를 매우 중시하여 사마천의 『사기』가 십표十表를 창시한 것은 "사가들의 시조가 되는 큰 법칙이 되어야 마땅한데", 하지만 "후대의 사가들은 인표人表만 따르고 사표事表는 버림으로써 사마천의 정밀한 뜻이 반은 허물어졌다."고 생각했다. 그는 동시에 "전체 역사서의 정수는 지志가 으뜸이다."라고 말했다. 그래서 그는 청대의 중대한 역사사실을 수십 개의 표와 지로 만들어 '문장은 간단하지만 사실은 증가하는' 효과를 취했다.[59] 유감스럽게도 일견 타당한 그의 관점은 사관의 중시를 받지 못한다. 그래서 뒤에 그는 초일산肖一山 선생의 『청대통사淸代通史』에 서문을 쓸 때, 감격에 겨워 말한다. "청사의 옥에서 어느새 12년을 보내며 정부에서 편수하는 『청사』의 편찬은 끝날 시일을 예측하지 못하다가 완성하니, 결코 천하의 기대에 부응하는 데 부족할 것이다. 우리는 오늘날 공사의 기록이 다 산실되지 않아 열 사람의 입으로 전해져 와 증명할 수 있는 것들이 불어나 적지 않다. 이 때 흩어져 없어진 것을 망라하고 세상에 전하는 것을 정리하지 않고 세월을 보내 낡은 것을 고집하며 자료수집과 발굴, 복잡하게 섞여있는 일을 후대 사람들에게 물려준다는 이는 누구의 허물인가?"[60] 양선생의 역사가로서 고도의 책임감을 여기서 조금이나마 엿볼 수 있다. 우리가 오늘날 『청사』를 다시 편찬하는데 있어 되도록 옛 사서의 기전체의 격식을 따를 필요는 없지만, 70여 년 전의 양계초의 의견에 대해, 예를 들어 청대의 중대한 역사사실에 대한 파악이나 청대에 제왕의 역사작용이 있다는 것을 중시한 점, 인물묘사에 있어 전전專傳이나 부전附傳 등의 여러 가지 형식으로 '연대를 나누고部畫年代', '부류에 따라 나눈 점比類相從' 등에 있어서는 여전히 거울로 삼을 만하다.

---

59) 梁啓超, 『飮冰室合集』之『專集』第8冊, 「淸史商例初稿」. 宜爲史家不祧之大法. 後之作者, 惟踵人表, 舍棄事表, 史公精意瀉其半矣. 全史精華, 惟誌爲最. 文簡事增.

60) 梁啓超, 『飮冰室合集』之『專集』第8冊, 「淸史商例初稿」. 淸社之屋, 忽十二年, 官修『淸史』, 汗靑無日, 即成, 亦決不足以饜天下之望. 吾儕生今日, 公私記錄未盡散佚, 十口相傳, 可徵者滋復不少. 不以此時網羅放失, 整齊其世傳, 日月逾邁, 以守缺鉤沈盤錯之業貽後人, 誰之咎也?

5. 거장이 남긴 사고

양계초 선생은 박학다식하며 재능이 뛰어났다. 그는 평생 사학, 문학, 철학, 법학, 불학, 사회학, 정치학, 재정금융학, 언어문자학, 금석서법학, 지리학, 교육학 등 수많은 학과를 섭렵하여 학문영역의 광범위함은 타의 추종을 불허한다. '넓음'[廣]은 그의 학문의 장점이다. 넓기 때문에 드넓은 학문의 바다에서 마음대로 내달려 "산과 연못을 찢어 새로운 국면을 열고裂山澤以辟新局", 이전 사람들이 발견하지 못했던 것을 발견하는 것이 마치 마음대로 가져오는 것 같았다. 그러나 바로 이 넓음은 학문의 단점을 이루기도 한다. 넓은 것에 힘쓰는 바람에 각 방면을 돌아보느라 하나에 전념하지 못하여 "넓은 것에 힘써 소략한務廣而疏" 측면으로 흘렀다. 여기에 대해 그가 자책한 내용이 있다. "나는 넓은 것에 힘쓰느라 소략하여 매번 어떤 배움에서 그 영역을 조금 건드리고는 바로 하나하나 논했다. 그러므로 내가 저술한 글은 모호한 말이나 영향관계에 대한 말, 불분명한 말이 많고 심지어 완전히 틀린 말도 있다. 스스로 발견하고는 교정하려고 하니 이미 앞뒤가 맞지 않았다."[61] 이것은 결코 겸사가 아니라 진심으로 한 말이다. 그의 청대학술사연구에서도 이러한 폐단이 존재한다. 양계초의 청대학술사 저술은 크고 넓은 칼이나 도끼로 과감하게 처리하고 시야가 넓으며, 게다가 문필이 평이하면서도 막힘이 없어 그의 글을 읽으면 통쾌하여 손에서 책을 놓지를 못한다. 하지만 책을 덮고 가만히 생각하면 소략한 내용이 곳곳에 있다. 특히 개괄적인 논단은 더더욱 퇴고를 거치지 않아 더 말할 나위 없어 유감스러움을 금할 수가 없다. 다음은 한 두 가지 사례를 들어 설명한다.

양계초 선생은 청대학술발전의 주요 조류는 "주관적이고 깊은 사색을 싫어하고 객관적인 고찰에 치우친다."[62]고 생각했다. 여기에 근거하여 그는 청대의 고증학을 이전의 양한경학, 수당불학, 송명이학과 병칭되는 '시대사조時代思潮'[63]로 보았다. 이러한 귀납은 대체로 타당하다. 하지만 앞에서 기술한 추론에 기초하여 양선생은 청대학술의 발전을 계몽기, 전성기, 분열기, 쇠락기의 네 단계로 나눈다. "중외고금의 이른바 사조를 보면, 모두 이러한 여정을 따라 서로 전해져 내려온다. 청대 삼백년이 그 대표적인 사례다."[64] 이와 같이 그는 전체 청대학술발전의 역사를 유일한 고증사조사考證思潮史로만 귀결한다. 이러한 방식은 여러 가지로 생각해봐야 한다. 청대

---

61) 梁啓超, 『淸代學術槪論』, 65쪽. 啟超務廣而疏, 每一學稍涉其樊, 便加論列, 故其所著述, 多模糊, 影響, 籠統之談, 甚者純然錯誤. 及其自發現而自謀矯正, 則已前後矛盾矣.

62) 『梁啓超論淸學史二種·中國近三百年學術史』, 91쪽. 厭倦主觀的冥想而傾向於客觀的考察.

63) 梁啓超, 『淸代學術槪論』, 1쪽.

64) 梁啓超, 『淸代學術槪論』, 3쪽. 吾觀中外古今之所謂思潮者, 皆循此歷程以遞相流轉, 而有淸三百年, 則其最切著之例證也.

학술이 고증학을 주류로 하지만, 오직 고증학으로만 전체 청학을 묶을 수는 없다. 청대 근 300년 동안 유구한 고증학이 있긴 했지만, 그 이전에 청초학술의 주류로서 경세사조도 있었으며, 고증학이 유행했을 때 금문경학도 이미 다시 흥기하여 청 중엽 이후 성행했으며, 만청시기에는 서구에서 구국구민救國救民의 진리를 찾는 역사조류도 흥기했다. 게다가 고증학과 시종 대등했던 송학도 면면히 이어져온다. 이런 여러 사조가 적지 않았다. 어지럽고 복잡한 모든 학술현상들은 서로 연결되고 서로 침투하면서도 각 역사시기에 독립적으로 존재했다. 이런 사조들은 이미 고증학의 부속물이 아니고 고증학으로 대체할 수 있는 것이 아니었다. 양선생의 말을 빌리자면, 많은 사조들도 고증학과 마찬가지로 각자의 계몽기, 전성기, 분열기, 쇠락기를 가진다. 이 때문에 우리는 양선생이 청대학술의 변천을 간단화시키는 방식에 동의하지 않는다.

또 청대학술발전 가운데 '복고復古'현상을 어떻게 봐야할까? 양계초 선생이 보기에, 청대학술은 '복고'의 길을 걸어왔다. 그래서 그는 청대를 '고학부흥시대'라고 불렀다. 그는 청학이 '복고를 해방으로 삼았다'고 여겼을 뿐 아니라, 층층이 거슬러 올라가는 '복고'의 과정으로 귀납했다. 이 복고의 과정은 "첫 번째는 송을 복고하는 것이며", "두 번째는 한당을 복고하는 것이며", "세 번째는 서한을 복고하는 것이며", "네 번째는 선진을 복고하는 것이다."[65] 양선생의 이런 관점에 대해 앞의 반은 대체로 찬성하지만, 이른바 "복고를 해방으로 삼았다"는 명제, 특히 네 단계의 '복고'과정의 귀납에 대해서는 "모호하고, 근거 없으며, 불분명할[模糊, 影響, 籠統]" 뿐 아니라 '완전히 틀렸다[純然錯誤]'고 우리는 여긴다. 청대는 중국고대학술에 대해 정리와 개괄을 진행한 시기다. 그래서 형식적인 면에서 청대는 확실히 '복고'의 특징을 가지고 있다. 하지만 '복고'는 필경 일종의 현상에 불과하므로 청대학술발전의 본질이라고 말할 수는 없다. 청학의 '복고'에 대해 우리는 구체적인 역사적 조건을 떠나 따로 떼어놓고 고찰할 수는 없다. 다 복고라고 하지만 청 초엽, 건가 및 청 중엽 시기는 만청시기와 매우 다르다. 청초 학자의 '복고'는 사회의 대동란으로 인해 발생한 현실문제에 답해야 하지만, 낙후되고 진부한 생산방식에 그들의 사유방식과 사유능력이 구속되어 역사적 제약을 뛰어넘을 수 없었다. 단지 고개를 돌려 유가경전으로 회귀하여 상고시대의 '삼대의 다스림[三代之治]'으로부터 사회의 청사진을 그릴 수밖에 없었다. 건가시기의 '복고'는 청초와 다른 사회, 경제, 정치적 조건하에서 진행되었다. 바로 건가시기 학자들은 사회가 제공하는 무대에서 경학으로 이학의 곤궁함을 구제한다는 청초의 추세에 발맞추어 순전히 고학의 정리로만 향한다. 이것은 청초의 '경세치용'과 확연한 질적 차이가 존재한다. 그러나 도광함풍시기 이후, 특히 동치광서시기의 '복고'는 건가시기 유풍의 과거 학문에 대한 정리를

---

65) 梁啓超, 『淸代學術槪論』, 6쪽. 第一步, 復宋之古; 第二步, 復漢唐之古; 第三步, 復西漢之古; 第四步, 復先秦之古.

계승하고, 『춘추』 공양가들이 말하는 "뜻이 이상하고 괴이한 논의"[非常異義可怪之論]를 빌려와 사회의 위기를 만회하려는 노력을 꾀한다. 이것은 건가시기와 비교하면 또 한 차례의 새로운 질적 변화이다. 만청 시기에 서학西學을 중학中學과 소통시킨다. 이 때 '복고'는 서학의 전파를 위한 것으로, 서구에서 구국구민의 진리를 찾는 것이 거부할 수 없는 역사적 조류가 된다. 청대학 술사는 이처럼 부정의 부정이라는 모순운동 속에서 앞으로 나아가는데, 그 사이에는 점진적인 양적 누적도 있고 혁명적인 질적 변화도 있다. 양선생은 범속한 진화론에 얽매여 청학발전 가운데 질적 변화의 능동작용을 보지 못한다. 그는 정확하게 현상을 통해서 역사의 본질을 파악하지 못한 결과 견강부회할 수밖에 없었다. 이것이 대체로 그가 오류를 범한 철학의 근본적 문제가 있는 곳이다. 사실, 청대의 어떠한 역사시기든지 간에 '복고를 해방으로 삼는'[以復古爲解放] 객관적 요구는 결코 존재하지 않으며, 층층이 거슬러 올라가는 '복고'의 추세는 더더구나 존재하지 않는다. 양선생은 당시 국학을 창도할 필요 때문에 이런 주관적 귀납을 행했으니 취할 만 하지 않다.

　　종합하면, 양계초 선생의 청대학술사 연구에는 대담한 탐색을 통해 얻어낸 수확도 있고 거칠고 소략함으로 생긴 오류가 남긴 교훈도 있다. 그러나 대체적으로 논하면, 청대학술영역에서 양선생의 공헌은 중요하면서도 근본적인 측면이며, 소략한 과실은 부차적이고 비본질적非本質的인 측면이다. 양선생이 남긴 학술문화유산을 비판적으로 계승하여 그가 마치지 못한 『청대학술사』의 편찬 작업을 완성하는 것이 오늘날 우리가 그에 대해 할 수 있는 가장 좋은 일일 것이다.

6. 양임공梁任公선생과 청화淸華연구원

　　청화국학연구원의 80주년 기념일을 맞아 예전에 양임공 선생이 지은 간략한 전기의 작은 일을 엮어서 청화학보에 바친다. 이 기회를 빌려 축하하는 마음을 소략하나마 전하고 거장에 대한 경앙의 마음도 전한다.

(1) 사람됨과 학문을 하나로 합친 새로운 학풍의 창조

　　1920년 3월, 양임공 선생은 서구유럽 여행을 마치고 귀국했다. 여행도중 각 지역을 방문하면서 양선생은 서구 문화, 특히 최근 백년 사이에 서구문화가 선도적 지위에 서게 된 원인에 대해 진일보한 인식을 갖게 되었다. 그는 이런 인식을 중국전통의 정치, 경제, 사회, 문화와 대조하여 과거의 비관과 소극적인 정신을 일소시키고 국가의 앞날에 충만한 자신감을 갖게 되었다. 귀국 초에 행한 연설에서 임공 선생은 다음과 같은 뜻을 드러내었다. "제가 이번 여행을 다녀온 후 우리 중국의 앞날에 대해 매우 낙관적인 생각을 갖게 되었고 흥미도 짙어졌으며, 적극적으로 변하게 된 동기도 이미 시작되었음을 깨달았습니다. 여러분들께서는 중국의 앞날이 절대로 비관적이지 않다는 것과 중국 고유의 기초 역시 세계의 사조에 가장 부합한다는 것을 아셔야 합니다. 다만 여러분 각자 고상한 인격을 기르고 용왕매진하시기 바랍니다."66) 이로부터 양선생은 교육에 몸을 바치고 이것을 평생 사업으로 삼기로 결심했으며, 자신이 설계한 사회의 청사진에 따라 "새로운 인재를 배양하고 새로운 문화를 선전하며 새로운 정치를 개척하기"67) 바랐다. 청화학교와 청화연구원은 임공선생이 만년에 사회적 이상을 실현하는 중요한 장소가 된다.

정문강丁文江, 조풍전趙豊田 두 선생이 편집한 『양계초연보장편』에 의하면, 양임공 선생이 처음으로 청화학교 강단에서 강학한 것은 1922년 봄의 일이다.68) 하지만 이국준李國俊 선생의 저술 『양계초저술계년梁啓超著述繫年』에서는 양선생의 『국학소사國學小史』 친필원고에 근거해 1920년 겨울 이후의 일로 기록하고 있다.69) 양선생은 1923년 9월부터 다시 초빙으로 청화학교에 가서 강학한다. 이 강학은 1년 후 다음해 9월 13일 양선생의 부인이 병으로 세상을 떠나자 중단된다. 1925년 9월, 양임공 선생은 다시 청화학교에서 강의를 시작하고, 청화연구원의 일을 주관하며 북원의 교원주택 2호에 입주한다. 1928년 6월, 병세가 위중해 연구원의 일을 그만두기까지 양선생은 전후로 3년동안 청화연구원의 일을 주관한다.

양임공 선생이 청화학교에서 강학하고, 특히 청화연구원의 일을 주관한 것에는 명확한 요지를 가지고 있었다. 그것은 바로 위인爲人과 위학爲學을 하나로 합친 새로운 학풍을 창조하는 것이었다. 이 점에 관해 1926년 11월 12일, 양선생은 청화연구원의 다과회 모임에서 청화학교 교장 및 교수와 학생들에게 한 차례 연설을 한다. 양선생은 연설의 처음에 청화연구원의 설립 취지를 드러낸다. "제가 가장 희망하는 일은 새로운 학풍을 만드는 것이다."70) 새로운 학풍이란 무엇일까? 양임공 선생의 연설문의 말을 빌리자면, "세상에서 없어서는 안 되는 사람이 되어야 하고, 세상에서 없어서는 안 되는 책을 써야 한다."71)이다.

---

66) 丁文江, 趙豊田編, 『梁啓超年譜長編』, 902쪽. 鄙人自作此遊, 對於中國甚爲樂觀, 興會亦濃, 且覺由消極變積極之動機現已發端. 諸君當知中國前途絶對無悲觀, 中國固有之基礎亦最合世界新潮, 但求各人高尚其人格, 勵進前往可也.

67) 丁文江, 趙豊田編, 『梁啓超年譜長編』, 909쪽. 培養新人才, 宣傳新文化, 開拓新政治.

68) 丁文江, 趙豊田編, 『梁啓超年譜長編』, 949쪽.

69) 李國俊, 『梁啓超著述繫年』, 復旦大學出版社 1986年版, 197쪽.

70) 我所最希望的, 是能創造一個新學風.

71) 梁啓超, 『飮冰室合集』之『文集』第5冊, 5-7쪽. 做人必須做一個世界上必不可少的人, 著書必須著一部世界上必不可少的書.

1927년 초여름, 양임공 선생은 병든 채로 청화연구원의 동학들과 북해여행을 떠난다. 휴식시간에 즉석에서 한 연설에서 양선생은 시국과 연결시켜 청화연구원에서의 2년간 추구했던 일을 회고했다. "내가 근래 2년 동안 청화학교에 와서 교수의 직책을 맡은 데는 당연히 나의 포부가 있었습니다. 저는 새 학교에서 과거의 정신을 종합하여 살펴보고 싶었습니다. 내 이상은 매우 고원해서 실현하기 쉽지 않습니다. 나는 중국유가 도학道學의 수양을 기초로 하여 학교의 수업에서 구체적으로 드러내고 싶었습니다. … 한편으로 지식을 추구하면서 한편으로 도학의 수양을 추구하여 양자를 하나로 묶으려고 했습니다."[72] 연설이 끝났을 때, 양선생은 종합하여 다음과 같이 말했다. "귀납하면, 앞에서 말한 것에는 두 가지가 있습니다. 첫째는 사람이 되는 방법: 사회에서 시류를 쫓지 않는 새로운 사람을 만드는 것이며, 두 번째는 학문의 방법: 학술계에서 새로운 사조에 적응하는 국학을 조성하는 것입니다. 나의 청화에서의 목적은 이와 같습니다. 내 목적이 이미 만족스럽다고 감히 말하지 못하지만, 좋은 벗 몇 명은 얻었습니다. 이것은 내가 스스로를 위로할 수 있는 점이기도 합니다."[73] 끝으로 임공 선생은 같이 여행하는 젊은 학인들을 격려하며 다음과 같이 말했다. "오늘은 일 년이 거의 다 지나갈 날입니다. 날씨가 쾌청할 때에 여러 동학들을 초청하여 여기서 모이는 것입니다. 이 자리에 있는 동학들이 내가 말한 두 가지 점, 곧 사람됨과 학문을 종사함을 명료하게 이해해서 힘써 앞으로 나아가길 바랍니다."[74]

(2) 학술연구의 새로운 영역의 개척함

양임공 선생은 박학다식하고 고금에 관통한다. 청화학교에서 교수를 맡을 때, 특히 청화연구원의 강의를 주관하던 시기에 이어서 강의한 과목으로『중국소사中國小史』,『중국역사상민족지연구中國歷史上民族之硏究』,『중국문화사中國文化史』,『중국근삼백년학술사中國近三百年學術史』,『요적해제급기독법要籍解題及其讀法』,『중국역사연구법中國歷史硏究法』,『유가철학儒家哲學』,『고서진위급기연대古書眞僞及其年代』 등이 있다. 학문영역의 광범위함으로 당시 필적한 사람이 없었

---

72) 我這兩年來淸華學校當敎授, 當然有我的相當抱負而來的, 我頗想在這新的機關之中, 參合著舊的精神. 吾所理想的也許太難, 不容易實現. 我要想把中國儒家道術的修養來做底子, 而在學校功課上把他體現出來. … 一面求智識的推求, 一面求道術的修養, 兩者打成一片.

73) 歸納起來罷, 以上所講的有二點 : (一)是做人的方法──在社會上造成一種不逐時流的新人. (二)做學問的方法──在學術界上造成一種適應新潮的國學. 我在淸華的目的如此. 雖不敢說我的目的已經滿足達到, 而終得了幾個很好的朋友. 這也是做我自己可以安慰自己的一點.

74) 丁文江, 趙豐田 編,『梁啓超年譜長編』, 1144쪽. 今天是一年快滿的日子了. 趁天氣晴和時候, 約諸同學在此相聚. 我希望在座的同學們, 能完全明了了解這二點──做人做學問──而努力向前幹下去呀.

을 뿐 아니라, 창신에 전념한 개척정신은 중국학술사에서 영원히 존재할 것이다. 다음은 양선생의 청대학술사연구에 나의 견해이다.

양임공 선생의 청대학술사 연구는 그 개척정신이 주로 다음 몇 개 방면에서 구체적으로 나타난다. 우선, 전체를 관통하는 대국관大局觀이다. 청대에 당대 학술발전의 원류를 정리하는 것은 중엽에 이미 시작되었다. 가경도광 연간에 강소 양주 학자인 강번江藩이 『국조한학사승기』와 『국조송학연원기』, 『국조경사경의목록』을 지은 것이 실로 이 학술추세의 기원이 된다. 19세기 말 20세기 초 장태염 선생은 『구언訄言』을 서술하고 뒤에 수정을 거쳐 『검론檢論』으로 바꾼다, 유신숙劉申叔 선생이 지은 『근유학술통계론近儒學術統系論』과 『청유득실론淸儒得失論』에 이르러 청대학술사학과는 이미 단서를 처음으로 드러낸다. 양임공 선생의 『청대학술개론』과 『중국근삼백년학술사』가 나오자 뒷사람이 앞에 있는 사람을 추월하여 새로운 영역을 확립한다. 양선생의 연구가 앞사람들을 초월할 수 있었던 근본적인 이유는 서양 최근의 학설인 진화론을 사학영역에 끌어와 청대학술발전을 역사발전의 과정으로 보고, 중국학술사에서 처음으로 거시적 역사연구를 진행했다는 데 있다. 양선생의 연구결과는 청대학술과 이전의 송명이학 사이의 필연적 관계를 명확하게 드러내었을 뿐 아니라, 연구결과를 이후 공명학설에 대한 비판과 소통시켜 청대학술의 역사적 가치를 긍정했다. 그와 동시에 양임공 선생은 또 특정역사단계의 학술발전사로서 300년 학술발전을 하나의 독립된 개체로 보고 여러 층차와 여러 측면에서 체계적인 연구를 진행한다. 양선생이 독자들에게 분명하게 제시한 것은 수천년 동안 역사가들이 칭송했던 제왕의 문치도 더 이상 아니었으며, 주자로부터 황종희를 거쳐 강번에 이르는 역대학술사가들의 자기 학파에 대한 표창도 아니었다. 바로 각 역사단계의 학술사상의 발전사였다. 이와 같이, 임공 선생은 '사계혁명'의 실천을 통해 청대학술사연구의 새로운 경지를 개척하며 이 학술영역에서 걸출한 창시자가 된다.

다음은 일련의 중요한 연구과제를 제기한 것이다. 학술연구의 요지는 근본으로 돌아가면 진리추구와 문제해결을 위한 것이다. 그러나 문제해결과 진리파악은 결코 단숨에 이루어지는 것은 아니라, 연구자의 오랜 시간과 힘든 과정이 필요하며 종종 대를 잇는 수고로움도 필요하다. 이 때문에 개척자들에게 역사적 평가를 내리는 근거는 종종 문제해결 여부에 있는 것이 아니라, 문제를 제기한 그들의 식견에 있다. 이런 의의에서, 문제제기와 문제해결은 동등한 가치를 가지고 있다. 양임공 선생의 청대학술사연구의 역사적 가치는 그가 이전 사람들이 언급하지 않은 문제들을 건드리고 해결하려고 착수했을 뿐 아니라 이 학술영역에서 해결해야하는 일련의 중요한 과제를 제기했다는 데 있다. 양선생이 제기한 연구과제 가운데는 규율성 인식에 대한 탐구도 있고 부분적 문제에 대한 심화분석도 있다. 전자는 청대학술사의 분기, 청대학술의 기본 특징과 발전추세, 17세기 실학사조, 청대학술의 역사지위 등이 있고, 후자는 대진사상과 안리학파의 평가, 청대학자의 과거학문 정리에 대한 총체적 성과, 건가학파의 형성, 금문경학의 부흥, 만청시기

서학의 전파 등이 있다. 이런 문제들의 제기는 전무후무할 뿐 아니라 후대 학자들에게 광활하면서도 견실한 심화연구의 길을 제시했다.

마지막으로, 학술사 편찬체재에 대한 창신이다. 중국사학사에서 학술사의 분기는 근원은 멀고 변천은 유구하다고 할 수 있다. 『장자·천하편』과 『순자·비십이자편』에서 역대 사서의 유림전, 경적지, 예문지까지 대대로 정리되어 하나의 계통으로 이어져 내려온다. 하지만 엄격하게 말하면 전문적인 사서체재로서 학술사의 기원은 남송시대에 형성되니, 바로 주희의 『이락연원록伊洛淵源錄』이다. 이어서 또 백년간의 발전을 거쳐 청초 학자인 황종희의 저서 『명유학안』에 와서야 최종적으로 완성된다. 청대에 학술사의 편찬은 황종희의 뒤를 이어 학안체를 기준으로 삼아 큰 체재는 차이가 없고 작은 부분에서 변통이 있는 것에 불과했다. 양임공 선생의 청대학술사 연구는 이런 격국을 타파한다. 젊은 시기의 저술 『근대지학술』로부터 만년에 청화연구원에서 강의한 『중국근삼백년학술사』에 이르도록 양선생은 학자에 대한 전문연구를 각 역사시기 중대한 학술현상의 주제탐구 속에 녹여 장절을 분명히 하고 강목과 세목을 세워 고유의 학안체 사서에 대한 혁명적 개조를 한다.

청말민초의 학문은 새로운 것을 추구하는 것을 그 특징으로 한다. 양임공 선생은 이전 사람을 이어받아 발전시킨 거장으로 위로 도광, 함풍 이후 선행자의 업적을 이어받아 청초 거장들의 광박한 경세치용의 학문을 다시 주장하여 넓음 가운데 새로움을 추구하여 깃발을 높이 드날려 일가를 이룬다. '넓음'은 양선생 학문의 장점이다. 넓기 때문에 드넓은 학문의 바다에서 마음껏 달리며 "산과 연못을 찢어 새로운 국면을 개척하여[裂山澤以辟新局]" 누구도 감당할 수 없는 예리함으로 새로운 영역을 확립할 수 있었다. 그러나 이런 '넓음'은 양선생 학문의 단점이기도 하다. 이 점에 대해 임공선생이 다음과 같이 자책하는 내용이 있다. "나는 넓음에 힘썼지만 소략하다. 매번 배움이 어떤 영역을 조금 건드리고는 바로 하나하나 논했다. 그러므로 나의 저술에는 모호한 말, 영향관계에 대한 말, 무분별한 말이 많다. 심지어 완전히 틀린 부분도 있다. 스스로 발견하고 교정하려고 하니 이미 앞뒤가 맞지 않았다."[75] 이 말은 결코 겸사가 아니라 진심으로 한 말이다. 반세기 이상 연구자들이 양선생의 장점은 취하고 단점은 보완하여 보다 깊이 개척하고 부단히 정진하여 비로소 오늘날 청대학술사 연구의 새로운 격식이 있게 된 것이다.

---

75) 梁啓超, 『飮冰室合集』之『專集』第3冊, 65쪽. 啓超務廣而疏, 每一學稍涉其樊, 便加論列. 故其所著述, 多模糊, 影響, 籠統之談, 甚者純然錯誤. 及其自發現而自謀矯正, 則已前後矛盾矣.

(3) 학술에 헌신하는 새로운 정신의 수립

양임공 선생이 한 명언 중에 "전사는 전장에서 죽고 학자는 강단에서 죽는다"[76]는 말이 있다. 이 말은 학술에 헌신한 양선생의 고귀한 정신을 말한 것으로 만년에 끊임없이 추구했던 모습을 여실히 나타낸 말이다.

양임공 선생은 일생의 마지막 시기를 병마와 싸우면서 보낸다. 양선생의 성정은 활달하고 평소 아픈 일도 많지 않아 매번 건강을 자신하는 바람에 바쁜 와중에 과로로 자신을 혹사시켰다. 게다가 음주를 좋아하여 시간이 지남에 따라 차츰 무리를 주어 몸을 상하고 만다. 바로 양선생이 건강을 자신할 때, 병마가 몰래 찾아왔던 것이다.

1924년 9월, 양선생은 만년에 부인을 먼저 저 세상에 보내며 지나치게 상심하여 결국 소변출혈증이 생긴다. 다음해 봄, 병세가 심해져 북경에 있는 독일 병원에 입원하여 치료한다. 3월에 협화의원協和醫院으로 옮겨 오른쪽 신장을 절개한다. 수술을 했지만 병의 근본원인을 치료하지 못해 출혈이 그치지 않는다. 병이 낫기도 전에 양선생은 교육사업에 대한 책임감 때문에 청화연구원과 연경대학의 강단에 다시 오른다.

1927년 6월, 양임공 선생은 연경대학에서 『고서진위급기연대古書眞僞及其年代』의 강의를 마치고 다음과 같은 고별사를 한다. "이 번 강연은 반년을 진행했지만 횟수도 적고 시간도 짧아 원래 정해진 시간은 1시간 외에 늘 두 시간을 강의했지만 많은 내용을 전달할 수 없었습니다. 다행히 경부經部의 서적들은 마치긴 했지만, 자부子部를 강의하지 못한 것이 매우 유감스럽습니다. 자부는 제일 요긴한데다, 위서와 연대가 불명한 서적도 제일 많은데, 다음해에 여러분들과 다시 강의를 할 수 있을지 모르겠습니다. 그 이유는 지금처럼 위급하고 불안한 시국에 우리들이 강학을 진행할 수 있을지가 첫 번째이고, 두 번째는 제 자신이 작년에 수술을 받아 의사선생님께서 쉬지 않으면 안 된다고 하셨기 때문입니다. 그래도 우리가 만날 기회는 아직 많으니 다음에 만나길 바랍니다."[77]

이와 동시에, 양임공 선생은 청화연구원에서 『중국역사연구법보편中國歷史硏究法補編』을 강의한다. 양선생이 병환에도 불구하고 강단에 오른 일에 관해서는 요달인姚達人 선생이 간절하게

---

76) 丁文江, 趙豐田編, 『梁啓超年譜長編』, 1203쪽. 戰士死於沙場, 學者死於講座.

77) 梁啓超, 『飮冰室合集』之『專集』第7冊, 第135頁. 這一堂講演雖然經過了半年, 但因次數太少, 鐘點太短, 原來定的一小時, 我雖然常常講到兩小時, 仍舊不能講得十分多. 幸虧總算講完經部各書了, 最可惜的就是沒有講子部. 子部最要緊, 又最多僞書和年代不明的書, 下年我能否再和諸君在一堂聚談, 很難自定. 其故一, 像這樣危疑震蕩的時局, 能否容許我們從容講學, 很是問題. 其故二, 我自己自從上年受過手術以後, 醫生忠告我, 若不休息是不行的. 好在我們相見的機會還很多, 再見再見.

기록한 내용이 있다.

앞의 『중국역사연구법보편中國歷史研究法補編』은 신회新會(광동성) 양임공 선생께서 강술하고 문인 주전유周傳儒와 요명달姚名達이 필기한 것으로 문장은 모두 11만자 자가 넘는다. 예전에 지은 『중국역사연구법』의 부족한 부분을 보충하고 새로운 해석을 밝혀 후학을 계발했으니 사학을 깊이 연구한 저작이다. 기억컨대, 민국 14년 9월 23일 내가 처음으로 선생께 수업을 받았을 때, 근래에 학문이 너무 많은 것을 다루려는 것 같아 걱정인데, 어느 하나에 집중해서 연구한다면 어느 것을 선택해야 하는지 여쭤보았다. 선생님께서는 "역사야! 역사!"라고 말씀하셨다. 이해 가을과 겨울에 『중국문화사中國文化史·사회조직편社會組織篇』을 강의할 때 선생님께서 구두로 말씀하시면 받아 적어 밤이든 낮이든 쉬지 않고 진행하였다. 봄이 되자 선생님께서 병이 들어 완성하지 못했다. 15년 10월 6일에 강좌가 다시 시작되었는데 매주 2시간씩 진행하여 16년 5월말까지 이어졌다. 아픈 몸으로 강단에 오르셨으나 집필할 힘이 없어 주군周君에게 받아 적게 하여 강의록을 만들고는 『청화주간淸華週刊』에 실었는데, 바로 이 보편이다. 주군이 바쁜 일로 끝내 일을 마치지 못하여 「합전급기주법合傳及其做法」까지만 편집하고 그쳤다. 내가 그 뒤를 이어 3월 18일부터 5월말까지 「연보급기주법年譜及其做法」과 「전전적주법專傳的做法」 2장을 완성했다. 8월 13일부터 28일까지 「공자전적주법孔子傳的做法」 이후의 편들을 완성함으로써 전체 강의의 원고를 완성한 후, 선생의 교열을 거쳐 정본을 만들었다. 이 해 가을 이후로 선생께서선 허약한 몸으로 힘든 일을 감당하지 못해 후학들은 더 이상 선생님의 강의를 들을 수 없었으며, 이 강의는 마침내 중단되었다.[78]

1928년 봄, 양임공 선생은 다시 협화의원에 입원하고 수혈법으로 소변에 피가 섞여 나와 부족해진 혈액을 보충하였다. 그러나 근본적인 치료법이 아니어서 신체는 이미 극도로 허약해진 상태라 가족들의 간곡한 권유로 양선생은 같은 해 6월에 청화연구원의 교수 일을 완전히 그만두었다. 이후 양선생은 몸은 천진에 있었으나 마음은 청화학교에 있었다. 청화연구원의 제자들도 선생의 병세에 늘 마음을 졸였다. 이해 12월 1일, 남쪽으로 내려온 청화연구원의 제자 서중서徐中舒, 정영程璟, 양홍열楊鴻烈, 방흔方欣, 육간여陸侃如, 유기택劉紀澤, 주전유周傳儒, 요명달姚名達 등의

---

78) 梁啓超, 『飮冰室合集』之『專集』第7冊, 177쪽. 右『中國歷史研究法補編』一部, 新會梁任公先生講述, 其門人周傳儒, 姚名達筆記, 爲文都十一萬余言. 所以補舊作『中國歷史研究法』之不逮, 闡其新解, 以啓發後學, 專精史學者也. 憶民國十四年九月二十三日, 名達初受業於先生, 問先生近自患學問欲太多, 而欲集中精力於一點, 此一點爲何? 先生曰 : "史也,史也." 是年秋冬, 卽講『中國文化史·社會組織篇』, 口教筆著, 晝夜弗輟. 入春而病, 遂未完成. 十五年十月六日, 講座復開, 每周二小時, 綿延以至於十六年五月底. 扶病登壇, 無力撰稿, 乃令周君速記, 編爲講義, 載於「淸華周刊」, 卽斯編也. 周君旋以事忙, 不能卒業, 編至「合傳及其做法」而止. 名達遂繼其後, 自三月十八日至五月底, 編成「年譜及其做法」「專傳的做法」二章. 自八月十三日至二十八日, 編成「孔子傳的做法」以後諸篇, 全講始告成文. 經先生校閱, 卒爲定本. 是秋以後, 先生弱不能耐勞, 後學不復得聞高論, 而斯講遂成絶響.

선생이 상해로부터 연명으로 서신을 올려 양선생의 안부를 물었다. 서신에 다음과 같이 썼다. "선생님과 헤어져 남쪽으로 온 이후 강과 산이 가로막고 있지만 늘 선생님 생각 간절합니다. 매번 경진京津지역의 동학중 호상滬上, 상해으로 오는 사람이 있을 때면 서로 손을 잡고 마주 앉아 선생님의 안부를 묻습니다. 선생님의 병환이 많이 좋아졌다는 소식을 들으면 모두 기뻐했다 가, 병세가 나빠졌다는 소식에 눈살을 찌푸리며 큰 소리로 탄식하곤 합니다." 또 제자들은 함께 다음과 같은 감사의 마음을 표시한다. "여기 동문들은 선생님께 전할 만한 소식들이 있습니다. 곧 모두 마음을 놓고 학문에 매진하여 경거망동하는 사람 한 명도 없으며, 사회 각 방면에서 모두 인정해주고 있습니다. 이는 모두 선생님께서 가르쳐주신 덕분입니다."79)

1929년 1월 19일 세상을 떠나기까지 양임공 선생은 자신의 만년을 청화연구원과 중화민족의 학술사업에 헌신한다. 양선생은 청화학교에 소속되어 있었을 뿐 아니라, 전체 중국학술계에 속해 있었다. 양선생이 창도한 '사람됨과 학문을 하나로 합치는' 학풍을 계승 발전시켜 사실에 바탕을 두어 진리를 탐구하고, 창의적인 생각에 전념하여 국가와 민족의 학술사업을 위해 노력하는 것이 야 말로 오늘날 우리가 청화연구원과 양임공 선생을 위해 할 수 있는 가장 좋은 일이다.

---

79) 丁文江, 趙豐田編, 『梁啓超年譜長編』, 1198쪽.

제21장
『청유학안』에 대한 몇 가지 인식

중국학술사에서 서세창徐世昌이 편찬을 주관한 『청유학안』은 권질이 방대하고 망라한 내용이 많은 것으로 알려져 있다. 청대에 모든 경학, 이학, 사학, 제자백가, 천문역산, 문자음운, 방여지지, 시문금석의 **학문은** 『청유학안』 속에 포함되지 않는 것이 없었다. 『청유학안』은 청대 260여 년의 학술에 대한 총결이자 중국 고대 학안체 사적의 총결로 매우 중요한 문헌적 가치를 지니고 있다.

1. 서세창徐世昌 서적편찬을 발기하다

『청유학안』의 편찬작업은 민국 17년(1928)에 착수하여 민국 27년(1938)에 북경의 문해재文楷齋에서 간행을 마치고 다음해 7월에 북경의 수경당修綆堂서점에서 판매되니[1] 모두 10여 년의 시간이 걸린다. 이 책은 서세창이 주관했다고 해서 서세창으로 이름으로 나왔으나 사실 여러 사람이 협력에서 만든 성과물이다.

서세창은 자가 국인菊人이며 복오卜五라는 자도 있다. 호는 동해東海이고 도재弢齋, 수죽촌인水竹邨人, 퇴경노인退耕老人 등의 별호가 있다. 천진 사람이다. 청 함풍 5년(1855)에 태어나서 민국 28년(1939)에 사망하여 향년 85세이다. 서세창은 광서 12년(1886)에 진사가 되어 한림원편수翰林院編修로서 국사관협수國史館協修와 무영전협수武英殿協修를 겸임하였다. 청말에 원세개를 도와 천진에서 신건육군新建陸軍을 훈련시켰다. 이후, 동삼성東三省 총독, 군기대신軍機大臣, 민정부民政部·우전부郵傳部 상서, 대각협리대신內閣協理大臣 등을 역임했다. 그리고 민국 3년 국무경國務卿

1) 容媛, 『淸儒學案』, 『燕京學報』1940年6月, 第27期.

을 담당했다. 7년 10월, 안복국회安福國會로부터 총통으로 선임되었고 11년 6월에 하야했다. 이후, 진문津門에 은거하며 문사文史에 잠심하였고 늙어 죽을 때까지 저술에 종사했다.

서세창은 청말 문학시종대신[詞臣] 출신으로 본디 시문詩文에 능하였고 경사經史 연구에도 뜻이 있었다. 그리고 지방 문헌 정리·발굴에 주목했고, 고금 학문을 두루 섭렵하는 등 경세의 학문을 하였다. 민국 대총통을 맡았던 기간에는 총독부 내에서 만청이시시晩晴簃詩社를 열기도 했다. 시사詩社 구성원에 고위관료가 많았고, 청말 원로도 그 모임에서 시를 읊었다. 나중에 시사 성원들이 청시淸詩를 뽑고 편집하여『晩晴簃詩匯』200권을 간행하기도 했다.

민국 17년(1928), 다시 지난날 동료 문학대신을 망라하여『청유학안淸儒學案』편수를 제안하였다. 9월에 처음으로『청유학안목록』을 준비하였는데 당시 나이가 74세였다. 이때부터 서세창은 만년의 정력을『청유학안』편찬에 쏟았다. 하배신賀培新이 엮은『水竹邨人年譜稿』의 기록에 근거하여, 민국 18년 1월에『청유학안개략淸儒學案槪略』원고를 완성했고, 서세창이 직접 교정했다. 입춘 이후,『학안』초고 일부를 진문津門에 보내 교열을 부탁했다. 이듬해 3월, 부인 석씨席氏가 병으로 세상을 떠났다. 만년에 배우자를 잃는 고통을 겪고, 10월부터 서세창은 다시 날마다『청유학안』원고를 검토하였고 많은 내용을 바로잡았다. 당시에 편찬에 참여한 여러 사람이 모두 경성京城에 있었기 때문에 서세창은 날마다『학안』원고를 교열하였고, 상의해서 정할 내용이 있으면 즉석에서 답을 해주었다. 그래서 주고받는 서찰이 늘 끊이지 않았다. 당시 서세창이 주고받았던 서찰은 이미 수십년 지나 잃어버린 것이 많지만 다행스럽게도 중국역사박물관의 사수청史樹靑 노선생께서 아직까지 보관하고 있다. 20여 년 전, 사 노선생께서 필자를 배려해 주셔서 소장하고 계신 서찰을 필자에게 일람하게 해주셨다. 그 때의 감동은 아직도 잊을 수 없다. 작년 가을, 사수 노선생께서 돌아가셨다는 소식을 들었다. 문사 대사를 잃어버려 매우 안타깝다.

민국 23년(1934), 서세창은 이미 80 고령이 되었다. 그는 고령임에도 불구하고, 늘『청유학안』원고 검토에 잠심했다. 날마다 읽고 수정을 지시하느라 서신을 주고받았고 몸과 마음을 모두 소진해버리고 말았다. 같은 해 6월, 경성의 중요 편찬자였던 하손동夏孫桐이 서신을 보내와『학안』에 관한 일을 상의하고자 했다. 서세창은 이 해 겨울에 회신하면서「청유학안서」를 써서 보내며 대신 수고해주기를 부탁했다. 서세창의 이 서신은 다행스럽게도 하선생 후손에 의해 공개되었는데, 매우 진귀한 자료이다. 내용은 아래와 같다.

윤지 형 동년각하께 : 오랫동안 뵙지 못해 심히 염려하던 차에 서신을 받고는 몸의 기운이 평안하다는 것을 알고 위로가 되었습니다.『학안』은 공께서 주관해주셔서 이미 열에 아홉이 진행되었습니다. 완성될 날이 얼마 남지 않아 기쁜 마음 말로 표현할 수 없습니다. 서문은 공이 아니면 할 수 없고, 실제로 대신할 사람도 없습니다. 삼백년 역사 모두를 공이 직접 지으셨으며, 삼백년 유학도 공이 종합하여 완성하셨습니다. 이 서문은 몸소 일을 해본 사람이 아니면 정심한 뜻을 전달할 수가 없으니 형께서 더 이상 사양하시지 말기 바랍니다. '장편長編' 두 글자는 『학안』에 사용하기에 적당하지 않은 것 같습니다. 당확신唐確愼(당감)은 국가가 번영했을 때, 학안을 만들려고 하여 '소식小識' 두 글자를 더하지 않을 수 없었습니다. 리주梨洲(황종희)의 『명유학안』이 완성되었을 때는 이미 청대로 바뀌었습니다. 당시 『학안』은 삼백년 학술과 인문이 날로 사라질까 심히 걱정하여 군자들의 진실된 마음과 힘을 얻어 정해진 기일 안에 완성할 수 있었습니다. 학안에서 하는 말은 단서를 끌어오고 유자들을 종합한 것에 불과하지만, 후대의 학자들이 이 학안으로 인해 전문서적을 살펴본다면 한 조대의 학술은 영원히 살아남을 수 있을 것입니다. 지금은 리주가 저술했을 때와 대략 같으니 '장편' 두 글자를 집어넣을 필요는 없을 것 같습니다. 살펴봐 주시기 바랍니다. 「범례」의 초고도 나왔으니 한번 살펴봐 주십시오. 여러 가지로 심려를 끼쳐드려 송구한 마음 뭐라 말할 수 없습니다. 늘 건강하고 평안하시고, 겨울 추위에도 보중하시기 바라며 이만 줄입니다. 아우 창 드립니다.[2]

　서세창의 이 서찰은 『청유학안』의 편찬과 관련이 많다. 서찰 가운데 기술한 내용을 보면 최소한 다음의 몇 가지 점을 명확히 알 수 있다. 1928년 서적의 편찬을 창의한 후 6년이 지났을 때 전체 서적은 이미 대부분 완성되었다는 것이 첫 번째이다. 두 번째는 북경에서 『청유학안』의 편찬을 주관한 사람은 사실 하손동이라는 점이다. 세 번째는 서명 뒤에 '장편長編' 두 글자를 넣을지에 대해 두 사람의 의견이 달라 하손동은 찬성하고 서세창은 찬성하지 않았다는 점이다. 네 번째는 서세창이 황종희가 명나라에 대한 일로써 스스로 비유하여 청조를 그리워하는 마음을 한 마디로 말했다는 점이다. 마지막으로 서적 편찬에 6년이 지나서야 「범례」의 초고가 겨우 나올 정도였으니 그동안의 작업이 얼마나 세심하지 못했는지 알 수 있다. 그래서 서세창이 '완성될 날이 얼마 남지 않았다'고 한 것은 대책 없이 낙관적이라고 할 수 있다.

　이후, 서세창은 고령의 나이에 접어들었기 때문에 『청유학안』의 완성을 고대했다. 그래서 날짜에 맞추어 원고를 더욱 부지런히 수정하였고, 수정이 끝나자 바로 북경으로 보내 인쇄했다. 민국 26년(1937) 봄에 서세창은 그로 인해 방문객을 다 사절하고 바깥 출입을 않고 『학안』을 수정한다. 같은 해 4월에 책이 거의 완성됐다. 다음해 정월에 부증상傅增湘이 북경에서 천진으로 와서 책의

---

2) 過溪, 「淸儒學案纂輯記略」, 見『藝林叢錄』第7編. 閏枝我兄同年閣下 : 久不晤, 甚念. 得惠書, 知體氣沖和, 爲慰. 『學案』得公主持, 已成十之九, 觀成有日, 欣慰無似. 序文非公不辦, 實無他人可以代勞. 三百年之全史皆公手訂, 三百年之儒學又由公綜核成書. 此種序文, 非身歷其事者, 不能道其精蘊, 希我兄勿再謙讓也. 至"長編"二字, 恐非『學案』所宜引用. 唐確愼當國家鼎盛之時, 欲編學案, 不能不加"小識"二字. 梨洲『明儒學案』成書, 已入淸代. 此時編輯『學案』, 深懼三百年學術人文, 日久漸演, 深得諸君子精心果力, 克日成書. 案之云者, 不過引其端緒, 綜合諸儒, 使後之學者因此而考其專書, 則一代之學術自可永存天壤間也. 斯時與梨洲著書之時大略相同, 則"長編"二字似不必加入也. 仍請卓裁. 「凡例」擬出, 先請示閱, 諸勞淸神, 心感無似. 此頌健安, 冬寒尤希珍衛不宣. 弟昌頓首.

인쇄한 관련된 일을 의논했다. 3월에 서세창은 「청유학안서」를 다시 개정했다. 이렇게 해서 서세창의 생전에 방대한 양의 『청유학안』이 나오게 됐다.

2. 하손동夏孫桐과 『청유학안』

『청유학안』의 편찬은 서세창이 경비의 전체를 제공했을 뿐 아니라 원고를 교열하고 수정하는 데 몇 년이 걸렸으니 이름만 내세운 사람은 아니다. 편찬에 참여한 사람들도 고생스럽게 정리하느라 추위와 더위를 가리지 않았으니 마찬가지로 그 공이 절로 드러난다. 당시 원고저술을 담당했던 하손동 후인들의 소개에 의하면 『청유학안』의 편찬에 실제 참여했던 사람은 앞뒤로 모두 10명이다. 처음에 편찬에 참여한 사람은 하손동夏孫桐(閏枝), 김조번金兆蕃(籛孫), 왕식통王式通(書衡), 주팽수朱彭壽(小汀), 민이창閔爾昌(葆之), 심조규沈兆奎(羹梅), 부증상傅增湘(沅叔), 조병장曹秉章(理齋), 도수陶洙(心如) 아홉 사람이다. 뒤에 김조번이 남쪽으로 돌아가고 왕식통이 병으로 죽는 바람에 장이전張爾田(孟劬)을 초빙한다. 책이 완성될 시점이 다 되어 하손동은 기력이 쇠약하여 그만두었고, 장이전은 초빙에 응한 지 삼개월 만에 심조규, 민이창, 조병장과의 불화로 그만둔다. 편찬 작업의 분담은 대체적으로 하손동, 김조번, 왕식통, 주팽수, 민이창, 심조규가 원고저술을 담당하고 부증상傅增湘이 제조提調를 맡고 조병장이 총무總務, 도수가 채서采書와 각서刻書를 맡았다. 이 외에 별도로 베끼는 일을 맡은 사람이 몇 명 있었다.[3] 원고를 저술한 사람 가운데 하손동夏孫桐의 학술 소양이 가장 높고, 또 오랫동안 사관史館에서 일했기 때문에 북경에서 원고저술을 담당했던 사람이나 진배없었다.

하손동의 자는 윤지閏枝고, 호는 회생悔生이며 만년의 호는 윤암閏庵노인이다. 강소 강음江陰 사람이다. 청나라 함풍7년(1857)에 태어나 민국 31년(1942)에 죽으니 향년 85세다. 하손동은 광서8년(1882)에 향시에 합격한다. 서세창 역시 동년에 합격한다. 그러므로 앞서 인용한 하윤지에게 보내는 서세창의 서신의 처음에 "동년同年"이라는 호칭을 썼던 것이다. 하지만 하윤지가 진사가 되는 것은 서세창보다 6년이 늦어 광서 18년에 가서야 조정에 이름을 올린다. 그 후 오랫동안 한림원에서 관직을 맡는다. 광서 33년에 절강 호주湖州의 지부知府를 외임한다. 5년 동안 호주, 항주, 영파 세 군을 옮겨 다니며 별다른 치적 없이 병으로 관직을 그만둔다. 청이 망하자 상해로 피신한다. 민국 초에 초빙으로 청사관에 들어가 『청사고』의 편찬에 참여한다. 가경, 도광, 함풍,

---

3) 過溪, 「淸儒學案纂輯記略」, 見 『藝林叢錄』第7編. 하선생의 생평학행에 대해서는 하무강 선생의 가르침을 많이 받았다. 삼가 깊은 감사의 마음 전한다.

동치 연간의 열전 및 「순리循吏」열전과 「예술藝術」열전의 대부분이 그의 손에서 나왔다. 뒤에 또 서세창을 도와 『만청이시회晚晴簃詩匯』를 편집한다. 민국 17년(1928) 이후 다시 서세창의 청에 응하여 『청유학안』의 편찬에 관한 일을 주관한다. 앞에서 인용한 서세창의 서찰에서 「청유학안서」를 지어줄 것을 청할 때 "『학안』은 공의 주관으로 이미 열에 아홉은 완성되었습니다.[『學案』得公主持, 已成十之九.]"라고 하였으니 그에 대한 신임이 얼마나 두터웠는지 알 수 있다.

하손동은 나이가 많아 『청유학안』을 정해진 기한 안에 마치기 어려울 것을 매우 걱정하여 민국 23년(1934) 가을에 서세창에게 편지를 써서 '긴 휴가를 청하고[乞賜長假]' 끝내 사직하였지만, 하손동이 『청유학안』의 편찬에 들인 공은 다른 사람이 비교할 수 없다. 그의 기본주장은 모두 「의청유학안범례擬淸儒學案凡例」과 「치서동해서致徐東海書」에 들어있다. 이하 상세하게 인용하고 대략 평한다.

하손동이 지은 「의청유학안범례擬淸儒學案凡例」는 모두 10조목이다. 제1조에서 말한다. "청대 학술이 창명하여 많은 학파가 흥기했다. 역사는 이학 및 경학을 합쳐 「유림전儒林傳」을 통괄하여 배열하였으니, 이는 경전을 전한 한유의 뜻과 도를 밝힌 송유의 뜻을 겸한 것이다. 사학과 산학은 모두 전대를 뛰어넘어 예제, 악률, 여지, 금석, 구류백가의 학문에 이르도록 각각 전문가가 있었다. 크게는 경세에 도움이 되고 작게는 박물에 도움이 되었다. 사서의 열전이 혹 「문원文苑」에서 인물을 열거했지만 헤아려 천지인에 통하는 것을 유儒라고 하였으니, 각자 하나의 체를 갖춘 것이다. 광의의 측면에서 두루 취하여 한 대의 학술사를 갖춘다.4)" 이 조목은 전체 책의 요지와 학안에 넣는 기준을 개략적으로 기술했다. 광범위한 원칙에 따라 각 학파에 얽매이지 않았다. 이전의 여러 학안을 뛰어넘어 오로지 이학의 옛 규율만을 취하여 한 조대의 학술사를 기술했으니 분명 역사의 실제에 보다 가까이 접근했다고 할 수 있다.

제2조에 말한다. "학문은 스승의 법도[師法]를 중시하기 때문에 리주와 사산은 송과 원, 명 학자들에 대해 각 학파의 계통을 나누었다. 이를 벗어난 경우는 「제유諸儒」에 배치하였다. 청초에 하봉, 이곡二曲, 이주梨洲의 문하가 모두 번성하여 여전히 명대의 유풍이 남아있었다. 정림亭林, 선산船山의 학문은 고금을 관통하여 한 조대의 사표가 되었으나 직접 계승한 사람은 몇 명 되지 않았다. 그 후, 오중의 혜씨, 환남皖南의 강씨, 대씨, 고우의 왕씨가 전수한 유파가 가장 번성했으며, 기보의 안씨와 이씨, 동성의 방씨와 요씨의 경우 학술을 받드는 자들이 또한 시간이 지남에 따라 밝게 빛나게 되었다. 대개 강습으로 전수하는 것은 저술을 연원으로 삼는 것과 다르

---

4) 淸代學術昌明, 鴻碩蔚起. 國史合理學, 經學統列「儒林傳」, 實兼漢儒傳經, 宋儒闡道之義. 而史學, 算學皆超前代, 以及禮制, 樂律, 輿地, 金石, 九流百家之學, 各有專家. 大之有裨經世, 小之亦資博物, 史傳雖或列其人於「文苑」, 揆以通天地人之謂儒, 是各其一體. 謹取廣義, 並采兼收, 以備一代學史.

지 않다. 막힘없이 두루 통하는 석학들이 여러 학파를 포용하고 뛰어난 인재들이 전해지지 않는 학문을 정밀히 연구하여 체계를 다 갖춘 것은 아니지만 각 특성대로 분류하여 시대의 요구에는 부응할 수 있었다. 대체는 황종희와 전조망의 예를 근본으로 하였으나 입안이 비교적 번거로워 사실에 따라 변통하지 않을 수 없었다."5) 이 조목은 입안의 원칙을 논한다. 대체는 황종희와 전조망의 『명유학안』과 『송원학안』의 예를 따르면서 청대학술의 실제로부터 출발하여 변통도 가했으니, 실제에 힘쓴 견해라고 할 수 있다.

제3조에 말한다. "당확신의 『학안소식』은 경학을 겸하여 열거했지만 이학을 중점으로 삼았다. 이학 가운데 이정과 주희를 따르는 것을 위주로 하며 종지의 소재는 변별이 지극히 엄격하다. 지금 광의의 뜻을 취하여 이학의 주희와 왕양명, 경학의 한과 송에 대해 문호를 배제하고 경중을 두지 않았다. 미루어 각 학파를 고증하고 각각 깊은 뜻을 구했으며 같은 점과 다른 점을 병렬했으니 통달함을 볼 수 있다. 하지만 선현들을 널리 알리는 것을 목적으로 하면서 제자백가가 배척된 사실은 감히 말하지 못했다. 절충하여 논하며 별도로 뛰어난 현인을 기다리기 때문에 차례대로 나열하면서 명목을 나누지 않고 통틀어 시대 순으로 나열하였다."6) 이 조목은 제1조의 구상을 미루어 밝히고 편차의 선후를 논했는데 오직 시대를 차례로 삼았으니 또한 타당한 논의라고 할 수 있다.

제4조에 말한다. "청대 삼백년은 학파가 자주 바뀌고 성함과 쇠함이 교차했다. 처음에 왕학 말류의 폐단을 바로잡고 주자만을 종주로 삼았으며 경학은 한나라 유학자를 겸했다. 이어서 한학이 날로 성하고 송학은 날로 쇠해지자, 그 뒤를 이은 학파는 다른 학파를 조정하여 편중된 형세를 조금 만회했다. 또 명말 이후 서학이 동점하자 식견이 뛰어난 사람들이 차례로 서학의 뜻을 밝혔으며, 해금海禁이 풀리자 이런 기풍은 더욱 성했다. 이에 한학과 송학 이외에 구학과 신학의 구분이 있었다. 청대는 마침내 천년 이래 학술의 중대한 관건이 된다. 선후를 종합하여 변동의 기미와 변화의 자취를 살피면 세상의 변화를 엿볼 수 있다."7) 이 조목은 청대 학술의 변천을

---

5) 學重師法, 故梨洲, 謝山於宋, 元, 明諸家, 各分統系, 外此者列為「諸儒」. 清初, 夏峰, 二曲, 梨洲, 門下皆盛, 猶有明代遺風. 亭林, 船山, 學貫古今, 為一代師表, 而親承授受者, 曾無幾人. 其後, 吳中惠氏, 皖南江氏, 戴氏, 高郵王氏, 傳派最盛. 而畿輔之顏氏, 李氏, 桐城之方氏, 姚氏, 奉其學說者, 亦歷久彌彰. 蓋以講習為授受, 與以著述為淵源, 原無二致. 至於閎通碩彦, 容納眾流, 英特瑋材, 研精絕學, 不盡有統系之可言, 第能類聚區分, 以著應求之雅. 大體本於黃, 全前例, 而立案較繁, 不得不因事實為變通也.

6) 唐確慎『學案小識』, 雖兼列經學, 而以理學為重. 理學之中, 以服膺程朱為主, 宗旨所在, 辨別綦嚴. 今既取廣義, 於理學之朱, 王, 經學之漢, 宋, 概除門戶, 無存軒輊. 推之考訂專門, 各征心得, 異同並列, 可觀其通. 但期於先正之表彰, 未敢云百家之摒黜. 折中論定, 別待高賢. 故敘列不分名目, 統以時代為次.

7) 清代三百年, 學派數變, 遞有盛衰. 初矯王學末流之弊, 專宗朱子, 說經則兼取漢儒. 繼而漢學日盛, 宋學日衰, 承其後者, 調停異派, 稍挽偏重之勢. 又自明季以來, 西學東漸, 達識者遞有發明. 海禁既開, 其

조감한다. 한과 송을 말하고 새로운 것과 옛날 것을 기술했으며, 마지막에 사회의 변천을 반영하는 것으로 귀결시킨다. 구상이 매우 뛰어나니 누구나 쉽게 할 수 있는 것이 아니다.

제5조에 말한다. "학파의 연원은 늘 속해있는 지역에 따라 다르다. 순박한 곳은 사인들이 전심으로 학문을 연구하고 번성한 지역은 인재가 대부분 박학하고 고아하다. 큰 유학자들은 아름다운 자연풍광의 영향을 받고 현인들은 또 그들을 추종하여 친소선후 할 것 없이 문단의 번성을 일으켰다. 또한 관리들이 창도하여 풍기는 곧 떨쳐 일어났다. 이문정李文貞이 경기지역을 다스리고, 장청각張淸恪이 민閩지역을 다스리며, 완문달阮文達이 절浙과 월粵지역을 다스린 것, 장문양張文襄이 촉蜀과 월粵, 악鄂지역을 다스린 것이 특히 두드러진 예이다. 문옹文翁이 다스리고 교화하고 겸하여 스승의 법도를 안정시킬 때, 학술의 성쇠와 관련된 것이 매우 컸다. 이런 것은 삼가 상세히 알아야 한다. 외진 곳도 뛰어난 인재들이 대대로 있었으나 도는 드러나도 이름은 알려지지 않아 저술도 혹 전해지는 바가 적었다. 특별히 수집하고 넓게 저록했지만 정수를 빠지기가 면할 수 없다."[8] 학술문화에 있어 지리환경은 결정적인 요소는 아니지만 그 영향력은 소홀히 대할 수 없다. 이 조목에서 말하는 내용은 진위와 정밀함을 검토할 필요가 있지만 "순박한 곳은 사인들이 전심으로 학문을 연구하고 번성한 지역은 인재가 대부분 박학하고 고아하다"는 하손동의 견해는 일리가 없는 것은 아니다.

제6조에 말한다. "여기에 기록한 사람들은 『국사유림전』을 근본으로 하고 「문원전」 가운데 학문적 근원이 있는 인물들을 첨가했다. 당감의 『학안소식』에는 역사서에 기록하지 않은 인물들이 있는데, 이 인물들 중 서적에 보이거나 이력이 자세한 사람은 모두 수록했다. 강번의 『한학사승기』와 『송학연원기』, 이원도의 『선정사략』 및 각 성의 지방지, 여러 학자들의 문집을 모두 인증자료로 삼았다. 여기에 남아있는 서적에서 찾은 인물과 이전의 서적에서 언급하지 않은 인물을 더하여 정안正案 약간 명과 부안附案 약간 명을 얻어 「제유諸儒학안」 속에 집어넣으니 모두 몇 명이었다."[9] 이 조목의 뜻은 학안에 집어넣은 학파의 전기 자료의 출처를 설명하는데 있다.

風益暢. 於是漢學, 宋學之外, 又有舊學, 新學之分. 有淸一代, 遂爲千年來學術之大關鍵. 綜其先後, 觀之變動之機, 蛻化之跡, 可以覘世變矣.

8) 學派淵源, 每因疆域. 淳樸之地, 士尙潛修; 繁盛之區, 才多淹雅. 巨儒鐘毓, 群賢景從, 疏附後先, 固征壇坫之盛. 亦有官師倡導, 風氣頓爲振興. 如李文貞之治畿輔, 張淸恪之撫閩疆, 阮文達之於浙, 粵, 張文襄之於蜀, 粵, 鄂, 其尤著者. 文翁治化而兼安定師法, 所關於學術興替甚巨. 此類謹詳識之. 至於僻遠之區, 英賢代有, 而道顯名晦, 著述或少流傳. 雖加意搜求, 寬爲著錄, 終慮難免遺珠也.

9) 此采諸人, 以『國史儒林傳』爲本, 以「文苑傳」中學有本原者增益之. 唐氏『學案小識』中, 有史傳所未載, 而遺書可見, 仕履可詳者, 並收焉. 江氏『漢學師承記』, 『宋學淵源記』, 李氏『先正事略』, 及各省方誌,諸家文集, 並資采證. 加以搜訪遺籍所得, 爲前諸書所未及者, 共得正案若幹人, 附案若幹人, 列入「諸儒」案中若幹人, 共若幹人.

들인 공이 적지 않다.

제7조에 말한다. "편차는 『송원학안』을 모방했으나 약간 변통이 있다. 본전을 제일 앞에 두어 관직의 이력과 품행은 역사서를 근거로 기재하고 비지와 전장도 겸했다. 부족하면 다른 서적을 첨가했다. 정안에서 자세히 설명하기 어려운 학설이 있으면 개괄적으로 서술하여 전기에 넣었다. 저술은 모두 서목을 상세히 달았다. 다음에 정안을 두어 저술 가운데 따와서 기록할 만한 것은 정수와 요지를 포함시키고 절록節錄하기 어려운 것은 서례序例를 기재했다. 다음에 부록을 두어 유문일사遺聞佚事를 기재했는데, 여기에는 관계는 있으나 아직 전에 넣지 않은 것, 타인의 서발문에서 밝혀낸 것, 후인들의 평가로서 논의에 도움이 되는 것이 있다.[10]" 이 조목은 본전, 정전, 부록 순으로 된 각 학안의 편찬체례가 『송원학안』을 모방했으나 약간 변통이 있다는 것을 논했다. 장점을 따르고 앞뒤를 가지런히 하여 두서의 차례가 뚜렷한 효과를 거두고 있다.

8조에 말한다. "부안附案은 또한 『송원학안』의 명목을 모방하여 대략 간단하면서도 개괄적으로 작성하였다. 처음에 가학家學을 두어 동생은 형을 따르고 자손은 부친과 조부를 따르는 원칙으로 방계 수학자와 같이 기재하였다. 그 다음에 제자弟子를 두어 학문의 전승을 중심으로 과거의 명단에 강학관계가 있지 않은 자는 기재하지 않았다. 그 다음에 교유交遊를 두어 동학, 강학 등을 모두 그 가운데 두었다. 그 다음에 종유從遊를 두어 교유연배가 조금 늦어 혹 따라서 배웠으나 제자의 문적에 들어간 확실한 증거가 없는 사람도 이 항목에 넣었다. 그 다음에 사숙私淑을 두어 혹 동시기에 살았어도 만나지 못했지만 서로 경모했거나, 혹 시기는 달라도 학파를 계승한 사람은 모두 이 항목에 넣었다. 부안 가운데 또 덧붙여진 내용이 있으면 별도로 항목을 표기하여 여러 항목의 뒤에 열거하였다. 인용하여 증거로 삼은 것은 모두 서명을 주석으로 달아서 증명의 자료로 삼았다."[11] 이 조목은 부안의 편찬체례를 논했는데, 『송원학안』을 기준으로 삼고 쓸데없이 번거로운 것은 삭제했다. '종유'가 번거롭다는 것 외에 나머지는 모두 절실하고 행할만 한 것이니 한 걸음 진보한 것이라 할 수 있다. "인용하여 증거로 삼은 것은 모두 서명을 주석으로 달았다[凡所引据, 悉注書名]"는 것은 특히 취할 만하다.

제9조에 말한다. "사전史傳의 부전附傳에 보이는 사람은 시대와 장소가 가깝거나 학파가 서로

---

10) 編次仿『宋元學案』而稍有變通. 首本傳, 仕履行誼, 以史傳爲根據, 兼采碑誌傳狀, 不足再益以他書. 學說有正案所難詳者, 括敍入傳. 凡著述俱詳其目. 次正案, 凡著述可摘錄者, 存其精要, 難以節錄者, 載其序例. 次附錄, 載遺聞佚事, 有關系而未入傳者, 他人序跋有所發明者, 後人評騭可資論定者.

11) 附案亦仿『宋元學案』諸名目, 略從簡括. 首家學, 以弟從兄, 子孫從父祖, 疏屬受學者並載之. 次弟子, 以傳學爲重, 其科學列籍, 非有講學關系者, 不載. 次交遊, 凡同學, 講友等, 皆在其中. 次從遊, 凡交遊年輩較後, 或從學而無列弟子籍確據者, 入此項. 次私淑, 或同時未識面而相景慕, 或不同時而承學派者, 並入此項. 附案中又有所附, 別標其目, 列於諸項之後. 凡所引據, 悉註書名, 以資征信.

같은 이유로 서로 연결되어 그 예는 비교적 넓다. 학안의 부전에 보이는 사람은 반드시 그 시작된 연원이 있어야 비로소 기재될 수 있다. 학문을 닦으면서 명성을 자랑하지 않고 남긴 책이 드물게 전해진 인물의 경우 학안을 세울 수 없어 어디에 배치할 지 고민하다가 모두 유안儒案에 배열하였다. 그 예는 황종희와 전조망의 책에서 나왔지만 원칙은 약간 차이가 있다."12) 이 조목은 『제유학안』의 입안 원칙이 황종희와 전조망의 책에서 나와 취한 예가 근본이 있으면서도 두 사람의 『학안』 및 사전과는 약간의 차이가 있다는 것을 논했으니, 이는 실제로 일을 경험해본 사람의 말이다. 서동해 선생은 "그 일을 몸소 겪어보지 않은 사람은 그 정온을 말할 수 없다"고 했으니 바로 이것을 말한다.

제10조에 말한다. "리주는 청대의 대유로 제가의 학설을 모아 요점을 제시하고 심오한 뜻을 끌어내어 『명유학안』을 완성하였기 때문에 방대한 규모에 치밀하게 구상한 저작이다. 『송원학안』은 리주가 처음을 시작하고 사산전조망이 완성하여 심사하고 정정하는데 십년의 시간이 걸렸다. 몇 번의 정리를 거친 다음에 완성되었으니 무척 고된 과정이었다. 청대는 학파도 훨씬 많고 저술의 풍부함도 이전 조대를 훌쩍 뛰어넘었으나, 세간에 유행하는 판본 외에 구입하기란 쉬운 일이 아니었다. 여러 사람의 손을 거치고 상호 차용하며 다른 사람의 도움을 받았으나 견문의 한계로 비루함이 더욱 부끄러웠다. 다만 청대와 관련된 문헌이라면 분수를 헤아리지 못하고 그때그때 수집하려고 애썼다. 서적이 수정되면 단지 후대의 현인에게 자료로 제공할 것이다. 천하의 통달한 사람이 보충 수정해 주는 것이 내가 진심으로 바라는 바이다."13) 이 조목은 『청유학안』은 한 조대의 학술사의 방대한 자료집으로 후대 현인들에게 자료제공을 위한 것임을 말하고 있다. 진심으로 우러난 말로 조금의 거짓됨이 없다. 저술한 사람의 솔직담백함으로 인해 존경의 마음 금할 수 없다.

「치서동해서致徐東海書」는 「의청유학안범례擬淸儒學案凡例」와 자매편이 된다. 서신에서 하손동은 다음과 같이 말한다. "앞전에 서신을 받고 사십년의 정을 생각해보니 당시 옛 벗들 중 공과 저 두 사람만 남아있습니다. 늙어서도 배우고 노년에 서로 돕자는 말씀을 읽고는 감탄을 금치

---

12) 史傳附見之人, 或以時地相近, 或以學派相同, 牽連所及, 而其例較寬. 學案附見者, 必其淵源有自, 始能載入. 凡潛修不矜聲氣, 遺書晦而罕傳者, 既未能立專案, 苦於附麗無從, 皆列諸儒案中. 其例雖出黃, 全二編, 取義略有差別.

13) 夏孫桐, 『觀所向齋文存』卷6, 「擬淸儒學案凡例」. 梨洲一代大儒, 薈萃諸家學說, 提要勾玄, 以成『明儒學案』, 故為體大思精之作. 『宋元學案』梨洲創其始, 謝山集其成, 網羅考訂, 先後歷數十年. 幾經董理, 而後成書, 如是之難也. 清代學派更繁, 著述之富過於前代, 通行傳本之外, 購求匪易. 輾轉通假, 取助他山, 限於見聞, 彌慚譾陋. 徒以一代文獻所關, 不揣末學, 勉為及時搜輯. 竊等長編之待訂, 僅供來哲之取材. 海內明達加之補正, 是私衷所企望者也.

못하고 명하시는 말씀을 거절할 수 없었습니다. 스스로 늙은 몸을 돌아보니 힘써 일을 감당할 수 있을지 잘 모르겠습니다. 우선 원고를 정리하여 비교적 완전한 것을 골라 수습하는 대로 보내드리겠습니다. 고쳐야 할 것이 있으면 첨지를 붙여 상의하도록 하겠습니다. 대략 4월이면 마칠 수 있으니, 그 때 다시 목록을 작성하여 보내드리겠습니다. 비용은 12월로 마감하고 더 이상 보내주지 않았으면 합니다. 공께서 옛 벗을 생각하는 깊은 정 때문에 형식에 얽매이지 않으셨으면 합니다. 천진은 지척간이니 내년 봄 따뜻할 때 찾아뵙고 그동안의 회포를 풀도록 하겠습니다."[14] 이상은 일을 그만두려는 뜻이 굳건함을 말한다. 그 다음은 심조규沈兆奎가 초안을 잡은 「범례」에 대해 상의하는 내용이다.

하손동은 "근래에 갱매가 초안을 잡은 원고의 각 절을 다시 살펴보니 매우 고심한 흔적이 보이니 마땅히 취할만한 곳이 있을 것입니다. 그 말은 사람들에게서 증취하여 또한 상의를 거쳤으나 책은 찾지 못해 헛되이 기다리고 있습니다. 수집한 원서를 열독해야 취할지 말지 확정할 수 있으니 지금은 아직 생각중입니다. 저와 생각이 다른 곳이 몇 군데 있습니다."[15]라고 했다. 하손동이 토의한 점은 다음 세 가지다.

하나, 생년 차례. 갱내는 『의년록疑年錄』정집과 속집으로부터 시작하여 그 사이에 본서에 보이는 것도 있습니다. 지금의 편집본은 원래 시대 순으로 차례를 정했으나 크게 단락을 논할 수밖에 없었습니다. 곧 처음에는 명나라의 신하이고, 다음은 순치, 강희연간입니다. 보통 청대 유자들의 책을 기록할 때 모두 하봉, 정림, 남뢰, 선산, 이곡, 양원, 부정 등의 사람들을 처음에 두었기 때문에, 『시회詩匯』역시 이런 예를 취했습니다. 만약 심국모, 진확 등의 사람을 그 위에 둔다면 타당하지 않을 것입니다. (심국모 안은 초고에 단지 전기 하나만 있고 기록할 만한 문장이 없었다. 본안도 성립하기 어려워 집어넣을 방법을 상의하는 중이다. 설은 앞으로 나올 목록에 자세하니 살펴보면 자세히 알 수 있다.) 옛날에 국사관에서 「유림전」을 보완 수정할 때, 선산船山(왕부지)의 차례를 뒤에 배치한 것은 사람들의 생각이 미치지 못한 것입니다. 당시 공께서 내정에 있었기 때문에 당연히 기억할 것입니다. 제 생각에, 첫머리의 여러 안에 이런 사람들을 끼워 넣기 결코 쉽지 않았을 것입니다. 이후 이 항목의 사실 확인에서 크게 뒤바뀌지는 않았으니 그 유익함이 적지 않습니다. 연대에 구애받을 필요 없으니, 대개 학안은 비교할 수 있는 동년록同年錄이 아니기 때문입니다.

---

14) 前奉復諭, 垂念四十年交誼, 當日黃壚舊侶, 僅存公及下走二人. 勖以炳燭余光, 歲寒同保, 讀此語不禁為之感歎, 難以傲然拒命. 而自顧孱軀, 能否勉力從事, 殊無把握. 姑先清理積稿, 擇其較完整者, 隨手收拾, 陸續交出. 其有應改作者, 加簽待商. 約於四月正可畢, 再開清單呈閱. 乞賜長假, 薪款以臘月截止, 請勿再施. 至公篤念故舊之深情, 幸勿拘於形跡. 津門咫尺, 明春和暖之時, 冀得躬詣崇階, 以申十年闊緒.

15) 再頃見羹梅所擬各節, 煞費苦心, 當有可采. 其言增取之人, 亦有早經議及, 覓書未得, 懸以有待者. 要以征集原書閱過, 方能確定去取, 此時尚是虛擬. 鄙見不盡同處, 仍有數端.

하나, 유자 류를 빼서는 안 됩니다. 처음 초고를 지을 때 황종희와 전조망 두 사람이 모두 이 유자류를 두어 부안에 넣기 어려운 사람을 수렴하였다고 서형과 상세하게 상의했습니다. 원래 부득이함에서 나왔으니 하필 따르지 않을 필요가 있겠습니까? 위치시킬 수 없을 때까지 편집하면 자연스럽게 이 뜻을 명료하게 알 수 있습니다.

하나, 학문의 도는 무궁합니다. 대가의 저작이든 명가의 저작이든 아무 의심스러운 점이 없는 사람은 많이 보이지 않습니다. 한 두 사람의 반박이 있다고 해서 가볍게 삭감할 필요는 없습니다. 공께서는 이 부류에 대해 평소 넓고 큰 생각을 가지고 있어서 이 대의를 지켜 표준을 제시하려고 하였습니다. 오직 『학안』은 이학을 주체로 삼을 것을 도모하므로 조금 규모를 갖춘 것은 많이 수렴해야 합니다. [『학안소식學案小識』 가운데 이런 류가 제일 많습니다] 그러나 유자의 류가 있지 않으면 위치시킬 수 없습니다. 「문원전」의 인물은 실제로 전문가의 학문을 위해 본말을 갖춘 것이 아니니 지나치게 많아서는 안 됩니다. 주객이 전도되지 않도록 신중해야 합니다.[16]

하손동의 이 책의 요지는 세 가지다. 시대 순으로 편찬차례를 삼은 것이 『청유학안』의 대원칙이지만 변통할 수도 있으니 얽매여서는 안 된다는 점이 첫 번째다. 두 번째는 『청유학안』 가운데 「제유학안諸儒學案」을 둔 것은 『명유학안』과 『송원학안』을 근본으로 했지, 독창적으로 창안한 것이 아니라는 점이다. 세 번째는 이학을 주체로 하는 것이 학안체 사적의 기본특징이므로 어느 정도 규모가 있는 학문은 모두 집어넣었으며, 「문원전」의 사람은 신중하게 선택해야 한다는 점이다.

하손동이 지은 「의청유학안번례擬淸儒學案凡例」와 「치서동해서致徐東海書」을 살펴보면, 『청유학안』에서의 그가 차지하는 위상에 의문의 여지가 없음을 확신할 수 있다. 여기에 대해 하손동의 후인이 다음과 같이 말했다. "처음 편찬방안을 갖출 때 체례와 이름을 토의한 다음에 각자 일을 분담했는데 하손동이 총괄하는 것을 담당했다."[17] 금본 『청유학안』 서두의 「범례」는 하손동의

---

16) 夏孫桐, 『觀所尙齋文存』 卷6, 「致徐東海書」. 一, 生年次序. 羲梅系從正, 續『疑年錄』開出, 間有見於本書者. 按現編原以時代為序, 然只能論大段, 如最初皆明遺老, 次則順, 康間人. 凡記淸代先儒之書, 無不以夏峰, 亭林, 南雷, 船山, 二曲, 楊園, 桴亭數人居首, 即『詩匯』亦取其例. 若以沈國模, 陳確數人駕於其上, 似其未安.(沈國模案, 初稿僅有一傳, 無一文可錄, 並本案尙難成立, 正議設法銷納. 說詳將來淸單, 閱之可悉.)曩時, 國史館續修「儒林傳」, 列船山名次較後, 為眾論所不及. 時公方在樞庭, 當尙憶之. 竊謂首數案, 斷難厠入此類之人. 至以後有此目印證, 不致大有顛倒, 其有益不少. 而不必盡拘年歲, 蓋學案非齒錄可比也. 一, 諸儒一類不可少. 初擬草例之時, 與書衡詳商, 黃, 全兩家皆有此類, 以收難入附案之人. 原出於不得已, 何必不從! 編到無可位置之時, 自能了然此義. 一, 學問之道無窮. 無論大家, 名家之著作, 其毫無遺議者, 殊不多見. 不必因有一二人之批駁, 輕加裁抑. 公於此類素持廣大主義, 願守此宗旨, 以示標準. 惟『學案』究以理學為主體, 其稍具規模者, 自宜多收. (如『學案小識』中, 此類最多.)而非有諸儒一類, 不能位置也. 至「文苑傳」中人物, 非實為專家之學, 其有本末者, 不宜過多. 勿使喧賓奪主, 亦宜慎之.

초고를 다 취하지는 못했지만, 주요원칙은 모두 대체로 흡수했다. 「학안서學案序」를 짓는 것은 무슨 이유에선지 하손동은 끝까지 허락하지 않는다. 금본 「학안서」는 장이전張爾田이 먼저 초안을 잡은 것이다. 장이전이 초안을 잡은 서문은 본래 정성들여 지은 것이 아니어서 한 조대의 학술사의 무게에 부합하지 못한다. 그래서 서세창은 자연스레 그것을 채용하지 않는다. 정본의 서문이 누구의 손에서 나왔는지 지금은 찾을 길이 없으니 후일 찾으면 다시 수정하도록 하겠다.

3. 『청유학안』의 요점 열거

『청유학안』은 모두 208권이며, 위로 명청교체기의 손기봉, 황종희, 고염무로부터 아래로 청말 민초 송서승宋書升, 왕선겸王先謙, 가소민柯劭忞까지 청대 학림의 인물을 대부분 망라했다. 내용의 풍부함이 이전 제가의 학안을 넘어설 뿐 아니라 체례의 엄정함도 황종희와 전조망의 방법을 깊이 얻었다. 주관자인 서세창을 황종희나 전조망 같은 큰 인물에 비견할 수 없지만 여러 현인의 지혜를 한데 합쳤으므로 이전의 학자들과 차이가 거의 없다고 할 수 있다.

『청유학안』의 첫머리에 「범례」 17조목이 있는데, 전체 서적의 주요내용 및 편찬체례가 모두 그 속에 있다. 여기서는 조목조목 분석하여 전체적인 면모를 살펴본다.

제1조에 말한다. "이 책은 문묘에 배향하는 11명을 앞에 두었으니 성인의 도를 숭상하는 것이다. 고회전高匯旃 이하로 생년의 차례에 맞게 배열하였다. 생년을 모르는 사람은 평생의 행의와 교유한 사람들에 근거하여 대략적으로 추론했다. 과제의 선후에 따라 배열하지 않은 것은 관례대로 포괄할 수 없었기 때문이다. 『전당시』는 등제의 년도를 위주로 하니 문방은 멀리 이백과 두보의 앞에 있고 호연은 멀리 이백과 두보의 뒤에 있으니 어찌 적당하겠는가?"[18] 옛날에 공묘에 배향하는 것은 유림의 사후 특별한 영광이다. 청대에 이런 영광을 받은 사람은 모두 아홉 명이다. 옹정연간에 육롱기陸隴其부터 시작으로 차례대로 탕빈湯斌, 손기봉孫奇逢, 장리상張履祥, 육세의 陸世儀, 장백행張伯行, 왕부지王夫之, 황종희, 고염무顧炎武이다. 민국 초 서세창徐世昌이 총통을 맡았을 때, 다시 안원과 이공을 배향한다. 이 조목에서 말하는 11명은 이로부터 유래한다. 그러나 『학안』 가운데 이 11명의 구체적인 편차는 배향된 순서를 다 따르는 것은 아니고 생년을 차례로

---

17) 開始擬具編纂方案, 商榷體例案名, 然後各人分擔功課, 由夏氏持其總.

18) 是編以從祀兩廡十一人居前, 崇聖道也. 自高匯旃以下, 則以生年為次. 不得其年者, 則以其生平行誼 及與交遊同輩約略推之. 不以科第先後者, 例不能括也. 『全唐詩』以登第之年為主, 於是文房遠在李, 杜 之前,浩然遠在李, 杜之後, 豈其所哉!

하였으니, 권1 손기봉의 「하봉학안夏峰學案」, 권2 황종희의 「남뢰학안南雷學案」, 권3과 4 육세의의 「부정학안桴亭學案」상하, 권5 장리상의 「양원학안楊園學案」, 권6과 7 고염무의 「정림학안亭林學案」상하, 권8 왕부지의 「선산학안船山學案」, 권9 탕빈의 「잠암학안潛庵學案」, 권10 육롱기의 「삼어학안三魚學案」, 권11 안원顏元의 「습재학안習齋學案」, 권12 장백행의 「경암학안敬庵學案」, 권13 이공李塨의 「서곡학안恕谷學案」의 순이다. 손기봉과 황종희 등 11명은 모두 청초 대유로 이와 같이 배열하여 강희연간에 편수한 『전당시全唐詩』가 과제를 차례로 삼아 조성된 연배의 혼란을 피했을 뿐 아니라, 생년을 차례로 삼은 편찬원칙과도 부합하니 대체에 있어 적당하다고 할 수 있다.

제2조에 말한다. "하봉은 『명유학안』에 이미 보이는데 이 책에서 제일 처음에 두었다. 이는 하봉이 소문에서 강학했을 때 이미 청초였으므로 도연명이 진서와 송서에 열전이 같이 실린 사례를 취한 것이다. 『학안소식』에서 선별하여 싣지 않은 것은 자기 학파의 견해가 있었기 때문이지 중복되어 나왔기 때문은 아니다. 차청(이원도)의 의논이 맞다." [19] 『청유학안』이 손기봉의 「하봉학안」을 여러 학안의 제일 앞에 둔 것은 명청교체기의 역사사실과 일치하며 『진서晉書』와 『송서宋書』에서 같이 도연명의 열전을 실은 뜻을 얻었다. 당감의 저서 『청학안소식』은 자기 학파의 견해 때문에 손기봉을 뺐는데 이에 대해 이원도가 편수한 『국조선정사략』에서는 맹비난한다. 이 조목에서 처음으로 이원도의 견해를 수긍하고 당감의 견해를 취하지 않은 것은 일리가 있고 근거도 있으므로 공정함을 얻은 것이다.

제3조에 말한다. "유자들의 간략한 전기는 『한학사승기』와 『송학연원기』, 『낙학편』, 『염학편』, 『학안소식』, 『선정사략』의 명유名儒와 경학經學, 『비전집』의 이학理學과 경학, 『속비전접』의 유학, 『기헌류징』의 유행儒行과 경학부분에서 자료를 취해 만들었다. 중복되는 것은 없애고 신뢰가 가는 부분만 취한 것이 대략 열에 여덟이나 아홉은 취하고, 하나나 둘을 버렸다. 『경해』 두 편에서는 작자를 일일이 거론하였고, 『주인疇人』의 삼전三傳에서는 열거한 학자들의 수가 대부분 같다. 『유림전고儒林傳稿』는 간행되지는 않았지만 청대의 대강에 갖출 수가 있고, 『청사열전淸史列傳』은 민간에서 출판되었지만 사실 관청에서 찍어 남긴 것이다. 인용자료는 신중하게 선택하는 게 좋으니 이 두 책 역시 참고로 인용한다." [20] 이 조목은 이 책에 실린 유자들을 선택하게

---

19) 夏峰已見 『明儒學案』, 而是編取以弁晃群倫. 以蘇門講學, 時入淸初, 謹取靖節晉, 宋兩傳之例. 『學案小識』不加甄錄, 蓋有門戶之見存, 非以其重出也. 次靑論之趣矣.

20) 諸儒傳略, 取材於 『漢學師承記』, 『宋學淵源記』, 『洛學編』, 『濂學編』, 『學案小識』, 『先正事略』之名儒, 經學, 『碑傳集』之理學, 經學, 『續碑傳集』之儒學, 『耆獻類征』之儒行, 經學. 去其復重, 表其粹美, 大抵著者八九, 不著者一二. 『經解』兩編, 作者畢擧, 『疇人』三傳, 家數多同. 至 『儒林傳稿』, 雖未梓行, 而足備一代綱要. 『淸史列傳』雖出坊印, 而實爲館檔留遺. 引證所資, 無妨愼取, 斯二書者, 亦參用之.

된 근거를 말한다. 주로 이학가와 경학가 및 산학가算學家이다. 자료를 위한 서적들은 우열이 각기 다르지만 문호를 없애고 단점은 버리고 장점은 취하여 청대 학자들 가운데 학문에 규모가 있는 사람은 대체적으로 망라할 수 있었다는 것을 말한다.

제4조에 말한다. "청대 유자들이 많아 의리나 고증을 막론하고 학문의 고하에 맞게 스스로 일가를 이룬다. 단지 되도록 멀리 그리고 넓게 자료를 수집하려고 하였으나 그물의 눈 하나로 물고기를 잡을 수 없는 이치와 같았다. 이른바 '하나나 둘은 버렸다'는 일부러 버린 것은 아니다. 명성이 알려지지 않았거나 책을 구하지 못했을 경우, 예를 들어 도사덕都四德의『황종통운黃鐘通韻』이 그러한데 결국 취하지 못했다."[21] 이 조목은 학안에 들어가는 유자들을 되도록 많이 구하려고 하였으나 객관적인 조건이 맞지 않아 이름이 알려지지 않았거나 저술을 보지 못해 모든 청대학자들을 망라하지 못했다는 것을 말한다.

제5조에 말한다. "가학의 영향이나 뜻이 같은 사람의 훈도를 받아 작고 한 측면의 장점이 있으면 반드시 수집하였다. 문집에서 보이거나 서발문序跋文에 실려 이름이 앞에서 기술한 서적에 올라가지 않은 사람이 열에 셋이나 넷이 된다. 심오한 이치를 밝히려는 것이 아니라 자세하게 하려는 뜻이다."[22] 이 조목은 유자들을 기록하는데 있어 '상세하게 한다'는 것이 『청유학안』의 중요한 원칙임을 말하고 있다. 널리 수집하고 다방면으로 고찰했기 때문에 학안에 들어가는 인원수가 이미 제3조에서 열거했던 서적들에 나오는 유자들을 넘어섰다. 그래서 『청유학안』에서는 청대학술사의 자료를 선별하여 편집할 뿐 아니라 청대인물 특히 학술계의 인물정리에 근거를 제공한다.

제6조에 말한다. "상술한 서적들은 체례가 각각 다르다. 그 가운데 분류를 한 것이 있다. 예를 들어 경상을 지낸 탕문정, 위민과, 기문달, 완문달, 증문정을 한 문류로 하고 아래로 감사수령을 지낸 당확신, 나충절, 서성백, 무수당 같은 사람들까지 모두 관작에 따라 나누었다. 이것은 마치 한라의 노국(병길)과 당나라의 창려(한유)가 유림에 속하지는 않지만 역사의 법칙과 같은 것이다. 『청유학안』은 학문을 위주로하여 학술에서 드러나지 않는 자는 명위가 지극히 높아도 연결시키지 않았다."[23] 이 조목은 앞의 세 조목을 이어서 입안의 기준문제를 강구했다. 학안은 곧 역사서

---

21) 清儒眾矣, 無論義理, 考據, 高下自足成家. 第欲遠紹旁搜, 譬之舉網而漁, 不可以一目盡. 所謂不著之 一二, 非故擯棄也. 或聲聞不彰, 或求其書不得, 如都四德『黃鐘通韻』之類, 遂付闕如.

22) 家學儒染, 氣類熏陶, 凡有片善偏長, 必廣為勾索. 或遇之文集, 或附載序跋, 而名不見於上述諸書者, 十之三四. 非曰發潛闡幽, 亦寧詳毋略之義.

23) 上述諸書, 體例各異. 其中有分門類者, 如卿相中之湯文正, 魏敏果, 紀文達, 阮文達, 曾文正, 下至監司 守令, 若唐確慎, 羅忠節, 徐星伯, 武授堂之倫, 並依官爵. 猶漢之魯國, 唐之昌黎, 不入儒林, 固史法也. 是編以學為主, 凡於學術無所表見者, 名位雖極顯崇, 概不濫及.

로서 한 조대의 학술사를 기록한다. 역사를 편찬한 것이기 때문에 역사의 법칙을 준수해야 한다. 그래서 학술과 무관한 것은 명위가 귀해도 학안에 편입될 수가 없다. 『청유학안』의 이런 법도가 잘 세워지지 않으면 학안으로서의 의의를 상실하고 만다.

제7조에 말한다. "고인의 학문은 사장으로만 하지 않았기 때문에 장경과 자운이 포함하는 범위는 매우 넓었다. 범엽의 후한서에서 「문원」전이 만들어진 다음부터 끊어진 물줄기나 웅덩이처럼 모일 수 없었다. 추손과 숙사가 어찌 자엄이나 경중에 비해 손색이 있겠는가? 청대의 문장은 동성파와 양호파가 있었는데, 전노사의 말로 증명하면 두 파는 원래 근원이 같다. 망계[방포]의 『삼례』와 희전(요내)의 『구경』이 무원婺源(주희)과 같지 않지만 또한 어찌 신안新安(주희)의 바른 길과 다름이 있겠는가? 두 문파에 앞서 요봉(왕완)의 경학이 망계와 상하로 합하고, 두 문파와 동시에 자거가 삼대에 마음을 쏟아 식견이 홀로 뛰어났다. 두 문파의 뒤에 반호柈湖와 자서子序의 풍시와 전기가 그 근저가 또한 깊다. 빙숙氷叔의 종횡의 기질은 『사고제요』에서 비웃지만 그 지극한 기개는 설원의 전후육자가 범접할 수가 없다. 『청유학안』은 「문원」전의 인물에 대해서도 종합 평가하여 문식과 질박함이 반드시 서로 펼쳐주니 창작과 계승의 아름다움에 손색이 없다. 나머지 덧붙여진 견해는 다 좋은 것은 아니나, 요약하면 내용이 없고 짜임이 허술하며 문장의 뛰어남만을 추구하는 것은 적다."[24] 제3조부터 「범례」는 5개의 조목으로 선별의 기준을 전문적으로 다룬다. 청대 유림의 인물을 하나도 빠짐없이 망라하고 유림과 문원의 전통한계를 타파한다. 전문적인 학문이 있는 자는 모두 선별하여 기록한다. '간략하기보다 상세하려는' 구상이 여기서 다시 펼쳐진다.

제8조에 말한다. "『명유학안』은 모두 지리적 위치로 제목을 달고 연원이 실마리가 있는 것은 상전相傳을 달고, 시기가 같은 것은 달지 않았다. 서로 계통을 이루지 않는 것은 제유諸儒라고 했다. 자字로 제목을 단 것은 오직 지수止修와 즙산蕺山 두 학안이다. 『송유학안』은 제목은 지명으로 한 것도 있고 시호로 한 것도 있으며, 자로 한 것도 있어 일정치 않다. 제유는 위에 성을 달지 않고 반고와 범엽을 모방했지만 뜻은 통을 지나친다. 『청유학안』의 제목은 자로 칭하고, 재보를 맡은 사람은 현으로 칭하고 두 사람의 안을 합친 것도 현으로 칭하고 제유는 성으로 칭하였다. 황리주와 전사산의 두 책을 참작 절충하되 인습하지는 않았다."[25] 이 조목은 각 학안

---

24) 古人爲學, 不以詞章自專, 長卿, 子云,包蘊甚廣. 自範書別立「文苑」一傳, 遂若斷港絶潢, 莫之能會, 而秋孫, 叔師, 豈遽遜於子嚴, 敬仲? 淸代文章, 號爲桐城, 陽湖二派, 證以錢魯斯之言, 則二派固自一源. 望溪之於『三禮』, 姬傳之於『九經』, 卽不與婺源同科, 亦何異新安正軌! 前乎此者, 堯峰經術, 與望溪疊矩重規. 並乎此者, 子居究心三代, 識解獨超. 後乎此者, 柈湖, 子序, 風詩傳記, 根柢亦深. 惟冰叔縱橫之氣, 爲『四庫提要』所嗤, 然極其意量, 雪苑未可抗衡. 是編於「文苑」中人, 亦加甄綜, 必其文質相宣, 無愧作述之美. 其余附見, 未必盡純, 要之空疏而徒騁詞鋒者寡矣.

의 제목에 대해 논했다. 오직『명유학안』을 논한 것은 하북의 가씨賈氏 판본을 사용했기 때문에 양명학의 전승에 있어 '상전'이라 칭했다. 하지만 도광연간의 막씨 각본은 원본에는 '왕문'으로 되어있다고 하니, '상전'이 가씨의 손을 거쳐 수정된 것이다. 지금 중화서국 활자본은 곧 막씨의 설에 근거하여「절중왕문학안浙中王門學案」과「강우왕문학안江右王門學案」 등으로 제목이 붙었다.『송원학안』의 제목이 일정치 않다고 한 것은 말에 근거가 있으니 확실히 폐단을 찾았다고 할 수 있다. 학문은 땔나무를 쌓는 것과 같아 뒷 사람이 위에 거처한다.『청유학안』이 황종희와 전조망의 두 책을 참작하여 좋은 것을 따라 제목을 하나로 통일시켰다. 전체 책은 재보를 맡았거나 몇 사람의 안을 합친 것을 현명으로 제목을 붙인 것 외에, 나머지 안은 모두 대상인물의 자로 제목을 붙였다. 그러나『제유학안』은「범례」에서 말한 내용과 실제 편차에 조금 차이가 있다. 본서의 권195에서 권 208까지는 모두『제유학안』이라고 칭하고 차례대로「제유학안일」에서「제유학안십사」가 된다. 편차는 성으로 분류하여 직례를 먼저하고 산동을 다음에 두며 이후 차례대로 강소, 안휘, 강서, 절강, 호북, 섬서, 사천, 운남이 되지만 성을 붙이지는 않았다. 강소와 절강은 인문人文이 모이는 곳이기 때문에 책 전체에서 저록한 학자가 가장 많을 뿐 아니라『제유학안』 가운데서도 두 성의 학자가 많다.『제유학안』의 성립에 관해 저자는 권195「제유학안일」권수의 총론에서 분명하게 말했다. "한송의 학문은 대부분 사승관계를 중시한다. 전체 책은 각 학파의 전승에 있어 근원와 변천에 대해 이미 상세하게 기술했다. 수양으로 스스로 자득하여 전승관계를 고찰할 수 없거나 계승한 사람이 없는 경우가 있으니 각 성에 이와 비슷한 사람이 적지 않다. 지금 특별히 분류하여 성별로 모아 편집한다. 저작이 풍부한 것은 정수가 되는 것을 취하고, 풍부하지 않으면 대략것인 것만 취하고 널리 수집하여 부지런히 학문에 힘쓴 마음이 매몰되지 않기를 바란다."[26]

제9조에 말한다. "『송원학안』 부안에는 여섯 종류가 있다. 학려, 동조, 가학, 문인, 사숙, 속전이다. 제일 앞에 위치하는 사람과의 관계에 맞춰 앞에 큰 글씨로 아무개의 강우, 아무개가 나온 바, 아무개가 전한 사람, 아무개의 별전이라고 썼다. 재전제자나 삼전제자는 또 그 아래에 작은 글씨로 썼다. 상세하긴 하지만 매우 복잡하다. 황리주의『명유학안』에 비교하면 복잡함과 간략함

---

25)『明儒學案』通以地望標題, 其淵源有緒者, 則加之曰相傳, 同時者則否. 其不相統系者, 則曰諸儒. 其以字標題者, 惟止修, 蕺山二案.『宋元學案』或以地, 或以諡, 或以字, 為例不純; 諸儒則累其姓於上, 步趨班, 範而意過其通. 是編標題以字稱, 曾為宰輔者以縣稱, 二人合案者亦以縣稱, 諸儒以省稱. 參酌梨洲, 謝山二書而折中之, 固無取因襲也.

26) 漢宋之學, 例重師承, 全書於諸家授受源流, 已詳加紀述矣. 其有潛修自得, 或師傳莫考, 或紹述無人, 各省中似此者尚復不少. 今特別為一類, 分省匯編. 凡著作宏富者, 擷取菁華, 否則撮敘大略, 兼搜博采, 冀不沒其劬學之深心焉.

이 분명히 나누어진다. 지금 부안에 있는 사람은 별도로 가학家學, 제자弟子, 교유交遊, 종유從遊, 사숙私淑 다섯 종류로 분류하였으니 또한 모두 포함할 수 있다. 복잡한 것은 깎아 간략하게 하고 친함에서 소략함으로 합쳐서 살펴보고, 후배가 혹 선배들을 뛰어넘으면 별도로 분류하여 살피되 생년차례로 배열하니 주제와 체례가 서로 부합한다."27) 이 조목은 「부안」의 편차에 논한다. 가학, 제자, 교유, 종유, 사숙 다섯 종류로 전체를 포괄하니 불필요하게 중복시킨 『송원학안』에 비해 간략한 효과를 확실히 거둔다. 오직 종유만 다른 곳에 합쳐도 될 것 같다. 예를 들어, 권6과 권7 고염무의 「정림학안」에서 종유에 들어가는 사람은 세 사람이니, 서건학徐乾學과 서원문徐元文 형제, 진방적陳芳繼이다. 서건학과 서원문은 모두 고염무의 외조카로서 학문은 외삼촌을 계승했으며 높은 관직으로 경전과 사서를 연구했으니 '가학'류에 넣을 수가 있다. 진방적의 자는 양공亮工이며 고염무가 향촌에 은거했을 때 잘 아는 사람의 자식이니 정의상 제자나 사숙에 속한다. 대상인물에 근거하여 제자에 속한 사람들을 신중하게 정리하면 '사숙'에 넣으면 되지 다시 '종유'에 배열할 필요는 없다.

제10조에 말한다. "『송원학안』은 각 학안의 처음에 반드시 표를 만들어 연원의 출입을 밝혔다. 분파로 나뉘어졌으나 오이넝쿨처럼 연결되었으니 들인 힘이 지극하고 구상도 매우 좋다. 청대학술은 굉장히 많아 도통이 계승되는 것과는 다르다. 이 책에서는 전승관계에 있어 다른 학안에 있는 사람은 별도로 분류하고 처음의 표에 기재하지는 않았다. 그러나 부전附傳의 앞에 두거나 부전의 뒤에 두기도 하며, 각 전기의 중간에 섞어 넣거나 견해의 차례에 따라 배치하거나 생년의 차례에 따라 배치하여 원고를 지을 때 일정한 격식에 매이지 않고 붓 가는대로 기재했다. 책이 목판에 판각이 되면 고치기 어려운 점을 독자들은 살피기 바란다."28) 송유의 학문은 연원을 가장 중시하여 자신은 높이고 상대방은 배척하며 파벌이 나뉘어졌다. 『송원학안』이 무비판적인 태도로 책의 처음에 전승표를 배열한 것은 번쇄함만 더하여 사족에 불과한 일이었으나, "청대학술은 굉장히 많아 도통이 계승되는 것과는 다르다"고 한 것은 『청유학안』 편자의 식견이 당감의 『청학안소식』을 훨씬 앞서는 부분이다. 이것을 거울삼아 학술전승에 있어 앞에 표를 만들지 않고

---

27) 『宋元學案』附案之類有六, 曰學侶, 曰同調, 曰家學, 曰門人, 曰私淑, 曰續傳. 而於居首之人, 大書其前 曰某某講友, 某某所出, 某某所傳, 某某別傳. 其再傳, 三傳者, 又細書於其下. 詳則詳矣, 其如紊何!以視 梨洲『明儒學案』, 繁簡頓殊. 今於附案之人, 別爲五類, 曰家學, 曰弟子, 曰交遊, 曰從遊, 曰私淑, 亦足以 該之矣. 刪繁就簡, 由親及疏, 合而觀之, 後生或越前輩, 別類觀之, 仍以生年爲次, 義例相符.

28) 『宋元學案』每案之前, 必爲一表, 以著其淵源出入. 支分派別, 瓜蔓系聯, 力至勤, 意至善也. 淸代學術宏 多, 非同道統之有傳衍. 是編於授受攸關而別在他案者, 則分類列擧, 不復表於卷前. 然或居附傳之前, 或居附傳之後, 或錯綜各傳之間, 或以所見先後爲次, 或以生年先後爲次, 當屬稿時, 隨筆記載, 不拘一 式. 迨書經墨板, 改刻良難, 閱者諒之.

부안의 곳곳에 설명을 붙였다. 이와 같이 권2 황종희의 「남뢰학안」의 경우, 제자弟子 부분에서 만사대萬斯大와 만사동萬斯同에 대해 "별도로 「이만학안」을 두었다(別爲「二萬學案」)"고 별도로 주석을 단다. 교유交遊 부분에서도 마찬가지로 이옹李顒, 이인독李因篤, 탕빈, 모기령毛奇齡, 염약거閻若璩, 호위胡渭 등의 사람들에 대해 이름만 열거하고 배속된 학안의 명칭을 각각 주석으로 달았다. 글의 두서가 분명하고 질서정연하여 대상인물의 학술적 영향을 볼 수 있다.

제11조에 말한다. "학안의 요지는 존귀함으로 비천함을 통할했다. 부친이나 형의 학술적 명성이 하나의 안으로 다루기에 부족하면 자식이나 동생의 전기 첫머리에 싣는다. 전기로 성립되기 어려운 자식이나 손자는 할아버지나 아버지의 전기 끝에 덧붙이고 제목에는 이름을 드러내지 않았으니, 명칭은 버려도 실질은 버리지 않은 것이다. 형제가 나란히 유명하여 경중을 비교할 수 없으면 같이 첫머리에 두어 여러 무리들을 나누어 붙였다. 이 책에서 열거한 이고二高(고세태高世泰, 고유高愈)나 삼위三魏(위제서魏際瑞, 위희魏禧, 위례魏禮)처럼 형제가 나란히 유명한 경우는 여섯 학파에 불과하다. 교유관계는 단지 장점만 보고 연배의 차례에는 얽매이지 않았다."[29] 이 조목은 학안을 구성하는 학술세가의 차례에 대해 말한다. 서술한 두 가지 부류 중 전자는 권 39 염약거의 「잠구학안」에서 대상인물의 전기에 부친인 염수령閻修齡을 처음에 기술하여 '시로 이름났다'고 언급한 것과 권207의 「제유학안십삼諸儒學案十三」의 비밀費密의 전기에서 부친 비경우費經虞에 대해 먼저 서술하여 "자는 중약仲若, 명 말에 운남 곤명 지현에서 관직을 지냈고 누차 광서부 지부로 옮기며 치적이 있었다. 아울러 경학에 깊었고 저서로 『모시광의毛詩廣義』와 『아론雅論』이 있으며 한유의 주해와 설명을 중심으로 삼았다."[30]라고 한 것 등이 있다. 후자의 경우는 권 14 고세태高世泰와 고유高愈의 「무석이고학안無錫二高學案」, 권22 위제서魏際瑞와 위희魏禧, 위례魏禮의 「영도삼위학안寧都三魏學案」, 권34, 권35 만사대萬斯大와 만사동萬斯同의 「은현삼만학안鄞縣三萬學案」, 권85 주군朱筠과 주규朱珪의 「대흥이주학안大興二朱學案」, 권103 양옥승梁玉繩과 양리승梁履繩의 「전당이양학안錢塘二梁學案」, 권143 전의길錢儀吉과 전태길錢泰吉의 「가흥이전학안嘉興二錢學案」 여섯 학파가 있다. 이와 같이 학안을 세우고 체례를 변통하여 같은 가운데 다름을 두었으니 확실히 많은 신경을 기울였다고 할 수 있다.

제12조에 말한다. "유자들의 저술은 전기 가운데 상세하게 기록되어있다. 이미 간행된 서적은 권수를 열거하며 차이점과 수량을 중간에 수정해놓았다. 전해지는 원고만 있고 남아있는지 알

---

29) 學案大旨, 以尊統卑, 其祖若父, 若兄, 學術聲名不足以統一案者, 則載之子弟傳首. 其子孫不別爲傳者, 則附之祖父傳末, 目中不著其名, 名遺而實不遺也. 亦有兄弟齊名, 未可軒輊, 則比肩居首, 分系諸徒. 是編所舉, 二高, 三魏之屬, 六家而已. 交遊相附, 但視所長, 年輩後先, 無事拘執.

30) 字仲若, 明末, 官云南昆明知縣, 累遷廣西府知府, 有治行. 兼邃經學, 著有『毛詩廣義』, 『雅論』諸書, 以漢儒註說爲宗.

수 없거나, 서명만 남아있고 간행되었는지 알 수 없을 때는 별도로 보지 못했다고 기재하여 고찰하도록 했다. 그러나 서적이 워낙 방대하여 아무리 찾아도 일시에 구하기는 어려웠다. 황종희의 통달과 박식으로도 주포의의 『어록』이나 한원락韓苑洛과 범율재范栗齋의 문집들을 구하지 못했는데 하물며 학식이 짧고 견문이 좁은 내가 어찌 구하겠는가? 나라 안의 뛰어난 유자들이 바로잡아 주기를 바란다.”31) 학안체 사적은 각 유학자들의 학술자료를 선별 편집하는 것을 위주로 하기 때문에 등급의 평가는 첫 번째는 학안에 편입된 사람에 대한 평가이며, 두 번째는 학자들의 학술자료에 대한 감별 선택이다. 『청유학안』의 편자는 여기에 깊이 전념했기 때문에 이 조목부터 16번째 조목까지는 모두 자료선편의 문제를 논하였다. 이 조목은 대상인물의 전기에 기재된 저술목록에 대해 말한다. 서세창은 민국 대총통이라는 지위를 활용하여 『만청이시회晩晴簃詩匯』을 편찬할 때, 각지의 도서를 대량으로 수집하였다. 하야 후에 이 도서들은 대부분 서세창 북경의 저택에 보관되었다. 이후 『청유학안』을 편찬하는데 중요한 자료가 된다. 그러나 서세창의 저택에 소장되지 않았거나 『청유학안』의 저자들이 보지 못한 서적도 많아 먼저 입장을 밝히는 것도 실제를 추구하는 태도에서 벗어나지 않는 것 같다.

제13조에 말한다. “저술을 선별하여 싣는데 대개 두 가지 원칙이 있다. 하나는 서적들이 서로 이어져있어 잘라낼 수 없는 경우, 『예서강목禮書綱目』이나 『이십이사고이卅二史考異』 같은 서적은 서례를 취하여 대요를 보여주었다. 다른 하나는 서적이 워낙 방대하여 명시할 수 없는 경우, 『일지록日知錄』이나 『동숙독서기東塾讀書記』 같은 서적은 뛰어난 것을 골라 나머지를 개괄하였다. 경전이라도 첩괄(진부한 글)에 가까운 것은 싣지 않았고, 역사서라도 평가에 가까운 것은 싣지 않았다. 서발문은 청대 유학자들이 가장 주의를 기울여 썼던 글이다. 자신이 직접 쓴 서문은 서적의 대강을 반드시 상세히 하였으며, 다른 사람을 대신해 쓴 서문은 반드시 해석을 통해 도움이 되도록 하였다. 이것은 실제를 추구한 학문이며 후학을 크게 열어준 길이기 때문에 취할 만하다.”32) 『청유학안』은 대상인물의 중요저술에 있어 서례를 많이 실은 것에 대해 이 조목에서는 전문적으로 해석한다. 고염무의 『일지록』이나 진풍의 『동숙독서기』 같은 유명한 학술찰기처럼 많아서 이루 다 헤아릴 수 없는 경우, 그 정밀한 요지를 서례 같은 문장이 다 담을 수가 없다.

31) 諸儒著述, 詳敍傳中. 已刊行者, 舉其卷數, 異同多寡, 間為更定. 設其書僅有傳稿, 若存若亡, 或僅見書名, 未知成否, 則別為未見, 以待續考. 然書籍浩繁, 雖八道以求, 而一時難得. 以梨洲之通博, 猶失朱布衣『語錄』, 韓苑洛, 範栗齋諸集, 矧在寠陋, 頗囿見聞. 海內鴻儒, 幸賜匡正.

32) 甄錄著述, 蓋有二義. 一, 其書貫串, 未容剪裁, 如『禮書綱目』, 『卅二史考異』之屬, 則取其序例, 以見大凡. 一, 其書美富, 不勝標舉, 如『日知錄』, 『東塾讀書記』之屬, 則擇其尤至, 以概其余. 凡近於帖括者, 雖經不錄也. 近於評騭者, 雖史不錄也. 清儒序跋, 最為經意. 自序必詳為書之綱要, 為人書序必為之說以相資. 此固征實之學, 大啟後學之途徑, 故足取焉.

이에 편자는 "뛰어난 것을 골라 나머지를 개괄한다[擇其尤至, 以槪其余]"는 선별기준을 제시한다. 예를 들어, 권6에서는 고염무의 『일지록』에 대해 경술과 치도에 관해 논한 부분을 주로 선별하여 싣고 박문博聞류에서 일률적으로 대략적인 기술을 하여 전체 서적의 요지를 어렴풋하게 볼 수 있다. 또 권174 진풍의 『동숙독서기』 역시 경전과 자서의 독서기를 위주로 하여 진풍 서적의 대략적인 면모를 반영했다.

제14조에 말한다. "여러 서적을 모아서 편찬하는데 반드시 원본을 구하였다. 『황청경해』와 속편에 수록된 찰기와 문집은 선별을 거치긴 했지만 종종 전체문장을 싣지 않은 것도 있어서 뒤에 단행본으로 나오면 매번 보충하고 정정하였다. 찾지 못한 서적은 혹 서문이나 발문이 문집에 실리거나 총서에 실려 있었는데, 가령 『설문통석說文統釋』의 경우 그 아래에 주석을 달아 기록하고 오해를 피하려고 했다. 문집이 전해지지 않지만 총집이나 선본에서 편장篇章을 얻은 것은 '문초文鈔'라고 제목을 붙였으니 또한 이 예와 같이하였다."[33] 『황청경해』과 그 속편은 청대의 경학저술을 모아서 간행한 것이다. 청대의 경학저술이 많이 들어가 있긴 하지만 『청유학안』의 편자가 비판하듯이 『황청경해』는 원작의 서문이나 발문을 싣지 않거나 선본選本이 미진하기 때문에 매번 단행의 별본만 못했다. 이것을 거울삼아 『학안』은 학술자료를 선별하여 싣는데 『황청경해』를 근거로 삼지 않고 반드시 원문을 구하여 광범위하게 수집하였다. 들인 공은 실로 황종희의 『명유학안』을 쫓아갈 만하다.

제15조에 말한다. "여러 서적을 모아서 편찬하는 데 대략 경사자집 네 부분으로 배열하였으며, 전문저작은 앞에 문집은 뒤에 배열하였다. 서명과 본문은 평사로 하였으며, 서례는 본문에 견주어 평사로 하였다. 문집도 평사로 하였으며 편목은 억사로 하여 구별하였다. 그러나 청대 유학자들의 문집은 대부분 경經과 자子를 따랐으니, 가령 『술학述學』이나 『술림述林』류의 서적은 문집의 이름을 되도록 피했다. 대체로 '집集'이라고 하면 작자의 본 뜻과 맞지 않는 것 같다. 『송원학안』은 모두 원 제목을 따르고 일반적인 명칭은 취하지 않아 명실상부의 원칙에 깊이 부합하였다. 이 책에서 각 전기의 뒤에 채록한 저작은 이미 빠짐없이 전기 속에서 분명하게 드러내었으므로 명실을 살펴볼 수 있다."[34] 이 조목은 자료의 초사抄寫격식 및 저술의 명칭을 선별 기록했다는

---

33) 采纂諸書, 必求原本. 正續 『經解』 多割棄序跋, 所收劄記, 文集, 雖經抉擇, 往往未睹其全. 後出單行, 每堪補訂. 其未見之書, 或有序跋載於文集, 刻之叢書, 如 『說文統釋』 之屬, 則記註其下, 庶免疑誤將來. 其文集不傳, 而得篇章於總集選本者, 題曰文鈔, 亦同此例.

34) 采纂諸書, 略依四部排比, 先專著而後文集, 書名與正文平寫, 序例視正文. 文集亦平寫, 其篇目則抑寫, 以為區別. 然清儒文集, 編次多規仿經子, 如 『述學』, 『述林』 之屬, 力避文集之名. 若概稱曰集, 似違作者本意. 『宋元學案』 盡依原目, 不取通稱, 深合名從其實之義. 是編於各傳後所采著作, 悉已於傳中標明, 其名實固可考見焉.

것을 전문적으로 말한다. 원작을 존중하고 명칭은 실제에 부합시켜 이처럼 기준을 확립한 것은 분명히 타당하다고 할 수 있다.

제16조에 말한다. "여러 서적들을 모아서 편찬하면서 초판본의 큰 글자, 작은 글자, 평사, 억사의 체식이 서로 달랐다. 이 책은 질서정연함의 원칙아래 또 변통으로 돌아갔다가 끝에는 획일적으로 정리했다."[35] 이 조목은 서사 체식의 정제와 획일을 전문적으로 말하니 구상이 매우 명료하다.

제17조에서 말한다. "정안에 배열된 인물 179명, 덧붙인 인물 922명,「제유안諸儒案」에 배열된 인물 68명을 모두 합쳐 208권 1,169명이다."[36] 『청유학안』권1에서 권194까지 중요인물은 각자 안을 만들었으니 이 조목에서 말하는 '정안正案'이라는 것은 앞에서 말한 각 안의 대상인물을 가리키며 모두 179명이다. 922명이란 각 안에 덧붙인 유학자들을 말하며 '정안'과 상대하여 '부안'이라고 부른다. 여기에 『제유학안』 14권 68명을 더하여 전체 208권에 청대학사 1,169명을 실었다. 이런 권질의 방대함과 편찬체례의 엄정함은 청대학술의 정리를 반영하고 고대학술의 기본특징을 종합한 것이면서 이전 학안체 사적에 대한 종합이라고 할 수 있다.

이상 17조목은 전체 서적의 대요를 대략적으로 기술한 것이다. 그러나 좀더 자세하게 논하면 아직 보충할 조목이 두 가지 있는 것 같다. 첫 번째는 각 안의 첫머리에서 『명유학안』을 모방하여 총론을 두어 각 대상인물의 학술연원을 기술하고 학문의 득실을 평하며 학술적 지위를 논했다는 점이다. 식견이 황종희에게 미치지 못하여 논한 내용도 검토할 부분이 있긴 하지만, 요점을 간명하게 제시하고, 말은 간략하나 뜻은 완벽하여 실로 당사자가 아니면 할 수 없을 것이다. 각 안의 총론을 하나로 합쳐 전조망의「송원학안서록宋元學案序錄」과 같이 살펴보아도 손색이 없을 것이다. 두 번째는 각 안의 대상인물의 학술자료선편 뒤에 『송원학안』의 편차를 모방하여 '부록'의 항목을 두어 대상인물의 학문과 품행 및 유문일사를 전문적으로 기록한 점이다. 집록한 내용은 대상인물의 붕우들이 논하거나 제자나 문생 및 후인들이 기록한 것이어서 편폭의 길이나 자세함이 동일하지는 않지만 전기의 미진한 부분을 보충할 수 있다.

중국학안체 사적은 『명유학안』부터 총론, 전략, 학술자료선편의 3단식 편찬구조가 이미 정형화된다. 뒤에 전조망이 속수한 『송원학안』을 통해 더욱 발전한다. 대상인물의 학술자료선편의 뒤에 '부록附錄'의 항목을 더하고, 또 그 뒤에 학우學友, 학문견해가 일치하는 사람, 가학家學, 문인, 사숙私淑, 속전續傳을 집어넣어 대상인물의 교유관계와 학술의 계승과 연속을 보여주었다. 이후 서세창의 『청유학안』이 나와 황종희와 전조망의 학안을 합치고 취사선택하여 마침내 크게

---

35) 采纂諸書, 其原刻大書, 細書, 平寫, 抑寫, 體式互有不同. 是編義取整齊, 輒復變通, 期臻劃一.

36) 是編列人正案者一百七十九人, 附之者九百二十二人,「諸儒案」六十八人, 凡二百零八卷, 共一千一百六十九人.

정안正案과 부안附案 두 부분의 형식을 취하게 된다. 정안은 황종희의 3단식 구조를 그대로 따르면서 '부록'의 항목을 첨가시킨다. 부안은 별도로 가학, 제자, 교유관계, 종유從遊, 사숙의 다섯 부분으로 나눈다. 편찬체례의 측면에서 서세창에 와서 학안체사적은 이미 극도로 성숙하게 된다고 할 수 있다.

4. 『청유학안』의 몇 가지 검토할 부분

앞에서 기술한 대로 『청유학안』은 여러 사람이 지은 서적이다. 여러 뛰어난 학자들의 손을 거치며 일정한 질적 수준이 보장되어 『명유학안』과 『송원학안』을 이후의 성공적인 학안체 역사서가 되었다. 그러나 역사적 한계와 인식의 한계 외에, 마지막 단계에서 급히 책을 완성하느라 충분히 숙고하지 못하여 몇 가지 검토할 부분이 아직 남아있다. 몇 가지 요지를 정리하면 다음과 같다.

(1) 서세창徐世昌의 「청유학안서」의 미진한 부분

「청유학안서」는 1938년에 지어진다. 집필자가 누구인지 확실히 알 수는 없지만 서세창으로 이름이 올라있기 때문에 공과는 모두 서세창에게 있다고 할 수 있다. 서세창의 이 서문은 검토할 점이 두 가지 있다. 첫 번째는 강희제의 학술지위에 대한 평가문제이고, 두 번째는 사회의 진보문제를 어떻게 보아야 하는지의 문제이다.

강희제는 청대 개국시기에 탁월한 업적을 가진 제왕일 뿐만 아니라, 전체 중국역사시기를 통틀어서도 몇 안 되는 걸출한 정치가이다. 그는 바쁜 정사 외의 여가시간에도 몇 십 년을 하루같이 경전과 역사서를 연구하고 천문역법과 수학을 탐구하였으니 더더욱 귀한 인재였다고 할 수 있다. 그러나 강희제康熙帝는 결국 정치가이지 연구를 주업으로 하는 학자는 아니다. 그래서 그의 역사적 업적에 대한 평가문제는 큰 방면에서 착안해야지 일반적인 학자와 동등하게 두고 논의해서는 안 된다. 「청유학안서」는 이 점에서 본말이 도치되어 강희제의 학술성취에 대한 칭찬이 지나치다. 서문에서는 그가 생전에 "당시의 학술저작을 두루 받아들이고 지극한 깊이에 이르렀다"[37]고 하여 '하늘이 내린 성인[天縱之聖]'으로 칭찬하고, 게다가 다른 사람의 말을 빌려 "청대의 이치에 통달한 사람과 걸출한 사인들은 모두 성조의 가르침을 근본으로 하여 성장했다"[38]고 하고, "성조

---

37) 於當時著作之林, 實已相容並包, 深造其極.
38) 清代之達人傑士, 悉推本於聖祖教育而成.

의 가르침은 이후 이백년의 인재들을 함양시켜주었다[聖祖之敎, 涵育於二百年.]"고 단언한다. 이런 칭찬들은 실제보다 지나친 말로서 분명 타당하지 않다.

신해혁명은 군주전제정치를 종결시켰으니, 이는 중국역사상 경천동지의 대변화였다. 그 의의는 이전의 어떠한 왕조교체로도 비교할 수 없는 성질일 것이다. 민국이 건립된 후, 중국사회는 날로 국제사회의 조류로 휩쓸려 들어가 사회생활의 모든 부분은 부패의 질곡을 깨부수고 큰 걸음으로 전진한다. 이런 변화는 본래 환호할 만한 일이지만 서세창은 서문에서 이와 다른 격조로 말한다. "지금 세상을 보니 새로운 지식이 천하를 적시고 사물의 이치도 지나치게 밝아져 경쟁의 도구가 날카로울수록 백성들의 화도 심해진다. 광폭한 파도가 이미 몰아쳤으니 누가 이를 막고 동으로 가겠는가?"[39] 이런 시각으로 사회를 바라보고 역사를 종합했으니 역사를 곡해하여 잘못된 판단을 내리는 것도 이상한 일이 아니었다. 우리는 서세창이 『청유학안』으로 청대학술을 서술한 업적은 칭찬하지만, 그 사이에 포함된 바르지 않은 의식에 대해서는 긍정할 만한 어떠한 이유도 없다. "광폭한 파도가 이미 몰아쳤으니 누가 이를 막고 동으로 가겠는가?[狂瀾既倒, 孰障而東]"라고 한 것은 사마귀가 앞발을 들어 수레를 막는 꼴이니, 이전 조대를 위한 애조의 만가에 지나지 않는다.

(2) '문묘에 배향하는 11명을 제일 앞에 두는' 문제

"문묘에 배향하는 11명을 제일 앞에 둔다[以從祀兩廡十一人居首]"는 말은 「청유학안범례」 제1조에 나온다. 이 문제에 관해 먼저 태어난 해를 기준으로 삼는다는 측면에서 논하자면, 다행히 배향되는 인물들이 모두 청초 사람들이라 큰 오류가 없다고 해도 대체적으로 타당하다. 하지만 이 11명 가운데 민국 초에 공자묘에 배향된 안원顔元과 이공李塨을 제외하면, 나머지 9명은 모두 청나라 황제가 정한 것이다. 서세창이 『청유학안』의 편찬을 주관했을 때는 이미 민국시기이며, 또 하야한 민국대총통이 청 조정의 기호에 따라 차례를 정한 것이니, 바르지 않은 유로遺老의식이 반영된 것이라고 할 수 있다. 이 문제는 첫 번째 문제에서 제기했던 '엎질러진 물을 다시 주워 담는 것'과 마찬가지로 시대착오적이니 취해서는 안 된다.

(3) 여유량呂留良에 관한 평가문제

여유량은 일명 광륜光輪이라고 한다. 자는 용회用晦이며 다른 자는 장생莊生이며, 호는 만촌晚

---

39) 盱衡斯世, 新知競淪, 物奥偏明, 爭競之器愈工, 即生民之受禍益烈. 狂瀾既倒, 孰障而東!

村이다. 만년에 삭발하고 승려가 된다. 법명은 내가耐可이며 자는 불매不昧, 호는 하구何求이다. 절강 숭덕崇德(지금의 桐鄉) 사람이다. 명 숭정 2년(1629)에 태어나 청 강희 22년(1683)에 죽으니 향년 55세였다. 그는 청초 절강의 유명한 학자로 청대학술사와 정치사에서 비교적 큰 영향을 미쳤다. 하지만 그는 세상을 떠난 후에 옹정연간에 문자옥으로 화가 미쳐 청 세종에 의해 '천고의 죄인[千古罪人]'으로 지목되어 육시형과 효수형에 처해지고 건륭연간에는 서적이 불살라졌다. 그래서 옹정건륭연간과 이후 학자들은 그의 학문과 품행에 대해 언급하는 사람이 드물었다. 가경, 도광연간 강번의 『한학사승기』와 『송학연원기』, 당감의 『청학안소식』에서는 한 글자도 그에 대해 언급하지 않는다. 『청유학안』에서 기존의 편견에 얽매이지 않아 여유량을 권5 「양원학안楊園學案」의 교유交遊류에 실은 것은 진전된 일이라 하지 않을 수 없다. 하지만 여유량에 대한 학안의 평가는 여러 가지 검토해봐야 한다.

『청유학안』은 여유량의 학문과 품행을 다음과 같이 평가한다. "만촌은 평소에 명 말의 강학습관을 이어받아 명성을 알리는데 힘썼으며 제자들의 서적이 매우 많았다. 또 당시 문장에 뛰어났기 때문에 『간목집竿木集』의 간행은 당시에 이미 능유안凌渝安에게 비판을 받았다. 양원이 처음 부름에 응할 때, 수수秀水의 서선경徐善敬은 글을 남겨 바로잡으며 이곳은 외진 곳이 아니라 적당한 장소가 아닐 것 같다고 말했다. 그 말 또한 『견문록』에 실렸다. 전사산은 기승선祁承爍의 담생당淡生堂에서 간행한 서적을 다투어 구매했다는 이유로 처음에 스승으로 모셨던 남뢰南雷, 황종희가 그를 제자의 문적에서 뺀 일을 기록했다. 육구연과 왕양명을 버리고 정이와 주자만을 높이는 기풍도 또한 이것으로부터 일어났다. 명성을 추구하는 마음이 깨끗하지 않아 마침내 화를 불러들였음을 알 수 있다."[40] 이것은 잘못된 평론이다. 여유량의 평가문제에 관해 필자는 1980년대에 「여유량산론呂留良散論」을 써서 『청사논총清史論叢』제7집에 실었다. 이 논문에서 『청유학안』에서 말하는 '당시 문장에 뛰어났다[工於時文]'와 황종희와 사이가 나빴던 원인을 이미 고찰한 바 있는데 그 결론은 『청유학안』과 완전히 다르다. 여기서는 다시 언급하지 않지만 서세창 등이 전조망의 학설을 논의의 근거로 인용하여 역사적 진실을 밝히려고 하기 때문에 다시 토론하는 것도 무방할 것 같다.

전조망은 다음과 같이 말한다. "내가 듣건대, 담생당의 서적이 처음 출간되었을 때 여러 가지 논쟁의 단서를 열어놓았다. 처음에 남뢰 황공은 석문에서 강학하였는데, 당시 용회 부자가 모두

---

40) 徐世昌, 『清儒學案』卷5, 「楊園學案」附案, 「呂先生留良」. 晚村生平承明季講學結習, 鶩於聲譽, 弟子著籍甚多. 又以工於時文, 『竿木集』之刻, 當日已為凌渝安所譏. 楊園初應其招, 秀水徐善敬可遺書相規, 謂茲非僻靜之地, 恐非所宜. 其語亦載在『見聞錄』中. 全謝山記其初師南雷, 因爭購祁氏淡生堂書, 遂削弟子籍. 屏陸, 王而專尊程, 朱, 亦由是起. 可見名心未淨, 終賈奇禍.

북면하고 경학 수업을 받았다. 얼마 후, 삼천금으로 담생당의 서적을 구매하자 남뢰도 수업료의 수입으로 여기에 참여한다. 교역이 끝나자 용회의 심부름꾼이 남뢰가 취한 위식衛湜의 『예기집설』과 왕칭王偁의 『동도사략東都事略』을 중도에 훔쳐 갔는데 이는 용회가 지시한 것이었다. 남뢰가 크게 노하여 동문으로서 문적을 끊었다. 용회 또한 이전과 반대로 남뢰를 비방하고 건안의 무리에 마음대로 의탁하여 신건을 힘껏 공격하고 아울러 「즙산학안」의 사숙을 삭제하였는데 남뢰 때문이었다."41) 전조망의 이 설은 본래 전해 들은 말에서 나왔다. 황종희를 사숙하여 편견이 있었기 때문에 사실과 맞춰보면 맞지 않는 부분이 많다.

먼저, 여유량이 물론 사숙했다는 이름을 뺀 일이 있긴 있지만 황종희가 편집한 「즙산학안」이 아니며, 뺀 것도 자신의 이름이 아니라 아들 여보중呂葆中이다. 여유량 본인이 이름을 빼야한다고 표명한 것도 『유염대선생유서劉念臺先生遺書』 가운데 교정자의 이름이지 '사숙私淑'과는 사실 아무런 상관이 없다. 이 일의 경위에 관해서는 여유량이 황종희의 동문 벗인 강희철姜希轍의 아들 강여고姜汝高에게 답하는 편지가 있어 분명하게 언급한다. "부친과 노형께선 이 도를 주장하며 후배에게 은혜를 베푸셨습니다. 작년에 『염대선생유서』의 판각을 맡겼을 때, 재정裁訂은 태충太沖, 황종희가 맡고 대조비교는 태충의 문인이 맡았는데 이 일의 공신입니다. 저는 집안에 송시宋詩의 판각 일이 있어 각공과 조금 익혔는데, 태충은 공인의 호오를 따지게 해서 다과에 둘 따름이었습니다. 처음에 책을 읽지 않았는데, 지금은 매 권의 끝에 반드시 저의 이름을 열거하시니 마음이 불편합니다. … 이것이 어찌 본래 태충의 사사로운 책이겠습니까? 만약 태충의 책이라면 아무개의 후학이라는 호칭 또한 마음에 불편함이 있습니다. 노형께서 일일이 저를 위해 빼주시기 바랍니다."42) "아들 공충(여보중)은 공을 따질만한 수고가 없으니 어찌 태충의 문하에서 수업을 받았다고 해서 외람됨이 연관시키겠습니까?"43) 전조망全祖望이 부자를 가리지 않고 교정과 사숙을 혼동해서 말하는 바람에 털끝만한 차이가 천리나 되는 오류를 불러왔다.

다음으로 여유량과 황종희는 본래 붕우의 관계지 스승과 제자의 관계는 아니었다. 처음 두

---

41) 全祖望, 『鮚埼亭集外篇』卷17, 「小山堂祁氏遺書記」. 吾聞淡生堂書之初出也, 其啟爭端多矣. 初, 南雷黃公講學於石門, 其時用晦父子俱北面執經. 已而以三千金求購淡生堂書, 南雷亦以束修之入參焉. 交易既畢, 用晦之使者中途竊南雷所取衛湜『禮記集說』, 王偁『東都事略』以去, 則用晦所授意也. 南雷大怒, 絕其通門之籍. 用晦亦遂反而操戈, 而妄自托於建安之徒, 力攻新建, 並削去『蕺山學案』私淑, 為南雷也.

42) 尊公先生與老兄主張斯道, 嘉惠來者. 去歲委刻『念臺先生遺書』, 其裁訂則太沖任之, 而磨對則太沖之門人, 此事之功臣也. 若弟者, 因家中有宋詩之刻, 與刻工稍習, 太沖令計工之良窳, 值之多寡已耳. 初未嘗讀其書, 今每卷之末必列賤名, 於心竊有所未安. … 豈此本為太沖之私書乎? 果其為太沖之書, 則某後學之稱, 於心又有所未安也. 望老兄一一為某刊去.

43) 呂留良, 『呂晚村先生文集』卷2, 「復姜汝高書」. 至小兒公忠, 則並無計功之勞, 豈以其受業太沖門下, 故亦濫及耶?

사람의 정의가 친밀했을 때 황종희는 여유량이 지은 「우연당기友硯堂記」에 발문을 지어주면서 '의형제[契弟]'라는 호칭을 쓰며 "용회의 친구가 곧 나의 친구며 용회의 벼루가 곧 나의 벼루다"44)라고 한다. 형제간의 교분이 수족과 같으니 어찌 그 사이에 스승과 학생이라는 말이 있었겠는가? 여유량의 시문과 잡저에 황종희를 언급한 부분이 매우 많지만 두 사람의 관계를 스승과 학생의 관계라고 언급한 글자는 한 글자도 보지 못했다. 황종희와 스승과 제자의 관계에 있었던 것은 앞에서 인용한 「복강여고서復江汝高書」에 보이듯이 여유량이 아니라 그의 아들 여보중이다.

마지막으로 기승선祁承爍의 장서를 구매한 일에 대해 황종희나 여유량과 동시기의 진조법陳祖法이 기술하는 내용은 다르다. 다음과 같이 기술하고 있다. "황리주는 고향에 기거하면서 사람들의 말에 매우 불만을 가지고 동장東莊(여유량)을 위해 소흥에서 옛 서적들을 구입하여 선본을 준 것이 많았다."45) 진조법의 연배는 전조망보다 빨랐으며, 이 것은 강희 28년 정월 6일에 한 말이다. 그가 여유량과 인친관계였기 때문에 두 사람 사이의 개인적 친분을 배제할 수 없다고 하더라도 반세기 후에 사람들로부터 전해 듣는 전조망에 비교하면 분명 신뢰할 수 있는 정도가 훨씬 높다고 할 수 있다.

전조망의 「소산당기씨유서기小山堂祁氏遺書記」의 내용은 신뢰할 만하지 못하다는 것을 알 수 있다. 옛 사람들이 가죽이 없으면 털이 있을 데가 없다고 하지 않았던가? 『청유학안』이 한쪽 측면의 말에만 근거한데다가 신뢰할 만하지 않은 소식에 근거하여 경솔하게 입론하여 자연스럽게 거짓말이 자꾸 불어나 역사적 검증을 거치지 못했던 것이다.

아시다피 여유량의 원통함은 그가 죽은 지 40여년 후에 청 세종이 증정曾靜과 장희張熙가 비밀리에 반청운동을 벌인 일을 징벌하면서 황제의 권위를 남용하여 죽은 사람까지 연루시키면서 일어났다. 『청유학안』에서는 "공명을 추구하는 마음이 깨끗하지 않아 마침내 뜻밖의 재난을 샀다[名心未淨, 終賈奇禍]"라고 하여 옹정제의 전제와 포학함을 가릴 뿐 아니라, 청 조정의 말을 그대로 사용하여 여유량을 비난한다. 시비나 흑백을 가리지 않았으니 역사사실과 매우 거리가 있다.

(4) 빠뜨려서는 안 되는 학자들

『청유학안』은 유림의 인물을 망라하는 것을 종지로 삼았다. 다음 인물들은 모두 알려지지 않

---

44) 黃宗羲, 「跋友硯堂記」. 이 문장은 『남뢰문안南雷文案』과 『남뢰문정南雷文定』 등에 보인다. 『여만촌선생문집』 권6, 「우연당기」에 부록되어 있다. 用晦之友即吾友, 用晦之硯即吾硯.

45) 陸隴其, 『三魚堂日記』卷10, "康熙二十八年正月初六"條. 黃梨洲居鄕甚不滿於衆口, 嘗爲東莊(即呂留良──引者)買舊書於紹興, 多以善本自與.

았던 사람이 아니므로 빠뜨려서는 안 된다.

반평격潘平格의 자는 용미用微고 절강 자계慈溪 사람이다. 대략 명 만력 38년(1610)에 태어나서 청 강희 16년(1677)에 죽는다.[46] 그는 청초 절동의 유명한 학자로 황종희, 장리상, 여유량과 교유했으나 학문에 대한 논의는 서로 맞지 않는 부분이 많았다. 그의 저서『구인록求仁錄』은 주희와 왕양명의 학술에 대해 모두 비판이 있고, 그가 세상을 떠난 후 강희 말년에『구인록집요求仁錄輯要』로 간행된다. 도광연간에 당감의『청학안소식』에서는 그를 대립적인 인물로 보고 책의 말미「심종학안心宗學案」에 두었다. 그의 자를 '용징用徵'으로 잘못 표기하지만,『구인록집요』의 기본 주장은 인용했다. 서세창이『청유학안』의 편찬을 주관할 때『구인록집요』을 마땅히 봐야했는데 빠뜨리고 기록하지 않았으니 옳지 않다.

무술유신은 만청 정치사의 중대한 사건이며, 19세기 말 중국사상계의 맹렬한 조류였다. 유신운동의 영수 강유위, 양계초, 담사동 등은 모두 당시 유림의 출중한 인물이었다.『명유학안』에 실린 사람은 하한선이 민국 22년(1933)에 세상을 떠난 가소민柯劭忞에게까지 미치면서 어째서 가소민보다 먼저 세상을 떠난 강유위, 양계초, 담사동은 싣지 않았을까? 한 걸음 물러나 강유위, 양계초를 민국 이후에 넣더라도 중요한 정치와 학술활동이 조금 있기 때문에 싣기에 불편했다면 담사동은 백일 유신이 실패로 끝나자 나라를 위해 죽었는데도 왜 싣지 않았을까?『청유학안』의 편찬자의 건강하지 않은 편견을 가지고 있어 무술변법의 인물들을 적대시할 수 있지만, 강유위와 양계초 등의 학술성취는 말살할 수 없을 것이다.

순수학술의 각도에서 강유위와 양계초는 모두 만청시기 금문경학의 거인들이다.『청유학안』에 싣고 있는 금문경학의 스승들로 청 중엽의 장존여와 그의 후인인 장술조莊述祖, 유봉록劉逢錄, 송상봉宋翔鳳이 있고 아래로 능서凌曙, 진립陳立, 피석서皮錫瑞까지 다루면서 강유위, 양계초 및 강유위의 학설에 중요한 영향을 미친 요평은 언급하지 않았다. 개인의 호오에 근거하여 인위적으로 역사를 재단한 것을 사람들은 받아들일 수가 없다.

(5) 편찬체재의 국한

『청유학안』은 황종희와 전조망의 두 안이 개척한 길을 계승하여 학자들의 전기와 학술자료휘편學術資料彙編의 형식을 활용하여 한 조대의 학술의 흥망성쇠를 기술했다. 이러한 편찬체재는 인물마다 안을 만들든지 여러 사람을 한데 묶어 어떤 학자나 학술유파 자체의 전승은 대체적으로 반영할 수 있었다. 하지만 이 학자나 유파가 출현한 배경, 학술의 역사지위, 각 시기 학술발전

---

46) 容肇祖,「潘平格的思想」,『容肇祖集』에 보인다. 齊魯書社1989年版, 459쪽.

의 기본특징 및 추세, 여러 학술유파의 소장 및 상호영향관계, 한 조대 학술의 종적, 횡적 연결, 특히 그 사이에 내포되어 있는 규율 등의 문제는 모두『청유학안』과 같은 학안체 사적이 답을 줄 수 없는 부분이다. 이 때문에『청유학안』을 편찬하는데 걸린 10여 년의 시간이 걸린 점, 천명에 달하는 한 조대 학자를 기록한 점, 경사자집을 두루 포함하는 학술자료의 광범위함, 취사선택에 들인 정성을 인정하더라도 '훌륭한 문장을 모아놓은 유서가 된다'는 비난을 면치 못한다. 편찬체례에 있어서 학안체 사적이 극도로 성숙한 것이면서, 다른 한편으로는 이런 편찬체재의 국한으로 역사발전의 참된 면모를 전면적으로 반영하지 못하는 측면도 있다. 이런 모순적인 상황이『청유학안』이 나오는 것까지 학안체 역사책은 끝에 도착한다고 말할 수 있다.

20세기에 들어와 서양의 사학방법론이 유입됨에 따라 기전체 사적으로부터 변화해온 학안의 속박을 벗어버리고 참신한 장절체 학술사를 편찬하는 것이 역사 편찬학의 긴박한 문제가 되었다. 이에『청유학안』편찬과 동시에 양계초가 우뚝 일어나 '사계혁명史界革命'을 창도함으로써 이 과제를 완성하는 걸출한 선구자가 된다. 양계초의『청대학술개론』과『중국근삼백년학술사』의 출현을 기준으로 학술사 편찬은 학안체 사적의 마지막 페이지를 넘기고 장절체章節體 학술사를 시작으로 현대사학의 문으로 들어선다.

제22장
『청유학안』의 여파

전목錢穆은 자가 빈사賓四이고 강소江蘇 무석無錫 출신이다. 청나라 광서 21년(1895)에 태어나 1990년에 죽었으며 향년 96세였다. 전빈사 선생은 초기에 청나라 유학자의 학술을 연구할 때 『중국근삼백년학술사』와 『청유학안』을 자매편으로 삼았다. 1931년 가을, 전선생은 북경대학 사학과에서 가르쳤는데 근 300년 학술사를 강의했고 5년 만에 대작 『중국근삼백년학술사』를 완성했다. 전체 14장이고 위로는 청나라 초의 황종희, 왕부지, 고염무로부터 아래로 청나라 말의 증국번曾國藩, 진례陳澧, 강유위에 이르기까지 청나라 학술의 흥기와 교체를 눈앞에 환하게 펼쳐 보인다. 전선생의 이 책은 1937년 초에 출간되어 세상에 나온 이후로 번갈아 재판을 거치며 배우는 사람들에게 은혜를 베푼다. 그리고 그 후에 완성된 『청유학안』은 원고가 장강長江에 떨어져 찾을 방법이 없으니 유감이다. 다행히도 1940년대 초, 전선생이 『청유학안서목淸儒學案序目』이라는 제목으로 나중에 나올 책의 대요를 『사천성립도서관도서집간四川省立圖書館圖書集刊』에 실었다. 원고는 없어졌지만 깊고 오묘한 이치는 여전히 보존되어 있어 정말로 불행 중 다행이다. 필자가 청나라 유학 저술을 연구하기 시작할 때부터 『청유학안서목』의 교훈과 이익을 많이 얻었다. 30년 전에 선생의 훌륭한 문장을 초록한 것이 아직도 상자에 잘 보관되어 있다. 이하에서는 전선생의 문장을 정리하여 읽고 얻은 것을 배열하여 엮었으니 가르침을 바란다.

1. 당唐·서徐 두 『학안』에 대한 비평

전빈사 선생 이전에 학안체 역사책으로서 청나라 유학자의 학술을 기록한 것으로 남아 있는 것이 모두 두 가지인데 하나가 도광 말년 당경해唐鏡海 선생의 『국조학안소지國朝學案小識』이고 다른 하나는 1930년대 서국인徐菊人 선생의 『청유학안』이다. 40년대 초, 전선생이 임무를 받고 『청유학안간편淸儒學案簡編』을 지을 때 기한을 정하고 원고를 제출해야 해서 긴박했다. 이치대로 라면 서선생의 책이 처음 간행되었을 때 이 책을 근거로 해서 당선생의 책을 참착하고 선별하여 개요를 얻는다면 힘들이지 않고 완성할 수 있었을 것이다. 그러나 전선생은 이렇게 하지 않고 청나라 유학자의 저술을 두루 읽고 정리하고, 깊은 뜻과 강령을 찾아내어 침식을 잊으며 한 자리 에 64명의 학안 주인공을 모아 참신한 대작을 완성했다.

전빈사 선생은 무엇 때문에 이렇게 심력을 쓰려고 했을까? 원인은 전빈사 선생이 다음과 같이 생각했기 때문이다. 당과 서의 두 책은 황이주黃梨洲, 전사산全謝山의 『명유학안』, 『송원학안』과 나란히 놓고 논할 수 없다. 황과 전 두 사람의 저술은 그것에 근거해서 간편을 만들 수 있지만 당과 서 두 사람의 책은 절대로 그럴 수가 없다. 이러한 이유에 관해서 전선생은 『청유학안서목』 첫머리의 「서序」에서 명확하게 진술했다. "오직 『청유학안』은 당과 서 두 사람이 완성한 책이 있지만 당의 책은 거칠고 협애하며 널리 통하는 데 문제가 있고, 서의 책은 제한 없이 크게 넘쳐 서 판단하고 감별하는 데 단점이 있어서 모두 황과 전의 이전 작업을 추종하는 데 부족하다."[1] 이어서 「예언例言」에서는 더 자세하게 밝혔는데 당의 책에 대해서 다음과 같이 말했다.

> 당감唐鑒 경해鏡海의 『학안소지』는 송학의 의리만 중시하고 마지막에 또 "경학"을 덧붙였는데 "경 학"이라는 명칭은 또 "한학"과 다른 점이 있다. 송나라와 명나라의 여러 유학을 어떻게 "경학"이 아니라고 할 수 있는가? 당의 책은 황이주黃梨洲, 안습재顔習齋와 같은 여러 사람을 모두 "경학"에 편입했는데 고정림顧亭林, 왕선산王船山과 같은 사람들은 유독 "도학"으로 분류한 것은 무엇 때문인 가? 분류의 억지스러움을 한 눈에 알 수 있다. "도학"편도 또 도의 전수, 도의 보좌, 도의 준수 등으로 나누어 편중되고 타당성이 없다. 노일동魯一同의 평가가 이미 매우 상세하였다. 당의 책은 도광 말년 까지 썼는데 이것도 청나라의 자초지종을 다하지 못했다.[2]

서徐의 책에 대해서는 다음과 같이 말했다.

> 마지막으로 국인 서세창의 『청유학안』이 있는데 전부 208권이고 1169명을 실었으며 청나라 말에

---

1) 錢穆, 『淸儒學案序目』篇首, 「序」, 『錢賓四先生全集』第22冊, 臺北聯經出版社, 1982, 593쪽. 惟『淸儒學 案』, 雖有唐徐兩家成書, 而唐書陋狹, 缺於閎通, 徐書汎濫, 短於裁別, 皆不足追蹤黃全之舊業.

2) 唐鑒鏡海之『學案小識』, 其書專重宋學義理, 而篇末亦附"經學", "經學"之名復與"漢學"有別. 卽宋明 諸儒, 豈得謂其非"經學"乎? 唐書於黃梨洲顔習齋諸人, 均入"經學", 則何以如顧亭林王船山諸人, 又 獨爲"道學"? 分類之牽強, 一望可知. 其編"道學", 又分傳道翼道守道諸門, 更屬偏陋無當. 魯一同氏評 之已詳. 唐書盡於道光季年, 亦未窮有淸一代之原委.

이르기까지 다루어서 가장 상세하다. 그러나 수집에 목적을 두었을 뿐 구별하여 선택하지 않아서 의리, 고증에 대한 잘못된 견해가 한 편 안에 뒤섞여 있다. 청나라 유학의 고증학은 전대를 훨씬 능가해서 천문, 역산, 지리, 수도水道, 음운, 문자, 예수禮數, 명물 등에 청나라 유학의 고증이 모두 미쳤는데 서의 책은 모두 선발했지만 심오함을 다 밝히지는 못했다. 그러므로 걸작집은 되겠지만 정밀함과 광대함에 있어서는 취할 것이 없다.[3]

당과 서의 책을 함께 보고 나서 전선생은 청나라 유학자 진수봉秦樹峰의 견해를 근거로 자기 저술의 종지를 분명하게 드러냈다.

전에 진혜전秦蕙田씨가 다음과 같이 말했다. "책 저술에서 염려되는 것은 상세하게 할 수 없을 뿐 아니라 생략하게 할 수도 없는 데에 있다." 나는 당의 책이 자세하지 못한 단점이 있고 서의 책은 생략할 줄 모르는 단점이 있다고 생각한다. 이 책에 실린 것은 한결같이 심성과 의리를 강구하여 송명 이래 이학의 공안을 이어받은 것을 위주로 했고 기타 경적에 대한 고증은 일체 다루지 않았다. 황, 전 두 사람의 뒤를 이어 근래 1천년 이학의 부침을 모두 갖추기를 바란다. 이것은 책의 체제와 관련된 것이지 한나라를 낮추고 송나라를 높이기 때문이라거나 문파에 대한 사견을 별도로 지녔기 때문은 아니다.[4]

전선생이 이렇게 당, 서 두 사람의 『학안』을 비평한 것은 의도적으로 다른 사람과 상이한 이론을 세운 것이 아니라 청나라 학술의 실제로부터 시작했기 때문이다. 전선생의 견해에 따르면 청나라 학술 특히 이학을 관찰하는 데에는 두 가지 특징을 주의해야 한다. 첫째, "이학은 본래 경학을 내포하고 재생하는 것이고"[理學本包孕經學爲再生] 청나라는 "이학의 쇠퇴기"[理學之衰世] 가 결코 아니다. 둘째, 청나라 이학은 "지칭할 주봉이 없어서 맥락과 요점을 찾기 어렵다."[無主峰 可指, 難尋其脈絡筋節] 첫 번째 특징에 관해서 전선생은 다음과 같이 생각했다.

송명 이학의 융성은 사람들이 모두 아는데, 청나라에 이르러 송나라와 명나라를 멸시하여 버리고 한나라와 당나라로 다시 돌아가는 것처럼 보인다. 그러므로 사람들은 모두 청나라가 이학의 쇠퇴기라

---

3) 最後有徐世昌菊人之『淸儒學案』, 全書二百八卷, 一千一百六十九人, 迄於淸末, 最爲詳備. 然旨在搜羅, 未見別擇, 義理考據一篇之中, 錯見雜出. 淸儒考據之學, 軼出前代遠甚, 擧凡天文曆算地理水道音韻文字禮數名物, 凡淸儒考訂之所及, 徐書均加甄采而均不能窮其闖奧. 如是則幾成集錦之類書, 於精於博兩無取矣.

4) 錢穆, 『淸儒學案序目』之「例言」第1條, 『錢賓四先生全集』第22冊, 594쪽. 昔秦蕙田氏有言, "著書所患, 在旣不能詳, 又不能略." 竊謂唐書患在不能詳, 徐書患在不能略也. 本編所錄, 一以講究心性義理, 沿續宋明以來理學公案者爲主, 其他經籍考據, 槪不旁及. 庶以附諸黃全兩家之後, 備晚近一千年理學升降之全. 此乃著書體例所關, 非由抑漢揚宋, 別具門戶私見也.

고 말한다. 사실을 살펴보면 절대로 그렇지 않다. 송나라와 원나라 유학자는 원래부터 한나라와 당나라의 경학을 멸시하여 버릴 생각이 없었다.『통지당경해通志堂經解』에 수록된 것을 보고 송나라와 원나라 여러 유학자의 경학 연구 업적을 헤아려 보면 성대했다고 할 수 있다. 청나라 경학도 여전히 송나라와 원나라를 이어 절차탁마한 것이 더 정밀하고 더 순수해진 것일 뿐이다. 이학은 본래 경학을 내포하고 재생하는 것이니 청나라 건가 고증 경학의 성행도 이학의 발전 가운데 있어야 할 하나의 항목이니 어떻게 이것에 근거해서 청나라가 이학의 쇠퇴기라고 할 수 있겠는가?[5]

이것은 송나라와 원나라로부터 명나라와 청나라에 이르기까지 수백 년 동안의 학술은 서로 이어지는 전체이며 그 사이에는 본질적 차이가 전혀 없고 역사 시기가 다를 뿐이라는 말이다. 이학은 본래 경학을 내포하고 재생하는 것이니, 건가 연간에 고증 경학이 성행했지만 실제로는 이학 발전의 범위 안에 있다.

두 번째 특징에 관해서 전선생은 두 가지를 이야기했다. "청나라 유학자의 이학은 명나라 유학의 요강처럼 지칭할 만한 주봉이 없는데다가 송나라 유학의 정주와 주륙 같은 찾아볼 만한 큰 맥락이나 조리도 없다. 그러나 흩어진 모래나 헝클어진 풀처럼 서로 이어지지 않다는 뜻이 아니라 총괄하고 종합할 수 없다는 뜻이다."[6] 이것이 그 첫째다. 둘째는 다음과 같다. "청나라 유학에 대해 말하자면 정세가 송나라나 원나라와 달라서 송명의 학술은 맥락과 요점을 찾기가 쉽지만 청나라 유학의 맥락과 요점은 찾기가 어렵다. 청나라 학술에서 맥락과 요점을 찾기 쉬운 것은 한학 고증에 있지 송학 의리에 있지 않다. 당경해의 책에서 도의 전수, 도의 보좌, 도의 준수로 구분한 것은 따를 수 없다. 서국인의 책은 황종희, 전조망의 전례를 따라 학안마다 사승의 전수를 앞세우고 가학, 제자弟子, 교유交遊, 종유從遊, 사숙 다섯 가지를 덧붙였으며 또 별도로「제유학안諸儒學案」을 뒤에 두어서 사승의 전수를 찾을 수 없거나 계승한 사람이 없는 경우를 밝혀 기타 각 안과 구별했다. 사실 그렇게 할 필요는 없었다."[7]

---

5) 錢穆,『淸儒學案序目』篇首,「序」,『錢賓四先生全集』第22冊, 589-590쪽. 宋明理學之盛, 人所俱曉, 迄於淸代, 若又爲蔑棄宋明, 重返漢唐. 故說者莫不謂淸代乃理學之衰世. 夷考其實, 亦復不然. 宋元諸儒, 固未嘗有蔑棄漢唐經學之意. 觀『通志堂經解』所收, 衡量宋元諸儒硏經績業, 可謂蔚乎其盛矣. 淸代經學, 亦依然沿續宋元以來, 而不過切磋琢磨之益精益純而已. 理學本包孕經學爲再生, 則淸代乾嘉經學考據之盛, 亦理學進展中應有之一節目, 豈得據是而謂淸代乃理學之衰世哉?

6) 錢穆,『淸儒學案序目』之「例言」第3條,『錢賓四先生全集』第22冊, 596쪽. 淸儒理學旣無主峰可指, 如明儒之有姚江. 亦無大脈絡大條理可尋, 如宋儒之有程朱與朱陸. 然亦並非謂如散沙亂草, 各不相系, 無可統宗之謂也.

7) 錢穆,『淸儒學案序目』之「例言」第2條,『錢賓四先生全集』第22冊, 595쪽. 至論淸儒, 其情勢又與宋明不同, 宋明學術易尋其脈絡筋節, 而淸儒之脈絡筋節則難尋. 淸學脈絡筋節之易尋者, 在漢學考據, 而不在宋學義理. 唐書傳道翼道守道之分, 旣不可從. 徐書仍效黃全兩家舊例, 於每學案必標擧其師承傳授,

청나라 학술의 전술한 실제로부터 출발했기 때문에 전빈사 선생은 역사를 존중하고 있는 그대로의 사실에 토대를 두고 연구했으며 당, 서 두 사람의 책을 버리고 황, 전 두 『학안』의 법도를 변통하여 "한 사람에 하나의 안을 쓰는"[人各一案] 방법을 채택해서 또 다른 격식의 『청유학안』을 편집했다. 이 점에 관해서 전선생은 『예언』에서 매우 분명하게 말했다. "『청유학안』 편찬에서 가장 어려웠던 점은 표준으로 삼을 종통이나 기강이 없고 지칭할 만한 파벌이나 원류가 없다는 것이었다. 그러나 모인 것을 따라 모으고 흩어진 것을 따라 흩어서 한 사람에 하나의 안을 배정하니 오히려 참 모습이 저절로 드러났다. 황, 전 두 사람의 면목과 다르지만 사실 황, 전 두 사람의 마음 씀에는 부합했다. 하필이면 억지로 흉내 내어 본보기로 삼겠는가? 이 책은 이러한 취지로 사람마다 안을 작성하고 가학이나 학파는 드러내지 않으며 주종을 나누지 않았다. 확실하게 가학이나 학파, 주종이 있는 경우에는 이러한 제한을 적용하지 않았다."[8]

2. 청나라 이학理學 발전의 네 단계

전빈사 선생의 『청유학안』은 네 단계로 청나라 이학의 발전을 서술했다. 첫 단계는 명나라 말의 여러 유신遺臣, 두 번째 단계는 순치·강희·옹정, 세 번째 단계는 건륭·가경, 네 번째 단계는 도광·함풍·동치·광서다. 64명의 학안 중심인물을 4부분으로 나누고 차례대로 실었다.

청나라 이학 발전의 네 단계에서 전선생이 가장 중시한 것은 첫 단계인 명나라 말의 여러 유신이었다. 명나라와 청나라의 교체기에 사회는 크게 어지러웠고 학술도 세상의 흐름에 따라 변천했다. 전선생은 이것이 지나간 것을 이어받아 앞날을 개척하는 시대였고 명나라 말 여러 유신은 그 사이에서 불멸의 공헌을 남겼다. 선생은 『청유학안서목』에서 다음과 같이 지적했다.

> 명나라 말에 왕학의 발전이 정점에 달했고 동림東林이 뒤를 이어 일어나서 빠르게 왕으로부터 주로 되돌아가는 추세였다. 명나라 말의 여러 대가는 남북을 가리지 않고 모두 동림이 전하는 소리를 듣고 일어났다. 그러므로 그 학문은 주朱를 향하건 왕王을 향하건 아니면 양자를 조화하고 절충한 것이건 모두 우선은 같이 듣고 함께 보며 널리 배우고 분명하게 분변하려고 했다. 그러므로 폭넓게

以家學弟子交游從游私淑五類附案, 又別出「諸儒學案」於其後, 謂其師傳莫考, 或紹述無人, 以別於其他之各案. 其實亦大可不必也.

8) 錢穆, 『淸儒學案序目』之「例言」第2條, 『錢賓四先生全集』第22冊, 596쪽. 編次『淸儒學案』, 最難者在無統宗綱紀可標, 在無派別源流可指. 然因其聚則聚之, 因其散則散之, 正不妨人各一案, 轉自肯其眞象. 雖異黃全兩家之面目, 實符黃全兩家之用心. 何必亦響亦趨, 乃爲師法? 本編竊取斯旨, 每人作案, 不標家派, 不分主屬. 至其確有家派主屬者, 則固不在此限也.

생각하고 정수를 광대하게 취하여 남송 이래의 주자가 있는 것만 안다든지 명나라 말 이후의 왕양명이 있는 것만 안다든지 하는 것을 넘어섰다. 더구나 외로운 신하와 서자가 마음가짐을 조심하고 우환의 우려함이 깊은 듯 그들의 수행한 실천은 송나라와 명나라의 태평한 세상의 실천과 달랐고 그들이 바랐던 사회적 안정도 송나라와 명나라의 태평한 세상의 안정이 아니었다. 그러므로 그들이 강학한 것은 분변이 더 정밀해져서 이학의 옛 공안에 최후의 정론이 될 수 있었고 탐구가 더 깊어져서 이학의 구습을 뛰어 넘어 참신한 길을 개척할 수 있었다.9)

이것은 명나라와 청나라 교체기의 여러 대유학자들이 학문의 폭, 사려의 깊이건 아니면 실천의 독실함이건 막론하고 모두 송나라와 명나라를 훨씬 능가했는데, 수백 년 이학이 거두어들인 큰 성과만은 아니라는 말이다. 그러므로 전선생은 다음과 같이 결론을 내렸다. "명나라 말 여러 대가의 책을 연구하지 않으면 송명 이학의 귀추를 알 수 없다. 물을 보고 물결을 보지 않으면 물살의 변화를 다 알 수 없다."10)

이 첫 단계에 편입된 학안의 중심인물은 모두 14명인데 차례는 다음과 같다. 손기봉孫奇逢 「하봉학안夏峰學案」제1, 황종희黃宗羲 「이주학안梨洲學案」제2, 장이상張履祥 「양원학안楊園學案」 제3, 육세의陸世儀 「부정학안桴亭學案」제4, 고염무顧炎武 「정림학안亭林學案」제5, 왕부지王夫之 「선산학안船山學案」제6, 호승락胡承諾 「석장학안石莊學案」제7, 사문천謝文洊 「정산학안程山學案」 제8, 이옹李顒 「이곡학안二曲學案」제9, 안원顔元 「습재학안習齋學案」제10, 진확陳確 「건초학안乾初學案」제11, 장이기張爾岐 「호암학안蒿庵學案」제12, 응휘겸應撝謙 「잠재학안潛齋學案」제13, 비밀費密 「연봉학안燕峰學案」제14.

명나라 말 여러 유신의 시대보다 조금 뒤는 바로 청나라가 된 이후의 이학자들이다. 이 단계에 편입된 학안의 중심인물은 모두 13명이다. 학안의 차례는 다음과 같다. 탕빈湯斌 「잠암학안潛庵學案」제15, 육농기陸隴其 「가서학안稼書學案」제16, 모기령毛奇齡 「서하학안西河學案」제17, 이공李塨 「서곡학안恕谷學案」제18, 당견唐甄 「포정학안圃亭學案」제19, 유헌정劉獻廷 「계장학안繼莊學案」제20, 팽정구彭定求 「남균학안南畇學案」제21, 소정채邵廷采 「염노학안念魯學案」제22, 노사勞史

---

9) 當明之末葉, 王學發展已臻頂點, 東林繼起, 駸駸有由王返朱之勢. 晚明諸老, 無南無朔, 莫不有聞於東林之傳響而起者. 故其爲學, 或向朱, 或向王, 或調和折衷於斯二者, 要皆先之以兼聽而並觀, 博學而明辨. 故其運思廣而取精宏, 固已勝夫南宋以來之僅知有朱, 與晚明以來之僅知有王矣. 抑且孤臣孽子, 操心危而慮患深, 其所躬修之踐履, 有異夫宋明平世之踐履, 其所想望之治平, 亦非宋明平世之治平. 故其所講所學, 有辨之益精, 可以爲理學舊公案作最後之論定者, 有探之益深, 可以自超於理學舊習套而別辟一嶄新之蹊徑者.

10) 錢穆, 『淸儒學案序目』篇首, 「序」, 『錢賓四先生全集』第22冊, 590쪽. 不治晚明諸遺老之書, 將無以知宋明理學之歸趨. 觀水而未觀其瀾, 終無以盡水勢之變也.

「여산학안余山學案」제23, 장백행張伯行「효선학안孝先學案」제24, 양명시楊名時「응재학안凝齋學案」제25, 주택운朱澤澐「지천학안止泉學案」제26, 이불李紱「목당학안穆堂學案」제27.

순치, 강희, 옹정 연간은 이학이 청나라 조정에 이용되어 사회를 억압하는 도구가 된 시대라고 전선생은 생각했다. 그러므로 이학자는 조야를 막론하고 모두 앞에서 거론된 사람들과 비견될 수 없다. 이 단계 이학의 대세에 대해서 전선생은 다음과 같이 귀납했다.

> 유민은 세습되지 않아서 중국 사대부는 명나라 말 여러 유신의 지조를 오래도록 지킬 수 없었고 건주建州의 우두머리도 정학正學을 창도하여 세상 사람의 마음을 속박했다. 그래서 이학의 도통은 마침내 조정의 형벌과 함께 번갈아 가며 사회를 억압하는 도구가 되었다. 이 때 정학의 도통을 자부하던 사람 가운데 재야의 육농기陸隴其 같은 사람은 고향에서는 선한 사람이, 관직에 나가서는 순리循吏가 되었는데 이와 같을 뿐이었다. 조정의 이광지李光地 같은 사람은 학문이 향원을 면치 못하고 사람 됨이 간사하다는 평가를 면하지 못했다. 후자도 주자를 조술했고 전자도 주자를 조술했다. 과거에 양원楊園, 어수語水와 같은 여러 사람이 정주의 법도를 엄수했는데 어떻게 이런 일이 있었는가? 아무리 해도 허형許衡, 오징吳澄을 쫓아갈 수 없는데 정주가 다시 살아난다면 호법護法의 문도로 인정할 것이라는 말을 누가 믿겠는가? 그렇게 하다가 육왕을 존숭하는 사람이 의기에 감격하고 속된 허위에 시간을 낭비한 것도 이전의 육왕과는 다르다.[11]

건가 시대에 경학 고증의 기풍이 매우 융성해서 엄연히 한 시대 학술의 주류가 되었다. 이학의 저하에 직면해서 전선생은 표상을 물리치고 본질을 직접 지칭하며 다음과 같은 독특한 견해를 보여주었다.

> 이학 도통의 학설은 참된 유학자를 만족시키고 호걸을 설복시키기에 부족해졌다. 이에 총명하고 재지가 있는 사람은 도처에서 분방하게 나와서 함께 경적 고증의 길로 모여들었다. 그러나 송명 이래로 800년 동안 전해진 이학의 도통은 예리한 빛과 호탕한 기운을 여전히 가릴 수 없어서 당시 학자가 결국 버리고 언급하지 않을 수 없었다. 그러므로 건가 연간 고증학이 극성했을 때 이학의 옛 공안에 대한 탐구도 다시 일어났다. 휘주, 흡현 사이 주자의 고향에서도 명나라 말 동림이 전한 실마리를 이어서 학자들이 전의 것을 지키고 뒤의 것을 기다려 송나라와 주자를 숭상하는 기풍이 오래도록 그치지 않았다. 경전에 통달하고 옛 것에 독실하며 널리 배우고 직분을 알았던 것은 평소에 간직한

---

11) 錢穆, 『淸儒學案序目』篇首, 「序」, 『錢賓四先生全集』第22冊, 590-591쪽. 遺民不世襲, 中國士大夫既不能 長守晚明諸遺老之志節, 而建州諸酋乃亦唱導正學以牢籠當世之人心. 於是理學道統, 遂與朝廷之刀 鋸鼎鑊更施迭使, 以爲壓束社會之利器. 於斯時而自負爲正學道統者, 在野如陸隴其, 居鄕里爲一善人, 當官職爲一循吏, 如是而止. 在朝如李光地, 則論學不免爲鄕愿, 論人不免爲回邪. 此亦一述朱, 彼亦一 述朱. 往者楊園語水諸人謹守程朱矩矱者, 寧有此乎? 充其極, 尚不足追步許衡吳澄, 而謂程朱復生, 將 許之爲護法之門徒, 其誰信之? 其轉而崇陸王者, 感激乎意氣, 磨蕩乎俗僞, 亦異於昔之爲陸王矣.

것 때문이었다. 대동원이 나오자 이러한 기풍이 변하기 시작했다. 동원은 송나라 유학을 배격하고 심각하게 안원과 이공을 비판했고 장실재는 물을 마시면서도 근원을 잊었다고 동원을 비난했는데 정말로 합당한 말이다. 그러나 실재의 사상과 의론도 동원의 손을 거쳐 나온 것이다. 벌레가 나무에서 태어나지만 도리어 그 나무를 갉아 먹듯이 이 또한 늘 있는 일이므로 그렇게 괴이하게 생각할 것은 아니다. 이학은 본래 경학의 소생을 내포하고 있으므로 휘주, 흡현 사이의 학자가 경적의 훈고와 고증 사이에서 오랫동안 지내면서 오히려 그것을 송명의 올바른 것을 권장하고 잘못을 바로잡은 것으로 보는데 어떻게 갑자기 송명으로부터 도망칠 수 있겠는가! 그러므로 건가 연간에 명나라 말의 여러 대가를 생각했을 때 명나라 말 여러 대가의 소득은 시대 추세의 격동에 있고 건가의 소득은 경적의 침잠에 있다. 이 두 가지는 모두 위로는 송명의 부족을 채울 수 있고 결함을 메우고 그 빛을 더할 수 있다.[12]

건가 연간의 여러 학자가 경적에 침잠하고 명청 교체기의 여러 대유학자가 시대 추세에 대응한 것을 방법은 다르지만 같은 효과를 지닌 것으로 본 것은 문호를 초월한 탁월한 식견이다.

이 단계에 편입된 학안의 중심인물은 모두 15명이고 학안의 차례는 다음과 같다. 왕불汪紱 「쌍지학안雙池學案」제28, 진홍모陳弘謀 「용문학안榕門學案」제29, 뇌횡雷鋐 「취정학안翠庭學案」제30, 장병직張秉直 「나곡학안蘿谷學案」제31, 한념주韓念周 「공복학안公復學案」제32, 전조망全祖望 「사산학안謝山學案」제33, 대진戴震 「동원학안東原學案」제34, 정요전程瑤田 「역주학안易疇學案」제35, 왕진汪縉 「대신학안大紳學案」제36, 팽소승彭紹升 「척목학안尺木學案」제37, 장학성章學誠 「실재학안實齋學案」제38, 운경惲敬 「자거학안子居學案」제39, 능정감凌廷堪 「차중학안次仲學案」제40, 초순焦循 「이당학안理堂學案」제41, 완원阮元 「운대학안芸臺學案」제42.

청나라 말 70년은 이학이 다시 한 번 엄연하게 부흥했지만 별안간 역사의 옛 자취가 되었다. 전선생의 견해에 따르면 도광, 함풍, 동치, 광서 연간의 이학은 명나라 말의 여러 유신과 나란히 견줄 수 없었을 뿐 아니라 건가 연간과 비교해도 손색이 있었고 기껏해야 순치, 강희, 옹정 연간과 나란할 수 있을 뿐이다. 전선생의 말로 하자면 다음과 같다.

---

12) 錢穆, 『淸儒學案序目』篇首, 「序」, 『錢賓四先生全集』第22冊, 591쪽. 理學道統之說, 既不足壓眞儒而服豪傑, 於是聰明才智旁進橫軼, 群湊於經籍考訂之途. 而宋明以來相傳八百年理學道統, 其精光浩氣, 仍自不可掩, 一時學人終亦不忍舍置而不道. 故當乾嘉考據極盛之際, 而理學舊公案之討究亦復起. 徽歙之間, 以朱子故里, 又承明末東林傳緒, 學者守先待後, 尚宋尊朱之風, 數世不輟. 通經而篤古, 博學而知服, 其素所蘊蓄則然也. 及戴東原起而此風始變. 東原排擊宋儒, 刻深有過於顏李, 章實齋譏之, 謂其飮水忘源, 洵爲確論. 然實齋思想議論, 亦從東原轉手而來. 蟲生於木, 還食其木, 此亦事態之常, 無足多怪. 理學本包孕經學爲再生, 今徽歙間學者, 久寢饋於經籍之訓詁考據間, 還以視夫宋明而有所獻替, 亦豈遽得自逃於宋明哉! 故以乾嘉上擬晚明諸遺老, 則明遺之所得在時勢之激蕩, 乾嘉之所得在經籍之沉浸. 斯二者皆足以上補宋明之未逮, 彌縫其缺失而增益其光耀者也.

이때는 건주의 통치권이 부패하여 수습할 수 없었고 서양 세력이 동점하여 해안의 분위기가 날로 험악해졌다. 학자는 내우외환에 두려워했고 경적 고증은 마음을 안정시키지 못하고 경세치용의 뜻도 다시 끊어져 서로 다투어 이학가의 말로 모였으며 청나라 이학이 부흥할 것 같았다. 그러나 그 소득을 보면 명나라 유민과 건가에 비교해서 모두 손색이 있다.[13]

이 단계에 편입된 학안의 중심인물은 모두 22명이고 학안의 차례는 다음과 같다. 요학상姚學塽 「경당학안鏡塘學案」제43, 반자潘咨 「회숙학안誨叔學案」제44, 당감唐鑒 「경해학안鏡海學案」제45, 반덕여潘德輿 「사농학안四農學案」제46, 황식삼黃式三 「경거학안儆居學案」제47, 하흔夏炘 「심백학안心伯學案」제48, 방경方坰 「생재학안生齋學案」제49, 오정동吳廷棟 「죽여학안竹如學案」제50, 이당계李棠階 「강재학안强齋學案」제51, 위원魏源 「묵심학안默深學案」제52, 노일동魯一同 「통보학안通甫學案」제53, 나택남羅澤南 「나산학안羅山學案」제54, 주차기朱次琦 「구강학안九江學案」제55, 진례陳澧 「동숙학안東塾學案」제56, 증국번曾國藩 「척생학안滌生學案」제57, 곽숭도郭嵩燾 「균헌학안筠軒學案」제58, 유용劉蓉 「하선학안霞仙學案」제59, 유희재劉熙載 「융재학안融齋學案」제60, 황이주黃以周 「경계학안儆季學案」제61, 장지동張之洞 「향도학안香濤學案」제62, 유광분劉光蕡 「고우학안古愚學案」제63, 정고鄭杲 「동보학안東甫學案」제64.

중국 고대 학술, 특히 송명 이래의 이학이 무엇 때문에 근대 사회 문턱으로 진입할 때 이러한 국면을 형성할 수 있었을까? 전선생은 문제의 소재가 세상의 변화에 대응하고 다른 방향으로 더 나아가지 못한 데 있다고 생각했다. 반대로 길은 갈수록 좁아져서 바로 변화에 대응하고 새로운 것을 맞이할 수 없어서 역사적으로 도태되기에 이르렀다. 전선생은 이에 대해 예리하게 지적했다.

그런데 학술은 매번 방향을 돌려 더 나아가서 길이 막히면 반드시 변화한다. … 이학의 경우 고정, 양명이 있어서 함의가 밝혀졌고 또 등봉조극하여 거의 여지를 남기지 않았다. 또 명나라 말 여러 대가가 변화를 다하고, 건가 연간 여러 학자가 잘못을 바로잡은 것도 길이 다하여 변화해야 할 때였다. 그러나 서학이 동점하고 그 힘이 깊고 큰 것이 한나라 말 이래의 불학과 비교하면 어찌 천배백배 더할 뿐이겠는가! 그러므로 현재 이후 변화하는 자는 당연히 모든 것을 포함하고 망라해야 비로소 더 나아가 새로운 생명을 다시 얻을 수 있다. 명나라 유민이 건가를 이길 수 있었던 것도 바로 명나라 말 대가들이 송나라와 명나라를 추연하여 변화를 다할 수 있었기 때문이다. 건가는 송명을 멸시하여 버리고 옛날로 되돌아가려 했으므로 건가의 소득은 도리어 송명의 과실을 바로잡고 결점을 보완하는 데 지나지 않았던 것이다. 도광, 함풍 연간 이후에는 거기에 얽매여서 또 건가를 멸시하여 버리고

13) 錢穆, 『淸儒學案序目』篇首, 「序」, 『錢賓四先生全集』第22冊, 591-592쪽. 此際也, 建州治權已腐敗不可收拾, 而西力東漸, 海氣日惡. 學者怵於內憂外患, 經籍考據不足安定其心神, 而經世致用之志復切, 乃相率競及於理學家言, 幾幾乎若將爲有淸一代理學之復興. 而考其所得, 則較之明遺與乾嘉皆見遜色.

송명을 회복하려 했고 양명을 멸시하여 버리고 고정을 회복하려 했다. 버려진 것이 더 많아지면 회복할 것이 더 협소해지는데 이래서야 어떻게 변화에 대응하고 새로운 것을 맞이할 수 있는가?[14]

이것은 역사의 비극인데 시대가 그렇게 만든 것이다.

3. 정진精進은 그치지 않고 평생토록 계속되다

『청유학안서목』이 간행되어 공포된 후 30여 년이 지난 1977년 8월에 전빈사 선생은 83세의 고령으로 옛날에 지은 것을 위해 「후발後跋」한 편을 썼다. 이 글에서 전선생은 초기에 임무를 받아 쓴 『청유학안간편』의 전고를 회고하면서 이곡二曲, 정산程山의 두 학안에서 독창적 소득이 많아서 스스로 만족하기도 했다. 동시에 또 학문에는 끝이 없고 세월은 빠르게 가서 한창 때 "새벽 밤으로 읽고 번역하며 손으로 옮겨 쓸"[晨夜繙閱, 手自謄錄] 수 없음을 개탄했다.[15] 전빈사 선생의 「후발」을 읽었을 때 가장 깊은 깨달음을 준 것은 바로 전선생이 청나라 유학자들의 학술에 대한 집착과 추구에 있어서 그치지 않고 정진했다는 것이다. 1947년 『논청유論淸儒』의 발표로부터 1978년 『태염논학술太炎論學述』의 완성에 이르기까지 30여 년 동안 『주자신학안朱子新學案』, 『주학유연고朱子流衍考』의 저술 외에도 육부정陸桴亭, 고정림顧亭林, 육가서陸稼書, 여면촌呂晚村, 왕백전王白田, 전죽정錢竹汀, 나나산羅羅山, 주구강朱九江, 주정보朱鼎甫와 같은 청나라의 여러 대유학자에 대해 모두 전문적인 주제로 학술 저서를 남겼다. 기타 논문에서 논의한 것으로는 주순수朱舜水, 방밀지方密之, 왕선산王船山, 염백시閻百詩, 요입방姚立方, 강백암姜白巖, 단무당段懋堂, 위묵심魏黙深과 같은 여러 학자가 있다. 논술한 모든 것이 어느 것 하나 『중국근삼백년학술사』와 『청유학안』에 대한 발전과 심화가 아닌 것이 없다. 이하에서는 전선생이 1976년 6월에 발표한 「독단무당경운루집讀段懋堂經韻樓集」이라는 글을 예로 삼아 그 일면을 들여다보기로 하겠다.

---

14) 錢穆, 『淸儒學案序目』篇首, 「序」, 『錢賓四先生全集』第22冊, 592-593쪽. 抑學術之事, 每轉而益進, 途窮而必變. … 至於理學, 自有考亭陽明, 義蘊之闡發, 亦幾乎登峰造極無餘地矣. 又得晚明諸遺老之盡其變, 乾嘉諸儒之糾其失, 此亦途窮當變之候也. 而西學東漸, 其力之深廣博大, 較之晚漢以來之佛學, 何啻千百過之! 然則繼今而變者, 勢當一切包孕, 盡羅衆有, 始可以益進而再得其新生. 明遺之所以勝乾嘉, 正爲晚明諸遺老能推衍宋明而盡其變. 乾嘉則意在蔑棄宋明而反之古, 故乾嘉之所得, 轉不過爲宋明拾遺補闕. 至於道咸以下, 乃方拘拘焉又欲蔑棄乾嘉以復宋明, 更將蔑棄陽明以復考亭. 所棄愈多, 斯所復愈狹, 是豈足以應變而迎新哉?

15) 錢穆, 『淸儒學案序目』篇末附, 「後跋」, 『錢賓四先生全集』第22冊, 619쪽.

「독단무당경운루집」은 단무당의 이학과의 인연을 고찰하는 중요한 글이다. 가경 14년에 단무당은 75세였다. 이 해에 단씨는 『경운루집』에 세 편의 글을 남겼는데 첫째가 「오친아언서娛親雅言序」, 둘째가 「박릉윤사소사주자소학공발博陵尹師所賜朱子小學恭跋」, 셋째는 「답고천리서答顧千里書」였다. 세 글은 "오늘날 학문을 이야기하는 사람은 몸과 마음의 윤리에 힘쓰지도 않으면서 송의 이학은 말하기에 부족하다고 하고 한나라의 기개와 절조는 숭상할 만한 것이 아니라고 말하며 따로 이설을 세우고 젊은 사람을 유혹한다. 이 또한 우리가 크게 막아야 할 것이다."16)라고 비평한 것도 있고 주자『소학』이 "옛날의 말을 모아 후대를 깨우쳤는데 그것에 근본을 두고 가르침을 세우고 그것을 실행하여 윤리를 밝히고 몸가짐을 공경스럽게 하며 그것을 넓혀 언행을 좋고 선하게 해야 한다. 이천 년 성현의 본받을 만한 것은 모두 여기에 있다."17)라고 표창한 것도 있으며 젊은 인재에게 "자주자의 『소학』[子朱子『小學』]을 읽어야 한다고 훈계하고 "인품이 없으면서 문장을 잘 쓸 수 있는 사람은 없었다[未有無人品而能工文章者]"18)라고 지적한 것도 있다. 바로 이 세 글을 근거로 삼아 전선생은 단무당이 "마음으로 송나라 유학자의 이학을 잊지 않았고[其心猶不忘宋儒之理學]" "경건하게 골수에까지 스며들었음을 알 수 있다"[一瓣心香之深入骨髓可知]고 논증했다.19)

이로부터 나아가서 전선생은 다시 단씨가 이전에 지은 「대동원집서戴東原集序」, 「유단림선생가전劉端臨先生家傳」 두 글을 함께 보고 아울러 무당과 당시 여러 대유학자의 왕래를 고찰하여 단씨의 학문과 당시 풍에 대해 중요한 판단을 내렸다. "무당의 학술 경로와 사상의 향배는 이때부터 뚜렷하게 경학과 이학을 대립시킬 뜻이 없음을 보였다. 그리고 왕석구王石臞와 같은 동문, 유단림과 같은 절친한 친구도 모두 이러한 생각을 하지 않았다. 이것으로 당시의 학풍을 알 수 있다."20) 이어서 전선생은 또 보응寶應 유씨劉氏, 고우高郵 왕씨王氏 가학의 전승을 근거로 삼아 "경학을 연구하면서도 이학을 멸시하지 않은 것[治經學而不蔑理學]"이 건가 연간의 고우, 보응 두 지방의 학풍이었음을 지적했다. 전선생은 다음과 같이 말했다. "보응 유씨는 단림으로부터 초정劉寶楠, 숙면劉恭冕 삼대에 걸쳐 집안의 가르침을 전수했는데 고우 왕씨가 안국安國으로부터

---

16) 段玉裁, 『經韻樓集』卷8, 「娛親雅言序」. 今之言學者, 身心倫理不之務, 謂宋之理學不足言, 謂漢之氣節不足尚, 別爲異說, 簧鼓後生. 此又吾輩所當大爲之防者.

17) 段玉裁, 『經韻樓集』卷8, 「博陵尹師所賜朱子小學恭跋」. 集舊聞, 覺來裔, 本之以立敎, 實之以明倫敬身, 廣之以嘉言善行. 二千年聖賢之可法者, 胥於是在.

18) 段玉裁, 『經韻樓集』卷11, 「答顧千里書」.

19) 錢穆, 「讀段懋堂經韻樓集」, 『錢賓四先生全集』第22冊, 408-409쪽.

20) 懋堂之學術途徑與其思想向背, 自始以來, 顯無以經學理學相對抗意. 而其同門如王石臞, 至好如劉端臨, 亦皆絕不作此想. 此可知當時之學風也.

석구, 백신伯申에 이르기까지 집안의 가르침을 전수한 것과 같았고 경학을 연구하면서도 이학을 멸시하지 않았다."[21]

전선생은 단무당과 이학의 인연을 연구하고 나아가 건가 연간의 강남 학풍을 연구하여 단무당의 학문과 행적에 대한 연구를 심화했을 뿐 아니라 건가학파와 건가 학술 연구에 새로운 길을 개척하기도 했다. 전선생이 우리에게 시범을 보여준 학문 방법은 건가학파와 건가 학술의 연구가 이학과 경적 고증의 관계 및 양자가 상호 침투하여 이룬 학풍의 변천을 고찰하는 데 주의를 기울여야 함을 알려준다. 1980년대, 진홍삼陳鴻森 교수는 이 경로를 따라 더 깊게 개척하고 문헌을 정리하며 여러 방면으로 수집하고 토론하여 중요한 학술적 발견을 했다.

진홍삼 선생의 연구의 소득에 근거하면 전선생이 보여준 가경 14년의 단씨의 세 글에 앞서 1년 전에 단무당은 왕석구에게 보내는 편지에서 "한학의 표절[剿說漢學]"과 황하의 우환을 함께 거론하면서 당시 사회의 병통이라고 지적하고 "이학을 강구하지 않을 수 없다[理學不可不講]"고 주장했다. "오늘날의 병폐는 품행과 정사를 숭상하지 않고 한학을 표절하는 것을 숭상하는 데 있는데 황하의 우환과 마찬가지다. 그러므로 이학은 강구하지 않을 수 없는데 당신도 이렇게 생각하는가?"[22] 가경 19년 단씨가 80세 때에 이르러 이 생각은 더 깊고 명확해졌다. 이 해 9월, 단무당은 민중閩中 진공보陳恭甫에게 보내는 답장에서 다음과 같이 거듭 밝혔다. "나는 오늘날의 큰 병폐가 낙洛, 민閩, 관關중의 학문을 버리고 강구하지 않으며 평범하고 진부하다고 하는 데 있다고 생각한다. 그러면서도 행동은 경솔하고 간략하며 절조는 망가지고 정사는 잡다한데 천하는 모두 군자라고 하지만 진정한 군자는 없으니 반드시 본받을 만한 것이 없어서 생긴 잘못은 아니다. 그러므로 한학만 이야기하고 송학은 연구하지 않는 것이 정말로 세상 사람들이 걱정하는 것인데도 한학이라고 하는 것이 그림의 떡과 같다면 어떻게 할 것인가!"[23] 한학의 대가이면서 한학의 병폐를 비판했고 송나라 유학자의 이학을 연구할 것을 주창한 것으로 가경 중기 이후 학풍이 무너지고 변하지 않으면 안 되는 상황에 이르렀다는 것을 충분히 알 수 있다. 진홍삼 선생의 견해처럼 "이 책에 따르면 단씨 만년의 사상과 그의 당시 학풍에 대한 비평을 대략 미루

---

21) 錢穆,「讀段懋堂經韻樓集」,『錢賓四先生全集』第22冊, 418쪽. 是寶應劉氏, 自端臨楚楨叔俛三世, 家教相傳, 正猶如高郵王氏, 自安國石臞伯申三世之家教相傳, 治經學而不蔑理學也.

22) 段玉裁,「與王懷祖書」, 陳鴻森의 『段玉裁年譜訂補』, "嘉慶十三年, 七十四歲"條를 볼 것. 今日之弊, 在不尚品行政事, 而尚剿說漢學, 亦與河患相同. 然則理學不可不講也, 執事其有意乎?

23) 段玉裁,「與陳恭甫書」. 陳壽祺의 『左海文集』卷4,「答段懋堂先生書」附錄을 볼 것. 또 『左海文集』卷首,「金壇段懋堂先生書」의 3을 볼 것. 연결하여 절록했다. 愚謂今日大病, 在棄洛閩關中之學不講, 謂之庸腐. 而立身苟簡, 氣節敗, 政事蕪, 天下皆君子, 而無眞君子, 未必非表率之過也. 故專言漢學, 不治宋學, 乃眞人心世道之憂, 而況所謂漢學者, 如同畫餅乎!

어 알 수 있다. 근래 건가 학술을 논하는 사람이 대부분 소홀하게 여기고 보지 않는 것 같아서 지금 이렇게 표출한다."24)

4. 나머지 논의

전빈사 선생이 지은 『중국근삼백년학술사』와 『청유학안』은 청나라 이학 연구를 창도하고 길을 개척하며 기초를 놓아 불멸의 역사적 공헌을 했다. 근래에 상당수의 학자가 일어나 전선생이 마치지 못한 사업을 계승하여 청나라 이학의 전면적인 정리에 힘쓰고 있어서 매우 기쁘다. 전빈사 선생이 『청유학안』을 지을 때 가장 마음에 새긴 것은 이이곡李二曲, 장양원張楊園 두 사람이었는데 『이곡전집二曲全集』은 이미 1990년대 초에 진준민陳俊民 교수의 정리로 출판되었고 『양원선생전집楊園先生全集』도 2002년 7월에 중화서국에서 출간되었다. 이 모든 것이 구천에 있는 전선생에게 위로가 될 수도 있을 것이다.

1995년, 홍콩중문대학 신아서원에서 개최한 "전빈사 선생 탄생 백주년 기념 학술토론회[紀念錢賓四先生百年冥誕學術討論會]"에서 나는 다행스럽게도 참여하여 방청할 수 있었다. 회의에 참석한 선배에게 가르침을 청하는 졸문 말미에서 필자는 망령되게도 다음과 같이 말했다. "근래 청나라 학술사를 연구한 사람으로 장태염, 양임공, 전빈사 세 분 선생은 앞뒤로 서로 이어 정립했다. 태염 선생은 더부룩하게 난 초목을 제거하여 기풍을 여는 서막을 열었으니 처음으로 제창한 공은 가장 기념할 만하다. 임공 선생은 큰 칼과 도끼로 휘둘러 수립한 것이 더욱 많으니 획득한 것이 이미 이전의 현인 위를 덮었다. 빈사 선생은 쌓은 학식을 심화하고 끊임없이 정진하여 독자적으로 식견을 깊게하고 진수를 얻었다. 학문은 땔감을 쌓는 것과 같아서 나중의 것이 위에 놓이는데, 이것으로 장, 양, 전 세 분 대사의 청나라 학술사 연구를 논하자면 선인들의 뒤를 이어받아 계속 발전시켜 집대성한 것은 의심할 나위 없이 전빈사 선생이다. 망령되지만 필자는 오늘날 우리가 청나라 학술사를 연구하는 데 장, 양 두 선생의 논저가 이끌어주지 않으면 안 되고 전빈사 선생의 『중국근삼백년학술사』를 따라 심화, 개척하지 않으면 더욱 안 된다고 생각한다. 이것이 바로 오늘과 오늘 이후의 청나라 학술사 연구에서 전빈사 선생이 차지하는 대체할 수 없는 탁월한 역사적 지위다."25) 10여 년이나 지난 과거지만 나는 여전히 이러한 신념

---

24) 陳鴻森, 『段玉裁年譜訂補』, "嘉慶十九年, 八十歲"條. 據此書, 略可推見段氏晚年之思想及其對當時學風之批評. 乃近世論乾嘉學術者, 類多忽之不視, 今亟宜表出之.

25) 近人治淸代學術史, 章太炎梁任公錢賓四三位大師, 後先相繼, 鼎足而立. 太炎先生辟除榛莽, 開風氣之先聲, 首倡之功, 最可紀念. 任公先生大刀闊斧, 建樹尤多, 所獲已掩前哲而上. 賓四先生深入底蘊,

을 유지하고 있다. 광대한 전빈사 선생의 학술 사상과 사업을 발양하는 것이 바로 오늘날 전선생에 대한 가장 좋은 기념이 될 것이다.

부록

학안 해석의 시도

지금까지 중국학술사 연구에서 하안사 정리는 여전히 새로운 영역이라고 할 수 있어서 보다 깊이 개척할 수 있는 공간이 아직 크다고 할 수 있다. '학안'에 대한 해석의 측면에서 말하자면, 지금까지도 정론이 없다. 1990년대 초, 필자는 고루함을 헤아리지 못하고 중화서국 진금생陳金生 선생의 개척을 따라『학안시석學案試釋』을 지어『서품書品』1992년 제2기에 실었다. 올해 봄, 상해동방출판중심에서 필자에게『중국학안사中國學案史』의 수정을 부탁했다. 겨울 초입에 수정을 끝내었을 때 마침 북경사범대학 학보의 주편 장중약蔣重躍 교수의 전화를 받아서 논문을 청탁하였다. 장중약 교수의 가르침을 따라『시석試釋』이후 10여 년 간의 생각들을 정리하여 책으로 엮고『학안재석學案再釋』이라고 제목을 붙이고 가르침을 청한다.

1.『명유학안』으로 말문을 떼다

지금까지 필자가 본 문헌으로 논하자면, 학안을 논저명으로 삼은 것은 빨라도 명대 후기부터일 것이다. 이 문헌은 만력연간 경정향耿定向과 유원경劉元卿 사제가 지은『육양학안陸楊學案』과『제유학안』이다. 이후 주여등周汝登의『성학종전』과 손기봉의『이학종전』이 앞뒤로 나와 학안이라고 제목을 붙이진 않았지만 학안체 사적의 변천과정에서 모두 선대를 계승, 발전시킨 중요한 저작이다. 청초까지 황종희의『명유학안』이 나오자 학안이라는 독특한 역사책 편찬체재는 마침내 고정된 형태를 갖춘다.

중국학술사에서『명유학안』은 오랜 영향력을 가진 명저이다. 전체 서적은 62권이며, 명초 방효유, 조단으로부터 명말 유종주, 손기봉에 이르기까지 명대 이학자 가운데 대체가 그에 망라되어 있으니 실로 명대이학사라고 할 수 있다. 양명학은 명대 유학의 중견이기 때문에『명유학안』은 양명학과 그것의 계승을 가장 상세하게 기술했다. 권10「요강학안」부터 권36「태주학안」에 이르기까지 편폭은 26권에 달하고 여기에 실린 학자는 98명에 달한다. 황종희는 명대 이백수십년의 학술은 양명학이 흥기하기 전에 대체적으로 "이것도 주자만 따르고 저것도 주자만 따르다[此亦 一述失, 彼亦一述朱]"는 틀이다. 다른 말로 하면 천하에 주자학이 독존이다. 왕양명이 '양지'로 가르침을 세운 이후에야 비로소 참신한 길이 열린다. 그래서 황종희는 "요강이 없었다면 고래의 학맥은 끊겼을 것이다.[無姚江則古來之學脈絕矣.]"[1]라고 단언한다.

황종희는 청초 양명학의 뛰어난 후계자로 그 학문은 가까이 유종주를 이었고 멀리는 왕양명을 계승하여 순치제와 강희제 초엽 학술무대의 기풍을 주도한 거장가운데 한명이다. 그가 『명유학안』을 저술하여 양명학을 세상에 알린 것은 스승의 문하를 확대하려는 중국고대학술의 전통적인 영향이 물론 있지만, 한편 명 중엽 이후 학술사의 변천과 밀접한 연관성이 있다.

명 홍치, 정덕연간에 왕수인의 학설이 굴기한다. 가정 초엽, 왕수인은 학문으로 공을 세우고 양명학 역시 드러나서 제자가 많고 학인들이 일제히 따랐다. 이에 당시 학술무대에서 양명학의 깃발을 높이 드날렸다. 왕수인이 죽은 후 명 조정의 정치투쟁으로 양명학은 한참 동안 "사설邪 說"로 비난을 받지만, 기풍은 이미 이루어져 개인의 의지로 바꿀 수 있는 것이 아니었다. 이 때문에 가정 9년(1530), 육구연은 왕수인의 제자 설간薛侃의 표창을 받아 공묘에 배향된다. 이때부터 송말이후 드러나지 않던 육학이 흥기하여 주자학과 맞서는 형세를 이룬다. 만력 12년(1584), 왕수인 역시 사후에야 공묘에 배향되는 영광을 입어 양명학이 굴기하는 현실이 명조정에 의해 받아들여지게 된다. 육왕학설이 굴기하여 주자학을 누르고 세상에 행해져 송명이학을 새로운 발전단계로 추진시킨다.

명대 후기, 육왕학술의 근원과 변천을 정리하고 유학 정통의 지위를 확립하는 것은 객관적인 역사의 필요가 된다. 사제師弟간인 경정향耿定向과 유원경劉元卿은 이러한 요구에 부응하여 『육 양학안陸楊學案』과 『제유학안諸儒學案』을 이어서 저술하여 사제師弟간인 육구연과 양간楊簡 및 왕양명의 학설을 표창한다. 만력 중엽 이후 주여등周汝登의 『성학종전聖學宗傳』이 나오자 양명학 은 명학대종으로서 유학의 정통을 차지한다. 명말 사회에 대변동이 일어나자 학문도 세상을 따라 변하여 수백 년간 지속되어 온 이학, 특히 명 중엽에 굴기한 양명학은 쇠퇴하여 역사적 반성을 진행하는 유식지사들의 관찰대상이 된다. 당시 경제, 정치, 사회와 문화의 발전정도에 제약을 받아 명 말기 학술은 말이 굴레를 벗어나지 못하듯 양명학을 뛰어넘어 새로운 사상을 배태시킬 수가 없었다. 청조로 들어와 왕양명에서 주자로 돌아가는 풍조가 날로 강경해져 경학으로 이학의 곤궁함을 구제하는 조류가 거세게 일어 "공담이 나라를 그르치고[空談誤國]", "양으로 유자이 나 음으로 불교다[陽儒陰釋]"라는 양명후학에 대한 비판이 천지를 덮고 조야를 석권했다. 양명학

---

1) 黃宗羲, 『明儒學案』卷10, 「姚江學案」, 中華書局, 1985년, 179쪽.

진영의 사람들은 자기 학파의 심각한 위기를 직면하고 다양하게 반응하여 주왕을 융회하거나 왕학을 추존하는 것이 순리대로 필연적 추세가 된다. 이에 양명학의 정통지위를 지키고 공고화하기 위해 손기봉孫奇逢과 황종희가 북쪽과 남쪽에서 호응하여『이학종전』과『명유학안』을 짓는다. 이에 이르러 학안체 사적史籍은 시냇물이 모여 큰 강물이 된다.

황종희의『명유학안』의 각권 편차는 완전히 일치하는 것은 아니지만, 대체적으로 말하면 개별 학안 이외에 각 안은 모두 3단식 구조이다. 권수에 총론이 배치되고 이어서 대상인물의 전기가 있고, 마지막에 대상인물의 학술자료를 배치하였다. 3단식 구성은 혼연일체가 되어 각 학자의 학술풍모가 명약관화하게 드러난다. 이 3단식 구조는 송명이후『이락연원록』과『제유학안』,『성학종전』,『이학종전』의 장점을 모으고 독특한 구상으로 새로운 길을 개척하여 중국고대학안체 사적을 완벽하고 정형화된 궤도에 오르게 한다. 건륭 초, 전조망全祖望은 황종희, 황백가 부자의 못다 한 뜻을 계승하여『송원학안』100권을 완성한다. 중간에 도광연간 당감唐鑒의『국조학안소식』을 거쳐 민국초기 서세창徐世昌이 예전 사신詞臣들이 지은『청유학안』208권을 망라하여 학안체 사적은 극도로 성숙하여 장절체章節體 학술사로 변모한다. 전조망의 학안 이하의 여러 학안체 사적은 권질卷帙의 양이 다르지만 편찬체제에서 말하자면 모두『명유학안』범위 안에 있다. 그래서『명유학안』의 이정표적 창안이 없었다면 중국전통의 역사편찬학에서 학안체 사적이라는 새로운 형식을 만들어 낼 수 없었을 것이라고 말할 수 있다.

2. 문헌연원의 계시를 거슬러 올라가다

『명유학안』으로부터 거슬러 올라가 이런 사서가 나오게 된 학술 인연을 탐구해보면,『명유학안』에 깊은 영향을 끼친 두 개의 책을 발견할 수 있다. 하나는 황종희의 선생인 유종주의『황명도통록皇明道統錄』이고, 다른 하나는 강서 출신의 양명학 계승자 유원경의『제유학안』이다.

유종주는 만명시기의 거장으로 명청교체기에 절수浙水의 동쪽과 서쪽을 창도했던 즙산학파가 곧 그가 창건한 것이다.『황명도통록』은 유종주 생전에 간행되지 못하고, 이후『유자전서』에도 들어가지 못하기 때문에 그 구체적인 내용은 지금 상세하게 알 수가 없다. 다행히 유종주의 아들 유작劉汋이 편집하고 고족高足 동장董瑒이 수정한『즙산선생연보』에서 그 대략적인 내용을 서술하고 있다.『즙산선생연보』에 의하면 "천계 7년 정묘년 50세에『황명도통록』이 완성된다. 선생이 편집한『도통록』7권은 주자의『명신언행록』을 모방하여 제일 앞에 평생의 행적을 두고 다음으로 어록을 배치하고 끝에 평가를 붙였다. 대유는 별도로 기록하고 나머지는 각각 비슷한 부류끼리 모아서 편집했다. 오로지 공자와 맹자를 기준으로 취사선택하였으며 이단의 길을 빌려 사설을 펼치거나 향원에 잠시 거주하여 인망을 취한 사람은 싣지 않았다. 그 기록한 내용에 있어 평가는 모두 자신의 견해로부터 나왔다. 예를 들어 설경헌薛敬軒, 진백사, 나정암羅整庵, 왕용계王龍溪는 모두 세상에서 대유로 추존되지만 선생은 낮게 평가했다. 절의로 유명한 방손지方遜志와 오강재吳康齋를 사람들이 다투어 비판하지만 선생은 칭찬을 아끼지 않는다.[2] 『황명도통록』을 통틀어 폄하하지 않은 사람으로는 방손지와 오강재 외에 조월천曹月川, 호경재胡敬齋, 진극암陳克庵, 채허재蔡虛齋, 왕양명王陽明, 여경야呂涇野 6명이 있다.[3]

이것은 『황명도통록』의 원고가 완성된 것이 명 천계天啓 7년(1627)이며 모두 7권임을 말한다. 편찬체례는 주희의 『명신언행록』을 모방하여 3단식 구조로 되어 있다. 제1단은 평생의 행적, 2단은 학술견해와 관련된 어록, 3단은 학술평가이다. 도통록에 실린 명대 유학자 가운데 대유大儒는 모두 일가를 이루었고 나머지 유학자들은 같은 부류끼리 분류하였다. 편찬원칙 또한 매우 명확하여 공자와 맹자의 학설이 취사선택의 기준이 되고 이단이나 사설, 향원이나 세상에 영합한 사람은 모두 싣지 않았다. 예를 들어, 설선, 진헌장, 나흠순, 왕기王畿 등은 모두 비판하였으나 세상 사람들이 앞 다투어 비판하는 방효유, 오여필은 지극히 추존한다. 나머지 조단曹端, 호거인胡居仁, 진선陳選, 채청蔡淸, 왕수인王守仁, 여남呂柟 등도 긍정한다.

『명유학안』과 유종주의 연보에서 언급한 『황명도통록』을 비교해보면 둘 사이에 약간의 상통점을 발견할 수 있다. 우선 『도통록』의 3단식 편찬구조는 또한 『명유학안』에서 답습하여 학술평가를 각 안의 머리 부분에 두어 총론으로 삼는다. 다음으로 각 학설의 계승자인 대가들은 『명유학안』에서도 독자적으로 안을 만들었으니, 숭인崇仁, 백사白沙, 하동河東, 삼원三原, 요강姚江, 감천甘泉, 즙산蕺山 등이 여기에 해당한다. 나머지 유림의 인물은 『도통록』에서 각 부류의 인물끼리 분류하듯이 황종희 역시 『제유학안諸儒學案』, 『절중왕문浙中王門』, 『강우왕문江右王門』 등으로 엮었다. '이단사설'을 창도한 이유로 죄를 얻은 이지 및 그의 저서 『학부통변學蔀通辨』, 왕수인의 『주자만년정안朱子晚年定論』을 근거 없는 저술로 본 진건陳建 등을 『명유학안』도 『황명도통록』과 마찬가지로 싣지 않았다. 마지막으로 『명유학안』은 명대 유림의 인물들을 평가하면서 대부분

---

2) 이 부분에 대한 주석은 생략한다 : 인용자.

3) 『蕺山先生年譜』卷上, "天啓七年, 五十歲"條, 海天旭日硯齋光緒二十三年(1897年)版. 天啓 七年丁卯, 五十歲, 『皇明道統錄』成. 先生輯『道統錄』七卷, 仿 朱子『名臣言行錄』, 首紀生平行履, 次語錄, 末附斷論. 大儒特書, 余各以類見. 去取一准孔孟, 有假途異端以逞邪說, 托鄕 願以取世資者, 摒 弗錄. 即 所錄者, 褒貶俱出獨見,. 如薛敬軒, 陳白沙, 羅整庵, 王龍溪, 世推為 大儒, 而先生皆有貶詞. 方遜志以節義著, 吳康齋人競非毀 之, 而先生推許不置. 通錄中無間辭者, 自遜志康齋外, 又有曹月川, 胡敬齋, 陳克庵, 蔡虛齋, 王陽明, 呂涇野六先生.

저자의 종사宗師에 관한 학설을 근거로 삼으니, 각 안이 모두 이와 같아 일일이 셀 수가 없다. 예를 들어, 권수에 『사설師說』을 두어 방효유를 명대 유종으로 삼거나, 권1 「숭인학안」에서는 오여필吳與弼을 여러 유자들의 영수로 삼수로 삼고, 권10 「요강학안」에서는 「양명전신록陽明傳信錄」을 전문으로 인용하고, 권58 「동림학안」에서는 고헌성의 「소심재찰기小心齋札記」를 편집하면서 "소진 장의에 관한 내용은 기록한 사람이 잘못 기록한 것이기 때문에 유선생은 이것을 삭제했다"라고 안어를 달았다. 같은 권에 편집된 고반룡의 「논학서論學書」역시 "즙산선사는 신복원辛復元, 신전은 유자이나 거짓된 자이고 마군모馬君謨는 선승이나 거짓된 자이다."라고 안어를 붙였다. 이런 사례들은 모두 『명유학안』이 『황명도통록』을 계승했다는 중요한 소식을 드러내고 있다. 그래서 『명유학안』이 『황명도통록』을 바탕으로 하여 나와서 보다 충실해지고 완벽해졌다고 한다면 근거 없는 말은 아닐 것이다.

『제유학안』은 『명유학안』의 또 하나의 중요한 문헌학 내원이 된다. 특히 '학안'이라는 제목으로 저술된 서적의 본보기가 된다. 이 책의 저자 유원경은 강서 길안부吉安府 안복安福 출신이며, 연배는 유종주보다 조금 높아 명 융경, 만력 연간에 학술무대에서 활약한 양명학의 계승자이다. 그가 지은 『제유학안』은 8권으로 되어있다는 설도 있고 26권으로 되어있다는 설이 있어 동일하지 않다. 각 권은 소전, 일사, 어록을 서문으로 삼고 차례대로 주돈이, 정호, 정이, 장재, 소옹, 사량좌, 양시, 나종언, 이동, 주희, 육구연, 양간楊簡, 김리상金履祥, 허겸許謙, 설선薛瑄, 호거인胡居仁, 진헌장陳獻章, 나흠순羅欽順, 왕수인王守仁, 왕간王艮, 추수익鄒守益, 왕기王畿, 구양덕歐陽德, 나홍선羅洪先, 호직胡直, 나여방羅汝芳 26명의 학설에 관한 자료를 편집한 후, 끝부분에 저자의 종사인 경정향耿定向의 학설을 붙였다. 필자가 읽은 책은 명각 잔본으로 12권으로 되어 있으며 집록한 내용은 주돈이, 정호, 정이, 나종언, 이동, 주희, 육구연, 양간楊簡, 진헌장陳獻章, 왕수인, 추수익鄒守益, 왕간王艮 12명에 관한 내용이다.

『명유학안』의 제목이 왜 『제유학안』을 그 본보기로 했는지 말하자면, 주요근거가 두 가지 있다. 황종희의 본적은 절강이며 유원경의 고향인 강서와 가깝다. 두 지역은 모두 명 중엽 이후 양명학이 성행했던 곳이다. 강희 초엽, 황종희가 『명문안明文案』과 『명문해明文海』를 편집할 때 명대 문헌에 정통했으므로 유원경의 저술도 살펴보았을 것이다. 그래서 『명유학안』에서는 유원경과 그의 학술에 관한 말을 싣고 유원경과 오여필吳與弼, 등원석鄧元錫, 장황章潢을 병칭하여 '사군자'[4]로 높였던 것이다. 이것이 첫 번째 근거이다. 두 번째는 명 중엽 이후 '학안'이라는 제목으로 저술하는 것이 한 시대의 기풍이었다는 점이다. 유원경 앞의 서적으로는 유원경의 종사인 경정향의 「육양학안」이 있다. 유원경 뒤의 서적으로는 황종희의 스승인 유종주의 「논어학안論語

---

4) 黃宗羲, 『明儒學案』卷21, 「江右王門學案」, 中華書局1985年版, 498쪽.

學案」이 있다. 하지만 경정향과 유종주 두 사람의 『학안』은 편찬체례에 있어 유원경의 서적이나 그 뒤의 『명유학안』과 차이가 있다. 경정향의 『학안』은 사제간인 육구연과 양간楊簡의 전기를 합쳐 편집한 것이고 유종주의 『학안』은 『논어』장구에 대한 소해疏解이다. 황종희가 앞서 명대 문장을 편집하면서 '문안文案'이라는 제목을 달고 이후 명대 유학을 정리하면서 '학안學案'이라 는 제목을 붙인 것도 이치에 맞게 붙여진 것이니 필연적인 추세라고 할 수 있다.

3. 학안명칭 해석에 대한 곤혹감

중국학술사에서 학안체 사적의 정형은 명청교체기 양명학의 걸출한 계승자 황종희에 의해 완성된다. 그리고 황종희의 『명유학안』 이전 『제유학안諸儒學案』, 『성학종전聖學宗傳』, 『이학종 전理學宗傳』 같은 지금 우리들이 볼 수 있는 초기 학안사 저술 역시 양명학 계승자의 손에서 나온다. 양명학의 공헌이 사상사뿐만 아니라 사학사, 문헌학 방면에서도 탁월한 성취가 있었음을 알 수 있다. 물론 우리가 이처럼 말하는 것이 학안체 사적이 왕양명과 그의 후학들이 창안했다는 것을 의미하지는 않는다. 사실 학안체 사적의 최초의 형태가 나오게 된 연원을 훨씬 그 이전으로 거슬러 올라간다. 20세기 초, 양임공, 진원암 두 선생이 학안의 연원에 대해 이야기 나누면서 주희의 『이락연원록』을 그 근원으로 하는데 의견의 일치를 보았으며, 나아가 선종의 종사宗史와 등록燈錄에까지 거슬러 올라갔다. 양임공 선생은 "당송 이후, 불교가 크게 번창하자 『불조통재佛 祖通載』, 『전등록傳燈錄』 등의 서적이 나왔으니 종사宗史라고 해도 괜찮고 학술사學術史라고 해 도 괜찮다. 이후 유가가 이를 점점 모방하여 주회옹朱晦翁의 『이락연원록』 같은 서적이 나오게 되었다."5) 진원암 선생도 같은 취지로 "『등록』이 성행하여 유가에 영향을 미쳤다. 주자의 『이락 연원록』과 황리주의 『명유학안』, 만계야의 『유림종파』 등은 모두 이 체재를 모방하여 지은 것이 다."6) 이와 같이 학안의 근원과 변천에 대한 담론은 두 거장의 탁견임에 틀림없다. 하지만 두 선생은 논의를 더 이상 전개하지 않았으며 뒤의 학자들도 한걸음 더 나아가 정리하는 사람이 거의 없었다. 이 때문에 결국 학안이란 무엇인지, 어떤 정의를 내려야 하는지 오랫동안 정리하는 학자가 없어 지금까지 정설을 만들지 못했던 것이다.

1980년대에 중화서국 진금생陳金生, 양운화梁運華 두 선생의 『송원학안』의 정리작업이 끝났을

---

5) 『梁啓超論淸學史二種 · 中國近三百年學術史』, 436-437쪽. 唐宋以還, 佛敎 大昌, 於是有『佛祖通載』, 『傳 燈錄』等書, 謂爲 宗史也可, 謂爲 學術史也可. 其後儒家漸漸仿 效, 於是有朱晦翁『伊洛淵源錄』一類書.
6) 陳垣, 『中國佛敎史籍槪論』卷4, 『景德傳燈錄』, 河北敎育出版社2000年版, 773쪽. 自『燈錄』盛行, 影響及 於儒家. 朱子之『伊洛淵源錄』, 黃梨洲之『明儒學案』, 萬季野之『儒林宗派』等, 皆仿 此體而作也.

때, 진금생 선생은 다음과 같이 글을 지었다. "학안이란 무엇인지 아직까지 정론定論을 하는 사람을 보지 못했다. 내 생각에, 각 학자의 학술을 소개하고 거기에 맞게 안을 세우며 안단按斷[원주에 案과 按자는 서로 통한다 : 인용자]를 덧붙이는 것을 말한다. 여기서 안단按斷이란 살펴서 정론定論을 내리는 것이다. 이 때문에 학안에는 지금의 이른바 학술사라는 뜻이 포함되어 있다."[7] 진금생 선생의 이 해석은 주도면밀한 점이 부족하다는 아쉬움이 있긴 하지만, 창의적 의미가 풍부한 것임에 틀림없다. 이 문제를 해결하려면 『이락연원록』으로 거슬러 올라가야할 것 같다.

『이락연원록』은 모두 14권이며, 전체 서적은 도학을 처음으로 제창한 정호와 정이를 중심으로 북송 중엽 주돈이와 소옹, 장재부터 남송 소흥 초엽 호안국, 윤돈尹焞에 이르기까지 이정및 송대에 그들과 사우師友 연원이 있는 학자들의 전기자료의 집록을 통하여 이정 도학의 계승과 변천을 그려내었다. 풍부한 주희의 학술저작 가운데 『이락연원록』은 그의 사상발전의 초기저작이라 정본의 형태를 이루지 못했을뿐 아니라 만년에 주자 자신도 이 서적에 대해 부정적인 의견을 제시하긴 했지만, 그렇다고 해서 이 책의 학술가치를 홀시해도 괜찮다는 것을 의미하지는 않는다. 오히려 정반대로 남송 이종理宗시기 이후 도학에 대한 조씨 송왕조의 칭송, 특히 원초 통치자의 추존을 따라 주희 학설은 종묘의 높은 자리에 앉아 정부의 이데올로기가 된다. 이에 『이락연원록』은 세상에 크게 행해져 명청시대까지 영향력이 지속적으로 유지되며 중요한 학술가치를 드러낸다. 원명 이후, 전통적인 사적편찬 형식 가운데, 학안체 사서가 그 위용을 자랑할 수 있었던 것은 『이락연원록』에 분명 창조적 공로가 있었기 때문이다.

중국고대에 학술사 정리의 기풍은 매우 일찍 형성되어 선진제자의 학술이 이미 그 단서를 열었다. 사마천의 『사기』와 반고의 『한서』에서 「유림전」과 「예문지」로 학술의 근원과 변천을 정리한 이후로 그 범위와 규모가 대략 갖추어지게 되었다. 하지만 전문적인 학술사의 편찬은 주희의 『이락연원록』으로부터 시작되었음에 이론의 여지가 없다. 이 책의 가치는 역사편찬학의 각도에서 보자면, 기전체 사적의 전통을 세우고 불가 승전僧傳의 장점, 특히 선종 등록체 사적의 편찬형식이 선사禪師의 언론을 기록함으로 선법禪法 계승을 밝혀, 기행記行과 기언記言을 서로 보완하고 이루며 하나로 합쳐서 사적편찬의 새로운 길을 열어놓았다는데 있다.

송명 수백년간은 이학의 시대다. 학술발전의 내재논리에서 말하자면 이학의 흥기는 불학이 자리를 빼앗아 서로 선두를 다투는 자극이 있었기 때문에 이학의 사람들은 벽불을 호소하지 않은 사람이 없었다. 그러나 중국전통학술에서 유불은 서로에게 영향을 미쳤으니 상호 보완적인

---

7) 陳金生, 「宋元學案編纂的原則與體例」, 『書品』1987年第3期. 什麼 叫學案? 未見有人論定. 我想大概 是 介紹各家學術而分別為 之立案, 且加以按斷之意. 按斷就是考察論定. 因此, 學案含有現在所謂學術史 的意思.

610

것에 속했다. 이학의 학술연원의 하나로서 불학은 이학의 흥성과 쇠락의 전체 과정중에 끼친 영향이 불지불식하고 어떤 때는 뚜렷하고 어떤 때는 은미하며, 없애려고 해도 그렇게 할 수 없었을 뿐 아니라 그 물결이 파란만장하니 사람들의 주관의지로 절대 바꿀 수 있는 것이 아니었다. 그래서 이학을 종사하는 사람들의 학문에 있어 참선參禪의 경험이 많았으니 정주, 주희, 육구연, 왕수인이 이와 같지 않은 사람이 없었다. 따라서 송명 수백 년간 어록체 저술이 서점에 넘쳐난 것도 이상할 것이 없다. 명 중엽 이후로 양명학이 우뚝 솟아 간단명료한 '치양지致良知'의 추구를 그 특징으로 했다. 양명학은 선종정신과 서로 통하여 만명 시기에 왕학이 유행함에 따라 선학 역시 크게 성행했다. 경정향耿定向, 유원경劉元卿 사제지간의 '학안'으로 명명된 논저는 바로 이 유학과 선학이 함께 유행하는 학술분위기 속에서 태어났다.

고인이 된 유명한 불학대사 여징呂澂 선생의 가르침에 의하면 당대 선종이 처음 일어났을 때, 문자를 내세우지 않고 마음의 깨달음만을 전했다. 선사의 어록 가운데 간략한 어구로 종문의 사생과 빈주의 문답을 기술하고 자신 의법의 소재를 함축적으로 암시함으로써 이치를 말하고 법을 전하는 경우가 많았다. '날카로움[機鋒]'을 내포하는 이런 어구들을 선문에서는 '공안公案'이라 칭하고 여기에 근거하여 시비를 판단하려고 하였다. 여징 선생의 저서『중국불학원류약강中國佛學源流略講』에서는 '공안'을 지금의 '당안檔案'이나 '자료資料'[8]로 해석했는데, 급소를 찌르는 정확한 말이다. 그러나 '공안'은 그 의미가 잘 드러나지 않고 이해하기도 어려워 송대에는 문자로 선의를 해석하는, 이른바 '문자선文字禪'이 출현하는 상황까지 이르렀다. '문자선'이 흥기한 후, 공안을 해석하는 서적들이 신속하게 전해졌으며 여러 대에 걸쳐 끊이지 않게 되었.

당송 이후로 강서 길안吉安 청원산青原山은 선문 남종의 불법을 전수하는 중요한 장소였다. 유원경이 고향의 지리적 이점을 입어 일찍이 청원산으로 가서 배움을 구하고 선풍의 영향을 받았음은 지극히 당연한 일이다. 황종희의 말을 빌리자면, 스승인 경정향의 학문은 '말이나 문장이 간결하지 않고 불학을 반은 믿고 반은 믿지 않았으니[9], 끊지 못하는 인연이 있었다. 유원경의 저서『제유학안』은 경정향의 설을 근거로 삼아 제유의 어록을 골라 편집했다. 부분적인 측면에서는 이학 제가들의 학술 대요를 전승하는 한편, 전체적인 측면에서는 경정향이 본받은 양명학을 크게 선양하는데 그 취지가 있었다. 이 때문에『제유학안』과 선종의 '공안' 사이에 확실히 일치하는 부분이 있는 것이다.

이런 인식을 바탕으로 필자는 예전에 학안과 선종 등록燈錄의 관계를 생각해보고 '학안'을 '학술공안'을 줄인 말로 곧장 해석하려고 한 글을 쓴 적이 있다. 이것인 단지 추측에 불과한데다

8) 呂澂,『中國佛學源流略講』第9講,「南北宗禪學的流行」, 中華書局, 1979年版, 257쪽.
9) 黃宗羲,『明儒學案』卷352,「泰州學案四」, 中華書局, 1985年版, 815-816쪽. 拖泥帶水, 於佛學半信半不信.

직접적인 문헌근거도 없어서 자연스레 설득력이 없었다. 1995년 겨울, '중연원사어소(중앙연구원 역사어언연구소)의 줄인 말'의 초청으로 대만을 방문했을 때, 필자는 「중국학안사 연구에 관한 몇 가지 문제」라는 제목으로 학술보고를 했었는데, '학안'에 대한 해석도 보고 내용의 하나였다. 보고가 끝난 후, '중연원'의 원사 황창건黃彰健 선생께서 '안案'자의 본뜻에서 생각해보는 게 좋겠다는 가르침을 주셨다.

대만에서 돌아온 후, 황창건 선생의 가르침이 계속 뇌리에 맴돌아 필자는 왕양명의 『주자만년정론朱子晚年定論』으로 생각을 한번 돌려보았다. 왕양명은 생전에 『주자만년정론』이라는 유명한 책을 저술했다. 이 책은 정덕正德 13년(1518)에 초판이 발행된 후, 영향이 심대하여 명이 망할 때까지 백여 년간 계속 끊이지 않았다. 만명의 학술계에서 양명학의 사람들이 이 책을 법도로 삼아 주희와 유구연의 학술을 논정했을 뿐 아니라 주자학의 사람들도 질책하고 논박함으로써 왕양명의 이 책에 대한 중시를 보여주었다. 예를 들어, 나흠순羅欽順의 『곤지기困知記』, 진건陳建의 『학부통변學蔀通辨』이 모두 여기에 해당한다. 이러한 학술배경 하에서 양명학의 계승자로서 경정향과 유원경이 종사宗師인 왕양명이 사용한 '정론'이라는 용어를 받아들여 '학안'이라는 말로 바꾸는 것이 불가능한 일은 아닐 것이다. 따라서 이런 생각이 가능하다면 '학안'이라는 두 글자는 학술정론으로 해석이 가능할 것이다. 『주자만년정론』과 마찬가지로 경정향의 『육양학안陸楊學案』은 육구연과 양간楊簡의 학술정론으로 읽을 수 있고, 유원경의 『제유학안』는 송명 대유들의 학술정론으로 읽을 수가 있다. 마찬가지로 황종희의 『명유학안』은 명대 유학자들의 학술정론으로 읽을 수가 있다.

그러나 '학술공안'이든 '학술정론'이든 이런 용어를 근거하여 '학안'에 대한 해석은 모두 추측이며 어원학의 문헌근거는 없다. 자기 자신도 설득시키지 못하면서 다른 사람을 설득시킬 수 있을까? 올해 초부터 옛 서적을 수정하면서 '안案'자에 대한 예전의 생각을 다시 정리했다. 진금생陳金生 선생께서 본 것처럼 안案과 안按자는 서로 통하니 분명히 '고찰하다'는 뜻이 있긴 하지만 본 뜻은 '안단[按斷]'이나 '논정論定'과는 무관한 것 같다. 오늘날 서면어에서 말하는 '안이부단[按而不斷]'이 바로 그 증거이다. 따라서 '안案'자는 '안단按斷'이나 '논정論定'으로 해석되어서는 안 될 것 같다. 이와 같이 다시 생각해보니 '학술고찰學術考察'로 해석하거나, '학술자료장편學術資料長編'으로 의미를 확대할 수 있지 않을까? 당연히 이와 같이 '학안'을 해석하는 일이 성립할 수 있을지는 아직 제대로 파악하지도 못했으니 여러분의 가르침을 구한다.

어쨌든 필자의 생각으로는 학안체 사서를 대체적으로 규정하는 것은 가능한 일 같다. 필자의 짧은 소견을 덧붙이자면, 학안체 사서는 중국고대역사가들이 학술발전의 역사를 기록한 독특한 편찬형식이다. 그 추형은 남송 초엽 주희의 『이락연원록』에서 시작되지만, 몇 백 년 후 청조 강희초엽 황종희의 『명유학안』에 와서야 완비되어 일정한 형태를 갖추게 된다. 학안체 사서는 전통적인 기전체 사서에서 발원하여 「유림전儒林傳」「유학전儒學傳」과 「예문지」「경적지經籍誌」를 변통하고 불가의 등록체 사서의 장점을 취하여 장기적인 성숙과 변천 과정을 거쳐 완성된다. 이런 특수한 체재의 사서는 학자들의 학술자료의 집록을 주체로 하고, 대상 인물의 간략한 전기 및 학술총론을 한데 합쳐 어떤 학자와 학파 내지 한 시대의 학술풍모를 반영한 결과 최근에 말하는 학술사의 의미를 갖추었다.

2009년 가을, 수도사범대학 역사학원 추조진鄒兆辰 교수가 방문하여, 청대 학술사 연구의 여러 문제에 대해서 의견을 나누며 매우 유익한 시간을 보냈다. 추 선생은 매우 세심한 학자다. 나는 그와 나눈 대화 내용을 정리하고 이를 글로 써서 발표하려고 한다. 삼가 추 선생과의 대담 내용을 아래와 같이 기록하여 이 책의 후기로 삼고자 한다.

1. 대학원 시절의 학문생활

문 진 선생님, 존안을 직접 뵐 수 있어서 매우 기쁩니다. 연배로 볼 때 선생님께서는 아마 원로학자와 청년학자 사이일 것 같습니다. 이전에 선생님의 학술 강연을 들은 적이 있는데 매우 인상적이었습니다. 다만 당시에 몇 가지 문제가 해결되지 않았는데 오늘 직접 뵙고 가르침을 청할 수 있게 되었습니다.

답 상당히 겸손하십니다. 우리는 역사를 공부하고 전공하는 동학同學입니다. 피차 교류하면서 성장하게 되지요. 자 그럼 무슨 이야기부터 시작해 볼까요?

문 이른바 "사학史學의 전당殿堂"에 오르기 이전 학습단계부터 이야기를 해 보는건 어떤지요?

답 좋습니다! 그러면 제가 공부하던 때부터 시작해 보지요. 저는 1965년 귀주대학貴州大學 역사학과를 졸업했습니다. 졸업 후, 우선 곤명량식학교昆明糧食學校에서 교편을 잡았지요. 그 학교에서 1년을 채우기도 전에 "문화대혁명"을 만났습니다. 저는 하방下放을 당하여 어떤 화물창고에서 포장공인들과 함께 노동을 했습니다. 어렵고 힘든 생활 속에서도 독서는 늘 제 생활 가운데 큰 비중을 차지하였지요.

문 선생님께서 문화대혁명이라는 10년 동안의 혼란 속에서도 독서를 계속 하실 수 있었는데 이는 어떤 영향을 받은 것인지요? 가정에서 받은 영향과도 관계가 있습니까?

답 당시에 받은 영향은 주로 두 가지 방면에서였습니다. 하나는 젊은 시절부터 받은 좋은 학교 교육이었고, 또 하나는 한 시라도 책을 손에서 놓지 못하게 한 가정교육이었습니다.

문 10년간 문화대혁명이 끝난 이후에 선생님께서는 학문을 더 연마할 기회를 매우 빨리 얻었지요?

답 1976년 "사인방"이 실각한 이후, 저는 대학에서 가르칠 수 있게 되었어요. 이 때, 저는 유명한 역사학자인 정천정鄭天挺 선생께 편지를 썼고, 다행스럽게도 그 분과 연결될 수 있었어요. 1978년, 대학원생 모집제도가 회복되자 정천정 교수께서 권하여 중국사회과학원 대학원의 연구생이 되었고, 이미 돌아가신 유명한 역사학자인 양향규 선생께 배웠습니다. 이때부터 청사清史 연구의 길로 들어섰지요. 대학원의 제1기 학생으로서, 당시의 학습과 생활환경은 모두 매우 어려웠고, 대학원에 따로 독립된 건물이 없어서, 북경사범대학 학생과 함께 지낼 수 밖에 없었지요.

문 그렇다면 당시 학습조건도 매우 어려웠겠지요?

답 당시에는 생활이 매우 어려웠습니다. 다만 모두가 생활이 어렵다고 해서 자신의 노력을 게을리 하지는 않았어요. 이 10년간의 재앙과도 같은 시절을 겪은 여러 동학同學이 모두 "세월이 나를 기다려 주지 않는다."라는 일종의 느낌을 가지고 있었기 때문에, 쉽게 찾아오지 않는 학습의 기회를 우리는 더욱 귀하게 여겼지요. "차가운 쪽걸상에 10년이나 앉아도 원망이 없고 글을 쓸 때에 반 구절이라도 빈말이 없네.[板凳寧坐十年冷, 文章不寫半句空.]"라는 말이 있는데, 이 말이 바로 당시 우리의 정신상태였어요. 생활은 힘들었지만 당시 학술 분위기는 분명히 매우 좋았지요. 지금 국가도서관을 당시에 베이징도서관이라 불렀는데, 우리는 늘 거기 가서 책을 읽었어요. 어떤 때는 자리를 잡기위해 새벽 4~5시에 일어나 도서관에 달려가기도 했고, 점심때가 되면 차가운 찐빵을 먹으며 배를 채웠지요. 사회과학원의 훌륭한 학술 환경과 베이징의 풍부한 자료, 거기에 많은 역사학 대가의 지도를 받으며 우리는 학문적으로 성장했습니다. 이 3년간의 대학원 시절 중에 저는 늘 "세월이 나를 기다려 주지 않는다.[時不我待]"라는 이 네 글자로 스스로를 채찍질 하면서 밤낮없이 외로운 등불을 벗삼아 청대 학자의 저작을 읽어 내려갔습니다. 그리고 보니 대학원 시절의 공부가 저의 일생에 도움이 참 많이 되었군요. 대학원이 키워준 은혜는 평생 못 갚을 것입니다.

문 대학원을 졸업하고 나서, 선생님께서는 바로 역사연구소에서 일하셨습니까?

답 네 그렇습니다. 1981년에 대학원을 졸업하고 나서, 역사연구소에 남아 일을 했는데, 부서는 청사연구실이었습니다. 이 30년 동안 저는 청대 학술사만을 연구했습니다. 여러 해 공부를 거치면서 이 영역에서 기초적인 성과를 내었는데, 성과 가운데 『청초학술사변록清初學術思辨錄』과 『중국학안사中國學案史』는 저의 대표 저작이라 할 수 있습니다.
『청초학술사변록』은 저의 첫 번째 학술 저작입니다. 1992년, 중국사회과학출판사에서 출판했습니다.

이 책은 사회사와 학술사를 결합한 시각에서 출발하여, 순치順治·강희康熙 두 조대 학술사에 있어서 몇가지 중요한 문제를 연구 대상으로 삼고, 수많은 연구를 종합하여, 청초 80년간의 학술 발전 추세와 주요 특징 그리고 역사적 지위 등에 대해서 연구한 저작입니다. 이 책이 출판된 이후, 학술계의 관심과 격려를 받았지요. 양향규 선생께서 제 초고를 보고 긍정적인 평가를 해주셨는데, 선생께서는 청초 사회의 실제를 반영하여 학술사상을 이야기한 것에 대해서 가장 정확한 방법 가운데 하나라고 말씀해주셨지요. 우리는 실제 사회를 방치해 두고서 사회의 사조思潮를 이야기 할 수 없습니다. "피부가 없는데 터럭이 어디에 붙겠습니까![皮之不存, 毛將焉附]" 선진제자·양한경학·위진현학·송명이학은 모두 당시 사회과 관련되어 있게 마련이지요. 제는 앞으로 연구를 진행할 때에도 이러한 선사의 가르침을 잘 따라서 조금씩 전진해 나갈 것입니다.

2. 나의 학안사學案史 연구

문 지난번에 선생님께서 제가 재직 중인 수도사범대학首都師範大學 역사학원에 오셔서 학술발표를 하셨지요. 그 때 선생님께서 당신의 학안사學案史 연구 현황을 말씀해주셨습니다. 학술계에서 선생님의 『중국학안사中國學案史』저작에 대해서 매우 높게 평가하였는데, 제가 보기에도 현재 학술의 공백을 보충할만한 개적적 저작이었습니다. 멀리는 선진시기先秦時期 제자諸子·『사기史記』·『한서漢書』까지 언급하였고, 위로 남송 주희朱熹의 『이락연원록伊洛淵源錄』부터 시작해서, 아래로 민국시기 서세창徐世昌의 『청유학안清儒學案』까지 학안체學案體 사적史籍의 형성·발전 그리고 변화에 관해서 처음으로 체계적인 정리를 하셨지요. 오늘 이 자리에서 학안사學案史 연구 상황을 말씀해 주실 수 있는지요?

답 제가 학안사學案史 영역에 발을 디딘 것은 1980년대 초입니다. 황종희黃宗羲 연구에 주력하다 보니 그가 쓴 『명이대방록明夷待訪錄』과 『명유학안明儒學案』을 읽어야 했습니다. 『명유학안』의 연원에서 대해서는, 양계초梁啓超가 『중국근삼백년학술사中國近三百年學術史』에서 주희朱熹의 『이락연원록伊洛淵源錄』까지 거슬러 올라가야 한다고 했습니다. 그래서 저는 『이락연원록』을 읽었고, 주희朱熹와 『이락연원록』이라는 논문을 쓰기도 했습니다. 당시에 황종희의 『명유학안明儒學案』과 주자朱子의 『이락연원록』이 어떤 관계가 있는지 밝히는 것이 제가 우선 해결해야 할 문제였지요.

문 중국학안사에 대해서 말하자면 먼저 주희의 『이락연원록伊洛淵源錄』으로 거슬러 올라가야 합니까?

답 그렇습니다. 중국학안사를 이야기하자면 주희의 『이락연원록伊洛淵源錄』부터 시작해야 합니다. 이는 양계초 선생이 처음으로 제기하였는데, 진원陳垣 선생 등 여러 사학 대가도 이 설을 인정하여, 지금은 학술계에서 상식처럼 되었지요.

중국 고대 학술사에서 주희는 공자와 함께 매우 빛나는 두 스승입니다. 공자孔子는 요堯·순舜을 조술祖述하고 문왕文王·무왕武王을 본받아 유학儒學의 가르침을 연 종사宗師로서 중국 학술계에 약 2,000여 년간 영향을 끼쳤습니다. 주희朱熹는 이학理學의 태두泰斗로서 전통 유학을 집대성했을 뿐 아니라 유학을 참신한 세계로 인도했습니다.『이락연원록伊洛淵源錄』은 주희가 자신의 학설을 마련하던 초기 저술이지요. 남송 초엽에 탄생했는데, 우연히 나온 학술 현상이 아니라 남송 간 사회와 학술발전 가운데 뿌리내린 학문입니다.『이락연원록伊洛淵源錄』은 모두 14권으로 이루어져 있는데, 도학을 선도한 정호程顥·정이程頤를 중심으로, 위로 북송 중엽의 주돈이周敦頤·소옹邵雍·장재張載로부터 시작하여, 아래로 남송 소흥 초의 호안국胡安國·윤돈尹焞까지 포괄하고 있습니다. 이정二程 및 양송兩宋 시기에 정씨程氏와 사우 관계로서 연원이 있는 여러 학자의 전기자료傳記資料를 집록하여 정씨程氏 도학道學의 전승과 원류를 도출해 내었지요. 이 저작에서 매우 가치있는 점은 기전체紀傳體 사적의 전통에 의거하고, 또 불가佛家의 승전僧傳의 장점을 두루 본받는 데 있습니다. 특히, 선종禪宗의 등녹체燈錄體 사적이 선사禪師의 언론을 빌려와 선법禪法의 사승師承을 밝히는 편찬 형식은 행적 기록과 언론 기록을 서로 보완하여 혼연일체가 되게 하였고, 사적 편찬의 새로운 길을 열기도 했습니다.『이락연원록伊洛淵源錄』이 세상에 나온 후, 원대에서 명청대까지, 그리고 민국 초기의 학술사 편찬에 이르기 까지 하나의 오래된 전통이 형성되기도 했습니다. 황종희의 『명유학안明儒學案』이 주희의 영향을 받았다는 것은 분명하지요.

問 지난번에 선생님께서 『명유학안』이 완성하는 연대 문제에 관해서 말씀해주셨습니다. 이 문제는 어떻게 된 일입니까?

答 저는 『명유학안』에 문제가 너무 많다고 생각합니다. 우선 문헌학의 관점에서 봤을 때 과연 언제 지어진 책인가? 하는 것입니다. 황종희는 『명유학안』 서문에서 "병진년丙辰年 이후에 책을 완성하였다."라고 하였습니다. 병진년은 강희15년인데, 이 책이 강희 15년에 완성되었다는 것은 아마 잘못된 정보일 겁니다.

황종희의 이 책은 절대 강희15년에 완성되었을리 없습니다. 강희14년이 되어서야 비로소 『명문안明文案』을 완성하게 되는데, 또 다시 짧은 기간 내에 또 다른 책을 완성할 수 없었을 것입니다. 황종희의 이 책은 처음에는『명유학안明儒學案』으로 불리지 않고 「즙산학안蕺山學案」이라 불렸어요. 그 이유는 황종희의 스승인 유종주의 학술에 대해서만 서술한 사서史書였기 때문입니다. 이 책은 강희20년 즈음에 완성됩니다. 북방의 대학자 탕빈湯斌이 또 이 책의 서문을 썼지요. 이렇게 「즙산학안」에서 『명유학안』으로 바뀌는 과정에도 주목해야 합니다. 저는 『명유학안』이 처음에 무엇이었는가 하는 문제에 대해서 언급하기도 했지만 모호한 부분이 많고 문제점도 너무나 많았습니다. 저는 이 책의 연원이 어디에 있는가? 다시 말하면 직접적인 내원은 무엇인가? 하는 문제에 대해서 보다 분명히 하고 싶었습니다. 그래서 황종희의 시문詩文과 연보年譜를 읽었는데, 여러 글을 읽고 나서 손기봉孫奇逢의『이학종전理學宗傳』이 매우 중요하다는 사실을 발견했습니다.

문 손기봉은 어떤 인물입니까? 그리고 그의『이학종전』은 어떤 책입니까?

답 그러면, 손기봉에 대해서 먼저 이야기하지요. 손기봉은 하북河北 용성容城 사람입니다. 명明 만력萬曆12년(1584)에 태어나서 청淸 강희康熙14년(1675)에 사망하였고, 향년 92세입니다. 그래서 그의 일생은 명과 청이 교체되는 역사 과정 가운데 놓여 있었습니다. 그는 명明·청淸 두 조정으로부터 부름을 받았지만 나아가지 않았기 때문에 사람들은 그를 손징군孫徵君이라 불렀고, 만년에는 세한로인歲寒老人이라 불렀습니다. 그는 문인門人이 구름처럼 많아서, 제자가 남북에 두루 있었습니다. 만년에는 제자를 가르치면서 저술에만 전념했고, 저술로 노년을 보냈습니다. 그래서 청조淸朝 초기 북학北學의 태두泰斗가 되었습니다. 그의 주요 저술은『이학종전理學宗傳』·『중주인물고中州人物考』·『기보인물고畿輔人物考』입니다.

손기봉의 대표작이 바로『이학종전』입니다. 이 책은 강희5년 봄에 처음 간행되었으나, 편찬 기간은 이미 30년이나 되었고 그 원고를 세 번 고치기도 했습니다. 다시말하면, 숭정연간 초기에 글을 짓기 시작했을 때 이미 중년이었는데, 이 책이 간각되어 나왔을 때 이미 83세의 고령이었지요. 이 책은 모두 26권으로 前11권卷에는 주로 그가 호칭한 "송명宋明11자子" 즉, 주돈이周敦頤·정호程顥·정이程頤·장재張載·소옹邵雍·주희朱熹·육구연陸九淵·설선薛瑄·왕수인王守仁·라홍선羅洪先·고헌성顧憲成에 대해서 썼습니다. 이 밖에 따로 4명에 대한 내용도 덧붙였지요. 권12 이후에는 이학가의 범위에 구애받지 않고 한漢·수隋·당唐·송宋·원元·명明 등 각 대의 유자儒者를 포함하고 있습니다. 그의 편찬방침은 "11자子가 위주이고 유자儒者에 대한 고증은 그 다음[十一子其主也, 儒之考其輔也.]"이었습니다. 전체 내용을 통틀어 역대 학자 170명에 대해서 기술했습니다.

손기봉은 그 학술이 양명학陽明學에서 나왔지만 그렇다고 양명학의 결점까지 끌어안은 것은 아닙니다. 한편으로 유학의 발전에서 양명학의 지위에 대해서 긍정하기도 했지만 또 한편으로 자신의 학파가 직면한 위기를 직시하고 주자학과 양명학을 융합하고자 시도했습니다. 그는 저작을 통해 왕양명 유학의 정통적 지위를 해결하려고 했습니다. 편찬 체례에서 그는 기본적으로 주희의『이락연원록伊洛淵源錄』이 열어놓은 길을 따르면서, 기전체 사서에 나오는 유림열전儒林列傳 체례를 변통하여 전기傳記 및 학술자료學術資料를 한 곳에 모으는 편찬 방식을 채택했습니다.『이학종전』의 편찬은 중국 고대 학술사 특히 송명이학사宋明理學史의 종합정리를 통하여 유학발전의 새로운 길을 탐색하고자 시도한 것으로서 당시 학술계에 매우 깊은 영향을 끼쳤습니다.

문 황종희와 손기봉의 관계를 어떻게 알았습니까?

답 황종희의 먼 후손인 황병후黃炳垕가 편집한『황리주선생연보黃梨洲先生年譜』의 기록에 따르면, 손기봉과 황종희 사이에 한 차례 서신 왕래가 있었어요. 강희12년이 바로 황종희 모친이 80세 되던 해였는데, 손기봉은 천리 밖에서 시 한 수 보내면서, 그가 편찬한『이학종전』에 대해서 축하의 말을 보냅니다. 황종희는 강희15년 이후에『명유학안』편찬에 착수하게 됩니다. 당연히『이학종전』의 영향을 완전히 배제할 수 없습니다.

손기봉에게『일보日譜』가 있는데, 이 책에 그가『이학종전』을 편찬한 과정에 대해서 기술되어 있습니다. 저도 이『일보』를 읽고, 남북 학술교류에서 문제를 발견한 적이 있습니다. 1980년대 초에 이보다 앞서서『손하봉여황리주孫夏峰與黃梨洲』를 읽고 독서차기를 썼고, 나중에 이 독서차기를 연구내용으로 삼아 다시『즙산남학여하봉북학蕺山南學與夏峰北學』이란 제목의 글을 썼지요.

문 『이학종전』이외에 황종희에게 영향을 준 책이 더 있습니까?

답 황종희에게 가장 영향을 많이 끼친 사람은 당연히 그의 스승인 류종주劉宗周이고,『명유학안』에 직접 영향을 끼친 서적은 바로 유종주의『황명도통록皇明道統錄』이라고 생각합니다. 이 책은 천계天啓7년(1627)에 완성하였고 모두 7권입니다. 이 책은 주희가 쓴『명신언행록名臣言行錄』의 편찬 체례를 모방했습니다. 구조는 3단식으로 되어 있는데, 제1단은 평생 행적이고, 제2단은 어록이고, 제3단은 논설[論斷]입니다.『명유학안』의 체례는『황명도통록』과 매우 비슷해서 세 부분으로 나뉘어져 있는데, 논설[論斷]을 각 안案의 권卷 첫머리에 배치한 것이 다른 점입니다. 그래서 제가 황종희의『명유학안』이『황명도통록』으로부터 태어났다고 추측하는 것이지요.『명유학안』이 보다 충실하고 완전한 것은 물론입니다.

과거에『명유학안』에 대해서 쓴 글이 있는데, 이 글을 나중에 새로 수정한『중국학안사中國學案史』에 수록했습니다. 최근에 또 연구 성과에 의거하여 다시『면유학안발미明儒學案發微』라는 글을 써서 바쁘게『중국사연구中國史硏究』에 공간했습니다. 아마 참고가 될 것입니다.

문 선생님께서 강좌 도중에 황종희의 책이『학안學案』으로 불리게 된 문제에 대해서 언급하셨습니다. 이 부분 다시 말씀해 주시겠습니까?

답 왜 학안學案으로 불렸는가? 이는 제 20년 학문인생에서 아직 풀지 못한 문제입니다.

1980년대에, 진금생陳金生 선생이 가장 먼저 이에 대한 글을 썼습니다. 중국 고대에 "안案"과 "안按" 두 글자는 서로 통하는데, "안按"은 판단判斷·고찰考察의 의미라고 정의했습니다. 90년대 초에, 제가 진陳선생 생각에 따라『학안시석學案試釋』이란 글을 써서 "학안學案"이 학술공안學術公案이란 의미라고 주장하기는 했지만 아직 이 주장을 뒷받침할 글을 못썼습니다. 올해 초에 『북경사범대학학보北京師範大學學報』에 『학안재석學案再釋』이란 글을 한 편 썼는데 참고 바랍니다.

[문] 학안사를 연구하시면서 황종희의 『명유학안』도 연구하셨지만, 지금 『청유학안淸儒學案』 점교點校도 하고 계시지요?

[답] 『명유학안』을 이어서 독서하면 중요한 저작 두 권이 더 있습니다. 그 하나가 바로 『송원학안宋元學案』입니다. 황종희가 『명유학안』을 편찬한 이후, 만년에 『송원학안』 편찬에 힘을 기울였습니다. 비록 나이가 많아 완성할 수는 없었지만 그는 이미 심혈을 기울여 핵심적 체례를 만들어 놓았고, 그 공은 아마 없어지지 않을 것입니다. 황종희가 사망하고 나서 그의 아들 황백가黃百家가 부친의 뜻을 이어받아 편찬 일을 지속하였으니, 아들이 『송원학안』 완성에 불후의 공적을 세운 것이지요. 완벽하지는 않지만 제가 정리한 통계에 의하면, 현행본 『송원학안』에 황백가의 안어按語가 210조인데, 이는 부친 황종희가 쓴 안어按語와는 비교할 수 없을 정도로 많은 분량입니다. 황씨 부자가 전후로 사망한 이후, 남겨진 『송원유학안末元儒學案』 원고는 정리할 사람이 없어 대부분 산일되었습니다. 다행히, 건륭乾隆 초에 절동浙東 학자 전조망全祖望이 이 원고를 보완해서 거의 사라질 뻔했던 원고가 완성될 수 있었지요. 전조망은 송원 학술에 대해 소양이 깊은데다 『송원유학안』과 『명유학안』 원고를 읽은 적이 있었기 때문에 이 책을 완성할 적임자였지요. 원래 『송유학안末儒學案』과 『원유학안元儒學案』이라 불렀는데, 전조망이 두 책을 하나로 합쳐 오늘날 우리가 보는 『송원학안末元學案』이 탄생했습니다.

또 하나는 서세창徐世昌이 주편한 『청유학안淸儒學案』입니다. 『청유학안』은 모두 208권으로, 위로 명明·청淸 교체시기의 손기봉孫奇逢·황종희黃宗羲·고염무顧炎武로부터 아래로 청말 민국초의 송서승宋書升·왕선겸王先謙·가소민柯劭忞 까지 한 시대 학술계를 풍미한 인물을 거의 모두 망라하고 있습니다. 선학先學이 편찬한 학안學案보다 내용이 매우 풍부할 뿐 아니라 엄격한 체례 역시 황종희·전조망이 정해놓은 법식에서 조금도 어긋나지 않았다고 할 수 있습니다. 『청유학안』은 1928년에 편찬을 시작하여 1938년에 완성했으니 이 책을 완성하는 데 10년 걸렸군요. 이 책은 서세창이 편찬을 주관하고 필요한 경비도 지원했으며 직접 검토·수정하기도 했습니다. 원고를 쓴 사람은 하손동夏孫桐 등 10인입니다. 이들은 『명유학안』·『송원학안』을 이어 또 한 부의 성공적인 학안체 사적을 완성한 것이지요. 저는 30년간 이 책을 연구하였습니다. 1990년대 초에 점교點校를 시작하였고 10년만에 겨우 완료하여 올해 초에 출판하게 되었습니다. 엉성하고 틀린 부분이 분명히 있을겁니다. 여러분께서 지적해 주시기를 바랍니다.

문 선생님께서 쓴 『중국학안사中國學案史』는 대만에서 처음 출판하셨습니까?

답 1990년대 초에 저는 학안사學案史 발전의 기원과 그 역정歷程을 다듬어서 『중국학안사』원고를 완성했습니다. 대만 문화대학 구진경邱鎭京 교수께 교정을 받았으므로 원고를 타이베이 문진출판사文津出版社에 보내 1994년에 출판했습니다. 이제 십 몇 년 지났지만, 학안사 연구는 중국 학술사 연구에서 여전히 개척해야할 영역입니다. 연구 대상이 사상사思想史·철학사哲學史 그리고 사학사史學史·문헌학文獻學의 교차점에 있는데, 학술사 연구가 시대를 기준으로 깊이 추진됨에 따라, 학안사 연구는 많은 연구자로부터 주목을 받고 있습니다. 그래서 중국출판그룹 동방출판센터가 2008년 말에 수정본을 출판하기도 했지요. 전국 학술계에 있는 동료들이 이 책을 좋아해서, 지금까지 전문가 다섯 분이 각기 이에 대해 글을 쓰기도 했고, 수정본에 대해서 전문 비평을 내어놓기도 했습니다.

3. 건가학파乾嘉學派에 대한 연구

문 선생님 학술논저 가운데 건가학파에 관한 연구 성과가 많은 것을 압니다. 예를 들면, 하북인민출판사가 2005년에 출판한 『건가학술편년乾嘉學術編年』은 대 저작이지요. 또 『건가학파연구乾嘉學派研究』도 하북인민출판사가 2005년에 출판했습니다. 건거학파 연구에 어떠한 의미가 있는지 말씀해주시겠습니까? 선생님께서는 어떻게 이 연구를 시작하게 된 것인지요?

답 이는 매우 큰 문제라서 간략하게 말씀드릴 수밖에 없겠습니다. 최근 10여 년간 건가학파에 대한 연구는 중국 학술계가 관심을 가진 여러 문제 가운데 하나로서, 중국 대륙은 물론 대만 지역까지 관련 논저가 많이 나왔고 성과도 훌륭합니다. 우선, 건가 초엽 이후에 건가학파의 주맹학단主盟學壇이 출현할 수 있었던 역사 현상에 대해 이야기 해봐야겠군요.

20세기 초엽 이래, 몇 대에 걸쳐 중국 학자들은 이 문제를 해결하는 답을 찾기 위해서 부단히 노력했습니다. 장태염章太炎선생은 자신이 저술한 『구서訄書』에서 두 가지 원인을 언급한 적이 있습니다. 하나는, 학술적 원인이고, 또 하나는 정치적 원인입니다. "이학理學의 학설이 고갈되어 남은 것이 없다.[理學之言竭而無餘華]"라는 것은 학술적 원인을 말한 것입니다. 이는 송宋·명明 수백 년 간의 발전과정을 거쳐 청淸으로 들어선 이후, 이학은 이론적으로 이미 고갈된 상태였고, 다시 발전할 만한 공간이 있을 수 없었습니다. 이러한 상황 아래에서, 중국 학술은 계속해서 앞으로 나아가야만 했고 어쩔 수 없이 다른 길을 찾아야만 했지요. 다시 말하면, 17세기 중엽 이후에는 새로운 학술 형태로 이학을 대신하였는데, 이는 이미 중국 학술의 시대적 요구였습니다. 또 한편으로 "다기多忌", "우민愚民" 등의 말이 의미하는 것이 모두 명청 교체기가 만들어낸 정치적 원인이라 할 수 있습니다. "다기"는 학술계가 받은 정치적 제약을 가리켜 말하는 것으로서, 통치자의 정치적 압박으로 금기가 너무 많아 학술이 생기를 잃고 천편일률적인 목소리 밖에 낼 수 없었습니다. 그리고 "우민"은 통치자가 추진한 문화정책을 가리켜 말하는 것으로서, 이른바 우민정책의 필요에 따라 자연스럽게 경세치용經世致用의 학문을 하지 않게 되었지요. 바로 이 학술적·정치적 요인 때문에 건가乾嘉 학자들이 "경전만을 파고들면서 죽음을 늦춘"국면을 만든 것입니다.

장태염선생이 말한 이 두 방면의 원인은 매우 정확합니다. 다만, 한 가지 주의할 점은 이때 장태염선생이 "혁명배만革命排滿"을 주도하고 있어서 청 정부에 대한 편견이 매우 깊었다는 점입니다. 그래서 장태염선생은 청 중엽 이후부터 건륭 중기까지 중국사회가 혼란스러웠다가 잘 다스려져 상대적으로 안정적인 상황이었다는 사실을 고려하지 않거나 고려하려하지 않았습니다. 이에 장선생의 논의가 다소 치밀하지 못하다는 사실을 알았지요. 얼마후 양계초梁啓超선생이 쓴 『청대학술개론淸代學術槪論』·『중국근삼백년학술사中國近三百年學術史』는 장태염선생의 의견을 계승하여 학술과 정치 두 방면에서 문제를 관찰하기도 했지만, 또 한편으로 상대적으로 안정적인 사회가 학술발전에 끼친 영향에도 주목했습니다. 양계초선생은 이 문제에 대해서 하나의 규율성을 가진 결론을 제기했지요. 그는 "무릇 사회질서가 안정되고, 물질적으로 풍부한 시대에는 학문이 분석分析과 정리整理의 방향으로 발전한다. 건륭·가경 사이에 고증학이 특히 유행했던 것이 바로 이 때문이다. 이 원칙에는 예외가 없다.[凡在社會秩序安寧, 物力豊盛的時候, 學問都從分析整理一路發展. 乾嘉間考證學所以特別流行, 也不外這種原則罷了.]"라고 말했습니다. 이렇게, 양계초선생은 이 문제를 해결하면서 학술·정치 두 방면의 원인 말고도 사회경제적 요소도 고려했습니다.

장태염·양계초 두 선생 이후, 전목錢穆 선생과 그 제자 여영시余英時 선생이 이 문제에 대해서 면밀하고 투철한 논리를 제시했습니다. 전목 선생은 송宋·명明에서 청대淸代까지 사회와 학술을 일체로 간주하여 이를 근거로 "학술의 변화는 시대에 따라 소멸하고 소생한다."라는 주장과 "송학宋學을 모르면 근대近代를 이해할 수 없다."라는 인식의 규율을 밝혀냈습니다. 그리고 여영시 선생은 학술의 변화발전에 대해서 처음으로 "내재적 맥락"을 밝혀냈습니다. 이 둘 모두 선학先學을 압도하는 새로운 학설입니다. 이들은 이 문제를 매우 심도 깊은 경지로 인도했지요.

🔲 마르크스주의 학자는 이 문제를 어떻게 봅니까?

🔳 이 문제는 정말 중요합니다. 구체적으로 이야기해봅시다. 20세기 중엽이후, 전목 선생·여영시餘英時 선생이 개척·정진하였고, 동시에 후외려侯外廬·양향규楊向奎 등 여러 선생이 대표적 학자로서 마르크스주의 유물사관을 가지고 건가학파를 연구했는데, 성과가 매우 훌륭합니다.

후외려侯外廬 선생은 건가학파를 연구하면서 우선 해결해야할 문제를 제시하였는데, 바로

18세기 중국사회의 기본 상황에 대한 인식입니다. 후외려 선생은 경제적 상황과 계급관계로부터 분석하여, 16세기 중엽이후 중국봉건사회가 스스로의 해체과정을 시작했다고 여겼습니다. 이는 매우 불안하고도 아픈 과정이었지요. 17세기 중엽에 이르러, 명·청 교체기가 낳은 사회의 불안으로 중국사회에서 민족적 모순이 격화되는 상황을 만들었습니다. 이에 따라, 역사 발전도 더욱 완만한 길을 따라서 나아갔지요. 후외려 선생은 "청초의 이른바 '대파괴 시기'와 강희康熙 후기 몇 년간 다소 안정된 시기에 민족적 압박은 모두 중국역사를 정상적으로 나아가지 못하게 했다. 그렇다고 청왕조의 진압정책과 통치계급의 주관적 희망이 객관적인 역사 진보를 저지했다는 말은 아니다. 18세기에 중국의 사회와 경제는 다시 살아나는 모습을 모이는데, 어떤 것은 회복하기도 하고 어떤 것은 심지어 발전하기도 한다."라고 하기도 했습니다. 후외려 선생은 16세기 중엽이후, 특히 18세기에서 19세기 초엽까지의 국정國情에 대한 연구를 통해 그가 관찰한 18세기 중국사회에 대해 결론을 내었습니다. 이 결론은 바로 "18세기의 중국사회는 이른바 태평성세가 아니었다."라는 것입니다. 후외려 선생은 이를 인식의 기점으로 삼아, 18세기 중국학술과 중국사회의 관계에 대해서 연구하였고 자신의 견해를 내어놓았습니다. "18세기 중국사회는 계급적 모순과 민족적 모순이 서로 교차하던 시대다. 모든 형세로 보면, 이 때 청조의 봉건통치세력은 상대적으로 안정된 통치 지위를 가지고 있었다. 발전의 관점에서 보자면, 이 시기 자본주의 맹아·시민 역량·농민 반란이 모두 막을 수 없을 정도로 성장하고 있었다. 이러한 역사적 형세에서 중국 사상계에는 한편으로 '전문專門 한학漢學'의 통치지위가 형성되기도 했고, 또 한편으로 대진戴震·왕중汪中·장학성章學誠·초순焦循 등 학자의 철학사상이 출현하기도 했다." 여기서 후외려 선생이 말한 "전문專門 한학漢學"은 건가학파乾嘉學派를 두고 말한 것입니다.

1980년대 말부터 저도 여러 선배 학자를 따라 건가학파와 건가학술 연구에 온 정신을 기울였습니다. 한편으로 전대 학자와 선배 학자가 수십년간 쌓은 성과를 이어받으면서도, 스스로 힘들고 고통스러운 상황에서도 열심히 문헌을 정리하였고, 여러해 동안 사색을 거치면서 중국 고대학술사에서 건가학파가 학단을 1백여 년도안 주도하였는데, 역시 우연한 역사적 현상은 아니었습니다. 그 시대 특정한 사회·경제적 조건 아래에서 송명宋明 이후 학술 발전의 내재적 논리에 제약을 받는데, 이는 많은 역사적 요소가 상호작용한 결과입니다. 그래서 우리가 건가학파를 연구할 때에 고립적으로 어떤 한 방향의 원인으로 문제를 단순화시켜서는 안 됩니다. 시야를 넓혀서 여러 방면을 연계하고 역사의 힘이 모이는 교차점을 정확히 파악하여 역사의 본질을 드러내야 합니다.

📖 선생님께서 말씀하신 이 점이 매우 중요하다고 생각합니다. 건가학파가 출현하게 된 구체적 원인에 대해서 좀 더 구체적으로 말씀해 주실 수 있습니까?

답 그러지요. 이 문제를 설명하자면 먼저 순치順治·강희康熙 교체기의 이학理學을 비판하는 사조思潮로부터 시작해야 합니다. 순치·강희 교체기에 이학의 쇠퇴와 함께 이론사유영역이 점차 내용 면에서나 방법 면에서 모두 일치하지 않는 전통적인 이학과 함께 성숙되어 갔습니다. 이 사조思潮는 명말이래의 실학사조에서 시작되어 경사에 대한 성실한 고증을 방법으로 삼고 경세치용經世致用을 종지宗旨로 삼아 사회를 위기에서 구해낸다는 목표에 도달하고자 했지요. 청초, 이학을 비판하는 이러한 사조는 건가한학乾嘉漢學의 선구가 되었습니다. 이러한 사조는 경세치용經世致用을 종지宗旨로 삼아 이학理學을 비판·평가하여 몇 세기 동안 사상계에 이학이 끼친 속박을 없애버렸으니 역사적으로도 매우 중요한 의미가 있다고 할 수 있습니다. 그러나 이학에 대한 청초 사상가의 비판에는 또 옛 것을 표준으로 삼는[법고法古] 경향도 매우 농후했지요. 이들이 이학을 비판하는 사상적 무기는 결코 새로운 경제요소 위에서 건립한 이론 따위가 아니라 이학 보다 더욱 오래된 한대 경학이었습니다. 이러한 법고法古의 경향은 청초 지식계가 방법론에서 조금씩 송宋·명明 이학理學의 철학적 사변을 버리고 경사經史를 성실하게 고증하는 길로 들어서게 했고, 이에 따라 건가학파의 형성에도 이론적 사유 면에서 내재적 논리 근거가 되기도 했습니다. 청초 역사가 진행함에 따라 특히 청 조정의 문화정치가 심화됨에 따라 이학을 비판하는 사조에 변화가 발생했습니다. 경經·사史 고증 경향이 주된 연구방향이 되었고 경세經世에는 아무도 호응하지 않았습니다. 이렇게 이학理學에 대한 청초 학자의 비판을 거치면서 중국 고대 유학은 이학理學을 초월하여 크게 진보하지는 못했고, 다만 양계초 선생이 말한 "연구법의 운동" 같은 것을 통해 전통 학술에 대해 종합정리 방향으로 나아가게 되었습니다. 건륭 중엽이 되면, 경제가 발전하고 사회가 상대적으로 안정됨에 따라 고증학이 결국 조야朝野에 풍미하게 되었고 중국 고대사회 말기에 송명이학을 이은 주요 학술유파가 형성되었지요. 이것이 바로 청대 한학漢學, 즉 건가학파입니다.

문 선생님께서 말씀하신 건가학파 형성 배경이 매우 설득력이 있습니다. 선배 학자의 연구 성과를 계승하면서 선생님 자신의 창의적 견해도 더하여 학술 발전의 시각에 중점을 두신 점이 몹시 감탄스럽습니다. 그렇다면 건가학자의 학술 주류를 어떻게 파악해야 하는지 말씀해주시겠습니까?

답 청대 학술은 수천 년 이어온 중국 학술을 총정리한 것이 기본적 특징이라고 할 수 있는데, 건가학파와 건가학술이 이 역사의 특색을 가장 잘 보여주고 있습니다. 장태염章太炎 선생이 『구서訄書』에서 말한 "박학을 좋아하고 지식을 높인다[好博而尊聞]", "사물을 종합하고 자신의 판단을 내린다[綜形名, 任裁斷]"라는 표현에서 이미 건가학파의 속박한 경사고증經史考證이라는 학문적 특징이 은미하게 표현되고 있습니다. 양계초 선생은 장태염 선생의 주장을 바탕으로 좀 더 나아가 청대 학술을 고증학考證學이라고 칭했지요. 그는 "중국은 진秦 이후로 '시대사조時代思潮'라는 것을 분명히 이룰 수 있었다. 즉, 한漢의 경학經學, 수隋·당唐의 불학佛學, 송宋·명明의 이학理學, 청淸의 고증학考證學 등 네 가지 뿐이다."라고 하였습니다. 양계초 선생은 또 청대 학술을 계몽기啓蒙期·전성기全盛期·태분기蛻分期·쇠락기衰落期의 4기期로 나누었고, 건가시기를 전성기全盛期로 구분하면서 "계몽기의 고증학은 일부 세력을 장악한 데 불과하지만 전성기의 경우 전체 학계를 점령했다. 그러므로 전성기의 학술사를 연구한다면 고증학考證學 외에 다룰 것이 거의 없다."라고 하였고, 또 "건가시기에는 고증학이 학계 세력을 대부분 독점하였고, … 고증학은 청대 300년 문화의 결정체다."라고 하였습니다. 장태염·양계초 선생, 특히 건가학술의 주류에 대한 양계초 선생의 연구는 20세기 초엽 이후 학술계에서 지속적으로 인정받았습니다. 최근 10여 년간, 중국 학술계가 다시 건가학파와 건가학술에 주목하였는데, 일부 학자, 특히 젊은 학자들은 장태염·양계초 두 선생의 설을 묵수墨守하지 않고, 이 시기의 경세사상을 드러내고 문자옥文字獄을 다시 평가하고, 더 나아가 건가시기에 새로운 의리학義理學이 존재했다는 주장을 제기하자 시도하고 있습니다. 이렇게 하면 '무엇이 건가시기의 학술주류인가?' 하는 것이 문제가 되었지요.

문 그렇다면 선생님께서는 이 문제를 어떻게 보시는지요?

답 오늘날 학술계에서 활동하는 젊은 친구들의 학술 혁신 정신에 대해서 저는 매우 존중합니다. 이런 정신이 없다면 학술연구는 진보가 없겠지요. 그러나 학술 혁신의 실현은 반드시 굳건한 문헌의 기초 위에 세워야 하고, 장기간 그리고 고통스러운 창조적 정신노동도 필요합니다. '건가시기의 학술 주류를 어떻게 파악하는가?'하는 문제도 마찬가지입니다. 이 문제를 해결하려면 우선 방법론적 문제 하나가 해결되어야 할 것 같습니다. 구체적으로 말하자면, 습관적인 오·환 분파吳·皖 分派의 방법을 이용하는 것으로 건가학파를 건가학술과 함께 하나의 역사 과정으로 인식하고 연구하는 방법입니다.

제 관점을 설명하기 전에 선배 학자의 견해를 정리하는 게 좋겠군요.

1920년대 이전에 장태염 선생·양계초 선생 등 대학자는 모두 오吳·환분파법皖分派法으로 건가학파와 건가학술을 설명했습니다. 30년대 중엽에 전목錢穆 선생이 장태염·양계초 두 선생께서 미처 다루지 못한 부분을 다루기 시작했지요. 즉, 대진戴震 학술에 혜동惠棟이 끼친 영향에 대해 연구하면서 "오吳·환皖은 나눌 수 있는 것이 아니다."라는 주장을 하였고, 이에 대한 연구를 보다 깊이 진행했습니다.

1950년대 중엽에, 후외려侯外廬 선생이 장태염·양계초·전목 등 세 선생의 연구 성과를 바탕으로 이에 관한 연구를 지속하였습니다. 한편으로 오吳·환분파皖分派의 방법을 그대로 채용하여 학술의 목적 방면에서 건가학술을 인식하였고, 다른 한편으로, 건가시대의 주요 사상가, 예를들면, 대진戴震·왕중汪中·장학성章學誠·초순焦循·완원阮元 등 몇 사람을 뽑아 주제 연구를 진행했습니다. 여러 학자의 사상·학술의 개성과 공헌에 대한 연구를 통해, 후외려 선생은 과거에 없던 창의적으로 중요한 견해를 제시하였습니다. 제 생각에, 다음 두 가지 견해가 건가한학 연구에 특히 중요할 것 같습니다. 첫째, 한학漢學은 혜동惠棟에서 시작하여 대진戴震에게서 발전했기 때문에 사상사 계보에 있어서 대학戴學은 혜학惠學을 계승·발전시킨 것이라는 견해입니다. 둘째, 완원은 18세기 한학사조를 종합한 주인공이라는 견해입니다. 만약, 초순이 학술 체제에서 건가한학의 사상을 정리했다고 한다면, 완원은 편찬 방면에서 건가한학의 성과를 마무리한 인물입니다. 그는 대학戴學의 계승자 가운데 한 사람이고, 또한 한학학풍을 최후까지 이끈 학자이기도 합니다. 다시 말하자면, 건가한학은 혜동惠棟에게서 시작되어 대진戴震을 거치면서 발전하였고, 초순焦循·완원阮元에 이르러 종합정리가 진행되면서 비로소 그 역정을 마무리하였지요.

이 두 가지 중요한 견해는 오吳·환분파皖分派라는 오래된 형식을 격파하고 건가학파와 건가 학술을 하나의 역사과정으로 간주하여 연구를 진행하는 데 선구 역할을 했습니다. 이것이 바로 건가한학 연구에서 후외려 선생이 거둔 큰 공헌 가운데 하나입니다. 이는 사상사·학술사에서 결코 낮게 평가할 수 없습니다. 1960년대 초, 선사先師 양향규楊向奎 선생께서 후외려 선생과 함께 『신건설新建設』잡지 1964년 7월호에 『건가학파를 말하다[談乾嘉學派]』라는 논문을 발표했습니다. 논문에서 양향규 선생께서는 "이 학파는 언제나 이른바 오파吳派·환파皖派로 구분하였다. 사실, 이렇게 지역으로 구분하기 보다는 학술의 발전이라는 관점에서 전후 다른 점을 살펴보는 것이 그 실질적 모습을 파악하는 데 유리하다."라고 지적했습니다. 안타까운 점은, 후외려·양향규 두 대학자의 연구 의견이 당시 학술계에 공명共鳴을 일으키지 못해, 민족문화의 대참사인 문화대혁명이 일어나게 되었다는 점이지요.

🔲 신시기 이래, 선생님께서는 후외려·양향규 두 선배학자의 연구결과를 계승하였고, 다시 이 두 분의 관점을 보다 발전시켰습니다. 그렇다면 어떻게 연구하셨는지 말씀해주시겠습니까?

🔲 개혁개방 이후, 저는 후외려·양향규 두 선생님의 지도를 받았고, 1992년 겨울에 처음으로 타이완에 가서 공부하면서, "중연원문철소中硏院文哲所"가 개최한 청대 경학 학술회의에서 『건가학파오환분야상각乾嘉學派吳皖分野商榷』이라는 논문을 발표한 적이 있어요. 저는 이 논문에서 "중국 학술사에서, 건가학파는 18·19 두 세기 동안 학술무대에서 활약했는데, 그 영향은 20세기 중엽까지 여전히 남아 있다. 생명력이 강하고 먼 시대까지 영향력을 미친 학술 유파로서 역사상 많은 학파와 마찬가지로 학파의 형성·발전과 쇠락의 역사 과정에 있어서 개성이 매우 뚜렷하다. 이 역사 과정은 매우 복잡하여 이른바 '오환분야吳皖分野'라는 단순한 분류로 접근할 수 없다."라고 썼습니다. 그래서 저는 글에 "역사의 실체에서 출발하여 각 학술에 대해 실사구시實事求是의 구체적인 연구를 진행해야 한다. 이 속에는 많은 학자의

개별 연구에 대한 토론도 포함되어 있고 또 학술세가學術世家와 지역학술 군체에 대한 분석도 포함되어 있다. 이로부터 가까운 백 년 간의 학술 발전 원류源流를 파악한다면 어쩌면 건가학파 연구를 더욱 깊이 탐색할 수 있는 새로운 길을 찾을 수 있을 것이다."라는 의견을 제시했지요.

이 방향에 따라 노력하여, 저는 이후 5~6년간 연구소의 여러 젊은 학자와 협동하여 『건가학술편년乾嘉學術編年』을 완성했습니다. 이 책은 건륭 원년에서 도광道光19년까지 작성하였는데, 우리는 백년 간 학술사 자료 장편長編을 통해 건가학파와 건가학술이 변화·발전한 역사 과정을 기록해 나가고자 했습니다. 이 생각이 실현되려면 여전히 학술계의 여러 학자로부터 도움을 받아야 합니다.

🔲 그렇다면 『건가학술편년』의 학술적 특징에 대해서 구체적으로 소개해주시겠습니까?

🔲 『건가학술편년』은 편년체 건가학술사 자료 장편입니다. 중국 학술사에서 편년체 사적이 만들어진 것은 매우 오래되었지만 이를 이용하여 학문을 하는 것은 다른 체제의 사서에 비해 늦은 것이 사실이다. 1920년대 초, 전목 선생이 『선진제자계년先秦諸子系年』을 저술하여 그 가능성을 보여주었지요. 이후, 류여림劉汝霖 선생이 『중국학술편년中國學術編年』이라는 대작을 저술하였는데 아마 이 분야의 창시자라고 해도 과언이 아닐겁니다. 그러니, 『건가학술편년』의 저술은 선배 학자가 열어놓은 길을 따라서 앞 길을 모색해본 것이지요.

🔲 선생님께서는 중국 사회가 19세기로 진입한 이후 경적고증經籍考證이 일월중천의 역사시기가 이미 지나가 건가학파도 총정리와 쇠미의 단계로 들어섰다고 말씀하셨습니다. 그렇다면, 이러한 국면이 나타난 원인은 어디에 있겠습니까?

🔲 이 문제는 연구할 만한 문제입니다. 건륭 말에서 가경 초까지는 중국 사회가 19세기라는 문으로 진입하던 시기입니다. 경적고증이 일월중천의 역사시기처럼 지나가자 건가학파는 총정리와 쇠미의 단계로 접어들었지요. 이 시기 중국 사회에는 위기가 계속해서 일어나 쇠퇴한 모습이 완전히 드러났고, 중국학술 또한 전대미문의 곤경에 빠지고 말았지요.

건륭40년대 말, 『사고전서四庫全書』관館의 정진방程晉芳이 『정학론正學論』을 편찬하여 조야朝野에 유행한 한학漢學, 즉 고증학考證學에 대해 질의했습니다. 정진방은 당시 "40여 년간 한학漢學만을 제창"하느라 송학宋學을 폄하한 학술계를 비판하였지요. 그는 "송학宋學을 연구한 자가 한漢·당唐을 버린 적이 없는데 한학漢學을 하는 자는 어찌 유독 송宋·원元 이후를 버리는가![爲宋學者未嘗棄漢唐也, 爲漢學者獨可棄宋元以降乎!]"라며 분개했지요. 건가학술사에서 장학성章學誠의 일생은 고증학考據學의 흥쇠와 거의 처음과 끝을 같이합니다. 그는 당시 주류학파 인물들과 처음에는 매우 가깝게 교제했지만 이후 점차 어긋나기 시작했고, 마침내 길을 달리 하여 고증학풍에 대해 타협하지 않는 비판자가 되었습니다. 장학성은 가경嘉慶 6년에 질병으로 사망하였는데, 그가 사망하기 전 몇년간 거의 매년 글을 써서 당시 학풍을 비판하였지요. 가경원년에 장학성이 왕휘조汪輝祖에게 보낸 편지에 "요즘 학자의 기풍을 보면 고증은 너무 많이하고 학문적으로 자신의 새로운 의견을 제시하는 자는 너무 적다. 이는 마치 누에가 뽕잎은 먹지만 실은 못뽑는 것과 같다."라고 한탄하기도 했지요. 가경2년에 장학성은 『문사통의文史通義』초고를 전대흔錢大昕에게 보내면서 서신에 저술 취지를 쓰면서 "세속의 모습에는 반드시 치우친 면이 있습니다. 통달한 자나 현귀한 사람들이 주장하는 말이나 총명한 인재가 따르는 것 가운데에도 유폐가 매우 많습니다. 학자들이 이를 구원하려 하지도 않으니 저술을 귀하게 여길 필요가 없습니다.[惟世俗風尚, 必有所偏, 達人顯貴之所主持, 聰明才儁之所奔赴, 其中流弊, 必在不小, 載筆之士, 不思挽救, 無為貴著述矣.]"라고 거듭 강조하기도 했습니다. 또 장학성은 가경 5년에 긴 글을 써서 절동학술浙東學術을 논하면서 체계적으로 "사학은 경세를 하는 것[史學所以經世]"이라는 주장을 제시하기도 했지요. 그는 이렇게 결론을 내렸습니다.

"사학史學이 경세經世를 하는 것은 공언저술空言著述이 아니다. 그리고 육경六經처럼 공자孔子에게서 나왔다. 선유들은 그 공功을 말하면서 『춘추春秋』가 으뜸이라고 했는데, 그 이유는 당시의 인사人事에 매우 잘 부합되기 때문이다. 후세에 저술을 말하는 자가 오늘 것을 버려두고 옛 것에서 구하고, 인사人事를 버려두고 '천성天性'만을 말하니 나는 이 점을 이해할 수 없다. 학자가 이 뜻을 알지 못한다면 사학史學을 말할 자격이 없다."

위에 서술한 여러 학자의 견해와 비슷한 주장은 매우 많습니다. 18세기 말, 19세기 초에 학단學壇을 주도하는 고증학考證學을 의심하고 부정하는 것이 이미 중국학술계에 존재한 하나의 보편적인 경향이었다는 점에서 충분히 살펴볼 수 있습니다.

예로부터 지금까지 학계 선배 학자의 실천이 다시금 우리에게 알려주고 있는 것은, 학술문헌이 곧 학술사를 연구하는 근거가 되고, 오직 학술문헌의 정리와 연구작업을 잘 해야 학술사 연구가 비로소 의지할만한 기초 위에 세워질 수 있다는 사실입니다. 최근 1~2십년 간 건가학파 연구의 발걸음이 매우 빨랐지만 문헌은 아직 충분하지 못합니다. 그래서 저는 2002년에 가오슝 중산대학에서 개최한 제7기 청대학술연구토론회에 참가하여 건가학술문헌 정리 및 연구사업을 보다 더 잘 하기위한 건의 몇가지를 제시하여 회의에 참여한 여러 학자와 함께 서로를 격려한 적이 있습니다. 제 생각에, 학술계가 공동으로 노력하여 항심恒心을 가지고 순서대로 조금씩 나아간다면 우리의 건가학파연구는 반드시 선배 학자가 기뻐할만한 국면을 만들어 낼 수 있을 것입니다.

4. 글에 대해 널리 배우고, 자신의 행동에 부끄러움이 있음[博學於文 行己有恥]

문 선생님께서는 많은 대학에서 강의하실 때 늘 공자의 가르침인 "박학어문, 행기유치博學於文, 行己有恥"를 언급하셨습니다. 오늘날 왜 이런 관점을 언급하시는지요?

답 "박학어문, 행기유치博學於文, 行己有恥"는 제 일생의 좌우명이자 제가 학교에서 학생들에게 전하고 싶은 구절입니다. 이 구절은 『논어論語』에 나오는 말인데, 공자孔子가 학업에 대한 제자의 질문에 "글에 대해 널리 배워라"라고 주장하였고, 인격에 대한 질문에 "자신의 행동에 부끄러움이 있어야 한다."고 대답했습니다. 제가 이런 주장을 다시 언급한 것은 현재 학술계와 사회의 좋지 못한 기풍에 느낀 바가 있어서 제기한 것이지요. 저는 살함이 되는 것과 학문을 하는 것이 일체가 되어야 한다고 생각합니다. "박학어문博學於文"의 '문文'은 단순히 책에서 배운 지식이 아니라 모든 인문지식을 가리키는 것으로 학자의 학술적 소양입니다. 사학史學 연구자에게는 소양이 가장 중요한데, 역사학 분야는 쌓아가는 학문이라서 만약 쌓은 소양이 일정한 수준에 도달하지 못하면 학계에서 발언권을 가질 수 없습니다. 그리고 "행기유치行己有恥"는 바로 무엇이 부끄러움인지 어떤 일을 해야 하고 또 어떤 일을 하지 않아야 하는지를 아는 것을 말합니다. 즉 "해야 할 일과 하지 않아야 할 일[有所爲, 有所不爲]"을 알아서 자신의 마음이 분명해져야지만 비로소 행동할 수 있다는 말입니다. 학자라면 "박학어문博學於文"에 완벽하지 못하더라도 "행기유치行己有恥"에는 더욱 잘못이 없도록 해야 합니다. 처신을 때 자신을 단속하도록 강조하면, 자연히 처신에 어떤 원칙을 세우게 마련입니다. 즉, 어떤 일이 국가와 민족에 유리하면 하고, 국가와 민족에 유리하지 않으면 하지 않는 것이지요.

문 선생님께서는 학술 강연에서 늘 원로학자의 학문 전통을 배워야 한다고 하셨지요. 이것이 젊은이에 대한 선생님의 바람입니까?

답 그렇습니다. 제가 모두에게 선배 학자의 학문 전통을 배우자고 제안했지요. 학업을 할 때에 선배학자의 학문전통에 따라야 하고, 그 밖으로 나와서는 그들을 본받아 문제를 해결해야 하니 열심히 공부해야 합니다. 최근 20~30년간 많은 학자 가 좋은 전통을 따랐지만 몇몇 학자는 따르지 않았지요. 저는 모두가 학업에 깊이 몰두하기를 바랍니다. 가까운 10여 년 동안 저는 매년 많은 박사논문을 읽어보았는데 대개 1년에 최소 15부 이상은 되더군요. 2월부터 6월까지는 여러 대학을 위해 일해야 해서입니다. 좋은 글을 보면 매우 기쁘다가도 좋지 못한 글을 보면 매우 걱정되기도 합니다. 어떤 젊은 학자는 책 하나를 내자마자 매우 급하게 자신의 두번째 책을 출판하기도 했는데, 저는 이렇게 급하게 해서는 안된다고 생각해요. 중국 노학자 가운데 어떤 사람은 평생 동안 저작을 내지 않았지만 그의 학술 지위를 인정하지 않는 사람은 누구도 없습니다. 이미 돌아가신 장정랑張政烺 선생이 바로 좋은 모델입니다.

문 최근에 선생님께서 사학 연구자의 사회적 책임과 시대적 사명 문제를 거론하셨습니다. 왜 이 문제를 강조하시는지요?

답 제가 중국 사학의 최근 30년간 발전을 회고해 보면 성과가 매우 풍부하고 학문 주류도 훌륭합니다. 다만 몇 가지 문제도 존재합니다. 예를 들면, 어떤 연구자는 중국 사학 연구의 좋은 전통을 저버리고 사학 연구자의 기본 소양과 사회적 책임에 대해 매우 냉담합니다. 이렇다면 사회에 좋지 못한 영향을 끼치게 되지요. 어떤 사학 연구자는 마르크스주의 유물사관에 의심을 품고 이 사관에 흠결이 매우 많아 반드시 수정해야 한다고 생각합니다. 즉, 다시금 역사허무주의 사조思潮도 고개를 들고 있는데, 어떤 사람은 "다시 평가한다"는 미명[美名] 하에 근현대 중국 혁명의 역사와 당의 역사를 왜곡하여 사회에 매우 좋지 않은 영향을 끼치고 있습니다. 이 밖에도 역사학의 기능을 세속화하여 엄밀하고 신중해야 하는 역사연구를 제멋대로 허무맹랑한 물건으로 취급하기도 하지요. 이런 현상은, 인민을 위해 복무하고 사회주의를 위해 복무해야 하는 사회적 책임을 망각하는 역사 연구자가 일부 있다는 사실을 말해주는 것이기도 하지요.

문 선생님께서는 오랫동안 청대 학술사 연구에 주력하셨습니다. 중국 사학의 우수한 전통 중에도 오늘날 학술 사업의 건강한 발전에 거울이 되는 것이 있겠지요?

답 맞습니다. "경세치용"이 바로 중국 사학의 우수한 전통입니다. 어느 시대의 역사학자라도 그 시대의 사회적 책임을 실천해야 합니다. 현재, 당 중앙이 과학발전관科學發展觀·사회주의의 조화로운 사회 건설·중화문화 발양 등 중요한 명제를 제시했지요. 사학 연구자라면 당대 중국 사회주의의 현대화 건설과 연계하여, 이를 사학적 각도로 연구하여 중국공산당과 중국 인민이 사회주의 협력사회를 건설하는 위대한 실천을 위해 역사적 거울과 건의를 제시해야 합니다.

문 2009년에 선생님께서 중국사학사학회 부회장을 맡았는데, 현재 사학 연구자가 해야 할 중요한 연구과제가 있다면 무엇이겠습니까?

답 사학 연구자라면 우선 자발적으로 더 열심히 공부해야 합니다. 특히 마르크스주의 유물사관 학습이 중요합니다. 마르크스주의의 유물사관 학습에서 교조敎條적인 것이 아니라 실천의 검증을 견디어 낼 수 있습니다. 우리는 떳떳하고 이치에 바르게 유물사관을 견지하면서 열심히 마르크스·레닌주의 경전 원저를 공부하고, 중국화된 마르크스주의 이론 체계, 즉 마오저둥사상·덩샤오핑이론·"삼개대표三個代表" 등 중요 사상과 새로운 중앙 지도자들이 제시한 과학발전관을 학습해야 합니다. 그리고 세계적 안목과 열린 가슴을 가지고서 인류문명의 선진적 성과를 공부하여 중국의 것으로 만들어야 하지요.

📋 선생님 자신의 다년간 역사연구 실천과 관련하여 질문 드립니다. 어떻게 하면 합격한 사학 연구자가 될수 있겠습니까?

📋 어떻게 하면 합격한 사학 연구자가 될 수 있는가? 이 문제에 대해서는 예로부터 많은 답안이있었습니다. 예를 들면, 당대唐代 사학가史學家 류지기劉知幾는 사학가의 소양에 대해 이론적으로 정리하여 "재才·학學·식識" 세 글자로 갈무리했지요. 청대 건가시기乾嘉時期 사학 대가 장학성章學誠은 "재·학·식" 세 글자 뒤에 다시 "덕德" 한 자를 더하였지요. 저는 덕·재·학·식의 네 글자는 우리 사학 연구자의 직무와 책임이라고 생각합니다. 이 네 글자를우리가 사는 새로운 시대의 임무와 결합하여 해석해 본다면 바로 정확한 입장·관점과 훌륭한 학술적 소양을 갖추어야 한다고 할 수 있습니다.

앞서 제가 이야기 했듯이, 저는 지금 한 명의 역사 연구자로서 가장 중요한 것이 바로 "박학어문, 행기유치博學於文, 行己有恥"에 도달하는 것이라고 생각합니다. 사학 연구자라면 소양을 가장 중시해야 합니다. 역사학과는 쌓아나가는 것을 가장 중시하는 학문이라서 한 자한 자 근거가 있어야 하고 구절마다 그 내력이 있어야 합니다. 이것이 바로 연구자에 대한최소한의 요구입니다. 일정 수준까지 쌓지 못한다면 학계에서 발언권을 얻을 수 없습니다.『예기禮記』「학기學記」편에 "배운 다음에야 자신이 부족한 것을 안다.[學然後知不足]"라는아주 유명한 문구도 있지요. 중국은 장구한 역사를 가진 문명국으로서 '예의禮儀의 나라'로세상에 이름이 났고, 문헌이 산처럼 쌓여 있어 이른바 "한우충동汗牛充棟"이란 말도 있습니다. 중화민족을 위해 그리고 전 인류를 위해 귀중한 정신적 자산을 남겨놓았지요. 이런 귀중한 자산을 열심히 연구하고 정리하고 빛나게 발양하여 오늘날 및 이후의 사회발전에 복을가져오는 것이 바로 우리 사학 연구자의 역사적 책임입니다. 우리가 기왕 역사 연구를 필생의 사업으로 선택했다면 일생동안 읽지 못한 책이 있고, 배우지 못한 지식이 있으며, 다 하지못 한 학문이 있으니, 오래도록 학문탐구에 매진하는 학생의 마음으로 각고로 독서하고 끝없이 정진해야 하지요. 이것이 바로 우리의 천직天職이요, 인생 최대의 기쁨입니다.

📋 인터뷰에 응해주셔서 감사합니다. 선생님께서는 선생님 자신이 걸어왔던 학문 역정을 회고하면서 현재 사학연구자에 대한 바람도 말씀해주셨습니다. 선생님께서 사학연구를 하시면서 체득하신 경험이 다른 학과의사학 연구자에게도 도움이 될 것이라 확신합니다. 선생님께서 도달하신 학술적 성취를 기반으로 한 단계더 높은 곳에 오르시기를 진심으로 바랍니다.

| 지은이 소개 |

진조무陳祖武

1943년 10월에 貴州省貴陽市 출생. 1965년 7월에 貴州大學 역사학과 졸업. 1981년 7월에 中國社會科學院硏究生院 역사전공 졸업. 中國社會科學院歷史硏究所助理硏究員, 副硏究員, 硏究員을 역임. 지금 中國社會科學院學部委員, 中央文史硏究館館員을 담임. 학술저서로 『淸初學術思辨錄』, 『中國學案史』, 『淸儒學術拾零』, 『乾嘉學術編年』, 『乾嘉學派硏究』, 『曠世大儒--顧炎武』 등이 있고, 古籍 정리 저술로 『榕村語錄』, 『楊園先生全集』, 『淸儒學案』 등이 있음.

| 옮긴이 소개 |

진원陳媛(1981~)

중국 山東大學 外國語學院 학사
중국 北京大學 外國語學院 석사
한국 인하대학교 한국학과 철학박사
현재 中國 山東大學 外國語學院 부교수

청대학술원류 淸代學術源流

초판 인쇄   2022년 9월 20일
초판 발행   2022년 9월 30일

지 은 이 | 진조무(陳祖武)
옮 긴 이 | 진원(陳媛)
펴 낸 이 | 하운근
펴 낸 곳 | 學古房

주   소 | 경기도 고양시 덕양구 통일로 140 삼송테크노밸리 A동 B224
전   화 | (02)353-9908 편집부(02)356-9903
팩   스 | (02)6959-8234
홈페이지 | www.hakgobang.co.kr
전자우편 | hakgobang@naver.com, hakgobang@chol.com
등록번호 | 제311-1994-000001호

ISBN 979-11-6586-414-9 93150

값: 54,000원